中国低碳年鉴

2016

总第7卷

《中国低碳年鉴》编辑委员会

北 京
冶 金 工 业 出 版 社
2017

内容简介

为全面记载我国应对气候变化和低碳发展的历程，促进转变经济发展方式，加快生态文明建设，由国务院相关部委应对气候变化和低碳发展主管司局及省（自治区、市）发展和改革委员会等共同编辑出版大型低碳发展典籍《中国低碳年鉴2016》。

《中国低碳年鉴2016》主要载述2015年国家应对气候变化和低碳发展的法律法规、政策文件和部分2016年重要文献，国家各部委与各省、自治区、直辖市应对气候变化和低碳发展报告，重点领域低碳发展报告，以及有关数据资料、案例，内容全面、丰富、翔实，具有权威性、可靠性和较高的实用价值，可作为各级党政机关、企事业单位、院校、科研院所、专家学者及有关人员在政策决策、规划制订、科研、教学、管理等工作中的查考应用书籍。

图书在版编目（CIP）数据

中国低碳年鉴. 2016 / 《中国低碳年鉴》编辑委员会编. — 北京 : 冶金工业出版社, 2017.4
ISBN 978-7-5024-7480-5

Ⅰ. ①中… Ⅱ. ①中… Ⅲ. ①节能－中国－2016－年鉴 Ⅳ. ①TK01-54

中国版本图书馆CIP数据核字(2017)第041316号

出 版 人　谭学余
地　　址　北京市东城区嵩祝院北巷39号　　邮编　100009　　电话　(010)64027926
网　　址　www.cnmip.com.cn　　电子信箱　yjcbs@cnmip.com.cn
责任编辑　曾　媛　　美术编辑　孔令刚　　版式设计　孔令刚
责任校对　张　之
ISBN 978-7-5024-7480-5
冶金工业出版社出版发行；各地新华书店经销；廊坊市长岭印务有限公司印刷
2017年4月第1版，2017年4月第1次印刷
210mm×297mm；31印张；26彩页；1398千字；466页
560.00元
冶金工业出版社　投稿电话　(010)64027932　投稿信箱　tougao@cnmip.com.cn
冶金工业出版社营销中心　电话　(010)64044283　传真　(010)64027893
冶金书店　地址　北京市东四西大街46号（100010）　电话　(010)65289081（兼传真）
冶金工业出版社天猫旗舰店　yjgycbs.tmall.com
（本书如有印装质量问题，本社发行部负责退换）

生态文明建设是“五位一体”总体布局和“四个全面”战略布局的重要内容。各地区各部门要切实贯彻新发展理念，树立“绿水青山就是金山银山”的强烈意识，努力走向社会主义生态文明新时代。

要深化生态文明体制改革，尽快把生态文明制度的“四梁八柱”建立起来，把生态文明建设纳入制度化、法治化轨道。要结合推进供给侧结构性改革，加快推动绿色、循环、低碳发展，形成节约资源、保护环境的生产生活方式。要加大环境督查工作力度，严肃查处违纪违法行为，着力解决生态环境方面突出问题，让人民群众不断感受到生态环境的改善。各级党委、政府及各有关方面要把生态文明建设作为一项重要任务，扎实工作、合力攻坚，坚持不懈、务求实效，切实把党中央关于生态文明建设的决策部署落到实处，为建设美丽中国、维护全球生态安全作出更大贡献。

——中共中央总书记、国家主席、中央军委主席习近平对生态文明建设作出重要指示，2016年12月

2015年10月28～29日，中共十八届五中全会首次提出“创新、协调、绿色、开放、共享”发展理念，把“绿色发展”列入“五大发展理念”

2015年11月30日，国家主席习近平出席联合国气候变化巴黎大会开幕式并发表重要讲话，为巴黎协定谈判提供了有力的政治指导和推动力

2015年10月30～31日，"基础四国"第二十一次气候变化部长级会议在北京举行。国务院副总理张高丽接见了参会代表

2015年8月，国家发展改革委在深圳国际低碳城等8个城镇开展低碳城（镇）试点工作

2015年2月，工业和信息化部在全国工业企业开展工业绿色发展专项行动

“互联网+”智慧能源和智慧城市建设启动，推进新能源革命与能源消费革命

到2015年底，我国高铁运营里程达到1.9万公里，居世界第一，占世界高铁总里程的60%以上，极大地节约了能源，极大地减少了二氧化碳的排放量

2015年5月6日，我国自主三代核电技术“华龙一号”首堆示范工程——中核集团福清5号机组已获准开工建设，标志着我国核电建设进入新时代

我国“十二五”水利建设有效应对气候变化局部严重自然灾害，受灾损失大幅降低

2015年我国节能和新能源汽车获喷发式增长

《中国低碳年鉴》顾问委员会

《中国低碳年鉴》编辑委员会

王祝雄 国家林业局造林绿化管理司司长

于玉斌 中国气象局科技与气候变化司司长

孟赤兵 北京现代循环经济研究院院长

张国洪 北京市发展和改革委员会副主任

薛新立 天津市发展和改革委员会主任

刘　锋 山西省发展和改革委员会副主任

文　民 内蒙古自治区发展和改革委员会副主任

房　勇 辽宁省发展和改革委员会副主任

宋　刚 吉林省发展和改革委员会副主任

鲁　峰 黑龙江省发展和改革委员会副巡视员

王汉春 江苏省发展和改革委员会副主任

吴晓军 江西省发展和改革委员会主任

李乐成 湖北省发展和改革委员会主任

吴道闻 广东省发展和改革委员会副主任

朱华友 海南省发展和改革委员会副主任

黄朝永 重庆市发展和改革委员会副主任

代永波 四川省发展和改革委员会副主任

张美钧 贵州省发展和改革委员会总规划师

刘　颖 云南省发展和改革委员会副主任

孙本拉 西藏自治区发展和改革委员会副主任

苏园林 陕西省发展和改革委员会总工程师

张安疆 甘肃省发展和改革委员会副主任

于明臻 青海省发展和改革委员会副主任

马　坚 宁夏回族自治区发展和改革委员会副主任

郭启民 新疆生产建设兵团发展和改革委员会副主任

肖生滨 大连市发展和改革委员会副主任

蔡　羽 深圳市发展和改革委员会副主任

高佃恭 海南省发展和改革委员会区域经济和资源节约环境保护处处长
董晓川 重庆市发展和改革委员会资源环境和应对气候处处长
曾义平 四川省发展和改革委员会环资（气候）处处长
付野秋 贵州省发展和改革委员会应对气候变化处处长
索朗卓嘎 西藏自治区发展和改革委员会资源节约和环境保护处处长
续大康 陕西省发展和改革委员会应对气候变化处处长
黄建雄 青海省发展和改革委员会资源节约和环境保护处处长
张晓青 新疆生产建设兵团发展和改革委员会应对气候变化处处长
成英俊 大连市发展和改革委员会环资处
程会强 国务院发展研究中心资源与环境政策研究所所长助理
周宏春 国务院发展研究中心社会发展研究部室主任
王　毅 中国科学院科技政策与管理科学研究所所长
潘家华 中国社会科学院城市发展与环境研究所所长
齐　晔 清华大学气候变化与低碳发展政策研究中心主任
赵新峰 首都师范大学管理学院院长
诸大建 同济大学可持续发展与管理研究所所长
刘晓鸿 广州碳排放权交易所董事长
叶　军 广州碳排放权交易所总裁
吉京杭 中国杭州低碳科技馆馆长
何锦峰 四川联合环境交易所董事长
张　月 兰州环境能源交易中心董事长
韩　冰 北京现代循环经济研究院副院长
刘兴利 北京现代循环经济研究院原院长
王林森 北京现代循环经济研究院原副院长
侯　静 北京现代循环经济研究院院长助理
徐怡珊 中国环境监测总站高级工程师

《中国低碳年鉴》编辑部

编辑部主任：侯　静

编辑部副主任：张　之

编　　辑：王　蕾　孔令刚

版式设计：张　之　孔令刚

彩页设计：孔令刚

封面设计：孔令刚

审稿/撰稿（以姓氏笔画为序）

寸文娟　习　斌　马占云　马　猛　王广民　王军霞　王　农　王国占　王靖添
王福祥　尤　勇　尹中华　尹建锋　田国栋　田　敞　冉青松　付加锋　付建平
付野秋　仝贵婵　冯　波　冯相昭　邢柏英　朱祥霖　任志斌　闫　成　孙力扬
苟在坪　李永亮　李宏健　李垚奎　李　琳　李鹏辉　杨建刚　杨俊峰　杨鑫光
汪　光　宋现伟　宋媛媛　张志祥　张晓青　张梦佳　陈毅军　武东升　范　杰
罗永彬　孟赤兵　赵　卫　郝大玮　胡慧东　郜春伟　侯文峻　侯　静　洪建武
袁佳双　索朗卓嘎　高迎春　郭　薇　唐　正　黄全胜　黄建雄　曹子祎
曹　园　章升东　彭学可　鲁成钢　曾义平　谢健标　强少杰　雷　电

编辑部地址：北京现代循环经济研究院
北京市东城区北三环中路37号华世隆国际公寓B座410室
编辑部电话：010-84119310（传真）
电子邮箱：zgdtjjnj@126.com

编辑说明

应对气候变化事关中华民族和全人类的长远利益，走低碳发展之路是积极应对气候变化的迫切要求，也是体现以人为本、全面协调可持续的发展导向、建设创新型国家的客观要求。

树立绿色发展理念，大力发展以低碳排放、循环利用为内涵的绿色经济，逐步建立以低碳排放为特征的工业、建筑、交通体系和低碳社会生活，积极探索具有中国特色的低碳发展道路，有效控制温室气体排放，为推进中国和世界可持续发展作出积极贡献，已成为中国的一项基本国策，并已纳入了国民经济和社会发展第十三个五年规划纲要。

为全面记载我国应对气候变化和低碳发展的历程和实际状况，加快走低碳发展之路的步伐，特编辑出版《中国低碳年鉴》，并得到了从中央到地方、国家各重点行业及其协会、低碳试点与实践单位的各方面的高度关注和坚决支持，全国人大、国务院各有关部委和部门，各省市区发改委、专家学者应邀担当顾问、编委，积极撰写和提供文稿、资料、图片，并提出了许多指导意见，给了我们努力做好《中国低碳年鉴》的编辑出版工作以巨大鼓舞和鞭策。

一、《中国低碳年鉴 2016》基本内容为2015年中国应对气候变化和低碳发展状况、重要信息数据、基本经验和主要成效。为增强《年鉴》的时效性和适用性，适当收录了2016年我国应对气候变化和低碳发展的部分政策文件和内容。

二、《中国低碳年鉴 2016》在编辑出版全过程中，坚持以邓小平理论和“三个代表”重要思想为指导，贯彻落实科学发展观，全面贯彻落实习近平总书记关于绿色发展理念和建设生态文明系列讲话精神。在体例上，采用文章、条目、报表和图片相结合。

三、《中国低碳年鉴 2016》具有一些明显的特点。强化了综合分析力度，收入了国家发展和改革委发布的《中国应对气候变化政策与行动年度报告》，约请国务院有关部委（局）、重点行业和领域、省区市撰写了30多篇应对气候变化和低碳发展报告或专题发展报告，大大丰富了《年鉴》内容，增强了《年鉴》的可读性、使用价值与历史价值。载入的事件、信息、数据、资料、图片等都来自官方和公开出版物，具有权威性、真实性，历史价值和保存、使用、查考价值都较高；涵盖内容全面、广泛、系统，从中央到地方、企业、园区、行业、领域，涉及言论、重大活动和事件、法规、政策、科技、典型案例以及国外概况，多层次、全方位，涵盖低碳发展的各个方面，全书达140多万字，内容丰富、详实、完备，为前所少见；图文并茂，具有较强的可视性、生动性和可读性。

四、诚挚感谢全国人大、全国政协、国务院各有关部委（局）、省市区发改委、国家各重点行业协会、低碳试点与实践单位、专家学者等在《中国低碳年鉴》的编辑出版中给予的支持。

五、《中国低碳年鉴》编辑部设在北京现代循环经济研究院。

六、由于我们缺乏经验，水平有限，对于书中存在的疏漏乃至错误，敬请不吝指正。

Editing Instructions

Climate change relates to the long-term interests of Chinese nation and all mankind, so taking the low-carbon development way is an urgent demand to actively respond to climate change, an embodying in the direction of People First, Overall Coordination and Sustainable Development, and also the inherent and objective requirement of building an innovative country as well.

It has already became a China's basic state policy and incorporated into Twelfth Five-Year Plan for National Economic and Social Development of People's Republic of China to establish green low-carbon development concept, to strongly develop green economy with the connotation of low-carbon emissions and recycling usage, and to radually set up the industry, construction and transportation systems with low-carbon emission and low-carbon social life, and to actively explore the low-carbon development road with Chinese characteristics, and to effectively control greenhouse gas emissions, as well as to positively contribute to promoting sustainable development of both China and the world.

For the purpose of comprehensively recording the course and actual situation of Chinese low-carbon development, and speeding up the low-carbon development, China Low-Carbon Yearbook was specially published.

Great attention and firm support were given from all involved parties such as from the central to locals, each national key industry and its association, and the low-carbon pilot and practice units. The consultants and editors were invited from the relevant ministries and commissions (bureaus) of National People's Congress and the State Council, and the provincial and municipal National Development and Reform Commission, and relevant experts and scholars. All of them positively wrote and provided manuscripts, the information and pictures, and gave many guidance suggestions. All mentioned above encouraged and spur us to make great efforts to edit China Low-Carbon Yearbook 2015 well.

China Low-Carbon Yearbook 2016 basic content focuses on China low-carbon development status and actions in dealing with climate change, important information/data, experience and major a chievement in 2015. To improve the timeliness of China Low-Carbon Yearbook, we collected important policy documents and related contents referring to China's actions in dealing with climate change and low carbon development in 2016.

The Deng Xiaoping Theory and Three Representative Important Thought were adhered to and followed, and Scientific Development Outlook was applied and implemented during editing of China Low-Carbon Yearbook 2016, which combined articles, items, statements and pictures in style, Fully implement the spirit of a series of speeches about green growth concept and the construction of ecological civilization by Xi Jinping.

China Low-Carbon Yearbook 2016 has some obvious features as follow: Efforts to strengthen the comprehensive analysis of income of the National Development and Reform Commission issued the "China's National Climate Change Policy and Action Annual Report" , invite the relevant ministries and commissions of the State Council, key industries and areas, provinces, experts authored more than 30 papers and other climate change and low carbon development and thematic development report, which greatly enriched the "Yearbook" content, and enhance the "Yearbook" readability, use value and historical value. The incidents, information, data, materials, pictures and etc. recorded are all from the official and open publications with authority and authenticity, which have high historical value, and high storage, usage and reference values; contents covered are more comprehensive, broad and systematic, from the central to locals, so as enterprises, parks, each industry and field, speech and views, major activities and events, regulations, policies, science and technology, and typical cases and foreign profiles, involving each aspect of low-carbon development at multi-level and all-dimension. The book with more than 2 million characters is rear before owing to its large scale and rich, accurate and complete content; excellent pictures and texts, with strong visibility, vitality and readability.

China Low-Carbon Yearbook is supported by grants project of China Clean Development Mechanism Fund.

Sincerely thanks to the related ministries and commissions (bureaus) of National People's Congress and the State Council, every provinces and cities, the national key industries and their associations, low-carbon pilot and practice units, experts and scholars etc. for their supports in the editing and publishing of China Low-Carbon Yearbook 2016.

We are of inexperience and of limited level, for the omissions and errors existing in the book, please point out without stint.

目 录

综合报告

地方报告

>>>

重要论述

中共中央总书记、国家主席
习近平重要论述

在云南考察工作时的谈话

新农村建设一定要走符合农村实际的路子，遵循乡村自身发展规律，充分体现农村特点，注意乡土味道，保留乡村风貌，留得住青山绿水，记得住乡愁。经济要发展，但不能以破坏生态环境为代价。生态环境保护是一个长期任务，要久久为功。一定要把洱海保护好，让“苍山不墨千秋画，洱海无弦万古琴”的自然美景永驻人间。

要把生态环境保护放在更加突出位置，像保护眼睛一样保护生态环境，像对待生命一样对待生态环境，在生态环境保护上一定要算大账、算长远账、算整体账、算综合账，不能因小失大、顾此失彼、寅吃卯粮、急功近利。

（2015年1月20日）

参加十二届全国人大三次会议江西代表团审议时的讲话

环境就是民生，青山就是美丽，蓝天也是幸福。要像保护眼睛一样保护生态环境，像对待生命一样对待生态环境，把不损害生态环境作为发展的底线。

要按照国家对江西生态文明先行示范区建设的总体要求，着力构建节约资源和保护环境的空间格局、产业结构、生产方式、生活方式，大力发展绿色、循环、低碳经济，深入开展“净空、净水、净土”行动，巩固提升生态优势，打造生态文明建设的江西样板。对破坏生态环境的行为，不能手软，不能下不为例，防止形成“破窗效应”。

（2015年3月6日）

同出席博鳌亚洲论坛年会的企业家代表座谈时的谈话

中国的绿色机遇在扩大。我们要走绿色发展道路，让资源节约、环境友好成为主流的生产生活方式。我们正在推进能源生产和消费革命，优化能源结构，落实节能优先方针，推动重点领域节能。

（2015年3月29日）

参加首都义务植树活动时的谈话

经过新中国成立以来特别是近30多年来不断植树造林，我们国家树更多了、山更青了、地更绿了。中国在植树造林方面为人类作出了重要贡献。同时，我们也要看到，与全面建成小康社会奋斗目标相比，与人民群众对美好生态环境的期盼相比，生态欠债依然很大，环境问题依然严峻，缺林少绿依然是一个迫切需要解决的重大现实问题。我们必须强化绿色意识，加强生态恢复、生态保护。这是个历史性的时刻。

绿化祖国，改善生态，人人有责。要积极调整产业结构，从见缝插绿、建设每一块绿地做起，从爱惜每滴水、节约每粒粮食做起，身体力行推动资源节约型、环境友好型社会建设，推动人与自然和谐发展。

（2015年4月3日）

在浙江舟山考察时的谈话

这里是一个天然大氧吧，是“美丽经济”，印证了绿水青山就是金山银山的道理。

（2015年5月25日）

在华东7省市党委主要负责同志座谈会上的讲话

协调发展、绿色发展既是理念又是举措，务必政策到位、落实到位。要科学布局生产空间、生活空间、生态空间，扎实推进生态环境保护，让良好生态环境成为人民生活质量的增长点，成为展现我国良好形象的发力点。

（2015年5月27日）

在贵州考察时的讲话

要正确处理发展和生态环境保护的关系，在生态文明建设体制机制改革方面先行先试，把提出的行动计划扎扎实实落实到行动上，实现发展和生态环境保护协同推进。

（2015年6月16日至18日）

在中央全面深化改革领导小组第十四次会议上的讲话

要把环境问题突出、重大环境事件频发、环境保护责任落实不力的地方作为先期督察对象，近期要把大气、水、土壤污染防治和推进生态文明建设作为重中之重，重点督察贯彻党中央决策部署、解决突出环境问题、落实环境保护主体责任的情况。

形成政府主导、部门协同、社会参与、公众监督的新格局”，“推动领导干部守法守纪、守规尽责，促进自然资源资产节约集约利用和生态环境安全。

（2015年7月1日）

在吉林考察时的讲话

要大力推进生态文明建设，强化综合治理措施，落实目标责任，推进清洁生产，扩大绿色植被，让天更蓝、山更绿、水更清、生态环境更美好。

（2015年7月16日至18日）

出席联合国发展峰会发表的讲话

中国倡议探讨构建全球能源互联网，推动以清洁和绿色方式满足全球电力需求。中国也愿意同有关各方一道，继续推进“一带一路”建设，推动亚洲基础设施投资银行和金砖国家新开发银行早日投入运营、发挥作用，为发展中国家经济增长和民生改善贡献力量。中国郑重承诺以落实2015年后发展议程为己任，团结协作，推动全球发展事业不断向前。

（2015年9月26日）

出席联合国气候变化问题领导人工作午餐会时的讲话

将于今年年底举行的气候变化巴黎大会将为国际社会应对气候变化制定新的规划，也将为国际社会谋求绿色低碳发展指明大方向。巴黎大会达成的协议要平衡处理减缓、适应、资金、技术等各个要素，拿出切实有效的执行手段。协议必须遵循气候变化框架公约的原则和规定，特别是共同但有区别的责任原则、公平原则、各自能力原则。各国要立足行动，抓好成果落实，根据本国国情，提出应对气候变化的自主贡献。发达国家要履行在资金和技术方面的义务，落实到2020年每年提供1000亿美元的承诺，并向发展中国家转让气候友好型技术。

中国一直本着负责任的态度积极应对气候变化，将应对气候变化作为实现发展方式转变的重大机遇，积极探索符合中国国情的低碳发展道路。中国政府已经将应对气候变化全面融入国家经济社会发展的总战略。去年，中国单位国内生产总值的二氧化碳排放比2005年下降了33.8%。未来，中国将进一步加大控制温室气体排放力度，争取到

2020年实现碳强度降低40%－45%的目标。中国愿意继续承担同自身国情、发展阶段、实际能力相符的国际责任。今年上半年，我们正式提交了国家自主贡献，宣布了相应的落实举措。两天前，中美两国发表了第二份关于气候变化的联合声明。中国还将推动“中国气候变化南南合作基金”尽早投入运营，支持其他发展中国家应对气候变化。中国愿意同世界各国一道，在落实发展议程的过程中，合作应对气候变化。

（2015年9月27日）

参加在第七十届联合国大会一般性辩论时的讲话

我们要构筑尊崇自然、绿色发展的生态体系。人类可以利用自然、改造自然，但归根结底是自然的一部分，必须呵护自然，不能凌驾于自然之上。我们要解决好工业文明带来的矛盾，以人与自然和谐相处为目标，实现世界的可持续发展和人的全面发展。

建设生态文明关乎人类未来。国际社会应该携手同行，共谋全球生态文明建设之路，牢固树立尊重自然、顺应自然、保护自然的意识，坚持走绿色、低碳、循环、可持续发展之路。在这方面，中国责无旁贷，将继续作出自己的贡献。同时，我们敦促发达国家承担历史性责任，兑现减排承诺，并帮助发展中国家减缓和适应气候变化。

（2015年9月28日，纽约）

关于《中共中央关于制定国民经济和社会发展第十三个五年规划的建议》的说明

“十三五”时期我国发展，既要看速度，也要看增量，更要看质量，要着力实现有质量、有效益、没水分、可持续的增长，着力在转变经济发展方式、优化经济结构、改善生态环境、提高发展质量和效益中实现经济增长。

关于实行能源和水资源消耗、建设用地等总量和强度双控行动。推进生态文明建设，解决资源约束趋紧、环境污染严重、生态系统退化的问题，必须采取一些硬措施，真抓实干才能见效。实行能源和水资源消耗、建设用地等总量和强度双控行动，就是一项硬措施。这就是说，既要控制总量，也要控制单位国内生产总值能源消耗、水资源消耗、建设用地的强度。这项工作做好了，既能节约能源和水土资源，从源头上减少污染物排放，也能倒逼经济发展方式转变，提高我国经济发展绿色水平。

“十一五”规划首次把单位国内生产总值能源消耗强度作为约束性指标，“十二五”规划提出合理控制能源消费总量。现在看，这样做既是必要的，也是有效的。根据当前资源环境面临的严峻形势，在继续实行能源消费总量和消耗强度双控的基础上，水资源和建设用地也要实施总量和强度双控，作为约束性指标，建立目标责任制，合理分解落实。要研究建立双控的市场化机制，建立预算管理制度、有偿使用和交易制度，更多用市场手段实现双控目标。

（2015年11月3日）

在新加坡国立大学发表演讲

我们将牢固树立创新、协调、绿色、开放、共享的发展理念。坚持绿色发展，就是要坚持节约资源和保护环境的基本国策，坚持可持续发展，形成人与自然和谐发展现代化建设新格局，为全球生态安全作出新贡献。

（2015年11月7日）

在亚太经合组织工商领导人峰会上发表主旨演讲

我们将把生态文明建设融入经济社会发展各方面和全过程，致力于实现可持续发展。我们将全面提高适应气候变化能力，坚持节约资源和保护环境的基本国策，建设天蓝、地绿、水清的美丽中国。

（2015年11月18日）

携手构建合作共赢、公平合理的气候变化治理机制

《联合国气候变化框架公约》生效20多年来，在各方共同努力下，全球应对气候变化工作取得积极进展，但

仍面临许多困难和挑战。巴黎大会正是为了加强公约实施，达成一个全面、均衡、有力度、有约束力的气候变化协议，提出公平、合理、有效的全球应对气候变化解决方案，探索人类可持续的发展路径和治理模式。法国作家雨果说：“最大的决心会产生最高的智慧。”我相信，只要各方展现诚意、坚定信心、齐心协力，巴黎大会一定能够取得令人满意的成果，不辜负国际社会的热切期盼。

一份成功的国际协议既要解决当下矛盾，更要引领未来。巴黎协议应该着眼于强化2020年后全球应对气候变化行动，也要为推动全球更好实现可持续发展注入动力。

——巴黎协议应该有利于实现公约目标，引领绿色发展。协议应该遵循公约原则和规定，推进公约全面有效实施。既要有效控制大气温室气体浓度上升，又要建立利益导向和激励机制，推动各国走向绿色循环低碳发展，实现经济发展和应对气候变化双赢。

——巴黎协议应该有利于凝聚全球力量，鼓励广泛参与。协议应该在制度安排上促使各国同舟共济、共同努力。除各国政府，还应该调动企业、非政府组织等全社会资源参与国际合作进程，提高公众意识，形成合力。

——巴黎协议应该有利于加大投入，强化行动保障。获取资金技术支持、提高应对能力是发展中国家实施应对气候变化行动的前提。发达国家应该落实到2020年每年动员1000亿美元的承诺，2020年后向发展中国家提供更加强有力的资金支持。此外，还应该向发展中国家转让气候友好型技术，帮助其发展绿色经济。

——巴黎协议应该有利于照顾各国国情，讲求务实有效。应该尊重各国特别是发展中国家在国内政策、能力建设、经济结构方面的差异，不搞一刀切。应对气候变化不应该妨碍发展中国家消除贫困、提高人民生活水平的合理需求。要照顾发展中国家的特殊困难。

巴黎协议不是终点，而是新的起点。作为全球治理的一个重要领域，应对气候变化的全球努力是一面镜子，给我们思考和探索未来全球治理模式、推动建设人类命运共同体带来宝贵启示。

——我们应该创造一个各尽所能、合作共赢的未来。对气候变化等全球性问题，如果抱着功利主义的思维，希望多占点便宜、少承担点责任，最终将是损人不利己。巴黎大会应该摈弃“零和博弈”狭隘思维，推动各国尤其是发达国家多一点共享、多一点担当，实现互惠共赢。

——我们应该创造一个奉行法治、公平正义的未来。要提高国际法在全球治理中的地位和作用，确保国际规则有效遵守和实施，坚持民主、平等、正义，建设国际法治。发达国家和发展中国家的历史责任、发展阶段、应对能力都不同，共同但有区别的责任原则不仅没有过时，而且应该得到遵守。

——我们应该创造一个包容互鉴、共同发展的未来。面对全球性挑战，各国应该加强对话，交流学习最佳实践，取长补短，在相互借鉴中实现共同发展，惠及全体人民。同时，要倡导和而不同，允许各国寻找最适合本国国情的应对之策。

中国一直是全球应对气候变化事业的积极参与者，有诚意、有决心为巴黎大会成功作出自己的贡献。

过去几十年来，中国经济快速发展，人民生活发生了深刻变化，但也承担了资源环境方面的代价。鉴往知来，中国正在大力推进生态文明建设，推动绿色循环低碳发展。中国把应对气候变化融入国家经济社会发展中长期规划，坚持减缓和适应气候变化并重，通过法律、行政、技术、市场等多种手段，全力推进各项工作。中国可再生能源装机容量占全球总量的24%，新增装机占全球增量的42%。中国是世界节能和利用新能源、可再生能源第一大国。

“万物各得其和以生，各得其养以成。”中华文明历来强调天人合一、尊重自然。面向未来，中国将把生态文明建设作为“十三五”规划重要内容，落实创新、协调、绿色、开放、共享的发展理念，通过科技创新和体制机制创新，实施优化产业结构、构建低碳能源体系、发展绿色建筑和低碳交通、建立全国碳排放交易市场等一系列政策措施，形成人和自然和谐发展现代化建设新格局。中国在“国家自主贡献”中提出将于2030年左右使二氧化碳排放达到峰值并争取尽早实现，2030年单位国内生产总值二氧化碳排放比2005年下降60%—65%，非化石能源占一次能源消费比重达到20%左右，森林蓄积量比2005年增加45亿立方米左右。虽然需要付出艰苦的努力，但我们有信心和决心实现我们的承诺。

中国坚持正确义利观，积极参与气候变化国际合作。多年来，中国政府认真落实气候变化领域南南合作政策承诺，支持发展中国家特别是最不发达国家、内陆发展中国家、小岛屿发展中国家应对气候变化挑战。为加大支持力度，中国在今年9月宣布设立200亿元人民币的中国气候变化南南合作基金。中国将于明年启动在发展中国家开展10个低碳示范区、100个减缓和适应气候变化项目及1000个应对气候变化培训名额的合作项目，继续推进清洁能源、防灾减灾、生态保护、气候适应型农业、低碳智慧型城市建设等领域的国际合作，并帮助他们提高融资能力。

应对气候变化是人类共同的事业，世界的目光正聚焦于巴黎。让我们携手努力，为推动建立公平有效的全球应对气候变化机制、实现更高水平全球可持续发展、构建合作共赢的国际关系作出贡献！

（在气候变化巴黎大会开幕式上的讲话，2015年11月30日）

中共中央政治局常委、国务院总理
李克强重要论述

在第十二届全国人民代表大会第三次会议上的政府工作报告

新的一年是全面深化改革的关键之年，是全面推进依法治国的开局之年，也是稳增长调结构的紧要之年。政府工作的总体要求是：高举中国特色社会主义伟大旗帜，以邓小平理论、“三个代表”重要思想、科学发展观为指导，全面贯彻党的十八大和十八届三中、四中全会精神，贯彻落实习近平总书记系列重要讲话精神，按照“四个全面”战略布局，主动适应和引领经济发展新常态，坚持稳中求进工作总基调，保持经济运行在合理区间，着力提高经济发展质量和效益，把转方式调结构放到更加重要位置，狠抓改革攻坚，突出创新驱动，强化风险防控，加强民生保障，处理好改革发展稳定关系，全面推进社会主义经济建设、政治建设、文化建设、社会建设、生态文明建设，促进经济平稳健康发展和社会和谐稳定。

今年经济社会发展的主要预期目标是：国内生产总值增长7%左右。能耗强度下降3.1%以上，主要污染物排放继续减少。

打好节能减排和环境治理攻坚战。环境污染是民生之患、民心之痛，要铁腕治理。今年，二氧化碳排放强度要降低3.1%以上，化学需氧量、氨氮排放都要减少2%左右，二氧化硫、氮氧化物排放要分别减少3%左右和5%左右。深入实施大气污染防治行动计划，实行区域联防联控，加强煤炭清洁高效利用，推动燃煤电厂超低排放改造，促进重点区域煤炭消费零增长。推广新能源汽车，治理机动车尾气，提高油品标准和质量，在重点区域内重点城市全面供应国五标准车用汽柴油。2005年底前注册营运的黄标车今年要全部淘汰。积极应对气候变化，扩大碳排放权交易试点。实施水污染防治行动计划，加强江河湖海水污染、水污染源和农业面源污染治理，实行从水源地到水龙头全过程监管。加强土壤污染防治。推行环境污染第三方治理。做好环保税立法工作。我们一定要严格环境执法，对偷排偷放者出重拳，让其付出沉重的代价；对姑息纵容者严问责，使其受到应有的处罚。

能源生产和消费革命，关乎发展与民生。要大力发展风电、光伏发电、生物质能，积极发展水电，安全发展核电，开发利用页岩气、煤层气。控制能源消费总量，加强工业、交通、建筑等重点领域节能。积极发展循环经济，大力推进工业废物和生活垃圾资源化利用。我国节能环保市场潜力巨大，要把节能环保产业打造成新兴的支柱产业。

森林草原、江河湿地是大自然赐予人类的绿色财富，必须倍加珍惜。要推进重大生态工程建设，拓展重点生态功能区，办好生态文明先行示范区，开展国土江河综合整治试点，扩大流域上下游横向补偿机制试点，保护好三江源。扩大天然林保护范围，有序停止天然林商业性采伐。今年新增退耕还林还草66.7万公顷，造林600万公顷。生态环保贵在行动、成在坚持，我们必须紧抓不松劲，一定要实现蓝天常在、绿水长流、永续发展。

（2015年3月5日）

十二届全国人大三次会议闭幕后会见中外记者的谈话

政府在治理雾霾等环境污染方面，决心是坚定的，也下了很大的气力，但取得的成效和人们的期待还有比较大的差距。我去年在政府工作报告中说，要向雾霾等污染宣战，不达目的决不停战。治理要抓住关键，今年的要害就是要严格执行新出台的环境保护法。对违法违规排放的企业，不论是什么样的企业，坚决依法追究，甚至要让那些偷排偷放的企业承受付不起的代价。对环保执法部门要加大支持力度，包括能力建设，不允许有对执法的干扰和法外施权。环保等执法部门也要敢于担当，承担责任。对工作不到位、工作不力的也要问责，渎职失职的要依法追究，环保法的执行不是棉花棒，是杀手锏。

治理是一个系统工程。今年报告有很大的变化，就是我们把节能减排的指标和主要经济社会发展指标排列在一起，放在了很靠前的位置。报告里从调结构到提高油品生产和使用的质量等，都和治理雾霾等环境污染相关联，这是一个需要全社会人人有责的治理行动。治理要有个过程，如果说人一时难以改变自己所处的自然环境，但是可以改变自己的行为方式。

（2015年3月15日）

在国家应对气候变化及节能减排工作领导小组会议上的讲话

应对气候变化是国际社会的共同任务，也是中国科学发展的内在要求。中国政府高度重视应对气候变化问题，把绿色低碳循环经济发展作为生态文明建设的重要内容，主动实施一系列举措，取得明显成效。2014年，我国单位国内生产总值能耗和二氧化碳排放分别比2005年下降29.9%和33.8%，“十二五”节能减排约束性指标可以顺利完成。我国已成为世界节能和利用新能源、可再生能源第一大国，为全球应对气候变化作出了实实在在的贡献。

积极应对气候变化，不仅是我国保障经济、能源、生态、粮食安全以及人民生命财产安全，促进可持续发展的重要方面，也是深度参与全球治理、打造人类命运共同体、推动共同发展的责任担当。中国作为负责任的大国，将坚持共同但有区别的责任原则、公平原则和各自能力原则，承担与自身国情、发展阶段和实际能力相符的国际义务，中国将按照2030年左右二氧化碳排放达到峰值且将努力早日达峰的目标，继续积极主动加大节能减排力度，大幅降低单位国内生产总值二氧化碳排放量，进一步提高非化石能源占一次能源消费比重和森林蓄积量，不断提高减缓和适应气候变化能力，为促进全球绿色低碳转型与发展路径创新做出自身最大努力。

中国是一个发展中国家，发展是第一要务。面对当前经济下行压力和应对气候变化等多重挑战，关键是要通过结构调整和提质升级发展，拓宽经济增长与环境改善的双赢之路。必须坚持节约资源和保护环境基本国策，实施积极应对气候变化国家战略，研究制定长期低碳发展路线图。必须坚持深化改革、创新驱动，通过大众创业、万众创新，催生新技术、新产品、新模式，壮大节能环保产业，严控高耗能、高排放行业扩张，形成节能低碳的产业体系，培育新的增长点，推动经济健康发展。必须大力实施“中国制造2025”，积极推进“互联网+”行动，提升传统产业和社会生活的智能化、绿色化水平。必须加大政府对生态环保等公共产品和基础设施投入，探索政府与社会资本合作等投融资新机制。必须在对接全球绿色低碳需求中扩大国际产能合作，倒逼我国产业迈向中高端水平。

李克强说，中国致力于《联合国气候变化框架公约》全面、有效和持续实施，愿与各方一道携手努力推动巴黎会议达成一个全面、平衡、有力度的协议。中国将积极开展多边和双边国际磋商，特别是进一步加大气候变化南南合作力度，建立应对气候变化南南合作基金，在资金、技术和能力建设上为小岛屿国家、最不发达国家和非洲等发展中国家提供力所能及的帮助和支持，共同推动形成公平合理、合作共赢的全球气候治理体系，共同建设人类美好家园。

（2015年6月12日）

在法国访问会见法国总统奥朗德时的谈话

中国政府根据中国国情、发展阶段、可持续发展战略和国际责任，确定了到2030年的自主行动目标，即：二氧化碳排放2030年左右达到峰值并争取尽早达峰；单位国内生产总值二氧化碳排放比2005年下降60%-65%，非化石能源占一次能源消费比重达到20%左右，森林蓄积量比2005年增加45亿立方米左右。中国还将继续主动适应气候变化，在抵御风险、预测预警、防灾减灾等领域向更高水平迈进。

为实现上述目标，中方提交的方案就体制机制、生产方式、消费模式、经济政策、科技创新、国际合作等提出一系列强化政策和措施，阐述了中方对今年年底在巴黎举行的联合国气候变化会议谈判进程和结果的意见，反映了中国应对气候变化的最大努力，体现了中国深度参与全球治理、推动全人类共同发展的责任担当。

中方赞赏法方作为巴黎会议东道国为推动会议达成协议所作的积极努力，愿同法方和各方一道，继续按照共同但有区别的责任原则、公平原则、各自能力原则，推动巴黎会议在公开透明、广泛参与、缔约方驱动、协商一致的基础上，达成全面平衡有力度的协议，为全球绿色低碳可持续发展开辟新前景。

（2015年巴黎当地时间6月30日）

主持召开国务院常务会议上的讲话

按照绿色发展要求，落实国务院大气污染防治行动计划，通过加快燃煤电厂升级改造，在全国全面推广超低排放和世界一流水平的能耗标准，是推进化石能源清洁化、改善大气质量、缓解资源约束的重要举措。会议决定，在2020年前，对燃煤机组全面实施超低排放和节能改造，使所有现役电厂每千瓦时平均煤耗低于310克、新建电厂平均煤耗低于300克，对落后产能和不符合相关强制性标准要求的坚决淘汰关停，东、中部地区要提前至2017年和2018年达标。改造完成后，每年可节约原煤约1亿吨、减少二氧化碳排放1.8亿吨，电力行业主要污染物排放总量可降低60%左右。会议要求，对超低排放和节能改造要加大政策激励，改造投入以企业为主，中央和地方予以政策扶持，并加大优惠信贷、发债等融资支持。中央财政大气污染防治专项资金向节能减排效果好的省份适度倾斜。同时，要结合“十三五”规划推出所有煤电机组均须达到的单位能耗底限标准。

（2015年12月2日）

与出席夏季达沃斯论坛的中外企业家代表座谈时的谈话

中国已经宣布了自主减排的目标，实现这个目标对中国压力很大，需要经过艰苦卓绝的努力。我们既然说了，就要“言必信、行必果”。

中国是一个发展中国家，但又必须转变发展方式，承担应当承担的国际责任，应对气候变化。这两者之间并非没有矛盾，我们需要找到一个平衡。中国在不断加强生态保护，尤其是加大污染排放的治理力度。与前几年比，去年节能减排的力度是最大的，今年上半年单位GDP能耗下降了5.9%，我们还会继续按这个方向推动转型发展，推动绿色发展。

（2015年9月9日）

对全国节能与新能源汽车产业发展推进工作座谈会的批示

加快发展节能与新能源汽车，是促进汽车产业转型升级、抢占国际竞争制高点的紧迫任务，也是推动绿色发展、培育新的经济增长点的重要举措。要突出重点、合理布局，针对产业发展的“瓶颈”和“短板”，着力突破核心技术和关键零部件制约、提升自主创新能力和技术水平，落实和完善扶持政策、优化配套环境，创新商业模式、扩大先进适用的节能与新能源汽车的市场应用，走出一条健康可持续的产业发展新路，为经济增长和民生改善注入新动力。

（2015年10月）

会见第70届联大主席吕克托夫特时的谈话

中方愿同国际社会共同努力，坚持共同但有区别的责任原则，推动巴黎气候变化会议达成全面、均衡、有力度的新协议。

（2015年10月27日）

在第五届中日韩工商峰会上的致辞

拓展绿色发展合作领域。共同应对气候变化，开展绿色发展合作，既是民生需要，也是一项新兴战略性产业，具有多重效益。中国致力于绿色发展，节能环保产业蕴藏着巨大商机。中方愿与韩日探讨建立三国能源政策高级别协商机制，共享能源政策，促进新能源产业合作；愿意加强环境合作，共同开发大气、水、土壤污染防治技术合作网络，提升区域环境污染防治能力。希望三方共同建设好中国河北曹妃甸工业园和大连循环产业经济区，使之成为三国绿色发展合作新样板。

（2015年11月1日，首尔）

在中法气候与绿色经济论坛闭幕式上的致辞

中法同为联合国安理会常任理事国，在应对气候变化方面携手合作，不仅表明两个大国对涉及人类命运的重大问题负有共同责任，也表明中法关系一直走在中国同西方大国关系的前列。昨天，习近平主席和奥朗德总统发表了气候变化联合声明。今年6月，我访问法国期间，中国政府向联合国气候变化框架公约秘书处提交了应对气候变化国家自主贡献文件。中方高度赞赏法国在应对气候变化方面所作努力，愿同法方密切配合，在共同但有区别的责任原则、公平原则、各自能力原则基础上，推动巴黎气候变化大会达成全面、均衡、有力度的协议，为人类的可持续发展作出更大贡献。

当前世界经济复苏依然乏力，下行压力持续加大。受外部环境影响，中国经济增速也有所放缓。需要看到，中国长期过度依赖消耗自然资源的增长方式是不可持续的。我们的目标是要在本世纪中叶达到中等发达国家水平，这就需要中国经济长期保持中高速增长，迈向中高端水平。中国经济增速短期出现放缓，其中也有加大结构调整、严格实施环保标准等因素，这是一个结构转换、动能转变的艰苦过程。但是我们必须沿着这条路走下去，把发展方式从过度依赖消耗自然资源转到更多发挥人力资源上来，培育新的经济增长点。只有坚持绿色发展，才能实现可持续发展。在这方面，绿色环保产业有很大发展空间。

早在上世纪80年代，中法两国就已经开始在清洁能源领域的合作。当前中国正在推进新型工业化和城镇化。新型工业化要求降耗、节能，更多依靠智能。中国城镇化率刚刚超过50%，城镇化仍然是中国最大的内需所在。我们要走新型城镇化道路，在建筑等领域需要使用节能环保材料，广大人民群众也需要更多节能环保的消费品。如果中法企业开展合作，根据中国消费者需求开拓市场，打造节能环保新产业，会产生难以估量的效益。30年前，大亚湾核电站第一台机组用的就是法国技术，装机容量不到百万千瓦。而现在中国已投入运行和在建核电装机容量都已超过2500万千瓦，未来还会有更大的发展空间。

对发展中国家来说，应对气候变化确实是一个挑战，会有阵痛和压力，但换来的将是经济持续健康发展。因此，走绿色发展之路是转变发展方式、调整经济结构的必然要求，也是中国作为一个发展中大国应当担负的责任和作出的贡献。中国将按照刚刚闭幕的十八届五中全会部署，包括遵循绿色发展理念等，继续通过转变发展方式、调整结构和促进经济提质增效，拓宽经济增长与环境改善的双赢之路，开拓生态文明建设新局面。

中法双方还可以在节能环保产业等方面携手开展第三方市场合作，这将给世界带来新技术、新产品、新理念，帮助新兴市场国家应对经济下行压力，实现可持续增长。

奥朗德总统在巴黎气候变化大会召开前专程访华，表明中法在应对气候变化方面有共同的理念，双方合作能够形成共同的力量。中方期待巴黎气候变化大会取得成功，希望大会能为人类的发展探索新的增长点和增长路径。会议的成果不仅将体现在文件上，最终还要落实在行动中。推动转变发展方式和结构调整取得成果，政府应加强方向引导、标准制定和政策扶持，但更多还是要靠企业界携手合作。中方也期待中法两国企业家推动绿色发展、开展节能环保产业合作结出新的硕果。希望法国对中国开放相关领域技术，中方企业将遵守知识产权保护的规则。双方深化互信，加强合作，一定能在中法两国、在世界范围开辟更大市场，为世界经济可持续发展作出积极贡献，更好造福两国和世界人民。

（2015年11月3日，北京）

催生新的动能 实现发展升级

我国自然资源禀赋不足，人均占有量低于世界平均水平，如果能广泛应用增材制造方式，就可以减少资源能源消耗，有力推动发展方式转变。增材制造的理念不应仅仅局限于制造业，服务业等其他行业也可以借鉴。

培育中国制造竞争新优势，既要瞄准世界产业技术发展前沿，加强3D打印等核心技术和原创技术研发，又要加快成果推广运用和产业化进程，促进创新链和产业链紧密联结，以个性化定制满足广阔市场需求，以增材制造降低能源资源消耗，以绿色生产赢得可持续发展的未来，推动新兴产业集群不断壮大，使中国制造价格优势叠加性能优势、质量优势。同时，这也可为国际产能合作拓展更大空间，在优进优出中实现中国制造水平跃升。

（《求是》杂志，2015年10月16日）

中共中央政治局常委、国务院副总理
张高丽重要论述

在北京调研并主持召开大气污染防治工作座谈会上的讲话

党中央、国务院高度重视大气污染防治。习近平总书记强调，生态环境特别是大气、水、土壤污染严重，已成为全面建成小康社会的突出短板。扭转环境恶化、提高环境质量是广大人民群众的热切期盼，是“十三五”时期必须高度重视并切实推进的一项重要工作。李克强总理要求持续下大力气治理大气雾霾。我们要把思想认识和行动统一到党中央、国务院决策部署上来，牢固树立绿色发展理念，深刻认识大气污染治理的紧迫性、艰巨性和长期性，坚持不懈打好大气污染防治攻坚战和持久战。

要把京津冀及周边地区特别是北京作为重点的重点，针对存在的问题、薄弱环节和冬季大气污染物排放增加的情况，采取法律、经济、技术和行政等更加强化的防控手段措施。一是强化散煤污染控制，做好散煤替代工作，大力推进“煤改气”、“煤改电”及其他新能源应用。二是强化机动车管控，加快推进重型柴油车使用清洁化，推动公交、物流领域率先更换使用新能源车辆，严格机动车排放检测标准。三是强化工业企业治理，通过“关停并转”等措施，彻底解决小企业、小作坊超标排放问题。探索在京津冀执行大气污染物特别排放限值，研究实施冬季差异化排污收费政策。四是强化重污染天气应急管理，统一重污染天气预警分级标准，加强区域预警联动和监测信息共享。五是强化区域联动机制，认真实施《京津冀协同发展生态环境保护规划》，探索建立跨地区环保机构，推动区域联动治污。

大气污染防治关系人民群众的身体健康和切身利益，我们要想人民之所想，急人民之所急，忧人民之所忧，心中时刻装着人民，从严从实做好工作，努力改善环境空气质量，决不辜负人民群众的殷切期望。

有关地区和部门要全力以赴抓好强化措施落实。对工作不力、未完成空气质量改善目标的，要严肃追究问责。要把环境保护责任层层分解，落实到基层和具体责任人。加强环保信息透明公开，引导公众参与环保行动，形成共同参与、良性互动的环保工作大格局。

（2015年1月4日）

在天津主持召开推动京津冀协同发展工作座谈会时的讲话

推动京津冀协同发展工作已经进入重点突破、抓好落实的关键阶段。习近平总书记多次作出重要指示批示，全面深刻阐述疏解北京非首都功能、推动京津冀协同发展的目标、思路、方法和工作重点，我们要认真贯彻落实。李克强总理要求树立大局意识，统筹推进各项重点工作。按照党中央、国务院决策部署，京津冀协同发展领导小组加强统筹，三省市和有关部门密切配合，坚持顶层设计和务实推进同步，京津冀协同发展各项工作取得积极进展，打下了良好基础。

下一步推动京津冀协同发展，要突出重点、抓好项目，加大力度、加快节奏，确保今年实现良好开局。要抓紧完善京津冀协同发展规划纲要，制定分工方案和三年滚动实施计划，加快编制专项规划及三省市地方协同发展规划。要加快推进一批在建项目和计划新开工项目，做好项目储备，以项目建设带动重点领域率先突破，发挥重大项目对稳增长和协同发展的关键作用。要切实抓好年度重点工作任务落实，抓紧推进体制机制改革、强化创新驱动、开展试点示范等工作。要把生态文明建设摆在更加突出位置，牢固树立“绿水青山就是金山银山”的理念，更加自觉推动绿色发展、循环发展、低碳发展，联防联控环境污染，大力发展绿色经济，加快推动生产方式和生活方式绿色化。要突出核心工作，稳妥有序推动北京非首都功能疏解，加强政策引导和先行启动示范项目带动。三省市和有关部门要积极主动负起责任，完善工作督办机制，切实把各项工作抓实抓好抓出成效。

推动京津冀协同发展责任重大、使命光荣。我们要在以习近平同志为总书记的党中央坚强领导下，紧紧围绕“四个全面”战略布局，齐心协力推动京津冀协同发展，为实现“两个一百年”奋斗目标、实现中华民族伟大复兴的中国梦作出贡献。

（2015年3月27日）

在京津冀及周边地区大气污染防治协作机制第四次会议上的讲话

做好大气污染防治工作，必须全面推进、重点突破，抓住治理工作的“牛鼻子”。要坚决落实《京津冀协同发展规划纲要》，在生态环保等领域率先取得突破。全力推进燃煤控制，一手抓煤炭减量，一手抓散煤替代，强化煤炭清洁化利用。加强重点行业综合治理，大力压减过剩产能，积极推动燃煤电厂超低排放改造，大力开展工业企业挥发性有机物综合整治。强化机动车船污染控制，保持黄标车淘汰高压态势，加快油品升级进程，鼓励使用新能源汽车，开展港口应用清洁能源试点示范。加强面源污染控制，强化扬尘管控，推进秸秆综合利用。要做好重污染天气应对，建立区域应急联动机制。

（2015年5月19日）

在中国环境与发展国际合作委员会2015年年会开幕式上的讲话

中国政府高度重视绿色发展。中国国家主席习近平强调，绿水青山就是金山银山，保护生态环境就是保护生产力，改善生态环境就是发展生产力。李克强总理指出，良好生态环境是提升人民生活质量的重要内容，也是全面建成小康社会的应有之义。当今中国，绿色发展理念已经深入人心，保护生态环境的认识高度、政策力度、实践深度不断提高，也取得显著成绩。

“十三五”时期是中国全面建成小康社会的决胜阶段。小康全面不全面，生态环境很关键。中国将为人民提供更多优质生态产品，推动形成绿色发展方式和生活方式，协同推进人民富裕、国家富强、中国美丽。一是优化国土空间开发格局，落实主体功能区规划，构建科学合理的城市化格局、农业发展格局、生态安全格局、自然岸线格局，有度有序利用自然。二是全面节约和高效利用资源，对能源和水资源消耗、建设用地等实行总量和强度双控，实施全民节能行动计划，建设安全、清洁、低碳、高效的现代能源体系，推动绿色低碳循环发展。三是加大环境治理力度，打好大气、水、土壤污染防治“三大战役”，坚持城乡环境治理并重，实现环境质量总体改善。四是坚持保护优先、自然恢复为主，实施山水林田湖生态保护和修复工程，打造国家生态廊道和生物多样性保护网络，筑牢生态安全屏障。五是健全生态文明法律法规，严格生态环境监管制度和政绩考核制度，加快建立系统完整的生态文明制度体系，引导、规范和约束各类开发、利用、保护自然资源的行为。六是积极推进国际交流合作，努力承担负责任大国应尽的国际义务。中国愿意与相关各方一道，共同推动气候变化巴黎大会达成全面、均衡、有力度的新协议，成为全球气候治理进程中的一个里程碑。

（2015年11月9日，北京）

公报 白皮书

中美元首气候变化联合声明

2015年9月25日于华盛顿特区

一、习近平主席和贝拉克•奥巴马总统于2014年11月在北京一起发表了历史性的中美气候变化联合声明，突出表明两位元首致力于在巴黎达成一项成功的气候协议，标志着多边气候外交的新时代和两国双边关系的新支柱。值此习近平主席到华盛顿进行国事访问之际，两国元首重申坚信气候变化是人类面临的最重大挑战之一，两国在应对这一挑战中具有重要作用。两国元首还重申坚定推进落实国内气候政策、加强双边协调与合作并推动可持续发展和向绿色、低碳、气候适应型经济转型的决心。

巴黎气候大会展望

二、中美两国元首重申2014年11月12日发表的中美气候变化联合声明。两国元首忆及关于达成一项在公约下适用于所有缔约方的议定书、其他法律文书或具有法律效力的议定成果的德班授权，坚定决心携手并与其他国家一道努力，达成一项富有雄心、圆满成功的巴黎成果，在考虑2℃以内全球温度目标的同时，推进落实公约目标。

三、两国元首重申致力于达成富有雄心的2015年协议，体现共同但有区别的责任和各自能力原则，考虑到不同国情。双方进一步认为应以恰当方式在协议相关要素中体现“有区别”。

四、双方支持巴黎成果中包含有强化的透明度体系，以建立相互间的信任和信心，并包括通过恰当方式对行动和支持进行报告和审评以促进成果的有效实施。该体系应为依能力而需要灵活性的发展中国家提供灵活性。

五、中美两国欢迎彼此及其他缔约方所通报国家自主贡献中提出的强化行动。

六、双方认识到缔约方的减排努力是向绿色低碳经济转型所需长期努力的重要步骤，并应于未来持续提高力度。此外，中美双方强调制定和公布考虑2℃以内全球温度目标的本世纪中期低碳经济转型战略至关重要。双方还强调需要在本世纪内进行全球低碳转型。

七、双方强调适应的重要性。巴黎协议应更加重视和突出适应问题，包括认可适应是全球长期应对气候变化的关键组成部分，既要针对不可避免的气候变化影响做好准备，又要提高适应力。协议应鼓励缔约方在本国和国际层面打造适应力并减少脆弱性。协议应建立对适应问题的常态和高级别关注。

八、双方重申，在有意义的减缓行动和具备实施透明度的背景下，发达国家承诺到2020年每年联合动员1000亿美元的目标，用以解决发展中国家的需要。该资金将来自各种不同来源，其中既有公共来源也有私营部门来源，既有双边来源也有多边来源，包括替代性资金来源。双方强调，2020年后继续提供强有力的资金支持对于帮助发展中国家建设低碳和气候适应型社会至关重要。双方敦促发达国家继续向发展中国家提供支持，并鼓励其他愿意这样做的国家提供支持。

九、双方还认识到重大技术进步在向绿色低碳、气候适应型和可持续发展转型中的关键作用，并确认今后几年在各自国内和全球范围内大幅增加基础研发至关重要。

推进国内气候行动

十、中美两国都致力于实现去年11月中美气候变化联合声明中宣布的各自2020年后行动目标。从那时起，两国都采取了重要步骤来加以落实，并致力于继续强化努力，这些努力将大大推动对低碳技术和低碳解决方案的全球投资。

十一、自去年11月联合声明以来，美国采取了重要的减排步骤，并于今天宣布进一步的重要实施计划。2015年8月，美国制定完成“清洁电力计划”，该计划将使电力行业二氧化碳排放到2030年比2005年减少32%。2016年美国将制定完成一项联邦计划，在那些选择不按清洁电力计划制定自己实施计划的州实施电厂碳排放标准。美国承诺将于2016年制定完成其下一阶段、世界级的载重汽车燃油效率标准，并于2019年实施。2015年8月，美国针对垃圾填埋和油气行业的甲烷气体排放草拟了专门的标准，并承诺将于2016年制定完成上述标准。2015年7月，美国制定完成了通过“重要新替代品政策（SNAP）”减少氢氟碳化物（HFCs）使用和排放的重大新举措，并于今天承诺在2016年继续采取新行动减少氢氟碳化物的使用和排放。最后，在建筑领域，美国承诺到2016年底制定完成20多项电器和设备能效标准。

十二、中国正在大力推进生态文明建设，推动绿色低碳、气候适应型和可持续发展，加快制度创新，强化政策行动。中国到2030年单位国内生产总值二氧化碳排放将比2005年下降60%－65%，森林蓄积量比2005年增加45亿立方米左右。中国将推动绿色电力调度，优先调用可再生能源发电和高能效、低排放的化石能源发电资源。中国还计划于2017年启动全国碳排放交易体系，将覆盖钢铁、电力、化工、建材、造纸和有色金属等重点工业行业。中国承诺将推动低碳建筑和低碳交通，到2020年城镇新建建筑中绿色建筑占比达到50%，大中城市公共交通占机动化出行比例达到30%。中国将于2016年制定完成下一阶段载重汽车整车燃油效率标准，并于2019年实施。中国将继续支持并加快削减氢氟碳化物行动，包括到2020年有效控制三氟甲烷（HFC－23）排放。

加强双边和多边气候合作

十三、双方将基于强有力的双边合作倡议来支持实现富有雄心的国内行动，并承诺通过中美气候变化工作组

（“气候工作组”）进一步深化和加强这些努力，气候工作组是促进建设性中美气候变化对话合作的首要机制。双方在气候工作组各合作倡议中取得了具体进展，包括载重汽车和其他汽车、智能电网、碳捕集利用和封存、建筑和工业能效、温室气体数据收集和管理、气候变化和林业、工业锅炉能效和燃料转换以及气候智慧型／低碳城市等合作倡议，继续共同推动关于绿色港口和船舶、零排放汽车的工作并加强关于氢氟碳化物的政策对话与合作。今年双方还建立了新的国内政策对话，就各自国内行动进行信息交流。双方将继续为现有合作倡议投入大量精力和资源。关于2014年中美气候变化联合声明中所提的碳捕集、利用和封存项目，两国已选定由陕西延长石油公司运行的位于中国陕西省延安－榆林地区的项目场址。双方将继续合作示范利用二氧化碳提高采水率。

十四、中美双方认同并赞赏省、州、市在应对气候变化、支持落实国家行动、加速向低碳宜居社会长期转型中的关键作用。两国元首欢迎2015年9月15－16日在洛杉矶举行的第一届中美气候智慧型／低碳城市峰会的成果，并期待着2016年在北京成功举办第二届峰会。两国元首支持由24个中国和美国的省、州、市、郡签署的中美气候领导宣言以及宣言中所列的气候行动，包括中国省市发起的率先达峰倡议和美国州、郡、市提出的中长期温室气体减排目标。中美双方还强调企业可以在推动低碳发展中发挥重要作用，并将继续努力对企业开展行动进行鼓励和激励。

十五、中美双方认识到动员气候资金以支持发展中国家实现低碳、气候适应型发展的重要性，特别是支持最不发达国家、小岛屿发展中国家和非洲国家。为此，美国重申将向绿色气候基金捐资30亿美元的许诺；中国宣布拿出200亿元人民币建立“中国气候变化南南合作基金”，支持其他发展中国家应对气候变化，包括增强其使用绿色气候基金资金的能力。进而通过这些步骤和其他行动，双方决心建设性地合作努力，并与联合国气候变化框架公约所有缔约方一道，支持发展中国家向绿色低碳发展转型并进行气候适应力建设。

十六、中美双方认为两国在其他国家的双边投资应支持低碳技术和气候适应力，并承诺讨论公共资金在减少温室气体排放中的作用。两国将运用公共资源优先资助并鼓励逐步采用低碳技术。作为加强低碳政策规定的现行严肃承诺的一部分，除在最贫穷的国家以外，美国已终止向新建传统燃煤电厂提供公共融资。中国将强化绿色低碳政策规定，以严控公共投资流向国内外高污染、高排放项目。

十七、中美双方将加强在二十国集团、蒙特利尔议定书、国际民航组织、国际海事组织、世界贸易组织、清洁能源部长会议等作为对联合国气候变化框架公约补充的有关场合开展对话合作，推进气候变化相关问题。

中欧气候变化联合声明

（2015年6月29日）

一、中国和欧盟（以下称“双方”）认识到他们在应对全球气候变化这一人类面临的重大挑战方面具有重要作用。该挑战的严重性需要双方为了共同利益、在可持续的经济社会发展框架下建设性地一起努力。

二、双方将为了人类长远福祉，有效地推动可持续的资源集约、绿色低碳、气候适应型发展，同时双方认识到，有力度的应对气候变化行动将在本国、本区域和全球层面带来保障能源安全、促进增长、增加就业、保障健康、推动创新、实现可持续发展等一系列协同效应。

三、双方忆及2005年《中欧气候变化联合宣言》、2010年《中欧气候变化对话与合作联合声明》、2013年《中欧合作2020战略规划》及其中关于可持续发展、气候变化和环境保护的章节，并致力于在过去十年成功合作的基础上，进一步推动中欧气候变化伙伴关系取得显著进展。

四、双方忆及《联合国气候变化框架公约》（以下简称公约）第2条所载目标，并强调考虑到科学的要求，牢记将全球平均温度升高控制在不超过工业革命前水平2℃以内，有必要立即加强全球应对气候变化行动，以确保公约从现在到2020年、直至2020年以后的全面、有效和持续实施。

五、双方致力于携手努力推动2015年巴黎气候大会达成一项富有雄心、具有法律约束力的协议，加强公约的实施。协议应以公平为基础，体现共同但有区别的责任和各自能力原则，考虑到各国不同国情。双方重申，协议应在公约下并适用于所有缔约方，特别是平衡处理减缓、适应、资金、技术开发和转让、能力建设、行动和支持的透明度。

六、双方注意到其各自宣布的到2030年的应对气候变化强化行动，作为中国为一方、欧盟及其成员国为另一方实现公约第2条所规定目标而计划做出的国家自主决定贡献。双方的自主贡献与其他各方宣布的自主贡献一起，构成实现全世界所必需的绿色低碳发展长期努力的重要步骤。双方计划继续在公约下共同努力于未来提高力度。

七、双方敦促发达国家为发展中国家特别是易受气候变化不利影响的发展中国家开展有力度的减缓和适应行动提供和动员强化资金支持，并认可其他国家的补充的支持。

八、双方强调从现在到2020年加速落实应对气候变化行动的重要性。双方重申发达国家所承诺的目标，即在有意义的减缓行动和实施透明度背景下，到2020年每年联合动员1000亿美元以满足发展中国家的需要。

九、双方同意：

（一）开展合作，在保持强劲经济增长的同时发展低成本高效益的低碳经济；

（二）提升气候变化合作在中欧双边关系中的地位；

（三）进一步加强双方向资源集约、绿色低碳、气候适应型经济和社会转型的政策对话与务实合作；

（四）在上述背景下进一步加强各自分析能力，以探索高效管用的路径和政策工具；

（五）以现有中欧碳排放交易能力建设合作项目为基础并加以拓展，进一步加强碳市场方面的已有双边合作，并在今后几年共同研究碳排放交易相关问题；

（六）建立中欧低碳城市伙伴关系，促进关于低碳和气候适应型城市政策、规划和最佳实践的相互交流；

（七）推动关于国内减缓气候变化政策措施的对话与合作，涉及能源供应、工业、建筑、交通及航空和海运活动等重点行业的节能和提高能效；

（八）加强气候相关科学研究合作和技术创新合作，包括清洁和可再生能源、低碳技术及适应方案的开发和应用；

（九）认可在“中欧近零排放”倡议下碳捕集利用和封存方面的成功合作，将研究继续推进相关合作的方式；

（十）继续开展造林方面的合作，以增强对大气中二氧化碳的吸收；

（十一）强化中欧在公约及二十国集团、经济大国能源与气候论坛、蒙特利尔议定书、国际民航组织、国际海事组织等其他相关机制方面的气候对话；

（十二）加强双方关于氢氟碳化物国内政策和措施的对话与合作，同时与其他国家共同努力达成关于逐步削减氢氟碳化物生产和消费的多边解决方案；

（十三）探索在双边及国际层面开展低碳和气候适应型投资及能力建设合作的机会。

中法元首气候变化联合声明

2015年11月2日于北京

一、值此奥朗德总统对华进行国事访问之际，中华人民共和国主席和法兰西共和国总统重申双方坚信气候变化是人类面临的最重大挑战之一，需要所有国家本着共同利益、在可持续发展框架下一起努力。

二、习近平主席和奥朗德总统忆及关于达成一项在《联合国气候变化框架公约》下适用于所有缔约方的议定书、其他法律文书或具有法律效力的议定成果的德班授权，坚定决心携手并与其他国家领导人一道努力，达成一项富有雄心、具有法律约束力的巴黎协议，以公平为基础并体现共同但有区别的责任和各自能力原则，考虑到不同国情，同时考虑2℃以内全球温度目标。

三、中法双方强调巴黎协议必须发出全世界向绿色低碳、气候适应型和可持续发展转型的明确信号。

四、鉴此，双方强调，以符合强劲经济增长和公平社会发展及2℃以内全球温度目标的节奏在本世纪内实现将全球经济转到低碳道路至关重要。双方也认识到，在考虑到不同的自然资源禀赋和社会选择的情况下，逐步转向清洁能源系统至关重要。双方还强调了制定2050年国家低碳发展战略的重要性。

五、双方强调发达国家需要继续通过承担有力度的全经济范围绝对量化减排目标来发挥领导力，同时强调发展中国家在可持续发展框架下持续加强多样化减缓行动的重要性，包括视国情逐步转向全经济范围可量化减限排目标，通过恰当的激励和支持来实现相关目标。

六、中法双方强调有必要通过巴黎协议表明减缓和适应气候变化在政治上同等重要。双方强调巴黎协议需为有效加强适应能力作出贡献。双方强调制定和实施国家适应计划、将应对气候变化考虑纳入国家经济社会发展规划和活动、采取多样化适应行动和项目的重要性。双方强调加强发展中国家适应计划和行动国际支持的重要性，同时考虑到那些特别脆弱国家的需要。

七、中法双方重申，确定一个清晰、可信的发达国家实现到2020年每年动员1000亿美元目标的路径至关重要。该资金来自各种不同来源，其中既有公共来源也有私营部门来源，既有双边来源也有多边来源，包括替代性资金来源，旨在支持发展中国家具有透明度的减缓和适应行动并提高发展中国家的能力。双方欢迎发达国家和多边金融机构在最近利马国际货币基金组织和世界银行会议上作出的新承诺，在该会议上经合组织和气候政策倡议提出了报告。双方呼吁尚未这样做的发达国家增加他们对发展中国家减缓和适应气候变化的支持。

八、双方强调发达国家在2020年后继续为发展中国家有力度的减缓和适应行动提供强化的资金、技术和能力建设支持至关重要，特别是在适应方面向面对气候变化负面影响特别脆弱的发展中国家提供支持。其他愿意这样做的国家提供补充性支持应得到鼓励和认可。

九、中法双方强调，技术创新在应对减缓和适应气候变化、增长和发展、能源获取和能源安全等相互关联的挑战中具有关键作用。双方支持进一步加强现有技术机制，以合作开展技术开发和转让，包括通过联合研发、示范和其他活动。

十、中法双方强调巴黎协议中需要包含有强化的透明度体系，以建立相互间的信任和信心，并包括对行动和支持进行报告和审评以促进成果的有效实施。该体系应为依能力而需要灵活性的发展中国家提供灵活性。

十一、双方同意巴黎协议应规定缔约方制定、通报、实施并定期更新国家自主决定贡献。双方支持每五年以全面的方式盘点实现经议定长期目标的总体进展。盘点的结果将为缔约方以国家自主决定的方式定期加强行动提供信息。

十二、中法双方强调有必要在巴黎通过一个关于2020年前加速落实减缓、适应和支持的工作计划，并在2017年或2018年开展一个促进性的对话以盘点已有进展并探索进一步加强2020年前行动和支持的可能性。

十三、中法双方忆及通过2007年发表的气候变化联合声明所建立起的双边应对气候变化伙伴关系，并同意进一步加强双方在气候变化领域的协调与合作。双方将重点加强在低碳基础设施、碳捕集利用和封存、可再生能源、能源效率、低碳交通、低碳城镇化、循环经济、适应及碳市场等方面的交流。中法双方强调不同形式的碳定价的重要性，并认为中国发展全国碳市场是这方面的重要里程碑和强有力激励信号。

十四、双方合作将包括交流最佳实践、技术研发、投资低碳项目和解决方案及联合投资第三方市场。双方计划在未来五年尽早公布各自的2050年国家低碳发展战略。

十五、中法双方认识到绿色金融和低碳投资的重要性，将努力鼓励资金流向资源节约和低碳的项目。双方也认识到在绿色金融和低碳投资领域加强合作的必要性。双方强调国家和多边开发银行在这方面特别是撬动公共和私营投资上发挥的重要作用。

十六、中法双方强调城市、地区、省区及工商界在应对气候变化中的关键作用，鼓励非国家行为体在促进向低碳、气候适应型和可持续社会长期转型中采取行动。

十七、在2010年建立的双边磋商机制基础上，双方同意启动中法绿色低碳经济工作组，以加强双方在气候和能源相关问题上的双边对话与务实合作。

十八、中法双方认识到动员气候资金以支持发展中国家实现低碳、气候适应型发展的重要性，特别是支持最不发达国家、小岛屿发展中国家和非洲国家。法国重申所承诺的到2020年将每年现有30亿欧元资金支持提高到50亿欧元以上。中国重申所宣布的拿出200亿元人民币建立“中国气候变化南南合作基金”，支持其他发展中国家应对气候变化。

十九、双方承诺到2020年显著增加各自在低碳能源技术研发和示范方面的公共投资，同意进一步探索在双方感兴趣的领域联合开发合作项目的机会。

二十、中法双方将建设性地合作努力并与公约所有缔约方一道，支持发展中国家向绿色低碳发展转型并进行气候适应力建设，包括开展三方合作。双方将探索在第三国特别是发展中国家开展可再生能源、能效及防灾减灾方面的合作。双方赞赏并支持非洲国家及其他发展中国家加速发展可再生能源及提高气候适应力的努力，包括实施非洲可再生能源倡议及气候风险和早期预警系统倡议。

二十一、中法双方还将加强在其他多边场合气候变化相关问题的对话与合作。双方认识到二十国集团在为成功达成巴黎成果及其有效实施动员所需政治支持方面的作用，并在推动绿色金融、能效、碳市场机制和逐步取消低效化石能源补贴方面发挥作用。

中华人民共和国政府和印度共和国政府关于气候变化的联合声明

（2015年5月15日于北京）

一、中华人民共和国政府和印度共和国政府（以下称“双方”）认识到气候变化及其负面影响是全人类的共同关切和21世纪最大的全球挑战之一，需要在可持续发展框架下通过国际合作解决。

二、双方忆及2009年签署的《中华人民共和国政府和印度共和国政府关于应对气候变化合作的协定》和2010年签署的《中华人民共和国政府和印度共和国政府关于绿色技术合作的谅解备忘录》（以下简称“备忘录”）。双方决定通过本联合声明及备忘录、协定的实施，进一步加强双边气候变化伙伴关系，并提升该伙伴关系在双方整体战略合作伙伴关系中的地位。

三、双方强调《联合国气候变化框架公约》（以下简称“公约”）及其《京都议定书》是国际合作应对气候变化最合适的框架，重申公平原则和共同但有区别的责任原则，并要求发达国家在温室气体减排及向发展中国家提供资金、技术和能力建设支持方面发挥领导作用。

四、双方将携手并与其他缔约方一道，共同推动多边谈判进程于2015年在公约下达成全面、平衡、公平和有效的协议，以确保公约的全面、有效和持续实施。在此背景下，双方表示全力支持今年将在法国巴黎举行的联合国气候会议（以下简称“巴黎会议”）取得成功。

五、双方重申，2015年协议应全面遵循公约的原则、规定和架构，特别是公平原则、共同但有区别的责任原则和各自能力原则，体现发达国家和发展中国家间不同的历史责任、发展阶段和国情。2015年协议应全面、平衡地处理减缓、适应、资金、技术开发和转让、能力建设、行动和支持的透明度。

六、双方强调，落实巴厘路线图成果对于提高2020年前行动力度、建立各方互信同等重要和紧迫。双方敦促发达国家提高其2020年前减排目标、兑现其到2020年每年向发展中国家提供1000亿美元资金的承诺。

七、作为最大的两个发展中国家，尽管面临社会和经济发展和消除贫困方面的巨大挑战，中国和印度均通过制定和实施减缓和适应的计划、政策和措施，正在采取雄心勃勃的国内应对气候变化行动。

八、中国和印度正在全力准备与2015年协议相关的各自国家自主决定贡献，争取在巴黎会议前尽早提交。

九、双方相信其气候变化伙伴关系是互利的，并为全球应对气候变化努力作出贡献。为此，双方决定加强关于各自国内气候政策和多边谈判进程的高层双边对话，进一步深化双方在清洁能源技术、节能、能效、可再生能源、包括电动汽车在内的可持续交通、低碳城市和适应等领域的务实合作。

中华人民共和国政府和巴西联邦共和国政府关于气候变化的联合声明

（2015年5月19日于巴西巴西利亚）

一、中华人民共和国政府和巴西联邦共和国政府认识到气候变化及其负面影响是全人类的共同关切和21世纪最大的全球挑战之一，需要在可持续发展框架下通过国际合作解决。

二、作为发展中国家，尽管面临经济社会发展和消除贫困的多重挑战，中国和巴西已采取了能效、可再生能源、林业、农业和工业等方面的计划、政策和措施，开展了雄心勃勃的应对气候变化国内行动。双方也计划在各自能源结构中增加可再生能源的比重。

三、中国和巴西强调《联合国气候变化框架公约》及其《京都议定书》是应对气候变化国际行动与合作的主要法律文件。双方重申将致力于在今年年底法国巴黎举行的联合国气候变化会议上，达成一项平衡、全面、公平和富有雄心的公约下协议，以确保公约的全面、有效和持续实施。中国和巴西将携手与其他缔约方，特别是“基础四国”其他成员一道为实现此目标而努力。

四、中国和巴西进一步重申，2015年协议应全面遵循公约的原则、规定和架构，特别是公平原则、共同但有区别的责任原则和各自能力原则。为此，中国和巴西强调，2015年协议的规定需要全面反映发达国家和发展中国家间不同的责任和发展阶段，发达国家应率先采取有力度的、全经济范围的绝对减排目标并为发展中国家提供资金和技术支持，发展中国家在可持续发展框架下并在发达国家资金、技术开发和转让、能力建设支持下强化行动，包括通过相关激励机制逐步向做出全经济范围减缓贡献而努力。

五、中国和巴西重申2015年协议应基于公约下业已建立的机制和规则，平衡处理减缓、适应、资金、技术开发和转让、能力建设及行动和支持的透明度问题。

六、中国和巴西还强调，落实巴厘路线图成果对于提高2020年前行动力度和维护各方互信至关重要。为此，发达国家应提高其2020年前减排目标，并以清晰和透明的方式表明其将如何兑现到2020年每年向发展中国家提供1000亿美元资金的承诺。

七、中国和巴西正在按照联合国华沙和利马气候变化会议的决定，加紧准备其为实现公约目标而做出的国家自主决定贡献。双方均表示，其采取的有力度国内行动及所取得的成效将在各自贡献中予以恰当反映。

八、双方还认为，两国气候变化合作与协调在中巴全面战略伙伴关系中具有重要意义。中国和巴西认为，气候变化合作有利于实现应对气候变化与促进能源安全、环境保护和可持续发展的协同效益。为此，双方同意进一步加强两国关于国内气候政策和多边进程的双边高层对话，加强双边务实合作，特别是在可再生能源、森林碳汇、节能、能效、适应和城镇化低碳发展等领域的合作。

九、中国和巴西还同意加强太阳能方面的合作，以实现各自能源结构的多元化，并为各自减排努力做出贡献。双方决定，加强合作，增进对太阳能板和太阳能电池产业的认识，探索商业机会，包括开展政策、规划、技术和标准、检测和认证方面的交流以及人员培训，同时推动中国太阳能企业在巴西投资建厂和项目开发。双方将在中国-巴西高层协调与合作委员会下讨论这些问题并加强气候变化和环境方面的双边合作。

第二十一次“基础四国”气候变化部长级会议联合声明

中国，北京

2015年10月31日

一、第二十一次“基础四国”气候变化部长级会议于2015年10月30—31日在北京举行。中国气候变化事务特别代表解振华阁下、巴西环境部长伊萨贝拉•特谢拉阁下、印度环境森林与气候变化部部长普拉卡什•贾瓦德卡尔阁下、南非环境事务部副司长朱迪•博蒙特女士作为南非环境事务部长莫莱瓦阁下的代表出席了会议。中国国务院副总理张高丽阁下于2015年10月30日会见了“基础四国”的代表。

二、部长们全面分析了当前的气候变化政治形势，表达了将通过一个透明、全面和缔约方驱动的进程推动巴黎气候变化会议取得成功的坚定决心。考虑到所剩的谈判时间有限，部长们强调各方应以2015年10月23日修改后的非正式文件为基础加速案文谈判。

三、“基础四国”部长们重申他们将致力于与其他缔约方一道在所有问题上建设性地开展工作，达成一个在《联合国气候变化框架公约》（以下简称公约）下的公平、有力度、全面、平衡和持久的巴黎协议，加强公约全面、有效和持续实施，以实现公约第二条所述目标，而不是建立一个有别于公约的体制。巴黎协议应完全遵循公约的原则和规定，特别是公平原则、共同但有区别的责任原则和各自能力原则。发达国家和发展中国家的区分应当反映在协议的每一个要素中。

四、部长们重申，巴黎协议须平衡处理德班授权确定的减缓、适应、资金、技术开发和转让、能力建设以及行动和支持透明度等核心要素。

五、部长们强调通过加强减缓、适应及针对减缓和适应的实施手段将全球平均温升控制在工业革命前水平2℃以内的重要性。

六、部长们认为巴黎协议应根据公约第4条要求缔约方定期准备、通报和实施其强化承诺和行动。努力应体现缔约方超越现有承诺的进展。

七、部长们进一步强调贡献应由国家自主决定，且应全面包括减缓、适应及发达国家向发展中国家提供的支持。部长们同时重申力度和持续进展应同时涵盖行动和支持。

八、部长们重申发达国家必须在2020年后发挥带头作用，承诺和实施有力度的、全经济范围的绝对量化减排目标，而发展中国家将加强它们不同类型的减缓努力。

九、部长们强调减缓和适应在协议中同等重要。共同承诺必须确认适应是一项全球责任。巴黎协议应确保向发展中国家提供充足的国际支持，以满足发展中国家适应行动的需求和成本。具体应包括为发展中国家加强适应计划、政策、规划和行动提供支持。

十、部长们强调发达国家必须为发展中国家在巴黎协议下开展有力度的减缓和适应行动提供资金、技术开发和转让以及能力建设支持，特别包括通过定期制定、通报和实施他们的前瞻性资金支持的目标、战略、计划和政策，旨在以每年1000亿美元为起点，逐步大幅提高2020年后的支持力度。区别于官方发展援助的公共资金应为气候资金主要来源，而私营资金可以发挥补充性作用。

十一、部长们强调向发展中国家提供技术开发和转让支持的必要性。巴黎协议应加强现有的技术机制，以促进环境友好技术和专有知识的研发、示范和扩散，特别是通过在绿色气候基金下创建一个窗口以解决知识产权问题。

十二、部长们强调公约下已建立的有关适应、损失损害、资金和技术的现有机制应纳入巴黎协议并在协议下进一步强化。

十三、部长们一致同意2020年后关于行动和支持的强化透明度系统应以目前公约下有区别的安排为基础，并给予发展中国家一定的灵活性。强化的透明度系统应确保发达国家通过报告其提供资金、技术和能力建设支持的进展提高关于支持的透明度，并为发展中国家提供支持以提高其实施行动和接受支持的透明度能力。

十四、部长们支持建立关于巴黎协议实施以及实现公约目标和温控目标进展的全球整体盘点进程，盘点应全面包括减缓、适应和实施手段。

十五、部长们担忧地注意到2020年前的力度差距不仅存在于减缓领域，同时也存在于适应以及向发展中国家提供资金、技术和能力建设支持领域。部长们强调需要发达国家提高2020年前力度以构建缔约方之间的信任。他们呼吁巴黎会议就2020年前力度达成有力、全面和有意义的决议，为2020年后加强行动奠定坚实的基础。

十六、部长们敦促发达国家重审并提高其在《公约》和《京都议定书》第二承诺期下的减排目标，以实现到2020年比1990年减排至少25%-40%的目标。部长们进一步敦促发达国家履行其向发展中国家提供新的、额外的、可预期和充足资金资源的义务，并确保其可测量、可报告和可核实，特别是需要制定实现到2020年每年提供1000亿美元资金支持目标的清晰路线图和路径。

十七、部长们敦促已承诺向绿色气候基金注资的发达国家尽快签订出资协议或安排。部长们感谢这些发达国家已做出的注资承诺，并呼吁其提高承诺金额。部长们进一步敦促尚未承诺向绿色气候基金注资的发达国家尽快做出承诺。部长们强调绿色气候基金应在缔约方大会的指导下运行，并向缔约方大会负责。

十八、尽管面临社会经济发展和减贫的多重挑战，作为发展中国家的“基础四国”，仍在国内采取了有力的应对气候变化行动。四国还进一步提出了国家自主决定贡献。“基础四国”敦促发达国家尽早通报关于向发展中国家提供支持的承诺以履行在《公约》下的承诺。

十九、部长们注意到并感谢“基础四国”专家在公平、区分、力度、国家自主贡献和资金等方面所开展的工作，并要求他们继续开展相关工作。

二十、部长们重申“基础四国”作为发展中国家致力于维护“77国集团+中国”的团结，强调发展中国家间合作的重要性。他们感谢南非对集团的领导力。他们对通过“77国集团+中国”在巴黎进一步强化发展中国家的共同立场表示支持。

二十一、部长们欢迎印度于2016年上半年举办第二十二次“基础四国”气候变化部长级会议。

首届中美气候智慧型／低碳城市峰会中美气候领导宣言

当地时间2015年9月15日，为落实去年11月中国国家主席习近平和美国总统奥巴马共同发表的《中美气候变化联合声明》，推进中美应对气候变化合作，第一届中美气候智慧型/低碳城市峰会（简称“中美气候领导峰会”）在洛杉矶开幕。会议通过了《中美气候领导宣言》，全文如下：

中华人民共和国和美利坚合众国在应对全球气候变化这一人类面临的最大威胁上具有重要作用。而城市和地方政府在加快向低碳和宜居社会长期过渡的过程中一直表现活跃。他们已经通过实施雄心勃勃的应对气候变化行动方案，在此道路上发挥了先导作用，包括提高能源效率、发展可再生能源、发展低碳交通、实施可持续增长模式以及其他可持续、低碳城市政策，达到增加更多清洁空气、创造更多绿色就业机会和建设弹性/宜居城市和城镇的多重效益目标。

首届中美气候智慧型/低碳城市峰会于2015年9月15-16日距习近平主席访美一周前在美国洛杉矶市举行。值此之际，我们来自中国和美国省、州、市、郡的省长、州长、市长和郡长，拟在减少碳排放、提高气候适应能力、分享经验、加强双边合作等方面加强行动，以支持中美实现和实施两国各自2020年后国家应对气候变化目标、中国国家主席习近平和美国总统奥巴马在具有历史意义的2014年11月共同发表的《中美应对气候变化联合声明》中提出的加强行动目标和两国各自的国家自主贡献，目的是为了加快实现向低碳经济的长期转变，充分考虑将全球温升控制在2℃的目标。

我们，作为签字的领导人，在此郑重宣布将愿意并决心引领各自国内应对气候变化行动，并在我们各自所在的城市和地区采取以下行动：

——设定富有雄心的目标：每个城市、郡，或地区计划设定或重新设定如附录所述的富有雄心的、可实现的目标和行动，以控制温室气体排放，促进低碳发展，加强气候适应能力。

——报告温室气体排放清单：每个城市、郡或地区计划通过常规的温室气体清单跟踪和报告温室气体排放。

——建立气候行动方案：每个城市、郡或地区计划建立城市或地区级气候行动方案，以减少温室气体排放和提高气候适应能力。

——加强双边伙伴关系与合作：认识到定期的双边对话与合作对分享最佳实践和经验、低碳技术的创新、示范和应用至关重要，我们将在中美气候智慧型/低碳城市峰会框架下建立由城市、郡或地区组成的中美气候领导网络，以支持发展持续的伙伴关系和知识共享。

强化应对气候变化行动
——中国国家自主贡献

2015年6月30日新华授权发布

2015年6月30日，中国向联合国气候变化框架公约（以下简称公约）秘书处提交了应对气候变化国家自主贡献文件《强化应对气候变化行动——中国国家自主贡献》。公约缔约方会议邀请各国于今年巴黎气候大会前尽可能早地提交强化气候行动的国家自主贡献。

气候变化是当今人类社会面临的共同挑战。工业革命以来的人类活动，特别是发达国家大量消费化石能源所产生的二氧化碳累积排放，导致大气中温室气体浓度显著增加，加剧了以变暖为主要特征的全球气候变化。气候变化对全球自然生态系统产生显著影响，温度升高、海平面上升、极端气候事件频发给人类生存和发展带来严峻挑战。

气候变化作为全球性问题，需要国际社会携手应对。多年来，各缔约方在《联合国气候变化框架公约》（以下简称公约）实施进程中，按照共同但有区别的责任原则、公平原则、各自能力原则，不断强化合作行动，取得了积极进展。为进一步加强公约的全面、有效和持续实施，各方正在就2020年后的强化行动加紧谈判磋商，以期于2015年年底在联合国气候变化巴黎会议上达成协议，开辟全球绿色低碳发展新前景，推动世界可持续发展。

中国是拥有13多亿人口的发展中国家，是遭受气候变化不利影响最为严重的国家之一。中国正处在工业化、城镇化快速发展阶段，面临着发展经济、消除贫困、改善民生、保护环境、应对气候变化等多重挑战。积极应对气候变化，努力控制温室气体排放，提高适应气候变化的能力，不仅是中国保障经济安全、能源安全、生态安全、粮食安全以及人民生命财产安全，实现可持续发展的内在要求，也是深度参与全球治理、打造人类命运共同体、推动全人类共同发展的责任担当。

根据公约缔约方会议相关决定，在此提出中国应对气候变化的强化行动和措施，作为中国为实现公约第二条所确定目标做出的、反映中国应对气候变化最大努力的国家自主贡献，同时提出中国对2015年协议谈判的意见，以推动巴黎会议取得圆满成功。

一、中国强化应对气候变化行动目标

长期以来，中国高度重视气候变化问题，把积极应对气候变化作为国家经济社会发展的重大战略，把绿色低碳发展作为生态文明建设的重要内容，采取了一系列行动，为应对全球气候变化作出了重要贡献。2009年向国际社会宣布：到2020年单位国内生产总值二氧化碳排放比2005年下降40%－45%，非化石能源占一次能源消费比重达到15%左右，森林面积比2005年增加4000万公顷，森林蓄积量比2005年增加13亿立方米。积极实施《中国应对气候变化国家方案》、《“十二五”控制温室气体排放工作方案》、《“十二五”节能减排综合性工作方案》、《节能减排“十二五”规划》、《2014－2015年节能减排低碳发展行动方案》和《国家应对气候变化规划（2014－2020年）》。加快推进产业结构和能源结构调整，大力开展节能减碳和生态建设，在7个省（市）开展碳排放权交易试点，在42个省（市）开展低碳试点，探索符合中国国情的低碳发展新模式。2014年，中国单位国内生产总值二氧化碳排放比2005年下降33.8%，非化石能源占一次能源消费比重达到11.2%，森林面积比2005年增加2160万公顷，森林蓄积量比2005年增加21.88亿立方米，水电装机达到3亿千瓦（是2005年的2.57倍），并网风电装机达到9581万千瓦（是2005年的90倍），光伏装机达到2805万千瓦（是2005年的400倍），核电装机达到1988万千瓦（是2005年的2.9倍）。加快实施《国家适应气候变化战略》，着力提升应对极端气候事件能力，重点领域适应气候变化取得积极进展。应对气候变化能力建设进一步加强，实施《中国应对气候变化科技专项行动》，科技支撑能力得到增强。

面向未来，中国已经提出了到2020年全面建成小康社会，到本世纪中叶建成富强民主文明和谐的社会主义现代化国家的奋斗目标；明确了转变经济发展方式、建设生态文明、走绿色低碳循环发展的政策导向，努力协同推进新型工业化、城镇化、信息化、农业现代化和绿色化。中国将坚持节约资源和保护环境基本国策，坚持减缓与适应气候变化并重，坚持科技创新、管理创新和体制机制创新，加快能源生产和消费革命，不断调整经济结构、优化能源结构、提高能源效率、增加森林碳汇，有效控制温室气体排放，努力走一条符合中国国情的经济发展、社会进步与应对气候变化多赢的可持续发展之路。

根据自身国情、发展阶段、可持续发展战略和国际责任担当，中国确定了到2030年的自主行动目标：二氧化碳排放2030年左右达到峰值并争取尽早达峰；单位国内生产总值二氧化碳排放比2005年下降60%－65%，非化石能源占一次能源消费比重达到20%左右，森林蓄积量比2005年增加45亿立方米左右。中国还将继续主动适应气候变化，在农业、林业、水资源等重点领域和城市、沿海、生态脆弱地区形成有效抵御气候变化风险的机制和能力，逐步完善预测预警和防灾减灾体系。

二、中国强化应对气候变化行动政策和措施

千里之行，始于足下。为实现到2030年的应对气候变化自主行动目标，需要在已采取行动的基础上，持续不断

地做出努力，在体制机制、生产方式、消费模式、经济政策、科技创新、国际合作等方面进一步采取强化政策和措施。

（一）实施积极应对气候变化国家战略。加强应对气候变化法制建设。将应对气候变化行动目标纳入国民经济和社会发展规划，研究制定长期低碳发展战略和路线图。落实《国家应对气候变化规划（2014—2020年）》和省级专项规划。完善应对气候变化工作格局，发挥碳排放指标的引导作用，分解落实应对气候变化目标任务，健全应对气候变化和低碳发展目标责任评价考核制度。

（二）完善应对气候变化区域战略。实施分类指导的应对气候变化区域政策，针对不同主体功能区确定差别化的减缓和适应气候变化目标、任务和实现途径。优化开发的城市化地区要严格控制温室气体排放；重点开发的城市化地区要加强碳排放强度控制，老工业基地和资源型城市要加快绿色低碳转型；农产品主产区要加强开发强度管制，限制进行大规模工业化、城镇化开发，加强中小城镇规划建设，鼓励人口适度集中，积极推进农业适度规模化、产业化发展；重点生态功能区要划定生态红线，制定严格的产业发展目录，限制新上高碳项目，对不符合主体功能定位的产业实行退出机制，因地制宜发展低碳特色产业。

（三）构建低碳能源体系。控制煤炭消费总量，加强煤炭清洁利用，提高煤炭集中高效发电比例，新建燃煤发电机组平均供电煤耗要降至每千瓦时300克标准煤左右。扩大天然气利用规模，到2020年天然气占一次能源消费比重达到10%以上，煤层气产量力争达到300亿立方米。在做好生态环境保护和移民安置的前提下积极推进水电开发，安全高效发展核电，大力发展风电，加快发展太阳能发电，积极发展地热能、生物质能和海洋能。到2020年，风电装机达到2亿千瓦，光伏装机达到1亿千瓦左右，地热能利用规模达到5000万吨标准煤。加强放空天然气和油田伴生气回收利用。大力发展分布式能源，加强智能电网建设。

（四）形成节能低碳的产业体系。坚持走新型工业化道路，大力发展循环经济，优化产业结构，修订产业结构调整指导目录，严控高耗能、高排放行业扩张，加快淘汰落后产能，大力发展服务业和战略性新兴产业。到2020年，力争使战略性新兴产业增加值占国内生产总值比重达到15%。推进工业低碳发展，实施《工业领域应对气候变化行动方案（2012—2020年）》，制定重点行业碳排放控制目标和行动方案，研究制定重点行业温室气体排放标准。通过节能提高能效，有效控制电力、钢铁、有色、建材、化工等重点行业排放，加强新建项目碳排放管理，积极控制工业生产过程温室气体排放。构建循环型工业体系，推动产业园区循环化改造。加大再生资源回收利用，提高资源产出率。逐渐减少二氟一氯甲烷受控用途的生产和使用，到2020年在基准线水平（2010年产量）上产量减少35%、2025年减少67.5%，三氟甲烷排放到2020年得到有效控制。推进农业低碳发展，到2020年努力实现化肥农药使用量零增长；控制稻田甲烷和农田氧化亚氮排放，构建循环型农业体系，推动秸秆综合利用、农林废弃物资源化利用和畜禽粪便综合利用。推进服务业低碳发展，积极发展低碳商业、低碳旅游、低碳餐饮，大力推动服务业节能降碳。

（五）控制建筑和交通领域排放。坚持走新型城镇化道路，优化城镇体系和城市空间布局，将低碳发展理念贯穿城市规划、建设、管理全过程，倡导产城融合的城市形态。强化城市低碳化建设，提高建筑能效水平和建筑工程质量，延长建筑物使用寿命，加大既有建筑节能改造力度，建设节能低碳的城市基础设施。促进建筑垃圾资源循环利用，强化垃圾填埋场甲烷收集利用。加快城乡低碳社区建设，推广绿色建筑和可再生能源建筑应用，完善社区配套低碳生活设施，探索社区低碳化运营管理模式。到2020年，城镇新建建筑中绿色建筑占比达到50%。构建绿色低碳交通运输体系，优化运输方式，合理配置城市交通资源，优先发展公共交通，鼓励开发使用新能源车船等低碳环保交通运输工具，提升燃油品质，推广新型替代燃料。到2020年，大中城市公共交通占机动化出行比例达到30%。推进城市步行和自行车交通系统建设，倡导绿色出行。加快智慧交通建设，推动绿色货运发展。

（六）努力增加碳汇。大力开展造林绿化，深入开展全民义务植树，继续实施天然林保护、退耕还林还草、京津风沙源治理、防护林体系建设、石漠化综合治理、水土保持等重点生态工程建设，着力加强森林抚育经营，增加森林碳汇。加大森林灾害防控，强化森林资源保护，减少毁林排放。加大湿地保护与恢复，提高湿地储碳功能。继续实施退牧还草，推行草畜平衡，遏制草场退化，恢复草原植被，加强草原灾害防治和农田保育，提升土壤储碳能力。

（七）倡导低碳生活方式。加强低碳生活和低碳消费全民教育，倡导绿色低碳、健康文明的生活方式和消费模式，推动全社会形成低碳消费理念。发挥公共机构率先垂范作用，开展节能低碳机关、校园、医院、场馆、军营等创建活动。引导适度消费，鼓励使用节能低碳产品，遏制各种铺张浪费现象。完善废旧商品回收体系和垃圾分类处理体系。

（八）全面提高适应气候变化能力。提高水利、交通、能源等基础设施在气候变化条件下的安全运营能力。合理开发和优化配置水资源，实行最严格的水资源管理制度，全面建设节水型社会。加强中水、淡化海水、雨洪等非传统水源开发利用。完善农田水利设施配套建设，大力发展节水灌溉农业，培育耐高温和耐旱作物品种。加强海洋灾害防护能力建设和海岸带综合管理，提高沿海地区抵御气候灾害能力。开展气候变化对生物多样性影响的跟踪监测与评估。加强林业基础设施建设。合理布局城市功能区，统筹安排基础设施建设，有效保障城市运行的生命线系统安全。研究制定气候变化影响人群健康应急预案，提升公共卫生领域适应气候变化的服务水平。加强气候变化综合评估和风险管理，完善国家气候变化监测预警信息发布体系。在生产力布局、基础设施、重大项目规划设计和建设中，充分考虑气候变化因素。健全极端天气气候事件应急响应机制。加强防灾减灾应急管理体系建设。

（九）创新低碳发展模式。深化低碳省区、低碳城市试点，开展低碳城（镇）试点和低碳产业园区、低碳社区、低碳商业、低碳交通试点，探索各具特色的低碳发展模式，研究在不同类型区域和城市控制碳排放的有效途径。促进形成空间布局合理、资源集约利用、生产低碳高效、生活绿色宜居的低碳城市。研究建立碳排放认证制度和低碳荣誉制度，选择典型产品进行低碳产品认证试点并推广。

（十）强化科技支撑。提高应对气候变化基础科学研究水平，开展气候变化监测预测研究，加强气候变化影响、风险机理与评估方法研究。加强对节能降耗、可再生能源和先进核能、碳捕集利用和封存等低碳技术的研发和产业化示范，推广利用二氧化碳驱油、驱煤层气技术。研发极端天气预报预警技术，开发生物固氮、病虫害绿色防控、设施农业技术，加强综合节水、海水淡化等技术研发。健全应对气候变化科技支撑体系，建立政产学研有效结合机制，加强应对气候变化专业人才培养。

三、中国关于2015年协议谈判的意见

中国致力于不断加强公约全面、有效和持续实施，与各方一道携手努力推动巴黎会议达成一个全面、平衡、有力度的协议。为此，对2015年协议谈判进程和结果提出如下意见：

（一）总体意见。2015年协议谈判在公约下进行，以公约原则为指导，旨在进一步加强公约的全面、有效和持续实施，以实现公约的目标。谈判的结果应遵循共同但有区别的责任原则、公平原则、各自能力原则，充分考虑发达国家和发展中国家间不同的历史责任、国情、发展阶段和能力，全面平衡体现减缓、适应、资金、技术开发和转让、能力建设、行动和支持的透明度各个要素。谈判进程应遵循公开透明、广泛参与、缔约方驱动、协商一致的原则。

（二）减缓。2015年协议应明确各缔约方按照公约要求，制定和实施2020－2030年减少或控制温室气体排放的计划和措施，推动减缓领域的国际合作。发达国家根据其历史责任，承诺到2030年有力度的全经济范围绝对量减排目标。发展中国家在可持续发展框架下，在发达国家资金、技术和能力建设支持下，采取多样化的强化减缓行动。

（三）适应。2015年协议应明确各缔约方按照公约要求，加强适应领域的国际合作，加强区域和国家层面适应计划和项目的实施。发达国家应为发展中国家制定和实施国家适应计划、开展相关项目提供支持。发展中国家通过国家适应计划识别需求和障碍，加强行动。建立关于适应气候变化的公约附属机构。加强适应与资金、技术和能力建设的联系。强化华沙损失和损害国际机制。

（四）资金。2015年协议应明确发达国家按照公约要求，为发展中国家的强化行动提供新的、额外的、充足的、可预测和持续的资金支持。明确发达国家2020－2030年提供资金支持的量化目标和实施路线图，提供资金的规模应在2020年开始每年1000亿美元的基础上逐年扩大，所提供资金应主要来源于公共资金。强化绿色气候基金作为公约资金机制主要运营实体的地位，在公约缔约方会议授权和指导下开展工作，对公约缔约方会议负责。

（五）技术开发与转让。2015年协议应明确发达国家按照公约要求，根据发展中国家技术需求，切实向发展中国家转让技术，为发展中国家技术研发应用提供支持。加强现有技术机制在妥善处理知识产权问题、评估技术转让绩效等方面的职能，增强技术机制与资金机制的联系，包括在绿色气候基金下设立支持技术开发与转让的窗口。

（六）能力建设。2015年协议应明确发达国家按照公约要求，为发展中国家各领域能力建设提供支持。建立专门关于能力建设的国际机制，制定并实施能力建设活动方案，加强发展中国家减缓和适应气候变化能力建设。

（七）行动和支持的透明度。2015年协议应明确各缔约方按照公约要求和有关缔约方会议决定，增加各方强化行动的透明度。发达国家根据公约要求及京都议定书相关规则，通过现有的报告和审评体系，增加其减排行动的透明度，明确增强发达国家提供资金、技术和能力建设支持透明度及相关审评的规则。发展中国家在发达国家资金、技术和能力建设支持下，通过现有的透明度安排，以非侵入性、非惩罚性、尊重国家主权的方式，增加其强化行动透明度。

（八）法律形式。2015年协议应是一项具有法律约束力的公约实施协议，可以采用核心协议加缔约方会议决定的形式，减缓、适应、资金、技术开发和转让、能力建设、行动和支持的透明度等要素应在核心协议中平衡体现，相关技术细节和程序规则可由缔约方会议决定加以明确。发达国家和发展中国家的国家自主贡献可在巴黎会议成果中以适当形式分别列出。

（十一）加大资金和政策支持。进一步加大财政资金投入力度，积极创新财政资金使用方式，探索政府和社会资本合作等低碳投融资新机制。落实促进新能源发展的税收优惠政策，完善太阳能发电、风电、水电等定价、上网和采购机制。完善包括低碳节能在内的政府绿色采购政策体系。深化能源、资源性产品价格和税费改革。完善绿色信贷机制，鼓励和指导金融机构积极开展能效信贷业务，发行绿色信贷资产证券化产品。健全气候变化灾害保险政策。

（十二）推进碳排放权交易市场建设。充分发挥市场在资源配置中的决定性作用，在碳排放权交易试点基础上，稳步推进全国碳排放权交易体系建设，逐步建立碳排放权交易制度。研究建立碳排放报告核查核证制度，完善碳排放权交易规则，维护碳排放交易市场的公开、公平、公正。

（十三）健全温室气体排放统计核算体系。进一步加强应对气候变化统计工作，健全涵盖能源活动、工业生产过程、农业、土地利用变化与林业、废弃物处理等领域的温室气体排放统计制度，完善应对气候变化统计指标体系，加强统计人员培训，不断提高数据质量。加强温室气体排放清单的核算工作，定期编制国家和省级温室气体排放清单，建立重点企业温室气体排放报告制度，制定重点行业企业温室气体排放核算标准。积极开展相关能力建设，构建国家、地方、企业温室气体排放基础统计和核算工作体系。

（十四）完善社会参与机制。强化企业低碳发展责任，鼓励企业探索资源节约、环境友好的低碳发展模式。强化低碳发展社会监督和公众参与，继续利用“全国低碳日”等平台提高全社会低碳发展意识，鼓励公众应对气候变化的自觉行动。发挥媒体监督和导向作用，加强教育培训，充分发挥学校、社区以及民间组织的作用。

（十五）积极推进国际合作。作为负责任的发展中国家，中国将从全人类的共同利益出发，积极开展国际合作，推进形成公平合理、合作共赢的全球气候治理体系，与国际社会共同促进全球绿色低碳转型与发展路径创新。坚持共同但有区别的责任原则、公平原则、各自能力原则，推动发达国家切实履行大幅度率先减排并向发展中国家提供资金、技术和能力建设支持的公约义务，为发展中国家争取可持续发展的公平机会，争取更多的资金、技术和能力建设支持，促进南北合作。同时，中国将主动承担与自身国情、发展阶段和实际能力相符的国际义务，采取不断强化的减缓和适应行动，并进一步加大气候变化南南合作力度，建立应对气候变化南南合作基金，为小岛屿发展中国家、最不发达国家和非洲国家等发展中国家应对气候变化提供力所能及的帮助和支持，推进发展中国家互学互鉴、互帮互助、互利共赢。广泛开展应对气候变化国际对话与交流，加强相关领域政策协调与务实合作，分享有益经验和做法，推广气候友好技术，与各方一道共同建设人类美好家园。

中国应对气候变化的政策与行动2016年度报告

国家发展和改革委员会

二〇一六年十月

前言

气候变化问题是21世纪人类生存发展面临的重大挑战，积极应对气候变化、推进绿色低碳发展已成为全球共识和大势所趋。中国政府高度重视应对气候变化工作，“十二五”期间，把推进绿色低碳发展作为生态文明建设的重要内容，作为加快转变经济发展方式、调整经济结构的重大机遇，积极采取强有力的政策行动，有效控制温室气体排放，增强适应气候变化能力，推动应对气候变化各项工作取得了重大进展。低碳发展顶层设计和制度建设逐步强化，制定发布了《“十二五”控制温室气体排放工作方案》、《国家应对气候变化规划（2014-2020年）》、《国家适应气候变化战略》等重大政策文件。低碳试点示范和碳市场建设扎实推进，探索形成各具特色的低碳发展模式；气候变化国际合作不断深化，为达成《巴黎协定》发挥了重要作用，南南合作成效显著。初步核算，“十二五”期间，中国能源活动单位国内生产总值二氧化碳排放下降20%，超额完成下降17%的约束性目标，

中国应对气候变化的政策与行动为实现2020年比2005年下降40%-45%的目标奠定了坚实基础。

为使各方面全面了解“十二五”以来中国在应对气候变化方面采取的政策与行动及取得的成效，特编写本年度报告。

一、减缓气候变化

“十二五”期间，中国政府紧紧围绕“十二五”应对气候变化目标任务，通过调整产业结构、优化能源结构、节能提高能效、控制非能源活动温室气体排放、增加碳汇等，在减缓气候变化方面取得了积极成效。

加快淘汰落后产能。2011年，工业和信息化部联合多部门发布《关于印发淘汰落后产能工作考核实施方案的通知》，加强对淘汰落后产能工作的检查考核。2012年，工业和信息化部发布《关于下达19个工业行业淘汰落后产能目标任务的通知》，并相继在2013年和2014年公布了第一批和第二批19个工业行业淘汰落后产能的企业名单。2013年，国务院印发了《关于化解产能严重过剩矛盾的指导意见》，围绕控增淘劣、提质增效、转型升级、低碳发展，积极推进化解产能过剩各项工作。经过各方努力，“十二五”期间全国累计淘汰炼铁产能9089万吨、炼钢9486万吨、电解铝205万吨、水泥（熟料及粉磨能力）6.57亿吨、平板玻璃1.69亿重量箱。

推动传统产业改造升级。国家发展改革委于2011年发布《产业结构调整目录（2011年本）》，并于2013年再次进行修订，通过结构优化升级实现节能减排。国家发展改革委、工业和信息化部等有关部门印发《工业转型升级计划（2011-2015年）》、《关于重点产业布局调整和产业转移的指导意见》、《2014年工业绿色发展专项行动实施方案》等系列政策文件，实施一批示范工程，促进关键传统产业升级。2015年，国务院公布《中国制造2025》，对传统产业提出提高创新设计能力、提升能效、绿色改造升级、化解过剩产能等战略任务。工业和信息化部推进区域工业绿色转型发展试点，批复包头、张家口等11个城市试点实施方案，探索绿色低碳转型路径和模式。

扶持战略性新兴产业发展。2012年，国务院印发《“十二五”国家战略性新兴产业发展规划》，明确了7个战略性新兴产业的

重点领域，并陆续发布七大战略性新兴产业专项规划。2013年，国务院发布了《关于加快发展节能环保产业的意见》，提出要促进节能环保产业技术水平显著提升。2015年，国务院批准筹备设立国家新兴产业创业投资引导基金，总规模为400亿元人民币，重点支持处于起步阶段的创新型企业。

加快发展服务业。2012年以来，国务院先后发布了《服务业发展“十二五”规划》和《关于加快发展生产性服务业促进产业结构调整升级的指导意见》，营造有利于服务业发展的政策和体制环境。《中国制造2025》明确提出发展服务型制造、加快生产性服务业发展和强化服务功能区和公共服务平台建设三大重点任务。2015年，《政府工作报告》提出“互联网+”行动计划，切实推进信息化和工业化进程。2016年，财政部等部门发布《关于构建绿色金融体系的指导意见》。

“十二五”期间，中国产业结构优化取得明显进展，2015年工业比重比2010年下降5.7个百分点，服务业比重提高6.1个百分点，产业结构调整对碳强度下降目标完成发挥了重要作用。

严格控制煤炭消费。2014年，国务院印发《能源发展战略行动计划（2014-2020年）》，实施煤炭消费减量替代，降低煤炭消费比重，京津冀鲁、长三角和珠三角等要削减区域煤炭消费总量。为贯彻落实《大气污染防治行动计划》，有关部门印发《加强大气污染治理重点城市煤炭消费总量控制工作方案》，提出空气质量相对较差前10位城市煤炭消费总量较上一年度实现负增长的目标。“十二五”期间煤炭消费年均增速2.6%，较“十一五”年均增速

低4.9个百分点。2015年煤炭消费量39.6亿吨，同比下降3.7%。

推进化石能源清洁化利用。发布《关于促进煤炭安全绿色开发和清洁高效利用的意见》、《煤炭清洁高效利用行动计划（2015-2020年）》，积极推进煤炭发展方式转变，提高煤炭资源综合开发利用水平，促进煤炭清洁高效利用。2014年，财政部、税务总局印发《关于实施煤炭资源税改革的通知》，将煤炭资源税实行从价定率计征，促进资源节约集约利用和环境保护。2016年，全面推进资源税改革，扩大资源税征收范围，有效发挥税收杠杆调节作用。“十二五”期间全国6000千瓦及以上火电机组每千瓦时平均供电标准煤耗累计下降18克，淘汰落后火电机组约2800万千瓦，淘汰落后煤矿超过1000处、产能超过7000万吨，限制劣质商品煤使用。不断提升天然气利用规模和水平，2015年天然气在能源消费总量中的比重接近6%，利用结构日趋合理，城市燃气和天然气发电比例上升。

推动非化石能源发展。财政部、国家发展改革委、国家能源局共同制定并发布了《可再生能源发展基金征收使用管理暂行办法》、《可再生能源电价附加补助资金管理暂行办法》，国家发展改革委发布了《可再生能源发电全额保障性收购管理办法》，为可再生能源费用补偿提供政策支撑，保障可再生能源优先发展。截至2015年底，全国全口径发电装机容量15.25亿千瓦，其中水电3.20亿千瓦、核电2717万千瓦、并网风电13075万千瓦、并网太阳能发电4218万千瓦，比2010年分别增长了0.5倍、1.5倍、3.4倍和164倍，带动非化石能源消费比重提高了2.6个百分点。2015年，水电、核电、风电、太阳能发电等非化石能源发电量占全国发电总量的27.0%。

加快能源改革步伐。2015年，出台《关于进一步深化电力体制改革的若干意见》，着力推进电价、电力交易体制、发用电计划、售电侧等改革。印发《关于推进输配电价改革的实施意见》、《关于推进电力市场建设的实施意见》等一系列文件。2014年10月，深圳率先启动输配电价改革试点，目前电力体制改革综合试点扩大到内蒙古、宁夏、云南等13个省（自治区、直辖市），改革进入提速期。

加强节能目标责任考核和管理。2011年，国务院印发了《“十二五”节能减排综合性工作方案》，向各地方分解下达“十二五”节能目标，实施目标考核评价制度，并按季度发布各地区节能目标完成情况。2014年，国务院印发了《2014-2015年节能减排低碳发展行动方案》，全面安排部署了2014年及2015年节能减排降碳工作。“十二五”期间国家发展改革委会同有关部门组织对

省级人民政府进行节能目标责任评价考核，将考核结果作为对地方领导班子和领导干部综合考核评价的参考内容，纳入政府绩效管理。

完善节能标准标识。深入推进实施“百项能效标准推进工程”，“十二五”期间共发布221项国家节能标准。国家认监委、国家发展改革委发布《能源管理体系认证规则》，国家质监总局、国家发展改革委发布《节能低碳产品认证管理办法》，推动节能认证产业发展。2014年，国家发展改革委等七部门联合发布《关于印发能效“领跑者”制度实施方案的通知》，实施范围包括终端用能产品、高耗能行业和公共机构。2015年，有关部门制定了能效“领跑者”制度实施细则，开展能效“领跑者”产品及企业评选。

推广节能技术与产品。工业和信息化部发布《工业节能“十二五”规划》，指导工业领域提升绿色发展水平。工业和信息化部印发《2013年工业节能与绿色发展专项行动实施方案》，国务院印发《关于加强内燃机工业节能减排的意见》，大力推进了重点行业电机系统节能改造及内燃机节能减排技术、新产品推广应

用。国家发展改革委印发《节能低碳技术推广管理暂行办法》，发布第四批、第五批《国家重点节能技术推广目录》。工业和信息化部发布《国家重点推广的电机节能先进技术目录》、《通信行业节能技术指导目录》等文件，推广相关行业重点节能减排技术。工业和信息化部编制六批《节能机电设备（产品）推荐目录》，发布《“能效之星”产品目录》，实施节能产品惠民工程，推广使用高效节能空调、节能汽车、高效电机、绿色照明产品等节能产品。

推进建筑领域节能。住房和城乡建设部出台《“十二五”建筑节能专项规划》、《关于进一步推进公共建筑节能工作的通知》等文件，积极推进建筑节能工作。“十二五”期间完成北方采暖地区既有居住建筑供热计量及节能改造10亿平方米，完成夏热冬冷地区既有居住建筑节能改造面积7090万平方米。截至2015年底，城镇新建居住建筑和公共建筑全部开始执行更高水平的节能设计标准，全国累计完成公共建筑能源审计10000余栋，对8000余栋建筑进行了能耗动态监测。有关部门出台《“十二五”绿色建筑和绿色生态城区发展规划》、《绿色建材评价标识管理办法》、《促进绿色建材生产和应用行动方案》、《绿色建筑评价标准》、《关于进一步推进可再生能源建筑应用的通知》等文件，推动落实绿色建筑行动方案，指导各地绿色建筑发展。截至2015年底，全国共有3979个项目获得了绿色建筑评价标识，建筑面积超过4.5亿平方米。

推进交通领域节能。交通运输部印发《绿色循环低碳交通发展指导意见》、《建设低碳交通运输体系指导意见》等文件，落实《关于加快民航行业节能减排工作的指导意见》。财政部会同有关部门发布《关于节约能源、使用新能源车船税优惠政策的通知》。交通运输部开展重点企业能耗统计监测，开展天然气动力车船试点，实施燃料消耗量限值标准和发布燃料消耗量达标车型，开展甩挂运输推荐车型等。科技部组织开展“十城千辆”节能新能源汽车示范推广应用工程。民航节能减排投入不断增加，实施1200余项目。2015年与2005年相比，营运车辆和营运船

舶单位运输周转量二氧化碳排放分别下降15.9%和20%，民航运输吨公里油耗及二氧化碳排放均下降13.5%。

推动公共机构节能。国务院机关事务管理局先后发布了《公共机构节能“十二五”规划》、《关于推进公共机构节约能源资源促进生态文明建设的实施意见》等政策，初步建立公共机构节能管理体系。商务部制定了《绿色商场》行业标准，开展绿色商场示范创建工作。“十二五”期间全国公共机构能源消费总量年均增速较“十一五”期间下降了1.43个百分点，顺利完成节能目标。

加快发展循环经济。国务院印发《循环经济发展战略及近期行动计划》，国家发展改革委印发《2014年循环经济推进计划》和《2015年循环经济推进计划》，扎实推进循环经济发展。“十二五”期间，国家发展改革委会同相关部门共确定了49个国家“城市矿产”示范基地，100个园区循环化改造示范试点，100个餐厨废弃物资源化利用和无害化处理试点城市，101个国家循环经济示范城市（县），28个国家循环经济教育示范基地。国家发展改革委联合工业和信息化部等部门开展了第二批再制造试点和产品“以旧换再”推广试点工作，共确定28家企业作为再制造试点，10家企业作为产品“以旧换再”推广试点。工业和信息化部发布5批《再制造产品目录》，促进再制造产品推广应用。

经过各方努力，2015年全国单位国内生产总值能耗同比下降5.6%，降幅比2014年的4.8%扩大0.8个百分点，创“十二五”以来最好成绩。“十二五”期间全国单位国内生产总值能耗累计下降18.4%。2015年，全国能源消费总量43亿吨标准煤，同比增长0.9%，“十二五”期间年均增速3.6%，较“十一五”期间年均增速低3.1个百分点。

加强非二氧化碳温室气体管理。2015年，国家发展改革委会同有关部门开展控制氢氟碳化物的重点行动，下发《关于组织开展氢氟碳化物处置工作的通知》。环境保护部制定了《蒙特利尔议定书》下加速淘汰含氢氯氟烃（HCFCs）的管理计划。国家发展改革委积极组织开展非二氧化碳类温室气体管理政策等研究。

控制农业活动温室气体排放。农业部推动实施“到2020年化肥使用量零增长行动”和“到2020年农药使用量零增长行动”，大力推广化肥农药减量增效技术，推进农企合作推广配方肥。推动农村沼气转型升级，提高秸秆综合利用水平，推广省柴节煤炉灶炕，开发农村太阳能和微水电，实施保护性耕作等，减少农业温室气体排放。

控制废弃物处理的温室气体排放。国务院印发了《“十二五”全国城镇污水处理及再生利用设施建设规划》、《“十二五”全国城镇生活垃圾无害化处理设施建设规划》，积极控制城市污水、垃圾处理过程中的甲烷排放。完善城市废弃物标准，实施生活垃圾处理收费制度，推广利用先进的垃圾焚烧技术，制定促进填埋气体回收利用的激励政策。

增加森林碳汇。国家林业局出台《国家林业局关于推进林业碳汇交易工作的指导意见》。全面实施《全国造林绿化规划纲要（2011-2020年）》，深入开展全民义务植树，着力推进旱区、京津冀等重点区域造林绿化，加快退耕还林、石漠化综合治理、京津风沙源治理、三北及长江流域等重点防护林体系建设、天然林资源保护等林业重点工程。全面加强森林经营，出台《全国森林经营规划（2016-2050年）》和《全国森林经营人才培训计划（2015-2020年）》，修订颁布了森林抚育规程，稳步推进全国森林经营样板基地建设。着力推进全国林业碳汇计量监测体系建设，开展土地利用变化与林业碳汇计量监测工作，到2015年底已覆盖25个省区市、新疆生产建设兵团、四大森工集团，建成林业碳汇基础数据库。“十二五”期间全国共完成造林4.5亿亩、森林抚育6亿亩，分别比“十一五”增长18%、29%，森林覆盖率提高到21.66%，森林蓄积量增加到151.37亿立方米，已提前实现到2020年增加森林蓄积量的目标，成为同期全球森林资源增长最多的国家。全国森林植被总碳储量由第七次全国森林资源清查（2004-2008年）的78.11亿吨增加到第八次清查的84.27亿吨。

增加草原碳汇。大力加强草原生态保护建设。2015年，全国草原综合植被盖度达到54%，较2011年提高3个百分点。截

至2015年底，累计落实禁牧休牧面积15.3亿亩，落实草畜平衡面积25.6亿亩，划定基本草原35.3亿亩。

二、适应气候变化

“十二五”期间，中国不断强化适应气候变化领域的顶层设计，先后出台了《国家适应气候变化战略》和《城市适应气候变化行动方案》，提升重点领域适应气候变化能力，加强适应气候变化基础能力建设，减轻气候变化对中国经济建设和社会发展的不利影响。

农业部等部门印发《关于推进节水农业发展的意见》、《关于做好旱作农业技术推广工作的通知》，继续开展农田基本建设、土壤培肥改良、病虫害防治等工作，大力推广节水灌溉、旱作农业、抗旱保墒与保护性耕作等适应技术。加大草场改良、饲草基地以及草地畜牧业等基础设施建设，鼓励农牧区合作，推行易地育肥模式，合理调整水产养殖品种、密度，加强渔业基础设施和装备设施。实施退牧还草、京津风沙源治理和游牧民定居等重大工程。进一步落实草原经营管护制度，推进草原畜牧业生产方式转型发展。

2012年，国务院出台《关于实行最严格水资源管理制度的意见》，连续三年开展最严格水资源管理制度年度考核，实现了“十二五”全国用水总量控制目标。推进农业、工业和生活服务业节水，强化用水定额和计划管理，建设100个全国节水型社会建设试点和200个省级节水型社会建设试点。水利部出台《关于加快推进水生态文明建设工

作的意见》，启动了105个全国水生态文明城市试点建设。开展全国重要河湖健康评估。积极推进江河湖库水系连通，改善河湖水生态环境。加强黄河、黑河、南水北调水量调度工作，确保重点城市供水安全和生态安全。开展国

家水资源监控能力建设，基本建成重要取水户、重要水功能区和大江大河省界断面三大监控体系。加强江河治理骨干工程建设，完善大江大河防洪减灾体系。流域和区域水资源配置格局不断完善，全国新增供水能力380亿立方米，城乡供水保障能力明显提高。开展大规模农田水利设施建设，实施大型和重点中型灌区续建配套和节水改造，加快东北节水增粮、华北节水压采、西北节水增效等区域规模化高效节水灌溉。强化水土流失的综合治理，“十二五”期间累计完成水土流失综合治理面积26.6万平方公里。

国家林业局发布《林业适应气候变化行动方案（2016-2020年）》，开展森林适应气候变化试点工作。继续实施湿地保护恢复工程，提升湿地生态系统适应能力，启动国家沙漠公园建设试点。强化气候变化对生物多样性的影响评估。环境保护部提出生物多样性与气候变化相互影响的评价指标体系，组织东北地区、青藏高原等典型区域气候变化对生物多样性影响的评估。国家林业局加强生态观测研究平台建设，加入国家陆地生态系统定位观测研究站的数量达到166个。

国务院批准了《全国海洋功能区划》（2011-2020）和沿海各省（自治区、直辖市）省级海洋功能区划，对中国管辖海域的开发利用和环境保护作出了全面部署。国家海洋局印发《海洋生态文明建设实施方案》，扩大海洋生态红线制度实施范围，加大沿海地区海洋生态修复力度；组织编制《全国海洋经济发展规划（2016-2020）》、《全国海岛保护“十三五”规划》，辽宁、河北、山东、江苏、浙江、福建、广东、广西8省（自治区）编制了海岛保护规划。国家海洋局初步建立了近海海-气界面二氧化碳交换通量监测业务，加强海洋灾害观测预警和防灾减灾，开展海平面变化监测和影响评估，每月发布《海洋与中国气候展望》，强化面向沿海重点保障目标的精细化预报，完善海洋渔业生产安全环境保障服务系统，加强海洋灾害防护能力建设，每年发布《中国海平面公报》和《中国海洋灾害公报》，开展国家、省、市、县海洋灾害风险评估与区划试点。

加强极端天气气候事件监测预警和气象灾害风险管理，国家级预警信息实现自动对接。风云二号G星投入业务运行，综合观测系统的自动化、标准化和集约化程度明显提高。编写《气象灾害信息管理系统建设实施方案》，建立全国统一的气象灾害信息管理数据库，编制《台风灾害风险区划技术指南》。推进暴雨洪涝气象灾害风险普查和城市内涝风险预警工作，启动8个城市的城市内涝风险预警试点。推进中国气候服务系统建设，开展农业气候资源、农业气象灾害风险区划和生态气象监测与评价服务。加强环境气象预报预警，完善了静稳天气指数等评价指标，开展大气污染扩散气象条件和污染减排效果的定量化评估服务。每年发布《中国气候公报》和《中国气候变化监测公报》。

全面实施《国家综合防灾减灾规划（2011-2015年）》和《国家气象灾害防御规划（2009-2020年）》，重点实施全国七大流域防洪工程、全国山洪灾害防治工程、国家救灾物资储备库建设工程等，积极推进国家自然灾害救助指挥系统建设工程、全国自然灾害综合风险调查工程等，健全灾害管理体制机制，建立灾害预警体系，加强防灾减灾基础设施建设。各地深入推进社区综合减灾工作，共创建命名全国综合减灾示范社区6551个，全面加强城乡综合防灾减灾能力。民政部组织开展140余项减灾救灾领域重大科研工程项目，增强减灾科技支撑能力。“十二五”期间国家减灾委、民政部共针对各类自然灾害启动国家救灾应急响应158次。国务院印发《国家突发事件预警信息发布系统管理办法》。民政、水利、农业、气象、林业、地震、海洋等部门进一步加强灾害监测预警体系建设，完善江河洪水、干旱和暴雨、森林火险、海洋观测等监测站网，提升预警预报的时效性和准确性。全面开展了山洪灾害防治、洪水风险图编制、抗旱应急水源工程和国家防汛抗旱指挥系统工程建设，国务院批复了长江、黄河和松花江防御洪水方案，初步建成2058个县级山洪灾害监测预警系统和群测群防体系，全国报汛站点增加到9.7万个，有力应对了频发重发的水旱灾害，防汛抗旱防灾减灾能力不断提高。“十二五”期间国家防总、水利部共启动防汛抗旱应急响应70次。

三、低碳发展试点示范

“十二五”期间，深入开展低碳省区、城市、城（镇）、园区、社区等试点工作，在交通等相关领域开展低碳试点示范，对全国推进应对气候变化和低碳发展发挥了积极作用。

国家发展改革委在6个省和36个城市开展低碳省区和低碳城市试点工作，探索低碳绿色发展模式。各试点地区制定低碳试点工作实施方案，探索建立控制温室气体排放目标责任制，加快建立以低碳为特征的工业、建筑、交通、能源体系，加强温室气体排放核算和清单编制基础能力建设，倡导绿色低碳的生活方式和消费模式，取得积极成效，从整体上带动和促进全国范围的绿色低碳发展。“十二五”全国碳排放强度目标考核结果表明，“十二五”期间低碳省市试点地区的碳强度下降幅度明显高于全国平均水平。

开展国家低碳工业园区试点。2013年，工业和信息化部与国家发展改革委联合印发《关于组织开展国家低碳工业园区试点工作的通知》，启动低碳工业园区试点工作。2014年，两部委审核公布了国家低碳工业园区试点名单，

研究开展相应的评价指标体系和配套政策。2015年，两部委批复同意51家国家低碳工业园区试点实施方案。各试点通过实施多种低碳化行动措施，推进园区产业低碳化、企业低碳化、产品低碳化、基础设施及服务低碳化，探索适合中国国情的工业园区低碳管理模式，引导和带动中国应对气候变化的政策与行动工业低碳转型发展。开展低碳社区试点。2014年，国家发展改革委印发《关于开展低碳社区试点工作的通知》，在全国启动低碳社区试点工作。2015年，发布《低碳社区试点建设指南》并组织开展低碳社区碳排放核算方法学和评价指标体系研究，指导各地开展低碳社区建设工作，开展全国低碳社区示范遴选。计划在全国建设1000个左右低碳社区试点并择优建设一批国家级低碳示范社区，打造一批符合不同区域特点、不同发展水平、特色鲜明的低碳社区，为有效控制城乡居民生活领域温室气体排放提供引领和借鉴。

开展国家低碳城（镇）试点。2015年国家发展改革委印发了《关于加快推进国家低碳城（镇）试点工作的通知》，选定广东深圳国际低碳城、广东珠海横琴新区、山东青岛中德生态园、江苏镇江官塘低碳新城、江苏无锡中瑞低碳生态城、云南昆明呈贡低碳新区、湖北武汉花山生态新城、福建三明生态新城作为首批国家低碳城（镇）试点。组织8个低碳城（镇）试点单位研究编制试点实施方案并完成批复，引导各试点围绕产业发展和城区建设融合、空间布局合理、资源集约综合利用、基础设施低碳环保、生产低碳高效、生活低碳宜居等多个方面，探索符合地区特色的城（镇）低碳发展模式，并组织开展了试点规划方案专家咨询工作，从规划层面为试点城（镇）低碳发展提供指导。

推进碳捕集、利用与封存（CCUS）试验示范。2013年，国家发展改革委印发《关于推动碳捕集、利用和封存试验示范的通知》，科技部发布《“十二五”国家碳捕集、利用与封存科技发展专项规划》并编制技术发展路线图环境保护部发布《关于加强碳捕集利用与封存试验示范项目环境保护工作的通知》，指导碳捕集、利用与封存项目环境风险管理。2016年，环境保护部发布《二氧化碳捕集、利用与封存环境风险评估技术指南》（试行）。国土资源部开展了应对全球气候变化地质调查研究工作，对二氧化碳储存潜力评估与工程示范等进行了研究。科技部组织实施中欧燃煤发电近零排放、中澳二氧化碳地质封存等碳捕集、利用与封存合作项目。

开展低碳交通运输体系建设试点。交通运输部在26个城市开展了低碳交通运输体系建设试点工作，积累城市绿色低碳交通运输体系实践经验。组织开展4个绿色交通省份、27个绿色交通城市、11个绿色港口、20条绿色公路等绿色交通试点工作。推出了六批共130个部级节能减排示范项目，并将示范项目经验材料在行业进行广泛宣传推广。深入开展“车、船、路、港”千家企业低碳交通运输专项行动。

四、战略规划和制度建设

“十二五”期间，中国政府加强规划编制和战略研究，完善应对气候变化管理体制和工作机制，推进低碳发展制度建设，推动气候变化立法，强化相关标准体系，进一步夯实了应对气候变化工作基础。

加强规划引领作用。2011年，国务院印发《“十二五”控制温室气体排放工作方案》，全面部署“十二五”工作，各部门、各地方相继印发了本领域和区域控制温室气体排放的行动计划或方案。2013年，国家发展改革委联合多部门颁布《国家适应气候变化战略》，明确提出了中国适应气候变化的主要目标、重点任务、区域格局和保障措施，为统筹协调开展适应工作提供指导。2014年，国家发展改革委发布《国家应对气候变化规划（2014-2020年）》，提出了中国应对气候变化工作的指导思想、目标要求、政策导向、重点任务及保障措施。全国大多数省（自治区、直辖市）发布了省级应对气候变化专项规划，将应对气候变化工作纳入国民经济和社会发展规划。各主要部门制定本领域应对气候变化规划或方案。2015年，中国政府向联合国提交《强化应对气候变化行动一中国国家自主贡献》，提出中国二氧化碳排放2030年左右达到峰值并争取尽早达峰、单位国内生产总值二氧化碳排放比2005年下降60%-65%等自主行动目标，为中国中长期应对气候变化工作指明了方向。

开展重大战略研究。2012年以来，国家发展改革委组织开展了中国低碳发展宏观战略研究项目，对中国到2050年的低碳发展总体战略和分阶段、分领域路线图进行了系统研究，共完成低碳发展宏观战略总体思路、低碳发展宏观战略总报告以及37个专题等多项研究，召开两次低碳发展战略高级别研讨会，目前正组织主要研究成果的发布和出版工作。项目37个专题分别从低碳发展基础理论、重点领域、政策体系、实践案例四个方面，针对工业、能源、建筑、交通、节能、城镇化、林业、农业、消费等重点领域提出了分领域的低碳发展基本思路、战略任务和政策措施，并围绕法律体系、制度体系、政策路径、重点行业、试点示范、能力建设、公众参与、国际合作等方面提出了推进低碳发展的重大政策建议，为推进国内低碳发展、积极参与国际谈判提供了重要的决策支撑。

加强管理机构建设。国家应对气候变化工作领导小组成员增加了部分职能部门，10个省级发展改革委专设了“应对气候变化处”。进一步完善国家气候变化专家委员会的人员组成，扩大了委员会的专业领域和覆盖范围，多角度为应对气候变化工作建言献策。2012年，国家发展改革委成立了国家应对气候变化战略研究和国际合作中心，为国家气候变化决策提供专业支撑。各类省级层面的应对气候变化、低碳发展专业研究机构相继成立，气候变化专业研究队伍逐步扩大。质检总局批准建立了23家国家城市能源计量中心，搭建能源计量数据公共平台、能源计量检测技术服务平台、能源计量技术研究平台、能源计量检测人才培养平台，为服务低碳经济发展提供全方位的计量技术支撑。

完善工作机制。在国家应对气候变化领导小组框架内设立协调联络办公室，进一步加强部门间的协调联络，促进在应对气候变化领域形成部门合力。全国各省（自治区、直辖市）均成立了以省级行政首长为组长的应对气候变化领导小组并建立省内部门分工协调机制。以国家应对气候变化领导小组统一领导、国家发展改革委归口管理、有关部门和地方分工负责、全社会广泛参与的应对气候变化管理体制和工作机制得到完善。

基本建立控制温室气体排放考核评估体系。国家发展改革委发布了《单位国内生产总值二氧化碳排放降低目标责任考核评估办法》，并组织开展对全国31个省（自治区、直辖市）2013年度、2014年度和“十二五”单位国内生产总值二氧化碳排放降低目标责任的考核评估。各地区结合年度考核自评估工作，跟踪分析本地区碳强度降低目标完成情况，基本形成省级人民政府碳强度目标评价考核体系，逐步形成地方二氧化碳排放及碳强度下降目标年度核算常态化工作机制。

开展碳排放权交易试点。2011年，国家发展改革委选择北京、天津、上海、重庆、广东、湖北、深圳等7个省市开展碳排放权交易试点工作，探索利用市场机制控制温室气体排放。7省

市积极开展试点工作，强化试点碳交易制度顶层设计，制定出台地方性法规、政府规章，建立碳排放核算、报告和核查体系，确定碳配额分配方法、交易规则和履约机制，建立碳交易平台和注册登记系统，初步形成符合地区实际的制度安排。各试点省市建成了制度要素齐全、初具规模、各具特色的试点碳交易市场，并开展碳市场监管，组织履约与执法工作。2013年6月，中国首个碳排放权交易市场深圳碳排放权交易市场启动。截至2015年底，7个试点碳市场已经全部启动，共纳入20余个行业、2600多家重点排放单位，年排放配额总量约12.4亿吨二氧化碳当量，其中北京、天津、上海、广东和深圳碳市场纳入的重点排放单位已经完成了2次碳排放权履约；7个试点碳市场累计成交排放配额交易约6700万吨二氧化碳当量，累计交易额约为23亿元。

开展全国碳排放权交易市场机制建设。2014年，国家发展改革委开始组织建设全国碳排放权交易市场，开展制度设计研究，研究全国碳市场配额总量和分配方法，研究建立全国碳交易登记注册系统。2014年，国家发展改革委出台《碳排放权交易管理暂行办法》，明确全国碳市场建设思路。强化基础能力，研究出台24个重点行业温室气体排放核算方法与报告指南，构建企业温室气体排放数据直接报告体系，备案第三方核查机构和交易机构。

构建温室气体自愿减排交易体系。2012年，国家发展改革委颁布《温室气体自愿减排交易管理暂行办法》和《温室气体自愿减排项目审定与核证指南》，开展温室气体自愿减排方法学体系、核查机构、注册登记系统和交易平台建设。截至2015年底，国家发展改革委备案并公布了约180余个温室气体自愿减排方法学，7家交易机构备案成为温室气体减排交易平台，10家核查机构通过备案获得自愿减排交易项目审定与核证机构资格，累计公示温室气体自愿减排审定项目2000余个，备案项目700余个，减排量备案项目约200个，累计备案减排量超过5000万吨二氧化碳当量。

健全绿色采购制度。财政部继续健全政府绿色采购政策，不断调整扩大政府采购的节能环保产品范围，提高政府绿色采购规模。通过实施强制采购和优先采购节能产品、环境标志产品的绿色采购政策，对引导绿色消费、促进低碳发展、应对气候变化发挥了积极示范作用。

推动气候变化相关立法。2011年，成立由全国人大环资委、全国人大法工委、国务院法制办和17家部委组成的应对气候变化法律起草工作领导小组。国家发展改革委牵头开展立法研究、立法调研和法律草案起草工作，广泛征求各利益相关方的立法意见。加快推动《应对气候变化法》和《碳排放权交易管理条例》的立法程序。山西、青海、石家庄和南昌开展了地方应对气候变化和低碳发展的专门立法。

强化标准标识和指南。2015年，国家标准委批准发布了发电、钢铁、民航、化工、水泥等重点行业11项温室气体管理国家标准，为引导企业低碳转型提供技术支撑。交通运输部、国家铁路局、国家林业局等部门相继发布低碳发展相关的行业标准。国家标准委批准成立“全国碳排放管理标准化技术委员会”，主要负责建立中国温室气体管理标准体系框架、制定和修订碳排放管理领域国家标准。2015年，国家发展改革委、质检总局联合发布《节能低碳产品认证管理办法》，建立统一的低碳产品认证制度。国家发展改革委、国家质检总局、国家认监委发布两批《低碳产品认证目录》。国家发展改革委分三批发布了23个重点行业及1个工业其他行业企业温室气体排放核算方法与报告指南，并对全国31个省（自治区、直辖市）及新疆生产建设兵团发改系统及技术支撑单位开展能力建设培训。国家认监委加快整合环保、节能、节水、循环、低碳、再生、有机等产品评价制度，推动建立统一的针对覆盖产品全生命周期的环境友好、资源节约并兼顾消费友好等综合指标的“中国绿色产品”认证（合格评定）体系。

五、基础能力建设

通过强化科技支撑，加强温室气体统计核算体系建设和人才队伍建设，推动应对气候变化基础能力得到进一步提升。

完善基础统计体系。国家发展改革委会同国家统计局印发了《关于加强应对气候变化统计工作的意见》，建立了应对气候变化统计指标体系，并将温室气体排放基础统计指标纳入政府统计指标体系，建立健全了与温室气体清

单编制相匹配的基础统计体系。2014年，成立了由国家发展改革委、国家统计局等23个部门组成的应对气候变化统计工作领导小组，建立了以政府综合统计为核心、相关部门分工协作的工作机制。积极开展应对气候变化基础统计队伍能力建设。

常态化开展清单编制和核算工作。2012年，中国政府向联合国提交了《中国气候变化第二次国家信息通报》。目前已启动2010年和2012年国家温室气体清单编制相关工作。进一步完善国家温室气体清单数据管理系统，为清单编制常态化和规范化提供技术支撑。加强对二氧化碳排放核算及碳排放强度下降目标完成情况的形势分析。2011年，国家发展改革委发布《关于印发省级温室气体清单编制指南（试行）的通知》，2014年底完成了

全国31个省（自治区、直辖市）及新疆生产建设兵团2005年和2010年的清单报告编制。省级温室气体清单评估格式表格及联审指标体系初步建立，目前已完成对各地2005年及2010年清单报告的评估和联审。2015年，国家发展改革委下发了《关于开展下一阶段省级温室气体清单编制工作的通知》，布置各地区2012年和2014年省级温室气体清单编制工作。国家发展改革委组织开展相关能力建设项目，全方位、多层次对清单编制机构人员进行能力建设培训，地方温室气体清单编制能力不断加强。

初步建立温室气体排放报告制度。2014年，国家发展改革委发布《关于组织开展重点企（事）业单位温室气体排放报告工作的通知》。建立了重点企业温室气体核算报告平台，并逐步开展企业报告能力建设。北京、上海、天津、重庆、广东、深圳和湖北等7个碳排放权交易试点地区均发布了地方有关温室气体排放报告的规章制度，并编制了纳入交易的各自重点行业企业温室气体排放核算方法，建立各自的温室气体排放报送平台。江苏、浙江、湖南、云南等19个非试点省市也已先后建立或启动了本地的报告平台建设，并陆续开展了重点企（事）业单位温室气体排放数据报送等相关工作。

完善温室气体排放计量体系。研究建立中国集中排放源烟气温室气体排放量实验室量值溯源标准，研究城市排放量反演模型技术等多项计量标准与精密测量方法，建立气候变化相关计量标准10项。研制二氧化碳、氟氯烷烃、挥发性有机物等100余种温室气体成份量测量气体标准物质。参加温室气体测量相关国际比对21项，取得国际认可的校准和测量能力80项。

开展基础科学研究。科技部通过“十二五”国家重点基础研究发展计划、“应对气候变化科技专项”和全球变化研究国家重大科学研究计划，支持气候变化领域基础研究工作。科技部、外交部、国家发展改革委等16个部门联合组织开展第三次《气候变化国家评估报告》编制工作，系统总结中国气候变化科研最新成果。中国气象局组织完成政府间气候变化专门委员会（IPCC）第五次评估报告的专家提名及报告的编写和评审工作。中国科学院开展了“应对气候变化的碳收支认证及相关问题”等战略性科技先导专项研究。中国工程院组织开展气候变化对重大工程的影响研究。有关部门和各地方先后启动多项研究课题并取得重要进展。

加快低碳技术研发应用。2012年，科技部联合外交部、国家发展改革委等16个部门发布《“十二五”国家应对气候变化科技发展专项规划》，指导全国各部门、地方开展应对气候变化科技工作。国家发展改革委组织开展低碳技术的征集、筛选和评定，2014年和2015年分别发布两批《国家重点推广的低碳技术目录》，加快低碳技术推广和使用。科技部编制发布了《节能减排与低碳技术成果转化与推广应用清单（第一批）》，加快低碳技术成果转化，助力重点排放行业技术升级。交通运输部组织开展“十二五”期间两批全国重点推广公路水路交通运输节能产品（技术）的推选工作。住房和城乡建设部组织开展应对气候变化创新项目研究与示范，2013年以来组织实施了“建筑行业低碳技术创新及产业化示范工程项目”等。2016年，商务部开展了《流通领域节能环保技术产品推广目录》的征集和制定，促进绿色销售。

加强气候变化相关学科建设。教育部鼓励高校根据经济社会发展需要和学校办学能力自主设置与应对气候变化相关的专业，加快培养社会需要的人才。中、高等院校加强环境和气候变化教育，陆续建立环境和气候变化相关专业，加强气候变化教育科研基地建设，为培养气候变化领域专业人才发挥了积极作用。到2015年，全国大气科学类专业布点数22个、环境科学与工程类专业布点数719个、新能源领域相关专业布点数367个、节能环保领域相关专业布点数242个，北京大学、南京大学和中国农业科学院等学位授予单位自主设置了222个与气候变化、环境保护相关的二级学科，培养了大批与应对气候变化相关的专业人才。

人才队伍建设。有关部门通过组织应对气候变化能力培训，全面提升相关领域应对气候变化工作能力，如国家发展改革委先后举办了7期全国发展改革系统应对气候变化专题培训和多期中德应对气候变化能力建设培训，国管局举办了多期全国公共机构节能管理干部和高校节能干部培训，民航局组织开展航空公司节能减排量化管理培训，科技部组织应对气候变化能力建设培训等。多个科研院所、高校纷纷设立应对气候变化和低碳发展相关的研究机构，不断提升相关领域的科技支撑能力和专业研究水平，如北京大学中国低碳发展研究中心、清华大学气候变化国际政策研究中心、北京交通大学低碳研究与教育中心等。

六、全社会广泛参与

“十二五”以来，通过政府引导，利用多元化媒体广泛宣传，发挥企业和公众的积极性，有效提升全民应对气

候变化和低碳意识，逐步形成了全社会共同关注、广泛参与的低碳发展格局。

自2013年以来，国家发展改革委会同有关部门每年组织开展“全国低碳日”活动，举办应对气候变化主题展览，组织低碳活动“进社区”、“进校园”等活动，积极开展低碳宣传。在“节能宣传周”、“低碳日”等节日期间，充分动员各地方结合实际开展丰富多样的宣传活动，提高公众节能环保和绿色低碳发展意识。开展“低碳中国行”活动，组织新闻媒体、院士专家赴地方开展实地调研，在北京、上海、重庆、广州、杭州、保定等地举办多种形式的低碳主题活动，为地方低碳发展建言献策。在历届联合国气候变化大会期间组织举办“中国角”边会等系列宣传活动，

向国际社会展示中国应对气候变化的政策与成效；通过深圳国际低碳城论坛、生态文明贵阳国际论坛、中美气候智慧型/低碳城市峰会和低碳能源城市论坛等系列活动，强调绿色低碳发展理念，发出全民践行低碳理念的倡议，扩大应对气候变化和低碳发展的群众基础和社会影响力。由国家发展改革委委托，中国气象局组织制作了《应对气候变化—中国在行动》系列电视宣传片和画册，向世界展示了中国为减缓和适应气候变化做出的努力和采取的实际行动。环境保护部依托“六五”世界环境日、世界地球日等活动，组织媒体开展气候变化新闻专题报道，组织开展“国际青少年绿色低碳实践交流营”等活动。中国气象局积极利用“3.23”世界气象日活动开展气候变化科普宣传。民政部依托“全国减灾日”和“国际减灾日”等活动，积极发放各类宣传材料1.6亿份，举办培训及讲座4.5万场，促进全民防灾减灾意识显著提升。水利部依托“3.22”世界水日组织主题宣传周活动，增强全社会节水、护水意识。住房和城乡建设部组织开展以“绿色交通•城市未来”为主题的中国城市无车日活动。交通运输部组织开展了多次低碳交通运输体系试点经验交流会与工作推进会。国管局组织

开展全国公共机构节能宣传周活动。国家海洋局每年在6月8日世界海洋日开展海洋与气候变化科普宣传。教育部在高校实施节能减排社会实践与科技竞赛。商务部开展流通领域节能宣传等行动。

人民日报、新华社、经济日报、中央人民广播电台、中国国际广播电台、中央电视台、中国日报和中国新闻社等中央主要新闻媒体及互联网媒体，对联合国气候峰会、联合国气候变化大会、中美气候变化联合声明、中国发布国家自主贡献等应对气候变化领域的重大新闻事件给予高度关注，利用图片、文字、视频等多种形式进行全方位报道，对低碳领域重要战略规划及政策文件的出台进行及时宣传报道和深入解读，引导公众关注，形成良好的舆论氛围。国内媒体机构编写并出版了一系列气候变化与气象灾害防御的科普宣传画册，制作了《面对气候变化》、《变暖的地球》、《关注气候变化》、《环球同此凉热》等影视片，并在“全国低碳日”期间制作播出公益广告。中国气象局和人民网联合主办“绿镜头?发现中国”系列采访活动，深入各地发现和报道我国生态文明建设的探索和实践，为国家推动形成生态文明建设提供舆论支持。中国经济导报社等机构连续多年举办“中国应对气候变化和低碳发展十大新闻”的评选活动，推广绿色环保理念。中华环保联合会与北京人民广播电台联合录制了“倡导低碳生活，宣传节能减排”的广播节目。北京日报等单位主办了“绿色北京?低碳出行”大型环保倡议活动等。

中国企业积极践行绿色、低碳发展理念，贯彻国家节能减排降碳的相关政策。石油石化行业积极探索低碳转型新技术，如中国石油天然气集团大力推进天然气高效利用和汽柴油质量升级，中国石油化工集团公司开展“能效倍增”专项行动计划。能源行业积极推进低碳发展转型，如国家电力投资集团加快新能源基地建设，国家电网公司支持大型可再生能源基地建设和分布式能源创新发展。交通运输行业以低碳交通为契机实现节能降碳，如中国远洋海运集团有限公司推进船队结构优化并积极落实节能减排责任制，中国铁路总公司加强对节能减排技术的研发和资源能源的循环利用。家电行业积极推进绿色生活，开展LED节能改造，深化技术创新。互联网企业也积极践行低碳理念，蚂蚁金服对旗下支付宝平台的4.5亿用户全面上线“碳账户”，致力于打造低碳生活交易、共享平台。

伴随着应对气候变化教育、培训及宣传工作的持续开展，公众更为积极自觉地选择低碳出行、低碳饮食、低碳居住、购买节能低碳产品等低碳生活方式。在机关、学校、社区、军营和企业等领域，通过千名青年环境友好使者行动等活动，向公众倡导低碳生活的绿色消费理念。上海、重庆、天津等城市开展“酷中国——全民低碳行动”，倡导大众追求简约、低碳的生活方式。中国低碳联盟组织开展低碳企业及人物征集评选活动，营造全民关注低碳、践行低碳的良好社会氛围。中国国际民间组织合作促进会、广州公益组织发展合作促进会、石家庄低碳协会等合作开展全国中学教师应对气候变化培训。世界自然基金会发起“地球一小时”倡议，国内多个城市积极参与，通过熄灯一小时来表达对环境问题的关注。青年应对气候变化行动网络举办第七届国际青年能源与气候变化峰会。中华环保联合会面向全国发起“守护蓝天碧水”的倡议活动。

七、积极推动国际谈判

“十二五”期间，中国政府高度重视全球气候变化问题，以高度负责任的态度，在气候变化国际谈判中发挥了积极建设性作用，努力推动各方就气候变化问题深化相互理解，广泛凝聚共识，为推动建立公平合理的国际气候制度作出了积极贡献。

积极参与《联合国气候变化框架公约》（以下简称公约）下谈判进程，坚定维护公约的原则和框架，坚持“共同但有区别的责任”原则、公平原则和各自能力原则，遵循公开透明、广泛参与、协商一致和缔约方驱动的多边谈

判规则，不断加强公约的全面、有效和持续实施。

2015年，中国制定并在发展中国家中率先向联合国提交中国国家自主贡献文件。习近平主席出席了巴黎会议并发表重要讲话，全面阐述全球气候治理中国方案，为推动会议成功作出了历史性贡献。中国在巴黎会议谈判中促进各方凝聚共识，积极宣传介绍中国应对气候变化的政策行动，发挥了积极建设性的作用，为会议取得成功做出了突出贡献。巴黎会议最终取得成功，达成了以《巴黎协定》为核心的系列成果。《巴黎协定》确定了2020年后气候变化国际合作的体制框架，也成为公约进程的里程碑。2016年，中国政府积极参加了公约下各次谈判会议，加强与各方沟通交流，旨在与各方一道推动《巴黎协定》尽快生效与有效实施，构建2020年后公平合理、合作共赢的全球气候治理体系。2016年5月，联合国气候变化波恩会议正式启动了落实巴黎协定具体安排的谈判磋商，11月在马拉喀什将举行公约第22次缔约方会议、《京都议定书》第12次缔约方会议及首次《巴黎协定》缔约方会议。中国将继续做好下一阶段应对气候变化国际谈判相关工作。

积极参与气候变化谈判相关国际进程。中国领导人积极参与多边外交活动，多次发表重要讲话，与各国元首达成共识，推动多边进程。2014年9月，国务院副总理张高丽作为习近平主席特使出席联合国气候峰会并发表重要讲话，介绍中国应对气候变化行动目标并就2020年后应对气候变化行动作出政治宣示。2015年11月，习近平主席出席气候变化巴黎会议并在开幕式发言中全面阐述了全球气候治理中国方案，为推动会议成功做出历史性贡献。2016年9月，在二十国集团杭州峰会之前，中美两国元首共同向联合国秘书长交存了参加《巴黎协定》的法律文书。作为全球主要经济体和最大的发展中国家，中国率先批准《巴黎协定》并交存批约文书，有力地推进《巴黎协定》的生效进程，同时也向国际社会传递了向绿色低碳发展转型的积极信号，彰显了中国作为负责任大国的担当。

加强与各国磋商和对话。中国重视继续巩固加强与“基础四国”和“立场相近发展中国家”沟通协调，主办并参加“基础四国”部长级会议和“立场相近发展中国家”会议。2015年，中国与印度、巴西分别发表气候变化联合声明。继续开展与小岛国、最不发达国家和非洲集团对话，积极维护发展中国家利益。同时，中国继续深化与发达国家沟通交流，增进理解，扩大共识。中美元首于2014年11月、2015年9月和2016年3月三度发表气候变化联合声明，双方并于2016年9月二十国集团杭州峰会期间共同发表中美气候变化合作成果文件。此外，2016年中国与欧盟、韩国、俄罗斯等国开展气候变化对话磋商，举行气候变化合作机制双边会议，进一步加强了政策对话，深化了务实合作。

积极推进公约外谈判磋商工作。积极参与经济大国能源与气候论坛、彼得斯堡会议、马拉喀什会议成果非正式磋商、联大气候变化高级别会议等气候变化磋商。积极参加蒙特利尔议定书、国际民航组织、国际海事组织、气候变化相关谈判磋商以及万国邮政联盟、国际标准化组织等国际机制下气候变化相关的谈判磋商，继续关注20国集团（G20）、亚太经合组织（APEC）、东亚领导人会议、联合国大会等场合下气候变化相关议题的讨论。

气候变化是全人类面临的共同挑战，需要世界各国携手合作，共同应对。今年的马拉喀什会议是《巴黎协定》达成后的首次缔约方会议，会议期间将举行首次《巴黎协定》缔约方会议，备受各方关注。马拉喀什会议应重在落实《巴黎协定》确定的相关机制安排，切实做好以下工作。一是做好巴黎协定生效实施相关安排，协调好巴黎协定特设工作组会议与巴黎协定缔约方会议的工作。二是安排好《巴黎协定》的后续谈判，争取尽快进入落实协定的实质性谈判，为协定实施奠定基础。三是继续强化2020年前行动力度，为2020年后行动力度奠定基础。各方应落实好已经做出的2020年前承诺，进一步提高行动力度，特别是发达国家应切实提高2020年前减排力度并落实到2020年每年向发展中国家提供1000亿美元资金支持的时间表和路线图，为后续谈判奠定互信基础。四是更加关注发展中国家诉求，就适应、资金、技术、能力建设等发展中国家重点关注的问题取得积极进展。

中方将继续遵循公约的原则和规定，按照“共同但有区别的责任”原则、公平原则和各自能力原则，遵循多边议事规则，全力支持主席国摩洛哥的工作，推动马拉喀什会议取得圆满成功。

八、加强国际交流与合作

“十二五”期间，中国政府本着“互利共赢、务实有效”的原则积极参加和推动与各国政府、国际机构的务实合作，为促进全球合作应对气候变化发挥了积极建设性作用。广泛开展与国际组织的务实合作，积极参与相关国际会议与行动倡议。继续积极开展与世界银行、亚洲开发银行、全球环境基金会等多边机构的合作。参加由联合国基金会、全球清洁炉灶联盟秘书处召开的“全球清洁炉灶联盟”相关会议并开展国内试点活动，与全球碳捕集和封存研究院等相关组织举办碳捕集、利用与封存技术现场研讨会和实施考察活动。参加公约下的绿色气候基金、适应基金、技术执行委员会等相关会议，参与全球甲烷行动倡议、国际区域气候行动组织（R20）等多边组织的活动等。

继续与有关各方加强气候变化领域的对话和合作，取得丰硕成果。与美国、欧盟、韩国、俄罗斯举行气候变化双边合作机制会议，举行第二次中美气候智慧型/低碳城市峰会。国家发展改革委与瑞典环境与能源部签署气候变化合作谅解备忘录，与德国在“国际气候倡议框架”下开展涵盖城市区域低碳经济、建筑节能改造、气候融资、交通需求管理等领域的合作，与英国在适应气候变化、碳市场、低碳发展、碳捕集利用和封存等方面开展务实合作。推进同欧盟、加拿大、日本、澳大利亚等国的政策经验交流及碳市场、能效、低碳城市、适应气候变化等领域务实合作，加强同发达国家低碳技术联合研发。

中国政府积极推动应对气候变化南南合作，为小岛国、最不发达国家、非洲国家等其他发展中国家提供了实物及设备援助，并对其参与气候变化国际谈判、政策规划、人员培训等方面提供大力支持。国家发展改革委会同外交部、商务部等部门，积极推动与一些发展中国家签署谅解备忘录，根据需求赠送节能灯、清洁炉灶等应对气候变化物资。科技部、国家林业局等部门根据各自职能，积极推动与发展中国家开展务实合作。积极开展东亚地区区域性对话与交流，参与和关注东亚低碳增长伙伴计划；与非洲、拉丁美洲、南太平洋地区有关发展中国家在紧急救灾、农业抗旱、清洁能源开发等多领域实施技术合作，提供援助。“十二五”期间，累计举办了40余期应对气候变化南南合作培训班，帮助其他发展中国家培训2000余名应对气候变化领域官员和专家。自2015年起，中国进一步加大南南合作力度。2015年9月，习近平主席在由中国和联合国共同举办的南南合作圆桌会议上宣布，未来5年中国向发展中国家提供100个生态保护和应对气候变化项目，其项目实施已取得阶段性进展。2015年12月，习近平主席在巴黎会议上宣布设立200亿元人民币的中国气候变化南南合作基金，并启动“十百千”项目，即在发展中国家开展10个低碳示范区、100个减缓和适应气候变化项目及1000个应对气候变化培训名额的合作项目，目前已制定项目实施方案并陆续启动实施。此外，中国还向联合国捐赠了600万美元资金，用于支持联合国秘书长推动气候变化南南合作。

结语

“十二五”中国应对气候变化工作取得了全面进展，为今后积极应对气候变化和推进低碳发展奠定了坚实基础。《巴黎协定》的成功达成标志着全球气候治理将进入新阶段，向全球传递了绿色低碳转型的积极信号，进一步推动绿色低碳发展成为大势所趋。“十三五”时期是中国全面建成小康社会的决胜阶段，也是实现2020年、2030年控制温室气体排放行动目标的关键时期，应对气候变化工作面临着新形势、新任务、新要求。我们要深入贯彻创新、协调、绿色、开放、共享的发展理念，将应对气候变化作为实现发展方式转变的重大机遇，继续探索和努力践行符合中国国情的低碳发展道路。

《2015年中国气候公报》（摘要）

（中国气象局2016年1月发布）

2015年，我国气温创历史新高，为1961年以来最暖的一年，降水总体偏多，气候属正常年景。暴雨洪涝、干旱等灾害总体偏轻，与近15年相比，因灾造成死亡人数和受灾面积明显偏少，气象灾害属于偏轻年份。

2015年，全国平均气温较常年偏高0.95℃，为1961年以来最高值，华南年平均气温为历史最高，东北、华北和西北为次高值；四季气温均偏高。全国平均降水量648.8毫米，较常年偏多3%；长江中下游大部及广西、新疆等地降水量偏多，西南西部及海南、辽宁等地降水偏少；冬、夏季降水偏少，春季接近常年同期，秋季偏多明显。

2015年，华南前汛期开始晚、结束早、雨季短、雨量偏少；梅雨入梅时间偏早，出梅时间偏晚，梅雨期降水偏多；华北雨季开始晚、结束早，降水量为近13年来次少；华西秋雨开始早、结束早、雨量偏少，表现为“南多北空”特点，华西北部出现空汛。从流域看，长江、珠江流域降水量偏多，其中长江流域偏多12%，为近17年来最多；辽河和黄河流域均偏少。

2015年，南方暴雨过程多，夏季出现南涝北旱，上海、南京等多个城市内涝重；华北、西北东部及辽宁夏秋连旱影响较重；11月江南、华南出现强降雨，秋汛明显；盛夏，新疆出现持续高温天气，但长江中下游地区连续两年出现凉夏；登陆台风偏少，但登陆台风强度强，“彩虹”造成损失重。2015年，我国共出现11次大范围、持续性霾过程，11-12月我国中东部雾霾持续时间长、范围广、污染程度重，11月27日至12月1日华北、黄淮等地的雾霾天气过程为2015年最严重的一次。

一、基本气候概况

2015年，全国平均气温为1961年以来最高值，全国有10个省（区、市）平均气温为历史同期最高。全国降水总体偏多，但空间分布不均，长江中下游及广西、新疆降水偏多，西南西部及海南、辽宁降水偏少；冬、夏季降水偏少，春季接近常年同期，秋季偏多明显。华南前汛期和西南雨季雨量偏少；梅雨季入梅早，出梅晚，梅雨期降水偏多；华北雨季短，降水量为近13年来次少；华西秋雨雨量偏少。

（一）气温

1.全国平均气温为历年最高值

2015年，全国平均气温10.5℃，较常年（9.55℃）偏高0.95℃，为1961年以来最暖的一年；各月气温均较常年同期偏高，其中1-3月均偏高超过1.5℃。全国六大区域（东北、华、西北、长江中下游、华南和西南）气温均偏高，其中东北和西北分别偏高1.1℃和1.0℃；华南年平均气温为历史最高，东北、华北和西北为次高值。从空间分布看，全国大部地区气温偏高0.5℃以上，其中东北北部、西北大部、黄淮东部、江淮东部及内蒙古大部、辽宁中部、四川东部和南部、贵州西部等地偏高1～2℃。

2015年，全国31个省（区、市）气温均较常年偏高，其中北京、四川、宁夏、广东、广西、新疆、河南、贵州、辽宁、青海10个省（区、市）平均气温为历史同期最高。

6.极端高温事件约略多，但较前两年明显减少

2015年，全国共有265站日最高气温达到极端事件标准，极端高温事件站次比为0.19，较常年（0.12）略偏多，但较2013年（0.8）和2014年（0.35）明显偏少。年内，全国有66站日最高气温突破历史极值，主要分布在四川、云南、新疆、宁夏、吉林、辽宁等省（区、市），其中吉林榆树最高气温达41.7℃。年内，全国有213站连续高温日数达到极端事件标准，极端连续高温事件站次比（0.16）较常年（0.13）偏多。

2015年，全国仅有14站日最低气温达到极端事件标准，极端低温站次比0.01，较常年（0.11）偏少。年内，全国共有345站日降温幅度达到极端事件标准，其中62站突破历史极值。

(二)降水

1.全国降水总体偏多

2015年，全国平均降水量648.8毫米，较常年(629.9毫米)偏多3.0%，较2014年（636.2毫米）偏多2.0%（图13）。降水阶段性变化大，2月、3月、4月和7月偏少，其中7月偏少26.5%，3月偏少26.1%；1月、5月、6月、9月、10月、11月和12月偏多，其中11月和12月分别偏多1.1倍和1.3倍；8月接近常年同期。

6.暴雨日数较常年偏多

2015年，全国共出现暴雨（日降水量≥50.0毫米）6799站日，比常年（5992站日）偏多13%。华南、江南、江淮大部、江汉东南部及西南地区东部等地暴雨日数有3～7天，其中，广东大部、广西大部、江西东北部等地有7～10天。与常年相比，广西中北部、广东北部、贵州东南部、江西大部、湖北东部、安徽南部、江苏南部、浙江西部和北部等地暴雨日数偏多1～3天，广西北部偏多3～5天。

7.极端降水事件接近常年

2015年，全国共有218站的日降水量达到极端事件监测标准，极端日降水事件站次比为0.11，接近常年

（0.10）。全国共有36站日降水量突破历史极值，福建清流（367.9毫米）、广东澄海（339.8毫米）和广西金秀（331.4毫米）等9站日降水量超过300毫米。在暴雨少发地区，多站日降水量突破历史极值，如新疆巩留（94.8毫米）、青海乌兰（43.9毫米）等地。

全国共有22站连续降水量突破历史极值，主要出现在江苏、浙江和新疆等地。

2015年，全国共有217站的连续降水日数达到极端事件标准，站次比为0.1，较常年略偏少（0.13）；全国共有25站连续降水日数突破历史极值，主要分布在河北、新疆等地。

（三）日照时数

2015年，我国淮河以北大部地区、江淮、西南中西部和南部、华南南部日照时数一般有1500～2500小时，西北大部、华北北部及内蒙古大部、西藏中西部超过2500小时；江南大部、华南大部、西南东部为1000～1500小时，贵州中东部、湖南西部、广西北部等地不足1000小时。与常年相比，除海南日照时数偏多100～200小时外，全国大部地区一般偏少100～300小时，其中江南大部、华南北部及黑龙江中部、辽宁、新疆北部等地偏少300～400小时，局部偏少400小时以上（图24）

二、气候系统监测

（一）热带海洋和热带对流

2015年，赤道中东太平洋大部海温异常偏暖，厄尔尼诺事件继续发展。

2015年1-3月，赤道中太平洋海温呈现出显著偏暖的状态，而赤道东太平洋地区海温基本接近正常，特别是Niño1+2区的海温在2月份出现了一次冷水波动；4-10月，赤道中东太平洋海温明显上升，厄尔尼诺事件发展加强，暖海温中心由赤道中太平洋东移至赤道东太平洋地区（图25）；特别是9-11月，NiñoZ（尼诺综合监测指数）区海表温度距平指数连续3个月达到或超过2.0℃。截至12月，本次厄尔尼诺事件累计海温指数已达23.0℃，为一次超强厄尔尼诺事件，强度已超过1982/1983年，成为历史上第二强的厄尔尼诺事件。

年内，在赤道中东太平洋暖水波动的过程中，赤道西太平洋海温维持正常状态，7月开始在0° E附近出现冷海温中心；南方涛动指数（SOI）除4月外一直维持负值（图26），其中5-10南方涛动指数为显著的负值，表明热带大气对赤道中东太平洋暖水波动的响应显著。

2015年1-4月，热带对流活动（通常用射出长波辐射通量距平来表征）由赤道西太平洋东部东移到赤道中太平洋地区，对流活动中心位于日界线及其附近地区。5-6月，对流活动扩展至整个赤道中东太平洋地区。7月，赤道中太平洋地区的对流活动出现中断，对流区位于赤道东太平洋。8-10月，赤道中太平洋地区对流偏强，对流中心位于日界线地区，而赤道东太平洋地区的强对流区则向西收缩至135° W以西。赤道西太平洋地区对流活动自2月开始一直处于偏弱状态，特别是5月以来，随着厄尔尼诺事件的发展，赤道西太平洋地区的对流活动显著偏弱。

（二）大气环流

1.冬季风偏弱偏弱

2014/2015年冬季，东亚冬季风偏弱，强度指数为-0.2。

2.副热带高压系统

2015年夏季,西北太平洋副热带高压系统主要特点：强度偏弱、面积偏小、西伸脊点位置偏东。

3.南海夏季风强度偏弱，东亚夏季风强度接近常年

2015年南海夏季风于5月第5候爆发，爆发时间与常年一致；于10月第2候结束,较常年（9月第6候）偏晚2候。

（三）北半球积雪

1.北半球和中国积雪面积

2014年12月至2015年8月，北半球积雪面积较常年同期持续偏小，而2015年9-11月转为明显偏多（图35a）。其中，欧亚大陆积雪面积，除2015年9-11月较常年同期略偏大外，其余月份均明显偏小或基本持平。

中国积雪面积特征与北半球略有不同。2015年5-10月，中国积雪面积较常年同期明显偏小，而2014年12月、2015年1月、4月、11月较常年同期明显偏大，其余月份与常年同期基本持平。

2014/2015年冬季，欧亚大陆中高纬大部地区和北美洲中北部积雪日数达75天以上。与常年同期相比，积雪日数偏多的区域主要集中在东亚和北美东部部分地区，其中中国西部山区和东北部分地区积雪日数较常年同期偏多10～40天，局部偏多40～50天；积雪日数偏少的区域主要集中在欧洲中部、黑海和里海附近、东亚北部以及北美西部地区，偏少10～50天。

三、主要气象灾害和极端天气气候事件

2015年，我国干旱主要发生在北方地区，影响总体偏轻；汛期，全国没有发生大范围流域性暴雨洪涝灾害，洪涝灾害总体偏轻，但南方部分地区因降雨集中，强度强，对城市运行、道路交通、农业生产和人们生命财产等造成不利影响；台风生成个数多，登陆个数少，但登陆强度强，强台风“彩虹”致灾重；华南南部及新疆夏季高温天气频繁，长江中下游出现凉夏；部分地区出现阶段性低温冷冻害，但影响总体偏轻；强对流天气发生频繁，死亡人数偏多；春季北方沙尘天气少，影响偏轻；我国中东部雾霾天气频繁，对交通和人体健康影响大。

初步统计，2015年，全国干旱受灾面积占气象灾害总受灾面积的47%，暴雨洪涝占25%，台风占8%，风雹占

17%，低温冷冻害和雪灾占3%。全国主要气象灾害造成农作物受灾面积2272.4万公顷，死亡失踪1300多人，直接经济损失超过2500亿元。与2000-2014年平均值相比，受灾面积和死亡失踪人数均明显偏少，直接经济损失略偏少。总体来看，2015年气象灾害属偏轻年份。

（二）南方地区暴雨过程频繁，但暴雨洪涝灾害偏轻

2015年汛期（5-9月），全国共出现35次暴雨天气过程，较2014年同期（29次）偏多6次。

全国没有发生大范围流域性暴雨洪涝灾害，总体上看，2015年为暴雨洪涝灾害偏轻年份。

1.华南前汛期暴雨洪涝灾害重

华南前汛期于5月5日开始，入汛偏晚29天，但雨势猛，多个城市频遭暴雨侵袭，内涝严重。5月5-31日，华南平均降水量达305.3毫米，较常年同期偏多52.5%，是近40年最多。受强降雨影响，广西桂江、广东北江、湖南湘江、江西赣江、福建闽江上游等76条河流发生超警或超保洪水。

2.夏季，南方暴雨过程多，部分城市内涝严重

6-8月，南方地区共出现18次暴雨过程，暴雨过程间隔时间短、雨量大。江淮、江南、西南部分地区出现极端强降水，其中福建福州（244.4毫米）、贵州长顺（247.8毫米）和江苏常州（243.6毫米）等24站日降水量达到或突破历史极值。频繁的降水造成南方地区部分江河水位上涨，农田渍涝、城市内涝严重。上海、南京、武汉、深圳等多个大中城市发生严重内涝，给市民

日常生活、交通等造成较大影响。

3.华西秋雨频繁，四川、云南多地受灾

9月1-24日，华西地区降水频繁，部分地区出现大到暴雨，局地大暴雨甚至特大暴雨。华西区域平均降水量125.7毫米，较常年同期偏多43%，其中四川降水量（161.2毫米）为1983年以来历史同期最大值。秋雨频繁，造成部分河流水位上涨，农田被淹，城镇内涝严重，局地还遭受山洪、滑坡泥石流等灾害。

4.11月，江南、华南出现强降雨，秋汛明显

11月10-20日，江南、华南出现两次强降水天气过程，江南大部及广西等地降水量普遍有100～200毫米，比常年同期偏多2倍以上，湖南南部、江西南部、广西大部偏多4～8倍。广西、江西、湖南、浙江的降水量均为1961年以来历史同期最多；广西灵川、富川和湖南桂东等63站日降水量突破11月历史极值。受强降雨影响，江西、湖南和广西境内多条河流先后出现超警戒水位，出现明显汛情。强降水导致湖南、广西、云南部分地区遭受洪涝灾害。11月13日浙江丽水因山体滑坡导致数十栋房屋被埋，38人死亡。

（三）生成台风多，登陆个数少，但登陆强度强

2015年，西北太平洋和南海上共有27个台风（中心附近最大风力≥8级）生成，比常年(25.5个)偏多1.5个，其中6个登陆我国（表1），较常年(7.2个)偏少1.2个。初台、终台登陆时间均略偏早；台风登陆时强度强；强台风“彩虹”致灾重。“苏迪罗”是今年造成人员伤亡最大的台风，“彩虹”是造成经济损失最重的台风。全年台风共造成57人死亡或失踪，直接经济损失684.1亿元。与2000-2014年平均值相比，2015年台风造成直接经济损失偏重，死亡人口明显偏少。

1.台风登陆强度强

2015年，有6个台风登陆我国，其中有4个首次登陆强度达强台风级别（表1）。6个台风登陆我国时平均最大风速39.6米/秒，为1973年以来最大。

2.强台风“彩虹”登陆强度强、致灾重

第22号台风“彩虹”10月4日以强台风级别在广东湛江沿海登陆，登陆时中心附近最大风力15级（50米/秒），中心最低气压940百帕。“彩虹”是有气象记录以来10月登陆广东的最强台风，也是10月进入广西内陆的最强台风。狂风暴雨导致湛江市区一片狼藉，全城交通近乎瘫痪。

受“彩虹”影响，广东多地还出现龙卷风。“彩虹”造成广东、广西、海南3省（区）24人死亡或失踪，788.5万人受灾，直接经济损失300.1亿元，是今年经济损失最重的台风。

3.强台风“苏迪罗”造成人员伤亡大

第13号台风“苏迪罗”于8月7日和8日先后在台湾和福建沿海登陆，登陆强度分别为强台风和台风级别。“苏迪罗”深入内陆影响范围广，带来的风雨强度大，造成严重灾害。据统计，浙江、福建、安徽、江西、江苏5省有33人死亡或失踪，824万人受灾，直接经济损失242.5亿元。“苏迪罗”是今年造成人员伤亡最多的台风。

（六）强对流天气发生频繁，死亡人数偏多

2015年，全国有2000余个县（市）次出现冰雹或龙卷风天气，降雹次数较常年偏多，其中北方风雹灾害突出。与近10年相比，强对流天气造成的农作物受灾面积偏小，经济损失偏轻，但死亡人数偏多。

4月27-29日，江苏、安徽两省有16市35个县（市、区）遭受冰雹、雷暴大风、短时强降水等强对流天气袭击，局部出现龙卷风。江苏省局地最大冰雹直径50毫米，最大风力达12级，最大1小时降水量达96毫米，强度之强为历史同期罕见。两省共计143万人受灾，6人死亡；损坏房屋8.9万间；农作物受灾面积13.9万公顷，其中绝收5000多公顷；直接经济损失8.7亿元。

5月6-8日，陕西、河南两省有15市49个县（市、区）遭受风雹灾害。河南洛阳市区冰雹直径达20～30毫米，降雹持续时间约20分钟。两省共计194万人受灾，3人死亡；损坏房屋1.8万间；农作物受灾面积16.7万公顷，其中绝收2.5万公顷；直接经济损失12.8亿元。

6月1日晚，“东方之星”号客轮航行至湖北省荆州市监利县长江大马洲水道时，遭遇罕见强对流天气（飑线伴有下击暴流带来的强风暴雨）瞬间翻沉，造成442人不幸遇难。

10月4日，广东省汕尾市海丰县、佛山市顺德区、广州市番禺区等地先后遭受龙卷风袭击，部分地区设施受损，海珠、番禺大面积停水停电，造成7人死亡，直接经济损失10.7亿元。国气候公报CHINACLIMATEBULLETIN

（九）中东部地区雾霾天气频繁，对交通和健康影响大

2015年，我国共出现11次大范围、持续性霾过程（主要集中在1月和11-12月），频繁霾天气对交通运输和人体健康不利。

11月6-8日，东北地区出现霾天气，部分地区PM2.5浓度超过250微克/立方米，哈尔滨市PM2.5小时峰值浓度接近1000微克/立方米，长春、沈阳等城市PM2.5小时峰值浓度甚至超过1000微克/立方米。

11月27日至12月1日，华北大部及河南北部、山东西北部等地出现中到重度霾，能见度3公里以下且PM2.5浓度超过150微克/立方米覆盖面积达到41.7万平方公里。其中，京津冀地区过程平均PM2.5浓度普遍超过250微克/立方米；30日北京、河北局地最高小时浓度超过900微克/立方米，北京琉璃河站高达976微克/立方米。11月29日到12月1日，华北中南部、黄淮、江淮东部等地除了出现严重霾天气，并伴有大范围能见度不足1000米的雾，部分地区出现能见度不足200米的强浓雾。受雾霾天气影响，大量航班停飞、华北区域多条高速公路关闭。此次过程具有强度强、影响范围广、过程发展快、强浓雾与严重霾混合、能见度持续偏低、影响严重等特点，为2015年最严重的一次雾霾天气过程。

12月19-25日，华北中南部、黄淮大部、江淮东部及陕西关中等地出现中到重度霾，重度霾面积达19.1万平方公里。华北中南部、黄淮大部出现大面积严重污染，北京南部、河北中南部部分地区PM2.5峰值浓度均超过500微克/立方米，河北南部局地超过1000微克/立方米。

四、气候影响评估

（一）气候与农业

2015年，中国主要粮食作物产区光温水总体匹配较好，仅部分地区出现阶段性干旱、暴雨洪涝、低温阴雨寡照等灾害，农作物受到一定影响。总体来讲天气气候条件对农业生产比较有利。

1.冬小麦

冬小麦全生育期，光热充足，降水量接近常年同期或偏多，土壤墒情适宜，气候条件总体利于冬小麦生长发育和产量形成。

2.双季稻（早稻、晚稻）

（1）早稻

早稻生育期内，江南、华南光热条件较适宜，用水充足，气候条件总体对早稻生长发育和产量形成有利。

（2）晚稻

晚稻生育期内，主产区气象条件总体接近常年同期，但不及去年。

3.一季稻

一季稻生育期内，产区大部热量适宜、降水量接近常年同期，光温水条件匹配较为协调，气象条件适宜一季稻生长发育和产量形成。

4.玉米

玉米生育期内，光热条件接近或略好于历史同期平均水平，但降水量总体偏少，辽宁、山西等地部分春玉米抽雄吐丝阶段遭受“卡脖旱”，产量受到一定影响。

（二）气候与水资源

1.降水资源总量状况

2015年，全国年降水资源总量为61183亿立方米,比常年偏多1546亿立方米（图48），比2014年多2135亿立方米。从全国年降水资源量历年变化及年降水资源丰枯评定指标来看，2015年属于正常年份。

2.年水资源分布状况

2015年，安徽、福建、湖南、新疆属于丰水年份，上海、江苏、浙江、江西、广西、贵州属于异常丰水年份；辽宁、西藏、青海、甘肃属于枯水年份，海南属于异常枯水年份；其余16个省（区、市）均属正常年份。

3.流域水资源状况

2015年地表水资源量，十大流域中有三个流域（辽河、黄河和西南诸河）较常年同期（1981-2010年）偏少；七个流域（松花江、海河、淮河、长江、珠江、东南诸河和西北内陆河）较常年同期偏多。

（三）气候与能源

1.气候与能源需求

1）冬季北方采暖耗能评估

北方15省（区、市）冬季采暖耗能评估结果显示（图51），各省冬季平均气温均较常年同期偏高，采暖耗能也均较常年同期减少，其中黑龙江、吉林、甘肃、新疆减幅在5%～10%之间，辽宁、内蒙古、陕西、宁夏、青海、北京、河北、山西减幅在10%～20%之间，河南、山东和天津减幅超过20%。从冬季各月来看，2014年12月黑龙江、吉林、辽宁、内蒙古、宁夏、甘肃、新疆、陕西、山西9省（区）平均气温偏低，采暖耗能增加2%～10%；其余6省（区、市）平均气温偏高，采暖耗能减少1%～13%。2015年1月、2月，各省平均气温均较常年同期偏高，1月各省采暖耗能较常年同期减少9%～52%，其中河南省采暖耗能偏少最大，2月各省采暖耗能较常年同期减少10%～30%。

2）夏季降温耗能评估

2015年夏季，全国大部地区气温接近常年同期或偏低，其中黄淮南部、江淮、江汉、江南北部及河北北部等地偏低明显，使得降温耗能较常年同期偏低。据统计，全国2015年夏季全社会用电量为14881亿千瓦时，同比增长0.8%，其中6月、7月和8月用电量分别为4723亿千瓦时、5034亿千瓦时和5124亿千瓦时，分别同比增长1.8%、减少3.0%和增长1.9%。

2.气候与风电供应

2015年，全国80米高度平均风速与近10年平均值（2005-2014年平均值）相比，内蒙古西部和甘肃西部局部、新疆南部、青海西北部、西藏西部等地偏大10%以上；华北、黄淮大部、江淮东部及湖北中东部、四川东部、浙江东部、江西西北部、福建大部、广东东部和西南部、海南南部等地的年平均风速偏小10%以上（图53），全国其余地区接近常年。

2015年甘肃和新疆的风能资源可利用小时数较近10年平均值偏高9%～12%，江苏、山西、山东偏低9%～11%。

（四）气候与植被

根据MODIS增强型植被指数（EVI）监测显示：2015年5-9月，秦岭及淮河以南大部分地区、东北大部、华北大部、黄淮大部、西北东南部及内蒙古东北部植被覆盖较好或好；西北大部、青藏高原中西部及内蒙古中西部等地植被覆盖较差（图54a）。与2001-2010年多年平均同期相比，辽宁西部部分地区、内蒙古中部局部、天津、河北中南部、山东中东部、江苏大部、安徽中北部、浙江东北部、湖北中南部、湖南北部部分地区、云南中北部、西藏中部及青海东南部等地植被长势偏差；江南大部、华南大部、西南东部的大部、东北地区西部及内蒙古东北部、河北北部、山西中南部、陕西大部、宁夏南部、甘肃东部、河南大部、湖北大部、安徽南部植被长势偏好；全国其余大部分地区植被长势与2001-2010年多年平均同期相当。

（五）气候与交通

2015年，全国交通运营不利日数（10毫米以上降水、雪、冻雨、雾及扬沙、沙尘暴、大风）除西北中部及西部、西藏中西部和东部等地少于20天外，全国其余大部地区普遍在20天以上，其中秦岭-淮河及其以南大部分地区以及东北地区的西南部等地有40天以上，江南大部及江苏、福建大部、重庆大部、广东西北部、广西大部、云南南部等地超过60天。

与常年相比，华北东部、黄淮大部、江淮、江汉东部、江南大部及福建北部、广东西北部、广西大部、贵州大部、云南东部、重庆大部、四川东南部、新疆中北部、吉林中西部、辽宁东部等地不利天气偏多10～20天，其中部分地区偏多20天以上；西藏中西部、新疆南部、青海中南部、黑龙江西北部等地偏少10～20天，局部地区偏少20天以上；全国其余地区接近常年。

年内，冬春季节中东部大范围雾霾天气过程、降雪以及夏季台风、暴雨等不利天气给公路和铁路及航空运输造成较大影响。

（六）气候与大气环境

大气环境容量反映大气对污染物的通风扩散和降水清洗能力。2015年，黑龙江东部、吉林大部、辽宁西部和南部、内蒙古大部、青海大部、西藏中部、四川西部、云南东北部、广东西南部、海南及山东、江苏、浙江沿海等地年平均大气环境容量大于45吨/天/平方公里，大气对污染物的清除能力较强；而新疆西南部小于25吨/天/平方公里，大气对污染物的清除能力较差，全国其余大部地区为25～45吨/天/平方公里，大气对污染物的清除能力一般。

2015年冬半年（1-3月，10-12月），京津冀地区平均大气环境容量为26.9吨/天/平方公里，较常年（1981-2010年）同期偏低21.0%，较近10年同期平均值偏低13.4%，为1961年以来同期最低；长三角地区为33.7吨/天/平方公里，较常年同期偏低11.4%，与近10年同期持平；珠三角地区为18.7吨/天/平方公里，较常年同期偏低38%，较近10年同期平均值偏低19.2%，为1961年以来同期最低值。北京市11-12月大气环境容量低于14吨/天/平方公里的静稳天气日数较近10年同期偏多55%，致使重污染天气频发。

（七）气候与人体健康

2015年，全国平均舒适日数147天，比常年偏少2天。与常年同期相比，华北东南部、黄淮大部、江淮以及浙江北部、贵州西部等地年舒适日数偏多10～20天，其中上海及安徽中北部、江苏南部、浙江东北部偏多20～30天，局部偏多30天以上；华南大部及黑龙江北部、内蒙古东北部、新疆北部和中部、西藏南部、云南南部等地偏少10～30天，局部偏少30天以上；全国其余大部地区接近常年。

全国大部地区四季舒适日数接近常年同期，但区域差异大。

国内十大天气气候事件

1. 11月下旬北方遭遇寒潮，中东部开启“速冻”模式
2. 入秋后北方雾霾不断，东北多地空气质量指数爆表
3. 13年来最强沙尘暴袭北京，遭遇重度污染
4. 主汛期南方多地日雨量破纪录，城市频看“海”
5. 夏季新疆高温日数突破历史极值，林果遭受高温热害
6. “彩虹”登陆广东，多龙卷随行实属少见
7. 11月江南华南频遭强降雨，秋汛明显
8. 北京天气颜值爆表，秋高气爽迎来“阅兵蓝”
9. “苏迪罗”肆虐东南沿海，两次登陆造成巨大损失
10. 夏季北方阶段性干旱突出，水体面积明显减小

国外十大天气气候事件

1. 史上最长厄尔尼诺“李小龙”诞生,全球紧绷神经
2. 3月17日出现第24太阳活动周最强地磁暴
3. 恐怖高温笼罩南亚，三千余人丧生
4. 双台三台共舞西太平洋，路径预报考验科学家
5. 2015年有可能是有观测记录以来最暖的年份
6. 夏季热浪袭击欧洲，多国高温创纪录
7. 干旱重创非洲，多国面临粮食危机
8. 史上最强飓风“帕特里夏”登陆墨西哥，中心风速350公里/小时
9. 年初美国频遭暴风雪袭击，部分地区积雪深达183厘米
10. 罕见暴雪袭击阿富汗，夺去二百余人生命

中国温室气体公报（摘要）

基于截至2014年12月我国和全球观测的大气温室气体状况

中国气象局气候变化中心

2015年11月

自上个世纪90年代开始，中国气象局首先在青海瓦里关站开展温室气体观测。该站是WMO/GAW的30个全球大气本底观测站之一，也是目前欧亚大陆腹地唯一的大陆型全球本底站，随后陆续在北京上甸子、浙江临安、黑龙江龙凤山、湖北金沙、云南香格里拉和新疆阿克达拉等6个区域大气本底观测站开展温室气体的联网观测，分别代表京津冀地区、长三角地区、东北平原农林生态区、长江中游两湖平原区、云贵一青藏高原边缘生态区和北疆的大气本底特征。左上图是1990～2014年中国青海瓦里关站和北半球中纬度美国夏威夷冒纳罗亚（MaunaLoa）站大气CO_2月平均本底浓度长期变化。右上图是WMO温室气体公报第11期中水汽、CO_2等对全球温室效应的贡献，强调了在温室气体上升的驱动下，大气水汽反馈作用和温升放大效应。

摘要

世界气象组织（WMO）于2015年11月发布《WMO温室气体公报（2014年）第11期》显示，2014年主要温室气体的全球大气平均浓度达到新高，二氧化碳（CO_2）为397.7±0.1ppm[1]，甲烷（CH_4）为1833±1ppb[2]，氧化亚氮（N_2O）为327.1±0.1ppb，分别为工业化前（1750年之前）水平的143%、262%和121%。2014年，中国气象局瓦里关大气本底站（以下简称瓦里关站）的观测数据分析显示，大气CO_2、CH_4和N_2O年均浓度分别为398.7±.2ppm、1893±3ppb、327.9±0.3ppb。与北半球中纬度地区平均浓度大体相当，但都略高于2014年全球平均值（397.7±0.1ppm、1833±1ppb和327.1.1ppb）。

2013～2014年全球大气CO_2、CH4和N_2O浓度的绝对增量分别为1.9ppm、9ppb、1.1ppb，瓦里关站分别为1.4ppm、7ppb、1.5ppb。过去10年全球大气CO_2、CH_4和N_2O的年平均绝对增量分别为2.06ppm、4.7ppb、0.87ppb，同期瓦里关站分别为2.02ppm、5.2ppb、0.88ppb。2014年，6个区域大气本底站（北京上甸子、浙江临安、黑龙江龙凤山、湖北金沙、云南香格里拉和新疆阿克达拉）的观测数据分析显示，大气CO_2、CH_4和N_2O浓度的月均值普遍高于瓦里关站。北京上甸子站大气CO_2年均浓度为404.4±2.0ppm，CH_4年均浓度为1914±2ppb，N2O年均浓度为328.2±0.7ppb。

2014年，瓦里关站和北京上甸子站大气六氟化硫（SF6）的年均浓度分别为8.43±0.13ppt[3]和8.44±0.14ppt，均为有观测以来的最高值。

综述

世界气象组织全球大气观测网（WMO/GAW）负责协调温室气体的全球网络化观测和分析。截至目前，该观测网已包括30个全球本底站、400余个区域本底站和100余个贡献站。中国气象局4个大气本底站（青海瓦里关、北京上甸子、浙江临安和黑龙江龙凤山）已列入WMO/GAW大气本底站系列，并按照WMO/GAW的观测规范和QA/QC标准开展观测。青海瓦里关站和北京上甸子站的观测资料已进入温室气体世界数据中心和全球数据库，用于全球温室气体公报，并用于WMO、联合国环境规划署（UNEP）、政府间气候变化专门委员会（IPCC）等的多项科学评估。

下表为2014年3种主要长寿命温室气体的全球和瓦里关站的年平均浓度、过去1年的增量和过去10年的年平均增量。该结果基于可溯源至WMO温室气体标准的观测资料序列。

二氧化碳（CO_2）

二氧化碳（CO_2）是影响地球辐射平衡的最主要温室气体，工业革命前全球大气CO_2平均浓度保持在278ppm左右。由于人类活动排放（燃烧化石及生物质燃料以及土地利用变化等）的影响，CO_2的全球大气浓度不断升高，在全部长寿命温室气体浓度升高所产生的总辐射强迫中的贡献率约为65%[4]。2014年全球和瓦里关站的年均CO_2浓度分别达397.7±0.1ppm和398.7±1.2ppm，过去10年的年平均绝对增量分别为2.06ppm和2.02ppm。6个区域大气本底站的CO2浓度普遍高于瓦里关站，其中北京上甸子站的年均CO_2浓度为404.4±2.0ppm。

甲烷（CH_4）

甲烷（CH_4）是影响地球辐射平衡的主要温室气体之一，工业革命前全球大气CH_4平均浓度保持在722ppb左右。由于人类活动排放（采矿泄漏、水稻种植、反刍动物饲养等），CH_4的全球大气浓度不断升高，在全部长寿命温室气体浓度增加所产生的总辐射强迫中的贡献率约为17%。2014年全球和瓦里关站大气CH4的平均浓度分别达1833±2ppb和1893±3ppb，过去10年的年平均绝对增量分别为4.7ppb和5.2ppb。6个区域大气本底站的CH_4浓度普遍高于瓦里关站，其中北京上甸子站2014年的年均CH4浓度为1914±2ppb。

氧化亚氮（N_2O）

氧化亚氮（N_2O）是大气中三种最重要的温室气体之一，工业革命前全球大气N_2O平均浓度保持在270ppb左右。由于人类活动排放（如农耕中的过度施肥等），N_2O的全球大气浓度不断升高，在全部长寿命温室气体浓度增加所产生的总辐射强迫中的贡献率约为6%。中国气象局于1996年首先在瓦里关站开展N_2O的观测，至2009年逐步扩展为全部7个本底站开展N_2O的观测。2014年全球和瓦里关站的年均N2O浓度分别达327.1±0.1ppb和327.9±0.3ppb，过去10年的年平均绝对增量分别为0.87ppb和0.88ppb。6个区域大气本底站的N2O浓度普遍高于瓦里关站，其中北京上甸子站2014年的年均N2O浓度为328.2±0.7ppb。卤代温室气体卤代温室气体是分子中含有卤族元素（氟、氯等）的一类温室气体，主要包括《京都议定书》限排的SF6、HFCs、PFCs及《蒙特利尔议定书》限排的CFCs、HCFCs等。卤代温室气体几乎完全由人工合成并排放（用于制冷剂、发泡剂、喷雾剂、清洗剂、灭火剂、溶剂、绝缘材料等），其大气浓度增加对全部长寿命温室气体辐射强迫的贡献率约为12%。

中国气象局于1996年开始在瓦里关站开展SF6观测，至2010年陆续在5个大气本底站开展了卤代温室气体观测。结果显示，我国进入减排期的臭氧层耗损物质CFCs、CH3CC13、CC14的大气浓度呈下降趋势，替代物中HCFCs、HFCs浓度呈快速上升趋势。2014年瓦里关和上甸子站大气SF6平均浓度分别为8.43±0.13ppt和8.44±0.14ppt，均为有观测以来的最高值。

2015年中国国土绿化状况公报

全国绿化委员会办公室

（2016年3月11日）

2015年，各地区、各部门（系统）全面贯彻党的十八大和十八届三中、四中、五中全会及中央经济工作会议、中央农村工作会议精神，深入贯彻习近平总书记系列重要讲话精神，遵循尊重自然、顺应自然、保护自然的生态文明理念，坚持全国动员、全民动手、全社会搞绿化的基本方针，以建设美丽中国为目标，组织动员全社会力量大力开展造林绿化，国土绿化事业发展取得了新成效。全国完成造林632.45万公顷，完成森林抚育任务831.4万公顷。

一、全民义务植树深入推进

各级领导率先垂范。4月3日，习近平、李克强、张德江、俞正声、刘云山、王岐山、张高丽等党和国家领导人，同首都群众一起参加义务植树活动。习近平总书记在植树时强调“植树造林是实现天蓝、地绿、水净的重要途径，是最普惠的民生工程。要坚持全国动员、全民动手植树造林，努力把建设美丽中国化为人民自觉行动。”习近平总书记对这次植树活动作出明确指示，“是领导到群众中去，一起参加劳动，不是群众陪领导。”“植树点要在造林规划中选，选群众植树的地方，不单独安排地点。”“小学生不要全市选拔，就近组织几个班参加，一个孩子都不落下。”“地面不要刻意平整、修饰，坑坑洼洼、杂草丛生也不要紧，铁锹和水桶都用现成的。”“树种要根据规划和地块的实际需要选择，不要名贵苗木。”根据习近平总书记指示，今年植树活动方案，充分体现了一切从实际出发，不搞形式主义，时刻想到群众，同群众在一起的思想和作风，得到了干部群众的交口称赞。全国绿化委员会组织开展了以“撒播绿色梦想，建设美丽中国”为主题的共和国部长植树活动，中央和国家机关各部委、单位及北京市的155位省部级领导参加植树活动。全国人大、全国政协、中国人民解放军组织开展了“全国人大机关义务植树”、“全国政协义务植树”、“将军义务植树”等活动。各省（区、市）党委、人大、政府、政协的领导在植树季节带头参加各地举行的义务植树活动。各级领导以身作则带头义务植树，为适龄公民履行植树义务发挥了示范带动作用。

组织发动广泛深入。3月17日，国务院在北京召开全国国有林场和国有林区改革工作电视电话会议，国务院副总理、全国绿化委员会主任汪洋出席会议并作重要讲话，安排部署国有林场、国有林区改革和2015年国土绿化工作，高位推动国土绿化。全国绿化委员会、国家林业局印发《关于扎实有效开展全民义务植树的通知》（全绿字〔2015〕3号），就切实加强义务植树活动组织管理、坚决杜绝形式主义提出明确要求，务实推动义务植树活动健康发展。河北、山西、辽宁、上海、浙江、河南、四川、新疆、陕西等省（区、市）地方党委、政府组织召开造林绿化和生态建设工作会、动员会、现场会等，对造林绿化工作进行动员部署，并出台相关文件和政策，支持推动造林绿化快速发展。各地结合植树节等各类生态节日，利用宣传媒体和信息平台，组织开展一系列绿化宣传活动，弘扬生态文明观念，调动社会各界和广大公众投入国土绿化的积极性。北京、黑龙江、江西、广西、新疆、新疆生产建设兵团、青海等省（区、市、兵团）采取在报纸、电视台、广播电台和政府网站开设专栏专版、播放专题节目、播发公益广告等方式，开展绿化宣传。北京市召开新闻发布会，在《北京日报》等媒体上，公布义务植树接待点、林木绿地和古树名木认养点、森林抚育管理点，鼓励公众选择多种方式参与首都绿化美化。湖北省在省级以上媒体连续报道湖北林业发展和绿满荆楚行动600余篇。贵州省在贵阳市等地举行《贵州省义务植树条例》宣传活动，增强公民法定义务尽责意识。甘肃省在张掖市举办“绿色守护家园，建设生态甘肃”为主题的植树节宣传咨询活动暨“保护母亲河?美丽中国梦—2015年甘肃青少年植树行动”启动仪式。大兴安岭林业集团公司发送宣传单2万余份，群发短信10万条，宣传国土绿化的法律法规、政策方针、先进经验等，营造了良好的社会舆论氛围。

植树活动务实有效。全国绿化委员会、国家林业局在北京举办了“应对气候变化，共建绿色家园”为主题的“国际森林日”植树纪念活动。中央和国家机关各部委组织干部职工参加义务植树活动，栽植各类树木8万株，抚育110万余株。解放军和武警部队组织广大官兵积极支援驻地生态建设，全年出动兵力83万人次、车辆3.5万台次，植树640万株，种草310万平方米。共青团系统组织保护母亲河青少年植树行动，组织青少年参加流域性或区域性植树造林，开展农村“四旁”植树、城市室内外空间绿化美化等身边增绿活动。各级妇联组织继续实施“三八绿色工程”，在28个省（区、市）和新疆生产建设兵团新建“三八绿色工程”示范基地42个。农垦系统发动干部群众257万人参加义务植树活动，新建义务植树基地2082个。中国石化系统开展“身边增绿，共建美丽油田”等为主题的植树活动，43万人次参加义务植树，植树120余万株。冶金系统组织干部职工64万人次参加多种形式的义务植树活动，种植乔木180.6万株、花卉灌木453万株，铺植草坪96万平方米。北京市开展“城乡手拉手，共建新农村”活动，在全市组织发动245个各级政府机关、部队、企事业单位与295个村结成对子，支持新农村绿化植树15.7万株，支援乡村绿化美化建设。江苏省组织开展“同种一片绿树，共建美好江苏”系列义务植树活动，营建各类纪念林1955个。广东省在“广东扶贫济困日”期间，组织开展“广东扶贫济困林”认捐认种活动。重庆市开展“保护母亲河，建设功能区，美丽中国梦”、“践行生态文明 共建美丽山城”、“弘扬生态文明?建设绿色家园”等主题植树活动。贵州省组织38.2万人在“绿色贵州建设三年行动计划”启动仪式当天参加义务植树，植树346万株。天津、吉林、福建、山东、河南、海南、云南、西藏、宁夏等地结合本地生态建设实际，不断创新机制，丰富完善尽责形式，采取植纪念树、造纪念林、抚育管护树木、绿地认建认养、捐资造林绿化、参加绿化宣传、购买森林碳汇等多种方式，方便广大群众履行植树义务，义务植树人数和尽责率明显提升。

二、重点生态修复工程建设扎实推进

天然林资源保护工程完成造林49.9万公顷，中幼龄林抚育167.8万公顷，后备森林资源培育12.5万公顷，国家储备林建设77.33万公顷，1.15亿公顷森林得到有效保护。按照习近平总书记关于“研究把天保工程扩大到全国，争取把全国的天然林都保护起来”的重要指示，在全面停止黑龙江重点国有林区天然林商业性采伐试点基础上，将大小兴安岭、长白山林区，河北省的天然林全部纳入了停伐范围。

退耕还林工程累计下达新一轮退耕还林还草任务100万公顷、荒山荒地造林6.7万公顷，工程实施范围扩大到18个省（区、市）和新疆生产建设兵团。2015年，完成退耕还林53.3万公顷，荒山荒地造林5.5万公顷。国务院批准了财政部、国家林业局等五部门《关于扩大新一轮退耕还林还草规模的请示》，明确将陡坡耕地中286.53万公顷基本农田确需退耕还林还草的逐步调整为非基本农田。财政部、国家林业局等八部门联合下发了《关于扩大新一轮退耕还林还草规模的通知》，部署落实新一轮退耕还林（草），重申了新一轮退耕还林（草）补助政策。

京津风沙源治理工程完成营造林24.7万公顷，完成工程固沙0.79万公顷。重点推广了"两行一带"、"草方格固沙"、"封造结合"等治理模式，建成了多伦县百万亩樟子松基地。

三北及长江流域等重点防护林体系工程完成造林142.55万公顷，其中，三北防护林体系建设工程完成造林74.55万公顷，长江、珠江、沿海、太行山绿化等防护林工程完成造林68万公顷。三北防护林体系建设工程区新启动内蒙古科尔沁沙地、宁夏六盘山等2个百万亩防护林基地建设项目，完成造林4.33万公顷。编制完成《沿海防护林三期工程规划（2016-2025年）》。对珠江流域防护林工程、太行山绿化工程建设实施、工程效益、可持续性等进行全面评估，为下一步工程建设提供科学依据。建立完善了长江、珠江等防护林工程信息管理报送系统，工程管理水平进一步提升。河北张家口坝上地区退化林分改造试点按计划推进，完成更新造林1.67万公顷。启动了三北退化防护林改造试点，出台了《三北工程退化林分改造管理办法》，规范管理试点工作。在血吸虫病防治区大力营造抑螺防病林，有力地促进了血吸虫病的综合治理。

各地持续推进地方造林绿化工程建设。北京市组织实施平原百万亩造林工程，全年完成造林7330公顷，累计完成造林7.07万公顷，超额完成4.95%，平原地区森林覆盖率由2010年的14.85%提高到2015年的25%。内蒙古自治区启动重点区域绿化工程，完成重点区域绿化14万公顷，打造各级各类示范工程380多个。广西壮族自治区实施"美丽广西?生态乡村"村屯绿化专项活动，全面提升村屯绿化水平，全年完成区级绿化示范屯5000个，一般村屯绿化5.58万个。陕西省继续推进关中大地园林化建设，以道路、城市、村庄、荒山荒坡等为建设重点，新增绿化面积10.16万公顷。湖南省继续实施"十百千"珍贵树种培育工程，营造珍贵树种2.45万公顷，其中"百个珍贵树种培育示范基地"造林0.98万公顷。广东省持续推进森林碳汇、生态景观林带、森林进城围城、乡村绿化美化等四大重点工程建设，全年完成森林碳汇工程造林14.5万公顷，新建生态景观林带1800公里，新建森林公园301个、湿地公园66个，建成绿化美化村庄2874个。浙江省实施千万亩珍贵彩色健康森林建设，优选桐庐、淳安等12个县为示范县，推动建设珍贵彩色健康森林。贵州省围绕山地特色新型城镇化建设、"四在农家?美丽乡村"行动计划、"多彩贵州?最美高速"、"五个一百"等工程项目，着力推进城乡绿化建设。山东省开展水系绿化、荒山绿化、退耕还果还林、农田防护林和村镇绿化等五大生态工程。山西省组织实施沿河生态环境修复治理工程，建设护岸林带和恢复沿线荒山植被。辽宁省"青山工程"、安徽省"千万亩森林增长工程"、江苏省"千村示范，万村行动"绿色村庄建设活动、四川省新一轮"绿化全川"行动、云南省美丽乡村建设等一大批地方重点工程建设扎实推进，取得显著成效。

三、部门绿化取得新进展

住房城乡建设部门按照"增绿量、上水平、优布局、强管理"的原则，及时修订城市绿地系统规划，划定城市绿线，强化城市生态空间管控。按照海绵城市建设要求，开展集雨型绿地建设，全国城镇园林绿地结构和功能进一步优化完善，人均公园绿地面积等指标稳步提高。截至目前，全国城市建成区绿地率达36.34%；人均公园绿地面积达13.16平方米，比2014年增加0.56平方米。城市建成区园林绿地面积为188.8万公顷，城市公园绿地面积为60.6万公顷，城市公园数量增至13662个。

交通运输系统以推进绿色交通建设为契机，坚持"以质为先"原则，强化绿化质量管理，全面推进绿美廊道建设，全年完成绿化里程7.36万公里，沿线生态环境明显改善。截至2015年底，国道绿化里程15.2万公里，绿化率91.17%；省道绿化里程25.7万公里，绿化率87.41%；农村公路（县、乡、村道）绿化里程201.6万公里，绿化率58.5%；各类专用公路绿化里程3.6万公里，绿化率57.6%。

铁路系统坚持新线绿化建设与主体工程"同步设计、同步施工、同步验收"原则，科学优化绿化方案，严控绿化施工质量，确保在新线开通之前绿化达标。组织实施缺株断带补植、林带加厚、林分更新、排查处理危树等项目，提升绿化质量，巩固绿化成果，确保沿线美观安全。全年新栽植乔木304.13万株、灌木2283.07万株，完成运营铁路绿化里程2023公里。

水利系统加强水利工程沿线、沿岸和库区周边绿化，水利工程区植被覆盖度持续提高，涵养水源、保持水土功能明显提升，进入江河湖库的泥沙减少，延长了水利工程使用寿命。全年完成湖泊、库区绿化4150公顷，江河沿岸绿化6200公里。

农垦系统抓住农田防护林网和城镇绿化建设两个重点，整体推进垦区生态建设。自上而下建立了领导干部任期绿化目标责任制，任务落实到地块，责任落实到人，保障绿化任务落实到位。按照耕作模式和地形特点设计防护林，完善垦区防护林体系，农田防护功能明显提升。提档升级垦区城镇区绿化，合理配置乔灌草花，垦区人居环境持续改善。全年新建农田林网1.1万公顷，绿化垦区矿山307公顷、庭院0.94万公顷、道路1406公里、江河沿岸780公里。

教育系统积极推进校园绿化，建立校园绿化建设长效机制，将校园绿化纳入学校整体规划，统筹推进绿化建设，绿化率稳步提高。遵循因地制宜、突出特色的原则，注重校园人文景观设计，打造独具特色的校园生态文化。组织开展一系列形式多样的绿色实践活动，培养师生员工生态文明意识，取得显著成效。全国各级各类学校绿化率达34.5%。

中央直属机关、中央国家机关各单位积极推进“生态型、节约型、功能完善型”机关庭院绿化建设，推广适宜性、耐旱性和抗病虫害能力强的树木花草。以节水、节能、节地为重点，推广使用雨水收集利用、再生水利用和节水喷灌等新技术，推进庭院海绵型建设。继续抓好“首都花园式单位”创建，开展市花“月季”进社区、进单位等活动，提高机关庭院绿化美化质量。中央直属机关、中央国家机关系统庭院全年新栽、更新乔灌木4万余株，新增绿地面积2万余平方米，新增屋顶绿化面积3000余平方米。

中国人民解放军科学务实推进军队造林绿化，全年完成了20个万亩以上三荒造林、12个万亩以上森林防火基础设施和16个万亩以上京津风沙源治理任务，营区乔灌木覆盖率大幅提升，生态环境明显改善。各级部队在扎实开展义务植树和军队营区绿化的同时，组织开展支援地方重点生态工程建设活动，在内蒙古集宁、西藏拉萨和吉林白城开展了京津风沙源治理、高原绿洲、北方生态屏障等大规模植树活动，完成造林绿化1300余公顷，有效改善了驻地生态环境。武警部队按照营区环境生态化建设目标，积极推进营区生态建设，营区绿地率明显提升。全年累计种植乔灌木12万株。

中国石化系统以建设绿色生态防线、树立绿色环保企业形象为目标，将绿化管理与社区建设考核相结合，利用老旧小区改造、盐碱地改良等项目扩大绿地面积，积极推广绿化新技术，创新节能节水新措施。全年绿化面积2万多公顷，所属企业绿化覆盖率达到35%，森林火灾事故零发生。中国石油系统以办公居住区绿地为基础，以公园绿地为重点，以道路绿地为框架，以防护林带为屏障，实施各类造林绿化工程，构建企业绿化体系，改善矿区生态环境。全年新增矿区绿地338公顷，矿区生活基地绿化覆盖率达42.86%。中国冶金系统将绿色发展、绿化环境融入行业发展理念，树立绿色冶金行业良好形象，持续推进厂区绿化、矿山复垦和绿地管护，积极谋划绿化产业多元化发展路径，矿山复垦绿化和职工生活区绿化水平逐年提升。

四、第三届中国绿化博览会成功举办

中国绿化博览会（以下简称“绿博会”）是国土绿化领域最高层次、最高规格、最大规模的综合性博览会，每5年举办一次。第三届绿博会由全国绿化委员会、国家林业局、天津市人民政府主办，天津市绿化委员会、林业局，天津市武清区协办，主题是“以人为本，共建绿色家园”，副主题是“绿色，让梦想绽放”，于2015年8月18日至10月18日在天津市武清区成功举办。共有31个省（区、市）、港澳台地区、5个计划单列市、相关部门（系统）等55个参展单位，建成48个室外展园。绿博园区总面积380公顷，室外展园区57.47公顷，绿化和水系面积占园区总面积的80%以上，整体景观以“绿”、“水”、“林”为主线，按照“一轴、三环、九区、十八景”进行布局，展园区分为“中西合璧、时代新风、民俗风情、写意山水、江南秀色、古韵雄风”六大板块，浓缩了全国各地山水林田湖及历史文化景观，全面展示了近年来我国国土绿化的巨大成就，集中介绍造林绿化新理念、新技术和新成果，充分体现了生态文明理念，突出强化了科普功能，并严格遵循了科学绿化、节俭办会的宗旨。9月15日，汪洋副总理视察绿博园，对第三届绿博会给予了充分肯定。汪洋强调，要按照中央的要求，充分利用绿化博览会等方式，大力弘扬绿色生态文化，增强全社会绿化意识和生态意识，将绿化美化贯穿经济建设的全过程，融入社会生活的各方面。展会期间，还举办了第三届绿博会国土绿化成就展览、国土绿化与绿色发展高层论坛、野生动物保护展等7场室内展览活动。第三届绿博会开展期间累计150余万人次参观，闭幕后绿博园面向公众永久开放，成为一届“永不落幕”的绿博会。

五、防沙治沙稳步推进

全国共完成沙化土地治理面积191.9万公顷。完成第五次全国荒漠化和沙化监测，监测结果显示，我国现有沙化土地172.12万平方公里，荒漠化土地261.16万平方公里，与第四次监测结果相比，分别减少了9902平方公里、1.21万平方公里。有效应对春季11次沙尘天气灾害，并及时公布沙尘暴灾害信息。召开了全国防沙治沙现场经验交流会，总结“十二五”防沙治沙成效与经验，研究部署“十三五”思路，提出到2020年完成沙化土地治理面积1000万公顷，实现全国一半以上可治理的沙化土地得到治理的目标与措施。沙化土地封禁保护补助试点稳步展开，印发了《国家沙化土地封禁保护区管理办法》，2015年新增全国沙化土地封禁保护试点县8个，全国试点县达到61个。国家沙漠公园试点建设有序推进。编制了沙漠公园建设发展规划，制定了技术规范，2015年启动了22个国家沙漠公园试点，全国沙漠公园试点达到了55个。开展了“防沙治沙法执法年”活动，组织4个检查组赴9个省区30余个沙区县（市）督查防沙治沙法执行情况。开展了全国《防沙治沙法》知识竞赛，29个省（区、市）的2673人参加了竞赛，提高了公民的法律意识；组织开展了世界防治荒漠化与干旱日宣传，国家林业局与共青团中央启动“绿化荒漠，守护家园”主题宣传活动，全国30多家媒体、十几所院校的600多名青年学生参加。国家林业局与科技部、内蒙古自治区联合举办了第五次库布其国际沙漠论坛，汪洋副总理出席并作重要讲话。完成了我国《履行联合国防治荒漠化公约国家报告》，全面宣传我国防治荒漠化相关国家战略和治理行动。编制了《“一带一路”防治荒漠化共同行动合作构想框架》，倡议建立对话机制，搭建合作平台，推动政策对话、能力建设、联合研究，技术示范和信息共享，为实现“一带一路”战略提供生态保障。岩溶地区石漠化综合治理工程全年完成营造林36.4万公顷。完成了石漠化综合治理工程“十三五”规划编制，编辑出版了《石漠化治理中的造林树种选择与模式》，推广综合治理技术模式，治理水平有效提升。

六、自然保护区建设和野生动植物保护不断加强

全年林业系统新建自然保护区40处，面积11万公顷。目前，我国林业系统已建立各种类型、不同级别的自然保护区2229处，总面积1.25亿公顷，占国土面积的13%，其中，国家级自然保护区346处，面积0.81亿公顷，占国土面积的8.4%。推动国家公园体制试点，着手建立大熊猫、亚洲象、东北虎、东北豹等野生动物保护类型国家公园，加强重要生态系统、珍稀濒危野生动植物的保护。继续对100多个国家重点保护野生动植物种组织实施野外巡护、栖息地维护改造、救护繁育，东北虎、东北豹数量明显增长，首次实施白颈长尾雉放归自然活动，放飞具备较强野外生存能力的白颈长尾雉16只。继续开展第二次全国野生动物资源调查，部署开展冬季水鸟同步调查。严厉打击野生动物及其制品非法交易，积极主导并参与有关国际事务。宣布暂停进口CITES公约生效后所获非洲象牙雕刻品和非洲狩猎纪念物象牙，国家林业局与海关总署共同开展销毁执法查没的象牙及制品活动，销毁象牙662.43公斤。国家林业局下发了《关于切实加强野生植物培育利用产业发展的指导意见》，推动野生植物培育利用产业健康发展。野生动物疫源疫病监测防控扎实推进，全年发现并报告75起野生动物异常情况，野生动物疫情导致59种、12827只/头野生动物死亡，及时处置控制了大熊猫犬瘟热等野生动物疫情，采集各类野生动物样品12604份，发现多亚型禽流感病毒。全国第四次大熊猫调查圆满完成，摸清了大熊猫资源本底，全国有野生大熊猫1864只，栖息地总面积达258万公顷；圈养大熊猫种群数量不断增长，2015年大熊猫人工繁育新生大熊猫27胎43仔，全国人工圈养种群数量达到422只。

七、湿地保护力度进一步加大

地方湿地保护立法力度进一步加大，河南、安徽、贵州出台了地方湿地保护条例，目前已有23个省（区、市）出台了地方湿地保护条例或办法。下达中央预算内投资2.37亿元，实施湿地保护工程项目48个，新增湿地保护面积34.5万公顷。安排中央财政资金16亿元，实施湿地补贴项目336个，其中：开展湿地生态效益补偿试点20处，落实退耕还湿试点任务7666.67公顷。新指定安徽升金湖国家级自然保护区、广东南澎列岛海洋生态国家级自然保护区、甘肃张掖黑河湿地国家级自然保护区3处国际重要湿地。开展国际重要湿地生态特征变化预警、管理计划编制和京津冀地区19处重要湿地生态系统健康、功能和价值评价，取得阶段性成果。吉林、辽宁省完成了泥炭沼泽碳库调查，部署启动黑龙江省调查。新批国家湿地公园（试点）137处，验收试点国家湿地公园46处。开展重点国家湿地公园建设，加大湿地公园管理人员培训力度，建立了国家湿地公园数据库，组织开展《国家湿地公园监测指南》、《湿地恢复技术指南》、《国家湿地公园宣教指南》、《国家湿地公园标识体系规范》等标准规程编制。参加湿地公约第12届缔约方大会（乌拉圭），妥善应对敏感问题，开展多双边会谈与交流，举办中国主题边会及展览，圆满完成了与会任务。组织开展了世界湿地日、长江湿地网络、黄河湿地网络和沿海湿地网络等重大活动，成立了中国湿地保护协会，举办了第一届海峡两岸湿地保护研讨会。

八、草原建设持续推进

2015年，建设草原围栏275.4万公顷，退化草原补播88.6万公顷，建设人工饲草地20.37万公顷，启动已垦草原、黑土滩和毒害草退化草地治理试点，新一轮退耕还林还草工程实施范围扩大至7省区。继续组织实施退牧还草、京津风沙源治理和西南岩溶地区草地治理试点等草原保护建设重大工程，工程建设成效显著，与非工程区相比，工程区草原植被盖度平均提高11个百分点，高度平均增加53.1%。支持有条件的地方发展节水灌溉人工草地，发展适度规模的标准化养殖，提高草原畜牧业综合生产能力。依托草原补奖政策和草原重大工程项目，推进草原承包、禁牧休牧、草畜平衡和基本草原保护等制度落实，全年完成草原禁牧1.02亿公顷，草畜平衡1.7亿公顷，新增人工种草1097.32万公顷，新增草原围栏321.61万公顷。监测结果显示，2015年全国草原综合植被盖度达到54%，较上年提高0.4个百分点，较“十二五”初期提高3个百分点；全国天然草原鲜草总产量10.28亿吨，连续5年保持在10亿吨以上。全国草原生态总体向好，局部地区生态环境明显改善。

九、森林抚育经营扎实开展

2015年，全国完成森林抚育面积831.40万公顷。森林抚育补贴力度进一步加大，2015年中央财政安排森林抚育补贴任务360.71万公顷，比2014年增加8.33万公顷。“十二五”期间，全国累计完成森林抚育4086万公顷，促进了森林结构改善和森林资源增长，带动了林区职工和林农就业增收。森林抚育质量监管不断加强，规范开展森林抚育补贴县级自查、省级核查和国家级抽查，中央财政森林抚育补贴的面积核实率98.4%，核实面积合格率95.5%，作业设计合格率94.8%。编制完成《全国森林经营规划（2016—2050年）》，提出了未来35年我国森林经营的总体思路、目标任务、战略布局和经营策略，为全面科学开展森林抚育经营奠定了基础。颁布实施了新修订的《森林抚育规程》国家标准，编制了新规程解读，制定了东北东部山地、大兴安岭、热带天然次生林等区域性森林抚育规程和10个森林抚育地方实施细则，不断完善技术标准体系，加强了技术研修培训，推动森林抚育经营科学规范开展。15个全国森林经营样板基地建设稳步推进，研究总结出10个典型森林类型的经营技术模式。开展了全国林地立地质量分级与评价、主要森林类型关键经营技术与作业法体系等基础研究，取得了阶段性成果，增强了森林经营技术储备。

十、林木种苗花卉工作稳步推进

截至2015年，全国年均种子生产量2500万公斤，林木良种280万公斤，年可供造林绿化合格苗木450亿株，比“十一五”期间年均分别增加25%、28%和50%，主要造林树种良种使用率达到61%。开展2015年度林木种苗质量抽查，林木种苗质量抽查合格率保持在90%左右。截至2015年，全国已建成国家重点林木良种基地224处，审（认）定林木良种5000多个。国家林业局启动国家林木种质资源设施保存库建设，出台了《国家林木种质资源库管理办法》，林木种质资源保护工作稳步推进。法律法规规章及配套体系进一步完善，修订完成《中华人民共和国种子法》，2016年1月1日起正式实施。全国花卉产业在调整转型中发展，截至2015年，全国花卉种植面积127.02万公顷，与上年相比增长3.51%；销售额1279.45亿元、出口创汇6.20亿美元。出版首部《中国花卉产业发展报告》，发布《2015全国花卉产销形势分析报告》，分析了花卉各类别品种的产销情况，提出了发展对策。确定宁夏回族自治区银川市为第九届中国花卉博览会举办城市，成功举办了第十届中国花卉产业论坛、2015中国（萧山、夏溪）花木节、第十七届中国国际花卉园艺展览会等重大活动。继2014年中国花卉协会会长江泽慧获得国际园艺生产者协会“金玫瑰奖章”后，2015年中国花卉协会梅花腊梅分会会长、北京林业大学副校长张启翔当选国际园艺生产者协会副主席。

十一、森林、草原保护持续加强

森林、草原资源保护力度不断加大。修订出台了《建设项目使用林地审核审批管理办法》，依法审批建设项目使用林地，强化林地监督管理。下发了《关于进一步加强森林资源监督工作的意见》，对强化监督职能、创新监督机制、提升监督能力等提出要求。出台了《关于光伏电站建设使用林地有关问题的通知》，规范光伏电站建设使用林地行为。对山西、辽宁等7省区及龙江森工集团和大兴安岭林业集团共9个单位开展了第九次森林资源清查。在全国开展了非法侵占林地清理排查专项行动和“眼镜蛇3号行动”、“雷霆行动”和“元旦、春节期间全国森林公安机关打击刑事犯罪”等专项打击涉林违法犯罪活动。全年清理排查出非法侵占林地案件47447起、违法占用林地7.92万公顷，行政问责1803人。各省（区、市）共挂牌督办230起非法侵占林地重点案件。重点侦破了“北京市5?21系列特大象牙制品非法交易案”、“广西自治区柳城县特大滥伐林木案”、“四川省三峡公司会理电厂非法占用林地案”、“云南省水富县非法杀害大熊猫案”等一批社会影响重大案件。森林和野生动物刑事案件立案3.1万起，与2014年基本持平；破案2.5万起，比2014年上升4%。打击处理违法犯罪人员3万余人，收缴林木12.8万立米、野生动物18.8万多头（只），涉案金额8.1亿元。严格草原征占用审批管理，依法严厉打击各种破坏草原的行为，通报破坏草原资源犯罪案件8起。严格落实草原禁牧休牧制度、草畜平衡制度，坚决纠正违反禁牧休牧和草畜平衡管理规定的行为。全年全国各类草原违法案件发案17020起，立案16427起，结案16066起，结案率97.8%。在福建等11个省份开展古树名木资源普查试点，建设启用全国古树名木信息管理系统，举办了古树名木资源普查业务培训研讨，开展《全国古树名木保护规划（2016—2020年）》编制，进一步夯实古树名木保护管理工作基础。

森林、草原有害生物防控成效显著。深入贯彻《国务院办公厅关于进一步加强林业有害生物防治工作的意见》，编写出版了国办《意见》的宣贯读本，31个省（区、市）人民政府出台了贯彻落实国办《意见》文件，国家林业局与31个省（区、市）签定了2015—2017年重大林业有害生物防控目标责任书。印发了《关于支持上海自由贸易试验区有关林木引种检疫审批工作的通知》、《关于进一步加强林业鼠（兔）害防治工作的通知》、《2015年全国林业有害生物防治工作要点》等指导性文件。加强了重大外来林业有害生物防治督导，重点开展了松材线虫病、美国白蛾新发疫区督导。全面推行林木引种检疫网上审批，检疫信息化和规范化水平明显提升。灾害监测预警进一步强化，发布了《警惕国际重大林木害虫—小圆胸小蠹的危害》等多期灾害警示通报。围绕保护黄山、三峡库区等重点生态区及西部生态脆弱区，开展了重点区域重大有害生物防治示范。全国完成林业有害生物防治作业面积813.33万公顷，主要林业有害生物成灾率控制在4.5‰以下，无公害防治率达到80%以上，有效遏制了松材线虫病、美国白蛾等重大林业有害生物多发频发态势。草原鼠虫害等生物灾害监测预警防控进一步加强，启动实施灾害防控应急值守制度，对重点省区开展灾害防控督查。全国共防治草原鼠害面积615.4万公顷，其中生防比例达到82%；防治草原虫害面积461.9万公顷，其中生防比例达到58%。

森林、草原防火工作连创佳绩。国家森林防火指挥部、国家林业局和各级森林防火部门科学研判森林火险形势，及时妥善处置突发火情，全年共发生森林火灾2936起，受害森林面积12940公顷，因灾造成人员伤亡26人，与2014年相比，分别下降20.7%、32.3%和76.8%，其中森林火灾起数连续7年下降。不断完善和落实草原火灾应急预案，强化应急演练，提升草原火灾应急处置能力。全年全国共发生草原火灾88起，累计受害草原面积11.8万公顷，经济损失10761万元，草原火灾发生次数和受害草原面积均处于历史低位。

十二、造林绿化政策机制不断完善

国有林区、林场等改革力度加大。中共中央、国务院印发《国有林场改革方案》和《国有林区改革指导意见》。国家发展改革委、国家林业局印发《〈国有林场改革方案〉和〈国有林区改革指导意见〉重点工作分工的通知》，明确各部门做好国有林场和国有林区改革的工作任务。北京、内蒙古、山西、广东、宁夏等5省（区、市）国有林场改革实施方案通过国家审批。国家林业局、人力资源社会保障部出台《国有林场岗位设置管理指导意见》，为国有林场深化人事制度改革提供了政策保障。国家林业局、国家发展改革委联合下发了《国有林场改革试点验收办法》，为科学评价改革成效提供了遵循。国家林业局印发了《国有林场备案办法》，为加强国有林场管理提供了遵循。深入推进林权流转，积极培育新型林业经营主体，促进林农收入稳步提高，截至2015年，全国累计发生集体林地流转面积1520万公顷，占已确权林地的8.43%，确定全国林业专业合作示范社348家，建立林业专业合作组织16万个，加入合作组织的农户1471万户，占林改涉及农户的9.94%。增收贡献率稳步提高，集体林权制度改革县农民人均年林业收入占年收入的比重达到14.6%，重点林区县超过60%。国家林业局发布《全国林权管理服务体系建设规划（2015—2020年）》，出台《关于进一步巩固和完善集体林地家庭承包经营工作的通知》，切实稳定集体林地承包关系。探索建立林地承包纠纷调处机制，强化仲裁体系建设，确定北京市房山区等22个国家林业局集体林业综合改革试验区和8个国家级综合改革试验示范区，承担优化完善集体林业经营、公共财政支持、林业社会化服务等试验任务。

造林绿化政策扶持和激励机制不断完善。全年中央林业直接投资1074.5亿元，比2014年增加73.7亿元。中央财政分别下达林木良种补贴、造林补贴资金4.78亿元、29.54亿元。国家林业局、财政部联合下发《关于调整森林植被恢复费征收标准引导节约利用林地的通知》，健全资源有偿使用和生态补偿制度。天然林保护补助标准取得突破，国有林管护费补助由75元/公顷提高到90元/公顷；社会保险补助测算基数由2008年所在省区社会职工平均工资的80%提高到2011年的80%，工程区国有林业单位在职职工的养老、医疗、失业、工伤、生育保险参保基本实现全覆盖。中央共投入退耕还林各项补助资金339.5亿元，中央按退耕还林2.25万元/公顷安排补助资金，在工程建设的第一、三、五年分三次拨付。落实林业有害生物防治作业人员接触有毒有害物质的岗位津贴和相关福利待遇。中央财政投入森林保险保费补贴资金13.52亿元，全国共有24个省（区、市）、4个计划单列市和3个国有森工企业纳入中央财政森林保险保费补贴范围，总投保面积1.45亿公顷，占全国森林总面积的69.7%。认定第二批129家国家林下经济示范基地，印发《全国集体林地林药林菌发展实施方案（2015—2020年）》，推动特色经济林、林下经济快速发展。首次启动未成林地自然灾害受损核定工作，完成辽宁旱灾未成林受损国家级核查，推动灾后恢复造林。国家林业局下发了《国家储备林制度方案》，明确了国家储备林建设制度建设任务。落实草原生态保护补助奖励政策，加大草原保护建设投入力度，全年落实草原保护建设资金208.4亿元。

各地造林绿化保障措施继续加强。山西省克服经济下行压力，资金投入稳中有增，全年林业投资达到100亿元以上。辽宁省投资2.9亿元对千万亩经济林工程、省财政造林补助项目、围栏封育工程等任务进行补助。福建省安排8.1亿元资金用于“四绿”工程、生物防火林带、珍贵用材林和不炼山造林补助等。河南省投入近5亿元资金用于营造林生产。安徽省下发了《关于加快推进林权抵押贷款工作的意见》，进一步拓宽林业融资渠道，支持鼓励各类社会主体投资造林绿化，由企业、大户、专业合作社、家庭林场等新型社会投资主体承担的造林任务占全年总面积90%以上。湖北省各级政府出台政策、整合项目投入资金造林绿化，因地制宜确定造林补助标准、补助方式，整合财政资金约27亿元，吸引社会投资48亿元。广西壮族自治区利用国家开发银行贷款100亿元，建设国家储备林基地一期项目。甘肃省安排林果产业发展扶持资金6900万元，重点扶持61个贫困县（区）和17个优势县区级单位开展林果示范基地建设，全年新增经济林果面积5.5万公顷，完成经济林果提质增效8.32万公顷。

2015年国土绿化虽然取得了显著成绩，但仍然面临着许多困难和挑战。现有宜林地60%左右主要分布在西部经济相对滞后地区，立地条件差、水资源短缺地区，造林绿化难度越来越大。南方地区造林主体任务基本完成，新增森林面积空间较小，北方地区绿化空间广阔；城市绿化水平较高，乡村面上绿化水平较低，区域、城乡造林绿化发展依然不平衡。城乡扩张对林地、草地、绿地、湿地侵占现象仍较严重；极端气候灾害频发，森林、草原有害生物和火灾防控压力居高不下，巩固成果任务依然艰巨。

2016年是“十三五”规划的开局之年。国土绿化工作要全面贯彻落实党的十八大和十八届三中、四中、五中全会精神，深入贯彻习近平总书记系列重要讲话，认真落实习近平总书记在中央财经领导小组第十二次会议上关于森林生态安全的重要指示，以维护森林生态安全为主攻方向，以增绿增质增效为基本要求，深化改革创新，加强资源保护，提升森林质量，增进绿色惠民，积极开展大规模国土绿化行动，进一步加快国土绿化步伐，为建设生态文明，全面建成小康社会，实现中华民族伟大复兴的中国梦不断创造更好的生态条件。

〉〉〉

文论

解读《关于加快推进生态文明建设的意见》（节录）

徐绍史

中共中央、国务院印发了《关于加快推进生态文明建设的意见》。国家发展改革委党组书记、主任徐绍史同志就此接受了新闻媒体的联合采访。

记者：最近，以党中央、国务院名义印发了加快推进生态文明建设的意见，规格非常高。为什么要出台这个文件？有什么重要意义？

徐绍史：党中央、国务院历来高度重视生态文明建设。党的十八大作出了把生态文明建设放在突出地位，纳入中国特色社会主义事业“五位一体”总布局的战略决策，十八届三中全会提出加快建立系统完整的生态文明制度体系，十八届四中全会要求用严格的法律制度保护生态环境。最近，党中央、国务院印发《关于加快推进生态文明建设的意见》，既是落实中央精神的重要举措，也是基于我国国情作出的战略部署。

我国资源环境方面的基本国情，可以用两句话来概括，一句话是资源环境瓶颈制约加剧特别是环境承载能力已达到或接近上限，另一句话是生态文明建设总体滞后于经济社会发展。具体表现在三个方面：

一是资源约束趋紧。重要资源人均占有量远低于世界平均水平，耕地、淡水人均占有量只相当于世界平均水平的43%、28%；石油、天然气等战略性资源对外依存度持续攀升，2014年已经达到59.5%、31%；特别是发展方式依然比较粗放，进一步加剧了资源约束，我国单位GDP能耗是世界平均水平的2倍。

二是环境污染严重。污染物排放总量远超环境容量，大气、水、土壤污染问题比较突出，雾霾天气频发，2014年74个重点城市中只有8个空气质量达标。

三是生态系统退化。森林总量不足，草原退化、水土流失、荒漠化等问题严峻，全国生态整体恶化趋势尚未得到根本遏制。

可以说，资源环境已经成为实现全面建成小康社会目标最紧的约束、最矮的短板，是一个躲不开、绕不过、退不得的必须解决的紧迫问题。

《意见》是中央就生态文明建设作出专题部署的第一个文件，充分体现了以习近平同志为总书记的党中央对生态文明建设的高度重视。《意见》明确了生态文明建设的总体要求、目标愿景、重点任务和制度体系，突出体现了战略性、综合性、系统性和可操作性，是当前和今后一个时期推动我国生态文明建设的纲领性文件。打个形象的比喻，党的十八大和十八届三中、四中全会就生态文明建设作出了顶层设计和总体部署，《意见》就是落实顶层设计和总体部署的时间表和路线图，措施更具体，任务更明确。

记者：您认为应该从哪些方面加快生态文明建设？

徐绍史：生态文明建设的关键，是处理好人与自然的关系，使经济社会发展建立在资源能支撑、环境能容纳、生态受保护的基础上，使青山常在、清水长流、空气常新，让人民群众在良好生态环境中生产生活。形象地说，生态文明建设就是既要金山银山、也要绿水青山，而且绿水青山就是金山银山。

我们认为，生态文明建设不仅仅局限于“种草种树”、“末端治理”，而是发展理念、发展方式的根本转变，涉及经济、政治、文化、社会建设方方面面，并与生产力布局、空间格局、产业结构、生产方式、生活方式，以及价值理念、制度体制紧密相关，是一项全面而系统的工程，是一场全方位、系统性的绿色变革，必须人人有责、共建共享。具体来说：

首先是要加快生产方式的绿色化，就是要通过生态文明建设，构建起科技含量高、资源消耗低、环境污染少的产业结构，大力发展绿色产业，培育新的经济增长点。

其次是要推进生活方式的绿色化，加快形成勤俭节约、绿色低碳、文明健康的生活方式和消费模式。

第三是要弘扬生态文明主流价值观，把生态文明纳入社会主义核心价值体系，形成人人、事事、处处、时时崇尚生态文明的社会新风尚。

第四是要健全系统完整的制度体系，通过最严格的制度、最严密的法治，对各类开发、利用、保护自然资源和生态环境的行为，进行规范和约束。

记者：要通过最严格的制度、最严密的法治为生态文明建设提供保障请问，《意见》在这方面有何考虑？

徐绍史：《意见》按照源头预防、过程控制、损害赔偿、责任追究的“16字”整体思路，提出了严守资源环境生态红线、健全自然资源资产产权和用途管制制度、健全生态保护补偿机制、完善政绩考核和责任追究制度等10个方面的重大制度。这里，我简要点几个关键制度：

一是红线管控制度，从资源、环境、生态三个方面提出了红线管控的要求，将各类开发活动限制在资源环境承载能力之内。一个是设定资源消耗的上限，合理设定资源消耗“天花板”；一个是严守环境质量的底线，确保各类环境要素质量“只能更好、不能变坏”；再一个是划定生态保护的红线，遏制生态系统退化的趋势。

二是产权和用途管制制度，在产权制度上，要求对自然生态空间进行统一确权登记；在用途管制上，确定各类国土空间开发、利用、保护边界，实现能源、水资源、矿产资源按质量分级、梯级利用。

三是生态补偿制度，要求加快建立让生态损害者赔偿、受益者付费、保护者得到合理补偿的机制，具体有纵向和横向补偿两个维度。纵向，就是要加大对重点生态功能区的转移支付力度，逐步提高其基本公共服务水平；横向，就是引导生态受益地区与保护地区之间、流域上游与下游之间，通过多种方式实施补偿，规范补偿运行机制。通过完善生态补偿制度，使生态保护者肯出力、愿意干、守得住“绿水青山”。

四是政绩考核和责任追究制度，《意见》明确，各级党委、政府对本地区生态文明建设负总责，实行差别化的考核机制，要大幅增加资源、环境、生态等指标的考核权重，发挥好“指挥棒”的作用。对于造成资源环境生态严重破坏的领导干部，还要终身追责。

记者：《意见》对于推进生态文明建设作出了哪些具体部署？

徐绍史：按照中央决策部署，国家发改委会同有关部门历时2年多的时间，研究起草了《意见》。《意见》采取条块结合的构架，包括9个部分共35条。主要内容概括起来就是“五位一体、五个坚持、四项任务、四项保障机制”。

“五位一体”，就是围绕十八大关于“将生态文明建设融入经济、政治、文化、社会建设各方面和全过程”的要求，提出了具体的实现路径和融合方式。

“五个坚持”，就是坚持把节约优先、保护优先、自然恢复为主作为基本方针，坚持把绿色发展、循环发展、低碳发展作为基本途径，坚持把深化改革和创新驱动作为基本动力，坚持把培育生态文化作为重要支撑，坚持把重点突破和整体推进作为工作方式，将中央关于生态文明建设的总体要求明晰细化。

“四项任务”，就是明确了优化国土空间开发格局、加快技术创新和结构调整、促进资源节约循环高效利用、加大自然生态系统和环境保护力度等4个方面的重点任务。

“四项保障机制”，就是提出了健全生态文明制度体系、加强统计监测和执法监督、加快形成良好社会风尚、切实加强组织领导等4个方面的保障机制。

记者：《意见》提出的各项目标任务将如何落实？

徐绍史：我们考虑，至少应该从三个方面推进《意见》确定的目标任务的落实。

一是强化统筹协调。《意见》要求，各级党委和政府对本地区生态文明建设负总责，各有关部门要密切协调配合，共同形成推进生态文明建设的强大工作合力。

二是开展先行先试。注重顶层设计与地方实践的结合，深入开展生态文明先行示范区建设，探索生态文明建设的有效模式，形成可复制、可推广的制度成果。

三是细化实施方案。根据《意见》要求，各地要抓紧提出实施方案，相关部门要研究制定行业性和专题性规划，国家发改委将按照中央要求抓紧制定《意见》分工方案，逐项分解目标任务，推动每一项任务落实落地。

记者：《意见》最突出的亮点或特点是什么？

徐绍史：《意见》最突出的亮点或特点有两个方面。

一个是通篇贯穿了绿水青山就是金山银山的理念。《意见》从指导思想、基本原则、主要目标、重点任务、制度安排、政策措施等各个方面，都体现了这一基本理念。比如，在指导思想上明确提出了“蓝天常在、青山常在、绿水常在”的要求。又比如，在基本原则里强调，坚持把“绿色发展、循环发展、低碳发展”作为基本途径，经济社会发展必须与生态文明建设相协调。再比如，在健全政绩考核制度方面，要求把资源消耗、环境损害、生态效益等指标纳入经济社会发展综合评价体系，大幅增加考核权重，强化指标约束。

另一个是通篇体现了人人都是生态文明建设者的理念。《意见》强调，无论是政府、企业或个人，都是生态文明的重要建设者，生产、生活过程中都应该自觉践行生态文明的要求，合理开发、利用、保护自然资源和生态环境，使生态文明建设成为人人有责、共建共享的过程。

（徐绍史：国家发展和改革委员会主任，2015年8月）

在"第四届全球智库峰会"上的发言

张 勇

气候变化，是全人类面临的重大挑战，关系到世界人民福祉和各国长远发展。近期在世界范围内出现热浪、干旱、洪水和热带气旋等极端气候事件再次告诉我们，以变暖和为主要特征的气候变化，对全球自然生态系统产生显著的影响，给人类的生存和发展带来了严峻的挑战，如何有效应对气候变化已成为十分现实和紧迫的任务。

应对气候变化，发达国家和发展中国家有不同的历史责任，国情和发展阶段和能力。中国作为最大的发展中国家，正处在工业化、城镇化快速发展阶段，面临着发展经济、消除贫困、改善民生、保护环境等多重挑战。作为负责任的大国，中国政府把积极应对气候变化、努力控制温室气体排放、提高适应气候变化的能力作为深度参与全球治理，打造人类命运的共同体，推动全人类共同发展的责任担当。我们制定发布了一系列政策措施，积极主动地采取了一系列行动。可以说，应对气候变化不是别人让我们做，而是我们自己要做。我们在大力推进绿色发展、循环经济、低碳发展，努力建设美国中国的同时，也在为全球应对气候变化作出积极的贡献。

2009年，中国公布了到2020年碳强度比2005年降低40%-45%，非化石能源比例达到15%，森林蓄积量增加13亿立方米的行动目标。2014年，中国已实现碳强度累计下降33.8%，非化石能源占比达到11.2%，并已超额完成增加森林蓄积量的目标。去年11月，中国又宣布了2030年行动目标，在2030年左右二氧化碳排放尽早达到峰值，到2030年非化石能源占一次能源消费比重提高到20%左右。

目前，中国正扎实推进"十三五"应对气候变化目标和总体思路的研究制定工作，按照国家应对气候变化、规划和国家适应气候变化战略的要求，进一步完善更为积极有效的政策措施。中国在国内六个省和36个城市开展低碳省区和城市试点，探索在不同地区尽快达到碳排放峰值的有效路径。中国积极加强基础能力建设，发布了国家重点推广的低碳技术目录，加强温室气体统计核算与考核体系建设，开展了气候变化国家信息通报和温室气体清单编制工作，设立全国低碳日，加强应对气候变化和低碳发展的宣传教育。

气候变化是全球性的挑战，需要全世界各国共同努力，世界各国应秉持共同但有区别的责任原则，公平原则和各自能力的原则，携手合作，共同推动低碳发展，实现绿色增长。发达国家对气候变化赋有历史责任，并在资金、技术和能力建设方面具备相关优势，有责任引领全球探索绿色增长和低碳发展的道路，包括中国在内的广大发展中国家也将不断地探索适合自身发展阶段和国情的低碳发展道路。

2015年，是应对气候变化的国际合作的一个重要年份，即将在今年年底召开的巴黎气候会议将是促进国际合作的又一个重要里程碑。我们认为，会议达成的协议应遵循联合国气候变化框架公约的原则、规定和整体框架，特别是共同但有区别的责任原则、公平责任以及各自能力的原则，应全面平衡的减缓，适应资金、技术转让、能力建设、透明度等各要素，这样达成的协议才能最大程度凝聚共识，聚同化异，务实可操作，促进各国强化应对气候变化的行动，推动更广泛的国际合作，引领各国走上绿色、低碳和可持续发展的道路。中国高度重视气候变化国际合作，在积极建设性的参与应对气候变化、国际制度建设的同时，2011年以来，中国每年拿出1000多万美元为其他发展中国家，特别是小岛国，最不发达国家和非洲国家提高应对气候变化的能力提供帮助和支持。中国将大力推进气候变化南南合作，建立气候变化南南合作基金。

应对气候变化是关系人类长远发展的全球性、战略性的重大议题，涉及领域广，需要汇集各方智慧，一直以来智库在气候变化、国际谈判和各国制定低碳发展战略和政策方面都发挥了重要作用，未来强化应对气候变化的行动仍然离不开智库的有力支持。中国政府重视发挥智库在战略决策、政策制定中的参谋作用，我们先后成立了国家应对气候变化专家委员会和国家应对气候变化战略研究和国际合作中心，从制定2020年后应对气候变化行动目标到编制国家应对气候变化规划，每项重大决策都会邀请相关研究机构和智库参与，征询意见建议，在很多战略性的重大问题上，智库的声音发挥了重要的作用。当然，中国在应对气候变化和低碳发展领域的智库建设起步相对较晚，在基础性理论研究、数据收集和处理、全球性战略研究等诸多方面还需要与世界知名智库加强交流和合作，虚心学习、进一步提高能力，共同为应对气候变化作出贡献。

（张勇：国家发展和改革委员会副主任，2015年6月25日）

推进绿色循环低碳发展，建设生态文明

张 勇

目前我国正处于小康社会关键时期，我国进入必须加快建设生态文明的历史阶段，十八大以来以习近平总书记为领导的党中央提出一系列新思想、新要求，今年国务院相继印发了关于生态文明的意见，明确了生态文明建设的总体要求、基本原则、主要目标和重点任务，以及制度体系建设和体制改革方向，是当前和今后一个时期推动我国建设的纲领性文件。

刚刚结束的十八届五中全会提出要将环境质量总量改善作为全面建设小康社会新的目标要求，坚持绿色发展、坚持走生产发展、生态良好的文明发展道路，促进人与自然的和谐共存。中央的精神为“十三五”时期推进了建设，一部人类发展史就是人与自然的关系史，我们要时刻牢记地球不仅是我们这代人的地球，既是我们继承祖先的，也要我们传给后代，深刻领会五中全会关于人与自然和谐相处，就要求我们必须从中华民族有序发展的高度，按照中央的要求把坚持绿色发展、循环发展、低碳发展作为基本途径，把生态文明建设融入生态、政治、文化，推进农业现代化、现代化，这是一场深远的、全方位的系统变革，因此今天的论坛以绿色化的背景为主题具有深刻意义。

绿色化，本质上要求提高布局、生产方式、生活方式、价值理念等绿色化程度，下一步我们要重点做好以下几个方面的工作：

第一，构建绿色空间和产业布局。布局的不合理是造成资源环境的重要原因，我们要着重把资源环境承载能力作为先决条件，在空间布局上坚定不移的实施主体战略，健全规划体系，科学合理布局和整治生产空间、生活空间、生态空间。向比较优势的地区集中，对不同项目实现差别化市场准入政策，在城镇化过程中要构建合理的城镇化宏观布局，推动城镇化发展由外延扩张向内涵提升式转变，建设绿色生态城区，在新农村建设中要加快美丽乡村建设，使生态文明建设向农村延伸，惠及广大人民群众。

第二，提高绿色化程度。要把调结构、转方式作为推进生态文明建设的主攻方向和关键环节，切实推动绿色循环低碳发展，加快构建资源消耗低、环境污染少的产业结构，要加快生产方式绿色化，推动建立绿色低碳循环发展产业体系，积极化解产能过剩矛盾，推行清洁生产和生态设计，要培育壮大绿色产业不仅既为生态文明建设提供坚实的技术支撑和产业基础，还要形成新的经济增长点，这都具有重要意义和积极作用。

第三，推进生活方式绿色化。生态文明建设与人民群众联系最直接的领域就是消费，促进生活方式的绿色化、促进生活方式绿色转型不仅可以保护环境，更重要的是推动消费方式和产业结构加快升级，这对于我国当前的经济发展尤为重要，要加快居民生活方式和消费模式向绿色低碳的方向转变，抵制不合理消费，引导消费者购买节能新能源汽车等产品，倡导绿色出行和绿色休闲模式，减少一次性产品的使用，深入开展反浪费行动。

第四，推行绿色价值理念。理念是实践与行动的先导，推进生态文明建设一定要转变观念，理念先行，要大力弘扬社会主义文明内涵，树立尊重自然、顺应自然、保护自然的理念，使生态文明教育深入千家万户。

第五，健全生态文明制度体系。只有依靠最严格的制度、最健全的法制，深入推进生态文明体制改革才能为生态文明建设提供可靠的保障。要按照源头预防、过程控制、损害赔偿、责任追究的思路，引导规范和约束各类开发和利用保护资源的行为，用制度保护和治理生态的环境。

第六，做好生态文明先行现实。生态文明建设需要加强顶层设计与地方实践相结合，按照党中央国务院的部属，以制度建设为核心任务。

从发展的全过程解决资源浪费引起的环境污染问题，这是实现资源利用方式根本转变的重要抓手，也是实现绿色转型的重要途径，大力推进绿色化，循环经济可以大有作用，中国循环经济协会成立以来做了大量卓有成效的工作，为推进生态文明建设发挥了重要的作用，希望协会再接再厉，更好地发挥政府参谋助手作用，发挥政府与企业联系的桥梁与纽带作用。

建设生态文明关系民族的未来，要深入贯彻五中全会精神，按照党中央国务院的部署，为推进加快建设美丽中国做出新的重大贡献。

（张勇：国家发展和改革委员会副主任，在“2015中国循环经济发展论坛”开幕式上的讲话摘要）

推动绿色低碳发展 参与全球气候治理

解振华

积极应对气候变化，既是我们贯彻落实五大发展理念、实现“两个一百年”奋斗目标的内在需要，也是积极参与全球治理、打造人类命运共同体的责任担当。

我国作为最大的发展中国家、世界第二大经济体和最大碳排放国，温室气体排放总量大、占比高、增速快的趋势短期难以改变，面临很大的国际减排和出资压力。

一是强化“十三五”应对气候变化政策和行动。采取强化措施落实“十三五”碳强度下降目标，争取超额完成到2020年单位GDP二氧化碳排放在2005年基础上下降45%的上限目标。继续推进工业、交通、建筑等各领域节能和提高能效，优化能源结构，大力发展非化石能源，加大控煤措施力度。深化低碳城市等试点示范，抓紧推进全国碳排放交易市场建设。继续增加森林碳汇。研究采取碳强度与总量双控措施，为实现我国提出的碳排放2030年左右达峰的自主贡献目标提前作好相应部署。抓紧制定我国到2050年低碳发展战略，尽早向国际社会发布。

二是加快推进应对气候变化立法工作。目前已启动应对气候变化专门立法工作，初步形成了立法框架；同时起草全国碳排放权交易管理暂行条例，作为国务院行政法规发布。我们亟须加快气候立法的步伐，积极学习吸收国外正反两方面经验，确保绿色低碳发展的各项事业有法可依。

三是推进气候外交与气候变化南南合作。推进同美国、欧盟、俄罗斯、加拿大、日本、澳大利亚等发达国家的政策对话与务实合作，加强同“基础四国”、“立场相近发展中国家”、小岛国、最不发达国家和非洲国家的沟通协调。在“一带一路”建设和国际产能合作中突出绿色低碳元素，引导海外投资更多流向低碳领域。尽快启动实施中国气候变化南南合作基金相关项目活动，在团结帮助发展中国家的同时，带动国内节能环保低碳相关产业和装备“走出去”。

四是积极参与全球治理。参加巴黎会议是落实习近平主席全球治理理念的一次成功实践，为建设人类命运共同体提供了宝贵经验。我们需把握我国综合国力和国际影响力不断上升的历史性机遇，妥善运筹好大国关系，夯实发展中国家战略依托，学习、适应并引导多边规则制定和运用，继续将气候变化国际谈判打造成为我国参与全球治理的重要平台，顺应世界绿色低碳发展潮流，主动承担与自身国情、发展阶段和实际能力相符的国际责任，推动建立公平合理、合作共赢的全球气候治理体制。

（解振华：中国应对气候变化特别代表，全国政协人口资源环境委员会副主任委员，2015年3月10日在全国政协十二届四次会议第二次全体会议上的发言）

全面深化改革 加强法治建设 在新常态下推进交通运输科学发展（节录）

杨传堂

一、2014年全国交通运输工作

2014年是贯彻落实党的十八届三中全会精神、全面深化交通运输改革的启动之年，是完成“十二五”规划目标的关键之年。交通运输系统坚持稳中求进工作总基调，按照稳增长、促改革、调结构、惠民生、防风险的要求，大力推进“四个交通”建设，不断完善综合交通运输体系，努力做到稳中有为、稳中有进，各项工作取得新的成绩。

（五）加大科技创新力度，推进绿色交通发展。大力实施创新驱动战略，不断增强科技支撑能力。一是推动重大专项攻关，组织实施高海拔高寒地区高速公路建设技术等5个国家科技支撑计划，以及“黄金水道通过能力提升技术”等重大科技专项攻关，启动京津冀公共交通一卡通互联互通和一卡通国家级清分结算平台建设，成功实施首次300米饱和潜水作业，国家高速公路网运营监管与服务关键技术、粉沙质海岸泥沙运动规律研究两项技术成果，获得国家科技进步二等奖。二是加快智慧交通建设，开展新一代国家交通控制网总体方案研究，完成城市智能交通和船联网国家物联网示范工程、物联网在公路网运行状态监测与效率提升应用等相关研究任务，加快公路电子不停车收费系统（ETC）全国联网进程，北京等14个省市实现区域联网。三是推进绿色交通发展，印发贯彻落实国务院低碳发展行动方案的实施意见，推进17个绿色交通区域性主题示范项目，制定京津冀一体化节能减排专项行动方案，编制完成《全国公路水路交通运输环境监测网规划》，在城市客运领域推广应用新能源汽车，组织水运行业开展应用液化天然气、码头油气回收试点示范。四是改进标准化工作，召开标准化工作电视电话会议，印发《关于加强和改进交通运输标准化工作的意见》，制定《综合交通运输标准体系》。

二、主动适应新常态，推动交通运输科学发展

更加注重可持续发展。破解当前制约交通运输科学发展的各种硬约束，实现实实在在和没有水分的增长，必须更加注重可持续发展，下大气力推进绿色发展、低碳发展、循环发展。以前我们讲的可持续，侧重生态环保层面多些。在新的形势下，要将可持续发展理念贯彻到规划、设计、建设、养护、运营、管理的全过程，做到生态环境可持续、经济可持续和社会可持续。实现生态环境可持续，就是要大力发展绿色交通，按照节能减排、环境保护和应对气候变化的要求，推进绿色循环低碳交通运输体系建设，形成节能减排降碳的监测、评价、准入、退出制度，建立健全绿色交通发展的长效机制。实现经济可持续，既要在财税体制改革框架下，建立稳定可靠的交通运输投融资机制，积极争取财政性资金投入，吸引和规范民间资本投资交通运输建设，有效防范企业债务风险，同时还要切实提高基础设施耐久性，保证工程建设质量，加大养护管理力度，延长使用寿命，提高交通运输资金投入产出效益。实现社会可持续，就是要积极回应公众关切，大力推进政府信息公开，加强宣传舆论引导，确保行业形势总体稳定。

三、2015年交通运输工作主要任务

2015年是全面深化改革的关键之年，是全面推进依法治国的开局之年，也是全面完成“十二五”规划的收官之年，做好全年交通运输工作意义重大。总体要求是：全面贯彻党的十八大、十八届三中、四中全会和中央经济工作会议精神，坚持稳中求进工作总基调，坚持以提高交通运输发展质量和效益为中心，坚持以解决突出矛盾问题为导向，主动适应经济发展新常态，狠抓改革攻坚，强化法治建设，推动转型升级，大力推动铁路、公路、水路、民航、邮政深度融合，加快建设综合交通运输体系，全面完成“十二五”规划目标，科学谋划“十三五”规划蓝图，推动“四个交通”发展迈上新台阶，让人民交通实现好、维护好、发展好人民的根本利益。

2015年铁路、民航、邮政工作由国家铁路局、中国民用航空局、国家邮政局分别召开会议作出具体部署。今天会议主要部署综合交通运输统筹协调及公路水路交通运输重点工作。

第七，坚持走绿色低碳循环发展之路，促进交通运输可持续发展。更加注重走资源节约型环境友好型发展道路，促进交通运输向集约发展转变。一是完善绿色交通制度，研究提出绿色交通制度体系框架，建立节能减排与应对气候变化统计监测体系。二是加强节能减排新技术新工艺推广应用，开展水运能效、清洁能源利用、绿色港口等试点示范。加强船舶大气污染防治工作，推进内河船型标准化。出台新能源汽车推广应用指导意见。做好合同能源管理、碳排放交易应用试点，推进公共机构节能减排。三是做好交通运输环境保护工作，修订《交通建设项目环境保护管理办法》，有序推进交通运输环境监测网建设。配合开展京津冀、长三角等区域大气污染防治协作，加强重大交通建设项目环境影响评价工作，做好生态环保型示范工程和环境污染第三方治理工作。

（杨传堂：交通运输部部长，2014年12月28日在2015年全国交通运输工作会议上的讲话，）

走中国特色能源发展道路（节录）

努尔·白克力

能源是现代社会的重要物质基础和动力，是事关国家发展全局和国计民生的战略性资源。“十三五”规划纲要明确提出，深入推进能源革命，着力推动能源生产利用方式变革，优化能源供给结构，提高能源利用效率，建设清洁低碳、安全高效的现代能源体系。作为发展中大国，我国要建设现代能源体系，维护国家能源安全，必须走中国特色能源发展道路。

一、深刻领会能源革命重要论述的精神实质

习近平总书记指出，面对能源供需格局新变化、国际能源发展新趋势，保障国家能源安全，必须推动能源生产和消费革命。这是我国能源发展的基本国策，基本内容可以概括为“四个革命、一个合作”，即推动能源消费、供给、技术和体制革命，全方位加强国际合作，实现开放条件下能源安全。习近平总书记关于能源革命的重要论述，深刻揭示了世界能源发展的大趋势、大逻辑，科学回答了如何化解能源资源和环境约束的世界性难题，是指导我国能源发展的理论基础和基本遵循。

推动能源革命是人类社会生产力发展和文明进步的重要动力。

推动能源革命是化解全球资源和环境约束的根本途径。

推动能源革命是保障我国能源长远安全的战略选择。

二、坚定不移走中国特色能源发展道路

习近平总书记指出，无论搞革命、搞建设、搞改革，道路问题都是最根本的问题。推动能源革命，走中国特色能源发展道路，关键是要坚持正确的战略方向和目标，按照科学合理的战略步骤和路径，逐步推进主体能源的更替，构建顺应世界大势、符合我国国情的现代能源体系。党的十八大以来，在习近平总书记能源战略思想指引下，我国能源结构调整步伐加快，绿色生产生活方式正在形成，中国特色能源发展道路越走越宽广。2015年，我国新增非化石能源发电装机占世界的40%左右，水电、风电、太阳能发电装机规模均居世界第一。截至2015年底，高速铁路运营里程累计超过1.9万公里，城市轨道交通在运线路超过3300公里，新能源汽车保有量超过50万辆。

坚持绿色低碳的战略方向。习近平总书记强调，要立足我国国情，紧跟国际能源技术革命新趋势，以绿色低碳为方向，分类推动技术创新、产业创新、商业模式创新。这就要求我们着力增加非化石能源、天然气等清洁能源消费比重，培育绿色低碳的生产方式和生活模式，建设生态文明社会。长远目标是形成以非化石能源和天然气为主体的能源结构；中长期目标是到2020年非化石能源、天然气占一次能源消费总量的比重分别达到15%和10%左右，到2030年分别达到20%和15%左右。

稳步推进主体能源更替。目前，煤炭仍是我国的主体能源，约占一次能源消费总量的64%。能源革命是一个由量变到质变的渐进过程，需要分三个阶段循序推进。第一阶段，煤炭消费步入峰值期，石油消费增速减缓，天然气和非化石能源快速发展，成为能源供给增量的主体。第二阶段，石油消费步入峰值期，天然气消费持续增长，煤炭消费逐步下降；化石能源消费达到峰值，非化石能源成为能源供给增量的主体。第三阶段，能源需求进入饱和期，天然气消费逐步达到峰值，煤炭消费继续下降，非化石能源稳步增长，逐步成为能源供应的主体。

加快建设现代能源体系。推动能源消费革命，加快形成资源节约型、环境友好型社会。坚定推行能源消费总量和强度双控制，着力提高能源利用效率。加快产业结构优化和转型升级，构建绿色低碳的产业体系。大力发展绿色建筑和交通，加快清洁能源示范省区、低碳城市、绿色城镇和新农村建设，提高全社会生产生活绿色低碳化水平。推动能源供给革命，构建绿色智能的能源供应体系。大力发展天然气和非化石能源，着力推进煤炭清洁高效利用。采用物联网、大数据、人工智能等技术改造能源产业，提升能源生产、储运等全产业链的智能化水平和效率。

全面提升创新开放水平。推动能源技术革命，增强创新发展能力。发挥我国能源重大建设项目较多、科技创新实践机遇较多的优势，加快推广应用一批先进适用技术，试验示范一批重大关键技术，集中攻关一批战略前沿技术，努力实现由能源科技创新追赶者向并跑和引领者的转变。推动能源体制创新，打通能源发展快车道。坚定不移推进改革，健全有效竞争的市场结构和市场体系，营造激励能源发展方式创新变革的体制环境。全方位加强国际能源合作，落实“一带一路”战略，开创宽领域、深层次、高水平的开放共享新格局，推动形成全球能源治理新体系，保障国家能源安全。

三、坚持目标导向和问题导向相统一，稳步推进能源革命

习近平总书记指出，推动能源生产和消费革命是长期战略，必须从当前做起。当前，我国能源发展步入新阶段，消费增速趋缓，长期以保供为主的矛盾基本缓解，优化结构、提高供给质量、培育发展新动能上升为主要矛盾。“十三五”时期，我们要深入贯彻落实新发展理念，遵循“四个革命、一个合作”的战略思想，坚持目标导向和问题导向相统一，把能源革命的长期战略与供给侧结构性改革的重大任务有机结合起来，统筹谋划，狠抓落实。当前和今后一段时期，要重点推进以下六个方面的工作。

强化战略规划引导作用。认真落实习近平总书记在中央财经领导小组第六次会议上的重要讲话精神，在完善发布“十三五”能源发展规划的同时，出台2030年国家能源生产和消费革命战略，明确能源中长期发展目标、重点任务和时间表、路线图。

加强供给侧结构性改革。加快制定能源供给侧结构性改革的实施意见，着力化解与防范产能过剩，三年内原则上停止审批新建煤矿项目，停建、缓建、取消一批煤电项目，加快炼油能力升级改造，淘汰落后产能。着力补齐发展短板，加快电力调峰、天然气储气设施建设，优化能源系统，提高运行效率，降低运行成本。着力提高能源清洁化水平，加快油品升级改造、煤电超低排放改造，大力推进电网、油气管网和电动汽车充电设施建设，推动以电代煤、以气代煤，提高清洁能源消费比重，促进生态文明建设。

大力推进能源结构调整。抓住当前能源供需缓和的有利时机，合理布局、开工建设一批建设周期长、对优化能源结构和拉动社会投资作用大的重大能源项目。适度加快大中型水电站建设，稳妥推进核电项目建设，保护好极为稀缺的核电厂址资源。稳步发展风电、太阳能发电，推动光热发电示范项目建设，加快地热能、生物质能发展，加大页岩气、煤层气、海上油气勘探开发力度，增强绿色发展后劲。

着力增强创新发展能力。加快能源科技创新，力争大规模储能、新一代核电、新能源材料、燃料电池等关键技术率先取得突破，抢占能源转型变革先机。加快体制机制创新，深入落实电力体制改革和配套政策，研究完善石油天然气改革方案，转变职能、简政放权、强化监管三管齐下，不断优化能源发展的体制环境。加快发展方式创新，实施“互联网+”智慧能源行动计划，加快发展智能电网、分布式能源，培育能源生产消费新业态、新模式。

务实开展能源国际合作。

大力实施能源惠民工程。

（努尔·白克力：国家发展和改革委员会副主任、国家能源局局长，2016年6月《求是》杂志）

我国低碳能源发展思考

李俊峰　刘强　李高

近年来，我国能源发展取得巨大成绩，能源供应保障能力不断加强，保障体系也在逐步完善。但与此同时，我国能源体系的高碳特征非常明显，以煤为主的化石能源在能源生产和消费结构中占主导地位。这导致了温室气体排放的过快增长，是造成当前环境污染的主要原因，不仅挤占了低碳能源技术的应用空间，也使安全供应问题日益突出。那么，该如何实施低碳能源发展？

基本构想

分步骤实现能源消费碳排放的总量控制和峰值。严格控制能源消费的增长速度，科学规划煤、电、油、气、核及新能源的发展利用，从粗放、低效、高排放、欠安全逐步转型为节约、高效、清洁低碳、安全的现代化能源新体系，推动能源消费的碳排放量在2030年前达峰，推动能源消费总量在中远期进入平台期并逐步达峰。

尽早实现煤炭消费峰值，为低碳能源发展留出空间。对煤炭消费实施严格的总量控制，推动煤炭消费在2020年前达峰，将其战略地位调整为重要的基础能源。同时要重点发展煤炭洁净生产和利用技术以及煤气化多联产和碳捕集、利用或封存(CCUS)等新型系统，走上安全、高效、环保的煤炭发展道路。

加强化石能源的清洁化、低碳化供应。重新审视化石能源领域的发展模式，推动传统化石能源行业真正走上高能效、低污染、低碳化道路，到2030年基本实现与国际水平接轨。通过技术创新推动非常规油气资源的开发利用，加快相关基础设施建设，使非常规油气资源成为重要的接替能源。

推动非碳能源产业的规模化发展。大力提升可再生能源、核能等的生产和利用，推动其战略地位由目前的补充能源逐步上升为替代能源乃至主导能源。2020年后的新增能源消费主要由非化石能源来满足，推动可再生能源技术进步和相关政策制度创新，在全球可再生能源变革过程中力争上游，逐步形成可再生能源的技术和市场优势。

加速能源体系的国际化进程。抓住当前蓬勃兴起的第四次能源革命的历史机遇，尽早融入世界能源革命的大潮之中，以天然气和非化石能源等低碳能源替代煤炭、石油等高碳能源，并逐步建立以电力为核心的智能、优质能源系统，到2050年使低碳能源成为主导能源，实现能源生产和利用方式的深度转型。

对策建议

加强低碳能源与环境保护的协同管控。能源与环境的相关主管部门要加强协作和配合，从战略和全局高度统筹规划、科学管理，不断制定、创新、完善能源利用、碳排放和生态环境保护相结合的目标、政策和机制，实现大气环境质量和碳排放的协同控制，并根据环境保护和能源利用状况的变化，及时修订和不断严格大气环境质量标准和碳排放标准，尽快接近国际先进水平。

实施碳排放总量和能源消费总量双控制度，控制能源消费和碳排放的过快增长。按照循序渐进、区域差别与全面推动相结合的原则，推动碳排放总量和能源消费总量控制的协同实施，倒逼能源结构尽快向低碳化、清洁化和现代化转型。2020年前，建立碳排放强度和碳排放总量双控制度，出台严格的煤炭消费总量控制措施，切实遏制各地能源消费总量的过快增长趋势。2020—2030年间，全面实施并强化碳排放总量控制制度，出台严格的化石能源消费总量控制目标和措施，推动高碳化石能源(煤炭和石油)在2030年前达到消费峰值。2030—2050年间，出台碳排放减量目标，制定严格的能源消费总量控制目标，推动能源消费总量进入平台期。

实施分区分类煤炭消费控制制度，逐步减少对煤炭的过度依赖。一是严格限制东部地区的煤炭消耗总量，尤其是北京、上海这样的国内最发达地区，将建设“无煤城市”作为近期的发展目标，东部其他沿海地区严格控制高耗煤行业的发展，“十三五”期间东部地区实现煤炭消费总量负增长。二是中部地区根据各区域的实际特点分区控制煤炭消耗总量，利用后发的政策、市场和技术优势做优增量、调整存量，到2030年前基本实现煤炭消费总量的负增长。三是西部地区可适当增加煤炭的消费量，但要控制煤炭消费的新增量，通过建设大型煤电基地并实施“西电东输”，优化我国电源布局。

坚持能源发展方面的依法治国，强化低碳能源发展的法律制度和标准体系。一是加强相关立法工作。尽快制定应对气候变化法，将应对气候变化和发展低碳经济的重点制度安排以专门法律形式予以确认；将发展低碳能源列入我国正在制定的能源法，将低碳化作为能源发展的主线；完善低碳能源发展相关的配套法律法规，增加应对气候变化的有关条款。二是加强能源行业、产品技术标准规范以及节能、低碳标准体系建设。研究制定低碳燃料标准，以此鼓励创新、改进技术，推动用高效、低碳能源替代高碳化石能源；分阶段、分步骤出台对重点行业和技术的碳排放定额标准，在工业、交通等重点行业逐步引入温室气体排放绩效标准管理体系，引领和推动低碳能源技术的创新和发展。

加快能源体制改革，打破垄断和全面开放并举。一是逐步推动能源管理体制由“分散”走向“集中”，扭转当前国家能源局负责能源行业管理，但国土资源部、商务部、电监会等分别保持着矿产资源开采、成品油市场流通、电力行业管理的分散管理格局。二是加快能源领域的市场化改革，打破能源领域一直由少数几个国家企业高度垄断的利益布局，真正破除非公有制经济进入能源领域的体制性障碍，大力推进投资主体多元化，允许非公有资本可以参股等方式进入电力、石油等能源行业。三是打破能源价格管制，逐步理顺能源定价机制，建立和完善与基本国情相适应，反映市场供求状况、资源稀缺程度、环境损害成本以及社会承受能力的能源价格形成机制。

采用恰当的财政和金融手段，积极推动能源低碳化发展。一是采取积极的财政手段(包括政府补贴、税收减免等)，提高低碳能源的市场竞争力，培养消费者的使用偏好，带动能源结构的优化。二是提高能源税收水平，包括对生产者征收的资源税和生态环境补偿税，以及对能源消费者征收的环境税，并将税收收益用于补偿能源生产消费所带来的生态环境成本。三是加强财政手段和金融手段的有机配合，不断创新金融产品和服务，拓宽企业投融资渠道，充分发挥金融手段的资金集聚功能和资源配置功能，促进低碳产业的发展。

处理好政府与市场的关系，用市场机制引导能源的低碳转型。一是遵循“市场决定资源配置”的一般规律，着力解决当前能源低碳转型中市场体系不完善、政企不分、政府干预过多和监管不到位等问题，发挥政府对能源低碳发展的政策引导作用，推动能源资源配置依据市场规则、市场价格、市场竞争实现效益最大化和效率最优化。二是在已有碳排放权交易试点基础上，在“十三五”期间建成覆盖全国、规制统一的碳排放权交易市场，创造有利于低碳发展的良好市场环境。三是将碳税作为碳排放权交易的有益补充，在碳排放权交易体系不能覆盖的领域，实现对碳排放权的定价，形成对小型社会组织和家庭的激励和约束。

推动低碳能源化的技术研发，加强相关创新制度建设。一是建设国家级的能源科技研发机构和平台，加快能源重大科技攻关，促进我国低碳能源技术实现重大突破，尽快赶上全球能源技术革命的步伐。二是建议国务院能源主管部门统一领导能源技术的研究与开发工作，保证能源技术研发的前瞻性和战略性。三是建立社会化的能源技术研发机构，鼓励多方面力量参与到低碳能源技术的研发中，逐步建立起一种科研机构、大型企业与社会资本优势互补、利益均沾的能源低碳化、清洁化的技术研发和创新制度体系。

改变传统的能源发展战略思维，全方位加强能源国际合作。一是以开放的思路制定新时期的中国能源发展战略，从主要依据国内资源的“自我平衡”逐步转变到更为积极的能源“走出去”策略，充分利用好国内外两种资源、两个市场。二是以保障煤炭、石油和天然气等常规能源供应为基本合作目标，保障已经建立的煤炭进口通道的稳定，强化与俄罗斯和中亚地区石油、天然气输出国的贸易合作，进一步降低海上运输通道带来的能源安全风险。三是大力开展新能源和可再生能源的国际合作，通过积极的外交战略消除发达国家的核心技术和知识产权保护壁垒，推动建立全球先进技术共享交流平台。四是不断谋求建立长久的双边和多边能源合作机制，提高中国在能源定价机制中的话语权，主动参与构建公正合理的全球能源治理机制。

(李俊峰:国家气候战略研究中心研究员。刘强:国家气候战略研究中心副研究员。李高，国家发展改革委气候司副司长。2015年6月《光明日报》)

综合报告

工业节能减排与绿色发展2015年度报告

工业和信息化部节能与综合利用司

2015年，工业节能与综合利用工作深入贯彻了十八届三中、四中全会精神，按照中央经济工作会议和全国工业和信息化工作会议部署，以工业绿色发展专项行动为抓手，以试点示范、目录标准、节能监管为切入点，着力抓好节能节水、清洁生产和资源综合利用等各项工作。到2015年底，全国规模以上工业万元增加值能耗下降了4%以上，万元工业增加值用水量下降了5.6%，大宗工业固体废物综合利用率得到进一步提高，重点行业主要污染物排放强度明显下降，“十二五”工业节能减排与综合利用目标任务全面完成。其中，煤炭消耗减少了400万吨，京津冀及周边地区、长三角等重点工业企业实施了清洁生产技术改造，全年削减二氧化硫7万吨、氮氧化物6万吨、工业烟（粉）尘4万吨、挥发性有机物2万吨。

一、进一步实施了工业绿色发展专项行动

（一）重点行业清洁生产和结构优化，减少大气污染物排放。

实施《工业领域煤炭清洁高效利用行动计划》，推动焦化、煤化工等重点行业及工业炉窑（锅炉）设备煤炭清洁高效利用。在水泥、平板玻璃等行业实施能效“领跑者”制度。配合有关部门对地方能耗总量控制和煤炭消费减量替代进行考核，指导督促大气污染防治重点企业实施清洁生产。

（二）数字能效推进计划

发布了钢铁、石油和化工、建材、有色金属、轻工行业企业能源管理中心建设实施方案，建设了一批企业能源管理中心，完成了钢铁、建材、石化等200家企业能源管理中心项目验收工作，新启动了100家项目的建设工作。

建立了覆盖2000家以上重点用能企业的全国工业节能监测分析平台，并推动省级系统对接联网，完善平台建设和数据传输标准，实现对试点地区工业能耗数据的动态监控及预警预测。

开展绿色数据中心建设，工业和信息化部联合国家机关事务管理局、国家能源局制定了《国家绿色数据中心试点工作方案》，围绕生产制造、能源、电信、互联网、公共机构、金融等重点应用领域选择了一批代表性强、工作基础好、管理水平高的数据中心，启动了30家绿色数据中心试点创建工作，推广了40项数据中心节能减排技术，提升试点数据中心节能环保水平。

（三）组织推进京津冀地区工业资源综合利用协同发展

组织实施了京津冀及周边地区工业资源综合利用协同发展行动计划，初步建立了京津冀及周边地区工业资源综合利用协同发展机制，完善产业链。指导地方政府制定相关具体实施方案，推进尾矿、废石、粉煤灰、电子电器废弃物等协同利用，实现了京津冀及周边地区尾矿、冶炼渣等工业固废综合利用量约6000万吨/年。

二、重大规划法规标准和政策制订与实施

（一）节能减排技术改造

在高耗能行业能效提升、节水减污、重要资源高效开发利用三个方向实施了一批绿色制造新技术新工艺工程，支持钢铁、有色金属、建材、化工、纺织行业实施节能、清洁生产及资源循环利用技术改造。实施水污染及大气污染防治领域技术改造及装备产业化示范。支持水泥窑协同处置城市垃圾及危险废物技术改造。试点推进钢铁、纺织、造纸等高耗水行业节水治污技术改造。

（二）制定工业绿色发展战略规划

组织编制“十三五”工业绿色发展规划，并严格实施《2015年工业绿色发展专项行动实施方案》，树立了工业绿色发展战略，按照全生命周期理念，构建高效、低耗、清洁的绿色制造产业体系。研究符合中央财政预算体制改革方向，支持工业节能与综合利用发展的政策思路。针对绿色科技创新引领工程，协调重大工程和示范项目创建。

（三）加强法规建设

按照深化改革依法行政的要求，继续推进法规研究制订，加强相关行业准入管理。研究制定了《工业节能管理办法》、《电器电子产品有害物质限制使用管理办法》、《工业资源综合利用管理暂行办法》及《重点用能企业能源管理岗位管理办法》等法规，积极配合有关部门修订《节约能源法》。

（四）绿色工业试点示范

组织开展了“两型”企业试点创建与验收工作。落实区域工业绿色转型发展试点城市实施方案，督导试点城市落实重点任务和保障措施。会同发展改革委完成了国家低碳工业园区试点方案评审，研究制定国家低碳工业园区管理办法。发布了《关于加快推进工业园区绿色发展的指导意见》，推动工业园区绿色发展。

（五）节能环保技术标准提升

培育重点行业节能、清洁生产、资源综合利用技术支撑中心和能效评估中心，建立绿色工业评价支撑体系。在电石、铁合金等行业开展贯标试点工作。完善并制定了节水型企业评价标准及取水定额标准。

三、着重工业节能降耗

（一）推广节能技术产品应用

持续开展家电和工业品“能效之星”产品评价，编制和发布了高耗能落后机电设备淘汰目录和先进节能技术产品推荐目录。推进了东莞、镇江等电机系统改造区域试点和水泥等重点用能行业电机系统改造试点。实施变压器能效提升计划，推动企业生产和使用非晶合金等高能效变压器。

（二）加强节能管理

推动重点用能企业健全能源管理负责人和管理机构，完善节能评估等能源管理制度，提高能源统计、审计能力。编制和发布了《全国工业能效指南（2015年版）》，开展能效对标达标活动。开展各地区节能管理干部、重点用能企业能源管理岗位和负责人培训。推进南京等工业能效提升培训基地建设。

（三）强化工业节能监察

制定发布了《2015年工业节能监察工作计划》，围绕电石铁合金行业能耗限额标准贯标、电机能效提升、燃煤锅炉等开展专项监察工作。推动健全工业节能监察体系，组织开展节能监察培训，加强节能监察机构队伍建设，完善节能监察制度。

（四）完善节能政策措施

推进利用能耗环保标准淘汰落后产能。运用标准、价格等手段，实施电解铝及水泥行业差异化电价，研究制定了电解铝电耗水平核查规范。制定了“绿色工厂”标准体系、评价体系。创新节能市场化改造及金融支持模式，在长三角及周边地区建立区域尝试开展节能量交易机制。

四、推进工业节水

（一）健全节水管理机制

发布了一批高耗水工艺技术装备淘汰目录，推动强制淘汰。在缺水地区推行高耗水行业用水效率约束性机制。根据国务院水污染防治工作部署，制定了工业领域相关落实方案。配合有关部门开展最严格水资源管理制度落实及工业用水效率约束性指标考核。

（二）实施工业水效提升计划

开展水平衡测试和固定资产投资项目水效评估工作。推进工业节水重大示范工程建设。制订冷却、洗涤等终端用水装备水效标准、节水设计规范，推动水效标识管理。制订啤酒、氯碱等节水型企业评价标准及麻纺织、合成氨等取水定额标准，逐步健全了节水标准体系。

五、实施清洁生产水平提升计划

（一）规范清洁生产审核与效果评估

发布了《工业清洁生产审核规范》、《工业清洁生产实施效果评估规范》，指导工业企业依法实施清洁生产审核和效果评价。组建清洁生产产业联盟，整合技术承担单位、金融机构等资源，推广先进清洁生产技术。

（二）持续推进再生铅行业规范管理和高风险污染物削减工程

按照再生铅行业准入要求，继续开展再生铅行业准入管理，公告通过审查的企业名单。加大电池行业清洁生产推行力度，协调环境保护部、商务部、发展改革委等部门，共同开展了电池行业资源化利用工作。指导地方按照编制的高风险污染物削减落实方案，组织企业实施汞削减、铅削减和高毒农药替代工程。

（三）开展生态设计示范试点

组织开展工业产品生态设计示范企业试点工作，并进行征集与筛选。研究制定生态设计产品评价管理办法，制定重点产品生态设计评价标准，开展相应的试评价。

（四）加强有毒有害污染控制

组织修订了《国家鼓励的有毒有害原料（产品）替代目录（2012年版）》。发布了汽车有害物质和可回收利用率管理的公告，印发汽车车内挥发性有机污染物控制技术政策。

六、继续推进工业资源循环利用

（一）深入推进工业固体废物综合利用

开展工业固体废物综合利用基地建设评估验收，启动了第二批试点。湖北省创建资源综合利用示范省，山西、内蒙实施尾矿、粉煤灰等大宗工业固废资源综合利用重大示范工程。开展水泥窑协同处置生活垃圾试点，制定行业规范条件。

（二）全面推动再生资源综合利用

推进战略稀贵金属回收利用试点。研究并制定了再生资源产业发展指导意见、废旧新能源汽车动力电池等行业规范条件。实施废钢铁、废有色金属等资源再生利用重大示范工程。编制建筑垃圾资源化利用先进技术与装备目录、建筑垃圾资源化产业发展专项规划。开展废旧轮胎翻新产品认定。

（三）加大废弃电器电子产品资源化利用

针对电器电子领域生产者责任延伸试点工作，树立了标杆企业。制定废弃电器电子产品资源化利用评估规范及产业发展行动计划，并研究制定相关标准。

（四）发展机电产品再制造产业

针对第一批再制造试点开展验收工作，深化试点示范，建设再制造产业集聚区。继续实施《内燃机再制造推进计划》，开展重点领域再制造技术交流。推动了再制造认定产品纳入“以旧换再”支持政策。

（五）深化甲醇汽车试点

在试点省市推进甲醇汽车车型公告，在技术数据采集和评价方面，开展了甲醇汽车排放、环境影响、安全等专项评价。推进甲醇汽车标准体系建设，制定甲醇汽车加注体系建设规范，完善了甲醇汽车生产及运行管理制度。

七、培育发展节能环保产业

（一）开展节能环保示范工程建设

发布了《加快发展节能环保产业行动计划》，落实重大节能技术与装备、重大环保技术及装备、重大资源循环利用示范工程实施方案，推进节能环保重大技术工程、重大装备产业化应用示范工程和节能环保产业园区建设。

（二）培育节能环保装备制造及服务业

实施高效锅炉系统产业化示范工程，培育高效锅炉制造基地。依据《国家鼓励发展的重大环保技术装备目录》，落实依托单位，推广技术装备应用。推动成立节能服务公司产业联盟，开展中韩工业节能主管部门和节能服务产业交流。培育能源审计、节能评估、节能诊断、清洁生产审核等第三方服务机构，研究推动环境污染第三方治理，探索工业企业污染治理新模式。

环境保护领域应对气候变化和低碳发展2015年度报告

环境保护部科技标准司

2015年以来，环境保护领域积极推进应对气候变化工作，充分发挥在监测、统计、宣教、履约和监管等方面的特色优势，在主要大气污染物和温室气体协同控制、温室气体监测与统计、应对气候变化重大工程环境风险监管、环保宣传教育和国际谈判等领域取得积极进展。现将有关工作进展总结如下：

一、推动协同控制研究

积极推进主要大气污染物与二氧化碳的协同控制，通过对水泥行业碳排放强度控制路径、煤化工和小水电行业低碳环保综合评价、城市节能减排和低碳发展综合评估等，评估筛选出了重点协同控制技术，总结了重点行业协同减排思路；依据区域气候模式和全球气候模式模拟分析了不同排放情景下全国和典型区域未来各气候要素和大气污染物的时空变化特征，提出了大气污染物与温室气体一体化协同管控对策建议。

二、加强温室气体监测与统计

依托内蒙古呼伦贝尔、山东长岛、青海门源已建立的3个温室气体区域背景监测站，以及31个省会城市和直辖市建立的温室气体源区监测站，形成了二氧化碳、甲烷和氧化亚氮三类温室气体实时上传小时均值的自动在线监测网络系统。对北京市有关垃圾填埋场覆膜区域、封场区域、渗滤液处理工艺过程产气通量和CH4、CO2、N2O浓度进行连续原位定点监测，并对不同填埋年份的垃圾进行取样分析，提出了CH4回收利用和减少逸散的技术措施。

基于全国环境统计调查工作，完成了2014-2015年度火电、水泥、钢铁三个重点行业二氧化碳排放量的统计核算工作。对火电、水泥、硝酸等重点行业开展了温室气体排放监测试点，评估筛选了水泥、钢铁、火电行业二氧化碳排放点源的监测技术。

开展了2轮含氟温室气体的统计工作，调查范围覆盖全国约25个省/自治区/直辖市113家企业，基本掌握我国氢氟碳化物（HFCs）、全氟化碳（PFCs）、六氟化硫（SF6）、三氟化氮（NF3）的生产、使用、进出口以及副产和处理情况（2013-2015年数据）。协助编制并发布实施了《国家HFC-23减排补贴方案》和《HFC-23减排补贴实施细则》，为国家发改委开展HFC-23副产物处置工作提供了技术支持。

三、发布CCUS环境风险评估技术指南

继2013年发布《关于加强碳捕集利用与封存试验示范项目环境保护工作的通知》之后，2015年编制了《二氧化碳捕集、利用与封存环境风险评估技术指南》（试行），并于2016年公开发布。该指南提出了二氧化碳捕集、利用与封存示范项目的环境风险评估方法，确定了评估流程、评估范围、环境风险源、环境风险受体、环境风险评估指标等，这不仅有助于项目运行方提高对CCUS项目环境风险的认识，强化环境风险管理，而且有利于政府部门开展有针对性的环境监管。

四、提升公众意识

十二五以来，通过新华社中国新华新闻电视网《环境》栏目播出共30期气候变化方面的相关新闻专题。组织40余篇应对气候变化稿件在《中国环境报》、《世界环境》杂志、《科技日报》等报刊杂志刊发，全面、系统解读气候变化政策与行动。另外，依托微信公众号“微言环保”、“世界环境”、“环境友好使者”等新媒体发布应对气候变化内容近百条，累计点击量超过100万次。《世界环境》杂志主持的新浪微博话题#气候变化#，累计阅读量1618.7万次，多次荣登新浪微博话题榜前十名。拍摄《应对气候变化系列公益广告片》之《应对气候变化始于足下》和《应对气候变化就在开关之间》等公益广告，倡导低碳生活理念，增进社会各界对气候变化的了解和认识，通过电视台、公交地铁高铁移动电视、机场大屏幕等平台广泛播出。2016年，环保部宣教中心举办“国际青少年绿色低碳实践交流营暨2016年广州•世界青少年环保交流大会”，近200名国际青少年参加，促进各国青少年在国际气候环保领域的交流与合作。

五、参与气候变化国际谈判

以气候变化国际谈判为契机广泛参与国际交流与合作，积极开展务实国际合作，建设性参与《联合国气候变化框架公约》（UNFCCC）、《巴黎协定》和政府间气候变化专门委员会（IPCC）的相关会议和管理等工作，积极参与蒙特利尔议定书、生物多样性公约下有关气候变化方面的议题磋商，在氢氟碳化物类温室气体、资金机制、能力建设等议题谈判中发挥了重要作用。

（撰稿：冯相昭 付加锋 付建平 李鹏辉 鲁成钢 马占云 汪光 王军霞 赵卫，环境保护部科技标准司环境健康管理处（气候变化应对处））

住房城乡建设“十二五”以来应对气候变化与低碳发展报告

住房和城乡建设部建筑节能与科技司

“十二五”以来，住房城乡建设部按照国家应对气候变化工作整体部署，贯彻落实绿色建筑行动方案，大力推进建筑节能，推广绿色建筑和超低能耗建筑，发展可再生能源建筑应用，开展低碳生态城市建设试点，推动农村建筑节能，加强市政基础设施温室气体减排，倡导绿色出行，增加城市园林碳汇，积极推进城市适应气候变化工作，建设海绵城市，开展务实国际合作，为减缓和适应气候变化做出了重要贡献。

一、大力推进建筑节能和发展绿色建筑

“十二五”期间，我国建筑节能与绿色建筑发展迅速，为应对气候变化做出重要贡献。截至2015年，通过新建建筑和既有建筑节能改造，全国节能建筑共形成每年节约超过1.2亿吨标准煤节能能力，折合每年减排温室气体超过3亿吨二氧化碳。

（一）加强政策体系建设，发挥指导引导作用

国务院办公厅2013年1月转发了发展改革委 住房城乡建设部《绿色建筑行动方案》，提出开展绿色建筑行动，全面推进城乡建筑绿色发展，明确了发展绿色建筑的指导思想、主要目标、重点任务和保障措施。住房城乡建设部出台《“十二五”建筑节能专项规划》、《“十二五”绿色建筑和绿色生态城区发展规划》，与财政部联合出台《关于进一步推进公共建筑节能工作的通知》、《关于加快推动我国绿色建筑发展的实施意见》、《关于进一步深入开展北方采暖地区既有居住建筑供热计量及节能改造工作的通知》、《关于推进夏热冬冷地区既有居住建筑节能改造的实施意见》等政策，与工业信息化部联合出台了《绿色建材评价标识管理办法》、《促进绿色建材生产和应用行动方案》，通过一系列政策措施，落实绿色建筑行动方案。

（二）完善建筑节能标准体系

住房城乡建设部在工程建设标准管理过程中注重体现低碳、绿色等原则，开展了《工程建设标准应对气候变化影响相关问题研究》，在相关工程建设标准化工作中，主要围绕节能建筑与绿色建筑设计、检测评价、施工验收，既有建筑节能改造，建筑能效测评与监控，暖通空调与供热系统节能、新能源应用等领域，开展了相关标准的制修订工作。

住房城乡建设部“十二五”期间制定、修订了《绿色建筑评价标准》、《绿色商店建筑评价标准》、《绿色超高层建筑评价技术细则》、《公共建筑节能设计标准》，编制了《被动式超低能耗绿色建筑技术导则（试行）（居住建筑）》、《既有居住建筑节能改造指南》、《夏热冬冷地区既有居住建筑节能改造技术导则（试行）》、《民用建筑能耗和节能信息统计报表制度》等，指导各地建筑节能和绿色建筑发展。

（三）不断提高新建建筑执行节能强制性标准比例

到“十二五”期末，城镇新建居住建筑和公共建筑全部开始执行更高水平的节能设计标准。通过加强监督管理，全国城镇新建建筑执行节能强制性标准比例持续提高，目前执行比例基本达到100%。“十二五”期间新增节能建筑面积超过70亿平方米。截至2015年，全国城镇累计建成节能建筑面积超过120亿平方米，节能建筑占城镇民用建筑面积比例超过40%，共形成每年节约超过1亿吨标准煤节能能力，折合每年减排温室气体2.6亿吨二氧化碳。

（四）大力发展绿色建筑

截至2015年底，全国共有3979个项目获得了绿色建筑评价标识，建筑面积超过4.5亿平方米。绿色建筑强制推广工作不断推进，政府投资公益性建筑、省会城市以上保障性安居工程开始执行绿色建筑标准。北京、天津、上海、重庆、江苏、浙江、山东、深圳等地开始在城镇新建建筑中全面执行绿色建筑标准，累计推广绿色建筑面积超过10亿平方米。

（五）不断扩大超低能耗建筑试点示范规模

中德合作秦皇岛“在水一方”被动式超低能耗绿色建筑、中美合作“中国建筑科学研究院近零能耗示范楼”分别于2013年和2014年竣工，节能效果显著，受到了社会的广泛关注，参观学习人数超过1万人次。示范工程带动了全国一批超低能耗建筑工程的建设，截至2015年底，全国共有严寒、寒冷、夏热冬冷、夏热冬暖4个气候区12个省60余个被动式超低能耗绿色建筑试点项目，示范规模不断扩大。

（六）稳步推进既有居住建筑节能改造

“十二五”期间完成北方采暖地区既有居住建筑供热计量及节能改造10亿平方米。截至2015年底，全国累计完成改造面积11.8亿平方米，全面超额完成国务院明确的改造任务，有效补齐老旧住宅节能性、舒适性短板，节能减排、改善民生及经济拉动效果显著。同时，对夏热冬冷地区既有居住建筑节能改造工作进行了探索，“十二五”期间共完成改造面积7090万平方米。

（七）不断完善公共建筑节能监管体系建设

截至2015年底，全国累计完成公共建筑能源审计10000余栋，对8000余栋建筑进行了能耗动态监测。天津、上

海、重庆、深圳市等公共建筑节能改造重点城市，完成节能改造3335万平方米，超额完成了改造任务。在233所高等院校、44家部属医院开展节约型学校（医院）建设试点，完成试点的单位平均节能、节水比例均超过15%，效果明显。

二、不断扩大可再生能源建筑应用规模

发挥示范引导，扩大可再生能源建筑应用规模。住房城乡建设部会同财政部出台《关于进一步推进可再生能源建筑应用的通知》，要求抓好可再生能源建筑应用城市示范及农村地区县级示范，并开展集中连片推进可再生能源建筑应用，截至2015年，将97个城市、198个县、6个区、16个镇确定为可再生能源建筑应用示范市（县、区、镇）。通过示范引领，太阳能、地热能等可再生能源在建筑领域应用规模不断扩大，应用形式不断丰富，应用水平不断提高，并带动了相关产业实现快速发展。截至2015年底，全国城镇太阳能光热应用面积近30亿平方米，浅层地能应用面积近5亿平方米。

三、积极开展应对气候变化创新研究与应用

（一）组织开展应对气候变化创新项目研究与示范

住房城乡建设部2013年以来组织实施了“建筑行业低碳技术创新及产业化示范工程项目”，开展被动式房屋低能耗建筑、可再生能源区域供冷供热、高效平板太阳能与建筑一体化应用、节能型供冷供热设备应用、装配式轻钢轻混凝土结构住宅等方面的技术创新研究与应用，开展了国内污水源热泵城市级规模应用、装配式钢结构住宅等试点；编制了《圆形新风空调机组》、《轻钢轻混凝土结构技术规程》等国家级标准规范；项目通过浙江地区试点工程测算，装配式钢结构住宅全生命期单位面积碳排放为1.94吨/m²，为装配式建筑领域碳排放计算提供了有益参考。“十二五”期间，住房城乡建设部在有关部门的支持下，组织开展了住房城乡建设领域低碳技术研发与应用、建筑低碳标准和制度研究与推广等课题研究，启动编制《建筑碳排放计算标准》等国家标准，为建筑行业低碳发展提供指导。

（二）加快推进城市生物质废物资源化发展模式

“十二五”期间，住房城乡建设部在水体污染控制与治理专项和国家科技支撑计划中开展高级厌氧消化生物质能源回收-资源综合利用、生物质废物协同处置、强化厌氧消化运行、生物质燃气高效收集与利用等关键技术研究，形成生物质能回收与资源综合利用新模式，折合计算每吨污泥（含水率80%）实现碳减排量72.4kg（以CO2计），温室气体减排综合效益显著，在合肥、重庆等地区开展示范，推广工作不断推进。

四、稳步推进低碳生态城市试点建设

（一）认真落实国家安排部署，推进低碳生态城市工作

城市是人类活动排放温室气体最为集中的区域，是应对气候变化的重要领域。我国于2014年3月发布《新型城镇化规划》，强调城镇化要贯彻集约、智能、绿色、低碳方针和可持续理念，提高城镇化发展质量，提高能源利用效率，降低能源消耗和二氧化碳排放强度，重视生态安全，扩大绿色生态空间比重。中共中央、国务院于2015年12月召开中央城市工作会议，分析城市发展面临的形势，明确做好城市工作的指导思想、总体思路、重点任务，提出要按照绿色循环低碳的理念规划建设城市，于2016年2月出台《关于进一步加强城市规划建设管理工作的若干意见》，要求推进节能城市建设。

住房城乡建设部2011年成立了低碳生态城市建设领导小组，组织开展低碳生态城市技术研究与推广和试点示范工作，引导国内低碳生态城市的健康发展。住房城乡建设部、财政部印发了《关于绿色重点小城镇试点示范的实施意见》，住房城乡建设部印发了《住房和城乡建设部低碳生态试点城（镇）申报管理暂行办法》，规范引导各地开展低碳生态城市建设。

（二）稳步推进低碳生态城市试点建设

“十二五”期间，住房城乡建设部共确定低碳生态城市、绿色生态城区试点28个，低碳生态城市国际合作试点25个。住房城乡建设部与财政部于2012年联合确定给予天津市中新生态城等8个绿色生态城区各5000万元中央财政资金支持，鼓励城市新区按照绿色、生态、低碳理念进行规划设计建设，集中连片发展绿色建筑。住房城乡建设部会同财政部、发展改革委确定了7个绿色重点小城镇试点示范。通过低碳生态城市试点建设，提高城市绿色低碳发展水平，对我国城市发展建设发挥了示范引导作用。

五、大力推进市政基础设施节能减排

（一）认真贯彻落实国家市政基础设施建设相关要求

“十二五”以来，住房城乡建设部配合国务院、联合有关部门出台了多项城市基础设施建设、运营管理等方面的政策文件，引导城市低碳绿色发展。国务院于2011年批转了《住房和城乡建设部等部门关于进一步加强城市生活垃圾处理工作意见的通知》；国务院办公厅于2012年印发《“十二五”全国城镇污水处理及再生利用设施建设规划》、《“十二五”全国城镇生活垃圾无害化处理设施建设规划》；国务院于2013年出台《关于加强城市基础设施建设的意见》，要求提升城市道路交通、管网、供排水、污水和垃圾处理、园林绿化等城市基础设施建设水平，加强规划调控引领作用，促进节能减排和污染防治，提升城市生态环境质量。

（二）加强污水处理中的温室气体排放控制

为加强城镇污水处理厂污泥处理处置，住房城乡建设部2011年会同国家发展改革委联合发布了《城镇污水处理厂污泥处理处置技术指南》，指导各地按照“无害化、资源化、节能低碳”原则加强污泥处理处置设施规划、建设、运行和管理；印发《城镇污水处理厂污泥处置林地用泥质》等标准规范，促进污泥处理处置资源化利用。“十二五”期间全国城市污水处理能力新增0.36亿立方米/日。截至2015年底，全国城市污水处理能力达1.4亿立方米/日，年处理污水总量达429亿立方米，城市污水处理率达91.9%。

（三）加强生活垃圾无害化处理，促进温室气体减排

住房城乡建设部会同国家发展改革委、环境保护部联合发布了《生活垃圾处理技术指南》，指导各地选择适合技术路线，推动生活垃圾无害化处理设施建设，开展填埋气体收集利用，减少甲烷等温室气体排放。住房城乡建设部2014年会同有关部门印发《关于开展生活垃圾分类示范城市（区）工作的通知》，要求示范城市探索符合国情的城市生活垃圾分类技术路线，形成促进生活垃圾分类的政策体系，引导市民和社会各界自觉参与生活垃圾分类，促进资源回收利用和垃圾无害化处理，全面提高城市生活垃圾管理水平。

“十二五”期间全国新增城市生活垃圾无害化处理设施262座，其中卫生填埋场142座，垃圾焚烧厂116座。截至2015年底，全国城市生活垃圾无害化处理设施890座，其中卫生填埋场640座，垃圾焚烧厂220座，城市生活垃圾无害化处理率达94.1%。确定生活垃圾分类示范城市（区）26个。部分卫生填埋场对填埋气体进行了收集、利用和处理，通过对生活垃圾的无害化处理，降低率温室气体的产生和排放。

六、积极倡导城市绿色低碳出行

（一）加强城市绿色低碳出行政策和技术指导

“十二五”期间住房城乡建设部出台《关于加强城市步行和自行车交通系统建设的指导意见》，通过城市步行和自行车交通系统示范项目，引导各地加强城市步行和自行车交通设施建设。指导各地科学开展绿道建设，2013年组织编写《绿道规划与设计规范》，提升绿道规划建设科学化、规范化、标准化水平，以实施绿色交通应对气候变化。

（二）开展城市无车日活动

为加快推进生态文明建设，预防和缓解城市交通拥堵，降低城市空气污染，倡导绿色出行，住房城乡建设部连续组织开展“中国城市无车日活动”，到2015年已连续举办了9届。截至2015年9月22日，全国共有183个城市和县签署了中国城市无车日活动承诺书，其中包括168个城市和15个县。

七、大力发挥园林绿化生态固碳功能

加强城市园林绿化政策引导。住房城乡建设部2012年出台了《关于促进城市园林绿化事业健康发展的指导意见》和《生态园林城市申报与定级评审办法和分级考核标准》，强化城市生态、节能减排、人居环境等方面的考核，引导各地建立绿色、低碳、循环的可持续发展模式；2013年出台《关于进一步加强公园建设管理的意见的通知》，引导各地抓好公园建设管理工作，使公园作为城市绿色系统核心组成部分，发挥其减缓城市热岛效应、防治大气污染、调节雨洪等功能，保障城市生态安全，改善人居环境。

截至2015年底，全国城市建成区绿地面积达190.8万公顷，城市建成区绿地率达36.36%，人均公园绿地面积达13.35平方米。“十二五”期间，命名了7个国家生态园林城市、81个园林城市、71个园林县城、21个园林城镇，批准设立了12个国家城市湿地公园。截至2015年底，共命名7个国家生态园林城市、310个园林城市、212个园林县城、47个园林城镇，批准设立了53个国家城市湿地公园。城市绿地系统分布均衡性明显提高，城市各类绿地品质大大提升，有效保护了城市山体、水体、湿地、动植物资源及历史文化资源，显著改善了人居生态环境。

八、积极推动城市适应气候变化工作

我国城市人口密度大、经济集中度高，受气候变化的影响尤为严重。气候变化导致高温热浪、暴雨、干旱、冰冻、雾霾等灾害增多，北方和西南干旱化趋势加强，登陆台风强度增大，加剧沿海地区咸潮入侵风险，已经并将持续影响城市生命线系统运行、人居环境质量和居民生命财产安全，迫切需要加强城市适应气候变化工作，提高城市适应气候变 化水平。

（一）积极推进城市适应气候变化工作

住房城乡建设部于2014年9月与国家发展改革委、亚洲开发银行联合举办“城市适应气候变化国际研讨会”，交流适应气候变化国际形势和政策、研讨城市适应气候变化的理念和管理经验、研讨城市适应的重点任务和技术方向。住房城乡建设部会同国家发展改革委于2016年2月发布《城市适应气候变化行动方案》，指导城市从规划、基础设施、建筑、水系统、城市绿化、灾害风险管理等方面开展工作，加强城市适应气候变化能力；于2016年8月印发《气候适应型城市建设试点工作方案》，组织开展气候适应型城市建设试点，针对城市面临的突出问题，开展前瞻性和创新性探索，强化城市气候敏感脆弱领域、区域和人群的适应行动，提高城市适应气候变化能力。计划到2020年，试点城市普遍实现将适应气候变化纳入城市社会经济和产业发展规划体系、建设标准和产业发展规划，适应气候变化理念知识广泛普及，适应气候变化治理水平显著提高，取得明显的生态效益、社会效益和经济效益。

（二）大力开展海绵城市建设

住房城乡建设部2014年印发《海绵城市建设技术指南（试行）》，指导各地从雨水单一“快排”的传统模式转

向"渗、滞、蓄、净、用、排"的多目标全过程综合管理模式，促进雨水收集、净化、利用。住房城乡建设部与财政部印发了《关于开展中央财政支持海绵城市建设试点工作的通知》，对海绵城市建设试点城市给予资金补助，加快推进海绵城市建设，迄今确定了2批共30个海绵城市试点，中央财政资金给予补助，支持海绵城市建设。通过充分发挥建筑、道路和绿地等生态系统对雨水的吸纳、蓄渗和缓释作用，有效控制雨水径流，实现"小雨不积水、大雨不内涝、水体不黑臭、热岛有缓解"等目标。

（三）指导城市做好排水防涝工作

国务院2013年印发《关于做好城市排水防涝设施建设工作的通知》，针对全球气候变化导致的城市暴雨内涝频发问题，明确提出了用10年左右时间，建成较为完善的城市排水防涝工程体系。住房城乡建设部制定了《城市排水（雨水）防涝综合规划编制大纲》和《城市排水防涝设施普查数据采集与管理技术导则（试行）》，指导和督促各地在全面普查的基础上科学编制规划，加强风险分析，落实建设任务；制定了《城市暴雨强度公式编制和设计暴雨雨型确定技术导则》，建立暴雨强度公式制修订工作机制，加强城市防涝的多部门技术合作；修订颁布了《室外排水设计规范》，提高了城市雨水管渠设计标准，明确了内涝防治具体标准。

（四）推进城市地下综合管廊建设

国务院办公厅于2014年下发《关于加强城市地下管线建设管理的指导意见》，于2015年下发《关于推进城市地下综合管廊建设的指导意见》，要求切实加强城市地下管线建设管理，推进城市地下综合管廊建设，提高管线安全水平和防灾抗灾能力，提高城市适应气候变化能力。2016年《政府工作报告》提出开工建设地下综合管廊2000公里以上。

九、积极促进村镇低碳绿色发展

加大对农房建筑节能的技术指导和财政补贴。"十二五"期间，住房城乡建设部会同国家发展改革委、财政部结合农村危房改造支持"三北"地区和西藏自治区开展建筑节能示范，对建筑节能示范每户给予2000元补助（2012年起提高到2500元），主要用于支持农户在墙体、门窗、屋面、地面等围护结构中采用节能措施，累计支持了113万农户开展建筑节能示范，有效提高了农房居住舒适度，降低了冬季采暖支出，推动了农房降低能耗、节约资源和减少环境污染。住房城乡建设部编制发布了《严寒和寒冷地区农村住房节能技术导则（试行）》等技术文件，加强对农房建筑节能设计、施工及管理等关键环节的技术指导和监督检查。

十、强化深化应对气候变化国际合作

（一）建立广泛的应对气候变化合作渠道

"十二五"以来，住房城乡建设部与多个国家的有关部门签署了建筑节能、生态城市方面的合作谅解备忘录，加强应对气候变化的国际合作。具体包括：与德国联邦环境、自然保护、建筑和核安全部签署了《关于落实中德城镇化伙伴关系合作谅解备忘录》，与英国商务、创新和技能部签署《关于促进绿色建筑和生态城市发展合作备忘录》，与加拿大联邦政府自然资源部签署《关于生态城市建设技术的合作谅解备忘录》，与丹麦王国气候、能源和建设部签署《关于建筑节能合作谅解备忘录》，与德国联邦交通、建设与城市发展部签署了《关于建筑节能与低碳生态城市建设技术合作谅解备忘录》，与芬兰环境部签署《关于建设环境合作谅解备忘录》。

（二）深入开展应对气候变化务实合作

开展中德技术合作"中国北方既有居住建筑采暖能耗基准线研究"，研究利用碳市场交易机制等模式筹集资金支持既有居住建筑节能改造的可行性和操作办法。实施中德技术合作"公共建筑（中小学校和医院）节能项目"，住房城乡建设部、教育部与天津市联合在天津市朱唐庄中学开展了节能综合改造，大大改善了建筑热环境和教室空气质量、照明效果，提升了学校的整体环境，受到学校、老师和学生普遍赞扬，为学校节能改造提供了示范。

住房城乡建设部与欧盟实施"中欧低碳生态城市合作项目"（英文简称EC-Link），通过开展中欧低碳生态城市交流、低碳生态城市工具箱研究与推广、中欧低碳生态城市试点示范等，提高中国城市低碳生态发展水平，提升城市应对气候变化能力。住房城乡建设部与世界银行合作实施全球环境基金"中国城市建筑节能与可再生能源应用"项目，开展低碳宜居城市相关研究与示范，开展低碳生态理念下的城乡规划标准再梳理研究、中国低碳宜居城市形态研究等。与英国合作开展"低碳生态城市规划方法研究与试点"、"绿色低碳小城镇技术导则与试点"等项目。与加拿大自然资源部合作开展了"中国现代木结构建筑技术项目"，推广使用木结构建筑应对气候变化。

（三）切实加强应对气候变化能力建设

实施中德"建筑节能与气候变化领域关键参与者能力建设项目"，培训中央部门、各省市自治区住房城乡建设主管部门和有关城市的管理者和技术人员，培训内容包括应对气候变化、建筑节能与绿色建筑、中德能效对比、生态工业园区建设、城市综合规划方案、二氧化碳减排计算方法、可持续社区认证等。组织开展了以建筑节能、低碳生态城市为主题的4次赴德培训和多次出国调研交流团组。组织多次应对气候变化、建筑节能、超低能耗建筑、木结构建筑等方面的交流研讨活动。

十一、存在的主要问题和建议

应对气候变化对于各部门来说是一项较新的工作内容，相对于节能、减排、环保等，人们对于对气候变化工作的重视程度还不够。同时，应对气候变化工作数据欠缺，缺乏归纳梳理，工作基础薄弱，工作机制尚不完善，各部

门均没有从“三定”方案上明确和建立相应的职能职责、专门管理机构和管理机制，经费支持较少，这些都影响了应对气候变化工作的有效开展。

建议国家进一步加强对应对气候变化工作的支持。从机构编制上、人员能力上予以加强，并加大对应对气候变化工作的资金支持。例如，当前我部与发展改革委在联合开展气候适应型城市试点工作，对城市的适应气候变化工作提出了相应的目标和要求，如果中央财政给予资金支持，将有力促进此项工作，提高我国城市适应气候变化能力和水平。

（撰稿：侯文峻，住房和城乡建设部建筑节能与科技司国际科技合作处）

交通运输行业应对气候变化和低碳发展2015年度报告

交通运输部综合规划司

2015年，为了继续深化我国交通运输业节能减排与应对气候变化工作，支撑行业绿色发展，交通运输部从顶层设计、制度完善、试点示范、气候谈判、科研支撑等方面倾力推进，行业节能减排与应对气候变化成效明显。据测算，2015年，交通运输行业节能739.1万吨标准煤，减排1609.8万吨CO2。与2014年相比，营运车辆单位运输周转量能耗下降2.4%，营运船舶单位运输周转量能耗下降2.3%，港口综合单耗下降2.4%。

一、优化节能减排顶层设计

落实国家节能减排战略部署。积极贯彻国家关于生态文明建设、绿色发展、节能减排与应对气候变化等相关战略部署，启动研究交通运输行业落实生态文明建设方案。

制定行业节能环保规划方案。完成了《“十三五”绿色交通发展战略目标及相关政策研究》、《交通运输绿色循环低碳发展水平评估和“十三五”重点任务研究》，完成《公路水路交通运输节能环保“十三五”规划》编制工作，涵盖节能环保与应对气候变化等内容；启动了《交通运输“十三五”期节能减排影响因素、减排潜力及资金需求研究》等研究工作。

二、加快节能减排制度完善

完善节能减排政策。发布《交通运输部关于加快新能源汽车推广应用的实施意见》（交运发〔2015〕34号），联合财政部、工业和信息化部共同发布《关于完善城市公交车成品油价格补助政策加快新能源汽车推广应用的通知》（财建〔2015〕159号），出台了《新能源公交车推广考核办法（试行）》。印发《船舶与港口污染防治专项行动实施方案（2015-2020年）》，全面推进船舶与港口污染防治工作，以实现水运温室气体减排的协同效应。首次设立国内船舶排放控制区，发布《珠三角、长三角、环渤海（京津冀）水域船舶排放控制区实施方案》，推进船舶节能减排工作。

健全节能减排制度标准。研究提出绿色循环低碳交通运输发展制度体系框架，构建绿色交通标准体系；积极推进营运客、货车辆燃料消耗量限值与测量方法国家标准制定；制定公路水路交通运输行业重点用能单位能源审计导则；组织开展《液化天然气码头设计规范》、《液化天然气加注码头设计规范》制修订工作；发布了《绿色港口等级评价标准》，支撑行业绿色港口创建工作。

三、丰富绿色发展试点示范

继续开展绿色交通试点示范。新增了浙江、山东、辽宁等3个绿色交通省；廊坊、乌海、郑州、株洲、遵义、西安、兰州、西宁、乌鲁木齐、桂林等10个绿色交通城市；岳武高速（安徽段）、广佛肇高速（肇庆段）、盘兴高速、南益高速、香丽高速、柳南高速、连霍国道主干线兰州南绕城高速、黄延高速等8条绿色公路；上海港、唐山港京唐港区、岳阳港等3个绿色港口；30个绿色交通装备（天然气车船）项目。

完善交通能耗统计及碳排放核算。推动营运车船能源消耗及碳排放数据的统计分析及数据库平台建设。提出营运货车和内河船舶能源消耗在线监测技术要求和组织方案，初步构建部省两级在线监测信息平台，在北京、邯郸、济源、常州、南通、淮安等6个城市组织开展首批试点。

深化绿色交通运输发展内涵。继续推进公路甩挂运输试点项目，启动多式联运示范工程；确定京津冀、上海、深圳、桂林等16个城市（城市群）开展综合运输服务示范城市建设，稳步推进“公交都市”创建；新增审查发布了3批次（第30-32批）燃料消耗量达标车型，认真执行营运车辆燃料消耗量限值标准；继续推进内河船型标准化工

深圳盐田港靠港船舶使用岸电

成渝高速复线（重庆境）绿色公路—隧道口光伏发电、智能通风、绿色照明等节能技术应用

邯郸市纯电动公交车

株洲市公共自行车

作，制订《水运行业应用液化天然气试点示范工作实施方案》，组织开展16个应用LNG试点示范项目；发布《原油成品油码头油气回收试点工作实施方案》；继续推进ETC联网，全国29个省份实现高速公路ETC联网；“互联网+运输服务”快速发展，促进交通运输节能减排降碳。

四、参与气候变化国际谈判

协调派员参加在巴黎召开的第21届联合国气候变化大会及其边会，组团出席国际海事组织海上环境保护委员会第68届会议，组织开展了国际海运温室气体减排及其具体议题谈判的专题研究，并提交了多份政策和技术提案。

五、深化节能减排科研支撑

开展交通运输应对气候变化相关研究。深化交通运输企业碳排放核算方法研究；强化节能减排市场机制研究，完成交通运输参与国内碳交易专题研究，跟踪总结北京、上海、深圳等地交通运输行业参与国内碳交易进展，推动交通运输CCER项目开发；完成合同能源管理在交通运输行业应用的专题调研；着手研究绿色低碳交通产业基金。

六、营造绿色低碳交通文化氛围

开展2015年全国节能宣传周和全国低碳日活动。全行业以“绿色交通引领交通运输现代化发展”为主线，与国家发展改革委等部门联合组织开展了2015年全国节能宣传周和全国低碳日活动，大力宣传绿色交通示范工程，宣传交流交通运输能效、清洁能源利用、绿色交通省份（城市、公路、港口）等试点示范工作建设成果，宣传推广行业节能减排示范项目等。组织召开了全国绿色港口建设现场交流会。通过丰富多彩的主题活动和大力宣传，在行业内外营造“绿色交通，人人参与”的良好氛围。

开设交通运输节能减排大讲堂。在交通运输部机关举行以“绿色交通”节能环保为主题的交通大讲堂，有关专家做了“中国环境挑战与生态文明战略”的报告。中国交通企业管理协会自2015年3月起在全国交通运输企业中开展了以“绿色、循环、低碳”为主题的节能减排宣传推进活动，并召开2015年全国交通运输企业节能减排宣传推进活动总结会。

确定交通运输行业“绿色交通”核心理念，并正式向全行业发布。“绿色交通”核心理念旨在全面诠释绿色交通节约资源、提高能效、控制排放、保护环境的总体目标。

（撰稿：范杰、杨建刚、 黄全胜、 王靖添、 宋媛媛，交通运输部综合规划司环境保护处）

农业应对气候变化与低碳发展2015年度报告

农业部科技教育司

2015年，农业部继续发展农村清洁能源，推广普及清洁型农业生产技术，大力推进农业废弃物综合利用，深入开展农业节能减排行动，为粮食增产、农业增效、农民增收作出了积极贡献。

一、大力实施农村能源建设

2015年，全国农村能源建设成效显著，沼气数量稳步增长、功能不断拓展、服务体系日益完善。目前，全国沼气用户已达4410.63万户，沼气工程11.1万处，年总产气量148.66亿立方米；农村太阳能热水器推广面积达到8232.98万平方米、太阳房2549.37万平方米，太阳灶232.71万台；推广省柴节煤炉灶炕1.65亿台，还开展了秸秆沼气集中供气、秸秆气化和秸秆固化成型示范。通过这些技术的推广，年节能0.87亿吨标准煤当量，可减排二氧化碳2.13亿吨，农村能源建设已经成为发展低碳农业、推动农村生态文明建设和创建“美丽乡村”的重要抓手。

二、大力发展节水农业

落实最严格的水资源管理制度，建立11个高标准节水农业示范区，节水农业技术应用面积超过4亿亩。在东北、华北、西北等地大力发展旱作农业，改善田间节水设施，推广节水品种、喷灌滴灌、水肥一体化等旱作农业技术，示范应用面积达5000万亩。开展河北地下水超采区综合治理试点，在黑龙港等区域压减冬小麦面积280万亩，节水农业技术推广面积2000万亩。目前，农业用水总量稳定在3800亿立方米左右，占全社会用水总量的比重不断下降，农田灌溉水有效利用系数逐步提高。

三、实施化肥零增长行动

深入推进化肥使用量零增长行动，扩大测土配方施肥范围，推进配方肥进村入户到田。突出重点作物、重点区域，集成组装技术模式，加快新肥料、新机械的推广应用。建设200个化肥减施增效示范县，促进化肥减量增效。在苹果、柑橘、设施蔬菜、品牌茶叶等园艺作物上率先开展有机肥替代化肥示范。全国测土配方施肥技术推广面积近16亿亩次，农用化肥用量与上年基本持平，自改革开放以来首次接近零增长，部分省份实现化肥使用量零增长。

四、实施农药零增长行动

实施“到2020年农药使用量零增长行动”，创新工作思路，依靠科技进步，构建资源节约型、环境友好型病虫害可持续治理技术体系，控制病虫发生危害，推进高效低毒低残留农药替代高毒高残留农药和高效大中型药械替代低效小型药械，推行精准施药，实施病虫统防统治，提高防治效果，实现农药减量控害。据测算，2015年水稻、小麦、玉米三大作物病虫害专业化统防统治覆盖率达到32.7%，主要农作物病虫害绿色防控覆盖率达到23.1%，水稻、小麦、玉米等主要作物的农药利用率为36.6%。组织实施了“百县万名农民骨干科学用药培训行动”，提高植保技术人员科学用药水平。在100个县举办300多期培训班，培训新型农业经营主体和病虫防治服务组织技术骨干30000多人次。

五、实施保护性耕作

2015年中央投入资金3000万元，在东北一熟区、黄淮海两熟区、西北地区、南方水旱轮作区、南方双季稻区、南方丘陵山区、北方生态脆弱区、盐渍土壤区开展保护性耕作，实施项目县39个、试验监测基地10个。涵盖玉米、小麦、水稻、大豆、马铃薯、油菜、棉花等主要农作物和牧草生产。2015年，全国新增保护性耕作技术推广应用面积1100万亩，实施保护性耕作面积达1.4亿亩，可以减少农田风蚀7000万吨，减少扬尘1680万吨以上，减少CO2排放569.18-1185.06万吨。保护性耕作以机械化秸秆还田覆盖、免耕播种和深松为主要内容，实施保护性耕作，推动了各项技术的大面积推广应用。截至2015年底，全国机械化秸秆还田面积达6.91亿亩，机械化免耕播种面积2.1亿亩，机械深松面积2亿亩，在促进农作物秸秆综合利用，遏制秸秆焚烧，改良保护土壤，节约生产成本，促进农作物增产等方面发挥了显著作用。

六、推动规模化畜禽养殖污染防治

2015年在畜禽养殖主产区新创建410个，累计创建了3929个国家级畜禽养殖标准化示范场，发挥示范场辐射带动作用，提升了畜牧业生产标准化水平。2015年，农业部、财政部在河北、内蒙古、江苏等9省（区、市）实施畜禽粪污资源化利用试点项目。印发《农业部办公厅关于配合做好畜禽养殖禁养区划定工作的通知》，要求各地处理好畜牧业生产与环境保护的关系，积极配合做好禁养区划定工作，及时了解并报送禁养区划定情况。在湖北仙桃组织召开了全国畜禽标准化规模养殖暨粪污综合利用现场会。印发《农业部关于促进南方水网地区生猪养殖布局调整优化的指导意见》对珠江三角洲水网区、长江三角洲水网区、长江中游水网区、淮河下游水网区、丹江口库区等五个重点水网区域的特征及主要任务作出一定的规划。

七、持续开展渔业节能减排

2015年，农业部继续组织开展渔业节能减排工作。在辽宁、河北、天津、浙江、山东等地开展渔船节能示范与推广，设计研发了40余种玻璃钢新船型，推广建造249艘，示范推广渔船节能环保渔机1000余台（套），开展LED节能灯示范应用，集鱼灯节能普遍达到50%以上。在江苏、山西、福建、湖北、四川等开展淡水池塘工程化循环水生态养殖、鱼菜共生、养殖排泄物及残饵收集等技术示范，示范池塘鱼类排泄物及残饵收集率在30%以上、节水率70%以上，实现水产养殖节本增效，污染物排放量减少，经济效益提高20%以上。开展水产品加工综合利用现状调研，总结了虾壳制备氨基葡萄糖盐酸盐的高值化综合加工利用技术、鳗鱼综合加工利用与节能减排技术和罗非鱼头、鱼排、内脏加工制备调味基料的加工技术等3项适合推广的水产品综合加工利用技术与节能减排生产模式，其中罗非鱼原料利用率可达70%以上。收集整理国内为渔业节能减排信息，宣传渔业节能减排技术。编印《渔业节能减排通讯》4期。在中国渔业装备与工程科技信息网上开设“节能减排专栏”，发布有关政策法规和国内外节能减排动态信息140余条。与《科学养鱼》杂志合作，编辑两期渔业节能减排专栏。编辑或编译《渔业节能减排知识普及与成功宣传手册》《我国渔船排放情况的调研报告》《国家海洋渔业船舶与装备研究实验基地项目建议书》和《国内外渔业节能减排研发进展报告》《日本渔船之节能》等。在2015年全国科技周和科普日活动中，开展渔业节能减排进社区进学校活动，扩大渔业节能减排宣传范围。

八、打响农业面源污染防治攻坚战

印发《农业部关于打好农业面源污染防治攻坚战的实施意见》，提出“一控两减三基本”的基本思路，打响农业面源污染防治攻坚战。在河北、湖北、甘肃、浙江等地召开了系列现场会，系统总结各地的工作成效与经验。建立完善了由273处种植业源产排污系数监测点、210处地膜污染监测点以及25处畜禽养殖废弃物产排污系数监测点组成的全国农业面源污染国控监测网络，开展农业面源污染典型调查与长期定位监测。继续在江苏太湖、云南洱海、安徽巢湖和湖北三峡库区等重点流域开展农业面源污染防治综合示范区建设，在太湖流域和汉江流域各选取1个典型县，整县推进农业面源污染防治示范建设。

九、深入开展草原生态保护建设

2015年国家继续加强草原生态保护建设力度。一是中央财政投入169.49亿元草原补奖资金，在河北、山西、内蒙古等13个省区继续落实草原生态保护补助奖励政策；投入20亿元资金在内蒙古、辽宁、西藏、甘肃等地继续实施退牧还草工程，扩大工程实施范围，启动了已垦草原、黑土滩和毒害草退化草地治理试点；投入4.49亿元资金实施京津风沙源草地治理工程。二是国家投入3亿元资金继续实施南方现代草地畜牧业推进行动，在保护生态环境的前提下，合理开发利用南方草山草地资源。三是投入近10亿元在全国37个县（市、区、旗、团场），开展草牧业试验试点，重点进行粮改饲、种养结合、一二三产融合及金融服务支撑等试点示范。2015年，全国落实承包草原面积2.87亿公顷，占全国草原总面积的73.2%；禁牧草原面积1.02亿公顷，草畜平衡面积1.71亿公顷，划定基本草原2.27亿公顷；全国草原综合植被盖度达到54%，全国重点天然草原的平均牲畜超载率为13.5%，较上年下降1.7个百分点；草原工程区植被盖度比非工程区平均高出11个百分点，高度平均增加53.1%；全国天然草原鲜草总产量10.28亿吨，较上年增加0.57%，其中退牧还草工程区草原植被盖度较非工程区高出9个百分点，高度、鲜草产量分别增加48.0%、40.2%。

十、不断推进国际合作

2015年，农业部积极推进相关领域国际合作。派员参加《联合国气候变化框架公约》谈判，维护我国农业发展空间和保护农民利益。派员赴美国参加全球农业温室气体研究联盟理事会第四次年会，讨论全球农业温室气体研究联盟长期战略等议题，对外展示我国农业应对气候变化科技成果，发出了我国农业科技界关于温室气体减排活动的声音。继续组织开展国际合作项目，执行“作物气候智慧型农业”、“农业行业甲基溴淘汰与土壤消毒技术体系创新”和“节能砖与农村节能建筑市场转化”等三个国际合作项目，对我国气候智慧型农业建设、甲基溴淘汰任务完成、农村节能建筑领域发展起到了积极推动作用。

（撰稿人：曹子祎、习斌、尹建锋、李垚奎、强少杰、王国占、郭薇、李宏健、张梦佳、彭学可、马猛，农业部科技教育司资源环境处）

中国林业应对气候变化和低碳发展2015年度报告

国家林业局造林绿化管理司

2015年，按照党中央、国务院的决策部署，国家林业局围绕《“十二五”控制温室气体排放工作方案》和《林业应对气候变化“十二五”行动要点》确定的目标任务，扎实开展林业应对气候变化工作，推进各项工作取得了新进展，为应对气候变化、建设生态文明作出了新贡献。

一、围绕国家应对气候变化战略，加强林业应对气候变化宏观指导

认真落实《国家应对气候变化规划（2014—2020年）》、《国家适应气候变化战略》，制定印发了2015年林业应对气候变化重点工作方案，明确了年度重点任务和工作分工。积极参与《强化应对气候变化行动—中国国家自主贡献》编制，提出了2030年林业应对气候变化行动目标，并写入中国国家自主贡献文件。配合国家发展改革委开展了2014年度各省（自治区、直辖市）碳排放强度（含森林碳汇）目标任务完成情况的考核，促进了林业增汇减排工作。认真落实《关于推进林业碳汇交易工作的指导意见》，积极推进林业碳汇交易，指导北京、辽宁、陕西、重庆等地林业碳汇项目建设。截止到2015年底，全国正在履行自愿减排项目备案程序的林业碳汇项目已达到34个。组织完成《林业应对气候变化“十三五”行动要点》、《林业适应气候变化行动方案（2016—2020年）》编制和专家论证，明确了今后五年林业行动的目标、重点任务、保障措施。

二、大力开展造林绿化和森林经营，不断增加森林碳汇

紧紧围绕实现“森林面积净增4000万公顷”的目标，大力实施《全国造林绿化规划纲要（2011—2020年）》，加强造林计划督导，全面推进旱区、京津冀等重点区域造林绿化，扩大新一轮退耕还林还草规模，加快实施石漠化综合治理、京津风沙源治理、三北防护林体系建设、长江流域等重点防护林体系建设、天然林资源保护等林业重点工程。全国共完成造林664.37万公顷，占全年任务的104.9%。全面加强森林经营，组织编制了《全国森林经营规划（2016—2050年）》，着力推进森林经营制度建设，认真落实森林抚育补贴政策，科学开展森林抚育，稳步推进森林经营样板基地建设，全国共完成森林抚育833.33万公顷，超额完成全年计划任务。据联合国粮农组织发布的《2015年全球森林资源评估报告》，我国已成为全球年度森林面积增长最快、森林蓄积稳定增长的国家。随着我国森林资源增长，森林碳汇能力进一步增强，为全球应对气候变化作出了重要贡献。

三、加强林业资源保护，不断减少温室气体排放

一是强化森林资源保护管理。严格实施林地保护利用规划，积极推进林木采伐管理改革，强化林地用途管制，严厉打击非法侵占林地行为，坚决遏制林地流失势头，努力减少资源破坏导致的森林碳排放。

二是加强天然林保护。认真落实习近平总书记“力争把全国的天然林都保护起来”的重要指示精神，落实天然林保护政策，扩大天然林保护范围，加快推进停止天然林商业性采伐。河北省和黑龙江、吉林、内蒙古三省区的大小兴安岭、长白山林区已停止天然林商业性采伐，天然林资源保护工程区管护天然林面积已达到1.154亿公顷，实现森林面积、蓄积双增长，涵养水源、吸收CO2等生态功能明显增强。

三是加强自然保护区建设，截止到2015年底，林业系统已建立各级各类自然保护区2228处（含国家级自然保护区345处），总面积达到1.24亿公顷，占国土面积的12.99%，林业建设和管理的自然保护区在数量和面积上均超过全国自然保护区的80%，使中国生物多样性最丰富、自然生态系统最珍贵、生态功能最重要、自然景观最优美的区域得以有效保护。

四是加强森林防火。积极应对极端不利的气候形势，提前动员部署，狠抓责任落实，全面实时监测，主动预防预警，组织科学扑救。与2014年同期相比，全国发生森林火灾次数、受害森林面积、因灾伤亡人数分别下降20.7%、32.3%和76.8%，继续呈现“三下降”态势，减少了火灾导致的碳排放。

五是强化林业有害生物防治。扎实推进《国务院办公厅关于进一步加强林业有害生物防治工作的意见》（国办发〔2014〕26号）的贯彻落实，认真执行重大林业有害生物防控目标责任制，着力应对重大外来有害生物入侵，深入推进联防联治、无公害防治和重点生态区防治。全国完成林业有害生物防治作业面积813.84万公顷，主要林业有害生物成灾率控制在4.5‰以下，无公害防治率达到85%以上，松材线虫病、美国白蛾、鼠（兔）害等重大有害生物严重危害势头得到有效控制，增强了森林健康，减少了因害造成的碳排放。

六是强化湿地保护恢复。认真实施《全国湿地保护工程“十二五”实施规划》，大力推进湿地保护与恢复工程建设，下达湿地保护工程中央预算内投资计划2.37亿元；中央财政落实湿地补贴资金16亿元，实施补贴项目336个，全国新增湿地保护面积40万公顷，恢复湿地面积2万公顷，新增国际重要湿地3处，新建国家湿地公园（试点）137处，通过验收的国家湿地公园46处，湿地生态系统的碳汇功能逐步提升。

四、加快林业碳汇计量监测体系建设，为应对气候变化科学决策提供数据支撑

一是编制印发了《2015年全国林业碳汇计量监测体系建设工作方案》和林业管理活动水平基础数据统计表。召开了2015年全国林业碳汇计量监测体系建设培训会，部署年度计量监测体系建设工作。

二是在北京等18个省（自治区、直辖市）开展了土地利用变化与林业碳汇计量监测，取得阶段性的成果；在京津冀地区开展19处重要湿地生态系统评价，指导辽宁、吉林、黑龙江省完成泥炭沼泽碳库调查，摸清了泥炭沼泽湿地面积、分布等情况；建立和完善了森林下层植被、土壤碳库和湿地碳库的模型参数。

三是开展荒漠化土地碳储量专题研究，分析估算2000年以来全国荒漠化土地生物和土壤碳储量变化。

四是加快碳汇技术标准建设。《林业碳汇计量监测技术指南》、《森林生态系统碳库调查技术规范》、《全国优势树种基本木材密度标准》、《林业碳汇计量监测术语》、《湿地碳汇计量监测技术方案》、《木质林产品贮碳测算技术指南》等一批规范的制定已取得重要成果。

五是积极推进碳汇计量监测基础设施建设。按有关部门要求，开展碳卫星先期攻关研究，编制了碳卫星工程需求和任务报告、应用系统方案论证报告。

五、强化应对气候变化政策研究，积极推进林业制度建设。密切跟踪应

对气候变化国际热点问题和国内重点工作，开展专题研究，为政府决策提供依据

一是开展“气候变化公约”专题研究，完成了“《UNFCCC》REDD+保障原则议题”、“从第七轮中美战略对话看中国林业投资和贸易管理新动向”专题研究报告。

二是启动了土地利用变化和林业谈判的趋势及对我国影响的对策研究。

三是组织开展了2020年后林业增汇减排行动目标研究，完成了全国森林碳密度分布图研制，初步完成2020年后全国森林增汇和减排途径测算分析，提出主要时间节点森林碳储量和碳汇量等目标。

四是组织开展“十三五”林业碳排放配额及其政策研究，完成全国及各省（自治区、直辖市）森林消耗年均碳排放量测算。

五是密切跟踪国际生态治理进程和应对气候变化进展，积极参与防治荒漠化公约第十二次缔约方大会等重点谈判与国际会议进程，参与里约三公约（生物多样性公约、防治荒漠化公约、气候变化框架公约）联合履约指标的审定工作，编印19期《气候变化、生物多样性和荒漠化问题动态参考》。

六是积极参与《国家应对气候变化法》制定、《森林法》修订、《碳排放权交易管理条例》制定，对林业应对气候变化及碳汇计量监测、碳汇造林、碳排放权交易等方面提出了政策建议。

六、着力抓好科技支撑，破解林业应对气候变化科学难题

依托公益性行业专项、948计划、国家科技支撑等科研平台，围绕适应和减缓气候变化的主要领域、关键技术开展研究，取得了重要进展。

一是加强适应气候变化技术研究。开展了西北地区干旱荒漠生态系统对全球气候变化的响应、气候变化对长白落叶松林生态系统净初级生产力的影响、冰雪灾害过后森林植被恢复过程、红树林碳汇生态林建设技术等研究，为生态系统适应气候变化提供了技术支撑；完成了森林火灾风险评估模型与指标体系构建研究，模拟了大兴安岭地区1971—2050年4种气候情景下林火动态变化，评估了林火扑救能力和气候变化对森林燃烧概率的影响。

二是加强碳汇测算方法研究。开展了土地利用、土地利用变化及林业（LULUCF）温室气体排放和吸收评估方法体系、典型湿地碳储量与计量方法、典型森林土壤碳储量分布格局及变化规律、森林火灾碳释放评估技术等研究，促进了林业碳汇计量监测科学化、规范化。

三是加强林业温室气体清单编制能力建设。开发中国林业碳计量与核算系统，提高土地利用变化与林业清单编制的规范性和准确性。启动了第三次国家信息通报能力建设LULUCF温室气体清单编制项目，为完成第三次林业温室气体清单、第一次“两年更新报告”编制奠定了基础。

四是加强生态观测研究平台建设。新发布生态系统定位观测研究站观测行业标准4项，生态系统定位观测研究站观测标准总数已达26项。新建森林生态系统定位观测研究站26个，已加入国家陆地生态系统定位观测研究站的数量达到166个，为林业生态建设相关评估和科学研究提供了重要支撑。

七、积极参与气候变化谈判和国际合作，全力促进共同发展

一是积极参与气候变化谈判。积极参与2015年巴黎气候大会林业议题谈判，对2020年后发挥林业减缓和适应气候变化的作用、林业减缓和适应气候变化行动的透明度、发展中国家林业减缓和适应气候变化的行动支持等协议内容提出了意见。在气候变化框架公约附属科技机构下就2020年前发达国家实施《京都议定书》第二承诺期（2013—2020年）土地利用、土地利用变化和林业活动（LULUCF）涉及的核算方法、清洁发展机制下合格的LULUCF活动等相关的技术问题，发展中国家实施减少毁林、森林退化和森林保育、森林可持续经营，以及增加碳储量行动（REDD+）涉及的保护生物多样性等技术问题进行了磋商。

二是加强与国际组织的合作。组织专家参加气候变化政府间专门委员会（IPCC）国家清单特设工作组2006年国家温室气体清单指南修订工作预备会，积极建言献策；组织专家参加第13届亚洲国家温室气体清单编制研讨会，与其他国家的专家进行深入交流与沟通。

三是加强中美林业应对气候变化合作。落实中美第七轮战略与经济对话气候变化工作组下的“气候变化和林业”合作计划，在“气候公约谈判中就林业议题开展政策对话”等4个领域开展合作。2015年9月，在北京召开了中美森林、湿地和木质林产品碳估算和报告技术研讨会，双方交流了测量、报告和核查技术，商定了下一步合作的具

体事项。

四是加强与德国低碳土地利用项目合作。组织双方专家调研，修订《低碳土地整治参考指南》，召开了成果研讨会，并就未来二期合作进行了探讨。

八、加强人才培训和宣传普及，夯实林业应对气候变化工作基础

坚持把人才队伍建设摆在林业应对气候变化工作突出位置，不断加大培养力度。国家林业局举办了第九期林业应对气候变化暨林业碳汇交易培训班，培训省级林业管理人员107人。举办了2015年林业碳汇计量监测体系建设培训班，培训省级技术支撑单位人员110人。在全国林业知识培训班上，专门安排了“林业应对气候变化”专题讲座，培训无林业专业知识背景的林业干部100人。各省（自治区、直辖市）林业厅（局）也举办了林业应对气候变化专题业务培训班，林业干部队伍的业务素质和政策水平不断提高。配合有关部门，完成《中国应对气候变化的政策与行动2015年度报告》、《应对气候变化——中国在行动》宣传片制作和宣传册编写、《第三次气候变化国家评估报告》。在2015年巴黎气候大会现场，主办“应对气候变化的中国林业行动”、“建设碳汇城市应对气候变化”主题边会，大力宣传中国林业在应对气候变化中的地位和作用。在福建省永安市举办了第五届“绿化祖国，低碳行动”植树节全国启动仪式，海口等地20多个分会场同时启动，进一步增强了公众对全球气候变化和生态环境保护的关注度。结合国际森林日、全国低碳日等重要节日，组织开展系列宣传活动，展示中国林业应对气候变化行动和成效。充分利用“中国林业应对气候变化网”加大对社会公众的宣传，营造应对气候变化的良好氛围。

国家林业局造林司举办全国林业碳汇计量监测体系建设培训班

中美森林适应和减缓气候变化的技术和政策研讨会

中外专家考察森林适应气候变化技术措施

九、着力抓好机关节能减排，积极促进绿色低碳发展

贯彻落实国管局2015年公共机构节约能源资源工作安排，进行了2015年国家林业局公共机构节约能源资源工作部署，研究制定了国家林业局公共机构节约能源资源管理办法，进一步完善监督考核制度，建立电、水、热、污水和雨水精确计量统计信息系统，确保节能工作落到实处。做好日常节约能源资源工作，加强机关用油、用电、用水、用气管理和资源循环利用管理。认真抓好节约型公共机构示范单位创建，以及建筑节能、节能技术和产品推广、节水和资源循环利用、可再生能源应用、绿色消费以及管理监督等重点工作。积极开展节能学习培训、宣传工作，认真组织节能环保参观展览，不断增强机关干部职工节能低碳意识，切实形成国家林业局机关节能环保和绿色发展的浓厚氛围和良性机制，以实际行动为林业应对气候变化工作作出应有贡献。

（撰稿：章升东，国家林业局造林绿化管理司林业应对气候变化处）

切实发挥应对气候变化基础性科技作用 推进气象部门应对气候变化能力建设

中国气象局科技与气候变化司

中国气象局是国家应对气候变化的基础性科技部门，2015年以来，中国气象局认真贯彻落实党的十八大会议精神，紧密围绕气象现代化建设中心任务，加强气候变化基础科技工作，紧抓极端天气气候事件应对的气候变化适应，推动气候资源开发利用，为国家应对气候变化内政外交提供科技支撑。

一、适应气候变化

加强气象灾害风险管理。印发了《气象灾害风险管理业务建设（2015-2016年）实施方案》。编写了《气象灾害信息管理系统建设实施方案》，建立全国统一的气象灾害信息管理数据库。编制了《台风灾害风险区划技术指南》，绘制完成中国沿海地区风暴潮不同重现期风险区划图谱。

推进暴雨洪涝气象灾害风险普查和城市内涝风险预警工作。2012至2015年，全国已完成2190县的灾害风险普查，完成了5860条中小河流、17759条山洪沟、12438个泥石流点、53589个滑坡点的风险普查。完成了11个城市849个易涝点的城市内涝风险普查工作。启动8个城市的城市内涝风险预警试点，完成近200个地级市的城市暴雨公式制修订。

推进中国气候服务系统建设。推进“气候信息处理与分析系统 2.0版”（CIPAS 2.0）建设，完成近200项气候监测、气候预测和气候变化检验归因等业务功能的开发。完成了“智慧气候中心产品池”系统的开发。

推进气候资源开发利用和气候可行性论证工作。组织完成全国832个贫困县的光伏发电资源评估报告。为400多个风电场、太阳能电站提供了预报服务。完成了《中国陆上风电经济可开发量评估》报告。组织编制4项气候可行性论证技术指南。2015年全国共完成近600项气候可行性论证项目。

开展生态和环境气象服务工作。扎实推进环境气象监测预警业务体系建设，构建了环境气象从小时到月尺度的无缝隙预报预警业务。继续开展农业气候资源、农业气象灾害风险区划和生态气象监测与评价服务。制作县级精细化农业气候区划、县级农业气象灾害风险区划。国家级、省级气象部门针对性开展草地、植被等生态环境监测评价服务。

二、基础能力建设

加强气候综合观测。进一步强化了七个大气本底站温室气体观测。发布了《中国温室气体公报（2014）》。根据ECVs要求开展了国家气候观象台建设。完成了全国环境气象观测站建设任务，建成102个气溶胶质量浓度观测站网建设并投入业务运行。

气候变化基础数据建设取得新进展。优化完善了全球陆地均一化气温数据集和降水数据集。研发了全球均一化数据集及业务应用，使得我国已初步具备与发达国家同步发布全球气候监测结论的能力。开展我国地面风要素长序列、高分辨率基础数据产品研制。建立了21世纪初至今的温室气体、大气臭氧、二氧化氮、二氧化硫、一氧化碳以及吸收性气溶胶数据集，于5月份在全国1000多个霾现象自动观测站业务运行。完成卫星大气成分气候变化基础数据集建设，并且初步开展业务应用。

气候变化关键科学技术研发进展顺利。RegCM4区域气候模式得到进一步改进，在CMIP5等多个全球模式驱动下，针对中国及其周边地区进行了RCP4.5和RCP8.5情景下长时间高分辨率的气候变化模拟。完成了2014年中国北方春季高温事件和中国平均温度变化的归因研究。完成了极端气候指数的分析计算，出版了《中国未来极端气候事件变化预估图集》。建立了合适的青藏高原动态植被模型，运用LPJ-DGVM对研究区气候变化对青藏高原植被碳水通量的影响进行客观科学全面的评估。

开展北极海冰多源遥感监测与分析应用研究。建立和完善长时间序列北极海冰卫星遥感监测数据集，开展北极航道融冰状态遥感监测分析与评估。发布“北极海冰监测服务报告”（第一期），完成北极海冰历史遥感变化综合分析报告。

三、全社会广泛参与

多角度开展气候变化教育培训与科普宣传工作。策划组织中国气候公报（2014年）、中国温室气体公报（2013年）专题新闻发布会，厄尔尼诺主题媒体通气会5次。联合中宣部、中国科协，组织中央主流媒体围绕气象灾害风险管理、中国气候服务系统建设、生态和环境气象、巴黎气候大会等，策划相关专题报道70余篇。

依托网络新媒体平台，扩大应对气候变化宣传影响。中国气象网发布应对气候变化最新动态、科技进展、科普知识等资讯累计超过500篇。中国天气网、中国兴农网、中国气象科普网、数字气象科技馆、校园气象网等及时发布气象防灾减灾、应对气候变化、天气过程解读等相关资讯。充分利用新媒体平台，适时向公众推送气候变化知识，开展知识竞答、问卷调查等活动，吸引公众参与。

服务社会公众需求，开展应对气候变化主题活动。协助贵州省局组织生态文明贵阳国际论坛-气候主题论坛，利用世界气象日、防灾减灾宣传周开展气候变化专题活动。与中国社会科学院联合完成2015年度气候变化绿皮书《应对气候变化报告2015：巴黎的新起点和新希望》的编写和出版，组织气候变化绿皮书（2015）的发布会和“巴黎的新起点和新希望”高峰论坛，就巴黎协议及各国自主决定贡献等相关问题进行深入研讨和交流。出版社编辑出版有关气候变化内容的图书20余种。

开展培训教育工作，增强应对气候变化能力建设。举办第12届气候系统与气候变化国际讲习班、第12届亚洲区域气候监测预测评估论坛等会议，举办气候可行性论证技术、全球气候服务框架国际培训培训班等4期培训。组织开展多语种《应对气候变化—中国在行动（2015）》宣传片及画册编制工作，并在巴黎气候变化大会播放。

四、加强国际交流与合作

充分发挥IPCC国内牵头组织部门的作用。中国气象科学研究院翟盘茂研究员当选政府间气候变化专门委员会（IPCC）第一工作组联合主席。组织完成IPCC第41、42次全会中国代表团参会任务。深度参与IPCC未来专项事务规划，成功推荐中国专家参加4次专家规划会议。组织完成IPCC第六次评估报告特别主题推荐、影响和气候分析的资料与情景任务组（TGICA）愿景文件等的多份中国政府评审意见。组织完成前IPCC主席帕乔里来我局宣讲IPCC第五次评估报告，组织开展4次面向不同层面的IPCC报告宣讲。

组织完成了UNFCCC年度5次谈判任务。针对年度5次谈判重任，组织我局谈判人员加强形势分析，顺利完成我局承担谈判任务。

五、决策支撑

围绕国家需求深入开展决策支撑。组织完成了《2014年全球气温创历史新高，应高度重视防范极端天气气候灾害》等近十篇气候变化相关问题的决策咨询报告。充分发挥国家应对气候变化内政外交决策的参谋、咨询作用，国家气候变化专家委员会完成“关于‘一带一路’经济带建设的若干建议”等多份咨询报告。人民日报刊发了郑国光局长署名文章《科学认知气候，关注气候安全》、《维护气候安全，保障生态文明》、《同创公平机制，共御气候风险》。编制发布了《中国气候公报2014》、《中国气候变化监测公报（2014）》。

进一步完善了气候变化工作运行机制。积极参与国家应对气候变化领导小组协调联络办公室工作。参与气候变化南南合作、清洁发展机制审核理事会、国家第三次信息通报的有关工作，参与国际北极科学委员会和北极理事会有关活动。参与科技部“一带一路”、“全球变化与应对”等气候变化重大专项编制，完成对第三次《气候变化国家评估报告》的部门评审。与社科院联合编制2015年气候变化绿皮书并召开高峰论坛，与国家林业局签署《国家林业局 中国气象局关于深化全面战略合作的框架协议》。

改革重组中国气象局气候变化中心。印发了“中国气象局气候变化中心调整方案”，编制创新团队组建方案、创新团队建设管理办法。融合国家级和省级相关科研业务单位的人才、数据信息资源，建立跨学科、跨单位的科技创新团队，建立气候模式发展、极端事件风险管理、温室气体监测分析等国家级气候变化科技创新团队，形成一批具有国际影响力的中青年专家队伍。

（撰稿：袁佳双，中国气象局科技与气候变化司气候变化处）

2015～2016年石油和化工行业低碳发展报告

中国石油和化学工业联合会

一、2015～2016年石油化工行业发展概况

2015年是我国“十二五”收官之年。全球经济继续深度调整，我国经济下行压力加大。面对复杂多变的国内外经济形势，石化化工行业按照党中央、国务院部署，坚定信心，沉着应对，克服重重困难，基本实现了行业经济的平稳运行，产品生产稳步增长，整体效益回升企稳，转型升级持续推进，结构调整逐步加快，能源效率继续提高，但是受国内经济增长放缓、国际油价断崖式下跌等因素影响，固定资产投资持续低迷，行业下行压力仍然较大。

产量总体增长。2015年，石化行业增加值同比增长7.2%，化工行业增加值同比增长9.3%，大部分行业生产实现了不同程度的增长。合成材料总产量1.23亿吨，增长8.2%；苯产量783.1万吨，增长6.6%；乙烯产量1714.5万吨，增长1.6%；硫酸产量8975.5万吨，同比增长4.0%；纯碱产量2591.7万吨，增长3.1%；甲醇产量4010.5万吨，增长8.3%；农药产量374.1万吨，增长2.3%；化肥总产量7627.3万吨，增长7.3%；轮胎行业受美国“双反”的影响，下降4.0%产量为9.25亿条。

效益整体下滑。2015年，全行业效益总体下滑。主营业务收入12.74万亿元，下降6.1%；利润总额6265.2亿元，下降18.3%；上缴税金1.03万亿元，增长3.7%。其中，石化行业实现主营收入3.9万亿元，同比下降20.53%；利润总额1615.6亿元，同比下降50.99%；上缴税金7107.6亿元，同比增长1.52%。化工行业实现主营收入8.84万亿元，同比增长1.9%；利润总额4603.4亿元，增幅6.3%；上缴税金2880.3亿元，增长5.1%。

结构调整逐步加快。2015年，合成材料、专用化学品、精细化学品等附加值较高的行业引领增长。其中，合成材料制造业增加值增幅达11.6%，专用化学品制造增长11.1%，涂（颜）料制造业增长9.5%，增速明显高于其他行业。基础化学原料增速明显放缓，无机化学原料产量增幅只有1.9%。产品生产增长结构进一步优化。天津港“8.12”事故之后，在中央专项建设基金的引导下，城镇人口密集区高风险危险化学品生产企业搬迁改造加速,化工生产企业进入化工园区的比例进一步提升。

能源效率继续提高。2015年，全行业重点产品能耗继续下降，行业能效明显提升。前三季度，我国吨原油加工量综合能耗下降1.0%，吨乙烯产量综合能耗下降0.1%，吨烧碱产量综合能耗下降2.0%，电石和合成氨分别下降1.1%和1.0%。石油和化工行业总能耗增长1.6%，同比回落近5个百分点，为三年来同期最低增幅。化学工业万元收入耗标煤同比下降1.1%。

二、2015～2016年石油和化工行业低碳发展所做的主要工作

2015～2016年，为推动石油和化工行业低碳发展，各级政府部门、行业组织和企业采取了多种措施，开展了大量卓有成效的工作。

（一）节能减排政策措施按计划出台

为确保“十二五”工业节能减排目标任务顺利完成，一季度，各部门按计划出台了2015年相关政策措施。工业和信息化部印发了《2015年工业节能与综合利用工作要点》，明确今年工业节能减排目标和任务,还印发了《2015年工业绿色发展专项行动实施方案》、《2015年工业节能监察重点工作计划》、《关于组织实施工业领域煤炭清洁高效利用行动计划的通知》等配套政策文件,工业节能减排有序推进。环境保护部印发了《2015年全国环境监察工作要点》，环境监管执法是2015年乃至今后环保工作的重中之重。此外，财政部和国家发改委联合印发了《关于调整公布第十七期节能产品政府采购清单的通知》，银监会印发了《能效信贷指引》等政策文件。随着一系列政策文件的发布，节能减排工作有序开展。

（二）推动行业规范发展，完善标准体系

按照十八届五中全会精神要求，加强供给侧改革，推动石化化工行业规范化发展。研究制定MDI、铬化合物、煤制烯烃行业规范条件，对轮胎、氮肥、磷肥等行业实施公告管理，建立健全防范和化解传统化工产能过剩长效机制。

进一步完善标准体系，加强重点领域节能标准制修订工作。加快制修订行业节能标准，形成覆盖生产设备节能、节能监测与管理、能源管理与审计等方面的标准体系，发挥准入指标对产业转型升级的倒逼作用。严格执行强制性节能标准。强化用能单位实施强制性节能标准的主体责任，开展能效对标达标活动，发挥节能标准对用能单位、重点用能设备和系统能效提升的规范和引导作用。以强制性能耗限额标准为依据，实施固定资产投资项目节能评估和审查制度，对电解铝、铁合金、电石等高耗能行业的生产企业实施差别电价和惩罚性电价政策，对煤炭、石油、有色、建材、化工等产能过剩行业和稀土等战略资源行业的生产企业进行准入公告。加强标准实施的监督。以节能标准实施为重点，加大节能监察力度，督促用能单位实施强制性能耗限额标准和终端用能产品能效标准。

（三）优化能源结构，提高天然气竞争力

优化能源结构的关键是增气控煤。能源发展驱动了中国经济的腾飞，但中国以煤炭为主的能源结构也是资源约

束趋紧、环境污染严重、生态系统退化等问题的重要诱因。特别是近年来全国大面积的雾霾天气肆虐，严重威胁人民群众的身体健康，成为全社会关注的焦点。

党和国家高度重视生态环境保护和治理工作。十八大报告将生态文明建设提到前所未有的战略高度，要求“把生态文明建设放在突出地位”，“努力建设美丽中国，实现中华民族永续发展”。同时，能源发展被放在建设生态文明的总体布局中，提出“推动能源生产和消费革命”，强调要“控制能源消费总量，加强节能降耗，支持节能低碳产业和新能源、可再生能源发展，确保国家能源安全”。

为落实“能源革命”的要求，国务院2014年11月发布《能源发展战略行动计划(2014-2020)》(以下简称《行动计划》)，提出要加快构建清洁、高效、安全、可持续的现代能源体系，到2020年，一次能源消费总量控制在48亿吨标准煤左右，非化石能源占一次能源消费比重达到15%，天然气比重达到10%以上，煤炭比重控制在62%以内。按照这个结构测算，2020年国内天然气消费量将达到3600亿立方米。

分析《行动计划》中能源结构调整目标，其核心是提高天然气占一次能源比重，控制煤炭占比，可以概括为“以气代煤”。近年来，国内虽然大力发展可再生能源，但太阳能、风能、生物质能等可再生能源由于能源密度低、生产能力不稳定且技术复杂、装备要求高等特点，面临成本高、市场容量狭小等问题制约，在一段时期内难以形成大的气候。与此同时，天然气以其清洁、高效、低碳的明显优势，正在快速进入经济和社会发展的方方面面，成为中国最为现实的大规模接替能源。

“十二五”以来，中国天然气消费量年均增长189亿立方米，占一次能源消费比重由4.4%提高到6.3%。2014年国内消费天然气1830亿立方米，根据天然气与煤炭在各领域的应用情况和目前的技术水平，与用煤相比，相当于当年减少排放二氧化碳10.2亿吨、二氧化硫943万吨、烟尘187万吨，为减少环境污染、控制二氧化碳排放做出了巨大贡献。

结构优化是保障中国能源安全和促进生态文明建设的重要前提，是顺应国际能源形势和应对全球气候变化的必然选择。

进一步调整优化能源结构，要逐步减少煤炭、石油在能源消费中的比重，大力推广煤炭清洁高效利用技术，推进煤电一体化、集约化开发和绿色发展模式，加快发展优质、高效、清洁的天然气产业，大力发展非水可再生能源，大幅提高低碳无碳能源在生产和消费中的比重。

（四）优化产业结构，着力培育战略性新兴产业，大力发展化工新材料

产业结构优化升级是提高我国经济综合竞争力的关键举措。要加快改造提升传统产业，深入推进信息化与工业化深度融合，着力培育战略性新兴产业，大力发展服务业特别是现代服务业，积极培育新业态和新商业模式，构建现代产业发展新体系。综合国力竞争说到底是创新的竞争。要深入实施创新驱动发展战略，推动科技创新、产业创新、企业创新、市场创新、产品创新、业态创新、管理创新等，加快形成以创新为主要引领和支撑的经济体系和发展模式。

化工新材料是国家重点扶持的低碳经济领域新兴产业之一。发展化工新材料产业对国民经济各个领域，尤其是高技术及尖端技术领域具有重要支撑作用。从产业链来看，化工新材料处于中上游，上游是化工新材料所需要的关键原料，化工新材料的总体发展趋势是高性能化、多功能化、低成本化、工艺无害化、装置大型化、创新持续化。

整合资源，加快建立以市场为导向、企业为主体的“产学研用”技术创新体系，大力发展膜材料产业，以发展碳纤维及复合材料、电子化学品、推动高端工程塑料在装备中的应用为突破口，促进化工新材料进口替代。推动水溶肥的开发和应用，引导化肥工业转型升级。

（五）加快技术创新，全方位推广低碳技术

近年来，我国在依靠科技进步和创新应对气候变化挑战方面的工作力度不断加强。科技部等多个部委联合印发的《“十二五”国家应对气候变化科技发展专项规划》明确提出面向国家重大需求和国际科技前沿，提升我国应对气候变化科学研究水平，增强减缓与适应气候变化技术研发的创新能力。

我国形成了包含基础研究、技术创新和推广、国际科技合作等内容的全方位格局。在基础研究领域，我国在973计划的资源环境领域下部署气候变化科学基础相关研究工作，自2010年开始在重大科学研究计划中单独把全球变化方向列出。

在低碳技术研发方面，我国重点部署了整体煤气化联合循环技术、大规模可再生能源发电、新能源汽车技术及低碳替代燃料技术等10项关键减缓技术。同时，还部署了极端天气气候事件预测预警技术、干旱地区水资源开发与高效利用等10项关键适应技术。在863计划和科技支撑计划中开展能源清洁高效利用技术、重点行业工业节能技术与装备开发、重点行业清洁生产关键技术与装备开发等，取得了一批具有自主知识产权的发明专利和重大成果。

在低碳技术示范和推广上，“十二五”期间产业化推广30项以上重大节能技术。科技部研究制定了《节能减排与低碳技术成果转化推广清单》，促进低碳技术推广应用；发改委发布第四批《国家重点节能技术推广目录》，公布煤炭、电力、钢铁等行业的22项节能技术；工信部编制完成钢铁、石化、有色等11个重点行业节能减排先进适用技术目录、应用案例和技术指南。同时，我国还实施了重大科技示范工程，以煤层气开发利用、油气资源高效开发、高效清洁发电、智能电网等技术领域为重点，促进科技成果尽快转化为生产力。

目前我国在石化行业已经有多项技术取得了突破，包括干法乙炔技术，大型密闭式电石炉、中空电极和炉气综合利用技术，黄磷电除尘技术和尾气综合利用技术，铬盐无钙焙烧技术，氮肥生产污水零排放技术和氮肥节能技术等。这些技术的突破，为我国石化产业的低碳发展提供了很好的基础。

（六）扩大碳排放权交易试点

3月5日国务院总理李克强所作2015年政府工作报告中提到，积极应对气候变化，扩大碳排放权交易试点。

2014年，继湖北、重庆碳交易试点的启动运行后，全国7个省市的碳排放权交易试点全部上线交易，其中五个试点顺利完成首次履约。同时国家发展改革委印发《碳排放权交易管理暂行办法》，提出在总结试点经验基础上，加快建立全国碳交易市场。该管理办法主要为框架性文件，明确了全国碳市场建立的主要思路和管理体系。

2016～2019年为全国市场第一阶段，2019年后为第二阶段，将启动碳市场“高速运转模式”。全国碳市场的前期准备阶段为2014-2016年，并将力争2016年夏季全面启动全国市场运行。这意味着中国在促进温室气体减排、应对气候变化方面讲再度迈出一大步。

按上述时间表，2015年将是全国碳市场准备的关键一年。2015年需要进一步完善法律法规、技术标准和基础设施建设，涉及碳市场建设八大要素。覆盖范围、配额总量、配额分配、MRV、注册登记、交易体系、履约机制、市场调控等各方面的相关细则也将陆续公布。这些工作也将由中央、地方和企业分层次共同推进。

国家发改委在《中国应对气候变化的政策与行动2015年度报告》中指出，截至2015年8月底，中国7个碳排放交易试点累计交易地方配额约4024万吨，成交额约12亿元；累计拍卖配额约1664万吨，成交额约8亿元。

中国正加快推进碳排放权交易试点。截至2014年底，北京、上海、天津、重庆、广东、深圳和湖北7个碳排放交易试点均发布了地方碳交易管理办法，共纳入控排企业和单位1900多家，分配碳排放配额约12亿吨。试点地区加大对履约的监督和执法力度，2014年和2015年履约率分别达到96%和98%以上。

目前，试点进展得非常顺利，而且碳价也比较稳定。7个碳排放交易试点主要探索建立碳的市场机制。比如确定总量、配额如何分配，在交易之前如何核查交易量和排放量，需要非常确切、科学的核实方法。

三、2015～2016年石油和化工行业低碳发展的典型案例

（一）中石化加快生产清洁油品，大力完善环境管理体系

中国石化作为中国最大的成品油供应商非常重视生产清洁产品以减少下游和消费环节的污染物排放，仅用7年就实现了汽油无铅化，之后用10年完成了从国2到国3再到国4的油品质量升级，而美国、欧洲、日本分别用了21年、27年和12年。

2000年至2014年，中国石化累计向炼油板块投入2615亿元，不断提升油品质量，油品硫含量从2000年的1000ppm（1ppm为百万分之一）降至目前的10ppm。目前，中国石化已有70%的汽油产能、40%的车用柴油产能达国5标准，已向北京、上海等7省市提前供应国5油品。

2015年6月1日，中国石化召开油品质量升级工作视频会，要求所属炼厂努力比国家规定早3个月完成升级项目。接下来，中国石化还将实施33个国5油品升级项目。汽油方面，将对11家企业进行升级改造，新建7套催化汽油吸附脱硫装置，对4套汽油加氢装置完善改造。柴油方面，涉及22个项目，主要措施为新建加氢装置及更换催化剂等。

优化能源消费结构，增加清洁、绿色可再生能源同样是中国石化环境保护的重要方面，也是石油化工未来的发展方向。2015年，中国石化将继续调整产业结构，重点发展碳排放强度低的产业，淘汰能耗高、碳排放强度高的小型炼化装置。在拓展新能源方面，要加快开发页岩气等非常规油气资源，探索清洁利用煤炭资源，推广使用生物质新能源，规模化开发地热资源。

2015年，中国石化集团公司出台了《中国石化环境保护管理办法》，明确将建立中国石化环境监测体系、环境绩效考核制度、环境事件问责处分制度等，全面实施绿色低碳战略，履行企业社会责任，构建资源节约型、环境友好型企业。

加强环境信息公开工作，这是绿色低碳制度体系建设的重要一环。近年来，中国石化通过公司年报、可持续发展报告、社会责任报告等，定期公开主要污染物排放、清洁生产工作、环保综合管理、社会责任履行情况等，并鼓励企业‘开门办企业，开放办企业’，实现企地互动，共建和谐环境。

（二）中石油低碳关键技术价值逐步显现

2010年，中国石油主动适应低碳经济发展趋势，设立“中国石油低碳关键技术”重大科技专项，由安全环保技术研究院牵头，联合上中下游40家企业和科研机构，组成产学研用一体化攻关团队开展技术攻关研究与工程示范。

几年来，攻关团队紧紧围绕节能与提高能效、碳减排与废物资源化、战略与标准三个方面，在大量实验研究、现场试验和先导试验的基础上，提出稠油污水不除硅回用、天然气钻井混合动力补偿两项理论；攻克了数字化抽油机、高含水机采系统多节点节能等30余项关键技术，并据此创新集成10项成套技术体系；搭建起中国石油低碳发展战略、节能减排评价指标体系和三大配套标准规范系列框架。在所取得的成果中，高含水油田聚驱低温集输、低渗透油田数字化抽油机等8项技术处于国际先进或领先水平，使中国石油集团公司油田企业注水效率提高5%、抽油泵井下效率提升5%、集输单耗下降40%、污水污泥资源化利用率提高10%。

10月29日，科技管理部组织召开“中国石油低碳关键技术研究”专家验收会。经过技术验收组和经济评价组专家认真评议，“中国石油低碳关键技术研究”的技术成果和经济效益获得充分认可，项目一期顺利通过验收。

低碳专项重点围绕节能与提高能效、碳减排与废物资源化、战略与标准三大方向，开展技术攻关与工程示范。截至2014年，该项目一期已实现经济效益7.5亿元，预计全面推广可产生经济效益108亿元。

中石油安全环保技术研究院作为牵头组织，组织包括40多家单位在内的专项研究团队，完成了11个课题60个专题的全部研究内容。这些研究涵盖三大方向、四大业务领域、三类废物资源和两个管理支撑体系，共取得节能技术、减排技术和低碳软实力提升三类创新成果11项。

项目创新成果支持了中国石油“绿色发展行动计划”和节能减排“双十”工程，社会和经济效益突出。在大庆油田、长庆油田、兰州石化、管道公司、济柴动力总厂等企业的13个领域66个项目上实现技术应用后，水电煤气油节约和污泥减排等效果显著，降投资和降成本作用突出。截至2014年年底，累计实现污泥资源化16.7万吨，减排COD403吨、氨氮110吨，获得经济效益约4.2亿元。

低碳专项二期的顶层设计已经展开，将继续围绕“绿色发展行动计划”等进行攻关，为中国石油绿色可持续发展提供强有力的科技支撑。

（三）各企业积极开发绿色低碳技术

1. 高性能银催化剂助力低碳排放

银催化剂是环氧乙烷/乙二醇生产的核心，催化剂选择性每提高1个百分点，生产1吨当量环氧乙烷可以节约乙烯9.1千克，减少二氧化碳生成28.6千克。

北京化工研究院新开发的YS-9010银催化剂的选择性在YS-8810的基础上又将提高1~2个百分点。目前该催化剂已经完成了中试放大研究，工业应用后将进一步降低企业的生产成本、减少温室气体的排放，提高环氧乙烷/乙二醇生产企业的竞争力。

据悉，目前银催化剂的市场需求量已达到300多吨，且呈逐年增加的趋势。近年来，北京化工研究院燕山分院高性能银催化剂技术连连取得重大突破，2009年至今，该院开发的银催化剂已在国内4套环氧乙烷/乙二醇生产装置上成功应用6次，在降低乙烯原料消耗的同时，减少二氧化碳生成或排放量约11万吨/年，提升了企业的经济效益。

北化院燕山分院近年来开发出YS-8520、YS-8810银催化剂，并分别为天津石化和上海石化降低原料乙烯消耗0.18万吨/年和3.1万吨/年，减少二氧化碳排放约为0.56万吨/年和9.8万吨/年。

2. 可再生低碳清洁柴油添加剂面世

南京巨澜新能源股份有限公司独立研发的一种可再生的甲基低碳清洁柴油添加剂，现已成功投放江苏等省甲醇燃料市场。该发明专利技术已被国家专利局正式受理。

经对比分析，在石化柴油中加入这种甲基低碳清洁柴油添加剂后，柴油的闪点、十六烷值等技术指标均较原石化柴油有所提高或改善，且低温流动性更好。而且，其与普通柴油互溶性好，彻底解决了此前醇基燃料遇水分层的问题。

近年来，随着机动车及物流产业的迅猛发展，大气环境污染日趋严重。据环保部发布的《2013年中国机动车污染防治年报》，全国机动车排放污染物总量已达4570.9万吨，汽车贡献率超过90%，其中氮氧化物（NOx）640.6万吨，柴油车占近70%；颗粒物（PM）59.4万吨，柴油车超过90%。

这种可再生的甲基低碳清洁柴油添加剂主要以甲醇作为原料，运用巨澜大比例甲醇催化燃烧技术，现有的柴油车和各种机械的内燃机无需任何改动，即可实现富氧燃烧，有利于改善燃料在发动机中的燃烧状况、提高热效率。该技术产品经山东、河北、黑龙江、贵州、宁夏、甘肃、安徽、福建等省区的合作方试用证实，在保证动力和燃料消耗相同的前提下（原料甲醇的使用量在30%左右），可降低柴油尾气中NOx含量10%以上，降低PM2.5及其他颗粒物超过70%，温室气体可减少约1/3。

据统计资料，2014年我国石油的表观消费量已高达5.18亿吨，仅交通领域的成品油消费就达2.69亿吨，而柴油已占近2亿吨。据保守估计，随着该技术项目在国内的不断推开，每年至少将要多消耗甲醇5000万吨以上。中国甲醇产能过剩局面将大大缓解，未来供应趋紧。加之2014年底以来，国内多套甲醇制烯烃装置试车投产，甲醇消费进一步增加。甲醇制柴油清洁添加剂将成为拉动甲醇需求的主要动力。

3. CO_2返炉制CO技术一箭双雕

河南能源化工集团所属煤气化公司义马气化厂在国内率先将CO_2返炉技术工业化运用到碎煤加压气化工艺中，较好地解决了碎煤加压气化工艺中碳有效转化率偏低的弊病。该工艺在一定程度上提高了气化反应的碳利用率，降低了蒸汽消耗，同时也减少了CO_2废气和污水排放量，经济和环保效益显著。

CO_2返炉制取CO技术较好解决了现有碎煤固定床加压气化工艺碳利用率低、蒸汽耗量大、污水处理负荷高和碳资源浪费等难题。按照义马气化厂现有装备产能，采用CO_2返炉制取CO技术后，每小时大约可多产750标准立方米的有效气体，每立方米煤气按0.65元计算，每年可多创收390万元，同时年可减少CO_2排放量2700万立方米。与完全新建一套同规模CO_2制取CO生产装置相比，采用该技术可节约大量建设资金。

碎煤加压气化工艺以德国鲁奇固定床加压气化炉为代表，是当前较为先进的煤炭加压气化技术之一。由于其具

有技术成熟、投资相对较小，煤种适应范围较广和产出气中甲烷含量较高等特点，被国内外广泛运用于城市煤气生产和煤制天然气等行业，在我国也具有较高的市场占有率。据了解，目前国内已使用或在建的采用该项技术的气化炉台数超过百台。但与壳牌加压气化工艺和水煤浆加压气化技术相比，鲁奇加压气化技术存在碳有效转化率偏低等不足。

为解决这一问题，义马气化厂多年前就开始了CO_2回收再利用技术的研究和探索，经过多次试验，终于将该技术全面投入工业化生产。经过两年多的生产运行和不断完善，目前装置的实际运行效果良好。

受工艺因素影响，碎煤加压气化工艺生成的粗煤气中含有大量的CO_2，如果不加以利用，会造成碳元素的大量流失，既不经济也不环保。通过将分离出的CO_2压缩后再返送回气化炉，可替代部分水蒸气作为气化剂使用，在气化炉内的还原层再次参与气化反应，与C反应生成CO。此将既提高了煤气中CO的含量，同时也使CO_2得到充分利用，还减少了加压气化过程中的蒸汽消耗，集环保和节能于一身，具有较高的经济效益和社会效益。

（四）北京碳市场建设取得显著进展

北京市于2012年3月正式启动碳交易试点建设，并于2013年11月28日实现开市交易。目前，北京碳市场已经平稳运行满两年，支持全市重点排放单位顺利完成了履约工作，市场建设取得了显著进展：

1．市场交易日趋活跃，规模稳步提高

两年来，北京碳市场配额累计成交532万吨，交易额2.38亿元；林业碳汇累计成交7.26万吨，成交额265万元；CCER累计成交512万吨。在配额总量较少的情况下，交易规模居全国七个试点前列。在配额总量较少的情况下，交易规模居全国七个试点前列。市场成交均价一直稳定在40-50元/吨之间，价格坚挺且走势相对平稳，客观地反映了较为平衡的市场供求关系，并且已经发展成为中国碳市场重要的价格参照。同时，市场活跃度在稳步提升，2015年实现碳配额交易316万吨，成交额1.31亿元，分别较去年增长50%和25% 。交投分布日趋平衡，投资机构的参与度也逐步提高,形成了履约和投资的双轮驱动。

2．交易品种丰富，中心市场功能初现

北京碳市场的交易产品在七个试点碳市场中最为丰富，既包括碳排放配额和中国核证自愿减排量（CCER）等七个试点碳市场的均有的交易品种，还有林业碳汇项目和节能项目产生的减排量等基于本市市情推出的特色产品。各交易产品依据不同功能定位，通过交易平台在市场主体间实现了有序流转，表现出较好的流动性。其中，可在全国范围内流通的CCER已经在北京市成交500余万吨，规模领先，并且其中90%以上是销往其他试点地区，北京作为全国碳交易枢纽的功能已开始初步显现。

3，鼓励开放创新，吸引多元主体参与

北京市参与碳交易的单位行业覆盖范围广、类型多，不仅包括电力、热力、水泥、石化等传统耗能产业，还纳入了服务业，涉及高校、医院、政府机关等公共机构，与其他市场主体为清一色的企业有较大差别。从参与企业的类型看，中央企业在京单位占比约30%，外资及合资企业占20%左右，其中包括多家世界500强企业。另外，金融机构和自然人也参与其中，对增强市场流动性、提高交易匹配率、激发市场活力发挥了积极作用。北京环交所相继推出了回购式融资、碳排放配额场外掉期交易等创新产品和服务，进一步挖掘了碳配额的融资功能，为市场提供了可选择的风险管理工具。

4．履约工作进展顺利，节能减碳效果明显

通过建立温室气体排放报送、碳排放配额注册登记、交易结算等服务平台，使得试点相关的各个环节流畅运转，重点排放单位参与意愿日趋积极，主动履约率进一步提高。2014年543家重点排放单位履约率达到100%，较去年提高3个百分点。两年的履约实践表明，北京市已建成履约主体明确、规则清晰、监管到位的碳交易市场。另外，通过建立总量控制下的碳排放权交易体系，促使重点排放单位提高节能减碳意识和节能减排本领。经市发改委统计，两个履约年度重点排放单位累计减排二氧化碳630万吨左右，企业碳减排综合成本平均下降2.5%左右。

5．推进跨区域市场建设，扩大试点容量

为推广试点经验，充分挖掘区域环境协同治理潜力，推动京津冀协同发展，京冀在全国率先探索跨区域交易试点建设。河北省承德市作为先行城市与北京正式实现跨区域链接，先期将水泥行业纳入跨区域试点体系，并已于2015年开展核算核查与履约工作。同时，北京也在积极与内蒙古自治区等地研究跨区域合作空间。另外，2015年12月市发改委发布通知，正式将管控门槛严格至直接排放与间接排放总量5000吨（含）以上，由此预计将新增600个左右重点排放单位，市场参与主体数量将翻倍。

6．积极开展对外交流，提升国际影响力

今年9月，环交所参加了在美国洛杉矶召开的“首届中美气候智慧/低碳城市峰会”，与能源与交通创新中心（iCET）、气候注册署（TCR）、北美气候行动储备中心（CAR）等美方机构签署合作谅解备忘录，开启了中美两国碳市场机构间合作的新窗口。另外，在今年巴黎气候变化大会上，环交所参与“中国角”碳市场边会的筹备和组织工作。在边会上，向多国代表介绍了北京碳市场运行情况，展示北京为应对气候变化所作出的努力。

四、今后一段时期内石油和化工产业低碳发展面临的挑战和政策建议。

（一）石化行业面临的低碳发展机遇和挑战

“十二五”以来，随着中国经济进入新常态，中国低碳发展进入深刻变革新阶段。从宏观和历史来看，中国经济从持续30年的高速增长转向中高速增长阶段。经济增速的变化对于中国低碳发展有着直接影响和长远意义。直接影响在于能源消耗和碳排放的增速明显下降。目前来看，中国煤炭消费总量很有可能已在2013年达到峰值，经济新常态下未来五年经济增速将进一步下调，从而能源需求总量增速降低。能源消耗增速下降，特别是煤炭消费总量达峰，标志着中国低碳发展进入一个深刻变革的新阶段，也是中国碳排放最终达峰的必经阶段。这个特定阶段的到来对中国乃至全球的低碳发展和应对气候变化具有十分重要的意义。

中国低碳发展面临巨大机遇的同时，也面对诸多不确定性和巨大挑战。能源消费结构不合理、生物质能源发展尚未引起足够重视、清洁生产技术研发推广困难等，都是中国绿色低碳发展道路上的障碍与挑战。

中国发展具有明显的高碳特点，中国单位GDP能耗排放比世界平均值高，能耗强度高出近一倍。高耗能产业发展过大、过快，加上诸多的浪费、不合理的需求，还有能源效率比较偏低，造成了如今状况。国际上能源结构，煤炭只占30%左右。而我国近年来煤炭的消费占整个能源消费的70%左右。煤炭消费下降对实现低碳发展具有重要意义，煤电若能实现节煤，就可以节约20%的煤炭能源，也就是说可以减少20%的二氧化碳排放。调整能源消费结构的目的就是为了降低碳排放、实现低碳发展。

（二）政策与建议

我国石化产业要以绿色低碳发展战略为指导，以节能增效、绿色低碳发展为目标，大力实施节能减排等绿色工程，为我国生态文明建设做出重要贡献。

1. 强化石化绿色制造

从源头上减少污染物的产生，大力使用清洁能源和原料，开发以可再生资源、废弃生物质等为原料进行化学品生产的技术。

实现生产过程的绿色化，采用先进工艺技术与设备，在新反应介质替代技术、高效催化技术、二次资源循环技术、环境保护核心技术及过程强化与先进反应与分离技术和设备等重点领域形成一批绿色工艺工程技术。

加强新技术、新设备的研发与应用，加强综合管理，使外排污水控制指标趋于自然水体；推广应用烟气除尘脱硫脱硝技术、挥发性有机物的回收和催化燃烧技术、恶臭污染控制技术、回收型烟气脱硫技术、PM 2.5和温室气体控制治理等技术；工业危险固体废弃物实现减量化、无害化和资源化处理，形成达标治理、清洁生产和循环经济的环境保护体系。

2. 提高资源利用效率

加强石油石化产业的规划指导和布局调整，实现整体效益最佳化；充分发挥区域优化和炼化一体化优势，优化调整装置结构和产品结构，实现石油资源价值最大化。

加强石化生产中C4、C5、C9等副产品利用，提高资源利用率。加强废渣、废水、废气的资源化利用。加强废催化剂回收利用，提取钴、铑、钯等稀贵金属；加强余热余压的回收利用；加强火炬气回收；提高硫磺回收率；推广污水深度处理回用；加强废轮胎、废塑料的回收利用等。

3. 全方位推进节能减排

贯彻“节能减排增效”的理念，提升管理水平；加强生产运行管理，提高装置负荷率，延长运行周期；提高加热炉热效率，积极利用低温余热等措施，有效降低炼油综合能耗、乙烯单位能耗和加工损失率。

树立安全环保与企业发展同步协调的理念，建立安全环保的长效机制。加强安全环保监管，高度重视新建炼化项目的环境影响评价、安全评价和节能评价等工作。

4. 积极构建循环经济产业链

贯彻“绿色低碳发展”的指导方针，积极推进炼油化工与其他相关产业的融合发展，通过产业链延伸和物料互用，构建产业间循环经济产业链，建立石油、煤炭、钢铁、水资源循环以及固体废弃物再资源化循环利用的多产业循环经济产业链体系。通过物质流通、能量利用以及公用工程的有机联系，使企业内外资源得到优化配置、废弃物得到有效利用，充分发挥产业集群的规模效应和循环经济效应。

（撰稿：李永亮，中国石油和化学工业联合会产业发展部）

多策并举推进节能减排

《中国低碳年鉴》编辑部

党的十八大以来，党中央、国务院把生态文明建设放在更加突出的战略位置，并在全面深化改革、全面依法治国战略布局中，对生态文明建设进行了总体部署。2015年中共中央、国务院先后印发了《关于加快推进生态文明建设的意见》、《生态文明体制改革总体方案》，党的十八届五中全会首次提出“创新、协调、绿色、开放、共享”发展理念。中共中央总书记、国家主席、中央军委主席习近平指出：“这五大发展理念，是‘十三五’乃至更长时期我国发展思路、发展方向、发展着力点的集中体现，也是改革开放30多年来我国发展经验的集中体现，反映出我们党对我国发展规律的新认识。”五中全会强调必须坚持节约资源和保护环境的基本国策，坚持可持续发展，坚定走生产发展、生活富裕、生态良好的文明发展道路，加快建设资源节约型、环境友好型社会，形成人与自然和谐发展现代化建设新格局，推进美丽中国建设，为全球生态安全作出新贡献。

同时，中国《国家自主贡献》向世界宣示：到2030年，单位国内生产总值二氧化碳排放比2005年下降60%～65%，非化石能源占一次能源消费比重达到20%左右，森林蓄积量比2005年增加45亿立方米左右，二氧化碳排放2030年左右达到峰值并争取尽早达峰。中国将在已采取行动的基础上，在国家战略、区域战略、能源体系、产业体系、建筑交通、森林碳汇、生活方式、适应能力、低碳发展模式、科技支撑、资金政策支持、碳交易市场、统计核算体系、社会参与、国际合作等15个方面持续不断地做出努力。

显然，节能减排既是中国生态文明建设、应对气候变化的应有之义，又与全面推进生态文明建设各领域主要工作有着内在必然的联系、息息相关。因此，党和国家高度重视，多策并举，大力推进节能减排，加强生态文明建设，从而取得了卓著成绩。

2014年，我国单位国内生产总值能耗和二氧化碳排放分别比2005年下降29.9%和33.8%，“十二五”节能减排约束性指标顺利完成。11月19日，国务院新闻办公室召开发布会，正式公布了《中国应对气候变化的政策与行动2015年度报告》。截止到2014年，全国单位国内生产总值二氧化碳的排放同比下降6.1%，比2010年已累计下降15.8%。

“十二五”我国非化石能源占能源消费比重达到了11.2%，比2005年提高了4.4个百分点，基本上完成了“十二五”规划的要求。我国已成为世界节能和利用新能源、可再生能源第一大国，为全球应对气候变化作出了实实在在的贡献。“十二五”以来，推进污染减排，全国新增城镇污水日处理能力4800万吨，累计达1.75亿吨；全国脱硫、脱硝机组占火电总装机容量比例由2010年的82.6%、12.7%提升至96%、87%；完成煤电超低排放改造8400万千瓦，约占全国煤电装机1/10，正在进行改造的超过8100万千瓦，电厂煤耗达世界先进水平；四项主要污染物减排任务提前完成，酸雨面积已恢复到上世纪90年代水平。坚持以环境保护优化经济发展，发布国家环保标准493项，对重点地区重点行业执行更加严格的污染物特别排放限值。开展生态建设和农村环境综合整治，建成自然保护区2729个，在23个省（区、市）开展农村环境连片整治示范，支持7万个村庄实施环境综合整治，1亿多农村人口直接受益。加强重点领域风险防控，支持重点区域实施重金属污染治理，全国堆存长达数十年的历史遗留铬渣处置完毕。

2016年3月，国家发展和改革委员会宣布，2015年认真落实党中央、国务院的决策部署，加强战略谋划和宏观统筹，聚焦突出问题，推动机制创新，激发市场活力，全年单位国内生产总值能耗下降5.6%，单位GDP二氧化碳排放累计下降20%左右，超额完成全年及“十二五”规划目标任务，成为新常态下的新亮点。环保部在2016年1月11日召开的全国环境保护工作会议上宣布，《国民经济和社会发展第十二个五年规划纲要》确定的环境约束性指标均如期完成，2015年《政府工作报告》确定的主要污染物减排年度目标超额完成。2015年，全国化学需氧量、二氧化硫、氨氮、氮氧化物排放总量同比分别下降3.1%、5.8%、3.6%、10.9%，比2010年分别下降12.9%、18%、13%、18.6%；首批实施新环境空气质量标准的74个城市PM2.5平均浓度同比下降14.1%。森林覆盖率由2010年的20.36%提高到21.66%，森林蓄积量增加到151亿立方米。

一、党和国家高度重视，强力推进

2015年3月5日，十二届全国人民代表大会三次会议开幕，国务院总理李克强在政府工作报告中指出，我国经济发展进入新常态，正处在爬坡过坎的关口，体制机制弊端和结构性矛盾是“拦路虎”，不深化改革和调整经济结构，就难以实现平稳健康发展。今年经济社会发展的主要预期目标是：国内生产总值增长7%左右，能耗强度下降3.1%以上，主要污染物排放继续减少。6月12日，中共中央政治局常委、国务院总理、国家应对气候变化及节能减排工作领导小组组长李克强主持召开国家应对气候变化及节能减排工作领导小组会议，研究提交《联合国气候变化框架公约》缔约方会议的中国国家自主贡献文件，并作重要讲话。李克强说，应对气候变化是国际社会的共同任务，也是中国科学发展的内在要求。中国政府高度重视应对气候变化问题，把绿色低碳循环经济发展作为生态文明建设的重要内容，主动实施一系列举措，取得明显成效。

3月24日，国务院办公厅印发《关于加强节能标准化工作的意见》，强调健全节能标准体系，强化节能标准实施与监督，有效支撑国家节能减排和产业结构升级，为生态文明建设奠定坚实基础。到2020年，建成指标先进、符合国情的节能标准体系，主要高耗能行业实现能耗限额标准全覆盖，80%以上的能效指标达到国际先进水平，标准国际化水平明显提升。形成节能标准有效实施与监督的工作体系，产业政策与节能标准的结合更加紧密，节能标准对节能减排和产业结构升级的支撑作用更加显著。要求各地区、各有关部门要充分认识节能标准化工作的重大意义，精心组织，加强配合，抓紧研究制定具体实施方案，拓宽节能标准化资金投入渠道，扎实推动各项工作，确保各项政策措施落实到位。

5月8日，国务院发出《深化经济体制改革重点工作意见的通知》（国发〔2015〕26号），列出专条，要求强化节能节地节水、环境、技术、安全等市场准入标准，制订或修改50项左右节能标准。修订固定资产投资项目节能评估和审查暂行办法。调整全国工业用地出让最低价标准。实施能效领跑者制度，发布领跑者名单。修订重点行业清洁生产评价指标体系。

9月21日，中共中央、国务院出台的《生态文明体制改革总体方案》中提出，到2020年，构建起由资源总量管理和全面节约制度、环境治理和生态保护市场体系等八项制度构成的生态文明制度体系，推进生态文明建设和美丽中国的实现。

10月29日，党的十八届五中全会通过的《中共中央关于制定国民经济和社会发展第十三个五年规划的建议》提出，坚持绿色发展，着力改善生态环境。推动低碳循环发展。推进能源革命，加快能源技术创新，建设清洁低碳、安全高效的现代能源体系。推进交通运输低碳发展。提高建筑节能标准，推广绿色建筑和建材。主动控制碳排放，加强高能耗行业能耗管控，有效控制电力、钢铁、建材、化工等重点行业碳排放，支持优化开发区域率先实现碳排放峰值目标，实施近零碳排放区示范工程。开展大规模国土绿化行动，增加森林面积和蓄积量。扩大退耕还林还草，加强草原保护。加强水生态保护。开展蓝色海湾整治行动。加强地质灾害防治。

2016年3月，十二届全国人大四次会议通过的“十三五”《纲要》最具特色的发展理念之一是绿色发展，最为显著的发展目标是绿色发展目标，积极应对全球气候变化，健全生态安全保障机制，发展绿色环保产业；全面启动绿色发展重大工程，共计4类27项，预计总投资规模累计将达到几十万亿元。5年累计额相当于“十二五”的两倍之多，预计总投资规模累计将达到几十万亿元，是未来5年世界最大规模的绿色投资；专门列出了绿色发展次优先指标，共计11个，都同样具有约束性。从这个意义上讲，“十三五”规划就是典型的绿色发展规划，成为中国绿色发展的重要里程碑，将引领并推动一场前所未有的绿色革命，成为世界绿色发展的创新者、引领者与先行者。

2015年国务院办公厅还发出《关于加强节能标准化工作的意见》（国办发〔2015〕16号），强化节能标准化、规范化。与此同时，国家和各地都加强了对节能减排的组织领导。2015年5月13日，国家发展改革委副主任张勇主持召开国务院节能减排工作领导小组联络员会议，就做好2015年工作提出了要求，各部门表示将加快推进生态文明建设，扎实做好今年各项工作，确保完成“十二五”节能减排约束性目标。4月15日，环境保护部公布国家《“十二五”主要污染物总量减排目标责任书》要求2015年完成的重点项目。5月12日，环境保护部有关负责人向媒体通报，为贯彻落实国务院《大气污染防治行动计划》，环保部制定并会同国家质检总局发布了《石油炼制工业污染物排放标准》(GB31570-2015)、《石油化学工业污染物排放标准》(GB31571-2015)、《合成树脂工业污染物排放标准》(GB31572-2015)、《无机化学工业污染物排放标准》(GB 31573-2015)、《再生铜、铝、铅、锌工业污染物排放标准》(GB31573-2015)和《火葬场大气污染物排放标准》(GB13801-2015)等6项国家大气污染物排放标准。至此，“大气十条”要求制定大气污染物特别排放限值的25项重点行业排放标准已全部完成。通过制定、修订重点行业排放标准倒逼产业转型升级，减少污染物排放，改善环境质量。实施这6项标准可以大幅削减颗粒物(PM)、氮氧化物(NO_X)、二氧化硫(SO_2)、挥发性有机物(VOC)、重金属等污染物排放，促进行业技术进步和环境空气质量改善，有效防控环境风险。

二、推进能源革命，大力发展新能源

加快能源技术创新，建设清洁低碳、安全高效的现代能源体系。提高非化石能源比重，推动煤炭等化石能源清洁高效利用。加快发展风能、太阳能、生物质能、水能、地热能，安全高效发展核电。加强储能和智能电网建设，发展分布式能源，推行节能低碳电力调度。有序开放开采权，积极开发天然气、煤层气、页岩气。改革能源体制，形成有效竞争的市场机制。

2014年11月，国务院印发《能源发展战略行动计划（2014-2020年）》，明确提出2020年我国能源发展目标，实施煤炭消费减量替代，降低煤炭消费比重，京津冀鲁、长三角和珠三角等要削减区域煤炭消费总量。2014年以来，国家发展改革委、国家能源局等先后发布《关于完善抽水蓄能电站价格形成机制有关问题的通知》、《关于进一步落实分布式光伏发电有关政策的通知》、《关于做好2015年度风电并网消纳有关工作的通知》、《可再生能源发展专项资金管理暂行办法》等政策文件，支撑可再生能源的发展。为贯彻落实《大气污染防治行动计划》，

2014年12月，国家发展改革委会同有关部门印发《重点地区煤炭消费减量替代管理暂行办法》，对北京市、天津市、河北省、山东省、上海市、江苏省、浙江省和广东省的珠三角地区提出煤炭消费减量替代工作目标及方案，2015年4月，国家能源局印发《煤炭清洁高效利用行动计划（2015-2020年）》，明确了科学调控煤炭生产总量和布局、加快发展煤炭清洁高效利用的目标和任务。5月，国家发展改革委、环境保护部、国家能源局印发《加强大气污染治理重点城市煤炭消费总量控制工作方案》，提出空气质量相对较差前10位城市煤炭消费总量较上一年度实现

负增长的目标。

截至2014年底，全国非化石能源占一次能源消费比重达到11.2%，同比增加1.4个百分点；非化石能源发电装机占全部发电装机的32.6%，同比提高1.7个百分点，其中，水电、并网风电、并网太阳能、核电装机同比分别增长7.9%、25.9%、60.7%、37.0%。非化石能源发电量占全国发电总量的24.6%，同比提高2.3个百分点，其中，水电、风电、太阳能、核电发电量同比分别增长15.7%、10.1%、194.1%、19.5%。

2015年，我国能源供应总体平稳，能源供需较为宽松，预计全年能源生产总量35.8亿吨标煤，同比下降0.5%；全年能源消费总量43亿吨标煤，同比增长0.9%，这是1998年以来最低增速，能源消费换挡减速趋势明显。其中非化石能源消费比重占12%，较上年提高0.8个百分点；煤炭消费比重64.4%，同比下降1.7个百分点。2015年底，我国水电、风电、光伏发电装机分别达到3.2亿千瓦、1.2亿千瓦、4300万千瓦左右，全国可再生能源发电总装机将达4.8亿千瓦左右。同时，在安全先行的前提之下，2015年我国新投产核电机组820万千瓦，核准开工核电机组880万千瓦，全国在运核电机组达到2550万千瓦；在建及已核准机组3203万千瓦，在建规模居世界第一。

“十二五”期间，我国以年均3.6%的能源增速保障了国民经济7.8%的增速，单位GDP能耗累计下降18.2%，超额完成16%的降幅目标。清洁能源快速发展，水电、核电、风电、太阳能发电装机规模分别增长1.4倍、2.6倍、4倍和168倍，带动非化石能源消费比重提高了2.6个百分点。节能环保成效显著，全国6000千瓦及以上火电机组每千瓦时供电标准煤耗累计下降17克，火电机组二氧化硫、氮氧化物、烟尘排放量累计分别下降33%、35%和39%以上。此外，我国人均用能、人均用电分别提高了15.7%、29%，居民用气人口增长了1.8倍。

具有自主知识产权的“华龙一号”、CAP1400三代核电技术和具有四代安全特征的高温气冷堆核电技术研发成功。大型水电筑坝和80万千瓦水轮机组设计制造世界领先。全国人均用能、人均用电分别提高了15.7%、29%，居民用气人口增长了1.8倍。

同时，加强火电机组的升级改造。2014年9月，国家发展改革委、环境保护部、国家能源局联合印发《煤电节能减排升级与改造行动计划（2014-2020年）》，提出2020年电煤超过煤炭消费比重60%，并对煤电机组供电煤耗提出明确要求。2014年，火电机组清洁化水平得到进一步提升，除热电联产外，新建煤电机组几乎全部采用60万千瓦及以上超超临界参数的大机组，30万千瓦及以上火电机组比例提高到75.1%，全国6000千瓦及以上火电机组供电标准煤耗319克/千瓦时，同比下降2克/千瓦时，煤电机组供电煤耗继续保持世界先进水平。

2015年12月2日，国务院总理李克强主持召开国务院常务会议，会议指出，按照绿色发展要求，落实国务院大气污染防治行动计划，通过加快燃煤电厂升级改造，在全国全面推广超低排放和世界一流水平的能耗标准，是推进化石能源清洁化、改善大气质量、缓解资源约束的重要举措。

会议决定，在2020年前，对燃煤机组全面实施超低排放和节能改造，使所有现役电厂每千瓦时平均煤耗低于310克、新建电厂平均煤耗低于300克，对落后产能和不符合相关强制性标准要求的坚决淘汰关停，东、中部地区要提前至2017年和2018年达标。改造完成后，每年可节约原煤约1亿吨、减少二氧化碳排放1.8亿吨，电力行业主要污染物排放总量可降低60%左右。会议要求，对超低排放和节能改造要加大政策激励，改造投入以企业为主，中央和地方予以政策扶持，并加大优惠信贷、发债等融资支持。中央财政大气污染防治专项资金向节能减排效果好的省份适度倾斜。同时，要结合“十三五”规划推出所有煤电机组均须达到的单位能耗底限标准。2015年全年共安排节能改造容量1.8亿千瓦、超低排放改造容量7847万千瓦。在推进煤炭清洁化开发利用方面，淘汰落后火电机组423万千瓦，淘汰落后煤矿超过1000处、产能超过7000万吨。

2016年1月15日，国家能源局、国家发展改革委、环境保护部在京召开加快推进全国煤电超低排放和节能改造动员大会（视频会议）。环境保护部部长陈吉宁出席会议并强调，要在全国范围内加快现役燃煤发电机组超低排放改造步伐，以重大工程实施带动总量减排，为改善环境质量提供支撑。

2016年，能源消费总量43.4亿吨标准煤左右，非化石能源消费比重提高到13%左右，天然气消费比重提高到6.3%左右，煤炭消费比重下降到63%以下。

三、坚持节约优先，全面节约和高效利用资源

强化约束性指标管理，实行能源和水资源消耗、建设用地等总量和强度双控行动。实施全民节能行动计划，提高节能、节水、节地、节材、节矿标准，开展能效、水效领跑者引领行动。

（一）工业经济发展缓中趋稳，能源利用效率继续提升

回望“十二五”的五年，工业能源消费增速放缓，能效水平大幅提升。前四年，规模以上工业能源消费年均增长4%，比“十一五”时期回落4.1个百分点，以年均4%的能耗增长支撑了年均10.46%的工业经济增长，规模以上工业企业单位增加值能耗下降21%，累计实现节能量6.72亿吨标准煤。2015年，全国规模以上工业增加值同比增长6.1%，增速与上年同期持平，比上半年回落0.9个百分点。部分高载能行业生产下滑明显，粗钢、生铁、水泥和平板玻璃产量同比分别下降2.3%、3.5%、4.9%和8.6%。受工业生产下行、产业结构调整等因素影响，2015年1-12月，全国工业用电量39348亿千瓦时，同比下降1.4%，增速比“十二五”水平低6.3个百分点；全国规模以上工业单位增加值能耗下降8%左右，超额完成下降4%的年度目标任务。“十二五”期间，全国规模以上工业单位增加值能耗累计下降超过28%，超额完成21%的规划目标，实现节能量约7亿吨标准煤，对全社会节能目标的贡献率达到80%以上。

（二）绿色清洁生产深入推进，污染物排放总量持续下降

“十二五”期间，工业清洁生产推行取得重大进展。前四年工业二氧化硫、氮氧化物、化学需氧量、氨氮排放量分别下降6.66%、4.15%、28.40%和15.02%（包括能源工业），工业化学需氧量、氨氮排放量减排目标已提前完成。清洁生产基础能力明显增强，清洁生产咨询机构数量大幅增长，约15万家工业企业负责人接受培训，5万多家企业开展清洁生产审核。清洁生产标准体系逐步完善，目前已发布了32个行业的清洁生产评价指标体系。清洁生产先进技术和工艺得到有力地普及和推广，共制定发布了35个重点行业的清洁生产技术推行方案，并通过中央财政清洁生产专项资金支持先进成熟的清洁生产技术推广应用。安装脱硫设施钢铁烧结机面积由2.9万平方米增加到13.8万平方米，安装率由19%增加到88%，安装脱硝设施的新型干法水泥生产线由零增加到16亿吨，安装率达到92%。

（三）资源综合利用水平不断提升，产业链接循环化深入发展

“十二五”期间，我国工业资源综合利用水平和规模持续提高。工业领域资源综合利用取得了长足发展，综合利用量逐年增加，综合利用技术水平不断提高。2015年我国大宗工业固废（不含废石）产生量为37.8亿吨，综合利用量达到17.4亿吨，同比增长6亿吨以上；综合利用率50%，同比提高10%；尾矿、煤矸石、粉煤灰、冶炼渣、工业副产石膏、赤泥综合利用量分别为34040万吨、49800万吨、41700万吨、38917万吨、8786万吨和290万吨；综合利用率分别约为21%、64%、71%、78%、47%和4%。废钢铁、废有色金属、废塑料、废轮胎、废纸、废弃电器电子产品、报废汽车、报废船舶、废玻璃、废电池等十大类再生资源回收总量约2.5亿吨，比2010年增长64.4%；回收总值为6446.9亿元，比2010年提高27.2%。稳步推进再制造，深入推进机床、工程机械等8个领域35家机电产品再制造企业试点示范，经认定的再制造产品达到100余种。

（四）强化节能管理及考核

2014年5月，国务院印发了《2014-2015年节能减排低碳发展行动方案》，全面安排部署了2014年及2015年节能减排降碳工作。国家发展改革委发布《进一步加大节能工作力度确保完成“十二五”节能目标任务的通知》，会同有关部门对全国31个省（区、市）2013年度节能和控制能源消费总量目标完成和措施落实情况进行了现场考核。开展项目节能评估审查，2014年共完成节能评估审查项目320个，审查项目合计年综合能耗量约2900万吨标准煤，从源头核减不合理能源消费量约150万吨标准煤。2015年上半年，国家发改委落实节能评估审查制度，办结能评项目177个，核减能源消费量93万吨标准煤。

实行最严格的水资源管理制度，以水定产、以水定城，建设节水型社会。合理制定水价，编制节水规划，实施雨洪资源利用、再生水利用、海水淡化工程，建设国家地下水监测系统，开展地下水超采区综合治理。全国除新疆外，其余各省（区、市）市县级行政区“三条红线”控制指标分解确认工作已全部完成。完成100个全国节水型社会试点建设，开展7个水权试点，制定《全国水生态文明城市试点建设管理办法》，启动105个全国水生态文明城市试点建设，河南等11省率先开展水生态文明创建。

坚持最严格的节约用地制度，调整建设用地结构，降低工业用地比例，推进城镇低效用地再开发和工矿废弃地复垦，严格控制农村集体建设用地规模。探索实行耕地轮作休耕制度试点。

建立健全用能权、用水权、排污权、碳排放权初始分配制度，创新有偿使用、预算管理、投融资机制，培育和发展交易市场。推行合同能源管理和合同节水管理。

加快实施节能重点工程。继续安排中央预算内资金支持节能项目。2014年，安排中央预算内资金13亿元，支持了617个节能技术改造及产业化项目和节能监察机构能力建设项目，年可实现节能能力268万吨标准煤。

认证认可。企业通过认证就意味着企业的质量保证能力得到了进一步的提高，节能降耗符合规则规制。截止到目前，我国纳入节能认证机制的产品有131类，国家累计发放节能认证的证书56000多张，获得认证的企业达到3600多家。经过测算，2010年到2014年，所有获得认证的企业以及他们的产品，累计实现节能量，折合标准煤是1.81亿吨，减少二氧化碳排放4.57亿吨。

推行能效“领跑者”制度和开展“能效之星”评价活动。2015年11月25日，工信部、发改委、质检总局联合制定《高耗能行业能效“领跑者”制度实施细则》，旨在建立高耗能行业能效“领跑者”制度，定期发布单位产品能耗最低的高耗能行业能效“领跑者”企业名单及其能效指标。细则规定了实施范围，选择乙烯、合成氨、水泥、平板玻璃、电解铝等行业先行先试。以后还将逐步扩展范围，形成覆盖钢铁、石化和化工、建材、有色金属、轻工等高耗能行业能效“领跑者”制度。11月13日，工业和信息化部发布了2015年中国节能家电“能效之星”产品，包括电动洗衣机、热水器、液晶电视、房间空气调节器、家用电冰箱等5大类14种类型的77个型号产品。“能效之星”评价活动于2012年起，工业和信息化部已连续三年开展，在促进高效节能家电产品推广应用，推动资源节约型、环境友好型社会建设，转变生产方式和消费模式等方面发挥了重要作用。累计共6大类357个型号列入产品目录，被授予“能效之星”称号并允许使用“能效之星”标志。

进一步完善节能标准标识。国家发展改革委、质检总局和国家标准委等全力推进实施“百项能效标准推进工程”，截至2015年9月，共发布强制性能耗限额标准105项，强制性产品能效标准70项。质检总局组织开展节能产品惠民工程相关产品能效标识专项执法检查行动。我国能效标识制度自2005年3月1日正式实施以来，取得了超过4419亿度电的节能成效，并已覆盖5类33种用能产品，备案企业9000余家，备案实验室900余个，有力保障了我国用能产

品的能效提升，推动了国家节能减排工作的开展。

推广节能技术与产品。2014年，国家发展改革委印发《节能低碳技术推广管理暂行办法》、《国家重点节能低碳技术推广目录（2014年本）》，加快节能低碳技术进步和推广普及。继续实施节能产品惠民工程，发布第一批及第二批节能环保汽车推广目录和第六批高效节能电机推广目录，以财政补贴方式推广节能灯1亿只。印发《能效“领跑者”制度实施方案》、《“能效之星”产品目录》和《节能机电设备（产品）推荐目录》。

四、推进供给侧改革，加快战略性新兴产业发展

中国正处于新旧动能转换期，在此过程中必然会产生阵痛。引领新常态，既要推进供给侧改革，做好“减法”，化解过剩产能、淘汰落后产能、减少能源资源消耗；也要做好“加法”，加快推动战略性新兴产业发展，形成新的经济支柱。为此，国务院颁布了《工业转型升级规划（2016-2020）》，统筹部署了工业转型发展工作。为落实好转型升级规划，工业和信息化部制定发布了《工业节能“十二五”规划》、《工业清洁生产推行“十二五”规划》、《大宗工业固体废物综合利用“十二五”规划》和《环保装备“十二五”发展规划》等专项规划，推进工业转型升级发展的各领域工作。

2015年10月，国务院专门印发了《国务院关于化解产能严重过剩矛盾的指导意见》，明确既要着力发挥市场机制作用，完善配套政策，“消化一批、转移一批、整合一批、淘汰一批”过剩产能；也要着力创新体制机制，加快政府职能转变，建立化解产能严重过剩矛盾长效机制，推进产业转型升级。着力加强供给侧结构性改革也是今年重中之重，针对结构性改革五大任务之一的“去产能”。 2015年4月8日，工业和信息化部召开考核2014年淘汰落后产能工作动员部署会议指出，当前我国经济发展进入新常态，淘汰落后产能工作面临新的机遇和挑战。要主动适应新常态，凝聚共识、创新方法，综合利用各种有利因素加快淘汰落后产能步伐。要适应深化改革和依法治国的新要求，优化优胜劣汰的市场环境，健全落后产能法治化淘汰机制。要将淘汰与发展结合起来，在做好产能数量“减法”的同时，更加注重做好发展质量的“加法”，推动行业转型升级。

2015年12月2日，中共中央政治局常委、国务院总理李克强主持召开经济工作专家座谈会，并作重要讲话。要大力加快传统行业改造升级，选择部分重点行业，用好技术、安全、环保、能耗等标准，加大政府引导和金融支持，尊重市场规律，推动兼并重组，加快落后产能淘汰和“僵尸企业”退出，促进企业效益和资源配置效率回升。2016年1月4日，李克强总理在太原主持召开钢铁煤炭行业化解过剩产能、实现脱困发展座谈会。李克强会上指出，化解过剩产能，要以“壮士断腕”精神，与深化改革、企业重组、优化升级相结合。当前钢铁、煤炭行业产能严重过剩，并不是单纯的“产业周期”问题，必须增强紧迫感，立足全局通盘考虑，以“硬措施”化解过剩产能。对于现有产能，李克强要求，要实行“减量置换”，对环保、能耗、安全生产达不到标准和生产不合格或淘汰类钢铁产能，要依法依规有序关停退出。在此过程中，要处置一批僵尸企业和扭亏无望的亏损企业。国务院出台的《关于煤炭行业化解过剩产能实现脱困发展的意见》明确，我国将加快淘汰落后产能和其他不符合产业政策的产能，并引导相关煤矿有序退出。要求在近年来淘汰落后煤炭产能的基础上，从2016年开始，用3年至5年的时间，煤炭行业再退出产能5亿吨左右、减量重组5亿吨左右。

2014年以来，国家发展改革委、工业和信息化部等有关部门，印发了《重大环保技术装备与产品产业化工程实施方案》、《关于部分产能严重过剩行业在建项目产能置换有关事项的通知》、《2014年工业绿色发展专项行动实施方案》等以促进关键传统产业升级。2015年4月20日，工业和信息化部关于印发部分产能严重过剩行业产能置换实施办法的通知，继续做好产能等量或减量置换工作，严禁钢铁、水泥、电解铝、平板玻璃行业新增产能。各省级工业和信息化主管部门按照本办法相关条款规定，核实产能置换方案，确保淘汰项目真实、产能合理，明确置换产能淘汰期限。并将产能置换方案及核实意见报省级人民政府确认后向社会公告。

（一）强化淘汰落后产能工作的力度，产业结构继续优化

“十二五”时期，我国高度重视结构性节能减排，通过产业结构优化调整实现工业绿色转型发展的目标。“十二五”前四年，全国共计淘汰了落后炼铁产能5816万吨、炼钢产能7777万吨、水泥（含熟料及磨机）6亿吨、平板玻璃15457万重量箱、焦炭6545万吨、造纸2435万吨、制革2397万标张、铅蓄电池6847万千伏安时，提前一年完成了“十二五”原定淘汰落后产能的目标任务。2015年共淘汰落后火电机组423万千瓦，淘汰落后煤矿超过1000处、产能超过7000万吨。自2013年9月颁布实施的《大气污染防治行动计划》（简称“大气十条”），实施两年来淘汰落后产能共造成GDP减少约1148亿元，占同期GDP0.03%。淘汰产能累计减少GDP1869亿。近三年淘汰落后炼钢炼铁产能9000多万吨、水泥2.3亿吨、平板玻璃7600多万重量箱、电解铝100多万吨。

2016年，国家发改委将采取五大措施“去产能”：一是加强宏观调控和市场监管；二是更加注重运用市场机制、经济手段、法治办法来化解产能过剩；三是加大政策力度引导产能主动退出；四是营造良好的市场氛围；五是以钢铁、煤炭等行业为重点取得突破。2016年1月22日，财政部下发了《关于征收工业企业结构调整专项资金有关问题的通知》，明确用于支持钢铁、煤炭等行业去产能。

（二）加快推动包括节能环保、新能源、新材料、高端装备等在内的战略性新兴产业发展

李克强总理指出：“产业结构调整优化，不能只盯着老产业，更要注重发展新产业、新业态等新动能，打造‘双引擎’，为传统产业减少富余人员、拓展新的就业创造条件，通过开拓创新、提高劳动生产率焕发新的生

机。”2015年4月，国家发展改革委印发了《战略性新兴产业专项债券发行指引》的通知，加大企业债券对培育和发展战略性新兴产业的支持力度。2015年8月，国务院批准筹备设立国家新兴产业创业投资引导基金，总规模为400亿元人民币，重点支持处于起步阶段的创新型企业。工业和信息化部先后印发了《关于进一步优化光伏企业兼并重组市场环境的意见》、《2015年原材料工业转型发展工作要点》，启动实施智能制造试点示范专项行动。2015年5月，国务院公布《中国制造2025》，提出要把中国建设成为引领世界制造业发展的制造强国，并提出9大任务、10大重点领域和5项重大工程。

（三）创建国家新型工业化产业示范基地

自2009年工业和信息化部在全国组织开展国家新型工业化产业示范基地创建工作以来，到2015年9月已有六批共300家工业园区（产业集聚区）成为国家级示范基地，涉及装备制造、原材料工业、消费品工业、电子信息产业、软件和信息服务业、军民结合等主要行业和领域。经过几年的建设发展，示范基地已经成为引领带动我国工业转型升级和战略性新兴产业发展的中坚力量。“十二五”期间，示范基地工业增加值年均增速高于全国工业平均增速5.7个百分点，示范基地技术改造投入占工业固定资产投资的近四成。2014年，示范基地实现工业增加值约6.9万亿元，占全国工业增加值比重近三成；实现利润总额约2.1万亿元，占规模以上工业利润的近1/3；出口额达6700多亿美元，占全国外贸出口额的比重超过1/4；研发投入总额超过7000亿元，占全社会研发经费支出额比重的近一半。示范基地在推动我国工业经济稳增长、调结构，实现由制造大国向制造强国转变中将发挥重要作用。“十三五”期间要进一步做好示范基地创建工作，将示范基地的先进经验向工业园区推广，同时加强对工业园区（产业集聚区）建设管理思路的调查研究，指导工业园区走上规范、特色、创新、升级的发展道路，打造一批国际一流的产业基地。重点抓好四方面工作：一是要围绕制造强国战略主线，着力提升工业园区发展质量；二是要抓住互联网+带来的发展机遇，逐步推动工业园区智能化转型；三是要对接国家重大区域战略，积极探索差异化发展路径；四是有效整合各方资源，不断加强对工业园区的引导和支持。

经过努力，2015年战略性新兴产业增加值占国内生产总值比重约为8%。尤其是节能环保产业发展势头十分迅猛，节能、资源循环利用、环境保护的技术、装备、产品和服务全面发展，总产值预计能够达到4.5万亿元。《环保装备“十二五”发展规划》提出到2015年环保装备产业产值达到5000亿元的预期性目标，2014年我国环保装备制造业总产值达到5111亿元，“十二五”前四年年均增长20%以上，提前实现“十二五”目标。据节能服务产业委员会（EMCA）统计，2014年我国节能服务业产值达到2650亿元，比2010年增长了2.2倍；合同能源管理投资达到958.76亿元，比2010年增长了2.3倍；节能服务业形成年节能能力2996.15万吨标准煤。2014年我国环保服务业产值达到3846亿元，年均增长率超过30%，预计2015年环保服务总产值将达5000亿元，基本实现“十二五”增长目标。

战略性新兴产业发展对产业结构升级、节能减排、提高人民健康水平、增加就业等的产生了明显的带动作用。通过减少存量、优化增量的方式，我国工业产业结构调整取得明显成效。

预计“十三五”期间环保新兴产业投入将增加到每年2万亿元左右，“十三五”期间社会环保总投资有望超过17万亿元。

五、绿色发展转型

当前我国工业发展的内外环境正在发生深刻变化，处于转型升级、提质增效、绿色发展的关键时期，必须强化绿色理念，构建高效、清洁、低碳、循环、可持续的绿色制造体系。一是实施传统制造业绿色改造。聚焦重点区域、重点流域、重金属污染防治实施生产过程清洁化改造，抓好能源利用高效低碳化改造、水资源利用高效化改造和基础工艺绿色化改造，大力推进传统制造业绿色转型。二是推进资源循环利用绿色发展。重点实施工业固体废物规模化、高值化利用，强化工业资源综合利用，推进产业绿色协调链接，发展再制造产业，培育一批再生资源骨干企业和集聚区。三是推动绿色制造技术创新和产业应用示范。突破节能关键技术装备，提升重大环保技术装备，开发资源综合利用适用技术装备，开展示范应用，组织绿色制造技术产业化专项。四是构建绿色制造体系。以企业为主体，以标准为引领，以绿色产品、绿色工厂、绿色工业园区、绿色供应链为重点，以绿色制造服务平台为支撑，建立健全绿色制造标准体系，推行绿色管理，强化试点示范，大力提升绿色制造基础能力，加快推进绿色制造体系建设。

（一）积极推进工业产品生态设计，构建统一的绿色产品体系

“十二五”期间，我国工业领域积极推进工业产品生态设计，初步建立了政府引导和市场推动相结合的工业产品绿色设计推进机制。《工业清洁生产推行“十二五”规划》把推行工业产品生态设计作为三大主要任务之首，按照“试点先行、稳步推进”的原则，开展产品生态设计试点，逐步完善产品生态设计标准体系。工信部、发改委、环保部等三部委首次发布了《关于开展工业产品生态设计的指导意见》，开展百家工业企业产品生态设计示范企业创建试点，研究制定汽车、电子电气产品、建材、日化用品等典型产品的生态设计评价标准。同时，大力推广无毒无害或低毒低害的绿色原料和产品，围绕工业生产所需的原材料及有关最终产品，减少含汞、六价铬、铅、镉、砷、氰化物及POPs等有毒有害物质的使用。在电池行业推广无镉化铅蓄电池、无汞无镉减铅纸板锌锰电池，在有色金属行业推广多金属复杂硫化矿选矿无氰组合药剂等，在照明电器（荧光灯）行业推广汞含量2mg以下长寿命节能灯，在电子电气产品污染控制领域推广无铅焊料，促进了生产过程中使用低毒低害和无毒无害原料，大幅降低产品

中有毒有害物质含量。

（二）开展工业绿色发展专项行动

2015年2月27日，工业和信息化部发出《关于印发2015年工业绿色发展专项行动实施方案的通知》（工信部节〔2015〕61号），以重点领域、重点区域节能减排为着力点，突出机制模式创新与务实推动，加快利用信息技术促进节能减排，强化支撑服务与考核评估，力争在重点领域、重点区域工业绿色发展上取得新突破，实现以点带面，推动工业节能与综合利用工作再上新台阶。

通过实施2015年工业绿色发展专项行动，预期实现以下目标： 一是提升重点区域重点行业煤炭清洁高效利用水平，到2015年底，减少煤炭消耗400万吨以上。指导京津冀及周边地区、长三角等重点工业企业实施清洁生产技术改造，预计全年削减二氧化硫7万吨、氮氧化物6万吨、工业烟（粉）尘4万吨、挥发性有机物2万吨。二是建立覆盖2000家以上重点用能企业的全国工业节能监测分析平台，实现对试点地区工业能耗数据的动态监控及预警预测。推进企业能源管理中心建设，完成钢铁、建材、石化等200家企业能源管理中心项目验收工作，新启动100家项目建设。在通信、金融、电力等部门启动30家绿色数据中心试点建设。三是初步建立京津冀及周边地区工业资源综合利用协同发展机制，完善产业链。实现京津冀及周边地区尾矿、冶炼渣等工业固废综合利用量约6000万吨/年。

2015年3月4日，工信部节能与综合利用司发出《2015年工业节能与综合利用工作要点》，强调以工业绿色发展专项行动为抓手，以试点示范、目录标准、节能监管为切入点，着力抓好节能节水、清洁生产和资源综合利用等各项工作。深化改革创新，继续在政策、法规、机制方面下功夫，推进节能减排长效机制建设，促进工业转型升级。全国规模以上工业万元增加值能耗下降4%以上，万元工业增加值用水量下降5.6%，大宗工业固体废物综合利用率进一步提高，重点行业主要污染物排放强度明显下降，全面完成“十二五”目标任务。

（三）启动了区域工业绿色转型发展试点

为探索工业发展与节能减排相互促进、互利共赢的绿色转型模式与路径，2015年6月，工业和信息化部在全国筛选了一批重化工业特征明显、地方政府积极性高、有一定工作基础的地级市，启动了区域工业绿色转型发展试点工作。经过一年多的努力，目前，湖北黄石、安徽铜陵、江西鹰潭、山西朔州、内蒙古包头、辽宁鞍山、河南济源、河北张家口、四川攀枝花、甘肃兰州、江苏镇江等11个区域工业绿色转型发展试点实施方案已全部批复。

绿色转型发展试点工作以地方为主体，通过完善政策配套体系、加强机制模式创新、强化监管执法等，推动存量优化提升和增量升级带动，力争通过3年左右的努力，在资源能源利用效率、污染排放水平、工业结构调整等领域取得突破性进展，在全国率先实现工业绿色转型发展，探索建立具有推广意义的转型路径和模式。

与此同时，积极探索京津冀及周边地区资源综合利用产业协同发展新模式，促进区域工业资源综合利用产业与生态协调发展，按照《2015年工业绿色发展专项行动实施方案》要求，工信部印发了《京津冀及周边地区工业资源综合利用产业协同发展行动计划(2015-2017)》，北京、天津、河北、山西、内蒙古、山东6省区市启动京津冀及周边地区工业资源综合利用产业协同发展行动计划，将联手重点开发大宗工业固废和可再生资源，力争解决工业固废处置不当带来的污染和安全隐患，同时推动相关产业协同发展。

通过业界共同努力，工业绿色发展初见成效。2014年我国万元工业增加值能耗同比下降7.58%，水耗同比下降5.8%；“十二五”前四年能耗、水耗分别累计下降21%和31.9%，钢铁、水泥等重点行业重要污染物排放强度下降30%以上。

进入2016年，统一的绿色产品体系开始构建。从政策层面看，中央和国务院《生态文明体制改革总体方案》中明确提出要建立全国统一的绿色产品体系，将目前分头设立的环保、节能、节水、循环、低碳、再生、有机等产品统一整合为绿色产品，建立统一的绿色产品标准、认证、标识等体系；《中国制造2025》提出，强化产品全生命周期绿色管理，努力构建高效、清洁、低碳、循环的绿色制造体系。从政策措施来看，工业产品生态设计示范企业试点工作将深入推进，共99家企业进入试点名单，遍布工业领域的主要行业，这些生态设计的先行者将带动全行业推进生态设计，开发推广绿色产品；同时，重点产品的生态设计水平评价试点工作将逐步展开，至少20个产品的生态设计评价标准将开展编制工作，通过发行绿色产品目录或清单，将更好地利用市场机制推广绿色产品。

六、推进绿色低碳交通

继续开展绿色交通试点示范。新增江苏、浙江、山东、辽宁等4个绿色交通省，天津、邯郸、济源、鞍山、蚌埠等17个绿色交通城市，鹤大高速、昌樟高速、道安高速等13条绿色公路，广州港、大连港、福州港等7个绿色港口，69个绿色交通装备项目。组织开展了水运行业应用液化天然气试点。

推进交通运输低碳发展，实行公共交通优先，加强轨道交通建设，鼓励自行车等绿色出行。实施新能源汽车推广计划，提高电动车产业化水平。2014年，交通运输部印发《2014年交通运输行业节能减排工作要点》，发布《交通运输节能减排项目节能减排量和节能减排投资额核算细则（2014年版）》。开展绿色循环低碳交通制度框架设计，发布绿色交通省份、城市、公路、港口评价指标体系。推进能耗监测试点工作，在北京、邯郸、济源、常州、南通、淮安6个城市开展交通运输能耗监测试点，组织开展公路水路运输企业能耗统计监测试点，全年共监测公路水路企业125家。严格实施道路运输车辆燃料消耗量限值标准，累计发布31批、3万余个达标车型。发布《乘用车燃料消耗量限值》、《重型商用车燃料消耗量限值》及《关于加快新能源汽车在交通运输行业推广应用的实施意见》

等文件，2014年生产新能源汽车8.39万辆，同比增长近4倍，2015年1～9月生产新能源汽车15.62万辆，同比增长近3倍。与2013年相比，2014年营运车辆单位运输周转量能耗下降2.4%，营运船舶单位运输周转量能耗下降2.3%，港口综合单耗下降2.5%。2014年，民航局印发《民航节能减排专项资金项目指南（2013-2014年度）》，安排资金5.28亿元，支持238项行业节能减排项目实施。2014年机场每客能耗同比下降8.6%。

2015年我国新能源汽车发展呈爆发式增长。国家、地方政府出台新能源汽车免征购置税等支持政策。动力电池等关键技术不断发展，充电桩等基础设施不断完善，对新能源汽车产业发展提供了有力的支撑。绿色低碳出行观念日渐深入人心。9月29日，国务院总理李克强主持召开国务院常务会议，确定一系列支持新能源和小排量汽车发展措施。9月29日，国务院发布《关于加快电动汽车充电基础设施建设的指导意见》，提出到2020年，基本建成适度超前、车桩相随、智能高效的充电基础设施体系，满足超过500万辆电动汽车的充电需求。10月22日，国务院总理李克强对全国节能与新能源汽车产业发展推进工作座谈会召开作出重要批示，国务院副总理马凯出席会议并作重要讲话，强调要加快把我国建设成为新能源汽车强国。2015年，国家强力推进新能源汽车强国建设，全年我国新能源汽车发展呈爆发式增长，产量达34万辆，销售33.1万辆，分别同比大幅增长4.3倍和4.4倍。发展新能源汽车已上升到稳增长、调结构、惠民生的战略高度，中国成为全球最大的新能源汽车市场。

高速铁路世界独大。到2015年底，全国高速铁路运营里程达到1.9万公里，占世界高铁总里程的60%以上。高速铁路的能耗大大低于小汽车和飞机，高速铁路每千人公里的二氧化碳排放量不到飞机的四分之一。我国高速铁路的快速发展，极大地优化了铁路能耗结构，减少了对燃油的消耗，同时提高了能源利用效率，节约了能源，极大减少了二氧化碳的排放量，显著提升了铁路行业的减排效应。2015年5月16日，由中国中车株洲电力机车研究所耗资1亿元、历时11年自主研制的第三代轨道交通牵引技术，即永磁同步电机牵引系统，在长沙地铁1号线投入运行，成为中国高铁“节能”利器，是继德、日、法等国之后世界上少数几个掌握高铁永磁牵引系统技术的国家之一。该磁同步电机牵引系统比目前主流的异步电机功率提高60%，电机损耗降低70%，节能15%，尾气排放减少50%。

七、建筑节能和绿色发展

国家有关部门和各地按照党中央国务院关于建设生态文明、推进新型城镇化节能绿色低碳发展、应对气候变化及防治大气污染的总体要求，充分发挥科技进步对住房城乡建设领域的支撑服务与引领作用，实现建筑节能和绿色发展新突破。

修订《公共建筑节能设计标准》。全国城镇新建建筑全面执行节能强制性标准，2014年新增节能建筑面积16.6亿平方米，可形成1500万吨标准煤的节能能力；全国城镇累计建成节能建筑面积105亿平方米，约占城镇民用建筑面积的38%，可形成1亿吨标准煤节能能力。到2015年，北方采暖地区普遍执行不低于65%的建筑节能标准，鼓励有条件的地区率先实施75%的标准；南方地区探索实行比现行标准更高节能水平的标准。

积极发展绿色建筑。工业和信息化部、住房城乡建设部联合印发《促进绿色建材生产和应用行动方案》，推动建材工业稳增长、调结构、转方式、惠民生，更好地服务于新型城镇化和绿色建筑发展。根据方案，到2018年，绿色建材生产比重明显提升，发展质量明显改善。新建建筑中绿色建材应用比例达到30%，绿色建筑应用比例达到50%，试点示范工程应用比例达到70%，既有建筑改造应用比例提高到80%。修订《绿色建筑评价标准》，制定发布《绿色商店建筑评价标准》，北京、重庆、江苏、浙江、深圳等地开始在城镇新建民用建筑中强制执行绿色建筑标准，累计强制推广绿色建筑面积近4亿平方米；截至2015年6月底，全国共有3241个项目获得绿色建筑评价标识，总建筑面积超过3.7亿平方米。

进一步扩大既有建筑节能改造规模。2015年全年完成北方既有居住建筑供热计量及节能改造1.5亿平方米；累计完成重点城市高耗能公共建筑节能改造1600万平方米。建立健全大型公共建筑节能监管体系，促使高耗能公共建筑按节能方式运行。继续做好省级能耗监管平台、节约型校园和医院建设及验收，扩大公共建筑节能改造范围与规模。

为贯彻落实节约能源法、《民用建筑节能条例》有关规定，住房城乡建设部2015年11-12月开展建筑节能与绿色建筑行动实施情况专项检查。

八、积极探索，走向市场化

（一）碳排放权交易试点， 2017年建立全国统一碳市场

2011年，我国启动北京、上海、天津、重庆、广东、深圳和湖北7个碳排放权交易试点。

试点中不断完善碳交易机制。试点地区不断完善配额分配、温室气体排放核算核查等各项规则，部分试点发挥示范作用探索开展区域碳市场。为活跃碳市场，试点不断扩大交易主体，并开发以地方配额或中国核证自愿减排量（CCER）为标的的碳金融产品和业务。各试点均规定控排企业和单位可使用CCER抵消其配额清缴，比例可占配额量的5%至10%。为推动全国碳市场建设，国家发展改革委于2014年12月发布《碳排放权交易管理暂行办法》，规范碳排放权交易市场的建设和运行，并研究起草《全国碳排放权交易管理条例（草案）》，建设并投入运行国家碳交易注册登记系统。截至2014年底，北京、上海、天津、重庆、广东、深圳和湖北7个碳排放权交易试点均发布了地方碳交易管理办法，共纳入控排企业和单位1900多家，分配碳排放配额约12亿吨。试点地区加大对履约的监督和执法力度，2014年和2015年履约率分别达到96%和98%以上。

2015年试点工作加快推进，成效显著，全年配额成交量为3263.9万吨二氧化碳，成交金额8.36亿元，较2014年同比分别增长112%和51%。截至2015年底，全国共有2000多个企事业单位被纳入7个碳排放交易市场，试点以来累计配额成交量4978.7万吨二氧化碳，成交额14.1亿元。截至2015年，7个碳排放交易试点均发布了地方碳交易管理办法，加大对履约的监督和执法力度，2015年履约率达到98%左右。全国碳排放交易市场体系建设将于2017年启动。目前已出台了国家碳排放权交易规划和实施方案。通过在碳排放权交易试点，开展了建立监控体系和测算体系，制订碳清单和碳预算等开展碳交易的基础工作。

（二）排污权有偿使用与交易试点

2015年7月31日，为规范排污权出让收入管理，建立健全环境资源有偿使用制度，发挥市场机制作用促进污染物减排，根据《中华人民共和国环境保护法》和《国务院办公厅关于进一步推进排污权有偿使用和交易试点工作的指导意见》，财政部、国家发展改革委、环境保护部联合发布《排污权出让收入管理暂行办法》（下称《办法》），规范开展排污权有偿使用和交易试点地区的排污权出让收入征收、使用和管理，《办法》将于2015年10月1日开始施行。2015年排污权有偿使用与交易试点，累计交易超过70亿元。排污权有偿使用和交易试点几年前已开始在各地开展，其中，浙江省排污权有偿使用和交易目前已累计金额达108亿元，占全国的2/3。

（三）绿色债券风生水起

在国际市场上，绿色债券是绿色金融领域大力发展的融资工具。自2007年第一款绿色债券发行以来，全球共发行了约500只绿色债券，发行量逐年递增。从2013年开始，全球绿色债券发行规模出现了爆发式的增长。2013年全球绿色债券发行量为110.42亿美元，2014年达到365.9亿美元，这两年的绿色债券发行量之和占据从2007年开始绿色债券累计发行量的80％。

据国务院发展研究中心金融研究所估计，中国绿色产业的年投资需求在2万亿人民币以上，而财政资源只能满足10%～15%的绿色投资需求，市场前景极为广阔。我国绿色债券起步较晚，随着近几年国际市场的升温，绿色债券引来不少国内机构的关注。

2015年1月，兴业银行以绿色债券申报，以金融债券获批募集发行债券300亿元；6月，贵阳市开展100亿元全国第一支绿色债券的申报发行工作；7月，北京市金融工作局、中国人民银行营业管理部、北京节能环保中心等16家企业共同成立绿色债券联盟，试图帮助环保类企业在国内外发行债券，增加融资渠道；同月，中国银行协助金风科技完成3亿美元境外债券发行，票面利率2.5％，期限3年，为中资企业发行的首单绿色债券。2015年10月，农业银行在伦敦发行了美元、人民币双币种的绿色债券。

为进一步推动绿色发展，促进经济结构调整优化和发展方式的加快转变，国家发展改革委2015年12月31日，出台了《绿色债券发行指引》，明确节能减排技术改造、绿色城镇化、清洁能源高效利用、新能源开发利用、循环经济发展、水资源节约和非常规水资源开发利用、污染防治、生态农业、节能环保产业、低碳产业、生态文明先行示范实验、低碳发展试点示范等12个领域为重点支持对象。对于中小环保企业融资难的情况，允许非公开发行绿色企业债券，未来碳排放权、知识产权、预期收益等都可作为中小企业发债增信条件。随着政策的推进和完善，绿色债券将成为资本市场竞相追逐的新蓝海。

九、开展大规模国土绿化行动

“万物各得其和以生，各得其养以成。”良好的生态是人类发展的基础，美丽的绿色是人类共同的期盼。2016年4月5日，习近平总书记在参加首都义务植树活动时指出：“建设绿色家园是人类的共同梦想。我们要着力推进国土绿化、建设美丽中国，还要通过‘一带一路’建设等多边合作机制，互助合作开展造林绿化，共同改善环境，积极应对气候变化等全球性生态挑战，为维护全球生态安全作出应有贡献。”我国持续加强林业重点工程建设，完善天然林保护制度，全面停止天然林商业性采伐，增加森林面积和蓄积量。发挥国有林区林场在绿化国土中的带动作用。扩大退耕还林还草，加强草原保护。严禁移植天然大树进城。创新产权模式，引导各方面资金投入植树造林。

为了推动全民义务植树活动，习近平身体力行，不管工作多么忙碌，他每年坚持在清明节前后参加义务植树活动。十八大以来，他分别于2013年4月2日、2014年4月4日、2015年4月3日、2016年4月5日参加了义务植树。他要求各级领导干部身体力行，充分发挥全民绿化的制度优势，同时加大人工造林力度，保护好每一片绿色。“十二五”期间，全国共完成造林4.5亿亩、森林抚育6亿亩，森林覆盖率提高到21.66%，森林蓄积量增加到151.37亿立方米，成为全球森林资源增长最多的国家。据测算，退耕还林工程已造林成林后林分蓄积量将达13亿立方米，能固定二氧化碳近10亿吨，为应对全球气候变化，履行我国政府对世界的承诺做出了重大贡献。退耕还林工程已成为中国政府高度重视生态建设、认真履行大国责任的标志性工程。我国从1979年开始大规模植树造林，至今已取得举世瞩目的成就。我国的人工林面积现在有近10亿亩，占世界50%以上，成为世界人工造林面积最大的国家。据初步核算，我国“十二五”期间单位GDP二氧化碳排放累计下降20%左右，预计将超额完成规划目标。

十、持续推进试点、示范

（一）开展低碳试点

开展国家低碳工业园区试点。2014年6月，工业和信息化部与国家发展改革委审核公布了第一批55家国家低碳工业园区试点名单。2015年批复同意了39家低碳工业园区试点实施方案。各试点园区通过推广可再生能源，加快传统产业低碳化改造和新型低碳产业发展，实现园区单位工业增加值碳排放大幅下降。通过三年左右的时间，打造一批掌握低碳核心技术、具有先进低碳管理水平的低碳企业，探索适合我国国情的工业园区低碳管理模式，引导和带动工业低碳发展。

开展低碳社区试点。2015年2月，国家发展改革委印发《低碳社区试点建设指南》，对城市新建社区、城市既有社区、农村社区的试点选取要求、建设目标、建设内容及建设标准进行分类指导。启动《低碳社区试点评价指标体系》和低碳社区碳排放核算方法学研究。

开展国家低碳城（镇）试点。2015年8月，国家发展改革委印发了《国家发展改革委关于加快推进国家低碳城（镇）试点工作的通知》，提出争取用3年左右时间，建成一批产业发展和城区建设融合、空间布局合理、资源集约综合利用、基础设施低碳环保、生产低碳高效、生活低碳宜居的国家低碳示范城（镇），并选定广东深圳国际低碳城、广东珠海横琴新区、山东青岛中德生态园、江苏镇江官塘低碳新城、江苏无锡中瑞低碳生态城、云南昆明呈贡低碳新区、湖北武汉华山生态新城、福建三明生态新城作为首批国家低碳城（镇）试点。

深化国家低碳省区和低碳城市试点。各低碳试点进一步强化峰值目标倒逼机制，完善温室气体排放数据统计和管理体系，建立控制温室气体排放目标责任制，构建低碳产业体系，积极倡导低碳绿色生活方式和消费模式，加强低碳发展保障能力和基础工作。在两批42个试点省市中，13个试点建立了低碳发展专项资金，36个试点建立起碳减排控制目标分解考核机制，试点省市均已明确提出峰值目标或正在研究提出峰值目标，其中大部分省市提出的峰值年份在2025年及2025年以前。各试点地区立足实际，探索出城市碳排放核算与管理平台、碳排放影响评估、碳排放权交易、企业碳排放核算报告、低碳产品认证等许多行之有效的低碳发展模式。2015年9月，北京、海南、深圳等10个试点省市在第一届中美气候智慧型/低碳城市峰会上展示了我国在低碳城市建设和应对气候变化领域的突出成果。

（二）开展生态文明先行示范区和生态省建设

2013年8月，国务院以国发30号文件印发了《关于加快发展节能环保产业的意见》，其中就明确提出“在全国具有代表性的100个地区开展生态文明先行示范区建设”。12月，国家发展改革委、财政部、国土资源部、水利部、农业部、国家林业局等6部门联合下发《关于印发国家生态文明先行示范区建设方案（试行）的通知》，启动生态文明先行示范区建设。2014年6月，经专家论证、修改完善、社会公示等程序，国家发展改革委等部门将福建省、浙江省湖州市、北京市密云县等57个地区纳入了第一批生态文明先行示范区建设，并明确各个地区制度创新重点。

随着这项工作进入实质推动阶段，党中央、国务院进一步强化了对先行示范区建设的工作要求，中共中央、国务院《关于加快推进生态文明建设的意见》以及2015年《政府工作报告》均作出了安排部署，进一步加快了建设生态文明先行示范区的脚步。

在第一批生态文明先行示范区建设工作启动后，有关先行示范地区高度重视，做了大量工作。比如福建、江西等地区通过省委全会、人大常委会形成决定或决议，贵州省完善体现生态文明要求的政绩考核和责任追究制度，青海省制订了三江源保护条例，浙江省湖州市、河北省承德市探索编制自然资源资产负债表，江苏省镇江市推进建设“生态云”信息化管理平台，很多地区建立健全生态补偿、红线管控以及符合生态文明建设要求的政绩考核责任追究制度等，取得阶段性进展和成果。

同时，国家发展改革委通过简报、专报等形式，将各省市的做法经验成果及时向中央和有关方面报告，引起了中央深改办、经济生态文明专项改革小组和有关部门的重视，一些地区推进中的制度建设也被纳入国家级试点。

2015年6月18日，国家发展改革委等部门发布《关于请组织申报第二批生态文明先行示范区的通知》，第二批生态文明先行示范区申报工作正式启动。12月31日国家发展改革委、科技部、财政部、国土资源部、环境保护部、住房城乡建设部、水利部、农业部、国家林业局等9部等部门发布《关于开展第二批生态文明先行示范区建设的通知》（发改环资[2015]3214号），称：组织有关专家，对第二批申报地区的《生态文明先行示范区建设实施方案》（以下简称《方案》）进行了集中论证、复核把关，并向社会公示。现同意北京市怀柔区等45个地区开展生态文明先行示范区建设工作。要求各地勇于探索和创新，力争在生态文明制度创新上取得重大突破；先行示范地区要将生态文明、绿色发展作为“十三五”发展的重要引领，在思维理念、价值导向、空间布局、生产方式、生活方式等方面，率先大幅提高绿色化程度。要将先行示范目标，特别是资源环境类约束性指标，纳入本地区“十三五”经济社会发展总体规划及相关区域性、行业性、专题性规划之中，并做好与国家和省级人民政府下达的“十三五”目标的衔接；做好先行示范区经验总结，提炼典型模式，形成可复制、可推广的生态文明建设有效模式，发挥对全国生态文明建设的示范带头作用。

生态省建设是“绿水青山就是金山银山”理念的生动实践。2000年，国务院印发的《全国生态环境保护纲要》提出生态省建设，环境保护部大力推动，各地积极响应。2015年5月14日　环境保护部在京召开座谈会，学习贯彻习近平总书记关于生态文明建设和环境保护的重要讲话精神以及《中共中央国务院关于加快推进生态文明建设的意见》。环境保护部部长陈吉宁出席会议强调，要深入开展生态文明示范建设，努力推动绿色转型和发展，争当绿水青山就是金山银山的引领者、践行者。到目前为止，全国有福建、浙江、辽宁、天津、海南、吉林、黑龙江、山东、安徽、江苏、河北、广西、四川、山西、河南、湖北等16个省正在开展生态省建设，超过1000多个市、县、区在推进生态省建设的细胞工程，大力开展生态市县建设。92个地区取得了生态市县的阶段性成果，获得了命名，建成了4596个生态乡镇，涌现了一批经济社会环境协调发展的先进典型。生态省建设强调在发展中保护，在保护中发展，使环境质量改善与经济发展相促进；强调以经济发展的绿色化为统领，狠抓转型升级、大力淘汰落后产能、发展环保产业、开展产品生态化设计、加强清洁生产、促进生态文明建设与经济建设的融合。生态省建设强调维护生态安全格局，完善了生态环境保护制度，推动城乡环境公共服务均等化，为全方位推进生态环境保护提供了可借鉴可推广的模式。

生态文明建设应该建立在法治基础上，坚持依法推进，不断完善生态文明法律法规；要把深化改革和创新驱动作为基本要务，着力破解机制体制障碍，为生态文明营造良好的法治环境；实现重点突破，要以法治手段严守资源环境和生态环境，完善生态环境监管制度，健全政绩考核和责任追究制度，建立系统完整的生态文明制度体系。2015年5月27日 ，美丽乡村建设国家标准发布会在北京召开。标准由12个章节组成，基本框架分为总则、村庄规划、村庄建设、生态环境、经济发展、公共服务、乡风文明、基层组织、长效管理等9个部分。技术内容采取定性和定量相结合的方法，汇集了包括农业部在内的相关行业部委的相关工作要求，明确了美丽乡村建设在总体方向和基本要求上的“最大公约数”，在村庄建设、生态环境、经济发展、公共服务等领域规定了21项量化指标，就美丽乡村建设给予目标性指导。青海省是我国高原草地、林地、湿地的重要分布区，其生态功能在全国具有战略地位。长期以来，生态立省一直是青海省发展的基本思路。

青海省十二届人大常务委员会第十六次会议审议通过《青海省生态文明建设促进条例》，于2016年3月1日起施行。这是青海省的第一部地方生态文明建设立法。《条例》共7章76条，分别对青海生态文明建设的责任主体、规划与建设、保护与治理、保障机制、监督检查、法律责任等内容做了明确规定。

同时，坚持做好先行示范区经验总结，提炼典型模式，形成可复制、可推广的生态文明建设有效模式，发挥对全国生态文明建设的示范带头作用。

十一、严格督查，实行生态环境损害责任终身追究制

环境保护倒逼。改革环境治理基础制度，建立覆盖所有固定污染源的企业排放许可制，实行省以下环保机构监测监察执法垂直管理制度。建立全国统一的实时在线环境监控系统。健全环境信息公布制度。探索建立跨地区环保机构。开展环保督察巡视，严格环保执法。严格执行环境影响评价和“三同时”制度，确保新污染源排放达标。对现有污染源，综合采取清洁生产改造和污染深度治理、限产限排、停业关闭等措施，确保达标排放。贯彻实施《大气十条》情况考核,全面推进石化行业VOCs综合整治,强化移动源污染监管,深化重点区域联防联控,建立健全重污染天气应急机制,推动建立区域空气质量预测预报中心。深化水污染防治,出台《水十条》实施情况评估考核办法和实施细则,开展流域综合管理试点等工作。全面实施《土十条》,继续组织实施污染土壤治理与修复试点项目,建立规范的污染场地联合监管机制。环境保护部已完成绿色GDP核算有关技术规范，并确定在安徽、海南、四川、云南、深圳、昆明、六安市等7地开展试点工作。致力于把资源消耗、环境损害、生态效益等体现生态文明建设状况的指标纳入经济社会发展评价体系。2015年在推进环境法治建设，严格执法监管方面，依法落实地方政府环保责任，环境保护部对33个市（区）开展综合督查，公开约谈15个市级政府主要负责同志；各省级环保部门对163个市开展综合督查，对31个市进行约谈、20个市县实施区域环评限批、176个问题挂牌督办。落实企业环保主体责任，全国实施按日连续处罚、查封扣押、限产停产案件8000余件，移送行政拘留、涉嫌环境污染犯罪案件近3800件。各级环保部门下达行政处罚决定9.7万余份，罚款42.5亿元，比2014年增长34%。开展环境保护大检查，全国共检查企业177万家（次），查处各类违法企业19.1万家，责令关停取缔2万家、停产3.4万家、限期改正8.9万家。2016年3月6日环境保护部下发《关于开展政府环境审计试点工作的通知》，决定在甘肃省兰州市开展环境审计试点 。

开展节能目标完成情况评价考核。多年来，国家发展改革委坚持加强节能减排形势分析，开展节能目标完成情况现场评价考核，发布各地节能目标完成情况晴雨表，加强对各地区的工作督导和预警调控。2015年2月9日，国家发展改革委发出《关于2013年度各地区单位地区生产总值二氧化碳排放降低目标责任考核评估结果的通知》，公布考核评估结果：上海、江苏、广东、北京、重庆、山西、吉林、湖北、云南、四川、天津、浙江、陕西、内蒙古、辽宁、山东、河北、安徽和福建19个地区为优秀等级；贵州、江西、湖南、河南、甘肃、黑龙江和海南7个地区为良好等级。宁夏和西藏为合格等级；广西、新疆和青海受地震后重建、重大项目开工以及水电来水偏少等不利因素影响，未完成年度和累计进度目标，为不合格等级。对考核评估结果为优秀等级的上海、江苏、广东、北京、重庆、山西、吉林、湖北、云南、四川、天津、浙江、陕西、内蒙古、辽宁、山东、河北、安徽和福建19个地区予以通报表扬。推行节能目标完成情况晴雨表每半年发布一次。发布2015年1～7月晴雨表：通过对各地区节能形势进行分析，对照“十二五”节能工作进度要求， 1～7月，海南、青海、宁夏、新疆等4个地区预警等级为一级，节能形势十分严峻；北京、天津、河北、山西、内蒙古、辽宁、吉林、黑龙江、上海、江苏、浙江、安徽、福建、江西、山东、河南、湖北、湖南、广东、广西、重庆、四川、贵州、云南、陕西、甘肃等26个地区预警等级为三级，节能工作进展基本顺利。与上半年相比，海南由二级预警上升为一级预警。依据国务院办公厅《2014-2015年节能减排低碳发展行动方案》能耗增速控制目标要求，福建、江西、山东、重庆、陕西、宁夏、新疆等7个地区预警等级为一级；天津预警等级为二级；北京、河北、山西、内蒙古、辽宁、吉林、黑龙江、上海、江苏、浙江、安徽、河南、湖北、湖南、广东、广西、海南、四川、贵州、云南、甘肃、青海等22个地区预警等级为三级。2015年12月30日国家发展和改革委员会公告2015年第34号，公布的万家企业共16078家，2014年参加考核企业共13328家；有2750家企业因重组、关停、搬迁、淘汰等原因未参加考核。参加考核企业中，4126家考核结果为“超额完成”等级，占30.96%；6814家考核结果为“完成”等级，占51.13%；1440家考核结果为“基本完成”等级，占10.80%；948家考核结果为“未完成”等级，占7.11%。2011～2014年，万家企业累计实现节能量3.09亿吨标准煤，完成“十二五”万家企业节能量目标的121.13%。2014年，参加万家企业节能目标责任考核的中央企业和单位共1403家。其中，696家考核结果为“超额完成”等级，占49.61%；517家考核结果为“完成”等级，占36.85%；71家考核结果为“基本完成”等级，占5.13%；72家考核结果为“未完成”等级，占5.13%。各地区中央企业和单位节能目标完成情况。对节能工作成绩突出的企业（单位），各地区和有关部门要进行表彰奖励。对考核为未完成等级的企业，由所在地区节能主管部门组织进行强制能源审计，责令限期整改，整改结果要向社会公开通报。未完成等级的企业一律不得参加年度评奖、授予荣誉称号，对其新建高耗能项目能评暂缓审批；在企业信用评级、信贷准入和退出管理以及贷款投放等方面，由银行业监管机构督促银行业金融机构按照有关规定落实相应限制措施；对国有独资、国有控股企业的考核结果，由各级国有资产监管机构根据有关规定落实奖惩措施。

实行节能监察。2015年2月10日，工业和信息化部《关于印发2015年工业节能监察重点工作计划的通知》指出，为进一步加强工业节能管理，强化节能工作的事中事后监管，切实发挥好节能监察在落实节能法律法规和政策标准方面的监督约束作用，提高工业企业能源利用效率，深入贯彻落实节能法律法规和政策标准，充分发挥节能监察在加强节能管理、提高能源利用效率等方面监督约束作用，确保全面完成“十二五”节能减排降碳目标，对电解铝、水泥行业阶梯电价、差别电价政策执行情况、电石、铁合金行业能耗限额标准贯彻执行情况。电机能效提升计划执行情况燃煤锅炉节能环保综合提升工程落实情况等专项监察任务提出了具体要求。2016年1月21日，工业和信息化部在西安市召开全国工业节能监察工作座谈会。来自全国工业和信息化主管部门、节能监察机构代表等80多人参加会议。会上，各省（市、区）就2015年工作开展情况作了汇报交流，围绕“十三五”工业节能监察思路进行了讨论；有关法律、电解铝和水泥行业专家分别就依法开展节能监察及电解铝、水泥行业阶梯电价政策进行了解读。

问责追责。2015年8月，中共中央办公厅、国务院办公厅印发了《党政领导干部生态环境损害责任追究办法（试行）》（以下简称“办法”），并自2015年8月9日起施行。“办法”共19条，适用于县级以上地方各级党委和政府及其有关工作部门的领导成员，中央和国家机关有关工作部门领导成员；上列工作部门的有关机构领导人员。“办法”明确，实行生态环境损害责任终身追究制。对违背科学发展要求、造成生态环境和资源严重破坏的，责任人不论是否已调离、提拔或者退休，都必须严格追责。10月20日国家发展改革委办公厅发出《关于在全国发展改革系统开展学习宣传《党政领导干部生态环境损害责任追究办法（试行）》工作的通知》（发改办环资[2015]2708号），要求深入学习领会和宣传贯彻《办法》，并作出具体规定。

十二、宣传教育广泛开展，节能减排，绿色低碳发展理念逐步深入人心，社会公众参与度不断提升

2014年以来，新华社、人民日报、中央电视台、中国国际广播电台、中国日报、中国新闻社等多家新闻媒体，对联合国气候峰会、中美气候变化联合声明、利马气候大会、中国提交国家自主贡献文件等应对气候变化领域的重大事件给予高度关注，充分利用图片、文字、视频等多种形式进行全方位报道，营造了良好的舆论氛围。

举办以“节俭养德、节能有道”为主题的第25届全国节能宣传周活动，通过形式多样、丰富多彩的活动，强化资源环境国情教育，提高公众节约、环保、生态意识。深入推进家庭、社区、企业、机关、学校、军队等节能减排专项行动。联合中宣部深入开展节俭养德全民节约行动，组织媒体加大宣传力度，营造厉行节约、拒绝浪费的浓厚社会氛围，加快推动生活方式和消费模式向简约适度、绿色低碳、文明健康的方向转变。

2015年6月，国家发展改革委会同有关部门组织开展了2015年“全国低碳日”和全国节能宣传周活动，举办了“2015应对气候变化展览”、低碳论坛等一系列活动。交通运输部、住房城乡建设部、教育部、中国气象局等部门及各地方纷纷举办公交出行宣传周、中国城市无车日、大学生节能减排社会实践与科技竞赛、气候变化与健康宣传教育等活动。企业加大绿色低碳宣传，持续推进节能减排工作取得显著成效。人民日报、新华社、中央电视台等主要新闻媒体对中国参加联合国巴黎气候大会、中美发表气候变化联合声明、中国提交国家自主贡献文件、“全国低碳日”等重大事件与活动进行了全方位报道，产生了广泛影响。民间组织开展了“应对气候变化记录 中国”科学考察、“低碳中国行2015”、“地球一小时”等活动。公众通过微信公众号以及微博了解和参与应对气候变化的讨论，广泛参加多种形式的气候变化教育培训等活动，自觉选择绿色低碳生活方式。

百姓积极参与。社会各界公众通过参加多种形式的气候变化教育培训等活动，增进了对应对气候变化、践行低碳发展以及节能减排的认识，提升了积极参与应对气候变化的自觉性。越来越多的公众开始自觉选择低碳饮食、低碳居住、低碳出行的日常生活模式。

节能减排进家庭、进社区、进学校等专项活动在全国各地广泛开展，号召人们树立“节能、节俭、节约”的工作与生活的理念。此外，依托微信、微博等网络平台，公众通过微信公众号以及微博话题讨论的方式，了解应对气候变化知识，践行低碳发展理念。

中国新能源发展走在世界最前列

《中国低碳年鉴》编辑部

气候变化是人类面临的共同挑战。在应对气候变化的国际合作中，中国一直扮演着积极角色，并用自己的实际行动，展现出一个负责任大国的担当。2015年6月，中国政府向联合国气候变化框架公约秘书处提交了应对气候变化国家自主贡献文件《强化应对气候变化行动——中国国家自主贡献》，确定2030年单位国内生产总值二氧化碳排放比2005年下降60%至65%、非化石能源占一次能源消费比重达20%等新目标。专家预测，若要达到目标，需要在2016年至2030年期间新增核电装机1亿千瓦、水电装机1.5亿千瓦、太阳能装机3亿千瓦和风电装机4亿千瓦，形成庞大的低碳发展产业体系。

发展新能源（非化石能源，即新能源和可再生能源等，下同）和优化能源结构、推动能源转型既是我国确保能源安全的重要战略，是应对气候变化的重大战略和途径，近年来主动实施一系列举措，成就卓著，走在世界最前列。

2010-2014年可再生能源增长的比重，从7.9%增长到10.3%。

2014年，中央提出了推进能源消费、供给、技术、体制革命和全方位加强能源国际合作的能源工作总要求和总战略方针。2014年，中国单位国内生产总值二氧化碳排放比2005年下降33.8%，非化石能源占一次能源消费比重达到11.2%，其中，水电8%，核电0.9%，其他的可再生能源2.3%。水电装机达到3亿千瓦(是2005年的2.57倍)，并网风电装机达到9581万千瓦(是2005年的90倍)，光伏装机达到2805万千瓦(是2005年的400倍)，核电装机达到1988万千瓦(是2005年的2.9倍)。综合计算，2014年全国非化石能源发电量已占到25%左右，全国每5千瓦时电中约有1千瓦时水电和0.25千瓦时其他非化石能源发电。

2015年进一步着力加快新能源发展，建设清洁低碳、安全高效的现代能源体系。一是安全高效发展核电。全年新投产核电机组820万千瓦，核准开工核电机组880万千瓦。全国在运核电机组达到2550万千瓦；在建及已核准机组3203万千瓦，在建规模居世界第一；拥有自主知识产权的“华龙一号”三代核电示范工程开工建设。二是大力发展可再生能源，并持续出台政策以疏通风电和光伏发展瓶颈，新能源投资达1105亿美元，再次成为全球清洁能源产业的最大投资国。2015年底，水电、风电、光伏发电装机分别达到3.2亿千瓦、1.2亿千瓦、4300万千瓦左右，可再生能源发电总装机达到4.8亿千瓦左右。三是加快开发利用天然气。国内天然气产量保持稳定增长。全国年人均用能、人均用电分别提高了15.7%、29%，居民用气人口提高了1.8倍。

2015年是我国“十二五”收官之年，新能源五年发展成就举世瞩目。

能源结构进一步优化。2015年12月29日，国家能源局局长努尔•白克力在2016年全国能源工作会议上称：“十二五”期间，水电、核电、风电、太阳能发电装机规模分别增长1.4倍、2.6倍、4倍和168倍，带动非化石能源消费比重提高了2.6个百分点，2015年底非化石能源消费比重提高到12%，比上年提高0.8个百分点，距离2020年非化石能源消费比重达到15%的这一目标还有3个百分比的差距。

节能环保成效显著。单位GDP能耗累计下降18.2%。全国6000千瓦及以上火电机组每千瓦时供电标准煤耗累计下降17克，火电机组二氧化硫、氮氧化物、烟尘排放量累计分别下降33%、35%和39%以上。

科技创新能力明显增强。过去10年特别是“十二五”时期，中国新能源快速发展，制造产业体系基本成熟，实现了产业化、规模化。同时，新能源产业实现了技术装备快速进步。自主生产1.5兆瓦到6兆瓦各个规格的风电机组，太阳能光伏制造最近5年占据着世界市场的第一位。具有自主知识产权的“华龙一号”、CAP1400三代核电技术和具有四代安全特征的高温气冷堆核电技术研发成功，标志我国跻身全球核电先进技术行列；大型水电筑坝和80万千瓦水轮机组设计制造世界领先。

安全稳定。新能源运行指标与国际先进水平相当，新能源发电保持安全稳定运行，均在国家电网调度范围内，连续4年未发生大规模风机脱网事故。

国际合作全面拓展，初步形成了西北、东北、西南及海上四大油气进口战略通道，火电、水电、核电、新能源、电网、煤炭等领域国际合作全方位开展。国产设备已经出口20多个国家。2014年，中国制造的太阳能光伏板占到全球市场的67%。中国在风电、光伏发电领域已成为全球最有吸引力的市场。

事实表明，我国已成为世界发展利用新能源第一大国，为全球应对气候变化作出了实实在在的贡献。

新能源快速发展的同时，也出现了“成长的烦恼”。最突出的是限电，弃风、弃光、弃水加剧。探究其深层次原因，是新能源开发过程中主要关注资源而忽视市场、跨省跨区输电通道不足、电源结构不合理。2015年，全社会用电量同比增长0.5%，增速较上年降低3.6个百分点。截至2015年底，全国电源总装机同比增长10.4%，超过用电需求增长9.9个百分点，新增用电需求已无法支撑各类电源快速增长，造成全国火电、核电、风电、太阳能利用小时分别下降410小时、437小时、172小时、35小时。2015年全国全年弃水量超过400亿千瓦时；全年弃风电量３３９亿千瓦时，同比增加213亿千瓦时；平均弃风率15%，比2014年增加７个百分点。2015年光伏发电全国全年平均利用小时数为1133小时，“弃光”现象总体不太严重，弃光电量40亿，总发电量400亿，弃光率约10%。但西北部分地区出现了较为严重的弃光现象，如甘肃弃光率达31%、新疆弃光率达26%。

其次是，补贴拖欠，补贴政策落实面临巨大挑战。目前国家的补贴来源是在全国范围内征收可再生能源电力附加费，补贴的金额是可再生能源电价与当地煤电标杆电价差额。政策实施以来附加费经过了５次调整，目前是1.9分／千瓦时。据国家发改委研究所统计，到2014年底，可再生能源基金补贴企业的拖欠达到了170亿元；2015年，可再生能源发展基金补贴约500亿元，但累计缺口约400亿元。根据“十三五”规划，2020年风力发电量达到4600亿千瓦时，光伏发电量达到1600亿千瓦时，如全部的补贴需求以可再生能源附加形式解决，补贴缺口会进一步扩大。

面对挑战，首先我们应当统一认识，坚定不移发展新能源，当前应严格控制新电厂开工规模，优化增量结构，使电源建设与电网规划相匹配；根据规划有效把握水电、核电发展节奏。同时，加快解决弃水、弃风、弃光等突出问题，努力化解消纳存量，优化系统调度运行，按照优先使用新能源的原则，建立合理的补偿机制，新能源优先、优价上网；突破输送配套滞后，提高跨省跨区输电通道利用效率，调动火电企业为新能源为调峰积极性，为新能源消纳提供更大空间。

要解决以上问题和难点，从治本来说，要加快能源革命进程。

一是加快推进市场化改革。目前，我国风电平均电价比火电贵0.2元／千瓦时左右，光伏发电平均电价比火电贵0.6元／千瓦时左右。新能源发电一方面需要政府继续扶持，鼓励发展；另一方面，从长远来看必须走向市场，参与市场竞价。该市场化的就要用市场化的手段去解决。

新能源与传统能源在同一个平台上竞争是必然趋势，也是其从替代能源走向主力能源必须要经历的过程。当前新能源消纳难、并网难不仅仅是新能源自身特点造成的，更是当前电力体制下利益关系不畅、形成“风火竞争”“光火竞争”局面的必然结果。要从根本上解决新能源消纳难题，需从加快技术创新和扫除体制障碍两个方面入手，只有理顺新能源和传统化石能源的利益关系，同时大力发展调峰电源，变竞争关系为互补关系。新能源行业要加快提升质量，逐步降低成本，同时探索形成符合市场的商业模式，最终可以不依赖扶持，与传统能源平价竞争。要充分调动各地积极性，加快建立电力市场，实现直接交易，放开上网电价和销售电价，严格管控电网企业输配电价，充分释放降电价、促发展等改革红利，才能从根本上消除新能源发展的瓶颈问题，促进新能源市场的更快扩张。

二是要以创新为引领，增强能源革命的驱动力，加快第三代核电等成熟技术的产业化，增强传统装备核心竞争力。

三是要以扩大有效需求为抓手，提供更加清洁、便捷、智能化的能源服务。特别是要大力推进能源互联网。能源互联网能够从根本上提高新能源发电效率。分布式能源单独运行时，其出力随机性、间歇性和波动性较大，当分布式能源接入目前的传统大电网体系时，电网的安全性和供电可靠性将会受到威胁。电网为保证输电线路的安全性，只能降低风电、光伏的上网电量，造成弃风、弃光现象严重。在能源互联网条件下，利用分布式和微网技术，新能源发电可实现就近消纳、余电上网，大幅度提升新能源利用效率。建设能源互联网还可以有效解决中国的能源消费和生产的地理错配问题，提高发电资源利用率。2016年２月29日，国家发改委、能源局、工信部联合发布《关于推进“互联网＋”智慧能源发展的指导意见》（以下简称《意见》），推动能源基础设施合理开放，促进能源生产与消费融合，提升大众参与程度，加快形成以开放、共享为主要特征的能源产业发展新形态。《意见》提出，2016—2018年，着力推进能源互联网试点示范工作；2019—2025年，重点推进能源互联网多元化、规模化发展。

四是要大力推进能源领域国际合作，利用当前国际油气供给过剩、地缘政治格局调整以及我国推进“一带一路”建设的契机，大力推动我国与油气出口国的合作，进一步促进我国与俄罗斯、中亚等国的油气开发、贸易合作以及管道建设等。

一、中国水电享誉全球

水能资源是自然界优质的清洁能源。中国，水电事业已迈入大电站、大机组、高电压、自动化、信息化、智能化的全新时代，正以非凡的发展成就和强劲的综合实力享誉全球。近年来，我国水电装机持续稳步增长，2014年累计装机达到3亿千瓦，占全球总装机约27%，年发电量首次超过了1万亿千瓦时，成为利用规模最大的清洁能源。

2015年12月16日，国务院总理李克强主持召开国务院常务会议，决定核准包括乌东德水电站在内的一批水电核电等清洁能源重大项目。会议认为，加快建设水电等清洁能源基础设施，是稳定经济增长、优化能源结构、改善民生的绿色发展重要举措，对促进节能减排和污染防治，增加公共产品供给和有效投资需求，推动提升中国装备品质和竞争力，具有重要意义。乌东德水电站被核准和开工的意义，并不仅在于它是全球为数不多的千万千瓦级的一个巨型水电站。而是在全国的电力产能严重过剩、我国西电东送的能源战略遭遇地方经济发展的挑战、国内的水电投资和建设规模急剧下降的关键时刻，国务院坚决支持水电发展的一种明确表态。

2015年水电发展进入新的高度。

（一）重大水电项目频频取得关键性进展

2015年，新开工和核准的水电项目均为我国“西电东送”的骨干电源电站，对改善能源结构、保障能源安全意义重大，标志我国水电开发进入新的高度。4月15日，双江口水电站项目获国家发改委核准。4月17日，金沙江乌东德水电站环境影响报告书获环保部批复。7月13日，世界第一高坝水电站双江口水电站项目正式开工建设，总投资达366.14亿元。该水电站位于阿坝州马尔康县、金川县境内，为大渡河干流规划开发梯级电站第五级，是大渡河干流上游控制性龙头水库电站。该水电站开发任务主要为发电，采用坝式开发，最大坝高314米，高于目前世界最高的四川雅砻江锦屏一级305米的混凝土双曲拱坝高度，将我国大坝建设推升至新的高度。计划2022年底发电。10月13日，西藏最大水电工程——藏木水电站全面建成并投入商业运行。该水电站是西藏最大的水电开发项目，也是雅鲁藏布江干流上规划建设的第一座水电站，位于山南地区加查县境内，历时8年修建完成，安装6台8.5万千瓦水轮机组，总装机容量51万千瓦，年发电量25亿千瓦时，是西藏电力史上由10万千瓦级跨入50万千瓦级的标志性工程。它将有利于缓解西藏中部地区用电紧张局面，对推进雅江中游梯级电站开发、构建藏中能源基地有重要意义。12月1日，西藏墨脱县亚让水电站首台机组及其线路延伸工程完成试运行联调各项试验，正式并网送电，标志着西藏首个可再生能源局域网示范工程初步建成，墨脱县各族同胞就此结束严重缺电历史，进入清洁、安全、稳定、可靠的电网供电时代。

12月16日，动态投资超千亿的我国第三座千万千瓦级水电站三峡集团乌东德电站正式获国务院核准，12月24日，正式开工建设。乌东德水电站是2015年内我国核准的最大水电工程，也是目前为止继三峡和溪洛渡之后，我国第三座千万千瓦级巨型水电站。工程左右岸各布置6台85万千瓦发电机组，总装机容量1020万千瓦，相当于半个三峡电站;同时，85万千瓦的单机容量也将刷新向家坝80万千瓦的世界水电单机容量最高纪录。乌东德水电站为首个高拱坝坝身不设导流底孔、尾水调压室采用半圆形调压室的水电站。深基坑、高围堰是关键技术难题之一，防渗墙最大深度达95米，属国内同类工程之最。同时，地下厂房洞室群区域岩层状岩体分布广泛，主厂房开挖高度位居世界第一。该工程技术将创多项纪录。

（二）资本运作发力

2015年1月12日，国家能源局发布《关于鼓励社会资本投资水电站的指导意见》。《意见》指出，要确立企业在投资中的主体地位。一方面，政府要发挥引导投资作用，并落实政府承担的责任义务。另一方面，企业发挥投资主体地位，并依法开展社会投资活动。发挥投资主体地位主要体现在，各类投资主体均享有依法依规参与水电开发市场公平竞争的权利。

在国家指引下，利好连连：

亚投行最大投资项目"藏水入疆"工程启动。藏水入疆工程方案指新大西线藏水入疆工程方案通过人工坝洞渠联通中国西部雅鲁藏布江、怒江、澜沧江、金沙江、香日德河、格尔木河、那仁郭勒河、铁木里克河和米兰河流域的水资源形成水网，借助人工智能化智慧和互联网思维科学调度和配置水网水资源。该工程将使56万平方公里塔里木盆地和18万平方公里准噶尔盆地的沙漠变成绿洲、牧场和千里沃野，在新疆创造1.2亿个就业岗位，使中国3200万个贫困家庭脱贫，实现中国西部经济的崛起。

国家电网“牵手”三峡集团开发抽水蓄能电站。7月20日，国家电网与长江三峡集团签订协议，以现金方式对国网新源控股进行增资，增资完成后，国家电网持股70%，长江三峡集团持股30%，双方将目前拥有及今后获取的抽水蓄能电站储备项目，统一纳入国网新源控股进行开发和运营。

长江电力拟797亿元收购水电资产成全球最大水电上市企业。11月7日，三峡集团金沙江溪洛渡和向家坝梯级电站资产证券化暨长江电力重大资产重组预案正式向社会公布。本次重组预案涉及资产总额超过2000亿元，股权交易价格约800亿元，配套融资241.6亿元，是近期国内资本市场具有重大影响的资产重组。此次大规模资产重组成功后，长江电力将成为全球最大的水电上市企业。

（三）小水电点亮中国农村

截至2014年底，全国已建成装机在5万千瓦及以下的小水电站47000多座，装机容量7300万千瓦，年发电量2200多亿千瓦时，替代7400万吨标准煤，减少二氧化碳排放1.9亿吨，减少二氧化硫排放178万吨。使3亿多农村人口告别了“无电生活”，点亮中国农村，使全国1/2的地域、1/3的县市用上电，改善了生态环境。小水电代燃料项目实施以来，解决了400万农民的生活燃料，每年保护森林面积1400万亩。

我国拥有1.28亿千瓦的小水电资源，还有很大的增长空间。国家大力扶持开展小水电增效扩容工作，通过重新规划或增效扩容改造，既避免了对环境的不利影响，又提高了小水电站的运行效益。“十二五”期间，全国4400多座老旧电站进行了增效扩容改造，改善了近2000条中小河流生态环境。

（四）抽水蓄能电站建设势头正猛

2015年有一大批抽水蓄能电站开工和投产。9月，河北丰宁(二期)、山东文登、重庆蟠龙三座抽水蓄能电站23日开工。其中，河北丰宁（二期）抽水蓄能电站正式开工，项目装机容量180万千瓦。建成后，丰宁抽蓄电站一期、二期装机容量共360万千瓦，有望成为世界上装机容量最大的抽水蓄能电站。11月30日，广东清远抽水蓄能电站首台机组投产发电，安装4台32万千瓦可逆式水轮发电机组，是目前国内已投产抽水蓄能电站中单机容量最大的电站。

全年抽蓄电站建设看似势头正猛，但已投产的只有2200万千瓦。

（五）海外布局收硕果

2015年，水电企业在海外全面开花。8月，三峡集团成功收购巴西TPI公司所拥有的两个运行水电项目公司（总装机为30.8万千瓦）和一个电力交易平台公司的全部股权。11月25日，三峡集团成功中标巴西500万千瓦水电项目30年的特许经营权，总投资约合37亿美元，是三峡集团迄今为止最大的海外并购项目。

2015年，国家全面实施“一带一路”发展战略，为我国水电企业走出去带来新的契机。中国已拥有包括规划、设计、施工、装备制造、输变电等在内的全产业链整合能力，已与80多个国家建立了水电规划、建设和投资的长期合作关系，占有国际水电市场50%以上的份额。拥有全产业链竞争优势与国际市场磨炼经验的中国水电产业，已成为引领和推动世界水电发展的巨大中坚力量。

2015年5月19～22日，“2015世界水电大会”在北京召开，这是世界水电大会首次在中国举办。大会确认了中国水电的全球领先地位，中国正以蓬勃之势引领世界水电。大会从设计、施工、装备制造、运行管理和电网建设等方面全方位宣传了中国水电的巨大成就，展示了中国水电对经济社会发展和节能减排所起到的巨大作用以及中国水电企业的强大实力，得到了国际上的认可。

2015年是十二五收官之年，到这一年底，我国水电装机容量突破3亿千瓦，居世界第一，占全球27%。全球装机容量前10名的水电站中，中国占5座。中国还拥有包括规划、设计、施工、装备制造、输变电等在内的全产业链整合能力，先后与80多个国家建立了水电规划、建设和投资的长期合作关系，成为推动世界水电发展的中坚力量。

作为当之无愧的世界超级水电大国，中国水电的未来发展，牵动着全球水电乃至能源界的目光。预计至2050年，全球水电装机将由目前的10亿千瓦翻一番，实现20.5亿千瓦的目标。未来，中国将在推动全球水电发展中发挥越来越重要的作用。

二、中国——全球风电规模最大、增长最快的国家

风电技术是目前技术最成熟、经济性最高的新能源发电技术，近年连续保持新增和累积风电装机容量世界第一的位置，2012年风电超过核电成为中国第三大电源。

2014年，全国风电产业继续保持强劲增长势头，全年风电新增装机容量1981万千瓦，新增装机容量创历史新高，累计并网装机容量达到9637万千瓦，占全部发电装机容量的7%，占全球风电装机的27%。2014年风电上网电量1534亿千瓦时，占全部发电量的2.78%。

2015年我国风力发电能力首超核电。 2015年全球风力涡轮机生产数量创纪录，新增风电设备装机容量达6.31万兆瓦，创历史最高，相当于约60座核电站发电量。2015年，我国风电新增装机容量3297万千瓦，同比增长66.43%，再创历史新高，高居全球第一位，所占份额达48%。美国、德国、巴西、印度和加拿大分别位居第2至6位。到2015年年底，全球风电累计装机容量达到432，419MW，较2014年底增长17%，首次超过核能发电。中国累计装机容量达到145.1GW，超越欧盟141.6GW总量。

2015年，我国风电发电量1851亿千瓦时，同比增长16%；到2015年我国风电累计并网装机超过1亿千瓦，居全球首位，风电累计装机占全球装机比例已达25.9%。在国内，成为继火电、水电之后，第三个迈入我国“1亿千瓦俱乐部”的发电类型。4月15日，《海上风电场设计、施工、运维技术规范及检测认证体系建设》通过国家科技部组织的验收。5月31日，苏宝顶风电场75台风机全部通过240小时试运行，正式投产。该项目位于湖南省洪江市与洞口县交汇的雪峰山，总装机规模15万千瓦，是股份公司首个风力直驱型发电项目和在华中地区投资建设的第一个高山风电项目。项目于2013年10月25日开工建设，首批风机于2014年10月15日并网发电。6月24日，酒泉风电公司安北第三风电场40万千瓦工程全部建成投产。国家规划了9千万千瓦风电基地，其中7个在“三北”地区，甘肃酒泉风电基地装机规模已超过1200万千瓦。

2015年全国风电设备平均利用小时数1728小时，9个省份风电设备利用小时数超过2000小时。到2015年，我国已连续4年未发生大规模风机脱网事故。

2015年底，全国海上风电并网容量75万千瓦，是全球第四大海上风电国，占据全球海上风电8.4%的市场份额。我国海上风电的发展潜力巨大，据中国气象局测绘计算，我国近海水深5米到25米范围内，50米高度风电可装机容量约2亿千瓦；5米到50米水深，70米高度风电可装机容量约为5亿千瓦。“‘十三五’期间，海上风电将迎来新的发展时期。

风电的迅速发展不仅向中国各地输送了绿色清洁能源，同时也催生了中国风电产业链的繁荣发展。中国风电制造企业从引进技术到自主创新、行业领先，再到走出国门、参与国际竞争，近十年来实现了跨越式发展，也从原来的“追赶者”开始逐渐转变成业界的“领跑者”。2014年，中国共有5家风电机组制造商向国外出口风电机组，已发运出口共189台，已发运容量共计368.75ＭＷ。其中，机组销售项目占总出口的72.5%，其他为ＥＰＣ和投资项目。华锐风电“走出去”战略已实施多年，目前已执行１４个海外风电项目，分布在西班牙、意大利、瑞典、土耳其、美国、巴西、南非等9个国家，累计并网发电项目363ＭＷ。

“十三五”规划提出，全国风电要达到3000亿度电。目前主要问题是，发展速度与其配套设施匹配不完善，“弃风”突出，2015年我国弃风率飙升至15%，甘肃省为39%，创史上新高，多省份弃光率接近三成。

三、 中国建成完整核工业体系，核电技术稳居世界前列

核电是一种清洁、高效、优质的现代能源。中国坚持发展与安全并重原则，执行安全高效发展核电政策，采用最先进的技术、最严格的标准发展核电。1985年3月，中国大陆第一座核电站——秦山核电站破土动工。从此一路走来，中国核电发展势头强劲。

2015年3月10日，国家发改委发布文件，确定中广核红沿河核电二期项目两台百万千瓦核电机组获批准，这是继2012年12月核准田湾二期工程以来，4年以后我国真正意义上新批的核电项目。3月29日使用ACPR1000技术的红沿河核电站5号机组正式开工建设。4月15日，国务院总理李克强主持召开的国务院常务会议提出，按照核电中长期发展规划，在沿海地区核准开工建设“华龙一号”示范机组。这明确标示我国时隔四年，重新启动沿海地区新的核电项目建设。12月16日，国务院常务会议确定，对已列入国家相关规划、具备建设条件的广西防城港红沙核电二期工程“华龙一号”三代核电技术示范机组和江苏连云港田湾核电站扩建工程项目予以核准。中国自主三代核电技术即将全面落地，中国核电3.0时代的大幕已开启。

（一）中国目前在建的核电机组世界第一，是世界上少数几个具有完整核工业体系的国家之一

2015年新年伊始，河北省的海兴核电、沧州核燃料产业园项目进入公众视野。4月，华能霞浦核电有限公成立，明确霞浦核电项目建设4台百万千瓦级压水堆机组和1台60万千瓦高温气冷堆机组。由此，福建核电产业呈现出“多家参与、多样堆型”的格局，成为核电产业价值的新洼地。7月，启动建设的中核甘肃核技术产业园不仅有助于提升我国核循环产业能力，还可推进甘肃省经济结构的转型升级。广东、浙江、上海等产业基础较好的省份，先后提出了发展核产业的战略和规划，通过核电产业链和产业集群的建设，带动地方经济转型升级。11月，国家核电与浙能电力合资成立“国核浙能核能有限公司”，开展海岛核电和海岛小堆供热等项目的开发、建设和运营管理。12月，中广核与广西投资集团有限公司、泰国国家电力公司子公司RATCH签署《防城港核电二期项目合资协议》，三方将合资成立防城港核电二期项目公司，共同开发、建设和运营该项目。 12月21日，我国自主三代核电品牌“华龙一号”示范工程第二台机组——福清核电6号机组核岛底板计划于2015年12月22日浇筑第一罐混凝土（FCD），标志着机组正式开工建设。至此“华龙一号”示范工程——福清核电5、6号机组进入全面建设阶段，中国自主三代核电技术全面落地，中国核电3.0时代的大幕已开启。

2015年，批复建设的核电机组8台，开工建设6台，投入运行8台，其中投入商业运行6台。截至2016年1月，中国大陆运行的核电机组30台，总装机容量2831万千瓦，在建的核电机组24台，机组总数位居世界第三，总装机容量2672万千瓦。至此，中国在建的核电机组在世界上是最多的，是世界上少数几个具有完整核工业体系的国家之一，进入一个稳定、规模化发展的时代，从核电大国向核电强国迈进。

2016年，稳妥推进并核准开建的一批沿海核电新项目中，将包括CAP1400示范工程，以及占据主流的AP1000机组，国家电投的标准化设计和批量化建设拉开帷幕，核电产业第三极将启动追赶模式。同时，自主三代核电

CAP1400进入国内开建、国外备战投标的关键阶段。

特别应当指出，核电项目建设周期长，投资大，尤其是规模化发展需要巨额投资以支撑建设。 2015年启动上市掘金 ，打破依靠国家单一投资体系，走向资本多元 。6月10日，A股市场首支纯核电股——中国核电挂牌上市，募集过百亿主要用于福清核电一期和二期、三门核电一期、海南昌江核电一期、田湾核电站3、4号机组在内的沿海核电项目建设。12月10日，中核集团首次以当期最低利率成功发行50亿元超短期融资券，旨在优化债务结构、降低融资成本、提高资金保障能力。

核电发展已回归正轨。广东、浙江、上海等产业基础较好的省份，近年先后提出了发展核产业的战略和规划，希望通过核电产业链和产业集群的建设，带动地方经济转型升级。而且，随着“一带一路”等战略实施，借“核”发展前景可观。按照中国核电中长期发展规划目标，到2020年，中国大陆运行核电装机容量将达到5800万千瓦，在建3000万千瓦左右；到2030年，力争形成能够体现世界核电发展方向的科技研发体系和配套工业体系，核电技术装备在国际市场占据相当份额，全面实现建设核电强国目标。

（二）中国核电技术稳居世界前列

1. 中国自主建设的三代核电技术能力稳居世界前列

中国广核集团台山核电基地位于广东省江门市辖台山市，项目规划一期建设2台核电机组，采用三代EPR压水堆核电技术，单机容量为175万千瓦，是世界单机容量最大的核电机组。1、2号机组于2009年9月1日和2010年4月15日已分别开工，目前项目总体进展顺利。截至2015年底，台山核电站一期工程建设进展顺利，安全、质量和进度控制良好，全年重要里程碑按计划如期完成，目前1号机组已经成为全球首台开始冷态功能试验的三代核电技术EPR机组并全面进入系统联调阶段，2号机组处于安装高峰期。这标志着中国自主建设三代核电技术能力稳居世界前列。2015年6月15日，在中国核电工程公司考察的李克强总理与6家核电装备制造企业视频连线，同员工互动交流。李总理说，你们自主研发制造质量优、有竞争力的核电机组，是在铸“国之重器”，为中国发展“强筋壮骨”。

2. 中国自主研发的大型压水堆ＣＡＰ１４００和小型多功能堆ＡＣＰ１００等核电技术研发也进展顺利，具备了工程实施的条件，安全性、经济性、环境友好性等方面在世界处于领先地位，并拥有完全自主知识产权和出口权。

3. 中国核电3.0时代的大幕开启

2015年５月和８月，中国自主研发的三代核电技术“华龙一号”的国内首堆和国外首堆分别正式开工，标志着该技术的先进性、成熟度、经济性等已得到广泛认同。在7月１６日至２５日在京举行的“国防科技工业军民融合发展成果展”上“华龙一号”三代核电技术获国防科技工业军民融合发展技术创新奖。

12月16日，国务院常务会议确定，对已列入国家相关规划、具备建设条件的广西防城港红沙核电二期工程“华龙一号”三代核电技术示范机组和江苏连云港田湾核电站扩建工程项目予以核准。“华龙一号”福建福清第二台机组在2015年底前开工，CAP1400技术山东荣成机组已完全具备施工条件，拟于2016年春暖花开之际开建。至此，中国自主三代核电技术即将全面落地，中国核电3.0时代的大幕已开启。

4. 第四代先进核电技术高温气冷堆国际上处于领先地位

高温气冷堆是中国具有完全自主知识产权的第四代先进核电技术，具有固有安全性、多功能用途、模块化建造的特点和优势，在任何情况下都不会发生堆芯融化和大量放射性释放的事故，不会对人类的健康和环境造成影响。中国历经30多年基础研究、实验堆运行、示范工程建设，现已系统掌握了高温气冷堆的全部关键技术，并在国际上处于领先地位。

（三）核安全生产业绩保持世界先进水平

1. 核安全生产业绩保持世界先进水平

中国党和政府坚持中国核安全观，高度重视安全高效发展核能，高度重视核应急安全管理。因此，我国发展核能以来，整体安全形势平稳，安全记录良好近30年来，我国核电运行中没有发生过2级以上事件。作为目前全球同时在建的三个EPR核电方案之一，台山核电站致力于打造成为国际EPR标杆工程，为此台山核电一直把“安全第一、质量第一、追求卓越”作为安全管理的基本原则，“对安全的要求不会受到生产进度和成本的影响，2015年工程安全质量环境标准化评级达到6级的国际优秀水平。”中广核是目前我国在运核电装机容量最大的企业，也是全球在建核电装机容量最大的企业，目前拥有在运核电机组14台，装机容量1492万千瓦，占我国大陆核电在运装机容量的60.5%，安全生产业绩保持世界先进水平。

2. 中国高度重视核应急

中国核应急基本目标是：依法科学统一、及时有效应对处置核事故，最大程度控制、缓解或消除事故，减轻事故造成的人员伤亡和财产损失，保护公众，保护环境，维护社会秩序，保障人民安全和国家安全。“十三五”时期，中国核应急工作总目标是，到“十三五”末，建成与中国核能事业发展相适应的国际核应急体系，推动、支撑、保障中国由核能大国向核能强国迈进。六大具体目标是：完善核应急法规制度标准体系、完善核应急预案体系、完善核应急组织指挥体系、完善核应急救援体系、完善核应急技术支持体系，应对处置核突发事件能力达到新水平。

中国核应急实行国家统一领导、综合协调、分级负责、属地管理为主的管理体制。

为应对可能发生的严重核事故，依托现有能力基础，中国将组建一支320人的国家核应急救援队，主要承担复杂条件下重特大核事故突击抢险和紧急处置任务，并参与国际核应急救援行动。

中国高度重视核应急的国际合作和交流。1984年以来，中国先后与巴西、阿根廷、英国、美国、韩国、俄罗斯、法国等30个国家签订双边核能合作协定，开展包括核应急在内的合作与交流。中国国家领导人先后出席2010年华盛顿核安全峰会、2012年首尔核安全峰会、2014年海牙核安全峰会，呼吁国际社会加强核安全应急管理、提升核安全应急能力、增强各国人民对实现持久核安全、对核能事业造福人类的信心。福岛核事故发生后四年多来，中国政府机关、企事业单位、大专院校、科研院所，以各种形式与国际组织合作，总结探讨后福岛时代核应急领域重大问题。这些合作交流活动，既促进了中国核应急的改进提高，也促进了国际社会对福岛核事故的经验反馈。

（四）中国核电“走出去”加快

2015年，核电“走出去”国家战略在欧洲、南美、亚洲和非洲实现突破。

6月30日，中国国务院总理李克强在巴黎总理府同法国总理瓦尔斯举行会谈。会谈后，两国政府共同发表了开展第三方市场合作联合声明和中法核能合作联合声明。两国总理还见证了核能、产能、金融和可持续发展等领域合作文件的签署。中法两国政府在法国巴黎签署了《关于民用核能合作的联合声明》，声明明确提出，由中广核牵头的中方企业联队，将在英国3个新建核电项目的建设中与法国相关企业开展合作。中法合建的核循环大厂项目2015年浮出水面。随着两国企业签署合作协议，以及中核积极参与阿海珐重组，中国核燃料循环后端发展进入关键升级期。根据最新计划，核燃料循环大厂将于2020年开建，2030年建成投运，一期贮存能力为 3000吨。届时，中国形成的商用大规模核循环能力，可有效缓解未来十几年内核电站乏燃料在堆贮存压力，以及为商业快堆提供燃料。8月，开建的巴基斯坦核电项目。9月7日，中广核与肯尼亚能源与石油部下属的核电局在深圳大亚湾核电基地签署《中国广核集团有限公司与肯尼亚核电局关于肯尼亚核电开发合作的谅解备忘录》，中广核与肯尼亚核电局双方将基于华龙一号（HPR1000）技术及其改进技术，在肯尼亚核电开发与建设方面开展全面合作。

10月21日，在中国国家主席习近平和英国首相卡梅伦的见证下，中国广核集团董事长贺禹和法国电力集团（EDF）首席执行官莱维（Jean-Bernard Levy），在伦敦正式签订了英国新建核电项目的投资协议。根据协议，中国自主三代核电技术“华龙一号”将在通过英国通用技术审查、满足英国核能监管要求后落地其布拉德韦尔B项目。从而，中国核电“走出去”实现了历史性突破。

11月15日，在G20集团领导人第十次峰会期间，中核集团与阿根廷核电公司正式签署阿根廷重水堆核电站商务合同及压水堆核电站框架合同，签下阿根廷60亿美元大单，标志着中国自主研发的“华龙一号”核电技术再下一城，落地阿根廷。这是我国第三代自主核电技术“华龙一号”首次落地国际竞争性市场，也是首次由商业银行基于商业原则引领自主核电技术出口，标志着我国核电国际化发展取得重大突破。

高温气冷堆已经成为中国核电“走出去”的重要优选堆型。在国家能源局、国防科工局及科技部等主管部门指导下，中国核建正与清华大学一道加快推进高温气冷堆技术的产业化。在国内，中国核建已在福建、广东、江西、湖南等多个省市开展了60万千瓦高温气冷堆项目前期工作，目前各项工作进展顺利。中国核建相关负责人表示，高温气冷堆技术“走出去”时机已经成熟：在海外，中国核建已与阿联酋迪拜、南非等国家和地区签订了高温气冷堆项目合作谅解备忘录。2016年1月，习近平主席访问沙特阿拉伯期间，中国核建与沙特核能与可再生能源城签订了《沙特高温气冷堆项目合作谅解备忘录》。这是中沙两国共同落实“一带一路”倡议的重要举措，也是中国第四代核电技术高温气冷堆项目实现“走出去”的重大突破。此次在沙特能源城的实质性进展，除了高温气冷堆的固有安全性之外，其多用途性可满足沙特电力供应和海水淡化以及石油化工产业的需求；其灵活的模块化设计使之在适应不同电网需求方面具有突出优势，尤其适合沙特等“一带一路”沿途中小电网国家，并将起到很好的辐射带动作用。

四、光伏产业逆市上扬，提前实现“十二五”35吉瓦的规划目标

光伏是真正的清洁能源，太阳能发电是发展最快的新能源技术。经过20多年的技术研究，近年来国际太阳能热发电进入产业化发展期。2014年全球太阳能热发电新增装机110万千瓦，西班牙、美国、印度等国家建成一批商业化规模的太阳能热发电工程。截至2014年底，全球建成太阳能热发电装机453万千瓦，在建规模达到270万千瓦，越来越多的国家把太阳能热发电作为战略性新能源产业。

在经历欧盟等国的“双反”后，我国光伏产业开始加速回暖。从2013年开始中国成为全球最大的新增光伏应用市场。2014年，全国光伏产业整体呈现稳中向好和有序发展局面，全年光伏发电累计并网装机容量2805万千瓦，位居全球第二，同比增长60%，其中，光伏电站2338万千瓦，分布式467万千瓦。光伏年发电量约250亿千瓦时，同比增长超过200%。

2015年国家进一步加强政策支持和引导。国务院2014年底发布《能源发展战略行动计划(2014-2020年)》提出，2020年将实现“光伏发电与电网销售电价相当”。到2020年，系统成本达到每瓦5元以下格。同时要实现产业升级，具备强大的自主研发能力，关键设备实现国产化，全产业链技术能力和产业配套体系。2015年3月，国家能源局发布《关于下达2015年光伏发电建设实施方案的通知》，2015年下达全国新增光伏电站建设规模1780万千瓦。各地区2015年计划新开工的集中式光伏电站和分布式光伏电站项目的总规模不得超过下达的新增光伏电站建设规模，规模内的项目具备享受国家可再生能源基金补贴资格。6月1日，工业和信息化部与国家能源局、国家认监委联合印发《关于促进先进光伏技术产品应用和产业升级的意见》，通过采取综合性政策措施，支持先进光伏技术产品扩大应用市场，深入加强光伏行业管理，推动我国光伏产业健康持续发展。9月28日，国家能源局对外发布《关于调增部分地区2015年光伏电站建设规模的通知》，要求全国总计增加光伏电站建设规模530万千瓦。其中，河北、内蒙古、新疆分别增加70万千瓦，居其他各省市之首，云南、青海、宁夏新增40万千瓦，其余省份新增额度在10万-30万千瓦不等。国家还通过政策引导先进技术产品扩大市场，加大领跑者示范基地建设规模，11月10日，召开国家太阳能热发电示范项目启动会议，云集了全国范围内开发太阳能热发电示范项目的单位代表，标志着我国太阳能热发电首批示范大幕拉开。同时工信部也采取PPP的模式支持部分重点领域和重点区域的光伏电站建设。

在政府大力扶持之下，2015年我国光伏产业在低迷能源市场中逆市上扬。截至2015年6月底，光伏产业产值同比增长30%。光伏发电装机容量达到3578万千瓦，其中，光伏电站3007万千瓦，分布式光伏571万千瓦。这标志着“十二五”的五年间，我国光伏装机从2010年的0.89吉瓦起步，实现了超过40倍的扩充，最终提前半年突破了“十二五”35吉瓦的规划目标。

2015年中国累计装机容量超过了40个GW，建立了一个庞大而完整的生产体系，形成了“世界光伏看中国”的世界共识。

——2015年，我国太阳能光伏发电新增装机容量1513万千瓦，同比增长42.74%，创历史新高，并连续三年新增装机超过1000万千瓦。其中，集中式光伏新增1320万千瓦，分布式光伏新增208万千瓦，新疆、河北、宁夏、甘肃、江苏、青海年新增光伏装机容量超过100万千瓦。2015中国以累计装机容量达4318万千瓦，同比增长53.94%，超越德国成为全球光伏累计装机量最大的国家。

2015年，我国太阳能光伏累计发电383亿千瓦时，同比增长64.4%。全国太阳能发电设备平均利用小时数1164小时，6个省份太阳能发电设备利用小时数超过1500小时，均在国家电网调度范围内。2015年世界太阳能发电量增长32.6%，中国已超过德国和美国，成为世界最大的太阳能发电国。截至2015年底，我国太阳能发电累计并网容量达到4158万千瓦，同比增长67.3%，约占全球的1/5，中国已超过德国和美国，成为世界最大的太阳能发电国。

我国光伏发电实际成本从2013年到2015年下降超过20%，光伏初始投资显著下降，即从1万元/千万时降到8000元/千万时以内。

——2015年我国多晶硅产量约16.9万吨，同比大幅增长25%，比2013年增长了约一倍。多晶硅行业呈现生产格局进一步明朗，产业集中度逐步提升产品价格持续下降；组件全年产量超过43GW，同比增长20.8%。同时，2005年以来，在光伏产业发展的推动下，我国多晶硅产业经过产能过剩、淘汰兼并，行业集中度不断提升。据统计，2015年我国生产多晶硅的企业约有18家，行业集中度较高，其中前十家产量占比超过90%，前五家占比超过70%%。在历经行业整合之后，2015年，全球前九位领先太阳能组件制造商名单中，我国企业占据7个席位，其余两家为美国企业。

——太阳能热发电技术研究和产业化试验展开。中控科技集团在青海德令哈建成自主研发的1万千瓦试验电站；中广核太阳能公司在青海德令哈建设了太阳能热发电试验场；中国科学院在北京延庆建成太阳能热发电实验室；国电投集团与美国亮源公司及上海电气集团合作，已完成引进技术本地化制造的技术方案，将在青海建设单机容量13万千瓦的太阳能热发电工程。2015年12月15日，海南三亚南山电厂的太阳能热发电完成储热、换热全流程实验，实现了晚间正常稳定产汽运行。此前，南山太阳能热发电2012年10月18日投入运行，是我国首次利用太阳能集热技术产出超过400℃的过热蒸汽，达到国际先进水平，且所有设备均实现国产化。

——走出去步伐加快。我国能够生产1.5兆瓦到6兆瓦各个规格的风电机组，太阳能光伏制造最近5年时间占据着世界市场的第一位。天合、晶澳、晶科等大企业在印度、马来西亚、泰国等地布局。据光伏行业协会统计，2015年上半年中国光伏企业在海外已建电池片产能800兆瓦，组件产能1.5吉瓦，在建电池片3.2吉瓦，组件3吉瓦。

我国多家多晶硅企业实施“走出去”战略，开始在海外设厂，生产布局全球化趋势明显。顺风国际收购多晶硅企业万年硅业及美国电池组件企业Suniva，进一步优化产业链布局。通威集团投资8.5亿新台币入股台湾昱晶能源，以寻求电池片规模效益。西安隆基、天合光能等企业与英利合作，通过委托加工等方式，实现产能利用率最大化等。

——光伏扶贫走向规模化。在光照资源条件较好的地区因地制宜开展光伏扶贫，既符合精准扶贫、精准脱贫战略，又符合国家清洁低碳能源发展战略；既有利于扩大光伏发电市场，又有利于促进贫困人口稳收增收。2014年10月11日，国家能源局、国务院扶贫开发领导小组办公室联合印发《关于实施光伏扶贫工程工作方案》，决定利用6年时间组织实施光伏扶贫工程。安徽、宁夏、山西、河北、甘肃、青海的30个县开展首批光伏试点。《方案》明确，要以“统筹规划、分步实施，政策扶持、依托市场，社会动员、合力推进，完善标准、保障质量”为实施光伏扶贫工程工作原则，并从开展调查摸底、出台政策措施、开展首批光伏扶贫项目、编制全国光伏扶贫规划（2015～2020）、制订光伏扶贫年度方案并组织实施、加强技术指导、加强实施监管等方面细化提出了7项工作内容，并对每项重点工作完成进度时间提出要求。

2015年3月9日，国家能源局新能源和可再生能源司发布《光伏扶贫实施方案编制大纲（试行）》，由地方政府对户用和基于农业设施的光伏扶贫项目给予35%初始投资补贴、对大型地面电站给予20%初始投资补贴，国家按等比例进行初始投资补贴配置；户用和基于农业设施的光伏扶贫项目还贷期5年，享受银行全额贴息，大型地面电站还贷期10年，享受银行全额贴息。

试点一年多来，6个试点省（区）编制了光伏扶贫实施方案，整合有关支持政策，不同程度地开展了试点工作。到2015年底，6个试点省（区）通过建设村级光伏电站、户用光伏系统、集中式光伏电站等方式，共惠及7万户贫困人口。其中，安徽为28343户安装了户用光伏系统，建设了307个60千瓦－100千瓦的村级光伏电站，总装机容量达12万千瓦，惠及34483户贫困人口，每户年增收3000元左右。山西在5个试点县建设了56个100千瓦的村级光伏电站，惠及8000多户贫困人口。

2016年3月24日，国家发展改革委、国务院扶贫办、国家能源局、国家开发银行、中国农业开发银行联合下发《关于光伏发电扶贫工作意见的通知》。通知指出，2020年之前，重点在前期开展试点的、光照条件好的16个省的471个县的约3.5万个建档立卡贫困村，以整村推进的方式，保障200万建档立卡无劳动能力贫困户（包括残疾人）每年每户增加收入3000元以上。其他光照条件好的贫困地区可按照精准扶贫的要求可因地制宜推进实施。

中国光伏发展已进入快车道，原2020年光伏发电规模目标为1.5亿千瓦，“十三五”规划光伏装机目标由之前1亿千瓦调整为2亿千瓦，还将力争实现多个目标。

目前我国光伏市场主要面临局部地区限电、补贴拖欠、上网标杆电价下调等问题。对此，一是通过规模化发展促进成本持续降低，尽早实现光伏发电用户侧平价上网；二是加快推进技术进步，建立光伏产业技术创新体系，形成国际竞争优势；三是完善光伏产业服务体系，为产业健康发展提供良好的市场环境。

随着国内外光伏市场持续扩大和国际贸易环境的逐步改善，我国光伏产业发展环境持续向好，企业基本面持续改善在“领跑者”计划的引导下，我国光伏产业升级、技术进步将进一步加快，在全国能源工作会议上，国家能源局局长努尔•白克力表示，2016年，将加快发展风电和太阳能，推动第一批100万千瓦左右规模的光热发电示范项目建设，全年力争光伏发电新增装机1500万千瓦以上。

关于建立全国碳排放交易市场研究

《中国低碳年鉴》编辑部

近年来，党中央、国务院多个重大政策文件都明确提出实施碳排放权交易，建立全国碳排放权交易市场的要求，目的就是通过市场机制与行政手段相结合，进一步发挥市场在资源配置中的决定性作用，推动企业研发和应用低碳技术，加强碳排放管理，吸引社会资金向低碳行业、低碳产品、低碳服务等领域聚集，促进经济社会向绿色低碳发展转型。2015年12月联合国气候大会召开前，中国明确提出计划于2017年启动全国碳排放交易体系，届时将覆盖1万家企业，覆盖31个省市区的6个工业部门（电力、钢铁、水泥、化工、有色、石化），并将覆盖每年约40-45亿吨的碳排放，占全国碳排放量的近50%，为欧盟碳交易市场的一倍，中国的碳市场将成为全世界最大的碳交易市场。

全国碳市场建设将分3个阶段进行：1.2014—2015年为准备阶段。2015年主要任务就是与国务院法制办衔接，争取尽早出台国务院行政法规，同时由主管部门出台其他相关的配套细则和技术标准，以及所有行业企业温室气体核算方法和标准等。2.2016—2020年为运行完善阶段，调整和完善交易制度，实现市场稳定运行。3.2020年后则进入稳定深化阶段，逐步形成健康活跃的交易市场，探索与国际上其他碳市场连接的可行性。

2017年启动全国碳排放交易市场可行性分析

一、碳交易试点成效显著 市场运行稳定，为全国碳市场积累了经验

从2011年开始，北京、上海、深圳等7个省市的碳排放权交易试点启动。截至2015年底，共有2000多个企事业单位被纳入碳市场，累计配额成交量4978.7万吨CO2，成交额14.1亿元。仅2015年当年配额成交量为3263.9万吨CO2，成交金额8.36亿元，较2014年同比分别增长112%和51%。截至2015年底累计成交量逾4800万吨二氧化碳，累计成交额超14亿元。目前试点市场运行稳定，企业整体履约率保持较高水平。以市场手段推进碳减排的效果得到充分体现，控排企业借助碳交易市场实现控排减排的意识有所提升，推动了交易活跃程度的逐步提高；履约时间设定对交易量产生了巨大影响。

在国家发展改革委应对气候司的统一部署和具体指导下，7个试点省市碳交易试点是成功的，在构建法规政策体系、排放配额分配和管理、排放测量报告与核查、交易和履约管理、能力建设等方面进行了大量探索性的工作，为启动全国碳排放权交易体系建设积累了宝贵经验。从实践情况看，不仅有效控制碳排放增长、推动地方产业结构优化调整起到了显著效果。在碳排放总量和碳强度上，被纳入7省市碳市场试点的2000多个企事业单位连续保持碳排放总量和碳强度双降趋势。更重要的是，通过试点探索，在碳交易路径、人才培养、能力建设、制度制定、交易运行等积累的宝贵经验，提供了“样本”，为在全国建立碳排放交易权市场奠定了基础。说得具体一些：

第一，政策制度先行，在实践中不断完善。各试点省市重点围绕碳市场的关键制度要素和技术要求，充分发挥行政力量，在短时间完成了关键制度设计，各试点省市都制订了碳排放权交易管理办法，明确开展碳排放权交易基本规定和有关程序；设定了碳排放配额总量目标，或者碳强度控制目标；建立了碳排放报告与核查体系，完成了对参与企业的碳排放盘查。在上海试点推进过程当中，一开始就建设规则体系，形成了一套比较有效的贴近市场需求的制度体系，从2013年11月26日上线交易至今，上海成为唯一一个连续两年都百分之百完成履约的一个试点地区，企业主动参与碳排放管理的意识逐步提高，机构投资者参与碳市场的广度和深度正不断地深化，为上海碳市场的功能发挥起到了重要的作用，截止2015年11月25日，上海碳市场共运行105周，487个交易日，总成交量2049万吨，总成交金额3.13亿元，在全国七个碳市场中位居前三。

第二，在覆盖范围上，交易主体范围主要确定在所辖高耗能、高排放企业，交易产品以二氧化碳为主；同时纳入直接排放和间接排放。由于试点区域经济结构差别大，覆盖行业广泛多样，包含重化工业，同时也包含建筑、交通和服务业等非工业行业。在纳入企业选择上都是设定一个排放门槛值，符合条件的基本上纳入。

第三，在配额总量和结构上，各试点将总量设定与国家碳强度目标相结合，充分考虑经济增长和不确定性，进行总量设置。同时，通过柔性的配额结构划分，以及配额储存预借的跨期灵活机制，以适应高经济增长和不确定性的特征。

第四，在配额分配机制上，通过免费分配与拍卖相结合、历史法和标杆法相结合、事前分配与事后调整相结合的“三结合”方法，一方面，在一定程度上克服了数据基础薄弱、控排主体环境意识不强，参与碳市场积极性较弱

的问题；另一方面，为政府留下了较大的管理空间和手段，平衡了经济适度高增长和节能减排之间的关系。

第五，在抵消机制上，允许采用一定比例的CCER用于抵消碳排放，同时充分考虑了CCER抵消机制对总量的冲击，通过抵消比例限制、本地化要求和项目类型规定，控制CCER的供给。

总体上看，七个试点的制度设计体现出了发展中国家和地区不完全市场条件下ETS的广泛性、多样性、差异性和灵活性。由于七个试点横跨了中国东、中、西部地区，区域经济差异较大，制度设计体现出了一定的区域特征。深圳的制度设计以市场化为导向。湖北配套制度建设和市场流动性，采取了稳中求进的稳健型模式，在交易规则设计上，放低门槛，鼓励个人、机构投资者和境外投资者进入，截至2015年11月30日，湖北碳市场共吸引投资者64.3户，其中个人投资者6189户，机构投资者77户。二级市场交易量（除政府直接拍卖的配额，完全市场交易）达700万吨，占全国的48%，交易总额1.6亿元，占全国的31%累计日均成交量为3.8万吨，占全国的56%，均居全国第一位。还推行“碳汇”，不发达地区植树造林产生的碳汇，可以卖给发达地区用于排碳，2014年湖北实施神农架林区和通山县的林业碳汇项目试点，开发近200万亩林业碳汇项目，预计碳汇收入近千万元。北京和上海注重履约管理，而广东碳市场重视一级市场，但政策缺乏连续性，重庆企业配额自主申报的配发模式，使配额严重过量，造成了碳市场交易冷淡。第六，注重专业人才培养。上海通过对碳交易体系两年来的常态化运行管理，培育和锻炼了一批在总量设定、配额分配、碳排放核查和市场等方面具有丰富实践的50多名碳排放专业管理人员、10家碳排放核查机构的200多名经验丰富的碳排放核查员。

与此同时，各试点省市还作了一些有益尝试。广东提出探索建立基于碳普惠制的省内自愿减排核证机制，推进自愿减排交易与配额交易市场的相互融合、相互促进，其中包括探索建立碳排放总量控制和分解机制、适时扩大碳排放管理和交易范围。湖北先后推出了碳资产质押贷款、碳众筹项目、配额托管、引入境外投资、建立低碳产业基金等创新之举。还与山西、安徽、江西、广东等省签订了“碳排放权交易跨区域合作交流框架协议”。上海环境能源交易所已建立了机构投资者、交易服务商、CCER质押、借碳交易等制度规则以拓展市场主体、创新市场服务。开展了国内首单CCER质押业务、推动建立了总体规模达2亿元人民币的碳基金，开展借碳交易业务，并启动了中远期交易产品的设计开发，不断增强交易多元化服务功能，逐步深化市场化机制探索。吸引了包括壳牌（中国）有限公司、爱建信托、中信证券、海通新能源等国内外知名金融机构在内的近50家机构投资者。北京碳市场的交易产品在七个试点碳市场中最为丰富，既包括碳排放配额和中国核证自愿减排量（CCER）等七个试点碳市场的均有的交易品种，还有林业碳汇项目和节能项目产生的减排量等基于本市市情推出的特色产品。从参与企业的类型看，中央企业在京单位占比约30%，外资及合资企业占20%左右，其中包括多家世界500强企业。北京环交所相继推出了回购式融资、碳排放配额场外掉期交易等创新产品和服务，进一步挖掘了碳配额的融资功能，为市场提供了可选择的风险管理工具。为推广试点经验，充分挖掘区域环境协同治理潜力，推动京津冀协同发展，京冀在全国率先探索跨区域交易试点建设。河北省承德市作为先行城市与北京正式实现跨区域链接，先期将水泥行业纳入跨区域试点体系，并已于2015年开展核算核查与履约工作。同时，北京也在积极与内蒙古自治区等地研究跨区域合作空间。同时积极开展对外交流，提升国际影响力。2015年9月，北京环交所参加了在美国洛杉矶召开的“首届中美气候智慧/低碳城市峰会”，与能源与交通创新中心（iCET）、气候注册署（TCR）、北美气候行动储备中心（CAR）等美方机构签署合作谅解备忘录，开启了中美两国碳市场机构间合作的新窗口。

二、低碳发展顶层设计、制度和体制机制建设取得进展

制定并实施了《“十二五”控制温室气体排放工作方案》和《国家应对气候变化规划（2014—2020年）》。研究提出了我国2020年后控制温室气体排放行与动目标，提出2030年左右二氧化碳排放达到峰值等目标任务。

初步确定了全国碳市场覆盖的行业范围和企业边界，针对不同行业提出了碳排放权的配额分配方法，发布了重点行业和企业碳排放核算与报告国家标准，起草了核查报告的实施细则。部署和动员各地开展重点企事业单位碳排放核查报告制度；初步形成国家应对气候变化领导小组统一领导、发展改革委归口管理、有关部门和地方分工负责、全社会广泛参与的应对气候变化管理体制和工作机制。

三、着力推进碳交易立法

国家发展改革委已出台《碳排放权交易管理暂行办法》，历史排放核查的指南，总量和配额分配的办法，以及交易过程中核查的等。《碳排放权交易管理条例》（草案），2015年12月已正式提交国务院审审批。加紧研究全国碳市场覆盖范围以及配额分配初步方案，2015年11月19日 出台了11项重点行业企业碳排放核算与报告国家标准，组织地方开展了重点行业企业碳盘查和报告，着力规范引导国内温室气体自愿减排交易项目，建立与完善碳交易注册登记系统及规则。正在组织开展《应对气候变化法》调研起草工作。

四、与建立全国碳市场密切相关的各项工作创造了良好的社会大环境

1.超额完成“十二五”应对气候变化目标

在全社会共同努力下，“十二五”期间碳强度累计下降20%左右，超额完成“十二五”规划下降17%的目标任务。能源结构进一步优化，2015年非化石能共源占一次能源消费比重达到12%，超额完成“十二五”规划所提11.4%的目标。森林碳汇显著增加，2013年，我国森林总面积已恢复到2.08亿公顷，森林蓄积总量151亿立方米，森林覆盖率达到21.63%，已超额完成 “十二五”143亿立方米的目标。

2.低碳试点示范扎实推进。42个省市开展了低碳省区和低碳城市试点，探索各具特色的低碳发展模式，推动试点城市碳排放率先达峰。启动国家低碳城（镇）试点，推进低碳社区试点，开展55家国家低碳不工业园区试点，基本形成了低碳省市、低碳城（镇）、低碳园区、低碳社区全方位低碳试点示范工作格局，积极探索低碳发展新途径。开展低碳产品认证试点，实施碳捕集利用和封存试验示范项目。

3.适应气候变化能力得到提升。制定并实施了《国家适应气候变化战略》。在生产力布局、基础设施、重大项目规划设计和建设中考虑气候变化因素，适应气候变化特别是应对极端气候事件能力逐步市加强。在农业、林业、水资源、气象、卫生健康等重点领域和生态脆弱地区、海岸带等重点地区实施适应气候变化重点项目，研发推广适应气候变化技术，减轻了气候变化对经济社会发展和生产生活的不利影响。

总起来看，目前已经完成和正在加快推进2014—2015年准备阶段的各项工作，2017年启动全国碳排放交易市场已具备了较好的基础和基本条件，是可行的。不言而喻，可行不等于可靠，我国碳排放交易还处于试点阶段，必然存在短板和软肋。全国碳排放权交易市场的建设，覆盖范围会更广，市场规模更大，参与主体更多，交易产品更加多样。而这对于国家和地方主管部门、第三方认证机构、参与碳排放权交易的企业以及交易机构来讲，都会面临新的挑战和考验。诸如法规、全国的碳排放总量、分配方式、初始分配额、能力建设、监管等，为建立全国碳排放交易市场，都还有大量工作要做。

面临的主要任务和挑战

为确保2017年启动全国碳排放交易，实施全国碳排放权交易制度，2016年1月11日，国家发展改革委办公厅下发《关于切实做好全国碳排放权交易市场启动重点工作的通知》（发改办气候〔2016〕57号），对全国碳排放权交易市场建设工作进行了具体部署。要求各地方应高度重视全国碳排放权交易市场建设工作，建立起由主管部门负责、多部门协同配合的工作机制，设立专职人员负责碳排放权交易工作。在资金保障上，各地方除确保碳排放权交易市场建设所需工作经费外，还要争取安排专项资金，专门支持碳排放权交易相关工作。《通知》提出，2016年是全国碳排放权交易市场建设攻坚时期，以控制温室气体排放、实现低碳发展为导向，充分发挥市场机制在温室气体排放资源配置中的决定性作用，国家、地方、企业上下联动、协同推进全国碳排放权交易市场建设，确保2017年启动全国碳排放权交易，实施碳排放权交易制度。2016年2月23日，国家发展改革委在北京召开全国碳排放权交易市场建设工作部署电视电话会议。国家发展改革委党组成员、副主任张勇同志出席会议并讲话。会议深刻认识全国碳排放权交易市场建设的重要意义，系统总结了碳排放权交易市场建设的工作基础，并结合下一步的工作重点进行了全面动员部署，提出了具体要求。

从国内外有关实践的比较研究表明，为2017年确保启动全国碳排放交易市场的可靠，旗开得胜，必须全面展开扎扎实实工作。

一、加快推进立法工作，建立健全碳交易法规制度体系

全国碳交易市场将是全球第一大交易市场，市场治理的难度也必然更大，对立法的要求更为迫切。在市场扩大、交易增多、参与者利益诉求多样化的情况下，诸如操纵市场、内幕交易等恶意市场行为出现的可能性也会增大，加强依法行政，特别是对违规行为的处罚，对于市场的有序、健康发展将具有重要意义。

目前，碳交易市场建设主要靠政策推动，多数地区还是依据行政规章建设碳交易市场法律制度体系尚不健全。应尽快出台《碳排放权交易管理条例》和《碳排放权配额分配办法》及抓紧制定各项配套细则和标准。有两个思路，一种是把某些试点地区的好的经验完善后作为范本推开，另一种就是全面总结试点经验，重新制定出一套规则，真正做到碳交易有法可依；建立企业温室气体排放报告制度。在全面总结碳排放权交易试点经验基础上，充分发挥市场机制作用，建立企业温室气体排放报告制度、碳排放权初始分配及交易制度，开展碳排放配额预分配工作，尽快出台第三方核查机构的管理办法、认证规则和核查规则，加强市场监管，确保2017年启动运行全国碳市场。

碳排放权是一种特殊的用益物权，兼具私益性和公共品性质，因此碳交易市场中的多元化价值需要法律加以

定位，复杂的利益关系需要法律加以调整，以及有关碳交易市场建设、温室气体减排的政策或战略需要法律加以落实，明确市场参与各方的权利和义务，使碳交易有法可依。首先要有上位法，由全国人大颁布专门的《碳交易法》，或在《应对气候变化法》列出专门碳交易章节；同时要制定与碳交易相关的行政性法规、地方性法规及政府规章制度等，形成一套完整的法律体系是碳交易市场的根本保障。碳交易法律体系的构建要注重前后连贯、层次分明、内外协调。对外应当保持与碳交易国际法律新秩序之间的有效衔接，尤其要与巴黎气候大会之后全球碳市场的新形势、新变化、新发展相适应；对内应当实现与其他已出台的部门法之间的衔接互补，从而保证整个碳交易法律体系的和谐统一。由此看来，碳排放权交易立法任重而道远。

二、尽快完成各项基础性工作

企业碳排放数据的历史盘查和核查则构成碳交易体市场建设的基石。如果没有高质量的数据作为支撑，把碳交易市场建立在虚假的数据基础上，无异于把碳交易市场建立在沙滩上。在国家层面，需制定统一的监测、报告、核查（MRV）体系，规则统一是数据准确的前提。

为了确保2017年启动运行全国碳市场，在2016年这一年时间中，国家有关部门必须协调地方政府应尽快建立企业温室气体排放报告制度、合理确定纳入交易企业范围及配额总量。盘查核实企业温室气体排放历史数据，抓紧做好数据盘查工作，公布纳入碳交易市场的企业名单，给出相关企业足够的准备和适应时间，进而保障全国碳市场的顺利启动。要建立碳排放监管、碳盘查、碳登记等管理体系；开展省级年度清单编制工作，为建立全国碳排放总量控制制度和建设全国碳排放权交易市场奠定基础。

建立碳排放权交易初始分配和交易制度，开放碳排放配额预分配工作，尽快出台第三方核查机构的管理办法、认证规则和核查规则。

在计算方法、惩罚力度、制度建设各方面，国家如果还没有进行规定的，地方政府还需要进行制订和规范。针对一些具有地方特色的行业，2014年12月出台的《碳排放权交易管理暂行办法》提出，“各省、自治区、直辖市结合本地实际，可制订并执行比全国统一的配额免费分配方法和标准更加严格的分配方法和标准”。这些标准的制订和出台，市场需要时间进行验证和消化。为此，地方政府如何制订恰当的政策法规，并逐渐与国家政策进行对接。

企业要夯实碳排放数据监测能力基础，相关机构要培养储备碳交易专业人才，全社会更要明确建立碳交易体系的出发点和最终归宿是实现碳减排控排的政策目标。

三、国家和各地方都应高度重视全国碳排放权交易市场建设

按照经济体制改革和生态文明体制改革总体要求，以控制温室气体排放、实现低碳发展为导向，充分发挥市场机制在温室气体排放资源配置中的决定性作用，高度重视全国碳排放权交易市场建设。

1. 切实加强组织领导。明确全国碳排放交易市场建设的战略目标、实施步骤和配套措施；做好碳排放权分配、核算核证、交易规则、奖惩机制、监管体系等方面制度设计，制定全国碳排放交易管理办法。国家、地方、企业上下联动、协同推进全国碳排放权交易市场建设，确保2017年启动全国碳排放权交易，实施碳排放权交易制度。主管部门设立专职人员负责碳排放权交易工作，组织制定工作实施方案，细化任务分工，明确时间节点，协同落实和推进各项具体工作任务。

2. 各省市区要尽快完成重点行业企（事）业温室气体排放历史数据盘查，建立企业温室气体排放报告制度、合理确定纳入交易企业范围及配额总量，上报本省碳排放配额方案；国家将通过试分配方式，进一步完善配额分配方法。

3. 各央企集团应加强内部对碳排放管理工作的统筹协调和归口管理，明确统筹管理部门，理顺内部管理机制，建立集团的碳排放管理机制，制定企业参与全国碳排放权交易市场的工作方案。

4. 建立碳排放权交易初始分配和交易制度，开放碳排放配额预分配工作，尽快出台第三方核查机构的管理办法、认证规则和核查规则。

5. 进一步完善投资政策，形成低碳经济发展下的长效投融资机制，引导社会资本广泛投入；建立碳交易发展引导基金，引进战略投资者，通过采取跟进投资、阶段参股和融资担保的形式，催生和孵化节能减排项目，为碳金融市场交易提供稳定的交易标的；丰富市场结构，让碳证券、碳期货、碳基金等各种碳金融衍生品的创新与服务等，都需要尽早谋划。

四、健全市场体系，建设碳排放权交易平台和碳排放权交易系统，实现信息共享

首先，是实现减排政策目标与活跃市场交易的平衡，碳交易不应为交易而交易，交易的种类和流动性应该适度，应以低成本有效实现全社会碳减排目标为根本出发点和最终归宿。与此同时，应实现区域和行业发展水平与减

排责任的平衡，在配额分配方面，应综合考虑区域、行业分布及其碳减排任务承受能力。

其次，总量刚性与结构柔性相结合。碳交易体系是为了实现既定的减排目标，所以，总量必须是刚性的，一旦确定就不能随意更改。但为了平衡经济增长和减少碳排放，必须为企业新增产能留下一定的排放空间，也为碳市场的异常波动留下政府调控的手段，因此，需要把配额在结构上分为企业初始配额、新增预留配额和政府预留配额3部分，三者之间的比例可根据实际情况进行一定范围内的调整，期末多余的配额应该予以撤销。

三是，“四个结合”，即历史法和标杆法相结合、免费分配和有偿拍卖相结合、事前分配和事后调节相结合、存量从严与增量从优相结合。在全国统一碳市场建立初期，碳排放配额分配应以无偿分配和有偿分配相结合、无偿分配为主的形式开展，随着碳市场发展成熟程度的提高，应尽快过渡到无偿分配和有偿分配相结合、有偿分配为主的方式。此外，根据经济形势和企业产量开展事后配额动态调整，采用基准线法，在产量增加时对增长部分给予一定程度的配额补给，在产量下降时对减产部分进行配额回收。还应注意排放配额交易与核证自愿减排量交易的平衡。随着条件的成熟，特别是基础数据的质量不断提高和完备、企业减排能力的不断加强和制度方法的不断完善，可以逐步向完全标杆法、完全有偿分配以及事前一次性分配过渡，存量和增量也一视同仁。

五、强化能力建设

对于我国来说，建立碳排放权交易市场是新事物、新任务，各地与方的基础能力普遍比较薄弱。要结合工作实际，围绕全国碳排放权交易市场各个环节，深入开展能力建设，针对不同的对象，制定系统的培训计划，组织开展分层次的培训，重点培训讲师队伍和专业技术人才队伍，并发挥试点地区帮扶带作用，为全国碳排放权交易市场的运行提供人员保障；对行政管理部门，着重加强碳排放权交易市场顶层设计、运行管理、注册登记系统应用与管理、市场监管等方面的培训；对作为市场主体的企业来说，一方面是提高管理碳排放的能力，履行控制排放的义务，实施减排活动、编报排放信息、制定监测计划等，另一方面是加强碳资产管理能力，管理好、使用好碳资产。目前要着重开展碳排放权交易基础知识、碳排放核算与报告、注册登记系统使用、市场交易、碳资产管理等方面培训；对第三方核查机构，重点开展数据报告与核查方面的培训；对交易机构，主要进行市场风险防控、交易系统与注册登记系统对接等方面的培训。各地方、各相关行业协会、中央管理企业按照国家总体部署，积极参加相关培训活动，提高自身能力，认真遴选参加讲师培训的人选，并以此为基础，在本地区、本行业和本企业集团内部继续组织开展培训，确保基层相关人员都能具备必要的工作能力。

各行业协会应发挥各自的网络渠道和专业技术优势，积极为本行业企业参与全国碳排放权交易市场提供服务，收集和反馈企业在参与全国碳排放权交易市场中遇到的问题和相关建议，协助提高相关政策的合理性和可操作性。

同时，到2020年，如果衍生品市场建立起来，碳市场规模则有望接近500亿元甚至千亿元级别。包括环保节能设备改造和环保服务、碳排放相关领域以及供碳捕捉服务或碳汇的相关行业将获得巨大市场发展机会。另一方面，以碳排放为标的的金融创新潜力大，特别是碳排放为标的的创新金融产品和机制，其中包括CCERs质押、碳期权合同、碳基金、CCERs预购买权、借碳业务等新兴领域也将面临新的机遇，也都要未雨绸缪，持续开展碳排放权交易能力建设。

六、建立碳交易市场风险监管机构和监管制度

《中共中央关于全面推进依法治国若干重大问题的决定》强调，使市场在资源配置中起决定性作用和更好发挥政府作用，必须以保护产权、维护契约、统一市场、平等交换、公平竞争、有效监管为基本导向，完善社会主义市场经济法律制度，并要求依法加强和改善宏观调控、市场监管。《中共中央关于全面深化改革若干重大问题的决定》要求，着力解决市场体系不完善、政府干预过多和监管不到位问题，保障公平竞争，加强市场监管，维护市场秩序，推动可持续发展。

碳交易市场的风险监管主要体现在总量控制制度、配额分配制度、信息公开制度、报告审查制度、“三可”制度、注册登记制度、第三方机构管理制度等方面。总量控制制度是实行碳交易的基础，过严则不利于经济发展，过松则难以实现控排的目标，试点省份在总量控制方面存在方法学不同的差异。所以，全国碳交易市场建设在总量控制设计中要体现科学性，要处理好地区、行业经济发展与环境保护的协调。配额分配关乎国家、地方经济发展，以及控排对象的切身利益。全国碳交易市场配额分配制度的设计不仅要体现科学性，更要兼顾地区间的公平性、行业间的差异性。信息公开，据《2014年CDP中国100强气候变化报告》显示，中国企业碳排放信息公开不到五成，表面看来，企业担心商业秘密泄露、环境纠纷、环境行政处罚。实际上是缺乏企业碳排放信息公开的制度。如何把握透明度和保密程度二者之间的平衡，是全国碳交易市场建设需要考虑和进一步解决的问题。否则，随着全国碳交易市场的启动，纠纷准以避免。例如，2011年美国新泽西环保局因拒绝公开买方碳交易信息，被该州独立的调查新闻机

构起诉。

目前，我国碳排放权交易尚处于试点阶段，国家层面缺失立法监管，虽有部门规章《碳排放权交易管理暂行办法》，但不过是框架性文件，缺乏配套的操作细则；地方层面则存在监管规则位阶低、不统一、不健全等问题。7个试点省市均有一套报告审查制度，彼此间存在差异。全国碳交易市场的建设，须保证报告审查制度的规范性、统一性、奖罚合理性。但不是说目前我国的碳交易市场风险监管是盲目的、无章可循的。

现状研究还表明，对于碳交易市场监管机制的构建，多是从单一部门展开，且没有结合碳交易市场的特殊性和风险监管困境，难以实现对调整范制的突破。这种缺乏立法整合与协同的思路，势必造成单一部门法之轻，无法承受碳交易市场风险监管之重任。鉴于碳交易市场的特殊性、风险影响的多元性，以及风险监管的复合性和实践指向性，必须立足国外和试点碳交易市场实践中存在的风险问题，结合碳交易市场的特殊性、风险监管难题和国内外立法经验教训，对碳交易市场风险监管作出回应，探索建立碳交易市场的风险综合监管理论，突破常规边界，建立一套多维度、多部门协同、体系化的多元调整机制，构建政府、第三方机构、交易所、社会多元主体的法律监管体制机制。

第一，构建政府监管机制。国外碳交易市场建设多是立法先行，而中国则是试点先行、政策引导。在论证了碳交易市场风险政府监管正当性、主导作用的基础上，构建碳交易市场风险政府监管法律机制，着力总量控制制度、配额分配制度、信息披露制度、报告审查制度、国家碳交易注册登记管理制度以及核算、报告与核查、第三方机构管理制度等方面等制度的创新、完善和运行。主要体现在总量控制制度、配额分配制度、信息公开制度、报告审查制度、“三可”制度、注册登记制度、第三方机构管理制度等方面。

第二，建立和完善专门的、第三方机构监管机制，尽快出台第三方核查机构的管理办法、认证规则和核查规则。

对第三方核查认证机构来说，考验的既是其技术能力，更是其诚信度。如果第三方核查机构在核查过程中不能保持公平、公正，不按照规定对企业碳排放进行核查，制定虚假的碳排放信息报告，则会造成不同企业减排成本的差异，并导致对市场公平性的怀疑，直接威胁碳交易市场的生命力。因此，对第三方核查机构的建立和监管，应该是政府部门市场监管的重大职责之一。

在碳交易市场建设中，第三方机构具有独立性、营利性、中立性的特点；以其特有的技术和专业优势，发挥着不可替代的监管作用。第三方机构行使碳交易市场监管权力，须拥有国家规定的软件和硬件资质。一旦国家认可其资质，第三方机构就要按照与控排企业的委托协议，开展具体的核查工作，即对控排单位的温室气体减排活动进行核查与证实。

从各试点省份第三方机构的产生来看，有的是指定产生，有的则是招标产生，对于招标、指定产生的第三方机构，还存在与国家发展改革委备案的机构名单不一致的现象。因此，全国碳交易市场的建设，需要完善、统一第三方机构管理制度中资质审查、认定、公布、奖惩等一系列体制机制和规范、规则。

各地方部门要根据“第三方核证机构的管理办法”，结合企业温室气体排放核算报告工作的推进，对本地区具备能力的第三方核查机构进行摸底，筛选一批在相关领域从业经验丰富的机构，根据自身需要明确核查程序和要求，安排第三方核查工作专项经费，为开展重点企业温室气体排放工作提供核查服务。同时，考虑全国碳排放权交易市场对第三方核查机构的需求，着力培育具备基础的第三方机构的业务，争取纳入全国碳排放权交易核查体系。

第三，重构交易所监管机制。碳交易所是碳交易市场主体参与交易的重要平台，为参与主体提供交易信息、交易场地、交易设施以及结算等服务，同时监管市场参与主体的交易行为、交易账户资金变动情况，对违规市场参与主体采取措施，以及为碳交易市场参与主体间、交易主体与交易所间的纠纷，提供救济，从而保障碳交易市场的健康、安全、有序、可持续运行。

国外已形成了一些比较活跃，且各具特色的碳交易所。例如，欧洲能源交易所(EEX)提供EuA现货、期货交易；欧洲环境交易所(BlueNext)提供ERU、EUACER期货交易，是全球最大EuA现货市场；奥地利能源交易所(EXAA)提供EUA现货，和以电力现货为主的交易；荷兰气候交易所(Climex)提供EUA、CER、ERU、VER现货与远期交易。

目前，我国7个试点省市均有自己的交易所和一套自己的交易规则，各交易规则存在诸多差异，不利于碳交易市场的健康、可持续发展。因为“游戏规则”不同，参与主体定会选择有利于自己的规则。其面临的主要考验是对交易活动的日常一线监管，保证市场交易是在一个公平的环境下进行，需要加强对交易活动的风险控制和对会员以及交易所工作人员的监督管理。

在全国碳市场建设中，碳交易机构发挥着独特的作用。由于试点阶段的特殊性，每个试点省市设立的市场交易机构，在一个既定的市场内，保持多个市场交易机构竞争，对于鼓励提高服务水平是必要的，但过多的交易机构会导致平均盈利水平下降，有可能造成恶性竞争，可能造成全国统一市场的割裂，出现地方保护主义，需要在全国市场建设过程中对此保持关注。

因此，全国碳交易市场建设就需要建立全国统一各的交易规则，相应的风险监管制度建设应包括资格审查制度、注册登记制度、交易结算制度、标的物登记管理制度、监管制度、争议解决制度、风险应急制度、信息管理制度等，都需要在论证碳交易监管的正当性和监控作用的基础上，继续完善具体的制度体系。

第四，引入社会监督机制。作为纳税人，行使对碳交易市场总量控制、配额分配、交易、监管、核查等方面的监督是应有之义。若要发挥社会监督的作用，需要在认识到监管自身引发的监管风险和实践中社会监督缺失等问题的基础上，论证社会监督的正当性和社会的监督作用，进而在碳交易市场风险监管中引入社会监督机制。从国家发展改革委出台的《碳排放权交易管理暂行办法》，以及试点省市立法来看，并没有纳入社会监督机制。全国碳交易市场建设，尤其是风险监管，要重视和充分发挥社会主体的监督作用。社会监督的对象应包括政府及碳交易市场主管部门、碳交易所、第三方机构以及其他市场参与主体。具体来说，社会监督可监督政府的碳排、放总量控制、配额分配、行政处罚等行为，监督碳交易所的会员管理与服务、交易纠纷处理、监督管理、信息发布等行为，监督第三方核查机构的资质、核查、核查报告等事项，监督交易主体的内幕交易、操作市场等不正当竞争行为。

七、继续做好碳排放交易试点

北京市、上海市、天津、湖北省、重庆市、广东省、深圳市等7个碳排放权交易试点省市要进一步推进试点建设，不断创造、总结和推广试点经验，带动周边地区尽快熟悉了解碳排放权交易制度，率先完成建立全国碳排放权交易市场各项具体的准备工作，为有序推进全国碳交易市场建设作出贡献。同时，国家有关部门要积极沟通协调，结合试点经验完善全国碳市场制度设计，确保试点与建立全国碳排放权交易市场的无缝衔接。

八、加大宣传力度，营造良好的社会大环境

当前试点碳市场普遍存在的突出问题是，工业企业节能减碳的意愿和碳资产管理的意识较为薄弱，有些甚至不太了解。在他们看来，在当前的排放要求下，碳交易的必要性不大，而且也没多大的经济效益。不少企业参与碳交易的目的和动机停留在合规、履约的初级层面，对碳资产的经营管理不够重视，甚至将碳交易视为企业发展的桎梏。因此，必须进一步激发民众的环保意识，激发企业参与者的积极性，增强企业的担当意识，认真践行节能减排、环境保护的创新与升级。依靠技术创新，坚持绿色环保的可持续发展路线，配合全国性碳排放交易市场的建立。

在“全国低碳日”和地方各类节能低碳宣传活动中，将碳排放权交易宣传作为重点，开展形式多样的宣传教育活动，提高社会的关注和参与程度，正面引导舆论，努力营造良好的社会大环境。

九、高度重视国际碳交易市场，实现跨越发展

1997年，全球100多个国家因全球变暖签订了《京都议定书》，规定了发达国家的减排义务，同时提出了三个灵活的减排机制，碳排放权交易是其中之一。经过多年发展，到2005年，伴随着《京都议定书》的正式生效，碳排放权已经成为国际商品，吸引越来越多的投资银行、私募基金以及证券公司等金融机构参与其中。近年来，国际碳排放权交易进入高速发展阶段，越来越多国家开始建立碳交易市场，2013年，美国启动碳交易市场，2014年，澳大利亚启动碳交易市场；2015年1月，韩国碳交易市场正式运行。2014年，全球碳市场的交易总量约为91.1亿吨，交易总额约为505.2亿欧元，交易总量较2013年的104.2亿吨下降了10.5%，但其交易总额同比上升了约26.36%。

2016年2月23日发布的《国际碳行动合作组织（ICAP）2016年度全球碳市场报告》凸显出碳排放交易体系（ETS）在应对气候变化行动中呈现出持续增长态势，并发挥了关键作用。仅2015年全球就有五个国家或地方政府宣布计划建立新的碳市场。《报告》是对世界各地碳排放权交易的年度总结，报告在指出碳交易市场重要趋势的同时，提供对未来碳市场主要发展的前景预测。巴黎协定向目标宏远的可持续性全球气候行动发出了一个强烈信号。通过允许各国使用国际碳市场以完成本国减排承诺，巴黎协议再次确认了通过基于市场的政策应对气候变化，并具有降本增效的潜力。联合国气候变化框架公约（UNFCCC）超过一半的缔约方均表示，他们计划在完成其国家自助贡献时利用或考虑使用碳市场。巴黎协定建立起全球气候行动框架，当前工作的重点是切实兑现各国的承诺。未来数年内，我们将看到包括碳交易在内的气候措施全面展开。截至 2016年，世界各地已建立17个碳排放交易体系，覆盖超过四十亿吨的温室气体排放量。

亚洲已成为排放权交易新的热点地区。2015年，亚洲崛起成为碳交易新的热点地区。在过去三年间，亚洲总共推出9个新的碳排放交易体系，其中包括 2015年年初韩国推出的碳排放交易体系以及中国的七个碳交易试点等。北

美重新燃起对碳市场的兴趣 在大西洋彼岸，气候变化也在政治议程中进一步得到重视。加拿大马尼托巴省和安大略省宣布计划实施碳交易体系，这意味着加利福尼亚州和魁北克省“西部气候倡议”框架下的碳市场将进一步实现扩张。美国清洁电力计划（CPP）的获批也重新引燃对碳排放权交易的兴趣。

与此同时，已建立的碳交易体系也正处于结构性改革进程之中。此类改革确保碳市场在减少温室气体排放领域发挥有效作用的同时，能够适应不断变化的环境和气候目标。例如，在欧盟，政策制定者正努力借鉴总结长达十年的碳交易体系经验，以期欧盟的体系能够在未来十年中发挥更大的作用。这些开创性的体系正继续向世界展示排放权交易的灵活性和有效性，激励决策制定者不断开发和完善下一代的碳排放交易体系。

从全球角度和长远发展来看，碳减排将是一个争夺新兴碳金融市场话语权的战略问题。当前国际市场上碳金融已成为各国抢占低碳经济制高点的关键，这一领域的竞争相继在各金融机构展开。在低碳经济道路上，对所有国家来说面临着共同的起跑线，而关键在于在这条道路上的起跑速度。所以，中国必然高度重视国际碳交易市场的发展，力图在低碳经济战略中处于不败之地。中国应建立统一碳交易市场，必须高度重视国际碳交易市场的发展，密切关注国际碳排放市场碳排放市场，及时吸收、借鉴国际碳排放市场经验，推进中国的“碳排放”资源进入国际市场，以获得更大的利润和发展，打造与欧盟、美国的碳排放市场形成三足鼎立之势，乃至实现跨越发展。

新能源汽车爆发式增长与面临的挑战及对策研究

《中国低碳年鉴》编辑部

汽车能源与环境问题是21世纪全球汽车业共同面临的巨大挑战。全球低碳发展目标和日益严格的油耗法规客观上要求尽快实现车辆能源动力系统的转型升级。为此，引发了全球汽车动力系统技术变革：以汽车排放洁净化、汽车燃料节约化、汽车能源多元化为主要特征的各种节能环保汽车迅猛发展，混合动力和纯电动汽车实现了产业化，燃料电池汽车进入市场，动力电池和燃料电池等核心技术不断突破和升级。预示着21世纪的前20年将是汽车能源动力系统转型的战略机遇期。从中长期看，为了达到2050年全球温室气体减排目标，全球能源结构也将发生重大调整，以化石能源为主的集中供应能源体系将转变为以清洁、可再生能源为主、分布与集中供应相结合的能源网络新模式。以插电式混合动力汽车、纯电动汽车和燃料电池汽车为代表的新能源汽车，作为能源网络中用能、储能和回馈能源的终端，将成为世界经济新体系中的重要组成部分，并从根本上解决空气污染、能源安全、低碳发展等重大问题。

发展新能源车是我国一项长期的国家发展战略，是节能减排的有效途径。中国新能源汽车发展迅速，已成为技术创新和产业升级的亮点领域，核心技术的突破带动了产品性能的提升，鼓励政策的实施促进了产业化的进程，2011年—2014年我国新能源车年销量分别为:8159辆、1.28万辆、1.76万辆、7.85万辆。2015年，我国新能源汽车发展呈爆发式增长，产销分别为340471辆和331092辆，分别与2014年增长3.3倍和3.4倍，其中纯电动汽车产销254633辆和247482辆，同比增长4.2倍和4.5倍。按照EVI统计的标准，截止于2015年底，全球新能源汽车累计销量达到了95万辆，其中纯电动超过了35万辆。2015年底中国累计生产新能源汽车达到49.7万辆，在全球累计销量中占比超过50%，成为全球最大的新能源汽车市场，为世界应对气候变化，节能减碳作出了重要贡献。

一、党中央、国务院高度重视新能源汽车发展，强力推进新能源汽车强国建设

新能源汽车科技研发历程中国从“十五”开始对电动汽车技术进行大规模有组织的研究开发。“十五”期间是中国新能源汽车打基础的阶段,组 织实施了国家“十五”电动汽车重大科技专项；“十一五”期间是中国新能源汽车从打基础到示范考核的阶段，组织实施了“十一五”“863 计划”节能与新能源汽车重大项目；“十二五”期间，中国新能源汽车发展面临更加紧迫的战略需求，首先是作为国家战略性新兴产业之一，新能源汽车承载了汽车技术转型需求，其次是国家汽车节能环保法规不断严格带来的产业升级换代需求。国家领导人在多次听取专家意见的基础上，以胡锦涛总书记2010年在两院院士大 会上的讲话为起点、习近平总书记在2014年关于“发展新能源汽车是我国汽车工业由大到强的必由之路”的讲话为标志，电动汽车上升为国家战略，从示范考核到产业化启动阶段，组织实施了“十二五”电动汽车重点专项。

在此背景下，科技部制定了《电动汽车科技发展“十二五”专项规划》；2015年上半年，国家部委新出台了近10项新能源汽车鼓励支持政策，包括减免新能源车船购置税、开放电动乘用车准入等。如4月22日，财政部、科技部、工业和信息化部、发展改革委发出《关于2016－2020年新能源汽车推广应用财政支持政策的通知》，将在2016-2020年继续实施新能源汽车推广应用补助政策，在全国范围内开展新能源汽车推广应用工作，中央财政对购买新能源汽车给予补助，实行普惠制。5月7日，财政部、国家税务总局、工业和信息化部《关于节约能源使用新能源车船车船税优惠政策的通知，对节约能源车船，减半征收车船税。

进入下半年，对新能源汽车产业的支持更是持续给力。7月13日，国家发展改革委发出《关于实施增强制造业核心竞争力重大工程包的通知》，新能源（电动）汽车关键技术产业化项目被列入，包括新能源汽车整车控制系统产业化、新能源汽车车身和结构轻量化、插电式深度混合动力系统产业化、先进动力电池及其系统集成产业化。9月23日，李克强总理主持召开国务院常务会议，对加快配建充电桩、城市充换电站、城际快充站等设施建设等进行了部署。会议提出，新建住宅停车位建设或预留安装充电设施的比例应达到100%，大型公共建筑物、公共停车场不低于10%。9月29日，国务院总理李克强主持召开国务院常务会议，确定一系列支持新能源和小排量汽车发展措施。会议认为，促进新能源和小排量汽车发展，淘汰超标排放汽车，有利于缓解能源与环境压力、推动汽车产业结构优化和消费升级、培育新的经济增长点。会议决定，完善新能源汽车扶持政策，支持动力电池、燃料电池汽车等研发，开展智能网联汽车示范试点。机关企事业单位要落实车辆更新中新能源汽车占比要求，加大对新增及更新公交车中新能源汽车比例的考核力度，对不达标地区要扣减燃油和运营补贴。创新分时租赁、车辆共享等运营模式。各地不得对新能源汽车实行限行、限购，已实行的应当取消。9月29日，国务院办公厅印发《关于加快电动汽车充电基础设施建设的指导意见》提出，到2020年，基本建成适度超前、车桩相随、智能高效的充电基础设施体系，满足超过500万辆电动汽车的充电需求。力争到2020年基本建成充电基础设施体系，满足超过500万辆电动汽车的充电需求。《意见》同时要求，要加大补贴力度，加快制定“十三五”期间充电基础设施建设财政奖励办法，在产业发展初期通过中央基建投资资金给予适度支持。9月底，国务院常务会议确定的一系列支持新能源汽车发展的措施，包括各地不得对新能源汽车实行限行限购，已实行到位。10月9日，国家发改委、国家能源局、工信部、住建部四部委又联合印发了《电动汽车充电基础设施发展指南（2015-2020年）》，为全国范围内开展电动汽车充电基础设施建设吹响号角。10月22日，国务院总理李克强对全国节能与新能源汽车产业发展推进工作座谈会作出重要批示：“加快发展节能与新能源汽车，是促进汽车产业转型升级、抢占国际竞争制高点的紧迫任务，也是推动绿色发展、培育新的经济增长点的重要举措。要突出重点、合理布局，针对产业发展的‘瓶颈’和‘短板’，着力突破核心技术和关键零部件制约、提升自主创新能力和技术水平，落实和完善扶持政策、优化配套环境，创新商业模式、扩大先进适用的节能与新能源汽车的市场应用，走出一条健康可持续的产业发展新路，为经济增长和民生改善注入新动力。”

中共中央政治局委员、国务院副总理马凯出席会议并讲话。他强调，坚持“市场主导、创新驱动、重点突破、协调发展”，落实完善政策措施，建立公平市场秩序，从供给和需求两方面发力，加快动力电池革命性突破，大力推进充电设施建设，努力实现2020年新能源汽车规划目标，加快把我国建设成为新能源汽车强国。11月17日，国家发展改革委、国家能源局、工信部、住建部联合印发了《电动汽车充电基础设施发展指南（2015-2020年）》，按照适度超前原则明确充电基础设施建设目标，到2020年，新增集中式充换电站超过1.2万座，分散式充电桩超过480万个，以满足全国500万辆电动汽车充电需求。积极推进公务与私人乘用车用户结合居民区与单位停车位配建充电桩，新增超过430万个用户专用充电桩，以满足基本充电需求。2016年1月20日财政部等五部门联合发布《关于“十三五”新能源汽车充电设施奖励政策及加强新能源汽车推广应用的通知》。2月24日，国务院总理李克强主持召开国务院常务会议，确定进一步支持新能源汽车产业的施。这些措施主要从五个方面着手：实现动力电池革命性突破；加快充电基础设施建设；扩大城市公交、出租车、环卫、物流等领域应用；提升新能源汽车整车品质；完善财政补贴等扶持政策，破除地方保护，打击“骗补”行为。

各省市也纷纷出台支持新能源汽车发展的政策、措施。全国31个省（市、区）中，有15个省市出台了地方新能源汽车推广政策，有10个省市出台了充电基础设施的相关政策。安徽省出台《关于加快新能源汽车产业发展和推广应用的实施意见》，明确将发展新能源汽车作为加快转变经济发展方式的重要着力点和推进汽车产业转型升级的突破口，努力建成核心竞争力强、配套完善、推广应用领先的新能源汽车强省。近年来，安徽省新能源汽车整车及关键部件研发水平全国领先，已初步形成以合肥、芜湖为中心，以奇瑞、江淮为骨干，集研发、产业化、示范运营三位一体的新能源汽车产业体系，新能源汽车累计推广数量居全国前列。力争到2017年底，纯电动汽车和插电式混合动力汽车累计产销量达到7万辆以上，省内累计推广新能源汽车达到4万辆以上；到2020年，全省新能源汽车生产能力达到20万辆以上，在公共服务等领域得到广泛应用。

综上所述2015年以来，国家强力推进新能源汽车发展，战略目标明确，政策、措施更具针对性，扶持领域更宽广，政策工具更多样化。其中，补贴政策是扶持新能源汽车产业的核心政策，对我国新能源汽车产业发展起到了重要推动作用。为鼓励新能源公交车应用，完善了城市公交车成品油价格补贴政策、新能源公交车推广应用考核办法等；扶持领域覆盖整车、动力电池、充电设施等领域，建立了从研发、生产到使用、监督等各方面，建立了较为完善的政策体系。与国家层面的补贴政策相配套，北京、沈阳、海口、山西、武汉等地区也出台了新的区域新能源汽车产业发展补贴政策。

二、新能源汽车市场发展快速，已成全球汽车产业转型升级的焦点

2015年，我国新能源汽车产量达到37.9万多辆，销量突破3 3 万辆，占世界新能源汽车市场比例突破60％以上。这一销量在我国年度新增汽车销售中占比首次突破1%，意味着我国新能源汽车发展正式从“导入期”步入“成长期”，站上一个新台阶。

自2009年启动新能源汽车“十城千辆”计划以来，发展新能源汽车已上升到稳增长、调结构、惠民生的战略高度，截至2015年我国累计生产新能源汽车49.7万辆。全球新能源汽车累计销量超过150万辆。中国累计销量占全球30%以上。

历史证明，新技术的突破和加速应用，往往会引发新产业对旧产业的替代，在创造新的经济增长点、改善人民生活的同时，也会造成产业重组、产能淘汰、资本沉淀和产业洗牌。产业转型机遇稍纵即逝，需要我们加强研判，尽早部署新兴产业的关键技术和新产品研发，加速产业化进程，增强持续引领能力。有两个方面需要重点关注：

一是油耗和碳排放法规更加严格。各国都在从严完善整车油耗法规标准。面向2030年目标，欧洲、美国、日本分别以每年4.4%、4.5%、3.9%的进展来减少油耗与排放，倒逼汽车降低能耗，减少二氧化碳排放。按照我国汽车产业发展规划，到2020年实现乘用车百公里油耗5升目标，从现在开始油耗需要每年降低5.5%，压力巨大。二是污染物排放标准继续提升。欧洲、美国、日本都在逐步提高排放限值，在降低主要污染物排放指标基础上，增加了PM（颗粒物）、NMHC(非甲烷烃)、NHMG（非甲烷有机气体）及其PN（颗粒物数量）的排放限制。与此同时，测试循环工况从过去的准静态化向高度动态化发展。新能源汽车具有节能减排减碳的先天优势，瞬态工况下的优势更加明显。

由此看来，我国和世界新能源汽车都已经成为汽车产业转型升级的焦点。

三、核心技术取得显著进步

新能源汽车技术进展经过3个五年计划的科技攻关，中国掌握了新能源商用车的整车技术，实现了从混合动力向纯电驱动的转型；发展出了独具特色的新能源乘用车纯电驱动技术路线，实现了技术的跨越式发展；燃料电池汽车形成了自主研发能力，实现了与国际技术的基本同步；在关键零部件方面，锂离子车用动力电池技术和电机驱动系统技术取得重大进展；在公共平台技术方面，建立了新能源汽车标准体系和整车、电池、电机测试平台。

在整车技术方面，纯电动汽车技术经过3个五年计划的努力，中国纯电动乘用车技术取得重大进展，整体技术水平接近国际先进水平，续驶里程、可靠性、安全性不断提高，能效持续优化，完全具备了商业化推广条件。尤其是形成了中国特色小型纯电动轿车技术特色；纯电动公交车整体技术水平达到国际先进，已建立起 纯电动客车设计理论与系统集成体系；在高效电驱动系统、 整车轻量化、动力电源热电集成和管理技术等方面取得了重大进展。

在关键零部件方面，电动汽车动力电池研发经过3 个五年计划，中国 已基本掌握了电池材料、单体电池、电池系统、批量生产工艺 等核心技术。中国已形成包括磷酸铁锂和锰酸锂正极材料、三元材料前驱体、石墨负极材料、钛酸锂负极材料、电解液和 PP/PE隔膜在内的完整电池材料技术体系，技术水平与国际基本同步。

2015年集中精力突破“三电”(电驱、电控、电池)核心技术。动力电池、关键材料国产化进程加速提升，能量密度提升，成本显著降低，安全性和工艺技术持续得到改进。与2010年相比，动力电池能量密度提高将近一倍，成本降低50%。驱动电机系列产业化能力提升，向动力总成集成发展；芯片集成设计、电力电子系统集成技术取得新进展。从电机的生产逐步走向带有控制系统的整个驱动系统的发展。经过三年多的协同攻关，上汽不仅自主掌握了“三电”技术，还实现了电驱变速箱自主正向开发并获得美国专利授权，成为全球三大混动技术之一。 2016年1月8日，中共中央、国务院在北京人民大会堂隆重举行国家科学技术奖励大会，宇通客车主持完成的“节能与新能源客车关键技术研发及产业化”项目获得2015年度国家科学技术进步奖二等奖，这标志着我国汽车企业在新能源关键技术研发领域获得重大突破，其在高效动力系统、动力电池集成与管理、整车控制与节能等方面取得的技术突破，成为新能源汽车作为我国战略新兴产业在发展过程中的重要标志。目前该项目关键技术已批量应用到6—18米节能与新能源客车系列化产品，覆盖中型、大型、特大型客车，满足城市公交、班线客运、机场摆渡、商务接待、机关团体等细分市场。

电动汽车标准体系逐渐完善，车辆运营安全性全程实时监控。现行的有效标准已达到了87项。电动汽车整车、关键系统及零部件、能源基础设施及接口形成了有效连接，提升了新能源汽车标准体系的完备性。同时，正在审查待批的标准还有5项，在整个标准体系下，还有44项细分的标准正在研发的过程中，已经形成了一套标准的研发体系，近两到三年中能够完成第一轮的所有标准设计，能够标准不断更新，不断提升整个新能源汽车标准体系。

经过国家科技计划三个五年的连续支持，从“十五”863计划“电动汽车”重大科技专项到“十一五”的“节能与新能源汽车”重大项目，再到“十二五”的电动汽车科技发展专项，最终确立了纯电驱动的发展战略。我国新能源汽车产业坚持了“三纵三横”的研发布局，研发水平不断提升，研发体系逐步形成，研发内涵越来越深化。

进入“十三五”，我国国家科技计划体系正在进行深度改革，在原来“三纵三横”研发布局的基础下，向基础科学、基础设施和典型示范应用方向延伸，形成全链条部署和一体化实施的新体系。一是坚持基础科学、共性技术、动力系统、集成开发，全方位围绕产业链的发展，结合“互联网+”“中国制造2025”等创新机遇，构建能够吸纳国内外优势资源、聚集创新人才的专业化众创空间。二是把握准智能化、网络化、电动化的发展新趋势。加快燃料电池汽车研发，率先实现燃料电池产业化。重构交通、互联网、制造业融合发展的新生态，创造出更多的商业模式和运营方式，更加便利于大众出行。三是加快研究动力电池的回收再利用。尽快建立电池回收体系，构建产业链。制定出台车用动力电池回收利用的政策和法律法规，明确责任主体，建立监督监管制度。四是开展广泛深入的国际研发合作。共同研究未来发展、标准体系建设、回收利用体系，协同深入基础研究，为世界新能源汽车的发展作出更大的贡献，推动中国新能源汽车走向世界。

四、新能源汽车示范推广出现良好势头

中国新能源汽车示范推广经历了3个阶段。

第一阶段（2003—2008年） 技术验证与科技示范工程。2003—2007年，在“十五”电动汽车重大专项和“十一五”节能与新能源汽车重大项目支持下，开展了小规模的电动汽车示范运行和技术验证，积累了大量的技术研发和升级的宝贵数据。在此基础上，中华人民共和国发展和改革委员会于2007年11月正式公布实施《新能源汽车生产准入管理规则》及《车辆生产企业及产品公告》的管理规定。2008年开始，先后配合北京奥运会、上海世博会、深圳大运会等重大国际活动开展新能源汽车科技示范工程。其中，作为科技示范工程的起点和标志开展了全球最大规模的奥运会新能源汽车示范运行，共投入595辆节能与新能源汽车为奥运会提供服务，累计行驶371.4万km，载客441.7万人次。在奥运史上第一次实现了中心区零排放、周边地区交通低排放，对中国新能源汽车产业化发挥了启动作用。

第二阶段（2009—2012年） 十城千辆示范推广工程一期。2009年开始，中国加大了对新能源汽车示范推广的投入力度，出台了系列支持措施。2009年，中华人民共和国财政部、科学技术部、工业和信息化部、发展和改革委员会等4门共同启动组织实施“十城千辆”新能源汽车示范推广工程。为鼓励新能源汽车推广应用积极性，2009和2010年，先后出台公共服务领域和私人购买领域新能源汽车补贴政策。为提升新能源汽车产品性能及产业化水平，2012年9月，中华人民共和国财政部、工业和信息化部、科学技术部组织实施《新能源汽车产业技术创新工程》。2009—2012年，中国在25个试点城市开展的新能源汽车规模化示范运行，总共推广新能源汽车2.7万辆。

第三阶段（2013—2015年） 十城千辆示范推广工程二期。2013年开始，国家对新能源汽车的支持政策密集出台，促成了新能源汽车大规模示范推广。2013年，第二期示范推广工程补贴政策出台。2014年，国务院先后4次发布加快新能源汽车发展的政策措施。2014年5月，新能源汽车决策咨询平台——中国电动汽车百人会成立，研究聚焦新能源汽车产业化初期政策、技术与市场之间的复杂互动关系，整车开发、关键零部件供应和基础设施建设之间的协调发展问题。在国务院领导和多部门多领域多行业共同努力下新能源汽车市场发展出现快速增长的良好势头。

2014 年起，各种车型的产业化进程加速，2015 年实现了新能源汽车产业化快速发展。2015年销售各类新能源汽车33万辆，在新增汽车销售中的占比首次突破1%；在2015全球销售新能源汽车的占比超过50%，中国首次超过美国销量居全球第一。有4家企业进入全球新能源汽车销量前10名，比亚迪成为全球最大的新能源汽车牛产商。中国新能源汽车，尤其是新能源商用车开始规模出口发达国家市场。中国成为全球最大的新能源汽车推广应用区域，新能源汽车累积推广接近50万辆。这是一组具有里程碑意义的数据，它表明我国新能源乘用车已经从示范推广阶段的产品导入期进入规模化推广阶段的产业成长期。

五、充电桩等基础设施不断完善

到2015年底，全国建成的充换电站超过3600座，公共用的充电桩超过4.9万个，初步形成了充换电服务网络，智能网联技术开始应用，有力支撑了新能源汽车推广。

目前，充电设施与新能源汽车保有量比例维持在1∶4左右的水平，而标配为1∶1。无疑，充电桩的建设滞后是新能源汽车发展的软肋。根据“十三五”规划，预计到2020年，集中式充换电站将增长到1.2万座，分散式充电桩数量将增长100倍达到450万个。北京市最大的超级光伏充电站在石景山区正式破土动工。该充电站总投资1500万元，将建成50根充电桩，于2015年年底投入使用。截至2015年底，北京全市累计建成充电桩2.1万个，充电设施建设规模及整体水平全国领先。城区目前是5公里以内就能找到充电桩，2016年再增加公共充电桩5000根。实现3公里以内就能找到充电桩。2017年底，京津冀区域内所有高速路都要建充电设施，每个服务区将建有4个快速充电桩，以满足市民的普遍需求。在合肥、芜湖两个新能源汽车推广应用试点城市的带动下，截至2014年底，安徽省已建成充电站16个、充电桩6100多个。

随着各类鼓励充电设施的相关文件落地，多种模式推进充电行业的速度也在加快。国家电网和南方电网紧锣密鼓布局为新能源汽车发展奠定了坚实基础。南方电网计划在2015年-2016年于五省区17个重点城市至少建设1个至2个充电基础设施示范点，优先推进珠三角地区和海南岛等重点区域。2015年9月富电科技成为新三板(全国中小企业股份转让系统)充电桩第一股。按照计划，富电科技将在两年内建成1000个超级充电站，投资额上百亿元。与此同时，公私合营的PPP模式加快推进，以及包括企业债券、专项基金、投资补助等投融资方式的放开，都为充电桩的融资竞速战吹响了号角。

六、安全运营

安全是发展的前提。在运行和推广的过程当中，特别是安全运营是新能源汽车行业当前关注的焦点，也是影响行业可持续发展的重要因素。因此，所有公交系统都实施了全程的现场实时监测。车联网大数据为电动汽车运行维护、安全保障提供了全新的技术手段，各企业和运营单位正在大力推广。

在“三纵三横”电控是一个重要内容，连贯全车的总线，所以从2007年开始就实现了对公共交通运行全过程的监测，而这些在北京、深圳都实现了。近来又把大数据的技术应用进去，使运行过程中每一个电池箱的安全性都有实时地评估。同时专家们还加强了对于新能源汽车故障分析的统计。

总之，我国新能源汽车实现了快速发展的过程，总体形势可以用四句话概括： 创新的环境显著优化、市场的进程全面加速、技术创新显著提升、产业融合催生新态势，新能源汽车发展步入快车道，成为全球最大的新能源汽车生产国和第一大市场。

七、新能源汽车面临的挑战、发展方向、目标和政策举措

新能源汽车呈现出高速增长态势，代表着汽车工业产业结构调整的一个方向，越来越多的企业加入这个市场，市场加速扩张，再加上国家政策一直在大力支持，新能源汽车发展态势会越来越好。从全球范围看，以动力电气化、材料轻量化、车辆智能化三大科技为核心的新能源汽车技术大变革，正在深入发展，未来5~10年，将迎来全球汽车产业重组和技术转型升级的重要战略机遇期。

同时，也应看到，我国新能源汽车发展还存在不少问题和挑战。在供应侧，一是关键核心技术的原创性不够，基础技术及原理性研发需要加强，诸如动力电池的研发水平和产业布局不足，其性能、可靠性、续航里程、使用寿命等目前仍是制约瓶颈。二是整车技术水平有待进一步提升，动力技术研发能力不足、整车可靠性与国外存在明显的差距、能耗水平明显不足、前沿技术研发储备也不足。续航里程300公里亟待突破。三是充电桩等基础设施建设仍滞后，影响了消费者购买新能源汽车的热情。在需求侧，即市场这一面，主要是，一些地方的保护壁垒还未彻底打破，妨碍了新能源汽车的普及推广；对补贴的依赖还比较严重，需要进行合理化调整；安全风险不容忽视，目前锂电池供不应求，产品质量不够稳定，事故发生概率在增加；国际竞争激烈。目前国外的新能源产品、技术等都在进军中国。

加快发展新能源汽车是促进汽车产业转型升级、抢占国际竞争制高点的紧迫任务，也是实现“中国制造2025”宏观战略、推动绿色发展、培育新经济增长点的重要举措。我们必须继续发挥优势，形成合力，攻坚克难，推动我国新能源汽车持续发展，稳坐世界第一宝座。

到2030年我们国家将有4亿多辆车，全生命周期碳排放至少会增加1倍以上。只有把电动汽车快速推入市场，提高市场占有率，交通领域碳排放才会出现下降趋势。“十三五”新能源车发展目标，累计销量近200万辆。《中国制造2025》将新能源汽车作为重点突破的十大战略领域之一，提出到2020年初步建成以市场为导向、企业为主体、产学研用紧密结合的新能源汽车产业体系，自主新能源汽车年销量突破100万辆，市场份额达到70%以上；动力电池、驱动电机等关键系统达到国际先进水平，在国内市场占有率达到80%。到2025年，中国新能源汽车年销量将达到汽车市场需求总量的20%，自主新能源汽车市场份额达到80%以上，初步建成以市场为导向、企业为主体、产学研用紧密结合的新能源汽车产业体系。自主新能源汽车年销量突破100万辆，市场份额达到70%以上；打造明星车型，进入全球销量排名前十，新能源客车实现规模化出口，整车平均故障间隔里程达到2万公里；动力电池、驱动电机等关键系统达到国际先进水平，在国内市场占有率达到80%。产品技术水平与国际同步，拥有两家在全球销量进入前十的一流整车企业，海外销售占总销量的10%。

2016年2月24日，国务院总理李克强主持召开国务院常务会议，确定了进一步支持新能源汽车产业的措施，提出完善财政补贴等扶持政策。提出推动组建动力电池创新平台、加快充电设施建设、扩大城市公交等领域新能源汽车应用比例等5大具体政策措施，旨在进一步支持新能源汽车产业发展，推动产业迈向中高端。毫无疑问，这些举措将有利于新能源车市的长远、健康发展。

显而易见，我国新能源汽车产品性能要加快提升，市场规模快速扩张，产业进入向中高端发展的新阶段。

第一，坚持技术创新，加大新能源汽车产业技术和研发力度，进一步提升产品品质。

近年来，德、美、日等主要汽车强国对新能源汽车技术的研发力度不断加大，涉及的领域越来越宽，包括材料科学、信息技术、控制技术、制造工艺、制造装备等，以抢占新能源汽车产业的技术制高点。中国作为新能源汽车产销最大国，要从更高的战略层面，加快推动企业技术和商业模式创新，促进企业品牌和产业品质提升。《国家重点研发计划新能源汽车重点专项》明确了“十三五”战略目标，为未来五年的技术创新确定了发展的方向和目标。坚持基础科学、共性技术、动力系统、集成开发，全方位围绕产业链的发展，在结合“互联网+”、“中国制造2025”等创新机遇，聚焦“三电”的核心技术研发，加快实现动力电池革命性突破，提高关键核心零部件整体的技术水平和能力，推动大中小企业、高校、科研院所等组建协同攻关、开放共享的创新平台，提高新能源汽车整体技术水平和产业自主创新能力。工信部部长苗圩在2016年2月介绍工业调结构稳增长情况时说，工信部已联合了行业内外的九家企业，目前已经投入了5亿元的资本金，正在组建动力电池研究院或者动力电池的研究研发平台。

第二，突破现有新能源汽车产品性能瓶颈和短板，打造一批具有国际竞争力的产品和企业。

目前，全球产量超过万辆的１０家新能源汽车生产企业中，有４家是我国企业。科技部发布的《国家重点研发计划新能源汽车重点专项实施方案》提出，抓住新能源、新材料、信息化科技带来的新能源汽车新一轮技术变革机遇，超前研发下一代技术；到2020年，建立起完善的电动汽车动力系统科技体系和产业链。为2020年实现新能源汽车保有量达到500万辆提供技术支撑。《方案》提出的具体目标，驱动电机技术水平保持国际先进，电机驱动控制器比功率2020年比2014年提高一倍，赶上国际先进水平；全面提升纯电动汽车电气化、轻量化、智能化、网联化水平，小型电动轿车技术水平达到国际先进、市场化推广达到国际领先。

第三，推进供给侧改革。

当前市场需求正在多元化，短程和长途交通的需求，物流，长途物流和便捷快递的需求，都对新能源汽车提出了新的发展要求，企业要及时适应市场需求。

新能源汽车供给侧改革，就是要更好地满足消费者需求，扩大城市公交、出租车、环卫、物流等领域新能源汽车应用比例，中央国家机关、新能源汽车推广应用城市的政府部门及公共机构购买新能源汽车占当年配备更新车辆总量的比例，要提高到50％以上，迅速提高市场占有率和扩大市场规模。

市场应用推广“引诱”加快转型，新能源汽车担负社会责任和历史使命更加重要，要加快向电动化、智能化、轻量化、网联化、便捷化方向转型，重构交通、互联网、制造业融合发展的新态势。

创新商业模式。对于新能源汽车企业而言，商业模式创新是促进消费者购买和使用其产品的重要途径。例如，通过“体验店＋网络直销”的营销模式，特斯拉迅速打开了国际市场；而浙江康迪则依靠分时租赁等创新，实现了新营造良好的市场环境氛围，引导新能源汽车消费。

在商业模式创新过程中，新能源汽车企业需结合自身产品特点，准确界定目标消费者群体，加强与租赁服务企业和网络运营平台之间的合作。同时，要营造良好的市场环境。在国务院及相关部委的要求下，新能源汽车推行中的地方保护有了明显改善，但是情况依然比较严重，地方保护实际上保护了落后的企业、落后的技术、落后的产能，不利于战略新兴产业的发展。同时落后的产品进入市场，进一步增大了安全隐患。这种劣币驱逐良币的地方壁垒，不利于建立统一开放、竞争有序的全国统一市场。而全国统一的新能源汽车市场是新能源汽车持续发展的重要保障。

还必须应当看到“狼来了”。世界主要汽车生产国家均制定了百万级的新能源车发展目标，其中美国计划2015年和2020年分别推广100万辆和300万辆，德国计划至2020年和2030年分别推广100万辆和600万辆，日本计划2020年推广200万辆，有数据显示，到2021年，全球电动汽车生产量预计将会达到120万辆。新能源汽车国际市场竞争必将愈演愈烈，中国必须未雨绸缪。

第四，加快充电基础设施建设，促进互联互通，提升新能源汽车用户的体验。

《国务院办公厅关于加快电动汽车充电基础设施的指导意见》和《电动汽车充电基础设施发展指南（2015—2020年》，明确提出到2020年要完成为500万辆电动汽车配套建设相应规模的充电基础设施的任务目标。必需高度重视，充分认识当前我们贯彻落实党中央、国务院决策部署的重要性和紧迫性，以及加快推进充电基础设施建设对于推广应用新能源汽车的重要意义，从促进汽车工业发展和培育经济新增长点的全局高度，加快充电基础设施建设。

2016年1月11日财政部、科技部、工业和资讯化部、发展改革委、国家能源局等五部委联合发布《关于“十三五”新能源汽车充电基础设施奖励政策及加强新能源汽车推广应用的通知》，旨在加快推动新能源汽车充电基础设施建设，培育良好的新能源汽车应用环境，2016-2020年中央财政将继续安排资金对充电基础设施建设、运营给予奖补。“通知”确定奖励资金使用范围，奖补资金应当专门用于支持充电设施建设运营、改造升级、充换电服务网络运营监控系统建设等相关领域。国网上海电力将在2016年内建成4000个公共充电桩和227座城市公共快充站。随着各地充电基础设施建设的配套政策陆续出台，充电桩行业各公司的业绩也有望继续增长。

2015年12月28日，质检总局、国家标准委联合国家能源局、工信部、科技部等五部委发布新修订的电动汽车充电接口及通信协议5项国家标准，并于2016年1月1日正式施行。从而，电动车充电接口在硬件和软件的标准层面最终实现了统一，为充电桩互联互通打下了坚实基础，提高了新能源汽车充电装备的安全性，促进新能源充电市场又好又快的发展。

第五，进一步完善政策体系。

在战略性新兴产业的发展初期，企业需要靠政策的推动和支持来开发市场，可是伴随产业的逐步成熟，就应该靠市场机制的作用来推动消费。从短期来看，虽然补贴政策刺激了新能源汽车的部分消费，但也让企业对补贴产生依赖，导致缺乏市场竞争意识，还很可能诱发行业的产能过剩，如果今后补贴降低或退出，这些企业的发展将受到影响。

适应新能源汽车产业发展进入新阶段、新业态的形势，要完善现有补贴政策，为产业实现新突破提供必要的动力。国家层面，新能源汽车补贴政策需注重整体技术水平和产业竞争力提升，形成扶优扶强的机制；地方层面，充分发挥地方政府作为新能源汽车产业发展直接推动者的作用，完善和优化新能源汽车市场环境，而非简单地配套国家层面的补贴政策。同时，要强化财政补贴的监管，一方面，加强管理部门之间的监管协调，形成国家新能源汽车主管部门联动、地方政府积极参与的监管体系。另一方面，加大处罚力度，通过建立黑名单制度，对骗补和寻租等行为给予严厉的查处和惩戒，提升国家补贴政策严肃性和“含金量”。

值得称赞的是，一些积极措施正在布局。财政部2015年初已明确发布，2017年—2018年新能源汽车补贴标准，在2016年的基础上下调20%，2019年—2020年下降40%，2020年以后补贴政策退出。2016年1月，财政部部长楼继伟在中国电动汽车百人会论坛上强调，要适应供给侧结构性改革，调整完善政策，建立有效力、可持续的市场扶植机制。在整车安全性、可靠性、一致性，以及关键零部件技术标准上，大幅度提高标准。进一步突出鼓励先进、扶优扶强的政策导向，使资金向优势企业倾斜，达不到标准的企业不能获得补贴。补贴标准退坡，倒逼企业加快向市场求发展。

同时，通过建立失信企业黑名单制度，对各种骗补和寻租行为给予严厉打击；坚决消除地方保护，打破国内市场分割，对搞地方保护的地方政府将通报批评，并扣减有关财政奖励的资金。2016年1月21日，工信部、科技部、财政部和发改委等四部委联合发布了《关于开展新能源汽车推广应用核查工作的通知》，对新能源汽车推广应用实施情况及财政资金使用管理情况进行专项核查。核查范围覆盖全部车辆生产企业以及新能源汽车运营企业（含公交、客运、专用车等）、租赁企业、企事业单位等新能源汽车用户。

从总体走向来看，我国新能源汽车产业正逐渐从政策推动阶段转向真正靠市场推动的新阶段。

>>>

地方报告

北京市应对气候变化和低碳发展报告

深入推进节能降耗、加快低碳发展、积极应对气候变化是践行创新、协调、绿色、开放、共享的发展理念，深入推进首都生态文明建设的内在要求，是深入落实首都城市战略定位、推进京津冀协同发展、构建高精尖经济结构的重要抓手，是有效破解资源瓶颈约束、切实改善环境质量、治理“大城市病”的根本之策，事关城市建设全局和长远发展。处理好经济社会发展与资源环境之间的关系、能源生产消费与温室气体排放之间的关系，统筹能源供应、消费各环节，实现生产、生活、流通各领域全面节约，严格控制碳排放，是特大型城市建设发展亟需解决的重大问题。

一、“十二五”应对气候变化和低碳发展

“十二五”时期是全市节能降耗和应对气候变化领域各项工作全面强化、建设成效显著的五年。过去五年，全市以年均1.5%的能耗增长支撑了年均7.5%的经济增长，万元地区生产总值能耗和万元地区生产总值二氧化碳排放分别累计下降25.08%和30%，是全国唯一连续10年超额完成年度节能目标的省级地区，2015年万元地区生产总值能耗降至0.30吨标准煤(现价)，能源利用效率位居省级地区首位，节能减碳工作取得明显成效。

(一)低消耗低排放的经济发展格局基本形成

制定发布《新增产业的禁止和限制目录》，从源头禁止建设钢铁、水泥等高耗能、高排放项目。累计淘汰退出1300余家高耗能、高排放企业，工业能源消费量连续5年下降。金融、科技服务、电子信息、节能环保等生产性服务业和高技术产业发展迅速，2015年第三产业增加值比重达到79.8%，高端引领、创新驱动、绿色低碳的经济发展格局基本形成。

(二)清洁化低碳化的能源结构体系基本确立

提高清洁能源利用比重，基本建成四大燃气热电中心，大幅减少煤炭用量，五环路内基本取消燃煤锅炉，全市煤炭消费总量由2010年的2530万吨削减到2015年的1165万吨，煤炭占能源消费总量的比重降至15.7%。因地制宜发展光电、风电、地热等可再生能源，新能源和可再生能源占比达到6.5%。

(三)市场化资源配置机制进一步建立健全

实施碳排放总量控制下的碳排放权交易制度，建立了规范、活跃的碳交易市场，累计交易量达到532万吨，交易金额2.38亿元，重点排放单位累计减少碳排放630多万吨，与河北省承德市率先开展跨区域碳排放权交易。深入推进能源价格改革，稳步实施阶梯电价气价改革和供热计量收费，价格杠杆对能源节约的促进作用进一步发挥。创新合同能源管理支持政策，将能源费用托管型项目纳入市级财政资金奖励范围。通过政府购买服务方式，开展能源审计、清洁生产审核、碳核查等工作，促进了节能低碳服务业发展。

(四)重点工程的支撑作用全面显现

积极推广绿色建筑，累计完成6259万平方米既有建筑节能改造，全市城镇节能民用建筑占比达到74%。大力发展公共交通，轨道交通运行里程达到554公里，中心城公交出行比例达到50%。实施节能产品惠民工程，建设节能超市26家，全市二级以上能效产品市场占有率达到85%，率先实现居民家庭及公共机构绿色照明全覆盖。完成百万亩平原造林工程和森林碳汇提升工程，森林覆盖率达到41.6%，森林碳汇储量比2010年增加约178万吨。

(五)精细化管理水平持续提升

顺利完成节能低碳统计体系、标准体系、能源审计三年行动方案，完善能源统计制度，出台近百项节能低碳标准，能源审计实现所有重点用能单位全覆盖。将二氧化碳排放评价纳入节能评估与审查。每年开展“三级双控”节能目标考核考评。推进重点用能单位建设能源管理和碳排放管理体系，开展能效领跑者试点。扩大市、区两级节能监察执法队伍，开展节能措施和碳交易履约等专项监察。推动能源计量器具智能化配置，建设一批能源管控中心，建成“1+4+N”节能监测服务平台(一期)，初步实现能源的智能化、精细化管理。

(六)全民参与的氛围逐步形成

搭建节能低碳创新服务平台，发布年度节能低碳技术产品推荐目录和典型案例，采取政府采购、项目示范、专场推介会等方式，推广节能低碳新技术、新产品。广泛宣传节能低碳理念，成功举办3届中国北京国际节能环保展览会，组织开展京津冀三地节能低碳环保新技术、新产品巡展活动。发布节能减排全民行动计划，举办“大篷车来啦”、节能低碳环保知识竞赛、节能低碳专家行等系列活动。组织百余场节能、低碳等专题培训，累计培训5万人次，培训能源管理师1404名。

“十二五”期间本市节能降耗和应对气候变化工作取得的成绩，为“十三五”创新领先发展奠定了较为扎实的基础，但与建设国际一流和谐宜居之都要求相比，仍存在一些差距与不足。主要体现在：万元地区生产总值能耗和人均碳排放量等指标与世界先进城市相比，仍有一定差距；突破性、可规模化推广的关键节能低碳技术还有所欠缺，利用先进信息技术推行精细化管理有待加强；市场机制作用还未得到充分发挥，企业主动节能减碳的意识仍需提升；浪费或过度使用能源的现象还不同程度地存在，全社会各类主体共同参与节能低碳的责任感还有待增强；城

市适应气候变化特别是应对极端气候事件的能力还需进一步提升。

二、“十三五”节能降耗和应对气候变化规划

未来五年，是本市深入落实首都城市战略定位、推进京津冀协同发展、加快建设国际一流和谐宜居之都的关键时期。可持续发展理念更加深入人心，经济提质增效的要求更加迫切，资源环境刚性约束更加凸显，节能减碳工作面临更高的要求。

（一）指导思想

深入贯彻落实党的十八大和十八届三中、四中、五中全会精神，认真学习贯彻习近平总书记系列重要讲话和对北京工作的重要指示精神，立足首都城市战略定位，牢固树立创新、协调、绿色、开放、共享的发展理念，全面落实京津冀协同发展战略，统筹处理好城市建设、经济社会发展与资源能源利用、环境质量改善和共同应对气候变化的内在联系，以“2020年能效水平继续保持国内领先、二氧化碳排放总量达到峰值并尽早达峰”为目标，倒逼推进经济社会绿色化、低碳化转型，以国际一流标准加快建设低碳城市，在全球共同应对气候变化中彰显负责任大国首都形象，为建设国际一流和谐宜居之都作出积极贡献。

（二）发展目标

到2020年，全面确立全市能源消费、二氧化碳排放总量和强度的“双控双降”发展格局，基本形成与特大型城市特征相适应的系统化、长效化节能减碳管理机制，建设成为国家节能低碳技术创新中心、先行示范基地和技术服务辐射之源，重点领域节 能、市场机制建设、适应气候变化等工作持续走在全国前列，能效水平继续保持国内最优水平，确立国内领先的标杆地位。

——能源利用效率继续保持全国领先。2020年，全市能源消费总量控制在7651万吨标准煤以内，万元地区生产总值能耗比2015年下降17%。

——二氧化碳排放总量实现达峰。2020年，二氧化碳排放总量达到峰值并争取尽早实现，万元地区生产总值二氧化碳排放比2015年下降20.5%。

——清洁低碳能源比重持续提升。2020年，全市煤炭消费总量控制在900万吨以内，优质能源消费比重达到90%以上，新能源和可再生能源比重提高到8%以上。

——气候变化适应能力大幅提高。重点领域和生态脆弱地区适应气候变化能力持续增强，园林绿化系统的碳汇能力大幅提高，极端天气预测预警和防灾减灾体系逐步完善，气候灾害应急防范能力有效提升。

（三）主要任务

1. 以疏解非首都功能推动结构性降耗。全面落实首都城市战略定位，以有序疏解非首都功能和推动京津冀协同发展为契机，统筹产业、能源、空间三大结构，深度调整三次产业内部结构，优化调整能源供给结构，对功能区实施差异化的节能减碳措施，降低能源需求强度，减少存量排放。

2. 以强化双控双降管理引领内涵促降。以资源环境承载能力为底线，完善实施节能和减碳、总量和强度的双控双降机制，细化节能减碳目标责任，强化法规标准约束引导，增强科技创新驱动作用，强化用能单位主体责任，持续提升“内涵促降”水平。

3. 持续提升重点领域能效水平。围绕建筑、交通、工业和公共机构等重点耗能领域，坚持高起点控制增量与高标准改造存量相结合，加快实施节能减碳工 程，突出全生命周期和全运行过程的节约管理，切实提高重点领域能源利用效率。

4. 培育发展节能低碳产业。把发展节能低碳产业作为深化节能减碳工作的重要内容， 切实提升新技术新产品创新与供给能力，大力培育节能低碳服务市场，积极推进碳排放权交易，以市场化机制调动各方面的积极性、主动性、创造性，实现政府、企业、市民同心行动、同向发力。

5. 有效提升气候变化应对能力。把减缓气候变化作为建设低碳城市的重要支撑，将适应气候变化作为检验城市管理水平的重要内容，全面推进城市适应气候变化行动，努力提升城市基础设施智能化水平，有效提升城市适应气候变化能力，努力将北京建设成为气候智慧型示范城市。

6. 加强京津冀节能减碳区域合作。把节能减碳领域区域合作作为推动京津冀协同发展的重要任务，坚持改革创新、完善机制、协同互动，加强清洁能源开发和节能环保产业合作，共同应对气候变化，有力促进京津冀生态环保领域实现率先突破。

7. 抓好规划实施保障。强化统筹落实。引导多元投入。调动全民参与。深化交流合作。

三、开展节能低碳和循环经济全民行动计划

为深入贯彻落实《中共北京市委北京市人民政府关于全面提升生态文明水平推进国际一流和谐宜居之都建设的实施意见》和《北京市人民政府关于印发北京市“十三五”时期节能降耗及应对气候变化规划的通知》，进一步动员全社会力量共同推进节能低碳和循环经济发展，实现本市二氧化碳排放总量在2020年达到峰值和“十三五”节能减碳目标，结合本市实际，开展节能低碳和循环经济全民行动计划。

行动目标：到2020年，全民践行节能低碳和循环经济理念的积极性、主动性和创造性显著提高，生态文明主流价值观在全社会得到广泛弘扬，节能低碳和循环经济领域新技术、新产品应用取得新突破，全社会参与机制和监督

机制进一步完善。到2020年，能效标识Ⅱ级以上的节能家电市场占有率达到90%以上，创建50个低碳社区，培育100家节能低碳和循环经济领域典型企业，创建100家节约型公共机构(其中党政机关20家)，能效“领跑者”试点覆盖30个细分行业。

主要内容：营造节能低碳和循环经济文化环境。开展教育培训。推动企业扩大绿色产品和服务供给，实施创新驱动，推动新技术应用。推广绿色生活方式和消费模式，扩大绿色消费市场，倡导绿色生活方式，开展反对浪费行动。强化各类社会主体的绿色发展责任，建设节能低碳社区，强化企业社会责任，推动公共机构率先垂范，发挥社会组织作用。推动互联网与节能低碳和循环经济深度融合，建立健全“互联网+”管理服务体系，完善废旧资源回收利用在线交易体系。发挥先进标杆的示范引领作用。

天津市应对气候变化和低碳发展2015年度报告

天津市发展和改革委员会

2015年，天津市以加快推进生态文明建设为引领，以全面完成“十二五”规划任务为目标，积极控制温室气体排放，大力提升适应气候变化水平，单位生产总值二氧化碳排放下降8.5%，“十二五”累计实现下降28.8%，应对气候变化工作取得新的进展。

一、推进低碳任务落实

1.调整产业结构。停止审批钢铁、水泥、平板玻璃、船舶等行业新增产能项目，先进制造业产值占工业比重超过50%，装备制造成为万亿产业。国家自主创新示范区和“双创特区”加快建设，科技型中小企业达到7.2万家。现代金融、商贸物流、文化创意、旅游会展、电子商务等现代服务业继续壮大，服务业增加值比重提高到52.2%，“三二一”的产业格局基本形成。

2.优化能源结构。加快实施燃煤设施改燃关停，中心城区燃煤锅炉全部实现改燃，煤炭占一次能源消费比重降至50%以下。加强燃气供应保障，高压然气管网输配能力提高到100亿立方米左右，调峰能力达到85万立方米，天然气消费比例上升7个百分点。加大可再生能源开发利用资金支持力度，可再生能源比重提高到3%。

3.提高能源效率。推进万家企业节能低碳行动，全年实现节能量130多万吨标准煤。加强建筑节能，三步节能居住建筑达到1.48亿平方米，可再生能源建筑应用面积2200多万平方米。实施黄标车全市域限行和新能源汽车不限行措施，清洁能源车辆占全部车辆比例达到30%。全市单位生产总值能耗降低7.2%。

4.增加林业碳汇。继续推进“美丽天津•一号工程”绿化美化行动，组织实施“一环两河七园”等市级重点造林绿化工程，实际完成造林51.4万亩，全市林木绿化率达到23.7%，城市绿化覆盖率达到36%以上。同时，加强重点生态林管护，林业碳汇能力进一步增强。

二、组织推进试点示范

（一）推进低碳城市建设

1.社区园区方面。分类选取基础较好的社区开展低碳社区试点建设，滨海新区福瑞社区、东丽区华明街第四居委会社区、西青区中北镇假日润园社区等完成实施方案编制。推荐经济技术开发区和滨海高新区华苑科技园入选国家低碳工业园区试点（第一批），着力提升低碳园区试点成效。

2.建筑交通方面。泰达MSD低碳示范楼集成利用地源热泵、太阳能光伏发电、无机房电梯及电梯能源再生技术、地板送风空调系统等28项低碳环保技术，荣获中国绿色建筑评价标准三星奖，被评为全国科普教育基地。建成能够应用于公交车、校车、商务直通车、通勤班车等多项业务的交通日常调度系统，通过智能电子站牌+手机APP软件，实现站点信息、线路信息、车辆定位信息、人员定位信息的实时查询。

3.能源利用方面。于家堡金融区起步区北区大型供冷中心利用夜间低谷时的电能制冰并蓄存，白天高峰时用蓄存冰作为冷源供给空调系统，实现电力“削峰平谷”，节约15%～25%能源消耗，已完成项目一期。中新天津生态城智能电网综合示范工程成功实现智能电表覆盖率100%，供电可靠率99.99%，成为国际上覆盖区域最广、功能最齐全的智能电网综合示范工程。

4.低碳技术方面。加大组织申报力度，车用锂离子动力电池系统开发技术和蓖麻全产业链高值化利用技术列入国家重点推广的低碳技术目录。

（二）推进碳交易市场建设

1.加强制度体系建设。研究提出企业停工停产或正常生产进场查证方法，制定第二批次配额发放规则和新增设施碳排放先进值标准，完善纳入企业调整配额申请条件、核发方法，印发利用抵消机制履约具体办法，完成“天津市碳排放权交易管理办法”市政府规章立法调研报告。

2.开展碳排放报告核查。开发建设纳入企业碳排放报告网络报送系统，正式上线运行。组织纳入企业同步开展2014年度碳排放报告、第二批次配额和调整配额申请。加大财政资金支持力度，招标选取第三方机构，对纳入企业碳排放和生产情况进行核查。向不配合核查企业下发整改通知，推动顺利完成进场核查。

3.推动完成年度履约。结合第三方进场核查结果，完成纳入企业年度配额核定核发。针对不同行业、不同企业，研究制定差别化的履约解决方案，完善激励约束机制，按期完成2014年度履约。112家纳入企业中，111家完成履约，履约率为99.1%，比上年度提高2.6个百分点。

4.组织发放年度配额。加强组织协调，对热力企业配额分配基准、碳排放重大变化选取条件、关停企业配额发放及处理方法等进行调整，修订完善配额分配方案，并完成2015年度首批次配额发放。

三、切实加强能力建设

1.落实温室气体排放目标责任。健全低碳发展机制，将碳排放强度下降指标列入全市经济社会发展年度目标，组织完成2014年全市碳排放强度降低目标责任评价考核自评工作，被国家评为优秀等次。进一步加强指标核算，完善考评细则，规范考评流程，推动完成区县2014年度碳排放强度降低目标责任评价考核工作，并分项向区县反馈考核结果，进一步提升全市绿色低碳发展水平。

2.加强基础统计核算。落实市《应对气候变化部门统计报表制度》，组织各部门完成相关指标初次报送。加快开发建设基于清单的交互式碳信息数据库及分析系统，为常态化清单编制提供支持。积极争取清单编制工作经费支持，组织启动2012、2014年全市温室气体排放清单编制。加大统筹指导力度，推动完成重点企事业单位排放基础数据填报。鼓励区县开展碳排放强度指标核算，提升主动控排能力。

3.编制应对气候变化规划。在市“十三五”规划纲要中专设章节，明确控制温室气体排放重点任务，统筹协调应对气候变化工作，积极贯彻落实绿色发展理念。组织编制全市应对气候变化“十三五”规划，积极调研摸清基本现状，加强论证提出工作重点，认真衔接市有关专项规划，全面对接《国家应对气候变化规划（2014-2020年）》，形成阶段性成果。

4.组织开展宣传培训。围绕全国低碳日主题，制定宣传活动方案，组织协调市有关部门、各区县开展各具特色的低碳宣传活动，倡导社会各界践行低碳理念，营造绿色发展良好氛围。将开展低碳产品认证纳入全市质量工作体系，组织举办相关政策宣讲活动。针对应对气候变化基础统计、碳排放权交易、温室气体排放报告核算、气候适应性城市建设等工作，组织开展走访调研、交流研讨、专题培训等活动，加快各类专业人员培养，强化应对气候变化人才队伍支持。

5.强化项目管理。加强中国清洁发展机制基金赠款项目过程管理，组织完成实施单位执行情况自查。天津市实施重点企（事）业单位温室气体排放报告制度相关研究等3个项目获得2014年度赠款项目资金支持，并组织完成2015年度赠款支持项目申报工作。积极组织上报，中新天津生态城北部高压带光伏发电、风电工程等3个项目成功备案国家温室气体自愿减排项目。

（撰稿：高迎春，天津市发展和改革委员会资源节约和环境气候处）

山西省应对气候变化和低碳发展2015年度报告

山西省发展和改革委员会

2015年是"十二五"收官之年，也是贯彻落实"十二五"规划目标任务、深入推进全省应对气候变化各项工作的关键一年。2015年以来，根据国家发改委气候司工作部署和年初全委重点工作计划安排，积极开展各项工作，不断夯实工作基础，应对气候变化工作取得了积极进展。

一、圆满完成国家对我省2014年度单位地区生产总值二氧化碳排放降低目标责任考核

2015年4月，国家发展改革委启动了省级人民政府2014年度单位国内生产总值二氧化碳排放降低目标责任考核评估工作。按照考核评估程序，我省于7月初将《山西省人民政府关于我省2014年度单位国内生产总值二氧化碳排放降低目标责任考核自评估情况的报告》报国家发展改革委。7月22日，国家第四考核组赴我省进行了实地考核。9月25日，国家发展改革委公布了2014年度对各省考核结果，我省结果为优秀，受到通报表扬。

二、开展《山西省"十三五"控制温室气体排放规划》编制工作

《山西省"十三五"控制温室气体排放规划》（以下简称《规划》）是省政府确定的专项规划之一，也是"十三五"期间我省应对气候变化工作的顶层设计。组织有关单位成立《规划》编写组，对规划相关重大问题进行专题研究，征求了省直26个相关部门以及行业协会的意见，并召开专家论证会对《规划》进行审查，根据各部门提出的修改意见和专家建议对《规划》进行了修改完善，形成了《规划》（送审稿）。

三、为参与全国碳排放权交易市场做好前期工作

开展重点单位温室气体排放报告工作是推进我省碳排放权交易市场建设的重要举措。根据国家相关要求，将2010年～2014年任一年温室气体排放达到13000吨二氧化碳当量，或综合能源消费量达到5000吨标准煤的法人企（事）业单位，纳入全省温室气体排放报告主体名单。目前已确定了参加首次企业直报工作的企业名单，初步建成山西省重点企（事）业单位温室气体排放报告在线数据报送平台，并组织太原市、晋城市部分重点企业进行了温室气体排放试填报工作。

四、开展省级温室气体清单编制，摸清碳排放家底

温室气体清单编制有利于全面掌握我省温室气体排放总量与构成情况，为碳减排政策制定及应对气候变化规划编制提供依据。我省已编制完成2005年和2010年温室气体排放清单，并通过国家发改委组织的专家联审。根据国家发改委《关于开展下一阶段省级温室气体清单编制工作的通知》，组织相关单位开展我省2012年和2014年温室气体排放清单编制工作。

五、扎实推进晋城国家低碳城市试点示范

在我委推动下，晋城市积极探索适合本地区低碳绿色发展模式，不断加强基础能力建设，将单位地区生产总值二氧化碳排放下降目标纳入晋城市"十二五"规划和政府年度工作计划，出台了《晋城市低碳发展规划（2013-2020）》、《晋城市控制温室气体排放考核实施方案》、《晋城市温室气体排放统计和核算办法》等文件，编制完成《晋城市温室气体排放清单（2005年、2010年）》，并在碳排放峰值目标与落实、温室气体排放总量控制、企业温室气体排放报告和新建项目碳评价等体制机制创新方面进行了探索。经初步统计核算，晋城市2015年全市二氧化碳排放总量为3154.5万吨，万元地区生产总值二氧化碳排放量2.89吨，比上年下降4.13%，与2010年相比下降19.01%，圆满完成试点方案规定下降19%的目标任务，减排效果明显好于全省平均水平，试点示范效果显著。

六、推动开展省级低碳市县、低碳产业园区和低碳社区试点工作

为探索低碳发展经验和模式，从低碳市县、低碳工业园区和低碳社区三个层面开展试点工作。通过各市自主申报，经专家评审，确定在太原、朔州、祁县、万荣等15个市县开展省级低碳市县试点示范工作。目前各市县低碳试点实施方案均已批复，试点工作稳步推进；确定在太原不锈钢产业园区、太原工业园区等5个园区开展低碳产业园区试点示范工作。目前已批复太原不锈钢产业园区、山西大同经济开发区、山西运城经济开发区等3家省级低碳产业园区试点实施方案；组织编制完成了《山西省低碳社区试点工作实施方案》，并已通过国家发改委备案。

七、开展市级人民政府2014年度单位GDP二氧化碳排放降低目标责任考核工作

下发了《关于开展2014年度单位地区生产总值二氧化碳排放降低目标责任考核评估的通知》，开展对各地市人民政府的单位地区生产总值二氧化碳排放降低目标责任考核。各市结合工作开展情况，编制了本地区2014年度控制温室气体排放目标责任试评价考核自评估报告。通过开展目标责任考核工作，各市强化了政府责任和政策导向，为确保实现我省单位地区生产总值二氧化碳排放降低目标奠定了基础。

八、组织推荐全省重点低碳技术

按照国家发改委征集国家重点推广的低碳技术目录（第二批）安排，我委在全省范围内组织开展了重点低碳技术征集活动，筛选了煤层瓦斯增透解吸技术、新型建筑外墙保温与结构一体化模板等8项符合条件的低碳技术，上报国家发改委。12月6日，国家发改委2015年31号公告发布了国家重点推广的低碳技术目录（第二批），我省"煤

层瓦斯增透解吸技术”位列其中。

九、开展基础课题研究，积极申报国家CDM基金赠款项目

在国家发改委的统一部署下，加快推动2013年以前的CDM基金赠款课题研究进度，山西省水保保持研究所承担的《山西省干旱缺水区农业适应气候变化对策研究》课题经专家评审已初步通过验收，待国家发展改革委同意后将正式结题。我省争取国家2014年CDM基金赠款660万元，支持开展山西省实施重点企事业单位温室气体排放报告制度相关研究、山西省适应气候变化方案编制研究、山西省碳排放峰值预测及总量控制研究等5项基础课题研究；并在省内筛选了《山西省碳排放权交易市场能力建设项目》、《山西省碳排放配额分配方案研究项目》等10项研究课题申报国家2015年度清洁发展机制基金赠款。

十、加强应对气候变化及碳排放权交易宣传

2015年6月15日是“全国低碳日”，以此为契机，我委组织举办了一系列宣传活动，包括开展电视、报纸等媒体宣传，公共交通工具LED显示屏滚动播出低碳宣传内容，在委机关大厅、龙潭公园、太原科技大学等公共场所定点布设节能低碳及碳排放权交易宣传展板，发放低碳宣传科普读物等活动。通过一系列的培训宣传活动，提高了相关工作人员应对气候变化工作能力，增强了全社会应对气候变化意识，营造了推动绿色低碳发展的良好社会氛围。

（撰稿：武东升、李琳、胡慧东，山西省发展和改革委员会应对气候变化处）

辽宁省“十二五”应对气候变化和低碳发展报告

辽宁省发展和改革委员会

“十二五”期间，在国家发展改革委的大力指导下，辽宁省高度重视应对气候变化和低碳发展工作，认真贯彻落实《国务院关于印发“十二五”控制温室气体排放工作方案的通知》（国发〔2011〕41号）精神，从调整产业结构、节约能源和提高能效、调整能源结构、增加森林碳汇、低碳试点示范建设等方面入手，落实各项措施，应对气候变化的基础工作与能力建设不断加强，降碳工作稳步推进，圆满完成了“十二五”目标任务。

一、大力调整产业结构

2015年，全省第三产业增加值占地区生产总值比重达到45.1%，比2010年提高了8个百分点，达到历史新高，超额完成“十二五”末期第三产业增加值占比达到42%的目标。

1. 大力发展服务业。“十二五”时期，辽宁省高度重视服务业工作，先后出台了一系列加快服务业发展的政策措施，服务业规模日益扩大，产业结构不断优化，成为全省经济发展的主要引擎。服务业增加值从2010年的6849.4亿元增加到2015年的12976.8亿元，总量翻了近一番。服务业发展速度连续四年高于GDP增速，2015年服务业增加值同比增长7.1%，高于GDP增速4.1个百分点。加快推进服务业集聚区建设，全省服务业集聚区规模扩大了三倍。2015年全省服务业集聚区主营业务收入超过1万亿元。在全国率先开展现代服务业综合改革试点，商贸流通业、交通运输业、邮政业、信息技术服务业、金融业、旅游业等行业取得快速发展。

2. 加快发展战略性新兴产业。“十二五”期间，全省重点培育发展高端装备制造、新一代信息技术、新能源、新材料、生物及制药等新兴产业。通用航空、机器人、海洋工程、智能制造等高端装备制造业发展迅速，数控机床产量位居全国第1位。东北大学建设的东北超级计算中心和云计算平台，能够满足海量数据处理要求。新能源产业稳步推进，辽宁红沿河核电站继一号机组并网发电后，二号、三号机组已经投入运行。以沈阳、大连为中心的生物及制药产业集群已初步形成，本溪生物医药产业基地建设不断推进。

3. 传统产业不断优化升级。“十二五”以来，全省大力推进传统产业转型升级，工业结构得到明显改善，产业结构不断优化。高端装备制造业主营业务收入占装备制造业比重已超过四分之一。乙烯产能占原油加工的比重从“十一五”末期的1.4%提高到2.3%，化工精细化率达到50.7%。冶金行业产品结构不断改善，高附加值和高技术含量产品比重已占总产量的85%以上。建材行业中的新型建材产品的比重达到 62%。纺织行业中的服装主营业务收入占全行业的55%。

4. 加快淘汰落后和过剩产能。通过严格市场准入，落实限制措施，完善激励机制，全省共淘汰炼铁498万吨、炼钢1.5万吨、焦炭80万吨、铁合金41.8万吨、水泥2850万吨、平板玻璃260万重量箱、造纸76.9万吨、印染45520万米，超额完成了国家下达的淘汰落后产能目标任务。

二、积极推进节能和提高能效

“十二五”国家下达我省节能目标为单位国内生产总值能耗比2010年下降17%，2015年，我省单位国内生产总值能耗降低3.52%，“十二五”累计降低20.1%，完成目标任务的119.6%。

1. 工业领域。出台了《辽宁省人民政府关于做好淘汰落后产能工作的实施意见》，通过不断强化项目准入门槛和环境保护约束，执行限制类和淘汰类差别电价政策等一系列措施，加快淘汰落后产能。组织实施工业节能技改项目248个，实现节能量400万吨标煤；安排合同能源管理项目52个，实现节能量19.38万吨标煤。“十二五”期间，全省规模以上工业万元工业增加值能耗累计下降25.3%，超额完成国家下达的计划目标。

2. 建筑领域。建筑节能全面执行新建居住建筑节能65%设计标准，新建公共建筑节能50%设计标准。全省城镇新建建筑节能标准设计阶段执行率保持100%，施工阶段达到99%。全面推进既有居住建筑供热计量及节能改造。“十二五”期间，全省共完成改造任务3500万平方米，是“十一五”时期的4倍。全面推进绿色建筑行动，组织开展绿色建筑星级评价，截至2015年底，全省共有40个项目获得绿色建筑星级评价标识，总建筑面积超过360万平方米，建筑节能形成903万吨标煤节能能力。

3. 交通领域。积极推进公路建设、道路运输、港航领域节能降耗。全省71座隧道推广LED灯具5.45万盏，节电2165万度，折合标煤2661吨。528条车道安装了ETC不停车收费系统，节约燃料油1692吨。开展营运车辆燃料消耗量限值核查，累计核查车辆22.8万辆，节约燃油1.66万吨。港航领域实施轮胎式集装箱门式起重机自动插拔电技术应用、岸桥电控系统升级改造、门座起重机变频技术应用、无功补偿装置改造工程等节能改造项目。

4. 公共机构领域。以开展节约型公共机构示范单位创建工作为重点，全省共有89家单位被确定为国家节约型公共机构示范单位。公共机构节能工作进展顺利，“十二五”期间，全省公共机构人均耗能累计下降16.7%，单位建筑面积耗能累计下降12.4%，均完成目标任务。

三、不断调整能源结构

“十二五”期间，全省加快推进能源结构调整，非化石能源占一次能源的消费比重由2010年的1%提高到2015年的4.5%，基本形成煤、油、气、核、可再生能源多轮驱动的能源供应格局。

1. 发展非化石能源。“十二五”期间，全省着力加强非化石能源发电项目建设，东北地区第一座核电站——辽宁红沿河核电站、第一座抽水蓄能电站——辽宁蒲石河抽水蓄能电站先后竣工投产，全省核电、光伏发电实现了从无到有的突破，装机分别达到300万千瓦和16万千瓦，水电和风电分别从145万千瓦和308万千瓦增加到293万千瓦和639万千瓦。全省非化石能源总装机从455万千瓦增加到1248万千瓦，占全部发电装机的比重由13.7%提高到28.8%。

2. 优化化石能源结构。一是着力推进华润沈阳浑南、华能大连二热等一批大型热电项目建设工作。全省实现了每个地级市至少拥有一座投产、在建或列入国家规划的大型热电厂的目标。二是组织对国电集团康平、中电投抚顺东方等一批发电厂实施供热改造。三是组织关停了17家电厂的42台老旧火电机组，总装机126.6万千瓦。四是组织对一批大型电厂实施节能和超低排放改造。

四、积极增加森林碳汇

到“十二五”期末，全省林业用地面积达到10751万亩，有林地面积8694万亩，比“十一五”期末增加3.03%；森林覆盖率达到40.9%，比“十一五”期末增加了2.66个百分点；森林蓄积量达到3.06亿立方米，比“十一五”期末增加了8.51%。

1. 造林绿化成效显著。“十二五”期间，全省在实施“三北”防护林、沿海防护林、退耕还林、外资项目造林和中央财政造林补贴试点等国家重点造林工程基础上，先后启动实施了朝阳市500万亩荒山绿化工程、全省大规模造林绿化工程、阜新市200万亩经济林建设工程、千万亩经济林工程、“万村万树”村屯绿化工程等省级重点工程。累计完成人工造林作业面积2132万亩、封山育林1016万亩、围栏封育里程20085公里、中龄林抚育750万亩，均超额完成计划任务。全民义务植树4.5亿株，有1.14亿人次参加义务植树活动。创建了3650个绿化示范村。国家森林城市总数增加到7个。全面启动实施省级森林城市创建工作。

2. 青山工程顺利推进。在全国率先启动实施了重大生态恢复性工程——青山工程。“十二五”期间，累计完成治理面积955万亩。“小开荒”清退、超坡地还林、围栏封育、公路建设破损山体生态治理、铁路建设破损山体生态治理、墓地坟地整治等6项工程已全部完成。闭坑矿山生态治理和生产矿山生态治理工程有序推进。出台了全国第一部针对山体和依附山体植被恢复、治理和保护的地方性法规《辽宁省青山保护条例》，同时批准实施了《辽宁省青山保护规划》。

3. 土地沙化和荒漠化扩张趋势得到进一步遏制。“十二五”期间，完成沙化土地治理面积413万亩，是国家规划任务的102%。沙化土地较“十一五”期末减少58.3万亩，具有明显沙化趋势的土地较“十一五”期末减少24.9万亩。

4. 森林抚育取得突破性进展。“十二五”期间，完成森林抚育任务750万亩，改变了我省人工林森林抚育严重滞后的局面，人工林森林抚育步入常态化发展轨道。

5. 自然保护区、湿地、森林公园及野生动植物保护取得重大进展。新建6处国家级自然保护区、5处省级自然保护区、10处省级自然保护小区，全省自然保护区总数达到75处，面积1760万亩，占全省林地面积的16.3%。拥有2处国家重要湿地、31处省重要湿地、34处湿地公园、26处湿地保护区，保护湿地总面积890万亩，湿地保护率达到42.5%。新增4处森林公园，森林公园总数达到71处。

五、稳步推进低碳试点工作

1. 低碳试点省建设情况。作为国家首批五省八市低碳试点地区之一，按照国家有关要求，我省积极采取措施，稳步推进低碳试点省建设。一是出台了《辽宁省应对气候变化“十二五”规划》、《辽宁省国家低碳试点工作实施意见》、《辽宁省低碳试点工作实施方案》，并将相关任务分解到省直相关部门和各市。制定了《辽宁省低碳发展规划纲要》、《辽宁省“十二五”控制温室气体排放实施方案》，为完成 “十二五”碳排放降低约束性指标打下基础。二是积极做好全省清洁发展机制项目管理工作。完成9个清洁发展机制项目的初审并上报国家。积极争取中国清洁发展机制基金赠款，共有8个项目累计获得赠款1400万元。开发建设辽宁省清洁发展机制项目管理系统，实现清洁发展机制项目规范化管理。三是组织申报自愿减排项目国家备案工作。向国家上报项目8个，申请自愿减排核证机构1个。四是开展了全省重点企（事）业单位温室气体排放报告工作。2015年对全省2010年综合能源消费总量达到5000吨标煤以上的重点企（事）业单位进行了统计，涵盖了500多家单位2010年至2014年能源消费数据。五是积极参与国际交流与合作。协助国家发展改革委与美国能源基金会在沈阳组织举办 “低碳发展方案编制基本原理与方法”地方官员培训会辽宁专场。参加由国家发展改革委与世界银行合作开展的“中国应对气候变化技术需求评估”项目，借鉴国外先进经验，提高省内应对气候变化技术水平。六是积极开展课题研究。结合老工业基地实际，积极开展应对气候变化及低碳发展的研究与探索工作，先后完成了《辽宁省低碳发展实践路径研究》、《辽宁省碳排放指标分解和考核体系》等课题，正在开展《辽宁省碳排放发展趋势研究》、《辽宁省碳减排潜力与低碳发展技术路线图研究》等课题。

2. 国家级低碳专项试点工作情况。2014年，住房城乡建设部将我省确定为全国建筑产业现代化试点地区，将沈阳市作为全国唯一的建筑产业现代化示范城市。“十二五”期间，我省注重制定产业技术标准，制定了《装配整体式建筑技术规程（暂行）》、《预制混凝土构件制作与验收规程（暂行）》等6部地方标准。构筑起装配式建筑构配件制作、建筑设计、施工、检测、验收等标准体系。沈阳市在铁西区建设了现代建筑产业园。沈阳建筑大学中德节能示范屋工程作为低碳建筑试点项目，充分体现了“绿色建筑”和“超低能耗”建筑节能设计理念，达到中国绿色建筑三星级标准、美国LEED铂金级标准。大力推广绿色建筑，完善绿色建筑相关标准，组织编制了《绿色建筑评价标准》、《民用建筑绿色设计标准》等，进一步推动绿色建筑发展。

开展普通公路绿色拌和站示范工程。截至2015年底，全省建成6家绿色拌和站示范单位，完成沥青拌和站清洁能源（油改气）改造9家；完成再生路面铺筑1449公里、使用再生料249万吨。加快新能源汽车在公交领域的推广应用，促进公交行业节能减排和结构调整。截至目前，全省共有清洁能源和新能源城市公交车8874台，占城市公交车比例达到47%；全省清洁能源和新能源城市出租汽车50610台，占城市出租汽车比例达到88%。促进营运黄标车淘汰工作，共淘汰营运黄标车2.3万辆。

3. 省级低碳城市试点工作情况。鞍山市作为我省低碳试点城市，制定了《鞍山市低碳综合配套改革试验区建设实施方案》和《鞍山市县（市）区低碳责任目标考核方案》，细化各项重点工作任务，明确责任分工。成立组织机构，设立跨部门统筹协调机制，制定绿色交通、绿色工业、园区循环化改造和循环经济等方面的专项规划方案。建设完成了《鞍山市低碳发展决策支持系统》，建立了核心的碳清单信息数据库，实现在系统上监测企业碳排放情况。2014年，鞍山市通过工业和信息化部的评审，成为国家区域工业绿色低碳转型发展试点城市，制定了《鞍山市工业绿色低碳转型发展实施方案》，逐步实现以钢铁、菱镁为主的传统产业格局向以高端装备制造业等战略性新兴产业为主的产业结构转变。2014年，鞍山市被交通运输部确定为全面绿色循环低碳交通运输城市区域性示范市，大力发展智能交通系统，全面推进城乡交通信息化动态管理。

4. 低碳产业园区试点工作情况。“十二五”期间，沈阳经济技术开发区获批为第一批国家低碳工业园区试点，积极推进国家低碳工业园区试点建设，降低碳排放与推广新能源并举，调整改善园区能源结构。通过推进集中供热、用燃气等清洁能源替代燃煤锅炉、提高企业供暖效率等方式，在园区内推行大面积的锅炉改造。同时，大力发展可再生能源，在工业企业中着力推介分布式太阳能发电理念。积极推进开发区工业企业节能改造工作，开发区工业企业共投入工业节能资金1.5亿元，23家企业开展了节能专项改造。

5. 低碳社区试点工作情况。2014年，根据《国家发展改革委关于开展低碳社区试点工作的通知》精神，省发展改革委印发了《关于开展低碳社区试点工作的通知》，在全省组织开展低碳社区试点工作。经各市调研筛选，全省共上报93个社区。为推进全省低碳试点社区工作，出台了《辽宁省低碳社区试点工作方案》，并上报国家备案。今后，我省将组织相关科研单位对各市上报的社区进行评审，按照新建社区、城市既有社区和农村社区三类，确定入选省低碳试点社区名单，并择优建设一批国家级低碳示范社区。

六、不断加强应对候变化能力建设

1. 温室气体排放统计核算制度建设情况。按照国家有关要求，建立了《环境和应对气候变化部门综合报表制度》，涵盖了16个省直部门，确定了能源、工业生产过程、农业、林业和土地利用变化、废弃物等方面的温室气体排放测算方法及统计指标数据来源，进一步完善了全省环境和应对气候变化指标体系。每年定期召开相关省直部门参加的统计报表会议，形成常态化工作机制。建立专家咨询制度，邀请各方专家就省级温室气体排放统计与核算体系等相关内容进行广泛的交流和专业技术咨询，充分借助外力推动我省应对气候变化统计工作。

2. 温室气体排放清单编制情况。作为2005年全国省级温室气体清单编制7个试点省市之一，组建了由省内相关领域权威科研机构参加的温室气体清单编制专家组，负责全省温室气体清单编制及应对气候变化领域相关科研课题研究。开展省、市两级温室气体清单编制工作，初步摸清了全省能源、工业、农业（畜牧业）、林业和土地利用变化、废弃物等5大领域温室气体排放的来源及构成。编制完成了2005、2010年省、市两级温室气体清单报告，正在开展2012、2014年省级温室气体排放清单的编制工作。开发建设辽宁省碳排放信息数据库及数据分析系统，动态掌握分析全省温室气体排放情况。

3. 资金支持情况

2011年，我省设立了省本级低碳发展专项资金支持低碳发展。截至目前，已支持16个低碳项目，累计安排资金1800万元。同时，为适应开展低碳试点省建设的需要，“十二五”期间省财政共安排1008万元，为全省低碳试点和碳市场建设工作有序开展，提供了有力的资金保障。

4. 组织领导和公众参与情况

一是成立了以省长为组长、常务副省长为副组长的省应对气候变化领导小组，成员单位由36个省直部门组成，在省应对气候变化领导小组加挂省低碳试点工作领导小组牌子，形成由领导小组统一领导、省发展改革委归口管理的组织形式。建立了由领导小组成员单位分工负责，各市、各行业主要负责人牵头挂帅、全社会广泛参与、上下协调一致的工作机制。“十二五”期间，多次举办业务培训、研讨和交流等活动，提高全省应对气候变化工作能力。出版发行38期应对气候变化工作简报。

二是组织开展低碳日宣传活动，加大宣传普及力度。从2013年国家设立“全国低碳日”以来，我省大力开展全省低碳宣传活动。2013年至2015年，分别以公共机构节能、低碳交通、低碳建筑为主题，组织全省36个省直相关部

门及14个市制定低碳日活动方案，召开启动仪式，开展低碳宣传，辽宁日报、东北新闻网等省市多家新闻媒体对低碳日活动进行了全程跟踪报道。省直相关部门、各市分别组织开展多方参与、内容丰富、形式多样、精彩纷呈的低碳主题日活动，得到了全社会的积极参与和热烈响应，宣传普及了应对气候变化知识，提高了公众的低碳意识，营造出良好的社会氛围。

（撰稿：杨俊峰，辽宁省发展和改革委员会环资气候处）

黑龙江省应对气候变化和低碳发展2015年度报告

黑龙江省发展和改革委员会

2015年，黑龙江省努力推动经济发展和社会生活向低碳方式转变，认真贯彻落实国家各项工作部署，扎实推进相关工作，取得了一定成效。

一、积极调整产业结构

黑龙江省坚持把现代服务业和战略性新兴产业作为优化结构、减少碳排放的重要抓手，积极推进低碳产业体系建设。2015年，全省第三产业增长10.4%，高于全国平均2.1个百分点；第三产业增加值占GDP比重为50.7%，比2010年提高了11.6个百分点。2015年，全省单位GDP能耗为0.7858吨标准煤，比2014年下降4.01%，比年度下降3.5%的目标超额完成了0.5个百分点，化学需氧量、氨氮、二氧化硫、氮氧化物排放量分别比上年下降2.19%、4.27%、3.37%、11.73%，分别比计划降幅提高2.19、3.07、3.37、10.83个百分点。“十二五”期间，全省单位GDP能耗累计下降18.95%，完成总体目标任务的120.5%，化学需氧量、氨氮、二氧化硫、氮氧化物排放总量累计削减率分别完成总体减排目标任务的158%、134.6%、556%、462.3%。

一是强化工业节能支撑。认真组织工业企业实施燃煤锅炉节能减排效率提升、余热余压回收利用等节能技术改造、清洁生产示范和电机能效提升计划，淘汰燃煤小锅炉1973台；全省规模以上工业企业万元增加值能耗下降6.6%，超额完成了下降4%的年度目标任务。

二是突出公共机构节能减排。对政府机关、高校、医院等200栋大型建筑水、电、热等能耗进行在线监测；申报38家国家级节约型公共机构示范单位一次性通过验收，119家省级节约型公共机构示范单位通过验收。全面完成了“十二五”期间全省公共机构人均能耗下降15%、单位建筑面积能耗下降12%的节能目标。

三是推动重点减排工程项目建设。全省新增污水日处理能力22万吨，新增生活垃圾日处理能力2430吨；新增脱硫设施机组260万千瓦，新增脱硝设施机组782万千瓦；推进污染物减排行动计划，火电、钢铁、水泥等重点行业二氧化硫、氮氧化物和烟粉尘提标改造进度加快。

二.优化调整能源结构

黑龙江省大力推进新能源和可再生能源发展，不断优化能源消费结构降低煤炭消费比重。在没有可借鉴经验的情况下，坚持市场配置资源的原则导向，率先在国内开展了风电、光伏发电等领域资源配置市场化改革，对国家分配的年度建设容量指标，面向社会公开招标方式确定项目建设投资主体，，市场化运作取得实质进展。

截至2015年末，全省非化石能源占一次能源消费比重达到4.1%，比2010年提高了1.8个百分点；可再生能源占全社会用电量比重达到14.4%，比2010年提高6.4个百分点，占一次能源消费总量比重达到4.1%，比2010年提高1.6个百分点；全省新能源和可再生能源发电装机容量由2010年的308.2万千瓦提高到671.4万千瓦，年均递增16.9%，占全省电力装机容量比重由2010年的15.7%提高到25.4%，年发电量由2010年的60.7亿千瓦时提高到125.6亿千瓦时，年均递增15.7%，占全省发电量的比重由2010年的7.7%提高到14%，其中风电装机容量由2010年的191.5万千瓦提高到503.1万千瓦，年均递增21.3%；生物质发电装机容量由2010年的22.3万千瓦提高到64.6万千瓦，年均递增23.7%。此外，光伏发电装机取得零的突破，水电装机容量、发电量也不断增加。

三.增加森林碳汇

2015年，黑龙江省计划造林面积98.07万亩，实际完成158.19万亩；计划森林抚育面积170万亩，实际完成165.01万亩。“十二五”期间，计划造林735.42万亩，实际完成造林1092.89万亩，完成率149%；计划森林抚育面积770万亩，实际完成940.59万亩，完成率122%。

截至2015年底，全省森林总蓄积量为19.58亿立方米，比2014年增加了3000万立方米；全省森林碳储量为9.79亿吨，比2014年增加了0.15亿吨；全省森林吸收存储CO2总量（碳减排总量）为35.896亿吨CO2-e（二氧化碳当量）。

四.积极开展大兴安岭低碳试点示范建设

作为国家第二批低碳城市试点，黑龙江省大兴安岭地区把控制温室气体排放工作作为调整经济结构、转变经济发展方式的突破口，扎实推进各项工作，实现了低碳城市建设目标。截至2015年底，单位GDP能源消耗0.8421吨标准煤/万元，比2010年下降了11.02%；单位GDP二氧化碳排放强度由2010年的3.66吨/万元下降到2015年的2.07吨/万元，累计下降43.4%。

一是大兴安岭地区成立了低碳城市试点领导小组及办公室，在林业集团公司设立了碳汇资源管理部，编制完成《大兴安岭地区低碳试点工作初步实施方案》和《大兴安岭地区生态文明建设规划》，确立了生态发展战略思路，谋划了14类低碳产业项目。

二是大力发展生态产业，不断调整和优化产业结构，经济运行呈现发展不断提速、效益不断攀升、结构不断优化、质量不断提高的良好态势。2015年,绿色产业实现产值31.2亿元，比2010年增长1.1倍。旅游接待人数456万人次，实现收入43.42亿元，分别比2010年增长104.3%和115%。三次产业结构比由2010年的39.7：23.7：36.6，调整为的49.9：8.5：41.6。

三是现了森林面积、蓄积和覆盖率三增长。截至2015年底，完成中幼林抚育1379.5万亩、补植补造117.5万亩、人工造林6万亩。森林面积达683.7万公顷，比2010年增加了9.9万公顷。活立木总蓄积5.71亿立方米，比2010年增加了0.48亿立方米。林分公顷蓄积量81.05立方米/公顷，每公顷提高了5.65立方米。森林覆盖率81.86%，比2010年提高了0.99个百分点。

五.推进国家级低碳专项试点建设

进一步加大示范试点争取及建设力度，成功推荐哈尔滨市为国家级低碳交通专项试点，推荐齐齐哈尔、牡丹江市、伊春市列为国家生态文明先行示范区，推荐齐齐哈尔高新技术产业开发区列为国家低碳工业园区试点，推荐通河县列为国家循环经济示范县（市）试点，推荐牡丹江市经济技术开发区列为国家园区循环化改造示范试点，推荐省移动、联通云数据省分公司等7家单位列为国家绿色数据中心试点单位。同时，加快推进现有各类生态文明、节能减排示范试点和重大工程建设，充分发挥对我省低碳工作的示范带动作用。

六.抓好低碳产业园区试点建设

齐齐哈尔市高新区被确定为国家低碳工业园区试点以来，先后出台了《齐齐哈尔高新区国家低碳工业园区试点实施方案》、《节能量交易管理办法》、《排污权有偿使用和交易管理办法》、《关于推进供热计量改革与既有建筑节能改造的实施意见》等政策文件，成立了低碳工业园区试点工作领导小组，设立了产业低碳化、交通清洁化、建筑绿色化与新型城镇化、新能源与可再生能源规模化、主要污染物减量化和服务业集约化六个工作小组，形成各相关部门密切协作、互相配合、齐抓共管、共同推进的工作机制。

七.开展温室气体排放统计核算制度建设及清单编制工作

2015年，黑龙江省对能耗在5000标吨标煤或年排放13000吨二氧化碳当量的重点企（事）业单位历史排放数据进行了摸底和调查排放源清查，最终筛选个7个领域的900余家重点排放单位，初步建立了温室气体排放基本统计指标体系。在此基础上，对全省石化、化工、建材、钢铁、有色、造纸、电力、航空等八大行业中2013至2015年中任意一年综合能源消费总量达到1万吨标准煤以上的重点排放企业及6兆瓦以上自备电厂进行了摸底，确定了我省拟纳入全国碳交易体系的162家企业名单。

省统计局部门则组织开展了对各市地统计部门的业务培训。省统计科学研究所正在开展黑龙江省应对气候变化统计核算制度研究及能力建设的课题研究，目前已进行了课题中期评估，该课题研究将进一步完善我省应对气候变化统计指标体系及温室气体排放基础统计体系建设，为计算全省各市地温室气体排放情况提供有力支撑。省内各相关职能部门均能各司其职，配合开展应对气候变化工作。

八.执行低碳产品标准、标识和认证制度

认真开展标准制修订和能源管理体系认证工作，制定了《工业企业能源计量数据采集系统技术规范》、《点燃式发动机在用汽车排气污染物排放限值及测量方法（稳态加载工况法）》、《建材行业计量设备管理规范》、《小型集中供热系统设计及运行管理规程》等低碳产品和技术标准29项。2015年，我省加大能源管理体系标准培训班力度，推动用能单位建立健全能源管理体系，有6家企业获得能源管理体系认证证书。

九.加强低碳宣传引导

2015年，我省围绕“携手节能低碳，共建碧水蓝天”的活动主题，开展了全国低碳日体验和节能宣传活动，尤其开展了应对气候变化和低碳发展的主题宣传活动，普及应对气候知识，宣传低碳发展理念，切实提高了我省公众的应对气候变化和低碳意识。组织了低碳技术产品推介对接活动，开展了全省教育系统低碳宣传活动，举办了低碳技术应用成果推广活动，在报纸、网站、期刊等平台制发了专题新闻、公益广告宣传、理论文章等应对气候变化知识，倡导徒步及骑行等低碳出行活动，积极倡导简约适度、绿色低碳、文明健康的生产生活和消费习惯。

（撰稿：尹中华，黑龙江省发展和改革委员会资源节约与环境保护处）

吉林省应对气候变化和低碳发展2015年度报告

吉林省发展和改革委员会

2015年是“十二五”的收官之年，我省认真贯彻落实党的“十八大”和十八届四中、五中全会精神，深入学习习近平总书记系列重要讲话精神，牢固树立创新、协调、绿色、开放、共享的发展理念，坚持尊重自然顺应自然保护自然，发展和保护相统一、绿水青山就是金山银山的生态理念，加强生态文明建设，积极应对气候变化，推动绿色发展，全面完成了“十二五”全省应对气候变化各项工作。

一、实现“十二五”单位GDP二氧化碳减排目标任务

“十二五”期间，国家下达我省单位GDP二氧化碳减排指标为17%，我省高度重视，将这一指标作为约束性指标纳入我省“十二五”规划，并紧紧抓住振兴东北老工业基地的重要战略机遇，以降低单位GDP碳排放强度为核心，以减少温室气体排放、增强可持续发展能力为目标，积极调整产业结构和能源结构，节约能源和提高能效，开展各类低碳试点示范，努力增加森林碳汇，二氧化碳排放强度逐年下降。我省2015年单位地区生产总值二氧化碳排放为1.316吨/万元（2014年为1.455吨/万元），同比下降9.55%（目标值是3.66%），年度下降目标完成率为260.9%；我省“十二五”单位地区生产总值二氧化碳排放下降27.86%，“十二五”目标完成率为163.88%。2016年国家“十二五”国内生产总值二氧化碳排放降低目标考核组对我省进行考核评估，被评为优秀等级。

二、完成“十二五”单位GDP能耗下降指标任务

“十二五”期间，国家下达我省单位GDP能耗下降指标为16%。我省紧紧围绕推进节能降耗、发展循环经济、开展资源综合利用等核心工作，强化措施，狠抓落实，节能工作成效显著。一是严格落实目标责任，建立健全政策法规。二是加强重点用能单位监管，开展万家企业节能低碳行动，完成了万家企业节能目标责任评价考核和能源利用状况报告填报工作。三是严格执行能评制度，大力推行节能新机制 严格执行节能评估审查制度，合理控制能源消费总量。四是深化试点示范，积极发展循环经济。我省2015年单位GDP能耗为0.596吨标准煤/万元，同比下降10.78%，“十二五”单位GDP能耗下降30.37%，“十二五”目标完成率为190%。

三、调整产业结构实现转型升级

我省围绕推动产业融合发展、集群发展和高端发展，再造传统产业领先新优势，实施新兴产业培育工程、打造竞争新优势，努力走出一条富有吉林特色的结构调整和转型升级之路。一是传统产业进一步壮大提升。坚持市场导向，加大技术改造力度，提升生产工艺和整体水平，推动传统产业稳步发展；二是战略性新兴产业加快生成。针对我省支柱产业结构单一等症结，立足基础优势和产业发展现状，组织实施了九大战略性新兴产业专项行动计划、20个创新发展工程，跟踪推动100个重大项目建设，着力构建多元化产业格局；三是产业发展方式转型突破。在壮大产业规模的同时，坚定不移地转变发展方式，改变传统规模速度型粗放增长，努力向质量效益型集约增长转变；四是积极化解产能过剩。我省全面完成“十二五”各年度淘汰落后产能任务，共涉及12个行业、70户企业（79个项目）；五是服务业发展提速增效。全面落实服务业三年行动计划，围绕现代物流、信息技术服务等十个重点领域，实施服务业十大工程、推动建设100个重大项目，组织开展服务业发展攻坚的相关工作。旅游、信息服务、电子商务、家庭服务等行业加快发展，集聚态势初步形成。旅游总收入实现2315.2亿元，增长25.4%，电子商务交易总额突破2600亿元。吉林省东北亚文化创意科技园、吉林市东北亚农产品交易集聚区等17个省级服务业集聚区初具规模。

2015年，我省服务业实现增加值5340.77亿元，增长8.3%，占GDP的比重为37.42%，较上年同期提高1.25个百分点，比2010年提高1.53个百分点。

四、调整能源结构发展清洁能源

“十二五”期间，通过大力发展风电等新能源，实施“气化吉林”工程，加快油页岩综合开发利用等方式调整能源消费结构，逐步提高天然气、可再生能源等清洁能源品种消费比重，降低煤炭消费比重，合理控制能源消费总量。截至2015年，全省煤炭、石油、天然气和非化石能源占一次能源消费比重分别为73.6%、16.4%、3.5%和6.5%，作为清洁能源的天然气和非化石能源比重分别提高0.6和0.5个百分点。非化石能源发电装机容量达到875万千瓦（水电377.2万千瓦、风电444.4万千瓦，太阳能光伏发电6.7万千瓦，生物质发电46.4万千瓦），占电力总装机比重提高到33.5%，比2010年增长32.9%。丰满大坝重建工程、敦化抽水蓄能电站项目开工建设，5个百万千万风电基地项目稳步推进，风电清洁供暖示范项目相继建成投产，太阳能光伏发电实现从无到有的历史性飞跃，生物质固体燃料开发利用初具规模。煤炭产业集中度进一步提高，全省煤炭企业由155户重组为46户，大中型煤炭企业原煤产量占全省总产量的85%以上，安全生产能力稳步提升。

2015年，我省水电、风电和太阳能发电占一次能源消费比重为1.75%，同比下降了0.35个百分点，比2010年下降了0.3个百分点（2010年为2.05%）。2015年，我省煤炭占能源消费总量比重为70.25%，同比下降了2.14个百分点，比2010年下降了7.67个百分点（2010年为77.92%）。

五、探索实现低碳发展的有效途径

我省积极组织开展各类低碳试点，探索各具特色的低碳发展模式。

1.开展国家低碳城市试点

我省吉林市是国家第二批低碳城市试点，《吉林市低碳城市试点工作实施方案》通过国家评审并获得批复。试点开展以来，先后组织编制完成了《吉林市“十二五”控制温室气体排放综合性实施方案》、《吉林市低碳城市试点工作实施方案》等专项规划；启动实施了中心城市“十大功能区”发展战略，重点实施了哈达湾老工业区搬迁升级改造、松花江流域环境治理、城市矿产示范基地、化工园区循环化改造、丰满水电站重建工程、“暖房子”改造等一批重大工程，城区产业布局和能源结构得到进一步优化调整；积极推进了碳汇建设，森林固碳能力进一步增加，到2015年，全市累计完成造林面积10.9万公顷；编制完成了吉林市2010年温室气体排放清单，并组织了初步论证，开展了低碳园区和低碳社区建设工作。2015年吉林市单位生产总值能耗、单位生产总值二氧化碳排放量比2010年下降25%、29%，超额完成了下降17.5%和18.5%的试点城市目标。

2.推动国家级低碳专项试点工作开展

“建设绿色循环低碳主题性公路”试点。我省鹤大高速公路项目（小沟岭至抚松、靖宇至通化段）被交通运输部列为绿色循环低碳主题性项目，项目实施期为2014 -2016年。鹤大高速公路主题性项目实施中将绿色发展理念应用于公路工程设计、施工、运营全寿命周期，贯穿公路建设的各个工序、阶段的全过程，全方位进行绿色管理，主题性项目共策划实施32项重点支撑项目，涉及道路、桥涵、隧道、房建、机电、信息化和环保7大领域，突出了抗冻耐久示范作用、节能环保示范作用、资源节约循环利用示范作用、绿色环保示范作用及体制机制示范作用。

国家生态文明先行示范区。我省延边州、四平市、白城市、吉林市列入国家生态文明先行示范区。延边州围绕生态文明、节能减排、环境治理、特色园区建设等内容，加快淘汰落后产能，推进工业企业烟粉尘治理，着力构建以各类开发区、工业集中区和特色产业园为载体的产业集聚发展格局。四平市积极探索深化落实主体功能区制度和建立差别化的生态文明评价考核制度，并开展了地下综合管廊、海绵城市、老工业区搬迁改造、黑土地保护等项目建设，努力把四平建成“天蓝、地绿、山清、水秀”城市，打造宜居宜业宜游幸福家园。吉林市、白城市正在按照国家批复的实施方案要求，开展探索建立流域生态保护补偿机制、产业转型升级体制机制创新思路、生态环境事件预警防控机制，区域生态保护补偿机制、资源环境承载能力监测预警机制、建立体现生态文明建设要求的领导干部考核评价制度等6项制度研究。

3.启动国家低碳工业园区试点

我省长春经开区、吉林化工园区、延吉高新区列入国家第 批国家低碳工业园区试点。

长春经开区按照实施方案要求，加快汽车零部件、生物化工产业低碳化改造，推动产业技术升级；加强医药、食品等传统产业转型改造，建设绿色安全产业链；打造新型环保产业集群，开展高端低碳产业建设；围绕产业结构调整，降低煤炭使用量；提高能源使用效率，鼓励发展清洁能源、新型能源的生产和利用，鼓励发展节能环保产业；提高入园门槛，实施“能源低碳”准入政策；先后制定了一系列低碳管理条例和方案，为企业发展、园区建设提供目标、要求、依据和手段。

吉林化工园区以低碳工业园区为载体，不断摸索低碳工业园区发展的新模式，在三个方面实现低碳发展：调整结构，转变目标，形成园区产业低碳良性循环；压小上大、联产供热，提高园区内能源低碳化总体水平；引进科技，大胆创新，建立园区低碳化现代管理平台。园区的单位工业增加值能耗和碳排放均实现了降低，园区的低碳工作稳步推进。

延吉高新区集中开展了高耗能、高污染行业的专项清理整顿，在低碳发展规划和政策导向、健全二氧化碳减排目标责任制、推进结构调整、开展技术改造、建立长效二氧化碳减排机制等方面加大工作力度，为低碳园区建设工作的深入推进打下了坚实基础。

4.推进省级低碳产业园区试点

“十二五”期间，我省开展了东丰县低碳工业产业园、金州鴜鹭湖低碳农业产业园、长春莲花山生态旅游度假区等省级试点园区建设，形成了低碳工业、低碳农业、低碳旅游等不同领域试点的低碳发展局面。

东丰低碳工业园区完成了国有工矿棚户区搬迁改造，采用蓄热房屋建筑保温材料替代保温苯板，增强了保温隔热功能，提高了节能效果；采用新型的LED节能照明系统，降低能耗，节约能源，白云新城成为城镇化建设新亮点；开创了“风气互补发电”新模式，陆续实施节能减排和资源利用项目，配套建设了厂区工程，冶金铸造低碳工业园建设取得新突破；规划了机电产品加工园、循环经济产业园、光伏农业科技产业园三个产业园等低碳产业孵化园，适应了经济发展新常态；提高城市品位，优化能源结构，改善城市功能和环境质量，推进城镇化进程和低碳工业园区建设，解决园区内企业生产生活所需燃料，“气化东丰”工程建设取得新进展。

金州鴜鹭湖低碳农业产业园区积极推进鴜鹭湖碳汇旅游公园建设，已被国家林业总局命名为鴜鹭湖国家级湿地公园；加快金洲低碳小镇建设，被列入吉林省第一批22个吉林特色新型城镇化示范城镇；建设了生态农业观光示范园区、低碳农业科技示范园区、低碳物流示范园区、绿色有机粮食基地示范园区、有机蟹（龙虾）田稻米种植示范园区、生态果林示范园、果榛种植示范园区、低碳农民新型社区等八大特色功能区。

长春莲花山生态旅游度假区推进退耕还林工作，还林面积达到6平方公里；改善居民居住环境，集中安置2处居民区，安置面积40万平方米；改变传统供暖方式，建设地源热泵新技术项目1个，面积达到7万平方米；加快农村环境综合整治，26个行政村全部达标，全部被评为环境整治先进村；鼓励环境保护治理、荒山恢复类项目，禁止批复能耗高、污染大的项目。

按照国家要求，我省还开展了省级低碳社区试点工作。印发了《吉林省发展和改革委关于印发<吉林省低碳社区试点工作方案>的通知》（吉发改环资〔2015〕205号），要求各地按照城市既有社区、城市新建社区、农村社区等3类，积极组织申报。经过各地发改委推荐，省发改委组织有关专家评议，确定长春汽车经济技术开发区锦程街道长沈社区等30个社区为我省低碳社区试点，印发了《吉林省发展和改革委关于下达吉林省低碳社区试点名单的通知》（吉发改环资〔2015〕911号），要求试点社区按照国家制定的低碳社区试点建设指南的要求，修改完善低碳社区试点工作实施方案，认真开展低碳社区试点工作，用低碳理念统领社区建设，培育低碳文化和低碳生活方式、探索推行低碳化运营管理模式、推广低碳建筑和绿色建筑、建设高效的低碳基础设施、营造优美宜居的社区环境，为推进生态文明建设，加强和创新社会管理，构建社会主义和谐社会、提高城镇化发展质量做出积极贡献。

六、大力绿化美化吉林大地

我省启动实施了《吉林省第二个十年绿化美化吉林大地规划》（吉政发〔2010〕38号）、《吉林省农田防护林更新改造十年规划》（吉林造〔2016〕164号）、《吉林省2011-2020年森林抚育补贴实施方案》等具有全局性的生态建设规划，集全省力量加快生态建设，取得了较好成绩。根据全省城市、农村和区域的不同特点，确立主攻方向和突破口，实行重点突破，整体推进：东部长白山区重点加快大江大河流域治理和森林经营步伐，优化森林结构，提高森林生态和产出功能；中部产粮区重点加强农田防护林更新改造工作，确保农业稳产增收；西部地区重点治理荒漠化土地和保护湿地，构建起绿色生态屏障。尊重客观规律，宜林则林，宜灌则灌，宜草则草，有效地治理了荒漠化土地。

“十二五”期间，全省新增造林合格面积33.09万公顷（国家下达我省任务为30.47万公顷），目标完成率为108.6%；森林抚育合格面积为115.96万公顷（国家下达我省任务为110万公顷），目标完成率为105.4%。

七、完善温室气体排放统计核算体系

我省认真贯彻《国家发展改革委 国家统计局印发关于加强应对气候变化统计工作的意见通知》精神，我省印发了《吉林省发展改革委 吉林省统计局关于转发<国家发展改革委 国家统计局印发关于加强应对气候变化统计工作的意见通知>的通知》，要求各地加紧推进应对气候变化统计工作。我省加快推进国家清洁发展机制基金赠款项目《吉林省应对气候变化统计核算制度研究及能力建设》研究，建立了吉林省温室气体排放统计核算体系的框架，梳理了各项统计核算指标的数据来源。省发改委联合省统计局印发了《吉林省发展改革委 吉林省统计局关于印发<关于加强吉林省应对气候变化统计工作的意见>的通知》（吉发改环资联字〔2016〕380号），从应对气候变化所涵盖的能源活动、工业生产过程、农业活动、土地利用变化及林业、废弃物处理等五个领域活动水平等方面建立了基础统计报表制度，加强了基础统计和能力建设。

八、广泛宣传提高公众低碳意识

为做好碳排放权交易的各项准备工作，2015年针对企业碳排放报告、第三方核查等方面的从业人员，围绕中国碳市场建设进展情况、企业碳排放配额核定方法、企业温室气体排放报告及核查流程及要求、重点行业报告核算指南解读和典型案例分析等内容，开展了5期培训，培训人次约1000人。

“十二五”期间，按照国家要求，省发展改革委、省教育厅等省直15个部门联合分年度制定印发了吉林省节能宣传周和低碳日活动实施方案，分别围绕“节能攻坚、全民行动”、“节能我行动，低碳新生活”、“节能低碳，绿色发展”、“践行节能低碳，建设美丽家园”、“携手节能低碳，共建碧水蓝天”、“节能有道，节约有德”、“低碳城市，宜居可持续”等活动主题，开展了节能主题宣传、节能低碳进校园、建筑领域节能宣传等专项行动。通过培训宣传等活动的开展，提高了我省从业人员的业务水平，提升了全社会对应对气候变化工作的关注度，营造了全民共同参与应对气候变化工作的良好氛围。

同时还开展具有特色的其他宣传活动我省利用吉林日报、吉林电视台等媒体，对全省应对气候变化工作取得的经验成果和低碳知识等方面工作进行了广泛的宣传报导。“十二五”期间，《吉林日报》出刊宣传报道60余版，吉林电视台“吉林新闻联播”播出宣传报道15余期，营造了全民共同参与应对气候变化工作的社会舆论氛围。

下一步，我省将认真贯彻落实党中央关于生态文明体制改革总体部署要求，把绿色低碳发展作为生态文明建设的重要内容，进一步调整产业结构和能源结构，节约能源和提高能效。深入开展各类低碳试点，发挥引领作用。绿化美化吉林大地，改善环境质量，加强防灾减灾体系建设，提高适应气候变化的能力。建立健全温室气体排放统计核算体系和重点企事业单位温室气体排放报告制度，推进碳排放权交易市场建设，使全省应对气候变化工作跨上新的台阶。

（撰稿：王农，吉林省发展和改革委员会应对气候变化处）

浙江省应对气候变化和低碳发展报告

一、发展现状

低碳发展是以低能耗、低排放、低污染为特征的经济社会发展新模式，是加快转变发展方式、调整经济结构、推进产业升级的有效途径，也是加快推进生态文明建设、实现可持续发展的根本要求。

“十二五”期间，我省深入实施“八八战略”，按照干好“一三五”、实现“四翻番”的部署，加快推动经济结构优化升级，低碳发展工作取得显著成效。全省碳排放强度逐年下降，2014年单位生产总值二氧化碳排放强度比2010年下降19.8%，超额完成国家下达我省的控温目标。

体制机制日臻完善。编制实施《浙江省控制温室气体排放实施方案》、《浙江省应对气候变化规划(2013—2020年)》。初步建立省级应对气候变化基础统计制度，开展设区市年度碳强度降低目标责任试评价考核。深入推进国家省级清单编制试点，建立省市县三级年度温室气体清单编制和重点企(事)业单位年度碳排放报告常态化的工作机制。

产业结构不断优化。合力推进“五水共治”、“三改一拆”、“四换三名”、“四边三化”等转型升级组合拳，传统产业改造提升，新兴产业加快发展，三次产业结构进一步优化，由2010年的4.9∶51.6∶43.5调整为2015年的4.3∶45.9∶49.8。

能源结构趋于低碳。我省非化石能源占一次能源消费比重进一步提高，由2010年的9.8%升至2015年的16%。煤炭消费量占能源消费比重明显下降，从2010年的61.3%降至2014年的54.4%。能源利用效率不断提高，“十二五”单位生产总值能耗累计降幅约20.7%。

碳汇能力持续增强。大力推进平原绿化、“四边”绿化，森林资源不断增加，全省森林覆盖率达60.91%，林木蓄积量达3.3亿立方米。积极保护湿地碳库，确定首批32个省级重要湿地。实施“蓝色碳汇”行动，海洋碳汇资源进一步增长，宁波、舟山、温州、台州等沿海市海洋碳汇面积达24万亩。

低碳试点扎实推进。杭州、宁波、温州等国家低碳城市试点亮点纷呈，杭州、宁波、温州经济技术开发区和嘉兴秀洲高新技术产业开发区等国家低碳工业园区试点特色鲜明，首批15个省级低碳社区试点初见成效，发挥良好的示范引领作用。

支撑能力有效提升。在全国率先成立省级应对气候变化和低碳发展合作中心，组建省气候变化专家委员会，培育一批应对气候变化技术支撑机构。搭建省气候变化研究交流平台，建立省级碳排放基础数据库，开展相关基础性课题研究和培训。

国际交流广泛开展。承办“基础四国”气候变化部长级2013年磋商会议等重要国际活动，参加联合国气候变化框架公约第20次缔约方会议暨京都议定书第10次缔约方会议。相关企业积极参与南南合作项目，研究机构与国外政府、国际机构深入开展交流合作。

总体上看，我省低碳发展虽已具备较好基础，但与建设生态文明的要求相比，在产业结构、能源结构、体制机制、能力建设等方面还存在一定差距，亟需在“十三五”时期加快推进。

从省情看，低碳发展是实现转型升级的内在要求。在经济下行压力加大的新常态下，资源约束趋紧，环境承载力下降，扭转高消耗、高污染、高排放的粗放型增长方式更为迫切。“十三五”时期，我省将坚定不移地打好转型升级组合拳，建立绿水青山转换为金山银山的体制和机制，全方位推动经济社会绿色低碳转型。低碳发展已成为转型升级的重要趋势。

二、“十三五”规划指导思想和发展目标

（一）指导思想

以党的十八大、十八届三中、四中、五中全会和习近平总书记系列重要讲话精神为指导，牢固树立创新、协调、绿色、开放、共享的发展理念，深入实施“八八战略”，以低碳发展为目标，以体制机制创新为主线，优化低碳发展布局，构建低碳产业体系，调整能源结构，培养低碳生活方式，营造低碳生态环境，为高水平全面建成小康社会和“两美”现代化浙江建设提供坚实支撑。

（二）发展目标

我省低碳发展的总体目标：低碳发展水平显著提升，低碳发展机制逐渐完善，低碳发展理念深入人心，低碳生产和生活方式基本形成。碳排放强度到2020年达到国家下达的要求，到2030年较2005年下降65%以上，碳排放总量得到有效控制，比国家提前达到碳排放峰值。

——产业结构不断优化。绿色低碳经济模式逐渐形成，以低碳排放为特征的现代产业体系加快建立。到2020年，服务业增加值占地区生产总值的比重达到53%以上，信息经济、节能环保、健康、旅游、时尚、金融、高端装备制造与新材料等万亿级产业增加值年均增长10%以上。

——能源结构持续改善。清洁能源示范省创建成效明显，清洁低碳、安全高效的现代能源体系加快建成。到

2020年，非化石能源占比提高到20%左右，煤炭消费量(不含外来火电用煤)占比降到42%左右，风电、光伏太阳能等非水可再生资源装机容量达到1310万千瓦。

——生活方式有效转变。城镇化格局更加优化，集约紧凑型城市开发模式成为主导，绿色低碳城市建设运营方式加快形成，乡村更加美丽低碳，绿色建筑、新能源汽车占比大幅提高。

——碳汇建设继续推进。全省森林生态系统建设进一步加强，湿地、海洋、土壤等碳汇能力有效提升，林木蓄积量达到4亿立方米，森林覆盖率达到61%，森林植被碳储量达到2.6亿吨。

——支撑体系更加完善。政府引导、市场推动的减碳机制建立健全，碳排放控制、交易和标准等制度逐步建立，多层级的低碳试点体系加快建立，平台、技术、资金、人员等要素的保障能力进一步增强。

三、构建低碳发展布局

全面落实主体功能区制度，坚持优势互补、协调发展原则，统筹以低碳为特征的生产、生活、生态空间，形成以四大都市区为主体、海洋经济区和生态功能区为两翼的区域发展新格局。

（一）四大都市区

根据杭州、宁波、温州和金华—义乌四大都市区和七个省域中心城市的城镇空间布局和功能等级，加快推动城镇化与低碳化深度融合，提升资源要素配置效率，努力在空间布局优化、产业协同发展、生态环境共保、公共服务共享等方面取得实质性进展。

杭州都市区以打造万亿级信息产业集群为核心，加快电子商务、文化创意、云计算和大数据等特色主导产业发展，深入推进“无燃煤区”建设，削减煤炭消费，进一步完善地铁、公交车、出租车、免费单车、水上巴士“五位一体”的低碳交通体系，努力建成低碳经济特色显著、低碳发展水平全国领先的低碳示范城市。

宁波都市区深入推进信息化与工业化、制造业与服务业融合发展，做大做强高端装备、新材料、新一代信息技术、港航物流服务、生命健康五大产业，进一步提升绿色石化、智能家电、时尚纺织服装等优势制造业，积极推进海铁联运、江海联运，完善低碳综合交通运输体系，打造“绿色丝绸之路”，努力成为绿色港口城市。

温州都市区结合金融综合改革试点创建，积极发展低碳金融，大力发展时尚产业、信息经济，积极推进电气、鞋服、汽摩配等传统产业改造升级，坚决淘汰落后产能，积极开展各类试点示范，加快推进乐清、文成和苍南等市级低碳县(市)建设，打造沿海轻工业城市低碳转型升级的样板。

金华—义乌都市区重点发展信息经济、先进装备制造、健康生物医药、文化影视时尚和休闲旅游服务，大力发展绿色物流、连锁超市、电子商务等现代服务业，加快打造“两高(高速公路、高速铁路)三快(城际快速干线、快速公交、快速轻轨)五大(大枢纽、大路网、大物流、大口岸、大走廊)”为骨干的现代综合交通体系，促进都市区联动聚合低碳发展。

（二）海洋经济区

以浙江海洋经济示范区和舟山群岛新区为核心，科学谋划海洋经济区建设，强化海洋资源有序开发、生态利用和有效保护，加强海域污染防治和生态修复。

推动海洋经济区建设向绿色低碳发展转型。大力推进海港、海湾、海岛“三海联动”，推进港口、产业、城市融合发展，重点培育和发展清洁能源、绿色石化、绿色制造、绿色物流、生态旅游、生态渔业等特色产业，增强海洋碳汇能力，打造蓝色生态屏障。

（三） 生态功能区

以浙西南、浙西北丘陵山区为主体，划定生态空间，加强自然资源和生态保护，有序开发自然资源，增强生态产品供给能力。

推动生态功能区大力发展低碳经济。重点发展高效生态农业、农产品精深加工等生态工业和健康养生休闲等现代服务业，培育电商支撑、农旅结合的新兴产业，加强森林扩面提质和森林可持续管理，提升森林碳汇潜力，打造绿色生态屏障。

四、打造低碳产业体系

大力推动产业创新，打造提升产业平台，推进生态循环农业、先进制造业和现代服务业联动发展，重点培育万亿级大产业，加快构建具有低碳竞争力的现代产业体系。

一是大力发展生态循环农业。构建农业绿色循环产业体系。深入推进现代生态循环农业试点省建设，控制农业用水总量，减少化肥、农药施用总量，推行畜禽养殖粪便与死亡动物、农作物秸秆、农业投入品废弃物资源化利用或无害化处理。优化农业结构调整，发展具有浙江特色的养殖业、水产业、种植业和观光农业，加快形成融合三次产业的农业全产业链，构建具有生态、生产、生活多种功能的现代农业产业体系。提升农业装备技术低碳水平。加强节能型农业机械研发与推广，淘汰高耗能农业机械，推进低碳化设施装备应用。推广少耕免耕、测土配方施肥等低碳农业技术，积极推进农业“机器换人”“设施增地”“节水增地”，最大限度提高土地、水资源和能源利用效率，全面提升农业机械化、精准化、智慧化水平。

二是提升发展先进制造业。大力发展低碳制造业。加快节能环保、高端装备制造与新材料等万亿级产业发展，打造附加值高、有规模特色的低碳发展支柱产业，抢占低碳产业发展制高点，进一步促进各类资源要素向新兴产业聚集。推动传统制造业低碳化改造。积极推行企业循环式生产、产业循环式组合、园区循环式改造。推进传统制造业清洁生产和绿色企业创建，从产品全生命周期控制资源能源消耗。开展传统产业能效提升行动，继续实施锅炉窑炉改造、电机系统节能、能量系统优化等节能工程。严格控制高碳制造业发展。加快淘汰落后产能，争取超额完成国家下达我省的目标任务。运用高新技术和先进适用技术改造提升钢铁、建材、化工、纺织、造纸等传统制造业，促进企业生产向能耗低、排放少的产业链两端延伸，打造绿色低碳品牌。

三是加快发展现代服务业。发展低碳优势服务业。培育低碳新兴服务业。依托碳排放权交易，培育发展碳金融、碳咨询、碳标准、碳标识、碳认证等低碳新兴服务业。鼓励金融保险企业开展碳信贷、质押、担保和融资等业务，为低碳发展提供资金支持。

四是积极打造低碳产业载体。提升发展产业平台。引导产业集聚区、高新区、开发区、工业园区和现代服务业集聚示范区等产业平台发展优势产业，延伸产业链条，推进低碳化改造，推动产业高端化、高质化、高效化、低碳化发展。积极推进特色小镇建设，培育和创建一批以低碳为主题的特色小镇，实现生产、生活、生态融合发展。构筑重大开放平台。积极推进舟山江海联运服务中心、“义甬舟”开放大通道等建设，加快推进杭州、宁波跨境电子商务综合实验区建设，规划建设杭州城西科创大走廊，打造钱塘江金融港湾等资本集聚转化大平台，进一步提高交通物流、商贸流通、科技金融的低碳发展水平。

五、培养低碳生活方式

坚持以人为本，以绿色低碳理念引领社会生活和消费，有效控制建筑和交通等重点领域碳排放，鼓励和倡导低碳消费，努力形成低碳生活消费方式。

一是全面促进建筑低碳化。大力发展绿色建筑。开展近零能耗建筑试点，推动可再生能源利用与建筑一体化的规模化应用。推进绿色生态城区和绿色农村建设，打造一批绿色、低碳、节能样板区。加快推进建筑节能。适度控制建筑规模。二是节切实推动交通低碳化。完善综合交通体系。优先发展公共交通。改善交通用能结构。三是大力倡导消费低碳化。普及低碳消费理念。弘扬低碳文化。推广低碳产品服务。

六、营造低碳生态环境

以构筑生态安全屏障为目标，提升森林、土壤等陆域环境碳汇能力，巩固湿地、海洋等水域环境固碳潜力，控制城乡垃圾和废水处理碳排放水平，积极营造低碳绿色生态环境。一是积极提升陆域环境碳汇能力。增强森林碳汇能力。提升土壤碳汇水平。二是不断巩固水域环境固碳潜力。发展海洋碳汇资源。保护修复湿地碳库。三是有效控制城乡环境碳排水平。推进垃圾资源化利用。提升废水处理和循环利用。

七、建立低碳能源体系

积极发展低碳能源，有效控制高碳能源，深入推进节能降耗，构建清洁低碳、安全高效、智慧多元的现代能源体系。一是积极发展低碳能源。因地制宜发展可再生能源。大力发展光伏发电，发展农光、渔光互补，推进太阳能多元化利用，实施百万家庭屋顶光伏计划。有序推进风电、抽水蓄能、海洋能、生物质能，建成一批可再生能源示范项目。加强各类并网配套工程建设，确保可再生能源的并网及消纳。安全高效发展核电。形成秦山、三门、苍南为重点的沿海核电基地，开展海岛核电研究工作。扩大天然气消费。合理引进外来电。二是有效控制高碳能源。优化煤炭利用方式。提高煤电机组效率。三是深入推进节能降碳。加强重点领域节能工作。强化能源需求侧管理。

八、创新低碳发展体制机制

健全激励约束体制机制，推进各类型、各层级低碳试点示范，开展近零碳排放区示范工程，合力推进全省低碳发展。一是建立健全激励约束机制。健全碳排放管控体系。建立碳排放权交易制度。推进低碳金融财税政策实施。二是加快推进低碳试点示范。深化国家级低碳试点。总结杭州、宁波和温州等国家级低碳城市试点经验，争创国家级低碳示范城市。深入推进杭州经济技术开发区、宁波经济技术开发区、温州经济技术开发区和嘉兴秀洲高新技术产业开发区等国家级低碳工业园区试点。积极争取国家碳交易试点，在城市、园区、城镇、社区、企业、产品等各层次争创一批国家级试点。

江西省应对气候变化和低碳发展2015年度报告

江西省发展和改革委员会

2015年以来，江西省深入贯彻国务院关于应对气候变化工作的各项决策部署，认真落实“发展升级、小康提速、绿色崛起、实干兴赣”十六字方针，严格控制温室气体排放，取得了积极成效。现报告如下：

一、超额完成控制温室气体排放各项任务目标

“十二五”期间，江西省委、省政府高度重视控制温室气体排放工作，按照生态文明先行示范区建设要求，狠抓碳强度降低目标各项任务和措施落实。经过初步核算，2015年江西省碳强度为1.2吨/万元，比2010年下降7.21%，超额完成了年度下降目标。“十二五”期间江西省碳强度累计下降22.52%，超额完成国家下达我省“十二五”碳强度下降17%的任务。

2015年，江西省第三产业增加值占地区生产总值比重为38.6%，比2010年提高5.6个百分点。2015年全省万元GDP能耗为0.544吨标准煤，比2010年下降18.26%，超额完成了16%的目标。全省风电、水电、太阳能发电占一次能源消费比重由2010年的4.8%、0.08%、0.0012%分别提高到2015年的6.09%、0.39%、0.41%，煤炭占能源消费总量比重由2010年的71%下降至2015年的66.8%。“十二五”期间，全省完成人工造林面积695287公顷，达国家下达江西省人工造林计划的110.95%；完成森林抚育面积2064191公顷，达江西省森林抚育计划的115.53%。

二、继续推进低碳试点工作

南昌市被列为第一批国家低碳试点城市，景德镇市、赣州市被列为第二批国家低碳试点城市，三个低碳试点城市均完成了低碳试点方案确定的目标任务。南昌市被列为全国低碳交通运输体系首批10个试点城市，通过了交通运输部的验收。新余高新技术产业开发区和南昌高新技术产业开发区被国家发展改革委和工信部确认为国家低碳工业园试点，各项目标任务正在顺利推进。江西省选择了贵溪市、分宜县、资溪县、浮梁县、婺源县、吉州区、袁州区、共青城市、芦溪县、大余县10个县（市、区）开展省级低碳发展试点工作，取得了各具特色的低碳发展成果。江西省还启动了低碳示范社区创建活动，在丰城市开展了低碳农业产业园试点工作，探索不同行业、不同领域的低碳发展经验和示范效应。

三、推动了省碳排放权交易平台建设

按照省委、省政府全面深化改革和生态文明先行示范区建设的有关要求，为推进我省碳排放权交易市场的建设，我委拟依托省产权交易所组建“江西省碳排放权交易中心”。2015年，在征求省工商局、省财政厅、省国资委、省工信委、省交通厅、省住建厅、省商务厅、省林业厅、省金融办、省科技厅、省环保厅、省水利厅、江西证监局等相关部门意见的基础上，我委继续对《江西省碳排放权交易中心组建方案》进行了修改和完善。2015年5月21日，我委向省政府行文，上报《江西省发展改革委关于设立江西省碳排放权交易中心的请示》，目前省政府正在对该请示进行审核，待批复。省产权交易所开展了省碳排放权的人员配备和能力建设工作。

四、开展了全国碳市场建设前期工作

为落实国家发展改革委全国碳排放权市场建设有关要求，我委牵头成立了由17个省直单位组成了江西省碳交易工作协调小组；建设了江西省重点单位温室气体排放报告线上平台；组织召开了全省重点企事业单位温室气体排放报告培训研讨会。培训了9个行业企业分管负责人和负责温室气体核算统计人员以及省直有关单位相关处室负责人、设区市发改委分管主任和科室主要负责人、省直管县发改委负责人约500余人。目前有400家企业通过线上平台报送了2014年温室气体排放报告。900余家企业报送了2010-2014年温室气体排放情况。

为了支撑我省碳排放核查工作，我委开展了省碳排放核查第三方机构征选工作，经过专家评审和委主任办公会的审议，确定了省内外八家机构为江西省碳排放核查第三方机构，组织了第三方机构核查员考试，召开了碳排放核查工作启动会。

五、实施了控制温室气体排放项目

2015年，国家发展改革委下达氢氟碳化物消减重大示范项目中央预算内投资计划1480万元，将带动我省投资5700万元，项目建成后新增三氟甲烷焚烧能力1320吨/年，相当于减排二氧化碳1500万吨。

为落实《江西省“十二五”控制温室气体排放实施方案》，我省启动了温室气体监测网建设项目，建设工作将按照分批布点，稳步推进的原则分两期实施。第一期结合国家低碳试点城市创建工作，将建设南昌、景德镇、赣州3个监测站。第二期建设九江、上饶、宜春、吉安、抚州、鹰潭、新余、萍乡和庐山9个温室气体监测站，最终形成覆盖全省的温室气体监测网。

六、加强了基础工作和能力建设

按照国家发展改革委关于下一阶段省级温室气体清单编制工作的要求，我委启动了江西省2012、2014年省级温室气体清单编制工作，会同省工信委、住建厅、农业厅、公安厅、统计局、质监局、科学院能源研究所和有关科研部门对清单编制工作进行了部署。

加强了我省应对气候变化工作领导小组的专家咨询机构机制建设，组建第二届江西省气候变化专家委员会，研究修改了《江西省气候变化专家委员会工作规则》和《江西省气候变化专项资金管理办法》。

为引导我省生产方式向低碳转型，推进我省低碳产品认证工作，会同省质量技术监督局关于举办了江西省低碳产品认证培训会。为引导我省生活方式向低碳转型，进一步推进我省低碳社区试点工作，编制了江西省低碳社区试点工作方案。

七、启动了应对气候变化“十三五”规划编制

在国家清洁发展机制基金的支持下，我委启动了江西省应对气候变化“十三五”目标及工作思路研究项目，组织江西师大等研究机构开展了省应对气候变化“十三五”规划编制的前期工作，召开了规划工作思路研讨会，编制了江西省应对气候变化“十三五”规划初稿。

八、扩大了国际合作领域

我委与瑞士联邦发展合作署、瑞士驻华使馆气候变化参赞签署了《中国适应气候变化二期项目江西省发展改革委与瑞士发展合作署合作框架协议》。启动了中国适应气候变化二期项目江西项目，该项目项目旨在落实《瑞士联邦发展合作署和中华人民共和国国家发展改革委关于气候变化领域合作的谅解备忘录》，支持江西等6个项目省市适应气候变化规划政策的研究。

九、开展了控制温室气体排放考核

为确保完成我省“十二五”应对气候变化目标任务，全面落实省政府关于“十二五”控制温室气体排放实施方案，我委下达了各设区市2014-2015年碳排放增量控制目标，牵头省直有关部门、科研机构组成考核组，于2015年8月17日至20日，分片对全省十一个设区市人民政府2014年度单位地区生产总值二氧化碳排放降低目标责任开展了现场考核评估工作。考核评估结果经省政府同意后向各设区市政府和省直有关单位进行了通报。

牵头完成了国家对省政府2014年度碳强度降低目标完成情况和任务措施落实情况评价考核的迎检工作。江西省2014年度单位国内生产总值二氧化碳排放降低目标考核的等级为“良好”。

十、开展了一系列宣传活动

为了提高应对气候变化工作全社会的参与度，我委会同省政协人资环委、省政府法制办、省减灾委、省气象局在南昌举办了“纪念2015年世界气象日暨气象为生态文明先行示范区建设服务主题报告会”。承办了 “江西省减缓和适应气候变化” 系列学术沙龙。这些活动的举办，对于提高社会公众对适应和减缓气候变化的认知度及参与气候行动的自觉性，凝聚社会各方力量与智慧，合力推进我省生态文明先行示范区建设具有重要意义。

河南省“十二五”应对气候变化和低碳发展报告

河南省发展和改革委员会

“十二五“期间，河南省应对气候变化和低碳发展取得以下成效。

一、应对气候变化宏观指导得到加强

河南省政府印发了《河南省“十二五”应对气候变化规划》，是全国第一个以省级政府名义发布应对气候变化专项规划的省份；制定了《河南省“十二五”控制温室气体排放工作实施方案》，将控制碳排放强度下降指标任务分解到了18个省辖市。同时，“十二五”时期，我省年度碳排放强度下降目标均列入各年度国民经济和社会发展计划中，其中，《河南省人民政府关于印发河南省2015年国民经济和社会发展计划的通知》中确定了我省2015年碳排放强度较2014年下降1.5%的年度目标。

二、温室气体排放统计核算制度及清单编制工作

一是按照国家《关于加强应对气候变化统计工作的意见的通知》要求，我省组织力量开展应对气候变化统计体系研究，省发展改革委会同省统计局制定了《河南省应对气候变化统计工作实施方案》，经省政府同意已印发实施。初步建立了温室气体基础统计和调查制度，编制完成了我省应对气候变化基础统计报表（初稿）。

二是我省制定了《河南省温室气体排放清单编制工作方案》，成立了温室气体排放清单工作领导小组，组织开展了全省能源、工业、农业、土地林业和废弃物等五大领域清单编制工作。截至目前，我省2005年和2010年温室气体排放清单编制报告已通过国家单项和联审验收，并受到评审专家的一致好评。同时，我省积极开展市级清单编制工作，全省18个省辖市中已有16个省辖市开展了温室气体清单编制工作。

三、低碳产品认证工作启动实施

我省发布了鼓励推广的节能产品和技术目录，开展了节能产品认定工作，引导社会和企业使用节能低碳产品。省发展改革委、省质监局联合转发了《低碳产品认证管理暂行办法》，并积极推动低碳产品认证活动，鼓励使用低碳认证的产品。安阳中联水泥有限公司、南阳中联卧龙水泥有限公司和中国联合水泥集团有限公司南阳分公司先后获得了国家低碳产品认证证书。同时，郑州市政府要求政府机关率先将低碳产品列入采购清单，并将逐步建立低碳产品政府采购制度。

四、财政资金投入逐年增加

我省从2008年起安排省级节能减排专项资金，根据《河南省节能减排专项资金及项目建设管理办法》规定，该资金用于支持包括温室气体削减等方面的节能减排项目。省财政厅先后安排了170万元专项经费支持我省温室气体清单编制工作和600万元重点企业碳排放核查费用；省林业厅每年安排专人和专项经费负责我省森林碳汇温室气体排放清单编制工作。截至目前，我省共16个省辖市财政共安排1500余万元专项资金，用于市级应对气候变化规划和温室气体排放清单编制工作。

五、应对气候变化工作体系不断完善

为进一步加强全省应对气候变化工作的领导，省政府设立了河南省节能减排（应对气候变化）工作领导小组，并重新调整了河南省节能减排（应对气候变化）工作领导小组成员及其人员组成。各省辖市、直管县政府也根据实际情况，相应调整了应对气候变化的组织领导机构。部分省辖市发展改革部门还调整充实了应对气候变化人员力量。 “十二五”期间，省工信委、发展改革委、科技厅、财政厅共同印发了《河南省工业领域应对气候变化工作方案》，省政府办公厅印发了《河南省绿色建筑行动实施方案》。发改、统计、工信、能源、农业、环保等领导小组成员在温室气体排放清单、应对气候变化规划编制、温室气体统计体系建设以及碳排放强度考核、重点企业碳排放核查等方面积极合作，共同推进我省应对气候变化工作，形成了常态化工作机制。

六、低碳宣传活动丰富多彩

“十二五”期间，我省充分利用全国低碳日、世界环境日、全省节能宣传月等活动，借助广播、电视、报刊、微博、微信、户外广告等各种媒介，大力宣传文明、节约、绿色、低碳理念，努力提高全社会对绿色发展、低碳发展重要性的认识。省委宣传部组织开展了节俭养德全民节约行动，加大宣传力度，在全社会形成“节约光荣、浪费可耻”的社会氛围。省发展改革委举办了“中原经济区绿色低碳发展论坛”，邀请了国家气候战略中心和海内外专家学者到会演讲，国家发展改革委气候司蒋兆理副司长到会讲话。同时，在公共机构和部分高校开展了绿色骑行、绿色回收活动，印制发放了绿色低碳宣传画，并在办公区、公共场所及宿舍区张贴。省直部门驻政府综合办公楼单位、省质监局等部门积极践行“一公里步行、三公里骑行、五公里公交”的“135”绿色低碳出行方案，省事管局在省直机关积极倡导绿色低碳办公模式。

七、积极应对气候变化

一是温室气体清单编制工作通过验收。完成省级2005年和2010年温室气体排放清单编制工作，顺利通过国家联审验收。指导郑州、洛阳等7市完成市级应对气候变化规划和温室气体排放清单编制工作。

二是应对气候变化统计工作得到加强。会同省统计局开展了统计体系和制度建立相关研究，制定了应对气候变化基础统计制度和工作体系初步实施方案，初步建立了温室气体基础统计和调查制度，编制完成了我省应对气候变化基础统计报表（初稿）。

三是重点企（事）业单位温室气体排放直报工作进展良好。制定了《河南省重点企（事）业单位温室气体排放报告与核查工作实施方案》，初步确定了重点企业温报名单，启动了温室气体排放数据报送平台建设，组织了温室气体报送启动会和培训班。四是森林碳汇持续增加。林业生态工程进展顺利，初步统计，2015年全省共完成林业生态省提升工程造林284.57万亩，完成森林抚育和改培造林363.55万亩，完成义务植树1.98亿株。

（撰稿：张志祥，郝大玮，河南省发展和改革委员会资源节约与环境保护处）

湖北省应对气候变化和低碳发展2015年度报告

湖北省发展和改革委员会

2015年，湖北省应对气候变化工作取得一定成效，圆满完成了“十二五”各项任务目标。一年来，湖北将应对气候变化工作作为贯彻落实科学发展观、实现可持续发展、建设生态文明和“两型”社会的重要内容，从适应和减缓气候变化两个层面入手，紧紧围绕低碳省区试点、碳排放权交易试点开展工作，控制温室气体排放取得积极成效，适应气候变化能力不断增强。主要表现在以下方面：

一、努力控制温室气体排放

通过调整产业结构和能源结构，节约能源、提高能效，增加森林碳汇等手段，湖北经济在快速发展的同时，努力减缓温室气体排放增速，取得了积极成效。2015年，全省单位国内生产总值二氧化碳排放量比上年下降8.21%，超额完成下降3.0%的年度目标。全省“十二五”单位国内生产总值二氧化碳排放量累计下降24.73%，超额完成17%的累计下降目标。

一是调整优化产业结构。三次产业结构由2014年的11.6：46.9：41.5调整为11.2:45.7:43.1。高新技术产业增加值占全省生产总值的比重由2010年的10.7%提高到2015年的16.95%。加快推进新型工业化，推进制造业迈向中高端。工业总产值先后突破3万亿、4万亿;五年累计完成工业项目及技改投资超过4.5万亿元，增速居全国第6位;新增规上工业企业7000家左右。全面实施质量兴省战略，全省名牌产品产值突破6000亿元。加快发展服务业尤其是现代服务业。2015年服务业增加值达到1.27万亿元，年均增长10.8%，对经济增长的贡献率超过第二产业。旅游总收入达到4250亿元，年均增长13.2%。金融、物流发展有新的突破。

二是全面推进节能增效。重点领域节能工作得到进一步深入，全省绿色建筑面积达到2123万㎡，既有建筑节能改造面积达到804.56万㎡，营运车辆单位运输周转量能耗下降10%，营运船舶单位运输周转量能耗下降15%，限额以上批零贸易企业万元销售额能耗降低17%，公共机构耗电量、耗水量、耗油量、单位建筑能耗和人均能耗逐年降低。探索节能新机制，大力推广合同能源管理节能服务机制，积极推广先进节能技术和产品，“十二五”期间实施61个合同能源管理项目，发布5批节能环保产品推荐目录。据初步核算，2015年，全省单位生产总值能耗比2010年下降22.8%，超额完成国家下达湖北省“十二五”期间单位生产总值能耗下降16%的目标任务，为保持经济平稳较快发展提供了有力支撑

三是改善能源结构，加快发展清洁能源。“十二五”期间，湖北坚持以能源结构战略性调整为主攻方向，大力发展新能源和可再生能源，促进天然气快速发展，改造提升传统能源产业，不断提高能源生产及利用效率，能源对经济社会发展的支撑保障能力不断提高。煤炭消费占能源消费总量比重由2010年的63.6%降至2015年的 55.8%，下降7.8个百分点；天然气消费取得较大增幅，占能源消费总量比重由1.9%提高至3.4%；新能源发展取得突破，风电、生物质发电和光伏发电已并网装机292.9万千瓦。

四是碳汇建设加强。“十二五”期间，湖北圆满完成了林业碳汇各项任务，林业增汇成效明显。根据2014年国家森林资源清查的结果，湖北省森林覆盖率为39.61%，比2009年的38.04%高出1.57个百分点。“十二五”期间，湖北紧紧围绕林业生态体系建设目标，大力实施长江防护林工程、林业血防工程、石漠化综合治理工程等项目，大力实施“绿满荆楚”行动，加快推进全省造林绿化建设进程，实现了生态环境质量新的提高。积极推动了多渠道碳汇造林，2015年6月，通山县竹子造林碳汇项目已通过中环联合（北京）认证中心有限公司（CEC）审核，并在“中国自愿减排交易信息平台网”公示；2015年6月，神农架林区与湖北碳排放权权交易中心签订林业碳汇开发合作协议。

二、切实增强适应气候变化能力

湖北是农业大省，同时也是气候变化敏感区域。为适应气候变化带来的影响，加强了适应气候变化与应对极端天气、气候事件的能力建设，加大了对水利设施、水资源、农业等敏感行业和领域适应能力的建设，适应气候变化明显增强。

农业领域。大力推进生态农业建设，加强农田水利等农业基础建设，提升农业综合生产能力。实施农业面源污染防治工程，推广测土配方和合理使用农药技术，推广环保型化肥和秸秆还田，减少农田氧化亚氮排放。狠抓了大中型灌区续建配套节水改造和粮食主产区的灌排骨干工程建设，开展了田间节水灌溉示范与推广。

水资源领域。大力推进节约用水和节水型社会建设，加大水资源治理和管理，水资源得到有效保护。确立了严格管理水资源的总体思路，推动水资源管理法规建设，重点审查项目对水功能区的影响。在全省开展“节水型企业”、“节水型灌区”创建活动。开展对梁子湖、“四湖”流域等湖泊的综合治理。汉阳六湖连通工程全面完成，咸宁淦河、黄冈长河、十堰泗河、黄石磁湖、鄂州洋澜湖、孝感澴东湖泊等城市水生态保护与修复项目稳步推进。

气象领域。充分发挥了气象灾害的预警预报作用，为应对气候变化变化提供科技支撑。启动了气象灾害防御规划编制工作，完善了气象灾害监测网络。加强气象灾害应急体制机制建设，提升气象灾害预警预报能力，预警信息快速发布绿色通道建成。深化气候变化科学研究，加强主要极端天气气候事件及重大气象灾害的监测评估关键技术

研究。

三、不断完善制度体系

2015年，出台《湖北省单位地区生产总值二氧化碳排放降低目标责任考核评估实施方案（试行）》，首次运用实施方案对各市州碳强度降低目标完成情况进行了试考核评价，健全了目标任务分解和考核机制，保障了全省碳强度降低约束性指标的完成。陆续出台了《湖北省碳排放配额投放和回购管理办法（试行）》、《湖北省碳排放权出让金收支管理暂行办法》、《湖北省2015年碳排放权配额分配方案》等三项重要制度，为推进碳交易试点工作打下了更加坚实的基础。

四、大力推进低碳试点示范建设

一是积极开展省级低碳试点示范。2011年，省政府确定在2个城市（襄阳和咸宁）、2个园区（武汉东湖新技术开发区和黄石黄金山工业园）、2个社区（武汉百步亭社区和鄂州峒山社区）开展低碳试点示范，几年来，低碳试点示范地区发挥各自优势，突出各自特色，发展了低碳产业、建设了低碳示范项目、营造了低碳生产和生活的良好氛围，取得了一系列可借鉴、可推广的低碳发展经验。

二是推进国家级低碳试点建设。2015年，第二批国家低碳试点城市武汉市在中国城市可持续发展国际论坛上被联合国开发计划署授予"中国可持续发展城市奖"，武汉金口垃圾填埋场生态修复项目在巴黎世界气候大会上获得C40城市奖。武汉青山经济开发区、孝感高新技术产业开发区、黄石黄金山工业园区等省内3家首批国家低碳试点园区编制并完善了低碳试点实施方案。武汉花山生态新城于2015年8月被国家发改委确定为首批国家低碳试点城镇，其低碳试点方案获一次性评审通过。

五、稳妥推进碳排放权交易试点工作

湖北是全国7个碳排放权交易试点省市之一，将开展碳排放权交易试点作为"两型"社会和生态文明建设的重要工作，在配额分配、交易平台建设、制度设计等方面先行先试，以充分发挥市场机制对资源配置的决定性作用，努力建立要素明晰、制度健全、交易规范、监管严格的区域性碳排放权交易市场体系。2015年，湖北碳排放权交易试点工作取得新成绩：

一是首次碳排放履约工作顺利完成，履约率达到100%。交易价格总体平稳，未出现价格大起大落。

二是碳排放权交易促使企业更加重视控制自身碳排放，节能减碳效果初步呈现，138家纳入碳排放配额管理企业2014年度碳排放总量比上年下降幅度为3.14%，为全省完成降低碳强度工作任务提供了有力支撑。

三是市场培育有效推进。138家控排企业、75个机构、5793名个人以及合格境外投资者参与湖北碳市场，形成了多元主体参与的市场体系。截至2015年12月31日，湖北碳市场配额累计成交2495万吨，交易总额6亿元，累计交易量和交易额稳居全国第一，分别占全国的55%和43%。

六、加强应对气候变化基础工作

第一，组织编制 "十三五"应对气候变化规划。成立了规划编制专班，加强调查研究，做好顶层设计，做好与国家相关规划的对接。截至2015年底，湖北"十三五"应对气候变化规划编制思路基本完成，规划编制工作正在有条不紊的进行中。

第二，探索建立重点企事业单位温室气体报告制度。根据国家部署，对全省范围内年耗能5000万吨标准煤或年温室气体排放13000吨二氧化碳当量的重点企事业单位进行了摸底，形成了重点排放单位清单，向国家发改委报送了电力、造纸、化工、航空等7个行业的重点排放企业2010至2014年碳排放数据。

第三，加强对重大问题的研究。坚持"问题导向"，继续推进湖北碳峰值研究、统计核算体系研究，组织相关单位加快编制2012和2013年省级温室气体排放清单，启动了2014年清单编制工作。形成了"碳总量控制对湖北'十三五'经济发展的影响"课题成果。

七、开展能力建设和对外交流

一是在国家发改委的指导下，继续加强与英国、德国等发达国家和地区的交流合作。"走出去"和"请进来"相结合，加强了与北京、上海、天津、广东等其他碳排放权交易试点省市的交流。加强与其他中部省份的碳交易合作，鼓励与湖北签订碳排放权交易合作协议的省份产生的国家核证温室气体自愿减排量（CCER）在湖北碳市场交易，2015年安徽海螺水泥5万吨CCER在湖北碳市场交易。

二是加强能力建设，开展了全省发展改革系统温室气体统计核算业务培训，举办了碳排放履约动员会、模拟碳交易大赛、碳资产管理培训班，对纳入碳排放配额管理企业的各类培训实行全覆盖。组织对碳排放核查机构核查员的培训和考试，核查员通过考试获得合格证书才被准许参与湖北碳排放核查工作，保证了核查工作的质量。

八、加强应对气候变化宣传，营造低碳发展氛围

做好全国低碳日宣传活动，6月15日组织了全省2015年节能宣传周和低碳日宣传活动，安排了节能和新能源汽车、碳交易、节能低碳技术和产品的展出，吸引了公众和媒体的关注和好评。加快《应对气候变化-湖北在行动》宣传片的摄制进度，更好地营造全民低碳行动的良好氛围。大力开展低碳机关、低碳校园、低碳商业场所的创建活动。省内外各类主流媒体多次宣传报道湖北低碳试点、碳交易试点工作。

（撰稿：田啟，湖北省发展和改革委员会应对气候变化处）

广东省“十二五”应对气候变化和低碳发展报告

广东省发展和改革委员会

一、“十二五“主要工作进展及成效

广东省在经济社会取得跨越性发展的同时，应对气候变化和低碳发展工作也取得显著成效。经初步核算，“十二五”累计下降23.9%，超额完成国家下达的下降19.5%的总目标，在2012、2013、2014年国家碳强度年度考核中均被评为优秀等级；非化石能源占能源消费比重从2010年的14%提高到2015年的20%；森林覆盖率提高到58.8%，森林蓄积量达5.61亿立方米；省内的广州、深圳市已率先参与到中国11省市“率先达峰城市联盟”，并分别宣布在2020年和2022年达峰；2015年6月珠三角九市联合发布《珠三角城市群绿色低碳发展深圳宣言》，力争在全国率先达到碳排放峰值，为应对全球气候变化做出积极贡献。

（一）产业结构调整持续优化

深入贯彻落实《珠江三角洲地区改革发展规划纲要（2008—2020年）》，大力实施粤东西北地区振兴发展战略，制定出台《关于进一步促进服务业投资发展的若干意见》、《关于加快发展现代高端服务业的若干意见》、《关于加快先进装备制造业发展的意见》等政策文件，推动产业迈向中高端水平，三次产业比重由2010年的5.0：49.6：45.4调整为2015年的4.6：44.6：50.8。2015年服务业增加值达3.7万亿元，比2010年增加76.6%，约占全国的10.8%，现代服务业增加值占服务业增加值比重达到60.4%。先进制造业和高技术制造业年均增速高于整体工业的增速，2015年先进制造业增加值、高技术制造业增加值占规模以上工业比重分别达到48.5%、27.0%，分别比2010年高1.3、5.8个百分点。加快淘汰落后产能，“十二五”全省累计淘汰落后和过剩钢铁产能379.7万吨、铜冶炼1.5万吨、铅冶炼0.8万吨、焦炭24万吨、水泥4026.5万吨、玻璃1781.5万重量箱、造纸176.14万吨、制革200万标张、印染52406万米、铅酸蓄电池105.6万千伏安时，提前一年完成国家下达的淘汰任务。

（二）能源结构进一步低碳化

以保障能源供应安全和加快能源结构调整为主线，积极转变能源发展方式，推动电力行业节能减排，大力发展清洁低碳能源。至2015年底，省内电源装机容量约1亿千瓦，西电东送能力达到约3500万千瓦（送端），天然气供应能力约350亿立方米/年。一次能源消费结构中，煤、油、气、其他能源（包括西电、水电、核电、风电、太阳能和生物质能等）的比重由2010年的44.5%、27.2%、7.6%、20.7%调整为2015年的42.1%、24.6%、8.5%、24.8%，非化石能源占能源消费比重从2010年的14%提高到2015年的20%，天然气、核电、西电、可再生能源等低碳能源所占比重更是达到33.3%。全省淘汰小火电机组23.7万千瓦，火电机组供电标准煤耗310克/千瓦时，比2010年下降15克/千瓦时。

（三）节能和能效水平不断提升

印发《广东省“十二五”节能减排综合性工作方案》、《广东省2014-2015年节能减排低碳发展行动方案》、《关于进一步加大节能工作力度确保完成“十二五”节能任务的意见》、《广东省“十二五”节能规划》、《广东省“十二五”清洁生产推行规划》等文件，实施万家企业节能低碳行动，累计实现节能量1429.5万吨标准煤；实现电机能效提升1208万千瓦、注塑机节能改造1.37万台，可实现年节电约60亿千瓦时。大力发展循环经济，累计认定1359家省级清洁生产企业，“十二五”以来累计认定资源综合利用产品（工艺）企业380家（445个产品），认定21个省循环经济工业园、28个省市共建循环经济产业基地、102家省循环经济试点单位。2015年我省单位GDP能耗下降5.71%，“十二五”累计下降20.98%，超过国家下达我省的“十二五”节能目标任务2.98个百分点（国家下达目标任务是18%），继续保持全国最先进行列；全省单位工业增加值能耗累计下降34.94%，超额完成下降21%的目标任务。

（四）低碳建筑和低碳交通取得新进展

发展低碳建筑方面，印发《绿色建筑行动实施方案》，在全国率先发布《城市规划建设用地建筑用电约束性指标编制技术导则（试行）》；将“推广绿色建筑”列入《广东省民用建筑节能条例》，编制地方建筑节能标准，推广绿色建筑6112万平方米，建成节能建筑5.2亿多平方米，完成既有建筑节能改造超过2050万平方米，新建建筑节能设计执行率达到100%。发展低碳交通方面，全省淘汰黄标车及老旧车174.5万辆，比国家要求提前一年多在全省范围全面供应国Ⅳ车用柴油和国Ⅴ车用汽油；做好节能、新能源汽车推广工作，全省城市公交新能源车辆占比超过27%，出租车新能源车辆占比超过51%；组织开展交通运输节能减排科技专项行动，推进甩挂运输试点和实施绿色货运项目，实施11个国家级、15个省级甩挂运输试点项目，新建或改造甩挂运输站场11个，新开通甩挂运输线路46条；制定实施《绿色港口行动计划（2014-2020年）》。

（五）城乡环境污染防治能力大幅提高

制定实施《南粤水更清行动计划》、《重点流域水污染综合整治实施方案》，深入推进淡水河、石马河、深圳河、佛山水道、练江、枫江、小东江等重点流域污染综合整治，2015年省控断面水环境功能区水质达标率和水质优良率分别比2010年提高了13.0和7.3个百分点，2015年空气环境质量达到近10年最好水平。制定实施《广东省生活垃圾无害化处理设施建设“十二五”规划》、《广东省城镇污水处理及再生利用设施建设“十二五”规划》，“十二五”全省新增污水日处理规模509万吨，全省67个县（市）和珠三角73个中心镇已全部建成污水处理设施，累计建成污水处理设施426座，配套管网2.2万多公里，城镇生活污水日处理能力达2423万吨；建成启用生活垃圾无害化处理场（厂）92座，总处理规模达7万吨/日，城镇、农村生活垃圾无害化处理率分别达到90.1%、53.6%。加强危险废物管理，建成广东省（惠州）危险废物示范中心、深圳危险废物综合处理中心（一期）、广州市废弃物安全处置中心（一期）等区域危险废物集中处置中心和21个医疗废物处置中心，形成约500万立方米的危险废物总填埋能力和6万多吨/年的医疗废物集中处置能力。

（六）绿色低碳生活理念深入民心

一是加强宣传引导，每年利用世界环境日、全国低碳日、节能宣传周等重要时间节点，深入宣传应对气候变化和低碳环保知识及理念，结合实际开展低碳园区、低碳社区、低碳交通和低碳景区的创建活动，推进居民生活方式和消费模式的低碳化。

二是探索碳普惠制，运用市场机制，通过实行碳币、碳信用卡等方式鼓励居民和小微企业采取节能减碳的消费方式，建立本地区的低碳企业商业联盟，制定出台相应的碳普惠制推广鼓励政策等。

三是推广绿色消费方式，如佛山市“绿行者同盟”是由政府引导、企业发起建立的绿色慈善组织，通过首创“低碳积分制”将市民的低碳行动转换成相应的绿币，通过基于互联网的大型综合数据管理云服务平台进行记录与管理，在网上积分商城或到商家联盟实体店兑换商品或抵扣消费，从而形成让所有参与低碳活动的利益相关方均可获益的可持续“利益生态链”。

（七）绿色生态省建设取得显著成效

推进新一轮绿化广东大行动，2015年全省森林覆盖率从2010年的57%提高到58.8%，森林蓄积量达5.61亿立方米，建成生态公益林7214万亩、碳汇林1503万亩，增加自然保护区、森林公园、湿地公园210个，建成绿道1.2万公里。以实施生态景观林带、森林碳汇、森林进围城和乡村绿化美化等四大重点生态工程建设为主要抓手，造林绿化和重点林业生态工程建设取得明显的阶段性成效，完成生态景观林带建设里程8610公里，启动生态公益林示范区建设75个，有9个地级市和21个县（市、区）创建林业生态市县工作取得成功，新增社区体育公园207个。

二、夯实基础能力建设

（一）编制温室气体排放清单

我省开展了2005年、2010年温室气体排放清单编制工作，2005年、2010年温室气体清单编制成果已通过国家发展改革委组织验收，数据可通过广东省温室气体排放数据库管理平台获得。

（二）建立温室气体统计核算制度

省发展改革委、省统计局联合发布了《关于加强应对气候变化统计工作的实施意见》（粤发改资环〔2013〕660号），建立完善温室气体排放基础统计体系，主要包括能源统计、工业相关统计、农业相关统计、土地利用变化和林业相关统计、及废弃物处理相关统计。省统计局联合省应对气候变化研究中心开展了两期针对地市的应对气候变化统计能力建设培训。

（三）建立重点企事业单位温室气体排放报告制度

围绕低碳发展管理和碳交易需求，建立起较完善的重点企事业单位温室气体排放数据报告制度，并建立了相应的信息化平台，包括温室气体综合性数据库、碳排放信息报告与核查系统、配额登记系统等。2015年下半年按国家要求组织重点行业单位开展报告。

（四）强化目标责任考核

将碳强度下降率作为约束性指标纳入了“十二五”规划纲要约束性目标。制定《广东省“十二五”控制温室气体排放工作实施方案》，在充分考虑各地经济社会发展实际的基础上，科学合理将全省“十二五”碳强度下降指标分解至各地级以上市，并制定碳强度评价考核方法。

（五）加大资金扶持力度

一是设立省级财政低碳发展专项资金，每年财政固定安排3000万。二是利用有偿配额收入设立低碳发展基金，引导社会资金投向低碳领域，支持企业节能降碳相关工作。三是多方争取国家、国外相关低碳资金支持。

（六）加强宣传和能力建设

2013年首次“全国低碳日”以“低碳生活•从我做起”为主题开展广场活动，2014年和2015年则分别开展走进机关和走进大学校园的低碳日活动，通过各种浅显易懂、互动体验的方式，普及应对气候变化和低碳生活知识，广大市民、政府公务人员和大学生积极参与，反响热烈。协调新闻媒体对全省低碳发展工作进行系列报道，定期编印广东低碳发展年度报告。制作广东低碳发展宣传片并在南非德班联合国气候大会上播放，取得较好效果。多次组织政府部门、重点企业和机构进行低碳发展和碳交易专题培训，提高工作能力和业务水平。

（七）深化对外交流合作

在国家应对气候变化领域对外合作的总体要求下，我省积极加强与低碳发展先进国家（地区）的交流合作。省政府与英国能源和气候变化部签署了关于加强低碳发展合作的联合声明。省政府与加拿大不列颠哥伦比亚省，省发展改革委代表省政府与美国加州环境保护署、美国能源基金会分别签署关于加强低碳发展合作的谅解备忘录。省发展改革委还与国家碳排放权交易试点省市签署了碳排放权交易研究交流合作协议，建立粤港应对气候变化联席会议制度。

三、加快体制机制创新

我省低碳试点工作大胆创新、勇于实践，在规划体系、市场机制、绿色金融、低碳生活、低碳技术等方面率先探索，力求为国家低碳发展工作提供更丰富、更有价值的试点经验和做法，主要有以下几方面创新。

（一）探索推广城市“碳规”编制制度

所谓推广“碳规”编制，即在国民经济社会发展规划、城乡规划、土地利用总体规划（“三规”）基础上，探索研究编制低碳生态城市建设规划（“碳规”）。我省在“碳规”的探索起步较早，2013年省政府、住房城乡建设部联合签署《关于共建低碳生态城市建设示范省合作框架协议》，成为全国首个低碳生态城市建设示范省。制定《广东省低碳生态城市专项规划编制指引》、《广东省绿色生态示范城区规划建设指引》、《广东省生态控制线划定工作指引》并印发至全省各地级以上市参照执行，推动全省构建“碳规”体系，将绿色低碳理念和主要目标指标贯穿在国民经济社会发展规划、城乡规划、土地利用总体规划编制之中，从区域发展、环境安全、产业布局、资源利用等方面加强科学调控，以“碳规”引领推进“三规合一、多规融合”。“碳规”编制在惠州、珠海等地级市已取得良好成效，省政府要求粤东西北12个地市的新城、新区和珠三角地区重大平台必须编制低碳生态专项规划，将低碳发展理念落实到城市规划、建设与管理的各个环节。

（二）探索建立碳排放权交易市场

2012年广东省申请纳入全国首批碳排放权交易试点，2013年底正式启动碳交易市场，建立了全国最大、全球第三的区域碳市场。我省首批控排企业纳入了电力、钢铁、水泥、石化等去产能、去库存任务较重的高耗能、高排放产业，制定发布《广东省碳排放管理试行办法》及配套细则、交易规则等法规制度文件，初步形成全国领先、特色鲜明、规范透明的碳排放管理和交易体系。积极探索创新，如在全国率先探索配额有偿发放、将新建项目企业纳入碳排放管理、开发推出碳配额抵押质押、法人账户透支、配额互换、配额托管、配额回购、配额远期交易等新业务等。实施碳交易以来，我省水泥熟料、粗钢、原油加工的主要单位产品碳排放分别下降了4.9%、4.6%和7.2%，四大行业累计节能800万吨标准煤以上。企业碳资产管理能力逐步增强，碳市场（含一、二级市场）交易成交量达2400万吨、累计成交金额达10亿元，约占全国的四成；国家核证自愿减排量（CCER）成交量破百万吨，长隆碳汇造林项目成为全国首例CCER林业碳汇交易项目。企业减排责任意识显著提高，首年度企业整体履约率达98.9%，第二个年度达到100%。

（三）探索发展碳金融

利用碳排放配额有偿发放收入设立全国首个省级低碳发展基金，吸引社会资本做大基金规模，采用市场化运作管理的模式，专门用于支持企业节能降碳改造和碳市场建设等低碳领域。省财政已同意出资6亿元，首期1.04亿元已完成注资。同时，大力培育碳金融服务市场，鼓励金融机构创新碳金融业务产品，目前我省已初步形成包括技术研发、咨询服务、第三方核查、绿色融资、碳资产管理在内的低碳产业链，整个碳金融市场产值达千亿元以上。

（四）探索推广碳普惠制

为大力推进全社会低碳行动，探索鼓励绿色低碳生产生活方式的体制机制，2015年我省启动碳普惠制试点，即是将城市居民的节能、节水、节电、低碳出行和山区群众生态造林等行为，以碳减排量进行计量，建立政府补贴、商业激励和与碳市场交易相衔接等普惠机制。印发《广东省碳普惠制试点工作实施方案》（粤发改气候〔2015〕408号），广州、东莞、中山、韶关、河源、惠州等六市纳入首批试点城市，目前已全面启动试点。

（五）探索开展碳捕集利用封存试验示范

碳捕集利用封存（CCUS）是国际认可的控制碳排放前沿技术，国家发展改革委2013年印发相关通知，我省积极响应，探索开展碳捕集、利用和封存技术研究、学术交流和试验示范，推动广东省电力设计研究院与英国CCUS中心、苏格兰CCUS中心等国外科研机构共同组建了中英（广东）碳捕集封存利用中心，为我CCUS技术试验示范搭建了高水平的国际化、专业化平台。2016年3月14日，在中英（华南）低碳周开幕式上，我省华润海丰电厂碳捕集测试平台建设宣布正式启动。

（六）探索构建系统完整、层次丰富的低碳试点体系

低碳试点一个重要任务就是探索在不同发展阶段、不同区域、不同领域情况下的低碳发展路径，形成可复制、可推广的经验和模式。经过不断探索，我省基本建立起城市、城镇、园区、社区、企业、产品等多层次的试点示范体系。低碳城市：广州、深圳市被列入国家级低碳试点城市。开展本省低碳城市、县（区）试点工作，首批选取广州、珠海、河源、江门四市和珠海横琴、佛山禅城、佛山顺德、韶关乳源、河源和平、梅州兴宁、梅州大埔、云浮云安为低碳试点市县，以点带面推动低碳省试点工作。低碳城镇：珠海横琴新区、深圳国际低碳城纳入国家首批低碳城（镇）试点，佛山南海西樵镇入选国家第一批绿色低碳示范重点小城镇，此外《广东省城镇化发展“十二五”规划》中明确要求新型城镇化走绿色低碳发展的路径。低碳园区：东莞市松山湖国家高新技术产业开发区列入首批国家低碳工业园区。选取广东状元谷电子商务产业园、广东乳源经济开发区、深圳南山（龙川）产业转移工业园为

省内首批低碳园区改造试点，安排超过1500万元支持园区项目建设。低碳社区：积极开展低碳社区示范项目建设，2014年安排1000万元财政资金支持中山小榄低碳社区、鹤市镇低碳社区等5个低碳社区示范项目，开展低碳示范社区评价指标体系研究。联合南方日报、省低碳发展促进会等机构开展了低碳社区评选活动。低碳企业：佛山市禅城区首批授予23家企业为禅城区低碳试点企业。广州快速公交运营管理有限公司建设的广州BRT项目荣获了2011年“国际可持续交通奖”，联合国“2012年应对气候变化灯塔项目”和2013年国际BRT系统“金牌标准”奖。低碳认证产品：根据国家要求和结合我省实际，编制低碳产品认证实施方案，在中小型三相异步电动机、铝合金型材、电冰箱、空调等产品中开展低碳产品认证示范工作；完成指定铝合金型材低碳产品评价技术规范，已通过国家认监委认定并正式对外发布。此外，还与香港开展复印纸、饮用瓶装水、玩具等产品的碳标识、碳标签的互认机制研究，2016年3月18日，广东与香港在中英（华南）低碳周上签署了碳标签互认协议。

（七）鼓励地方开展特色创新活动

低碳交通：汕头市要求出租车全部安装专用智能电召终端以提高出租车实载率；开展道路运输车辆燃料消耗量检测和监督工作，严格实施营运车辆燃料消耗量的准入制度；在路桥收费管理处管辖内的收费站推广车辆射频电子标签自动识别系统，减少停车启动环节。低碳能源：肇庆市通过“政府端”和“企业端”的能源管理中心进行能源数据在线采集、实时监测，实现了能源使用的全过程监管和工业化、信息化的“两化融合”。低碳建筑：珠海市完成了建筑能耗监测示范项目“珠海港能耗测监系统”等7个能耗监测示范项目。低碳管理：湛江市积极鼓励光伏发电系统专业化运营服务，支持资金实力强、管理经验丰富的企业组建第三方合同能源管理机构，建设运营分布式光伏发电项目。

四、重要经验

总结我省低碳省建设工作，有以下几点经验可供借鉴：

（一）坚持以绿色理念引领经济发展。发展低碳经济已经成为世界各国抢占经济发展制高点的关键。广东总体步入工业化中后期，但区域发展不均衡，面临着发展瓶颈和资源环境约束。珠三角等发达地区现阶段要实现跨越发展，必须兼顾发展和约束，以国际碳强度先进值为准绳，着力提高产业低碳竞争力，加快形成绿色低碳生产方式和消费模式，以碳排放峰值倒逼经济实现低碳转型。粤东西北等欠发达地区要加快实现振兴发展，也需要以低碳理念为引领，大力发展绿色产业，将低碳生态优势转化为经济优势，从而实现弯道超车。

（二）坚持市场主导与政府引导相结合。行政手段和市场机制二者缺一不可，现阶段全面深化改革的关键就是发挥市场配置资源的决定性作用。过去广东节能减碳主要依靠行政手段，对企业缺乏相应的激励机制，无法深入持续开展。广东积极探索发挥市场机制作用的体制机制创新，建立碳交易市场，赋予企业灵活减排机制，激发企业减排内生动力，并推动相关产业整体提质升级，取得了较好的实施效果。

（三）坚持抓好示范带动凝聚社会共识。低碳发展是一项新的系统工程，需要不断创新和与时俱进。受区域发展不均衡所限，各地对低碳发展理念的认识和理解存在差异，一些低碳领域的创新性工作也很难一步到位在全省推开。为此有必要选取一些有积极性、基础条件较好的地区先行试点示范，取得好的经验后，再在全省进行宣传推广和运用，进而凝聚形成社会共识，共同推动低碳发展工作。

五、下一步工作考虑

“十三五”时期我省将全面贯彻落实党的十八大和十八届三中、四中、五中全会及省委十一届三次、四次、五次全会精神，坚持绿色发展理念，更加积极主动的应对气候变化，深化体制机制创新，不断完善市场机制，努力当好绿色循环低碳发展的排头兵，为全国低碳试点工作发挥示范引领作用。

（一）有效控制碳排放。建立全省碳排放总量和强度双控分解落实机制，确保完成国家下达碳减排指标任务。科学制定绿色低碳指标评价体系，探索区域差异化评价考核制度。持续优化能源结构，加强珠三角地区煤炭消费减量管理，加快实现化石能源消费和全省碳排放峰值。持续优化产业结构，积极推广低碳技术，大力推广绿色建筑，积极控制交通领域碳排放。

（二）完善碳交易市场机制。深化本省碳排放权交易试点，进一步健全碳排放管理制度和交易规则。积极参与全国碳交易市场建设，配合做好全国碳排放权初始分配，力争在我省设立全国碳交易平台，加快筹建以碳排放为首个品种的创新型期货交易所。大力发展碳金融，发挥碳资产金融属性，构建服务于实体经济的绿色金融体系。

（三）深化低碳试点示范。加快建成一批低碳城市、城镇、园区、商业和社区，创建珠三角地区近零碳排放示范区。强化低碳规划引领作用，推行城市“碳规”制度。探索推广碳普惠制试点，加快构建低碳社会。组织实施一批减缓和适应气候变化领域的重大示范项目，为全省低碳发展工作提供重要支撑。

（四）大力建设美丽广东。实施大气、水、土壤等污染防治工程，改善环境质量。全面推进新一轮绿化广东大行动，加快森林碳汇、生态景观林带、森林进城围城、乡村绿化美化四大工程建设，构建森林生态安全体系。促进绿道网延伸升级，保护湿地资源。加强海洋生态环境保护，建设一批美丽海湾。

（五）夯实低碳工作基础。强化碳排放目标责任评价考核，完善温室气体统计核算制度。制定适应气候变化中长期战略规划，提高适应气候变化能力。加强低碳宣传培训和能力建设，广泛开展对外交流合作，结合实施“一带一路”战略促进与沿线国家开展低碳项目合作。

六、有关建议

一是建议国家完善节能减碳考核机制。目标考核是政策推行的有效抓手，然而现行的节能和减碳考核机制存在改进的空间。首先，节能和减碳两者具有高度的相关性和重复性，建议统筹考虑两个指标的关系，简化考核内容。第二，优化对各地区的减碳指标分解方式，各省区市处于不同的发展阶段和具有不同的发展特征，分解减碳指标应结合未来经济发展趋势，考虑各地区的后续减碳潜力，对较发达地区以碳排放总量下降考核为主，对欠发达地区仍然以碳强度下降考核为主，鼓励较发达地区率先开展碳总量控制和碳排放达峰。第三，要综合考虑行政考核和市场手段对企业的影响，对于纳入碳交易的企业应不再下达行政考核指标，企业所在省份的考核指标也应统筹考虑，避免造成双重压力。

二是建议国家加快应对气候变化立法进程。随着巴黎气候大会的召开，新的气候协议确立了2020年后全球应对气候变化合作框架，我国将承担更重要的应对气候变化责任。在国内，绿色发展作为“十三五”时期的五大发展理念之一，和产业低碳转型、节约能源、减少化石能源利用、增强碳汇能力等低碳发展要求具有相同的内涵。《应对气候变化法》旨在控制温室气体排放、促进低碳发展、应对全球气候变化和推进生态文明建设，目前已形成初稿。为实现国际减排承诺、促进我国绿色低碳发展，我国应加快推进应对气候变化立法和实施，形成应对气候变化工作的法律保障。

三是建议国家从政策、项目、资金等角度加大对试点地区的支持力度。试点地区承担了国家要求的较高的减排目标，试点工作任务也较为繁重，为体现试点地区的先进性和重要性，应从国家层面加大政策、项目、资金倾斜力度，从而提高试点地区工作的积极性，为国家应对气候变化工作作出更多的贡献。

（撰稿：谢健标，广东省发展和改革委员会应对气候变化处）

四川省应对气候变化和低碳发展2015年度报告

四川省发展和改革委员会

2015年，四川在转型发展和加快推进生态文明建设的进程中，积极探索中西部地区绿色低碳发展道路，提出了建设西部碳交易中心的战略目标，成为了“中国碳排放达峰先锋城市联盟”成员之一，应对气候变化工作成效显著。据初步测算，2015年全省单位GDP二氧化碳排放比2014年降低10%以上，“十二五”累计降低40%左右，超额完成国家下达的目标任务，为全国碳减排作出了积极贡献。

一、工作进展及成效

（一）加强宏观政策引导

省委、省政府印发全省加快推进生态文明建设实施方案和生态文明体制改革方案，将绿色低碳作为我省的发展定位和改革要求。成立省应对气候变化领导小组，建立工作协调机制，通过召开联席会议协调推进各项政策措施的落实。先后印发全省应对气候变化规划、节能减排低碳发展行动方案、碳排放总量控制和分解落实工作方案等文件，分解下达各市（州）二氧化碳排放增量控制目标，探索实行碳排放强度和增量双控机制。开展生态文明建设、碳排放权交易、中挪生物多样性应对气候变化等重点课题和项目研究，确保实现顺利达峰。

（二）坚定推进转型发展

深入实施全面创新驱动转型发展，推进供给侧结构性改革，加快生产方式绿色化转型，打造绿色发展新引擎。加快发展节能环保产业，已初步形成以成都、自贡为重点的节能环保装备产业集群，建成烟气脱硫、城市污水处理及资源化工程技术研究中心等一批国家级科技创新平台。加快发展现代物流、电子商务等先导性服务业，服务业年产值超万亿，比重逐年提高。加快淘汰落后生产能力，遏制“两高”行业过快增长，“十二五”期间累计对30余行业1944户企业的落后和过剩产能实施了淘汰，减少不合理用能1800万吨标准煤。深入调整优化能源结构，制定发布我省能源消费总量控制方案，实行能源消费量和用电量总量控制。进一步加快水能、风能、太阳能等可再生能源的开发力度，提高非化石能源和清洁能源消费比重。截止2015年底，全省水电装机容量达6759万千瓦时，占我省电力总装机的79.5%，全省风电并网容量达74万千瓦、光伏并网容量46万千瓦、生物质发电并网容量2.5万千瓦，煤炭在一次能源消费中的比重从2010年的51.8%下降到2015年的38%。

（三）大力推进碳交易

成立了省碳排放权交易工作协调小组和省应对气候变化专家指导委员会，印发了《四川省碳排放权交易工作实施方案》，制定了我省碳排放权交易管理暂行办法和配额分配方案，加快推进碳排放权交易工作。编制完成全省2005年和2010年温室气体排放清单，顺利推进2012年和2014年排放清单工作。建立了全省温室气体排放报送平台和碳排放第三方核查机构备选库，开展重点排放单位碳核查。四川联合环境交易所纳入国家温室气体自愿减排交易备案机构，力争近期开市交易。继续支持企业积极申报清洁发展机制（CDM）项目和温室气体自愿减排（CCER）项目。截至2015年12月，获批CDM项目565个，年均减排近1亿吨二氧化碳当量；备案CCER项目22个，项目年碳减排量901万吨。筹备建立省节能环保和应对气候变化研究中心，加快建设全国碳交易市场能力建设（成都）中心，为尽早融入国家统一碳交易市场积极行动。

（四）积极开展试点示范

充分发挥试点示范的带动作用，涌现出一大批先进典型。成都、雅安等10市纳入国家生态文明先行示范区，泸州、乐山等4市纳入国家水生态文明建设试点，雅安市和南江、宣汉等11县纳入国家生态文明示范工程试点，建成国家级生态县（市、区）15个，省级生态县（市、区）48个。广元市纳入国家第二批低碳试点城市，达州经开区被确定为国家低碳试点工业园区，成都市获选国家第二批低碳交通运输试点城市。同时，建设了遂宁、雅安等6个省级低碳试点城市，以及绵阳经开区等低碳产业园区、广元利州区工农镇等低碳小城镇和温江万春镇等30余个低碳社区。

（五）着力改善生态环境

初步形成了“四区八带多点（块）”生态安全战略格局，划定了林地和森林、湿地、沙区植被、物种四条生态红线，开展了温江、蒲江、宝兴和松潘等4县（区）生态红线划定试点。大力开展天然林资源保护工程二期、退耕还林还草、退牧还草、湿地保护与恢复等重大生态工程建设，加强生态脆弱地区生态修复力度，启动实施干旱半干旱地区生态综合治理试点示范工程。截至2015年底，全省森林面积达到2.63亿亩、森林蓄积达到17.33亿立方米、森林覆盖率达到36%。深入推动长江流域环境污染治理，加强火电、钢铁、水泥、造纸、印染等重点行业管控，确保污染治理设施稳定运行，实现达标排放。

（六）完善制度机制

进一步加强制度建设，2014年11月出台了《四川省气候资源开发利用和保护办法》（四川省人民政府令第285号），《四川省〈中华人民共和国节约能源法〉实施办法》于2014年8月1日起正式施行，研究制定了《四川省应对气候变化办法（草案）》，进一步增强四川应对气候变化的法律保障。积极开展全国低碳日活动，宣传与交流低碳发展经验，引导公众广泛参与。

尽管我省应对气候变化工作取得了明显成效，但仍然存在控制温室气体排放基础不牢固、长效机制不健全，市场机制不完善等诸多问题。今后的应对气候变化工作还面临着较为复杂严峻的形势。

二、下一步工作

面临着新形势、新要求和新任务，四川将认真贯彻落实党中央、国务院加快推进生态文明建设的重要战略部署，坚定以“创新、协调、绿色、开放、共享”五大发展理念引领我省未来发展，统筹谋划应对气候变化和绿色低碳发展工作，追求更高质量、更有效益的发展，加快建设“美丽四川”。

（一）坚持绿色发展方向，建设长江上游生态屏障

坚定走生态优先、绿色发展之路，积极开展绿化全川行动，抓好重点生态功能区和“长江源”绿色生态屏障建设，探索建立大熊猫国家公园。加强能源、水、土地等战略性资源管控，实施能源消费总量和能源消耗强度“双控”制度，编制生态环境保护负面清单。科学划定林地和森林、草原、湿地等生态红线。统筹各类空间规划，构建绿色城镇体系，建设绿色生态城区，推进海绵城市试点。推进天然林保护二期、退耕还林还草、退牧还草、森林培育等重点生态工程建设。深入实施城乡环境综合治理，推广“小组生微”建设模式，推进幸福美丽新村建设。

（二）坚持绿色产业引领，培育经济新增长点

加快推动形成适应经济发展新常态的体制机制和发展方式，实施《中国制造2025四川行动计划》，发展壮大战略性新兴产业和高新技术产业，积极化解过剩产能，加快构建科技含量高、资源消耗低、环境污染少的产业结构。加快建设成都天府国际机场，建设川藏、成兰、成贵等出川铁路大通道，促进我省融入全国乃至全球产业创新链，推动建设国家创新驱动发展先行省。加快发展绿色产业，建设成都、自贡等节能环保产业示范基地，积极推广应用新能源汽车和清洁能源汽车。实施循环经济引领计划和“互联网+资源循环”专项行动，推动建设静脉产业示范基地、大宗产业废弃物资源综合利用基地、循环经济制度创新试验区等，着力推动攀西战略资源创新开发试验区建设。实施现代服务业发展行动，加快推进服务业核心城市和区域性中心城市建设。

（三）坚持绿色市场培育，促进供给侧结构性改革

充分激发市场主体活力，促进供给侧结构性改革，实现优胜劣汰和市场出清。发挥四川绿色低碳资源和能源优势，依托四川联合环境交易所，建设西部碳排放权交易中心和全国性碳交易市场能力建设培训中心。深化资源环境价格改革，推进投资多元化，设立碳基金等绿色发展基金，鼓励发行绿色债券，支持应对气候变化和绿色产业发展。引导和鼓励社会投入，积极推进环境污染第三方治理，加快推行合同能源管理。探索研究用能权、排污权、水权等环境资源交易制度。

（四）坚持绿色能源转化，建设清洁能源示范省

大力推进清洁能源科学开发和高效利用，推进能源领域体制改革，加快天然气分布式能源发展，加强清洁能源参与跨省跨区交易，争取早日建成全国最大的优质清洁能源生产基地和能源输送枢纽。加快清华大学（四川）能源互联网产业研究院建设，积极推进在中美“气候智慧型/低碳城市”框架下“清华大学+华盛顿大学”和“四川省+华盛顿州”的“2+2”合作模式，办好中美能源低碳发展论坛。

（五）坚持携手合作共建，迎接绿色低碳未来

四川虽居内陆，但长期坚持以开放的心态迎接国内外合作。在现有的基础上加深与美国加州、华盛顿州等在应对气候变化领域的合作，积极推进与国际大公司、大企业合作，引进国际资本和先进技术参与我省页岩气、太阳能等资源开发和利用。大力支持中央在川能源开发企业、能源装备制造企业，以及本地知名企业参与国际竞争。加快推进与西藏自治区、广东省、深圳市在绿色低碳方面开展长期友好合作，推动建立长江经济带沿江省市跨区域协同工作机制，通过联席会议、定期互访、签定合作协议等形式，协调推进经济建设、资源开发、气候变化等重大问题。

（撰稿：冉青松，四川省发展和改革委员会环资（气候）处）

云南省“十二五”应对气候变化和低碳发展报告

云南省发展和改革委员会

“十二五”期间，云南省以低碳省市试点建设为契机，强化组织领导，创新工作方式，扎实推进全省应对气候变化和低碳发展，工作成效明显。

一、超额完成低碳发展有关目标任务

“十二五”期间，云南省经济平稳较快发展，产业结构不断优化，全省生产总值突破万亿元大关，年均经济增速达到11.1%，林业碳汇持续增加，可再生能源发展迅速。截至2015年底，云南省“十三五”碳强度、第三产业增加值占地区生产总值比重、万元地区生产总值能耗、非化石能源占一次能源消费比重、累计造林面积等指标任务均超额完成。

二、全面落实低碳发展重点任务措施

（一）分解落实目标责任

一是分解落实碳强度降低目标。将碳强度降低目标纳入《云南省国民经济和社会发展第十二个五年规划纲要》，省人民政府与16个州市人民政府签订了低碳节能减排目标责任书，把“十二五”期间云南省碳强度下降目标分解落实到全省16个州市。二是加强目标责任考核。从2011年起，低碳发展目标完成情况被省委考评办列为常态化考核项目，印发有关文件明确全省低碳发展目标完成情况考评办法及评分标准，组织开展了省级对州（市）人民政府的年度低碳发展目标完成情况的考评工作。

（二）加快构建低碳产业体系

积极优化产业结构和布局，推进产业发展从低碳和零碳方向发展。加快发展高原特色农业，新型农业稳步发展，粮食等主要农产品产量再创新高，农业产业化发展加快。全面部署工业转型升级，研究出台汽车等产业发展实施方案，分类优化园区布局。果断关闭整合小煤矿，推进煤炭产业转型升级。分类推动钢铁、有色金属等行业结构调整。健全刺激消费政策，培育健康养老等消费热点，推动电子商务等新兴业态发展，旅游强省建设取得新进展。

（三）推进能源结构优化

一是围绕将云南打造为国家新能源示范基地目标，加快清洁能源的开发利用。截至2015年底，全省累计装机达到8000万千瓦，清洁能源与火电装机比例达82.18。天然气利用逐步推开，生物质能利用发展加快。二是煤炭消费占比大幅下降。针对全省水电富裕的特点，实施以电代油、代煤工程，有效降低了煤炭占能源消费总量比重。

（四）强化节能降耗

进一步强化新建项目节能评估审查，确保固定资产投资项目能耗水平达到能效限额标准，严控高耗能行业和过剩产能过快增长。坚决淘汰炼铁、水泥、黄磷等落后产能，按照国家要求及时公告了年度工业行业淘汰落后和过剩产能企业名单，明确责任，强化监督，提前一年完成“十二五”目标任务。以工业、建筑、交通、公共机构、商业、农业为重点，开展万家企业节能低碳行动，千方百计提高能源利用效率。实施重点节能工程，以余热余压利用、电机系统节能、能量系统优化、能管中心建设等为重点，在全省组织实施重点节能示范项目。

（五）增加森林碳汇

着力推进“森林云南”建设，省委、省人民政府先后召开了推进森林云南建设工作，开展对16个州（市）造林绿化工作的专项督查；全省各地积极探索创新植树造林模式，引入市场机制，大力加强交通沿线、江河流域、湖泊库区、城市面山生态治理，有力地促进了城乡绿化美化；积极推进由县级林业部门统一组织管护的公益林管护体系建设；组织开展了新一轮退耕还林工程摸底调查，编制了省级实施方案，完善了新一轮退耕还林与陡坡地治理政策，顺利启动了工程建设；进一步完善了低效林改造政策措施，创新森林抚育经营方式和机制，提升了改造质量和效益；顺利推进防护林建设、石漠化治理。

（六）扎实推进低碳试点示范建设

以建设国家低碳试点省市为契机，扎实推进低碳试点示范建设。一是推动国家级低碳专项试点项目建设。全省5市4县先后列入住房城乡建设部国家可再生能源建筑应用示范地区，示范面积1583万平方米；4所高校（云南农业大学、云南财经大学、曲靖师范学院、云南师范大学）成为国家节能监测平台建设示范学校，开展了建筑节能监管体系建设；昆明市呈贡新区成为住房城乡建设部国家首批绿色生态示范城区及国家发展改革委低碳城镇试点；获住房城乡建设部批复开展了云南辖区内一二星级绿色建筑标识工作，全省40个项目获得绿色建筑评价标识，累计面积750万平方米。麻昭高速公路和香丽高速公路建设列入交通运输部全国绿色公路建设试点，成为目前全国唯一有两条绿色公路试点的省份；昆明市列入交通运输部首批“公交都市”建设试点城市和第二批低碳交通运输体系建设试点城市，昆明市公交出行分担率将达到50%以上；增程式电动公交示范推广项目成为交通运输部首批绿色循环低碳示范项目；隧道照明综合节能技术应用项目成为交通运输部第五批节能减排示范项目，累计进行隧道节能改造129座；思小高速公路和保龙高速公路潞江坝服务区云南公路馆被评为国家AA旅游景区；开展了140家国家级绿色饭店示范试点。二是云南省组织开展省级低碳发展能力建设和重点领域低碳示范项目建设。“十二五”期间，组织开展了全省低碳产业园区、低碳社区、低碳旅游区、低碳学校、低碳医院等示范项目，并建立了相应的评价指标体系。

（七）加强基础能力建设

一是做好温室气体排放统计核算制度建设及清单编制工作。组织开展了温室气体排放基础数据统计报表制度试点工作，编制完成云南省温室气体排放统计试点报表，印发了《关于报送云南省温室气体排放统计试点报表的通知》，明确了部门任务分工，开展报表制度运行试点工作。编制完成了2005年、2010年、2012年和2014年省级温室气体清单报告。

二是着力推进低碳产品标准、标识和认证工作。开展花卉、普洱茶、草果等高原特色农产品和电解铝等优势工业产品的低碳标准和认证制度研究，组织了全省低碳产品认证宣贯会，在硅酸盐水泥、平板玻璃、中小型三相异步电动机、铝合金建筑型材等行业的重点企业开展试点，扶持引导相关企业获得低碳产品认证，“十二五”期间，云南省有4家企业获得15张国家低碳产品认证证书，获证企业数和证书数都居全国前列。

三是加强组织领导和公众参与。切实发挥省节能减排及应对气候变化领导小组作用，贯彻落实国家降碳工作的安排部署。重视低碳舆论宣传，与全国同步，认真开展年度全国低碳日活动，举办了绿色出行、低碳进社区、进校园、进企业等主题宣传活动，印制了低碳宣传小手册，宣传国家应对气候变化政策，展示云南省低碳试点成效。

（八）创新体制机制

推进全国碳排放权交易市场建设。一是完善工作机制，建立了省发展改革委牵头，省工业和信息化委、省统计局等多部门协同配合，省经济信息中心为技术支撑单位的工作机制。二是制定配套政策文件，正在编制《云南省建立碳排放总量控制制度和分解落实机制工作方案》和《云南省落实碳排放权交易市场建设实施方案》。三是加强能力建设，制定了系统的培训计划，组织开展分层次的碳排放权交易知识培训，编制了培训教材，分行业组织了18期温室气体排放报告培训，培训全省发展改革系统、重点企（事）业单位等部门人员约1300人，并举办了碳交易试点有关专家参加的“碳交易系统建设交流会”。四是积极开展温室气体自愿减排交易。发挥云南林业资源优势，积极推进林业碳汇造林项目，“十二五”实施碳汇造林2.3万亩；完成了退化土地上的竹子造林碳汇计量方法学的开发，并在国家发展改革委备案；初步建立省级林业碳汇计量监测体系；推动了云南省省内第一笔森林碳汇交易项目，碳汇交易量为1.78万吨。五是着力推进重点企（事）业单位温室气体排放报告制度建设。搭建了省级温室气体排放报告管理平台，开发了重点企业温室气体排放报告在线填报系统，规范并确保数据报送渠道畅通。

（撰稿：寸文娟，云南省发展和改革委员会应对气候变化处）

贵州省应对气候变化和低碳发展2015年度报告

贵州省发展和改革委员会

2015年是“十二五”收官之年，为确保实现“十二五”碳强度下降约束性目标，推动应对气候变化工作再上新台阶，在贵州省委省政府的正确领导下，全省上下深入学习贯彻习近平总书记系列重要讲话精神，认真落实生态文明建设战略部署，牢牢守住发展和生态两条底线，大力推动绿色低碳全面发展，应对气候变化工作取得积极取得进展。

一、年度工作回顾

（一）顺利完成“十二五”单位国内生产总值二氧化碳排放降低目标任务

“十二五”国家下达我省控制温室气体排放目标任务为单位国内生产总值二氧化碳排放比“十一五”下降16%。“十二五”前三年全省单位地区生产总值二氧化碳排放分别为4.2061、3.9659、3.8184吨二氧化碳，分别比上年下降了1.10%、5.71%、3.72%。为确保完成国家下达我省“十二五”降碳约束性目标任务，促进贵州绿色低碳发展，省发改委按照省政府制定《2014—2015年贵州省节能减排低碳发展行动方案》（以下简称《行动方案》），将全省“十二五”控制温室气体排放指标任务分解落实到各市、州，并将根据《行动方案》要求，开展对市州控制温室气体排放目标完成情况的考核，进一步明确目标责任，并通过加强考核促进目标任务的贯彻落实。2014年度我省单位地区生产总值二氧化碳排放比上年下降了14.28%，碳强度累计进度下降了22.56%，累计完成“十二五”目标进度任务的140.98%，超额完成了年度下降目标和时间进度目标任务，顺利完成国家下达“十二五”控制目标，年度考评结果为优秀等级，获得国家发展改革委通报表扬。

（二）精心组织2015年应对气候变化专项资金备选项目申报工作

应对气候变化工作需要大量的资金投入，为用好有限的应对气候变化省级专项资金，切实发挥专项资金的引导和带动作用，根据《2014-2015年贵州省节能减排低碳发展行动方案》和《贵州省应对气候变化省级专项资金管理办法（暂行）》的要求，精心组织开展省发展改革委2015年应对气候变化专项资金备选项目申报工作，重点支持以下几方面。一是重点降碳工程。主要针对降碳效果明显，对相关行业有示范带动作用的项目。贵州天福化工5万吨/年二氧化碳回收（减排）项目、贵州赤天化低压透平减排项目、六盘水市大湾煤矿风井与附井瓦斯发电等项目获得支持。二是低碳示范建设项目。贵阳市国家低碳社区试点，龙里县低碳产业园区、贵安新区智慧能源低碳经济示范园等项目获得支持。三是适应气候变化和减灾防灾项目。贞丰县标准化防雹建设等项目获得支持。四是基础能力建设。2012、2014年贵州省温室气体排放清单编制、遵义市温室气体排放清单编制和贵州省低碳产品认证体系建设等项目获得支持。

（三）认真做好碳排放权交易前期准备工作

根据国家发展改革委《关于落实全国碳排放权交易市场建设有关工作安排的通知》（发改气候〔2015〕1024号）要求，完善碳排放权交易工作机制，完善温室气体排放基础统计，推进碳排放权交易核查体系建设，深入开展碳排放权交易能力建设培训，积极做好各项碳排放权交易前期准备工作。目前，启动了重点企（事）业单位碳排放核查试点工作，组织编制完成《贵州省重点企业碳排放核查试点项目工作方案》，下发了《关于开展重点企业碳核查试点工作有关问题的通知》，企业碳核查试点工作稳步推进。

（四）积极推进低碳试点示范工作

根据《关于开展低碳省区和低碳城市试点工作的通知》（发改气候〔2010〕1587号）、《工业和信息化部 发展改革委关于组织开展低碳工业园区试点工作的通知》（工信部联节〔2013〕408号）和《国家发展改革委办公厅关于印发低碳社区试点建设指南的通知》（发改办气候〔2015〕362号）等通知要求，切实加强对全省低碳城市（贵阳市、遵义市）、低碳工业园区、低碳企业、低碳社区等低碳试点示范工作的支持和指导，协调解决工作中的困难和问题，积极推进试点示范工作。

（五）开展低碳产品认证服务工作

依据国家发展改革委、国家认监委印发《低碳产品认证管理暂行办法》（发改气候〔2013〕279号）及国家认监委公布的低碳产品认证相关规则，为研究制定贵州省低碳产品认证体系相关措施，扶持引导贵州省内企业获得低碳产品认证，探索建立符合贵州省情的低碳产品认证体系，在全省组织启动了通用硅酸盐水泥、平板玻璃、铝合金建筑型材和中小型三相异步电动机四种低碳产品认证服务工作。

（六）成功承办生态文明贵阳国际论坛：全球低碳转型与可持续发展峰会

在国家发展改革委的大力支持下，成立峰会筹备领导小组，成功承办了生态文明贵阳国际论坛2015年会三大峰会之一的“全球低碳转型与可持续发展”专题高峰会议。峰会邀请到了国内外很多生态文明建设、应对气候变化方面的政府官员、专家学者和企业家就“全球低碳转型与可持续发展”展开深入对话，取得了积极的成果，一是国家节能中心和我委签定了《关于全面加强合作，促进生态文明建设战略合作协议》，就推动节能重大战略问题研究、重点节能、节能新技术新产品推广、国际交流合作、人才交流培养等方面展开战略合作；二是发布气候安全科学家倡议。

（七）成功举办省发展改革委2015年应对气候变化工作培训会

国家发展改革委正大力推动实行碳排放总量控制制度、开展全国统一的碳排放权交易等相关工作。为深入贯彻落实国家各项决策部署，我处积极组织召开贵州省发展改革委2015年应对气候变化工作培训会。省发展改革委张吉兵副主任出席开班仪式并作重要讲话，省发展改革委应对气候变化处付野秋处长主持开班仪式并作了培训总结。各市州发展改革委、贵安新区经发局、各县（市、区、特区）发展改革委局分管领导和负责应对气候变化工作的处（科）室负责人、工作人员以及部分厅局领导、高校学者和企业代表近240人参加了培训。培训期间，授课的领导同志和专家学者就应对气候变化与能力建设、重点企（事）业单位碳核查、市州十三五规划编制、碳排放总量控制制度、碳排放权交易能力建设、温室气体排放清单编制、控制温室气体排放目标责任考核、二氧化碳排放核算、适应气候变化相关问题和应对气候专项资金项目申报注意事项等内容进行专题讲授，授课内容丰富、针对性和适用性强。通过此次培训，学员们对应对气候变化工作各项部署和专业知识有了更加深入全面的了解和掌握，提升了应对气候变化工作能力和水平，为推动全省应对气候变化工作再上新台阶奠定了坚实基础。

（八）着力加强低碳宣传工作

今年全国节能宣传周活动的主题是“节能有道　节俭有德”，全国低碳日活动主题为“低碳城市　宜居可持续”。我省2015年全国节能宣传周和全国低碳日活动启动仪式在贵阳市筑城广场举行。省发展改革委常务副主任张平、贵阳市副市长高卫东和省住建厅、省交通厅、省机关事务管理局等省有关单位负责同志出席，活动由省发展改革委副主任张吉兵主持。活动期间，省市有关部门利用实物、图片、展板和发放节能低碳资料等方式宣传国家有关节能低碳的法律法规、政策措施及节能产品；相关企业开展了节能低碳产品展示等系列活动，广大群众积极响应，踊跃参与。通过举办生态文明贵阳国际论坛、“全国节能宣传周”、“全国低碳日”等系列活动，切实加强节能降碳、应对气候变化舆论宣传教育，传递生态文明理念，提高公众低碳意识，在全社会营造良好节能降碳的浓厚氛围。

二、存在的困难及下步工作打算

我省应对气候变化工作虽然取得了一定的成绩，完成了国家下达的降碳目标，但全省降碳形势依然严峻，主要体现在:一是能源消费结构不合理，煤炭在我省能源消费总量中所占比重仍然接近90%，受煤炭价格下行影响，煤炭在能源消费总量中所占比重甚至有回升的可能。二是我省正处于经济社会快速发展阶段，工业化、城镇化处于加快发展时期，能源消耗仍处于爬坡阶段，短时期扭转温室气体排放增长势头，难度非常大。三是由于我省处于工业化初期，第二产业比重将会大幅上升，服务业尽管增速较快，但比重预计将可能下降，从而与国家要求形成较大差距。四是资金需求大、投入不足。应对气候变化是一项新工作，欠帐多，重点降碳工程、燃煤替代工程以及低碳产品、低碳新技术推广等都需要大量资金投入，而专项资金额度严重不足，不能满足全省应对气候变化工作的需要。

当前，我国经济发展进入新常态，党中央、国务院及时作出了加快推进生态文明建设的重大战略部署，并把积极应对气候变化作为生态文明建设的重要内容和基本途径。2016年是“十三五”开局之年，我处将在委党组的坚强领导下，以党的十八大和十八届三中、四中、五中全会精神为指导，以加快生态文明建设为契机，以完成碳强度下降目标为导向，突出重点，狠抓落实，坚决贯彻落实应对气候变化各项决策部署，着力抓好以下几项工作：

（一）全面做好二氧化碳排放降低目标责任考核评估

建立健全市（州）二氧化碳强度降低目标责任评价考核制度，加强对市（州）级人民政府单位地区生产总值二氧化碳排放降低目标责任考核评估。全面完成国家下达我省的单位国内生产总值二氧化碳排放强度约束指标，力争在国家单位国内生产总值二氧化碳排放降低目标责任考核评估中获得优秀等级。

（二）加快推进碳排放权交易前期准备工作

全国碳排放权交易市场建设是生态文明体制和经济体制改革重点任务。2015年《中美元首气候变化联合声明》宣布了中国到2030年单位国内生产总值二氧化碳排放将比2005年下降60%－65%，并计划于2017年启动覆盖钢铁、电力、化工、建材、造纸和有色金属等重点工业行业的全国碳排放交易体系。当前，全国已处于加速推进建立统一碳排放权交易市场阶段，我省将根据国家统一部署和要求，将碳排放权交易市场建设纳入重要议事日程，扎实推进碳排放权交易制度建设、基础数据统计等各项准备工作，完善工作机制，夯实数据基础，开展碳排放数据报告与配额试分配等工作，确保全国碳排放权交易市场的顺利启动和健康发展。

（三）切实做好应对气候变化专项资金项目申报与检查

根据《贵州省应对气候变化省级专项资金管理办法（暂行）》，精心组织开展省发展改革委2016年应对气候变化专项资金备选项目申报工作，并对2015年度下达专项资金支持的项目落实情况进行检查，以便发现问题、总结经验，提升专项资金使用效率，切实发挥应对气候变化专项资金的引导和带动作用。

（四）持续推进试点示范工作

深化贵阳市、遵义市低碳城市试点建设，加快推进低碳园区、商业和社区试点。实施低碳产品推广、高排放产品节约替代、工业生产过程温室气体排控示范等减碳示范工程；实施城市气候灾害防治、森林生态系统适应气候变

化等适应气候变化试点工程。

（五）深入开展应对气候变化能力建设培训

应对气候变化在我国还是一项探索性、开创性的工作，各参与方的基础能力普遍比较薄弱。我处将根据不同需要和对象，深入开展碳排放权交易、重点企（事）业单位碳核查、碳排放总量控制制度、温室气体排放清单编制、控制温室气体排放目标责任考核和低碳试点示范等方面的能力建设培训，加强人才队伍建设，着力提高各参与方应对气候变化工作能力和水平。

（六）大力抓好重大课题申报、研究工作

根据国家发改委中国清洁发展机制基金赠款项目组织申报工作通知要求，认真组织全省各市州、省各科研单位、相关企业积极申报，按照赠款基金支持方向，结合我省实际，以有利于推动我省下一步应对气候变化工作为原则，按照项目的必要性、课题承担单位和负责人的资质与能力、内容和活动、产出的匹配性、预算、进度等要求对各单位申报的项目进行遴选，并推荐上报国家发展改革委。同时，及时督促各有关机构切实做好国家级、省级和市级重大课题研究工作。

（七）努力做好其他各项工作

积极筹备，继续办好生态文明国际论坛。拓宽气候资金支持渠道，支持应对气候变化重点工作。会同贵州省统计局继续推进应对气候变化统计制度建设，进一步完善相关统计指标。深入开展认证认可工作。进一步加强新闻宣传和舆论引导，围绕“全国低碳日”、生态文明论坛等，组织开展系列宣传活动，传递生态文明理念，提高公众意识，营造良好舆论氛围。

（撰稿：雷电，贵州省发展和改革委员会应对气候变化处）

西藏自治区应对气候变化和低碳发展2015年度报告

西藏自治区发展和改革委员会

2015年在自治区党委、政府正确领导和国家发改委的关心指导下，我区认真贯彻落实党的十八大和十八届三中、四中、五中全会以及中央第六次西藏工作座谈会精神，以“确保生态环境良好”和“建设美丽西藏”为新时期西藏生态环境建设的指导思想和重要任务，认真贯彻落实党中央、国务院关于应对气候变化和低碳发展工作的部署，始终把节能降碳作为加快经济发展方式转变、促进产业结构升级、节能提高能效、优化能源结构、强化生态建设的重要抓手，着力推进绿色、循环、低碳发展，应对气候变化和低碳发展工作取得了积极成效。

一、相关工作情况

（一）建立有效的管理机制，出台完善规章制度

完成了《西藏自治区“十三五”时期应对气候变化规划》编制工作，提出“十三五”时期我区应对气候变化工作的指导思想、基本原则和主要目标，明确了适应、减缓气候变化主要任务、重点工程和保障措施，进一步健全我区应对气候变化制度顶层设计。自治区人民政府印发了《西藏自治区2014-2015年节能减排低碳发展行动方案》，把节能减排降碳作为建设美丽西藏转变发展方式和调整经济结构的重要抓手，确保全面完成“十二五”节能减排降碳目标。

（二）调整能源消费结构，大力发展清洁能源

我区加快开发利用当地水能、太阳能等清洁能源资源，发电能力显著提升，2015年底全区发电装机容量230万千瓦，累计新增发电装机132万千瓦，较2010年增长136%。区外输入天然气利用从无到有，2015年输入1600万立方米，累计输入2442万立方米；接受区外电力从无到有，2015年青藏直流联网、川藏联网输入电量6.17亿千瓦时，累计输入28.97亿千瓦时。通过一系列举措，西藏能源结构得到进一步优化，清洁能源消费比重明显提高，2015年非化石能源占一次商品能源消费的比重由2010年的31.9%提高到41.2%，提高9.3个百分点；水电、风电和太阳能发电占一次商品能源消费的比重由2010年的31.9%提高到35.5%，提高3.6个百分点，西藏在清洁能源发展和能源消费总量控制方面取得积极成效。

（三）强化重点领域节能，不断提高能效水平

一是强化节能、降碳目标责任。由自治区人民政府办公厅组织自治区发展改革委、工业和信息化厅等部门组成考评组，对我区各地（市）控制温室气体排放目标责任评价和“万家企业”年度节能目标完成情况以及节能措施落实情况进行现场评价考核，敦促相关目标任务落实；

二是加快淘汰落后产能。2015年，我区完成了西藏高争（集团）昌都水泥有限责任公司生产线的立窑拆除工作，“十二五”期间，累计淘汰水泥落后产能40.4万吨。三是逐步推进建筑节能。自治区编制完成了《西藏自治区既有建筑节能改造规划》和《西藏自治区既有建筑节能改造技术导则》，为既有建筑节能改造提供技术支撑；四是做好交通节能。实施了淘汰黄标车和老旧汽车、小型旅游客运车辆强制报废工作，在城市交通运输体系中投入大量公共自行车、纯电动公交车和纯电动出租车，开展城市公交车油改气示范项目建设；加快了交通智能化建设，提升道路运营组织和管理水平；针对西藏地区极为脆弱的高原生态环境，开展了公路规划、设计、建设、养护及运输技术研究。

（四）强化全区植树造林，不断增加森林碳汇

“十二五”以来，我区出台了《西藏自治区2011-2015年造林（营林）绿化工作指导意见》，实施了退耕还林、重点区域生态公益林建设、防护林体系建设、“两江四河”流域造林绿化等重点工程。我区“十二五”共完成营造林516.55万亩，完成规划目标390万亩的132.45%。根据2012年公布的第八次全国森林资源清查数据，我区森林覆盖率11.98%，活立木蓄积量22.88亿立方米，活立木蓄积量相比“十二五”规划目标22.75亿立方米增加了1300万立方米，实现了森林覆盖率、活立木蓄积量的双增目标。

（五）强化温室气体清单编制，加强统计核算制度建设

一是建立温室气体排放统计核算制度。自治区人民政府印发了《西藏自治区加强应对气候变化统计工作实施方案》，对应对气候变化各项指标进行分解细化，明确各项指标责任部门和报送时限，确保全区应对气候变化统计

工作顺利开展。自治区发展改革委、统计局、气象局联合印发了《西藏自治区加强应对气候变化统计工作意见》，提出要建立应对气候变化统计指标体系，进一步健全能源、工业相关统计与调查，完善农业、土地利用变化及林业、废弃物处理相关统计与调查；建立健全温室气体排放统计与核算、数据发布和数据使用管理制度；明确各行业部门工作责任，提出了落实资金保障、强化能力建设等保障措施。二是按时完成清单编制工作。自治区按时开展了2005、2010年省级温室气体清单编制工作，完成清单报告进行最终验收工作。同时，自治区开展了2012、2014年省级温室气体清单编制工作，并将年度温室气体清单编制列入年度常态化工作。

（六）强化碳交易基础能力建设，发挥市场在资源配置中的作用

一是结合国家和自治区碳排放权交易工作实际，自治区人民政府印发实施了《西藏自治区碳排放权交易市场建设工作实施方案》，明确了我区碳排放权交易工作总体要求、工作目标和重点工作任务；二是自治区发展改革委会同自治区统计局印发了《西藏自治区开展重点企（事）业单位温室气体排放报告与核查工作实施方案》，完善国家、地方和企业三级温室气体排放报告与核查制度，开展全区重点单位温室气体排放报告与核查工作，全面摸清掌握重点单位排放“家底”；三是强化区域间合作与交流，我区发展改革委与四川省发展改革委就碳市场建设战略协调保障机制、加强碳市场体系建设合作、加强碳设市场能力建设合作、支持交易机构的建设与合作、推进碳市场培育工作、支持碳金融创新与合作、支持国际国内交流与合作七个方面达成一致意见，进一步加强西藏、四川两省区在应对气候变化，特别是碳排放权交易市场建设方面的战略合作；四是开展重点单位数据报送、核查工作，自治区发展改革委本着公开、公平、公正的原则，面向社会公开征选重点单位温室气体排放第三方核查机构，并开展了2010-2014年重点企业碳排放数据报送、核查工作，为全国碳排放权交易市场建设奠定数据基础。

（七）加大培训宣传力度，营造节能低碳氛围

一是自治区发展改革委举办西藏自治区重点单位碳排放权交易与碳排放报告专题培训班，全区重点单位的副总以上职务领导以及自治区相关行政主管部门同志参加了培训，进一步增强了碳交易工作基础能力。二是根据国家有关部委关于节能宣传周和全国低碳日活动安排的部署，我区对2015年节能宣传周和低碳日宣传活动进行了总体部署，发动全区广大干部职工和社会各界人士踊跃参加，自治区和7地市顺利举办了2015年低碳日宣传活动。自治区相关部门结合各自行业管理职能，开展了形式多样的宣传活动，充分运用新闻媒体和宣传渠道，积极宣传节能降碳工作取得的新进展、新成效，为推动节能降碳工作营造了良好的社会舆论氛围。

二、存在问题和下一步工作重点

2015年，我区应对气候变化和低碳发展工作虽然取得了一定成效，但受客观条件制约，应对气候变化和低碳发展工作形势仍然十分严峻，仍存在体制机制不健全、专业技术人员匮乏、公众低碳发展意识有待进一步提高等问题，2016年将着力做好以下工作：

一是加强应对气候变化工作的组织领导。自治区发改、统计、气象等行业部门将进一步建立健全应对气候变化工作协调机制，加大应对气候变化数据统计核算、碳排放权交易和低碳试点示范建设等基础性工作力度，自治区财政将加大应对气候变化专项资金投入，为应对气候变化工作向纵深推进提供坚强保障。

二是强化控制温室气体排放目标责任。进一步加大对各地（市）控制温室气体排放目标责任评价考核工作力度，强化对重点企业考核和日常管理，严格实施问责和表彰奖励制度，确保各项目标任务的圆满完成。

三是加快产业结构调整步伐。进一步严格执行固定资产投资项目节能评估和审查制度，着力淘汰落后产能，大力推进工业、建筑、交通运输、公共机构等重点领域节能降碳工作，结合区情大力发展水电、光伏发电、风电等清洁能源。

四是扎实推进生态文明建设。以日喀则、山南和林芝国家级生态文明先行示范区创建为基础，优化全区国土空间开发格局，推进资源可持续利用，大力发展生态经济，切实保障环境安全，着力提升生态保护能力，全面构筑西藏高原国家生态安全屏障。

五是积极开展低碳试点建设。根据国家关于低碳试点示范建设工作要求，在全区范围内大力推进国家低碳城市申报、建设和自治区级低碳城市、低碳社区、低碳园区创建工作，建成一批具有我区特色的低碳试点，以带动全区低碳工作开展。

六是有序推进碳交易基础工作。按照国家关于全国碳排放权交易重点工作安排，我区将继续做好重点企业碳排放数据核算、报告和核查工作，加大对重点企业和行业部门培训、宣传力度，强化与兄弟省市间合作交流，积极推进全国碳排放权交易市场建设。

七是深入开展低碳宣传教育。进一步加大自治区相关行业部门和企业应对气候变化基础能力建设和培训工作，加强新闻宣传和舆论引导，围绕"全国低碳日"、" 世界气象日"等，组织开展系列宣传活动，倡导简约适度、绿色低碳、文明健康的生活方式和消费模式，努力在全社会营造低碳发展的良好氛围。

（撰稿：罗永彬，西藏自治区发展和改革委员会资源节约和环境保护处）

甘肃省“十二五”应对气候变化和低碳发展报告

甘肃省发展和改革委员会

一、甘肃“十二五”期间应对气候变化作法与成就

“十二五”期间，我省围绕完成能耗强度和碳排放强度约束性指标，积极推进产业结构调整，优化能源消费结构，加强重点用能单位节能管理，实施重点节能工程，控制各领域温室气体排放，建立温室气体排放统计核算制度，抑制高耗能、高排放行业过快增长，提高了能源利用效率,以能源消费年均5.23%的增速支撑了地区生产总值年均10.55%的增长,促进了全省经济提质增效，提高了工业、农林等重点领域和生态脆弱地区应对气候变化能力，节能和应对气候变化各项工作取得积极进展。

（一）“十二五”节能降碳目标超额完成。

2015年，全省单位地区生产总值能耗为1.1吨标煤/万元，5年累计下降21.82%,超额完成了国家下达的“十二五”期间单位地区生产总值能耗下降15%的目标任务。单位地区生产总值二氧化碳排放量比2010年降低20%以上，超额完成了国家下达的“十二五”期间单位地区生产总值二氧化碳排放下降16%的目标任务。2014—2015年全省能耗增量控制在国家下达的520万吨标准煤以内，能耗年均增速控制在了国家下达的3.5%以内。

（二）重点工程建设顺利推进

“十二五”期间，我省积极争取中央投资，同时不断加大省级资金投入力度，多措并举支持节能降碳重点工程建设。燃煤锅炉节能环保能效提升、余热余压利用、电机系统节能、能量系统优化等节能技术改造重点工程，节能技术产业化示范、节能产品惠民、绿色照明推广等节能技术推广工程，节能监察机构能力、温室气体统计核算和绿色政府示范带动等节能降碳能力建设工程，林业重点生态工程、甘南黄河重要水资源补给区生态保护与建设等适应气候变化工程建设稳步推进。重点用能单位能源利用效率不断提高，吨镍能耗等部分指标达到国内先进水平；节能产业有序发展，高效板式换热器等节能产品能效水平达到国际先进水平；碳汇建设进展明显，森林覆盖率提高到11.86%，适应气候变化能力明显提高。

（三）能源消费结构进一步优化

通过完善法律法规、健全标准体系、强化责任考核、淘汰落后产能、实施重点工程、推动技术进步、强化激励约束等政策措施，积极调整优化能源消费结构，煤炭消费比重不断降低、天然气消费占比稳步上升、非化石能源消费比重显著提高。2015年，全省非化石能源消费占一次能源消费比重达19.1%，高于全国平均水平。全省风电、光电装机达到1252万千瓦和610万千瓦，位居全国第2位和第1位。敦煌市、金昌市、武威市入选国家新能源示范城市。

（四）节能和应对气候变化能力稳步提升

节能工作支撑体系不断完善，构建了覆盖省市县三级的节能监察体系，定期开展节能形势分析，建立万家企业能源利用状况报告系统。积极开展了节能量交易试点。建立了涵盖能源活动等五大领域、适应温室气体排放核算要求的基础统计核算体系，实行了重点企事业单位温室气体排放数据报告制度，初步搭建了全省温室气体排放数据信息系统。组建了甘肃省碳排放权交易中心，启动了金昌和酒泉碳排放权交易试点。开展了重点区域各类气象灾害风险评估、未来全省气候变化趋势预测，编制了全省气象灾害高风险区和重点区域灾害风险图集，建设了气象灾害风险信息共享和发布平台。

（五）组织和政策保障体系逐步完善

研究制定了《甘肃省“十二五”节能减排综合性工作方案》（甘政发〔2012〕12号）、《甘肃省人民政府贯彻落实国务院关于加快发展节能环保产业意见的实施意见》（甘政发〔2014〕14号）、《甘肃省贯彻落实〈国家应对气候变化规划（2014—2020年）〉实施意见》（甘政办发〔2014〕198号）、《甘肃省节能环保产业发展规划（2014—2020年）》（甘政办发〔2014〕199号）等一系列政策文件，对节能和应对气候变化工作进行统筹部署。省应对气候变化及节能减排工作领导小组建立完善了成员单位信息报送制度和联席会议制度，强化了统筹协调功能。二、发展环境与“十二五”相比，“十三五”期间节约能源与应对气候变化发展环境正在发生重大变化。新常态下节能和应对气候变化工作面临新机遇、新挑战、新任务。随着经济调整进入转型升级阶段，经济下行压力持续加大，全省能源消费需求总量稳中缓增并具有一定的不确定性。未来五年，国家实行能源强度和总量“双控”制度，我省提质增效、转型升级的要求更加紧迫，节能和应对气候变化工作将作为调结构、转方式的突破口和重要抓

手，任务繁重、意义重大。

（六）转型发展已成为国家的战略部署

党的十八大作出了关于加快推进生态文明建设的决策部署。中共中央、国务院印发了《关于加快推进生态文明建设的意见》，提出要合理设定资源消耗总量控制目标，加强能源、水、土地等战略性资源管控，强化能源消耗强度控制，做好能源消费总量管理。同时，我国向国际社会庄严承诺将于2017年启动全国碳市场建设，以市场机制倒逼企业开展节能降碳促进发展方式转型。

（七）绿色发展战略地位进一步确立

党的十八届五中全会提出了创新、协调、绿色、开放和共享五大发展理念，《中华人民共和国国民经济和社会发展第十三个五年规划纲要》、《甘肃省国民经济和社会发展第十三个五年规划纲要》都将绿色发展作为发展战略。“十三五”期间，我省进一步推进国家生态安全屏障综合试验区建设，大力发展循环经济，加快建设资源节约型、环境友好型社会，这将为节能和应对气候变化工作营造良好政策环境打下坚实的现实基础。

三、“十三五”节能与应对气候变化指导思想、主要目标和主要任务

（一）指导思想

全面贯彻党的十八大和十八届三中、四中、五中全会精神，围绕“五位一体”总体布局和“四个全面”的战略布局，落实创新、协调、绿色、开放、共享发展理念，把生态文明建设放在更加突出的位置，树立绿水青山就是金山银山的理念，坚持节约资源和保护环境的基本国策，遵循节约优先、保护优先、自然恢复为主的方针，突出抓好重点地区、领域节能降碳和适应气候变化工作，积极应对经济社会发展新常态，确保按期完成国家下达的节能降碳目标任务。

（二）主要目标

“十三五”期间，能耗强度和碳强度指标稳步下降，能耗和碳排放总量得到有效控制；建成全省规范统一的碳市场，重点行业企业碳排放权交易工作运转良好，为尽早达到碳排放峰值打好基础；能源消费结构进一步优化，重点领域节能降碳取得明显成效；节能环保产业快速发展，关键技术创新与推广应用取得重要进展；重点领域和生态脆弱区适应气候变化能力显著增强，基础支撑能力不断夯实；节能低碳意识在全社会普遍形成。到2020年，实现单位地区生产总值能耗下降14%、单位地区生产总值二氧化碳排放下降17%、能源消费总量不超过8951万吨标煤目标。

产业结构不断优化。节能环保产业发展良好，年均增速达16%以上；非化石能源稳步推进，非化石能源占一次能源消费的比重达到20%左右；天然气消费有序推进，天然气消费量在一次能源消费中的比重达到10%以上。

重点领域节能降碳不断深入。积极推进工业领域节能降碳，到2020年，单位工业增加值二氧化碳排放比2005年下降50%；深入推进绿色建筑行动，到2020年，新建建筑30%达到绿色建筑标准；不断强化公共机构节能降碳，到2020年人均综合能耗较2010年下降12%。

碳交易市场建设稳步推进。积极推进碳交易体系咨询核查管理，形成适应省情、制度健全、管理规范、运作良好的碳排放权交易管理机制；森林碳汇有序发展，森林面积比2010年增加60万公顷左右，森林蓄积量比2010年增加5000万立方米左右。

（三）主要任务

1.深入推进工业节能降碳

电力行业。积极实施燃煤电厂超低排放改造，以提高燃煤发电效率为中心，采用洁净煤发电、大容量循环流化床、燃煤联合循环发电、热电冷联产、空冷等节能技术；开发应用数字化风力发电场调度控制技术以及并网控制系统等关键技术和产品；推广生物质能发电、生物质汽油柴油深加工、沼气回收和发电装置；发展特高压、超高压交流输电技术，开展电网动态无功优化综合研究及应用，推广无功就地补偿和集中补偿技术，合理协调大机组无功出力分配，通过全网无功优化，减少电网网损，实现电网节能经济调度和电力资源优化配置。

石化和化工行业。以石油开采、乙烯、合成氨、电石为重点，支持生产装置内部进行能量系统优化改造，推广应用高效节能环保型燃烧器。石油开采行业，加强推广放空天然气和油田伴生气回收利用、油气密闭集输综合节能等技术；合成氨行业，重点推广先进煤气化(000968,股吧)技术、高效脱硫脱碳、低位能余热吸收制冷等技术；乙烯行业，大力推广重油催化热裂解新技术，优化原料结构，对主体设备裂解炉、压缩机进行优化改造，实施生产过程用能集成优化；电石行业，推广炉气利用、空心电极等低碳技术和大型密闭式电石炉装置。

钢铁行业。推动钢铁产品由普钢向优质钢专用材、普碳钢向合金钢发展，降低单位工业增加值能耗。鼓励推广应用先进的选矿工艺技术装备，提高精矿粉铁品位和金属收得率；采矿工序提倡露天矿陡帮开采工艺技术，降低剥采比；普及焦炉干熄焦装置、高炉干法除尘及炉顶压差发电装置，重点推广焦炉实施煤调湿改造、转炉余热发电装置和烧结机余热发电装置；推广蓄热式燃烧技术在热风炉、轧钢加热炉、烤包器、锅炉及其他炉窑上的应用，采用连铸坯热送热装、直接轧制工艺。

有色金属行业。以电解铝、铜、铅锌冶炼为重点，大力推广新型阴极结构、新型导流结构、高阳极电流密度超大型铝电解槽；积极开发铜冶炼及加工短流程工艺技术，强化“白银炼铜法”技术创新，推动共伴生铜矿资源高效利用，推广氧气底吹炉连续炼铜、富氧闪速及富氧熔池熔炼工艺，替代反射炉、鼓风炉和电炉等传统工艺；加快短流程连续炼铅节能技术、液态高铅渣直接还原炼铅工艺的推广，鼓励支持余热发电项目建设。

煤炭（煤化工）行业。按照国内先进能效水平要求，布局煤化工项目，建设河西煤炭分质利用基地和陇东煤炭清洁转化基地。推行高效、绿色开采技术，推进煤层气抽采利用，开展二氧化碳驱煤层气应用试点。推广运用劣质煤、高硫煤加压气化、缓控释肥料生产技术、大型整流技术、无汞催化技术、煤沥青改性替代石油沥青技术、甲醇汽油助剂技术等煤化工技术。利用矿井排出的煤矸石，建设煤矸石砖厂，因地制宜建设煤矸石电站和瓦斯发电站。加强跨行业联产技术研发应用，积极推进煤化工产业与炼油、IGCC(整体煤气化联合循环)热电、制氢等产业优化组合技术。

建材行业。以水泥、平板玻璃、陶瓷和新型墙体材料为重点，发展绿色建材产品。水泥行业，推广纯低温余热发电技术和水泥窑协同处置废弃物技术、新型粉磨设备及技术；玻璃行业,推广先进浮法工艺、熔窑全氧燃烧技术、玻璃淬冷技术、优化熔窑设计；建筑陶瓷行业，推广辊道窑技术，采用洁净气体燃料无匣钵烧成工艺，推广瓷砖薄型化和洁具轻型化技术；新型墙体材料行业，推广煤矸石烧结砖隧道窑余热发电技术和烧结砖内燃工艺、广塑钢保温复合窗、夹层玻璃、中空玻璃和镀膜玻璃等建筑保温门窗技术。

2. 积极推动建筑领域节能降碳。实施建筑能效提升工程。强化建筑运行节能监管。

推行绿色建筑行动。到2020年，力争30%的城镇新建建筑达到绿色建筑标准要求。继续重点推动政府投资公益性建筑和大型公共建筑、兰州保障性住房等全面执行绿色建筑标准，鼓励条件成熟地区扩大绿色建筑标准的执行范围。逐步将民用建筑执行绿色建筑标准纳入可行性研究报告、规划、设计、施工、竣工验收等环节，确保绿色建筑质量。加快绿色建筑相关技术研发推广，加强绿色建筑技术标准规范研发制定，开展绿色建筑技术的集成示范。因地制宜、就地取材，大力构建安全耐久、节能环保、施工便利的绿色建筑技术体系。提高绿色建材应用比例。

3. 加快推进交通运输领域节能降耗。优化交通运输结构。加快城乡道路运输低碳化进程。推动公路、铁路、航空运输节能降碳。

4.、深化农业、林业领域节能降碳。加强农业领域节能降碳。加强农村节能管理。

增加农业碳汇。优化农业生产和农村生活方式。增加林业及生态系统碳汇。增加草原和湿地碳汇。

5.强化商业机构、公共机构领域节能降碳。开展商业机构节能降碳活动。强化公共机构节能降碳活动。

6.、发展节能环保产业。落实《甘肃省节能环保产业发展规划（2014—2020年）》，力争甘肃省节能环保产业产值保持年均增速16%以上，实现总产值比2015年翻一番。优化节能环保产业空间布局。加大节能环保低碳技术推广力度。夯实节能环保产业发展基础。

7.、增强适应气候变化能力。一是增强种植业、林业、畜牧业适应气候变化能力。

培育耐旱作物品种,提高复种指数及抗御自然灾害能力，大力推广旱作农业技术。增加现有森林资源保护、加大造林和封山育林力度，强化特殊生态区域治理，严守生态保护红线。坚持草畜平衡，对严重退化草地实行退牧还草，推动草原生态畜牧业可持续发展示范区建设。二是增强水利适应气候变化能力。强化城镇节水，积极推广张掖节水型社会模式。构建区域协调的水资源配置体系、区域供水体系、安全可靠的农村供水体系、农田节水体系、防洪减灾体系、人水和谐的水生态保护体系，实现供水安全、防洪安全、水生态安全。加强重点地区抗旱应急备用水源工程及配套设施建设，增强适应气候变化能力。加强水资源管理。实行最严格的水资源管理制度，提高适应气候变化能力。加强工业节水。强化城镇生活污水治理。发展农业节水，推进规模化高效节水灌溉，推广农作物节水抗旱技术。三是增强城乡基础设施适应气候变化能力。建设以节能低碳为特征的煤、气、电、热等能源供应设施、给排水设施、生活污水和垃圾处理等城市基础设施。开展西北防风固沙生态屏障气候适应试点城市建设。四是增强生态脆弱地区和生态敏感区适应气候变化能力。五是增强人群健康领域适应气候变化能力。六是增强防灾减灾体系适应气候变化能力。健全气候变化风险管理机制。强化预测预报和应急处置能力建设。七是增强旅游业适应气候变化能力。

青海省应对气候变化和低碳发展2015年度报告

青海省发展和改革委员会

2015年以来，青海省大力推动生态文明建设，深入贯彻落实国家应对气候变化及低碳发展各项工作部署，在控制温室气体排放、重点领域适应气候变化方面取得了一定成效，现将有关情况总结如下：

一、政府推动与政策措施

（一）减缓气候变化

1．大力发展循环经济。一是多年来，我省将发展循环经济作为推动经济结构转型的重要抓手，确定了建设国家循环经济发展先行区的战略目标，制定并印发了《青海省建设国家循环经济发展先行区行动方案》。为细化落实各项工作，组织编制《青海省建设国家循环经济发展先行区2015年工作要点》，经省政府印发实施，提出了年度100项重点工作，明确了各部门、地区的工作任务。二是及时了解掌握年度循环经济工作进展情况，对2014年重点工作进行了总结评估。同时，对2015年重点工作进行汇总整理并建立了台账。总体来看，2014年及2015年循环经济阶段性工作进展顺利。三是按照省政府工作部署，安排下达2015年省循环经济发展专项资金10亿元，主要用于全省重点园区配套基础设施建设和循环经济产业项目发展。四是组织实施好循环化改造工程，柴达木循环经济试验区格尔木、德令哈、大柴旦、乌兰工业园区及西宁经济技术开发区甘河工业园区循环化项目建设进展顺利。完成了格尔木、德令哈、大柴旦3个园区中期自评估并将相关材料上报国家。组织推荐东川工业园区为2015年园区循环化改造示范试点备选园区，编制完成实施方案并上报国家发展改革委、财政部。五是按照要求，对国家资源综合利用“双百工程”骨干企业“青海盐湖工业股份有限公司”开展评估工作，上报了《资源综合利用“双百工程”骨干企业评估报告》。经总结评估，几年来，公司认真落实各项建设任务，着力推进钾共伴生矿、废盐等资源综合利用，努力克服困难，推进重点项目建设，较好地完成了既定的建设目标，示范带动作用明显。六是以特色优势产业发展为重点，充分依托循环经济重大工程的支撑和带动作用，全力推进重点项目建设。目前，金属镁一体化、新增百万吨氯化钾挖潜改造、锂电池材料、枸杞精深加工等项目进展顺利，产业链条不断延伸，产业框架基本构建，资源、产品、产业间深度融合，资源得到集约节约和高效利用，各项指标不断向好。主要表现为：产业结构不断优化，呈现一产稳、二产优、三产增的新态势，三产占比由2010年的10：55.1：34.9转变为2015年的8.6：50：41.4；能源结构得到优化，可再生能源生产比重提高至2015年的47.43%；资源产出率、综合利用率等指标不断提高，资源消耗强度、废物排放强度等指标逐步下降，为有效控制温室气体排放发挥了重要作用。

2．抓好节能减排工作。一是统筹规划，全面落实“十三五”节能降碳工作，组织编制全省“十三五”节能降碳规划，已完成初稿并正在抓紧完善。二是为贯彻落实《国务院关于加快发展节能环保产业的意见》，制定并印发了《关于加快青海省节能环保产业发展实施意见》，明确了我省重点领域节能环保产业发展的目标，提出了具体工作措施。三是在《海东市2014年节能减排财政政策综合示范城市实施方案》已获国家批复的基础上，对建筑绿色化、交通清洁化、主要污染物减量化、可再生能源与新能源4个典型示范项目予以备案，目前各项工作进展顺利。四是全面协调落实节能各项工作任务，强化固定资产投资项目节能管理，从源头上控制能耗过快增长。五是完成国家对我省2014年度污染减排核查工作，全省四项主要污染物排放总量均控制在国家下达的计划指标之内。六是编制全省“十三五”城镇污水垃圾处理设施建设规划，已完成《青海省城镇污水处理设施建设“十三五”规划》（草案）、《青海省生活垃圾无害化处理设施建设“十三五”规划》（草案），并上报国家相关部委。七是大力开展减排工作，推进有关项目建设，积极争取城镇污水垃圾处理设施中央资金，同时，委内加大了省级资金安排。目前，污水处理厂已基本覆盖所有县（市、行委）；生活垃圾填埋场已覆盖所有市和县城，并延伸到重点城镇。八是东部城市群大气污染治理工作进展顺利，2015年，主要城市空气质量指数优良天数占比（西宁市）达77.6%。

3．推进低碳试点示范工作。经争取，我省柴达木循环经济试验区格尔木工业园区、西宁经济技术开发区甘河工业园区被工信部、国家发改委确定为第一批国家低碳工业试点园区，并批复两个园区试点实施方案，各试点园区项目建设进展顺利。按照国家发展改革委《关于开展低碳社区试点工作的通知》要求，组织编制了《青海省低碳社区试点方案》，目前正在进一步修改完善。

4．增加森林草原碳汇。森林碳汇工作取得新进展，退耕还林、天保、三北等林业重点工程全面推进，三江源、祁连山、青海湖流域及周边生态环境综合治理等一批重大生态修复工程取得新成效。同时，把营造林工程项目与改善人居环境相结合，不断加大城镇、乡村绿化以及城镇周边生态环境综合治理力度，实施城镇周边绿化示范工程。截至2015年底，全省林地面积达1.65亿亩，森林覆盖率达6.3%。积极推进碳汇造林项目开发，2015年与上海环保桥公司签订2012年青海省碳汇造林项目（VCS标准）预售协议，完成2.05万亩碳汇造林5000吨碳汇预售。在草原牧区落实草畜平衡和禁牧、休牧、划区轮牧等草原保护制度，控制草原载畜量，遏止草原退化，提高了草地覆盖度，增加了草原碳汇。

5．加强自愿减排交易项目的受理及初审。按照国家发改委《温室气体自愿减排交易管理暂行办法》要求，积极开展碳交易有关工作，全年共受理并初审青海省水利水电（集团）有限公司格尔木20兆瓦并网光伏发电等15项温室气体自愿减排项目，并将有关材料上报国家。

6．制度建设逐步完善。省政府印发《关于下达2015年度全省重点地区单位二氧化碳排放下降指标的通知》，分解下达了全省2015年单位GDP二氧化碳排放降低目标，把降碳目标纳入市、州、省直部门领导班子年度目标责任（绩效）考核，作为地方各级政府领导班子和领导干部任期内的重要考核内容，控制温室气体的相关制度建设逐步得到完善。

（二）适应气候变化

1．水资源领域。全面强化水资源集约节约利用，贯彻落实《青海省饮用水水源地保护条例》和《青海省实行最严格水资源管理制度考核办法》，建立完善了省、市（州）、县三级水资源管理“三条红线”控制指标体系，将水资源管理“三条红线”指标、“四项制度”纳入各市州经济社会发展目标责任考核中。万元工业增加值用水量实现“十二五”规划降低30%的目标，农业灌溉水有效利用系数由0.40提高到0.489。西宁、格尔木市水务一体化管理取得突破，西宁市、格尔木市、德令哈市节水型社会建设试点通过国家验收，并荣获全国节水型社会建设示范区称号。水资源论证、取水许可管理、入河排污口监管不断强化，国家重要水功能区水质达标率目标提前实现。强化水资源领域防灾减灾工作，扎实推进防洪工程，加强中小河流水文监测系统建设,有效提升了防汛抗旱减灾能力，减小了气候变化对水资源的不利影响。

2．生态建设领域。在国家的大力支持下，积极推进“三江源”、青海湖等地区重大生态保护工程建设，全力构筑生态安全屏障，有效适应气候变化对生态环境的不利影响。三江源生态保护和建设一期工程圆满完成，二期工程全面实施，增草增绿增水成效显著，三江源头重现千湖美景。青海湖生态环境综合治理等工程持续推进，流域生态环境状况得到好转。生态文明制度改革整体推进，生态环境保护、生态资产价值核算等取得显著进展，生态补偿、草原保护奖补等政策得到有效落实。坚持人与自然和谐相处，充分发挥生态自我修复能力，统筹开展东部黄土丘陵沟壑区、三江源地区、环青海湖地区水土保持生态建设，实施了一批坡耕地综合整治、小流域综合治理等水土保持项目，形成了布局较为合理、类型较为齐全、功能较为完备的生态环境保护体系。

3．农业领域。针对气候变暖对农业带来的影响，全省不断加大农业产业结构调整力度，积极发展设施农业、特色农业、节水农业等。在不同区域实施不同的关键技术，重点围绕全膜双垄栽培、保护性耕作、温棚水肥一体化、测墒节灌、聚水保墒等技术，开展农业技术试验、示范、推广工作。2015年全省推广全膜双垄栽培技术130.04万亩。在主要农业区新建土壤墒情监测站，对耕作土壤进行墒情监测，指导节水农业生产。充分依托气候资源优势，立足高原“冷凉”气候，以市场为导向，突出优质高产高效，先后建立了油菜、马铃薯、青稞、蚕豆等特色优势作物生产基地，特色作物种植比重达到85%。推进万亩粮油高产创建示范片建设和粮油高产创建整乡整建制推进工程，粮食产量连续八年稳定在百万吨。草地生态畜牧业试验区建设取得新进展，建成全国重要的有机畜产品生产基地和最大的冷水鱼网箱养殖基地，农牧业特色化、规模化、产业化、品牌化水平明显提高，农业领域适应气候变化能力不断增强。

4．气象领域。以应对气候变化及气象防灾减灾为重点，不断加强气候变化综合观测系统建设，截止2015年年底，全省共有各类地面气象站543个。针对气候变暖背景下的气象灾害变化规律及特点，制作发布《东部农业区春季第一场透雨的气候变化特征》、《2℃全球变暖背景下青海高原气温升高明显》、《青海省汛期降水极端化加剧，建议超前防范》、《东部农业区夏季平均气温和极端高温均呈明显上升趋势》、《柴达木盆地气候变化显著，建议科学适应和应对》、《未来黄河上游和长江源区水资源变化趋势及对策建议》等6期气候变化监测评估专题报告，为我省保护生态环境、促进农牧业生产等提供了决策参考。切实推动气象灾害风险预警服务、暴雨洪涝灾害风险普查、农业气象灾害风险区划等工作，不断加大极端天气气候事件监测预警及风险管理能力，气象防灾减灾服务水平不断提高。

（三）强化基础能力建设

一是我省2005年、2010年温室气体排放清单经过多次修改完善，已通过国家发改委气候司组织的评估验收及联审，已按照要求上报国家。按照国家发改委《关于开展下一阶段省级温室气体清单编制工作的通知》要求，积极推进2012年、2014年全省温室气体排放清单的编制工作，目前已完成初稿并进一步修改完善。二是按照《温室气体自愿减排交易管理暂行办法》要求，上报青海省水利水电（集团）有限责任公司格尔木20兆瓦并网光伏发电等15项温室气体自愿减排项目申请国家备案。三是强化应对气候变化宣传工作。转发《关于2015年全国节能宣传周和全国低碳日活动安排的通知》，组织各地区、各部门开展“全国低碳日”宣传活动。通过制作展板、悬挂横幅、发放宣传手册等方式，向广大群众宣传应对气候变化科普知识，引导全社会树立低碳生产、生活意识。开设《3.23世界气象日》、《5.12防灾减灾日》应对气候变化专栏，充分利用青海气象网进行科普知识宣传。

二、取得的实践与经验

（一）通过大力发展循环经济，推动产业向绿色低碳方向发展

强化循环经济在推动经济发展方式转变中的重要作用，全面贯彻落实《青海省建设国家循环经济发展先行区2015年工作要点》，大力推进农业、工业、服务业及社会层面循环经济发展。围绕特色优势产业开发，建立了一批各具特色、优势互补的循环产业链条，资源利用效率得到提高，循环经济工业增加值占比达60%以上。循环经济试点工作有序开展，园区循环化改造等工作稳步推进，示范带动作用显著。全省水电路等基础设施日趋齐全，产业发展支撑能力增强。全省上下发展循环经济的意识深入人心，全面推动循环经济发展已形成共识。

（二）通过优化产业结构，促进经济发展提质增效

一是积极培育新兴产业。以抢占特色新兴产业发展制高点为目标，着力构建在全国有影响力的锂电、光伏光热、新材料、特色生物等产业集群，努力形成新的经济增长点。二是改造提升传统产业。加快电解铝、铁合金、水泥等行业改造升级，电解铝全面开展阴极钢棒改造，铁合金、电解铝等产品技术指标达到国内领先水平。三是加快淘汰落后产能。“十二五”以来，不断加大钢铁、水泥、铁合金、印染、制革、玻璃等行业落后产能淘汰力度，提前2年完成国家下达的目标任务。四是强化服务业发展。服务业总量规模不断扩大，2015年，实现增加值1000.81亿元，服务业增加值占比达41.4%，超额完成“十二五”规划目标任务。产业结构不断优化，经济发展的质量和效益不断提高。

（三）通过大力发展可再生能源，推进能源利用方式转变

围绕水电、太阳能、风能资源开发，全面构建清洁低碳的能源生产及消费体系。截止2015年底，太阳能发电装机突破500万千瓦时，成为全国最大的光伏发电基地。风力发电实现突破，建成了茶卡、诺木洪、锡铁山等风电场，装机47万千瓦，为下一步建设规模化风电场奠定了基础。新能源发展势头良好，规模和效益不断提高。

三、存在的问题及下一步打算

（一）存在的问题

一是作为西部欠发达省份，青海省正处于经济社会快速发展时期，能源消费需求量大、结构性矛盾突出，单位能耗物耗水平仍较高，温室气体减排难度依然较大。二是青海省经济基础薄弱，环境条件艰苦，应对气候变化及低碳发展资金投入不足，应对气候变化管理、业务及科研人才缺乏，基础能力建设相对滞后。

（二）下一步工作打算

一是大力推进“十三五”节能降碳工作，由主管部门分解落实好国家目标，明确责任，强化考核，确保开好头、起好步。二是落实好《青海省建设国家循环经济发展先行区行动方案》，细化重点任务，制定并印发年度工作要点，努力做好年度各项工作。三是进一步开展气候变化事实分析和对重点领域、行业的影响评估，为重点行业领域更好适应气候变化提供科学依据。四是强化国家清洁发展机制赠款项目管理，尽快完成项目合同书规定的建设目标和内容，努力提高全省应对气候变化的基础能力和水平。五是扩大应对气候变化宣传途径，增强宣传力度，进一步提高全省广大干部及人民群众应对气候变化及低碳发展的意识。

（撰稿：杨鑫光，青海省发展和改革委员会资源节约和环境保护处）

新疆兵团应对气候变化和低碳发展2015年度报告

新疆建设兵团发展和改革委员会

积极应对气候变化，是我国广泛参与全球治理、构建人类命运共同体的责任担当，也是兵团实现可持续发展的内在要求。2015年，新疆生产建设兵团各级积极落实国家生态文明建设战略和兵团党委、兵团的决策部署，通过调整产业结构、节能与提高能效、优化能源结构、增加森林碳汇等举措，努力控制温室气体排放，探索低碳发展模式，逐步开拓应对气候变化工作新局面，各项工作取得了积极进展。兵团全年单位GDP二氧化碳排放量由升变降，取得了“十二五”以来的最好成绩，为“十三五”控制温室气体排放打下了良好基础。

一、2015年工作情况

（一）加强综合协调。认真履行兵团节能减排与应对气候变化工作领导小组办公室职责，探索研究兵团碳排放权交易管理等问题，就配额总量、核查机构等方面提出意见向国家反馈。配合自治区完成国家组织开展的省级人民政府2014年度单位国内生产总值二氧化碳排放降低目标责任考核评估工作，向国家发展改革委气候司汇报了兵团应对气候变化工作任务落实情况及“十三五”工作思路。围绕碳排放降低目标，进一步加强形势分析，切实发挥好领导小组办公室参谋助手作用。组织推荐一名专家入选中国清洁发展机制基金赠款项目评审专家名录，并参加国家清洁发展机制基金赠款项目的评审。

（二）推进核算体系建设。加强对温室气体排放清单编制的指导，组织完成了兵团2005年和2010年省级温室气体清单国家评估验收工作。启动兵团2012年、2014年省级温室气体清单编制工作，开展温室气体清单联审，确保清单质量。研究探索兵团温室气体排放统计体系，会同统计部门指导课题承担单位开展《兵团应对气候变化统计核算工作方案研究》。组织重点行业企业逐步完成温室气体排放报告工作，完成了兵团2010-2014年重点企（事）业单位能源消费数据报送，为摸清重点排放单位碳排放情况、开展碳排放权交易及碳排放总量控制奠定基础。

（三）争取基金赠款支持。积极争取中国清洁发展机制基金赠款项目支持兵团应对气候变化能力建设，2015年落实基金赠款支持《兵团实施重点企事业单位温室气体排放报告制度相关研究》、《兵团“十三五”应对气候变化工作目标及思路研究》等2个项目，对兵团应对气候变化规划编制、核算体系建设等工作发挥了重要作用。按照《中国清洁发展机制基金赠款项目管理办法》有关规定，组织对清洁发展机制基金赠款项目执行情况进行检查，已实施的两项基金赠款项目进展顺利，均能够按照项目合同及项目任务书和预算报告书相关内容执行。

（四）推进企业自愿减排。积极鼓励企业在自愿减排交易机制基本管理框架下，开展碳排放交易活动。完成对天富能源股份有限公司20MW光伏并网电站、阿拉尔晶科能源有限公司一期20MW光伏并网电站、粤水电十二师104团风电场、新疆天富能源股份有限公司红山嘴电厂电站增效扩容项目、阿拉尔晶科能源有限公司二期30MW光伏并网电站等5个温室气体自愿减排项目的初审和申报工作，年自愿减排量达21万吨。

（五）加强基础能力建设。组织兵师发展改革系统以及相关企业先后参加了全国碳排放权交易能力建设培训、碳捕集利用与封存技术和示范工程建设培训、低碳社区试点工作培训以及中欧碳交易能力建设项目赴德国培训等多批次能力建设培训，面向各师发展改革及统计系统和重点排放企业开展了兵团应对气候变化统计综合知识培训，全年参培人员共计80余人次，有力推动兵师两级及重点排放企业积极参与应对气候变化工作。

（六）推荐低碳利用典型。按照国家开展“低碳中国行”活动并推选年度优秀低碳案例的通知要求，组织推荐一师青松建化集团有限公司和阿拉尔沙河节水应用技术服务有限公司、阿拉尔市自行车协会会长王雪威参加企业类、个人类优秀低碳案例评选。按照国家发展改革委征集国家重点推广低碳技术目录的通知要求，开展推荐国家重点推广的低碳技术工作。经初选，将石河子大学“高压辅助全自动反冲洗过滤器技术”等向国家发展改革委进行了推荐。

（七）开展低碳宣传引导。组织做好了全国低碳日兵团主题宣传活动，号召职工群众树立“节能、节俭、低碳”的工作与生活理念，通过多种方式普及应对气候变化知识，宣传低碳发展理念，切实提高公众应对气候变化和低碳意识。同时，通过参加多种形式的气候变化教育培训等活动，宣贯《国家碳排放权交易管理暂行办法》，增进了对应对气候变化、践行低碳发展以及节能减排的认识，提升了积极参与应对气候变化的自觉性。

二、面临的形势

2015年6月30日，中国政府向联合国气候变化框架公约秘书处提交应对气候变化国家自主贡献文件《强化应对气候变化行动——中国国家自主贡献》，明确提出于2030年左右二氧化碳排放达到峰值，到2030年非化石能源占一次能源消费比重提高到20%左右，2030年单位国内生产总值二氧化碳排放比2005年下降60%-65%，森林蓄积量比2005年增加45亿立方米左右，全面提高适应气候变化能力等强化行动目标。党的十八届五中全会提出要建立健全碳排放权初始分配制度，创新有偿使用和投融资体制，培育和发展交易市场。2015年9月18日，中共中央、国务院印发《生态文明体制改革总体方案》，明确了路线图、时间表，确保2017年启动全国碳排放权交易，实施碳排放权交易制度。

当前，兵团正处于工业化和城镇化进程加快之中，面临发展经济、改善民生、保护环境和应对气候变化的巨大压力，改变传统的粗放型发展方式迫在眉睫。“十三五”时期是全面建成小康社会的攻坚期，也是大力推进生态文明建设和促进绿色低碳发展的重要战略机遇期，我们要在认真总结“十二五”应对气候变化成效的基础上，以加快生态文明建设为契机，研究确定“十三五”应对气候变化目标任务，突出重点，狠抓落实，不断推动应对气候变化工作。

三、2016年重点任务

一是加强应对气候变化综合协调。开展《兵团“十三五”应对气候变化工作目标及思路研究》，对应对气候变化及低碳发展进行系统研究，提出目标任务、实现途径、政策体系以及保障措施，为推进兵团应对气候变化及低碳发展提供重要支撑。在此基础上，启动编制兵团“十三五”应对气候变化规划。引导和鼓励师（市）、园区、社区、重点排放企业开展低碳发展试点示范，探索适合兵团实际的低碳发展模式。积极争取《兵团适应气候变化清洁发展机制与应用示范研究》等清洁发展机制基金赠款项目，开展政策研究，提升能力建设。鼓励企业开展自愿减排。

二是推动应对气候变化核算体系建设。完成《兵团应对气候变化统计核算制度研究及能力建设》课题结题，推动建立温室气体统计核算体系。开展《兵团实施重点企事业单位温室气体排放报告制度相关研究》，做好重点企业温室气体排放报告制度培训，启动重点企业碳排放报告工作，逐步建立重点企事业单位温室气体排放报告制度，控制温室气体排放。

三是推动碳市场建设各项前期工作。组织提出拟纳入全国碳排放权交易体系的重点排放企业名单，并对拟纳入企业的历史碳排放进行核算、报告与核查，积极配合国家开展重点行业企业温室气体排放历史数据盘查。按照国家统一要求和部署，培育和遴选第三方核查认证机构，对重点排放企业碳排放数据开展第三方核查。加强能力建设，继续组织兵师两级发展改革系统及重点排放企业参加国家碳市场建设相关培训，衔接落实《兵团碳排放权交易市场能力建设》等课题，推动兵团碳排放权交易能力建设。

四是做好应对气候变化及低碳宣传活动。开展面向社会公众的气候变化宣传培训工作，提倡和鼓励重点排放企业以及干部职工群众以实际行动应对气候变化。继续做好全国低碳日兵团主题宣传活动，倡导绿色、低碳消费理念，推动形成绿色低碳的生活方式和消费模式。

（撰稿：任志斌，新疆生产建设兵团发展和改革委员会环资处）

大连市应对气候变化和低碳发展2016年度报告

大连市发展和改革委员会

2016年，大连市按照国家发展改革委应对气候变化工作总体部署，积极推进应对气候变化工作。在顶层设计、产业结构调整、节能降碳、能源结构优化、全域碳汇能力提升等方面开展了行之有效的工作。

一、加强顶层设计，应对气候变化工作框架体系逐步建立

一是将绿色发展作为独立章节融入《2016年大连市政府工作报告》，以更少的资源消耗，更低的环境成本，实现绿色发展。将绿色循环低碳发展工作纳入 “十三五”规划纲要，明确了“十三五”时期全市绿色循环低碳发展的总体思路、目标和重点任务。

二是编制完成了《大连市气候适应型城市建设试点工作方案》和《大连市低碳城市试点实施方案》，提出了我市未来一段时间内应对气候变化工作的总体要求、主要建设目标和重点任务。根据国家开展气候适应型城市建设试点工作要求，组织开展了申报工作。

二、加快推进产业结构调整，低碳产业体系初步建立

一是推进供给侧结构性改革。起草了《大连市推进供给侧结构性改革方案》，建立了供给侧结构性改革工作协调机制，统筹推进各项工作；全面落实“三去一降一补”政策，开展了化解过剩产能专项行动，水泥、造纸等“十小”企业全部取缔。

二是推动传统产业转型升级。制定了我市《贯彻国务院办公厅推进农村一二三产业融合发展指导意见的任务分工》。积极落实国家《增强制造业核心竞争力三年行动计划（2015-2017）》及轨道交通、交通装备等7个重点领域关键技术产业化实施方案。加快制造业向中高端迈进，数控机床、轨道交通、核电装备等领域推出了一批新产品、新技术。支持了大连船舶重工安全绿色节能型宽体油船等一批具有显著创新特点的项目建设。瓦房店市成功列为全国农村产业融合发展试点示范县和国家高端装备制造业标准化试点。

三是加快发展现代服务业。印发了《大连市人民政府关于积极发挥新消费引领作用加快培育形成新供给新动力的实施意见》，补齐服务业发展短板。制定出台了《关于加快发展生产性服务业促进产业结构优化升级的实施意见》，积极推进生产性服务业发展。逐步建立现代商贸流通体系，重点支持现代物流项目和大型商品交易市场建设。

四是大力发展战略性新兴产业。编制印发了《大连市战略性新兴产业“十三五”发展规划》，实施了战略性新兴产业培育专项行动，普湾储能装备产业基地一期已建成投产，松下汽车动力电池项目即将竣工，英特尔非易失性存储器产品下线。新一代信息技术、集成电路、储能技术、智能制造等产业正加速发展，成为未来经济发展的支撑力量。

五是着力发展循环型产业。全力推进大连循环产业经济区创建中日韩循环经济示范基地，示范基地25平方公里起步区基础设施已基本完备，累计引进项目60余个，完成投资超过百亿元，示范基地循环型产业集聚效应已初步显现。持续推进国家和市级循环经济试点单位建设，以试点示范的带动效应，助力我市绿色低碳循环产业发展。

三、强力推进节能降碳，能源利用效率不断提高

一是强化目标考核。印发了《大连市2016年节能工作和应对气候变化工作实施方案》，组织开展了2015年度节能减排目标任务完成情况现场评价考核，完成了全市列入国家万家企业名单的86家重点耗能企业2015年节能目标责任考核。

二是深入推进重点领域节能降碳。加强重点用能单位管理，出台了《大连市能源管理体系建设效果验收评价实施方案》；大力推进建筑节能，出台了《推进绿色建筑发展实施方案》，全年完成既有建筑节能改造300万平方米；积极推进绿色交通示范城市建设，新增263台城市公交车全部实现电动化；实施公共机构节能改造示范工程，完善了公共机构用能地方标准。

三是强化节能评估与审查制度。从源头上控制高耗能项目和产能过剩行业项目建设，2016年全市通过节能评估和审查的固定资产投资项目四百余个，从源头上严控了“两高”和产能过剩行业新上项目。

四是实施煤炭消费总量控制。在国家尚未全域开展煤炭总量控制，省政府尚未下达煤炭消费总量控制指标的情况下，研究出台了《大连市煤炭消费控制方案（试行）》，对全市规模以上工业企业开展了煤炭消费总量分地区、分行业控制。

四、不断优化能源结构，清洁能源供给体系初步建立

扎实推进核电、海上风电等清洁能源重点项目建设。红沿河核电一期工程已全面建成，二期工程已开工建设。国内首座大容量化学储能调峰电站示范项目已获批建设。总装机容量30万千瓦的三峡新能源庄河III号海上风电场已完成核准。截止2016年底，全市已完成核电装机容量448万千瓦，风电装机容量46万千瓦，光伏发电装机容量20万千瓦,已完成备案的光伏项目共28万千瓦。

五、加强生态建设，全域碳汇能力进一步增强

实施青山生态系统工程、生态景观绿化工程、宜居乡村绿化工程等十大工程建设。全市森林覆盖率保持在41.5%，林木绿化率保持在50%，进一步巩固了“国家森林城市”创建成果。

六、创新工作思路，碳排放权交易工作扎实推进

围绕国家在2017年启动全国碳排放权交易市场重点工作任务要求，编制了《大连市碳排放权交易工作实施方案》，完成了我市纳入全国碳排放权交易市场的重点排放企业筛选及上报工作。面向政府部门、企业高管、工作人员和第三方核查机构等多个层面开展培训工作，储备一批本地第三方核查机构，并提升了企业参与全国碳排放权交易的积极性。选取了多个国家级核查机构，开展了全市重点排放企业碳核查工作。

七、加强能力建设，应对气候变化能力进一步提升

一是积极参加国家发展改革系统组织的国内外应对气候变化工作培训，派员参加中欧碳交易能力建设培训、“应对气候变化国家行动和能力建设”高中级干部专题研修班等，及时掌握国家最新方针政策，系统学习应对气候变化理论知识，交流借鉴先进地区实践经验，提升我市应对气候变化工作水平。

二是积极组织本市的应对气候变化业务培训。组织开展了不同层面的碳排放权交易培训，提升了我市参与全国碳排放权交易市场建设能力。组织召开了国家级第三方核查机构与我市核查机构的对接交流会，搭建沟通交流平台，促进了我市第三方核查机构发展。

三是加强基础关键问题研究。组织开展了《大连市节能潜力现状与分析》课题研究，全面掌握我市能耗现状和节能空间；组织完成了《大连市应对气候变化策略研究》，明确了重点任务，为做好适应气候变化指明了方向。

八、倡导绿色低碳生活方式，广泛宣传绿色低碳发展理念

开展了以“节能领跑，绿色发展”为主题的第26届全国节能宣传周和低碳日活动，动员全社会广泛参与低碳行动。组织新闻媒体积极宣传国家、省、市在应对气候变化方面的方针政策和重大举措，深入群众宣传先进典型。大连电视台、大连公交移动电视等电视媒体滚动播出应对气候变化和节能低碳公益广告。面向广大市民，制作发放了《家庭节能小宝典》等节能宣传册，组织开展了节能降碳技术交流、专家讲座、生态文明宣传作品征集等，逐步形成了“政府引导、全民参与”的良好氛围。

（撰稿：宋现伟，大连市发展和改革委员会环资处）

>>>

法律规章

党政领导干部生态环境损害责任追究办法（试行）

（法律规章中共中央办公厅、国务院办公厅2015年8月9日印发）

第一条 为贯彻落实党的十八大和十八届三中、四中全会精神，加快推进生态文明建设，健全生态文明制度体系，强化党政领导干部生态环境和资源保护职责，根据有关党内法规和国家法律法规，制定本办法。

第二条 本办法适用于县级以上地方各级党委和政府及其有关工作部门的领导成员，中央和国家机关有关工作部门领导成员；上列工作部门的有关机构领导人员。

第三条 地方各级党委和政府对本地区生态环境和资源保护负总责，党委和政府主要领导成员承担主要责任，其他有关领导成员在职责范围内承担相应责任。

中央和国家机关有关工作部门、地方各级党委和政府的有关工作部门及其有关机构领导人员按照职责分别承担相应责任。

第四条 党政领导干部生态环境损害责任追究，坚持依法依规、客观公正、科学认定、权责一致、终身追究的原则。

第五条 有下列情形之一的，应当追究相关地方党委和政府主要领导成员的责任：

（一）贯彻落实中央关于生态文明建设的决策部署不力，致使本地区生态环境和资源问题突出或者任期内生态环境状况明显恶化的；

（二）作出的决策与生态环境和资源方面政策、法律法规相违背的；

（三）违反主体功能区定位或者突破资源环境生态红线、城镇开发边界，不顾资源环境承载能力盲目决策造成严重后果的；

（四）作出的决策严重违反城乡、土地利用、生态环境保护等规划的；

（五）地区和部门之间在生态环境和资源保护协作方面推诿扯皮，主要领导成员不担当、不作为，造成严重后果的；

（六）本地区发生主要领导成员职责范围内的严重环境污染和生态破坏事件，或者对严重环境污染和生态破坏（灾害）事件处置不力的；

（七）对公益诉讼裁决和资源环境保护督察整改要求执行不力的；

（八）其他应当追究责任的情形。

有上述情形的，在追究相关地方党委和政府主要领导成员责任的同时，对其他有关领导成员及相关部门领导成员依据职责分工和履职情况追究相应责任。

第六条 有下列情形之一的，应当追究相关地方党委和政府有关领导成员的责任：

（一）指使、授意或者放任分管部门对不符合主体功能区定位或者生态环境和资源方面政策、法律法规的建设项目审批（核准）、建设或者投产（使用）的；

（二）对分管部门违反生态环境和资源方面政策、法律法规行为监管失察、制止不力甚至包庇纵容的；

（三）未正确履行职责，导致应当依法由政府责令停业、关闭的严重污染环境的企业事业单位或者其他生产经营者未停业、关闭的；

（四）对严重环境污染和生态破坏事件组织查处不力的；

（五）其他应当追究责任的情形。

第七条 有下列情形之一的，应当追究政府有关工作部门领导成员的责任：

（一）制定的规定或者采取的措施与生态环境和资源方面政策、法律法规相违背的；

（二）批准开发利用规划或者进行项目审批（核准）违反生态环境和资源方面政策、法律法规的；

（三）执行生态环境和资源方面政策、法律法规不力，不按规定对执行情况进行监督检查，或者在监督检查中敷衍塞责的；

（四）对发现或者群众举报的严重破坏生态环境和资源的问题，不按规定查处的；

（五）不按规定报告、通报或者公开环境污染和生态破坏（灾害）事件信息的；

（六）对应当移送有关机关处理的生态环境和资源方面的违纪违法案件线索不按规定移送的；

（七）其他应当追究责任的情形。

有上述情形的，在追究政府有关工作部门领导成员责任的同时，对负有责任的有关机构领导人员追究相应责任。

第八条 党政领导干部利用职务影响，有下列情形之一的，应当追究其责任：

（一）限制、干扰、阻碍生态环境和资源监管执法工作的；

（二）干预司法活动，插手生态环境和资源方面具体司法案件处理的；

（三）干预、插手建设项目，致使不符合生态环境和资源方面政策、法律法规的建设项目得以审批（核准）、建设或者投产（使用）的；

（四）指使篡改、伪造生态环境和资源方面调查和监测数据的；

（五）其他应当追究责任的情形。

第九条　党委及其组织部门在地方党政领导班子成员选拔任用工作中，应当按规定将资源消耗、环境保护、生态效益等情况作为考核评价的重要内容，对在生态环境和资源方面造成严重破坏负有责任的干部不得提拔使用或者转任重要职务。

第十条　党政领导干部生态环境损害责任追究形式有：诫勉、责令公开道歉；组织处理，包括调离岗位、引咎辞职、责令辞职、免职、降职等；党纪政纪处分。

组织处理和党纪政纪处分可以单独使用，也可以同时使用。

追责对象涉嫌犯罪的，应当及时移送司法机关依法处理。

第十一条　各级政府负有生态环境和资源保护监管职责的工作部门发现有本办法规定的追责情形的，必须按照职责依法对生态环境和资源损害问题进行调查，在根据调查结果依法作出行政处罚决定或者其他处理决定的同时，对相关党政领导干部应负责任和处理提出建议，按照干部管理权限将有关材料及时移送纪检监察机关或者组织（人事）部门。需要追究党纪政纪责任的，由纪检监察机关按照有关规定办理；需要给予诫勉、责令公开道歉和组织处理的，由组织（人事）部门按照有关规定办理。

负有生态环境和资源保护监管职责的工作部门、纪检监察机关、组织（人事）部门应当建立健全生态环境和资源损害责任追究的沟通协作机制。

司法机关在生态环境和资源损害等案件处理过程中发现有本办法规定的追责情形的，应当向有关纪检监察机关或者组织（人事）部门提出处理建议。

负责作出责任追究决定的机关和部门，一般应当将责任追究决定向社会公开。

第十二条　实行生态环境损害责任终身追究制。对违背科学发展要求、造成生态环境和资源严重破坏的，责任人不论是否已调离、提拔或者退休，都必须严格追责。

第十三条　政府负有生态环境和资源保护监管职责的工作部门、纪检监察机关、组织（人事）部门对发现本办法规定的追责情形应当调查而未调查，应当移送而未移送，应当追责而未追责的，追究有关责任人员的责任。

第十四条　受到责任追究的人员对责任追究决定不服的，可以向作出责任追究决定的机关和部门提出书面申诉。作出责任追究决定的机关和部门应当依据有关规定受理并作出处理。

申诉期间，不停止责任追究决定的执行。

第十五条 受到责任追究的党政领导干部，取消当年年度考核评优和评选各类先进的资格。

受到调离岗位处理的，至少一年内不得提拔；单独受到引咎辞职、责令辞职和免职处理的，至少一年内不得安排职务，至少两年内不得担任高于原任职务层次的职务；受到降职处理的，至少两年内不得提升职务。同时受到党纪政纪处分和组织处理的，按照影响期长的规定执行。

第十六条 乡（镇、街道）党政领导成员的生态环境损害责任追究，参照本办法有关规定执行。

第十七条　各省、自治区、直辖市党委和政府可以依据本办法制定实施细则。国务院负有生态环境和资源保护监管职责的部门应当制定落实本办法的具体制度和措施。

第十八条 本办法由中央组织部、监察部负责解释。

第十九条本办法自2015年8月9日起施行。

中华人民共和国大气污染防治法

（1987年9月5日第六届全国人民代表大会常务委员会第二十二次会议通过。根据1995年8月29日第八届全国人民代表大会常务委员会第十五次会议《关于修改〈中华人民共和国大气污染防治法〉的决定》修正。2000年4月29日第九届全国人民代表大会常务委员会第十五次会议第一次修订。2015年8月29日第十二届全国人民代表大会常务委员会第十六次会议第二次修订）

第一章　总　则

第一条　为保护和改善环境，防治大气污染，保障公众健康，推进生态文明建设，促进经济社会可持续发展，制定本法。

第二条　防治大气污染，应当以改善大气环境质量为目标，坚持源头治理，规划先行，转变经济发展方式，优化产业结构和布局，调整能源结构。

防治大气污染，应当加强对燃煤、工业、机动车船、扬尘、农业等大气污染的综合防治，推行区域大气污染联合防治，对颗粒物、二氧化硫、氮氧化物、挥发性有机物、氨等大气污染物和温室气体实施协同控制。

第三条　县级以上人民政府应当将大气污染防治工作纳入国民经济和社会发展规划，加大对大气污染防治的财政投入。

地方各级人民政府应当对本行政区域的大气环境质量负责，制定规划，采取措施，控制或者逐步削减大气污染物的排放量，使大气环境质量达到规定标准并逐步改善。

第四条　国务院环境保护主管部门会同国务院有关部门，按照国务院的规定，对省、自治区、直辖市大气环境质量改善目标、大气污染防治重点任务完成情况进行考核。省、自治区、直辖市人民政府制定考核办法，对本行政区域内地方大气环境质量改善目标、大气污染防治重点任务完成情况实施考核。考核结果应当向社会公开。

第五条　县级以上人民政府环境保护主管部门对大气污染防治实施统一监督管理。

县级以上人民政府其他有关部门在各自职责范围内对大气污染防治实施监督管理。

第六条　国家鼓励和支持大气污染防治科学技术研究，开展对大气污染来源及其变化趋势的分析，推广先进适用的大气污染防治技术和装备，促进科技成果转化，发挥科学技术在大气污染防治中的支撑作用。

第七条　企业事业单位和其他生产经营者应当采取有效措施，防止、减少大气污染，对所造成的损害依法承担责任。

公民应当增强大气环境保护意识，采取低碳、节俭的生活方式，自觉履行大气环境保护义务。

第二章　大气污染防治标准和限期达标规划

第八条　国务院环境保护主管部门或者省、自治区、直辖市人民政府制定大气环境质量标准，应当以保障公众健康和保护生态环境为宗旨，与经济社会发展相适应，做到科学合理。

第九条　国务院环境保护主管部门或者省、自治区、直辖市人民政府制定大气污染物排放标准，应当以大气环境质量标准和国家经济、技术条件为依据。

第十条　制定大气环境质量标准、大气污染物排放标准，应当组织专家进行审查和论证，并征求有关部门、行业协会、企业事业单位和公众等方面的意见。

第十一条　省级以上人民政府环境保护主管部门应当在其网站上公布大气环境质量标准、大气污染物排放标准，供公众免费查阅、下载。

第十二条　大气环境质量标准、大气污染物排放标准的执行情况应当定期进行评估，根据评估结果对标准适时进行修订。

第十三条　制定燃煤、石油焦、生物质燃料、涂料等含挥发性有机物的产品、烟花爆竹以及锅炉等产品的质量标准，应当明确大气环境保护要求。

制定燃油质量标准，应当符合国家大气污染物控制要求，并与国家机动车船、非道路移动机械大气污染物排放标准相互衔接，同步实施。

前款所称非道路移动机械，是指装配有发动机的移动机械和可运输工业设备。

第十四条　未达到国家大气环境质量标准城市的人民政府应当及时编制大气环境质量限期达标规划，采取措施，按照国务院或者省级人民政府规定的期限达到大气环境质量标准。

编制城市大气环境质量限期达标规划，应当征求有关行业协会、企业事业单位、专家和公众等方面的意见。

第十五条　城市大气环境质量限期达标规划应当向社会公开。直辖市和设区的市的大气环境质量限期达标规划应当报国务院环境保护主管部门备案。

第十六条　城市人民政府每年在向本级人民代表大会或者其常务委员会报告环境状况和环境保护目标完成情况时，应当报告大气环境质量限期达标规划执行情况，并向社会公开。

第十七条　城市大气环境质量限期达标规划应当根据大气污染防治的要求和经济、技术条件适时进行评估、修订。

第三章　大气污染防治的监督管理

第十八条　企业事业单位和其他生产经营者建设对大气环境有影响的项目，应当依法进行环境影响评价、公开环境影响评价文件；向大气排放污染物的，应当符合大气污染物排放标准，遵守重点大气污染物排放总量控制要求。

第十九条　排放工业废气或者本法第七十八条规定名录中所列有毒有害大气污染物的企业事业单位、集中供热设施的燃煤热源生产运营单位以及其他依法实行排污许可管理的单位，应当取得排污许可证。排污许可的具体办法和实施步骤由国务院规定。

第二十条　企业事业单位和其他生产经营者向大气排放污染物的，应当依照法律法规和国务院环境保护主管部门的规定设置大气污染物排放口。

禁止通过偷排、篡改或者伪造监测数据、以逃避现场检查为目的的临时停产、非紧急情况下开启应急排放通道、不正常运行大气污染防治设施等逃避监管的方式排放大气污染物。

第二十一条　国家对重点大气污染物排放实行总量控制。

重点大气污染物排放总量控制目标，由国务院环境保护主管部门在征求国务院有关部门和各省、自治区、直辖市人民政府意见后，会同国务院经济综合主管部门报国务院批准并下达实施。

省、自治区、直辖市人民政府应当按照国务院下达的总量控制目标，控制或者削减本行政区域的重点大气污染物排放总量。

确定总量控制目标和分解总量控制指标的具体办法，由国务院环境保护主管部门会同国务院有关部门规定。省、自治区、直辖市人民政府可以根据本行政区域大气污染防治的需要，对国家重点大气污染物之外的其他大气污染物排放实行总量控制。

国家逐步推行重点大气污染物排污权交易。

第二十二条　对超过国家重点大气污染物排放总量控制指标或者未完成国家下达的大气环境质量改善目标的地区，省级以上人民政府环境保护主管部门应当会同有关部门约谈该地区人民政府的主要负责人，并暂停审批该地区新增重点大气污染物排放总量的建设项目环境影响评价文件。约谈情况应当向社会公开。

第二十三条　国务院环境保护主管部门负责制定大气环境质量和大气污染源的监测和评价规范，组织建设与管理全国大气环境质量和大气污染源监测网，组织开展大气环境质量和大气污染源监测，统一发布全国大气环境质量状况信息。

县级以上地方人民政府环境保护主管部门负责组织建设与管理本行政区域大气环境质量和大气污染源监测网，开展大气环境质量和大气污染源监测，统一发布本行政区域大气环境质量状况信息。

第二十四条　企业事业单位和其他生产经营者应当按照国家有关规定和监测规范，对其排放的工业废气和本法第七十八条规定名录中所列有毒有害大气污染物进行监测，并保存原始监测记录。其中，重点排污单位应当安装、使用大气污染物排放自动监测设备，与环境保护主管部门的监控设备联网，保证监测设备正常运行并依法公开排放信息。监测的具体办法和重点排污单位的条件由国务院环境保护主管部门规定。

重点排污单位名录由设区的市级以上地方人民政府环境保护主管部门按照国务院环境保护主管部门的规定，根据本行政区域的大气环境承载力、重点大气污染物排放总量控制指标的要求以及排污单位排放大气污染物的种类、数量和浓度等因素，商有关部门确定，并向社会公布。

第二十五条　重点排污单位应当对自动监测数据的真实性和准确性负责。环境保护主管部门发现重点排污单位的大气污染物排放自动监测设备传输数据异常，应当及时进行调查。

第二十六条　禁止侵占、损毁或者擅自移动、改变大气环境质量监测设施和大气污染物排放自动监测设备。

第二十七条　国家对严重污染大气环境的工艺、设备和产品实行淘汰制度。

国务院经济综合主管部门会同国务院有关部门确定严重污染大气环境的工艺、设备和产品淘汰期限，并纳入国家综合性产业政策目录。

生产者、进口者、销售者或者使用者应当在规定期限内停止生产、进口、销售或者使用列入前款规定目录中的设备和产品。工艺的采用者应当在规定期限内停止采用列入前款规定目录中的工艺。

被淘汰的设备和产品，不得转让给他人使用。

第二十八条　国务院环境保护主管部门会同有关部门，建立和完善大气污染损害评估制度。

第二十九条　环境保护主管部门及其委托的环境监察机构和其他负有大气环境保护监督管理职责的部门，有权通过现场检查监测、自动监测、遥感监测、远红外摄像等方式，对排放大气污染物的企业事业单位和其他生产经营者进行监督检查。被检查者应当如实反映情况，提供必要的资料。实施检查的部门、机构及其工作人员应当为被检查者保守商业秘密。

第三十条　企业事业单位和其他生产经营者违反法律法规规定排放大气污染物，造成或者可能造成严重大气污染，或者有关证据可能灭失或者被隐匿的，县级以上人民政府环境保护主管部门和其他负有大气环境保护监督管理职责的部门，可以对有关设施、设备、物品采取查封、扣押等行政强制措施。

第三十一条　环境保护主管部门和其他负有大气环境保护监督管理职责的部门应当公布举报电话、电子邮箱等，方便公众举报。

环境保护主管部门和其他负有大气环境保护监督管理职责的部门接到举报的，应当及时处理并对举报人的相关信息予以保密；对实名举报的，应当反馈处理结果等情况，查证属实的，处理结果依法向社会公开，并对举报人给予奖励。

举报人举报所在单位的，该单位不得以解除、变更劳动合同或者其他方式对举报人进行打击报复。

第四章　大气污染防治措施

第一节　燃煤和其他能源污染防治

第三十二条　国务院有关部门和地方各级人民政府应当采取措施，调整能源结构，推广清洁能源的生产和使用；优化煤炭使用方式，推广煤炭清洁高效利用，逐步降低煤炭在一次能源消费中的比重，减少煤炭生产、使用、转化过程中的大气污染物排放。

第三十三条　国家推行煤炭洗选加工，降低煤炭的硫分和灰分，限制高硫分、高灰分煤炭的开采。新建煤矿应当同步建设配套的煤炭洗选设施，使煤炭的硫分、灰分含量达到规定标准；已建成的煤矿除所采煤炭属于低硫分、低灰分或者根据已达标排放的燃煤电厂要求不需要洗选的以外，应当限期建成配套的煤炭洗选设施。

禁止开采含放射性和砷等有毒有害物质超过规定标准的煤炭。

第三十四条　国家采取有利于煤炭清洁高效利用的经济、技术政策和措施，鼓励和支持洁净煤技术的开发和推广。

国家鼓励煤矿企业等采用合理、可行的技术措施，对煤层气进行开采利用，对煤矸石进行综合利用。从事煤层气开采利用的，煤层气排放应当符合有关标准规范。

第三十五条　国家禁止进口、销售和燃用不符合质量标准的煤炭，鼓励燃用优质煤炭。

单位存放煤炭、煤矸石、煤渣、煤灰等物料，应当采取防燃措施，防止大气污染。

第三十六条　地方各级人民政府应当采取措施，加强民用散煤的管理，禁止销售不符合民用散煤质量标准的煤炭，鼓励居民燃用优质煤炭和洁净型煤，推广节能环保型炉灶。

第三十七条　石油炼制企业应当按照燃油质量标准生产燃油。

禁止进口、销售和燃用不符合质量标准的石油焦。

第三十八条　城市人民政府可以划定并公布高污染燃料禁燃区，并根据大气环境质量改善要求，逐步扩大高污染燃料禁燃区范围。高污染燃料的目录由国务院环境保护主管部门确定。

在禁燃区内，禁止销售、燃用高污染燃料；禁止新建、扩建燃用高污染燃料的设施，已建成的，应当在城市人民政府规定的期限内改用天然气、页岩气、液化石、油气、电或者其他清洁能源。

第三十九条　城市建设应当统筹规划，在燃煤供热地区，推进热电联产和集中供热。在集中供热管网覆盖地区，禁止新建、扩建分散燃煤供热锅炉；已建成的不能达标排放的燃煤供热锅炉，应当在城市人民政府规定的期限内拆除。

第四十条　县级以上人民政府质量监督部门应当会同环境保护主管部门对锅炉生产、进口、销售和使用环节执行环境保护标准或者要求的情况进行监督检查；不符合环境保护标准或者要求的，不得生产、进口、销售和使用。

第四十一条　燃煤电厂和其他燃煤单位应当采用清洁生产工艺，配套建设除尘、脱硫、脱硝等装置，或者采取技术改造等其他控制大气污染物排放的措施。

国家鼓励燃煤单位采用先进的除尘、脱硫、脱硝、脱汞等大气污染物协同控制的技术和装置，减少大气污染物的排放。

第四十二条　电力调度应当优先安排清洁能源发电上网。

第二节　工业污染防治

第四十三条　钢铁、建材、有色金属、石油、化工等企业生产过程中排放粉尘、硫化物和氮氧化物的，应当采用清洁生产工艺，配套建设除尘、脱硫、脱硝等装置，或者采取技术改造等其他控制大气污染物排放的措施。

第四十四条　生产、进口、销售和使用含挥发性有机物的原材料和产品的，其挥发性有机物含量应当符合质量标准或者要求。

国家鼓励生产、进口、销售和使用低毒、低挥发性有机溶剂。

第四十五条　产生含挥发性有机物废气的生产和服务活动，应当在密闭空间或者设备中进行，并按照规定安装、使用污染防治设施；无法密闭的，应当采取措施减少废气排放。

第四十六条　工业涂装企业应当使用低挥发性有机物含量的涂料，并建立台账，记录生产原料、辅料的使用量、废弃量、去向以及挥发性有机物含量。台账保存期限不得少于三年。

第四十七条　石油、化工以及其他生产和使用有机溶剂的企业，应当采取措施对管道、设备进行日常维护、维修，减少物料泄漏，对泄漏的物料应当及时收集处理。

储油储气库、加油加气站、原油成品油码头、原油成品油运输船舶和油罐车、气罐车等，应当按照国家有关规定安装油气回收装置并保持正常使用。

第四十八条　钢铁、建材、有色金属、石油、化工、制药、矿产开采等企业，应当加强精细化管理，采取集中收集处理等措施，严格控制粉尘和气态污染物的排放。

工业生产企业应当采取密闭、围挡、遮盖、清扫、洒水等措施，减少内部物料的堆存、传输、装卸等环节产生的粉尘和气态污染物的排放。

第四十九条　工业生产、垃圾填埋或者其他活动产生的可燃性气体应当回收利用，不具备回收利用条件的，应当进行污染防治处理。

可燃性气体回收利用装置不能正常作业的，应当及时修复或者更新。在回收利用装置不能正常作业期间确需排放可燃性气体的，应当将排放的可燃性气体充分燃烧或者采取其他控制大气污染物排放的措施，并向当地环境保护主管部门报告，按照要求限期修复或者更新。

第三节　机动车船等污染防治

第五十条　国家倡导低碳、环保出行，根据城市规划合理控制燃油机动车保有量，大力发展城市公共交通，提高公共交通出行比例。

国家采取财政、税收、政府采购等措施推广应用节能环保型和新能源机动车船、非道路移动机械，限制高油耗、高排放机动车船、非道路移动机械的发展，减少化石能源的消耗。

省、自治区、直辖市人民政府可以在条件具备的地区，提前执行国家机动车大气污染物排放标准中相应阶段排放限值，并报国务院环境保护主管部门备案。

城市人民政府应当加强并改善城市交通管理，优化道路设置，保障人行道和非机动车道的连续、畅通。

第五十一条　机动车船、非道路移动机械不得超过标准排放大气污染物。

禁止生产、进口或者销售大气污染物排放超过标准的机动车船、非道路移动机械。

第五十二条　机动车、非道路移动机械生产企业应当对新生产的机动车和非道路移动机械进行排放检验。经检验合格的，方可出厂销售。检验信息应当向社会公开。

省级以上人民政府环境保护主管部门可以通过现场检查、抽样检测等方式，加强对新生产、销售机动车和非道路移动机械大气污染物排放状况的监督检查。工业、质量监督、工商行政管理等有关部门予以配合。

第五十三条　在用机动车应当按照国家或者地方的有关规定，由机动车排放检验机构定期对其进行排放检验。经检验合格的，方可上道路行驶。未经检验合格的，公安机关交通管理部门不得核发安全技术检验合格标志。

县级以上地方人民政府环境保护主管部门可以在机动车集中停放地、维修地对在用机动车的大气污染物排放状况进行监督抽测；在不影响正常通行的情况下，可以通过遥感监测等技术手段对在道路上行驶的机动车的大气污染物排放状况进行监督抽测，公安机关交通管理部门予以配合。

第五十四条　机动车排放检验机构应当依法通过计量认证，使用经依法检定合格的机动车排放检验设备，按照国务院环境保护主管部门制定的规范，对机动车进行排放检验，并与环境保护主管部门联网，实现检验数据实时共享。机动车排放检验机构及其负责人对检验数据的真实性和准确性负责。

环境保护主管部门和认证认可监督管理部门应当对机动车排放检验机构的排放检验情况进行监督检查。

第五十五条　机动车生产、进口企业应当向社会公布其生产、进口机动车车型的排放检验信息、污染控制技术信息和有关维修技术信息。

机动车维修单位应当按照防治大气污染的要求和国家有关技术规范对在用机动车进行维修，使其达到规定的排放标准。交通运输、环境保护主管部门应当依法加强监督管理。

禁止机动车所有人以临时更换机动车污染控制装置等弄虚作假的方式通过机动车排放检验。禁止机动车维修单位提供该类维修服务。禁止破坏机动车车载排放诊断系统。

第五十六条　环境保护主管部门应当会同交通运输、住房城乡建设、农业行政、水行政等有关部门对非道路移动机械的大气污染物排放状况进行监督检查，排放不合格的，不得使用。

第五十七条　国家倡导环保驾驶，鼓励燃油机动车驾驶人在不影响道路通行且需停车三分钟以上的情况下熄灭发动机，减少大气污染物的排放。

第五十八条　国家建立机动车和非道路移动机械环境保护召回制度。

生产、进口企业获知机动车、非道路移动机械排放大气污染物超过标准，属于设计、生产缺陷或者不符合规定的环境保护耐久性要求的，应当召回；未召回的，由国务院质量监督部门会同国务院环境保护主管部门责令其召回。

第五十九条　在用重型柴油车、非道路移动机械未安装污染控制装置或者污染控制装置不符合要求，不能达标排放的，应当加装或者更换符合要求的污染控制装置。

第六十条　在用机动车排放大气污染物超过标准的，应当进行维修；经维修或者采用污染控制技术后，大气污染物排放仍不符合国家在用机动车排放标准的，应当强制报废。其所有人应当将机动车交售给报废机动车回收拆解企业，由报废机动车回收拆解企业按照国家有关规定进行登记、拆解、销毁等处理。

国家鼓励和支持高排放机动车船、非道路移动机械提前报废。

第六十一条　城市人民政府可以根据大气环境质量状况，划定并公布禁止使用高排放非道路移动机械的区域。

第六十二条　船舶检验机构对船舶发动机及有关设备进行排放检验。经检验符合国家排放标准的，船舶方可运营。

第六十三条　内河和江海直达船舶应当使用符合标准的普通柴油。远洋船舶靠港后应当使用符合大气污染物控制要求的船舶用燃油。

新建码头应当规划、设计和建设岸基供电设施；已建成的码头应当逐步实施岸基供电设施改造。船舶靠港后应当优先使用岸电。

第六十四条　国务院交通运输主管部门可以在沿海海域划定船舶大气污染物排放控制区，进入排放控制区的船舶应当符合船舶相关排放要求。

第六十五条　禁止生产、进口、销售不符合标准的机动车船、非道路移动机械用燃料；禁止向汽车和摩托车销售普通柴油以及其他非机动车用燃料；禁止向非道路移动机械、内河和江海直达船舶销售渣油和重油。

第六十六条　发动机油、氮氧化物还原剂、燃料和润滑油添加剂以及其他添加剂的有害物质含量和其他大气环境保护指标，应当符合有关标准的要求，不得损害机动车船污染控制装置效果和耐久性，不得增加新的大气污染物排放。

第六十七条　国家积极推进民用航空器的大气污染防治，鼓励在设计、生产、使用过程中采取有效措施减少大气污染物排放。

民用航空器应当符合国家规定的适航标准中的有关发动机排出物要求。

第四节　扬尘污染防治

第六十八条　地方各级人民政府应当加强对建设施工和运输的管理，保持道路清洁，控制料堆和渣土堆放，扩大绿地、水面、湿地和地面铺装面积，防治扬尘污染。

住房城乡建设、市容环境卫生、交通运输、国土资源等有关部门，应当根据本级人民政府确定的职责，做好扬尘污染防治工作。

第六十九条　建设单位应当将防治扬尘污染的费用列入工程造价，并在施工承包合同中明确施工单位扬尘污染防治责任。施工单位应当制定具体的施工扬尘污染防治实施方案。

从事房屋建筑、市政基础设施建设、河道整治以及建筑物拆除等施工单位，应当向负责监督管理扬尘污染防治的主管部门备案。

施工单位应当在施工工地设置硬质围挡，并采取覆盖、分段作业、择时施工、洒水抑尘、冲洗地面和车辆等有效防尘降尘措施。建筑土方、工程渣土、建筑垃圾应当及时清运；在场地内堆存的，应当采用密闭式防尘网遮盖。工程渣土、建筑垃圾应当进行资源化处理。

施工单位应当在施工工地公示扬尘污染防治措施、负责人、扬尘监督管理主管部门等信息。

暂时不能开工的建设用地，建设单位应当对裸露地面进行覆盖；超过三个月的，应当进行绿化、铺装或者遮盖。

第七十条　运输煤炭、垃圾、渣土、砂石、土方、灰浆等散装、流体物料的车辆应当采取密闭或者其他措施防止物料遗撒造成扬尘污染，并按照规定路线行驶。

装卸物料应当采取密闭或者喷淋等方式防治扬尘污染。

城市人民政府应当加强道路、广场、停车场和其他公共场所的清扫保洁管理，推行清洁动力机械化清扫等低尘作业方式，防治扬尘污染。

第七十一条　市政河道以及河道沿线、公共用地的裸露地面以及其他城镇裸露地面，有关部门应当按照规划组织实施绿化或者透水铺装。

第七十二条　贮存煤炭、煤矸石、煤渣、煤灰、水泥、石灰、石膏、砂土等易产生扬尘的物料应当密闭；不能密闭的，应当设置不低于堆放物高度的严密围挡，并采取有效覆盖措施防治扬尘污染。

码头、矿山、填埋场和消纳场应当实施分区作业，并采取有效措施防治扬尘污染。

第五节　农业和其他污染防治

第七十三条　地方各级人民政府应当推动转变农业生产方式，发展农业循环经济，加大对废弃物综合处理的支持力度，加强对农业生产经营活动排放大气污染物的控制。

第七十四条　农业生产经营者应当改进施肥方式，科学合理施用化肥并按照国家有关规定使用农药，减少氨、挥发性有机物等大气污染物的排放。

禁止在人口集中地区对树木、花草喷洒剧毒、高毒农药。

第七十五条　畜禽养殖场、养殖小区应当及时对污水、畜禽粪便和尸体等进行收集、贮存、清运和无害化处理，防止排放恶臭气体。

第七十六条　各级人民政府及其农业行政等有关部门应当鼓励和支持采用先进适用技术，对秸秆、落叶等进行肥料化、饲料化、能源化、工业原料化、食用菌基料化等综合利用，加大对秸秆还田、收集一体化农业机械的财政补贴力度。

县级人民政府应当组织建立秸秆收集、贮存、运输和综合利用服务体系，采用财政补贴等措施支持农村集体经济组织、农民专业合作经济组织、企业等开展秸秆收集、贮存、运输和综合利用服务。

第七十七条　省、自治区、直辖市人民政府应当划定区域，禁止露天焚烧秸秆、落叶等产生烟尘污染的物质。

第七十八条　国务院环境保护主管部门应当会同国务院卫生行政部门，根据大气污染物对公众健康和生态环境的危害和影响程度，公布有毒有害大气污染物名录，实行风险管理。

排放前款规定名录中所列有毒有害大气污染物的企业事业单位，应当按照国家有关规定建设环境风险预警体系，对排放口和周边环境进行定期监测，评估环境风险，排查环境安全隐患，并采取有效措施防范环境风险。

第七十九条　向大气排放持久性有机污染物的企业事业单位和其他生产经营者以及废弃物焚烧设施的运营单位，应当按照国家有关规定，采取有利于减少持久性有机污染物排放的技术方法和工艺，配备有效的净化装置，实现达标排放。

第八十条　企业事业单位和其他生产经营者在生产经营活动中产生恶臭气体的，应当科学选址，设置合理的防护距离，并安装净化装置或者采取其他措施，防止排放恶臭气体。

第八十一条　排放油烟的餐饮服务业经营者应当安装油烟净化设施并保持正常使用，或者采取其他油烟净化措施，使油烟达标排放，并防止对附近居民的正常生活环境造成污染。

禁止在居民住宅楼、未配套设立专用烟道的商住综合楼以及商住综合楼内与居住层相邻的商业楼层内新建、改建、扩建产生油烟、异味、废气的餐饮服务项目。

任何单位和个人不得在当地人民政府禁止的区域内露天烧烤食品或者为露天烧烤食品提供场地。

第八十二条　禁止在人口集中地区和其他依法需要特殊保护的区域内焚烧沥青、油毡、橡胶、塑料、皮革、垃圾以及其他产生有毒有害烟尘和恶臭气体的物质。

禁止生产、销售和燃放不符合质量标准的烟花爆竹。任何单位和个人不得在城市人民政府禁止的时段和区域内燃放烟花爆竹。

第八十三条　国家鼓励和倡导文明、绿色祭祀。

火葬场应当设置除尘等污染防治设施并保持正常使用，防止影响周边环境。

第八十四条　从事服装干洗和机动车维修等服务活动的经营者，应当按照国家有关标准或者要求设置异味和废气处理装置等污染防治设施并保持正常使用，防止影响周边环境。

第八十五条　国家鼓励、支持消耗臭氧层物质替代品的生产和使用，逐步减少直至停止消耗臭氧层物质的生产和使用。

国家对消耗臭氧层物质的生产、使用、进出口实行总量控制和配额管理。具体办法由国务院规定。

第五章　重点区域大气污染联合防治

第八十六条　国家建立重点区域大气污染联防联控机制，统筹协调重点区域内大气污染防治工作。国务院环境保护主管部门根据主体功能区划、区域大气环境质量状况和大气污染传输扩散规律，划定国家大气污染防治重点区域，报国务院批准。

重点区域内有关省、自治区、直辖市人民政府应当确定牵头的地方人民政府，定期召开联席会议，按照统一规划、统一标准、统一监测、统一的防治措施的要求，开展大气污染联合防治，落实大气污染防治目标责任。国务院环境保护主管部门应当加强指导、督促。

省、自治区、直辖市可以参照第一款规定划定本行政区域的大气污染防治重点区域。

第八十七条　国务院环境保护主管部门会同国务院有关部门、国家大气污染防治重点区域内有关省、自治区、直辖市人民政府，根据重点区域经济社会发展和大气环境承载力，制定重点区域大气污染联合防治行动计划，明确控制目标，优化区域经济布局，统筹交通管理，发展清洁能源，提出重点防治任务和措施，促进重点区域大气环境质量改善。

第八十八条　国务院经济综合主管部门会同国务院环境保护主管部门，结合国家大气污染防治重点区域产业发展实际和大气环境质量状况，进一步提高环境保护、能耗、安全、质量等要求。

重点区域内有关省、自治区、直辖市人民政府应当实施更严格的机动车大气污染物排放标准，统一在用机动车检验方法和排放限值，并配套供应合格的车用燃油。

第八十九条　编制可能对国家大气污染防治重点区域的大气环境造成严重污染的有关工业园区、开发区、区域产业和发展等规划，应当依法进行环境影响评价。规划编制机关应当与重点区域内有关省、自治区、直辖市人民政府或者有关部门会商。

重点区域内有关省、自治区、直辖市建设可能对相邻省、自治区、直辖市大气环境质量产生重大影响的项目，应当及时通报有关信息，进行会商。

会商意见及其采纳情况作为环境影响评价文件审查或者审批的重要依据。

第九十条　国家大气污染防治重点区域内新建、改建、扩建用煤项目的，应当实行煤炭的等量或者减量替代。

第九十一条　国务院环境保护主管部门应当组织建立国家大气污染防治重点区域的大气环境质量监测、大气污染源监测等相关信息共享机制，利用监测、模拟以及卫星、航测、遥感等新技术分析重点区域内大气污染来源及其变化趋势，并向社会公开。

第九十二条　国务院环境保护主管部门和国家大气污染防治重点区域内有关省、自治区、直辖市人民政府可以组织有关部门开展联合执法、跨区域执法、交叉执法。

第六章　重污染天气应对

第九十三条　国家建立重污染天气监测预警体系。

国务院环境保护主管部门会同国务院气象主管机构等有关部门、国家大气污染防治重点区域内有关省、自治区、直辖市人民政府，建立重点区域重污染天气监测预警机制，统一预警分级标准。可能发生区域重污染天气的，应当及时向重点区域内有关省、自治区、直辖市人民政府通报。

省、自治区、直辖市、设区的市人民政府环境保护主管部门会同气象主管机构等有关部门建立本行政区域重污染天气监测预警机制。

第九十四条　县级以上地方人民政府应当将重污染天气应对纳入突发事件应急管理体系。

省、自治区、直辖市、设区的市人民政府以及可能发生重污染天气的县级人民政府，应当制定重污染天气应急预案，向上一级人民政府环境保护主管部门备案，并向社会公布。

第九十五条　省、自治区、直辖市、设区的市人民政府环境保护主管部门应当会同气象主管机构建立会商机制，进行大气环境质量预报。可能发生重污染天气的，应当及时向本级人民政府报告。省、自治区、直辖市、设区的市人民政府依据重污染天气预报信息，进行综合研判，确定预警等级并及时发出预警。预警等级根据情况变化及时调整。任何单位和个人不得擅自向社会发布重污染天气预报预警信息。

预警信息发布后，人民政府及其有关部门应当通过电视、广播、网络、短信等途径告知公众采取健康防护措施，指导公众出行和调整其他相关社会活动。

第九十六条　县级以上地方人民政府应当依据重污染天气的预警等级，及时启动应急预案，根据应急需要可以采取责令有关企业停产或者限产、限制部分机动车行驶、禁止燃放烟花爆竹、停止工地土石方作业和建筑物拆除施工、停止露天烧烤、停止幼儿园和学校组织的户外活动、组织开展人工影响天气作业等应急措施。

应急响应结束后，人民政府应当及时开展应急预案实施情况的评估，适时修改完善应急预案。

第九十七条　发生造成大气污染的突发环境事件，人民政府及其有关部门和相关企业事业单位，应当依照《中华人民共和国突发事件应对法》、《中华人民共和国环境保护法》的规定，做好应急处置工作。环境保护主管部门应当及时对突发环境事件产生的大气污染物进行监测，并向社会公布监测信息。

第七章　法律责任

第九十八条　违反本法规定，以拒绝进入现场等方式拒不接受环境保护主管部门及其委托的环境监察机构或者其他负有大气环境保护监督管理职责的部门的监督检查，或者在接受监督检查时弄虚作假的，由县级以上人民政府环境保护主管部门或者其他负有大气环境保护监督管理职责的部门责令改正，处二万元以上二十万元以下的罚款；构成违反治安管理行为的，由公安机关依法予以处罚。

第九十九条　违反本法规定，有下列行为之一的，由县级以上人民政府环境保护主管部门责令改正或者限制生产、停产整治，并处十万元以上一百万元以下的罚款；情节严重的，报经有批准权的人民政府批准，责令停业、关闭：

（一）未依法取得排污许可证排放大气污染物的；

（二）超过大气污染物排放标准或者超过重点大气污染物排放总量控制指标排放大气污染物的；

（三）通过逃避监管的方式排放大气污染物的。

第一百条　违反本法规定，有下列行为之一的，由县级以上人民政府环境保护主管部门责令改正，处二万元以上二十万元以下的罚款；拒不改正的，责令停产整治：

（一）侵占、损毁或者擅自移动、改变大气环境质量监测设施或者大气污染物排放自动监测设备的；

（二）未按照规定对所排放的工业废气和有毒有害大气污染物进行监测并保存原始监测记录的；

（三）未按照规定安装、使用大气污染物排放自动监测设备或者未按照规定与环境保护主管部门的监控设备联网，并保证监测设备正常运行的；

（四）重点排污单位不公开或者不如实公开自动监测数据的；

（五）未按照规定设置大气污染物排放口的。

第一百零一条　违反本法规定，生产、进口、销售或者使用国家综合性产业政策目录中禁止的设备和产品，采用国家综合性产业政策目录中禁止的工艺，或者将淘汰的设备和产品转让给他人使用的，由县级以上人民政府经济综合主管部门、出入境检验检疫机构按照职责责令改正，没收违法所得，并处货值金额一倍以上三倍以下的罚款；拒不改正的，报经有批准权的人民政府批准，责令停业、关闭。进口行为构成走私的，由海关依法予以处罚。

第一百零二条　违反本法规定，煤矿未按照规定建设配套煤炭洗选设施的，由县级以上人民政府能源主管部门责令改正，处十万元以上一百万元以下的罚款；拒不改正的，报经有批准权的人民政府批准，责令停业、关闭。

违反本法规定，开采含放射性和砷等有毒有害物质超过规定标准的煤炭的，由县级以上人民政府按照国务院规定的权限责令停业、关闭。

第一百零三条　违反本法规定，有下列行为之一的，由县级以上地方人民政府质量监督、工商行政管理部门按照职责责令改正，没收原材料、产品和违法所得，并处货值金额一倍以上三倍以下的罚款：

（一）销售不符合质量标准的煤炭、石油焦的；

（二）生产、销售挥发性有机物含量不符合质量标准或者要求的原材料和产品的；

（三）生产、销售不符合标准的机动车船和非道路移动机械用燃料、发动机油、氮氧化物还原剂、燃料和润滑油添加剂以及其他添加剂的；

（四）在禁燃区内销售高污染燃料的。

第一百零四条　违反本法规定，有下列行为之一的，由出入境检验检疫机构责令改正，没收原材料、产品和违法所得，并处货值金额一倍以上三倍以下的罚款；构成走私的，由海关依法予以处罚：

（一）进口不符合质量标准的煤炭、石油焦的；

（二）进口挥发性有机物含量不符合质量标准或者要求的原材料和产品的；

（三）进口不符合标准的机动车船和非道路移动机械用燃料、发动机油、氮氧化物还原剂、燃料和润滑油添加剂以及其他添加剂的。

第一百零五条　违反本法规定，单位燃用不符合质量标准的煤炭、石油焦的，由县级以上人民政府环境保护主管部门责令改正，处货值金额一倍以上三倍以下的罚款。

第一百零六条　违反本法规定，使用不符合标准或者要求的船舶用燃油的，由海事管理机构、渔业主管部门按照职责处一万元以上十万元以下的罚款。

第一百零七条　违反本法规定，在禁燃区内新建、扩建燃用高污染燃料的设施，或者未按照规定停止燃用高污染燃料，或者在城市集中供热管网覆盖地区新建、扩建分散燃煤供热锅炉，或者未按照规定拆除已建成的不能达标排放的燃煤供热锅炉的，由县级以上地方人民政府环境保护主管部门没收燃用高污染燃料的设施，组织拆除燃煤供热锅炉，并处二万元以上二十万元以下的罚款。

违反本法规定，生产、进口、销售或者使用不符合规定标准或者要求的锅炉，由县级以上人民政府质量监督、环境保护主管部门责令改正，没收违法所得，并处二万元以上二十万元以下的罚款。

第一百零八条　违反本法规定，有下列行为之一的，由县级以上人民政府环境保护主管部门责令改正，处二万元以上二十万元以下的罚款；拒不改正的，责令停产整治：

（一）产生含挥发性有机物废气的生产和服务活动，未在密闭空间或者设备中进行，未按照规定安装、使用污染防治设施，或者未采取减少废气排放措施的；

（二）工业涂装企业未使用低挥发性有机物含量涂料或者未建立、保存台账的；

（三）石油、化工以及其他生产和使用有机溶剂的企业，未采取措施对管道、设备进行日常维护、维修，减少物料泄漏或者对泄漏的物料未及时收集处理的；

（四）储油储气库、加油加气站和油罐车、气罐车等，未按照国家有关规定安装并正常使用油气回收装置的；

（五）钢铁、建材、有色金属、石油、化工、制药、矿产开采等企业，未采取集中收集处理、密闭、围挡、遮盖、清扫、洒水等措施，控制、减少粉尘和气态污染物排放的；

（六）工业生产、垃圾填埋或者其他活动中产生的可燃性气体未回收利用，不具备回收利用条件未进行防治污染处理，或者可燃性气体回收利用装置不能正常作业，未及时修复或者更新的。

第一百零九条　违反本法规定，生产超过污染物排放标准的机动车、非道路移动机械的，由省级以上人民政府环境保护主管部门责令改正，没收违法所得，并处货值金额一倍以上三倍以下的罚款，没收销毁无法达到污染物排放标准的机动车、非道路移动机械；拒不改正的，责令停产整治，并由国务院机动车生产主管部门责令停止生产该车型。

违反本法规定，机动车、非道路移动机械生产企业对发动机、污染控制装置弄虚作假、以次充好，冒充排放检验合格产品出厂销售的，由省级以上人民政府环境保护主管部门责令停产整治，没收违法所得，并处货值金额一倍以上三倍以下的罚款，没收销毁无法达到污染物排放标准的机动车、非道路移动机械，并由国务院机动车生产主管部门责令停止生产该车型。

第一百一十条　违反本法规定，进口、销售超过污染物排放标准的机动车、非道路移动机械的，由县级以上人民政府工商行政管理部门、出入境检验检疫机构按照职责没收违法所得，并处货值金额一倍以上三倍以下的罚款，没收销毁无法达到污染物排放标准的机动车、非道路移动机械；进口行为构成走私的，由海关依法予以处罚。

违反本法规定，销售的机动车、非道路移动机械不符合污染物排放标准的，销售者应当负责修理、更换、退货；给购买者造成损失的，销售者应当赔偿损失。

第一百一十一条　违反本法规定，机动车生产、进口企业未按照规定向社会公布其生产、进口机动车车型的排放检验信息或者污染控制技术信息的，由省级以上人民政府环境保护主管部门责令改正，处五万元以上五十万元以下的罚款。

违反本法规定，机动车生产、进口企业未按照规定向社会公布其生产、进口机动车车型的有关维修技术信息的，由省级以上人民政府交通运输主管部门责令改正，处五万元以上五十万元以下的罚款。

第一百一十二条　违反本法规定，伪造机动车、非道路移动机械排放检验结果或者出具虚假排放检验报告的，由县级以上人民政府环境保护主管部门没收违法所得，并处十万元以上五十万元以下的罚款；情节严重的，由负责资质认定的部门取消其检验资格。

违反本法规定，伪造船舶排放检验结果或者出具虚假排放检验报告的，由海事管理机构依法予以处罚。

违反本法规定，以临时更换机动车污染控制装置等弄虚作假的方式通过机动车排放检验或者破坏机动车车载排放诊断系统的，由县级以上人民政府环境保护主管部门责令改正，对机动车所有人处五千元的罚款；对机动车维修

单位处每辆机动车五千元的罚款。

第一百一十三条　违反本法规定，机动车驾驶人驾驶排放检验不合格的机动车上道路行驶的，由公安机关交通管理部门依法予以处罚。

第一百一十四条　违反本法规定，使用排放不合格的非道路移动机械，或者在用重型柴油车、非道路移动机械未按照规定加装、更换污染控制装置的，由县级以上人民政府环境保护等主管部门按照职责责令改正，处五千元的罚款。

违反本法规定，在禁止使用高排放非道路移动机械的区域使用高排放非道路移动机械的，由城市人民政府环境保护等主管部门依法予以处罚。

第一百一十五条　违反本法规定，施工单位有下列行为之一的，由县级以上人民政府住房城乡建设等主管部门按照职责责令改正，处一万元以上十万元以下的罚款；拒不改正的，责令停工整治：

（一）施工工地未设置硬质密闭围挡，或者未采取覆盖、分段作业、择时施工、洒水抑尘、冲洗地面和车辆等有效防尘降尘措施的；

（二）建筑土方、工程渣土、建筑垃圾未及时清运，或者未采用密闭式防尘网遮盖的。

违反本法规定，建设单位未对暂时不能开工的建设用地的裸露地面进行覆盖，或者未对超过三个月不能开工的建设用地的裸露地面进行绿化、铺装或者遮盖的，由县级以上人民政府住房城乡建设等主管部门依照前款规定予以处罚。

第一百一十六条　违反本法规定，运输煤炭、垃圾、渣土、砂石、土方、灰浆等散装、流体物料的车辆，未采取密闭或者其他措施防止物料遗撒的，由县级以上地方人民政府确定的监督管理部门责令改正，处二千元以上二万元以下的罚款；拒不改正的，车辆不得上道路行驶。

第一百一十七条　违反本法规定，有下列行为之一的，由县级以上人民政府环境保护等主管部门按照职责责令改正，处一万元以上十万元以下的罚款；拒不改正的，责令停工整治或者停业整治：

（一）未密闭煤炭、煤矸石、煤渣、煤灰、水泥、石灰、石膏、砂土等易产生扬尘的物料的；

（二）对不能密闭的易产生扬尘的物料，未设置不低于堆放物高度的严密围挡，或者未采取有效覆盖措施防治扬尘污染的；

（三）装卸物料未采取密闭或者喷淋等方式控制扬尘排放的；

（四）存放煤炭、煤矸石、煤渣、煤灰等物料，未采取防燃措施的；

（五）码头、矿山、填埋场和消纳场未采取有效措施防治扬尘污染的；

（六）排放有毒有害大气污染物名录中所列有毒有害大气污染物的企业事业单位，未按照规定建设环境风险预警体系或者对排放口和周边环境进行定期监测、排查环境安全隐患并采取有效措施防范环境风险的；

（七）向大气排放持久性有机污染物的企业事业单位和其他生产经营者以及废弃物焚烧设施的运营单位，未按照国家有关规定采取有利于减少持久性有机污染物排放的技术方法和工艺，配备净化装置的；

（八）未采取措施防止排放恶臭气体的。

第一百一十八条　违反本法规定，排放油烟的餐饮服务业经营者未安装油烟净化设施、不正常使用油烟净化设施或者未采取其他油烟净化措施，超过排放标准排放油烟的，由县级以上地方人民政府确定的监督管理部门责令改正，处五千元以上五万元以下的罚款；拒不改正的，责令停业整治。

违反本法规定，在居民住宅楼、未配套设立专用烟道的商住综合楼、商住综合楼内与居住层相邻的商业楼层内新建、改建、扩建产生油烟、异味、废气的餐饮服务项目的，由县级以上地方人民政府确定的监督管理部门责令改正；拒不改正的，予以关闭，并处一万元以上十万元以下的罚款。

违反本法规定，在当地人民政府禁止的时段和区域内露天烧烤食品或者为露天烧烤食品提供场地的，由县级以上地方人民政府确定的监督管理部门责令改正，没收烧烤工具和违法所得，并处五百元以上二万元以下的罚款。

第一百一十九条　违反本法规定，在人口集中地区对树木、花草喷洒剧毒、高毒农药，或者露天焚烧秸秆、落叶等产生烟尘污染的物质的，由县级以上地方人民政府确定的监督管理部门责令改正，并可以处五百元以上二千元以下的罚款。

违反本法规定，在人口集中地区和其他依法需要特殊保护的区域内，焚烧沥青、油毡、橡胶、塑料、皮革、垃圾以及其他产生有毒有害烟尘和恶臭气体的物质的，由县级人民政府确定的监督管理部门责令改正，对单位处一万元以上十万元以下的罚款，对个人处五百元以上二千元以下的罚款。

违反本法规定，在城市人民政府禁止的时段和区域内燃放烟花爆竹的，由县级以上地方人民政府确定的监督管理部门依法予以处罚。

第一百二十条　违反本法规定，从事服装干洗和机动车维修等服务活动，未设置异味和废气处理装置等污染防治设施并保持正常使用，影响周边环境的，由县级以上地方人民政府环境保护主管部门责令改正，处二千元以上二万元以下的罚款；拒不改正的，责令停业整治。

第一百二十一条　违反本法规定，擅自向社会发布重污染天气预报预警信息，构成违反治安管理行为的，由公安机关依法予以处罚。

违反本法规定，拒不执行停止工地土石方作业或者建筑物拆除施工等重污染天气应急措施的，由县级以上地方人民政府确定的监督管理部门处一万元以上十万元以下的罚款。

第一百二十二条　违反本法规定，造成大气污染事故的，由县级以上人民政府环境保护主管部门依照本条第二款的规定处以罚款；对直接负责的主管人员和其他直接责任人员可以处上一年度从本企业事业单位取得收入百分之五十以下的罚款。

对造成一般或者较大大气污染事故的，按照污染事故造成直接损失的一倍以上三倍以下计算罚款；对造成重大或者特大大气污染事故的，按照污染事故造成的直接损失的三倍以上五倍以下计算罚款。

第一百二十三条　违反本法规定，企业事业单位和其他生产经营者有下列行为之一，受到罚款处罚，被责令改正，拒不改正的，依法作出处罚决定的行政机关可以自责令改正之日的次日起，按照原处罚数额按日连续处罚：

（一）未依法取得排污许可证排放大气污染物的；

（二）超过大气污染物排放标准或者超过重点大气污染物排放总量控制指标排放大气污染物的；

（三）通过逃避监管的方式排放大气污染物的；

（四）建筑施工或者贮存易产生扬尘的物料未采取有效措施防治扬尘污染的。

第一百二十四条　违反本法规定，对举报人以解除、变更劳动合同或者其他方式打击报复的，应当依照有关法律的规定承担责任。

第一百二十五条　排放大气污染物造成损害的，应当依法承担侵权责任。

第一百二十六条　地方各级人民政府、县级以上人民政府环境保护主管部门和其他负有大气环境保护监督管理职责的部门及其工作人员滥用职权、玩忽职守、徇私舞弊、弄虚作假的，依法给予处分。

第一百二十七条　违反本法规定，构成犯罪的，依法追究刑事责任。

第八章　附　则

第一百二十八条　海洋工程的大气污染防治，依照《中华人民共和国海洋环境保护法》的有关规定执行。

第一百二十九条　本法自2016年1月1日起施行。

重点地区煤炭消费减量替代管理暂行办法

（发改环资[2014]2984号　国家发展改革委、工业和信息化部、财政部、环境保护部、统计局、能源局 2014年12月29日印发）

第一章　总则

第一条　为进一步优化能源结构，落实煤炭消费总量控制目标，促进煤炭清洁高效利用，切实减少大气污染，改善空气质量，根据《国务院关于印发大气污染防治行动计划的通知》和《国务院办公厅关于印发 2014-2015 年节能减排低碳发展行动方案的通知》，制定本办法。

第二条　本办法所称重点地区，是指北京市、天津市、河北省、山东省、上海市、江苏省、浙江省和广东省的珠三角地区。

本办法所称煤炭减量，是指通过淘汰落后产能、压减过剩产能、提高煤炭等能源利用效率直接减少煤炭消费。

本办法所称煤炭替代，是指利用可再生能源、天然气、电力等优质能源替代煤炭消费。

第二章　目标与方案

第三条　重点地区人民政府对本行政区域煤炭消费减量替代工作负总责。具体目标是：

到 2017 年，北京市煤炭消费量比 2012 年减少 1300 万吨，天津市减少 1000 万吨，河北省减少 4000 万吨，山东省减少2000万吨。

上海市、江苏省、浙江省、广东省人民政府要于 2015 年 6月底前，研究提出煤炭消费减量目标，送国家发展改革委、环境　保护部、国家能源局备案。

第四条　重点地区人民政府要制定煤炭减量替代工作方案(以下简称工作方案)，明确煤炭减量年度目标，并分解落实到各市(区)县和重点耗煤行业、企业。

第五条　工作方案要提出煤炭减量具体措施和相应的削减数量，主要包括：

(一)淘汰效率低、煤耗高、污染重的项目，重点是电力、钢铁、水泥、炼焦等行业落后产能项目。

(二)节能重点工程，余热余压利用、燃煤电厂升级改造、能量系统优化等节能改造项目。

(三)燃煤锅炉节能环保综合提升工程，燃煤锅炉改造和分散落后锅炉淘汰项目。

(四)“煤改气”、“煤改电”项目。

(五)焦化、煤化工、工业窑炉煤炭清洁高效利用改造项目。

(六)其他减量措施。

第六条 工作方案应提出能源替代供应方案，确保合理用能：

(一)因地制宜，优先利用核电、水电、风电、太阳能、生物质能、地热能等新能源和可再生能源替代煤炭消费。

创新城镇用能方式，鼓励有条件的地区发展太阳能、生物质能、地热能供暖以及热电冷联供。鼓励新建、改建、扩建的住宅和公共建筑安装太阳能热水或集热系统。加快新能源示范城市及其供热供气基础设施建设。积极推动生物质成型燃料锅炉供热在 工业供热和民用供暖中的应用。积极推进北方地区利用风电供暖。

(二)“先规划、再发展”，积极协调落实气源，有序实施“煤改气”、“煤改电”工程。

(三)加快推进集中供热，优先利用背压热电联产机组替代分散燃煤锅炉。

(四)加强散煤治理，逐步削减分散用煤或用优质燃煤替代劣质燃煤。

(五)其他替代措施。

第七条 工作方案按年度进行滚动调整，重点地区人民政府应于每年12月底前将工作方案调整计划报国家发展改革委。

第八条 新建燃煤项目在进行节能评估审查和环境影响评价前，应满足所在地区煤炭消费总量削减要求。在建燃煤项目将产生的煤炭消费要纳入所在地区煤炭消费总量削减计划统筹平衡。

新建高耗能项目单位产品(产值)能耗要达到国内先进水平，用能设备达到一级能效标准，重点地区达到国际先进水平。

第三章 协调机制

第九条 国家建立重点地区煤炭消费减量替代工作协调小组(以下简称协调小组)，由国家发展改革委、工业和信息化部、财政部、环境保护部、国家统计局、国家能源局、重点地区人民政府组成，负责审议重点地区煤炭减量替代工作方案、年度调整计划和年度自查报告，协调解决有关重大事项，拟定相关政策措施。协调小组办公室设在国家发展改革委，负责日常工作。

第十条 协调小组定期召开会议，了解和掌握重点地区煤炭减量替代工作进展情况，协调解决工作中存在的问题。协调小组办公室原则上每季度召开一次会议，跟踪相关工作进展，提出拟请协调小组研究解决的事项。

第十一条 协调小组各成员单位要切实履行职责，认真落实煤炭减量替代工作目标和任务。国家发展改革委、环境保护部、国家能源局负责指导重点地区煤炭减量目标的分解和落实；工业和信息化部、国家能源局负责指导和督促重点地区做好重点高耗煤行业淘汰落后产能任务的分解和落实；国家统计局负责煤炭消费统计；财政部负责指导实施相关财政支持政策；有关油气、电力等企业要积极落实“气代煤”和“电代煤”等配套工程，确保天然气和电力供应。

第四章 支持政策

第十二条 加快电网通道建设，提高对优质电力的消纳能力，保障重点地区新增用电，在确保安全的前提下，合理提高外来电比例。

第十三条 适当提高能效和环保指标领先机组的利用小时数。燃煤机组排放基本达到燃气轮机组排放限值的，应适当增加其下一年度上网电量。

第十四条 完善环保电价政策，鼓励燃煤机组按照燃气轮机组排放水平建设或改造。深化天然气价格改革，在消费侧积极推行季节性价格、可中断气价等差别性价格政策，促进节约用气。

第十五条 支持跨行业实施煤炭消费减量替代，将淘汰落后钢铁、水泥产能和小锅炉等产生的减煤量用于支持煤炭利用效率高、污染物排放少的燃煤发电项目等。

第十六条 对列入煤炭减量替代工作方案的可再生能源代煤项目，可在该地区可再生能源年度规模安排上予以支持。

第十七条 有关中央企业要加快相关能源项目及其配套设施建设，进展情况定期报送协调小组办公室。

第五章 监督考核

第十八条 重点地区人民政府应于每年 6 月底前编制上一年度煤炭消费减量替代工作自查报告，报协调小组办公室。

第十九条 协调小组办公室于每年 7-8 月会同协调小组其他成员单位，对重点地区煤炭消费减量替代工作情况进行实地抽查，结果报告国务院，并向社会公告。

第二十条 对未完成煤炭减量年度目标的地区要给予通报批评，暂缓审批其新建燃煤项目，上一年度未完成的减量目标继续计入下一年度进行考核。

第六章 附 则

第二十一条 本办法由国家发展改革委会同有关部门负责解释。非重点地区参照本办法合理控制煤炭消费。

第二十二条 本办法自发布之日起施行。

节能减排补助资金管理暂行办法

（财建[2015]161号　财政部2015年5月12日印发）

第一条　为规范和加强节能减排补助资金管理，提高财政资金使用效益，根据《中华人民共和国预算法》、《中华人民共和国节约能源法》等相关法律法规以及十八届三中全会关于深化财税体制改革的具体要求，制定本办法。

第二条　本办法所称节能减排补助资金，是指通过中央财政预算安排，用于支持节能减排方面的专项资金。

第三条　节能减排补助资金实行专款专用，专项管理。

第四条　节能减排补助资金重点支持范围：

（一）节能减排体制机制创新；

（二）节能减排基础能力及公共平台建设；

（三）节能减排财政政策综合示范；

（四）重点领域、重点行业、重点地区节能减排；

（五）重点关键节能减排技术示范推广和改造升级；

（六）其他经国务院批准的有关事项。

第五条　节能减排补助资金分配结合节能减排工作性质、目标、投资成本、节能减排效果以及能源资源综合利用水平等因素，主要采用补助、以奖代补、贴息和据实结算等方式。以奖代补主要根据节能减排工作绩效分配；据实结算项目主要采用先预拨、后清算的资金拨付方式。

第六条　财政部根据项目任务、特点等情况，将资金下达地方或纳入中央部门预算。

第七条　项目实施过程中，因实施环境和条件发生重大变化需要调整时，应按规定程序上报财政部和有关部门，经批准后执行。

第八条　资金支付应按照国库集中支付制度有关规定执行。涉及政府采购的，应按照政府采购有关法律制度规定执行。

第九条　财政部会同有关部门对节能减排补助资金使用情况进行监督检查和绩效考评。

第十条　任何单位或个人不得截留、挪用专项资金。对违反规定，骗取、截留、挪用专项资金的，依照《财政违法行为处罚处分条例》等国家有关规定进行处理。涉嫌犯罪的，依法移送司法机关处理。

第十一条　本办法由财政部负责解释。

第十二条　本办法自发布之日起施行。《财政部 国家发展改革委关于印发<节能技术改造财政奖励资金管理办法>的通知》（财建〔2011〕367号）、《财政部 工业和信息化部 国家能源局关于印发<淘汰落后产能中央财政奖励资金管理办法>的通知》（财建〔2011〕180号）、《财政部 工业和信息化部关于印发<工业企业能源管理中心建设示范项目财政补助资金管理暂行办法>的通知》（财建〔2009〕647号）、《财政部 国家发展改革委关于印发<合同能源管理财政奖励资金管理暂行办法>的通知》（财建〔2010〕249号）、《财政部关于印发<夏热冬冷地区既有建筑节能改造补助资金管理暂行办法>的通知》（财建〔2012〕148号）同时废止。

南昌市低碳发展促进条例

（2016年4月27日南昌市第十四届人民代表大会常务委员会第三十六次会议通过）

第一章　总则

第一条　为加强对温室气体排放的控制和管理，促进经济社会向低碳发展模式转变，保护生态环境，根据有关法律、法规的规定，结合本市实际，制定本条例。

第二条　本条例适用于本市行政区域内低碳发展促进的相关活动。

第三条　本条例所称低碳发展，是指在经济发展、城市建设和生活消费过程中，通过转变发展模式，减少温室气体排放，实现资源高效、节约、清洁利用，促进经济和社会可持续发展。

第四条　低碳发展应当坚持科学规划、政府引导、市场运作、公众参与的原则。

第五条　市人民政府应当建立低碳发展决策和协调机制，决策低碳发展中的重大事项，协调解决低碳发展中的重大问题。

第六条　市、县（区）发展改革主管部门负责低碳发展促进的监督管理工作。

规划、建设、工业和信息化、交通运输、财政、统计、环境保护、科技、园林绿化、城市管理、商务、市场和质量监督管理、农业、林业、水务、教育、机关事务管理等有关部门按照各自职责，做好低碳发展促进的相关工作。

第七条　市、县（区）人民政府及其有关部门应当加强对低碳发展理念的宣传教育。

报刊、广播、电视、互联网等媒体应当宣传普及低碳知识，倡导低碳生活方式和消费理念。

第二章　规划与标准

第八条　市发展改革主管部门应当组织编制本市低碳城市发展规划和低碳发展年度实施方案，报市人民政府批准后施行。

低碳城市发展规划应当明确温室气体排放峰值年限、排放强度降幅要求、管控手段、低碳策略等内容。低碳发展年度实施方案应当明确温室气体年度减排目标、任务、项目、措施、责任单位、完成时限等内容。

低碳城市发展规划的主要内容应当纳入本市国民经济和社会发展规划、城乡总体规划和土

第九条　市人民政府有关部门、县（区）人民政府应当根据本市低碳城市发展规划，编制部门、县（区）低碳发展实施计划，并报送市发展改革主管部门。

第十条　市发展改革主管部门应当会同有关部门制定本市低碳示范标准，报市人民政府批准后施行。

低碳示范标准包括低碳工业园区示范标准、低碳企业示范标准、低碳公共机构示范标准、低碳社区示范标准和低碳建筑物示范标准等。

第三章　低碳经济

第十一条　本市加强产业结构调整，促进产业转型升级，加快发展先进制造业、现代服务业和现代农业。

第十二条　本市不得引进和建设温室气体排放高、环境污染重、资源消耗大的项目。

市发展改革主管部门应当根据国家有关规定，组织有关部门对重大招商引资项目进行以温室气体排放评估为主要内容的产业损害和环境成本评估。

市发展改革主管部门应当建立低碳发展项目库，为促进低碳发展进行项目储备。

第十三条　市工业和信息化等部门应当根据国家、省有关淘汰落后产能政策要求，组织制定温室气体排放高、环境污染重、资源消耗大的生产技术、工艺、设备或者产品限期淘汰计划，并公布施行。

鼓励企业采取优化设计、原（燃）料替代、综合利用等方式进行技术改造，从源头输入、生产过程和末端治理等环节减少温室气体排放。

第十四条　市人民政府应当对工业园区科学规划、合理布局，促进产城融合，形成资源共享、产品链延伸和副产品互换的产业共生网络，实现物质循环、能量多级利用和废物产生最小化。

第十五条　鼓励发展以无公害、绿色和有机农产品为主的低碳生态农业，推行有益于健康和环境保护的食品消费模式。

第十六条　市农业部门应当加强农业面源污染治理，推行农业清洁生产。实施规模化畜禽养殖场废弃物资源化利用，鼓励散养密集区实行畜禽粪污分户收集、集中处理。推广绿色植保技术，引导农业生产者测土配方，控制化肥和农药用量。

第十七条　市人民政府实施清洁能源计划，发展太阳能、风能、生物质能等新能源，提高天然气等清洁能源的使用比例，优先开发垃圾发电、餐厨垃圾转化能源项目，改善能源利用结构。

电网企业应当支持太阳能、风能、生物质能等新能源发电站和余热发电站与电网并网，并按照国家、省政策落实补贴。

第十八条　鼓励开展包装废弃物、建筑废弃物、废旧轮胎、污水处理产生的污泥等生产、生活的废弃物无害化处理和资源化利用。

商品生产者、销售者对列入国家强制回收名录的废弃产品和包装物，应当按照国家有关规定回收。

第十九条　市发展改革主管部门应当组织开展低碳示范创建工作，鼓励创建低碳经济示范区、低碳示范城镇、低碳示范企业、低碳示范社区、低碳示范学校等示范单位。

第二十条　市发展改革、市场和质量监督管理等部门应当依据相关产业政策，推动具备资质的认证机构开展低碳产品认证，并加强对认证机构的监督管理。

第四章　低碳城市

第二十一条　本市城市规划应当结合地形地貌进行设计与建筑布局，强化城市空间管制要求和绿地范围控制要求，规范工业园区、城市新区设立，形成促进低碳发展的城市和区域空间格局。

第二十二条　本市市区应当合理布局生产、服务、生活区域，市民十分钟步行能够解决日常生活需求，二十分钟步行能够到达区域性教育、医疗、商贸、文化中心。

第二十三条　大力推广新型节能建筑材料。本市新建民用建筑应当严格执行建筑节能强制性标准，控制玻璃幕墙等高耗能建筑材料的应用。机关办公建筑，政府投资的保障房、学校、医院、博物馆、科技馆、体育馆等建筑，

机场、车站、商业综合体等大型公共建筑，以及纳入本市绿色建筑发展规划的项目应当按照绿色建筑标准规划和建设。推广使用太阳能集中供热系统、地源热泵、空气源热泵、光伏建筑一体化等技术和装备。

鼓励具备太阳能集热条件，有集中热水供应需求的公共建筑使用太阳能集中供热系统。

鼓励具备相应地下条件，有集中供冷热需求的新建公共建筑使用地源热泵系统。

鼓励新建商品居住建筑一次性装修到位。

第二十四条　建设部门应当加强公共建筑能耗监测、能源统计、能源审计、能效公示的节能监管体系建设，推动节能改造与运行管理。

第二十五条　加强森林、草地、湿地管理和保护。鼓励种植固碳优势树种，加强森林抚育和低产低效林改造，增加森林蓄积量，推进植树植草、封山育林、退耕还林和生态湿地建设，增强森林、草地、湿地储碳能力。

城市园林绿化工程应当采用先进的绿化建设和养护技术，在建筑屋顶、阳台、墙面和立交桥、河岸、湖岸等进行垂直绿化。

第二十六条　市人民政府应当组织环境保护、国土资源、农业、林业、建设等有关部门定期组织开展土壤环境现状调查。

第二十七条　市人民政府应当规划建设完整、便利的城市步行系统和绿道系统，为步行和非机动车出行提供便利。鼓励和规范城市公共自行车网点建设管理。

实施公交优先战略，发展轨道交通和大运量的快速公交系统。

在机场、火车站、客运枢纽站、地铁站等交通集散地逐步形成多种交通方式无缝对接。

第二十八条　大力推广新能源汽车，公交、环卫等行业和机关、企业、事业单位应当优先使用新能源汽车，采取直接上牌、财政补贴等措施鼓励个人购买。每年新增或者更新的公交车中新能源和清洁燃料车的比例不低于百分之八十。鼓励燃油出租车每年更换高效尾气净化装置。

第二十九条　鼓励新区、公共建筑和居民小区规划建设再生水回用设施，扩大再生水处理规模，推动再生水市场的有效供给。

第三十条　城市照明应当推广使用LED等高效光源和灯具，禁止使用高耗低效照明产品，限期淘汰已使用的高耗低效照明设施。

鼓励城市重要道路、景观河道两侧的建筑利用内光外透减少景观照明能耗。

第五章　低碳生活

第三十一条　市民应当树立低碳生活和消费理念，减少温室气体排放，保护生态环境。

幼儿园、中小学校应当将低碳知识融入到相关课程中，培育儿童及青少年的低碳生态理念和环境保护观念。

第三十二条　倡导市民选择公共交通、非机动车、步行等绿色出行方式。鼓励近距离出行采取步行方式，短途出行使用自行车。

第三十三条　鼓励和引导市民使用低碳认证以及节能、节水、节材和有利于保护环境的产品，减少一次性用品的使用。

餐饮、娱乐、宾馆、洗浴、洗车等服务企业，应当采用节能、节水、节材和有利于保护环境的技术、设备和设施，减少一次性餐具、卫浴用具等的使用。

第三十四条　餐饮经营者应当提供可循环使用筷子。

鼓励餐饮经营者在包间和大厅使用消毒碗柜。

第三十五条　超市、商场、集贸市场等商品零售场所不得无偿或者变相无偿提供不可降解的塑料购物袋。

第三十六条　市人民政府应当建设垃圾分类处理设施，鼓励和引导市民分类投放生活垃圾，遵守废弃电器电子产品等固体废弃物的回收处理规定。

鼓励企业参与回收旧家电、旧家具和旧衣物。

第三十七条　鼓励市民将闲置不用、但仍有使用价值的物品，通过捐赠、义卖、旧货交易等形式转让给需要的市民继续使用。

第三十八条　机关、企业、事业单位应当节约使用办公用品，推进无纸化办公，鼓励双面使用纸张，增加电子邮箱的使用，减少传真的使用。

第三十九条　鼓励市民合理控制室内空调、地暖等设施的温度，节约照明用电。

第六章　扶持与奖励

第四十条　市人民政府设立低碳发展专项资金用于低碳发展促进工作，列入财政预算，实行专款专用。

第四十一条　市人民政府应当依据主体功能区定位，对限制开发区域和禁止开发区域实行财政转移支付政策，促进生态环境修复。

第四十二条　市、县（区）人民政府应当将温室气体排放监测、空气质量监测、土壤污染监测等经费纳入各级财政预算予以保障。

第四十三条　市、县（区）人民政府应当逐步扩大取得低碳认证产品的采购比例，优先使用节能、节水、节材

和有利于保护环境的产品。

第四十四条　市、县（区）人民政府可以通过购买服务等方式委托行业协会、中介组织、研究机构开展低碳宣传、技术推广、咨询等公共服务和专项研究。

第四十五条　加强低碳高端人才引进工作，为人才入户、医疗、保险、出入境、住房、配偶就业、子女入学等提供便利，对开展科学研究、学术交流以及技能培训等进行资助，对关键紧缺人才制定特殊优惠政策。

第四十六条　企业使用或者生产列入国家清洁生产、资源综合利用等鼓励名录的技术、工艺、设备或者产品的，按照国家有关规定享受税收优惠。

第四十七条　鼓励和引导金融机构加大对循环经济、清洁生产及节能减排技术改造项目的信贷支持，优先为符合条件的项目提供直接融资服务。

鼓励社会资本参与低碳发展的基础设施建设和运营。

第四十八条　市人民政府对在低碳发展促进工作中做出突出贡献的单位和个人给予表彰和奖励。

市发展改革主管部门对低碳经济示范区、低碳示范城镇、低碳示范企业、低碳示范社区、低碳示范学校等示范单位给予奖励。

第七章　监督与管理

第四十九条　市人民政府应当将低碳发展内容纳入目标管理考核体系。

市人民政府建立低碳发展目标县（区）行政首长负责制，对低碳发展目标完成情况实行离任报告制度。

第五十条　市发展改革主管部门建立全市低碳发展目标责任制，制定低碳发展考核评价指标体系，明确县（区）人民政府、相关部门的任务和责任，报市人民政府批准后实施。

低碳城市发展规划、低碳发展年度实施方案和低碳示范标准是低碳发展考核的依据。

第五十一条　市发展改革主管部门应当每两年编制本市温室气体排放清单，定期确定温室气体重点排放单位的排放配额，并可以通过在线监测、实行供电配额等方式实行总量控制和管理。

温室气体重点排放单位应当履行温室气体排放控制责任，在排放配额内进行排放，每年向市发展改革主管部门提交年度温室气体排放报告，并由市发展改革主管部门向社会公布。

温室气体重点排放单位超出排放配额进行排放的，由市发展改革主管部门责令限期履行排放控制责任。

第五十二条　市、县（区）发展改革主管部门应当加强对温室气体排放的监督检查，被监督检查的企业、事业单位或者其他生产经营者应当接受监督检查，如实提供有关情况和资料。

第五十三条　市、县（区）人民政府建立温室气体排放统计核算制度，将温室气体排放基础统计指标纳入政府统计指标体系，并向社会公布。

第五十四条　市、县（区）人民政府建立举报投诉制度，及时受理市民举报投诉，对妨害低碳发展的行为由有关部门依法查处。

第八章　法律责任

第五十五条　违反本条例规定的行为，有关法律、法规已有处罚规定的，从其规定。

第五十六条　国家机关及其工作人员有下列行为之一的，由其所在单位、上级主管部门或者监察机关责令改正，通报批评；对直接负责的主管人员和其他直接责任人员依法给予处分：

（一）未制定低碳城市发展规划或者低碳发展实施计划的；

（二）引进温室气体排放高、环境污染重、资源消耗大的项目的；

（三）未制定温室气体排放高、环境污染重、资源消耗大的生产技术、工艺、设备或者产品限期淘汰计划的；

（四）不接受考核的；

（五）未依法实施监督管理的；

（六）未及时受理举报投诉或者查处举报投诉事项的；

（七）未完成低碳发展目标责任的；

（八）其他不履行低碳发展职责的行为。

第五十七条　违反本条例第三十四条、三十五条规定，餐饮经营者不提供可循环使用筷子，或者超市、商场、集贸市场等商品零售场所无偿或者变相无偿提供不可降解的塑料购物袋的，由市场和质量监督管理部门责令限期改正，并可以处五百元以上五千元以下罚款。

第五十八条　违反本条例第五十一条规定，温室气体重点排放单位拒不提交年度温室气体排放报告的，由市发展改革主管部门责令限期改正；逾期不改正的，处一万元以上三万元以下罚款。

第五十九条　违反本条例第五十二条规定，被监督检查的企业、事业单位或者其他生产经营者拒不接受检查，或者不如实提供有关情况和资料的，由发展改革主管部门责令限期改正；逾期不改正的，处一万元以上五万元以下罚款。

第六十条　违反本条例受到行政处罚的企业，由有关部门依法列入经营异常名录或者严重违法企业名单，并在政府采购、工程招投标、国有土地出让、授予荣誉称号等方面依法予以限制或者禁入。

第九章　附则

第六十一条　本条例中低碳发展鼓励和奖励政策由市发展改革主管部门会同市财政部门另行制定，报市人民政府批准后实施。

第六十二条　本条例所称温室气体，是指大气中吸收和重新放出红外辐射的自然和人为的气态成分，包括二氧化碳、甲烷、氧化亚氮、氢氟碳化物、全氟碳化物和六氟化硫。

排放配额，是政府分配给重点排放单位指定时期内的排放额度。

排放峰值，是指区域温室气体排放的最大值。

第六十三条　本条例自2016年9月1日起施行。

石家庄市低碳发展促进条例

（2016年5月25日河北省第十二届人民代表大会常务委员会第二十一次会议通过）

第一章　总则

第一条　为鼓励支持低碳发展，减少温室气体排放，应对气候变化，改善空气质量，推进绿色发展，根据有关法律法规，结合本市实际，制定本条例。

第二条　本市行政区域内温室气体排放的控制、管理与监督，适用本条例。法律、行政法规另有规定的，从其规定。

第三条　本条例所称低碳发展，是指在资源开发、生产和消费过程中，通过转变生产和生活方式，实现资源高效、节约、清洁利用，减少温室气体排放，改善生态环境，促进经济、社会和环境协调发展。

第四条　促进低碳发展应当坚持科学规划、综合施策、创新驱动、制度保障的原则，建立政府主导、部门协同、社会联动、公众参与的长效机制。

第五条　县级以上人民政府负责本行政区域内的低碳发展促进工作，建立统一协调、上下结合、相互衔接、责任明确的监管体系，并建立责任终身追究制。

县级以上人民政府发展和改革行政管理部门是促进低碳发展的主管部门，其他部门应当在各自职责范围内做好相关工作。

公民、法人和其他组织应当树立低碳发展理念，节约资源，合理消费，减少温室气体及其污染物排放，履行保护生态环境的义务，自觉遵守有关规定，对所造成的损害依法承担责任。

第六条　县级以上人民政府及有关部门应当推广应用低碳新技术、新工艺、新材料和新产品，扶持高等院校、科研机构及具备能力的企业、社会组织和个人开展低碳技术开发、科学研究和智力引进。

鼓励和支持行业协会、中介机构和其他社会组织开展低碳技术推广、咨询服务等活动。

第七条　县级以上人民政府及有关部门应当加强低碳发展宣传教育，普及相关知识，增强全民的低碳发展意识。

鼓励企业事业单位、社会团体和公民参与低碳主题宣传活动，有组织地开展低碳公益活动。

第二章　基本制度

第八条　县级以上人民政府应当将低碳发展纳入国民经济和社会发展规划以及相关专项规划。

市发展和改革行政管理部门应当会同有关部门依据规划编制低碳发展实施方案。县级人民政府应当依据规划和实施方案编制相应的实施计划。

第九条　县级以上人民政府应当建立碳排放总量、煤炭消费总量和碳强度控制制度。

第十条　县级以上人民政府应当建立温室气体排放统计、核算制度，将温室气体排放基础统计指标纳入政府统计指标体系。

县级以上人民政府发展和改革行政管理部门应当会同有关部门定期编制本行政区域的温室气体排放清单。

重点碳排放单位应当每年向市发展和改革行政管理部门提交年度温室气体排放报告。

第十一条　市人民政府应当建立健全低碳发展指标体系，并纳入对下一级人民政府评价考核内容，结合中东西部区域发展定位实行差异化绩效考核，考核结果向社会公布。

县级人民政府应当每年向市人民政府报告低碳发展目标实现情况。

第十二条 市人民政府应当依据国家有关规定，建立碳排放权交易制度。

第十三条 县级以上人民政府应当加强碳排放相关标准的宣传和贯彻，推行具备资质的认证机构开展低碳产品认证。

第三章 能源利用

第十四条 县级以上人民政府应当推进全社会煤炭清洁高效利用，减少煤炭消费。

煤炭生产、销售和进口企业应当按照有关规定对经营性煤炭质量进行标识，标识内容应与实际煤质相符。

禁止销售、进口和燃用不符合质量标准的煤炭。

禁燃区内禁止销售和燃用高污染燃料。

禁止在未经批准的区域加工、存储经营性煤炭。

城镇和工业园区应当实施集中供热，拆除分散燃煤锅炉。农村地区应当减少散煤使用，推广利用清洁型煤及节能环保炉灶。

第十五条 生产经营单位应当按照国家规定生产、加工、销售符合质量标准的燃油。

第十六条 县级以上人民政府应当加强燃气基础设施规划、建设和管理，完善输送网络，加强供应协调，增加燃气供应。鼓励发展天然气分布式能源，有序发展天然气调峰供热。

第十七条 鼓励开发利用太阳能、生物质能、风能、土壤源地热能、空气能等新能源和可再生能源。

第十八条 支持用能单位采用高效节能设备，推广热电联产、余热余压回收、能量梯级利用、利用低谷电以及先进的用能监测和控制技术，实施新能源、清洁能源替代改造。鼓励农村利用液化气和可再生能源。

第十九条 电网企业应当对太阳能、生物质能等可再生能源发电和余热余压发电允许并网，并在核定的上网电量内优先购买。

供热企业应当支持低温热源和工业余热利用，合理安排其进入城市供热管网。

第四章 产业转型

第二十条 县级以上人民政府应当加快产业结构调整，改造提升传统产业，发展现代服务业和高新技术产业，促进产业向集约、高端、低碳方向发展。

第二十一条 市人民政府应当制定重点生态功能区产业准入负面清单。投资主管部门应当按照国家产业结构调整指导目录及负面清单，对固定资产投资项目实行准入管理。将碳排放评估纳入节能评估内容。新建高耗能项目单位产品（产值）能耗应当达到国际先进水平，主要用能设备达到一级能效标准。

第二十二条 推进企业在原（燃）料替代、工艺改进、设备更新和综合利用等方面进行技术改造，从源头输入、生产过程和末端处置等环节降低碳排放。

发展和改革、环境保护等有关部门应当加强重点碳排放单位能源审计和清洁生产审核。

第二十三条 市人民政府可以对高碳排放、高污染行业制定严于国家、本省的淘汰标准和差别化生产要素价格，加快淘汰落后产能。

第二十四条 鼓励节能环保装备和产品生产向规模化、高端化发展。支持节能环保服务业发展，推广合同能源管理和合同节水管理。

第二十五条 鼓励发展生产性服务业，促进传统服务业转型升级，推进生产性服务业与制造业融合发展。

第二十六条 推广农业低碳生产技术，调整农业生产结构，培育优良品种，推行生态循环种植、养殖和加工，促进规模化经营。加强农业基础设施建设，提高农业现代化水平。

第五章 排放控制

第二十七条 县级以上人民政府应当依据主体功能区定位，对水源保护区、水土流失重点防治区等生态功能区生态系统、太行山区植被进行修复和保护。对不符合功能区定位的污染企业，实施关停、转产或搬迁。

第二十八条 城镇建设应当优化空间和产业布局，促进产业和城市融合发展，提高资源利用效率。推进低碳城镇、园区、社区建设。

第二十九条 鼓励煤电、钢铁、建材、化工等重点排放单位实施碳捕集、利用和封存，安装脱硝、脱硫和除尘设施，并按有关规定排放限值运行。

第三十条 加强农业清洁生产，推行测土配方，合理施用化肥和使用塑料薄膜，鼓励农作物秸秆综合利用。规模化畜禽养殖场实行畜禽养殖废弃物资源化利用，鼓励散养密集区实行畜禽粪污分户收集、集中处理。

禁止露天焚烧农作物秸秆、落叶、枯草等。

第三十一条 鼓励对工业废弃物实施综合处置、循环利用，实现减量化、资源化。

第三十二条　推进城市生活垃圾实行分类投放、回收和再生利用。加强餐厨垃圾管理，规范餐厨垃圾收集、运输和无害化处置。

加强城镇污水处理，提高污水收集率、处理率和中水回用效率，推行污泥资源化利用。

建立农村垃圾集中处理体系，推进城乡垃圾处理一体化和农村生活污水达标处理。

加强城镇和农村生活污水、垃圾处理设施建设，城镇生活污水、垃圾处理设施应当全覆盖和稳定运行。

第三十三条　县级以上人民政府应当加强林木、草地、耕地、水源和湿地的管理和保护，增强储碳能力。

第六章　低碳消费

第三十四条　新建建筑应当依据有关规定按照节能建筑标准和绿色建筑标准规划、设计和建设。推进既有民用建筑节能和供热计量改造，推行建筑太阳能一体化。鼓励建设绿色城镇住宅小区。推进绿色农村住宅建设。

第三十五条　优先发展公共交通，完善低碳出行基础设施建设，推广使用节能和新能源汽车，倡导公众选择公共交通工具、非机动车或徒步等低碳方式出行。

第三十六条　国家机关、企业事业单位应当加强日常节能管理，定期开展节能教育，制定节能措施，优先购买和使用低碳、节能、环保的产品和设备，节约用水、用电，节约使用纸张等办公用品。

引导和鼓励公民购买和使用节能、低碳产品，倡导低耗、节能、环保的工作和生活方式。

第三十七条　城市道路、景观和室内照明应当合理控制照明时间，节约用电。

第三十八条　倡导节约使用日常生活用品，避免过度包装，减少一次性用品的使用。

住宿、餐饮、洗浴等服务单位应当提供符合卫生标准、可循环使用的公共用品用具。

第三十九条　除医院等特殊单位以及在生产工艺上对温度有特定要求的用户之外，公共建筑内的国家机关、社会团体、企业事业组织和个体工商户等单位，室内空调温度设置夏季不低于26摄氏度，冬季不高于20摄氏度。

第七章　激励措施

第四十条　发展和改革、环境保护、财政、城市管理、住房和建设、交通运输、国土资源、工业和信息化、水务、城乡规划、科技、农业、林业、税务、园林等有关部门应当优先支持和发展低碳项目。

第四十一条　县级以上人民政府应当加大对低碳发展的财政投入，通过贷款贴息、奖励或补助等形式，对以下活动给予支持：

（一）节能环保产业化项目；

（二）节能降碳技改项目；

（三）低碳能源替代、新能源和可再生能源利用项目；

（四）生态环境建设工程；

（五）温室气体资源化利用；

（六）温室气体清单编制和碳排放核查；

（七）低碳管理能力建设；

（八）低碳宣传、教育和培训；

（九）低碳研究课题；

（十）其他节能降碳活动。

第四十二条　企业主动升级改造，对未列入淘汰范围的落后设备和设施就地拆除回收或销毁的，县级以上人民政府应当给予一定的资金奖励。

第四十三条　各级人民政府应当对在低碳发展工作中做出突出贡献的单位和个人给予表彰和奖励。

第八章　监督管理

第四十四条　县级以上人民政府应当定期向同级人民代表大会或者人民代表大会常务委员会报告本行政区域低碳发展情况，并向社会公布。

县级以上人民代表大会及其常务委员会可以依照法律规定组织低碳发展专项执法检查或者采取质询、询问、代表视察等方式进行监督。

第四十五条　县级以上人民政府有关行政管理部门应当建立促进低碳发展的监督检查制度，按照各自职责加强监督检查。

被监督检查的企业事业单位或其他生产经营者应当接受监督检查，如实提供有关情况和资料。

第四十六条　发展和改革行政管理部门应当建立低碳发展不良记录登记和向社会公开制度，有下列行为之一的企业事业单位和其他生产经营者列入不良记录名单及征信系统。

（一）拒不接受排放总量控制和管理的；

（二）拒不提供碳排放报告、不接受碳排放核查的；

（三）拒不接受能源审计、清洁生产审核或不达标单位拒不限期整改的；

（四）拒不淘汰落后产能的；

（五）拒不进行脱硫脱硝除尘处理且排放不达标的。

当事人对被列入不良记录名单及征信系统有异议的，有权依法提起行政复议或者行政诉讼。

第四十七条　县级以上发展和改革行政管理部门应当督促重点碳排放单位建立温室气体排放管理制度，加强统计核算能力建设，完善温室气体排放核算基础数据统计，规范能源购销凭证管理，健全检测制度，配备和使用合格计量器具。

第四十八条　市发展和改革行政管理部门应当每年组织核查机构对重点碳排放单位进行碳排放量核查，核查后应当出具碳排放量核查报告。

第四十九条　县级以上人民政府应当建立温室气体监管信息平台，对碳排放状况、低碳项目实施、监督检查情况、重大违法行为的处罚等信息依法公开，对重点碳排放单位实施在线监测。

第五十条　县级以上煤炭管理及有关部门应当加强对本行政区域内的煤炭管理，对煤炭质量进行监督检验。

第五十一条　对未通过环境影响评价和节能评估的固定资产投资项目，县级以上人民政府及投资主管部门不得审批、核准，有关部门不得发放许可证，有关单位不得供水、供电、供热、供气等。

第五十二条　县级以上人民政府应当建立举报、投诉和奖励制度，对妨害低碳发展的行为由有关部门依法查处，对举报人给予奖励。

公民、法人和其他组织有权向县级以上人民政府及其有关部门投诉、举报妨害低碳发展的行为。

对妨害低碳发展损害社会公共利益的行为，法律规定的机关和社会组织，可以依照法律法规的有关规定提起公益诉讼。

县级以上人民政府发展和改革行政管理部门应当加强与人民法院、人民检察院、公安机关的配合，建立低碳发展案件行政执法和刑事司法衔接机制，健全联席会议、案情通报、案件移送制度。

第九章　法律责任

第五十三条　国家机关及其工作人员有下列行为之一的，由其主管部门或者监察机关给予责令改正；情节较重的，对直接负责的主管人员和其他责任人员给予警告、记过、记大过处分；情节严重的，给予降级、撤职、开除处分：

（一）未制定低碳发展实施方案或实施计划的；

（二）篡改、伪造或者支持篡改、伪造监测数据的；

（三）对妨害低碳发展行为不制止、不处理的；

（四）对应当受理的投诉、举报不受理，对已受理的投诉、举报不调查、不处理的；

（五）应当依法公开信息而未公开的；

（六）弄虚作假、玩忽职守、徇私舞弊的；

（七）对低碳发展支持不力的；

（八）其他违反本条例规定妨害低碳发展的。

对重大妨害低碳发展造成严重后果的，除追究直接责任人员的责任外，对负有领导责任的领导人员给予行政处分，或者引咎辞职，或者由其主管部门责令辞职。

第五十四条　违反本条例第十四条第二款规定的，由有关行政管理部门责令改正，情节严重的，处货值金额百分之三十以下的罚款；违反第十四条第三款、第四款规定的，由质量监督行政管理部门、出入境检验检疫行政管理部门、工商行政管理部门按照职责责令限期改正，没收原材料、产品和违法所得，并处货值金额一倍以上三倍以下的罚款；违反第十四条第五款规定的，由发展和改革行政管理部门责令限期改正，并处货值金额一倍以上三倍以下的罚款。

第五十五条　违反本条例第十五条规定的，由质量监督行政管理部门、工商行政管理部门按照职责责令停止生产、加工和销售，没收原材料、产品和违法所得，并处货值金额一倍以上三倍以下的罚款。

第五十六条　违反本条例第十九条第一款规定的，由发展和改革行政管理部门责令限期改正，逾期不改正的，处以企业经济损失一倍以下的罚款；违反第二款规定的，由住房和城乡建设行政管理部门责令限期改正，逾期不改正的，处以企业经济损失一倍以下的罚款。

第五十七条　违反本条例第三十条第二款规定的，由县级以上环境保护行政管理部门责令改正，并处五百元以上二千元以下的罚款。

第五十八条　违反本条例第三十八条第二款规定的，由县级以上商务行政管理部门给予警告；拒不改正的，处五千元以下罚款。

第五十九条　违反本条例第四十五条第二款规定的，由县级以上有关监督检查部门处二万元以上六万元以下的罚款。

第六十条　违反本条例第四十六条第一项规定的，由发展和改革行政管理部门责令限期改正，逾期不改正的，处十万元以上三十万元以下的罚款；违反第二项、第三项规定的，由发展和改革及有关行政管理部门责令限期改正，逾期不改正的，处五万元以上十五万元以下的罚款；违反第四项规定的，由发展和改革行政管理部门、工业和信息化行政管理部门依照《中华人民共和国节约能源法》有关规定处罚；违反第五项规定的，由环境保护行政管理部门依照《中华人民共和国大气污染防治法》有关规定处罚。

第十章　附则

第六十一条　市人民政府根据本条例制定实施细则。

第六十二条　温室气体，是指大气中吸收和重新放出红外辐射的自然和人为的气态成分，包括二氧化碳、甲烷、氧化亚氮、氢氟碳化物、全氟化碳、六氟化硫和三氟化氮。温室气体排放亦称碳排放。

碳强度，是指单位地区生产总值碳排放量。

碳配额，是指政府分配给重点排放单位指定时期内排放二氧化碳的额度。

禁燃区，是指政府划定的禁止销售、使用高污染燃料的区域，该区域内的单位和个人应在政府规定的期限内停止燃用高污染燃料，改用电、天然气、液化石油气或者其他清洁能源。

负面清单，是指重点生态功能区禁止产业准入的详细名录。

合同能源管理，是指用能单位与专业节能服务公司用合同形式约定，以节能效益支付节能服务公司资金投入的机制。

第六十三条　本条例自2016年7月1日起施行。

政策文件

中共中央 国务院政策文件

国务院关于深入推进新型城镇化建设的若干意见

国发〔2016〕8号

各省、自治区、直辖市人民政府，国务院各部委、各直属机构：

新型城镇化是现代化的必由之路，是最大的内需潜力所在，是经济发展的重要动力，也是一项重要的民生工程。《国家新型城镇化规划（2014—2020年）》发布实施以来，各地区、各部门抓紧行动、改革探索，新型城镇化各项工作取得了积极进展，但仍然存在农业转移人口市民化进展缓慢、城镇化质量不高、对扩大内需的主动力作用没有得到充分发挥等问题。为总结推广各地区行之有效的经验，深入推进新型城镇化建设，现提出如下意见。

一、总体要求

全面贯彻党的十八大和十八届二中、三中、四中、五中全会以及中央经济工作会议、中央城镇化工作会议、中央城市工作会议、中央扶贫开发工作会议、中央农村工作会议精神，按照"五位一体"总体布局和"四个全面"战略布局，牢固树立创新、协调、绿色、开放、共享的发展理念，坚持走以人为本、四化同步、优化布局、生态文明、文化传承的中国特色新型城镇化道路，以人的城镇化为核心，以提高质量为关键，以体制机制改革为动力，紧紧围绕新型城镇化目标任务，加快推进户籍制度改革，提升城市综合承载能力，制定完善土地、财政、投融资等配套政策，充分释放新型城镇化蕴藏的巨大内需潜力，为经济持续健康发展提供持久强劲动力。

坚持点面结合、统筹推进。统筹规划、总体布局，促进大中小城市和小城镇协调发展，着力解决好"三个1亿人"城镇化问题，全面提高城镇化质量。充分发挥国家新型城镇化综合试点作用，及时总结提炼可复制经验，带动全国新型城镇化体制机制创新。

坚持纵横联动、协同推进。加强部门间政策制定和实施的协调配合，推动户籍、土地、财政、住房等相关政策和改革举措形成合力。加强部门与地方政策联动，推动地方加快出台一批配套政策，确保改革举措和政策落地生根。

坚持补齐短板、重点突破。加快实施"一融双新"工程，以促进农民工融入城镇为核心，以加快新生中小城市培育发展和新型城市建设为重点，瞄准短板，加快突破，优化政策组合，弥补供需缺口，促进新型城镇化健康有序发展。

二、积极推进农业转移人口市民化

（一）加快落实户籍制度改革政策。围绕加快提高户籍人口城镇化率，深化户籍制度改革，促进有能力在城镇稳定就业和生活的农业转移人口举家进城落户，并与城镇居民享有同等权利、履行同等义务。鼓励各地区进一步放宽落户条件，除极少数超大城市外，允许农业转移人口在就业地落户，优先解决农村学生升学和参军进入城镇的人口、在城镇就业居住5年以上和举家迁徙的农业转移人口以及新生代农民工落户问题，全面放开对高校毕业生、技术工人、职业院校毕业生、留学归国人员的落户限制，加快制定公开透明的落户标准和切实可行的落户目标。除超大城市和特大城市外，其他城市不得采取要求购买房屋、投资纳税、积分制等方式设置落户限制。加快调整完善超大城市和特大城市落户政策，根据城市综合承载能力和功能定位，区分主城区、郊区、新区等区域，分类制定落户政策；以具有合法稳定就业和合法稳定住所（含租赁）、参加城镇社会保险年限、连续居住年限等为主要指标，建立完善积分落户制度，重点解决符合条件的普通劳动者的落户问题。加快制定实施推动1亿非户籍人口在城市落户方案，强化地方政府主体责任，确保如期完成。

（二）全面实行居住证制度。推进居住证制度覆盖全部未落户城镇常住人口，保障居住证持有人在居住地享有义务教育、基本公共就业服务、基本公共卫生服务和计划生育服务、公共文化体育服务、法律援助和法律服务以及国家规定的其他基本公共服务；同时，在居住地享有按照国家有关规定办理出入境证件、换领补领居民身份证、机动车登记、申领机动车驾驶证、报名参加职业资格考试和申请授予职业资格以及其他便利。鼓励地方各级人民政府根据本地承载能力不断扩大对居住证持有人的公共服务范围并提高服务标准，缩小与户籍人口基本公共服务的差距。推动居住证持有人享有与当地户籍人口同等的住房保障权利，将符合条件的农业转移人口纳入当地住房保障范围。各城市要根据《居住证暂行条例》，加快制定实施具体管理办法，防止居住证与基本公共服务脱钩。

（三）推进城镇基本公共服务常住人口全覆盖。保障农民工随迁子女以流入地公办学校为主接受义务教育，以公办幼儿园和普惠性民办幼儿园为主接受学前教育。实施义务教育"两免一补"和生均公用经费基准定额资金随学生流动可携带政策，统筹人口流入地与流出地教师编制。组织实施农民工职业技能提升计划，每年培训2000万人次以上。允许在农村参加的养老保险和医疗保险规范接入城镇社保体系，加快建立基本医疗保险异地就医医疗费用结算制度。

（四）加快建立农业转移人口市民化激励机制。切实维护进城落户农民在农村的合法权益。实施财政转移支付同农业转移人口市民化挂钩政策，实施城镇建设用地增加规模与吸纳农业转移人口落户数量挂钩政策，中央预算内投资安排向吸纳农业转移人口落户数量较多的城镇倾斜。各省级人民政府要出台相应配套政策，加快推进农业转移人口市民化进程。

三、全面提升城市功能

（五）加快城镇棚户区、城中村和危房改造。围绕实现约1亿人居住的城镇棚户区、城中村和危房改造目标，实施棚户区改造行动计划和城镇旧房改造工程，推动棚户区改造与名城保护、城市更新相结合，加快推进城市棚户区和城中村改造，有序推进旧住宅小区综合整治、危旧住房和非成套住房（包括无上下水、北方地区无供热设施等的住房）改造，将棚户区改造政策支持范围扩大到全国重点镇。加强棚户区改造工程质量监督，严格实施质量责任终身追究制度。

（六）加快城市综合交通网络建设。优化街区路网结构，建设快速路、主次干路和支路级配合理的路网系统，提升城市道路网络密度，优先发展公共交通。大城市要统筹公共汽车、轻轨、地铁等协同发展，推进城市轨道交通系统和自行车等慢行交通系统建设，在有条件的地区规划建设市郊铁路，提高道路的通达性。畅通进出城市通道，加快换乘枢纽、停车场等设施建设，推进充电站、充电桩等新能源汽车充电设施建设，将其纳入城市旧城改造和新城建设规划同步实施。

（七）实施城市地下管网改造工程。统筹城市地上地下设施规划建设，加强城市地下基础设施建设和改造，合理布局电力、通信、广电、给排水、热力、燃气等地下管网，加快实施既有路面城市电网、通信网络架空线入地工程。推动城市新区、各类园区、成片开发区的新建道路同步建设地下综合管廊，老城区要结合地铁建设、河道治理、道路整治、旧城更新、棚户区改造等逐步推进地下综合管廊建设，鼓励社会资本投资运营地下综合管廊。加快城市易涝点改造，推进雨污分流管网改造与排水和防洪排涝设施建设。加强供水管网改造，降低供水管网漏损率。

（八）推进海绵城市建设。在城市新区、各类园区、成片开发区全面推进海绵城市建设。在老城区结合棚户区、危房改造和老旧小区有机更新，妥善解决城市防洪安全、雨水收集利用、黑臭水体治理等问题。加强海绵型建筑与小区、海绵型道路与广场、海绵型公园与绿地、绿色蓄排与净化利用设施等建设。加强自然水系保护与生态修复，切实保护良好水体和饮用水源。

（九）推动新型城市建设。坚持适用、经济、绿色、美观方针，提升规划水平，增强城市规划的科学性和权威性，促进“多规合一”，全面开展城市设计，加快建设绿色城市、智慧城市、人文城市等新型城市，全面提升城市内在品质。实施“宽带中国”战略和“互联网+”城市计划，加速光纤入户，促进宽带网络提速降费，发展智能交通、智能电网、智能水务、智能管网、智能园区。推动分布式太阳能、风能、生物质能、地热能多元化规模化应用和工业余热供暖，推进既有建筑供热计量和节能改造，对大型公共建筑和政府投资的各类建筑全面执行绿色建筑标准和认证，积极推广应用绿色新型建材、装配式建筑和钢结构建筑。加强垃圾处理设施建设，基本建立建筑垃圾、餐厨废弃物、园林废弃物等回收和再生利用体系，建设循环型城市。划定永久基本农田、生态保护红线和城市开发边界，实施城市生态廊道建设和生态系统修复工程。制定实施城市空气质量达标时间表，努力提高优良天数比例，大幅减少重污染天数。落实最严格水资源管理制度，推广节水新技术和新工艺，积极推进中水回用，全面建设节水型城市。促进国家级新区健康发展，推动符合条件的开发区向城市功能区转型，引导工业集聚区规范发展。

（十）提升城市公共服务水平。根据城镇常住人口增长趋势，加大财政对接收农民工随迁子女较多的城镇中小学校、幼儿园建设的投入力度，吸引企业和社会力量投资建学办学，增加中小学校和幼儿园学位供给。统筹新老城区公共服务资源均衡配置。加强医疗卫生机构、文化设施、体育健身场所设施、公园绿地等公共服务设施以及社区服务综合信息平台规划建设。优化社区生活设施布局，打造包括物流配送、便民超市、银行网点、零售药店、家庭服务中心等在内的便捷生活服务圈。建设以居家为基础、社区为依托、机构为补充的多层次养老服务体系，推动生活照料、康复护理、精神慰藉、紧急援助等服务全覆盖。加快推进住宅、公共建筑等的适老化改造。加强城镇公用设施使用安全管理，健全城市抗震、防洪、排涝、消防、应对地质灾害应急指挥体系，完善城市生命通道系统，加强城市防灾避难场所建设，增强抵御自然灾害、处置突发事件和危机管理能力。

四、加快培育中小城市和特色小城镇

（十一）提升县城和重点镇基础设施水平。加强县城和重点镇公共供水、道路交通、燃气供热、信息网络、分布式能源等市政设施和教育、医疗、文化等公共服务设施建设。推进城镇生活污水垃圾处理设施全覆盖和稳定运行，提高县城垃圾资源化、无害化处理能力，加快重点镇垃圾收集和转运设施建设，利用水泥窑协同处理生活垃圾及污泥。推进北方县城和重点镇集中供热全覆盖。加大对中西部地区发展潜力大、吸纳人口多的县城和重点镇的支持力度。

（十二）加快拓展特大镇功能。开展特大镇功能设置试点，以下放事权、扩大财权、改革人事权及强化用地指标保障等为重点，赋予镇区人口10万以上的特大镇部分县级管理权限，允许其按照相同人口规模城市市政设施标准进行建设发展。同步推进特大镇行政管理体制改革和设市模式创新改革试点，减少行政管理层级、推行大部门制，降低行政成本、提高行政效率。

（十三）加快特色镇发展。因地制宜、突出特色、创新机制，充分发挥市场主体作用，推动小城镇发展与疏解大城市中心城区功能相结合、与特色产业发展相结合、与服务“三农”相结合。发展具有特色优势的休闲旅游、商贸物流、信息产业、先进制造、民俗文化传承、科技教育等魅力小镇，带动农业现代化和农民就近城镇化。提升边境口岸城镇功能，在人员往来、加工物流、旅游等方面实行差别化政策，提高投资贸易便利化水平和人流物流便利化程度。

（十四）培育发展一批中小城市。完善设市标准和市辖区设置标准，规范审核审批程序，加快启动相关工作，将具备条件的县和特大镇有序设置为市。适当放宽中西部地区中小城市设置标准，加强产业和公共资源布局引导，适度增加中西部地区中小城市数量。

（十五）加快城市群建设。编制实施一批城市群发展规划，优化提升京津冀、长三角、珠三角三大城市群，推动形成东北地区、中原地区、长江中游、成渝地区、关中平原等城市群。推进城市群基础设施一体化建设，构建核心城市1小时通勤圈，完善城市群之间快速高效互联互通交通网络，建设以高速铁路、城际铁路、高速公路为骨干的城市群内部交通网络，统筹规划建设高速联通、服务便捷的信息网络，统筹推进重大能源基础设施和能源市场一体化建设，共同建设安全可靠的水利和供水系统。做好城镇发展规划与安全生产规划的统筹衔接。

五、辐射带动新农村建设

（十六）推动基础设施和公共服务向农村延伸。推动水电路等基础设施城乡联网。推进城乡配电网建设改造，加快信息进村入户，尽快实现行政村通硬化路、通班车、通邮、通快递，推动有条件地区燃气向农村覆盖。开展农村人居环境整治行动，加强农村垃圾和污水收集处理设施以及防洪排涝设施建设，强化河湖水系整治，加大对传统村落民居和历史文化名村名镇的保护力度，建设美丽宜居乡村。加快农村教育、医疗卫生、文化等事业发展，推进城乡基本公共服务均等化。深化农村社区建设试点。

（十七）带动农村一二三产业融合发展。以县级行政区为基础，以建制镇为支点，搭建多层次、宽领域、广覆盖的农村一二三产业融合发展服务平台，完善利益联结机制，促进农业产业链延伸，推进农业与旅游、教育、文化、健康养老等产业深度融合，大力发展农业新型业态。强化农民合作社和家庭农场基础作用，支持龙头企业引领示范，鼓励社会资本投入，培育多元化农业产业融合主体。推动返乡创业集聚发展。

（十八）带动农村电子商务发展。加快农村宽带网络和快递网络建设，加快农村电子商务发展和“快递下乡”。支持适应乡村特点的电子商务服务平台、商品集散平台和物流中心建设，鼓励电子商务第三方交易平台渠道下沉，带动农村特色产业发展，推进农产品进城、农业生产资料下乡。完善有利于中小网商发展的政策措施，在风险可控、商业可持续的前提下支持发展面向中小网商的融资贷款业务。

（十九）推进易地扶贫搬迁与新型城镇化结合。坚持尊重群众意愿，注重因地制宜，搞好科学规划，在县城、小城镇或工业园区附近建设移民集中安置区，推进转移就业贫困人口在城镇落户。坚持加大中央财政支持和多渠道筹集资金相结合，坚持搬迁和发展两手抓，妥善解决搬迁群众的居住、看病、上学等问题，统筹谋划安置区产业发展与群众就业创业，确保搬迁群众生活有改善、发展有前景。

六、完善土地利用机制

（二十）规范推进城乡建设用地增减挂钩。总结完善并推广有关经验模式，全面实行城镇建设用地增加与农村建设用地减少相挂钩的政策。高标准、高质量推进村庄整治，在规范管理、规范操作、规范运行的基础上，扩大城乡建设用地增减挂钩规模和范围。运用现代信息技术手段加强土地利用变更情况监测监管。

（二十一）建立城镇低效用地再开发激励机制。允许存量土地使用权人在不违反法律法规、符合相关规划的前提下，按照有关规定经批准后对土地进行再开发。完善城镇存量土地再开发过程中的供应方式，鼓励原土地使用权人自行改造，涉及原划拨土地使用权转让需补办出让手续的，经依法批准，可采取规定方式办理并按市场价缴纳土地出让价款。在国家、改造者、土地权利人之间合理分配“三旧”（旧城镇、旧厂房、旧村庄）改造的土地收益。

（二十二）因地制宜推进低丘缓坡地开发。在坚持最严格的耕地保护制度、确保生态安全、切实做好地质灾害防治的前提下，在资源环境承载力适宜地区开展低丘缓坡地开发试点。通过创新规划计划方式、开展整体整治、土地分批供应等政策措施，合理确定低丘缓坡地开发用途、规模、布局和项目用地准入门槛。

（二十三）完善土地经营权和宅基地使用权流转机制。加快推进农村土地确权登记颁证工作，鼓励地方建立健全农村产权流转市场体系，探索农户对土地承包权、宅基地使用权、集体收益分配权的自愿有偿退出机制，支持引导其依法自愿有偿转让上述权益，提高资源利用效率，防止闲置和浪费。深入推进农村土地征收、集体经营性建设用地入市、宅基地制度改革试点，稳步开展农村承包土地的经营权和农民住房财产权抵押贷款试点。

七、创新投融资机制

（二十四）深化政府和社会资本合作。进一步放宽准入条件，健全价格调整机制和政府补贴、监管机制，广泛吸引社会资本参与城市基础设施和市政公用设施建设和运营。根据经营性、准经营性和非经营性项目不同特点，采取更具针对性的政府和社会资本合作模式，加快城市基础设施和公共服务设施建设。

（二十五）加大政府投入力度。优化政府投资结构，安排专项资金重点支持农业转移人口市民化相关配套设施建设。编制公开透明的政府资产负债表，允许有条件的地区通过发行地方政府债券等多种方式拓宽城市建设融资渠道。省级政府举债使用方向要向新型城镇化倾斜。

（二十六）强化金融支持。专项建设基金要扩大支持新型城镇化建设的覆盖面，安排专门资金定向支持城市基础设施和公共服务设施建设、特色小城镇功能提升等。鼓励开发银行、农业发展银行创新信贷模式和产品，针对新型城镇化项目设计差别化融资模式与偿债机制。鼓励商业银行开发面向新型城镇化的金融服务和产品。鼓励公共基金、保险资金等参与具有稳定收益的城市基础设施项目建设和运营。鼓励地方利用财政资金和社会资金设立城镇化发展基金，鼓励地方整合政府投资平台设立城镇化投资平台。支持城市政府推行基础设施和租赁房资产证券化，提高城市基础设施项目直接融资比重。

八、完善城镇住房制度

（二十七）建立购租并举的城镇住房制度。以满足新市民的住房需求为主要出发点，建立购房与租房并举、市场配置与政府保障相结合的住房制度，健全以市场为主满足多层次需求、以政府为主提供基本保障的住房供应体系。对具备购房能力的常住人口，支持其购买商品住房。对不具备购房能力或没有购房意愿的常住人口，支持其通过住房租赁市场租房居住。对符合条件的低收入住房困难家庭，通过提供公共租赁住房或发放租赁补贴保障其基本住房需求。

（二十八）完善城镇住房保障体系。住房保障采取实物与租赁补贴相结合并逐步转向租赁补贴为主。加快推广租赁补贴制度，采取市场提供房源、政府发放补贴的方式，支持符合条件的农业转移人口通过住房租赁市场租房居住。归并实物住房保障种类。完善住房保障申请、审核、公示、轮候、复核制度，严格保障性住房分配和使用管理，健全退出机制，确保住房保障体系公平、公正和健康运行。

（二十九）加快发展专业化住房租赁市场。通过实施土地、规划、金融、税收等相关支持政策，培育专业化市场主体，引导企业投资购房用于租赁经营，支持房地产企业调整资产配置持有住房用于租赁经营，引导住房租赁企业和房地产开发企业经营新建租赁住房。支持专业企业、物业服务企业等通过租赁或购买社会闲置住房开展租赁经营，落实鼓励居民出租住房的税收优惠政策，激活存量住房租赁市场。鼓励商业银行开发适合住房租赁业务发展需要的信贷产品，在风险可控、商业可持续的原则下，对购买商品住房开展租赁业务的企业提供购房信贷支持。

（三十）健全房地产市场调控机制。调整完善差别化住房信贷政策，发展个人住房贷款保险业务，提高对农民工等中低收入群体的住房金融服务水平。完善住房用地供应制度，优化住房供应结构。加强商品房预售管理，推行商品房买卖合同在线签订和备案制度，完善商品房交易资金监管机制。进一步提高城镇棚户区改造以及其他房屋征收项目货币化安置比例。鼓励引导农民在中小城市就近购房。

九、加快推进新型城镇化综合试点

（三十一）深化试点内容。在建立农业转移人口市民化成本分担机制、建立多元化可持续城镇化投融资机制、改革完善农村宅基地制度、建立创新行政管理和降低行政成本的设市设区模式等方面加大探索力度，实现重点突破。鼓励试点地区有序建立进城落户农民农村土地承包权、宅基地使用权、集体收益分配权依法自愿有偿退出机制。有可能突破现行法规和政策的改革探索，在履行必要程序后，赋予试点地区相应权限。

（三十二）扩大试点范围。按照向中西部和东北地区倾斜、向中小城市和小城镇倾斜的原则，组织开展第二批国家新型城镇化综合试点。有关部门在组织开展城镇化相关领域的试点时，要向国家新型城镇化综合试点地区倾斜，以形成改革合力。

（三十三）加大支持力度。地方各级人民政府要营造宽松包容环境，支持试点地区发挥首创精神，推动顶层设计与基层探索良性互动、有机结合。国务院有关部门和省级人民政府要强化对试点地区的指导和支持，推动相关改革举措在试点地区先行先试，及时总结推广试点经验。各试点地区要制定实施年度推进计划，明确年度任务，建立健全试点绩效考核评价机制。

十、健全新型城镇化工作推进机制

（三十四）强化政策协调。国家发展改革委要依托推进新型城镇化工作部际联席会议制度，加强政策统筹协调，推动相关政策尽快出台实施，强化对地方新型城镇化工作的指导。各地区要进一步完善城镇化工作机制，各级发展改革部门要统筹推进本地区新型城镇化工作，其他部门要积极主动配合，共同推动新型城镇化取得更大成效。

（三十五）加强监督检查。有关部门要对各地区新型城镇化建设进展情况进行跟踪监测和监督检查，对相关配套政策实施效果进行跟踪分析和总结评估，确保政策举措落地生根。

（三十六）强化宣传引导。各地区、各部门要广泛宣传推进新型城镇化的新理念、新政策、新举措，及时报道典型经验和做法，强化示范效应，凝聚社会共识，为推进新型城镇化营造良好的社会环境和舆论氛围。

国务院
2016年2月2日

国务院办公厅关于健全生态保护补偿机制的意见

国办发〔2016〕31号

各省、自治区、直辖市人民政府，国务院各部委、各直属机构：

实施生态保护补偿是调动各方积极性、保护好生态环境的重要手段，是生态文明制度建设的重要内容。近年来，各地区、各有关部门有序推进生态保护补偿机制建设，取得了阶段性进展。但总体看，生态保护补偿的范围仍然偏小、标准偏低，保护者和受益者良性互动的体制机制尚不完善，一定程度上影响了生态环境保护措施行动的成效。为进一步健全生态保护补偿机制，加快推进生态文明建设，经党中央、国务院同意，现提出以下意见：

一、总体要求

（一）指导思想。全面贯彻党的十八大和十八届三中、四中、五中全会精神，深入贯彻习近平总书记系列重要讲话精神，坚持"四个全面"战略布局，牢固树立创新、协调、绿色、开放、共享的发展理念，按照党中央、国务院决策部署，不断完善转移支付制度，探索建立多元化生态保护补偿机制，逐步扩大补偿范围，合理提高补偿标准，有效调动全社会参与生态环境保护的积极性，促进生态文明建设迈上新台阶。

（二）基本原则。

权责统一、合理补偿。谁受益、谁补偿。科学界定保护者与受益者权利义务，推进生态保护补偿标准体系和沟通协调平台建设，加快形成受益者付费、保护者得到合理补偿的运行机制。

政府主导、社会参与。发挥政府对生态环境保护的主导作用，加强制度建设，完善法规政策，创新体制机制，拓宽补偿渠道，通过经济、法律等手段，加大政府购买服务力度，引导社会公众积极参与。

统筹兼顾、转型发展。将生态保护补偿与实施主体功能区规划、西部大开发战略和集中连片特困地区脱贫攻坚等有机结合，逐步提高重点生态功能区等区域基本公共服务水平，促进其转型绿色发展。

试点先行、稳步实施。将试点先行与逐步推广、分类补偿与综合补偿有机结合，大胆探索，稳步推进不同领域、区域生态保护补偿机制建设，不断提升生态保护成效。

（三）目标任务。到2020年，实现森林、草原、湿地、荒漠、海洋、水流、耕地等重点领域和禁止开发区域、重点生态功能区等重要区域生态保护补偿全覆盖，补偿水平与经济社会发展状况相适应，跨地区、跨流域补偿试点示范取得明显进展，多元化补偿机制初步建立，基本建立符合我国国情的生态保护补偿制度体系，促进形成绿色生产方式和生活方式。

二、分领域重点任务

（四）森林。健全国家和地方公益林补偿标准动态调整机制。完善以政府购买服务为主的公益林管护机制。合理安排停止天然林商业性采伐补助奖励资金。（国家林业局、财政部、国家发展改革委负责）

（五）草原。扩大退牧还草工程实施范围，适时研究提高补助标准，逐步加大对人工饲草地和牲畜棚圈建设的支持力度。实施新一轮草原生态保护补助奖励政策，根据牧区发展和中央财力状况，合理提高禁牧补助和草畜平衡奖励标准。充实草原管护公益岗位。（农业部、财政部、国家发展改革委负责）

（六）湿地。稳步推进退耕还湿试点，适时扩大试点范围。探索建立湿地生态效益补偿制度，率先在国家级湿地自然保护区、国际重要湿地、国家重要湿地开展补偿试点。（国家林业局、农业部、水利部、国家海洋局、环境保护部、住房城乡建设部、财政部、国家发展改革委负责）

（七）荒漠。开展沙化土地封禁保护试点，将生态保护补偿作为试点重要内容。加强沙区资源和生态系统保护，完善以政府购买服务为主的管护机制。研究制定鼓励社会力量参与防沙治沙的政策措施，切实保障相关权益。（国家林业局、农业部、财政部、国家发展改革委负责）

（八）海洋。完善捕捞渔民转产转业补助政策，提高转产转业补助标准。继续执行海洋伏季休渔渔民低保制度。健全增殖放流和水产养殖生态环境修复补助政策。研究建立国家级海洋自然保护区、海洋特别保护区生态保护补偿制度。（农业部、国家海洋局、水利部、环境保护部、财政部、国家发展改革委负责）

（九）水流。在江河源头区、集中式饮用水水源地、重要河流敏感河段和水生态修复治理区、水产种质资源保护区、水土流失重点预防区和重点治理区、大江大河重要蓄滞洪区以及具有重要饮用水源或重要生态功能的湖泊，全面开展生态保护补偿，适当提高补偿标准。加大水土保持生态效益补偿资金筹集力度。（水利部、环境保护部、住房城乡建设部、农业部、财政部、国家发展改革委负责）

（十）耕地。完善耕地保护补偿制度。建立以绿色生态为导向的农业生态治理补贴制度，对在地下水漏斗区、重金属污染区、生态严重退化地区实施耕地轮作休耕的农民给予资金补助。扩大新一轮退耕还林还草规模，逐步将25度以上陡坡地退出基本农田，纳入退耕还林还草补助范围。研究制定鼓励引导农民施用有机肥料和低毒生物农药的补助政策。（国土资源部、农业部、环境保护部、水利部、国家林业局、住房城乡建设部、财政部、国家发展改革委负责）

三、推进体制机制创新

（十一）建立稳定投入机制。多渠道筹措资金，加大生态保护补偿力度。中央财政考虑不同区域生态功能因素和支出成本差异，通过提高均衡性转移支付系数等方式，逐步增加对重点生态功能区的转移支付。中央预算内投资对重点生态功能区内的基础设施和基本公共服务设施建设予以倾斜。各省级人民政府要完善省以下转移支付制度，建立省级生态保护补偿资金投入机制，加大对省级重点生态功能区域的支持力度。完善森林、草原、海洋、渔业、自然文化遗产等资源收费基金和各类资源有偿使用收入的征收管理办法，逐步扩大资源税征收范围，允许相关收入用于开展相关领域生态保护补偿。完善生态保护成效与资金分配挂钩的激励约束机制，加强对生态保护补偿资金使用的监督管理。（财政部、国家发展改革委会同国土资源部、环境保护部、住房城乡建设部、水利部、农业部、税务总局、国家林业局、国家海洋局负责）

（十二）完善重点生态区域补偿机制。继续推进生态保护补偿试点示范，统筹各类补偿资金，探索综合性补偿办法。划定并严守生态保护红线，研究制定相关生态保护补偿政策。健全国家级自然保护区、世界文化自然遗产、国家级风景名胜区、国家森林公园和国家地质公园等各类禁止开发区域的生态保护补偿政策。将青藏高原等重要生态屏障作为开展生态保护补偿的重点区域。将生态保护补偿作为建立国家公园体制试点的重要内容。（国家发展改革委、财政部会同环境保护部、国土资源部、住房城乡建设部、水利部、农业部、国家林业局、国务院扶贫办负责）

（十三）推进横向生态保护补偿。研究制定以地方补偿为主、中央财政给予支持的横向生态保护补偿机制办法。鼓励受益地区与保护生态地区、流域下游与上游通过资金补偿、对口协作、产业转移、人才培训、共建园区等方式建立横向补偿关系。鼓励在具有重要生态功能、水资源供需矛盾突出、受各种污染危害或威胁严重的典型流域开展横向生态保护补偿试点。在长江、黄河等重要河流探索开展横向生态保护补偿试点。继续推进南水北调中线工程水源区对口支援、新安江水环境生态补偿试点，推动在京津冀水源涵养区、广西广东九洲江、福建广东汀江—韩江、江西广东东江、云南贵州广西广东西江等开展跨地区生态保护补偿试点。（财政部会同国家发展改革委、国土资源部、环境保护部、住房城乡建设部、水利部、农业部、国家林业局、国家海洋局负责）

（十四）健全配套制度体系。加快建立生态保护补偿标准体系，根据各领域、不同类型地区特点，以生态产品产出能力为基础，完善测算方法，分别制定补偿标准。加强森林、草原、耕地等生态监测能力建设，完善重点生态功能区、全国重要江河湖泊水功能区、跨省流域断面水量水质国家重点监控点位布局和自动监测网络，制定和完善监测评估指标体系。研究建立生态保护补偿统计指标体系和信息发布制度。加强生态保护补偿效益评估，积极培育生态服务价值评估机构。健全自然资源资产产权制度，建立统一的确权登记系统和权责明确的产权体系。强化科技支撑，深化生态保护补偿理论和生态服务价值等课题研究。（国家发展改革委、财政部会同国土资源部、环境保护部、住房城乡建设部、水利部、农业部、国家林业局、国家海洋局、国家统计局负责）

（十五）创新政策协同机制。研究建立生态环境损害赔偿、生态产品市场交易与生态保护补偿协同推进生态环境保护的新机制。稳妥有序开展生态环境损害赔偿制度改革试点，加快形成损害生态者赔偿的运行机制。健全生态保护市场体系，完善生态产品价格形成机制，使保护者通过生态产品的交易获得收益，发挥市场机制促进生态保护的积极作用。建立用水权、排污权、碳排放权初始分配制度，完善有偿使用、预算管理、投融资机制，培育和发展交易平台。探索地区间、流域间、流域上下游等水权交易方式。推进重点流域、重点区域排污权交易，扩大排污权有偿使用和交易试点。逐步建立碳排放权交易制度。建立统一的绿色产品标准、认证、标识等体系，完善落实对绿色产品研发生产、运输配送、购买使用的财税金融支持和政府采购等政策。（国家发展改革委、财政部、环境保护部会同国土资源部、住房城乡建设部、水利部、税务总局、国家林业局、农业部、国家能源局、国家海洋局负责）

（十六）结合生态保护补偿推进精准脱贫。在生存条件差、生态系统重要、需要保护修复的地区，结合生态环境保护和治理，探索生态脱贫新路子。生态保护补偿资金、国家重大生态工程项目和资金按照精准扶贫、精准脱贫的要求向贫困地区倾斜，向建档立卡贫困人口倾斜。重点生态功能区转移支付要考虑贫困地区实际状况，加大投入力度，扩大实施范围。加大贫困地区新一轮退耕还林还草力度，合理调整基本农田保有量。开展贫困地区生态综合补偿试点，创新资金使用方式，利用生态保护补偿和生态保护工程资金使当地有劳动能力的部分贫困人口转为生态保护人员。对在贫困地区开发水电、矿产资源占用集体土地的，试行给原住居民集体股权方式进行补偿。（财政部、国家发展改革委、国务院扶贫办会同国土资源部、环境保护部、水利部、农业部、国家林业局、国家能源局负责）

（十七）加快推进法制建设。研究制定生态保护补偿条例。鼓励各地出台相关法规或规范性文件，不断推进生态保护补偿制度化和法制化。加快推进环境保护税立法。（国家发展改革委、财政部、国务院法制办会同国土资源部、环境保护部、住房城乡建设部、水利部、农业部、税务总局、国家林业局、国家海洋局、国家统计局、国家能源局负责）

四、加强组织实施

（十八）强化组织领导。建立由国家发展改革委、财政部会同有关部门组成的部际协调机制，加强跨行政区域生态保护补偿指导协调，组织开展政策实施效果评估，研究解决生态保护补偿机制建设中的重大问题，加强对各项任务的统筹推进和落实。地方各级人民政府要把健全生态保护补偿机制作为推进生态文明建设的重要抓手，列入重要议事日程，明确目标任务，制定科学合理的考核评价体系，实行补偿资金与考核结果挂钩的奖惩制度。及时总结试点情况，提炼可复制可推广的试点经验。

（十九）加强督促落实。各地区、各有关部门要根据本意见要求，结合实际情况，抓紧制定具体实施意见和配套文件。国家发展改革委、财政部要会同有关部门对落实本意见的情况进行监督检查和跟踪分析，每年向国务院报告。各级审计、监察部门要依法加强审计和监察。切实做好环境保护督察工作，督察行动和结果要同生态保护补偿工作有机结合。对生态保护补偿工作落实不力的，启动追责机制。

（二十）加强舆论宣传。加强生态保护补偿政策解读，及时回应社会关切。充分发挥新闻媒体作用，依托现代信息技术，通过典型示范、展览展示、经验交流等形式，引导全社会树立生态产品有价、保护生态人人有责的意识，自觉抵制不良行为，营造珍惜环境、保护生态的良好氛围。

国务院办公厅

2016年4月28日

“互联网+”绿色生态三年行动实施方案

（国发[2015]40号 国家发展改革委办公厅2016年1月11日印发）

为贯彻落实《国务院关于积极推进“互联网+”行动的指导意见》（国发[2015]40号，以下简称《指导意见》），确保“互联网+”绿色生态各项任务落到实处，制订本实施方案。

一、总体要求

推动互联网与生态文明建设深度融合，完善污染物监测及信息发布系统，形成覆盖主要生态要素的资源环境承载能力动态监测网络，实现生态环境数据的互联互通和开放共享。充分发挥互联网在逆向物流回收体系中的平台作用，提高再生资源交易利用的便捷化、互动化、透明化，促进生产生活方式绿色化。

二、主要要点及任务分解

(一)加强资源环境动态监测

1、结合各有关部门对资源、环境、生态等方面的动态监测预警成果，完善部门间数据资源、文献资料等信息共享机制，会同地方政府建立资源环境监测预警数据库和信息共享平台。（责任单位：发展改革委牵头。完成时限：2016年提出详细落实方案，据方案推动落实）

2、研究建设资源环境动态监测应急系统，根据相关部门建设的单项要素评价监测站点，动态采集数据资源，建设集成信息系统，通过对数据资源进行综合分析和评估，为提出预警和限制性措施提供依据。（责任单位：发展改革委牵头。完成时限：2016年提出详细落实方案，据方案推动落实）

3、针对能源、矿产资源、水、大气、森林、草原、湿地、海洋等各类生态要素，利用年度土地变更调查和遥感监测成果，结合互联网大数据分析，优化监测站点布局，扩大动态监控范围，构建资源环境承载能力立体监控系统。（责任单位：国土资源部、环境保护部、水利部、农业部、林业局、海洋局根据职责分别落实。完成时限：根据年度任务落实）

4、组织开展农作物、草原等农业生态要素遥感及地面动态监测工作。（责任部门：农业部。完成时限：按年度持续推进）

5、制定《“互联网”+林业行动计划》。（责任部门：林业局。完成时限：2016年底前完成）

6、积极推动生态红线监测、生态红线一张图建设。全面强化生态安全的网络化监管。开展重要生态区域、珍惜濒危物种及其栖息地的监测物联网应用工作。开发监测信息管理共享服务平台，提升监测的效率和质量。（责任单位：环境保护部、农业部、林业局、海洋局根据部门职责分别落实。完成时限：2016年试点，2017年后逐步扩大范围）

7、建设适应“互联网+”绿色生态的林业标准体系，开展林业物联网传感区数据接口规范、传感器网络组网设备技术要求等标准的研究工作。（责任单位：林业局、工业和信息化部。完成时限：2016年开展研究，2017年起分批出台）

8、加强重点用能单位能耗在线监测和大数据分析，在稳步推进试点的基础上扩大范围。（责任单位：发展改革委。完成时限：2016年开展试点评估，2017年后逐步扩大范围）

(二)大力发展智慧环保

9、利用智能监测设备和移动互联网，完善污染物排放在线监测系统，增加监测污染物种类，扩大监测范围，形成全天候、多层次的智能多源感知体系。（责任部门：环境保护部、海洋局。完成时限：2017年底前完成）

10、建立环境信息数据共享机制，统一数据交换标准，推进区域污染物排放、空气环境质量、水环境质量等信

息公开，通过互联网实现面向公众的在线查询和实时发布。(责任部门：环境保护部、海洋局。完成时限：2016年底前完成)

11、加强企业环保信用数据的采集整理，将企业环保信用记录纳入全国统一信用信息共享交换平台。(责任部门：环境保护部、发展改革委、工业和信息化部。完成时限：2016年开展试点，按年度持续推进)

12、完善环境预警和风险监测信息网络，提升重金属、危险废物、危险化学品等重点风险防范水平和应急处理能力。(责任部门：环境保护部、海洋局。完成时限：按年度持续推进)

13、建设全国海洋生态环境监督管理系统。以海洋生态环境监管业务数据为基础，通过多元数据信息综合利用等手段，建立为国家和地方海洋生态环境监督管理与科学决策提供全面支撑的综合信息系统平台，实现数据集成与管理、分析评价与决策、行政审批与管理、政务公开与公众服务能力的全面提升。(责任单位：海洋局。完成时限：2017年年底前完成)。

14、健全完善网络环境监督管理和宣传教育平台。畅通公众参与渠道，鼓励公众利用网络平台对环境保护案件、线索、问题进行举报，构建政府引导、全民参与的监督管理机制。利用网络平台，宣传环保理念、普及环保知识，提高公众环保意识。(责任单位：环境保护部、农业部、林业局、海洋局根据部门职责分别落实。完成时限：按年度持续推进)

(三)完善废旧资源回收利用和在线交易体系

15、制定《“互联网+”资源循环行动方案(2016-2020)》，对“十三五”时期资源循环利用产业利用互联网、大数据的方式进行总体布局，确定重点任务，明确保障措施。(责任部门：发展改革委、科技部、工业和信息化部、财政部、环境保护部、住房城乡建设部、商务部。完成时限：2016年底前印发)

16、起草下发《关于推动再生资源回收行业转型升级的意见》，推动回收行业利用信息技术从松散粗放型向集约型、规模型、产业型、效益型方向转变。(责任部门：商务部。完成时限：2016年底前印发)

17、支持回收行业利用物联网、大数据开展信息采集、数据分析、流向监测，推广“互联网+”回收新模式。(责任部门：商务部。完成时限：按年度持续推进)

18、选择部分特定产品，支持利用电子标签、二维码等物联网技术跟踪电子废物流向，推动在废弃电器电子产品处理企业的审核评价标准中纳入有关指标要求。(责任部门：发展改革委、环境保护部会同工业和信息化部等部门。完成时限：2016年11月)

19、鼓励互联网企业参与搭建城市废弃物回收平台，创新再生资源回收模式。将回收平台共建作为国家循环经济示范城市(县)建设的鼓励支持方向。(责任部门：发展改革委、住房城乡建设部、商务部。完成时限：2016年9月)

20、完善报废汽车旧件、二手件、再制造旧件、再制造产品等的相关标准，加快推进汽车保险信息系统、汽车维修系统、“以旧换再”管理系统和报废车管理系统的标准规范和互联互通。推动汽车维修、汽车保险、旧件回收、再制造品、汽车报废拆解等汽车产品售后全生命周期信息的互通共享。(责任单位：发展改革委、工业和信息化部、交通运输部、商务部、保监会。完成时限：2017年底完善标准制定，2018年起逐步实现互联互通)

21、鼓励互联网企业积极参与各类产业园区废弃物信息平台建设，以园区循环化改造为切入点，支持一批符合条件的园区开展相关工作。(责任部门：发展改革委、财政部。完成时限：2016年选择部分区域)

22、推动现有骨干再生资源交易市场向线上线下结合转型升级，逐步形成行业性、区域性、全国性的产业废弃物和再生资源在线交易系统，完善线上信用评价和供应链融资体系，开展在线竞价，发布价格交易指数，提高稳定供给能力，增强主要再生资源品种的定价权。23、总结推广典型经验，选择开展废弃物信息平台建设较好的地区，进行经验总结并向全国进行推广。(责任部门：发展改革委、商务部。完成时限：2016年底前完成)

24、利用“节能周”、“低碳日”等平台，依托有关行业协会、企业开展宣传活动，普及废旧商品回收利用、分类回收的必要性和方式，引导消费者树立绿色循环低碳生活理念。(责任部门：发展改革委、商务部牵头。完成时限：按年度持续推进)

三、保障措施

(一)加强组织领导

各部门要进一步提高对“互联网+”工作重要性的认识，加强组织领导，各项分解工作的牵头部门(列第一位的为牵头部门)应当明确一名司局级同志负责总体牵头，精心组织实施，狠抓具体落实。(二)细化分解任务各部门要按照本方案并结合实际，制订涉及本部门牵头工作的细化工作方案的工作进度安排，将任务分解落实到具体的司局、处室、责任人，做到任务明确、措施具体、责任到人。(三)加强督促检查7各牵头部门要对每项工作任务的进展情况，实行报告制度。并于每年1月底前将上一年的工作情况以书面材料形式报发展改革委(环资司)。

发展改革委将会同有关部门对落实情况进行跟踪督促，重要情况向“互联网+”部际联席会议汇报。

中华人民共和国国民经济和社会发展第十三个五年规划纲要（节录）

新华社2015年3月17日受权公布

中华人民共和国国民经济和社会发展第十三个五年（2016－2020年）规划纲要，根据《中共中央关于制定国民经济和社会发展第十三个五年规划的建议》编制，主要阐明国家战略意图，明确经济社会发展宏伟目标、主要任务和重大举措，是市场主体的行为导向，是政府履行职责的重要依据，是全国各族人民的共同愿景。

第一篇　指导思想、主要目标和发展理念

“十三五”时期是全面建成小康社会决胜阶段。必须认真贯彻党中央战略决策和部署，准确把握国内外发展环境和条件的深刻变化，积极适应把握引领经济发展新常态，全面推进创新发展、协调发展、绿色发展、开放发展、共享发展，确保全面建成小康社会。

……

第三章　主要目标

按照全面建成小康社会新的目标要求，今后五年经济社会发展的主要目标是：

……

——生态环境质量总体改善。生产方式和生活方式绿色、低碳水平上升。能源资源开发利用效率大幅提高，能源和水资源消耗、建设用地、碳排放总量得到有效控制，主要污染物排放总量大幅减少。主体功能区布局和生态安全屏障基本形成。

第四章　发展理念

实现发展目标，破解发展难题，厚植发展优势，必须牢固树立和贯彻落实创新、协调、绿色、开放、共享的新发展理念。

……

绿色是永续发展的必要条件和人民对美好生活追求的重要体现。必须坚持节约资源和保护环境的基本国策，坚持可持续发展，坚定走生产发展、生活富裕、生态良好的文明发展道路，加快建设资源节约型、环境友好型社会，形成人与自然和谐发展现代化建设新格局，推进美丽中国建设，为全球生态安全作出新贡献。

……

坚持创新发展、协调发展、绿色发展、开放发展、共享发展，是关系我国发展全局的一场深刻变革。创新、协调、绿色、开放、共享的新发展理念是具有内在联系的集合体，是“十三五”乃至更长时期我国发展思路、发展方向、发展着力点的集中体现，必须贯穿于“十三五”经济社会发展的各领域各环节。

第二篇　实施创新驱动发展战略

第二节　加快发展新型制造业

实施高端装备创新发展工程，明显提升自主设计水平和系统集成能力。实施智能制造工程，加快发展智能制造关键技术装备，强化智能制造标准、工业电子设备、核心支撑软件等基础。加强工业互联网设施建设、技术验证和示范推广，推动“中国制造+互联网”取得实质性突破。培育推广新型智能制造模式，推动生产方式向柔性、智能、精细化转变。鼓励建立智能制造产业联盟。实施绿色制造工程，推进产品全生命周期绿色管理，构建绿色制造体系。推动制造业由生产型向生产服务型转变，引导制造企业延伸服务链条、促进服务增值。推进制造业集聚区改造提升，建设一批新型工业化产业示范基地，培育若干先进制造业中心。

第三节　推动传统产业改造升级

实施制造业重大技术改造升级工程，完善政策体系，支持企业瞄准国际同行业标杆全面提高产品技术、工艺装备、能效环保等水平，实现重点领域向中高端的群体性突破。开展改善消费品供给专项行动。鼓励企业并购，形成以大企业集团为核心，集中度高、分工细化、协作高效的产业组织形态。支持专业化中小企业发展。

第五节　积极稳妥化解产能过剩

综合运用市场机制、经济手段、法治办法和必要的行政手段，加大政策引导力度，实现市场出清。建立以工艺、技术、能耗、环保、质量、安全等为约束条件的推进机制，强化行业规范和准入管理，坚决淘汰落后产能。设立工业企业结构调整专项奖补资金，通过兼并重组、债务重组、破产清算、盘活资产，加快钢铁、煤炭等行业过剩产能退出，分类有序、积极稳妥处置退出企业，妥善做好人员安置等工作。

第七篇　构筑现代基础设施网络

拓展基础设施建设空间，加快完善安全高效、智能绿色、互联互通的现代基础设施网络，更好发挥对经济社会发展的支撑引领作用。

第二十九章　完善现代综合交通运输体系

第四节　推动运输服务低碳智能安全发展

推进交通运输低碳发展，集约节约利用资源，加强标准化、现代化运输装备和节能环保运输工具推广应用。加快智能交通发展，推广先进信息技术和智能技术装备应用，加强联程联运系统、智能管理系统、公共信息系统建设，加快发展多式联运，提高交通运输服务质量和效益。强化交通运输、邮政安全管理，提升安全保障、应急处置和救援能力。推进出租汽车行业改革、铁路市场化改革，加快推进空域管理体制改革。

第三十章　建设现代能源体系

深入推进能源革命，着力推动能源生产利用方式变革，优化能源供给结构，提高能源利用效率，建设清洁低碳、安全高效的现代能源体系，维护国家能源安全。

第一节　推动能源结构优化升级

统筹水电开发与生态保护，坚持生态优先，以重要流域龙头水电站建设为重点，科学开发西南水电资源。继续推进风电、光伏发电发展，积极支持光热发电。以沿海核电带为重点，安全建设自主核电示范工程和项目。加快发展生物质能、地热能，积极开发沿海潮汐能资源。完善风能、太阳能、生物质能发电扶持政策。优化建设国家综合能源基地，大力推进煤炭清洁高效利用。限制东部、控制中部和东北、优化西部地区煤炭资源开发，推进大型煤炭基地绿色化开采和改造，鼓励采用新技术发展煤电。加强陆上和海上油气勘探开发，有序开放矿业权，积极开发天然气、煤层气、页岩油（气）。推进炼油产业转型升级，开展成品油质量升级行动计划，拓展生物燃料等新的清洁油品来源。

第二节　构建现代能源储运网络

统筹推进煤电油气多种能源输送方式发展，加强能源储备和调峰设施建设，加快构建多能互补、外通内畅、安全可靠的现代能源储运网络。加强跨区域骨干能源输送网络建设，建成蒙西－华中北煤南运战略通道，优化建设电网主网架和跨区域输电通道。加快建设陆路进口油气战略通道。推进油气储备设施建设，提高油气储备和调峰能力。

第三节　积极构建智慧能源系统

加快推进能源全领域、全环节智慧化发展，提高可持续自适应能力。适应分布式能源发展、用户多元化需求，优化电力需求侧管理，加快智能电网建设，提高电网与发电侧、需求侧交互响应能力。推进能源与信息等领域新技术深度融合，统筹能源与通信、交通等基础设施网络建设，建设“源－网－荷－储”协调发展成互补的能源互联网。

第三十一章　强化水安全保障

加快完善水利基础设施网络，推进水资源科学开发、合理调配、节约使用、高效利用，全面提升水安全保障能力。

第一节　优化水资源配置格局

科学论证、稳步推进一批重大引调水工程、河湖水系连通骨干工程和重点水源等工程建设，统筹加强中小型水利设施建设，加快构筑多水源互联互调、安全可靠的城乡区域用水保障网。因地制宜实施抗旱水源工程，加强城市应急和备用水源建设。科学开发利用地表水及各类非常规水源，严格控制地下水开采。推进江河流域系统整治，维持基本生态用水需求，增强保水储水能力。科学实施跨界河流开发治理，深化与周边国家跨界水合作。科学开展人工影响天气活动。

第二节　完善综合防洪减灾体系

加强江河湖泊治理骨干工程建设，继续推进大江大河大湖堤防加固、河道治理、控制性枢纽和蓄滞洪区建设。加快中小河流治理、山洪灾害防治、病险水库水闸除险加固，推进重点海堤达标建设。加强气象水文监测和雨情水情预报，强化洪水风险管理，提高防洪减灾水平。

第四十一章　拓展蓝色经济空间

坚持陆海统筹，发展海洋经济，科学开发海洋资源，保护海洋生态环境，维护海洋权益，建设海洋强国。

第一节　壮大海洋经济

优化海洋产业结构，发展远洋渔业，推动海水淡化规模化应用，扶持海洋生物医药、海洋装备制造等产业发展，加快发展海洋服务业。发展海洋科学技术，重点在深水、绿色、安全的海洋高技术领域取得突破。推进智慧海洋工程建设。创新海域海岛资源市场化配置方式。深入推进山东、浙江、广东、福建、天津等全国海洋经济发展试点区建设，支持海南利用南海资源优势发展特色海洋经济，建设青岛蓝谷等海洋经济发展示范区。

第二节　加强海洋资源环境保护

深入实施以海洋生态系统为基础的综合管理，推进海洋主体功能区建设，优化近岸海域空间布局，科学控制开发强度。严格控制围填海规模，加强海岸带保护与修复，自然岸线保有率不低于35%。严格控制捕捞强度，实施休渔制度。加强海洋资源勘探与开发，深入开展极地大洋科学考察。实施陆源污染物达标排海和排污总量控制制度，建立海洋资源环境承载力预警机制。建立海洋生态红线制度，实施“南红北柳”湿地修复工程和“生态岛礁”工程，加强海洋珍稀物种保护。加强海洋气候变化研究，提高海洋灾害监测、风险评估和防灾减灾能力，加强海上救灾战略预置，提升海上突发环境事故应急能力。实施海洋督察制度，开展常态化海洋督察。

第十篇　加快改善生态环境

以提高环境质量为核心，以解决生态环境领域突出问题为重点，加大生态环境保护力度，提高资源利用效率，为人民提供更多优质生态产品，协同推进人民富裕、国家富强、中国美丽。

第四十二章　加快建设主体功能区

强化主体功能区作为国土空间开发保护基础制度的作用，加快完善主体功能区政策体系，推动各地区依据主体功能定位发展。

第一节　推动主体功能区布局基本形成

有度有序利用自然，调整优化空间结构，推动形成以“两横三纵”为主体的城市化战略格局、以“七区二十三带”为主体的农业战略格局、以“两屏三带”为主体的生态安全战略格局，以及可持续的海洋空间开发格局。合理控制国土空间开发强度，增加生态空间。推动优化开发区域产业结构向高端高效发展，优化空间开发结构，逐年减少建设用地增量，提高土地利用效率。推动重点开发区域集聚产业和人口，培育若干带动区域协同发展的增长极。划定农业空间和生态空间保护红线，拓展重点生态功能区覆盖范围，加大禁止开发区域保护力度。

第二节　健全主体功能区配套政策体系

根据不同主体功能区定位要求，健全差别化的财政、产业、投资、人口流动、土地、资源开发、环境保护等政策，实行分类考核的绩效评价办法。重点生态功能区实行产业准入负面清单。加大对农产品主产区和重点生态功能区的转移支付力度，建立健全区域流域横向生态补偿机制。设立统一规范的国家生态文明试验区。建立国家公园体制，整合设立一批国家公园。

第三节　建立空间治理体系

以市县级行政区为单元，建立由空间规划、用途管制、差异化绩效考核等构成的空间治理体系。建立国家空间规划体系，以主体功能区规划为基础统筹各类空间性规划，推进“多规合一”。完善国土空间开发许可制度。建立资源环境承载能力监测预警机制，对接近或达到警戒线的地区实行限制性措施。实施土地、矿产等国土资源调查评价和监测工程。提升测绘地理信息服务保障能力，开展地理国情常态化监测，推进全球地理信息资源开发。

第四十三章　推进资源节约集约利用

树立节约集约循环利用的资源观，推动资源利用方式根本转变，加强全过程节约管理，大幅提高资源利用综合效益。

第一节　全面推动能源节约

推进能源消费革命。实施全民节能行动计划，全面推进工业、建筑、交通运输、公共机构等领域节能，实施锅炉（窑炉）、照明、电机系统升级改造及余热暖民等重点工程。大力开发、推广节能技术和产品，开展重大技术示范。实施重点用能单位“百千万”行动和节能自愿活动，推动能源管理体系、计量体系和能耗在线监测系统建设，开展能源评审和绩效评价。实施建筑能效提升和绿色建筑全产业链发展计划。推行节能低碳电力调度。推进能源综合梯级利用。能源消费总量控制在50亿吨标准煤以内。

第二节　全面推进节水型社会建设

落实最严格的水资源管理制度，实施全民节水行动计划。坚持以水定产、以水定城，对水资源短缺地区实行更严格的产业准入、取用水定额控制。加快农业、工业、城镇节水改造，扎实推进农业综合水价改革，开展节水综合改造示范。加强重点用水单位监管，鼓励一水多用、优水优用、分质利用。建立水效……推广节水技术和产品。加快非常规水资源利用，实施雨洪资源利用、再生水利用等工程。用水总量控制……

第三节　强化土地节约集约利用

严控新增建设用地，有效管控新城新区和开发区无序扩张。有序推进城镇低效……开发利用，推进建设用地多功能开发、地上地下立体综合开发利用，促进空置楼宇、厂……农村集体建设用地规模，探索建立收储制度，盘活农村闲置建设用地。开展建设用地节……国内生产总值建设用地使用面积下降20%。

第四节　加强矿产资源节约和管理

强化矿产资源规划管控，严格分区管理、总量控制和开采准入制度，加强复……持矿山企业技术和工艺改造，引导小型矿山兼并重组，关闭技术落后、破坏环境的矿山……矿业发展示范区建设，实施矿产资源节约与综合利用示范工程、矿产资源保护和储备……选矿回收率和综合利用率。完善优势矿产限产保值机制。建立矿产资源国家权益金制……开展找矿突破行动。

第五节　大力发展循环经济

实施循环发展引领计划，推进生产和生活系统循环链接，加快废弃物资源……统筹产业布局，推进园区循环化改造，建设工农复合型循环经济示范区，促进企业间……生。推进城市矿山开发利用，做好工业固废等大宗废弃物资源化利用，加快建设城市餐……纺织品等资源化利用和无害化处理系统，规范发展再制造。实行生产者责任延伸制度。……络，加强生活垃圾分类回收与再生资源回收的衔接。

第六节　倡导勤俭节约的生活方式

倡导合理消费，力戒奢侈消费，制止奢靡之风。在生产、流通、仓储、消费各环节落实全面节约要求。管住公款消费，深入开展反过度包装、反食品浪费、反过度消费行动，推动形成勤俭节约的社会风尚。推广城市自行车和公共交通等绿色出行服务系统。限制一次性用品使用。

第七节　建立健全资源高效利用机制

实施能源和水资源消耗、建设用地等总量和强度双控行动，强化目标责任，完善市场调节、标准控制和考核监管。建立健全用能权、用水权、碳排放权初始分配制度，创新有偿使用、预算管理、投融资机制，培育和发展交易市场。健全节能、节水、节地、节材、节矿标准体系，提高建筑节能标准，实现重点行业、设备节能标准全覆盖。强化节能评估审查和节能监察。建立健全中央对地方节能环保考核和奖励机制，进一步扩大节能减排财政政策综合示范。建立统一规范的国有自然资源资产出让平台。组织实施能效、水效领跑者引领行动。

第四十四章　加大环境综合治理力度

创新环境治理理念和方式，实行最严格的环境保护制度，强化排污者主体责任，形成政府、企业、公众共治的环境治理体系，实现环境质量总体改善。

第一节　深入实施污染防治行动计划

制定城市空气质量达标计划，严格落实约束性指标，地级及以上城市重污染天数减少25%，加大重点地区细颗粒物污染治理力度。构建机动车船和燃料油环保达标监管体系。提高城市燃气化率。强化道路、施工等扬尘监管，禁止秸秆露天焚烧。加强重点流域、海域综合治理，严格保护良好水体和饮用水水源，加强水质较差湖泊综合治理与改善。推进水功能区分区管理，主要江河湖泊水功能区水质达标率达到80%以上。开展地下水污染调查和综合防治。实施土壤污染分类分级防治，优先保护农用地土壤环境质量安全，切实加强建设用地土壤环境监管。

第二节　大力推进污染物达标排放和总量减排

实施工业污染源全面达标排放计划。完善污染物排放标准体系，加强工业污染源监督性监测，公布未达标企业名单，实施限期整改。城市建成区内污染严重企业实施有序搬迁改造或依法关闭。开展全国第二次污染源普查。改革主要污染物总量控制制度，扩大污染物总量控制范围。在重点区域、重点行业推进挥发性有机物排放总量控制，全国排放总量下降10%以上。对中小型燃煤设施、城中村和城乡结合区域等实施清洁能源替代工程。沿海和汇入富营养化湖库的河流沿线所有地级及以上城市实施总氮排放总量控制。实施重点行业清洁生产改造。

第三节　严密防控环境风险

实施环境风险全过程管理。加强危险废物污染防治，开展危险废物专项整治。加大重点区域、有色等重点行业重金属污染防治力度。加强有毒有害化学物质环境和健康风险评估能力建设。推进核设施安全改进和放射性污染防治，强化核与辐射安全监管体系和能力建设。

第四节　加强环境基础设施建设

加快城镇垃圾处理设施建设，完善收运系统，提高垃圾焚烧处理率，做好垃圾渗滤液处理处置；加快城镇污水处理设施和管网建设改造，推进污泥无害化处理和资源化利用，实现城镇生活污水、垃圾处理设施全覆盖和稳定达标运行，城市、县城污水集中处理率分别达到95%和85%。建立全国统一、全面覆盖的实时在线环境监测监控系统，推进环境保护大数据建设。

第五节　改革环境治理基础制度

切实落实地方政府环境责任，开展环保督察巡视，建立环境质量目标责任制和评价考核机制。实行省以下环保机构监测监察执法垂直管理制度，探索建立跨地区环保机构，推行全流域、跨区域联防联控和城乡协同治理模式。推进多污染物综合防治和统一监管，建立覆盖所有固定污染源的企业排放许可制，实行排污许可“一证式”管理。建立健全排污权有偿使用和交易制度。严格环保执法，开展跨区域联合执法，强化执法监督和责任追究。建立企业环境信用记录和违法排污黑名单制度，强化企业污染物排放自行监测和环境信息公开，畅通公众参与渠道，完善环境公益诉讼制度。实行领导干部环境保护责任离任审计。

第四十五章　加强生态保护修复

坚持保护优先、自然恢复为主，推进自然生态系统保护与修复，构建生态廊道和生物多样性保护网络，全面提升各类自然生态系统稳定性和生态服务功能，筑牢生态安全屏障。

第一节　全面提升生态系统功能

开展大规模国土绿化行动，加强林业重点工程建设，完善天然林保护制度，全面停止天然林商业性采伐，保护培育森林生态系统。发挥国有林区林场在绿化国土中的带动作用。创新产权模式，引导社会资金投入植树造林。严禁移植天然大树进城。扩大退耕还林还草，保护治理草原生态系统，推进禁牧休牧轮牧和天然草原退牧还草，加强“三化”草原治理，草原植被综合盖度达到56%。保护修复荒漠生态系统，加快风沙源区治理，遏制沙化扩展。保障重要河湖湿地及河口生态水位，保护修复湿地与河湖生态系统，建立湿地保护制度。

第二节　推进重点区域生态修复

坚持源头保护、系统恢复、综合施策，推进荒漠化、石漠化、水土流失综合治理。继续实施京津风沙源治理二期工程。强化三江源等江河源头和水源涵养区生态保护。加大南水北调水源地及沿线生态走廊、三峡库区等区域生态保护力度，推进沿黄生态经济带建设。支持甘肃生态安全屏障综合示范区建设。开展典型受损生态系统恢复和修复示范。完善国家地下水监测系统，开展地下水超采区综合治理。建立沙化土地封禁保护制度。有步骤对居住在自然保护区核心区与缓冲区的居民实施生态移民。

第三节　扩大生态产品供给

丰富生态产品，优化生态服务空间配置，提升生态公共服务供给能力。加大风景名胜区、森林公园、湿地公园、沙漠公园等保护力度，加强林区道路等基础设施建设，适度开发公众休闲、旅游观光、生态康养服务和产品。加快城乡绿道、郊野公园等城乡生态基础设施建设，发展森林城市，建设森林小镇。打造生态体验精品线路，拓展绿色宜人的生态空间 。

第四十八章　发展绿色环保产业

培育服务主体，推广节能环保产品，支持技术装备和服务模式创新，完善政策机制，促进节能环保产业发展壮大。

第一节　扩大环保产品和服务供给

完善企业资质管理制度，鼓励发展节能环保技术咨询、系统设计、设备制造、工程施工、运营管理等专业化服务。推行合同能源管理、合同节水管理和环境污染第三方治理。鼓励社会资本进入环境基础设施领域，开展小城镇、园区环境综合治理托管服务试点。发展一批具有国际竞争力的大型节能环保企业，推动先进适用节能环保技术产品走出去。统筹推行绿色标识、认证和政府绿色采购制度。建立绿色金融体系，发展绿色信贷、绿色债券，设立绿色发展基金。完善煤矸石、余热余压、垃圾和沼气等发电上网政策。加快构建绿色供应链产业体系。

第二节　发展环保技术装备

增强节能环保工程技术和设备制造能力，研发、示范、推广一批节能环保先进技术装备。加快低品位余热发电、小型燃气轮机、细颗粒物治理、汽车尾气净化、垃圾渗滤液处理、污泥资源化、多污染协同处理、土壤修复治理等新型技术装备研发和产业化。推广高效烟气除尘和余热回收一体化、高效热泵、半导体照明、废弃物循环利用等成熟适用技术。

中共中央国务院关于加快推进生态文明建设的意见

（2015年4月25日）

生态文明建设是中国特色社会主义事业的重要内容，关系人民福祉，关乎民族未来，事关“两个一百年”奋斗目标和中华民族伟大复兴中国梦的实现。党中央、国务院高度重视生态文明建设，先后出台了一系列重大决策部署，推动生态文明建设取得了重大进展和积极成效。但总体上看我国生态文明建设水平仍滞后于经济社会发展，资源约束趋紧，环境污染严重，生态系统退化，发展与人口资源环境之间的矛盾日益突出，已成为经济社会可持续发展的重大瓶颈制约。

加快推进生态文明建设是加快转变经济发展方式、提高发展质量和效益的内在要求，是坚持以人为本、促进社会和谐的必然选择，是全面建成小康社会、实现中华民族伟大复兴中国梦的时代抉择，是积极应对气候变化、维护全球生态安全的重大举措。要充分认识加快推进生态文明建设的极端重要性和紧迫性，切实增强责任感和使命感，牢固树立尊重自然、顺应自然、保护自然的理念，坚持绿水青山就是金山银山，动员全党、全社会积极行动、深入持久地推进生态文明建设，加快形成人与自然和谐发展的现代化建设新格局，开创社会主义生态文明新时代。

一、总体要求

（一）指导思想。以邓小平理论、“三个代表”重要思想、科学发展观为指导，全面贯彻党的十八大和十八届二中、三中、四中全会精神，深入贯彻习近平总书记系列重要讲话精神，认真落实党中央、国务院的决策部署，坚持以人为本、依法推进，坚持节约资源和保护环境的基本国策，把生态文明建设放在突出的战略位置，融入经济建设、政治建设、文化建设、社会建设各方面和全过程，协同推进新型工业化、信息化、城镇化、农业现代化和绿色化，以健全生态文明制度体系为重点，优化国土空间开发格局，全面促进资源节约利用，加大自然生态系统和环境保护力度，大力推进绿色发展、循环发展、低碳发展，弘扬生态文化，倡导绿色生活，加快建设美丽中国，使蓝天常在、青山常在、绿水常在，实现中华民族永续发展。

（二）基本原则

坚持把节约优先、保护优先、自然恢复为主作为基本方针。在资源开发与节约中，把节约放在优先位置，以最少的资源消耗支撑经济社会持续发展；在环境保护与发展中，把保护放在优先位置，在发展中保护、在保护中发展；在生态建设与修复中，以自然恢复为主，与人工修复相结合。

坚持把绿色发展、循环发展、低碳发展作为基本途径。经济社会发展必须建立在资源得到高效循环利用、生态环境受到严格保护的基础上，与生态文明建设相协调，形成节约资源和保护环境的空间格局、产业结构、生产方式。

坚持把深化改革和创新驱动作为基本动力。充分发挥市场配置资源的决定性作用和更好发挥政府作用，不断深化制度改革和科技创新，建立系统完整的生态文明制度体系，强化科技创新引领作用，为生态文明建设注入强大动力。

坚持把培育生态文化作为重要支撑。将生态文明纳入社会主义核心价值体系，加强生态文化的宣传教育，倡导勤俭节约、绿色低碳、文明健康的生活方式和消费模式，提高全社会生态文明意识。

坚持把重点突破和整体推进作为工作方式。既立足当前，着力解决对经济社会可持续发展制约性强、群众反映强烈的突出问题，打好生态文明建设攻坚战；又着眼长远，加强顶层设计与鼓励基层探索相结合，持之以恒全面推进生态文明建设。

（三）主要目标

到2020年，资源节约型和环境友好型社会建设取得重大进展，主体功能区布局基本形成，经济发展质量和效益显著提高，生态文明主流价值观在全社会得到推行，生态文明建设水平与全面建成小康社会目标相适应。

——国土空间开发格局进一步优化。经济、人口布局向均衡方向发展，陆海空间开发强度、城市空间规模得到有效控制，城乡结构和空间布局明显优化。

——资源利用更加高效。单位国内生产总值二氧化碳排放强度比2005年下降40%—45%，能源消耗强度持续下降，资源产出率大幅提高，用水总量力争控制在6700亿立方米以内，万元工业增加值用水量降低到65立方米以下，农田灌溉水有效利用系数提高到0.55以上，非化石能源占一次能源消费比重达到15%左右。

——生态环境质量总体改善。主要污染物排放总量继续减少，大气环境质量、重点流域和近岸海域水环境质量得到改善，重要江河湖泊水功能区水质达标率提高到80%以上，饮用水安全保障水平持续提升，土壤环境质量总体保持稳定，环境风险得到有效控制。森林覆盖率达到23%以上，草原综合植被覆盖度达到56%，湿地面积不低于8亿亩，50%以上可治理沙化土地得到治理，自然岸线保有率不低于35%，生物多样性丧失速度得到基本控制，全国生态系统稳定性明显增强。

——生态文明重大制度基本确立。基本形成源头预防、过程控制、损害赔偿、责任追究的生态文明制度体系，自然资源资产产权和用途管制、生态保护红线、生态保护补偿、生态环境保护管理体制等关键制度建设取得决定性成果。

二、强化主体功能定位，优化国土空间开发格局

国土是生态文明建设的空间载体。要坚定不移地实施主体功能区战略，健全空间规划体系，科学合理布局和整治生产空间、生活空间、生态空间。

（四）积极实施主体功能区战略。全面落实主体功能区规划，健全财政、投资、产业、土地、人口、环境等配套政策和各有侧重的绩效考核评价体系。推进市县落实主体功能定位，推动经济社会发展、城乡、土地利用、生态环境保护等规划“多规合一”，形成一个市县一本规划、一张蓝图。区域规划编制、重大项目布局必须符合主体功能定位。对不同主体功能区的产业项目实行差别化市场准入政策，明确禁止开发区域、限制开发区域准入事项，明确优化开发区域、重点开发区域禁止和限制发展的产业。编制实施全国国土规划纲要，加快推进国土综合整治。构建平衡适宜的城乡建设空间体系，适当增加生活空间、生态用地，保护和扩大绿地、水域、湿地等生态空间。

（五）大力推进绿色城镇化。认真落实《国家新型城镇化规划（2014—2020年）》，根据资源环境承载能力，构建科学合理的城镇化宏观布局，严格控制特大城市规模，增强中小城市承载能力，促进大中小城市和小城镇协调发展。尊重自然格局，依托现有山水脉络、气象条件等，合理布局城镇各类空间，尽量减少对自然的干扰和损害。保护自然景观，传承历史文化，提倡城镇形态多样性，保持特色风貌，防止“千城一面”。科学确定城镇开发强度，提高城镇土地利用效率、建成区人口密度，划定城镇开发边界，从严供给城市建设用地，推动城镇化发展由外延扩张式向内涵提升式转变。严格新城、新区设立条件和程序。强化城镇化过程中的节能理念，大力发展绿色建筑和低碳、便捷的交通体系，推进绿色生态城区建设，提高城镇供排水、防涝、雨水收集利用、供热、供气、环境等基础设施建设水平。所有县城和重点镇都要具备污水、垃圾处理能力，提高建设、运行、管理水平。加强城乡规划“三区四线”（禁建区、限建区和适建区，绿线、蓝线、紫线和黄线）管理，维护城乡规划的权威性、严肃性，杜绝大拆大建。

（六）加快美丽乡村建设。完善县域村庄规划，强化规划的科学性和约束力。加强农村基础设施建设，强化山水林田路综合治理，加快农村危旧房改造，支持农村环境集中连片整治，开展农村垃圾专项治理，加大农村污水处理和改厕力度。加快转变农业发展方式，推进农业结构调整，大力发展农业循环经济，治理农业污染，提升农产品质量安全水平。依托乡村生态资源，在保护生态环境的前提下，加快发展乡村旅游休闲业。引导农民在房前屋后、道路两旁植树护绿。加强农村精神文明建设，以环境整治和民风建设为重点，扎实推进文明村镇创建。

（七）加强海洋资源科学开发和生态环境保护。根据海洋资源环境承载力，科学编制海洋功能区划，确定不同海域主体功能。坚持“点上开发、面上保护”，控制海洋开发强度，在适宜开发的海洋区域，加快调整经济结构和产业布局，积极发展海洋战略性新兴产业，严格生态环境评价，提高资源集约节约利用和综合开发水平，最大程度减少对海域生态环境的影响。严格控制陆源污染物排海总量，建立并实施重点海域排污总量控制制度，加强海洋环境治理、海域海岛综合整治、生态保护修复，有效保护重要、敏感和脆弱海洋生态系统。加强船舶港口污染控制，积极治理船舶污染，增强港口码头污染防治能力。控制发展海水养殖，科学养护海洋渔业资源。开展海洋资源和生态环境综合评估。实施严格的围填海总量控制制度、自然岸线控制制度，建立陆海统筹、区域联动的海洋生态环境保护修复机制。

三、推动技术创新和结构调整，提高发展质量和效益

从根本上缓解经济发展与资源环境之间的矛盾，必须构建科技含量高、资源消耗低、环境污染少的产业结构，加快推动生产方式绿色化，大幅提高经济绿色化程度，有效降低发展的资源环境代价。

（八）推动科技创新。结合深化科技体制改革，建立符合生态文明建设领域科研活动特点的管理制度和运行机制。加强重大科学技术问题研究，开展能源节约、资源循环利用、新能源开发、污染治理、生态修复等领域关键技术攻关，在基础研究和前沿技术研发方面取得突破。强化企业技术创新主体地位，充分发挥市场对绿色产业发展方向和技术路线选择的决定性作用。完善技术创新体系，提高综合集成创新能力，加强工艺创新与试验。支持生态文明领域工程技术类研究中心、实验室和实验基地建设，完善科技创新成果转化机制，形成一批成果转化平台、中介服务机构，加快成熟适用技术的示范和推广。加强生态文明基础研究、试验研发、工程应用和市场服务等科技人才队伍建设。

（九）调整优化产业结构。推动战略性新兴产业和先进制造业健康发展，采用先进适用节能低碳环保技术改造提升传统产业，发展壮大服务业，合理布局建设基础设施和基础产业。积极化解产能严重过剩矛盾，加强预警调控，适时调整产能严重过剩行业名单，严禁核准产能严重过剩行业新增产能项目。加快淘汰落后产能，逐步提高淘汰标准，禁止落后产能向中西部地区转移。做好化解产能过剩和淘汰落后产能企业职工安置工作。推动要素资源全球配置，鼓励优势产业走出去，提高参与国际分工的水平。调整能源结构，推动传统能源安全绿色开发和清洁低碳利用，发展清洁能源、可再生能源，不断提高非化石能源在能源消费结构中的比重。

（十）发展绿色产业。大力发展节能环保产业，以推广节能环保产品拉动消费需求，以增强节能环保工程技术能力拉动投资增长，以完善政策机制释放市场潜在需求，推动节能环保技术、装备和服务水平显著提升，加快培育新的经济增长点。实施节能环保产业重大技术装备产业化工程，规划建设产业化示范基地，规范节能环保市场发展，多渠道引导社会资金投入，形成新的支柱产业。加快核电、风电、太阳能光伏发电等新材料、新装备的研发和推广，推进生物质发电、生物质能源、沼气、地热、浅层地温能、海洋能等应用，发展分布式能源，建设智能电网，完善运行管理体系。大力发展节能与新能源汽车，提高创新能力和产业化水平，加强配套基础设施建设，加大推广普及力度。发展有机农业、生态农业，以及特色经济林、林下经济、森林旅游等林产业。

四、全面促进资源节约循环高效使用，推动利用方式根本转变

节约资源是破解资源瓶颈约束、保护生态环境的首要之策。要深入推进全社会节能减排，在生产、流通、消费各环节大力发展循环经济，实现各类资源节约高效利用。

（十一）推进节能减排。发挥节能与减排的协同促进作用，全面推动重点领域节能减排。开展重点用能单位节能低碳行动，实施重点产业能效提升计划。严格执行建筑节能标准，加快推进既有建筑节能和供热计量改造，从标准、设计、建设等方面大力推广可再生能源在建筑上的应用，鼓励建筑工业化等建设模式。优先发展公共交通，优化运输方式，推广节能与新能源交通运输装备，发展甩挂运输。鼓励使用高效节能农业生产设备。开展节约型公共机构示范创建活动。强化结构、工程、管理减排，继续削减主要污染物排放总量。

（十二）发展循环经济。按照减量化、再利用、资源化的原则，加快建立循环型工业、农业、服务业体系，提高全社会资源产出率。完善再生资源回收体系，实行垃圾分类回收，开发利用“城市矿产”，推进秸秆等农林废弃物以及建筑垃圾、餐厨废弃物资源化利用，发展再制造和再生利用产品，鼓励纺织品、汽车轮胎等废旧物品回收利用。推进煤矸石、矿渣等大宗固体废弃物综合利用。组织开展循环经济示范行动，大力推广循环经济典型模式。推进产业循环式组合，促进生产和生活系统的循环链接，构建覆盖全社会的资源循环利用体系。

（十三）加强资源节约。节约集约利用水、土地、矿产等资源，加强全过程管理，大幅降低资源消耗强度。加强用水需求管理，以水定需、量水而行，抑制不合理用水需求，促进人口、经济等与水资源相均衡，建设节水型社会。推广高效节水技术和产品，发展节水农业，加强城市节水，推进企业节水改造。积极开发利用再生水、矿井水、空中云水、海水等非常规水源，严控无序调水和人造水景工程，提高水资源安全保障水平。按照严控增量、盘活存量、优化结构、提高效率的原则，加强土地利用的规划管控、市场调节、标准控制和考核监管，严格土地用途管制，推广应用节地技术和模式。发展绿色矿业，加快推进绿色矿山建设，促进矿产资源高效利用，提高矿产资源开采回采率、选矿回收率和综合利用率。

五、加大自然生态系统和环境保护力度，切实改善生态环境质量

良好生态环境是最公平的公共产品，是最普惠的民生福祉。要严格源头预防、不欠新账，加快治理突出生态环境问题、多还旧账，让人民群众呼吸新鲜的空气，喝上干净的水，在良好的环境中生产生活。

（十四）保护和修复自然生态系统。加快生态安全屏障建设，形成以青藏高原、黄土高原—川滇、东北森林带、北方防沙带、南方丘陵山地带、近岸近海生态区以及大江大河重要水系为骨架，以其他重点生态功能区为重要支撑，以禁止开发区域为重要组成的生态安全战略格局。实施重大生态修复工程，扩大森林、湖泊、湿地面积，提高沙区、草原植被覆盖率，有序实现休养生息。加强森林保护，将天然林资源保护范围扩大到全国；大力开展植树造林和森林经营，稳定和扩大退耕还林范围，加快重点防护林体系建设；完善国有林场和国有林区经营管理体制，深化集体林权制度改革。严格落实禁牧休牧和草畜平衡制度，加快推进基本草原划定和保护工作；加大退牧还草力度，继续实行草原生态保护补助奖励政策；稳定和完善草原承包经营制度。启动湿地生态效益补偿和退耕还湿。加强水生生物保护，开展重要水域增殖放流活动。继续推进京津风沙源治理、黄土高原地区综合治理、石漠化综合治理，开展沙化土地封禁保护试点。加强水土保持，因地制宜推进小流域综合治理。实施地下水保护和超采漏斗区综合治理，逐步实现地下水采补平衡。强化农田生态保护，实施耕地质量保护与提升行动，加大退化、污染、损毁农田改良和修复力度，加强耕地质量调查监测与评价。实施生物多样性保护重大工程，建立监测评估与预警体系，健全国门生物安全查验机制，有效防范物种资源丧失和外来物种入侵，积极参加生物多样性国际公约谈判和履约工作。加强自然保护区建设与管理，对重要生态系统和物种资源实施强制性保护，切实保护珍稀濒危野生动植物、古树名木及自然生境。建立国家公园体制，实行分级、统一管理，保护自然生态和自然文化遗产原真性、完整性。研究建立江河湖泊生态水量保障机制。加快灾害调查评价、监测预警、防治和应急等防灾减灾体系建设。

（十五）全面推进污染防治。按照以人为本、防治结合、标本兼治、综合施策的原则，建立以保障人体健康为核心、以改善环境质量为目标、以防控环境风险为基线的环境管理体系，健全跨区域污染防治协调机制，加快解决人民群众反映强烈的大气、水、土壤污染等突出环境问题。继续落实大气污染防治行动计划，逐渐消除重污染天气，切实改善大气环境质量。实施水污染防治行动计划，严格饮用水源保护，全面推进涵养区、源头区等水源地环境整治，加强供水全过程管理，确保饮用水安全；加强重点流域、区域、近岸海域水污染防治和良好湖泊生态环境保护，控制和规范淡水养殖，严格入河（湖、海）排污管理；推进地下水污染防治。制定实施土壤污染防治行动计划，优先保护耕地土壤环境，强化工业污染场地治理，开展土壤污染治理与修复试点。加强农业面源污染防治，加大种养业特别是规模化畜禽养殖污染防治力度，科学施用化肥、农药，推广节能环保型炉灶，净化农产品产地和农村居民生活环境。加大城乡环境综合整治力度。推进重金属污染治理。开展矿山地质环境恢复和综合治理，推进尾矿安全、环保存放，妥善处理处置矿渣等大宗固体废物。建立健全化学品、持久性有机污染物、危险废物等环境风险防范与应急管理工作机制。切实加强核设施运行监管，确保核安全万无一失。

（十六）积极应对气候变化。坚持当前长远相互兼顾、减缓适应全面推进，通过节约能源和提高能效，优化能源结构，增加森林、草原、湿地、海洋碳汇等手段，有效控制二氧化碳、甲烷、氢氟碳化物、全氟化碳、六氟化硫等温室气体排放。提高适应气候变化特别是应对极端天气和气候事件能力，加强监测、预警和预防，提高农业、林业、水资源等重点领域和生态脆弱地区适应气候变化的水平。扎实推进低碳省区、城市、城镇、产业园区、社区试点。坚持共同但有区别的责任原则、公平原则、各自能力原则，积极建设性地参与应对气候变化国际谈判，推动建立公平合理的全球应对气候变化格局。

六、健全生态文明制度体系

加快建立系统完整的生态文明制度体系，引导、规范和约束各类开发、利用、保护自然资源的行为，用制度保护生态环境。

（十七）健全法律法规。全面清理现行法律法规中与加快推进生态文明建设不相适应的内容，加强法律法规间的衔接。研究制定节能评估审查、节水、应对气候变化、生态补偿、湿地保护、生物多样性保护、土壤环境保护等方面的法律法规，修订土地管理法、大气污染防治法、水污染防治法、节约能源法、循环经济促进法、矿产资源法、森林法、草原法、野生动物保护法等。

（十八）完善标准体系。加快制定修订一批能耗、水耗、地耗、污染物排放、环境质量等方面的标准，实施能效和排污强度“领跑者”制度，加快标准升级步伐。提高建筑物、道路、桥梁等建设标准。环境容量较小、生态环境脆弱、环境风险高的地区要执行污染物特别排放限值。鼓励各地区依法制定更加严格的地方标准。建立与国际接轨、适应我国国情的能效和环保标识认证制度。

（十九）健全自然资源资产产权制度和用途管制制度。对水流、森林、山岭、草原、荒地、滩涂等自然生态空间进行统一确权登记，明确国土空间的自然资源资产所有者、监管者及其责任。完善自然资源资产用途管制制度，明确各类国土空间开发、利用、保护边界，实现能源、水资源、矿产资源按质量分级、梯级利用。严格节能评估审查、水资源论证和取水许可制度。坚持并完善最严格的耕地保护和节约用地制度，强化土地利用总体规划和年度计划管控，加强土地用途转用许可管理。完善矿产资源规划制度，强化矿产开发准入管理。有序推进国家自然资源资产管理体制改革。

（二十）完善生态环境监管制度。建立严格监管所有污染物排放的环境保护管理制度。完善污染物排放许可证制度，禁止无证排污和超标准、超总量排污。违法排放污染物、造成或可能造成严重污染的，要依法查封扣押排放污染物的设施设备。对严重污染环境的工艺、设备和产品实行淘汰制度。实行企事业单位污染物排放总量控制制度，适时调整主要污染物指标种类，纳入约束性指标。健全环境影响评价、清洁生产审核、环境信息公开等制度。建立生态保护修复和污染防治区域联动机制。

（二十一）严守资源环境生态红线。树立底线思维，设定并严守资源消耗上限、环境质量底线、生态保护红线，将各类开发活动限制在资源环境承载能力之内。合理设定资源消耗“天花板”，加强能源、水、土地等战略性资源管控，强化能源消耗强度控制，做好能源消费总量管理。继续实施水资源开发利用控制、用水效率控制、水功能区限制纳污三条红线管理。划定永久基本农田，严格实施永久保护，对新增建设用地占用耕地规模实行总量控制，落实耕地占补平衡，确保耕地数量不下降、质量不降低。严守环境质量底线，将大气、水、土壤等环境质量“只能更好、不能变坏”作为地方各级政府环保责任红线，相应确定污染物排放总量限值和环境风险防控措施。在重点生态功能区、生态环境敏感区和脆弱区等区域划定生态红线，确保生态功能不降低、面积不减少、性质不改变；科学划定森林、草原、湿地、海洋等领域生态红线，严格自然生态空间征（占）用管理，有效遏制生态系统退化的趋势。探索建立资源环境承载能力监测预警机制，对资源消耗和环境容量接近或超过承载能力的地区，及时采取区域限批等限制性措施。

（二十二）完善经济政策。健全价格、财税、金融等政策，激励、引导各类主体积极投身生态文明建设。深化自然资源及其产品价格改革，凡是能由市场形成价格的都交给市场，政府定价要体现基本需求与非基本需求以及资源利用效率高低的差异，体现生态环境损害成本和修复效益。进一步深化矿产资源有偿使用制度改革，调整矿业权使用费征收标准。加大财政资金投入，统筹有关资金，对资源节约和循环利用、新能源和可再生能源开发利用、环境基础设施建设、生态修复与建设、先进适用技术研发示范等给予支持。将高耗能、高污染产品纳入消费税征收范围。推动环境保护费改税。加快资源税从价计征改革，清理取消相关收费基金，逐步将资源税征收范围扩展到占用各种自然生态空间。完善节能环保、新能源、生态建设的税收优惠政策。推广绿色信贷，支持符合条件的项目通过资本市场融资。探索排污权抵押等融资模式。深化环境污染责任保险试点，研究建立巨灾保险制度。

（二十三）推行市场化机制。加快推行合同能源管理、节能低碳产品和有机产品认证、能效标识管理等机制。推进节能发电调度，优先调度可再生能源发电资源，按机组能耗和污染物排放水平依次调用化石类能源发电资源。建立节能量、碳排放权交易制度，深化交易试点，推动建立全国碳排放权交易市场。加快水权交易试点，培育和规范水权市场。全面推进矿业权市场建设。扩大排污权有偿使用和交易试点范围，发展排污权交易市场。积极推进环境污染第三方治理，引入社会力量投入环境污染治理。

（二十四）健全生态保护补偿机制。科学界定生态保护者与受益者权利义务，加快形成生态损害者赔偿、受益者付费、保护者得到合理补偿的运行机制。结合深化财税体制改革，完善转移支付制度，归并和规范现有生态保护补偿渠道，加大对重点生态功能区的转移支付力度，逐步提高其基本公共服务水平。建立地区间横向生态保护补偿机制，引导生态受益地区与保护地区之间、流域上游与下游之间，通过资金补助、产业转移、人才培训、共建园区等方式实施补偿。建立独立公正的生态环境损害评估制度。

（二十五）健全政绩考核制度。建立体现生态文明要求的目标体系、考核办法、奖惩机制。把资源消耗、环境损害、生态效益等指标纳入经济社会发展综合评价体系，大幅增加考核权重，强化指标约束，不唯经济增长论英雄。完善政绩考核办法，根据区域主体功能定位，实行差别化的考核制度。对限制开发区域、禁止开发区域和生态脆弱的国家扶贫开发工作重点县，取消地区生产总值考核；对农产品主产区和重点生态功能区，分别实行农业优先和生态保护优先的绩效评价；对禁止开发的重点生态功能区，重点评价其自然文化资源的原真性、完整性。根据考核评价结果，对生态文明建设成绩突出的地区、单位和个人给予表彰奖励。探索编制自然资源资产负债表，对领导干部实行自然资源资产和环境责任离任审计。

（二十六）完善责任追究制度。建立领导干部任期生态文明建设责任制，完善节能减排目标责任考核及问责制度。严格责任追究，对违背科学发展要求、造成资源环境生态严重破坏的要记录在案，实行终身追责，不得转任重要职务或提拔使用，已经调离的也要问责。对推动生态文明建设工作不力的，要及时诫勉谈话；对不顾资源和生态环境盲目决策、造成严重后果的，要严肃追究有关人员的领导责任；对履职不力、监管不严、失职渎职的，要依纪依法追究有关人员的监管责任。

七、加强生态文明建设统计监测和执法监督

坚持问题导向，针对薄弱环节，加强统计监测、执法监督，为推进生态文明建设提供有力保障。

（二十七）加强统计监测。建立生态文明综合评价指标体系。加快推进对能源、矿产资源、水、大气、森林、草原、湿地、海洋和水土流失、沙化土地、土壤环境、地质环境、温室气体等的统计监测核算能力建设，提升信息化水平，提高准确性、及时性，实现信息共享。加快重点用能单位能源消耗在线监测体系建设。建立循环经济统计指标体系、矿产资源合理开发利用评价指标体系。利用卫星遥感等技术手段，对自然资源和生态环境保护状况开展全天候监测，健全覆盖所有资源环境要素的监测网络体系。提高环境风险防控和突发环境事件应急能力，健全环境与健康调查、监测和风险评估制度。定期开展全国生态状况调查和评估。加大各级政府预算内投资等财政性资金对统计监测等基础能力建设的支持力度。

（二十八）强化执法监督。加强法律监督、行政监察，对各类环境违法违规行为实行“零容忍”，加大查处力度，严厉惩处违法违规行为。强化对浪费能源资源、违法排污、破坏生态环境等行为的执法监察和专项督察。资源环境监管机构独立开展行政执法，禁止领导干部违法违规干预执法活动。健全行政执法与刑事司法的衔接机制，加强基层执法队伍、环境应急处置救援队伍建设。强化对资源开发和交通建设、旅游开发等活动的生态环境监管。

八、加快形成推进生态文明建设的良好社会风尚

生态文明建设关系各行各业、千家万户。要充分发挥人民群众的积极性、主动性、创造性，凝聚民心、集中民智、汇集民力，实现生活方式绿色化。

（二十九）提高全民生态文明意识。积极培育生态文化、生态道德，使生态文明成为社会主流价值观，成为社会主义核心价值观的重要内容。从娃娃和青少年抓起，从家庭、学校教育抓起，引导全社会树立生态文明意识。把生态文明教育作为素质教育的重要内容，纳入国民教育体系和干部教育培训体系。将生态文化作为现代公共文化服务体系建设的重要内容，挖掘优秀传统生态文化思想和资源，创作一批文化作品，创建一批教育基地，满足广大人民群众对生态文化的需求。通过典型示范、展览展示、岗位创建等形式，广泛动员全民参与生态文明建设。组织好世界地球日、世界环境日、世界森林日、世界水日、世界海洋日和全国节能宣传周等主题宣传活动。充分发挥新闻媒体作用，树立理性、积极的舆论导向，加强资源环境国情宣传，普及生态文明法律法规、科学知识等，报道先进典型，曝光反面事例，提高公众节约意识、环保意识、生态意识，形成人人、事事、时时崇尚生态文明的社会氛围。

（三十）培育绿色生活方式。倡导勤俭节约的消费观。广泛开展绿色生活行动，推动全民在衣、食、住、行、游等方面加快向勤俭节约、绿色低碳、文明健康的方式转变，坚决抵制和反对各种形式的奢侈浪费、不合理消费。积极引导消费者购买节能与新能源汽车、高能效家电、节水型器具等节能环保低碳产品，减少一次性用品的使用，限制过度包装。大力推广绿色低碳出行，倡导绿色生活和休闲模式，严格限制发展高耗能、高耗水服务业。在餐饮企业、单位食堂、家庭全方位开展反食品浪费行动。党政机关、国有企业要带头厉行勤俭节约。

（三十一）鼓励公众积极参与。完善公众参与制度，及时准确披露各类环境信息，扩大公开范围，保障公众知情权，维护公众环境权益。健全举报、听证、舆论和公众监督等制度，构建全民参与的社会行动体系。建立环境公益诉讼制度，对污染环境、破坏生态的行为，有关组织可提起公益诉讼。在建设项目立项、实施、后评价等环节，有序增强公众参与程度。引导生态文明建设领域各类社会组织健康有序发展，发挥民间组织和志愿者的积极作用。

九、切实加强组织领导

健全生态文明建设领导体制和工作机制，勇于探索和创新，推动生态文明建设蓝图逐步成为现实。

（三十二）强化统筹协调。各级党委和政府对本地区生态文明建设负总责，要建立协调机制，形成有利于推进生态文明建设的工作格局。各有关部门要按照职责分工，密切协调配合，形成生态文明建设的强大合力。

（三十三）探索有效模式。抓紧制定生态文明体制改革总体方案，深入开展生态文明先行示范区建设，研究不同发展阶段、资源环境禀赋、主体功能定位地区生态文明建设的有效模式。各地区要抓住制约本地区生态文明建设的瓶颈，在生态文明制度创新方面积极实践，力争取得重大突破。及时总结有效做法和成功经验，完善政策措施，形成有效模式，加大推广力度。

（三十四）广泛开展国际合作。统筹国内国际两个大局，以全球视野加快推进生态文明建设，树立负责任大国形象，把绿色发展转化为新的综合国力、综合影响力和国际竞争新优势。发扬包容互鉴、合作共赢的精神，加强与世界各国在生态文明领域的对话交流和务实合作，引进先进技术装备和管理经验，促进全球生态安全。加强南南合作，开展绿色援助，对其他发展中国家提供支持和帮助。

（三十五）抓好贯彻落实。各级党委和政府及中央有关部门要按照本意见要求，抓紧提出实施方案，研究制定与本意见相衔接的区域性、行业性和专题性规划，明确目标任务、责任分工和时间要求，确保各项政策措施落到实处。各地区各部门贯彻落实情况要及时向党中央、国务院报告，同时抄送国家发展改革委。中央就贯彻落实情况适时组织开展专项监督检查。

中国制造2025（节录）

(国发〔2015〕28号 国务院2015年5月8日印发)

制造业是国民经济的主体，是立国之本、兴国之器、强国之基。十八世纪中叶开启工业文明以来，世界强国的兴衰史和中华民族的奋斗史一再证明，没有强大的制造业，就没有国家和民族的强盛。打造具有国际竞争力的制造业，是我国提升综合国力、保障国家安全、建设世界强国的必由之路。

新中国成立尤其是改革开放以来，我国制造业持续快速发展，建成了门类齐全、独立完整的产业体系，有力推动工业化和现代化进程，显著增强综合国力，支撑我世界大国地位。然而，与世界先进水平相比，我国制造业仍然大而不强，在自主创新能力、资源利用效率、产业结构水平、信息化程度、质量效益等方面差距明显，转型升级和跨越发展的任务紧迫而艰巨。

当前，新一轮科技革命和产业变革与我国加快转变经济发展方式形成历史性交汇，国际产业分工格局正在重塑。必须紧紧抓住这一重大历史机遇，按照“四个全面”战略布局要求，实施制造强国战略，加强统筹规划和前瞻部署，力争通过三个十年的努力，到新中国成立一百年时，把我国建设成为引领世界制造业发展的制造强国，为实现中华民族伟大复兴的中国梦打下坚实基础。

《中国制造2025》，是我国实施制造强国战略第一个十年的行动纲领。

一、发展形势和环境

二、战略方针和目标

（一）指导思想。

全面贯彻党的十八大和十八届二中、三中、四中全会精神，坚持走中国特色新型工业化道路，以促进制造业创新发展为主题，以提质增效为中心，以加快新一代信息技术与制造业深度融合为主线，以推进智能制造为主攻方向，以满足经济社会发展和国防建设对重大技术装备的需求为目标，强化工业基础能力，提高综合集成水平，完善多层次多类型人才培养体系，促进产业转型升级，培育有中国特色的制造文化，实现制造业由大变强的历史跨越。基本方针是：

——创新驱动。

——质量为先。

——绿色发展。坚持把可持续发展作为建设制造强国的重要着力点，加强节能环保技术、工艺、装备推广应用，全面推行清洁生产。发展循环经济，提高资源回收利用效率，构建绿色制造体系，走生态文明的发展道路。

——结构优化。坚持把结构调整作为建设制造强国的关键环节，大力发展先进制造业，改造提升传统产业，推动生产型制造向服务型制造转变。优化产业空间布局，培育一批具有核心竞争力的产业集群和企业群体，走提质增效的发展道路。

——人才为本。

（三）战略目标。

立足国情，立足现实，力争通过“三步走”实现制造强国的战略目标。

第一步：力争用十年时间，迈入制造强国行列。

到2020年，基本实现工业化，制造业大国地位进一步巩固，制造业信息化水平大幅提升。掌握一批重点领域关键核心技术，优势领域竞争力进一步增强，产品质量有较大提高。制造业数字化、网络化、智能化取得明显进展。重点行业单位工业增加值能耗、物耗及污染物排放明显下降。

到2025年，制造业整体素质大幅提升，创新能力显著增强，全员劳动生产率明显提高，两化（工业化和信息化）融合迈上新台阶。重点行业单位工业增加值能耗、物耗及污染物排放达到世界先进水平。形成一批具有较强国际竞争力的跨国公司和产业集群，在全球产业分工和价值链中的地位明显提升。

第二步：到2035年，我国制造业整体达到世界制造强国阵营中等水平。创新能力大幅提升，重点领域发展取得重大突破，整体竞争力明显增强，优势行业形成全球创新引领能力，全面实现工业化。

第三步：新中国成立一百年时，制造业大国地位更加巩固，综合实力进入世界制造强国前列。制造业主要领域具有创新引领能力和明显竞争优势，建成全球领先的技术体系和产业体系。

2020年和2025年制造业主要指标（节录）

类别	指标	2013年	2015年	2020年	2025年
绿色发展	规模以上单位工业增加值能耗下降幅度	–	–	比2015年下降18%	比2015年下降34%
	单位工业增加值二氧化碳排放量下降幅度	–	–	比2015年下降22%	比2015年下降40%
	单位工业增加值用水量下降幅度	–	–	比2015年下降23%	比2015年下降41%
	工业固体废物综合利用率（%）	62	65	73	79

三、战略任务和重点

（五）全面推行绿色制造。

加大先进节能环保技术、工艺和装备的研发力度，加快制造业绿色改造升级；积极推行低碳化、循环化和集约化，提高制造业资源利用效率；强化产品全生命周期绿色管理，努力构建高效、清洁、低碳、循环的绿色制造体系。

加快制造业绿色改造升级。全面推进钢铁、有色、化工、建材、轻工、印染等传统制造业绿色改造，大力研发推广余热余压回收、水循环利用、重金属污染减量化、有毒有害原料替代、废渣资源化、脱硫脱硝除尘等绿色工艺技术装备，加快应用清洁高效铸造、锻压、焊接、表面处理、切削等加工工艺，实现绿色生产。加强绿色产品研发应用，推广轻量化、低功耗、易回收等技术工艺，持续提升电机、锅炉、内燃机及电器等终端用能产品能效水平，加快淘汰落后机电产品和技术。积极引领新兴产业高起点绿色发展，大幅降低电子信息产品生产、使用能耗及限用物质含量，建设绿色数据中心和绿色基站，大力促进新材料、新能源、高端装备、生物产业绿色低碳发展。

推进资源高效循环利用。支持企业强化技术创新和管理，增强绿色精益制造能力，大幅降低能耗、物耗和水耗水平。持续提高绿色低碳能源使用比率，开展工业园区和企业分布式绿色智能微电网建设，控制和削减化石能源消费量。全面推行循环生产方式，促进企业、园区、行业间链接共生、原料互供、资源共享。推进资源再生利用产业规范化、规模化发展，强化技术装备支撑，提高大宗工业固体废弃物、废旧金属、废弃电器电子产品等综合利用水平。大力发展再制造产业，实施高端再制造、智能再制造、在役再制造，推进产品认定，促进再制造产业持续健康发展。

积极构建绿色制造体系。支持企业开发绿色产品，推行生态设计，显著提升产品节能环保低碳水平，引导绿色生产和绿色消费。建设绿色工厂，实现厂房集约化、原料无害化、生产洁净化、废物资源化、能源低碳化。发展绿色园区，推进工业园区产业耦合，实现近零排放。打造绿色供应链，加快建立以资源节约、环境友好为导向的采购、生产、营销、回收及物流体系，落实生产者责任延伸制度。壮大绿色企业，支持企业实施绿色战略、绿色标准、绿色管理和绿色生产。强化绿色监管，健全节能环保法规、标准体系，加强节能环保监察，推行企业社会责任报告制度，开展绿色评价。

专栏4　绿色制造工程

组织实施传统制造业能效提升、清洁生产、节水治污、循环利用等专项技术改造。开展重大节能环保、资源综合利用、再制造、低碳技术产业化示范。实施重点区域、流域、行业清洁生产水平提升计划，扎实推进大气、水、土壤污染源头防治专项。制定绿色产品、绿色工厂、绿色园区、绿色企业标准体系，开展绿色评价。

到2020年，建成千家绿色示范工厂和百家绿色示范园区，部分重化工行业能源资源消耗出现拐点，重点行业主要污染物排放强度下降20%。到2025年，制造业绿色发展和主要产品单耗达到世界先进水平，绿色制造体系基本建立。

（六）大力推动重点领域突破发展。

瞄准新一代信息技术、高端装备、新材料、生物医药等战略重点，引导社会各类资源集聚，推动优势和战略产业快速发展。

1. 新一代信息技术产业。

2. 高档数控机床和机器人。

3. 航空航天装备。

4. 海洋工程装备及高技术船舶。

5. 先进轨道交通装备。加快新材料、新技术和新工艺的应用，重点突破体系化安全保障、节能环保、数字化智能化网络化技术，研制先进可靠适用的产品和轻量化、模块化、谱系化产品。研发新一代绿色智能、高速重载轨道交通装备系统，围绕系统全寿命周期，向用户提供整体解决方案，建立世界领先的现代轨道交通产业体系。

6. 节能与新能源汽车。继续支持电动汽车、燃料电池汽车发展，掌握汽车低碳化、信息化、智能化核心技术，提升动力电池、驱动电机、高效内燃机、先进变速器、轻量化材料、智能控制等核心技术的工程化和产业化能力，形成从关键零部件到整车的完整工业体系和创新体系，推动自主品牌节能与新能源汽车同国际先进水平接轨。

7. 电力装备。推动大型高效超净排放煤电机组产业化和示范应用，进一步提高超大容量水电机组、核电机组、重型燃气轮机制造水平。推进新能源和可再生能源装备、先进储能装置、智能电网用输变电及用户端设备发展。突破大功率电力电子器件、高温超导材料等关键元器件和材料的制造及应用技术，形成产业化能力。

（七）深入推进制造业结构调整。

推动传统产业向中高端迈进，逐步化解过剩产能，促进大企业与中小企业协调发展，进一步优化制造业布局。

稳步化解产能过剩矛盾。加强和改善宏观调控，按照“消化一批、转移一批、整合一批、淘汰一批”的原则，分业分类施策，有效化解产能过剩矛盾。加强行业规范和准入管理，推动企业提升技术装备水平，优化存量产能。加强对产能严重过剩行业的动态监测分析，建立完善预警机制，引导企业主动退出过剩行业。切实发挥市场机制作用，综合运用法律、经济、技术及必要的行政手段，加快淘汰落后产能。

（八）积极发展服务型制造和生产性服务业。

加快制造与服务的协同发展，推动商业模式创新和业态创新，促进生产型制造向服务型制造转变。大力发展与制造业紧密相关的生产性服务业，推动服务功能区和服务平台建设。

国务院办公厅关于加快转变农业发展方式的意见（节录）

国办发[2015]59号

一、总体要求

（一）指导思想。全面贯彻落实党的十八大和十八届二中、三中、四中全会精神，按照党中央、国务院决策部署，把转变农业发展方式作为当前和今后一个时期加快推进农业现代化的根本途径，以发展多种形式农业适度规模经营为核心，以构建现代农业经营体系、生产体系和产业体系为重点，着力转变农业经营方式、生产方式、资源利用方式和管理方式，推动农业发展由数量增长为主转到数量质量效益并重上来，由主要依靠物质要素投入转到依靠科技创新和提高劳动者素质上来，由依赖资源消耗的粗放经营转到可持续发展上来，走产出高效、产品安全、资源节约、环境友好的现代农业发展道路。

（三）主要目标。

到2020年，转变农业发展方式取得积极进展。多种形式的农业适度规模经营加快发展，农业综合生产能力稳步提升，产业结构逐步优化，农业资源利用和生态环境保护水平不断提高，物质技术装备条件显著改善，农民收入持续增加，为全面建成小康社会提供重要支撑。

到2030年，转变农业发展方式取得显著成效。产品优质安全，农业资源利用高效，产地生态环境良好，产业发展有机融合，农业质量和效益明显提升，竞争力显著增强。

二、增强粮食生产能力，提高粮食安全保障水平

（五）切实加强耕地保护。落实最严格耕地保护制度，加快划定永久基本农田，确保基本农田落地到户、上图入库、信息共享。完善耕地质量保护法律制度，研究制定耕地质量等级国家标准。完善耕地保护补偿机制。充分发挥国家土地督察作用，坚持数量与质量并重，加强土地督察队伍建设，落实监督责任，重点加强东北等区域耕地质量保护。实施耕地质量保护与提升行动，分区域开展退化耕地综合治理、污染耕地阻控修复、土壤肥力保护提升、耕地质量监测等建设，开展东北黑土地保护利用试点，逐步扩大重金属污染耕地治理与种植结构调整试点，全面推进建设占用耕地耕作层土壤剥离再利用。

五、提高资源利用效率，打好农业面源污染治理攻坚战

（十六）大力发展节水农业。落实最严格水资源管理制度，逐步建立农业灌溉用水量控制和定额管理制度。进一步完善农田灌排设施，加快大中型灌区续建配套与节水改造、大中型灌排泵站更新改造，推进新建灌区和小型农田水利工程建设，扩大农田有效灌溉面积。大力发展节水灌溉，全面实施区域规模化高效节水灌溉行动。分区开展节水农业示范，改善田间节水设施设备，积极推广抗旱节水品种和喷灌滴灌、水肥一体化、深耕深松、循环水养殖等技术。积极推进农业水价综合改革，合理调整农业水价，建立精准补贴机制。开展渔业资源环境调查，加大增殖放流力度，加强海洋牧场建设。统筹推进流域水生态保护与治理，加大对农业面源污染综合治理的支持力度，开展太湖、洱海、巢湖、洞庭湖和三峡库区等湖库农业面源污染综合防治示范。

（十八）推进农业废弃物资源化利用。落实畜禽规模养殖环境影响评价制度。启动实施农业废弃物资源化利用示范工程。推广畜禽规模化养殖、沼气生产、农家肥积造一体化发展模式，支持规模化养殖场（区）开展畜禽粪污综合利用，配套建设畜禽粪污治理设施；推进农村沼气工程转型升级，开展规模化生物天然气生产试点；引导和鼓励农民利用畜禽粪便积造农家肥。支持秸秆收集机械还田、青黄贮饲料化、微生物腐化和固化炭化等新技术示范，加快秸秆收储运体系建设。扩大旱作农业技术应用，支持使用加厚或可降解农膜；开展区域性残膜回收与综合利用，扶持建设一批废旧农膜回收加工网点，鼓励企业回收废旧农膜。加快可降解农膜研发和应用。加快建成农药包装废弃物收集处理系统。

国务院办公厅

2015年7月30日

促进大数据发展行动纲要(节录)

（国发〔2015〕50号 国务院2015年8月31日印发）

一、发展形势和重要意义

全球范围内，运用大数据推动经济发展、完善社会治理、提升政府服务和监管能力正成为趋势，有关发达国家相继制定实施大数据战略性文件，大力推动大数据发展和应用。目前，我国互联网、移动互联网用户规模居全球第一，拥有丰富的数据资源和应用市场优势，大数据部分关键技术研发取得突破，涌现出一批互联网创新企业和创新应用，一些地方政府已启动大数据相关工作。坚持创新驱动发展，加快大数据部署，深化大数据应用，已成为稳增长、促改革、调结构、惠民生和推动政府治理能力现代化的内在需要和必然选择。

（一）大数据成为推动经济转型发展的新动力。

（二）大数据成为重塑国家竞争优势的新机遇。

（三）大数据成为提升政府治理能力的新途径。

二、指导思想和总体目标

（一）指导思想。深入贯彻党的十八大和十八届二中、三中、四中全会精神，按照党中央、国务院决策部署，发挥市场在资源配置中的决定性作用，加强顶层设计和统筹协调，大力推动政府信息系统和公共数据互联开放共享，加快政府信息平台整合，消除信息孤岛，推进数据资源向社会开放，增强政府公信力，引导社会发展，服务公众企业；以企业为主体，营造宽松公平环境，加大大数据关键技术研发、产业发展和人才培养力度，着力推进数据汇集和发掘，深化大数据在各行业创新应用，促进大数据产业健康发展；完善法规制度和标准体系，科学规范利用大数据，切实保障数据安全。通过促进大数据发展，加快建设数据强国，释放技术红利、制度红利和创新红利，提升政府治理能力，推动经济转型升级。

（二）总体目标。立足我国国情和现实需要，推动大数据发展和应用在未来5—10年逐步实现以下目标：

……

培育高端智能、新兴繁荣的产业发展新生态。推动大数据与云计算、物联网、移动互联网等新一代信息技术融合发展，探索大数据与传统产业协同发展的新业态、新模式，促进传统产业转型升级和新兴产业发展，培育新的经济增长点。形成一批满足大数据重大应用需求的产品、系统和解决方案，建立安全可信的大数据技术体系，大数据产品和服务达到国际先进水平，国内市场占有率显著提高。培育一批面向全球的骨干企业和特色鲜明的创新型中小企业。构建形成政产学研用多方联动、协调发展的大数据产业生态体系。

三、主要任务

（二）推动产业创新发展，培育新兴业态，助力经济转型。

1.发展工业大数据。推动大数据在工业研发设计、生产制造、经营管理、市场营销、售后服务等产品全生命周期、产业链全流程各环节的应用，分析感知用户需求，提升产品附加价值，打造智能工厂。建立面向不同行业、不同环节的工业大数据资源聚合和分析应用平台。抓住互联网跨界融合机遇，促进大数据、物联网、云计算和三维（3D）打印技术、个性化定制等在制造业全产业链集成运用，推动制造模式变革和工业转型升级。

2.发展新兴产业大数据。大力培育互联网金融、数据服务、数据探矿、数据化学、数据材料、数据制药等新业态，提升相关产业大数据资源的采集获取和分析利用能力，充分发掘数据资源支撑创新的潜力，带动技术研发体系创新、管理方式变革、商业模式创新和产业价值链体系重构，推动跨领域、跨行业的数据融合和协同创新，促进战略性新兴产业发展、服务业创新发展和信息消费扩大，探索形成协同发展的新业态、新模式，培育新的经济增长点。

专栏5　工业和新兴产业大数据工程

工业大数据应用。利用大数据推动信息化和工业化深度融合，研究推动大数据在研发设计、生产制造、经营管理、市场营销、售后服务等产业链各环节的应用，研发面向不同行业、不同环节的大数据分析应用平台，选择典型企业、重点行业、重点地区开展工业企业大数据应用项目试点，积极推动制造业网络化和智能化。

服务业大数据应用。利用大数据支持品牌建立、产品定位、精准营销、认证认可、质量诚信提升和定制服务等，研发面向服务业的大数据解决方案，扩大服务范围，增强服务能力，提升服务质量，鼓励创新商业模式、服务内容和服务形式。

培育数据应用新业态。积极推动不同行业大数据的聚合、大数据与其他行业的融合，大力培育互联网金融、数据服务、数据处理分析、数据影视、数据探矿、数据化学、数据材料、数据制药等新业态。

电子商务大数据应用。推动大数据在电子商务中的应用，充分利用电子商务中形成的大数据资源为政府实施市场监管和调控服务，电子商务企业应依法向政府部门报送数据。

3.发展农业农村大数据。构建面向农业农村的综合信息服务体系，为农民生产生活提供综合、高效、便捷的信息服务，缩小城乡数字鸿沟，促进城乡发展一体化。加强农业农村经济大数据建设，完善村、县相关数据采集、传输、共享基础设施，建立农业农村数据采集、运算、应用、服务体系，强化农村生态环境治理，增强乡村社会治理能力。统筹国内国际农业数据资源，强化农业资源要素数据的集聚利用，提升预测预警能力。整合构建国家涉农大数据中心，推进各地区、各行业、各领域涉农数据资源的共享开放，加强数据资源发掘运用。加快农业大数据关键技术研发，加大示范力度，提升生产智能化、经营网络化、管理高效化、服务便捷化能力和水平。

国务院办公厅关于加快电动汽车充电基础设施建设的指导意见

国办发〔2015〕73号

各省、自治区、直辖市人民政府，国务院各部委、各直属机构：

充电基础设施是指为电动汽车提供电能补给的各类充换电设施，是新型的城市基础设施。大力推进充电基础设施建设，有利于解决电动汽车充电难题，是发展新能源汽车产业的重要保障，对于打造大众创业、万众创新和增加公共产品、公共服务“双引擎”，实现稳增长、调结构、惠民生具有重要意义。近年来，各地区、各部门认真贯彻落实国务院决策部署，积极推动电动汽车充电基础设施建设，各项工作取得积极进展，但仍存在认识不统一、配套政策不完善、协调推进难度大、标准规范不健全等问题。为加快电动汽车充电基础设施建设，经国务院同意，现提出以下意见：

一、总体要求

（一）指导思想。全面贯彻落实党的十八大和十八届二中、三中、四中全会精神，按照国务院决策部署，坚持以纯电驱动为新能源汽车发展的主要战略取向，将充电基础设施建设放在更加重要的位置，加强统筹规划，统一标准规范，完善扶持政策，创新发展模式，培育良好的市场服务和应用环境，形成布局合理、科学高效的充电基础设施体系，增加公共产品有效投资，提高公共服务水平，促进电动汽车产业发展和电力消费，方便群众生活，更好惠及民生。

（二）基本原则。

统筹规划，科学布局。加强充电基础设施发展顶层设计，按照“因地制宜、快慢互济、经济合理”的要求，根据各地发展实际，做好充电基础设施建设整体规划，加大公共资源整合力度，科学确定建设规模和空间布局，同步建设充电智能服务平台，形成较为完善的充电基础设施体系。

适度超前，有序建设。着眼于电动汽车未来发展，结合不同领域、不同层次的充电需求，按照“桩站先行”的要求，根据规划确定的规模和布局，分类有序推进建设，确保建设规模适度超前。

统一标准，通用开放。加快制修订充换电关键技术标准，完善有关工程建设、运营服务、维护管理的标准。严格按照工程建设标准建设改造充电基础设施，健全电动汽车和充电设备的产品认证与准入管理体系，促进不同充电服务平台互联互通，提高设施通用性和开放性。

依托市场，创新机制。充分发挥市场主导作用，通过推广政府和社会资本合作（PPP）模式、加大财政扶持力度、建立合理价格机制等方式，引导社会资本参与充电基础设施体系建设运营。鼓励企业结合“互联网+”，创新商业合作与服务模式，创造更多经济社会效益，实现可持续发展。

（三）工作目标。到2020年，基本建成适度超前、车桩相随、智能高效的充电基础设施体系，满足超过500万辆电动汽车的充电需求；建立较完善的标准规范和市场监管体系，形成统一开放、竞争有序的充电服务市场；形成可持续发展的“互联网+充电基础设施”产业生态体系，在科技和商业创新上取得突破，培育一批具有国际竞争力的充电服务企业。

二、加大建设力度

（四）加强专项规划设计和指导。各地要将充电基础设施专项规划有关内容纳入城乡规划，完善独立占地的充电基础设施布局，明确各类建筑物配建停车场及社会公共停车场中充电设施的建设比例或预留建设安装条件要求。要以用户居住地停车位、单位停车场、公交及出租车场站等配建的专用充电设施为主体，以公共建筑物停车场、社会公共停车场、临时停车位等配建的公共充电设施为辅助，以独立占地的城市快充站、换电站和高速公路服务区配建的城际快充站为补充，形成电动汽车充电基础设施体系。原则上，新建住宅配建停车位应100%建设充电设施或预留建设安装条件，大型公共建筑物配建停车场、社会公共停车场建设充电设施或预留建设安装条件的车位比例不低于10%，每2000辆电动汽车至少配套建设一座公共充电站。鼓励建设占地少、成本低、见效快的机械式与立体式停车充电一体化设施。

（五）建设用户居住地充电设施。鼓励充电服务、物业服务等企业参与居民区充电设施建设运营管理，统一开展停车位改造，直接办理报装接电手续，在符合有关法律法规的前提下向用户适当收取费用。对有固定停车位的用户，优先在停车位配建充电设施；对没有固定停车位的用户，鼓励通过在居民区配建公共充电车位，建立充电车位分时共享机制，为用户充电创造条件。

（六）建设单位内部充电设施。具备条件的政府机关、公共机构和企事业单位，要结合单位电动汽车配备更新计划以及职工购买使用电动汽车需求，利用内部停车场资源，规划建设电动汽车专用停车位和充电设施。各地可将有关单位配建充电设施情况纳入节能减排考核奖励范围。

（七）建设公共服务领域充电设施。对于公交、环卫、机场通勤等定点定线运行的公共服务领域电动汽车，应根据线路运营需求，优先在停车场站配建充电设施，沿途合理建设独立占地的快充站和换电站。对于出租、物流、租赁、公安巡逻等非定点定线运行的公共服务领域电动汽车，应充分挖掘单位内部停车场站配建充电设施的潜力，结合城市公共充电设施，实现高效互补。

（八）建设城市公共充电设施。公共充电设施建设应从城市中心向边缘、从城市优先发展区域向一般区域逐步推进。优先在大型商场、超市、文体场馆等建筑物配建停车场以及交通枢纽、驻车换乘（P+R）等公共停车场建设公共充电设施。鼓励在具备条件的加油站配建公共快充设施，适当新建独立占地的公共快充站。鼓励有条件的单位和个人充电设施向社会公众开放。

（九）建设城际快速充电网络。充分利用高速公路服务区停车位建设城际快充站。优先推进京津冀鲁、长三角、珠三角区域城际快充网络建设，适时推进长江中游城市群、中原城市群、成渝城市群、哈长城市群城际快充网络建设，到2020年初步形成覆盖大部分主要城市的城际快充网络，满足电动汽车城际、省际出行需求。

三、完善服务体系

（十）完善充电设施标准规范。加快修订出台充电接口及通信协议等标准，积极推进充电接口互操作性检测、充电服务平台间数据交换等标准的制修订工作，实现充电标准统一。开展充电设施设置场所消防等安全技术措施研究，及时制修订相关标准。完善充换电设备、电动汽车电池等产品标准，明确防火安全要求。制定无线充电等新型充电技术标准。完善充电基础设施计量、计费、结算等运营服务管理规范，加快建立充电基础设施的道路交通标志体系。

（十一）建设充电智能服务平台。大力推进“互联网+充电基础设施”，提高充电服务智能化水平，提升运营效率和用户体验，促进电动汽车与智能电网间能量和信息的双向互动。鼓励围绕用户需求，运用移动互联网、物联网、大数据等技术，为用户提供充电导航、状态查询、充电预约、费用结算等服务，拓展平台增值业务。

（十二）建立互联互通促进机制。组建国家电动汽车充电基础设施促进联盟，配合有关政府部门严格充电设施产品准入管理，开展充电设施互操作性的检测与认证。构建充电基础设施信息服务平台，统一信息交换协议，有效整合不同企业和不同城市的充电服务平台信息资源，促进不同充电服务平台互联互通，为制定实施财税、监管等政策提供支撑。

（十三）做好配套电网接入服务。各地要将充电基础设施配套电网建设与改造项目纳入配电网专项规划，在用地保障、廊道通行等方面给予支持。电网企业要加强充电基础设施配套电网建设与改造，确保电力供应满足充换电设施运营需求；要为充电基础设施接入电网提供便利条件，开辟绿色通道，限时办结。电网企业负责建设、运行和维护充电基础设施产权分界点至电网的配套接网工程，不得收取接网费用，相应资产全额纳入有效资产，成本据实计入准许成本，并按照电网输配电价回收。

（十四）创新充电服务商业模式。鼓励探索大型充换电站与商业地产相结合的发展方式，引导商场、超市、电影院、便利店等商业场所为用户提供辅助充电服务。鼓励充电服务企业通过与整车企业合作、众筹等方式，创新建设充电基础设施商业合作模式，并采取线上线下相结合等方式，提供智能充放电、电子商务、广告等增值服务，提升充电服务企业可持续发展能力。

四、强化支撑保障

（十五）简化规划建设审批。各地要按照简政放权、放管结合、优化服务的要求，减少充电基础设施规划建设审批环节，加快办理速度。个人在自有停车库、停车位，各居住区、单位在既有停车位安装充电设施的，无需办理建设用地规划许可证、建设工程规划许可证和施工许可证。建设城市公共停车场时，无需为同步建设充电桩群等充电基础设施单独办理建设工程规划许可证和施工许可证。新建独立占地的集中式充换电站应符合城市规划，并办理建设用地规划许可证、建设工程规划许可证和施工许可证。

（十六）完善财政价格政策。加大对充电基础设施的补贴力度，加快制定“十三五”期间充电基础设施建设财政奖励办法，督促各地尽快制定有关支持政策并向社会公布，给予市场稳定的政策预期。在产业发展初期通过中央基建投资资金给予适度支持。对向电网经营企业直接报装接电的经营性集中式充换电设施用电，执行大工业用电价格，2020年前暂免收取基本电费；其他充电设施按其所在场所执行分类目录电价。允许充电服务企业向用户收取电费及服务费，对不同类别充电基础设施，指导各地兼顾投资运营主体合理收益与用户使用经济性等，及早出台充电服务费分类指导价格，并在总结各地经验基础上，逐步规范充电服务价格机制。

（十七）拓宽多元融资渠道。各地要有效整合公交、出租车场站以及社会公共停车场等各类公共资源，通过PPP等方式，为社会资本参与充电基础设施建设运营创造条件。鼓励金融机构在商业可持续原则下，创新金融产品和保险品种，综合运用风险补偿等政策，完善金融服务体系。推广股权、项目收益权、特许经营权等质押融资方式，加快建立包括财政出资和社会资本投入的多层次担保体系，积极推动设立融资担保基金，拓宽充电基础设施投资运营企业与设备厂商的融资渠道。鼓励利用社会资本设立充电基础设施发展专项基金，发行充电基础设施企业债券，探索利用基本养老保险基金投资支持充电基础设施建设。

（十八）加大用地支持力度。各地要将独立占地的集中式充换电站用地纳入公用设施营业网点用地范围，按照加油加气站用地供应模式，根据可供应国有建设用地情况，优先安排土地供应。供应新建项目用地需配建充电基础设施的，可将配建要求纳入土地供应条件，允许土地使用权取得人与其他市场主体合作，按要求投资建设运营充电基础设施。鼓励在已有各类建筑物配建停车场、公交场站、社会公共停车场、高速公路服务区等场所配建充电基础设施，地方政府应协调有关单位在用地方面予以支持。

（十九）加大业主委员会协调力度。制定全国统一的私人用户居住地充电基础设施建设管理示范文本。各地房地产行政主管部门、街道办事处和居委会要按照示范文本，主动加强对业主委员会的指导和监督，引导业主支持充电基础设施建设。业主大会、业主委员会应依据示范文本，结合自身实际，明确物业服务区域内建设管理充电基础设施的流程。

（二十）支持关键技术研发。依托示范项目，积极探索充电基础设施与智能电网、分布式可再生能源、智能交通融合发展的技术方案，加强检测认证、安全防护、与电网双向互动、电池梯次利用、无人值守自助式服务、桩群协同控制等关键技术研发。充分发挥企业创新主体作用，加快推动高功率密度、高转换效率、高适用性、无线充电、移动充电等新型充换电技术及装备研发。

（二十一）明确安全管理要求。各地要建立充电基础设施安全管理体系，完善有关制度和标准，加大对用户私拉电线、违规用电、不规范建设施工等行为的查处力度。依法依规对充电基础设施设置场所实施消防设计审核、消防验收以及备案抽查，并加强消防监督检查。行业主管部门要督促充电基础设施运营使用的单位或个人，加强对充电基础设施及其设置场所的日常消防安全检查及管理，及时消除安全隐患。

五、做好组织实施

（二十二）落实地方主体责任。各地要切实承担起统筹推进充电基础设施发展的主体责任，将充电基础设施建设管理作为政府专项工作。建立由发展改革（能源）部门牵头、相关部门紧密配合的协同推进机制，明确职责分工，完善配套政策。2016年3月底前发布充电基础设施专项规划，制定出台充电基础设施建设运营管理办法，并抓好组织实施。

（二十三）加大示范推广力度。各地要结合新能源汽车推广应用需要，针对充电基础设施发展的重点和难点，开展充电基础设施建设与运营模式试点示范。建立“示范小区与单位”、“示范城市与区县”、“城际快充示范区域”三级示范工程体系。在示范项目中要充分发挥现有公共设施的作用，加强政企合作，创新城市充电基础设施建设与运营模式，完善相关标准规范与配套政策，探索各种先进适用充电技术，总结形成可复制、可推广的充电基础设施发展经验，促进充电基础设施加快普及。

（二十四）营造良好舆论环境。各有关部门、企业和新闻媒体要通过多种形式加强对充电基础设施发展政策、规划布局和建设动态等的宣传，让社会各界全面了解充电基础设施，吸引更多社会资本参与充电基础设施建设运营，同时加强舆论监督，曝光阻碍充电基础设施建设、损害消费者权益等行为，形成有利于充电基础设施发展的舆论氛围。

（二十五）形成合力协同推进。发展改革委、能源局要会同工业和信息化部、住房城乡建设部、国土资源部等有关部门，依托节能与新能源汽车产业发展部际联席会议制度，加强部门协同配合，强化对各地的指导与监督，及时总结推广成功经验和有效做法，重大情况及时向国务院报告。能源局要从严格标准执行、理顺价格机制、加强供电监管、促进互联互通、引入社会资本等方面加快完善充电服务监管；住房城乡建设部、国土资源部、公安部要分别从规划建设标准、设施用地、消防安全和交通标志等方面为充电基础设施建设运营创造有利条件；财政部、银监会、保监会要通过加大财政支持、强化金融服务与保障等方式，增强社会资本信心。国管局、国资委要分别指导政府机关、公共机构和国有企事业单位率先在内部停车场建设充电基础设施。其他相关部门要按照各自职责分工，做好协同配合工作。

国务院办公厅

2015年9月29日

国务院办公厅关于推进海绵城市建设的指导意见

国办发[2015]75号

各省、自治区、直辖市人民政府，国务院各部委、各直属机构：

海绵城市是指通过加强城市规划建设管理，充分发挥建筑、道路和绿地、水系等生态系统对雨水的吸纳、蓄渗和缓释作用，有效控制雨水径流，实现自然积存、自然渗透、自然净化的城市发展方式。《国务院关于加强城市基础设施建设的意见》（国发〔2013〕36号）和《国务院办公厅关于做好城市排水防涝设施建设工作的通知》（国办发〔2013〕23号）印发以来，各有关方面积极贯彻新型城镇化和水安全战略有关要求，有序推进海绵城市建设试点，在有效防治城市内涝、保障城市生态安全等方面取得了积极成效。为加快推进海绵城市建设，修复城市水生态、涵养水资源，增强城市防涝能力，扩大公共产品有效投资，提高新型城镇化质量，促进人与自然和谐发展，经国务院同意，现提出以下意见：

一、总体要求

（一）工作目标。通过海绵城市建设，综合采取“渗、滞、蓄、净、用、排”等措施，最大限度地减少城市开发建设对生态环境的影响，将70%的降雨就地消纳和利用。到2020年，城市建成区20%以上的面积达到目标要求；到2030年，城市建成区80%以上的面积达到目标要求。

（二）基本原则。

坚持生态为本、自然循环。充分发挥山水林田湖等原始地形地貌对降雨的积存作用，充分发挥植被、土壤等自然下垫面对雨水的渗透作用，充分发挥湿地、水体等对水质的自然净化作用，努力实现城市水体的自然循环。

坚持规划引领、统筹推进。因地制宜确定海绵城市建设目标和具体指标，科学编制和严格实施相关规划，完善技术标准规范。统筹发挥自然生态功能和人工干预功能，实施源头减排、过程控制、系统治理，切实提高城市排水、防涝、防洪和防灾减灾能力。

坚持政府引导、社会参与。发挥市场配置资源的决定性作用和政府的调控引导作用，加大政策支持力度，营造良好发展环境。积极推广政府和社会资本合作（PPP）、特许经营等模式，吸引社会资本广泛参与海绵城市建设。

二、加强规划引领

（三）科学编制规划。编制城市总体规划、控制性详细规划以及道路、绿地、水等相关专项规划时，要将雨水年径流总量控制率作为其刚性控制指标。划定城市蓝线时，要充分考虑自然生态空间格局。建立区域雨水排放管理制度，明确区域排放总量，不得违规超排。

（四）严格实施规划。将建筑与小区雨水收集利用、可渗透面积、蓝线划定与保护等海绵城市建设要求作为城市规划许可和项目建设的前置条件，保持雨水径流特征在城市开发建设前后大体一致。在建设工程施工图审查、施工许可等环节，要将海绵城市相关工程措施作为重点审查内容；工程竣工验收报告中，应当写明海绵城市相关工程措施的落实情况，提交备案机关。

（五）完善标准规范。抓紧修订完善与海绵城市建设相关的标准规范，突出海绵城市建设的关键性内容和技术性要求。要结合海绵城市建设的目标和要求编制相关工程建设标准图集和技术导则，指导海绵城市建设。

三、统筹有序建设

（六）统筹推进新老城区海绵城市建设。从2015年起，全国各城市新区、各类园区、成片开发区要全面落实海绵城市建设要求。老城区要结合城镇棚户区和城乡危房改造、老旧小区有机更新等，以解决城市内涝、雨水收集利用、黑臭水体治理为突破口，推进区域整体治理，逐步实现小雨不积水、大雨不内涝、水体不黑臭、热岛有缓解。各地要建立海绵城市建设工程项目储备制度，编制项目滚动规划和年度建设计划，避免大拆大建。

（七）推进海绵型建筑和相关基础设施建设。推广海绵型建筑与小区，因地制宜采取屋顶绿化、雨水调蓄与收集利用、微地形等措施，提高建筑与小区的雨水积存和蓄滞能力。推进海绵型道路与广场建设，改变雨水快排、直排的传统做法，增强道路绿化带对雨水的消纳功能，在非机动车道、人行道、停车场、广场等扩大使用透水铺装，推行道路与广场雨水的收集、净化和利用，减轻对市政排水系统的压力。大力推进城市排水防涝设施的达标建设，加快改造和消除城市易涝点；实施雨污分流，控制初期雨水污染，排入自然水体的雨水须经过岸线净化；加快建设和改造沿岸截流干管，控制渗漏和合流制污水溢流污染。结合雨水利用、排水防涝等要求，科学布局建设雨水调蓄设施。

（八）推进公园绿地建设和自然生态修复。推广海绵型公园和绿地，通过建设雨水花园、下凹式绿地、人工湿地等措施，增强公园和绿地系统的城市海绵体功能，消纳自身雨水，并为蓄滞周边区域雨水提供空间。加强对城市坑塘、河湖、湿地等水体自然形态的保护和恢复，禁止填湖造地、截弯取直、河道硬化等破坏水生态环境的建设行为。恢复和保持河湖水系的自然连通，构建城市良性水循环系统，逐步改善水环境质量。加强河道系统整治，因势利导改造渠化河道，重塑健康自然的弯曲河岸线，恢复自然深潭浅滩和泛洪漫滩，实施生态修复，营造多样性生物生存环境。

四、完善支持政策

（九）创新建设运营机制。区别海绵城市建设项目的经营性与非经营性属性，建立政府与社会资本风险分担、收益共享的合作机制，采取明晰经营性收益权、政府购买服务、财政补贴等多种形式，鼓励社会资本参与海绵城市投资建设和运营管理。强化合同管理，严格绩效考核并按效付费。鼓励有实力的科研设计单位、施工企业、制造企业与金融资本相结合，组建具备综合业务能力的企业集团或联合体，采用总承包等方式统筹组织实施海绵城市建设相关项目，发挥整体效益。

（十）加大政府投入。中央财政要发挥“四两拨千斤”的作用，通过现有渠道统筹安排资金予以支持，积极引导海绵城市建设。地方各级人民政府要进一步加大海绵城市建设资金投入，省级人民政府要加强海绵城市建设资金的统筹，城市人民政府要在中期财政规划和年度建设计划中优先安排海绵城市建设项目，并纳入地方政府采购范围。

（十一）完善融资支持。各有关方面要将海绵城市建设作为重点支持的民生工程，充分发挥开发性、政策性金融作用，鼓励相关金融机构积极加大对海绵城市建设的信贷支持力度。鼓励银行业金融机构在风险可控、商业可持续的前提下，对海绵城市建设提供中长期信贷支持，积极开展购买服务协议预期收益等担保创新类贷款业务，加大对海绵城市建设项目的资金支持力度。将海绵城市建设中符合条件的项目列入专项建设基金支持范围。支持符合条件的企业通过发行企业债券、公司债券、资产支持证券和项目收益票据等募集资金，用于海绵城市建设项目。

五、抓好组织落实

城市人民政府是海绵城市建设的责任主体，要把海绵城市建设提上重要日程，完善工作机制，统筹规划建设，抓紧启动实施，增强海绵城市建设的整体性和系统性，做到“规划一张图、建设一盘棋、管理一张网”。住房城乡建设部要会同有关部门督促指导各地做好海绵城市建设工作，继续抓好海绵城市建设试点，尽快形成一批可推广、可复制的示范项目，经验成熟后及时总结宣传、有效推开；发展改革委要加大专项建设基金对海绵城市建设的支持力度；财政部要积极推进PPP模式，并对海绵城市建设给予必要资金支持；水利部要加强对海绵城市建设中水利工作的指导和监督。各有关部门要按照职责分工，各司其职，密切配合，共同做好海绵城市建设相关工作。

国务院办公厅

2015年10月11日

关于落实发展新理念加快农业现代化实现全面小康目标的若干意见》（节录）

（中共中央 国务院2015年12月31日印发）

党的十八届五中全会通过的《中共中央关于制定国民经济和社会发展第十三个五年规划的建议》，对做好新时期农业农村工作作出了重要部署。各地区各部门要牢固树立和深入贯彻落实创新、协调、绿色、开放、共享的发展理念，大力推进农业现代化，确保亿万农民与全国人民一道迈入全面小康社会。

“十三五”时期推进农村改革发展，要高举中国特色社会主义伟大旗帜，全面贯彻党的十八大和十八届三中、四中、五中全会精神，以邓小平理论、“三个代表”重要思想、科学发展观为指导，深入贯彻习近平总书记系列重要讲话精神，坚持全面建成小康社会、全面深化改革、全面依法治国、全面从严治党的战略布局，把坚持农民主体地位、增进农民福祉作为农村一切工作的出发点和落脚点，用发展新理念破解“三农”新难题，厚植农业农村发展优势，加大创新驱动力度，推进农业供给侧结构性改革，加快转变农业发展方式，保持农业稳定发展和农民持续增收，走产出高效、产品安全、资源节约、环境友好的农业现代化道路，推动新型城镇化与新农村建设双轮驱动、互促共进，让广大农民平等参与现代化进程、共同分享现代化成果。

一、持续夯实现代农业基础，提高农业质量效益和竞争力

7．优化农业生产结构和区域布局。……启动实施种养结合循环农业示范工程，推动种养结合、农牧循环发展。加强渔政渔港建设。大力发展旱作农业、热作农业、优质特色杂粮、特色经济林、木本油料、竹藤花卉、林下经济。

二、加强资源保护和生态修复，推动农业绿色发展

推动农业可持续发展，必须确立发展绿色农业就是保护生态的观念，加快形成资源利用高效、生态系统稳定、产地环境良好、产品质量安全的农业发展新格局。

9．加强农业资源保护和高效利用。基本建立农业资源有效保护、高效利用的政策和技术支撑体系，从根本上改变开发强度过大、利用方式粗放的状况。坚持最严格的耕地保护制度，坚守耕地红线，全面划定永久基本农田，大力实施农村土地整治，推进耕地数量、质量、生态“三位一体”保护。落实和完善耕地占补平衡制度，坚决防止占多补少、占优补劣、占水田补旱地，严禁毁林开垦。全面推进建设占用耕地耕作层剥离再利用。实行建设用地总量和强度双控行动，严格控制农村集体建设用地规模。完善耕地保护补偿机制。实施耕地质量保护与提升行动，加强耕地质量调查评价与监测，扩大东北黑土地保护利用试点规模。实施渤海粮仓科技示范工程，加大科技支撑力度，加快改造盐碱地。创建农业可持续发展试验示范区。划定农业空间和生态空间保护红线。落实最严格的水资源管理制度，强化水资源管理“三条红线”刚性约束，实行水资源消耗总量和强度双控行动。加强地下水监测，开展超采区综合治理。落实河湖水域岸线用途管制制度。加强自然保护区建设与管理，对重要生态系统和物种资源实行强制性保护。实施濒危野生动植物抢救性保护工程，建设救护繁育中心和基因库。强化野生动植物进出口管理，严厉打击象牙等濒危野生动植物及其制品非法交易。

10．加快农业环境突出问题治理。基本形成改善农业环境的政策法规制度和技术路径，确保农业生态环境恶化趋势总体得到遏制，治理明显见到成效。实施并完善农业环境突出问题治理总体规划。加大农业面源污染防治力度，实施化肥农药零增长行动，实施种养业废弃物资源化利用、无害化处理区域示范工程。积极推广高效生态循环农业模式。探索实行耕地轮作休耕制度试点，通过轮作、休耕、退耕、替代种植等多种方式，对地下水漏斗区、重金属污染区、生态严重退化地区开展综合治理。实施全国水土保持规划。推进荒漠化、石漠化、水土流失综合治理。

11．加强农业生态保护和修复。实施山水林田湖生态保护和修复工程，进行整体保护、系统修复、综合治理。到2020年森林覆盖率提高到23%以上，湿地面积不低于8亿亩。扩大新一轮退耕还林还草规模。扩大退牧还草工程实施范围。实施新一轮草原生态保护补助奖励政策，适当提高补奖标准。实施湿地保护与恢复工程，开展退耕还湿。建立沙化土地封禁保护制度。加强历史遗留工矿废弃和自然灾害损毁土地复垦利用。开展大规模国土绿化行动，增加森林面积和蓄积量。加强三北、长江、珠江、沿海防护林体系等林业重点工程建设。继续推进京津风沙源治理。完善天然林保护制度，全面停止天然林商业性采伐。完善海洋渔业资源总量管理制度，严格实行休渔禁渔制度，开展近海捕捞限额管理试点，按规划实行退养还滩。加快推进水生态修复工程建设。建立健全生态保护补偿机制，开展跨地区跨流域生态保护补偿试点。编制实施耕地、草原、河湖休养生息规划。

国家发改委政策文件

关于切实做好全国碳排放权交易场市启动重点工作的通知

(发改办气候[2016]57号)

国家民航局综合司，各省、自治区、直辖市及计划单列市、新疆建设兵团发展改革委（青海省经信委），有关行业协会、有关中央管理企业：

按照党的十八届三中全会、五中全会的有关部署，根据“十二五”规划《纲要》、《生态文明体制改革总体方案》的任务要求，我委抓紧推进全国碳排放权交易市场建设，取得了阶段性进展。2016年是全国碳排放权交易市场建设攻坚时期，各省区市及计划单列市、新疆建设兵团发展改革委（青海省经信委）（以下简称地方主管部门）、民航局、相关行业协会、中央管理企业等应积极配合，按照国家统一部署扎实推进各项工作。为此，现就切实做好启动前重点准备工作的具体要求通知如下：

一、工作目标

结合经济体制改革和生态文明体制改革总体要求，以控制温室气体排放、实现低碳发展为导向，充分发挥市场机制在温室气体排放资源配置中的决定性作用，国家、地方、企业上下联动、协同推进全国碳排放权交易市场建设，确保2017年启动全国碳排放权交易，实施碳排放权交易制度。

二、工作任务

民航局、地方主管部门要建立和完善工作机制，明确工作要求，扎实推进各项具体工作，切实提供工作保障，着力提升碳排放权交易市场的基础能力建设。相关行业协会和央企发挥带头示范作用，形成重点行业、重点企业积极响应、积极参与全国碳排放权交易的良好氛围。

（一）提出拟纳入全国碳排放权交易体系的企业名单。全国碳排放权交易市场第一阶段将涵盖石化、化工、建材、钢铁、有色、造纸、电力、航空等重点排放行业（具体行业及代码参见附件1），参与主体初步考虑为业务涉及上述重点行业，其2013至2015年中任意一年综合能源消费总量达到1万吨标准煤以上（含）的企业法人单位或独立核算企业单位。请民航局、各地方主管部门组织有关单位，对管辖范围内属于附件1所列行业的企业进行摸底，于2016年2月29日前将符合本通知要求的企业名单报我委，作为确定纳入全国碳排放权交易企业的参考依据。各地方主管部门除按照本通知要求提出拟纳入企业的名单外，可根据本地区企业的实际情况，提出本地拟增加纳入的行业和企业的建议。如有此类情况，请在名单中予以说明。

为切实反映企业实际情况，请各有关行业协会、中央管理企业按照上述要求，协助对本行业内或本集团内的企业单位进行摸底，于2016年2月29日前将本行业内或集团内符合本通知要求的企业名单报我委，以便我委进行交叉验证，为确定纳入全国碳排放权交易的企业名单提供依据。

（二）对拟纳入企业的历史碳排放进行核算、报告与核查。请民航局、地方主管部门针对提出的拟纳入全国碳排放权交易的参与企业，按照以下程序，抓紧组织开展历史碳排放报告与核查工作，为我委2016年出台并实施全国碳排放权交易体系中的配额分配方案提供支撑。

1.企业核算与报告：组织管辖范围内拟纳入的企业按照所属的行业，根据我委已分批公布的企业温室气体排放核算方法与报告指南（发改办气候[2013]2526号、发改办气候[2014]2920号和[2015]1722号）的要求，分年度核算并报告其2013年、2014年和2015年共3年的温室气体排放量及相关数据。此外，根据配额分配需要，企业须按照本通知附件3提供的模板，同时核算并报告上述指南中未涉及的其他相关基础数据。

2.第三方核查：企业完成核算与报告工作后，由地方主管部门选择第三方核查机构对企业的排放数据等进行核查，对第三方核查机构及核查人员的基本要求可参考本通知附件4。第三方核查机构核查后须出具核查报告，核查的程序和核查报告的格式可参考本通知附件5。

3.审核与报送：企业将排放报告和第三方核查机构出具的核查报告提交注册所在地地方主管部门，地方主管部门进行审核，并按照本通知附件2汇总企业的温室气体排放数据，于2016年6月30日前将汇总数据、单个企业经核查的排放报告（含补充数据）一并以电子版形式报我委。

请各行业协会、央企集团提供大力支持，积极动员行业内或集团内企业单位，高度重视基础数据收集与核算，切实加强自身队伍建设，确定专职核算与管理人员，尽快熟悉和掌握核算方法及报告要求，根据上述要求开展数据核算与报告工作，认真配合第三方核查机构开展核查，为核查工作提供必要的协助与便利。

（三）培育和遴选第三方核查机构及人员。我委正在研究制定第三方核查机构管理办法。在该办法出台前，各地可结合工作需求，对具备能力的第三方核查机构及核查人员进行摸底，按照一定条件，培养并遴选一批在相关领域从业经验丰富、具有独立法人资格、具备充足的专业人员及完善的内部管理程序的核查机构，为本地区提供第三方核查服务。同时，加强对核查机构及核查人员的监管，坚决避免可能的利益冲突，保证核查工作的公正性，提高核查人员的素质和能力，规范核查机构业务，确保核查质量，杜绝不同核查机构之间的恶性竞争。

（四）强化能力建设。我委将继续组织各地方、各相关行业协会和中央管理企业，结合工作实际，围绕全国碳排放权交易市场各个环节，深入开展能力建设，针对不同的对象，制定系统的培训计划，组织开展分层次的培训，重点培训讲师队伍和专业技术人才队伍，并发挥试点地区帮扶带作用，为全国碳排放权交易市场的运行提供人员保障。对行政管理部门，着重加强碳排放权交易市场顶层设计、运行管理、注册登记系统应用与管理、市场监管等方面的培训；对参与企业，着重开展碳排放权交易基础知识、碳排放核算与报告、注册登记系统使用、市场交易、碳资产管理等方面培训；对第三方核查机构，重点开展数据报告与核查方面的培训；对交易机构，主要进行市场风险防控、交易系统与注册登记系统对接等方面的培训。请各地方、各相关行业协会、中央管理企业按照国家总体部署，积极参加相关培训活动，提高自身能力，认真遴选参加讲师培训的人选，并以此为基础，在本地区、本行业和本企业集团内部继续组织开展培训，确保基层相关人员都能具备必要的工作能力。

三、保障措施

（一）组织保障

各地方应高度重视全国碳排放权交易市场建设工作，切实加强对辖区内相关工作的组织领导。建立起由主管部门负责、多部门协同配合的工作机制；支持主管部门设立专职人员负责碳排放权交易工作，组织制定工作实施方案，细化任务分工，明确时间节点，协同落实和推进各项具体工作任务。各央企集团应加强内部对碳排放管理工作的统筹协调和归口管理，明确统筹管理部门，理顺内部管理机制，建立集团的碳排放管理机制，制定企业参与全国碳排放权交易市场的工作方案。

（二）资金保障

请各地方落实建立碳排放权交易市场所需的工作经费，争取安排专项资金，专门支持碳排放权交易相关工作。此外，也应积极开展对外合作，利用合作资金支持能力建设等基础工作。各央企集团应为本集团内企业加强碳排放管理工作安排经费支持，支持开展能力建设、数据报送等相关工作。

（三）技术保障

各地方要重点扶持具备技术能力的机构，建立技术支撑队伍，为制定和实施相关政策措施提供技术支持。各行业协会应发挥各自的网络渠道和专业技术优势，积极为本行业企业参与全国碳排放权交易市场提供服务，收集和反馈企业在参与全国碳排放权交易市场中遇到的问题和相关建议，协助提高相关政策的合理性和可操作性。为加强对地方的支持，我委专门建立了碳排放报告与核查工作技术问答平台，利用该平台组织专家对相关的典型问题进行统一答复。有关各方可在线注册登录，并就核算与核查工作中涉及的各项技术问题进行咨询。

在线问答平台网址：（http://124.205.45.90:8080/mrv/），问答热线电话:4001-676-772、4001-676-762，本通知附件可在我委网站气候司子站下载（http://qhs.ndrc.gov.cn）

请各有关单位按照本通知要求，抓紧部署工作，保质保量完成。工作中的问题和建议，请及时反馈我委。

特此通知。

附件：1.全国碳排放权交易覆盖行业及代码（略）
2.全国碳排放权交易企业碳排放汇总表（略）
3.全国碳排放权交易企业碳排放补充数据核算报告模板（略）
4.全国碳排放权交易第三方核查机构及人员参考条件（略）
5.全国碳排放权交易第三方核查参考指南（略）

国家发展改革委办公厅
2016年1月11日

工业领域煤炭清洁高效利用行动计划

（工业和信息化部、财政部2015年2月2日印发）

为贯彻国务院《大气污染防治行动计划》（国发〔2013〕37号）和《能源发展战略行动计划(2014-2020 年)》(国办发〔2014〕31 号)精神，落实中央财经领导小组第 6 次会议提出的“大力推进煤炭清洁高效利用”要求，积极推进工业领域煤炭清洁高效利用，提高煤炭利用效率，防治大气环境污染，保障人民群众身体健康，特制定本行动计划。本计划实施期为2015-2020年。

一、必要性

当前，煤炭在我国一次能源消费中约占66%，煤炭消费总量约 37 亿吨，占全球煤炭消费量的 50%左右，以煤炭为主体的能源消费结构短期内难以发生重大改变，也是影响大气环境质量的主要因素。全国烟粉尘排放的 70%，二氧化硫排放的85%，氮氧化物排放的67%都源于以煤炭为主的化石能源燃烧。工业领域用煤行业多、分布范围广、利用效率低、污染物排放高，是大气污染防治的重要领域。除电力行业外，2012 年工业领域煤炭消耗占煤炭消耗总量的46%，达 16 亿吨，其中焦化约占 29%，煤化工占20%，工业锅炉占30%，工业炉窑占16%。以上四个领域烟粉尘、二氧化硫、氮氧化物排放量分别约占全国排放量的 36%、45%、24%。

近年来，我国煤炭利用水平持续提高，但仍存在较大问题：一是能耗高、污染重，焦化、工业炉窑、煤化工、工业锅炉等主要用煤领域装备技术水平偏低，与国际先进水平相比存在较大差距;二是煤化工结构不合理，煤炭综合利用效率较低，部分产品存在产能过剩现象，产品附加值有待提高;三是煤炭利用产业融合度不高，大多数煤化工企业相对独立，与相关产业衔接不够，煤炭整体利用水平有待提升。

随着我国工业化、城镇化的深入推进，能源消费总量控制和环境保护约束日趋增强，加快推进工业煤炭清洁高效利用，对于促进工业绿色发展，减少大气污染物的产生和排放，改善大气环境质量具有重要意义。

二、总体思路、基本原则和主要目标

(一)总体思路

以削减煤炭消耗量、减少污染物排放为目标，以焦化、工业炉窑、煤化工、工业锅炉等工业用煤为重点，以煤炭消耗量大的城市为载体，结合本地产业实际，充分发挥市场主导作用，加大地方政府组织协调力度，推动辖区内相关企业实施清洁生产技术改造，提升技术装备水平、优化产品结构、加强产业融合，综合提升区域煤炭清洁高效利用水平，实现控煤、减煤，防治大气环境污染，促进区域环境质量改善。

(二)基本原则

坚持市场主导、政府引导。以企业为主体，加强中央政府指导和地方政府组织协调，充分调动企业积极性，根据市场需求，参与本地区计划的实施。坚持企业技术改造、结构优化升级。一方面加快推动企业实施煤炭清洁高效利用技术改造， 提高煤炭利用效率，减少污染物排放。另一方面优化产品结构，化解过剩产能，提高产品附加值。

坚持因地制宜、区域协调发展。根据本地区煤炭资源禀赋和利用水平，因地制宜推进煤炭清洁高效利用。同时，加强区域内相关产业衔接融合，综合提升区域煤炭清洁高效利用整体水平。

(三)主要目标

到2017年，实现节约煤炭消耗8000万吨以上，减少烟尘排放量50万吨、二氧化硫排放量60万吨、氮氧化物40万吨，促进区域环境质量改善。到2020年，力争节约煤炭消耗1.6亿吨以上，减少烟尘排放量100万吨、二氧化硫排放量120万吨、氮氧化物80万吨。

三、重点任务

(一)加快煤炭清洁高效利用技术改造

在焦化、工业炉窑、煤化工、工业锅炉等重点用煤领域加强对能耗高、污染重的工艺装备技术改造，推广应用一批先进适用、经济合理、节能减排潜力大的煤炭清洁高效利用技术，支持窑炉、锅炉先进技术装备产业化，加快落后窑炉、锅炉淘汰步伐，从源头减少煤炭消耗及污染物的产生，并配套相应的末端治理措施，达到或优于国家相关节能环保要求。

(二)推动煤化工结构优化升级

在煤化工行业按照能化共轨理念，推进煤炭由单一原料向原料和燃料并重转变，鼓励企业根据市场需求，加大煤炭资源加工转化深度，提高产品精细化率，大力发展清洁能源、新材料等新型煤化工，优化产品结构，延伸产业链，促进产业多元化发展，提高产品附加值。

(三)促进区域产业衔接融合

优化资源配置，促进焦化、煤化工与冶金、建材等产业衔接融合，实现工业炉窑清洁燃料供给。在条件适宜的地区或工业园区，推进焦化、煤化工与区域集中供热一体化模式，替代分散中小燃煤工业锅炉。加强统筹规划，合理布局，控制煤炭消费总量，构建区域内能源梯级利用、优势互补、产业共生耦合的发展模式，综合提升区域煤炭清洁高效利用整体水平。

四、保障措施

(一)强化地方政府组织协调

省级工业主管部门会同财政主管部门， 按本计划要求，组织煤炭消耗大的城市编制实施方案（编制指南见附件1），并根据各城市实施方案，汇总形成本省实施计划，于2015年9 月30 日前报送至工业和信息化部，自 2016年起，每年年底前报送实施计划年度进展情况。工业和信息化部将会同财政部对实施效果进行通报。制定实施方案的城市，应建立由工业主管部门牵头、多部门参与的煤炭清洁高效利用工作协调机制，简化实施方案中项目的审批手续，加快项目进度，合力推动实施方案各项任务的完成。

(二)建立多元化资金支持方式

发挥财政资金引导作用，利用各级财政资金中大气污染防治、技术改造、清洁生产、中小企业、淘汰落后等既有资金渠道，加大统筹力度，创新支持方式，提高资金使用效益，推动实施方案顺利完成。拓宽融资渠道，支持专业化节能环保公司采用合同能源管理、综合环境服务、金融租赁等模式，为企业提供技术和融资服务；鼓励金融机构针对实施方案提供绿色信贷等金融服务；引导民间资本设立股权基金、产业基金等，支持实施方案中的项目。

(三)发挥标准的引领和倒逼作用

工业和信息化部会同有关部门加快制定焦化、工业炉窑、煤化工、工业锅炉等领域煤炭清洁高效利用技术标准和规范，制定和完善相关产品的能耗限额标准，并发布高耗能落后设备淘汰目录。鼓励地方制定严于国家的地方能耗限额和污染物排放标准。加强标准宣贯，开展对标达标活动，树立一批优于标准的典型企业，引领企业不断提升技术水平。发挥能源消耗限额和污染物排放强制性标准的倒逼作用。地方工业主管部门组织节能监察机构依据能耗限额标准和高耗能落后设备淘汰目录，加强对焦化、工业炉窑、煤化工、工业锅炉等领域的企业能耗进行监督检查，推动落后设备淘汰，加快实施煤炭清洁高效技术改造进度。

(四)加强技术支撑能力建设

各级工业主管部门组织科研院所、高等院校和骨干企业，建立产学研一体的煤炭清洁高效利用技术研发与推广平台，积极开展技术示范，培育一批高效锅炉等装备制造基地，鼓励装备制造企业提供设计、生产、安装、运行一体化服务，引导企业加快应用相关技术。适时组织培训和宣贯等多种形式的宣传教育活动，进一步提高认识，确保实施方案顺利推进。有关行业协会、科研院所、咨询机构要充分发挥自身优势，做好技术引导、技术支持、技术服务和信息咨询等工作，帮助企业实施煤炭清洁高效利用技术改造。

附件：实施方案编制指南（略）

国家发展改革委 住房城乡建设部关于印发城市适应气候变化行动方案的通知

发改气候[2016]245号

各省、自治区、直辖市及计划单列市、新疆生产建设兵团发展改革委、住建厅（委、局）：

为积极应对全球气候变化，落实《国家适应气候变化战略》的要求，有效提升我国城市的适应气候变化能力，统筹协调城市适应气候变化相关工作，国家发展改革委、住房城乡建设部会同有关部门共同制定了《城市适应气候变化行动方案》。现印发你们，请认真贯彻实 施。

附件：城市适应气候变化行动方案

国家发展改革委　住房城乡建设部

2016年2月4日

附件：

城市适应气候变化行动方案

全球气候变化是当今世界以及今后长时期内人类共同面临的巨大挑战，城市人口密度大、经济集中度高，受气候变化的影响尤为严重。气候变化导致高温热浪、暴雨、雾霾等灾害增多，北方和西南干旱化趋势加强，登陆台风强度增大，加剧沿海地区咸潮入侵风险，已经并将持续影响城市生命线系统运行、人居环境质量和居民生命财产安全。积极适应气候变化，是实现可持续发展、推进生态文明建设的内在要求。城市适应气候变化事关人民群众切身利益，事关城市持续健康发展，事关全面建成小康社会。为积极主动推进城市适应气候变化行动，根据《国家适应气候变化战略》，特编制《城市适应气候变化行动方案》。

一、目标要求

（一）总体要求

全面贯彻党的十八大和十八届三中、四中、五中全会精神，大力推进生态文明建设，以维护城市安全宜居为核心，坚持以人为本，加强科技支撑，牢固树立适应理念，从政策法规、体制机制、规划统筹、标准规范、建设管理等方面全面推进城市适应气候变化行动，努力创建气候适应型城市，全面提升城市适应气候变化能力，为建设美丽中国而奋斗。

（二）基本原则

统筹兼顾。统筹考虑极端气候事件风险和气候变化对城市的持续性影响，将适应理念落实到城市规划、建设与管理的各个环节，加强城市建筑、能源、交通、水资源和生态等关键领域的高质量建设、精细化管理和人性化服务。

因地制宜。根据不同城市的气候地理条件和经济社会发展状况，实施分类指导的适应方案，明确安全、宜居、绿色、健康、可持续的发展目标和控制要求，坚持“一城一策”，分区施策、分步实施，采取合理措施，有针对性地开展适应行动。

协同推进。落实中央、地方各级人民政府责任，明确任务分工，加强联动协调，创新体制机制。综合运用价格、财税、金融等经济手段，调动市场主体的积极性。

广泛参与。加强城市适应气候变化社会组织培育和科普宣传，加强应对极端气候事件能力建设，提倡绿色生活方式和消费模式，建立全社会适应气候变化共识，积极主动参与适应行动。

（三）目标愿景

到2020年，普遍实现将适应气候变化相关指标纳入城乡规划体系、建设标准和产业发展规划，建设30个适应气候变化试点城市，典型城市适应气候变化治理水平显著提高，绿色建筑推广比例达到50%。到2030年，适应气候变化科学知识广泛普及，城市应对内涝、干旱缺水、高温热浪、强风、冰冻灾害等问题的能力明显增强，城市适应气候变化能力全面提升。

二、主要行动

（一）加强城市规划引领

在城市相关规划中充分考虑气候变化因素。将适应气候变化纳入城市群规划、城市国民经济和社会发展规划、生态文明建设规划、土地利用规划、城市规划等，按照气候风险管理的要求，考虑城市适应气候变化面临的主要风险、优先领域和重点措施，将适应目标纳入城市发展目标，在城市相关规划中充分考虑气候承载力。城市基础设施新建和改造项目规划、设计、审批时考虑气候变化中长期影响，科学布局、合理配置，加强地下空间开发利用。

加强相关领域的规划布局。合理布局公共消防设施、人防设施以及防灾避险场所等设施。合理规划城市道路，调整交通工程建设部署与交通设施布局，加快城市应急通道网络建设，科学规划和建设城市公交专用道网络，构建城市快速应急通道。科学规划城市绿地系统，提高城市绿地率。依托现有城市绿地、道路、河流及其他公共空间，打通城市通风廊道，增加城市的空气流动性，缓解城市“热岛效应”和雾霾等问题。减少城市建筑、交通、供排水、能源等重要生命线系统的风险暴露度。

（二）提高城市基础设施设计和建设标准

提高城市生命线系统标准。针对强降水、高温、台风、冰冻、雾霾等极端天气气候事件，提高城市给排水、供电、供气、交通、信息通讯等生命线系统的设计标准，加强稳定性和抗风险能力。根据气候变化对城市降水、温度和土壤地基稳定性的影响，制定或修订城市地下工程在排水、通风、墙体强度和地基稳定等方面的建设标准。根据海平面变化情况调整相关防护设施的设计标准。提高流域、区域性大洪水防洪设计标准。

调整能源设施标准。针对不同城市及城市居民、企业、公共部门等不同用户，评估气候变化对制冷、采暖及节能标准的影响，修订相关设施标准。调整能源工程与供电系统运行的技术标准，如根据气温、风力与冰雪灾害的变化调整输电线路、设施建造标准与电杆间距。

提高交通设施标准。提高沿海、沿江、高寒等台风、洪涝、地质和生态灾害高发地区的交通基础设施设计标准。根据气候变化对城市降水强度的影响，修订道路设计中的排水设计标准要求。将极端天气气候事件监测预警纳入到城市交通设施规划与建设中。道路建设采用高抗性材料与结构技法，提升道路耐受气候变化影响的变幅阈值。健全道路照明、标识、警示等指示系统，增强交通车辆、公交站台、停车场和机场等对高温、严寒、强降水和台风的防护能力。

（三）提高城市建筑适应气候变化能力

做好前瞻性布局。在建筑设计、建造以及运行过程中充分考虑气候变化的影响，在新建建筑设计中充分考虑未来气候条件。积极发展被动式超低能耗绿色建筑，通过采用高效高性能外墙保温系统和门窗，提高建筑气密性，鼓励屋顶花园、垂直绿化等方式增强建筑集水、隔热性能，保障高温热浪、低温冰雪极端气候条件下的室内环境质量。

实施城市更新和老旧小区综合改造。在执行现行标准的基础上，各地城市结合经济社会发展水平，适度提升城市建筑适应气候变化能力，提高既有建筑节能、节水改造标准，加快更换老旧小区落后用水器具，推进建筑中水回用，合理增加小区绿地、植被数量，设置遮阴设施。

加快装配式建筑的产业化推广。推广钢结构、预制装配式混凝土结构及混合结构，在地震多发地区积极发展钢结构和木结构建筑。鼓励大型公共建筑采用钢结构，大跨度工业厂房全面采用钢结构，政府投资的学校、幼托、敬老院、园林景观等新建低层公共建筑采用木结构。

（四）发挥城市生态绿化功能

构建气候友好型城市生态系统。依托各城市的地理、气候、生态和历史人文等特征，充分挖掘传统城市建设、园林设计的经验智慧，通过绿楔、绿道、绿廊等形式加强城市绿地、河湖水系、山体丘陵、农田林网等各自然生态要素的衔接连通，构成“绿色斑块-绿色廊道-生态基质”的系统格局，充分发挥自然生态空间改善城市微气候的功能。

发挥园林绿化改善城市微气候的作用。增强城市绿地、森林、湖泊、湿地等自然系统在涵养水源、调节气温、保持水土以及促进物种多样性等各个方面的生态功能。因地制宜，根据城市生态环境条件及气候变化趋势选择适宜的林草地物种，建设节约型绿地。建设园林绿化信息系统网络平台，提高对极端天气气候事件、林地火险、病虫害发生和物种入侵等各类灾害的监测预警能力。

（五）保障城市水安全

推进海绵城市建设。大力建设屋顶绿化、雨水花园、储水池塘、微型湿地、下沉式绿地、植草沟、生物滞留设施等城市“海绵体”，增强城市海绵能力。因地制宜地建设雨水箱、储水罐等雨水收集设施，实现雨水就地就近收集利用，加大对雨洪资源的利用效率。严格城市河湖水域空间管控，做好对城市河湖、坑塘、湿地等水体自然形态的保护和恢复，加强河湖水系自然连通，构建城市良性水循环系统。

全面建设节水型城市。科学确定水资源承载能力，强化用水需求管理，以水定产、以水定城。加强城市备用水源地和应急供水设施建设，提高城市应对高温、干旱缺水的能力。建立城市水循环利用体系，充分利用河道、湖泊和绿地等生态系统对水资源的调蓄能力。强化地下水涵养与保护。积极发展非常规水源利用，把再生水、雨水、海水等非常规水源纳入区域水资源统一配置。完善多种水源的统一配置和调度系统，提高城市再生水利用率，加强海水淡化技术的开发利用，加强城市备用水源建设。

建设科学合理的城市防洪排涝体系。推进城市防洪堤建设和管理，开展内河整治、河渠排水排污治理和积水易涝点治理，加大城市防洪排涝设施配套力度。妥善安排城市洪涝水滞蓄场所和外排出路，增强雨洪径流调控能力。健全城市防洪排涝应急预案管理，完善城市应对洪涝灾害处置方案。加强河湖管理，推进河湖连通工程，严格河道管理范围内建设项目工程建设方案审查制度。推进城市防洪排涝指挥系统建设，提高居民应对意识，加强城市对洪水的避险自救能力。

（六）建立并完善城市灾害风险综合管理系统

提升城市应急保障服务能力。加强城市极端天气气候事件危险源监控、风险排查和重大风险隐患治理等基础性工作，制定并发布强降水、台风、雷电、冰冻、高温热浪、雾霾等灾害应急管理方案。建立健全城市多部门联防联动的常态化管理体系，完善应急救灾响应机制，明确灾前、灾中和灾后应急管理机构职责，及时储备调拨及合理使用应急救灾物资。加强运行协调和应急指挥系统建设、专业救援队伍建设、社区宣传教育、应急救灾演练等工作，提高对灾害的预防、规避能力和恢复重建能力，降低灾害损失。

加强城市公众预警防护系统建设。建立极端天气气候事件信息管理系统和预警信息发布平台，拓展动态服务网络，及时发布预警信息，并通过各类媒体让城市居民在短时间内接收。完善气候变化对人体健康影响的监测预警系统，加强极端天气气候事件健康预警及流行性疾病预警。加强城市脆弱人群的社会管理和风险防护能力，普及城市应对极端天气气候事件风险知识，掌握儿童、孕妇、各类慢性疾病患者、65岁以上老人、城市贫困人口等信息，并制定具体应急救助预案，加强公众自我防范意识。

建立和完善风险分担机制。逐步建立极端天气气候事件灾害风险分担转移机制，明确家庭、市场和政府在风险分担方面的责任和义务，构建以政府为统领、家庭为主体、市场积极参与的风险分担体系。建立社会保险、社会救助、商业保险和慈善捐赠相结合的多元化灾害风险分担机制。建立健全由灾害保险、再保险、风险准备金和非传统风险转移工具所共同构成的金融管理体系的风险分担和转移机制。

（七）夯实城市适应气候变化科技支撑能力

加强适应基础理论研究。系统开展适应气候变化科学基础研究，加强气候变化监测及未来趋势预估。全面评估气候变化对城市敏感脆弱领域、区域和人群的影响和风险，包括水资源、交通、能源、建筑、卫生、旅游等行业。开展适应气候变化决策、管理及人文社会科学研究。加强对气候变化引发的传染性疾病、慢性疾病等人体健康风险的影响和传播机制研究，建立气候相关疾病的长期监测与评估体系。建立基础数据集，加强不同行业气象等相关数据处理以及应用方法研究。

开发推广关键性适应技术。构建跨学科、跨行业、跨区域的适应技术协作网络，逐步完善适应气候变化的技术支撑体系。大力开展城市适应气候变化技术研发、集成与推广工作，广泛推广简单易行、可操作性强的高效适应技术，积极开展适应技术集成示范。重点推广应用极端天气气候事件预测预警技术、人工影响天气技术、气候变化影响与风险评估技术、应对极端天气气候事件的城市生命线工程安全保障技术、城市生态适宜性评估技术等具有一定普适性的适应气候变化技术。

三、试点示范

（一）试点示范的目的

城市面临的气候变化问题千差万别，有干旱缺水、海平面上升等长期性问题，有不同类型极端天气气候事件的应急问题，也有城市管理方面的问题。城市适应气候变化应在统筹协调的基础上进行分类指导，通过开展试点示范，探索和推广有效的经验做法，逐步引导和推动相关工作。建设气候适应型城市，是要根据不同城市的气候地理特征、经济社会发展水平等，针对城市在气候变化条件下的突出性、关键性问题，坚持以人为本，注重前瞻创新性探索，强化城市气候敏感脆弱领域、区域和人群的适应行动，加强城市适应气候变化能力。

（二）试点示范的内容

按照地理位置和气候特征将全国划分东部、中部、西部三类适应地区，根据不同的城市气候风险、城市规模、城市功能，如超大或特大城市、三角洲城市、沿海沿江临湖城市、旅游城市、荒漠化、石漠化地区城市、港口城市等，选择30个典型城市，开展气候适应型城市建设试点。试点城市应根据自身气候变化问题，编制气候适应型城市试点工作方案，在试点城市或城市的某一试点区域，选择城市气候脆弱性评估、城市规划、气候变化监测体系、建筑、交通、能源、水资源管理、地下工程、绿化防沙、公众健康、灾害治理模式、体制机制、投融资模式等领域中的一个或多个方面，启动相关适应工程或项目。气候适应型城市试点工作应于2020年之前取得阶段性成果，相关成果经考核验收后进行推广示范。

（三）试点示范的组织实施

国家发展改革委、住房城乡建设部会同其他相关部门部署和统筹气候适应型城市试点示范工作，制定并发布试点申报方案，根据专家评估意见，审批拟开展试点城市上报的试点工作方案，组织相关经验交流和培训，并对试点进展情况进行监督考核，组织有关经验的推广示范。

省级发展改革、住房城乡建设部门会同其他相关部门负责组织本地区试点申报，负责本地区试点工作方案的初审，指导本地区城市开展试点工作，组织对本地区试点成果的评估验收。

气候适应型试点城市成立由本级政府主要负责同志担任组长的试点工作领导小组，由本级发展改革、住建部门会同财政、规划、交通、能源、园林、水利（水务）、经信（工信）、气象等相关部门参与，组织编制适应试点工作方案，并按国家批复工作方案组织实施相关试点工作。

四、保障措施

（一）加强组织领导

从机构设置、决策协调、政策立法、资金保障、科技研发等方面推动适应气候变化治理机制创新，建立适应气候变化跨部门工作协调机制，从事前、事中、事后全方位提升城市适应气候变化治理水平。明确城市适应气候变化的目标、任务、责任主体和评价考核体系，建立全过程的城市适应气候变化监督管理机制，推进城市适应气候变化决策的制度化、规范化、科学化，建立适应政策与行动的监督与后评估机制，加强信息互通与成果共享。

（二）加大资金投入

加大对城市适应气候变化工作的财政支持力度，落实城市适应气候变化行动。加强政策引导，充分利用国际适应气候变化资金，整合并拓展国内资金渠道，引导民间资金和各种社会资金参与。强化各种商业保险、风险基金以及再保险等金融措施，加强适应气候变化的保险创新，发挥资本市场的融资功能。鼓励积极应用PPP等模式，推动适应气候变化的城市公用基础设施建设。

（三）实现信息数据共享

通过城市多部门数据共享，逐步实现天气气候状况实时监测、气候变化敏感性和脆弱性动态评估、气候风险预测预警、灾害应急管理部门联动等功能，有效支撑城市适应气候变化的精细化、智能化和专业化治理能力。探索建立城市气候服务框架，将气候变化监测、检测、预估、影响等内容融合形成一体化的气候服务体系。

（四）加强能力建设

建设适应气候变化科普教育网络平台，编制科普读物、挂图或音像制品，组织多种形式的宣传教育活动，开展人群适应气候变化的风险交流与宣传，有效提高公民适应气候变化意识。培育和建设一批适应气候变化教育宣传活动基地，在高等院校积极开展城市适应气候变化普及教育和专业教育。依托应对气候变化专业机构和相关高等院校，建立专家团队和工作支撑团队，开展针对地方政府管理人员的适应气候变化培训。

（五）深化国际合作

充分利用国际合作平台，积极构建“城市-企业-社会组织-民众”为一体的，多层次、全方位的国际合作体系，加强与相关国际组织和机构的信息沟通、资源共享和务实合作。建立和完善资金支持、技术合作和人才交流等机制，坚持“请进来”和“走出去”并重，开展多层次、多主体的合作，实现双向互补。积极借鉴其他国家适应气候变化的经验、理念和技术，推动适应气候变化领域的南南合作。

关于促进绿色消费的指导意见

（发改环资[2016]353号 国家发展改革委、中宣部、科技部、财政部、环境保护部、住房城乡建设部、商务部、质检总局、旅游局、国管局2016年2月17日印发）

为全面贯彻党的十八大和十八届三中、四中、五中全会精神，深入贯彻习近平总书记系列重要讲话精神，落实绿色发展理念，根据《中共中央国务院关于加快推进生态文明建设的意见》、《生态文明体制改革总体方案》、《国务院关于积极发挥新消费引领作用加快培育形成新供给新动力的指导意见》等文件要求，促进绿色消费，加快生态文明建设，推动经济社会绿色发展，提出如下意见。

一、充分认识绿色消费的重要意义

绿色消费，是指以节约资源和保护环境为特征的消费行为，主要表现为崇尚勤俭节约，减少损失浪费，选择高效、环保的产品和服务，降低消费过程中的资源消耗和污染排放。我国人口众多，资源禀赋不足，环境承载力有限。近年来，随着经济较快发展、人民生活水平不断提高，我国已进入消费需求持续增长、消费拉动经济作用明显增强的重要阶段，绿色消费等新型消费具有巨大发展空间和潜力。与此同时，过度消费、奢侈浪费等现象依然存在，绿色的生活方式和消费模式还未形成，加剧了资源环境瓶颈约束。促进绿色消费，既是传承中华民族勤俭节约传统美德、弘扬社会主义核心价值观的重要体现，也是顺应消费升级趋势、推动供给侧改革、培育新的经济增长点的重要手段，更是缓解资源环境压力、建设生态文明的现实需要。

二、总体要求和主要目标

全面贯彻党的十八大和十八届三中、四中、五中全会精神，深入贯彻习近平总书记系列重要讲话精神，按照绿色发展理念和社会主义核心价值观要求，加快推动消费向绿色转型。加强宣传教育，在全社会厚植崇尚勤俭节约的社会风尚，大力推动消费理念绿色化；规范消费行为，引导消费者自觉践行绿色消费，打造绿色消费主体；严格市场准入，增加生产和有效供给，推广绿色消费产品；完善政策体系，构建有利于促进绿色消费的长效机制，营造绿色消费环境。

到2020年，绿色消费理念成为社会共识，长效机制基本建立，奢侈浪费行为得到有效遏制，绿色产品市场占有率大幅提高，勤俭节约、绿色低碳、文明健康的生活方式和消费模式基本形成。

三、着力培育绿色消费理念

（一）深入开展全民教育。加强资源环境基本国情教育，大力弘扬中华民族勤俭节约传统美德和党的艰苦奋斗优良作风，开展全民绿色消费教育。从娃娃抓起，将勤俭节约、绿色低碳的理念融入家庭教育、学前教育、中小学教育、未成年人思想道德建设教学体系，组织开展第二课堂等社会实践。把绿色消费作为妇女和家庭思想道德教育、学生思想政治教育、职工继续教育和公务员培训的重要内容，纳入文明城市、文明村镇、文明单位、文明家庭、文明校园创建及有关教育示范基地建设要求。

（二）广泛推进主题宣传。深入实施节能减排全民行动、节俭养德全民节约行动，组织开展绿色家庭、绿色商场、绿色景区、绿色饭店、绿色食堂、节约型机关、节约型校园、节约型医院等创建活动，表彰一批先进单位和个人。把绿色消费纳入全国节能宣传周、科普活动周、全国低碳日、环境日等主题宣传活动，充分发挥工会、共青团、妇联以及有关行业协会、环保组织的作用，强化宣传推广。各主要新闻媒体和网络媒体要积极宣传绿色消费的重要性和紧迫性，在黄金时段、重要版面制作发布公益广告，及时宣传报道绿色消费的理念经验和做法，加强舆论监督，曝光奢侈浪费行为，营造良好社会氛围。

四、积极引导居民践行绿色生活方式和消费模式

（三）倡导绿色生活方式。合理控制室内空调温度，推行夏季公务活动着便装。开展旧衣“零抛弃”活动，完善居民社区再生资源回收体系，有序推进二手服装再利用。抵制珍稀动物皮毛制品。推广绿色居住，减少无效照明，减少电器设备待机能耗，提倡家庭节约用水用电。鼓励步行、自行车和公共交通等低碳出行。鼓励消费者旅行自带洗漱用品，提倡重拎布袋子、重提菜篮子、重复使用环保购物袋，减少使用一次性日用品。制定发布绿色旅游消费公约和消费指南。支持发展共享经济，鼓励个人闲置资源有效利用，有序发展网络预约拼车、自有车辆租赁、民宿出租、旧物交换利用等，创新监管方式，完善信用体系。在中小学校试点校服、课本循环利用。

（四）鼓励绿色产品消费。继续推广高效节能电机、节能环保汽车、高效照明产品等节能产品，到2020年，能效标识2级以上的空调、冰箱、热水器等节能家电市场占有率达到50%以上。加大新能源汽车推广力度，加快电动汽车充电基础设施建设。组织实施“以旧换再”试点，推广再制造发动机、变速箱，建立健全对消费者的激励机制。实施绿色建材生产和应用行动计划，推广使用节能门窗、建筑垃圾再生产品等绿色建材和环保装修材料。推广环境标志产品，鼓励使用低挥发性有机物含量的涂料、干洗剂，引导使用低氨、低挥发性有机污染物排放的农药、化肥。鼓励选购节水龙头、节水马桶、节水洗衣机等节水产品。

（五）扩大绿色消费市场。加快畅通绿色产品流通渠道，鼓励建立绿色批发市场、绿色商场、节能超市、节水超市、慈善超市等绿色流通主体。支持市场、商场、超市、旅游商品专卖店等流通企业在显著位置开设绿色产品销售专区。组织流通企业与绿色产品提供商开展对接，促进绿色产品销售。鼓励大中城市利用群众性休闲场所、公益场地开设跳蚤市场，方便居民交换闲置旧物。完善农村消费基础设施和销售网络，通过电商平台提供面向农村地区的绿色产品，丰富产品服务种类，拓展绿色产品农村消费市场。

五、全面推进公共机构带头绿色消费

（六）全面推行绿色办公。提高办公设备和资产使用效率，鼓励纸张双面打印。推进信息系统建设和数据共享共用，积极推行无纸化办公。完善节约型公共机构评价标准，合理制定用水、用电、用油指标，建立健全定额管理制度。使用政府资金建设的公共建筑全面执行绿色建筑标准，凡具备条件的办公区要安装雨水回收系统和中水利用设施。到2020 年，新增创建3000 家节约型公共机构示范单位，全部省级机关和50%以上的省级事业单位建成节水型单位。

（七）完善绿色采购制度。严格执行政府对节能环保产品的优先采购和强制采购制度，扩大政府绿色采购范围，健全标准体系和执行机制，提高政府绿色采购规模。具备条件的公共机构要利用内部停车场资源规划建设电动汽车专用停车位，比例不低于10%，引进社会资本利用既有停车位参与充电桩建设和提供新能源汽车应用服务。2016 年，公共机构配备更新公务用车总量中新能源汽车的比例达到30%以上，到2020 年实现新能源汽车广泛应用。

六、大力推动企业增加绿色产品和服务供给

（八）积极实施创新驱动。引导和支持企业利用大众创业、万众创新平台，加大对绿色产品研发、设计和制造的投入，增加绿色产品和服务有效供给，不断提高产品和服务的资源环境效益。做好绿色技术储备，加快先进技术成果转化应用。大力推广利用“互联网+”促进绿色消费，推动电子商务企业直销或与实体企业合作经营绿色产品和服务，鼓励利用网络销售绿色产品，推动开展二手产品在线交易，满足不同主体多样化的绿色消费需求。鼓励电子商务企业积极开展网购商品包装物减量化和再利用。

（九）强化企业社会责任。健全生产者责任延伸制，推动生产企业减少有毒、有害、难降解、难处理、挥发性强物质的使用，主动披露产品和服务的能效、水效、环境绩效、碳排放等信息，推动实施企业产品标准自我声明公开和监督制度。推动企业能源管理体系建设。鼓励企业推行绿色供应链建设，开展清洁生产审核，降低产品全生命周期的环境影响。鼓励批发市场、大型商业综合体等消费场所进行节能、节水改造。鼓励旅游饭店、景区等推出绿色旅游消费奖励措施。星级宾馆、连锁酒店要逐步减少“六小件”等一次性用品的免费提供，试行按需提供。商场、超市、集贸市场等商品零售场所要严格执行“限塑令”，减少包装物的消耗，鼓励使用生物基材料的环保包装制品。

七、深入开展全社会反对浪费行动

（十）开展反过度包装行动。着力整治以奢华包装为代表的奢靡之风，在端午、中秋、春节等重要节日期间，以粽子、月饼、红酒、茶叶、杂粮、化妆品等商品为重点，开展定期专项检查，加大市场监管和打击力度，严厉整治过度包装行为，坚决制止商家在销售奢华包装产品中存在的价格欺诈、不按规定明码标价等违法行为。加强限制商品过度包装标准制修订工作，明确包装空隙率、包装层数和包装成本等方面要求。

（十一）开展反食品浪费行动。贯彻落实关于厉行节约反对食品浪费的意见，杜绝公务活动用餐浪费，在政府机关和国有企事业单位食堂实行健康科学营养配餐，条件具备的地方推进自助点餐计量收费，减少餐厨垃圾产生量。餐饮企业应提示顾客适当点餐，鼓励餐后打包，合理设定自助餐浪费收费标准。倡导婚丧嫁娶等红白喜事从简操办，推行科学文明的餐饮消费模式，提倡家庭按实际需要采购加工食品，争做“光盘族”。加强粮食生产、收购、储存、运输、加工、消费等环节管理，减少粮食损失浪费。

（十二）开展反过度消费行动。严格执行党政机关厉行节约反对浪费条例，严禁超标准配车、超标准接待和高消费娱乐等行为，细化明确各类公务活动标准，严禁浪费。以各级党政机关及党员领导干部为带动，坚决抵制生活奢靡、贪图享乐等不正之风，大力破除讲排场、比阔气等陋习，抵制过度消费，改变“自己掏钱、丰俭由我”的错误观念，形成“节约光荣，浪费可耻”的社会氛围。

八、建立健全绿色消费长效机制

（十三）健全法律法规。抓紧修订节能法、循环经济促进法等法律，研究制定节约用水条例、餐厨废弃物管理与资源化利用条例、限制商品过度包装条例、报废机动车回收管理办法、强制回收产品和包装物管理办法等专项法规，增加绿色消费有关要求，明确生产企业、零售企业、消费者、政府机构等主体应依法履行的责任义务。

（十四）完善标准体系。健全绿色产品和服务的标准体系，扩大标准覆盖范围，加快制修订产品生产过程的能耗、水耗、物耗以及终端产品的能效、水效等标准，动态调整并不断提高产品的资源环境准入门槛，做好计量检测、应用评价、对标提升等工作。加快实施能效“领跑者”制度、环保“领跑者”制度，研究建立水效“领跑者”制度。

（十五）健全标识认证体系。修订能效标识管理办法，扩大能效标识范围。落实节能低碳产品认证管理办法，做好认证目录发布和认证结果采信等工作，加快推行低碳、有机产品认证。推进中国环境标志认证。完善绿色建筑和绿色建材标识制度。制修订绿色市场、绿色宾馆、绿色饭店、绿色旅游等绿色服务评价办法。逐步将目前分头设立的环保、节能、节水、循环、低碳、再生、有机等产品统一整合为绿色产品，建立统一的绿色产品认证、标识等体系，加强绿色产品质量监管。

（十六）完善经济政策。对符合条件的节能、节水、环保、资源综合利用项目或产品，可以按规定享受相关税收优惠。把高耗能、高污染产品及部分高档消费品纳入消费税征收范围。落实好新能源汽车充电设施的奖补政策和电动汽车用电价格政策。全面实行保基本、促节约，更好反映市场供求、资源稀缺程度、生态环境损害成本和修复效益的资源阶梯价格政策，完善居民用电、用水、用气阶梯价格。

（十七）加强金融扶持。银行金融业机构要认真落实绿色信贷指引，创新金融产品和服务，积极开展绿色消费信贷业务。研究出台支持节能与新能源汽车、绿色建筑、新能源与可再生能源产品、设施等绿色消费信贷的激励政策，促进金融机构加大信贷支持力度。鼓励开发新能源汽车保险产品，鼓励保险公司为绿色建筑提供保险保障。研究建立绿色消费积分制。

关于印发低碳社区试点建设指南的通知

发改办气候[2015]362号

各省、自治区、直辖市及计划单列市、新疆生产建设兵团发展改革委：

为进一步加强对低碳社区试点建设工作的指导，根据《国家发展改革委关于开展低碳社区试点工作的通知》（发改气候[2014]489号）的要求，我们组织编制了《低碳社区试点建设指南》（以下简称《指南》），现印发给你们，请根据《指南》要求，结合本地实际情况，开展低碳社区试点工作。

附件：低碳社区试点建设指南（节录）

国家发展改革委办公厅

2015年2月12日

附件：

低碳社区试点建设指南

国家发展改革委

2015年2月

前言

根据《国务院关于印发“十二五”控制温室气体排放工作方案的通知》（国发〔2011〕41号）和《国家发展改革委关于开展低碳社区试点工作的通知》（发改气候〔2014〕489号）相关要求，为指导和推进低碳社区试点建设工作，国家发展改革委组织编制了《低碳社区试点建设指南》（以下简称《指南》）。

本《指南》中的“社区”是指城市居民委员会辖区或农村村民委员会辖区，包括辖区内的居民小区、社会单位、配套设施等。“低碳社区”是指通过构建气候友好的自然环境、房屋建筑、基础设施、生活方式和管理模式，降低能源资源消耗，实现低碳排放的城乡社区。《指南》明确了低碳社区试点的基本要求和组织实施程序，提出按照城市新建社区、城市既有社区和农村社区三种类别开展试点，并详细阐述了每类社区试点的选取要求、建设目标、建设内容及建设标准。

各级发展改革部门及参与试点建设的其他政府部门、企事业单位和社会团体等试点实施主体，可参照本《指南》，立足本地实际情况，本着因地制宜、分类推进的原则，科学有序开展低碳社区试点建设工作。

第一章 基本要求

1.1 指导思想

以科学发展观为指导，深入贯彻落实党的十八大和十八届三中、四中全会、中央城镇化工作会议精神，坚持从各地经济社会发展实际出发，按照绿色低碳、便捷舒适、生态环保、经济合理、运营高效的要求，坚持规划先行、循序渐进、因地制宜、广泛参与，打造一批符合不同区域特点、不同发展水平、特色鲜明的低碳社区试点，有效控制城乡建设和居民生活领域温室气体排放，为推进生态文明建设、加强和创新社会管理、构建社会主义和谐社会、提高城镇化发展质量做出积极贡献。

1.2 建设原则

1.2.1 贯彻落实国家战略要求

低碳社区试点建设要积极贯彻落实大力推进生态文明建设、主体功能区和新型城镇化战略、建设资源节约型和环境友好型社会、积极应对气候变化等重大战略部署，将有关理念和要求融入到社区规划、建设、运营管理和居民生活的全过程。

1.2.2 科学衔接相关工作部署

低碳社区试点建设要结合低碳省区和城市试点、智慧城市、社会主义新农村建设、棚户区改造、保障性住房建设、绿色建筑、战略性新兴产业、循环经济等各项工作部署，加强统筹规划和系统实施，把低碳社区试点打造为集成生态文明建设相关工作的综合平台。

1.2.3 突出反映地域发展特色

各地低碳社区试点建设要充分考虑不同地域的气候特征、地理特点、发展水平、发展模式等因素，坚持因地制宜、突出特色、量力而行、注重效果，科学确定本地区试点工作目标、建设重点，探索各具特色的低碳社区发展模式。

1.2.4 注重前瞻创新性探索

低碳社区试点建设要贯彻改革创新的精神，加强制度创新、管理创新、技术创新、模式创新，发挥好政府引导作用和市场决定性作用，推动各类社会主体广泛参与，积累社区低碳发展的新经验、新方法、新技术和新模式，为全国低碳发展发挥示范引领作用。

第二章 试点实施

2.1 实施主体

2.1.1 国家发展改革委

国家发展改革委负责全国低碳社区试点工作部署和统筹推进，将低碳社区试点进展情况纳入国家对各省（区、市）碳排放目标责任考核，制定低碳社区试点评价指标体系，加强对试点建设的指导，组织相关政策培训和经验交流，会同有关部门拟定并落实支持政策，开展“国家低碳示范社区”申报、评审和创建指导工作。

2.1.2 省级发展改革委

2.1.3 市县级发展改革部门

2.1.4 新区管委会、街道办事处、乡镇政府

2.1.5 新区开发投资主体、社区居民委员会、村民委员会

2.1.6 其他参与机构

2.2 创建流程

第三章 城市新建社区试点

3.2 建设指标

3.2.1 指标体系

试点建设指标体系设置强调从规划建设环节提出高标准的准入要求，基于前瞻性和可操作性，设定了 10 类一级指标和 46 个二级指标，覆盖了社区低碳规划、建设、运营管理的全过程。其中，约束性指标是试点建设必须要达到目标参考值要求的指标，引导性指标是试点建设可根据自身情况确定目标参考值的指标。

试点社区应参照本指标体系，考虑自身实际情况，确定本社区各项指标的目标值，并适当增加有地域特色的指标。

第四章 城市既有社区试点

4.2 建设指标

4.2.1 指标体系

试点建设指标体系设置突出降低社区碳排放量，覆盖了既有建筑、基础设施的改造和社区环境、运营管理和生活方式的提升等方面，共设定了 9 类一级指标和 32 个二级指标。其中，约束性指标是试点建设必须要达到目标参考值要求的指标，引导性指标是试点建设可根据自身情况确定目标参考值的指标。

试点社区应参照本指标体系，按照试点先进性要求，在开展现状评估和减碳潜力分析基础上，合理确定试点社区各指标目标值。

4.2.2 指标运用

试点社区应根据本指标体系，科学推进社区改造工作。在改造方案编制阶段，围绕指标涉及领域，组织开展现状评估和碳盘查工作，明确试点建设任务和改造重点；在改造实施环节，把低碳指标要求落实到具体项目中；在运营管理阶段，应按照低碳指标建立或完善相关管理制度和管理体系，并持续推动改造工作。

第五章 农村社区试点

5.2 建设指标

5.2.1 指标体系

试点建设指标体系设置突出以低碳发展支撑农村人居环境改善，围绕村庄规划、建设和管理，设定了 10 类一级指标和 28 个二级指标，其中约束性指标是试点建设必须要达到目标参考值要求的指标，引导性指标是试点建设可根据自身情况确定目标参考值的指标。

试点社区应结合自身发展基础，参照同类农村低碳发展先进水平，在开展现状评估和分析减碳潜力基础上，确定各项指标的目标值。根据不同地区的自然气候、区位条件、资源禀赋等差异，各地区可适当增加反映地域特色的指标。

关于推进“互联网+”智慧能源发展的指导意见

（发改能源[2016]392号）

各省、自治区、直辖市及计划单列市、新疆生产建设兵团发展改革委、能源局、工业和信息化主管部门，各有关中央企业：

“互联网+”智慧能源（以下简称能源互联网）是一种互联网与能源生产、传输、存储、消费以及能源市场深度融合的能源产业发展新形态，具有设备智能、多能协同、信息对称、供需分散、系统扁平、交易开放等主要特征。在全球新一轮科技革命和产业变革中，互联网理念、先进信息技术与能源产业深度融合，正在推动能源互联网新技术、新模式和新业态的兴起。能源互联网是推动我国能源革命的重要战略支撑，对提高可再生能源比重，促进化石能源清洁高效利用，提升能源综合效率，推动能源市场开放和产业升级，形成新的经济增长点，提升能源国际合作水平具有重要意义。为推进能源互联网发展，根据《国务院关于积极推进“互联网+”行动的指导意见》（国发[2015]40号）的要求，提出如下意见。

一、总体要求

（一）指导思想

全面贯彻党的十八大和十八届三中、四中、五中全会精神，深入贯彻习近平总书记系列重要讲话精神，按照中央财经领导小组第六次会议和国家能源委员会第一次会议重大决策部署要求，适应和引领经济社会发展新常态，着眼能源产业全局和长远发展需求，以改革创新为核心，以“互联网+”为手段，以智能化为基础，紧紧围绕构建绿色低碳、安全高效的现代能源体系，促进能源和信息深度融合，推动能源互联网新技术、新模式和新业态发展，推动能源领域供给侧结构性改革，支撑和推进能源革命，为实现我国从能源大国向能源强国转变和经济提质增效升级奠定坚实基础。

（二）基本原则

基础开放，大众参与。发挥互联网在变革能源产业中的基础作用，推动能源基础设施合理开放，促进能源生产与消费融合，提升大众参与程度，加快形成以开放、共享为主要特征的能源产业发展新形态。

探索创新，示范先行。遵循“互联网+”应用发展规律，营造开放包容的创新环境，鼓励多元化的技术、机制及模式创新，因地制宜推进能源互联网新技术与新模式先行先试，形成万众创新良好氛围。

市场驱动，科学监管。发挥市场在资源配置中的决定性作用，驱动形成能源互联网发展新业态。适应新业态及大数据应用发展要求，完善能源与信息深度融合下的安全监管和市场监管机制，保障信息安全和市场参与者的合法权益。

深化改革，推动革命。适应能源互联网“三分技术、七分改革”的发展要求，深化能源体制机制改革，还原能源商品属性，构建有效竞争的市场结构和市场体系，推动能源消费、供给和技术革命。

（三）发展目标

能源互联网是一种能源产业发展新形态，相关技术、模式及业态均处于探索发展阶段。为促进能源互联网健康有序发展，近中期将分为两个阶段推进，先期开展试点示范，后续进行推广应用，确保取得实效。

2016-2018年，着力推进能源互联网试点示范工作：建成一批不同类型、不同规模的试点示范项目。攻克一批重大关键技术与核心装备，能源互联网技术达到国际先进水平。初步建立能源互联网市场机制和市场体系。初步建成能源互联网技术标准体系，形成一批重点技术规范和标准。催生一批能源金融、第三方综合能源服务等新兴业态。培育一批有竞争力的新兴市场主体。探索一批可持续、可推广的发展模式。积累一批重要的改革试点经验。

2019-2025年，着力推进能源互联网多元化、规模化发展：初步建成能源互联网产业体系，成为经济增长重要驱动力。建成较为完善的能源互联网市场机制和市场体系。形成较为完备的技术及标准体系并推动实现国际化，引领世界能源互联网发展。形成开放共享的能源互联网生态环境，能源综合效率明显改善，可再生能源比重显著提高，化石能源清洁高效利用取得积极进展，大众参与程度大幅提升，有力支撑能源生产和消费革命。

二、重点任务

加强能源互联网基础设施建设，建设能源生产消费的智能化体系、多能协同综合能源网络、与能源系统协同的信息通信基础设施。营造开放共享的能源互联网生态体系，建立新型能源市场交易体系和商业运营平台，发展分布式能源、储能和电动汽车应用、智慧用能和增值服务、绿色能源灵活交易、能源大数据服务应用等新模式和新业态。推动能源互联网关键技术攻关、核心设备研发和标准体系建设，促进能源互联网技术、标准和模式的国际应用与合作。

（一）推动建设智能化能源生产消费基础设施

1. 推动可再生能源生产智能化。

鼓励建设智能风电场、智能光伏电站等设施及基于互联网的智慧运行云平台，实现可再生能源的智能化生产。鼓励用户侧建设冷热电三联供、热泵、工业余热余压利用等综合能源利用基础设施，推动分布式可再生能源与天然气分布式能源协同发展，提高分布式可再生能源综合利用水平。促进可再生能源与化石能源协同生产，推动对散烧煤等低效化石能源的清洁替代。建设可再生能源参与市场的计量、交易、结算等接入设施与支持系统。

2. 推进化石能源生产清洁高效智能化。

鼓励煤、油、气开采、加工及利用全链条智能化改造，实现化石能源绿色、清洁和高效生产。鼓励建设与化石能源配套的电采暖、储热等调节设施，鼓励发展天然气分布式能源，增强供能灵活性、柔性化，实现化石能源高效梯级利用与深度调峰。加快化石能源生产监测、管理和调度体系的网络化改造，建设市场导向的生产计划决策平台与智能化信息管理系统，完善化石能源的污染物排放监测体系，以互联网手段促进化石能源供需高效匹配、运营集约高效。

3. 推动集中式与分布式储能协同发展。

开发储电、储热、储冷、清洁燃料存储等多类型、大容量、低成本、高效率、长寿命储能产品及系统。推动在集中式新能源发电基地配置适当规模的储能电站，实现储能系统与新能源、电网的协调优化运行。推动建设小区、楼宇、家庭应用场景下的分布式储能设备，实现储能设备的混合配置、高效管理、友好并网。

4. 加快推进能源消费智能化。

鼓励建设以智能终端和能源灵活交易为主要特征的智能家居、智能楼宇、智能小区和智能工厂，支撑智慧城市建设。加强电力需求侧管理，普及智能化用能监测和诊断技术，加快工业企业能源管理中心建设，建设基于互联网的信息化服务平台。构建以多能融合、开放共享、双向通信和智能调控为特征，各类用能终端灵活融入的微平衡系统。建设家庭、园区、区域不同层次的用能主体参与能源市场的接入设施和信息服务平台。

（二）加强多能协同综合能源网络建设

1. 推进综合能源网络基础设施建设。

建设以智能电网为基础，与热力管网、天然气管网、交通网络等多种类型网络互联互通，多种能源形态协同转化、集中式与分布式能源协调运行的综合能源网络。加强统筹规划，在新城区、新园区以及大气污染严重的重点区域率先布局，确保综合能源网络结构合理、运行高效。建设高灵活性的柔性能源网络，保证能源传输的灵活可控和安全稳定。建设接纳高比例可再生能源、促进灵活互动用能行为和支持分布式能源交易的综合能源微网。

2. 促进能源接入转化与协同调控设施建设。

推动不同能源网络接口设施的标准化、模块化建设，支持各种能源生产、消费设施的“即插即用”与“双向传输”，大幅提升可再生能源、分布式能源及多元化负荷的接纳能力。推动支撑电、冷、热、气、氢等多种能源形态灵活转化、高效存储、智能协同的基础设施建设。建设覆盖电网、气网、热网等智能网络的协同控制基础设施。

（三）推动能源与信息通信基础设施深度融合

1. 促进智能终端及接入设施的普及应用。

发展能源互联网的智能终端高级量测系统及其配套设备，实现电能、热力、制冷等能源消费的实时计量、信息交互与主动控制。丰富智能终端高级量测系统的实施功能，促进水、气、热、电的远程自动集采集抄收，实现多表合一。规范智能终端高级量测系统的组网结构与信息接口,实现和用户之间安全、可靠、快速的双向通信。

2. 加强支撑能源互联网的信息通信设施建设。

优化能源网络中传感、信息、通信、控制等元件的布局，与能源网络各种设施实现高效配置。推进能源网络与物联网之间信息设施的连接与深度融合。对电网、气网、热网等能源网络及其信息架构、存储单元等基础设施进行协同建设，实现基础设施的共享复用，避免重复建设。推进电力光纤到户工程，完善能源互联网信息通信系统。在充分利用现有信息通信设施基础上，推进电力通信网等能源互联网信息通信设施建设。

3. 推进信息系统与物理系统的高效集成与智能化调控。

推进信息系统与物理系统在量测、计算、控制等多功能环节上的高效集成，实现能源互联网的实时感知和信息反馈。建设信息系统与物理系统相融合的智能化调控体系，以“集中调控、分布自治、远程协作”为特征，实现能源互联网的快速响应与精确控制。

4. 加强信息通信安全保障能力建设。

加强能源信息通信系统的安全基础设施建设，根据信息重要程度、通信方式和服务对象的不同，科学配置安全策略。依托先进密码、身份认证、加密通信等技术，建设能源互联网下的用户、数据、设备与网络之间信息传递、保存、分发的信息通信安全保障体系,确保能源互联网安全可靠运行。提升能源互联网网络和信息安全事件监测、预警和应急处置能力。

（四）营造开放共享的能源互联网生态体系

1. 构建能源互联网的开放共享体系。

充分利用互联网领域的快速迭代创新能力，建立面向多种应用和服务场景下能源系统互联互通的开放接口、网络协议和应用支撑平台，支持海量和多种形式的供能与用能设备的快速、便捷接入。从局部区域着手，推动能源网络分层分区互联和能源资源的全局管理，支持终端用户实现基于互联网平台的平等参与和能量共享。

2. 建设能源互联网的市场交易体系。

建立多方参与、平等开放、充分竞争的能源市场交易体系，还原能源商品属性。培育售电商、综合能源运营商和第三方增值服务供应商等新型市场主体。逐步建设以能量、辅助服务、新能源配额、虚拟能源货币等为标的物的多元交易体系。分层构建能量的批发交易市场与零售交易市场，基于互联网构建能量交易电子商务平台，鼓励交易平台间的竞争，实现随时随地、灵活对等的能源共享与交易。建立基于互联网的微平衡市场交易体系，鼓励个人、家庭、分布式能源等小微用户灵活自主地参与能源市场。

3. 促进能源互联网的商业模式创新。

搭建能源及能源衍生品的价值流转体系，支持能源资源、设备、服务、应用的资本化、证券化，为基于“互联网+”的B2B、B2C、C2B、C2C、O2O等多种形态的商业模式创新提供平台。促进能源领域跨行业的信息共享与业务交融，培育能源云服务、虚拟能源货币等新型商业模式。鼓励面向分布式能源的众筹、PPP等灵活的投融资手段，促进能源的就地采集与高效利用。开展能源互联网基础设施的金融租赁业务，建立租赁物与二手设备的流通市场，发展售后回租、利润共享等新型商业模式。提供差异化的能源商品，并为灵活用能、辅助服务、能效管理、节能服务等新业务提供增值服务。

4. 建立能源互联网国际合作机制。

配合国家“一带一路”建设，建立健全开放共享的能源互联网国际合作机制，加强与周边国家能源基础设施的互联互通，推动国内能源互联网先进技术、装备、标准和模式“走出去”。

（五）发展储能和电动汽车应用新模式

1. 发展储能网络化管理运营模式。

鼓励整合小区、楼宇、家庭应用场景下的储电、储热、储冷、清洁燃料存储等多类型的分布式储能设备及社会上其他分散、冗余、性能受限的储能电池、不间断电源、电动汽车充放电桩等储能设施，建设储能设施数据库，将存量的分布式储能设备通过互联网进行管控和运营。推动电动汽车废旧动力电池在储能电站等储能系统实现梯次利用。构建储能云平台，实现对储能设备的模块化设计、标准化接入、梯次化利用与网络化管理，支持能量的自由灵活交易。推动储能提供能源租赁、紧急备用、调峰调频等增值服务。

2. 发展车网协同的智能充放电模式。

鼓励充换电设施运营商、电动汽车企业等，集成电网、车企、交通、气象、安全等各种数据，建设基于电网、储能、分布式用电等元素的新能源汽车运营云平台。促进电动汽车与智能电网间能量和信息的双向互动，应用电池能量信息化和互联网化技术，探索无线充电、移动充电、充放电智能导引等新运营模式。积极开展电动汽车智能充放电业务，探索电动汽车利用互联网平台参与能源直接交易、电力需求响应等新模式。

3. 发展新能源+电动汽车运行新模式。

充分利用风能、太阳能等可再生能源资源，在城市、景区、高速公路等区域因地制宜建设新能源充放电站等基础设施，提供电动汽车充放电、换电等业务，实现电动汽车与新能源的协同优化运行。

（六）发展智慧用能新模式

1. 培育用户侧智慧用能新模式。

完善基于互联网的智慧用能交易平台建设。建设面向智能家居、智能楼宇、智能小区、智能工厂的能源综合服务中心，实现多种能源的智能定制、主动推送和资源优化组合。鼓励企业、居民用户与分布式资源、电力负荷资源、储能资源之间通过微平衡市场进行局部自主交易，通过实时交易引导能源的生产消费行为，实现分布式能源生产、消费一体化。

2. 构建用户自主的能源服务新模式。

逐步培育虚拟电厂、负荷集成商等新型市场主体，增加灵活性资源供应。鼓励用户自主提供能量响应、调频、调峰等灵活的能源服务，以互联网平台为依托进行动态、实时的交易。进一步完善相关市场机制，兼容用户以直接、间接等多种方式自主参与灵活性资源市场交易的渠道。建立合理的灵活性资源补偿定价机制，保障灵活性资源投资拥有合理的收益回报。

3. 拓展智慧用能增值服务新模式。

鼓励提供更多差异化的能源商品和服务方案。搭建用户能效监测平台并实现数据的互联共享，提供个性化的能效管理与节能服务。基于互联网平台，提供面向用户终端设施的能量托管、交易委托等增值服务。拓展第三方信用评价，鼓励能源企业或专业数据服务企业拓展独立的能源大数据信息服务。

（七）培育绿色能源灵活交易市场模式

1. 建设基于互联网的绿色能源灵活交易平台。

建设基于互联网的绿色能源灵活交易平台，支持风电、光伏、水电等绿色低碳能源与电力用户之间实现直接交易。挖掘绿色能源的环保效益，打造相应的能源衍生品，面向不同用户群体提供差异化的绿色能源套餐。培育第三方运维、点对点能源服务等绿色能源生产、消费和交易新业态。

2. 构建可再生能源实时补贴机制。

建立基于互联网平台的分布式可再生能源实时补贴结算机制，实现补贴的计量、认证和结算与可再生能源生产交易实时挂钩。进一步探索将大规模的风电场、光伏电站等纳入基于互联网平台的实时补贴范围。

3. 发展绿色能源的证书交易体系。

探索建立与绿色能源生产和交易实时挂钩的绿色证书生成和认证机制，推进绿色证书交易体系与现行排污权交易体系相融合，并通过合理的机制，将绿色证书交易作为碳排放权交易的有益补充。推动建立绿色能源生产强制配额制度，实现基于互联网平台的绿色证书交易与结算。推动绿色证书的证券化、金融化交易。

（八）发展能源大数据服务应用

1. 实现能源大数据的集成和安全共享。

实施能源领域的国家大数据战略，积极拓展能源大数据的采集范围，逐步覆盖电、煤、油、气等能源领域及气象、经济、交通等其他领域。实现多领域能源大数据的集成融合。建设国家能源大数据中心，逐渐实现与相关市场主体的数据集成和共享。在安全、公平的基础上，以有效监管为前提，打通政府部门、企事业单位之间的数据壁垒，促进各类数据资源整合，提升能源统计、分析、预测等业务的时效性和准确度。

2. 创新能源大数据的业务服务体系。

促进基于能源大数据的创新创业，开展面向能源生产、流通、消费等环节的新业务应用与增值服务。鼓励能源生产、服务企业和第三方企业投资建设面向风电、光伏等能源大数据运营平台，为能源资源评估、选址优化等业务提供专业化服务。鼓励发展基于能源大数据的信息挖掘与智能预测业务，对能源设备的运行管理进行精准调度、故障诊断和状态检修。鼓励发展基于能源大数据的温室气体排放相关专业化服务。鼓励开展面向能源终端用户的用能大数据信息服务，对用能行为进行实时感知与动态分析，实现远程、友好、互动的智能用能控制。

3. 建立基于能源大数据的行业管理与监管体系。

探索建立基于能源大数据技术，精确需求导向的能源规划新模式，推动多能协同的综合规划模式，提升政府对能源重大基础设施规划的科学决策水平，推进简政放权和能源体制机制持续创新。推动基于能源互联网的能源监管模式创新，发挥能源大数据技术在能源监管中的基础性作用，建立覆盖能源生产、流通、消费全链条，透明高效的现代能源监督管理网络体系，提升能源监管的效率和效益。建设基于互联网、分级分层的能源统计、分析与预测预警平台，指导监督能源消费总量控制。

（九）推动能源互联网的关键技术攻关

1. 支持能源互联网的核心设备研发。

研制提供能量汇聚、灵活分配、精准控制、无差别化接入等功能的新型设备，为能源互联网设施自下而上的自治组网、分散式网络化协同控制提供硬件支撑。支持直流电网、先进储能、能源转换、需求侧管理等关键技术、产品及设备的研发和应用。推广港口气化、港口岸电等清洁替代技术。加强能源互联网技术装备研发的国际化合作。

2. 支持信息物理系统关键技术研发。

研究低成本、高性能的集成通信技术。研究信息物理系统中面向量测、电价、控制、服务等多种信息类型、安全可靠的信息编码、加密、检验和通信技术。研究信息物理系统中能源流和信息流高效融合的调度管理与协同控制等关键技术。研究信息-能量耦合的统一建模与安全分析关键技术。

3. 支持系统运营交易关键技术研发。

研究多能融合能源系统的建模、分析与优化技术。研究集中式与分布式协同计算、控制、调度与自愈技术。研发支持多元交易主体、多元能源商品和复杂交易类型的能源电商平台。研究支持分布式、并发式交互响应的实时交易，互联网虚拟能源货币认证，互联网虚拟能源货币的定价、流通、交易与结算等关键技术。探索软件定义能源网络技术。

（十）建设国际领先的能源互联网标准体系

1. 制定能源互联网通用技术标准。

研究建立能源互联网标准体系。优先制定能源互联网的通用标准、与智慧城市和中国制造2025等相协调的跨行业公用标准和重要技术标准，包括能源互联网的能源转换类标准、设备类标准、信息交换类标准、安全防护类标准、能源交易类标准、计量采集类标准、监管类标准等。推动建立能源互联网相关国际标准化技术委员会，努力争取核心标准成为国际标准。

2. 建设能源互联网质量认证体系。

建立全面、先进、涵盖相关产业的产品检测与质量认证平台。建立国家能源互联网质量认证平台检测数据共享机制。建立国家能源互联网产品检测与质量认证平台及网络。鼓励建设能源互联网企业与产品数据库，定期发布测试数据。建立健全检测方法和评价体系，引导产业健康发展。

三、组织实施

（一）加强组织领导

在"互联网+"行动实施部际联席会议机制下，国家能源局会同国家发展改革委、工业和信息化部等有关部门设立"互联网+"智慧能源专项协调机制，统筹协调解决重大问题，及时总结推广成功经验和有效做法，切实推动行动的贯彻落实。加强能源互联网技术创新平台建设，依托企业、科研机构、高校，组建国家能源互联网技术创新中心和重点实验室。建立跨领域、跨行业的能源互联网专业咨询委员会，为政府决策提供重要支撑。各地发展改革（能源）、工业和信息化主管部门应结合实际，牵头研究制定适合本地的能源互联网行动落实方案，因地制宜，统筹谋划，科学组织实施，杜绝盲目建设和重复投资，务实有序推进能源互联网行动。

（二）完善政策法规

建立健全相关法律法规，保障能源互联网健康有序发展。正在制修订过程中的能源法、电力法等法律法规应适应能源互联网新模式、新业态发展需求。加强电力与油气体制改革、其他资源环境价格改革以及碳交易、用能权交易等市场机制与能源互联网发展的协同对接。积极开展能源互联网创新政策试点，破除地区配额、地方保护、互联互通、数据共享、交易机制等方面的政策壁垒，研究制定适应能源互联网新模式、新业态发展特点的价格、税收、保险等相关政策法规。加强能源互联网技术、产品和模式等的知识产权管理与保护。加强能源互联网信息安全政策法规及标准体系建设。

（三）推动市场改革

发挥市场在资源配置中的决定性作用，推动建立公平竞争、开放有序的能源市场交易体系。建立健全能源市场的准入制度，鼓励第三方资本、小微型企业等新兴市场主体参与市场，促进各类所有制企业的平等、协同发展。加快电力、油气行业市场体系建设，建立市场化交易机制和价格形成机制，使价格信号能从时间、空间上反映实际成本和供需状况，有效引导供需。允许市场主体自主协商或通过交易平台集中竞价等多种方式开展能源商品及灵活性资源等能源衍生品服务交易，最大限度地激发市场活力。

（四）开展试点示范

围绕现代互联网技术与能源系统的全面深度融合，鼓励具备条件的地区、部门和企业，因地、因业制宜地开展各类能源互联网应用试点示范，在技术创新、运营模式、发展业态和体制机制等方面深入探索，先行先试，总结积累可推广的成功经验，为能源互联网的健康有序发展奠定坚实基础。

（五）创新产业扶持

将能源互联网纳入重大工程包，加大中央、地方预算内资金投入力度，引导更多社会资本进入，分步骤组织实施能源互联网重大示范工程。充分发挥国家科技计划和相关专项作用，支持开展能源互联网基础、共性和关键技术研发。依靠金融创新探索企业和项目融资、收益分配和风险补偿机制，降低能源互联网发展准入门槛和风险。支持符合条件的能源互联网项目实施主体通过发行债券、股权交易、众筹、PPP等方式进行融资。积极发挥基金、融资租赁、担保等金融机构优势，引导更多的社会资本投向能源互联网产业。

（六）共享数据资源

开展能源公共数据分级利用改革试点，研究制定能源数据使用管理和交易共享规范。从国家安全、系统安全和用户信息安全需求出发，推进能源信息的分级分类。加强能源大数据采集、传输、存储、处理和共享全过程的安全监管。加强能源互联网信息基础设施共建共享，建立贯穿能源全产业链的信息公共服务网络和数据库，加强上下游企业能源信息对接、共享共用和交易服务。鼓励互联网企业与能源企业合作挖掘能源大数据商业价值，促进能源互联网的应用创新。

（七）强化创新基础

推动成立能源互联网创新产业联盟，配合有关政府部门严格能源互联网产品准入管理，开展标准、检测和认证相关工作。引进和培育一批领军型、复合型、专业型人才，形成支持能源互联网建设的智力保障体系。吸引能源互联网领域国际人才在我国创业创新和从事教学科研等活动。创新人才培养模式，建立健全多层次、跨学科的能源互联网人才培养体系。在高校探索设立能源互联网相关专业或培养项目，大力培养跨界复合型人才。

（八）加强宣传引导

各有关部门、企业和新闻媒体要通过多种形式加强对能源互联网政策机制、发展动态、先进技术、示范项目、新兴业态等的宣传，让社会各界全面了解能源互联网，扩大示范带动效应，吸引更多社会资本参与能源互联网的研究建设与创新发展，形成广泛、活跃、持续的能源互联网发展氛围，为能源互联网新技术、新商业模式和新业态孕育兴起提供良好的舆论环境。

国家发展改革委　国家能源局　工业和信息化部

2016年2月24日

关于改善电力运行调节促进清洁能源多发满发的指导意见

（发改运行[2015]518号）

北京市、河北省、江西省、河南省、陕西省、西藏自治区发展改革委，各省、自治区、直辖市经信委（工信委、工信厅、经贸委、经委），国家能源局派出机构，中国电力企业联合会，国家电网公司、中国南方电网有限责任公

司，中国华能集团公司、中国大唐集团公司、中国华电集团公司、中国国电集团公司、中国电力投资集团公司、中国长江三峡集团公司、神华集团有限责任公司、国家开发投资公司：

为贯彻中央财经领导小组第六次会议和国家能源委员会第一次会议部署，落实《中共中央、国务院关于进一步深化电力体制改革的若干意见》（中发[2015]9号）有关要求，现就改善电力运行调节，促进清洁能源持续健康发展，提出以下指导意见：

一、统筹年度电力电量平衡，积极促进清洁能源消纳

（一）各省（区、市）政府主管部门组织编制本地区年度电力电量平衡方案时，应采取措施落实可再生能源发电全额保障性收购制度，在保障电网安全稳定的前提下，全额安排可再生能源发电。

（二）在编制年度发电计划时，优先预留水电、风电、光伏发电等清洁能源机组发电空间；鼓励清洁能源发电参与市场，对于已通过直接交易等市场化方式确定的电量，可从发电计划中扣除。对于同一地区同类清洁能源的不同生产主体，在预留空间上应公平公正。风电、光伏发电、生物质发电按照本地区资源条件全额安排发电；水电兼顾资源条件和历史均值确定发电量；核电在保证安全的情况下兼顾调峰需要安排发电；气电根据供热、调峰及平衡需要确定发电量。煤电机组进一步加大差别电量计划力度，确保高效节能环保机组的利用小时数明显高于其他煤电机组，并可在一定期限内增加大气污染物排放浓度接近或达到燃气轮机组排放限值的燃煤发电机组利用小时数。

（三）各省（区、市）政府主管部门在统筹平衡年度电力电量时，新增用电需求原则上优先用于安排清洁能源发电和消纳区外清洁能源，以及奖励为保障清洁能源多发满发而调峰的煤电机组发电。

（四）能源资源丰富地区、清洁能源装机比重较大地区在统筹平衡年度电力电量时，新增用电需求如无法满足清洁能源多发满发，应采取市场化方式，鼓励清洁能源优先与用户直接交易，充分挖掘本地区用电潜力，最大限度消纳清洁能源。

（五）京津冀、长三角、珠三角以及清洁能源比重较小地区在统筹平衡年度电力电量时，新增用电需求优先满足清洁能源消纳，明确接受外输电中清洁能源的比例并逐步提高，促进大气环境质量改善。

（六）政府主管部门在组织国家电网公司、南方电网公司制定年度跨省区送受电计划时，应切实贯彻国家能源战略和政策，充分利用现有输电通道，增加电网调度灵活性，统筹考虑配套电源和清洁能源，优先安排清洁能源送出并明确送电比例，提高输电的稳定性和安全性。对于同一地区内同类清洁能源的不同生产主体，在送出安排计划上应公平公正。

（七）跨省区送受电各方应统筹电力供需、输电通道能力，充分自主协商确定年度送受电计划，尽可能增加清洁能源送出与消纳，全力避免弃水、弃风、弃光。经协商无法达成一致意见的，由国家发展改革委协调确定，协调结果抄送国家能源局。

（八）国家发展改革委会同各省（区、市）政府主管部门、电力企业，按照简政放权和规范行政审批事项的要求，健全省级发供电计划和跨省区发供电计划协商机制。省级年度发电计划、跨省区送受电计划在每年一季度前报国家发展改革委备案。经备案的年度发电计划、跨省区送受电计划纳入各省（区、市）电力电量平衡，电网企业负责组织实施。

二、加强日常运行调节，充分运用利益补偿机制为清洁能源开拓市场空间

（九）各省（区、市）政府主管部门在确定年度发电计划和跨省区送受电计划后，电力企业应据此协商签订购售电合同，并通过替代发电（发电权交易）、辅助服务等市场机制，实现不同类型电源的利益调节，促进清洁能源多发满发。具备条件的地区，可跨省区实施。

（十）各地应建立完善调峰补偿机制，加大调峰补偿力度，鼓励通过市场化方式确定调峰承担方，鼓励清洁能源直接购买辅助服务。对于煤电机组为避免弃水、弃风、弃光而进行的深度调峰或机组启停，应通过增加发电量等方式进行奖励，所需电量在年度电量计划安排中统筹考虑，年终结清。

（十一）可再生能源消纳困难的地区，可通过市场化的经济补偿机制激励煤电机组调峰。调峰深度没有达到平均调峰率的，不予补偿；调峰深度超过平均调峰率的，予以递进补偿；实施启停调峰的，予以一次性补偿。补偿所需费用由受益的可再生能源和煤电机组根据程度进行相应分摊。补偿与分摊费用应保持平衡。

（十二）水电装机比重较大地区应研究制定水火发电互济机制。在明确煤电机组最小开机方式的前提下，组织水电机组、煤电机组进行替代发电，对为保障水电多发满发而减发的煤电机组进行补偿。如产生电网增收，应主要用于煤电机组补偿。并可尝试通过梯级电站流域补偿、冷备用补偿、股权置换等方式实现不同发电主体间的利益调节。

（十三）各省（区、市）政府主管部门应会同相应能源监管机构，结合运行经验和供需形势，重新核定煤电机组（含热电）的最小技术出力和开机方式，不断研究探索水电、风电、光伏发电与煤电（含热电）等联合运行和优化运行。

（十四）健全跨省区送受电利益调节机制。跨省区送受电协议已由国家协调明确价格的应遵照执行，市场机制比较完善的也可由送受电双方根据实际运行情况，按照风险共担、利益共享原则全部或部分重新协商确定，并将协商结果报送国家发展改革委和国家能源局；国家未明确价格的，由送受电双方协商确定送电价格和电量。

（十五）各省（区、市）政府主管部门应和有关部门定期公布发电运行考核结果，及时公开发布电网运行信息和机组调峰参数等信息。能源监管机构应按月向省（区、市）政府有关部门通报辅助服务管理和并网运行管理数据。

三、加强电力需求侧管理，通过移峰填谷为清洁能源多发满发创造有利条件

（十六）各省（区、市）政府主管部门应加强电力需求侧管理，鼓励电力用户优化用电负荷特性、参与调峰调频，加大峰谷电价差，用价格手段引导移峰填谷，缓解发电侧调峰压力，促进多消纳清洁能源。

（十七）各省（区、市）政府主管部门要加快电力需求侧管理平台开发建设，推广在线监测，帮助用户实现用电精细化，为减少电网峰谷差提供技术支持。

（十八）各省（区、市）政府主管部门要积极尝试开展需求响应试点，以在线监测和互联网技术为支撑，综合运用补贴政策、价格政策等，对在高峰时段主动削减负荷的用户给予经济补偿，或通过与清洁能源开展直接交易给予补偿。

（十九）各省（区、市）政府主管部门应研究完善配套政策，创新工作思路，督促电网企业落实分布式发电并网政策，促使电网企业多吸纳分布式发电。

（二十）鼓励有条件的地区推广热电机组蓄热技术，开展低谷电力供热试点。

四、加强相互配合和监督管理，确保清洁能源多发满发政策落到实处

（二十一）清洁能源发电企业应满足并网技术要求，提高出力预测精度，加强生产运行管理，提升电能质量，减轻电网稳定运行的压力。

（二十二）电网企业应统一负责清洁能源发电出力预测，科学安排机组组合，充分挖掘系统调峰潜力，合理调整旋转备用容量，在保证电网安全运行的前提下，促进清洁能源优先上网，落实可再生能源全额保障性收购；加快点对网输电线路改造，提升吸纳可再生能源能力。有条件的电网，可以开展清洁能源优先调度试点，即以最大限度消纳清洁能源上网电量为目标，联合优化调度，灵活安排运行备用容量。

（二十三）电网企业应加强清洁能源富集地区送电通道的建设，发展智能电网技术，改善清洁能源并网条件，扩大资源配置范围。

（二十四）各省（区、市）政府主管部门应会同相应能源监管机构，加强对电力调度、发电运行和年度发电计划实施的监督，定期组织通报电力运行信息，协调清洁能源并网及运行矛盾，切实保障清洁能源多发满发。

（二十五）能源监管机构要对可再生能源全额上网情况进行监管，对未能全额上网的，应查明原因，理清责任，督促相关方限期改正。

国家发展改革委　国家能源局
2015年3月20日

关于开展2014年度单位国内生产总值二氧化碳排放降低目标责任考核评估的通知

（发改办气候[2015]958号）

各省、自治区、直辖市人民政府办公厅，中组部、工业和信息化部、监察部、财政部、环境保护部、住房城乡建设部、农业部、交通运输部、国家统计局、国家林业局、国家能源局、气象局、认监委、标准委办公厅：

根据国务院印发的《“十二五”控制温室气体排放工作方案》（国发[2011]41号）、《国务院办公厅关于印发“十二五”控制温室气体排放工作方案重点工作部门分工的通知》（国办函〔2012〕68号）和《国家发展改革委关于印发单位国内生产总值二氧化碳排放降低目标责任考核评估办法的通知》（发改气候[2014]1828号）要求，经研究，我们将对省级人民政府开展2014年度单位国内生产总值二氧化碳排放降低目标责任考核评估，现将相关工作方案、评估指标及评分细则等文件印发你们，并将有关事项通知如下：

一、为更好地推动控制温室气体排放各项工作，确保完成“十二五”规划碳强度下降目标任务，自6月份始将开展2014年单位国内生产总值二氧化碳排放降低目标责任考核相关工作。请各省（自治区、直辖市）人民政府于6月底前向我委上报本地区2014年度单位国内生产总值二氧化碳排放降低目标完成情况和措施落实情况自评估报告和数据核查表（含电子版）。

二、我委将于7月会同国务院有关部门对各省、自治区、直辖市2014年度单位地区生产总值二氧化碳排放降低目标完成情况和措施落实情况进行集中审核。

三、请将本地区负责考核工作的单位及联系人、联系电话于5月15日前报至我委。有关具体事项另行通知。

附件：1. 2014年度地区单位国内生产总值二氧化碳排放降低目标责任考核评估工作方案（略）

2.省级人民政府单位地区生产总值二氧化碳排放降低目标考核评估指标及评分细则（2014年度）（略）
3.二氧化碳排放核算方法及数据核查表（略）

国家发展改革委办公厅
2015年4月20日

关于发布2015年全国低碳日有关宣传口号、招贴画的通知

为配合开展2015年全国低碳日活动，中国经济导报社组织了2015年全国低碳日主题宣传口号、招贴画征集评选活动。现将评选出的部分宣传口号以及招贴画予以发布，请从我司网站查阅并下载，用于2015年“全国低碳日”及其他相关宣传活动。

宣传口号：

城市宜居低碳天人和谐自然

同创低碳城市，共享低碳生活

城市低碳宜居，人与自然和谐

大道至简，低碳生活

低碳环保齐心齐力，绿色城市宜人宜居

衣食住行少点“碳”，城市绿色常相伴

低碳城市你我共创，宜居家园人人共享

走低碳发展之路，建生活品质之城

种一棵树，攀住城市天空，少一点碳，守住生态家园

国家发展改革委应对气候变化司
2015年6月12日

关于促进智能电网发展的指导意见

（发改运行[2015]1518号）

北京市、河北省、江西省、河南省、陕西省、西藏自治区发展改革委，各省、自治区、直辖市经信委（工信委、工信厅）、能源局，中国电力企业联合会，国家电网公司、中国南方电网有限责任公司：

智能电网是在传统电力系统基础上，通过集成新能源、新材料、新设备和先进传感技术、信息技术、控制技术、储能技术等新技术，形成的新一代电力系统，具有高度信息化、自动化、互动化等特征，可以更好地实现电网安全、可靠、经济、高效运行。发展智能电网是实现我国能源生产、消费、技术和体制革命的重要手段，是发展能源互联网的重要基础。为促进智能电网发展，现提出以下指导意见。

一、发展智能电网的重要意义

发展智能电网，有利于进一步提高电网接纳和优化配置多种能源的能力，实现能源生产和消费的综合调配；有利于推动清洁能源、分布式能源的科学利用，从而全面构建安全、高效、清洁的现代能源保障体系；有利于支撑新型工业化和新型城镇化建设，提高民生服务水平；有利于带动上下游产业转型升级，实现我国能源科技和装备水平的全面提升。

二、总体要求

（一）指导思想

坚持统筹规划、因地制宜、先进高效、清洁环保、开放互动、服务民生等基本原则，深入贯彻落实国家关于实现能源革命和建设生态文明的战略部署，加强顶层设计和统筹协调；推广应用新技术、新设备和新材料，全面提升电力系统的智能化水平；全面体现节能减排和环保要求，促进集中与分散的清洁能源开发消纳；与智慧城市发展相适应，构建友好开放的综合服务平台，充分发挥智能电网在现代能源体系中的关键作用。发挥智能电网的科技创新和产业培育作用，鼓励商业模式创新，培育新的经济增长点。

（二）基本原则

坚持统筹规划。编制智能电网战略规划，发挥电力企业、装备制造企业、用户等市场主体的积极性，在合作共赢的基础上合力推动智能电网发展。

坚持集散并重。客观认识我国国情和能源资源赋存与消费逆向分布的实际，在进一步发挥电网在更大范围优化配置能源资源作用的同时，提高输电网智能化水平。与此同时，加强发展智能配电网，鼓励分布式电源和微网建

设，促进能源就地消纳。

坚持市场化。充分发挥市场在资源配置中的决定性作用，探索运营模式创新，鼓励社会资本进入，激发市场活力。

坚持因地制宜。各地要综合考虑经济发展水平、能源资源赋存、基础条件等差异，结合本地实际，推进本地智能电网发展。

（三）发展目标

到2020年，初步建成安全可靠、开放兼容、双向互动、高效经济、清洁环保的智能电网体系，满足电源开发和用户需求，全面支撑现代能源体系建设，推动我国能源生产和消费革命；带动战略性新兴产业发展，形成有国际竞争力的智能电网装备体系。

实现清洁能源的充分消纳。构建安全高效的远距离输电网和可靠灵活的主动配电网，实现水能、风能、太阳能等各种清洁能源的充分利用；加快微电网建设，推动分布式光伏、微燃机及余热余压等多种分布式电源的广泛接入和有效互动，实现能源资源优化配置和能源结构调整。

提升输配电网络的柔性控制能力。提高交直流混联电网智能调控、经济运行、安全防御能力，示范应用大规模储能系统及柔性直流输电工程，显著增强电网在高比例清洁能源及多元负荷接入条件下的运行安全性、控制灵活性、调控精确性、供电稳定性，有效抵御各类严重故障，供电可靠率处于全球先进水平。

满足并引导用户多元化负荷需求。建立并推广供需互动用电系统，实施需求侧管理，引导用户能源消费新观念，实现电力节约和移峰填谷；适应分布式电源、电动汽车、储能等多元化负荷接入需求，打造清洁、安全、便捷、有序的互动用电服务平台。

三、主要任务

（一）建立健全网源协调发展和运营机制，全面提升电源侧智能化水平

加强传统能源和新能源发电的厂站级智能化建设，开展常规电源的参数实测，提升电源侧的可观性和可控性，实现电源与电网信息的高效互通，进一步提升各类电源的调控能力和网源协调发展水平；优化电源结构，引导电源主动参与调峰调频等辅助服务，建立相应运营补偿机制。

（二）增强服务和技术支撑，积极接纳新能源

推广新能源发电功率预测及调度运行控制技术；推广分布式能源、储能系统与电网协调优化运行技术，平抑新能源波动性；开展柔性直流输电技术试点，创新可再生能源电力送出方式；推广具有即插即用、友好并网特点的并网设备，满足新能源、分布式电源广泛接入要求。加强新能源优化调度与评价管理，提高新能源电站试验检测与安全运行能力；鼓励在集中式风电场、光伏电站配置一定比例储能系统，鼓励因地制宜开展基于灵活电价的商业模式示范；健全广域分布式电源运营管理体系，完善分布式电源调度运行管理模式；在海岛、山区等偏远区域，积极鼓励发展分布式能源和微电网，解决无电、缺电地区的供电保障问题。

（三）加强能源互联，促进多种能源优化互补

鼓励在可再生能源富集地区推进风能、光伏、储能优化协调运行；鼓励在集中供热地区开展清洁能源与可控负荷协调运行、能源互联网示范工程；鼓励在城市工业园区（商业园区）等区域，开展能源综合利用工程示范，以光伏发电、燃气冷热电三联供系统为基础，应用储能、热泵等技术，构建多种能源综合利用体系。加快源-网-荷感知及协调控制、能源与信息基础设施一体化设备、分布式能源管理等关键技术研发。完善煤、电、油、气领域信息资源共享机制，支持水、气、电集采集抄，建设跨行业能源运行动态数据集成平台，鼓励能源与信息基础设施共享复用。

（四）构建安全高效的信息通信支撑平台

充分利用信息通信技术，构建一体化信息通信系统和适用于海量数据的计算分析和决策平台，整合智能电网数据资源，挖掘信息和数据资源价值，全面提升电力系统信息处理和智能决策能力，为各类能源接入、调度运行、用户服务和经营管理提供支撑。在统一的技术架构、标准规范和安全防护的基础上，建设覆盖规划、建设、运行、检修、服务等各领域信息应用系统。

（五）提高电网智能化水平，确保电网安全、可靠、经济运行

探索新型材料在输变电设备中的应用，推广建设智能变电站，合理部署灵活交流、柔性直流输电等设施，提高动态输电能力和系统运行灵活性；推广应用输变电设备状态诊断、智能巡检技术；建立电网对冰灾、山火、雷电、台风等自然灾害的自动识别、应急、防御和恢复系统；建立适应交直流混联电网、高比例清洁能源、源-网-荷协调互动的智能调度及安全防御系统。根据不同地区配电网发展的差异化需求，部署配电自动化系统，鼓励发展配网柔性化、智能测控等主动配电网技术，满足分布式能源的大规模接入需求。鼓励云计算、大数据、物联网、移动互联网、骨干光纤传送网、能源路由器等信息通信技术在电力系统的应用支撑，建立开放、泛在、智能、互动、可信的电力信息通信网络。鼓励交直流混合配用电技术研究与试点应用，探索配电网发展新模式。

（六）强化电力需求侧管理，引导和服务用户互动

推广智能计量技术应用，完善多元化计量模式和互动功能；推广区域性自动需求响应系统、智能小区、智能园

区以及虚拟电厂定制化工程方案；加快电力需求侧管理平台建设，支持需求侧管理预测分析决策、信息发布、双向调度技术研究应用；探索灵活多样的市场化交易模式，建立健全需求响应工作机制和交易规则，鼓励用户参与需求响应，实现与电网协调互动。

（七）推动多领域电能替代，有效落实节能减排

推广低压变频、绿色照明、企业配电网管理等成熟电能替代和节能技术；推广电动汽车有序充电、V2G（Vehicle-to-Grid）及充放储一体化运营技术。加快建设电动汽车智能充电服务网络；建设车网融合模式下电动汽车充放电智能互动综合示范工程；鼓励动力电池梯次利用示范应用。鼓励在新能源富集地区开展大型电采暖替代燃煤锅炉、大型蓄冷（热）、集中供冷（热）站示范工程；推广港口岸电、热泵、家庭电气化等电能替代项目。

（八）满足多元化民生用电，支撑新型城镇化建设

建设低碳、环保、便捷的以用电信息采集、需求响应、分布式电源、储能、电动汽车有序充电、智能家居为特征的智能小区、智能楼宇、智能园区；探索光伏发电等在新型城镇化和农业现代化建设中的应用，推动用户侧储能应用试点；建立面向智慧城市的智慧能源综合体系，建设智能电网综合能量信息管理平台，支撑我国新城镇新能源新生活建设行动计划。

（九）加快关键技术装备研发应用，促进上下游产业健康发展

配合"互联网+"智慧能源行动计划，加强移动互联网、云计算、大数据和物联网等技术在智能电网中的融合应用；加快灵活交流输电、柔性直流输电等核心设备的国产化；加紧研制和开发高比例可再生能源电网运行控制技术、主动配电网技术、能源综合利用系统、储能管理控制系统和智能电网大数据应用技术等，实现智能电网关键技术突破，促进智能电网上下游产业链健康快速发展。

（十）完善标准体系，加快智能电网标准国际化

加快建立系统、完善、开放的智能电网技术标准体系，加强国内标准推广应用力度；加强智能电网标准国际合作，支持和鼓励企业、科研院所积极参与国际行业组织的标准化制定工作，加快推动国家智能电网标准国际化。

四、保障措施

（一）加强组织协调，统筹推动智能电网发展

一是建立组织协调机制。加强政府部门间协调，研究落实支持智能电网发展的财税、科技、人才等扶持政策，加强国际交流与合作，推动智能电网技术、标准和装备走出去。二是建立科技创新机制。充分发挥政府、企业和高校科研机构的作用，加强顶层设计，建立开放共享的智能电网科技创新体系。

（二）加大投资支持力度，完善电价机制

一是加大投资支持力度。加大国有资本预算支持力度；研究设立智能电网中央预算内投资专项，支持储能、智能用电、能源互联网等重点领域示范项目。二是促进形成多元化投融资体制。鼓励金融机构拓展适合智能电网发展的融资方式和配套金融服务，支持智能电网相关企业通过发行企业债等多种手段拓展融资渠道。鼓励并引进推广智能电网新技术、新产品，从成果转化的效益中提出一定份额用于技术创新的再投入。三是鼓励探索灵活电价机制。结合不同地区智能电网综合示范项目，提供能反映成本和供需关系的电价信号，引导用电方、供电方及第三方主动参与电力需求侧管理。在电力价格市场化之前，鼓励探索完善峰谷电价等电价政策，支持储能产业发展。

（三）营造产业发展环境，鼓励商业模式创新

一是建立产业联盟推动市场化发展。发挥政府桥梁纽带作用，支持建立产业联盟，促进形成统一规范的技术和产品标准，构建多方共赢的市场运作模式。二是鼓励智能电网商业模式创新。探索互联网与能源领域结合的模式和路径，鼓励将用户主导、线上线下结合、平台化思维、大数据等互联网理念与智能电网增值服务结合。依托示范工程开展电动汽车智能充电服务、可再生能源发电与储能协调运行、智能用电一站式服务、虚拟电厂等重点领域的商业模式创新。

国家发展改革委
国 家 能 源 局
2015年7月6日

关于2014年度电力需求侧管理目标责任完成情况考核结果公告

（国家发展和改革委员会2015年 第13号）

根据《关于印发<电力需求侧管理办法>的通知》（发改运行[2010]2643号）和《国家发展改革委关于印发<电网企业实施电力需求侧管理目标责任考核方案（试行）>的通知》（发改运行[2011]2407号）要求，发展改革委会同有关部门对国家电网公司、南方电网公司2014年度电力需求侧管理目标责任完成情况进行了评价考核，现将考核结果公告如下：

2014年，国家电网公司、南方电网公司继续深化推进电力需求侧管理工作，创新管理机制，加大资金投入力度，加强平台建设，拓展培训方式。根据各地经济运行主管部门对省级电网企业的考核结果，结合各地区之间的交叉检查，以及我委和有关部门组织的专家组对部分地区的抽查情况，综合来看，2014年国家电网公司、南方电网公司均超额完成电力需求侧管理目标任务，共节约电量131亿千瓦时，节约电力295万千瓦。除西藏外，全国30个省（区、市）的电网企业参加了考核，全部完成2014年度目标任务（详见附件）。对社会节电比重较高和考核组织管理工作较为突出的北京、河北、上海、江苏、四川、宁夏、广东、海南等省份予以通报表扬。

下一步，各地经济运行主管部门和电网企业应以深化电力体制改革为契机，积极探索需求响应等电力需求侧管理新机制，继续加大电力电量节约特别是社会节电工作力度，加强电力需求侧管理平台的建设和应用，应用互联网技术丰富培训手段，注重宣传引导，进一步提高各方参与电力需求侧管理工作的积极性。

附件：2014年度电网企业实施电力需求侧管理目标责任完成情况

国家发展改革委

2015年7月7日

2014年各省自治区直辖市节能考核情况通报

（国家发展和改革委员会2015年 第20号）

根据节能法和国务院有关规定，发展改革委会同有关部门，对各省（区、市）2014年度节能目标完成情况、措施落实情况进行了现场评价考核，已经国务院审定同意，现将考核结果公告如下：

北京、河北、上海、江苏、浙江等5个省(市)为超额完成等级；天津、山西、内蒙古、辽宁、吉林、黑龙江、安徽、福建、江西、山东、河南、湖北、湖南、广东、广西、海南、重庆、四川、贵州、云南、西藏、陕西、甘肃、宁夏等24个省（区、市）考核结果为完成等级；青海、新疆考核结果为基本完成等级。

对考核结果为超额完成等级的北京、河北、上海、江苏、浙江等5个省(市)及提前一年完成“十二五”节能目标的吉林、湖南、四川、重庆、河南、贵州、安徽、甘肃、内蒙古、天津、湖北、辽宁等12个省（区、市）予以通报表扬。

2015年是完成“十二五”节能目标的关键一年，各地区、各部门要认真落实党中央、国务院有关节能工作部署，切实贯彻《2014-2015年节能减排低碳发展行动方案》有关要求，扎实做好各项节能工作，确保完成全国“十二五”节能约束性目标。

附件：2014年各省自治区直辖市节能考核情况（略）

国家发展和改革委员会

2015年9月14日

关于开展可再生能源就近消纳试点的通知

（发改办运行[2015]2554号）

甘肃省、内蒙古自治区发展改革委（经信委、工信委、能源局），国家电网公司、内蒙古自治区电力公司：

为贯彻落实中央财经领导小组第六次会议部署，促进清洁能源持续健康发展，按照《国家发展改革委 国家能源局关于改善电力运行调节促进清洁能源多发满发的指导意见》（发改运行〔2015〕518号）要求，经商国家能源局，决定在甘肃省和内蒙古自治区部分地区开展可再生能源就近消纳试点工作。现将有关事项通知如下：

一、明确在可再生能源富集地区开展试点

我委会同国家能源局明确在可再生能源富集的甘肃省、内蒙古自治区率先开展可再生能源就近消纳试点，为其他地区积累经验，是努力解决当前严重弃风、弃光现象的大胆探索，是电力市场化改革背景下促进可再生能源发展的机制创新。请试点地区充分认识其重大意义，扎实推进试点工作。

二、加强对试点工作的组织领导

开展可再生能源就近消纳试点是一项系统工作，必须加强领导，精心组织。请甘肃省发展改革委、内蒙古自治区发展改革委发挥好牵头部门作用，明确试点具体内容，周密部署，加强协作，确保试点工作顺利开展。

三、切实做好试点工作

（一）甘肃省、内蒙古自治区发展改革委应按照《关于可再生能源就近消纳试点的意见（暂行）》的要求，会同省内有关部门和电力企业研究提出试点方案，报国家发展改革委、国家能源局审核后实施。

（二）国家电网公司、内蒙古自治区电力公司应积极配合，促进可再生能源就近消纳。

（三）甘肃省、内蒙古自治区发展改革委应会同有关部门及时总结改革试点经验，分析存在的问题，提出进一步完善试点的意见和建议。

国家发展改革委办公厅
2015年10月8日

关于可再生能源就近消纳试点的意见（暂行）

一、总体目标

在可再生能源富集地区加强电力外送、扩大消纳范围的同时开展就近消纳试点，以可再生能源为主、传统能源调峰配合形成局域电网，降低用电成本，形成竞争优势，促使可再生能源和当地经济社会发展形成良性循环。为其他地区规划内的可再生能源全额保障性收购积累经验，实现可再生能源优先调度的机制创新，努力解决弃风、弃光问题，促进可再生能源持续健康发展。

二、基本原则

一是促进改革。试点要与电力体制改革相适应，有利于推进电力市场化改革。试点方案的设计必须符合《关于进一步深化电力体制改革的若干意见》（中发〔2015〕9号文件）的方向和精神。

二是大胆探索。试点必须有效解决局部地区较为严重的弃风、弃光问题。试点方案应结合地方特点，允许大胆探索，只要政策不违反法律法规，不影响电力安全稳定运行，又有利于实现就近消纳，就可以试行，通过实践检验政策的可行性和有效性。

三是积极稳妥。试点既要立足当前，又要着眼长远；既要大胆创新，又要循序渐进。试点方案应考虑采取多种有效措施，保障可再生能源资源利用效益的最大化，妥善处理好改革对相关各方的影响。试点范围可以先从局域电网开始，逐步扩大；也可以分步骤实施，逐步完善。

三、试点内容

（一）可再生能源在局域电网就近消纳在可再生能源富集地区，一方面积极加强输电通道和配电网建设，促进可再生能源外送，扩大消纳范围；另一方面以可再生能源为主、传统能源调峰配合形成局域电网，减少外送线路建设需求，探索在试点地区局域电网内考虑输电距离因素测算确定输配电价，积极承接东部产业转移，促进可再生能源积极消纳的良性循环。通过企业自备燃煤火电机组公平承担社会责任，履行调峰义务，参与交易，提高调峰能力，加大可再生能源就近消纳力度。

（二）可再生能源直接交易

结合电力体制改革的推进，在可再生能源富集地区，鼓励可再生能源发电企业形成市场主体，鼓励可再生能源发电企业参与直接交易并逐步扩大交易范围和规模，鼓励可再生能源供热以及实施电能替代，降低企业用电成本，扩大电力消费，促进可再生能源就近消纳。

（三）可再生能源优先发电权

通过建立优先发电权，提出可再生能源发电的年度安排原则，实施优先发电权交易，并在调度中落实，努力实现规划内的可再生能源全额保障性收购。建立利益补偿机制，鼓励燃煤发电对可再生能源发电进行调节。

其他鼓励可再生能源消纳的运行机制鼓励对燃煤机组进行技术改造、对热电联产机组加装蓄热器，实施深度调峰，提高电网可再生能源消纳能力。充分发挥抽水蓄能机组和储能设备的快速调峰能力，实施风光水储联合运行。建立有利于可再生能源消纳的风电、太阳能发电出力预测机制。建立提高可再生能源消纳的需求响应激励机制。

关于实行燃煤电厂超低排放电价支持政策有关问题的通知

（发改价格[2015]2835号）

各省、自治区、直辖市发展改革委、物价局、环保厅、能源局，国家电网公司、南方电网公司、华能、大唐、华电、国电、国家电投集团公司：

为贯彻落实2015年《政府工作报告》关于“推动燃煤电厂超低排放改造”的要求，推进煤炭清洁高效利用，促进节能减排和大气污染治理，决定对燃煤电厂超低排放实行电价支持政策。现就有关事项通知如下：

一、明确电价支持标准

超低排放是指燃煤发电机组大气污染物排放浓度基本符合燃气机组排放限值（以下简称“超低限值”）要求，

即在基准含氧量6%条件下，烟尘、二氧化硫、氮氧化物排放浓度分别不高于10mg/Nm3、35mg/Nm3、50mg/Nm3 。为鼓励引导超低排放，对经所在地省级环保部门验收合格并符合上述超低限值要求的燃煤发电企业给予适当的上网电价支持。其中，对2016年1月1日以前已经并网运行的现役机组，对其统购上网电量加价每千瓦时1分钱（含税）；对2016年1月1日之后并网运行的新建机组，对其统购上网电量加价每千瓦时0.5分钱（含税）。省级能源主管部门负责确认适用上网电价支持政策的机组类型。超低排放电价政策增加的购电支出在销售电价调整时疏导。上述电价加价标准暂定执行到2017年底，2018年以后逐步统一和降低标准。地方制定更严格超低排放标准的，鼓励地方出台相关支持奖励政策措施。

二、实行事后兑付政策

超低排放电价支持政策实行事后兑付、季度结算，并与超低排放情况挂钩。省级环保部门于每一季度开始之日起15个工作日内对上一季度燃煤机组超低排放情况进行核查并形成监测报告，同时抄送省级价格主管部门。电网企业自收到环保部门出具的监测报告之日起10个工作日内向燃煤电厂兑现电价加价资金。对符合超低限值的时间比率达到或高于99%的机组，该季度加价电量按其上网电量的100%执行；对符合超低限值的时间比率低于99%但达到或超过80%的机组，该季度加价电量按其上网电量乘以符合超低限值的时间比率扣减10%的比例计算；对符合超低限值的时间比率低于80%的机组，该季度不享受电价加价政策。其中，烟尘、二氧化硫、氮氧化物排放中有一项不符合超低排放标准的，即视为该时段不符合超低排放标准。燃煤电厂弄虚作假篡改超低排放数据的，自篡改数据的季度起三个季度内不得享受加价政策。

三、政策执行时间

上述规定自2016年1月1日起执行，此前完成超低排放建设并经省级环保部门验收合格的，无论是否已经开始享受电价加价政策，自2016年1月1日起均按照新规定的加价政策执行。

国家发展改革委　环境保护部　国家能源局

2015年12月2日

关于完善陆上风电光伏发电上网标杆电价政策的通知

（发改价格[2015]3044号）

各省、自治区、直辖市发展改革委、物价局：

为落实国务院办公厅《能源发展战略行动计划（2014-2020）》目标要求，合理引导新能源投资，促进陆上风电、光伏发电等新能源产业健康有序发展，推动各地新能源平衡发展，提高可再生能源电价附加资金补贴效率，依据《可再生能源法》，决定调整新建陆上风电和光伏发电上网标杆电价政策。经商国家能源局同意，现就有关事项通知如下：

一、实行陆上风电、光伏发电（光伏电站，下同）上网标杆电价随发展规模逐步降低的价格政策。为使投资预期明确，陆上风电一并确定2016年和2018年标杆电价；光伏发电先确定2016年标杆电价，2017年以后的价格另行制定。具体标杆电价见附件一和附件二。

二、利用建筑物屋顶及附属场所建设的分布式光伏发电项目，在项目备案时可以选择“自发自用、余电上网”或“全额上网”中的一种模式；已按“自发自用、余电上网”模式执行的项目，在用电负荷显著减少（含消失）或供用电关系无法履行的情况下，允许变更为“全额上网”模式。“全额上网”项目的发电量由电网企业按照当地光伏电站上网标杆电价收购。选择“全额上网”模式，项目单位要向当地能源主管部门申请变更备案，并不得再变更回“自发自用、余电上网”模式。

三、陆上风电、光伏发电上网电价在当地燃煤机组标杆上网电价（含脱硫、脱硝、除尘）以内的部分，由当地省级电网结算；高出部分通过国家可再生能源发展基金予以补贴。

四、鼓励各地通过招标等市场竞争方式确定陆上风电、光伏发电等新能源项目业主和上网电价，但通过市场竞争方式形成的上网电价不得高于国家规定的同类陆上风电、光伏发电项目当地上网标杆电价水平。

五、各陆上风电、光伏发电企业和电网企业必须真实、完整地记载和保存相关发电项目上网交易电量、价格和补贴金额等资料，接受有关部门监督检查。各级价格主管部门要加强对陆上风电和光伏发电上网电价执行和电价附加补贴结算的监管，督促相关上网电价政策执行到位。

六、上述规定自2016年1月1日起执行。

国家发展改革委

2015年12月22日

关于印发《绿色债券发行指引》的通知

（发改办财金[2015]3504号）

各省、自治区、直辖市及计划单列市、新疆生产建设兵团、黑龙江农垦总局发展改革委，相关省（区、市）经信委（工信委、工信厅、经信局），有关中央管理企业：

为贯彻落实党的十八大和十八届二中、三中、四中、五中全会精神，按照《中共中央国务院关于加快推进生态文明建设的意见》、《中共中央国务院关于印发生态文明体制改革总体方案的通知》要求，为进一步推动绿色发展，促进经济结构调整优化和发展方式加快转变，我们制定了《绿色债券发行指引》，现印发你们。请认真贯彻文件精神，发挥企业债券融资作用，积极探索利用专项建设基金等建立绿色担保基金，加强与相关部门在节能减排、环境保护、生态建设、应对气候变化等领域项目投融资方面的协调配合，努力形成政策合力，破解资源环境瓶颈约束，推动发展质量和效益提高，加快建设资源节约型、环境友好型社会。

国家发展改革委办公厅

2015年12月31日

附件：

绿色债券发行指引

为贯彻落实党的十八大和十八届二中、三中、四中、五中全会精神，按照《中共中央国务院关于加快推进生态文明建设的意见》、《中共中央国务院关于印发生态文明体制改革总体方案的通知》要求，积极发挥企业债券融资对促进绿色发展、推动节能减排、解决突出环境问题、应对气候变化、发展节能环保产业等支持作用，引导和鼓励社会投入，助力经济结构调整优化和发展方式加快转变，制定本指引。

一、适用范围和支持重点

绿色债券是指，募集资金主要用于支持节能减排技术改造、绿色城镇化、能源清洁高效利用、新能源开发利用、循环经济发展、水资源节约和非常规水资源开发利用、污染防治、生态农林业、节能环保产业、低碳产业、生态文明先行示范实验、低碳试点示范等绿色循环低碳发展项目的企业债券。现阶段支持重点为：

（一）节能减排技术改造项目。包括燃煤电厂超低排放和节能改造，以及余热暖民等余热余压利用、燃煤锅炉节能环保提升改造、电机系统能效提升、企业能效综合提升、绿色照明等。

（二）绿色城镇化项目。包括绿色建筑发展、建筑工业化、既有建筑节能改造、海绵城市建设、智慧城市建设、智能电网建设、新能源汽车充电设施建设等。

（三）能源清洁高效利用项目。包括煤炭、石油等能源的高效清洁化利用。

（四）新能源开发利用项目。包括水能、风能、核能、太阳能、生物质能、地热、浅层地温能、海洋能、空气能等开发利用。

（五）循环经济发展项目。包括产业园区循环化改造、废弃物资源化利用、农业循环经济、再制造产业等。

（六）水资源节约和非常规水资源开发利用项目。包括节水改造、海水（苦咸水）淡化、中水利用等。

（七）污染防治项目。包括污水垃圾等环境基础设施建设，大气、水、土壤等突出环境问题治理，危废、医废、工业尾矿等处理处置。

（八）生态农林业项目。包括发展有机农业、生态农业，以及特色经济林、林下经济、森林旅游等林产业。

（九）节能环保产业项目。包括节能环保重大装备、技术产业化，合同能源管理，节能环保产业基地（园区）建设等。

（十）低碳产业项目。包括国家重点推广的低碳技术及相关装备的产业化，低碳产品生产项目，低碳服务相关建设项目等。

（十一）生态文明先行示范实验项目。包括生态文明先行示范区的资源节约、循环经济发展、环境保护、生态建设等项目。

（十二）低碳发展试点示范项目。包括低碳省市试点、低碳城（镇）试点、低碳社区试点、低碳园区试点的低碳能源、低碳工业、低碳交通、低碳建筑等低碳基础设施建设及碳管理平台建设项目。

我委将根据实际情况，适时调整可采用市场化方式融资的绿色项目和绿色债券支持的范围，并继续创新推出绿色发展领域新的债券品种。

二、审核要求

（一）在相关手续齐备、偿债保障措施完善的基础上，绿色债券比照我委“加快和简化审核类”债券审核程序，提高审核效率。

（二）企业申请发行绿色债券，可适当调整企业债券现行审核政策及《关于全面加强企业债券风险防范的若干意见》中规定的部分准入条件：

1、债券募集资金占项目总投资比例放宽至80%（相关规定对资本金最低限制另有要求的除外）。

2、发行绿色债券的企业不受发债指标限制。

3、在资产负债率低于75%的前提下，核定发债规模时不考察企业其他公司信用类产品的规模。

4、鼓励上市公司及其子公司发行绿色债券。

（三）支持绿色债券发行主体利用债券资金优化债务结构。在偿债保障措施完善的情况下，允许企业使用不超过50%的债券募集资金用于偿还银行贷款和补充营运资金。主体信用评级AA+且运营情况较好的发行主体，可使用募集资金置换由在建绿色项目产生的高成本债务。

（四）发债企业可根据项目资金回流的具体情况科学设计绿色债券发行方案，支持合理灵活设置债券期限、选择权及还本付息方式。

（五）对于环境污染第三方治理企业开展流域性、区域性或同类污染治理项目，以及节能、节水服务公司以提供相应服务获得目标客户节能、节水收益的合同管理模式进行节能、节水改造的项目，鼓励项目实施主体以集合形式发行绿色债券。

（六）允许绿色债券面向机构投资者非公开发行。非公开发行时认购的机构投资者不超过二百人，单笔认购不少于500万元人民币，且不得采用广告、公开劝诱和变相公开方式。

三、相关政策

（一）地方政府应积极引导社会资本参与绿色项目建设，鼓励地方政府通过投资补助、担保补贴、债券贴息、基金注资等多种方式，支持绿色债券发行和绿色项目实施，稳步扩大直接融资比重。

（二）拓宽担保增信渠道。允许项目收益无法在债券存续期内覆盖总投资的发行人，仅就项目收益部分与债券本息规模差额部分提供担保。鼓励市级以上（含）地方政府设立地方绿色债券担保基金，专项用于为发行绿色债券提供担保。鼓励探索采用碳排放权、排污权、用能权、用水权等收益权，以及知识产权、预期绿色收益质押等增信担保方式。

（三）推动绿色项目采取“债贷组合”增信方式，鼓励商业银行进行债券和贷款统筹管理。“债贷组合”是按照“融资统一规划、债贷统一授信、动态长效监控、全程风险管理”的模式，由银行为企业制定系统性融资规划，根据项目建设融资需求，将企业债券和贷款统一纳入银行综合授信管理体系，对企业债务融资实施全程管理。

（四）积极开展债券品种创新。对于具有稳定偿债资金来源的绿色项目，可按照融资—投资建设—回收资金封闭运行的模式，发行项目收益债券；项目回收期较长的，支持发行可续期或超长期债券。

（五）支持符合条件的股权投资企业、绿色投资基金发行绿色债券，专项用于投资绿色项目建设；支持符合条件的绿色投资基金的股东或有限合伙人发行绿色债券，扩大绿色投资基金资本规模。

（六）为推动绿色项目建设资金足额到位，鼓励绿色项目采用专项建设基金和绿色债券相结合的融资方式。已获准发行绿色债券的绿色项目，且符合中央预算内投资、专项建设基金支持条件的，将优先给予支持。

国家能源局政策文件

国家能源局关于建立可再生能源开发利用目标引导制度的指导意见

(国能新能〔2016〕54号)

各省(区、市)、新疆兵团发展改革委(能源局),各派出机构,国家电网公司、南方电网公司、中国华能集团公司、中国大唐集团公司、中国华电集团公司、中国国电集团公司、国家电力投资集团公司、中国神华集团公司、中国长江三峡集团公司、华润集团公司、中国节能环保集团公司、中国广核集团公司、水电水利规划设计总院、电力规划设计总院、国家可再生能源中心:

根据《中华人民共和国可再生能源法》、《国务院关于加快培育和发展战略性新兴产业的决定》、《国家能源发展战略行动计划》(2014-2020年)以及推动能源生产和消费革命的总要求,为促进可再生能源开发利用,保障实现2020、2030年非化石能源占一次能源消费比重分别达到15%、20%的能源发展战略目标,现就建立可再生能源开发利用目标引导制度提出以下意见:

一、充分认识建立可再生能源开发利用目标的重要性。可再生能源代表未来能源发展的方向,是减排温室气体和应对气候变化的重要措施,建立可再生能源开发利用目标引导制度对推动能源生产和消费革命,建立清洁低碳、安全高效的现代能源体系具有重大的战略意义。制定各省(区、市)可再生能源开发利用目标,引导能源发展规划编制及实施,并建立相应监测和评价体系,有利于优化能源结构,有利于在能源规划、建设、运行中统筹可再生能源发展,有利于确保节能减排、提高非化石能源比重以及可持续发展目标的实现。

二、建立明确的可再生能源开发利用目标。国家能源局根据各地区可再生能源资源状况和能源消费水平,依据全国可再生能源开发利用中长期总量目标,制定各省(区、市)能源消费总量中的可再生能源比重目标和全社会用电量中的非水电可再生能源电量比重指标,并予公布。鼓励各省(区、市)能源主管部门制定本地区更高的可再生能源利用目标。

三、制定科学的可再生能源开发利用规划。各省(区、市)能源发展规划应将可再生能源的开发利用作为重要发展指标,明确本地区能源消费总量中可再生能源比重目标、全社会用电量中非水电可再生能源电量比重指标,并以此为依据编制本行政区域的可再生能源开发利用规划,深入研究分析本行政区内可再生能源资源特点,明确本行政区内可再生能源的开发布局、重点工程及保障可再生能源充分利用的有效措施,与国家能源局衔接后报请本级人民政府批准并严格执行。

四、明确可再生能源开发利用的责任和义务。各省级能源主管部门会同本级政府有关部门制定落实本行政区域可再生能源开发利用规划的工作机制,督促各地区加强可再生能源开发利用工作。根据国家能源局制定的本行政区域的全社会用电量中非水电可再生能源电量比重指标,对本行政区域各级电网企业和其他供电主体(含售电企业以及直供电发电企业)的供电量(售电量)规定非水电可再生能源电量最低比重指标,明确可再生能源电力接入、输送和消纳责任,建立确保可再生能源电力消纳的激励机制。各主要发电投资企业应积极开展可再生能源电力建设和生产,国家能源局对权益火电发电装机容量超过500万千瓦的发电投资企业的可再生能源电力投资和生产情况按年度进行监测评价。

五、建立可再生能源开发利用监测和评价制度。各省级能源主管部门要建立健全本地区可再生能源开发利用监测体系,会同统计部门对本行政区域可再生能源利用量、可再生能源占能源消费总量比重、非水电可再生能源电量比重等指标按年度监测,定期上报国家能源局。各电力交易机构、各电网企业、各发电企业按月向全国可再生能源信息管理系统报送相关数据。国家能源局对报送数据进行核实后,按年度公布监测和评价结果。

计入监测和评价口径的可再生能源包括纳入国家能源统计体系的各类可再生能源电力、热力和燃料。未计入国家能源统计体系的可再生能源(如太阳能热水、地热能、农村沼气等)利用量暂作为补充参考,在国家建立准确的统计体系后再纳入可再生能源利用量。

六、研究完善促进可再生能源开发利用的体制机制。不断完善促进可再生能源开发利用的体制机制,建立可再生能源电力绿色证书交易机制。可再生能源电力绿色证书是各供(售)电企业完成非水电可再生能源发电比重指标情况的核算凭证。国家能源局会同其他有关部门依托全国可再生能源信息管理系统组织建立可再生能源电力绿色证书登记及交易平台,对可再生能源电力的经营者(含个人)按照非水电可再生能源发电量核发可再生能源电力证书,作为对可再生能源发电量的确认以及所发电量来源于可再生能源的属性证明。可再生能源电力绿色证书可通过证书交易平台按照市场机制进行交易。根据全国2020年非化石能源占一次能源消费总量比重达到15%的要求,2020年,除专门的非化石能源生产企业外,各发电企业非水电可再生能源发电量应达到全部发电量的9%以上。各发电企业可以通过证书交易完成非水可再生能源占比目标的要求。鼓励可再生能源电力绿色证书持有人按照相关规定参与碳减排交易和节能量交易。可再生能源电力绿色证书具体管理办法另行制定。

七、分步开展可再生能源开发利用目标引导工作。请各省级能源主管部门做好2015年可再生能源开发利用完成情况的统计工作，并将统计结果于2016年3月底前报送国家能源局。国家能源局在研究制定“十三五”可再生能源规划过程中，提出各省级行政区域能源消费总量中可再生能源比重目标。各省级行政区域全社会用电量中非水电可再生能源电力消纳量比重指标随文印发。请各省级能源主管部门依据上述指标编制本行政区域能源发展规划及可再生能源发展规划。

附件：

1. 2020年各省（自治区、直辖市）行政区域全社会用电量中非水电可再生能源电力消纳量比重指标（略）

2. 非水电可再生能源电力消纳量比重指标核算方法（略）

国家能源局

2016年2月29日

关于做好2015年煤炭行业淘汰落后产能工作的通知

（国能煤炭〔2015〕95号）

有关省、自治区、直辖市人民政府，新疆生产建设兵团：

根据《国务院关于进一步加强淘汰落后产能工作的通知》（国发〔2010〕7号）和《工信部 国家发展改革委 国家能源局等部门关于印发淘汰落后产能工作考核实施方案的通知》（工信部联产业〔2011〕46号）要求，经研究，现将2015年煤炭行业淘汰落后产能工作有关事项通知如下：

一、淘汰煤炭落后产能是优化煤炭产业结构的重要手段，是控制煤炭总量的重要举措，对转变煤炭发展方式、提高煤炭生产力水平具有重要意义。各地要充分认识此项工作的重要性，加强组织领导，采取切实有效措施，加大监督检查力度，加快工作进度，确保完成2015年淘汰落后产能计划（附后）。

二、请按照《国务院办公厅关于进一步加强煤矿安全生产工作的意见》（国办发〔2013〕99号）和《国务院办公厅关于促进煤炭行业平稳运行的意见》（国办发〔2013〕104号）等文件要求，逐步淘汰9万吨/年及以下煤矿；对非法违法开采和不具备安全生产条件的煤矿，坚决予以关闭；对安全基础条件差且难以改造，以及煤与瓦斯突出等灾害严重的小煤矿，要加强监管，加快引导其退出煤炭生产领域；支持具备条件的地区淘汰30万吨/年以下煤矿；对具备资源优势和改造提升条件的小煤矿，鼓励其参与煤矿企业兼并重组，实施改造升级。

三、请认真组织淘汰落后产能煤矿的检查验收，并将淘汰煤炭落后产能完成情况通过省级人民政府网站向社会公告。公告中安全生产许可证编号、淘汰完成时间等内容应据实填写。

四、各地方有关部门要继续完善煤炭行业淘汰落后产能相关政策，强化环境保护、安全生产、职业健康等对落后产能的约束，推进淘汰煤炭落后产能工作落实。要加强对拟退出煤矿和长期停产停建煤矿的日常监管，防止非法违法生产。

附件：2015年煤炭行业淘汰落后产能计划

国家能源局 国家煤矿安全监察局

2015年3月26日

附件：

2015年煤炭行业淘汰落后产能计划

单位：处、万吨/年

序号	省别	淘汰煤矿数量	淘汰落后产能	关闭退出数量	改造升级产能		
						数量	产能
	全国	1254	7779	1052	6391	202	1388
1	北京	0	0	0	0	0	0
2	河北	5	30	0	0	5	30
3	山西	0	0	0	0	0	0

4	内蒙古	0	0	0	0	0	0
5	辽宁	30	75	20	60	10	15
6	吉林	5	35	5	35	0	0
7	黑龙江	233	1270	233	1270	0	0
8	江苏	0	0	0	0	0	0
9	安徽	5	76	5	76	0	0
10	福建	54	225	54	225	0	0
11	江西	50	110	50	110	0	0
12	山东	56	834	35	483	21	351
13	河南	23	320	23	320	0	0
14	湖北	65	195	50	150	15	45
15	湖南	150	900	100	600	50	300
16	广西	37	340	37	340	0	0
17	重庆	80	240	80	240	0	0
18	四川	60	180	0	0	60	180
19	贵州	220	2100	200	1800	20	300
20	云南	131	416	115	345	16	71
21	陕西	25	216	20	120	5	96
22	甘肃	11	105	11	105	0	0
23	青海	2	12	2	12	0	0
24	宁夏	0	0	0	0	0	0
25	新疆	12	100	12	100	0	0

注：北京、山西、内蒙古、江苏、宁夏基本完成淘汰落后小煤矿任务。

煤层气勘探开发行动计划

（国家能源局2015年2月3日印发）

煤层气也称煤矿瓦斯，热值与常规天然气相当，是优质清洁能源。加快煤层气勘探开发，对保障煤矿安全生产、增加清洁能源供应、促进节能减排、减少温室气体排放具有重要意义。近年来，国家制定了一系列政策措施，强力推进煤层气（煤矿瓦斯）开发利用，煤层气地面开发取得重大进展，煤矿瓦斯抽采利用规模逐年快速增长，为产业进一步加快发展奠定了较好的基础。但煤层气产业总体上处于起步阶段，规模小、利用率低，部分关键技术尚未取得突破。为科学高效开发利用煤层气资源，加快培育和发展煤层气产业，推动能源生产和消费革命，制定本行动计划。

一、指导思想

以邓小平理论、“三个代表”重要思想和科学发展观为指导，深入贯彻党的十八大和十八届三中、四中全会精神，全面落实《能源发展战略行动计划（2014-2020年）》，坚持煤层气地面开发与煤矿瓦斯抽采并举，以煤层气产业化基地和煤矿瓦斯规模化矿区建设为重点，统筹规划布局，强化政策扶持，加大科技攻关，创新体制机制，着力突破发展瓶颈，推动煤层气产业跨越式发展，为构建清洁、高效、安全、可持续的现代能源体系作出重要贡献。

二、发展目标

“十二五”期间，建成沁水盆地和鄂尔多斯盆地东缘煤层气产业化基地，初步形成勘探开发、生产加工、输送利用一体化发展的产业体系；建成36个年抽采量超过1亿立方米的规模化矿区，煤矿瓦斯抽采利用水平明显提高。

“十三五”期间，煤层气勘探开发步伐进一步加快，产业布局更趋优化，关键技术取得突破，产量大幅提升，重点煤矿区采煤采气一体化、煤层气与煤矿瓦斯共采格局基本形成，煤层气（煤矿瓦斯）利用率普遍提高，煤层气产业发展成为重要的新兴能源产业。到2020年，建成3—4个煤层气产业化基地，新增探明煤层气地质储量1万亿立方米；煤层气（煤矿瓦斯）抽采量力争达到400亿立方米，其中地面开发200亿立方米，基本全部利用；煤矿瓦斯抽采200亿立方米，利用率达到60%；煤矿瓦斯发电装机容量超过400万千瓦，民用超过600万户。

三、主要任务

（一）煤层气勘查

以沁水盆地和鄂尔多斯盆地东缘为重点，继续实施山西古交、延川南和陕西韩城等勘探项目，扩大储量探明区域；加快山西沁源、安泽、临兴、石楼、陕西彬长等区块勘探，增加探明地质储量。到2020年，提交探明地质储量7000亿立方米，为煤层气产业化基地建设提供资源保障。

加快新疆、内蒙古、贵州、云南、甘肃等地区煤层气资源调查和潜力评价，实施一批煤层气勘查项目，力争在新疆、内蒙古等西北地区低煤阶煤层气勘探取得突破，探索黔西滇东高应力区煤层气资源勘探有效途径。到2020年，提交探明地质储量1500亿立方米。

在辽宁、黑龙江、安徽、河南、湖南、四川等省高瓦斯和煤与瓦斯突出矿区，加强煤层气与煤炭资源综合勘查、评价，开展煤层气井组抽采试验，增加煤矿区煤层气探明地质储量。到2020年，新增探明地质储量1500亿立方米。

（二）煤层气开发

加快建设沁水盆地和鄂尔多斯盆地东缘产业化基地，加强潘庄、柿庄南、韩城等项目生产管理，实现煤层气井稳产增产；新建古交、延川南、保德南、彬长等项目，实现产量快速增长。到2020年，煤层气产量力争达到140亿立方米。

在新疆、鄂尔多斯盆地、二连盆地、黔西滇东等地区，建设一批煤层气开发利用示范工程，突破低煤阶、深部煤层等复杂地质条件煤层气开发，启动建设煤层气产业化基地。到2020年，煤层气产量达到30亿立方米。

在山西晋城、辽宁铁法、黑龙江鹤岗、安徽两淮、河南平顶山、湖南湘中、四川川南、贵州六盘水、陕西韩城、新疆阜康等矿区，加大煤矿区煤层气资源回收利用力度，开展煤层气地面预抽，推进煤矿采动区、采空区瓦斯地面抽采。到2020年，煤矿区煤层气产量达到30亿立方米。

（三）煤矿瓦斯抽采利用

全面推进煤矿瓦斯先抽后采、抽采达标，重点实施煤矿瓦斯抽采利用规模化矿区和瓦斯治理示范矿井建设，提高煤矿瓦斯抽采利用水平，保障煤矿安全生产。在河北峰峰、山西晋城等重点煤矿企业和产煤地市开展煤矿瓦斯抽采利用规模化矿区建设，完善矿井瓦斯抽采系统，增加抽采管道、专用抽采巷道和钻孔工程量，配套建设瓦斯利用工程。建成安徽张集矿、陕西大佛寺矿等瓦斯治理示范矿井，分区域选择瓦斯灾害严重、有一定发展潜力的煤矿，再建设一批瓦斯治理示范矿井，推进瓦斯防治理念、技术、管理、装备集成创新，探索形成不同地质条件下瓦斯防治模式。到2020年，煤矿瓦斯抽采量达到200亿立方米，利用率达到60%。

（四）煤层气、煤矿瓦斯输送利用

煤层气以管道输送为主，就近利用，余气外输。依据资源分布、市场需求和天然气输气管网建设情况，统筹建设煤层气输气管网，在沁水盆地、鄂尔多斯盆地东缘及豫北等地区形成较完善的输气管网，在新疆准噶尔、滇东黔西等地区规划建设区域性输气管道。实施煤层气分布式能源示范项目，因地制宜建设一批煤层气液化厂、压缩站、加气站。

煤矿瓦斯以就地发电和民用为主，高浓度瓦斯力争全部利用，推广低浓度瓦斯发电，加快实施低浓度瓦斯液化浓缩和风排瓦斯利用示范项目。鼓励大型矿区瓦斯输配系统区域联网，集中规模化利用；鼓励中小煤矿建设分散式小型发电站或联合建设集配管网、集中发电，提高利用率。到2020年，煤矿瓦斯发电装机容量超过400万千瓦，民用超过600万户。

（五）科技创新

继续实施“大型油气田及煤层气开发”国家科技重大专项及相关科技计划，深化煤层气成藏规律、煤与瓦斯突出机理等基础理论研究，加强低煤阶、深部煤层气开发和低透气性煤层瓦斯抽采、井上下联合抽采等技术研发，提高连续油管作业设备、高性能空气钻机等装备国产化水平，突破煤层气（煤矿瓦斯）开发利用技术装备瓶颈。

加强煤层气工程（技术）研究中心、重点实验室等创新平台建设，发展技术咨询服务，提升煤层气科技创新能力。加强国际合作和交流，积极引进煤层气开发利用先进技术。加快科技成果转化，推广大排量高效压裂、低浓度瓦斯利用等先进技术和装备。建立健全煤层气标准体系，加快制订一批勘探开发、输送利用和安全质量等方面的标准规范。

四、保障措施

（一）强化行业指导和管理

煤矿瓦斯防治部际协调领导小组发挥组织协调、综合管理职能作用，统筹煤层气产业发展规划，推动落实行业重大政策措施。加强省级煤矿瓦斯防治领导小组办公室标准化建设，落实专职人员和专门经费，不断完善工作机制。健全法律法规体系，制定煤层气开发利用管理办法，规范指导煤层气产业发展。深化行政审批制度改革，减少煤层气项目审批事项，简化项目审核手续，强化事中事后监管。加强支撑体系建设，充分发挥行业协会作用，为政府决策和行业发展提供研究咨询服务。培育大型煤层气骨干企业，鼓励成立专业化瓦斯抽采利用公司，推动产业化开发、规模化利用。依法开展环境影响评价和节能评估，加强煤层气勘探开发过程中生态环境保护和资源集约节约利用。

（二）落实完善扶持政策

贯彻落实《国务院办公厅关于进一步加快煤层气（煤矿瓦斯）抽采利用的意见》（国办发〔2013〕93号），加快出台配套政策措施，确保落实到位。综合考虑抽采利用成本和市场销售价格等因素，提高煤层气（煤矿瓦斯）开发利用中央财政补贴标准，进一步调动企业积极性。严格落实煤层气市场定价机制，定期组织开展价格专项督查，严肃查处地方政府不当干预价格行为。按照合理成本加合理利润的原则，适时提高煤矿瓦斯发电上网标杆电价。进一步严格煤矿瓦斯排放标准，制定低浓度瓦斯和风排瓦斯利用鼓励政策，提高利用率。优先安排煤层气（煤矿瓦斯）开发利用项目建设用地。完善煤层气（煤矿瓦斯）输送利用基础设施，督促天然气基础设施运营企业为煤层气输送提供公平、开放的服务。

（三）加大勘探开发投入

完善以社会投资为主、政府适当支持的多元化投融资体系。继续安排中央预算内投资，支持煤层气（煤矿瓦斯）开发利用、煤矿安全改造和瓦斯治理示范矿井建设。研究提高煤层气最低勘查投入标准，限定勘查和产能建设时限，督促煤层气企业加快重点区块勘探开发。完善对外合作准入和退出机制，定期调整对外合作区块，吸引有实力的境外投资者参与勘探开发。鼓励民间资本参与煤层气勘探开发、储配及输气管道等基础设施建设。在山西、新疆、贵州等地区新设一批煤层气矿业权，采用竞争方式择优确定勘查开发主体。拓宽企业融资渠道，鼓励金融机构为煤层气项目提供授信支持和金融服务，支持煤层气企业发行债券、上市融资。

（四）完善资源协调开发机制

统筹煤层气、煤炭资源勘查开发布局和时序，合理确定煤层气勘探开发区块。新设煤层气或煤炭探矿权，必须对煤层气、煤炭资源进行综合勘查、评价和储量评审备案。推进山西省煤层气和煤炭资源管理试点工作。督促指导煤层气和煤炭企业加强合作，建立开发方案互审、项目进展通报、地质资料共享的协调开发机制。对煤炭规划5年内开始建井开采煤炭的区域，按照煤层气开发服务于煤炭开发的原则，采取合作或调整煤层气矿业权范围等方式，优先保证煤炭资源开发需要，并有效开发利用煤层气资源；对煤炭规划5年后开始建井开采煤炭的区域，应坚持“先采气、后采煤”，做好采气采煤施工衔接。

五、组织实施

有关产煤省（区、市）和重点煤层气企业要根据本行动计划，结合本地区（企业）实际，研究制定具体实施方案，明确任务分工和进度安排，强化绩效考核，精心组织实施，确保完成行动计划发展目标和各项工作任务。煤矿瓦斯防治部际协调领导小组各成员单位和有关部门要按照职责分工，加强协调配合，形成工作合力，抓紧研究出台行动计划各项保障措施。煤矿瓦斯防治部际协调领导小组办公室要加强督促检查，定期通报工作进展情况，及时协调解决重大问题，保障行动计划顺利实施。

国家能源局关于推进新能源微电网示范项目建设的指导意见

（国能新能[2015]265号）

各省（区、市）发展改革委（能源局）、新疆生产建设兵团发展改革委，国家电网公司、南方电网公司，各主要发电投资企业，中国电建集团、中国能建集团、水电水利规划设计总院，中科院：

可再生能源发展“十二五”规划把新能源微电网作为可再生能源和分布式能源发展机制创新的重要方向。近年来，有关研究机构和企业开展新能源微电网技术研究和应用探索，具备了建设新能源微电网示范工程的工作基础。为加快推进新能源微电网示范工程建设，探索适应新能源发展的微电网技术及运营管理体制，现提出以下指导意见：

一、充分认识新能源微电网建设的重要意义

新能源微电网代表了未来能源发展趋势，是贯彻落实习近平总书记关于能源生产和消费革命的重要措施，是推进能源发展及经营管理方式变革的重要载体，是“互联网+”在能源领域的创新性应用，对推进节能减排和实现能源可持续发展具有重要意义。同时，新能源微电网是电网配售侧向社会主体放开的一种具体方式，符合电力体制改革的方向，可为新能源创造巨大发展空间。各方面应充分认识推进新能源微电网建设的重要意义，积极组织推进新能源微电网示范项目建设，为新能源微电网的发展创造良好环境并在积累经验基础上积极推广。

二、示范项目建设目的和原则

新能源微电网示范项目建设的目的是探索建立容纳高比例波动性可再生能源电力的发输（配）储用一体化的局

域电力系统，探索电力能源服务的新型商业运营模式和新业态，推动更加具有活力的电力市场化创新发展，形成完善的新能源微电网技术体系和管理体制。

新能源微电网示范项目的建设要坚持以下原则：

（一）因地制宜，创新机制。结合当地实际和新能源发展情况选择合理区域建设联网型微电网，在投资经营管理方面进行创新；在电网未覆盖的偏远地区、海岛等，优先选择新能源微电网方式，探索独立供电技术和经营管理新模式。

（二）多能互补，自成一体。将各类分布式能源、储电蓄热（冷）及高效用能技术相结合，通过智能电网及综合能量管理系统，形成以可再生能源为主的高效一体化分布式能源系统。

（三）技术先进、经济合理。集成分布式能源及智能一体化电力能源控制技术，形成先进高效的能源技术体系；与公共电网建立双向互动关系，灵活参与电力市场交易，使新能源微电网在一定的政策支持下具有经济合理性。

（四）典型示范、易于推广。首先抓好典型示范项目建设，因地制宜探索各类分布式能源和智能电网技术应用，创新管理体制和商业模式；整合各类政策，形成具有本地特点且易于复制的典型模式，在示范的基础上逐步推广。

三、建设内容及有关要求

新能源微电网是基于局部配电网建设的，风、光、天然气等各类分布式能源多能互补，具备较高新能源电力接入比例，可通过能量存储和优化配置实现本地能源生产与用能负荷基本平衡，可根据需要与公共电网灵活互动且相对独立运行的智慧型能源综合利用局域网。新能源微电网项目可依托已有配电网建设，也可结合新建配电网建设；可以是单个新能源微电网，也可以是某一区域内多个新能源微电网构成的微电网群。鼓励在新能源微电网建设中，按照能源互联网的理念，采用先进的互联网及信息技术，实现能源生产和使用的智能化匹配及协同运行，以新业态方式参与电力市场，形成高效清洁的能源利用新载体。

（一）联网型新能源微电网

联网型新能源微电网应重点建设：利用风、光、天然气、地热等可再生能源及其他清洁能源的分布式能源站；基于智能配电网的综合能量管理系统，实现冷热电负荷的动态平衡及与大电网的灵活互动；在用户侧应用能量管理系统，指导用户避开用电高峰，优先使用本地可再生能源或大电网低谷电力，并鼓励新能源微电网接入本地区电力需求侧管理平台；具备足够容量和反应速度的储能系统，包括储电、蓄热（冷）等。联网型新能源微电网优先选择在分布式可再生能源渗透率较高或具备多能互补条件的地区建设。

联网型新能源微电网示范项目技术要求：1、最高电压等级不超过110千伏，与公共电网友好互动，有利于削减电网峰谷差，减轻电网调峰负担；2、并网点的交换功率和时段要具备可控性，微电网内的供电可靠性和电能质量要能满足用户需求。微电网内可再生能源装机功率与峰值负荷功率的比值原则上要达到50%以上，按照需要配置一定容量的储能装置；在具备天然气资源的条件下，可应用天然气分布式能源系统作为微电网快速调节电源。3、具备孤岛运行能力，保障本地全部负荷或重要负荷在一段时间内连续供电，并在电网故障时作为应急电源使用。

（二）独立型新能源微电网

独立型（或弱联型）新能源微电网应重点建设：利用风、光、天然气、地热等可再生能源及其他清洁能源的分布式能源站；应急用柴油或天然气发电装置；基于智能配电网的综合能量管理系统，实现冷热电负荷的动态平衡；技术经济性合理的储能系统，包括储电、蓄热（冷）等。独立型（或弱联型）新能源微电网主要用于电网未覆盖的偏远地区、海岛等以及仅靠小水电供电的地区，也可以是对送电到乡或无电地区电力建设已经建成但供电能力不足的村级独立光伏电站的改造。

独立型新能源微电网示范项目技术要求：1、通过交流总线供电，适合多种可再生能源发电系统的接入，易于扩容，容易实现与公共电网或相邻其他交流总线微电网联网；2、可再生能源装机功率与峰值负荷功率的比值原则上要达到50%以上，柴油机应作为冷备用，其发电量占总电量需求的20%以下（对于冬夏季负荷差异大的海岛，该指标可以放宽到40%）；在有条件并技术经济合理的情况下，可采用（LNG或CNG为燃料的）天然气分布式能源。3、供电可靠性要不低于同类地区配电网供电可靠性水平。

四、组织实施

（一）示范项目申报。各省（区、市）能源主管部门负责组织项目单位编制示范项目可行性研究报告（编制大纲见附件2），并联合相关部门开展项目初审和申报工作。示范项目要落实建设用地、天然气用量等条件，与县级及以上电网企业就电网接入和并网运行达成初步意见。

（二）示范项目确认。国家能源局组织专家对各地区上报的示范项目申请报告进行审核。对通过审核的项目，国家能源局联合相关部门发文确认。2015年启动的新能源微电网示范项目，原则上每个省（区、市）申报1~2个。

（三）示范项目建设。各省（区、市）能源主管部门牵头组织示范项目建设。项目建成后，项目单位应及时向省级能源主管部门提出竣工验收申请，省级能源主管部门会同国家能源局派出机构验收通过后，组织编制项目验收报告，并上报国家能源局。

（四）国家能源局派出机构负责对示范项目建设和建成后的运行情况进行监管。省级能源主管部门会同国家能源局派出机构对示范项目进行后评估，将评估报告上报国家能源局，对后期运行不符合示范项目技术要求的，应责令项目单位限期整改。

（五）关于新能源微电网的相关配套政策，国家能源局将结合项目具体技术经济性会同国务院有关部门研究制定具体支持政策，鼓励各地区结合本地实际制定支持新能源微电网建设和运营的政策措施。

附件：1、新能源微电网技术条件；2、示范项目实施方案编制参考大纲；（略）

国家能源局

2015年7月13日

国家能源局关于下达2015年光伏发电建设实施方案的通知

（国能新能[2015]73号）

各省（自治区、直辖市）发展改革委（能源局）、新疆生产建设兵团发改委，各派出机构，国家电网公司、南方电网公司，内蒙古电力公司、陕西地方电力公司，水电规划总院、电力规划总院：

根据光伏发电项目建设管理有关规定，综合考虑全国光伏发电发展规划、各地区2014年度建设情况、电力市场条件以及各方面意见，我局组织编制了2015年光伏发电建设实施方案。现将有关内容及要求通知如下：

一、为稳定扩大光伏发电应用市场，2015年下达全国新增光伏电站建设规模1780万千瓦。各地区2015年计划新开工的集中式光伏电站和分布式光伏电站项目的总规模不得超过下达的新增光伏电站建设规模，规模内的项目具备享受国家可再生能源基金补贴资格。对屋顶分布式光伏发电项目及全部自发自用的地面分布式光伏发电项目不限制建设规模，各地区能源主管部门随时受理项目备案，电网企业及时办理并网手续，项目建成后即纳入补贴范围。光伏扶贫试点省区（河北、山西、安徽、宁夏、青海和甘肃）安排专门规模用于光伏扶贫试点县的配套光伏电站建设。

二、各地区应完善光伏发电项目的规划工作，合理确定建设布局。鼓励结合生态治理、设施农业、渔业养殖、扶贫开发等合理配置项目。优先安排电网接入和市场消纳条件好、近期具备开工条件的项目。鼓励通过竞争性方式配置项目资源，选择技术和经济实力强的企业参与项目建设，促进光伏发电上网电价下降，对降低电价的地区和项目适度增加建设规模指标。优先满足新能源示范城市、绿色能源示范县和分布式光伏发电示范区等示范区域的建设规模指标需求，示范区域在已下达规模内的光伏发电项目建成后，可向国家能源局申请追加建设规模指标。按照有关文件要求规范市场开发秩序，对明显缺乏相应的资金、技术和管理能力的企业，不应配置与其能力不相适宜的光伏电站项目。弃光限电严重地区，在项目布局方面应避免加剧弃光限电现象。

三、鼓励各地区优先建设以35千伏及以下电压等级（东北地区66千伏及以下）接入电网、单个项目容量不超过2万千瓦且所发电量主要在并网点变电台区消纳的分布式光伏电站项目，电网企业对分布式光伏电站项目按简化程序办理电网接入手续。集中式光伏电站项目的建设规模应与配套电力送出工程相匹配，原则上单个集中式光伏电站的建设规模不小于3万千瓦，可以一次规划、分期建设。

四、各省级能源主管部门按下达的新增建设规模抓紧确定项目清单，连同往年结转在建的光伏电站项目，一并形成本地区2015年光伏发电建设实施方案，并于2015年4月底前报送我局，同时抄送国家能源局派出机构、相关省级电网企业和国家可再生能源信息管理中心，报送内容包括项目名称、项目业主、建设规模和预计并网时间等，具体报送格式见附件2。未经备案机关同意，实施方案中的项目在投产之前，不得擅自变更投资主体和建设内容。2014年底前未安排的年度规模指标作废，各地区对符合规模管理的已备案项目要督促开工建设，对不具备建设条件的项目要及时清理。

五、各级电网企业应配合地方能源主管部门确定年度建设实施方案。对列入实施方案中的光伏发电项目，应本着简化流程和提高效率原则，按照有关规定和时限要求，及时出具项目接网意见和开展配套送出工程建设，按月衔接光伏电站和配套电网建设进度，并报送相关情况，确保项目建成后及时并网运行。

六、建立按月监测、按季调整、年度考核的动态管理机制。各级项目备案机关和电网企业应按照《国家能源局综合司关于加强光伏发电项目信息统计及报送工作的通知》（国能综新能[2014]389号）要求，通过国家可再生能源信息管理系统填报信息，有关信息将作为调整和确定建设规模以及形成补贴目录的基本依据。在4月底前，对未将新增建设规模落实到具体项目的地区，其规模指标将视情况调剂到落实好的地区。7月底前，经综合平衡后，对建设进度快的地区适度追加规模指标。10月底前，对年度计划完成情况进行考核，并网规模未达新增建设规模50%的，调减下一年度规模指标。第四季度，编制下一年度光伏发电建设实施方案。

七、各省级能源主管部门应按季公开发布本省光伏发电项目建设信息，包括在建、并网及运行等情况，以引导各地区光伏发电建设。能源局各派出机构要通过信息管理平台，及时跟踪了解各地年度计划执行情况，对光伏发电项目建设运行情况以及电网企业办理电网接入各环节的服务、全额保障性收购、电费结算和可再生能源补贴发放等情况进行监管。国家太阳能发电技术归口管理单位负责信息管理平台的运行维护，充分利用信息管理平台等信息化手段，加强光伏发电项目建设、运行情况的监测和信息统计。

附件：1、2015年光伏发电建设实施方案（略）

国家能源局

2015年3月16日

国家能源局关于做好2015年度风电并网消纳有关工作的通知

（国能新能[2015]82号）

各省（自治区、直辖市）发展改革委、能源局，各派出机构，国家电网公司、南方电网公司、华能、大唐、华电、国电、中电投、中国神华、中国华润、中国长江三峡集团公司、国家开发投资公司、中国核工业集团公司、中国广核集团公司、中国电力建设集团公司、中国能源建设集团公司、中国风能协会、国家可再生能源中心：

2014年，全国风电弃风限电问题进一步缓解，除新疆自治区外，其他地区弃风限电比例均有所下降。受当年风速偏小等因素的影响，全国风电平均利用小时数同比下降约180小时，但弃风限电问题仍是影响我国风电健康发展的主要矛盾。此外，风电机组和风电场运行管理也面临不少问题，特别是设备故障和风电场非计划停运较为突出，必须引起高度重视。为促进风电产业持续健康发展，做好风电开发利用工作，现将2014年度各省（区、市）风电年平均利用小时数予以公布，并就做好2015年风电并网和消纳工作的有关要求通知如下：

一、要高度重视风电市场消纳和有效利用工作。做好风电的市场消纳和有效利用工作，是落实“十三五”规划任务，完成15%非化石能源发展目标的重要保障。2015年，华北、东北和西北（简称“三北”）地区投产的风电规模会有较大幅度的提高，风电消纳的形势将非常严峻。各省（区、市）能源主管部门和电网企业要高度重视风电有效利用工作，在深入分析本地区风电消纳形势的基础上，大胆推动体制改革和机制创新，优化本地电网调度运行，协调好风电与自备电厂、供热机组之间的关系，明确不同电源之间的调度次序，结合电力体制改革,各派出机构在我局统一部署下建立健全辅助服务补偿机制，深入挖掘系统调峰潜力，确保风电等清洁能源优先上网和全额收购。要结合资源条件、区域电网运行现状对可再生能源并网运行提出考核性保障指标，切实构建起适应风电等可再生能源大规模并网的电力运行和调度体系。我局将依据各省（区、市）报送的风电并网运行指标对风电并网运行情况进行考核。

二、认真做好风电建设的前期工作。目前，风电项目核准权限已全部下放地方能源主管部门。前期工作是项目建设管理的重要组成部分，也是编制年度计划的基本依据。各省（区、市）能源主管部门要进一步规范风电项目建设前期工作的管理，引导开发企业扎实开展测风、资源评价等工作，协调有关部门及时落实项目建设选址、用地用海预审等项目核准条件，避免因风能资源评价不充分或土地、选址等建设条件不落实导致项目无法实施。要加强风电项目并网的衔接，明确风电项目接入电网的条件和要求，督促电网企业积极开展已列入年度核准计划或国家重点规划的跨省跨区风电基地项目的接入系统设计和建设工作，确保配套电网设施与风电项目同步建成投产，避免因电力配套设施建设滞后导致的弃风限电。各风电开发企业要加强风能资源测评、地质勘查、微观选址、设备选型和接入系统设计等工作，提高风电项目建设的前期工作质量。

三、统筹做好“三北”地区风电的就地利用和外送基地的规划工作。“三北”地区是我国风能资源最丰富的地区，有效利用“三北”地区的风能资源是我国风电发展的重要任务。首先要多措并举，加快风能资源的就地利用，同时也必须要注重风电基地建设，利用跨省或跨区输电通道扩大风能资源的配置范围，是我国促进风电规模化的重要措施。内蒙古、新疆、宁夏、甘肃、山西、陕西等省（区）要根据输电通道规划和大气污染防治工作的部署，加快推进与本地区已规划的跨区、跨省输电通道配套的风电基地规划工作，纳入“十三五”时期“三北”地区风电发展规划统筹考虑。要统筹考虑风电开发规模和电网消纳能力，新建风电基地项目需落实电力消纳市场。其中以新能源建设为主的风电基地，要根据输电线路的输送容量确定风电建设规模，确保最大限度的送出清洁能源电力。与煤电基地同步规划建设的风电基地，要最大限度的利用火电机组的调峰能力，在保证电网运行安全的前提下，确保清洁能源电量在外送电量中达到较高比例。电网企业和相关技术咨询机构要结合已有的建设和运行经验，进一步完善风电与火电协调运行跨区送电的技术方案和运行调度规则，确保基地项目建成后的顺利运行。

四、加快中东部和南方地区风电的开发建设。近年来，推动风电建设向消纳能力强的中东部和南方地区布局的工作已取得了积极成效，目前中东部和南方地区风电并网装机容量已接近风电总装机容量的20%。但这些地区风电建设仍然滞后，必须要更加重视风电的开发建设工作，加快推进风电产业发展。首先要推动技术进步，支持设备企业研发适应中东部和南方地区资源特点的风电设备和运行管理技术。二是要督促开发企业更加重视前期工作，做好风能资源评价和土地利用的协调工作。三要积极完善风电开发建设的技术标准，更加重视水土保持、植被恢复和环境保护等工作，避免风电开发对当地环境造成不利影响。

五、积极开拓适应风能资源特点的风电消纳市场。为提高本地电网消纳风电的能力，促进风电的就地利用，近年来，在吉林、内蒙古和河北等省（区）开展了风电清洁供暖等示范工作，取得了良好的效果。“三北”地区各省（区、市）能源主管部门要全面分析本地区风电并网运行现状和供暖需求，在具备条件的地区，结合新城镇建设和新城区开发规划，因地制宜，大胆创新，进一步完善体制机制，积极推广应用风电清洁供暖技术，着力解决周边地区存量风电项目的消纳需求。河北、吉林省要加快推进风电制氢的示范工作，进一步积累经验。同时，要大胆推动技术革新，积极鼓励企业开展其他促进风电就地利用的技术示范工作。

六、加强风电场的建设和运行管理工作。随着我国风电并网运行规模的迅速增加，必须要高度重视风电场的建设和运行管理工作，不断提高风电产业的整体技术水平以及风电运行与电网的适应性。各设备制造企业要高度重视产品质量，不断提高设备的技术水平和可靠性。各开发企业要加强项目设计、工程建设、运行维护的技术管理，建立完善的风电建设和运行管理体系，提高风电场规划、设计、运输、施工安装、检修维护的专业化服务能力。要加强施工现场监理、机组运行调试、风电场并网检测、项目竣工验收等风电建设各环节的管理，加强技术和质量监督，实行重大项目建设后评估制度。相关技术机构要不断完善风电场建设和运行标准，建立并完善风电产业运行和设备质量信息监测评价系统，对于重大事故和普遍性技术问题，要及时向主管部门报告。

附件：2014年度各省级电网区域风电利用小时数统计表（略）

国家能源局

2015年3月23日

关于印发2015年中央发电企业煤电节能减排升级改造目标任务的通知

（国能电力[2015]93号）

华能、大唐、华电、国电、中电投、神华集团、国投公司、华润集团：

按照《关于印发<煤电节能减排升级与改造行动计划（2014-2020年）>的通知》（发改能源[2014]2093号）、《关于分解落实煤电节能减排升级改造目标任务的通知》（国能综电力[2014]167号）要求，结合各中央发电企业报送的煤电节能减排升级改造计划和2015年度实施方案，经研究，现将2015年中央发电企业煤电节能减排升级改造目标任务（详见附件）及有关要求通知如下：

一、实施煤电节能减排升级改造，进一步提高燃煤发电机组能效水平，降低污染物排放，有利于促进我国煤电高效清洁发展。各中央发电企业要高度重视、精心组织、认真实施，按期完成本企业煤电节能减排升级改造目标任务。

二、各中央发电企业要细化制定具体实施方案，及时将2015年目标任务分解到具体电厂。落实改造计划、工作责任、人员安排、资金投入等，稳妥有序推进改造工作，保障机组改造后能效水平逐步达到同类机组先进水平、各项大气污染物排放指标符合有关规定。

三、2015年节能减排升级改造工作过程中，如需对本企业年度目标任务进行调整的，请及时报送国家能源局，我局将结合实际对目标任务进行调整。

四、各中央发电企业要认真总结本单位2015年煤电节能减排升级改造目标任务完成情况，每季度报送本企业煤电节能减排升级改造工作进展情况，并于2016年1月底前将2015年度工作总结报送国家能源局。我局将会同有关部门对年度目标任务完成情况进行考核。

五、国家能源局将会同有关部门，适时监督检查各中央发电企业煤电节能减排升级改造工作开展情况，确保煤电节能减排升级改造目标任务按期完成。

特此通知。

附件：2015年中央发电企业煤电节能减排升级改造目标任务（略）

国家能源局

2015年3月25日

关于下达2015年电力行业淘汰落后产能目标任务的通知

（国能电力[2015]119号）

各省、自治区、直辖市人民政府，新疆生产建设兵团：

根据工信部、国家发展改革委、国家能源局等部门《关于印发淘汰落后产能工作考核实施方案的通知》（工信部联产业[2011]46号）要求和各省级政府淘汰落后产能主管部门报送的淘汰落后产能计划，经研究，现将2015年电力行业淘汰落后产能目标任务（详见附件1）及有关要求通知如下：

一、淘汰落后小火电机组是电力行业加快转变发展方式、推进节能减排、优化电源结构的重要举措。请高度重视、加强领导、精心组织、认真督查，在确保供电、供热及人员妥善安置的前提下，按期完成电力行业淘汰落后产能目标任务。

二、请进一步完善检查验收程序，组织本地区有关部门和省级电网企业，审核淘汰落后产能企业的相关证明材料（详见附件2），及时对淘汰小火电机组进行现场检查验收，出具书面验收意见，并在省级人民政府门户网站以及当地主流媒体向社会公告本地区已完成淘汰落后产能任务企业名单。2015年12月底前，将全年工作情况总结和书面验收意见报送我局。

三、淘汰机组中，凡属未建成机组、2013年1月1日后无运行记录机组或余热余压综合利用机组，不计入电力行业淘汰落后产能目标任务。30万千瓦及以上机组原则上不予淘汰。

四、列入本年度电力行业淘汰落后产能目标任务的小火电机组，须在2015年12月底前完成拆除工作。燃油机组需彻底拆除全部主体设备和生产线；燃煤机组需至少拆除锅炉、汽轮机、发电机、输煤栈桥、冷却塔、烟囱中的任两项。

特此通知。

附件：1、2015年电力行业淘汰落后产能目标任务

2、淘汰小火电机组证明材料清单（略）

国家能源局

2015年4月13日

附件：

2015年电力行业淘汰落后产能目标任务

序号	地区	计划容量（万千瓦）
	合计	423.4
1	北京	0
2	天津	33.5
3	河北	75.2
4	山西	2.4
5	山东	28.5
6	内蒙古	9.1
7	辽宁	0
8	吉林	0
9	黑龙江	0
10	陕西	3.6
11	甘肃	0
12	宁夏	0
13	青海	63.1
14	新疆	25
15	上海	0
16	江苏	52.7
17	浙江	0
18	安徽	0
19	福建	25
20	河南	72
21	湖北	0

22	湖南	0
23	江西	0
24	四川	4.3
25	重庆	27.5
26	广东	0
27	广西	0
28	云南	0
29	贵州	1.5
30	海南	0
31	西藏	0
32	新疆生产建设兵团	0

关于开展风电清洁供暖工作的通知

（国能综新能[2015]306号）

内蒙古、辽宁、吉林、黑龙江、河北、新疆、山西省（区）发展改革委（能源局），国家电网公司、内蒙古电力公司：

为积极推进大气污染物防治工作，促进经济社会可持续发展，确保风电产业持续健康发展，根据我局工作部署，请你单位在梳理现有风电并网运行情况、区域供暖需求、当地电力规划和热电联产机组建设等情况的基础上，研究探索风电清洁供暖工作，有条件开展的地区可按如下要求编制2015年度风电清洁供暖工作方案，对社会公开发布，并抄送我局备案：

一、风电清洁供暖对提高北方风能资源丰富地区消纳风电能力，缓解北方地区冬季供暖期电力负荷低谷时段风电并网运行困难，促进城镇能源利用清洁化，减少化石能源低效燃烧带来的环境污染，改善北方地区冬季大气环境质量意义重大，而且通过吉林、内蒙古等地的示范项目建设，已经具备了推广应用的技术条件，各相关省（区）要充分认识做好风电清洁供暖工作的重要意义，认真分析和总结各地区冬季供暖状况，结合风能资源特点和风电发展需求，研究利用冬季夜间风电进行清洁供暖的可行性，制定促进风电清洁供暖应用的实施方案和政策措施，因地制宜开展风电清洁供暖工作。

二、风电清洁供暖项目以替代现有的燃煤小锅炉或解决分散建筑区域以及热力管网或天然气管网难以到达的区域的供热需求为主要方向，按照每1万千瓦风电配套制热量满足2万平米建筑供暖需求的标准确定参与供暖的装机规模，鼓励新建建筑优先使用风电清洁供暖技术。鼓励风电场与电力用户采取直接交易的模式供电。

三、风电清洁供暖项目安排原则上以解决目前已有风电项目的弃风限电问题为主，山西、辽宁、新疆达坂城地区、蒙西可以酌情按照不高于100万千瓦的规模适度安排新建项目参与风电清洁供暖。

新疆达坂城和阿勒泰地区作为此次风电清洁供暖推广工作的重点地区，由我局会同新疆自治区发改委和上述地区的能源主管部门，统筹编制风电清洁供暖实施方案，充分发挥风电清洁供暖的节能环保作用。

四、风电清洁供暖项目由相关省（区）自行组织实施，各省（区）能源主管部门要积极制定和督促落实促进风电清洁供暖工作的配套措施，特别是协调好风电制暖设备与热力管网的衔接工作，力争于2015年底前建成并发挥效益，并于年底前将本省（区）风电清洁供暖项目的进展情况以书面形式报送我局。

五、电网企业要加快开展适应风电清洁供暖发展的配套电网建设，研究制定适应风电清洁供暖应用的电力运行管理措施，保障风电清洁供暖项目的可靠运行。

请各有关单位按照上述要求，积极推动风电清洁供暖技术的应用，使其成为促进风电消纳和解决大气环境问题的有效措施。

国家能源局综合司

2015年6月5日

关于海上风电项目进展有关情况的通报

（国能新能〔2015〕343号）

天津、河北、辽宁、上海、江苏、浙江、福建、山东、广东、广西、海南发展改革委（能源局），国家电网公司、南方电网公司，华能、大唐、华电、国电、国电投、中广核、神华、三峡，国家可再生能源信息管理中心、中国风能协会：

国家能源局下发《关于印发海上风电开发建设方案（2014-2016）的通知》（国能新能[2014]530号）以来，相关省（区、市）发展改革委（能源局）按照通知要求，积极开展前期工作，项目建设进度明显加快。但受多种因素影响，海上风电建设总体进展较为缓慢。根据海上风电产业监测体系，到2015年7月底，纳入海上风电开发建设方案的项目已建成投产2个、装机容量6.1万千瓦，核准在建9个、装机容量170.2万千瓦，核准待建6个，装机容量154万千瓦，其余项目正在开展前期工作（具体进展情况见附件）。为进一步做好海上风电开发建设工作，加快推动海上风电发展，现提出如下建议和要求：

一、高度重视海上风电发展工作。海上风电是风电技术的前沿领域，也是近年来国际风电产业发展的重点领域，欧洲国家海上风电已进入规模化发展阶段。目前，我国海上风电尚处于起步阶段，沿海各省级能源主管部门要高度重视海上风电发展工作，把积极发展海上风电作为当前新能源发展的重要工作，认真梳理纳入海上风电开发建设方案的项目进展情况，系统分析建设方案落实中遇到的困难和问题，提出切实可行的解决措施和进度计划，加快推动海上风电健康发展。

二、建议地方出台配套支持政策。海上风电所处的沿海地区，经济较为发达，具有支持海上风电发展的条件，鼓励省级能源主管部门向省（区、市）政府建议，并积极协调财政、价格等部门，结合本地区产业升级、能源需求、海上风电建设条件等具体情况，在国家价格主管部门确定的海上风电上网电价的基础上研究出台本地区的配套补贴政策，进一步提高项目的收益水平和海上风电的市场竞争力，切实发挥政策的支持和市场的导向作用，有效带动当地制造业发展，促进沿海地区能源结构调整优化。

三、积极协调海洋、海事、环保、军事部门。各省级能源主管部门要按照国务院简政放权的要求，精简项目前置审批手续，简化审批流程和管理程序，建立部门间的统筹协调机制，做好与海洋、海事、环保、军事部门的沟通协调，明确各部门的管理和审批环节要求，公布各类手续办理流程和有关要求，解决好目前项目建设面临的矛盾和问题，帮助企业协调落实项目建设的用海场址等问题，促进具备条件的项目尽早开工建设。

四、加快推进配套电网建设进度。电网企业要积极做好列入海上风电开发建设方案项目的配套电网建设工作，提前研究本地区海上风电项目电网接入总体技术方案和年度实施方案，落实电力消纳市场。结合各项目进度，及时出具项目接入系统方案和办理并网支持性文件，海上风电并网工程要优先纳入电网企业年度建设计划和资金安排，加快推进配套电网送出工程建设，确保海上风电场本体工程与配套电网同步建成投产。

五、落实各项目投资主体责任意识。各项目投资主体是纳入实施方案项目推动的第一责任人，应加强人力、财力投入，加快内部管理流程和决策程序，明确时间节点，着力推动项目进展，及时将项目进展情况报省级能源主管部门，提出项目存在的问题和需要政府重点协调的事项。同时，各项目投资主体之间要加强信息沟通和技术交流，共享技术进步成果和建设管理经验，共同促进海上风电健康发展。

六、加强建设信息报送工作。国家可再生能源信息管理中心负责海上风电信息监测工作，各项目投资主体要按照海上风电产业监测有关要求，按月向国家可再生能源信息管理中心报送项目建设信息。省级能源主管部门要做好本地区海上风电项目实施进展的协调、监督和检查，监测项目建设进展情况，认真分析和评价实施效果，并将有关情况及时上报我局。

请各有关单位和部门按照上述要求，认真开展相关工作，国家能源局将定期开展检查和评估，检查和评估情况将作为后续安排新能源年度建设规模的重要依据，以进一步促进海上风电产业持续健康发展。

附件：海上风电开发建设方案（2014-2016）进展情况统计表（略）

国家能源局
2015年9月11日

关于组织太阳能热发电示范项目建设的通知

（国能新能〔2015〕355号）

各省（区、市）发改委（能源局），新疆生产建设兵团发改委、国家可再生能源中心、水电水利规划设计总院、电力规划设计总院：

太阳能热发电是太阳能利用的重要新技术领域，为推动我国太阳能热发电技术产业化发展，决定组织一批太阳能热发电示范项目建设。现将有关事项通知如下：

一、示范目标

目前国内太阳能热发电产业处于起步阶段，尚未形成产业规模，工程造价较高，技术装备制造能力弱，缺乏系统集成及运行技术。为攻克关键技术装备，形成完整产业链和系统集成能力，现组织建设一批示范项目。太阳能热发电示范项目以槽式和塔式为主，其他类型也可申报，示范目标：一是扩大太阳能热发电产业规模。通过示范项目建设，形成国内光热设备制造产业链，支持的示范项目应达到商业应用规模，单机容量不低于5万千瓦。二是培育系统集成商。通过示范项目建设，培育若干具备全面工程建设能力的系统集成商，以适应后续太阳能热发电发展的需要。

二、示范项目要求

（一）资源条件和技术要求。场址太阳直射辐射（DNI）量不应低于1600kWh/m2a。示范项目各主要系统的技术参数要达到国际先进水平。鼓励示范项目采用技术较先进，实现国内产业化的设备。原则上符合随此通知印发的《太阳能热发电示范项目技术规范》（试行）的技术要求。

（二）示范项目实施方案编制要求（附件2）。实施方案要包括项目技术和工程方案、投资经济性测算报告。技术和工程方案应包括设备来源、技术合作方、系统集成方案等信息，并提供项目支持性文件、筹措资金材料等。投资经济性测算报告应对工程各环节的投资成本构成分列测算，以便于对各申报项目汇集后相互比较，逐一测算工程造价，为测算电价提供参考。若项目单位申报价格明显偏高，我们将不考虑该项目纳入示范的可能性，对存在不正常偏差和不规范测算的项目，也取消列入示范的资格。

（三）经济性分析边界条件。项目资本金比例不低于总投资的20%；项目贷款利息按照项目企业实际获得的贷款利率计算；项目建设期按2年，经营期按25年；资本金财务内部收益率参考新能源发电项目平均收益水平；增值税税率暂按经营期25年内17%测算。

（四）目前太阳能热发电尚未形成完整的技术和装备制造体系，为减少重复建设和浪费，对同一技术来源和类型的项目要控制数量。对各地申报项目数量做以下限制：同一项目业主在一个省（区、市）的项目超过1个时，应为不同的技术路线；一个企业可以在不同的省（区、市）申报项目，但总数量不超过3个，同一技术路线和技术来源的不超过2个。

三、示范项目组织

（一）示范项目申报。各省（区、市）能源主管部门组织经济性较好、实力较强的投资业主编制太阳能热发电示范项目实施方案，并开展项目初审和申报工作。项目技术和工程方案、投资经济性测算报告分开编写上报。示范项目申请报告请于10月底前报国家能源局新能源司。

（二）示范项目审核。国家能源局组织专家审核示范项目技术方案的先进性、设备的国产化率、经济性测算指标的合理性、项目前期工作情况，以及项目是否具备近期开工条件等，通过审核的项目列入备选项目名单。

（三）示范项目上网电价。国家能源局组织专家对各申报项目的根据投资经济测算报告进行统一评审，综合比较后提出上网电价的建议，若投资经济性测算报告中的数据明显不合理，则将该项目从备选名单中剔除。

（四）示范项目确认。国家能源局统筹考虑进入备选名单项目的经济性、设备国产化率和技术先进性，对名单项目进行排序并确认示范项目名单。

（五）示范项目建设。各省（区、市）能源主管部门牵头组织示范项目建设。项目建成后，项目单位应及时向省级能源主管部门提出竣工验收申请，省级能源主管部门会同国家能源局派出机构验收通过后，组织编制项目验收报告，并上报国家能源局。

附件：1、太阳能热发电示范项目技术规范（试行）（略）

2、《太阳能热发电示范项目实施方案》编制要求（略）

国家能源局

2015年9月23日

关于印发《电动汽车充电基础设施发展指南（2015-2020年）》的通知

各省、自治区、直辖市、新疆生产建设兵团发展改革委（能源局）、工业和信息化主管部门、住房城乡建设厅（委、局），国家电网公司、南方电网公司：

为落实《国务院办公厅关于加快新能源汽车推广应用的指导意见》（国办发〔2014〕35号），科学引导电动汽车充电基础设施建设，促进电动汽车产业健康快速发展，我们组织编制了《电动汽车充电基础设施发展指南（2015-2020年）》，现予印发，请认真贯彻执行。

附件：电动汽车充电基础设施发展指南（2015-2020年）

国家发展改革委　国家能源局

工业和信息化部　住房城乡建设部

2015年10月21日

附件：

电动汽车充电基础设施发展指南（2015-2020年）

一、前言

随着我国经济社会发展水平不断提高，汽车保有量持续攀升。大力发展电动汽车，能够加快燃油替代，减少汽车尾气排放，对保障能源安全、促进节能减排、防治大气污染、推动我国从汽车大国迈向汽车强国具有重要意义。

充电基础设施主要包括各类集中式充换电站和分散式充电桩，完善的充电基础设施体系是电动汽车普及的重要保障。进一步大力推进充电基础设施建设，是当前加快电动汽车推广应用的紧迫任务，也是推进能源消费革命的一项重要战略举措。

为落实国务院关于加快新能源汽车推广应用的战略部署，根据《节能与新能源汽车产业发展规划》，特制定本指南，期限为2015-2020年。

二、发展基础

“十二五”以来，我国充电基础设施发展取得了突破，积累了经验，为下一步发展奠定了基础。

设施建设稳步推进。为落实国家新能源汽车示范推广应用工作有关要求，各级政府和相关企业积极开展充电基础设施建设。建设主体呈现多元化发展态势，除部分大型央企外，地方国企、民营企业、外资企业也逐步参与到充电基础设施的建设。截至2014年底，全国共建成充换电站780座，交直流充电桩3.1万个，为超过12万辆电动汽车提供充换电服务。

充电网络逐步形成。结合新能源汽车示范推广，在深圳、杭州、合肥等地已建成较大规模的城市充电服务网络，在苏沪杭地区已初步建成城际充电服务网络，在京沪、京港澳、青银等高速公路沿线已基本建成省际充电服务网络。

技术水平不断提高。交直流充电桩、双向充放电机、电池快速更换系统等设备已实现国产化，无线充电、移动充电等新型充电技术已开展试点运营；充电基础设施监控、计量、计费及保护等技术日趋成熟；充电基础设施的信息化和自动化水平不断提高；充电基础设施与新能源、智能电网及智能交通等技术融合已开展试点应用。

汽车售后摩托车新能源汽车新能源汽车汽车后市场车载信息服务载货车微型汽车汽车租赁汽车汽车汽车维修

标准体系逐步完善。我国已基本建立充电基础设施标准体系，包括术语、动力电池箱、充电系统及设备、充换电接口、换电系统及设备、充/换电站及服务网络、建设与运行、附加设备等8个部分，约60项标准，在国际标准制定中的影响力逐步增强。

支持政策陆续出台。国家不断加大对充电基础设施的政策支持力度，印发了《国务院办公厅关于加快新能源汽车推广应用的指导意见》，有关部门抓紧制定配套支持政策，已出台充电价格、财政奖励等文件，其他政策将陆续发布。一些省市地方政府也相继出台了充电基础设施财政补贴、充电服务指导价格等配套支持政策。

三、问题挑战

充电基础设施在国内外均处于起步阶段，由于涉及城市规划、建设用地、建筑物及配电网改造、居住地安装条件、投资运营模式等方面，利益主体多，推进难度大。

电动汽车及其充电技术的不确定性大。电动汽车产业尚处于发展初期，动力电池及充电等关键技术发展日新月异，不同技术方案对应的充电需求存在较大差异，增加了充电基础设施建设与管理的难度，加大了投资运营风险，影响了社会资本参与的积极性。

充电基础设施与电动汽车发展不协调。在电动汽车产业发展过程中，普遍存在注重车而不注重充电基础设施的问题，有车无桩、有桩无车现象并存。一方面，部分地区电动汽车增长较快，但充电基础设施建设规模不足；另一方面，由于用户对电动汽车接受度不高以及地方保护等原因，使得电动汽车增长总体低于预期，加上部分充电基础设施建设布局不合理，以及设施通用性较差等问题，造成充电基础设施利用率较低。

充电基础设施建设难度较大。充电基础设施建设需要规划、用地、电力等多项前提条件，在实施过程中涉及多个主管部门和相关企业。在社会停车场所建设充电基础设施，面对众多分散的利益主体，协调难度大。在私人乘用车领域，大量停车位不固定的用户不具备安装条件；对于具备安装条件的用户，存在业主委员会不支持和物业服务企业不配合的现象。此外，由于充电基础设施还涉及公共电网、用户侧电力设施、道路管线等改造，也增加了建设难度。

充电服务的成熟商业模式尚未形成。在部分城市的公交、出租等特定领域，通过实行燃油对价、峰谷电价、充电服务费等措施，商业模式探索取得一定进展，但仍不具备大范围推广应用的条件。在面向社会公众的公共充电服务领域，商业模式探索处于起步阶段，由于电动汽车数量少、设施利用率低、价格机制不健全等原因，充电服务企业普遍亏损。

充电基础设施标准规范体系有待完善。充电基础设施设备接口、通信协议等技术标准亟需完善。已颁布的部分技术标准未严格执行，造成不同品牌的电动汽车与不同厂商的充电基础设施不兼容，充电便利性大大下降。充电基础设施相关工程建设标准有待进一步完善。充电基础设施与充电服务平台的通信协议、结算体系等标准不统一，充电服务平台的服务能力和质量未能满足用户需求。

配套支持政策仍需加强。部分地方政府对充电基础设施发展的重视程度不够，缺少配套支持政策，在城市建设及相关规划中对充电基础设施考虑不足，对充电基础设施的长期用地政策有待进一步明确和细化，充电基础设施财税支持政策与电动汽车支持政策不匹配，对社会资本吸引力不足，对居民区、社会停车场等安装困难的场所协调推动不够。

四、需求预测

根据我国在公交、出租、环卫与物流等专用车、公务与私人乘用车等领域的汽车增长趋势，结合国家新能源汽车推广应用相关政策要求和规划目标，经测算，到2020年全国电动汽车保有量将超过500万辆，其中电动公交车超过20万辆，电动出租车超过30万辆，电动环卫、物流等专用车超过20万辆，电动公务与私人乘用车超过430万辆。

根据各应用领域电动汽车对充电基础设施的配置要求，经分类测算，2015年到2020年需要新建公交车充换电站3848座，出租车充换电站2462座，环卫、物流等专用车充电站2438座，公务车与私家车用户专用充电桩430万个，城市公共充电站2397座，分散式公共充电桩50万个，城际快充站842座。

在北京、天津、河北、辽宁、山东、上海、江苏、浙江、安徽、福建、广东、海南等电动汽车发展基础较好，雾霾治理任务较重，应用条件较优越的加快发展地区，预计到2020年，推广电动汽车规模将达到266万辆，需要新建充换电站7400座，充电桩250万个。

在山西、内蒙古、吉林、黑龙江、江西、河南、湖北、湖南、重庆、四川、贵州、云南、陕西、甘肃等示范推广地区，预计到2020年，推广电动汽车规模将达到223万辆，需要新建充换电站4300座，充电桩220万个。在广西、西藏、青海、宁夏、新疆等尚未被纳入国家新能源汽车推广应用范围的积极促进地区，预计到2020年，推广电动汽车规模将达到11万辆，需要新建充换电站400座，充电桩10万个。

五、指导思想与原则

（一）指导思想

全面贯彻国家新能源汽车发展战略部署，加强规划指导，因地分类实施；完善标准体系，强化政策引领；鼓励社会参与，创新发展模式，发挥市场作用；系统科学地构建高效开放、与电动汽车发展相适应的充电基础设施体系，保障和促进电动汽车产业健康快速发展。

（二）基本原则

整体谋划、系统推进、适度超前。加强我国充电基础设施发展的顶层设计，将充电基础设施放在更加重要的位置，从发展全局的高度进行整体统筹。建立政府有关部门与相关企业各司其职、各尽所能、群策群力、合作共赢的系统推进机制，按照“桩站先行”的原则，适度超前建设，推进充电基础设施科学发展。

因地制宜、分类实施、经济合理。根据各地区电动汽车发展阶段和应用特点，紧密结合不同领域、不同层次的充电需求，遵循“市场主导、快慢互济”的技术导向，科学把握发展节奏，分类有序实施，加大交通、市政、电力等公共资源整合力度，合理布局充电基础设施，降低建设成本，节约土地资源。

统一标准、规范建设、通用开放。坚持按照国家标准建设充电基础设施，加快完善充换电标准体系，为“车行天下”提供有力保障。规范充电基础设施建设运营，理顺管理流程，健全管理机制。实现充电服务平台之间的互联互通，提高充电服务的通用性和开放性。

创新思路、市场主导、示范引领。鼓励地方政府与企业发挥创新主体作用，持续开展充电基础设施建设与运营模式创新。加快完善政策环境，发挥市场主导作用，鼓励引导社会资本参与，激发市场活力。加强示范推广，为充电基础设施发展探索新途径，积累新经验。

加强领导、协同推动、加快发展。落实地方政府充电基础设施发展的主体责任，建立由各地发展改革委牵头，相关主管部门紧密配合的协同推进机制。加强宣传引导和项目协调，充分调动企业和社会各方积极性，形成合力，加快发展。

六、发展目标

（一）总体目标

根据需求预测结果，按照适度超前原则明确充电基础设施建设目标。到2020年，新增集中式充换电站超过1.2万座，分散式充电桩超过480万个，以满足全国500万辆电动汽车充电需求。

优先建设公交、出租及环卫与物流等公共服务领域充电基础设施，新增超过3850座公交车充换电站、2500座出租车充换电站、2450座环卫物流等专用车充电站。

积极推进公务与私人乘用车用户结合居民区与单位停车位配建充电桩，新增超过430万个用户专用充电桩，以满足基本充电需求。鼓励有条件的设施对社会公众开放。

合理布局社会停车场所公共充电基础设施，按照适度超前原则，新增超过2400座城市公共充电站与50万个分散式公共充电桩，以满足临时补电需要。

结合骨干高速公路网，建设“四纵四横”的城际快充网络，新增超过800座城际快充站，以满足城际出行需要。

(二)分区域建设目标

1、加快发展地区

到2020年新增集中式充换电站超过7400座，分散式充电桩超过250万个，以满足超过266万辆电动汽车充电需求。

在新能源汽车推广应用城市，公共充电桩与电动汽车比例不低于1:7，城市核心区公共充电服务半径小于0.9公里；其他城市公共充电桩与电动汽车比例力争达到1:12，城市核心区公共充电服务半径力争小于2公里。

率先建成京津冀、长三角、珠三角三个雾霾防治重点区域的城际快充网络，各主要城市间实现互联互通。

2、示范推广地区

到2020年新增集中式充换电站超过4300座，分散式充电桩超过220万个，以满足超过223万辆电动汽车充电需求。

在新能源汽车推广应用城市，公共充电桩与电动汽车比例不低于1:8，城市核心区公共充电服务半径小于1公里；其他城市公共充电桩与电动汽车比例力争达到1:15，城市核心区公共充电服务半径力争小于2.5公里。

加强与加快发展地区的互联互通，以高速公路网为基础，逐步推进全国范围的城际快充网络建设。

3、积极促进地区

到2020年新增集中式充换电站超过400座，分散式充电桩超过10万个，以满足超过11万辆电动汽车充电需求。

省会等主要城市公共充电桩与电动汽车比例不低于1:12，城市核心区公共充电服务半径小于2公里。

(三)分场所建设目标

1、结合公交、出租、环卫与物流等公共服务领域专用停车场所，适当补充独立占地的充换电站，新建超过3850座公交车充换电站，超过2500座出租车充换电站，超过2450座环卫与物流等专用车充电站。

2、在居民区，建成超过280万个用户专用充电桩。鼓励有条件的设施对社会公众开放。

3、在公共机构、企事业单位、写字楼、工业园区等单位内部停车场，建成超过150万个用户专用充电桩。鼓励有条件的设施对社会公众开放。4、在交通枢纽、大型文体设施、城市绿地、大型建筑物配建停车场、路边停车位等城市公共停车场所，建成超过2400座城市公共充电站与50万个分散式公共充电桩。

5、在城际高速公路服务区，2015年之前初步形成“四纵两横三环”（四纵：京沪高速、京港澳高速、沈海高速、京台高速，两横：青银高速、沪蓉高速，三环：京津冀、长三角、珠三角）的城际快充网络，建成超过500座城市快充站；2020年之前形成“四纵四横”（四纵：沈海、京沪、京台、京港澳，四横：青银、连霍、沪蓉、沪昆）城际快充网络，建成超过1000座城市快充站。

七、重点任务

(一)推动充电基础设施体系建设

以用户居住地停车位、单位内部停车场、公交及出租等专用场站配建的专用充电基础设施为主体，以城市公共建筑物配建停车场、社会公共停车场、路内临时停车位配建的公共充电基础设施为辅助，以独立占地的城市快充站、换电站和高速公路服务区配建的城际快充站为补充，以充电智能服务平台为支撑，加快建设适度超前、布局合理、功能完善的充电基础设施体系。

1、着力推进公共服务领域充电基础设施建设对于公交、环卫、机场通勤等定点定线运行的公共服务领域电动汽车，应根据线路运营需求，优先结合停车场站建设充电基础设施；可根据实际需求，建设一定数量独立占地的快充站与换电站。对于出租、物流、租赁、公安巡逻等非定点定线运行的公共服务领域电动汽车，应充分挖掘有关单位内部停车场站配建充电基础设施的潜力，同步推进城市公共充电基础设施建设，通过内部专用设施与公共设施的高效互补提高用车便捷性。

2、加快推动用户居住地充电基础设施建设

对于有固定停车位的用户，优先结合停车位建设充电桩。对于无固定停车位的用户，鼓励企业通过配建一定比例的公共充电车位，建立充电车位的分时共享机制，开展机械式和立体式停车充电一体化设施建设与改造等方式为用户充电创造条件。引导充电服务、物业服务等相关企业参与居民区的充电基础设施建设与运营，鼓励企业统一开展停车位改造和直接办理报装接电手续，允许企业在不违反相关法规的前提下向用户适当收费，建立合理反映各方“责、权、利”的市场化推进机制，切实解决居民区充电基础设施建设面临的“最后一公里”难题。

3、积极开展单位内部停车场充电基础设施建设

具备条件的政府机关、公共机构及企事业单位，要结合单位电动汽车配备更新计划以及职工购买使用电动汽车需求，利用单位内部停车场资源，规划电动汽车专用停车位，配建充电桩。各地可将有关单位配建充电基础设施情况纳入节能减排考核奖励范围。

4、加快推进城市公共充电网络建设

优先结合大型商场、文体场馆等建筑物配建停车场，以及交通枢纽、驻车换乘(P+R)等社会公共停车场开展城市公共充电基础设施建设，鼓励在具备条件的加油站配建公共快充设施，适当新建独立占地的公共快充站。公共充电基础设施布局应按照从城市中心到边缘、优先发展区域向一般区域逐步推进的原则，逐步增大公共充电基础设施分布密度。鼓励有条件的单位和个人充电基础设施向社会公众开放。结合实际需求，推广占地少、成本低、见效快的机械式与立体式停车充电一体化设施，提高土地利用效率。

5、大力推进城际快充网络建设依托高速公路服务区停车位，建设城际快充网络。优先推进京津冀鲁、长三角、珠

三角区域的城际快充网络建设并实现区域间互联；适时推进长江中游城市群、中原城市群、成渝城市群、哈长城市群城际快充网络建设；2020年底前初步形成覆盖大部分主要城市的城际快充网络，满足电动汽车城际、省际出行需求。

6、同步构建充电智能服务平台

充电智能服务平台建设要与充电基础设施建设同步考虑，融合互联网、物联网、智能交通、大数据等技术，通过“互联网+充电基础设施”，积极推进电动汽车与智能电网间的能量和信息互动，提升充电服务的智能化水平。鼓励围绕用户需求，为用户提供充电导航、状态查询、充电预约、费用结算等服务，拓展增值业务，提升用户体验和运营效率。

（二）加强配套电网保障能力

1、加强配套电网建设

各地要将充电基础设施配套电网建设与改造项目纳入当地配电网专项规划，并与其他相关规划相协调，在用地保障、廊道通行等方面给予支持，切实做到“设施建设、电网先行”。根据各类建筑物配建充电基础设施需求，合理提高各类建筑物用电设计标准，加强相关标准与规范的制修订工作。

电网企业要加强充电基础设施配套电网建设与改造，保障充电基础设施无障碍接入，确保电力供应的“畅通无阻”，满足充换电设施运营需求。

2、完善供电服务

电网企业要为充电基础设施接入电网提供便利条件，开辟绿色通道，优化流程，简化手续，提高效率，限时办结。充电基础设施产权分界点至电网的配套接网工程，由电网企业负责建设和运行维护，不得收取接网费用，相应资产全额纳入有效资产，相应成本据实计入准许成本，纳入电网输配电价回收。

（三）加快标准完善与技术创新

1、加快推进充电标准化工作

加快修订出台充电接口及通信协议等标准，积极推进充电接口互操作性检测及服务平台间数据交换等标准的制修订，开展已有充电基础设施改造，加快实现充电标准的统一，实现不同厂商充电设备与不同品牌电动汽车之间的兼容互通。进一步完善充电基础设施相关工程建设标准与管理规范，以及计量、计费、结算等运营标准与管理规范。进一步开展电动汽车充电基础设施设置场所消防等安全技术措施的研究，及时制修订完善相关标准；完善充换电设备、电动汽车电池等产品标准，明确防火安全要求。加快建立充电基础设施的道路交通标识体系和相关规范。

2、积极支持关键技术的研发应用

充分发挥企业创新主体作用，加快高功率密度、高转换效率、高适用性、无线充电、移动充电等新型充换电技术及装备研发。加强检测认证、安全防护、与电网双向互动、电池梯次利用、无人值守自助式服务、桩群协同控制等关键技术研究。依托示范项目，积极探索充电基础设施与智能电网、分布式可再生能源、智能交通融合发展的技术方案。

（四）探索可持续商业模式

1、积极引入社会资本各地应有效整合公交、出租场站以及社会公共停车场等各类公共资源，通过政府与社会资本合作（PPP）等方式培育市场主体，引入社会资本建设运营公共服务领域充电基础设施、城市公共充电网络及智能服务平台。加快形成私人用户居住地与单位内部停车场充电基础设施建设运营的市场机制。构建统一开放、竞争有序的充电服务市场。

2、鼓励拓展多种商业模式

鼓励探索大型充换电站与商业地产相结合的发展方式，引导商场、超市、电影院、便利店等商业场所为用户提供辅助充电服务。鼓励充电服务企业与整车企业在销售和售后服务方面创新商业合作模式。充分利用融资租赁、特许经营权质押等融资模式，借鉴合同能源管理等业务模式，推进商业模式创新。大力推动“互联网+充电基础设施”相关商业模式与服务创新，引入众筹、线上与线下相结合等新兴业务模式，积极拓展智能充放电、电子商务和广告等增值服务，吸引更多社会资源参与，提高企业可持续发展能力。

（五）开展相关示范工作

1、开展建设与运营模式示范

各地要结合新能源汽车推广应用需要，按照因地制宜、适度超前原则，针对不同层次和不同领域充电基础设施发展的重点和难点，从城市与区县充电基础设施体系建设、居民区与单位配建充电设施、城际快充网络建设等方面，积极开展建设与运营模式示范。通过示范项目，理顺充电基础设施建设运营管理机制，探索系统化的支持政策以及可行的商业模式，以点带面，加快充电基础设施建设整体进程，提高发展质量、速度和效益。在示范项目中积极探索无人值守自助式服务、无线充电、移动充电、智能电网等新技术的应用。

2、加强示范经验总结与交流推广

建立多层次的充电基础设施示范经验交流推广机制，通过多种形式开展示范工作经验交流，提升示范效果，发挥带动作用。各地要加强对充电基础设施示范工作的总结，积极加强与其他地区的经验交流。对示范工作中的成功经验要加大推广力度，对暴露出来的一些共性问题要及时解决，建立有效机制，完善政策法规，为下一步普及推广打好基础。

八、保障措施

(一)加强规划指导。各地要将充电基础设施专项规划的有关内容纳入城乡规划,完善独立占地的充电基础设施布局,明确各类建筑物配建停车场及社会公共停车场中充电设施的建设比例或预留条件要求。原则上,新建住宅配建停车位应100%建设充电基础设施或预留建设安装条件,大型公共建筑物配建停车场、社会公共停车场建设充电基础设施或预留建设安装条件的车位比例不低于10%,每2000辆电动汽车应至少配套建设一座公共充电站。有关部门和地方应将城际快充网络纳入相关高速公路规划,明确在高速公路服务区配建充电基础设施的要求。

(二)加大用地支持力度。各地要将独立占地的集中式充换电站用地纳入公用设施营业网点用地,按照加油加气站用地供应模式,根据可实施供应的国有建设用地情况,优先安排土地供应。新建项目用地需配建充电基础设施的,可将配件要求纳入土地供应条件,允许土地使用权取得人与其他市场主体合作,按要求投资建设运营充电基础设施。鼓励在已有各类建筑物配建停车场、公交场站、社会公共停车场与高速公路服务区等场所配建充电基础设施,地方政府应协调有关单位在用地方面予以支持。

(三)简化规划建设审批。各地要减少充电基础设施的规划建设审批环节,加快办理速度。个人在自有停车库、停车位,各居住区、单位在既有停车泊位安装充电设施的,无需办理建设用地规划许可证、建设工程规划许可证和施工许可证。建设城市公共停车场(楼)时,无需为同步建设充电桩群等充电基础设施单独办理建设工程规划许可证和施工许可证。新建单独占地的集中式充、换电站应符合城市规划,并办理建设用地规划许可证、建设工程规划许可证和施工许可证。

(四)强化安全管理。各地要建立充电基础设施安全管理体系,完善有关制度标准,加大对用户私拉电线、违规用电、建设施工不规范等行为的查处力度。依法依规对充电基础设施设置场所实施消防设计审核、消防验收以及备案抽查,并加强消防监督检查。行业主管部门要督促充电基础设施运营使用的单位或个人,加强对充电基础设施及其设置场所的日常消防安全检查及管理,及时消除安全隐患。

(五)加大物业协调力度。制定全国统一的私人用户居住地充电基础设施建设管理示范文本。各地房地产行政主管部门、街道办事处和居委会应按照示范文本,主动加强对业主委员会的指导和监督,引导业主支持充电基础设施建设。业主大会、业主委员会应当依法履行自治管理职责,依据示范文本,结合自身实际,明确物业服务区域内建设管理充电基础设施的流程,并将相关内容纳入物业服务合同。对拒不配合或阻挠充电基础设施建设的物业服务企业,各地房地产行政主管部门应制定相应的处罚措施,扣减相关企业和负责人的信用信息评分。

(六)加强供用电监管力度。各级电力监管部门应对充电基础设施供用电环节加强监管。电网企业和充电基础设施运营企业应配合监管部门进行监督检查,按规定和要求提供真实完整的信息。对于电网企业服务不合规、充电基础设施运营企业和个人违规用电等情况,依法依规进行查处,并视情节予以处罚。

(七)完善财政价格政策。加大对充电基础设施补贴力度,加快制定"十三五"充电基础设施建设的财政奖励办法,督促各地尽快制定有关支持政策并向社会公布,给予市场稳定的政策预期。在产业发展初期给予中央基建投资资金适度支持。允许充电服务企业向电动汽车用户收取电费及服务费两项费用,对向电网经营企业直接报装接电的经营性集中式充换电设施用电,执行大工业用电价格,2020年前暂免收基本电费;其他充电设施按其所在场所执行分类目录电价。针对不同类别充电基础设施,兼顾投资运营主体合理收益与用户使用经济性等,指导各地及早出台充电服务费分类指导价格,在总结各地经验基础上,逐步规范充电服务价格机制。

(八)强化金融服务支撑。鼓励金融机构在商业可持续原则下,创新金融产品和保险品种,综合运用风险补偿等政策,完善金融服务体系。推广股权、项目收益权、特许经营权等质押融资方式,加快建立包括财政出资和社会资本投入的多层次担保体系,积极推动设立融资担保基金,拓宽充电基础设施投资运营企业与设备厂商的融资渠道。鼓励利用社会资本设立充电基础设施发展专项基金,发行充电基础设施企业债券,探索利用基本养老保险基金投资支持充电基础设施建设。

汽车售后摩托车新能源汽车新能源汽车汽车后市场车载信息服务载货车微型汽车汽车租赁汽车汽车汽车维修

(九)落实地方主体责任。各地政府要切实承担起统筹推进充电基础设施发展的主体责任,将充电基础设施建设管理作为政府专项管理内容,建立由发展改革(能源)部门牵头、相关部门紧密配合的协同推进机制,明确职责分工,完善配套政策,在2016年3月底前发布充电基础设施专项规划,制定出台充电基础设施建设运营管理办法,并抓好组织实施。

(十)建立互联互通促进机制。设立国家电动汽车充电基础设施促进联盟,配合有关政府部门严格充电基础设施产品准入管理,开展充电基础设施互操作性的产品检测与认证。构建充电基础设施信息服务平台,统一信息交换协议,有效整合不同企业和不同城市的充电服务平台信息资源,促进不同服务平台之间的互联互通,为制定实施财政、监管等政策提供支撑。

(十一)营造良好舆论环境。各有关部门、企业和新闻媒体要通过多种形式加强充电基础设施发展政策、规划布局和建设动态等的宣传,让社会各界全面了解充电基础设施,吸引更多社会资本参与充电基础设施的建设运营,引导消费者购买使用电动汽车。加强舆论监督,曝光阻碍充电基础设施建设、损害消费者权益等行为,形成有利于充电基础设施发展的舆论氛围。

工业和信息化部政策文件

2015年工业绿色发展专项行动实施方案

（工信部节〔2015〕61号　2015年2月27日）

为加快实施工业绿色发展战略，构建资源节约型环境友好型的工业体系，按照我部工业转型升级行动计划统一要求，制定本实施方案。

一、指导思想

贯彻落实生态文明建设和全面深化改革总体要求，顺应人民群众对良好生态环境的期待，以生态文明建设与工业发展相互促进、和谐发展为目标，以重点领域、重点区域节能减排为着力点，突出机制模式创新与务实推动，加快利用信息技术促进节能减排，强化支撑服务与考核评估，力争在重点领域、重点区域工业绿色发展上取得新突破，实现以点带面，推动工业节能与综合利用工作再上新台阶。

二、主要目标

通过实施2015年工业绿色发展专项行动，预期实现以下目标：

（一）提升重点区域重点行业煤炭清洁高效利用水平，到2015年底，减少煤炭消耗400万吨以上。指导京津冀及周边地区、长三角等重点工业企业实施清洁生产技术改造，预计全年削减二氧化硫7万吨、氮氧化物6万吨、工业烟（粉）尘4万吨、挥发性有机物2万吨。

（二）建立覆盖2000家以上重点用能企业的全国工业节能监测分析平台，实现对试点地区工业能耗数据的动态监控及预警预测。推进企业能源管理中心建设，完成钢铁、建材、石化等200家企业能源管理中心项目验收工作，新启动100家项目建设。在通信、金融、电力等部门启动30家绿色数据中心试点建设。

（三）初步建立京津冀及周边地区工业资源综合利用协同发展机制，完善产业链。实现京津冀及周边地区尾矿、冶炼渣等工业固废综合利用量约6000万吨/年。

三、重点工作

（一）推进重点行业清洁生产和结构优化，减少大气污染物排放

1. 推进工业领域煤炭清洁高效利用。印发煤炭清洁高效利用行动计划，指导煤炭消耗大的城市，结合本地产业实际，围绕焦化、煤化工、工业炉窑和工业锅炉等编制具体实施方案，加大地方政府组织协调力度，实施燃煤锅炉节能环保综合提升工程。推动辖区内相关企业实施工业用煤技术改造和节能技术改造，培育一批技术创新能力强、拥有自主知识产权和品牌、高能效的锅炉生产企业和节能服务企业，优化产品结构、加强产业融合，综合提升区域煤炭清洁高效利用水平，实现控煤、减煤，降低大气污染物排放，促进环境质量改善。

2. 提升重点行业能效水平。实施高耗能行业能效“领跑者”制度，在水泥、平板玻璃行业推进贯彻强制性能耗限额标准，制定能效“领跑者”试点实施方案并组织实施。指导和督促地方按照《大气污染防治重点工业行业清洁生产技术推行方案》和地方编制的实施计划，加快钢铁、建材、石化、化工、有色金属冶炼等重点行业实施清洁生产技术改造，大幅削减工业烟（粉）尘、二氧化硫、氮氧化物和挥发性有机物。出台《绿色建材评价标识管理办法实施细则》，开展绿色建材评价，加快绿色建材推广应用。

3. 加强对重点区域工业清洁生产工作的指导。落实《国务院大气污染防治行动计划》及《京津冀及周边地区重点工业企业清洁生产水平提升计划》，对有关地方工业主管部门管理人员及工业企业负责人开展培训，指导地方和重点企业加快实施清洁生产技术改造。按照全国大气污染防治部际协调会议和京津冀及周边地区大气污染防治协调小组、长三角区域大气污染防治协调小组会议部署，履行成员单位职责，指导重点地区做好工业领域大气污染防治工作。

（二）组织实施数字能效推进计划

1. 推进重点行业企业能管中心建设。制定发布钢铁、化工、建材、轻工等行业《重点用能行业企业能源管理中心建设实施方案》，规范企业能源管理中心的建设标准、验收标准，指导支持各行业加快建设能源管理中心，提升企业能源管理信息化水平。

2. 推进绿色数据中心试点建设。制定绿色数据中心试点建设方案，组织试点省市围绕生产制造、能源、电信、互联网、公共机构、金融等重点领域开展绿色数据中心试点建设，宣传和推广一批先进适用的节能环保技术、产品和运维管理方法，引导和培育数据中心联盟、中国信息通信研究院、通信标准化协会等一批绿色数据中心技术、解决方案、运维服务的第三方机构。

3. 推进全国工业节能监测分析平台建设。充分利用现有监测工作基础，编制工业节能监测分析平台系统对接

建设方案，推动全国系统与上海、山东等试点省市系统联网，按月自动采集工业能耗数据。通过部分地区的试点连接，规范与国家系统相一致的平台连接、数据传输方式，研究建立数据共享机制，制订相关标准规范并予逐步扩大试点范围，确保系统对接的顺利完成。

（三）组织推进京津冀地区工业资源综合利用协同发展

1.制定专项行动计划。研究制定《京津冀及周边地区工业资源综合利用协同发展行动计划》，明确京津冀地区工业资源综合利用产业协同发展的思路，推进尾矿、废石、粉煤灰、废旧电子电器等资源跨区域协同利用，加强产业对接，探索大宗工业固废及资源化产品区域协同发展新模式，完善工业资源综合利用产业链。

2.指导地方制定具体实施方案。指导京津冀及周边地区工业和信息化主管部门根据《京津冀及周边地区工业资源综合利用协同发展行动计划》确定的重点任务，协同制定各地区具体实施方案，提出工业固废协同利用目标，确定重点领域，明确协同发展的骨干企业、重点任务和重点工程，并提出保障措施。

3.加强督促与协调。建立统一协调指导机制，加强对地方实施方案制定及实施情况监督检查，督促京津冀及周边地区工业资源综合利用协同发展项目实施，促进京津冀及周边地区产业和生态一体化发展。

四、进度安排

——印发实施方案，启动工业绿色发展专项行动。（一季度）

——发布《重点用能行业企业能源管理中心建设实施方案》及《工业领域煤炭清洁高效利用行动计划》。（一季度）

——制定《京津冀及周边地区工业资源综合利用协同发展行动计划》，启动区域协调发展机制。（二季度）

——指导省级工业主管部门制定工业节能监测分析平台对接建设实施方案及工业资源综合利用协同发展的实施方案，试点省市完成与国家系统联网，初步建立全国工业节能监测分析平台。（二季度）

——积累监测分析平台运行经验，逐步完善系统建设、数据采集传输等方面的标准和规范要求，组织现场验收。（四季度）

——组织开展京津冀及周边地区清洁生产能力培训和重点地区煤炭清洁高效利用培训，督导地方落实工作职责，编制煤炭清洁高效利用实施方案。（全年）

五、保障措施

（一）加强机制模式创新。我部将联合中国工程院、中国科学院等机构，整合相关行业协会、科研设计单位、节能减排咨询服务公司、投融资机构等资源，加强机制模式创新。组建多领域、跨学科的创新联盟，指导关键共性节能减排技术方案的研发设计，增加针对性和实用性。培育一批资源整合能力强、规范化服务的节能服务公司，加快规模化节能减排技术改造。加强与产业基金、投资公司、银行等金融机构的对接，探索政府组织协调、企业为主体、第三方机构担保、金融机构支持的投融资模式，为工业绿色发展提供支撑。

（二）推动形成工作合力。紧紧抓住国务院实施大气污染防治行动计划及京津冀协同发展上升为国家战略的有利时机，注重发挥地方政府作用，加强与发改、环保、财政、科技等部门紧密合作，推动建立部门互动、区域联动、上下齐动的工作机制，营造工业绿色发展的政策环境。建立大气污染防治及工业资源综合利用产业发展跨区域协调联动工作机制，加强产业对接，加强对地方工作的指导，促进区域间节能环保产业实质性合作。

（三）加大政策支持。利用中央财政技术改造、清洁生产等专项资金，支持工业绿色发展专项行动重点项目建设。研究利用产业基金等资金渠道，支持重点工业企业节能减排技术改造。请地方工业主管部门加大工作力度，充分利用节能减排、技术改造、中小企业、信息化等专项资金，支持工业绿色发展专项行动。

（四）加强督导考核评价。严格落实大气污染防治计划考核实施方案，加强对地方清洁生产等相关工作的考核督导。充分发挥地方各级节能监察及质监系统监督机构作用，加强对能效提升计划执行情况的监督评价，开展专项检查，推动建立公开、公平、公正、有效管用的监督检查机制。

关于做好淘汰落后和过剩产能相关工作的通知

（工信厅产业函〔2015〕900号）

各省、自治区、直辖市及新疆生产建设兵团工业和信息化主管部门：

为贯彻落实《国务院关于进一步加强淘汰落后产能工作的通知》（国发〔2010〕7号）、《国务院关于化解产能严重过剩矛盾的指导意见》（国发〔2013〕41号）要求，现就做好淘汰落后和过剩产能相关工作通知如下：

一、确保完成2015年目标任务

2015年是“十二五”收官之年，完成全年目标任务对“十二五”淘汰落后和过剩产能工作意义重大。各地要高度重视，克服经济下行压力大等困难，充分发挥淘汰落后产能省级协调（领导）机制作用，加强组织领导，落实职责分工，强化监督检查，并按照《工业和信息化部关于进一步做好淘汰落后和过剩产能检查验收工作的通知》（工信部产业函〔2015〕97号）要求，对公告内企业的相关设备（生产线）淘汰情况进行检查验收，出具验收意见，在省级人民政府网站以及主流媒体公告任务完成情况。

二、全面总结“十二五”工作

各地要对照《工业和信息化部关于下达“十二五”期间工业领域重点行业淘汰落后产能目标任务的通知》（工信部产业〔2011〕612号），梳理各行业任务完成情况，测算节能、减排、节地效果，填写“十二五”期间重点行业淘汰落后和过剩产能及效果表（见附件1），并总结采取的主要措施和经验做法，分析存在的困难和问题，对做好“十三五”工作提出相关意见和建议。

三、及时报送工作总结

各地要按照《关于印发淘汰落后产能工作考核实施方案的通知》（工信部联产业〔2011〕46号）要求，由省级人民政府将“十二五”期间工作总结和2015年目标任务完成情况（见附件2），在于2016年2月底前报工业和信息化部（一式两份）。

附件1 “十二五”时期重点行业淘汰落后和过剩产能及效果（略）

附件2 2015年重点行业淘汰落后和过剩产能目标任务完成情况（略）

工业和信息化部办公厅

2015年12月21日

财政部政策文件

关于“十三五”新能源汽车充电基础设施奖励政策及加强新能源汽车推广应用的通知

（财建[2016]7号）

各省、自治区、直辖市、计划单列市财政厅（局）、科技厅（委、局）、工业和信息化主管部门、发展改革委、能源局，新疆生产建设兵团财务局、科技局、工业和信息化委员会、发展改革委、能源局：

按照《国务院办公厅关于加快新能源汽车推广应用的指导意见》（国办发〔2014〕35号）、《国务院办公厅关于加快电动汽车充电基础设施建设的指导意见》（国办发〔2015〕73号）等文件要求，为加快推动新能源汽车充电基础设施建设，培育良好的新能源汽车应用环境，2016－2020年中央财政将继续安排资金对充电基础设施建设、运营给予奖补。现将有关事项通知如下：

一、奖补对象

中央财政充电基础设施建设运营奖补资金是对充电基础设施配套较为完善、新能源汽车推广应用规模较大的省（区、市）政府的综合奖补。

二、奖补条件

获得中央财政充电基础设施建设运营奖补资金的各省（区、市）应满足以下条件：

（一）新能源汽车推广规模较大。各省（区、市）新能源汽车推广要具备一定数量规模并切实得到应用：

大气污染治理重点区域和重点省市（包括北京、上海、天津、河北、山西、江苏、浙江、山东、广东、海南），2016-2020年新能源汽车（标准车）推广数量分别不低于3.0万辆、3.5万辆、4.3万辆、5.5万辆、7万辆，且推广的新能源汽车数量占本地区新增及更新的汽车总量比例不低于2%、3%、4%、5%、6%。

中部省（包括安徽、江西、河南、湖北、湖南）和福建省，2016-2020年新能源汽车（标准车）推广数量分别不低于1.8万辆、2.2万辆、2.8万辆、3.8万辆、5.0万辆，且推广的新能源汽车数量占本地区新增及更新的汽车总量比例不低于1.5%、2%、3%、4%、5%。

其他省（区、市）2016－2020年新能源汽车（标准车）推广数量分别不低于1.0万辆、1.2万辆、1.5万辆、2.0万辆、3.0万辆，且推广的新能源汽车数量占本地区新增及更新的汽车总量比例不低于1%、1.5%、2%、2.5%、3%。

新能源标准车推广数量以纯电动乘用车为标准进行计算，其他类型新能源汽车按照相应比例进行折算（折算关系见附件1）。

中央和国家机关及所属公共机构实行属地化考核，即相关单位推广应用的新能源汽车纳入所在省（区、市）统一计算。

（二）配套政策科学合理。各省（区、市）要切实加强组织领导，建立由主要负责同志牵头、各职能部门参加的新能源汽车推广应用工作推进机制；要按照国务院及有关部门要求，结合本地实际，编制2016-2020年新能源汽车推广应用实施方案，切实履行政府应承担的职责，制定出台充电基础设施建设运营管理办法和地方鼓励政策，并向社会公布，加快形成适度超前、布局合理、科学高效的充电基础设施体系。

2016年4月底前，各省（区、市）应将新能源汽车推广应用实施方案及充电基础设施建设运营管理办法报财政部、科技部、工业和信息化部、发展改革委、能源局等部门（以下统称五部门）备案。未按要求制定出台的地区不得享受中央财政充电基础设施建设运营奖补资金。

（三）市场公平开放。要严格执行国家统一的新能源汽车推广目录，不得设置或变相设置障碍限制采购外地品牌车辆；不得设置或变相设置障碍限制外地充电设施建设、运营企业进入本地市场；要严格执行全国统一的新能源汽车和充电设施国家标准和行业标准，不得自行制定地方标准；不得对新能源汽车进行重复检测、强制要求汽车生产企业在本地设厂、强制要求整车企业采购本地生产的电池、电机等零部件。经有关部门认定存在上述地方保护行为的省（区、市），中央财政将视情节严重程度对奖补资金进行相应扣减。

三、奖补方式和标准

（一）奖补方式。中央财政对符合上述条件的省（区、市）安排充电设施建设运营奖补资金，奖补资金由中央财政切块下达地方，由各省（区、市）统筹安排用于充电设施建设运营等相关领域。

（二）奖补标准。奖补标准主要根据各省（区、市）新能源汽车推广数量确定，推广量越大，奖补资金获得的越多，具体标准见附件2。

四、奖补资金使用范围

奖补资金应当专门用于支持充电设施建设运营、改造升级、充换电服务网络运营监控系统建设等相关领域。地方应充分利用财政资金杠杆作用，调动包括政府机关、街道办事处和居委会、充电设施建设和运营企业、物业服务等在内的相关各方积极性，对率先开展充电设施建设运营、改造升级、解决充电难题的单位给予适当奖补，并优先用于支持《国务院办公厅关于加快电动汽车充电基础设施建设的指导意见》（国办发〔2015〕73号）确定的相关重点任务。

奖补资金不得用于平衡地方财力，不得用于新能源汽车购置补贴和新能源汽车运营补贴。纳入奖补范围的充电设施应符合相应国家和行业相关标准。

中央和国家机关及所属公共机构应同等享受地方政府对本地区公共机构的奖补标准。

五、资金申请和下达

（一）每年2月底前，各省（区、市）财政、科技、工业和信息化、发展改革、能源等部门，编制奖补资金申请报告，联合上报至五部门。申请报告应包括：各省（区、市）上年度各车型实际推广情况，并按要求折算成标准车；车辆推广相关证明材料，包括车辆销售发票、车辆注册登记信息、相关技术参数等。

（二）科技部、工业和信息化部、发展改革委、国家能源局组织专家对各省（区、市）资金申请报告进行复核并将结果提交至财政部，财政部按程序拨付奖补资金。

六、监督管理

（一）各省（区、市）财政、科技、工业和信息化、发展改革、能源等部门要对本地区申报材料的真实性、准确性负责，并加强充电基础设施建设运营奖补资金使用的监督管理。对弄虚作假、违规使用资金的地区，将追缴扣回奖补资金。

（二）各省（区、市）要加大充电基础设施支持力度，结合本地区新能源汽车产业发展情况研究制定具体支持措施；鼓励创新投入方式，采取政府和社会资本合作（PPP）模式等建设运营新能源汽车充电设施。

（三）建立信息上报和公示制度。各省（区、市）要建立车辆推广和充电基础设施建设情况上报制度，按月报送新能源汽车推广、充电设施数量情况等信息，并于月度结束后10个工作日内逐级上报至五部门。年度结束后一个月内，各省（区、市）应将上一年度车辆推广情况、基础设施建设情况及充电基础设施奖补资金使用情况自查报告上报至五部门，五部门将对各省（区、市）进行综合考核，并向社会公示。

本政策执行期限为2016-2020年。财政部等相关部门将根据产业发展情况适时调整政策。

附件1：新能源标准车折算关系表（略）

附件2：2016-2020年各省（区、市）新能源汽车充电基础设施奖补标准（略）

财政部 科技部 工业和信息化部 发展改革委　国家能源局

2016年1月11日

关于开展新能源汽车推广应用核查工作的通知

（财办建[2016]6号）

为进一步落实《国务院办公厅关于加快新能源汽车推广应用的指导意见》（国办发〔2014〕35号）的有关精神，培育良好的新能源汽车推广应用环境，充分发挥财政资金使用效益，促进新能源汽车产业健康、可持续发展，财政部、科技部、工业和信息化部、发展改革委（以下统称四部委）将于近期对新能源汽车推广应用实施情况及财政资金使用管理情况进行专项核查。现将有关事项通知如下：

一、核查范围

对2013、2014年度获得中央财政补助资金的新能源汽车，以及申请2015年度中央财政补助资金的新能源汽车有关情况开展核查，核查范围将覆盖全部车辆生产企业以及新能源汽车运营企业（含公交、客运、专用车等）、租赁企业、企事业单位等新能源汽车用户。

二、核查内容及方式

（一）进行自我核查并提交自查报告。有关省（区、市）对本地区财政补贴资金使用及管理情况、企业新能源汽车生产情况、新能源汽车用户使用情况进行核查并形成自查报告。自查报告需于2月5日前提交至四部委。具体内容包括：

1．财政资金使用及管理情况。包括中央财政新能源汽车购置补助资金拨付及管理情况、地方财政资金投入情况及各企业资金获得及使用情况。需详细列明获得中央财政补助资金的企业名称、资金金额及拨付时间等。具体要求见附件1。

2．企业新能源汽车生产情况。包括获得或申请中央财政资金支持的新能源汽车生产企业的产品续驶里程、电池型号、电池组容量等关键指标与《道路机动车辆生产企业及产品公告》信息的一致性。具体要求见附件2。

3．新能源汽车用户车辆运行使用情况。包括新能源车辆具体用户情况，推广车辆类型及型号、电池类型及型号、电机类型及型号等与《道路机动车辆生产企业及产品公告》的一致性，推广车辆实际运行情况，用户与生产企业之间的商业模式等内容。具体要求见附件3。

4．存在的问题及建议。

（二）选择部分省份进行现场督查。由四部委带队，对部分城市和部分企业车辆生产使用情况进行现场督查。具体地点待定。

三、核查时间

（一）自查时间。即日起至2月5日。

（二）现场督查时间。待定。

财政部办公厅　科技部办公厅

工业和信息化部办公厅　发展改革委办公厅

2016年1月20日

关于页岩气开发利用财政补贴政策的通知

（财建〔2015〕112号）

各省、自治区、直辖市、计划单列市财政厅（局）、发展改革委（能源局），新疆生产建设兵团财务局、发展改革委：

为加快推动我国页岩气产业发展，提升我国能源安全保障能力，调整能源结构，促进节能减排，“十三五”期间，中央财政将继续实施页岩气财政补贴政策。现将有关事项通知如下：

一、补贴标准

2016-2020年，中央财政对页岩气开采企业给予补贴，其中：2016-2018年的补贴标准为0.3元/立方米；2019-2020年补贴标准为0.2元/立方米。财政部、国家能源局将根据产业发展、技术进步、成本变化等因素适时调整补贴政策。

二、资金申请与拨付

补贴资金按照先预拨，后清算的方式拨付。每年3月底前，页岩气开发利用企业向项目所在地财政部门和能源主管部门提出本年度页岩气开采计划和开发利用数量，并提供上年度资金清算报告以及录井、岩心分析数据、测井、压裂施工数据、压后监测数据和试采数据等勘探资料；项目所在地财政部门和能源部门审核后逐级上报至财政部和国家能源局。

国家能源局和财政部对地方上报的材料进行复审。财政部根据复审结果拨付上年度清算资金和本年度预拨资金。

三、其他事项

其他有关情况继续按《财政部国家能源局关于出台页岩气开发利用补贴政策的通知》（财建〔2012〕847号）执行。

财政部　国家能源局

2015年4月17日

关于2016－2020年新能源汽车推广应用财政支持政策的通知

（财建〔2015〕134号）

各省、自治区、直辖市、计划单列市财政厅（局）、科技厅（局、科委）、工业和信息化主管部门、发展改革委：

新能源汽车推广应用工作实施以来，销售数量快速增加，产业化步伐不断加快。为保持政策连续性，促进新能源汽车产业加快发展，按照《国务院办公厅关于加快新能源汽车推广应用的指导意见》（国办发〔2014〕35号）等文件要求，财政部、科技部、工业和信息化部、发展改革委（以下简称四部委）将在2016-2020年继续实施新能源汽车推广应用补助政策。现将有关事项通知如下：

一、补助对象、产品和标准

四部委在全国范围内开展新能源汽车推广应用工作，中央财政对购买新能源汽车给予补助，实行普惠制。具体的补助对象、产品和标准是：

（一）补助对象。补助对象是消费者。新能源汽车生产企业在销售新能源汽车产品时按照扣减补助后的价格与消费者进行结算，中央财政按程序将企业垫付的补助资金再拨付给生产企业。

（二）补助产品。中央财政补助的产品是纳入“新能源汽车推广应用工程推荐车型目录”（以下简称“推荐车型目录”）的纯电动汽车、插电式混合动力汽车和燃料电池汽车。

（三）补助标准。补助标准主要依据节能减排效果，并综合考虑生产成本、规模效应、技术进步等因素逐步退坡。2016年各类新能源汽车补助标准见附件1。2017－2020年除燃料电池汽车外其他车型补助标准适当退坡，其中：2017－2018年补助标准在2016年基础上下降20%，2019－2020年补助标准在2016年基础上下降40%。

二、对企业和产品的要求

新能源汽车生产企业应具备较强的研发、生产和推广能力，应向消费者提供良好的售后服务保障，免除消费者后顾之忧；纳入中央财政补助范围的新能源汽车产品应具备较好的技术性能和安全可靠性。基本条件是：

（一）产品性能稳定并安全可靠。纳入中央财政补助范围的新能源汽车产品应符合新能源汽车纯电动续驶里程等技术要求，应通过新能源汽车专项检测、符合新能源汽车相关标准。其中，插电式混合动力汽车还需符合相关综合燃料消耗量要求。纳入中央财政补助范围的新能源汽车产品技术要求见附件2。

（二）售后服务及应急保障完备。新能源汽车生产企业要建立新能源汽车产品质量安全责任制，完善售后服务及应急保障体系，在新能源汽车产品销售地区建立售后服务网点，及时解决新能源汽车技术故障。

（三）加强关键零部件质量保证。新能源汽车生产企业应对消费者提供动力电池等储能装置、驱动电机、电机控制器质量保证，其中乘用车生产企业应提供不低于8年或12万公里（以先到者为准，下同）的质保期限，商用车生产企业（含客车、专用车、货车等）应提供不低于5年或20万公里的质保期限。汽车生产企业及动力电池生产企业应承担动力电池回收利用的主体责任。

（四）确保与《车辆生产企业及产品公告》保持一致。新能源汽车生产企业应及时向社会公开车辆基本性能信息，并保证所销售的新能源汽车与《车辆生产企业及产品公告》（以下简称《公告》）及“推荐车型目录”内产品一致。

三、资金申报和下达

（一）年初预拨补助资金。每年2月底前，生产企业将本年度新能源汽车预计销售情况通过企业注册所在地财政、科技、工信、发改部门（以下简称四部门）申报，由四部门负责审核并于3月底前逐级上报至四部委。四部委组织审核后按照一定比例预拨补助资金。

（二）年度终了后进行资金清算。年度终了后，2月底前，生产企业提交上年度的清算报告及产品销售、运行情况，包括销售发票、产品技术参数和车辆注册登记信息等，按照上述渠道于3月底前逐级上报至四部委。四部委组织审核并对补助资金进行清算。

四、工作要求

各地要科学制定地方性扶持政策，进一步加大环卫、公交等公益性行业新能源汽车推广支持力度，和中央财政支持政策形成互补和合力，加快完善新能源汽车应用环境。四部委将加强对新能源汽车推广情况的监督、核查。有下列情形之一的，四部委将视情节给予通报批评、扣减补助资金、取消新能源汽车补助资格、暂停或剔除“推荐车型目录”中有关产品等处罚措施：

（一）提供虚假技术参数，骗取产品补助资格的；

（二）提供虚假推广信息，骗取财政补助资金的；

（三）销售产品的关键零部件型号、电池容量、技术参数等与《公告》产品不一致的。

五、实施期限及其他

本政策实施期限是2016-2020年，四部委将根据技术进步、产业发展、推广应用规模、成本变化等因素适时调整补助政策。

对地方政府的新能源汽车推广要求和考核奖励政策将另行研究制定。

附件：1. 2016年新能源汽车推广应用补助标准

2. 新能源汽车产品技术要求（略）

3. 单位载质量能量消耗量评价指标说明（略）

财政部　科技部　工业和信息化部　发展改革委

2015年4月22日

附件：

2016年新能源汽车推广应用补助标准

一、 纯电动乘用车、插电式混合动力（含增程式）乘用车推广应用补助标准（单位：万元/辆）

车辆类型	纯电动续驶里程R(工况法、公里)			
	100≤R＜150	150≤R＜250	R≥250	R≥50
纯电动乘用车	2.5	4.5	5.5	/
插电式混合动力乘用车（含增程式）	/	/	/	3

二、 纯电动、插电式混合动力等客车推广应用补助标准（单位：万元/辆）

车辆类型	单位载质量能量消耗量（Ekg，Wh/km•kg）	标准车（10米＜车长≤12米）					
		纯电动续驶里程R（等速法、公里）					
		6≤R＜20	20≤R＜50	50≤R＜100	100≤R＜150	150≤R＜250	R≥250
纯电动客车	Ekg<0.25	22	26	30	35	42	50
	0.25≤Ekg<0.35	20	24	28	32	38	46
	0.35≤Ekg<0.5	18	22	24	28	34	42
	0.5≤Ekg<0.6	16	18	20	25	30	36
	0.6≤Ekg<0.7	12	14	16	20	24	30
插电式混合动力客车（含增程式）	/	/	20	23	25		

三、 纯电动、插电式混合动力（含增程式）等专用车、货车推广应用补助标准：按电池容量每千瓦时补助1800元，并将根据产品类别、性能指标等进一步细化补贴标准。

四、 燃料电池汽车推广应用补助标准（单位：万元/辆）

车辆类型	补助标准
燃料电池乘用车	20
燃料电池轻型客车、货车	30
燃料电池大中型客车、中重型货车	50

关于节约能源使用新能源车船车船税优惠政策的通知

（财税〔2015〕51号）

各省、自治区、直辖市、计划单列市财政厅（局）、地方税务局、工业和信息化主管部门，西藏、宁夏自治区国家税务局，新疆生产建设兵团财务局、工业和信息化委员会：

为促进节约能源，鼓励使用新能源，根据《中华人民共和国车船税法》及其实施条例有关规定，经国务院批准，现将节约能源、使用新能源车船的车船税优惠政策通知如下：

一、对节约能源车船，减半征收车船税。

（一）减半征收车船税的节约能源乘用车应同时符合以下标准：

1. 获得许可在中国境内销售的排量为1.6升以下（含1.6升）的燃用汽油、柴油的乘用车（含非插电式混合动力乘用车和双燃料乘用车）；

2. 综合工况燃料消耗量应符合标准，具体标准见附件1；

3. 污染物排放符合《轻型汽车污染物排放限值及测量方法（中国第五阶段）》（GB18352.5-2013）标准中I型试验的限值标准。

（二）减半征收车船税的节约能源商用车应同时符合下列标准：

1. 获得许可在中国境内销售的燃用天然气、汽油、柴油的重型商用车（含非插电式混合动力和双燃料重型商用车）；

2. 燃用汽油、柴油的重型商用车综合工况燃料消耗量应符合标准，具体标准见附件2；

3. 污染物排放符合《车用压燃式、气体燃料点燃式发动机与汽车排气污染物排放限值及测量方法（中国III，IV，V阶段）》（GB17691-2005）标准中第V阶段的标准。

减半征收车船税的节约能源船舶和其他车辆等的标准另行制定。

二、 对使用新能源车船，免征车船税。

（一）免征车船税的使用新能源汽车是指纯电动商用车、插电式（含增程式）混合动力汽车、燃料电池商用车。纯电动乘用车和燃料电池乘用车不属于车船税征税范围，对其不征车船税。

（二）免征车船税的使用新能源汽车（不含纯电动乘用车和燃料电池乘用车，下同），应同时符合下列标准：

1. 获得许可在中国境内销售的纯电动商用车、插电式（含增程式）混合动力汽车、燃料电池商用车；

2. 纯电动续驶里程符合附件3标准；

3. 使用除铅酸电池以外的动力电池；

4. 插电式混合动力乘用车综合燃料消耗量（不计电能消耗）与现行的常规燃料消耗量国家标准中对应目标值相比小于60%；插电式混合动力商用车（含轻型、重型商用车）燃料消耗量（不含电能转化的燃料消耗量）与现行的常规燃料消耗量国家标准中对应限值相比小于60%；

5. 通过新能源汽车专项检测，符合新能源汽车标准，具体标准见附件3。

免征车船税的使用新能源船舶的标准另行制定。

三、符合上述标准的节约能源乘用车、商用车，以及使用新能源汽车，由财政部、国家税务总局、工业和信息化部不定期联合发布《享受车船税减免优惠的节约能源 使用新能源汽车车型目录》（以下简称《目录》）予以公告。

四、汽车生产企业或进口汽车经销商（以下简称企业），生产或进口符合上述标准的汽车的，可自愿向工业和信息化部提出将其产品列入《目录》的书面申请，并按照有关要求填写书面报告（报告样本见附件4、5），通过工业和信息化部节能汽车税收优惠目录申报系统、新能源汽车税收优惠目录申报系统提交申报资料。申请人对申报资料的真实性负责。

五、财政部、国家税务总局、工业和信息化部组织有关专家对企业申报资料进行审查，并将审查结果在工业和信息化部网站公示5个工作日，没有异议的，纳入《目录》，予以发布。对产品与申报材料不符，产品性能指标未达到标准，或者企业提供其他虚假信息的，应及时从《目录》中撤销该车型，并依照相关法律法规对该企业予以处理。

六、本通知发布后，列入《目录》的节约能源、使用新能源汽车，自《目录》公告之日起，按《目录》和本通知相关规定享受车船税减免优惠政策；《目录》公告后取得的节约能源、使用新能源汽车，属于第一批、第二批《节约能源 使用新能源车辆减免车船税的车型目录》，但未列入《目录》的，不得享受相关优惠政策；《目录》公告前，已取得的列入第一批、第二批《节约能源 使用新能源车辆减免车船税的车型目录》的节约能源、使用新能源汽车，不论是否转让，可继续享受车船税减免优惠政策。

七、本通知自发布之日起执行。《财政部 国家税务总局 工业和信息化部关于节约能源

附件（略）

财政部　国家税务总局　工业和信息化部

2015年5月7日

关于风力发电增值税政策的通知

（财税[2015]74号）

各省、自治区、直辖市、计划单列市财政厅（局）、国家税务局，新疆生产建设兵团财务局：

为鼓励利用风力发电，促进相关产业健康发展，现将风力发电增值税政策通知如下：

自2015年7月1日起，对纳税人销售自产的利用风力生产的电力产品，实行增值税即征即退50%的政策。

请遵照执行。

财政部　国家税务总局

2015年6月12日

关于印发《环保“领跑者”制度实施方案》的通知

（财建[2015]501号）

各省、自治区、直辖市、计划单列市财政厅（局）、发展改革委、工业和信息化厅（局）、环境保护厅（局），新疆生产建设兵团财务局、发展改革委、工业和信息化局、环境保护局：

为贯彻落实《环境保护法》、《大气污染防治行动计划》（国发〔2013〕37号）、《中共中央国务院关于加快推进生态文明建设的意见》（中发〔2015〕12号）和《水污染防治行动计划》（国发〔2015〕17号）的有关要求，我们研究制定了《环保“领跑者”制度实施方案》，现印发你们，请认真组织实施。

附件：环保“领跑者”制度实施方案

财政部 国家发展改革委 工业和信息化部 环境保护部

2015年6月25日

附件：

环保“领跑者”制度实施方案

环保“领跑者”是指同类可比范围内环境保护和治理环境污染取得最高成绩和效果即环境绩效最高的产品。实施环保“领跑者”制度对激发市场主体节能减排内生动力、促进环境绩效持续改善、加快生态文明制度体系建设具有重要意义。为贯彻落实《环境保护法》、《大气污染防治行动计划》（国发〔2013〕37号）、《中共中央国务院关于加快推进生态文明建设的意见》（中发〔2015〕12号）和《水污染防治行动计划》（国发〔2015〕17号）的有关要求，制定本方案。

一、基本思路

建立环保“领跑者”制度，以企业自愿为前提，通过表彰先进、政策鼓励、提升标准，推动环境管理模式从“底线约束”向“底线约束”与“先进带动”并重转变。制定环保“领跑者”指标，发布环保“领跑者”名单，树立先进典型，并对环保“领跑者”给予适当政策激励，引导全社会向环保“领跑者”学习，倡导绿色生产和绿色消费。

二、环保“领跑者”的基本要求

综合考虑产品本身的环境影响、市场规模、环保潜力、技术发展趋势以及相关环保标准规范、环保检测能力等情况，面向大气、水体、固体废弃物及噪声污染源头削减，选择使用量大、减排潜力大、相关产品及环境标准完善、环境友好替代技术成熟的产品实施环保“领跑者”制度，并逐步扩展到其他产品。具体要求：

（一）产品环保水平须达到《环境标志产品技术要求》标准，且为同类型可比产品中环境绩效领先的产品。

（二）推行绿色供应链环境管理，注重产品环境友好设计，采用高效的清洁生产技术，达到国际先进清洁生产水平，全生命周期污染排放较低。

（三）产品为量产的定型产品，性能优良，达到产品质量标准要求，近一年内产品质量国家监督抽查中，该品牌产品无不合格。

（四）生产企业为中国大陆境内合法的独立法人，具备完备的质量管理体系、健全的供应体系和良好的售后服务能力，承诺“领跑者”产品在主流销售渠道正常供货。

三、环保“领跑者”的遴选和发布

环保“领跑者”遴选和发布工作委托第三方机构开展，每年遴选和发布一次。根据《大气污染防治行动计划》、《水污染防治行动计划》确定的部门分工，有关部门根据实际情况，研究提出拟开展环保“领跑者”产品名录，并将相关具体要求在公众媒体上公开。相关企业在规定期限内自愿申报，按照专家评审、社会公示等方式确定环保“领跑者”名单。

环保“领跑者”标志委托第三方机构征集、设计，按程序审定后向社会公布。入围产品的生产企业可在产品明显位置或包装上使用环保“领跑者”标志，在品牌宣传、产品营销中使用环保“领跑者”标志。严禁伪造、冒用环保“领跑者”标志，以及利用环保“领跑者”标志做虚假宣传、误导消费者。

四、保障措施

（一）建立标准动态更新机制。

建立并完善环保“领跑者”指标以及现有环保标准的动态更新机制。根据行业环保状况、清洁生产技术发展、市场环保水平变化等情况，建立环保“领跑者”指标的动态更新机制，不断提高环保“领跑者”指标要求。将环保“领跑者”指标与现有的环境标志产品技术要求、清洁生产评价指标体系以及相关产品质量标准相衔接，带动现有环保标准适时提升。

（二）加强管理。

定期发布环保“领跑者”产品名录及环保“领跑者”名单，树立环保标杆。加强对第三方机构的监督管理，确保环保“领跑者”认定过程客观公正。环保“领跑者”称号实行动态化更新管理。开展跟踪调查，对出现产品质量不合格或违法排污等不符合环保“领跑者”条件的，撤销称号，并予以曝光。

（三）完善激励政策。

财政部会同有关部门制定激励政策，给予环保“领跑者”名誉奖励和适当政策支持。鼓励环保“领跑者”的技术研发、宣传和推广，为环保“领跑者”创造更好的市场空间。

（四）加强宣传推广。

通过公开发文、政府网站、大众传媒等方式向全社会宣传实施环保“领跑者”制度的目的与意义，扩大制度影响力。利用电视、网络、图书、期刊和报纸等大众传媒，以及召开新闻发布会、表彰会、推介会等形式宣传环保“领跑者”，树立标杆，弘扬典型，表彰先进，为制度实施营造良好的社会氛围、舆论氛围。

财政部关于减征1.6升及以下排量乘用车车辆购置税的通知

（财税[2015]104号）

各省、自治区、直辖市、计划单列市财政厅（局）、国家税务局，新疆生产建设兵团财务局：

经国务院批准，现就减征1.6升及以下排量乘用车车辆购置税有关事项通知如下：

一、自2015年10月1日起至2016年12月31日止，对购置1.6升及以下排量乘用车减按5%的税率征收车辆购置税。

二、本通知所称乘用车，是指在设计和技术特性上主要用于载运乘客及其随身行李和（或）临时物品、含驾驶员座位在内最多不超过9个座位的汽车。具体包括：

（一）国产轿车：“中华人民共和国机动车整车出厂合格证”（以下简称合格证）中“车辆型号”项的车辆类型代号（车辆型号的第一位数字，下同）为“7”，“排量和功率（ml/kw）”项中排量不超过1600ml，“额定载客（人）”项不超过9人。

（二）国产专用乘用车：合格证中“车辆型号”项的车辆类型代号为“5”，“排量和功率（ml/kw）”项中排量不超过1600ml，“额定载客（人）”项不超过9人，“额定载质量（kg）”项小于额定载客人数和65kg的乘积。

（三）其他国产乘用车：合格证中“车辆型号”项的车辆类型代号为“6”，“排量和功率（ml/kw）”项中排量不超过1600ml，“额定载客（人）”项不超过9人。

（四）进口乘用车。参照国产同类车型技术参数认定。

三、乘用车购置日期按照《机动车销售统一发票》或《海关关税专用缴款书》等有效凭证的开具日期确定。

四、购置符合本通知规定的车辆，已按全额缴纳车辆购置税的，多征税款可按有关规定予以退还。

五、新能源汽车车辆购置税政策按照《财政部国家税务总局工业和信息化部关于免征新能源汽车车辆购置税的公告》（财政部国家税务总局工业和信息化部公告2014年第53号）执行。

请遵照执行。

财政部 国家税务总局

2015年9月29日

关于调整森林植被恢复费征收标准引导节约集约利用林地的通知

（财税[2015]122号）

各省、自治区、直辖市财政厅（局）、林业厅（局），新疆生产建设兵团财务局、林业局，内蒙古、吉林、黑龙江、大兴安岭森工（林业）集团公司：

由占用征收林地的建设单位依法缴纳森林植被恢复费，是促进节约集约利用林地、培育和恢复森林植被、实现森林植被占补平衡的一项重要制度保障。2002年财政部、国家林业局印发《森林植被恢复费征收使用管理暂行办法》（财综〔2002〕73号）以来，各地不断加强和规范森林植被恢复费征收使用管理，对推动植树造林、增加森林植被面积发挥了重要作用。随着我国经济社会快速发展，各项建设工程对占用征收林地需求不断增加，但其支付的补偿标准明显偏低，无序占用、粗放利用林地问题突出，减少的森林植被无法得到有效恢复。根据中共中央、国务院印发的《生态文明体制改革总体方案》的要求，为加快健全资源有偿使用和生态补偿制度，建立引导节约集约利用林地的约束机制，确保森林植被面积不减少、质量不降低，保障国家生态安全，现就调整森林植被恢复费征收标准等有关问题通知如下：

一、制定森林植被恢复费征收标准应当遵循以下原则：

（一）合理引导节约集约利用林地，限制无序占用、粗放使用林地。

（二）反映不同类型林地生态和经济价值，合理补偿森林植被恢复成本。

（三）充分体现公益林、城市规划区林地的重要性和特殊性，突出加强公益林和城市规划区林地的保护。

（四）保障公共基础设施、公共事业和民生工程等建设项目使用林地，控制经营性建设项目使用林地。

（五）考虑不同地区经济社会发展水平、森林资源禀赋和恢复成本差异，适应各地植树造林、恢复森林植被工作需要。

（六）与经济社会发展相适应，考虑企业承受能力，并建立定期评估和调整机制。

（七）体现公平公正原则，对中央和地方企业不得实行歧视性征收标准。

二、森林植被恢复费征收标准应当按照恢复不少于被占用征收林地面积的森林植被所需要的调查规划设计、造林培育、保护管理等费用进行核定。具体征收标准如下：

（一）郁闭度0.2以上的乔木林地（含采伐迹地、火烧迹地）、竹林地、苗圃地，每平方米不低于10元；灌木林地、疏林地、未成林造林地，每平方米不低于6元；宜林地，每平方米不低于3元。

各省、自治区、直辖市财政、林业主管部门在上述下限标准基础上，结合本地实际情况，制定本省、自治区、直辖市具体征收标准。

（二）国家和省级公益林林地，按照第（一）款规定征收标准2倍征收。

（三）城市规划区的林地，按照第（一）、（二）款规定征收标准2倍征收。

（四）城市规划区外的林地，按占用征收林地建设项目性质实行不同征收标准。属于公共基础设施、公共事业和国防建设项目的，按照第（一）、（二）款规定征收标准征收；属于经营性建设项目的，按照第（一）、（二）款规定征收标准2倍征收。

公共基础设施建设项目包括：公路、铁路、机场、港口码头、水利、电力、通讯、能源基地、电网、油气管网等建设项目。公共事业建设项目包括：教育、科技、文化、卫生、体育、环境和资源保护、防灾减灾、文物保护、社会福利、市政公用等建设项目。经营性建设项目包括：商业、服务业、工矿业、仓储、城镇住宅、旅游开发、养殖、经营性墓地等建设项目。

三、对农村居民按规定标准建设住宅，农村集体经济组织修建乡村道路、学校、幼儿园、敬老院、福利院、卫生院等社会公益项目以及保障性安居工程，免征森林植被恢复费。法律、法规规定减免森林植被恢复费的，从其规定。

四、加强森林植被恢复费征收管理。各级林业主管部门要严格按规定的范围、标准和时限要求征收森林植被恢复费，确保及时、足额征缴到位。任何单位和个人均不得违反规定，擅自减免或缓征森林植被恢复费，不得自行改变森林植被恢复费的征收对象、范围和标准。要向社会公开各类建设项目占用征收林地及森林植被恢复费征收使用情况，提高透明度，接受社会监督。上级财政、林业主管部门要加强监督检查，坚决查处不按规定征收森林植被恢复费的行为。

五、做好组织实施和宣传工作。各地要高度重视调整森林植被恢复费征收标准工作，加强组织领导，周密部署，协调配合，抓好落实。要通过政府网站和公共媒体等渠道，加强森林植被恢复费政策宣传解读，及时发布信息，做好舆论引导工作，统一思想、凝聚共识，营造良好的舆论氛围。

各省、自治区、直辖市财政、林业主管部门要在2016年3月底前，将调整森林植被恢复费征收标准等政策落实到位，并及时报财政部、国家林业局备案。

财政部　国家林业局

2015年11月18日

关于开展中央财政支持海绵城市建设试点工作的通知

（财建[2014]838号）

各省、自治区财政厅（局）、住房城乡建设厅（局、委）、水利厅（局），直辖市财政局、建委（交通委、园林局、市容园林委、绿化市容局、市政管委）、水利（水务）局，计划单列市财政局、城建局（城管局、市政公用局、园林局）、水利（水务）局：

根据习近平总书记关于“加强海绵城市建设”的讲话精神和近期中央经济工作会要求，经研究，财政部、住房城乡建设部、水利部决定开展中央财政支持海绵城市建设试点工作。现将有关事项通知如下：

一、中央财政对海绵城市建设试点给予专项资金补助，一定三年，具体补助数额按城市规模分档确定，直辖市每年6亿元，省会城市每年5亿元，其他城市每年4亿元。对采用PPP模式达到一定比例的，将按上述补助基数奖励10%。

二、试点城市由省级财政、住房城乡建设、水利部门联合申报。试点城市应将城市建设成具有吸水、蓄水、净水和释水功能的海绵体，提高城市防洪排涝减灾能力。试点城市年径流总量目标控制率应达到住房城乡建设部《海绵城市建设技术指南》要求。试点城市按三年滚动预算要求编制实施方案，实施方案编制指南另行印发。

三、采取竞争性评审方式选择试点城市。财政部、住房城乡建设部、水利部将对申报城市进行资格审核。对通过资格审核的城市，财政部、住房城乡建设部、水利部将组织城市公开答辩，由专家进行现场评审，现场公布评审结果。

四、对试点工作开展绩效评价。财政部、住房城乡建设部、水利部定期组织绩效评价，并根据绩效评价结果进行奖罚。评价结果好的，按中央财政补助资金基数10%给予奖励；评价结果差的，扣回中央财政补助资金。具体绩效评价办法另行制订。

五、各地财政、住房城乡建设、水利部门应高度重视此项工作，积极谋划，组织有关城市做好实施方案编制工作，研究制定配套政策。具体申报工作另行通知。

财政部　住房城乡建设部　水利部

2014年12月31日

环境保护部政策文件

关于全面推进黄标车淘汰工作的通知

各省、自治区、直辖市环境保护厅（局）、公安厅（局）、财政厅（局）、交通运输厅（局）、商务厅（局）：

为落实《大气污染防治行动计划》，确保完成今年《政府工作报告》确定的营运黄标车淘汰任务，切实改善环境空气质量，现就有关工作通知如下：

一、工作内容

（一）强化执法监管。各地应严格按照《国务院办公厅关于对黄标车淘汰工作进行专项督查的通知》（国办发明电〔2015〕11号）要求，积极开展营运黄标车集中清理工作，深入运输企业开展排查，督促企业及时淘汰2005年底前注册登记的营运黄标车。要主动提请地方人民政府以城市中心区、居民生活区、医院、学校为重点，科学划定黄标车限行和禁行区域，对违规进入限行、禁行区的黄标车，严格依法依规进行处理。要集中排查达到强制报废标准的机动车，及时通知车主办理报废手续，严格查处报废车上路行驶违法行为。

（二）严格报废注销。严格执行《机动车强制报废标准规定》，对达到国家强制报废规定的，一律按规定报废。公安机关交通管理部门依据报废、灭失、出境、退车等情况依法办理注销登记。距机动车强制报废年限1年以内（含1年）的机动车，不得变更使用性质、转移所有权或者转出登记地所属地市级行政区域。对达到机动车强制报废标准的营运机动车，交通运输部门要督促运输企业及时办理报废注销手续，并注销收回或公告作废车辆道路运输证。对达到国家强制报废标准逾期不办理注销登记的机动车，公安机关交通管理部门要公告机动车登记证书、号牌、行驶证作废。

（三）加强政策引导。各地因地制宜研究出台经济激励政策措施，加大黄标车淘汰补贴力度。可通过利用盘活的财政存量资金，优先安排对提前淘汰的黄标车，尤其是大型客货车、出租车、公交车进行补贴。

（四）严格检验检测。严格安全技术检测、环保检测，加大相关检测机构的监督管理力度，对出具虚假检测报告的，依据有关法律法规从严查处。

（五）严格报废监管。各地商务、公安、环保、交通部门要加强监督管理，对报废汽车回收、存储、运输、拆解、注销等环节严格程序、堵塞漏洞，坚决杜绝回收的报废汽车及其"五大总成"（包括发动机、方向机、变速器、前后桥、车架）流向市场。加大对二手车交易市场监管力度，督促二手车交易企业严查交易车辆有关证件，防止报废汽车通过二手车交易市场流入社会。

二、工作要求

（一）加强组织领导。要对本行政区内符合淘汰要求的黄标车进行彻底调查，认真制定黄标车淘汰计划。各有关部门建立会商制度，明确任务分工，定期召开工作协调会，形成工作合力，及时解决发现的突出问题，确保黄标车淘汰工作有序开展。

（二）建立通报机制。各地环保部门要建立营运黄标车信息台账，与交通运输、公安机关交通管理部门协调建立营运黄标车信息定期通报机制。2015年底前，各地公安机关交通管理部门、交通运输部门要向环保部门提供2005年底前注册登记使用性质为营运的汽车的注销登记信息和公告作废机动车牌证信息、车辆道路运输证作废信息。环保部门应根据相关通报信息，定期对免检、注销车辆的环保标志信息进行更新。

（三）强化宣传教育。充分利用各类新闻媒体、社会宣传、户外广告等多种形式，及时宣传各地机动车污染防治工作，广泛宣传黄标车高污染、高排放的危害性和治理淘汰的相关政策，争取广大车主的理解、支持和配合，有效防范和化解矛盾风险，确保社会稳定。在办理营运黄标车相关业务时，要通过印发宣传单、张贴宣传提示、发送短信等方式，提示运输企业淘汰2005年底前注册的营运黄标车，按规定交售、报废已达到国家报废标准的营运黄标车，提示车主尽快办理车辆报废。

环境保护部　公安部　财政部　交通运输部　商务部

2015年10月10日

关于加快推动生活方式绿色化的实施意见

（环发[2015]135号　环保部2015年11月16日印发）

为贯彻落实中央《关于加快推进生态文明建设的意见》和新修订的《环境保护法》有关要求，现就加快推动生活方式绿色化，提出以下实施意见。

一、加快推动生活方式绿色化的总体要求

（一）指导思想

以邓小平理论、“三个代表”重要思想、科学发展观为指导，全面贯彻党的十八大和十八届二中、三中、四中全会精神,深入贯彻习近平总书记系列重要讲话精神，以“四个全面”战略布局为指引，认真落实党中央、国务院关于生态文明建设和环境保护的部署要求，坚持节约资源和保护环境基本国策，通过宣传教育，弘扬生态文明价值理念，传播社会主义核心价值观;完善政策，建立系统完整的制度体系;引导实践，倡导绿色生活方式，为生态文明建设奠定坚实的社会、群众基础。

（二）基本原则

更新理念、夯实基础。加强宣传教育，增强生态文明意识，广泛开展绿色生活行动，推动全民在衣、食、住、行、游等方面加快向勤俭节约、绿色低碳、文明健康的方式转变。　　节约优先、绿色消费。倡导勤俭节约的消费观，积极引导消费者购买节能环保低碳产品，倡导绿色生活和休闲模式，严格限制发展高耗能服务业，坚决抵制和反对各种形式的奢侈浪费、不合理消费。

创新驱动、政策引导。强化相关政策机制创新，大力发展节能环保产业，以推广节能环保产品，完善政策机制，促进绿色消费需求。不断创新和丰富活动载体，积极打造推动生活方式绿色化的品牌活动和亮点工程。

典型示范、全民行动。广泛宣传典型经验、典型人物，提高公众节约意识、环境意识、生态意识，形成生态文明建设人人有责、生态文明规定人人遵守的新局面。

（三）主要目标

到2020年，生态文明价值理念在全社会得到推行，全民生活方式绿色化的理念明显加强，生活方式绿色化的政策法规体系初步建立，公众践行绿色生活的内在动力不断增强，社会绿色产品服务快捷便利，公众绿色生活方式的习惯基本养成，最终全社会实现生活方式和消费模式向勤俭节约、绿色低碳、文明健康的方向转变，形成人人、事事、时时崇尚生态文明的社会新风尚。

二、推动生活方式绿色化的组织实施

（一）强化生活方式绿色化理念

1. 充分认识生活方式绿色化的重要性

当前，我国经济增速放缓、能源资源消费增速下降，国家加大对落后产能的淘汰力度、产业结构不断升级，公众环境意识显著提升。限制粗放、奢华式发展和不合理的需求，既为加快推动生活方式绿色化提供良好的外部条件和机遇，同时可极大促进绿色化融入生产领域和消费领域，减少资源严重浪费与过度消费现象，遏制攀比性、炫耀性、浪费性行为日益增长，实现生产方式和生活方式的绿色转型。

2. 准确把握生活方式绿色化理念的实践要求

个人自律是生活方式绿色化理念的主线。时刻秉持节约优先，力戒奢侈浪费和不合理消费，通过日常生活中的自律，从小事着手，逐步培育生活方式绿色化的习惯。

绿色消费是生活方式绿色化理念的支撑。强化生活方式绿色化意识，在衣、食、住、行、游等各个领域，加快向绿色转变，通过绿色消费倒逼绿色生产，为全社会生产方式、生活方式绿色化贡献力量。

激励带动是生活方式绿色化理念的助力。注重发现和学习身边生活方式绿色化的良好实践，并通过互相激励带动，扩大生活方式绿色化理念对自身、家庭成员和其他人群的正面影响，为社会正能量的形成发挥积极作用。

3. 推动生活方式绿色化理念深入人心

强化对生态文明建设重大决策部署的宣传教育。大力传播人与自然和谐发展、“绿水青山就是金山银山”、“环境就是民生、青山就是美丽、蓝天也是幸福”等价值理念，切实增强全民节约意识、环境意识、生态意识，牢固树立生态文明理念。

提高公众生态文明社会责任意识。积极培育生态文化、生态道德，使生态文明成为社会主流价值观，成为社会主义核心价值观的重要内容。引导公众履行环境保护的社会责任和义务，使绿色生活、勤俭节约成为全社会的自觉习惯。普及生态文明法律法规。深化新修订的《环境保护法》宣传教育，大力宣传新修订的《环境保护法》关于“一切单位和个人都有保护环境的义务”和“公民应当增强环境保护意识，采取低碳、节俭的生活方式，自觉履行环境保护义务”的规定。曝光奢侈浪费等反面事例，让公众认识到绿色生活方式既是个人选择，也是法律义务，使公众严格执行法律规定的保护环境的权利和义务，形成守法光荣、违法可耻、节约光荣、浪费可耻的社会氛围。

（二）制定推动生活方式绿色化的政策措施

1. 促进生产、流通、回收等环节绿色化

增强绿色供给。引导企业采用先进的设计理念、使用环保原材料、提高清洁生产水平。进一步完善环境标志产品认证工作，拓展纳入认证的产品范围、提升认证标准、规范认证体系，严厉打击伪绿色、假认证等行为。依法推动在燃煤、石油焦、生物质燃料、涂料等含挥发性有机物的产品、烟花爆竹以及锅炉等产品的质量标准中，明确环境保护要求。依法推动燃油质量标准符合国家大气污染物控制要求，并与国家机动车船、非道路移动机械大气污染物排放标准相互衔接，同步实施。依法推动发动机油、氮氧化物还原剂、燃料和润滑油添加剂以及其他添加剂的有害物质含量和其他大气环境保护指标符合有关标准的要求。根据大气污染物对公众健康和生态环境的危害和影响程度，依法公布有毒有害大气污染物名录，推动对严重污染大气环境的工艺、设备和产品实行淘汰制度。

鼓励、支持消耗臭氧层物质替代品的生产和使用，逐步减少直至停止消耗臭氧层物质的生产和使用。加强持久性有机污染物（POPs）的环境监管，向大气排放POPs的有关企业和废弃物焚烧设施的运营单位，应当采取有利于减少POPs排放的技术方法和工艺，配备有效的净化装置，实现达标排放。鼓励生产、进口、销售和使用低毒、低挥发性有机溶剂。石油、化工以及其他生产和使用有机溶剂的企业，应当采取措施对管道、设备进行日常维护、维修，减少物料泄漏，对泄漏的物料应当及时收集处理。落实针对电池、涂料等产品的消费税政策，工业涂装企业应当使用低挥发性有机物含量的涂料。推动将其他大量消耗资源、严重污染环境的产品纳入消费税征收范围。

推进绿色包装。加强对包装印刷企业的环境整治力度，引导鼓励企业采用环保材料，提升印刷过程VOCs防治水平，加强包装印刷废物妥善进行无害化处理处置力度。推动包装减量化、无害化，鼓励采用可降解、无污染、可循环利用的包装材料，推动绿色包装材料的研发和生产，推动淘汰污染严重、健康风险大的包装材料。鼓励网上购物绿色包装，推动网络销售龙头企业制定和实施绿色包装指南，引导有关行业协会组织电商企业开展网上购物绿色包装自律行动。

促进绿色采购。引导企业实施绿色采购、构建绿色供应链，加大对生命周期过程中环境影响较小、环境绩效较优企业所提供的产品与服务的采购力度。引导企业和公众减少对“高污染、高环境风险”产品的使用、更多使用“环保领跑者”产品。推动完善政府绿色采购相关法律法规与规范标准，充分发挥政府绿色采购的带动与示范作用。

开展绿色回收。鼓励企业开展源头减量、综合利用、废物分类回收处理。鼓励小规模、散养畜禽建设生态养殖场和养殖小区，在养畜、粪污收集处理、有机肥料、种植业等多方面实现种养平衡。推进对废旧农用薄膜进行处理处置。依法推动出台财政补贴等措施，支持秸秆的收集、贮存、运输和综合利用。加强废旧资源回收利用行业的环境监管，避免二次污染。落实《废弃电器电子产品回收处理管理条例》，促进废弃电器电子产品回收。依法推动建立并严格执行机动车环境保护召回制度，生产、进口企业获知机动车排放大气污染物超过标准，属于设计、生产缺陷或者不符合规定的环境保护耐久性要求的，应当召回。在用机动车经维修或者采用污染控制技术后，大气污染物排放仍不符合国家在用机动车排放标准的，应当强制报废。严格对报废机动车回收拆解企业的环境监管。加强对固废的进出口管理，杜绝进口“洋垃圾”。

2. 推进衣、食、住、行等领域绿色化

引导绿色饮食。鼓励餐饮行业减少提供一次性餐具、更多提供可降解打包盒。鼓励餐饮企业对餐厨垃圾实施分类回收与利用。继续推动国家有机食品生产基地建设。加强对餐饮企业的环保监管，排放油烟的餐饮服务业经营者应当安装油烟净化设施并保持正常使用，或者采取其他油烟净化措施，使油烟达标排放，并防止对附近居民的正常生活环境造成污染。禁止在居民住宅楼、未配套设立专用烟道的商住综合楼以及商住综合楼内与居住层相邻的商业楼层内新建、改建、扩建产生油烟、异味、废气的餐饮服务项目。任何单位和个人不得在当地人民政府禁止的区域内露天烧烤食品或者为露天烧烤食品提供场地。

推广绿色服装。遏制将珍稀野生动物毛皮作为服装原料的行为。限制含有毒有害物质的服装材料、染料、助剂、洗涤剂及干洗剂的生产与使用。加强对干洗行业的环境监管，从事服装干洗的经营者，应当按照国家有关标准或者要求设置异味和废气处理装置等污染防治设施并保持正常使用，防止影响周边环境。鼓励研发和推广环境友好型的服装材料、染料、助剂、洗涤剂及干洗剂。

倡导绿色居住。引导家具等行业采用水性木器涂料、水性油墨、水性胶黏剂等环保型原材料，加强VOCs等污染控制、切实提升清洁生产水平。完善相关环境标志产品技术要求。推动完善节水器具、节电灯具、节能家电等产品的推广机制，鼓励公众购买绿色家具和环保建材产品。

鼓励绿色出行。倡导低碳、环保出行，合理控制燃油机动车保有量，大力发展城市公共交通，提高公共交通出行比例。推动采取财政、税收、政府采购等措施推广应用节能环保型和新能源机动车。加强机动车污染防治，严格执行机动车大气污染物排放标准。在重污染天气等特殊情况下，推动公众主动减少机动车使用。重污染天气预报预警信息发布后，依法推动通过电视、广播、网络、短信等途径告知公众，指导公众出行。

（三）引领生活方式向绿色化转变

1. 全面构建推动生活方式绿色化全民行动体系

开展生活方式绿色化活动。开展绿色生活“十进”活动（进家庭、进机关、进社区、进学校、进企业、进商场、进景区、进交通、进酒店、进医院）。创新宣教工作形式，增进公众环境守法意识，开展日常生活节约用电、生活垃圾污水不随意排放、公共场所全面禁烟等公众参与度高的绿色生活行动。

调动公众积极主动参与。将生活方式绿色化全民行动纳入文明城市、文明村镇、文明单位、文明家庭创建内容。建立推动生活方式绿色化的志愿者队伍，充分发挥人民群众和社会组织的积极性、主动性和创造性，推广环境友好使者、少开一天车、空调26度、光盘行动、地球站等品牌环保公益活动。推动绿色、文明出游，倡导维护景区厕所卫生，倡导垃圾减量、垃圾自带或放置于指定位置，保护景区的生态环境及人文景观。

发挥典型示范引领作用。树立并表彰节约消费榜样，激发全社会践行绿色生活的热情。注重引导青壮年群体践行绿色生活方式,发挥幼儿、中小学生、大学生在全社会的带动辐射作用，鼓励创建绿色幼儿园、绿色学校和绿色大学。

2. 创新开展全民生态文明宣传教育活动

开展各层次绿色生活宣传。建立绿色生活宣传和展示平台，利用环境教育基地，开展以生活方式绿色化为主题的浸入式、互动式教育。将每年6月设为“全民生态文明月”,将2016年设为“生活方式绿色化推进年”，同时利用世界环境日、世界地球日、森林日、水日、海洋日、生物多样性日、湿地日等节日集中组织开展环保主题宣传活动。

深化环境教育，培养绿色公民。将生态文明教育全面纳入国民教育和干部教育培训体系，在幼儿园、小学、中学、职业学校、大学以及党校、行政学院等各级各类教育机构开展生态文明教育，普及生活方式绿色化的知识和方法，使之成为素质教育、职业教育和终身教育的重要内容。

发挥媒体宣传引导作用。充分发挥传统媒体和新兴媒体的作用，广泛宣传我国资源环境国情和环境保护法律法规。督促政府有关部门和企业及时准确披露各类环境质量和环境污染物信息，保障公众知情权，为推进生活方式绿色化营造良好舆论氛围。

3. 积极搭建绿色生活方式的行动网络和平台

建立绿色生活服务和信息平台。发布《生活方式绿色化指南》，帮助消费者获取新能源汽车、高能效家电、节水型器具等节能环保低碳产品信息。发布《生活方式绿色化行为准则》，引导公众线上线下积极践行绿色简约生活和低碳休闲模式。大力发展环保产业，支持公众开展环保科技、环保服务、绿色产品等领域的绿色创业，为公众绿色生活提供支撑。

培育生态环境文化。开展以绿色生活、绿色消费为主题的环境文化活动。鼓励将绿色生活方式植入各类文化产品，利用影视、戏曲、音乐及图书漫画等形式传播绿色生活科学知识和实践方法，以及传统生态文化思想、资源和产品，提升公众生态文明意识和道德素养。

三、加快推动生活方式绿色化的保障措施

（一）加强组织领导

各级环保部门要加强组织领导和工作指导，制定推进工作方案，协调和引导社会力量积极参与，形成有序推进生活方式绿色化的工作机制。

（二）完善配套政策

各级环保部门将生活方式绿色化工作纳入现有工作体系中，积极推动和配合有关部门完善配套措施，积极引导和激励企业落实责任、公众主动参与，有效推动生活方式绿色化工作的开展与落实。

（三）推广典型经验

及时总结实践中好经验好做法，通过现场观摩、交流研讨等方式进行推广；尊重基层和群众首创精神，从政策层面鼓励和支持绿色化创新。研究制定绿色、低碳产品评价机制和生产奖励政策等。

关于印发《全面实施燃煤电厂超低排放和节能改造工作方案》的通知

环发[2015]164号

各省、自治区、直辖市环境保护厅（局）、发展改革委（经信委、经委、工信厅）、能源局，新疆生产建设兵团环境保护局、发展改革委、能源局，国家电网公司，南方电网公司，华能、大唐、华电、国电、国电投、神华集团公司：

为贯彻落实第114次国务院常务会议精神，我们制定了《全面实施燃煤电厂超低排放和节能改造工作方案》，现印发给你们，请认真贯彻执行，并将有关事项通知如下：

一、全面实施燃煤电厂超低排放和节能改造是一项重要的国家专项行动，既有利于节能减排、促进绿色发展、增添民生福祉，也有利于扩大投资、促进煤电产业转型升级、相关装备制造业走出去。各有关部门、地方及企业应高度重视此项工作，尽快制定专项实施计划，做好与本方案的衔接。

二、各相关部门要加大扶持力度，完善政策措施，充分调动地方和企业积极性，同时强化对项目改造和运行的监督管理。

三、煤电企业是实施主体，应主动承担社会责任，积极采用环境污染第三方治理和合同能源管理模式，加快超低排放和节能改造项目实施，确保改造工程按期建成并稳定运行。

四、装备制造企业、电网公司、节能服务公司和环保专业公司应努力保障并优先满足超低排放和节能改造项目的需求。通过各方共同努力，确保超低排放和节能改造目标按期完成。

特此通知。

附件：

全面实施燃煤电厂超低排放和节能改造工作方案

全面实施燃煤电厂超低排放和节能改造，是推进煤炭清洁化利用、改善大气环境质量、缓解资源约束的重要举措。《煤电节能减排升级与改造行动计划（2014-2020年）》（以下简称《行动计划》）实施以来，各地大力实施超低排放和节能改造重点工程，取得了积极成效。根据国务院第114次常务会议精神，为加快能源技术创新，建设清洁低碳、安全高效的现代能源体系，实现稳增长、调结构、促减排、惠民生，推动《行动计划》"提速扩围"特制订本方案。

一、指导思想与目标

（一）指导思想

全面贯彻党的十八届五中全会精神，牢固树立绿色发展理念，全面实施煤电行业节能减排升级改造，在全国范围内推广燃煤电厂超低排放要求和新的能耗标准，建成世界上最大的清洁高效煤电体系。

（二）主要目标

到2020年，全国所有具备改造条件的燃煤电厂力争实现超低排放（即在基准氧含量6%条件下，烟尘、二氧化硫、氮氧化物排放浓度分别不高于10、35、50毫克/立方米）。

全国有条件的新建燃煤发电机组达到超低排放水平。加快现役燃煤发电机组超低排放改造步伐，将东部地区原计划2020年前完成的超低排放改造任务提前至2017年前总体完成；将对东部地区的要求逐步扩展至全国有条件地区，其中，中部地区力争在2018年前基本完成，西部地区在2020年前完成。

全国新建燃煤发电项目原则上要采用60万千瓦及以上超超临界机组，平均供电煤耗低于300克标准煤/千瓦时（以下简称克/千瓦时），到2020年，现役燃煤发电机组改造后平均供电煤耗低于310克/千瓦时。

二、重点任务

（一）具备条件的燃煤机组要实施超低排放改造。在确保供电安全前提下，将东部地区（北京、天津、河北、辽宁、上海、江苏、浙江、福建、山东、广东、海南等11省市）原计划2020年前完成的超低排放改造任务提前至2017年前总体完成，要求30万千瓦及以上公用燃煤发电机组、10万千瓦及以上自备燃煤发电机组（暂不含W型火焰锅炉和循环流化床锅炉）实施超低排放改造。

将对东部地区的要求逐步扩展至全国有条件地区，要求30万千瓦及以上燃煤发电机组（暂不含W型火焰锅炉和循环流化床锅炉）实施超低排放改造。其中，中部地区（山西、吉林、黑龙江、安徽、江西、河南、湖北、湖南等8省）力争在2018年前基本完成；西部地区（内蒙古、广西、重庆、四川、贵州、云南、西藏、陕西、甘肃、青海、宁夏、新疆等12省区市及新疆生产建设兵团）在2020年前完成。力争2020年前完成改造5.8亿千瓦。

（二）不具备改造条件的机组要实施达标排放治理。燃煤机组必须安装高效脱硫脱硝除尘设施，推动实施烟气脱硝全工况运行。各地要加大执法监管力度，推动企业进行限期治理，一厂一策，逐一明确时间表和路线图，做到稳定达标，改造机组容量约1.1亿千瓦。

（三）落后产能和不符合相关强制性标准要求的机组要实施淘汰。进一步提高小火电机组淘汰标准，对经整改仍不符合能耗、环保、质量、安全等要求的，由地方政府予以淘汰关停。优先淘汰改造后仍不符合能效、环保等标准的30万千瓦以下机组，特别是运行满20年的纯凝机组和运行满25年的抽凝热电机组。列入淘汰方案的机组不再要求实施改造。力争"十三五"期间淘汰落后火电机组规模超过2000万千瓦。

（四）要统筹节能与超低排放改造。在推进超低排放改造同时，协同安排节能改造，东部、中部地区现役煤电机组平均供电煤耗力争在2017年、2018年实现达标，西部地区现役煤电机组平均供电煤耗到2020年前达标。企业尽可能安排在同一检修期内同步实施超低排放和节能改造，降低改造成本和对电网的影响。2016-2020年全国实施节能改造3.4亿千瓦。

三、政策措施

（一）落实电价补贴政策

对达到超低排放水平的燃煤发电机组，按照《关于实行燃煤电厂超低排放电价支持政策有关问题的通知》（发改价格〔2015〕2835号）要求，给予电价补贴。2016年1月1日前已经并网运行的现役机组，对其统购上网电量每千瓦时加价1分钱；2016年1月1日后并网运行的新建机组，对其统购上网电量每千瓦时加价0.5分钱。2016年6月底前，发展改革委、环境保护部等制定燃煤发电机组超低排放环保电价及环保设施运行监管办法。

（二）给予发电量奖励

综合考虑煤电机组排放和能效水平，适当增加超低排放机组发电利用小时数，原则上奖励200小时左右，具体数量由各地确定。落实电力体制改革配套文件《关于有序放开发用电计划的实施意见》要求，将达到超低排放的燃煤机组列为二类优先发电机组予以保障。2016年，发展改革委、国家能源局研究制定推行节能低碳调度工作方案，提高高效清洁煤电机组负荷率。

（三）落实排污费激励政策

督促各地在提高排污费征收标准（二氧化硫、氮氧化物不低于每当量1.2元）同时，对污染物排放浓度低于国家或地方规定的污染物排放限值50%以上的，切实落实减半征收排污费政策，激励企业加大超低排放改造力度。

（四）给予财政支持

中央财政已有的大气污染防治专项资金，向节能减排效果好的省（区、市）适度倾斜。

（五）信贷融资支持

开发银行对燃煤电厂超低排放和节能改造项目落实已有政策，继续给予优惠信贷；鼓励其他金融机构给予优惠信贷支持。支持符合条件的燃煤电力企业发行企业债券直接融资，募集资金用于超低排放和节能改造。

（六）推行排污权交易

对企业通过超低排放改造产生的富余排污权，地方政府可予以收购；企业也可用于新建项目建设或自行上市交易。

（七）推广应用先进技术

制定燃煤电厂超低排放环境监测评估技术规范，修订煤电机组能效标准和能效最低限值标准，指导各地和各发电企业开展改造工作。再授予一批煤电节能减排示范电站，搭建煤电节能减排交流平台，促进成熟先进技术推广应用。

四、组织保障

（一）加强组织领导

环境保护部、发展改革委、国家能源局会同有关部门共同组织实施本方案，加强部际协调，各司其职、各负其责、密切配合。国家能源局、环境保护部、发展改革委确定年度燃煤电厂节能和超低排放改造重点项目，并按照职责分工，分别建立节能改造和能效水平、机组淘汰、超低排放改造、达标排放治理管理台账，及时协调解决推进过程中出现的困难和问题。

各地和电力集团公司是燃煤电厂超低排放和节能改造的责任主体，要充分考虑电力区域分布、电网调度等因素编制改造计划方案，于2016年3月底前完成，报国家能源局、环境保护部和发展改革委。发电企业要按照《行动计划》相关要求，切实履行责任，落实项目和资金，积极采用环境污染第三方治理和合同能源管理模式，确保改造工程按期建成并稳定运行。中央企业要起到模范带动作用。地方政府和电网公司要统筹协调区域电力调度，有序安排机组停机检修，制定并落实有序用电方案，保障电力企业按期完成环保和节能改造。

（二）强化监督管理

各地要加强日常督查和执法检查，防止企业弄虚作假，对不达标企业依法严肃处理；对已享受超低排放优惠政策但实际运行效果未稳定达到的，向社会通报，视情节取消相关优惠政策，并予以处罚。省级节能主管部门会同国家能源局派出机构，对各地区、各企业节能改造工作实施监管。

（三）严格评价考核

环境保护部、发展改革委、国家能源局会同有关部门，严格按照各省（区、市）、中央电力集团公司燃煤电厂超低排放改造计划方案，每年对上年度燃煤电厂超低排放和节能改造情况进行评价考核。

环境保护部　发展改革委　能源局

2015年12月11日

关于公布《“十二五”主要污染物总量减排目标责任书》要求2015年完成的减排项目的公告

（国家环保部公告2015年 第22号）

为推进“六厂（场）一车”（火电厂、钢铁厂、水泥厂、污水处理厂、造纸厂、畜禽养殖场和机动车）重点减排工程建设，确保实现2015年度污染减排目标，现将国家《“十二五”主要污染物总量减排目标责任书》要求2015年完成的重点项目予以公布。

各地方、各有关单位要采取有效措施，加快项目建设，确保按时完成。欢迎社会各界和新闻媒体予以监督。

附件：《“十二五”主要污染物总量减排目标责任书》要求2015年完成的减排项目（略）

环境保护部

2015年4月15日

住房和城乡建设部政策文件

住房城乡建设部建筑节能与科技司2015年工作要点

2015年的建筑节能与科技工作，将按照党中央国务院关于建设生态文明、推进新型城镇化节能绿色低碳发展、应对气候变化及防治大气污染的总体要求，深入贯彻落实党的十八大、十八届三中、四中全会、中央城镇化工作会议精神，根据全国住房城乡建设工作会议部署，围绕住房城乡建设领域中心工作，充分发挥科技进步对住房城乡建设领域的支撑服务与引领作用，努力实现建筑节能与科技工作新发展新突破。

一、着力促进建筑节能与绿色建筑新发展

(一)发布我国建筑能效提升工程路线图，进一步提高新建建筑节能标准水平。到2015年，北方采暖地区普遍执行不低于65%的建筑节能标准，鼓励有条件的地区率先实施75%的标准;南方地区探索实行比现行标准更高节能水平的标准。开展超低能耗绿色建筑工程示范;做好新修订《公共建筑节能设计标准》的实施工作。完成“十二五”期间可再生能源建筑应用省级示范、城市可再生能源建筑规模化应用和以县为单位的农村可再生能源建筑应用示范验收。

(二)全面推进绿色建筑规模化发展。政府投资的办公建筑和学校、医院、文化等公益性公共建筑，东中部地区有条件的地级城市政府投资的保障性住房要率先执行绿色建筑标准。鼓励各地城镇新建建筑全面强制执行绿色建筑标准。加大新修订《绿色建筑评价标准》的宣传培训，推进绿色建筑标识评价管理方式改革;做好2015年度“全国绿色建筑创新奖”的评审发布。

(三)进一步扩大既有建筑节能改造规模。2015年全年完成北方既有居住建筑供热计量及节能改造1.5亿平方米;累计完成重点城市高耗能公共建筑节能改造1600万平方米。建立健全大型公共建筑节能监管体系，促使高耗能公共建筑按节能方式运行。继续做好省级能耗监管平台、节约型校园和医院建设及验收，扩大公共建筑节能改造范围与规模。

(四)大力促进绿色建材推广应用。出台《绿色建材评价标识管理办法实施细则》;组织研究《建筑工程绿色建材推广应用管理办法》。发布外墙保温材料等主要类别绿色建材评价技术导则，建立全国绿色建材评价标识管理信息平台。选取典型地区和工程项目，开展绿色建材产业基地和工程应用试点示范。组织建筑产业现代化适用技术研究，开展适用技术应用试点示范;鼓励钢结构、木结构建筑的积极推广与应用;支持和鼓励产业化龙头企业发展。

二、积极推进科技管理改革和新技术推广应用

(一)积极推进行业科技管理改革。按照国家科技体制改革要求，构建城乡建设行业科技管理体系;完成行业“十三五”科技发展规划并制定实施措施;继续做好国家科技支撑计划实施，完成“十二五”已下达项目的课题验收，做好新立项项目的启动工作，积极争取国家重点研发项目对新型城镇化建设科技发展的支持。印发2015年度部科技项目计划;发布住房城乡建设科技创新平台管理办法，加大科技成果行业应用推广力度。

(二)做好国家重大科技专项管理改革试点，提高管理水平。结合“水十条”、行业发展规划等重点工作，组织研究任务布局并编制“十三五”实施计划，积极推进水专项管理改革试点工作;做好“十二五”到期课题验收和在研课题监督评估;组织开展成果凝练、推广宣传和技术培训，为行业提供技术服务。完成“高分城市精细化管理遥感应用示范系统(一期)”项目科研和建设任务、示范地信息产品生产和验证，为行业遥感数据处理和服务能力提升提供支撑。组织开展“高分城市精细化管理遥感应用示范系统(二期)”项目立项工作。

(三)推动智慧城市试点取得新成效。组织实施国家科技支撑计划“智慧城镇综合管理技术集成与应用示范”项目，为智慧城市试点工作提供技术支撑。总结试点城市在城市规划建设管理信息化、城市网格化管理、城市市政公共设施智能化应用等方面经验，汇编典型案例集，开展重点领域的交流培训和推广。研究制定《深化拓展网格化管理，扎实推进智慧城市建设的指导意见》，促进“多网格合一”在城市管理中的应用。

三、充分发挥国际科技合作的示范引领作用

(一)强化超低能耗绿色建筑与建筑节能国际合作。继续扩大超低能耗绿色建筑国际技术合作和试点示范规模。

鼓励各地积极开展超低能耗绿色建筑国际合作，探索成片区大规模开展试点示范；总结已建成项目的成功经验，加强超低能耗绿色建筑技术国际交流与培训。与丹麦合作探索开展产能建筑以及既有建筑高标准节能改造试点。继续组织实施好世界银行/全球环境基金“中国城市建筑节能和可再生能源应用项目”以及能源基金会中国建筑节能项目。

（二）深化低碳生态城市国际合作。做好中美、中加、中德、中芬合作低碳生态试点城市落实，以及与瑞典合作的“生态城市发展后评估项目”，确保试点工作取得实质成效；执行好中欧低碳生态城市合作项目，启动中欧低碳生态城市交流平台，明确试点城市工作内容。组织好世界银行/全球环境基金“低碳宜居城市形态研究”，积极争取全球环境基金六期“城市可持续发展综合试点项目”。

（三）推进住房城乡建设领域应对气候变化工作。组织编制城市适应气候变化行动方案，开展城市适应气候变化试点，组织城市适应气候变化关键技术研究，举办城市适应气候变化国际研讨会。开展建筑领域碳交易机制相关研究。做好住房城乡建设领域应对气候变化宣传工作。

四、积极筹备开好全国建筑节能工作推进会

结合国家“十三五”发展战略目标和要求，在广泛深入调研基础上，通过会议明确未来一个时期建筑节能和绿色建筑的发展方向、实现路径以及推进措施；部署近期重点工作的目标、任务和计划，提出更加明确政策措施要求，着力解决发展中存在的突出问题；总结交流各地的发展经验。

交通运输部政策文件

交通运输部关于加快推进新能源汽车在交通运输行业推广应用的实施意见

各省、自治区、直辖市、新疆生产建设兵团交通运输厅（局、委）：

为深入贯彻落实《国务院办公厅关于加快新能源汽车推广应用的指导意见》（国办发〔2014〕35号，以下简称《指导意见》），加快推进新能源汽车在交通运输行业的推广应用，现提出以下实施意见：

一、总体要求

1. 深刻领会《指导意见》的精神实质。

新能源汽车作为战略性新兴产业，代表汽车产业的发展方向，发展新能源汽车，对我国改善能源消费结构、减少空气污染、推动汽车产业和交通运输行业转型升级具有积极意义。党中央、国务院高度重视新能源汽车产业发展，将发展新能源汽车确定为国家战略。《指导意见》针对我国新能源汽车发展现状，明确了推进新能源汽车发展的指导思想、基本原则、发展政策和保障机制，是加快新能源汽车推广应用的重要纲领。交通运输行业是新能源汽车推广应用的重要领域之一，是在公共服务领域推广应用的主力军，各级交通运输主管部门要认真学习领会《指导意见》的精神实质，认真进行贯彻落实。要以加快转变交通运输发展方式为主线，以服务绿色交通建设为目标，以优化交通运输能源消费结构为核心，创新推广应用模式、落实扶持政策、完善体制机制，加快推进新能源汽车在交通运输行业的推广应用。

2. 基本原则。

——坚持政策引导。完善和落实对新能源汽车推广应用的扶持政策，营造有利于新能源汽车在交通运输行业推广应用的政策环境，引导交通运输企业主动、更多选择新能源汽车。

——坚持市场主导。坚持企业的主体地位，发挥市场配置资源的决定性作用，创新推广应用模式，规范市场运行规则，努力降低新能源汽车购买、运营、维护、电池回收的全寿命成本，激发企业积极性，实现新能源汽车在交通运输行业的可持续应用。

——坚持重点推进。车型选择上，重点推广应用插电式（含增程式）混合动力汽车、纯电动汽车，积极推广应用燃料电池汽车，研究推广应用储能式超级电容汽车等其他新能源汽车。行业选择上，重点在城市公交、出租汽车和城市物流配送领域，并积极拓展到汽车租赁和邮政快递等领域。

——坚持因地制宜。在地方人民政府领导下，结合交通运输运营组织的实际情况和发展需要，做好新能源汽车技术选型论证及相关工作，积极稳妥地推进新能源汽车在交通运输行业的推广应用工作。

3. 总体目标。

至2020年，新能源汽车在交通运输行业的应用初具规模，在城市公交、出租汽车和城市物流配送等领域的总量达到30万辆；新能源汽车配套服务设施基本完备，新能源汽车运营效率和安全水平明显提升。具体体现在：

——应用规模显著扩大。新能源汽车占城市公交车、出租汽车和城市物流配送车辆的比例显著提升，充换电配套设施服务更加完善。公交都市创建城市新增或更新城市公交车、出租汽车和城市物流配送车辆中，新能源汽车比例不低于30%;京津冀地区新增或更新城市公交车、出租汽车和城市物流配送车辆中，新能源汽车比例不低于35%。到2020年，新能源城市公交车达到20万辆，新能源出租汽车和城市物流配送车辆共达到10万辆。

——使用效果显著提升。新能源汽车在交通运输行业的运营效率明显提升，纯电动汽车运营效率不低于同车长燃油车辆的85%。投入交通运输行业的新能源汽车可靠性显著增强，车辆故障率明显降低。

——可持续发展能力显著提升。新能源汽车在交通运输行业推广应用的法规政策和标准规范体系基本建立，可持续发展的机制比较完善；新能源汽车购买、运营、维护成本显著下降，交通运输企业购买使用新能源汽车的主动性明显增强。

二、主要任务

4. 加强规划引领。结合城市经济社会发展特点、城市交通发展和居民出行需要，将新能源汽车推广应用纳入城市公共交通规划和城市综合交通运输体系规划，明确新能源汽车推广应用目标、技术路线、重点任务和配套政策，并按照“适度超前、科学布局”的原则，提出充换电设施总量和布局需求。要积极配合有关部门，将必要的充换电设施纳入城市电力发展规划和城市电网的建设与改造规划。

5. 完善实施方案。按照“统筹规划、分步实施”原则，编制交通运输行业新能源汽车推广应用实施方案和年度实施计划，并合理确定车型和运力规模。鼓励集约化程度高、管理制度完善、运营规范的交通运输企业投资使用新能源汽车和建设充换电设施。根据新能源汽车技术特点、本地实际和运营需求，优化运营调度和设施布局，提高新能源汽车的运营效率。

6. 严格新能源汽车技术选型。结合本地城市交通通行和公交线网、出租汽车车型结构、城市物流配送通行管理状况，科学选择新能源汽车车型。新能源汽车必须符合国家有关技术标准，新能源公交车还应满足《公共汽车类型划分及等级评定》（JT/T888-2014），配置安全监控管理系统、电池箱专用自动灭火装置等安全设备；车辆内饰及地板阻燃性能符合国家和行业相关标准要求。新能源城市物流配送车辆还应满足《城市物流配送汽车选型技术要求》（GB/T29912-2013）。新能源汽车整车及关键部件（电机及其控制器、电池及管理系统、车载充电设备等）质量保证期不低于3年，并通过15000km可靠性检测；核定成员数不低于同车长燃油车辆的85%；动力电池系统总质量与整车整备质量的比值不大于20%，质保期内电池容量衰减率不超过15%，整车动力电池组循环寿命达到1000次以上。优先选择续驶里程长、可靠性高的新能源汽车，对纯电动公交车（超级电容、钛酸锂快充纯电动公交车除外），原则上应选择续驶里程不低于200km的汽车车型。鼓励新能源汽车生产企业研究开发适合交通运输运营组织需要的新能源汽车专用车型。

7. 推动完善充换电设施。积极争取城市人民政府支持，在旧城改造和新城规划建设时，结合城市公交车、出租汽车、城市物流配送和邮政快递车辆的实际需求，配合有关部门加快配套建设必要的充换电设施。在规划建设城市综合客运枢纽、公交枢纽、出租汽车运营站、城市物流配送中心和服务区、快递物流园区时，要根据需求配建快速充换电设施；在规划建设城市公交停车场、保养场、维修厂、出租汽车停车场时，要考虑配建“慢充为主、快充为辅”的充电设施。对现有城市公交、出租汽车、城市物流配送场站，符合配建条件的，结合实际需求，加快建设完善充换电设施。鼓励和支持社会资本进入交通运输行业新能源汽车充换电设施建设和运营、整车租赁、电池租赁和回收等服务领域。

8. 推动落实扶持政策。积极配合同级财政、税务等部门，做好车辆购置税优惠政策落实工作，在2014年9月1日至2017年12月31日间，对纯电动汽车、插电式（含增程式）混合动力汽车和燃料电池汽车免征车辆购置税。要积极配合同级财政、发展改革部门，制定本地区新能源汽车推广应用的支持政策，在新能源汽车购置补贴、贷款贴息、运营补贴、充换电基础设施维护、推广应用宣传及科研补助等方面给予必要的支持。要配合做好城市公交车成品油价格补贴政策改革，积极落实相关政策要求，将补贴额度与新能源公交车推广目标完成情况相挂钩，形成鼓励新能源公交车应用、限制燃油公交车增长的机制。积极配合有关部门，推动落实新能源汽车车船税优惠政策、消费税政策、充换电设施用地政策和用电价格优惠政策。

9. 完善新能源汽车运营政策。城市公交车、出租汽车运营权优先授予新能源汽车，并向新能源汽车推广应用程度高的交通运输企业倾斜或成立专门的新能源汽车运输企业。争取当地人民政府支持，对新能源汽车不限行、不限购，对新能源出租汽车的运营权指标适当放宽。

10. 创新推广应用模式。在交通运输行业研究完善新能源公交车“融资租赁”、“车电分离”和“以租代售”等多种运营模式。鼓励纯电动汽车生产企业或专门的充换电设施运营企业，推行纯电动公交车电池租赁；鼓励新能源汽车生产企业或融资租赁经营企业，推行新能源公交车整车租赁，降低公交企业一次性购买支出。

11. 加强安全和应急管理。督促相关交通运输企业落实安全生产主体责任，切实加强对所属驾驶员、乘务员和车辆的管理。加强新能源汽车运营安全监控，纳入城市交通智能化运营监控平台，并完善新能源汽车基础信息。督促相关交通运输企业在新能源公交车、出租汽车上加快安装实时监控装置，对车辆运行技术状态、充电状态、电池单体进行实时监控和动态管理，并建立新能源汽车运行数据采集和统计分析系统，为新能源汽车安全运行提供基础支撑。督促交通运输企业建立健全新能源汽车定期检查、维护和修理制度，加强新能源汽车技术管理，建立新能源汽车全生命周期运营档案。制定新能源汽车抛锚、运营周转不畅、恶劣天气、客流激增下的应急处置程序和措施，提高应急处置能力。

三、保障措施

12. 加强组织领导。按照各地新能源汽车推广应用工作联席会议制度的有关要求，主动作为，加强协调配合，推动细化新能源汽车在交通运输行业推广应用的支持政策和配套措施，形成多方合力，推进政策落实。紧密结合当地实际，加快制定交通运输行业贯彻落实《指导意见》的具体实施意见和行动计划，明确工作要求和时间进度，推进新能源汽车在交通运输行业的健康发展。

13. 加强法规制度和标准规范建设。积极推动城市公共交通、出租汽车和城市物流配送相关法规制度建设，为新能源汽车推广应用的方案编制、设施建设、车辆准入、驾驶员培训、安全管理和政策支持提供法制保障。加强新能源汽车推广应用技术支撑，研究制定新能源公交车、出租汽车、城市物流配送和邮政快递车辆技术准入和退出的标准规范、车辆和特有部件（电池等）维修服务规范等，建立完善新能源汽车使用环节的技术标准规范体系。

14. 加强技术保障。按照国家和行业有关标准要求，加强新能源汽车日常维护工作，保障车辆技术性能。加强城市公交线路布局、充换电设施配置、车线匹配等方面的研究，提高车辆运营效率。充分利用物联网、云计算等新技术，加强对新能源汽车运行数据的采集和分析，建立交通运输行业新能源汽车应用效果评估和反馈机制。积极协调有关部门，建立新能源汽车召回机制，及时召回故障率高，可靠性差的新能源汽车。引导新能源汽车生产企业加快建设售后服务体系，为新能源汽车正常运营提供及时高效的维修服务和必要的技术支撑。

15. 加强人才保障。重视发展职业教育和岗位技能培训，加大新能源汽车工程技术人员和专业技能人才的培养。开展对经营管理、车辆驾驶、维修保养、运营调度、应急管理等从业人员的专业技术培训，为新能源汽车的安全运营和管理提供人才保障。

16. 加强监督检查。各省级交通运输主管部门要加强对本辖区内各城市新能源公交车、出租汽车、城市物流配送车辆的推广应用情况的监督检查，全面评价推广应用目标完成情况、基础设施网络配套情况，并分别于每年6月底和12月底前向部报送新能源汽车推广应用情况（含分类保有量、分类新增数量及采取的主要措施）。部将适时组织对各省、自治区、直辖市在交通运输行业推广应用新能源汽车的情况进行监督检查。

17. 加强舆论宣传和引导。开展多层次、多样化的宣传活动，充分发挥媒体的舆论导向作用，大力宣传新能源汽车推广应用在环境改善、能源节约等方面的显著效果和重大作用。组织专家解读新能源汽车全寿命周期成本优势，提高公众对交通运输行业推广应用新能源汽车的认知度和接受度，形成有利于新能源汽车大规模推广应用的良好氛围。

交通运输部
2015年3月13日

国家林业局政策文件

林业适应气候变化行动方案（2016—2020年）

（国家林业局办公室2016年7月1日印发）

气候变化是人类共同面临的重大危机和严峻挑战，已经成为国际政治、外交、经济和生态领域的共同关切。应对气候变化应当减缓和适应并重。减缓气候变化是长期的艰巨任务，适应气候变化是更为现实的紧迫任务。林业是受气候变化影响最严重的领域之一，也是我国确定的适应气候变化的重点领域之一。做好林业适应气候变化工作对增强国家整体适应能力，维护生态安全、气候安全具有重大意义。

一、基本背景

（一）面临形势。联合国政府间气候变化专门委员会（以下简称“IPCC”）迄今发布了5次科学评估报告。在2008—2014年第五次评估期间发布了6份报告。其中，2012年发布的《管理极端事件和灾害风险，推进气候变化适应特别报告》是首部专门针对适应问题的科学评估报告，表明气候变化已对自然生态系统和人类生存发展产生了广泛而深远的影响，气候变化增温幅度的提高将加剧这种影响。2014年发布的IPCC第二工作组报告《气候变化2014：影响、适应和脆弱性》进一步确认了气候变化对社会经济系统、自然生态系统和人类生存发展带来的重大影响。研究表明，气候变化导致极端气候事件频发，生态系统受到威胁甚至会遭受不可逆转的损害，造成全球经济社会的重大损失。未来仅仅依靠生态系统自身的适应能力将不足以应对这些变化，需要通过主动适应措施帮助生态系统适应气候变化。2014年，联合国环境规划署发布的首份《全球适应差距报告》指出，发展中国家在2050年前每年适应成本据估算需要700—1000亿美元。《联合国2015年后发展议程综合报告》指出：“人类活动引起的二氧化碳排放是导致气候变化的最大促成因素，适应可以减少气候变化的风险和影响。”国际社会高度关注适应气候变化工作，不论发达国家还是发展中国家，都把适应作为应对气候变化的重要方面。德国、荷兰、比利时等发达国家都出台了适应气候变化国家方案。易受气候变化不利影响的发展中国家，特别是最不发达国家和小岛屿国家，尤为重视适应气候变化工作，采取了一系列适应政策举措。

我国气候条件复杂，生态环境整体脆弱，易受气候变化不利影响。研究表明，气候变化会引起温度、湿度、降水及生长季节等变化，进而对林业发展构成现实和潜在影响。主要包括：森林火灾发生频度和强度将加剧，林业有害生物发生范围和危害程度会加大;一些珍稀树种分布区和一些野生动物栖息地将缩小;气候变化将使湿地水文资源状况发生改变，导致湿地缺水、面积萎缩、生物多样性下降及生态功能减退;我国西部草原可能退缩，全国荒漠化和水土流失总面积将呈扩大趋势;气候变化还可能导致我国东部亚热带、温带地区植被北移，物候期提前，影响林业建设布局。2008年，发生在我国南方的大范围雨雪冰冻灾害致使森林资源遭受重大损失，反映了极端气候事件的严重危害，凸显了森林生态系统的脆弱性。减少气候风险，提升林业适应能力越发紧迫。

（二）存在问题。一是我国林业资源禀赋不足。我国森林覆盖率远低于全球31%的平均水平，人均森林面积仅为世界人均的1/4，人均森林蓄积只有世界人均的1/7;湿地率低于全球8.6%的平均水平，人均湿地面积仅为世界人均的1/5，湿地保护压力大、恢复难度大;雾霾天频现，沙尘暴多发，防沙治沙任务重;景观破碎化、物种濒危化加剧，生物多样性保护十分迫切。生态脆弱仍是我国的基本国情，生态产品短缺仍是突出短板，森林、湿地和荒漠生态系统对气候变化比较敏感，气候风险较大。二是林业适应气候变化工作基础薄弱。林业领域适应气候变化的意识普遍不高、能力相对薄弱、工作体系不够健全、人才队伍比较紧缺，各项工作亟待加强。

（三）编制依据。我国政府一直高度重视适应气候变化问题，先后出台了一系列重大举措。2007年发布的《中国应对气候变化国家方案》，明确了适应气候变化的重点领域和行动。2011年出台的国家“十二五”规划纲要，要求积极应对气候变化，增强适应能力，制定适应气候变化战略。2013年发布的《国家适应气候变化战略》，从战略层面对适应工作作出全面部署，明确了工作的重点领域和任务，要求编制部门适应气候变化方案，抓好贯彻执行。2014年出台的《国家应对气候变化规划》，专列一章，提出了林业等七大领域的适应气候变化工作。2015年发布的《中共中央 国务院关于加快推进生态文明建设的意见》（中发〔2015〕12号），进一步对适应气候变化工作作出安排。为深入贯彻落实中央要求，抓好林业适应气候变化工作，特制定本行动方案。

二、总体要求

（一）指导思想。以党的十八大和十八届三中、四中、五中全会及习近平总书记系列重要讲话精神为指导，以建设生态文明和美丽中国为总目标，以落实国家应对气候变化总体部署和适应气候变化战略要求为总任务，科学造林、科学保护、科学经营，加强监测预警、加强风险管理、加强队伍建设，全面提升林业适应气候变化能力，为促进低碳发展和建设生态文明作出新贡献。

(二)基本原则。一是坚持对接国家战略的原则。林业适应气候变化行动目标要与国家适应气候变化战略和规划相衔接，突出林业适应行动特点，支撑国家适应气候变化工作。二是坚持适应与减缓并重的原则。优先采取具有减缓和适应协同效益的措施。三是坚持趋利避害的原则。积极利用气候变化带来的有利因素，采取科学措施，最大程度规避各种可能风险，使林业资源开发利用最优化、损失最小化，促进林业可持续发展。四是坚持主动适应、预防为主的原则。加强监测预报预警，确立有序适应目标，从适应技术到适应政策，提高各个层面林业适应气候变化能力。五是坚持促进全社会广泛参与的原则。加强绿色低碳发展、应对气候变化的理念传播与宣传引导，普及林业适应气候变化政策与知识，提高公众意识，探索社会参与机制，努力构建良好的社会氛围。

(三)主要目标。到2020年，林木良种使用率提高到75%以上，森林覆盖率达23%以上，森林蓄积量达165亿立方米以上，森林火灾受害率控制在0.9‰以下，主要林业有害生物成灾率控制在4‰以下，国家重点保护野生动植物保护率达95%，湿地面积不低于8亿亩，50%以上可治理沙化土地得到治理，森林、湿地和荒漠生态系统适应气候变化能力明显增强。到2020年，林业适应气候变化工作全面展开，适应意识普遍提高，基础能力得到进一步加强，人才队伍初步建立，工作体系基本形成，服务国家适应气候变化工作的能力明显提升。

三、重点行动

(一)加快优良遗传基因的保护利用，大力培育适应气候变化的良种壮苗。加强林木种质资源的调查收集和保存利用，强化林木良种基地建设，开展树种改良研究和试验的技术攻关，加大林木良种选育和使用力度，科学培育适应温度和降水因子极端变化情况下保持抗逆性强、生长性好的良种壮苗，提高造林绿化良种壮苗供应率和使用率。

(二)适应气候条件变化，适地适树科学造林绿化。根据温度、降水等气候因子变化，适应物种向高纬度高海拔地区转移的趋势，科学调整造林绿化树种和季节时间。坚持因地制宜、适地适树，提高乡土树种和混交林比例，增加耐火、耐旱(湿)、耐贫瘠、抗病虫、抗极温、抗盐碱等树种造林比例，合理配置造林树种和造林密度，优化造林模式，培育健康森林。尤其是旱区造林绿化，要宜乔则乔、宜灌则灌、宜草则草、乔灌草结合，加快植被恢复，努力构建适应性好、植被类型多样的森林生态系统。

(三)运用近自然经营理念，积极推进多功能近自然森林经营。借鉴运用近自然森林经营理念和技术，加快研究适应气候变化的森林培育方向和经营模式，推进森林可持续经营。制定森林经营计划要综合考虑未来气候变化情景，尤其是极端天气情况。针对纯林多、密度不尽合理、林分退化及服务功能脆弱等问题，要结合气候变化因素科学开展森林抚育经营，优化森林结构，提高林地生产力和森林质量及服务功能，增强森林抵御自然灾害和适应气候变化能力。

(四)加强林业灾害监测预警，不断提升适应性灾害管理水平。考虑气候变化因素，建立和完善森林火灾、林业有害生物灾害及沙尘暴监测体系，利用遥感等现代手段开展森林状况监测，提升预报预警能力。深化林业灾害发生规律研究，加强灾害风险评估，重点研究评估洪涝、干旱、雪灾、冻雨、台风等气象灾害和滑坡、泥石流等地质灾害的发生条件及对林业的影响。加强灾害防治基础设施和应急处置能力建设，做好物资、技术储备，采取先进管理模式，提升林业灾害防治水平，控制灾害影响范围，防止次生灾害发生，努力降低灾害引发的损失。

(五)加强自然保护区建设和管理，严格保护生态脆弱区和相关物种。加强林业自然保护区建设和适应性管理，建立自然保护区网络及物种迁徙走廊，加强典型森林生态系统和生态脆弱区保护。提高野生动物疫源疫病监测预警能力，加大重点物种保护力度，拯救极小种群，优先保护种群数量相对较少、分布范围狭窄、栖息地割裂或生境破坏严重的陆生野生动植物，提高气候变化情景下的重要物种和珍稀物种的适应能力。强化景观多样性保护，推进森林公园建设，保护自然生态系统的原真性和完整性，努力构建完整的生态保护网络。

(六)加大湿地恢复力度，努力提升湿地生态系统适应气候变化能力。实施湿地恢复工程，开展重点区域湿地恢复与综合治理，优化湿地生态系统结构，增加湿地面积、恢复湿地功能、增强湿地储碳能力。加强湿地资源监测，加大湿地生态系统生物多样性保护，推进湿地功能退化风险评估。提升湿地生态系统适应气候变化能力。

(七)加快沙区植被恢复，努力提升荒漠生态系统适应气候变化能力。运用生物措施和工程措施，推进京津风沙源治理工程和沙化土地封禁保护区建设，加大岩溶地区水土流失和石漠化治理。加强沙区物种保护，开展沙区植被状况和荒漠化动态监测，加快沙化土地植被恢复进程。通过治理，改良土壤条件，提高植被更新条件，增加林草植被覆盖，增强荒漠生态系统适应气候变化能力。

(八)强化林业适应气候变化科学研究。深入开展林业适应气候变化的敏感性及其风险评估，加强森林、湿地、荒漠生态系统对气候变化的响应和适应规律研究。推进对历史时期气候状况与森林灾害关系的研究。开发适用的森林生态系统脆弱性评估工具，促进地方使用。推进林业适应气候变化能力评价指标体系研发，研究提出适应对策。应用和推广符合中国国情的林业适应气候变化技术，构建适应技术体系。加强林业适应气候变化的政策措施、成本效益与适应效果评价研究，不断提高科技支撑政策决策的能力。

(九)深化林业适应气候变化国际合作。建设性参加国际气候谈判和IPCC报告的研究、编写和评估，把握林业适应气候变化国际进程和发展趋势。积极推进双边和多边林业适应气候变化广泛务实合作，开展多渠道、多层次、多样化交流。促进发达国家向发展中国家提供开展适应行动在资金、技术及能力建设方面的支持，利用国际资源推动国内林业适应行动。引导和支持国内外企业、民间机构、非政府组织开展林业适应气候变化技术交流，

推进务实合作。

四、保障措施

（一）加强组织领导。各级林业主管部门要进一步提高对林业适应气候变化工作重要性和紧迫性的认识，将林业适应气候变化工作列入重要日程，加强组织领导，建立健全工作机制，落实责任单位。要加强部门合作，特别是要与发展改革、财政、气象等部门合作，形成林业适应行动的合力。各地要根据本地实际，制定具体的落实措施，确保本方案确定的林业适应行动扎实开展，取得实效。

（二）加大政策扶持。各级林业主管部门要把林业适应气候变化行动目标任务纳入“十三五”本级林业发展规划总体安排。要将林业适应与林业减缓工作有机结合，协同推进。要根据国家和地方规划，细化年度建设任务，制定分解落实方案，抓好贯彻执行和督导检查。要积极探索政策创新，完善多元投入机制，调动社会、企业和个人参与林业建设的积极性，努力构建林业适应气候变化政策保障体系。要推进建立服务林农林业灾害保险，探索调整支持灾害采伐政策。要多渠道筹集林业适应气候变化资金，保持资金投入的持续性和稳定性，确保适应工作经费需求。

（三）夯实基础能力。要加强森林火险预警体系和林业有害生物防控体系建设，加大森林防火道路、装备及林业有害生物测报站、检疫检查站等基础设施投入力度，为提高灾害处置能力提供基础保障。要开展森林、湿地、荒漠生态系统脆弱性评估所需数据和信息体系建设。

（四）加强宣传培训。要将适应列为林业应对气候变化培训重点，组织专题培训和研修，培养适应方面专门人才。要加大宣传力度，重点针对林业系统的干部职工开展气候变化相关知识普及和政策讲授，提高适应意识。要积极开展林业适应气候变化试点示范，总结推广试点经验。

中国气象局政策文件

中国气象局关于加强气候变化工作的指导意见

2016年1月

“十三五”是我国大力推进生态文明建设、转变经济发展方式、促进绿色低碳发展的重要战略机遇期，是国际社会应对气候变化制度建设和政府间气候变化专门委员会（IPCC）评估报告的新征程，也是中国气象局全面建设气象现代化的关键期。面对国内外应对气候变化新形势、新要求，气象部门迫切需要适应国家需求，找准定位、深化改革、提升能力。

“十三五”气候变化工作的发展思路：坚持应对气候变化基础性科技部门的定位和职责，紧扣国家需求，在为应对气候变化全链条提供科技支撑的同时，强化部门在气候变化科学、影响评估和决策支撑上的优势，以保障国家气候安全为目标，以强化气候变化适应和灾害风险管理为切入点，推进中国气候服务系统建设，全面提高应对气候变化决策支撑保障能力、气候变化科学研究水平和气候变化人才队伍素质。

未来五年，要着力在气候系统观测变量、基础数据建设、气候变化监测水平、气候变化模拟预估能力、气候变化机理研究等方面取得突破；完善适应国家优化能源结构所需的风能、太阳能资源评估和服务体系，实现气候可行性论证在城乡规划和重大工程建设中的有效应用；完成极端事件风险区划和灾害风险预警业务系统建设，初步建成中国气候服务系统，在国家和省级实现业务应用；基本满足内政外交的决策需求，服务于经济社会和生态文明建设的效益显著提高；国家-区域-省级分工协作的机制进一步完善，形成一批满足国际气候变化科学评估要求的科研成果和专家队伍。

《意见》提出5个方面18项重点工作。在围绕关键科学问题深入推进气候变化的规律研究方面，要推进科技开发与关键科学问题研究。在立足部门职责和传统优势紧抓基础性工作方面，要强化气候观测系统建设，加强气候变化监测数据研究，开展气候变化相关标准建设。在强化气候变化适应，保障国家气候安全方面，要大力提升灾害风险管理与极端事件应对能力，有序推进中国气候服务系统建设，面向行业和地方需求推进气候变化评估，围绕国家粮食安全做好涉农气象保障，围绕城市安全运行拓展适应服务，围绕海洋强国战略拓展涉北极和海岸带保护利用气象服务，围绕国家能源安全和重大工程建设推进气候资源开发利用和可行性论证。在强化决策支撑，多层面提高应对气候变化的社会共识方面，要做好国家气候变化专家委员会决策支撑工作，组织好IPCC新一轮评估报告有关工作，多层面开展气候变化科普宣传与培训。在深化改革推进部门内外的联合互动与队伍建设方面，要加强部门内的统筹协调与分工协作，深化中国气象局气候变化中心改革，强化部门与国际合作，增进协同创新，推进气候变化人才团队和激励机制建设。

地方政策文件

重庆市关于贯彻落实国家应对气候变化规划的意见

（渝府办发〔2015〕20号 重庆市人民政府办公厅2015年2月6日印发）

一、总体要求

(一)指导思想。按照中国特色社会主义“五位一体”总体布局要求，深入实施五大功能区域发展战略，牢固树立生态文明理念，着力优化产业结构和能源结构，转变经济发展方式;着力发展低碳城市，建设低碳社会;着力应对气候变化，增强防灾减灾能力;着力创新体制机制，激发改革活力，努力走符合国家要求、体现重庆特色的可持续发展道路。

(二)工作原则

一是坚持市场主导、政府引导。强化企业适应气候变化新要求的主体地位，激发全社会参与应对气候变化的活力。更好地发挥政府的引导作用，履行公共服务职能，规范市场秩序，营造良好环境.

二是坚持分类指导、形成合力。明确各功能区应对气候变化的重点任务和工作方向，促进全市发展一体化、区域发展差异化、资源利用最优化和整体功能最大化。

三是坚持统筹兼顾、综合平衡。统筹协调产业发展、能源节约、生态建设及环境保护，实现工作协同互补。

(三)主要目标

到2020年，全市单位地区生产总值二氧化碳排放比2005年降低45%以上，非化石能源占一次能源消费的比重达到15%，工业、建筑、交通、市政和公共机构等领域节能减碳取得明显成效，森林蓄积量达到12827万立方米。应对气候变化预测预警和防灾减灾体系更加完善，体制机制逐步健全，公众应对气候变化意识显著增强。努力建成西部地区绿色低碳发展示范城市和全国低碳发展先导示范区。

二、控制温室气体排放

(四)调整产业结构。实施各功能区产业禁投清单制，抑制高耗能行业过快增长。根据各区县(自治县)功能定位和资源环境承载能力，优化产业布局。完善开发区(园区)基础设施，鼓励企业入园发展。加快发展战略性新兴产业，提高服务业增加值比重。加快淘汰落后产能，运用节能低碳技术改造传统产业。引导产业集群化、链条化集聚，发展循环经济。推进大渡口区等老工业区搬迁改造和万盛经开区、南川区等资源型城市转型发展。

(五)优化能源结构。合理开发水电，稳步推进风电场建设，科学利用生物质(垃圾)能源、沼气，因地制宜利用太阳能和地热资源。推动页岩气规模化开发利用，鼓励发展天然气分布式能源系统。推进煤炭清洁高效利用、分级分质梯级利用，推进煤电节能减排升级与改造行动计划，提升燃煤电厂技术装备水平，鼓励煤矸石和劣质煤就地清洁转化利用。降低煤炭消费比重，逐步实施煤炭消费减量替代，提升天然气应用效率。深化区域电力合作，增强跨区域电力配置能力。

(六)构建低碳产业体系。实施节能技术改造，控制工业生产温室气体排放，支持利用非碳酸盐原料生产水泥，鼓励利用熔融炼铁技术促进铁－钢－轧一体化发展，推广铝、镁冶炼短流程工艺，开发和使用高性能、低消耗新型材料替代传统钢材。实施长江防护林、退耕还林、天然林保护、三峡库区生态屏障、城乡绿道等林业重点修复工程，开展中幼林抚育、低质低效林改造。增加农田和草坡碳汇，结合三峡库区消落区治理，探索增强适生植物固碳能力。推广低排放高产水稻品种，鼓励使用缓释肥、有机肥替代传统化肥，加强动物粪便管理。推广节电节油农业机械、渔船和农产品加工设备。开展低碳交通区域性试点，推广高速公路不停车收费系统，支持发展甩挂运输。推进船舶船型标准化，开展顶推船队研究。推进交通基础设施节电节气改造。

(七)建设低碳城市。全面实施《绿色建筑行动实施方案(2013－2020年)》，城镇新建建筑严格执行节能强制性标准，逐步执行绿色建筑标准。推进既有公共建筑和居住建筑节能低碳改造。推广水源热泵等可再生能源建筑应用技术，发展浅层地热能、太阳能等在建筑中的应用。大力推广应用绿色建材，建立绿色建材评价标识制度，积极推动建筑产业化示范。加快建筑节能监测体系和标准体系建设。推广应用节能和新能源汽车，发展船用、车用液化天然气。鼓励有条件的城镇生活垃圾填埋场开展填埋气体资源化利用。推进餐厨垃圾资源化利用。加大市政绿色照明改造力度。

(八)建设低碳社会。强化公共机构能源统计和监督考核，创建节约型公共机构示范单位，推广节能低碳技术、产品及合同能源管理。开展低碳饮食行动，推进餐饮点餐适量化。鼓励消费者购买节能低碳产品，引导大型超市设立低碳产品销售专区。开展低碳家庭创建活动，抵制过度包装，鼓励购买绿色住宅和低碳装饰材料，做好城市生活垃圾分类。提倡绿色出行，支持购买节能环保汽车。倡导公众参与造林增汇活动。开展“低碳进校园”“低碳进企业”“低碳进社区”等活动。

(九)推进低碳试点。开展低碳城市试点，完成国家下达各项试点任务。支持双桥经开区、璧山工业园区建设国家级低碳工业园区，争取更多园区纳入国家试点。开展低碳社区、商业机构、小城镇试点，到2020年创建50个以上低碳试点社区、开展30个以上低碳商业机构试点，推进巴南区木洞镇绿色低碳重点小城镇试点示范。争取国家资金支持，实施高排放产品节约替代、工业生产过程温室气体控排以及碳捕集、利用和封存等减碳示范工程。开展林业碳汇工程试点，建立碳汇监测和计量机制。

三、适应气候变化影响

(十)提高城乡基础设施适应气候变化能力。在城乡规划建设中充分考虑气候变化的影响，合理布局建筑、公共设施、道路、绿地、水体等功能区，高海拔地区城镇管线设施充分考虑耐寒、耐冰冻需要，都市区要控制城市热岛效应。加强气象服务，完善灾害监测预警和应急响应系统。

(十一)提高经济发展适应气候变化能力。加快城市发展新区缺水地区、大生态区山区水利设施建设，大力发展节水农业。引进和培育高光效、耐高温和耐旱作物。加强气候变化诱发的农作物病虫害、动物疫病防控。积极推行农业灾害保险。开展湿地保护与恢复。提高旅游业适应气候变化能力，及时发布景区气候风险信息，制定应急预案，完善安全导引系统。加强对受气候变化威胁的风景名胜资源以及濒危文化和自然遗产保护。针对夏季高温热浪频发，强化职业劳动防护，完善相关疾病救治设施。

四、完善政策机制和能力建设

(十二)健全政策体系。按照国家统一部署，制定“十三五”节能降碳工作方案和适应气候变化实施方案。制定完善碳排放权交易、低碳产品认证以及低碳工业园区、低碳商业、绿色低碳小城镇、低碳社区试点等政策。加大投入，争取中央财政资金和安排市级财政资金支持应对气候变化重大项目建设。落实节能环保、生态建设、可再生能源等相关政策。继续推进碳排放权交易试点，培育壮大碳排放权交易市场，有序发展碳金融，积极纳入全国碳排放权交易体系。结合碳排放总量控制，探索重点企业碳排放许可证制度。鼓励市场主体开展温室气体自愿减排交易，推动重庆联交所建设国家级区域性温室气体自愿减排交易中心。推动低碳产品认证，争取重庆市优势产品低碳评价标准上升为国家标准。

(十三)增强应对能力。建立年度温室气体清单编制和报告制度，健全应对气候变化统计指标体系，完善重点领域温室气体排放基础统计。结合碳排放权交易试点，建立重点企(事)业单位碳排放核算报告和核查制度。依托低碳工业园区、低碳社区、低碳商业、低碳产品认证等试点，完善相关统计核算体系。建立市级、区县、企业温室气体排放数据信息库。建立节能低碳产品信息发布和查询平台。依托高等院校、科研机构和相关企业，加强人才队伍建设。支持开展气候变化基础研究，加快研发重点领域适应气候变化新技术，落实《重庆市应对气候变化科技专项行动纲要》。建立年度工作推进机制，将单位地区生产总值二氧化碳排放降低目标纳入区县(自治县)经济社会发展实绩考核内容，市政府督查室加大督促检查力度。各区县(自治县)政府、市政府有关部门和有关单位要明确和落实责任分工，采取有效措施，扎实推进工作。

江苏省政府办公厅关于推进海绵城市建设的实施意见

各市、县（市、区）人民政府，省各委办厅局，省各直属单位：

为修复城市水生态，涵养水资源，增强城市防涝能力，提升城市规划建设管理水平和新型城镇化质量，促进人与自然和谐发展，根据中央城市工作会议的部署要求和《国务院办公厅关于推进海绵城市建设的指导意见》（国办发〔2015〕75号），紧密结合江苏实际，现就推进我省海绵城市建设提出如下实施意见。

一、统一对推进海绵城市建设的思想认识

海绵城市是指通过加强城市规划建设管理，充分发挥建筑、道路和绿地、水系等生态系统对雨水的吸纳、蓄渗和缓释作用，有效控制雨水径流，实现自然积存、自然渗透、自然净化的城市发展方式。党中央、国务院对海绵城市建设高度重视，习近平总书记、李克强总理多次提出明确要求。近年来，我省各地、各有关部门认真贯彻中央关于新型城镇化和水安全战略的部署要求，在有效防治城市内涝、保障城市生态安全等方面积极探索实践，取得了一定成效。但从总体上看，城市建设仍存在“重地上轻地下”“重工程手段轻自然方法”等传统思维，城市排水设施目标单一、标准不高、系统不全、风险应对能力不足，难以从根本上解决城市内涝、水体黑臭、初期雨水地表径流污染等问题。推进海绵城市建设，通过绿色生态方法与灰色基础设施的有效结合，充分发挥城市水体、绿地、道路、建筑及设施等对雨水的吸纳、蓄渗、净化和缓释等作用，能够平衡城市建设与水生态环境的关系，实现城市防洪排涝能力综合提升、径流污染有效削减、雨水资源高效利用，实现小雨不积水、大雨不内涝、水体不黑臭、“热岛效应”有缓解的目标，同时，可以扩大公共产品有效投资，促进经济增长。各地、各有关部门要进一步深化认识、转变观念，强化责任意识，加大工作力度，以开拓创新的精神和求真务实的作风，大力科学推进海绵城市建设。

二、明确推进海绵城市建设的总体要求

（一）指导思想。深入贯彻落实习近平总书记视察江苏重要讲话精神，把海绵城市理念贯穿于城市规划建设管理的全过程，按照“节水优先、空间均衡、系统治理、两手发力”的总体思路，坚持规划引领、源头减排、过程控制，坚持试点先行、示范引路、点面结合、整体提升，统筹“绿色”和“灰色”基础设施建设，综合提升城市防洪排涝和供水保障能力，着力改善城市水生态环境，构建良性水循环系统，让城市更加绿色、生态、宜居，实现社会和环境可持续发展，为“迈上新台阶、建设新江苏”提供有力保障。

（二）基本原则。一是生态优先，自然调蓄。城市规划建设遵循人水和谐的理念，最大限度地保护山水林田湖生命共同体，优先利用河湖水系、自然山体和园林绿地系统，优先采用生态措施，提升城市水循环系统的自然调蓄和自然涵养能力。二是因地制宜，科学规划。发挥城市规划的引领约束作用，综合考虑自然地理条件、水资源状况、排水设施现状、经济社会发展水平等因素，将海绵城市建设要求纳入城市规划，科学划定“蓝线”和“绿线”，加强规划管控，因地制宜确定海绵城市建设目标和具体指标，通过城市规划管理手段有效落实。三是分类推进，有序实施。坚持集约节约、经济适用、新老结合、统筹推进，新区建设和新建项目按照海绵城市建设要求系统实施，既有建成区结合旧城改造有序推进，做到功能性、经济性、实用性有机统一，防止盲目推进、避免形象工程。四是政府引导，社会参与。发挥市场配置资源的决定性作用和政府的调控引导作用，加大政策支持力度，营造良好发展环境；积极推广政府和社会资本合作（PPP）、特许经营等模式，吸引社会资本广泛参与海绵城市建设。

（三）目标任务。2016年年底前，所有市、县（市）完成海绵城市建设实施方案制定工作，建立海绵城市工程项目储备制度，形成切合实际的技术标准规范。2017年年底前，省辖市结合城市建设需求，在市区范围内至少建成一处具有一定规模的综合示范区，县（市）建成一定数量的示范项目，全省形成一批在全国有影响的试点城市、示范区域、示范项目。到2020年，全省城市建成区20%以上的面积达到海绵城市建设目标要求，70%以上的雨水得到有效控制，面源污染得到有效削减，海绵城市建设走在全国前列。到2030年，城市建成区80%以上的面积达到海绵城市建设目标要求。

三、落实海绵城市建设重点措施

（一）加强城市自然水系统保护与生态修复。强化城市空间开发利用管控，科学确定城市开发边界、开发强度和生态保护空间，严格城市蓝线、绿线管理，恢复或保持坑塘、河湖、湿地等水体自然形态，禁止填湖填河造地、非法圈圩和非防洪建设需要的截弯取直、河道硬化等破坏水生态环境的建设行为，保护好山水林田湖自然本底。优化城乡空间结构，加强各专项规划间的协调与融合，构建城乡一体、区域联动的空间格局，夯实海绵城市生态基底。新建项目一律不得违规占用水域，土地开发利用按照有关法律法规和技术标准要求，留足河道、湖泊和滨江地带的管理和保护范围，非法挤占的应限期退出。加强水系沟通，严禁随意填埋水体，有条件的地区要逐步改造渠化河道、恢复已覆盖的水体。重视滨水绿廊建设，强化河湖水体和岸坡生态化处理。加强河道整治，通过雨污分流、控源截污、河道疏浚和补水活水等措施改善河道水质，增强调蓄和行泄能力。

（二）提升园林绿地调蓄与净化雨水的功能。把构建海绵型绿地系统列入园林城市、生态园林城市创建内容，围绕绿网、水网、路网的有机融合，在满足生态、景观、游憩等要求基础上，更好地发挥城市绿地系统调蓄、净化雨水等功能。结合周边水系、道路、市政设施等，统筹开展城市公园绿地竖向设计。公园绿地在消纳自身雨水径流的同时，尽可能为周边区域提供雨水滞留、缓释空间；尽量减少硬质铺装，步行系统、停车场等宜采用透水铺装；结合公园的布局和生态景观等要素，因地制宜建设人工湿地、雨水花园、下凹式绿地、植草沟等，提升公园绿地滞蓄、净化雨水的能力。各地要充分利用植物园和苗圃基地，开展试验与研究，选育和储备适合本地生长、生态和景观效益良好的水生植物和耐水湿植物。省园艺博览会要积极为海绵型公园绿地建设提供样板和示范。

（三）建设海绵型道路和广场。转变道路、广场建设理念，变快速汇水、排水为分散就地吸水，提高城市道路、广场对雨水的渗、滞、蓄能力。新建道路的绿化隔离带和两侧绿化带要因地制宜采用下凹式绿地、植草沟等形式，采取不设道路侧石或在道路侧石预留雨水蓄滞通道等措施，增加道路绿地雨水吸纳能力。在新建城市道路的非机动车道、人行道和广场、停车场设计和施工中，推广使用透水技术，采用可透水材料、可下渗结构等，切实增加透水性。城市广场要根据实际情况采用下沉式结构或配套建设雨水调蓄设施，最大程度减缓雨水径流。按照低影响开发控制目标要求，有计划对既有道路、广场实施海绵化改造。

（四推进海绵型地块建设。新建住宅小区要按照低影响开发要求规划建设雨水系统；推广建筑雨水收集利用和屋顶绿化技术。小区室外步行道、停车场应采取透水铺装。鼓励住宅小区绿地采用雨水花园等形式规划建设蓄存雨水的景观水体或相应设施。政府投资建设的保障性住房和棚户区改造项目要率先落实海绵型住区建设要求。在城市低洼易淹易涝区和老旧小区改造过程中，要同步考虑海绵城市建设技术与排水设施能力建设。机关、学校、医院、文化体育场馆、交通场站和商业综合体等各类大型公共项目建设，要率先践行生态优先的海绵城市建设理念，尽量减少建筑和广场的硬质铺装面积，推广使用透水铺装、屋顶绿化、下凹式绿地和下沉式广场。规划用地面积超过2万平方米的新建建筑物要配套建设雨水收集利用设施。鼓励工矿企业和工业厂区根据实际情况采用透水铺装、建设下凹式绿地或雨水花园，有条件的要建设雨水收集、蓄存和利用设施。借鉴海绵城市建设理念，结合重点中心镇、综合规划建设示范镇等示范试点，统筹运用工程和绿色生态措施，因地制宜规划建设海绵型小城镇。

（五）提高城市排水系统能力。在推进海绵城市建设过程中，既要注重绿色基础设施建设，增强就地吸纳雨水能力，又要全面推进城市排水防涝设施达标建设，加快易淹易涝片区改造，实施雨污分流，完善城市排水管网、排涝泵站和排涝河道等基础设施，加强排水管网养护和城市内涝灾害风险排查，开展城市内涝灾害风险预警，全面提升城市整体排水防涝能力。加强城市排水系统与城市外围防洪排涝体系的衔接；结合流域、区域治理，积极推进江河湖库水系连通和岸线生态整治，加强堤防、涵闸、泵站、蓄滞场所的管护和能力提升。严格控制初期雨水污染，排入自然水体的雨水须经过岸线净化；加快建设和改造水体沿岸截流干管，控制渗漏和合流制污水溢流污染。根据雨水利用、排水防涝等要求，科学布局建设雨水调蓄设施。

四、营造海绵城市建设良好环境

（一）落实城市政府责任。城市人民政府是推进海绵城市建设的责任主体，要把海绵城市建设纳入生态文明建设和民生实事工程，加强组织领导，搞好统筹协调，强化监督检查，落实建设任务。各市、县（市）要抓紧编制海绵城市建设实施方案，经同级人民政府批准后报省住房城乡建设厅备案。

（二）建立部门联动机制。各有关部门要主动适应海绵城市建设系统性、综合性和创新性的要求，密切合作，高效联动，形成推进合力。住房城乡建设部门负责牵头推进海绵城市建设；发展改革部门要积极争取国家专项建设基金支持海绵城市建设；财政部门要积极推进PPP模式，并加大公共财政对海绵城市建设的支持力度；水利部门要加强对海绵城市建设中水利工作的指导和监督；科技部门要重点支持海绵城市建设关键技术研发；气象部门要为海绵城市建设提供气象保障服务；规划、国土、环保、交通、园林、价格等部门要按照职责分工，协同推进海绵城市建设各项工作。

（三）完善政策标准体系。加强海绵城市技术研究和标准体系建设，省住房城乡建设厅抓紧研究制定海绵城市建设技术导则、指标体系、检测评价方法等技术标准。各地、各部门要按照海绵城市建设要求，修订完善城市水系、公园绿地、市政设施管理和道路交通管理等地方性政策规章。鼓励有实力的科研设计单位、施工企业、制造企业与金融资本相结合，组建具备综合业务能力的企业集团或联合体，采用总承包等方式统筹组织实施海绵城市建设相关项目，发挥整体效益。

（四）广泛筹集建设资金。各级政府要统筹城市建设维护税、土地出让收益等财政资金，加大对海绵城市建设的投入力度；在城市建设规划和年度建设计划中，优先安排海绵城市建设项目，并纳入地方政府采购范围。省级城镇基础设施建设引导资金支持海绵城市试点示范和技术标准规范的研究制订。创新投融资机制，区别海绵城市建设项目经营性与非经营性属性，因地制宜推广运用政府与社会资本合作（PPP）模式，建立政府与社会资本风险分担、收益共享的合作机制，采取明晰经营性收益权、政府购买服务、投资补贴等多种形式，鼓励社会资本参与海绵城市建设和经营管理。支持符合条件的企业通过发行企业债券、公司债券、资产支持证券和项目收益票据等募集资金，用于海绵城市建设项目。借鉴发达国家的成功经验，探索研究雨水排放许可管理和收费制度。

（五）强化典型示范培育。组织开展海绵城市省级试点示范工作，抓好试点城市和示范项目建设，充分发挥示范引领作用。省住房城乡建设厅负责省级试点城市和示范项目的申报、组织管理、考核验收等工作，申报国家级海绵城市试点城市原则上从省级试点城市中择优推荐。各地要整合本地区相关力量，加强工作研究，结合工程实践总结提炼工作经验；开展适宜技术研发，完善标准体系，培养技术和服务人才队伍，为推进海绵城市建设提供技术支撑。强化试点示范项目运行管理，建立健全长效管护机制，做好跟踪监测和评估考核，确保发挥功能效益。

（六）建立考核激励机制。将海绵城市建设纳入全省生态文明建设体系，对各级政府和相关部门进行考核，并将考核结果作为评价各级政府、部门和领导干部工作实绩的重要内容。省住房城乡建设厅会同有关部门研究制定海绵城市规划建设管理工作考核办法，定期对工作进展情况进行考核评估并予以通报。修订完善生态城市、江苏人居环境奖等创建评价指标体系，将海绵城市建设目标纳入创建要求。加强宣传引导，提高公众对海绵城市建设重要性的认识，鼓励公众积极参与，营造良好工作氛围。

江苏省人民政府办公厅

2015年12月31日

上海市人民政府办公厅关于贯彻落实《国务院办公厅关于推进海绵城市建设的指导意见》的实施意见（节录）

（沪府办〔2015〕111号）

一、总体要求

（一）工作目标

到2020年基本实现以下目标：

1.基本形成生态保护和低影响开发雨水技术与设施体系。绿地系统、建筑与小区、道路与广场、排水系统等新建、改建工程，应达到海绵城市建设规划有关目标和指标，试点区域年径流总量控制率不低于80%。

2.基本形成完善的排水防涝体系。采取蓄排结合措施，逐步提高城市排水防涝标准，全市城镇建成区雨水排水系统不低于1年一遇标准，中心城建成区20%以上的雨水强排系统达到规划新标准要求。

3.基本形成初期雨水污染治理体系。新建和改建地区年径流污染控制率分别不低于80%和75%，全市建成区基本消除黑臭水体、基本消除丧失使用功能（劣于V类）水体，试点区域河道水体基本达到《上海市水（环境）功能区划》标准，提升本市11座雨水调蓄池和分流制排水系统初期雨水截流设施的运行效能，苏州河沿线区域面源污染得到有效控制。

（二）基本原则

1.转变理念、注重生态。综合采取“渗、蓄、滞、净、用、排”等措施，最大限度地减少城市开发建设对生态环境的影响，合理控制城市下垫面上的雨水径流，统筹解决城市发展中面临的水生态、水环境、水安全等问题。

2.规划引领、统筹实施。充分发挥规划引领作用，科学划定蓝线和绿线，注重竖向设计，合理规划布局各类低影响开发雨水设施。各类低影响开发雨水设施应与建设项目主体工程同步设计、同步施工、同步验收、同步投入使用。

3.部门联动、合力推进。海绵城市建设是一项综合性系统工程，全市各级住房城乡建设管理、发展改革、规划土地、财政、水务、环保、交通、绿化市容等部门要统筹联动，紧密合作，做到“规划一张图、建设一盘棋、管理一张网”。

4.政府引导、社会参与。发挥市场配置资源的决定性作用和政府的调控引导作用，加大政策支持力度，营造优良发展环境。主动推广政府和社会资本合作（PPP）、特许经营等模式，吸引社会资本广泛参与海绵城市建设。

二、加强规划引领

（一）科学编制规划

编制城市总体规划时，要体现海绵城市建设理念，将年径流总量控制率、年径流污染控制率、绿地率、河面率和雨水资源利用率等指标纳入规划指标体系。编制控制性详细规划时，要落实城市总体规划关于海绵城市建设的目标、指标和要求，将控制指标落实到规划地块，为雨水调蓄设施、调蓄隧道和行泄通道等设施预留规划空间，划定蓝线和绿线，有效保护河湖水系、绿地湿地林地等生态空间。编制城市水系、排水防涝、绿地和道路交通等专项规划时，要落实海绵城市建设指标体系中的目标、指标和要求，确保各行业系统按规划落实海绵城市建设。

（二）严格实施规划

将海绵城市建设指标和要求纳入建设用地条件和“一书两证”（选址意见书、建设用地规划许可证、建设工程规划许可证）审核范围。对尚未出让或划拨的地块，除满足现有绿地率、容积率等硬性指标外，还应满足规划中确定的海绵城市建设的指标要求。针对已经出让或划拨，但尚未建设的地块，原则上在本意见实施之日起，在地块的规划、设计和建设中应按规定落实海绵城市建设指标要求。建立健全在工程项目建议书、可行性研究、初步设计和施工图设计等阶段审查海绵城市指标是否达标的制度，并将此作为发放施工许可证的基础材料。加强项目施工和竣工验收监管，将低影响开发雨水设施纳入施工监理范围和竣工验收重点内容，健全雨水设施质量检验、检测制度，健全海绵城市工程有效合理使用的监督制度。

（三）完善标准规范

结合本市“三高一低”（地下水位高、土地利用率高、不透水面积高、土壤入渗率低）的实际，着力构建一套适用于上海特点的南方地区海绵城市建设的技术标准体系。结合本市海绵城市建设目标要求，编制相关工程建设标准图集和技术导则，指导本市海绵城市建设工作。

三、统筹有序建设

在本市郊区新城、六大重点功能区域、五大转型区域（高桥、桃浦、吴淞、南大、吴泾等区域）、成片开发区域和郊野公园全面落实海绵城市建设要求。建成区要结合旧区改造、“城中村”改造、城市更新、老旧工业区改造、道路改造、排水系统提标改造等因地制宜推进海绵城市建设。

（一）推进绿地系统建设

进一步加强绿化建设，确保建成区绿地率不低于34%。对照规划要求，新建和改建绿地应加强雨水利用和调蓄，鼓励已建绿地进行雨水利用和调蓄。城市公园绿地应结合周边水系、道路、市政设施等综合考虑竖向设计，因地制宜采用雨水花园、下凹式绿地、植草沟和小微湿地等；公园绿地内步行系统、广场和停车场等硬质铺装应采用透水材料，新建和改建项目透水铺装率分别不低于50%和30%；提升公园绿地对自身雨水径流的消纳和净化能力，并为周边区域提供一定的雨水滞留、缓排空间。支持在郊野公园建设中设置区域排水防涝应急场所。支持屋顶绿化和垂直绿化等立体绿化建设，绿色屋顶率不低于30%，研究立体绿化建设支持政策。

（二）推进海绵型建筑与小区建设

支持新建建筑采用绿色屋顶，鼓励有条件的既有建筑进行绿色屋顶改造。减少建筑与小区的硬质铺装面积，鼓励建筑与小区的非机动车道路、广场、停车场和运动场等采用透水铺装，硬化面积达1公顷及以上的地块应按照不低于250立方米/公顷的标准配建雨水调蓄设施。鼓励雨水调蓄设施与绿地、水体的建设相结合。鼓励建筑与小区开展雨水收集利用。

机关、学校、医院、文化体育场馆、交通场站和商业综合体等各类大型公建，要率先践行海绵城市建设理念，规划用地面积2公顷以上的新建建筑物要配套建设雨水收集利用设施。鼓励工业园区因地制宜采用绿色屋顶、下凹式绿地和透水铺装等，有条件的可建设雨水收集、蓄存和利用设施。

（三）推进海绵型道路与广场建设

道路纵、横坡设计应与道路绿化隔离带海绵化建设相协调，支持结合道路绿化隔离带建设生态树池、植草沟、雨水花园和雨水调蓄设施。支持新建或改建的城市立交、快速路等高架道路采用透水沥青铺装以减少路表径流、提高行车舒适性与安全性，新建和改建高架道路的透水铺装率分别不低于70%和50%；鼓励地面轻型荷载道路试点采用透水沥青路面；高架或地面道路雨水排放设计应与其附近的绿地设计统筹考虑，加强对雨水的收集、渗滞蓄、净化和回用。城市广场宜因地制宜采用透水铺装、下沉式结构或配套建设雨水调蓄设施，鼓励既有城市广场实施海绵化改造。人行道、步行街和停车场建设应优先采用透水铺装，鼓励对有条件的既有人行道、步行街和停车场进行透水改造，新建和改建人行道的透水铺装率分别不低于50%和30%；鼓励专用非机动车道、步行街采用透水铺装，新建和改建专用非机动车道的透水铺装率分别不低于40%和20%，新建和改建步行街的透水铺装率分别不低于70%和50%。

（四）不断提高城市排水防涝体系能力

加大城市排水防涝设施建设力度。统筹考虑排水系统提标、水环境治理和内涝防治的要求，一次规划，分期实施，中心城消除建成区排水系统空白，郊区结合城镇建设同步开展排水系统新建和完善。适时启动苏州河段深层排水调蓄管道系统工程，实现苏州河沿线排水系统的标准提高和径流污染控制。加强管网和河网的统筹协调，落实上海市骨干河道布局规划，提高骨干河道输排水能力；按照全市河面率不低于10.5%的要求，加快推进河网水系整治，进一步提高河网调蓄能力，进一步提高河道生态岸线比例；加强中心城和各水利控制片除涝能力的达标建设，合理控制河道水位，既为管网排水创造条件，也为雨水滞蓄提供足够空间。

加强城镇径流污染控制措施实施力度。支持推广道路雨水口污物拦截装置，尽量减少地表径流产生的非溶解性污染物进入管道。加强对地面道路清扫，提高管道养护管理水平，及时清除管道内淤泥。新建区域必须采用分流制排水系统，必须同步实施雨污水管道建设，对于污水近期没有出路的地块，严禁开发建设；加快推进建成区排水系统雨污混接改造，新建住宅小区应严格雨污分流，支持住宅阳台设置污水管，鼓励有条件的既有建筑进行雨污分流改造。结合排水系统新建与提标改造，加强初期雨水污染控制。

加强城市排水防涝信息化建设。健全和提升城市内涝预警和综合管控平台，全面加强海绵城市规划、建设和管理的信息化水平和应急预警能力，增强规划、建设和运行管理的科学性。

（五）推进海绵型村镇建设

借鉴海绵城市建设理念，因地制宜推进本市村镇建设。村镇建设要与周边水林田湖等自然生态环境有机结合，强调运用低成本和自然生态方法提高村镇雨水吸纳和排放能力。结合全市小城镇建设、历史文化名镇名村和传统村落保护发展、美丽乡村建设等，综合运用绿色生态工程措施，探索推进海绵型村镇建设。

四、完善支持政策

（一）创新建设运营机制

创新投融资模式，制定符合海绵城市建设特点的投融资政策，重点研究制定政府与社会资本合作（PPP）的政策机制，积极引导社会资本参与。研究雨水超额排放收费机制。鼓励有实力的科研设计单位、施工企业、制造企业与金融资本相结合，组建具备综合业务能力的企业集团和联合体，采用总承包等方法统筹组织实施海绵城市建设相关项目，发挥整体效应。

（二）加大政府投入力度

市、区县两级政府进一步加大海绵城市建设资金投入力度。整合现行资金保障支持政策，聚焦海绵城市试点区域建设，研究支持海绵城市试点区域建设的资金政策。研究建立海绵城市建设项目绩效考核制度和按绩效付费制度，确保能够科学客观考核海绵城市建设绩效情况。

（三）完善支持政策

各有关方面要将海绵城市建设作为重点支持的民生工程，充分发挥开发性、政策性金融作用，鼓励相关金融机构主动加大对海绵城市建设的信贷支持力度。鼓励银行业金融机构在风险可控、商业可持续的前提下，对海绵城市建设提供信贷支持。研究出台支持海绵城市建设的规划土地、住房城乡建设管理、财政、水务、环保、交通、绿化市容等领域配套政策措施。

五、加强组织保障

（一）加强组织领导。本市建立海绵城市建设推进协调联席会议制度，市政府分管领导任召集人、市有关部门为成员单位。联席会议下设办公室，办公室设在市住房城乡建设管理委，具体负责统筹协调、组织推进本市海绵城市建设工作。市住房城乡建设管理、发展改革、规划国土、财政、水务、环保、交通、绿化市容等部门按照职责分工，各司其责，共同做好海绵城市建设相关工作。各区县政府是海绵城市建设的责任主体，要把海绵城市建设提上重要日程，完善工作机制，统筹规划建设，抓紧启动实施。

（二）鼓励先行先试。“十三五”期间，各区县建设不少于1个海绵城市建设试点区域，中心城区试点区域面积不宜小于1个雨水排水系统面积，其他区域不低于2平方公里。鼓励有条件地区先行先试，并按要求申报国家海绵城市建设试点，尽快形成一批可推广、可复制的示范项目，经验成熟后及时总结宣传、有效推开。各区县结合地块开发和区域改造，落实海绵城市建设指标要求，编制试点区域海绵城市建设规划、实施方案和行动计划，积极推进试点区域海绵城市建设。

本意见自2016年1月1日起实施，有效期至2020年12月31日。

上海市人民政府办公厅

2015年11月11日

规划方案

环保“领跑者”制度实施方案

（财政部、国家发展改革委、工业和信息化部、环境保护部2015年6月25日印发）

环保“领跑者”是指同类可比范围内环境保护和治理环境污染取得最高成绩和效果即环境绩效最高的产品。实施环保“领跑者”制度对激发市场主体节能减排内生动力、促进环境绩效持续改善、加快生态文明制度体系建设具有重要意义。为贯彻落实《环境保护法》、《大气污染防治行动计划》（国发〔2013〕37号）、《中共中央国务院关于加快推进生态文明建设的意见》（中发〔2015〕12号）和《水污染防治行动计划》（国发〔2015〕17号）的有关要求，制定本方案。

一、基本思路

建立环保“领跑者”制度，以企业自愿为前提，通过表彰先进、政策鼓励、提升标准，推动环境管理模式从“底线约束”向“底线约束”与“先进带动”并重转变。制定环保“领跑者”指标，发布环保“领跑者”名单，树立先进典型，并对环保“领跑者”给予适当政策激励，引导全社会向环保“领跑者”学习，倡导绿色生产和绿色消费。

二、环保“领跑者”的基本要求

综合考虑产品本身的环境影响、市场规模、环保潜力、技术发展趋势以及相关环保标准规范、环保检测能力等情况，面向大气、水体、固体废弃物及噪声污染源头削减，选择使用量大、减排潜力大、相关产品及环境标准完善、环境友好替代技术成熟的产品实施环保“领跑者”制度，并逐步扩展到其他产品。具体要求：

（一）产品环保水平须达到《环境标志产品技术要求》标准，且为同类型可比产品中环境绩效领先的产品。

（二）推行绿色供应链环境管理，注重产品环境友好设计，采用高效的清洁生产技术，达到国际先进清洁生产水平，全生命周期污染排放较低。

（三）产品为量产的定型产品，性能优良，达到产品质量标准要求，近一年内产品质量国家监督抽查中，该品牌产品无不合格。

（四）生产企业为中国大陆境内合法的独立法人，具备完备的质量管理体系、健全的供应体系和良好的售后服务能力，承诺“领跑者”产品在主流销售渠道正常供货。

三、环保“领跑者”的遴选和发布

环保“领跑者”遴选和发布工作委托第三方机构开展，每年遴选和发布一次。根据《大气污染防治行动计划》、《水污染防治行动计划》确定的部门分工，有关部门根据实际情况，研究提出拟开展环保“领跑者”产品名录，并将相关具体要求在公众媒体上公开。相关企业在规定期限内自愿申报，按照专家评审、社会公示等方式确定环保“领跑者”名单。

环保“领跑者”标志委托第三方机构征集、设计，按程序审定后向社会公布。入围产品的生产企业可在产品明显位置或包装上使用环保“领跑者”标志，在品牌宣传、产品营销中使用环保“领跑者”标志。严禁伪造、冒用环保“领跑者”标志，以及利用环保“领跑者”标志做虚假宣传、误导消费者。

四、保障措施

（一）建立标准动态更新机制。

建立并完善环保“领跑者”指标以及现有环保标准的动态更新机制。根据行业环保状况、清洁生产技术发展、市场环保水平变化等情况，建立环保“领跑者”指标的动态更新机制，不断提高环保“领跑者”指标要求。将环保“领跑者”指标与现有的环境标志产品技术要求、清洁生产评价指标体系以及相关产品质量标准相衔接，带动现有环保标准适时提升。

（二）加强管理。

定期发布环保“领跑者”产品名录及环保“领跑者”名单，树立环保标杆。加强对第三方机构的监督管理，确保环保“领跑者”认定过程客观公正。环保“领跑者”称号实行动态化更新管理。开展跟踪调查，对出现产品质量不合格或违法排污等不符合环保“领跑者”条件的，撤销称号，并予以曝光。

（三）完善激励政策。

财政部会同有关部门制定激励政策，给予环保“领跑者”名誉奖励和适当政策支持。鼓励环保“领跑者”的技术研发、宣传和推广，为环保“领跑者”创造更好的市场空间。

（四）加强宣传推广。

通过公开发文、政府网站、大众传媒等方式向全社会宣传实施环保“领跑者”制度的目的与意义，扩大制度影响力。利用电视、网络、图书、期刊和报纸等大众传媒，以及召开新闻发布会、表彰会、推介会等形式宣传环保“领跑者”，树立标杆，弘扬典型，表彰先进，为制度实施营造良好的社会氛围、舆论氛围。

生态环境监测网络建设方案

（国办发〔2015〕56号国务院办公厅2015年7月26日印发）

生态环境监测是生态环境保护的基础，是生态文明建设的重要支撑。目前，我国生态环境监测网络存在范围和要素覆盖不全，建设规划、标准规范与信息发布不统一，信息化水平和共享程度不高，监测与监管结合不紧密，监测数据质量有待提高等突出问题，难以满足生态文明建设需要，影响了监测的科学性、权威性和政府公信力，必须加快推进生态环境监测网络建设。

一、总体要求

（一）指导思想。全面贯彻落实党的十八大和十八届二中、三中、四中全会精神，按照党中央、国务院决策部署，落实《中华人民共和国环境保护法》和《中共中央国务院关于加快推进生态文明建设的意见》要求，坚持全面设点、全国联网、自动预警、依法追责，形成政府主导、部门协同、社会参与、公众监督的生态环境监测新格局，为加快推进生态文明建设提供有力保障。

（二）基本原则。

明晰事权、落实责任。依法明确各方生态环境监测事权，推进部门分工合作，强化监测质量监管，落实政府、企业、社会责任和权利。

健全制度、统筹规划。健全生态环境监测法律法规、标准和技术规范体系，统一规划布局监测网络。

科学监测、创新驱动。依靠科技创新与技术进步，加强监测科研和综合分析，强化卫星遥感等高新技术、先进装备与系统的应用，提高生态环境监测立体化、自动化、智能化水平。

综合集成、测管协同。推进全国生态环境监测数据联网和共享，开展监测大数据分析，实现生态环境监测与监管有效联动。

（三）主要目标。到2020年，全国生态环境监测网络基本实现环境质量、重点污染源、生态状况监测全覆盖，各级各类监测数据系统互联共享，监测预报预警、信息化能力和保障水平明显提升，监测与监管协同联动，初步建成陆海统筹、天地一体、上下协同、信息共享的生态环境监测网络，使生态环境监测能力与生态文明建设要求相适应。

二、全面设点，完善生态环境监测网络

（四）建立统一的环境质量监测网络。环境保护部会同有关部门统一规划、整合优化环境质量监测点位，建设涵盖大气、水、土壤、噪声、辐射等要素，布局合理、功能完善的全国环境质量监测网络，按照统一的标准规范开展监测和评价，客观、准确反映环境质量状况。

（五）健全重点污染源监测制度。各级环境保护部门确定的重点排污单位必须落实污染物排放自行监测及信息公开的法定责任，严格执行排放标准和相关法律法规的监测要求。国家重点监控排污单位要建设稳定运行的污染物排放在线监测系统。各级环境保护部门要依法开展监督性监测，组织开展面源、移动源等监测与统计工作。

（六）加强生态监测系统建设。建立天地一体化的生态遥感监测系统，研制、发射系列化的大气环境监测卫星和环境卫星后续星并组网运行；加强无人机遥感监测和地面生态监测，实现对重要生态功能区、自然保护区等大范围、全天候监测。

三、全国联网，实现生态环境监测信息集成共享

（七）建立生态环境监测数据集成共享机制。各级环境保护部门以及国土资源、住房城乡建设、交通运输、水利、农业、卫生、林业、气象、海洋等部门和单位获取的环境质量、污染源、生态状况监测数据要实现有效集成、互联共享。国家和地方建立重点污染源监测数据共享与发布机制，重点排污单位要按照环境保护部门要求将自行监测结果及时上传。

（八）构建生态环境监测大数据平台。加快生态环境监测信息传输网络与大数据平台建设，加强生态环境监测数据资源开发与应用，开展大数据关联分析，为生态环境保护决策、管理和执法提供数据支持。

（九）统一发布生态环境监测信息。依法建立统一的生态环境监测信息发布机制，规范发布内容、流程、权限、渠道等，及时准确发布全国环境质量、重点污染源及生态状况监测信息，提高政府环境信息发布的权威性和公信力，保障公众知情权。

四、自动预警，科学引导环境管理与风险防范

（十）加强环境质量监测预报预警。提高空气质量预报和污染预警水平，强化污染源追踪与解析。加强重要水体、水源地、源头区、水源涵养区等水质监测与预报预警。加强土壤中持久性、生物富集性和对人体健康危害大的污染物监测。提高辐射自动监测预警能力。

（十一）严密监控企业污染排放。完善重点排污单位污染排放自动监测与异常报警机制，提高污染物超标排放、在线监测设备运行和重要核设施流出物异常等信息追踪、捕获与报警能力以及企业排污状况智能化监控水平。

增强工业园区环境风险预警与处置能力。

（十二）提升生态环境风险监测评估与预警能力。定期开展全国生态状况调查与评估，建立生态保护红线监管平台，对重要生态功能区人类干扰、生态破坏等活动进行监测、评估与预警。开展化学品、持久性有机污染物、新型特征污染物及危险废物等环境健康危害因素监测，提高环境风险防控和突发事件应急监测能力。

五、依法追责，建立生态环境监测与监管联动机制

（十三）为考核问责提供技术支撑。完善生态环境质量监测与评估指标体系，利用监测与评价结果，为考核问责地方政府落实本行政区域环境质量改善、污染防治、主要污染物排放总量控制、生态保护、核与辐射安全监管等职责任务提供科学依据和技术支撑。

（十四）实现生态环境监测与执法同步。各级环境保护部门依法履行对排污单位的环境监管职责，依托污染源监测开展监管执法，建立监测与监管执法联动快速响应机制，根据污染物排放和自动报警信息，实施现场同步监测与执法。

（十五）加强生态环境监测机构监管。各级相关部门所属生态环境监测机构、环境监测设备运营维护机构、社会环境监测机构及其负责人要严格按照法律法规要求和技术规范开展监测，健全并落实监测数据质量控制与管理制度，对监测数据的真实性和准确性负责。环境保护部依法建立健全对不同类型生态环境监测机构及环境监测设备运营维护机构的监管制度，制定环境监测数据弄虚作假行为处理办法等规定。各级环境保护部门要加大监测质量核查巡查力度，严肃查处故意违反环境监测技术规范，篡改、伪造监测数据的行为。党政领导干部指使篡改、伪造监测数据的，按照《党政领导干部生态环境损害责任追究办法（试行）》等有关规定严肃处理。

六、健全生态环境监测制度与保障体系

（十六）健全生态环境监测法律法规及标准规范体系。研究制定环境监测条例、生态环境质量监测网络管理办法、生态环境监测信息发布管理规定等法规、规章。统一大气、地表水、地下水、土壤、海洋、生态、污染源、噪声、振动、辐射等监测布点、监测和评价技术标准规范，并根据工作需要及时修订完善。增强各部门生态环境监测数据的可比性，确保排污单位、各类监测机构的监测活动执行统一的技术标准规范。

（十七）明确生态环境监测事权。各级环境保护部门主要承担生态环境质量监测、重点污染源监督性监测、环境执法监测、环境应急监测与预报预警等职能。环境保护部适度上收生态环境质量监测事权，准确掌握、客观评价全国生态环境质量总体状况。重点污染源监督性监测和监管重心下移，加强对地方重点污染源监督性监测的管理。地方各级环境保护部门相应上收生态环境质量监测事权，逐级承担重点污染源监督性监测及环境应急监测等职能。

（十八）积极培育生态环境监测市场。开放服务性监测市场，鼓励社会环境监测机构参与排污单位污染源自行监测、污染源自动监测设施运行维护、生态环境损害评估监测、环境影响评价现状监测、清洁生产审核、企事业单位自主调查等环境监测活动。在基础公益性监测领域积极推进政府购买服务，包括环境质量自动监测站运行维护等。环境保护部要制定相关政策和办法，有序推进环境监测服务社会化、制度化、规范化。

（十九）强化监测科技创新能力。推进环境监测新技术和新方法研究，健全生态环境监测技术体系，促进和鼓励高科技产品与技术手段在环境监测领域的推广应用。鼓励国内科研部门和相关企业研发具有自主知识产权的环境监测仪器设备，推进监测仪器设备国产化；在满足需求的条件下优先使用国产设备，促进国产监测仪器产业发展。积极开展国际合作，借鉴监测科技先进经验，提升我国技术创新能力。

（二十）提升生态环境监测综合能力。研究制定环境监测机构编制标准，加强环境监测队伍建设。加快实施生态环境保护人才发展相关规划，不断提高监测人员综合素质和能力水平。完善与生态环境监测网络发展需求相适应的财政保障机制，重点加强生态环境质量监测、监测数据质量控制、卫星和无人机遥感监测、环境应急监测、核与辐射监测等能力建设，提高样品采集、实验室测试分析及现场快速分析测试能力。完善环境保护监测岗位津贴政策。根据生态环境监测事权，将所需经费纳入各级财政预算重点保障。

地方各级人民政府要加强对生态环境监测网络建设的组织领导，制定具体工作方案，明确职责分工，落实各项任务。

促进绿色建材生产和应用行动方案

（工业和信息化部、住房和城乡建设部2015年8月31日印发）

绿色建材是指在全生命期内减少对自然资源消耗和生态环境影响，具有“节能、减排、安全、便利和可循环”特征的建材产品。我国建材工业资源能源消耗高、污染物排放总量大、产能严重过剩、经济效益下滑，绿色建材发展滞后、生产占比低、应用范围小。促进绿色建材生产和应用，是拉动绿色消费、引导绿色发展、促进结构优化、加快转型升级的必由之路，是绿色建材和绿色建筑产业融合发展的迫切需要，是改善人居环境、建设生态文明、全面建成小康社会的重要内容。为加快绿色建材生产和应用，制定本行动方案。

总体要求：以党的十八大和十八届三中、四中全会精神为指导，贯彻落实《中国制造2025》、《国务院关于化解产能严重过剩矛盾的指导意见》和《绿色建筑行动方案》等要求，以新型工业化、城镇化等需求为牵引，以促进绿色生产和绿色消费为主要目的，以绿色建材生产和应用突出问题为导向，明确重点任务，开展专项行动，实现建材工业和建筑业稳增长、调结构、转方式和可持续发展，大力推动绿色建筑发展、绿色城市建设。

行动目标：到2018年，绿色建材生产比重明显提升，发展质量明显改善。绿色建材在行业主营业务收入中占比提高到20%，品种质量较好满足绿色建筑需要，与2015年相比，建材工业单位增加值能耗下降8%，氮氧化物和粉尘排放总量削减8%；绿色建材应用占比稳步提高。新建建筑中绿色建材应用比例达到30%，绿色建筑应用比例达到50%，试点示范工程应用比例达到70%，既有建筑改造应用比例提高到80%。

一、建材工业绿色制造行动

（一）全面推行清洁生产。支持现有企业实施技术改造，提高绿色制造水平。推广应用建材窑炉烟气脱硫脱硝除尘、煤洁净气化以及建材智能制造、资源综合利用等共性技术，优先支持建筑卫生陶瓷行业清洁生产技术改造。平板玻璃行业限制高硫石油焦燃料。引导北方采暖区水泥企业在冬季供暖期开展错峰生产，节能减排，减少雾霾。

推广新型耐火材料。全面推广无铬耐火材料，从源头消减重金属污染。开发推广结构功能一体化、长寿命及施工便利的新型耐火材料和微孔结构高效隔热材料。

（二）强化综合利用，发展循环经济。支持利用城市周边现有水泥窑协同处置生活垃圾、污泥、危险废物等。支持利用尾矿、产业固体废弃物，生产新型墙体材料、机制砂石等。以建筑垃圾处理和再利用为重点，加强再生建材生产技术和工艺研发，提高固体废弃物消纳量和产品质量。

（三）推进两化融合，发展智能制造。引导建材生产企业提高信息化、自动化水平，重点在水泥、建筑卫生陶瓷等行业推进智能制造并提升水平。深化电子商务应用，利用二维码、云计算等技术建立绿色建材可追溯信息系统，提高绿色建材物流信息化和供应链协同水平。开发推广工业机器人，在建筑陶瓷、玻璃、玻纤等行业开展“机器代人”试点。

二、绿色建材评价标识行动

（四）开展绿色建材评价。按照《绿色建材评价标识管理办法》，建立绿色建材评价标识制度。抓紧出台实施细则和各类建材产品的绿色评价技术要求。开展绿色建材星级评价，发布绿色建材产品目录。指导建筑业和消费者选材，促进建设全国统一、开放有序的绿色建材市场。

（五）构建绿色建材信息系统。建立绿色建材数据库和信息采集、共享制度。利用“互联网+”等信息技术构建绿色建材公共服务系统，发布绿色建材评价标识、试点示范等信息，普及绿色建材知识。构建绿色建材选用机制，疏通建筑工程绿色建材选用通道，实现产品质量可追溯。研究建立绿色建材第三方信息发布平台。

（六）扩大绿色建材的应用范围。围绕绿色建筑需求和建材工业发展方向，重点开展通用建筑材料、节能节地节水节材与建筑室内外环境保护等方面材料和产品的绿色评价工作。在推进绿色建筑发展和开展绿色建筑评价工作中强化对绿色建材应用的相关要求。在工业和信息化部、住房城乡建设部各类试点示范工程和推广项目中，进一步明确对绿色建材使用的规定。

三、水泥与制品性能提升行动

（七）发展高品质和专用水泥。制修订水泥产品标准，完善产品质量标准体系，鼓励生产和使用高标号水泥、纯熟料水泥。优先发展并规范使用海工、核电、道路等工程专用水泥。支持延伸产业链，完善混凝土掺合料标准，加快机制砂石工业化、标准化和绿色化。

（八）推广应用高性能混凝土。鼓励使用C35及以上强度等级预拌混凝土，推广大掺量掺合料及再生骨料应用技术，提升高性能混凝土应用技术水平。研究开发高性能混凝土耐久性设计和评价技术，延长工程寿命。

（九）大力发展装配式混凝土建筑及构配件。积极推广成熟的预制装配式混凝土结构体系，优化完善现有预制框架、剪力墙、框架-剪力墙结构等装配式混凝土结构体系。完善混凝土预制构配件的通用体系，推进叠合楼板、内外墙板、楼梯阳台、厨卫装饰等工厂化生产，引导构配件产业系列化开发、规模化生产、配套化供应。

四、钢结构和木结构建筑推广行动

（十）发展钢结构建筑和金属建材。在文化体育、教育医疗、交通枢纽、商业仓储等公共建筑中积极采用钢结构，发展钢结构住宅。工业建筑和基础设施大量采用钢结构。在大跨度工业厂房中全面采用钢结构。推进轻钢结构农房建设。鼓励生产和使用轻型铝合金模板和彩铝板。

（十一）发展木结构建筑。促进城镇木结构建筑应用，推动木结构建筑在政府投资的学校、幼托、敬老院、园林景观等低层新建公共建筑，以及城镇平改坡中使用。推进多层木-钢、木-混凝土混合结构建筑，在以木结构建筑为特色的地区、旅游度假区重点推广木结构建筑。在经济发达地区的农村自建住宅、新农村居民点建设中重点推进木结构农房建设。

（十二）大力发展生物质建材。促进木材加工和保护产业发展，支持利用农作物秸秆、竹纤维、木屑等发展生物质建材，优先发展和使用生物质纤维增强的木塑、新型镁质建材等围护用和装饰装修用产品。鼓励在竹资源丰富地区，发展竹制建材和竹结构建筑。

五、平板玻璃和节能门窗推广行动

（十三）大力推广节能门窗。实施建筑能效提升工程，建设高星级绿色建筑，发展超低能耗、近零能耗建筑。新建公共建筑、绿色建筑和既有建筑节能改造应使用低辐射镀膜玻璃、真（中）空玻璃、断桥铝合金等节能门窗，带动平板玻璃和铝型材生产线升级改造。

（十四）严格使用安全玻璃。加强安全玻璃生产和使用监督检查，适时修订《建筑安全玻璃管理规定》，切实规范建筑安全玻璃生产、流通、设计、使用和安装管理，防止以次充好，消除玻璃门窗和幕墙安全隐患。

（十五）发展新型和深加工玻璃产品。鼓励太阳能光热、光伏与建筑装配一体化，带动光热光伏玻璃产业发展。支持发展电子信息用屏显玻璃基板、防火玻璃、汽车和高铁等用风挡玻璃基板等新产品，提高深加工水平和产品附加值。

六、新型墙体和节能保温材料革新行动

（十六）新型墙体材料革新。重点发展本质安全和节能环保、轻质高强的墙体和屋面材料，引导利用可再生资源制备新型墙体材料。推广预拌砂浆，研发推广钢结构等装配式建筑应用的配套墙体材料。

（十七）发展高效节能保温材料。鼓励发展保温、隔热及防火性能良好、施工便利、使用寿命长的外墙保温材料，开发推广结构与保温装饰一体化外墙板。

七、陶瓷和化学建材消费升级行动

（十八）推广陶瓷薄砖和节水洁具。推广使用大型化、薄型化的陶瓷砖，节水、轻量的座便器（小便器）。开发新型水龙头、马桶盖等智能卫浴用品，促进卫生陶瓷人性化、智能化生产，更好满足个性化消费。发展透水砖等城镇道路建设材料及集水系统，支撑海绵城市建设。

（十九）提升管材和型材品质。大力推广应用耐腐蚀、密封性好、保温节能的新型管材和型材，提高使用寿命和耐久性。支持生产和推广使用大口径、耐腐蚀、长寿命、低渗漏、免维护的高分子材料或复合材料管材、管件，支撑地下管廊建设。

（二十）推广环境友好型涂料、防水和密封材料。支持发展低挥发性有机化合物（VOCs）的水性建筑涂料、建筑胶黏剂，推广应用耐腐蚀、耐老化、使用寿命长、施工方便快捷的高分子防水材料、密封材料和热反射膜。

八、绿色建材下乡行动

（二十一）支持绿色农房建设。结合新农村建设、绿色农房建设需要，落实《关于开展绿色农房建设的通知》，引导各地因地制宜生产和使用绿色建材，编制绿色农房用绿色建材产品目录，重点推广应用节能门窗、轻型保温砌块、预制部品部件等绿色建材产品，提高绿色农房防灾减灾能力。

（二十二）支持现代设施农业发展。围绕现代设施农业，积极发展和推广安全性好、性价比高、使用便利的玻璃、岩棉等产品。

九、试点示范引领行动

（二十三）工程应用示范。制定绿色建材应用试点示范申报、评审和验收等办法。结合绿色建筑、保障房建设、绿色生态城区、既有建筑节能改造、绿色农房、建筑产业现代化等工作，明确绿色建材应用的相关要求。选择典型城市和工程项目，开展钢结构、木结构、装配式混凝土结构等建筑应用绿色建材试点示范。

（二十四）产业园区示范。在绿色建材发展基础好的地区，依托优势企业，整合要素资源，完善研发设计、检测验证、现代物流、电子商务等公共服务体系，支持建设以绿色建材为特色的产业园区。

（二十五）协同处置示范。按照《关于促进生产过程协同资源化处理城市和产业废弃物工作的意见》，持续开展好水泥窑协同处置城市生活垃圾等废弃物的试点示范。开展固体废弃物再生建材综合利用示范，建立再生建材工程应用长期监测机制，积累再生建材应用安全性技术资料。

十、强化组织实施行动

（二十六）加强组织领导。建立由工业和信息化部、住房城乡建设部牵头，相关部门参加的绿色建材生产和应用协调机制。加强绿色建材生产应用与绿色建筑发展、绿色城市建设的内在联系，统筹绿色建材生产、使用、标准、评价等环节，加强政策衔接，强化部门联动，组织实施相关行动，督促落实重点任务，协调完善推进措施。

（二十七）研究制定配套政策。利用现有渠道，引导社会资本，加大对共性关键技术研发投入，支持企业开展绿色建材生产和应用技术改造。研究制定财税、价格等相关政策，激励水泥窑协同处置、节能玻璃门窗、节水洁具、陶瓷薄砖、新型墙材等绿色建材生产和消费。支持有条件的地区设立绿色建材发展专项资金，对绿色建材生产和应用企业给予贷款贴息。将绿色建材评价标识信息纳入政府采购、招投标、融资授信等环节的采信系统。研究制定建材下乡专项财政补贴和钢结构部品生产企业增值税优惠政策。

（二十八）完善标准规范。进一步修改完善行业规范和准入标准，公告符合规范条件的企业和生产线名单。强化环保、能耗、质量和安全标准约束，构建强制性标准和自愿采用性标准相结合的标准体系。加强建筑工程设计规范与绿色建材产品标准的联动。取消复合水泥32.5等级标准，大力推进特种和专用水泥应用。

（二十九）搭建创新平台。依托大型企业集团、科研院所、大专院校等单位，构建完善产学研用相结合的产业发展创新体系。创建一批以绿色建材为特色的技术中心、工程中心或重点实验室，完善产业发展所需公共研发、技术转化、检验认证等平台。加强建材生产与建筑设计、工程建造等上下游企业互动，组建绿色建材产业发展联盟。依托尾矿、建筑废弃物等资源建设新型墙体材料、机制砂石生产基地。

（三十）开展宣传教育和检查。加大培训力度，开展绿色建材生产和应用的培训。开展形式多样的绿色建材宣传活动，强化公众绿色生产和消费理念，提高对绿色建材政策的理解与参与，使绿色建材的生产与应用成为全行业和社会各界的自觉行动。开展绿色建材行动检查，对不执行绿色建材生产和使用有关规定的，要加强舆论监督和通报批评。

各地要结合本地建材工业和建筑业发展实际，尽快制定本地区绿色建材发展实施方案，明确主体责任，扎实推进本地区绿色建材生产和应用各项工作。

各省、自治区住房城乡建设厅，直辖市建委，新疆生产建设兵团建设局，国务院有关部门建设司，总后基建营房部工程管理局：

为充分发挥市场配置资源的决定性作用，进一步简政放权，促进建筑业发展，现就建筑业企业资质有关问题通知如下：

一、取消《施工总承包企业特级资质标准》（建市[2007]72号）中关于国家级工法、专利、国家级科技进步奖项、工程建设国家或行业标准等考核指标要求。对于申请施工总承包特级资质的企业，不再考核上述指标。

二、取消《建筑业企业资质标准》（建市[2014]159号）中建筑工程施工总承包一级资质企业可承担单项合同额3000万元以上建筑工程的限制。取消《建筑业企业资质管理规定和资质标准实施意见》（建市[2015]20号）特级资质企业限承担施工单项合同额6000万元以上建筑工程的限制以及《施工总承包企业特级资质标准》（建市[2007]72号）特级资质企业限承担施工单项合同额3000万元以上房屋建筑工程的限制。

三、将《建筑业企业资质标准》（建市[2014]159号）中钢结构工程专业承包一级资质承包工程范围修改为：可承担各类钢结构工程的施工。

四、将《建筑业企业资质管理规定和资质标准实施意见》（建市[2015]20号）规定的资质换证调整为简单换证，资质许可机关取消对企业资产、主要人员、技术装备指标的考核，企业按照《建筑业企业资质管理规定》（住房城乡建设部令第22号）确定的审批权限以及建市[2015]20号文件规定的对应换证类别和等级要求，持旧版建筑业企业资质证书到资质许可机关直接申请换发新版建筑业企业资质证书（具体换证要求另行通知）。将过渡期调整至2016年6月30日，2016年7月1日起，旧版建筑业企业资质证书失效。

五、取消《建筑业企业资质管理规定和资质标准实施意见》（建市[2015]20号）第二十八条“企业申请资质升级（含一级升特级）、资质增项的，资质许可机关应对其既有全部建筑业企业资质要求的资产和主要人员是否满足标准要求进行检查”的规定；取消第四十二条关于“企业最多只能选择5个类别的专业承包资质换证，超过5个类别的其他专业承包资质按资质增项要求提出申请”的规定。

六、劳务分包（脚手架作业分包和模板作业分包除外）企业资质暂不换证。

各地要认真组织好建筑业企业资质换证工作，加强事中事后监管，适时对本地区取得建筑业企业资质的企业是否满足资质标准条件进行动态核查。

本通知自发布之日起施行。

电动汽车充电基础设施发展指南（2015-2020年）

（国家发展改革委、国家能源局、工业和信息化部、住房城乡建设部2015年10月9日印发）

一、前言

随着我国经济社会发展水平不断提高，汽车保有量持续攀升。大力发展电动汽车，能够加快燃油替代，减少汽车尾气排放，对保障能源安全、促进节能减排、防治大气污染、推动我国从汽车大国迈向汽车强国具有重要意义。

充电基础设施主要包括各类集中式充换电站和分散式充电桩，完善的充电基础设施体系是电动汽车普及的重要保障。进一步大力推进充电基础设施建设，是当前加快电动汽车推广应用的紧迫任务，也是推进能源消费革命的一项重要战略举措。

为落实国务院关于加快新能源汽车推广应用的战略部署，根据《节能与新能源汽车产业发展规划（2012-2020年）》（国发〔2012〕22号），特制定本指南，期限为2015-2020年。

二、发展基础

“十二五”以来，我国充电基础设施发展取得了突破，积累了经验，为下一步发展奠定了基础。

设施建设稳步推进。为落实国家新能源汽车示范推广应用工作有关要求，各级政府和相关企业积极开展充电基础设施建设。建设主体呈现多元化发展态势，除部分大型央企外，地方国企、民营企业、外资企业也逐步参与到充电基础设施的建设。截至2014年底，全国共建成充换电站780座，交直流充电桩3.1万个，为超过12万辆电动汽车提供充

换电服务。

充电网络逐步形成。结合新能源汽车示范推广，在深圳、杭州、合肥等地已建成较大规模的城市充电服务网络，在苏沪杭地区已初步建成城际充电服务网络，在京沪、京港澳、青银等高速公路沿线已基本建成省际充电服务网络。

技术水平不断提高。交直流充电桩、双向充放电机、电池快速更换系统等设备已实现国产化，无线充电、移动充电等新型充电技术已开展试点运营；充电基础设施监控、计量、计费及保护等技术日趋成熟；充电基础设施的信息化和自动化水平不断提高；充电基础设施与新能源、智能电网及智能交通等技术融合已开展试点应用。

标准体系逐步完善。我国已基本建立充电基础设施标准体系，包括术语、动力电池箱、充电系统及设备、充换电接口、换电系统及设备、充/换电站及服务网络、建设与运行、附加设备等8个部分，约60项标准，在国际标准制定中的影响力逐步增强。

支持政策陆续出台。国家不断加大对充电基础设施的政策支持力度，印发了《国务院办公厅关于加快新能源汽车推广应用的指导意见》（国办发〔2014〕35号），有关部门抓紧制定配套支持政策，已出台充电价格、财政奖励等文件，其他政策将陆续发布。一些省市地方政府也相继出台了充电基础设施财政补贴、充电服务指导价格等配套支持政策。

三、问题挑战

充电基础设施在国内外均处于起步阶段，由于涉及城市规划、建设用地、建筑物及配电网改造、居住地安装条件、投资运营模式等方面，利益主体多，推进难度大。

电动汽车及其充电技术的不确定性大。电动汽车产业尚处于发展初期，动力电池及充电等关键技术发展日新月异，不同技术方案对应的充电需求存在较大差异，增加了充电基础设施建设与管理的难度，加大了投资运营风险，影响了社会资本参与的积极性。

充电基础设施与电动汽车发展不协调。在电动汽车产业发展过程中，普遍存在注重车而不注重充电基础设施的问题，有车无桩、有桩无车现象并存。一方面，部分地区电动汽车增长较快，但充电基础设施建设规模不足；另一方面，由于用户对电动汽车接受度不高以及地方保护等原因，使得电动汽车增长总体低于预期，加上部分充电基础设施建设布局不合理，以及设施通用性较差等问题，造成充电基础设施利用率较低。

充电基础设施建设难度较大。充电基础设施建设需要规划、用地、电力等多项前提条件，在实施过程中涉及多个主管部门和相关企业。在社会停车场所建设充电基础设施，面对众多分散的利益主体，协调难度大。在私人乘用车领域，大量停车位不固定的用户不具备安装条件；对于具备安装条件的用户，存在业主委员会不支持和物业服务企业不配合的现象。此外，由于充电基础设施还涉及公共电网、用户侧电力设施、道路管线等改造，也增加了建设难度。

充电服务的成熟商业模式尚未形成。在部分城市的公交、出租等特定领域，通过实行燃油对价、峰谷电价、充电服务费等措施，商业模式探索取得一定进展，但仍不具备大范围推广应用的条件。在面向社会公众的公共充电服务领域，商业模式探索处于起步阶段，由于电动汽车数量少、设施利用率低、价格机制不健全等原因，充电服务企业普遍亏损。

充电基础设施标准规范体系有待完善。充电基础设施设备接口、通信协议等技术标准亟需完善。已颁布的部分技术标准未严格执行，造成不同品牌的电动汽车与不同厂商的充电基础设施不兼容，充电便利性大大下降。充电基础设施相关工程建设标准有待进一步完善。充电基础设施与充电服务平台的通信协议、结算体系等标准不统一，充电服务平台的服务能力和质量未能满足用户需求。

配套支持政策仍需加强。部分地方政府对充电基础设施发展的重视程度不够，缺少配套支持政策，在城市建设及相关规划中对充电基础设施考虑不足，对充电基础设施的长期用地政策有待进一步明确和细化，充电基础设施财税支持政策与电动汽车支持政策不匹配，对社会资本吸引力不足，对居民区、社会停车场等安装困难的场所协调推动不够。

四、需求预测

根据我国在公交、出租、环卫与物流等专用车、公务与私人乘用车等领域的汽车增长趋势，结合国家新能源汽车推广应用相关政策要求和规划目标，经测算，到2020年全国电动汽车保有量将超过500万辆，其中电动公交车超过20万辆，电动出租车超过30万辆，电动环卫、物流等专用车超过20万辆，电动公务与私人乘用车超过430万辆。

根据各应用领域电动汽车对充电基础设施的配置要求，经分类测算，2015年到2020年需要新建公交车充换电站3848座，出租车充换电站2462座，环卫、物流等专用车充电站2438座，公务车与私家车用户专用充电桩430万个，城市公共充电站2397座，分散式公共充电桩50万个，城际快充站842座。

在北京、天津、河北、辽宁、山东、上海、江苏、浙江、安徽、福建、广东、海南等电动汽车发展基础较好，雾霾治理任务较重，应用条件较优越的加快发展地区，预计到2020年，推广电动汽车规模将达到266万辆，需要新建充换电站7400座，充电桩250万个。

在山西、内蒙古、吉林、黑龙江、江西、河南、湖北、湖南、重庆、四川、贵州、云南、陕西、甘肃等示范推广地区，预计到2020年，推广电动汽车规模将达到223万辆，需要新建充换电站4300座，充电桩220万个。在广西、西藏、青海、宁夏、新疆等尚未被纳入国家新能源汽车推广应用范围的积极促进地区，预计到2020年，推广电动汽车规模将达到11万辆，需要新建充换电站400座，充电桩10万个。

五、指导思想与原则

(一)指导思想全面贯彻国家新能源汽车发展战略部署，加强规划指导，因地分类实施；完善标准体系，强化政策引领；鼓励社会参与，创新发展模式，发挥市场作用；系统科学地构建高效开放、与电动汽车发展相适应的充电基础设施体系，保障和促进电动汽车产业健康快速发展。

(二)基本原则

整体谋划、系统推进、适度超前。加强我国充电基础设施发展的顶层设计，将充电基础设施放在更加重要的位置，从发展全局的高度进行整体统筹。建立政府有关部门与相关企业各司其职、各尽所能、群策群力、合作共赢的系统推进机制，按照“桩站先行”的原则，适度超前建设，推进充电基础设施科学发展。

因地制宜、分类实施、经济合理。根据各地区电动汽车发展阶段和应用特点，紧密结合不同领域、不同层次的充电需求，遵循“市场主导、快慢互济”的技术导向，科学把握发展节奏，分类有序实施，加大交通、市政、电力等公共资源整合力度，合理布局充电基础设施，降低建设成本，节约土地资源。

统一标准、规范建设、通用开放。坚持按照国家标准建设充电基础设施，加快完善充换电标准体系，为“车行天下”提供有力保障。规范充电基础设施建设运营，理顺管理流程，健全管理机制。实现充电服务平台之间的互联互通，提高充电服务的通用性和开放性。

创新思路、市场主导、示范引领。鼓励地方政府与企业发挥创新主体作用，持续开展充电基础设施建设与运营模式创新。加快完善政策环境，发挥市场主导作用，鼓励引导社会资本参与，激发市场活力。加强示范推广，为充电基础设施发展探索新途径，积累新经验。

加强领导、协同推动、加快发展。落实地方政府充电基础设施发展的主体责任，建立由各地发展改革委(能源局)牵头，相关主管部门紧密配合的协同推进机制。加强宣传引导和项目协调，充分调动企业和社会各方积极性，形成合力，加快发展。

六、发展目标

(一)总体目标

根据需求预测结果，按照适度超前原则明确充电基础设施建设目标。到2020年，新增集中式充换电站超过1.2万座，分散式充电桩超过480万个，以满足全国500万辆电动汽车充电需求。

优先建设公交、出租及环卫与物流等公共服务领域充电基础设施，新增超过3850座公交车充换电站、2500座出租车充换电站、2450座环卫物流等专用车充电站。

积极推进公务与私人乘用车用户结合居民区与单位停车位配建充电桩，新增超过430万个用户专用充电桩，以满足基本充电需求。鼓励有条件的设施对社会公众开放。

合理布局社会停车场所公共充电基础设施，按照适度超前原则，新增超过2400座城市公共充电站与50万个分散式公共充电桩，以满足临时补电需要。

结合骨干高速公路网，建设“四纵四横”的城际快充网络，新增超过800座城际快充站，以满足城际出行需要。

(二)分区域建设目标

1、加快发展地区

到2020年新增集中式充换电站超过7400座，分散式充电桩超过250万个，以满足超过266万辆电动汽车充电需求。

在新能源汽车推广应用城市，公共充电桩与电动汽车比例不低于1:7，城市核心区公共充电服务半径小于0.9公里；其他城市公共充电桩与电动汽车比例力争达到1:12，城市核心区公共充电服务半径力争小于2公里。

率先建成京津冀、长三角、珠三角三个雾霾防治重点区域的城际快充网络，各主要城市间实现互联互通。

2、示范推广地区

到2020年新增集中式充换电站超过4300座，分散式充电桩超过220万个，以满足超过223万辆电动汽车充电需求。

在新能源汽车推广应用城市，公共充电桩与电动汽车比例不低于1:8，城市核心区公共充电服务半径小于1公里；其他城市公共充电桩与电动汽车比例力争达到1:15，城市核心区公共充电服务半径力争小于2.5公里。

加强与加快发展地区的互联互通，以高速公路网为基础，逐步推进全国范围的城际快充网络建设。

3、积极促进地区

到2020年新增集中式充换电站超过400座，分散式充电桩超过10万个，以满足超过11万辆电动汽车充电需求。

省会等主要城市公共充电桩与电动汽车比例不低于1:12，城市核心区公共充电服务半径小于2公里。

按需开展城际快充网络建设。

(三)分场所建设目标

1、结合公交、出租、环卫与物流等公共服务领域专用停车场所，适当补充独立占地的充换电站，新建超过3850座公交车充换电站，超过2500座出租车充换电站，超过2450座环卫与物流等专用车充电站。

2、在居民区，建成超过280万个用户专用充电桩。鼓励有条件的设施对社会公众开放。

3、在公共机构、企事业单位、写字楼、工业园区等单位内部停车场，建成超过150万个用户专用充电桩。鼓励有

条件的设施对社会公众开放。4、在交通枢纽、大型文体设施、城市绿地、大型建筑物配建停车场、路边停车位等城市公共停车场所，建成超过2400座城市公共充电站与50万个分散式公共充电桩。

5、在城际高速公路服务区，2015年之前初步形成“四纵两横三环”（四纵：京沪高速、京港澳高速、沈海高速、京台高速，两横：青银高速、沪蓉高速，三环：京津冀、长三角、珠三角）的城际快充网络，建成超过500座城市快充站；2020年之前形成“四纵四横”（四纵：沈海、京沪、京台、京港澳，四横：青银、连霍、沪蓉、沪昆）城际快充网络，建成超过1000座城市快充站。

七、重点任务

（一）推动充电基础设施体系建设

以用户居住地停车位、单位内部停车场、公交及出租等专用场站配建的专用充电基础设施为主体，以城市公共建筑物配建停车场、社会公共停车场、路内临时停车位配建的公共充电基础设施为辅助，以独立占地的城市快充站、换电站和高速公路服务区配建的城际快充站为补充，以充电智能服务平台为支撑，加快建设适度超前、布局合理、功能完善的充电基础设施体系。

1、着力推进公共服务领域充电基础设施建设对于公交、环卫、机场通勤等定点定线运行的公共服务领域电动汽车，应根据线路运营需求，优先结合停车场站建设充电基础设施；可根据实际需求，建设一定数量独立占地的快充站与换电站。对于出租、物流、租赁、公安巡逻等非定点定线运行的公共服务领域电动汽车，应充分挖掘有关单位内部停车场站配建充电基础设施的潜力，同步推进城市公共充电基础设施建设，通过内部专用设施与公共设施的高效互补提高用车便捷性。

2、加快推动用户居住地充电基础设施建设

对于有固定停车位的用户，优先结合停车位建设充电桩。对于无固定停车位的用户，鼓励企业通过配建一定比例的公共充电车位，建立充电车位的分时共享机制，开展机械式和立体式停车充电一体化设施建设与改造等方式为用户充电创造条件。引导充电服务、物业服务等相关企业参与居民区的充电基础设施建设与运营，鼓励企业统一开展停车位改造和直接办理报装接电手续，允许企业在不违反相关法规的前提下向用户适当收费，建立合理反映各方“责、权、利”的市场化推进机制，切实解决居民区充电基础设施建设面临的“最后一公里”难题。

3、积极开展单位内部停车场充电基础设施建设

具备条件的政府机关、公共机构及企事业单位，要结合单位电动汽车配备更新计划以及职工购买使用电动汽车需求，利用单位内部停车场资源，规划电动汽车专用停车位，配建充电桩。各地可将有关单位配建充电基础设施情况纳入节能减排考核奖励范围。

4、加快推进城市公共充电网络建设

优先结合大型商场、文体场馆等建筑物配建停车场，以及交通枢纽、驻车换乘（P+R）等社会公共停车场开展城市公共充电基础设施建设，鼓励在具备条件的加油站配建公共快充设施，适当新建独立占地的公共快充站。公共充电基础设施布局应按照从城市中心到边缘、优先发展区域向一般区域逐步推进的原则，逐步增大公共充电基础设施分布密度。鼓励有条件的单位和个人充电基础设施向社会公众开放。结合实际需求，推广占地少、成本低、见效快的机械式与立体式停车充电一体化设施，提高土地利用效率。

5、大力推进城际快充网络建设依托高速公路服务区停车位，建设城际快充网络。优先推进京津冀鲁、长三角、珠三角区域的城际快充网络建设并实现区域间互联；适时推进长江中游城市群、中原城市群、成渝城市群、哈长城市群城际快充网络建设；2020年底前初步形成覆盖大部分主要城市的城际快充网络，满足电动汽车城际、省际出行需求。

6、同步构建充电智能服务平台

充电智能服务平台建设要与充电基础设施建设同步考虑，融合互联网、物联网、智能交通、大数据等技术，通过“互联网+充电基础设施”，积极推进电动汽车与智能电网间的能量和信息互动，提升充电服务的智能化水平。鼓励围绕用户需求，为用户提供充电导航、状态查询、充电预约、费用结算等服务，拓展增值业务，提升用户体验和运营效率。

（二）加强配套电网保障能力

1、加强配套电网建设

各地要将充电基础设施配套电网建设与改造项目纳入当地配电网专项规划，并与其他相关规划相协调，在用地保障、廊道通行等方面给予支持，切实做到“设施建设、电网先行”。根据各类建筑物配建充电基础设施需求，合理提高各类建筑物用电设计标准，加强相关标准与规范的制修订工作。

电网企业要加强充电基础设施配套电网建设与改造，保障充电基础设施无障碍接入，确保电力供应的“畅通无阻”，满足充换电设施运营需求。

2、完善供电服务

电网企业要为充电基础设施接入电网提供便利条件，开辟绿色通道，优化流程，简化手续，提高效率，限时办结。充电基础设施产权分界点至电网的配套接网工程，由电网企业负责建设和运行维护，不得收取接网费用，相应资产全额纳入有效资产，相应成本据实计入准许成本，纳入电网输配电价回收。

(三)加快标准完善与技术创新

1、加快推进充电标准化工作

加快修订出台充电接口及通信协议等标准，积极推进充电接口互操作性检测及服务平台间数据交换等标准的制修订，开展已有充电基础设施改造，加快实现充电标准的统一，实现不同厂商充电设备与不同品牌电动汽车之间的兼容互通。进一步完善充电基础设施相关工程建设标准与管理规范，以及计量、计费、结算等运营标准与管理规范。进一步开展电动汽车充电基础设施设置场所消防等安全技术措施的研究，及时制修订完善相关标准；完善充换电设备、电动汽车电池等产品标准，明确防火安全要求。加快建立充电基础设施的道路交通标识体系和相关规范。

2、积极支持关键技术的研发应用

充分发挥企业创新主体作用，加快高功率密度、高转换效率、高适用性、无线充电、移动充电等新型充换电技术及装备研发。加强检测认证、安全防护、与电网双向互动、电池梯次利用、无人值守自助式服务、桩群协同控制等关键技术研究。依托示范项目，积极探索充电基础设施与智能电网、分布式可再生能源、智能交通融合发展的技术方案。

(四)探索可持续商业模式

1、积极引入社会资本各地应有效整合公交、出租场站以及社会公共停车场等各类公共资源，通过政府与社会资本合作(PPP)等方式培育市场主体，引入社会资本建设运营公共服务领域充电基础设施、城市公共充电网络及智能服务平台。加快形成私人用户居住地与单位内部停车场充电基础设施建设运营的市场机制。构建统一开放、竞争有序的充电服务市场。

2、鼓励拓展多种商业模式

鼓励探索大型充换电站与商业地产相结合的发展方式，引导商场、超市、电影院、便利店等商业场所为用户提供辅助充电服务。鼓励充电服务企业与整车企业在销售和售后服务方面创新商业合作模式。充分利用融资租赁、特许经营权质押等融资模式，借鉴合同能源管理等业务模式，推进商业模式创新。大力推动“互联网+充电基础设施”相关商业模式与服务创新，引入众筹、线上与线下相结合等新兴业务模式，积极拓展智能充放电、电子商务和广告等增值服务，吸引更多社会资源参与，提高企业可持续发展能力。

(五)开展相关示范工作

1、开展建设与运营模式示范

各地要结合新能源汽车推广应用需要，按照因地制宜、适度超前原则，针对不同层次和不同领域充电基础设施发展的重点和难点，从城市与区县充电基础设施体系建设、居民区与单位配建充电设施、城际快充网络建设等方面，积极开展建设与运营模式示范。通过示范项目，理顺充电基础设施建设运营管理机制，探索系统化的支持政策以及可行的商业模式，以点带面，加快充电基础设施建设整体进程，提高发展质量、速度和效益。在示范项目中积极探索无人值守自助式服务、无线充电、移动充电、智能电网等新技术的应用。

2、加强示范经验总结与交流推广

建立多层次的充电基础设施示范经验交流推广机制，通过多种形式开展示范工作经验交流，提升示范效果，发挥带动作用。各地要加强对充电基础设施示范工作的总结，积极加强与其他地区的经验交流。对示范工作中的成功经验要加大推广力度，对暴露出来的一些共性问题要及时解决，建立有效机制，完善政策法规，为下一步普及推广打好基础。

八、保障措施

(一)加强规划指导。各地要将充电基础设施专项规划的有关内容纳入城乡规划，完善独立占地的充电基础设施布局，明确各类建筑物配建停车场及社会公共停车场中充电设施的建设比例或预留条件要求。原则上，新建住宅配建停车位应100%建设充电基础设施或预留建设安装条件，大型公共建筑物配建停车场、社会公共停车场建设充电基础设施或预留建设安装条件的车位比例不低于10%，每2000辆电动汽车应至少配套建设一座公共充电站。有关部门和地方应将城际快充网络纳入相关高速公路规划，明确在高速公路服务区配建充电基础设施的要求。

(二)加大用地支持力度。各地要将独立占地的集中式充换电站用地纳入公用设施营业网点用地，按照加油加气站用地供应模式，根据可实施供应的国有建设用地情况，优先安排土地供应。新建项目用地需配建充电基础设施的，可将配件要求纳入土地供应条件，允许土地使用权取得人与其他市场主体合作，按要求投资建设运营充电基础设施。鼓励在已有各类建筑物配建停车场、公交场站、社会公共停车场与高速公路服务区等场所配建充电基础设施，地方政府应协调有关单位在用地方面予以支持。

(三)简化规划建设审批。各地要减少充电基础设施的规划建设审批环节，加快办理速度。个人在自有停车库、停车位，各居住区、单位在既有停车泊位安装充电设施的，无需办理建设用地规划许可证、建设工程规划许可证和施工许可证。建设城市公共停车场(楼)时，无需为同步建设充电桩群等充电基础设施单独办理建设工程规划许可证和施工许可证。新建单独占地的集中式充、换电站应符合城市规划，并办理建设用地规划许可证、建设工程规划许可证和施工许可证。

（四）强化安全管理。各地要建立充电基础设施安全管理体系，完善有关制度标准，加大对用户私拉电线、违规用电、建设施工不规范等行为的查处力度。依法依规对充电基础设施设置场所实施消防设计审核、消防验收以及备案抽查，并加强消防监督检查。行业主管部门要督促充电基础设施运营使用的单位或个人，加强对充电基础设施及其设置场所的日常消防安全检查及管理，及时消除安全隐患。

（五）加大物业协调力度。制定全国统一的私人用户居住地充电基础设施建设管理示范文本。各地房地产行政主管部门、街道办事处和居委会应按照示范文本，主动加强对业主委员会的指导和监督，引导业主支持充电基础设施建设。业主大会、业主委员会应当依法履行自治管理职责，依据示范文本，结合自身实际，明确物业服务区域内建设管理充电基础设施的流程，并将相关内容纳入物业服务合同。对拒不配合或阻挠充电基础设施建设的物业服务企业，各地房地产行政主管部门应制定相应的处罚措施，扣减相关企业和负责人的信用信息评分。

（六）加强供用电监管力度。各级电力监管部门应对充电基础设施供用电环节加强监管。电网企业和充电基础设施运营企业应配合监管部门进行监督检查，按规定和要求提供真实完整的信息。对于电网企业服务不合规、充电基础设施运营企业和个人违规用电等情况，依法依规进行查处，并视情节予以处罚。

（七）完善财政价格政策。加大对充电基础设施补贴力度，加快制定“十三五”充电基础设施建设的财政奖励办法，督促各地尽快制定有关支持政策并向社会公布，给予市场稳定的政策预期。在产业发展初期给予中央基建投资资金适度支持。允许充电服务企业向电动汽车用户收取电费及服务费两项费用，对向电网经营企业直接报装接电的经营性集中式充换电设施用电，执行大工业用电价格，2020年前暂免收基本电费；其他充电设施按其所在场所执行分类目录电价。针对不同类别充电基础设施，兼顾投资运营主体合理收益与用户使用经济性等，指导各地及早出台充电服务费分类指导价格，在总结各地经验基础上，逐步规范充电服务价格机制。

（八）强化金融服务支撑。鼓励金融机构在商业可持续原则下，创新金融产品和保险品种，综合运用风险补偿等政策，完善金融服务体系。推广股权、项目收益权、特许经营权等质押融资方式，加快建立包括财政出资和社会资本投入的多层次担保体系，积极推动设立融资担保基金，拓宽充电基础设施投资运营企业与设备厂商的融资渠道。鼓励利用社会资本设立充电基础设施发展专项基金，发行充电基础设施企业债券，探索利用基本养老保险基金投资支持充电基础设施建设。

（九）落实地方主体责任。各地政府要切实承担起统筹推进充电基础设施发展的主体责任，将充电基础设施建设管理作为政府专项管理内容，建立由发展改革（能源）部门牵头、相关部门紧密配合的协同推进机制，明确职责分工，完善配套政策，在2016年3月底前发布充电基础设施专项规划，制定出台充电基础设施建设运营管理办法，并抓好组织实施。

（十）建立互联互通促进机制。设立国家电动汽车充电基础设施促进联盟，配合有关政府部门严格充电基础设施产品准入管理，开展充电基础设施互操作性的产品检测与认证。构建充电基础设施信息服务平台，统一信息交换协议，有效整合不同企业和不同城市的充电服务平台信息资源，促进不同服务平台之间的互联互通，为制定实施财政、监管等政策提供支撑。

（十一）营造良好舆论环境。各有关部门、企业和新闻媒体要通过多种形式加强充电基础设施发展政策、规划布局和建设动态等的宣传，让社会各界全面了解充电基础设施，吸引更多社会资本参与充电基础设施的建设运营，引导消费者购买使用电动汽车。加强舆论监督，曝光阻碍充电基础设施建设、损害消费者权益等行为，形成有利于充电基础设施发展的舆论氛围。

河北省张家口市可再生能源示范区发展规划（节录）

（发改高技[2015]1714号国家发展改革委2015年7月28日印发）

一、重要意义

新世纪以来，以可再生能源为核心的能源革命快速演进，开发利用可再生能源已成为世界各国保障能源安全，应对气候变化，促进低碳、绿色、可持续发展的共同选择。我国可再生能源在快速发展、取得举世瞩目成绩的同时，能源基础设施建设、经营模式等方面还存在一系列体制机制障碍，严重制约能源结构优化，亟需通过在局部区域开展先行先试和创新示范，探索有利于加快可再生能源发展的新模式和新机制。建设张家口可再生能源示范区，是促进河北科学发展的重要内容。通过大规模开发应用可再生能源，带动示范区内外信息产业、智能电网、新能源汽车、新材料、现代服务业等新兴产业发展，促进河北省经济转型升级和绿色低碳发展。建设张家口可再生能源示范区，是推进京津冀协同发展的具体要求。通过建立京津冀能源协同发展机制，构建区域统一的可再生能源市场，实现绿色能源跨区域联动，有利于形成京津冀产业、生态、资源融合发展新模式。

建设张家口可再生能源示范区，是深化能源体制机制改革、推动能源革命的生动实践。通过示范区先行先试，率先打破制度藩篱，有利于抓住新科技革命和新能源快速发展机遇，破解可再生能源发展的深层次矛盾，探索可再生能源市场化发展和创新驱动发展的新机制。

建设张家口可再生能源示范区，是探索绿色发展的重要途径。通过可再生能源综合应用，建设低碳、绿色、宜居示范城市，为推动大气污染防治行动计划全面实施、非化石能源占一次能源消费比重持续下降做出积极贡献。

三、总体思路

(一)指导思想。

全面贯彻党的十八大和十八届三中、四中全会精神，按照党中央、国务院决策部署，紧紧围绕能源生产和消费革命，抢抓京津冀协同发展和京张联合申办2022年冬奥会重大机遇，采用科学的理念、灵活的机制、先进的技术成果，立足实际，勇于创新，着力破除体制机制障碍，着力推进“互联网+”智慧能源，着力创新商业服务模式，着力加快规模化开发应用，大幅提高可再生能源消费比重，将示范区建设成为可再生能源电力市场化改革试验区，可再生能源国际先进技术应用引领产业发展先导区，绿色转型发展示范区，京津冀协同发展可再生能源创新区，为我国可再生能源健康快速发展提供可复制、可推广的成功经验。

(三)发展目标。

可再生能源发展水平位居世界前列。可再生能源消费量占终端能源消费总量比例2020年达到30%，2030年达到50%。可再生能源应用实现经济社会领域全覆盖，到2020年，55%的电力消费来自可再生能源，全部城市公共交通、40%的城镇居民生活用能、50%的商业及公共建筑用能来自可再生能源，40%的工业企业实现零碳排放，建成国际领先的“低碳奥运专区”;到2030年，80%的电力消费来自可再生能源，全部城镇公共交通、城乡居民生活用能、商业及公共建筑用能来自可再生能源，全部工业企业实现零碳排放，全面形成以可再生能源为主的能源保障体系。可再生能源发展有力支撑京津冀生态文明建设。

到2020年，可再生能源发电装机规模达到2000万千瓦，年发电量达到400亿千瓦时以上，为京津冀协同发展提供清洁能源。通过可再生能源综合利用，年替代化石能源1400万吨标准煤，减少二氧化碳(CO2)、二氧化硫(SO2)、氮氧化物(NOX)排放分别约3600万吨、35万吨和6万吨，大气质量持续改善，生态文明建设成效明显。到2030年，可再生能源发电装机规模达到5000万千瓦，年发电量达950亿千瓦时以上。通过可再生能源综合利用，年替代化石能源约3300万吨标准煤，减少二氧化碳、二氧化硫、氮氧化物排放约8500万吨、84万吨和14万吨。可再生能源技术创新引领建立低碳绿色能源系统。

2020年前，在示范区内推广应用高效率低成本可再生能源发输储用新设备、新材料、新技术，成功开发大规模区域供热、多能互补、发储联合、智能微网等可再生能源发展应用新模式，建成先进的可再生能源创新平台，力争使示范区成为全国性的可再生能源技术交流交易中心。2030年前，在示范区内先行推广应用新型高性能的太阳能发电、风力发电、大容量储能等先进可再生能源技术;示范区可再生能源研发创新能力大幅增强，建成世界知名的可再生能源技术交流交易中心，具备全球领先的可再生能源技术应用示范及推广能力。

可再生能源为代表的新兴产业集群成为经济增长新支柱。规划期内，示范区以新能源、大数据、新材料、新能源汽车等为代表的新兴产业增加值年均增长15%，2020年新兴产业增加值占地区生产总值比例达到15%左右，2030年达到30%左右。

四、主要任务

(一)着力推进三大创新。

(二)着力实施四大工程。

针对可再生能源发储输用四大环节，组织实施规模化开发、大容量储能应用、智能化输电通道建设和多元化应用示范四大工程。

1、规模化开发工程

高标准建设千万千瓦级风电基地。按照规模开发和高效利用相结合、本地消纳和合理外送相结合、电网建设和电源开发相结合的原则，在逐步提高本地消纳比例的基础上，由近及远拓展消纳范围，减少弃风限电，持续推进风电大规模开发。因地制宜建设太阳能光伏(热)开发应用基地。充分发挥坝上地区面积广袤、太阳能资源富集优势，利用荒山、荒坡推进一批大型地面电站建设;遵循“绿色奥运、低碳奥运”的承办理念，支持大型光伏企业在怀来至崇礼高速公路沿线两侧建设百万千瓦级光伏廊道，启动北京—张家口高速公路(张家口段)光伏电站及分布式储能试点建设;探索通过扩大新能源应用促进区域工业绿色转型发展试点工作;在各类产业聚集区，以及公共建筑、商业楼宇、居民社区、农村等区域大力发展分布式光伏发电、风光互补，在城区全面实行绿色建筑标准，积极发展被动式超低能耗绿色建筑;着力推广太阳能光伏农牧业，实现“光农”、“光牧”互补;积极实施国家光伏扶贫工程，在赤城县先行先试，总结经验后在示范区内推广;快速推动尚义县集光电、生态、旅游、度假为一体的大型太阳能示范园区建设。在坝上地区重点发展大功率太阳能光热发电，重点推进一批光热发电示范项目建设。

2、大容量储能应用工程

开展大容量储能试点。大力推广应用储能新技术，积极探索商业化储能方式，逐步降低储能成本，依托行业领军企业，在崇礼县、张北县开展大容量储能试点，为实现可再生能源全覆盖做好示范。加大压缩空气储能、大容量蓄电池储能、飞轮储能、超级电容器储能等技术研发力度，开展规模化储能试点。开展一体化储能示范。在风电、光电等集中开发区，开展“风电+储能”、“光电+储能”、“分布式+微网+储能”、“大电网+储能”等发储用一体化的储能应用示范，支持发电、用电、储能企业等投资建设和运营储能装置，为示范区可再生能源大规模开发应用提供支撑。

配套建设一批抽水蓄能电站。统筹考虑区域电网新能源和调峰电源发展需要以及当地站址资源条件，在综合论证基础上，在尚义县等地合理布局抽水蓄能电站，参与区域电网调峰。

3、智能化输电通道建设工程

开展智能化输电技术试点。创新可再生能源电力送出方式。结合新开发风电、光电送出和就地消纳需要，依托中科院、电科院等科研机构和高等院校，到2020年谋划建设一批智能化输电示范项目，引领可再生能源并网发展方向。

建设智能电网，提高示范区自身消纳能力。扩建超高压输变电工程，增建特高压输变电工程，完善可再生能源电力跨省跨区输送通道规划，提高示范区可再生能源电力的外输能力，优化京津冀三地能源结构，提升区域可再生能源的消纳比例。优化电网运行管理，加强区域电网协作，深挖系统调峰和电力通道输送潜力，提高电网消纳和输送可再生能源电力的能力。适应农村分布式可再生能源发展的需要，进一步加大农村电网投资力度，加快农村电网改造升级步伐，提升农村电网装备水平、供用电能力和质量。

4、多元化应用示范工程

在供热、市政照明、居民生活、工业、农业、农村、交通、建筑等领域，大力推进用能方式改革，促进可再生能源高效利用，打造多元化就地消纳示范样板工程。可再生能源供热。推进崇礼县、张北县等地风电供热试点，并逐步扩大供热面积。借助京张联合申办冬奥会的契机，联合北京市不断拓展风电供暖范围。支持在崇礼县率先建设100万平方米跨季节集中储热与被动建筑技术相结合的供暖示范项目，提高可再生能源利用效率。依托大型光热发电站，实施热电联供。在城乡普及太阳能热利用,规模化推广太阳能热水系统。充分发挥中低温地热资源清洁无污染、持续性好、应用面广等优势，在地热资源丰富的赤城、阳原、怀来等县，积极谋划一批、建设一批、储备一批地热供暖项目，重点推进典型示范项目建设。生物质能综合利用。支持万全、宣化、涿鹿、蔚县等县建设生物质成型燃料生产基地;支持骨干优势企业在工业园区建设生物质成型燃料供热示范项目;支持涿鹿、万全、下花园、赤城、沽源等县(区)加快建设生物质热电工程项目;支持农村实施生物质成型燃料替代燃煤工程;支持大型专业化能源企业建设规模化生物天然气示范项目。

可再生能源产业消纳。加快沽源风电制氢及下游产业示范项目建设，开通张家口-北京带宽100吉比特每秒(Gbps)直达光路，建设张北大数据中心示范项目，形成可再生能源综合利用产业链。将示范区可再生能源推广应用与产业结构升级结合起来，提高产业准入门槛，加快淘汰落后产能，大力发展低能耗、低排放的清洁型产业。

可再生能源交通工程。加快构建示范区可再生能源交通网络，率先在公共交通、出租车、旅游观光等领域推广使用电动汽车，完善充电站(桩)等配套设施，到2020年实现可再生能源交通网络全覆盖。

建设分布式供能样板项目。采用“自发自用、余量上网、电网调节”的运营模式，因地制宜建设太阳能、风能、生物质能发电以及燃气“热电冷”联产等各类分布式电源。在确保安全的前提下，规划建设一批以智能电网、物联网和储能技术为支撑的微电网示范工程和新能源综合供能区域，提高系统消纳能力和能源利用效率。到2020年，在奥运场馆、高档酒店、标志性建筑等场所率先建成一批分布式供能样板工程。

(三)着力打造五大功能区。

1、低碳奥运专区

按照举办“低碳奥运”的理念和要求，力争2022年冬奥会前崇礼县用能基本使用可再生能源，并逐步在示范区内推广。

建设低碳奥运场馆。以崇礼县可再生能源电力作为奥运场馆用电的主供电源，周边县区的电力作为辅助电源，实现奥林匹克中心和其他赛场用电100%采用可再生能源。建设4—6座10万平方米级以上大型太阳能集中供热站，实现奥运场馆所有建筑采用可再生能源供热。

推行低碳市政和交通。采用集中和分布式相结合供能模式，在崇礼县办公区、医院、学校、公园、广场等公共场所，用电用热全部采用可再生能源。按照绿色、智能的理念，打造可再生能源交通运输体系，专区内交通运输全部采用可再生能源设施供能。

打造低碳民居。奥运村、崇礼县城、主要风景区和周边农村采暖全部采用可再生能源。奥运村和县城按照集中为主、分散为辅的方式，供暖主要采用太阳能、地热等热源，其他区域利用分布式太阳能方式供热。

2、可再生能源科技创业城

围绕提升示范区科技服务能力，在主城区规划建设科技创业城，打造可再生能源高端人才聚集地和科技成果转化基地。加大可再生能源专业人才培养力度，吸引国内外特别是京津地区高水平大学、国际知名院校采取合作办学的形式，到示范区设立分校和专业人才培训基地。支持建设可再生能源国际人才港和院士工作站，吸引高校、科研机构、企业等建立分部或研发中心，提高示范区可再生能源应用研发能力，为示范区乃至全国可再生能源发展提供强有力的人才技术支撑。

在张家口经济开发区和西山、东山等产业集聚区高标准建设可再生能源企业孵化器和加速器，鼓励高端技术人才携带具有自主知识产权的科技成果到园区创业，大力引进信息服务、金融服务、法律咨询和成果交易等专业化中介服务机构，为企业提供全方位高标准创业服务，打造全国知名的可再生能源企业创业服务中心。

3、可再生能源综合商务区

围绕提升示范区综合服务功能，在主城区高铁站附近规划建设集商务会展、成果展示等为一体的可再生能源综合商务区。建设配套设施完善、服务便捷的现代化国际新能源商务会展中心，打造国际性可再生能源研讨交流平台。建设大型现代化可再生能源展览馆、科普基地、主题公园、文化广场，展示宣传示范区可再生能源开发应用理念、历程、技术、成果。

推行低碳市政和交通。采用集中和分布式相结合供能模式，在崇礼县办公区、医院、学校、公园、广场等公共场所，用电用热全部采用可再生能源。按照绿色、智能的理念，打造可再生能源交通运输体系，专区内交通运输全部采用可再生能源设施供能。

打造低碳民居。奥运村、崇礼县城、主要风景区和周边农村采暖全部采用可再生能源。奥运村和县城按照集中为主、分散为辅的方式，供暖主要采用太阳能、地热等热源，其他区域利用分布式太阳能方式供热。

4、高端装备制造聚集区

瞄准风光电装备发展前沿领域，在张家口经济开发区规划建设可再生能源高端装备产业园，重点发展并网智能控制设备、新能源汽车、高转换率光伏组件、太阳能热电聚光器等可再生能源高端装备制造业，提升产业发展层次和水平。

5、农业可再生能源循环利用示范区

将农业废弃物能源化利用、规模化生物天然气工程、农村可再生能源集中供气供暖等项目与当地生态农业有机结合，建立可再生能源保障、大气污染控制、面源污染治理、农产品质量提升和人居环境改善的美丽乡村示范区。

全国生态功能区划（修编版）（节录）

（环境保护部、中国科学院二〇一五年十一月外印发）

前言

生态功能区划是根据区域生态系统格局、生态环境敏感性与生态系统服务功能空间分异规律，将区域划分成不同生态功能的地区。全国生态功能区划是以全国生态调查评估为基础，综合分析确定不同地域单元的主导生态功能，制定全国生态功能分区方案。全国生态功能区划是实施区域生态分区管理、构建国家和区域生态安全格局的基础，为全国生态保护与建设规划、维护区域生态安全、促进社会经济可持续发展与生态文明建设提供科学依据。

新修编的《全国生态功能区划》包括3大类、9个类型和242个生态功能区。确定63个重要生态功能区，覆盖我国陆地国土面积的49.4%。新修编的区划进一步强化生态系统服务功能保护的重要性，加强了与《全国主体功能区规划》的衔接，对构建科学合理的生产空间、生活空间和生态空间，保障国家和区域生态安全具有十分重要的意义。

《全国生态功能区划（2015年修编）》的范围为我国内地31个省级行政单位的陆域，未包括香港特别行政区、澳门特别行政区和台湾省。

一、指导思想、基本原则和目标

1.指导思想

为了推进生态文明建设和优化国土开发格局，运用生态学原理，以协调人与自然的关系、协调生态保护与经济社会发展关系、增强生态支撑能力、促进经济社会可持续发展为目标，在充分认识生态系统结构、过程及生态系统服务功能空间分异规律的基础上，划分生态功能区，明确对保障国家生态安全有重要意义的区域，指导我国生态保护与建设、自然资源有序开发和产业合理布局，推动我国经济社会与生态保护协调、健康发展。

2.基本原则

（1）主导功能原则：区域生态功能的确定以生态系统的主导服务功能为主。在具有多种生态系统服务功能的地域，以生态调节功能优先；在具有多种生态调节功能的地域，以主导调节功能优先。

（2）区域相关性原则：在区划过程中，综合考虑流域上下游的关系、区域间生态功能的互补作用，根据保障区域、流域与国家生态安全的要求，分析和确定区域的主导生态功能。

（3）协调原则：生态功能区划是国土空间开发利用的基础性区划，是国民经济发展综合规划、国家主体功能区规划、土地利用规划、农业区划、城镇体系规划等区划、规划编制的科学基础。在制订生态功能区划时，与已经形成的国土空间开发利用格局现状进行衔接。

（4）分级区划原则：全国生态功能区划应从满足国家经济社会发展和生态保护工作宏观管理的需要出发，进行大尺度范围划分。

省级政府应根据经济社会发展和生态保护工作管理的需要，制定地方生态功能区划。

3.目标

（1）明确全国不同区域的生态系统类型与格局、生态问题、生态敏感性和生态系统服务功能类型及其空间分布特征，提出全国生态功能区划方案，明确各类生态功能区的主导生态系统服务功能以及生态保护目标，划定对国家和区域生态安全起关键作用的重要生态功能区域。

（2）全面贯彻“统筹兼顾、分类指导”和综合生态系统管理思想，改变按要素管理生态系统的传统模式，增强生态系统的生态调节功能，提高区域生态系统的承载力与经济社会的支撑能力。

（3）以生态功能区为基础，指导区域生态保护与建设、生态保护红线划定、产业布局、资源开发利用和经济社会发展规划，构建科学合理的生态空间，协调社会经济发展和生态保护的关系。

二、区划方法与依据

全国生态功能区划是在生态系统调查、生态敏感性与生态系统服务功能评价的基础上，明确其空间分布规律，确定不同区域的生态功能，提出全国生态功能区划方案。

1.生态系统空间特征

我国地处欧亚大陆东南部，位于北纬4° 15'～53° 31'，东经73° 34'～135° 5'，自北向南有寒温带、温带、暖温带、亚热带和热带5个气候带。地貌类型十分复杂，由西向东形成三大阶梯，第一阶梯是号称“世界屋脊”的青藏高原，平均海拔在4000米以上；第二阶梯从青藏高原的北缘和东缘到大兴安岭－太行山－巫山－雪峰山一线之间，海拔在1000～2000米；第三阶梯为我国东部地区，海拔在500米以下。我国气候和地势特征奠定了我国森林、灌丛、草地、湿地、荒漠、农田、城市等各类陆地生态系统发育与演变的自然基础，以及我国社会经济发展的空间格局。我国生态系统空间分布格局。

森林生态系统：我国森林面积为190.8万平方公里，森林覆盖率为20.2%。我国森林生态系统主要分布在我国湿润、半湿润地区，其中，东北、西南与东南地区森林面积较大。从北到南依次分布的典型森林生态系统类型有寒温带针叶林、温带针阔叶混交林、暖温带落叶阔叶林、亚热带常绿阔叶林和温性针叶林、热带季雨林、雨林等。

灌丛生态系统：我国灌丛面积为69.2万平方公里，占全国国土面积的7.3%，主要类型有阔叶灌丛、针叶灌丛和稀疏灌丛。其中，阔叶灌丛集中分布于华北及西北山地，以及云贵高原和青藏高原等地，针叶灌丛主要分布于川藏交界高海拔区及青藏高原，稀疏灌丛多见于塔克拉玛干、腾格里等荒漠地区。

草地生态系统：我国草地包括草甸、草原、草丛，面积为283.7万平方公里，占全国国土面积的30.0%。温带草甸主要分布于内蒙古东部，高寒草甸主要分布在青藏高原东部。温带草原主要分布于内蒙古高原、黄土高原北部和松嫩平原西部，温带荒漠草原主要分布在内蒙古西部与新疆北部，高寒草原与高寒荒漠草原主要分布在青藏高原西部与西北部。草丛主要分布在我国东部湿润地区。

湿地生态系统：我国湿地类型丰富，湿地总面积为35.6万平方公里，居亚洲第一位、世界第四位，并拥有独特的青藏高原高寒湿地生态系统类型。在自然湿地中，沼泽湿地为15.2万平方公里，河流湿地为6.5万平方公里，湖泊湿地为13.9万平方公里。

荒漠生态系统：主要分布在我国的西北干旱区和青藏高原北部，降水稀少、蒸发强烈、极端干旱的地区，总面积为127.7万平方公里，约占全国国土面积的13.5%，包括沙漠、戈壁、荒漠裸岩等类型。

农田生态系统：我国是农业大国，农田生态系统包括耕地与园地，面积为181.6万平方公里，占全国国土面积的19.2%，主要分布在东北平原、华北平原、长江中下游平原、珠江三角洲、四川盆地等区域。耕地包括水田和旱地，其中水田以水稻为主，旱地以小麦、玉米、大豆和棉花等为主。园地包括乔木园地和灌木园地，乔木园地主要包括果园以及海南、云南等地热作园，灌木园地主要包括我国南方广泛分布的茶园。

城镇生态系统：全国城镇生态系统面积为25.4万平方公里，占国土面积的2.7%，主要分布在中东部的京津冀、长江三角洲、珠江三角洲、辽东南、胶东半岛、成渝地区、长江中游等地区。

由于数千年的开发历史和巨大的人口压力，我国各类生态系统受到不同程度的开发、干扰和破坏。生态系统退化，涵养水源、防风固沙、调蓄洪水、保持土壤、保护生物多样性等生态系统服务功能明显降低，并由此带来一系列生态问题，区域生态安全面临严重威胁。

2.生态敏感性评价

生态敏感性是指一定区域发生生态问题的可能性和程度，用来反映人类活动可能造成的生态后果。生态敏感性的评价内容包括水土流失敏感性、沙漠化敏感性、石漠化敏感性、冻融侵蚀敏感性4个方面。根据各类生态问题的形成机制和主要影响因素，分析各地域单元的生态敏感性特征，按敏感程度划分为极敏感、高度敏感、中度敏感、低敏感4个等级。全国生态敏感性综合特征。

主要生态问题的极敏感和高度敏感分布特征简介如下。

水土流失敏感性：我国水土流失敏感性主要受地形、降水量、土壤性质和植被的影响。全国水土流失敏感区总面积为173.15万平方公里，其中极敏感区域面积为12.9万平方公里，占全国国土面积的1.4%，主要分布在黄土高原、吕梁山、横断山区、念青唐古拉山脉以及西南喀斯特地区。高度敏感区面积为23.3万平方公里，占全国国土面积的2.4%，主要分布在太行山区、大青山、陇南地区、秦岭－大巴山区、四川盆地周边、川滇干热河谷、滇中和滇西地区、藏东南，南方红壤区，以及天山山脉、昆仑山脉局部地区。水土流失极敏感和高度敏感地区通常也是滑坡、泥石流易发生区。

沙漠化敏感性：我国沙漠化敏感性主要受干燥度、大风日数、土壤性质和植被覆盖的影响。全国沙漠化敏感区总面积为182.3万平方公里，主要集中分布在降水量稀少、蒸发量大的干旱、半干旱地区。其中，沙漠化极敏感区域面积为124.6万平方公里，主要分布在塔里木盆地、塔克拉玛干沙漠、吐鲁番盆地、巴丹吉林沙漠和腾格里沙漠、柴达木盆地、毛乌素沙地等地区及周边地区。沙漠化高度敏感区域主要包括准噶尔盆地、鄂尔多斯高原、阴山山脉以及浑善达克沙地以北地区，面积为41.1万平方公里。

冻融侵蚀敏感性：我国冻融侵蚀敏感性主要受气温、地形，以及冻土、冰川分布的影响。全国冻融侵蚀敏感区总面积为170.9万平方公里，其中冻融侵蚀极敏感区面积为0.6万平方公里，主要分布在青藏高原东部、天山高海拔地区；冻融侵蚀高度敏感区面积为10.3万平方公里，集中分布在阿尔泰山、天山、祁连山北部、昆仑山北部等地。

石漠化敏感性：我国西南石漠化敏感性主要受石灰岩分布、岩性与降水的影响。西南石漠化敏感区总面积为51.6万平方公里，主要分布在西南岩溶地区。极敏感区与高度敏感区交织分布，面积为2.3万平方公里，集中分布在贵州省西部、南部区域，包括毕节地区、六盘水、安顺西部、黔西南州以及遵义、铜仁地区等，广西百色、崇左、南宁交界处，云南东部文山、红河、曲靖以及昭通等地。川西南峡谷山地、大渡河下游及金沙江下游等地区也有成片分布。

三、全国生态功能区划方案

1.分区方法

根据生态系统服务功能类型及其空间分布特征，开展全国生态功能区划。

（1）按照生态系统的自然属性和所具有的主导服务功能类型，将生态系统服务功能分为生态调节、产品提供与人居保障3大类。

（2）在生态功能大类的基础上，依据生态系统服务功能重要性划分9个生态功能类型。生态调节功能包括水源涵养、生物多样性保护、土壤保持、防风固沙、洪水调蓄5个类型；产品提供功能包括农产品和林产品提供2个类型；人居保障功能包括人口和经济密集的大都市群和重点城镇群2个类型。

（3）根据生态功能类型及其空间分布特征，以及生态系统类型的空间分异特征、地形差异、土地利用的组合，划分生态功能区。

2.区划方案

全国生态功能区划包括生态功能区242个，其中生态调节功能区148个、产品提供功能区63个，人居保障功能区

31个。。

四、生态功能区类型及概述

将全国生态功能区按主导生态系统服务功能归类，分析各类生态功能区的空间分布特征、面临的问题和保护方向，形成全国陆域生态功能区。

1.水源涵养生态功能区

全国共划分水源涵养生态功能区47个，面积共计256.9万平方公里，占全国国土面积的26.9%。其中，对国家和区域生态安全具有重要作用的水源涵养生态功能区主要包括大兴安岭、秦岭－大巴山区、大别山区、南岭山地、闽南山地、海南中部山区、川西北、三江源地区、甘南山地、祁连山、天山等。

该类型区的主要生态问题：

人类活动干扰强度大；生态系统结构单一，生态系统质量低，水源涵养功能衰退；森林资源过度开发、天然草原过度放牧等导致植被破坏、水土流失与土地沙化严重；湿地萎缩、面积减少；冰川后退，雪线上升.

该类型区的生态保护主要方向：

（1）对重要水源涵养区建立生态功能保护区，加强对水源涵养区的保护与管理，严格保护具有重要水源涵养功能的自然植被，限制或禁止各种损害生态系统水源涵养功能的经济社会活动和生产方式，如无序采矿、毁林开荒、湿地和草地开垦、过度放牧、道路建设等。

（2）继续加强生态保护与恢复，恢复与重建水源涵养区森林、草地、湿地等生态系统，提高生态系统的水源涵养能力。坚持自然恢复为主，严格限制在水源涵养区大规模人工造林。

（3）控制水污染，减轻水污染负荷，禁止导致水体污染的产业发展，开展生态清洁小流域的建设。

（4）严格控制载畜量，实行以草定畜，在农牧交错区提倡农牧结合，发展生态产业，培育替代产业，减轻区内畜牧业对水源和生态系统的压力。

2.生物多样性保护生态功能区

全国共划分生物多样性保护生态功能区43个，面积共计220.8万平方公里，占全国国土面积的23.1%。其中，对国家和区域生态安全具有重要作用的生物多样性保护生态功能区主要包括秦岭－大巴山地、浙闽山地、武陵山地、南岭地区、海南中部、滇南山地、藏东南、岷山－邛崃山区、滇西北、羌塘高原、三江平原湿地、黄河三角洲湿地、苏北滨海湿地、长江中下游湖泊湿地、东南沿海红树林等。

该类型区的主要生态问题：

人口增加以及农业和城镇扩张，交通、水电水利设施建设、矿产资源开发，过度放牧、生物资源过度利用，外来物种入侵等，导致生物资源退化，以及森林、草原、湿地等自然栖息地遭到破坏，栖息地破碎化严重；生物多样性受到严重威胁，部分野生动植物物种濒临灭绝。

该类型区生态保护的主要方向：

（1）开展生物多样性资源调查与监测，评估生物多样性保护状况、受威胁原因。

（2）禁止对野生动植物进行滥捕、乱采、乱猎。

（3）保护自然生态系统与重要物种栖息地，限制或禁止各种损害栖息地的经济社会活动和生产方式，如无序采矿、毁林开荒、湿地和草地开垦、道路建设等。防止生态建设导致栖息环境的改变。

4）加强对外来物种入侵的控制，禁止在生物多样性保护功能区引进外来物种。

（5）实施国家生物多样性保护重大工程，以生物多样性重要功能区为基础，完善自然保护区体系与保护区群的建设。

3.土壤保持生态功能区

全国共划分土壤保持生态功能区20个，面积共计61.4万平方公里，占全国国土面积的6.4%。其中，对国家和区域生态安全具有重要作用的土壤保持生态功能区主要包括黄土高原、太行山地、三峡库区、南方红壤丘陵区、西南喀斯特地区、川滇干热河谷等。

该类型区的主要生态问题：

不合理的土地利用，特别是陡坡开垦、森林破坏、草原过度放牧，以及交通建设、矿产开发等人为活动，导致地表植被退化、水土流失加剧和石漠化危害严重。

该类型区生态保护的主要方向：

（1）调整产业结构，加速城镇化和新农村建设的进程，加快农业人口的转移，降低人口对生态系统的压力。

（2）全面实施保护天然林、退耕还林、退牧还草工程，严禁陡坡垦殖和过度放牧。

（3）开展石漠化区域和小流域综合治理，协调农村经济发展与生态保护的关系，恢复和重建退化植被。

（4）在水土流失严重并可能对当地或下游造成严重危害的区域实施水土保持工程，进行重点治理。

（5）严格资源开发和建设项目的生态监管，控制新的人为水土流失。

（6）发展农村新能源，保护自然植被。

4.防风固沙生态功能区

全国划分防风固沙生态功能区30个，面积共计199.0万平方公里，占全国国土面积的20.8%。其中，对国家和区域生态安全具有重要作用的防风固沙生态功能区主要包括呼伦贝尔草原、科尔沁沙地、阴山北部、鄂尔多斯高原、黑河中下游、塔里木河流域，以及环京津风沙源区等。

该类型区的主要生态问题：

过度放牧、草原开垦、水资源严重短缺与水资源过度开发导致植被退化、土地沙化、沙尘暴等。

该类型区生态保护的主要方向：

（1）在沙漠化极敏感区和高度敏感区建立生态功能保护区，严格控制放牧和草原生物资源的利用，禁止开垦草原，加强植被恢复和保护。

（2）调整传统的畜牧业生产方式，大力发展草业，加快规模化圈养牧业的发展，控制放养对草地生态系统的损害。

（3）积极推进草畜平衡科学管理办法，限制养殖规模。

（4）实施防风固沙工程，恢复草地植被，大力推进调整产业结构，退耕还草，退牧还草等措施。

5.洪水调蓄生态功能区

全国共划分洪水调蓄生态功能区8个，面积共计4.9万平方公里，占全国国土面积的0.5%。其中，对国家和区域生态安全具有重要作用的洪水调蓄生态功能区主要包括淮河中下游湖泊湿地、江汉平原湖泊湿地、长江中下游洞庭湖、鄱阳湖、皖江湖泊湿地等。这些区域同时也是我国重要的水产品提供区。

该类型区的主要生态问题：

湖泊泥沙淤积严重、湖泊容积减小、调蓄能力下降；围垦造成沿江沿河的重要湖泊、湿地萎缩；工业废水、生活污水、农业面源污染、淡水养殖等导致湖泊污染加剧。

该类型区生态保护的主要方向：

（1）加强洪水调蓄生态功能区的建设，保护湖泊、湿地生态系统，退田还湖，平垸行洪，严禁围垦湖泊湿地，增加调蓄能力。

（2）加强流域治理，恢复与保护上游植被，控制水土流失，减少湖泊、湿地萎缩。

（3）控制水污染，改善水环境。

（4）发展避洪经济，处理好蓄洪与经济发展之间的矛盾。

6.农产品提供功能区

农产品提供功能区主要是指以提供粮食、肉类、蛋、奶、水产品和棉、油等农产品为主的长期从事农业生产的地区，包括全国商品粮基地和集中联片的农业用地，以及畜产品和水产品提供的区域。

全国共划分农产品提供功能区58个，面积共计180.6万平方公里，占全国国土面积的18.9%，集中分布在东北平原、华北平原、长江中下游平原、四川盆地、东南沿海平原地区、汾渭谷地、河套灌区、宁夏灌区、新疆绿洲等商品粮集中生产区，以及内蒙古东部草甸草原、青藏高原高寒草甸、新疆天山北部草原等重要畜牧业区。

该类型区的主要生态问题：

农田侵占、土壤肥力下降、农业面源污染严重；在草地畜牧业区，过度放牧，草地退化沙化，抵御灾害能力低。

该类型区生态保护的主要方向：

（1）严格保护基本农田，培养土壤肥力。

（2）加强农田基本建设，增强抗自然灾害的能力。

（3）加强水利建设，大力发展节水农业；种养结合，科学施肥。

（4）发展无公害农产品、绿色食品和有机食品；调整农业产业和农村经济结构，合理组织农业生产和农村经济活动。

（5）在草地畜牧业区，要科学确定草场载畜量，实行季节畜牧业，实现草畜平衡；草地封育改良相结合，实施大范围轮封轮牧制度。

7.林产品提供功能区

林产品提供功能区主要是指以提供林产品为主的林区。全国共划分林产品提供功能区5个，面积10.9万平方公里，占全国国土面积的1.1%，集中分布在小兴安岭、长江中下游丘陵、四川东部丘陵等人工林集中区。

该类型区的主要生态问题：

林区过量砍伐，蓄积量低，森林质量低，生态系统服务功能退化。

该类型区的生态保护主要方向：

该类型区的生态保护主要方向：

（1）加强速生丰产林区的建设与管理，合理采伐，实现采育平衡，协调木材生产与生态功能保护的关系。

（2）改善农村能源结构，减少对林地的压力。

8.大都市群

大都市群主要指我国人口高度集中的城市群，主要包括：京津冀大都市群、珠三角大都市群和长三角大都市群生态功能区3个，面积共计10.8万平方公里，占全国国土面积的1.1%。

该类型区的主要生态问题：

城市无限制扩张，生态承载力严重超载，生态功能低，污染严重，人居环境质量下降。该类型区生态保护主要方向：

加强城市发展规划，控制城市规模，合理布局城市功能组团；加强生态城市建设，大力调整产业结构，提高资源利用效率，控制城市污染，推进循环经济和循环社会的建设。

9.重点城镇群

重点城镇群指我国主要城镇、工矿集中分布区域，主要包括：哈尔滨城镇群、长吉城镇群、辽中南城镇群、太原城镇群、鲁中城镇群、青岛城镇群、中原城镇群、武汉城镇群、昌九城镇群、长株潭城镇群、海峡西岸城镇群、海南北部城镇群、重庆城镇群、成都城镇群、北部湾城镇群、滇中城镇群、关中城镇群、兰州城镇群、乌昌石城镇群。全国共有重点城镇群生态功能区28个，面积共计11.0

万平方公里，占全国国土面积的1.2%。

该类型区的主要生态问题：

城镇无序扩张，城镇环境污染严重，环保设施严重滞后，城镇生态功能低下，人居环境恶化。

该类型区的生态保护主要方向：

以生态环境承载力为基础，规划城市发展规模、产业方向；建设生态城市，优化产业结构，发展循环经济，提高资源利用效率；

加快城市环境保护基础设施建设，加强城乡环境综合整治；城镇发

展坚持以人为本，从长计议，节约资源，保护环境，科学规划。

五、全国重要生态功能区

根据各生态功能区对保障国家与区域生态安全的重要性，以水源涵养、生物多样性保护、土壤保持、防风固沙和洪水调蓄5类主导生态调节功能为基础，确定63个重要生态系统服务功能区（简称重要生态功能区）（附图6）。各重要生态功能区的名称、主导功能和辅助功能见表3。

六、生态功能区划的实施

（1）生态功能区划是构建国家和区域生态安全格局的基础，各级政府在编制主体功能区规划、制定重大经济技术政策、经济社会发展规划、土地利用规划、城乡建设规划、生态保护与建设规划等专项规划时，要依据生态功能区划，优化国土开发格局，划定生态空间。

（2）对国家和区域生态安全有重大意义的水源涵养、生物多样性保护、土壤保持、防风固沙、洪水调蓄等重要生态功能区，应建立生态功能保护区。对重要生态功能区，要加大国家和地方财政投入和转移支付力度，建立并完善生态补偿机制。鼓励以重要生态功能区为依托，实施区域之间的横向生态补偿。

（4）在重要生态功能区划定生态保护红线，对生态功能及其保护状况定期组织评估和考核，开展生态资产与生态系统生产总值核算，并公布结果。

（5）加强生态保护的宣传教育。积极宣传生态功能区划的科学意义和重要性，普及生态教育；注重对党政干部、新闻工作者和企业管理人员的培训；完善信访、举报和听证制度，调动广大人民群众和民间团体参与资源开发保护监督，支持鼓励公众和非政府组织参与生态功能区的管理。

关于印发《全面实施燃煤电厂超低排放和节能改造工作方案》的通知

（环发[2015]164号）

各省、自治区、直辖市环境保护厅（局）、发展改革委（经信委、经委、工信厅）、能源局，新疆生产建设兵团环境保护局、发展改革委、能源局，国家电网公司，南方电网公司，华能、大唐、华电、国电、国电投、神华集团公司：

为贯彻落实第114次国务院常务会议精神，我们制定了《全面实施燃煤电厂超低排放和节能改造工作方案》，现印发给你们，请认真贯彻执行，并将有关事项通知如下：

一、全面实施燃煤电厂超低排放和节能改造是一项重要的国家专项行动，既有利于节能减排、促进绿色发展、增添民生福祉，也有利于扩大投资、促进煤电产业转型升级、相关装备制造业走出去。各有关部门、地方及企业应高度重视此项工作，尽快制定专项实施计划，做好与本方案的衔接。

二、各相关部门要加大扶持力度，完善政策措施，充分调动地方和企业积极性，同时强化对项目改造和运行的监督管理。

三、煤电企业是实施主体，应主动承担社会责任，积极采用环境污染第三方治理和合同能源管理模式，加快超低排放和节能改造项目实施，确保改造工程按期建成并稳定运行。

四、装备制造企业、电网公司、节能服务公司和环保专业公司应努力保障并优先满足超低排放和节能改造项目的需求。通过各方共同努力，确保超低排放和节能改造目标按期完成。

特此通知。

附件：全面实施燃煤电厂超低排放和节能改造工作方案

环境保护部　发展改革　委能源局

2015年12月11日

附件：

全面实施燃煤电厂超低排放和节能改造工作方案

全面实施燃煤电厂超低排放和节能改造，是推进煤炭清洁化利用、改善大气环境质量、缓解资源约束的重要举措。《煤电节能减排升级与改造行动计划（2014-2020年）》（以下简称《行动计划》）实施以来，各地大力实施超低排放和节能改造重点工程，取得了积极成效。根据国务院第114次常务会议精神，为加快能源技术创新，建设清洁低碳、安全高效的现代能源体系，实现稳增长、调结构、促减排、惠民生，推动《行动计划》“提速扩围”特制订本方案。

一、指导思想与目标

（一）指导思想

全面贯彻党的十八届五中全会精神，牢固树立绿色发展理念，全面实施煤电行业节能减排升级改造，在全国范围内推广燃煤电厂超低排放要求和新的能耗标准，建成世界上最大的清洁高效煤电体系。

（二）主要目标

到2020年，全国所有具备改造条件的燃煤电厂力争实现超低排放（即在基准氧含量6%条件下，烟尘、二氧化硫、氮氧化物排放浓度分别不高于10、35、50毫克/立方米）。

全国有条件的新建燃煤发电机组达到超低排放水平。加快现役燃煤发电机组超低排放改造步伐，将东部地区原计划2020年前完成的超低排放改造任务提前至2017年前总体完成；将对东部地区的要求逐步扩展至全国有条件地区，其中，中部地区力争在2018年前基本完成，西部地区在2020年前完成。

全国新建燃煤发电项目原则上要采用60万千瓦及以上超超临界机组，平均供电煤耗低于300克标准煤/千瓦时（以下简称克/千瓦时），到2020年，现役燃煤发电机组改造后平均供电煤耗低于310克/千瓦时。

二、重点任务

（一）具备条件的燃煤机组要实施超低排放改造。在确保供电安全前提下，将东部地区（北京、天津、河北、辽宁、上海、江苏、浙江、福建、山东、广东、海南等11省市）原计划2020年前完成的超低排放改造任务提前至2017年前总体完成，要求30万千瓦及以上公用燃煤发电机组、10万千瓦及以上自备燃煤发电机组（暂不含W型火焰锅炉和循环流化床锅炉）实施超低排放改造。

将对东部地区的要求逐步扩展至全国有条件地区，要求30万千瓦及以上燃煤发电机组（暂不含W型火焰锅炉和循环流化床锅炉）实施超低排放改造。其中，中部地区（山西、吉林、黑龙江、安徽、江西、河南、湖北、湖南等8省）力争在2018年前基本完成；西部地区（内蒙古、广西、重庆、四川、贵州、云南、西藏、陕西、甘肃、青海、宁夏、新疆等12省区市及新疆生产建设兵团）在2020年前完成。力争2020年前完成改造5.8亿千瓦。

（二）不具备改造条件的机组要实施达标排放治理。燃煤机组必须安装高效脱硫脱硝除尘设施，推动实施烟气脱硝全工况运行。各地要加大执法监管力度，推动企业进行限期治理，一厂一策，逐一明确时间表和路线图，做到稳定达标，改造机组容量约1.1亿千瓦。

（三）落后产能和不符合相关强制性标准要求的机组要实施淘汰。进一步提高小火电机组淘汰标准，对经整改仍不符合能耗、环保、质量、安全等要求的，由地方政府予以淘汰关停。优先淘汰改造后仍不符合能效、环保等标准的30万千瓦以下机组，特别是运行满20年的纯凝机组和运行满25年的抽凝热电机组。列入淘汰方案的机组不再要求实施改造。力争“十三五”期间淘汰落后火电机组规模超过2000万千瓦。

（四）要统筹节能与超低排放改造。在推进超低排放改造同时，协同安排节能改造，东部、中部地区现役煤电机组平均供电煤耗力争在2017年、2018年实现达标，西部地区现役煤电机组平均供电煤耗到2020年前达标。企业尽可能安排在同一检修期内同步实施超低排放和节能改造，降低改造成本和对电网的影响。2016-2020年全国实施节能改造3.4亿千瓦。

三、政策措施

（一）落实电价补贴政策

对达到超低排放水平的燃煤发电机组，按照《关于实行燃煤电厂超低排放电价支持政策有关问题的通知》（发改价格〔2015〕2835号）要求，给予电价补贴。2016年1月1日前已经并网运行的现役机组，对其统购上网电量每千瓦时加价1分钱；2016年1月1日后并网运行的新建机组，对其统购上网电量每千瓦时加价0.5分钱。2016年6月底前，发展改革委、环境保护部等制定燃煤发电机组超低排放环保电价及环保设施运行监管办法。

（二）给予发电量奖励

综合考虑煤电机组排放和能效水平，适当增加超低排放机组发电利用小时数，原则上奖励200小时左右，具体数量由各地确定。落实电力体制改革配套文件《关于有序放开发用电计划的实施意见》要求，将达到超低排放的燃煤机组列为二类优先发电机组予以保障。2016年，发展改革委、国家能源局研究制定推行节能低碳调度工作方案，提高高效清洁煤电机组负荷率。

（三）落实排污费激励政策

督促各地在提高排污费征收标准（二氧化硫、氮氧化物不低于每当量1.2元）同时，对污染物排放浓度低于国家或地方规定的污染物排放限值50%以上的，切实落实减半征收排污费政策，激励企业加大超低排放改造力度。

（四）给予财政支持

中央财政已有的大气污染防治专项资金，向节能减排效果好的省（区、市）适度倾斜。

（五）信贷融资支持

开发银行对燃煤电厂超低排放和节能改造项目落实已有政策，继续给予优惠信贷；鼓励其他金融机构给予优惠信贷支持。支持符合条件的燃煤电力企业发行企业债券直接融资，募集资金用于超低排放和节能改造。

（六）推行排污权交易

对企业通过超低排放改造产生的富余排污权，地方政府可予以收购；企业也可用于新建项目建设或自行上市交易。

（七）推广应用先进技术

制定燃煤电厂超低排放环境监测评估技术规范，修订煤电机组能效标准和能效最低限值标准，指导各地和各发电企业开展改造工作。再授予一批煤电节能减排示范电站，搭建煤电节能减排交流平台，促进成熟先进技术推广应用。

四、组织保障

（一）加强组织领导

环境保护部、发展改革委、国家能源局会同有关部门共同组织实施本方案，加强部际协调，各司其职、各负其责、密切配合。国家能源局、环境保护部、发展改革委确定年度燃煤电厂节能和超低排放改造重点项目，并按照职责分工，分别建立节能改造和能效水平、机组淘汰、超低排放改造、达标排放治理管理台账，及时协调解决推进过程中出现的困难和问题。

各地和电力集团公司是燃煤电厂超低排放和节能改造的责任主体，要充分考虑电力区域分布、电网调度等因素编制改造计划方案，于2016年3月底前完成，报国家能源局、环境保护部和发展改革委。发电企业要按照《行动计划》相关要求，切实履行责任，落实项目和资金，积极采用环境污染第三方治理和合同能源管理模式，确保改造工程按期建成并稳定运行。中央企业要起到模范带动作用。地方政府和电网公司要统筹协调区域电力调度，有序安排机组停机检修，制定并落实有序用电方案，保障电力企业按期完成环保和节能改造。

（二）强化监督管理

各地要加强日常督查和执法检查，防止企业弄虚作假，对不达标企业依法严肃处理；对已享受超低排放优惠政策但实际运行效果未稳定达到的，向社会通报，视情节取消相关优惠政策，并予以处罚。省级节能主管部门会同国家能源局派出机构，对各地区、各企业节能改造工作实施监管。

（三）严格评价考核

环境保护部、发展改革委、国家能源局会同有关部门，严格按照各省（区、市）、中央电力集团公司燃煤电厂超低排放改造计划方案，每年对上年度燃煤电厂超低排放和节能改造情况进行评价考核。

船舶与港口污染防治专项行动实施方案（2015~2020年）

（交通运输部2015年8月27日）

为贯彻落实《中共中央国务院关于加快推进生态文明建设的意见》（中发〔2015〕12号）、《大气污染防治行动计划》（国发〔2013〕37号）和《水污染防治行动计划》（国发〔2015〕17号），结合履行国际公约相关义务和我国水运发展实际，全面推进船舶与港口污染防治工作，积极推进绿色水路交通发展，特制定本方案。

一、总体要求

（一）指导思想。

全面贯彻党的十八大和十八届三中、四中全会精神，认真落实党中央、国务院的决策部署，大力推进生态文明建设，依法推进船舶与港口污染防治工作，以减少污染物排放和强化污染物处置为核心，以完善法规、标准、规范为基础，以推进排放控制区试点示范为抓手，港航联动，河海并举，标本兼治，协同推进，努力实现水运绿色、循环、低碳、可持续发展。

（二）基本原则。

坚持统筹谋划、防治结合。紧密结合船舶与港口污染防治工作现状和阶段性特征，立足当前、着眼长远、科学规划、有效衔接，系统提出分阶段行动目标和主要任务，强化源头防控，注重科学治理，有序推进船舶与港口污染防治工作。

坚持全面推进、重点突破。系统梳理船舶、港口污染防治全过程、各环节存在的问题，紧抓制约污染防治水平的关键领域和重点环节，打好攻坚战，以点带面，全面推进船舶与港口污染防治工作。

坚持政府推动、企业施治。贯彻节约资源和保护环境的基本国策，在充分发挥污染防治企业主体作用和市场调节作用的同时，发挥好政府的政策引导和监督管理作用，形成政府、企业协同推进工作格局。

坚持创新驱动、示范带动。发挥企业的科技创新主体作用，加强船舶与港口污染防治关键技术、设施设备科技攻关，推动科研成果的转化应用；选择具有较好基础条件、符合污染防治发展方向的项目，开展试点示范和经验推广，推动污染防治工作深入开展。

（三）工作目标。

总体目标：到2020年，船舶与港口污染防治政策法规标准体系进一步完善，船舶与港口大气污染物、水污染物得到有效防控和科学治理，排放强度明显降低，清洁能源得到推广应用，船舶和港口污染防治水平与我国生态文明建设水平、全面建成小康社会目标相适应。

具体目标：到2020年，珠三角、长三角、环渤海（京津冀）水域船舶硫氧化物、氮氧化物、颗粒物与2015年相比分别下降65%、20%、30%；主要港口90%的港作船舶、公务船舶靠泊使用岸电，50 %的集装箱、客滚和邮轮专业化码头具备向船舶供应岸电的能力；主要港口100%的大型煤炭、矿石码头堆场建设防风抑尘设施或实现封闭储存。沿海和内河港口、码头、装卸站（以下简称港口）、船舶修造厂分别于2017年底前和2020年底前具备船舶含油污水、化学品洗舱水、生活污水和垃圾等接收能力，并做好与城市市政公共处理设施的衔接，全面实现船舶污染物按规定处置。按照新修订的船舶污染物排放相关标准，2020年底前完成现有船舶的改造，经改造仍不能达到要求的，限期予以淘汰。

二、主要任务

（一）加快相关法规、标准、规范制修订。按照国家污染防治总体要求，完善相关管理制度，加强船舶与港口污染防治相关法规、标准、规范的制修订工作，强化标准约束，做好船舶与港口污染防治标准，以及与国家有关标准的衔接。

2015年底前，发布《防治船舶污染内河水域环境管理规定（修订）》、《水路危险货物运输管理规定》；配合环境保护部力争出台船舶污染物排放、船舶发动机废气排放标准；配合国家质检总局、国家能源局修订船用燃料油强制性国家标准；会同有关部门出台《内河危险化学品禁运目录》。2016年底前，出台《码头船舶岸电设施工程技术规范》国家标准；出台《水运工程环境保护设计规范》；发布内河危险化学品禁运品种遴选管理办法，建立禁运目录动态调整机制。2017年底前，配合环境保护部制修订适合我国国情的码头油气排放相关标准。2020年底前，出台船舶天然气动力设施改造技术规范，编制船舶污染物排放监测系列技术标准。

（二）持续推进船舶结构调整。依法强制报废超过使用年限的船舶，继续落实老旧运输船舶和单壳油轮提前报废更新政策并力争延续内河船型标准化政策，加快淘汰老旧落后船舶，鼓励节能环保船舶建造和船上污染物储存、处理设备改造，严格执行船舶污染物排放标准，限期淘汰不能达到污染物排放标准的船舶，严禁新建不达标船舶进入运输市场，规范船舶水上拆解行为。

2016年起，禁止内河单壳化学品船舶和600载重吨以上的单壳油船进入“两横一纵两网十八线”水域航行。2017年底前，继续开展老旧运输船舶和单壳油轮提前报废更新；分级分类修订船舶及其设施设备的相关环保标准，2018年起投入使用的沿海船舶、2021年起投入使用的内河船舶执行新修订的船舶污染物排放相关标准。2020年底前，完成对不符合新修订的船舶污染物排放相关标准要求的船舶有关设施、设备的配备或改造，对经改造仍不能达到要求的，限期予以淘汰。

（三）推进设立船舶大气污染物排放控制区。借鉴国际经验，突出国家大气污染联防联控重点区域，兼顾区域船舶活动密集程度与经济发展水平，设立珠三角、长三角、环渤海（京津冀）水域船舶大气污染物排放控制区，控制船舶硫氧化物、氮氧化物和颗粒物排放。

2015年底前，发布《珠三角、长二角、环渤海（京津冀）水域船舶排放控制区实施方案》，按照方案要求分阶段分步骤推进实施。在排放控制区内选择核心港口区域试点示范；适时评估试点示范效果，将排放控制要求扩大至排放控制区内所有港口。2018年底前，评估确定采取更加严格排放控制要求、扩大排放控制区范围以及其它进一步举措。

（四）积极开展港口作业污染专项治理。加强港口作业扬尘监管，开展干散货码头粉尘专项治理，全面推进主要港口大型煤炭、矿石码头堆场防风抑尘设施建设和设备配备；推进原油成品油码头油气回收治理。

2015年底前，出台《煤炭矿石码头粉尘控制设计规范》；发布原油成品油码头油气回收行动试点方案，在环渤海、长三角、珠三角、长江干线等重点区域分批次、分类别开展码头油气回收试点工作。2016年底前，开展港口作业扬尘监管专项整治行动，推进煤炭、矿石码头的大型堆场建设防风抑尘设施或实现封闭储存；出台《码头油气回收设施建设技术规范》。2017年底前，国内沿海稳步推广原油成品油码头油气回收。

（五）协同推进船舶污染物接收处置设施建设。加强港口、船舶修造厂环卫设施、污水处理设施建设规划与所在地城市设施建设规划的衔接。会同工信、环保、住建等部门探索建立船舶污染物接收处置新机制，推动港口、船舶修造厂加快建设船舶含油污水、化学品洗舱水、生活污水和垃圾等污染物的接收设施，做好船港之间、港城之间污染物转运、处置设施的衔接，提高污染物接收处置能力，满足到港船舶污染物接收处置需求。

2016年底前，港口、船舶修造厂所在地交通运输（港口）管理部门会同工信、环保、住建、海事等部门完成本区域船舶污染物接收、转运及处置能力评估，编制完善接收、转运及处置设施建设方案。2017年底前，沿海港口、船舶修造厂达到建设要求。2020年底前，内河港口、船舶修造厂达到建设要求；进入我国水域的国际航行船舶，按照已加入的国际公约要求安装压载水管理系统。

（六）积极推进LNG燃料应用。全面落实《交通运输部关于推进水运行业应用液化天然气的指导意见》（交水发〔2013〕625号），进一步完善LNG加注设施的相关标准规范体系，统筹LNG加注站点布局规划与建设，有序推进船舶与港口应用LNG试点示范工作，加大LNG动力船船员、码头操作人员的培训力度，逐步扩大LNG燃料在水运行业的应用范围。

2015年底前，完成长江、西江航运干线和京杭运河船舶LNG燃料加注码头布局规划。2016年底前，修订完成《液化天然气码头设计规范》，制订《液化天然气加注码头设计规范》。2017年底前，建立水运行业应用LNG标准体系。2018年底前，加快推进LNG加注站及配套设施建设，完善相关技术法规和规范；扩大LNG动力船舶试点应用范围，试点推广LNG燃料在港作车船中的应用。

（七）大力推动靠港船舶使用岸电。推动建立船舶使用岸电的供售电机制和激励机制，降低岸电使用成本，引导靠港船舶使用岸电。开展码头岸电示范项目建设，加快港口岸电设备设施建设和船舶受电设施设备改造。

2015年底前，加大码头岸电推进力度，发布一批新的示范项目名单。2016年底前，积极协调配合有关部门建立靠港船舶使用岸电供售电机制；完善港口岸电设施建设相关标准和船舶使用岸电的鼓励政策。2018年底前，重点在珠三角、长三角、环渤海（京津冀）排放控制区主要港口推进建设岸电设施，鼓励其他港口积极推进船舶靠港使用岸电。

（八）加强污染物排放监测和监管。强化监测和监管能力建设，建立交通运输环境监测网络，完善交通运输环境监测、监管机制；建立完善船舶污染物接收、转运、处置监管联单制度，加强对船舶防污染设施、污染物偷排漏排行为和船用燃料油质量的监督检查，坚决制止和纠正违法违规行为。

2016年，开展船舶污染物接收、转运、处置联合专项整治，加强海事、港航、环保、城建等部门的联合监管。2017年，完善船舶污染物报告、接收制度，完善水路交通主要污染物统计指标及核算方法，逐步开展船舶污染物排放监测。推进实施《全国公路水路交通运输环境监测网总体规划》，2020年底前，初步建成水路交通运输环境监测网骨干框架，覆盖沿海及内河主要港口、长江干线航道等重要水运基础设施。

（九）提升污染防治科技水平。鼓励企业开展船舶与港口污染防治技术研究，积极争取国家重点专项对船舶与港口污染防治的支持，加强污染防治新技术在水运领域的转化应用。重点开展船舶与港口污染物监测与治理、危险化学品运输泄漏事故应急处置等方面的技术和装备研究。

2016年底前，完成船舶大气污染基础性数据调查、船舶尾气后处理技术、船舶及港口大气污染扩散机理与区域影响研究。2017年底前，完成船舶污染物监测技术研究，完成船舶化学品污染事故预测预警、应急处置、决策支持技术研究。2018年底前，完成船舶发动机节能减排技术、船舶压载水检测和沉积物处置技术、原油成品油码头油气回收技术研究。

（十）优化水路运输组织。优化港口资源配置，拓展港口服务功能，充分发挥水运节能环保比较优势，促进现代物流发展；加快港口集疏运体系建设，解决进港铁路“最后一公里”问题，继续推进集装箱铁水联运、江（河）海直达运输、滚装甩挂运输发展，发挥多种运输方式的组合效率；充分发挥“两横一纵两网”等水运主通道作用，提高水水中转比例；引导船舶大型化和企业规模化、集约化发展；大力推动京杭运河苏北、山东段内河船舶智能过闸系统应用。

2015年底前，与中国铁路总公司联合研究推进重点港口疏港铁路“最后一公里”建设。2016年底前，加快现有集装箱海铁联运物联网应用示范工程建设，实现铁水联运集装箱信息实时监测、业务协同和信息共享。2020年底前，形成若干条以沿海主要港口为枢纽的集装箱铁水联运通道，推动有条件的主要港口铁路线进港。

（十一）提升污染事故应急处置能力。建立健全应急预案体系，统筹水上污染事故应急能力建设，完善应急资源储备和运行维护制度，强化应急救援队伍建设，改善应急装备，提高人员素质，加强应急演练，提升油品、危险化学品泄漏事故应急能力。

2016年底前，出台《水上溢油风险评估导则》、修订《港口码头溢油应急设备配备要求》；督促港口经营人制定防治船舶及其有关活动污染港区水环境的应急计划；推动地方人民政府制定船舶污染事故应急预案，编制防治船舶及其有关作业活动污染水域环境应急能力建设规划。2020年底前，完成《国家水上交通安全监管和救助系统布局调整规划》相关建设任务。

三、保障措施

（一）加强组织领导。各级交通运输管理部门要紧密结合工作实际，加强组织领导和工作协同，制定具体落实方案，细化任务措施，明确责任分工和进度安排，抓好试点示范和推广应用，加强目标考核，确保各项工作落实到位。

（二）强化规划引领。各级交通运输管理部门要将船舶与港口污染防治工作纳入交通运输“十三五”发展规划，并制定本地区船舶与港口污染防治专项规划，完善配套政策措施，强化规划的约束和引领作用，推动船舶与港口污染防治工作有序开展。

（三）完善支持政策。在充分利用好中央和地方已有相关资金支持政策的基础上，各级交通运输管理部门要积极协调有关部门加大政策与资金支持力度，力争建立船舶与港口污染防治引导资金，不断完善其他配套政策和激励措施；港航企业要结合提质增效升级，进一步加大对污染防治设施设备改造、配备的资金投入。

（四）加强协调联动。各地交通运输管理部门和各直属海事机构要加强与有关部门的沟通协调，探索建立区

域、部门联动协作机制，实现相关建设规划的有效衔接，推进联合监测、联合执法、应急联动、信息共享，确保船舶与港口污染防治工作顺利推进和工作目标如期

珠三角、长三角、环渤海（京津冀）水域船舶排放控制区实施方案

（交通运输部2015年12月2日印发）

为贯彻实施《中华人民共和国大气污染防治法》，推进绿色航运发展和船舶节能减排，减少船舶在我国重点区域的大气污染物排放，制定本实施方案。

一、工作目标

通过设立船舶大气污染物排放控制区（以下简称“排放控制区”），控制我国船舶硫氧化物、氮氧化物和颗粒物排放，改善我国沿海和沿河区域特别是港口城市的环境空气质量，为全面控制船舶大气污染奠定基础。

二、设立原则

（一）突出国家大气污染联防联控重点区域。

（二）维护区域港口公平竞争，鼓励核心港区先行先试。

（三）兼顾区域船舶活动密集程度与经济发展水平。

（四）遵守国际法和国内法律法规要求。

三、适用对象

本方案适用于在排放控制区内航行、停泊、作业的船舶，军用船舶、体育运动船艇和渔业船舶除外。

四、排放控制区范围

基于以上目标和原则，设立珠三角、长三角、环渤海（京津冀）水域船舶排放控制区，确定排放控制区内的核心港口区域，具体如下：

（一）珠三角水域船舶排放控制区。

海域边界：下列A、B、C、D、E、F六点连线以内海域（不含香港、澳门管辖水域）。

A：惠州与汕尾大陆岸线交界点

B：针头岩外延12海里处

C：佳蓬列岛外延12海里处

D：围夹岛外延12海里处

E：大帆石岛外延12海里处

F：江门与阳江大陆岸线交界点

内河水域范围为广州、东莞、惠州、深圳、珠海、中山、佛山、江门、肇庆9个城市行政管辖区域内的内河通航水域。

本排放控制区内的核心港口区域为深圳、广州、珠海港。

（二）长三角水域船舶排放控制区。

海域边界：下列A、B、C、D、E、F、G、H、I、J十点连线以内海域。

A：南通与盐城大陆岸线交界点

B：外磕脚岛外延12海里处

C：佘山岛外延12海里处

D：海礁外延12海里处

E：东南礁外延12海里处

F：两兄弟屿外延12海里处

G：渔山列岛外延12海里处

H：台州列岛（2）外延12海里处

I：台州与温州大陆岸线交界点外延12海里处

J：台州与温州大陆岸线交界点

内河水域范围为南京、镇江、扬州、泰州、南通、常州、无锡、苏州、上海、嘉兴、湖州、杭州、绍兴、宁波、舟山、台州16个城市行政管辖区域内的内河通航水域。

本排放控制区内的核心港口区域为上海、宁波-舟山、苏州、南通港。

（三）环渤海（京津冀）水域船舶排放控制区。

海域边界：大连丹东大陆岸线交界点与烟台威海大陆岸线交界点的连线以内海域。

内河水域范围为大连、营口、盘锦、锦州、葫芦岛、秦皇岛、唐山、天津、沧州、滨州、东营、潍坊、烟台13个城市行政管辖区域内的内河通航水域。

本排放控制区内的核心港口区域为天津、秦皇岛、唐山、黄骅港。

五、控制要求

（一）自2016年1月1日起，船舶应严格执行现行国际公约和国内法律法规关于硫氧化物、颗粒物和氮氧化物的排放控制要求，排放控制区内有条件的港口可以实施船舶靠岸停泊期间使用硫含量≤0.5% m/m的燃油等高于现行排放控制要求的措施。

（二）自2017年1月1日起，船舶在排放控制区内的核心港口区域靠岸停泊期间（靠港后的一小时和离港前的一小时除外，下同）应使用硫含量≤0.5% m/m的燃油。

（三）自2018年1月1日起，船舶在排放控制区内所有港口靠岸停泊期间应使用硫含量≤0.5% m/m的燃油。

（四）自2019年1月1日起，船舶进入排放控制区应使用硫含量≤0.5% m/m的燃油。

（五）2019年12月31日前，评估前述控制措施实施效果，确定是否采取以下行动：

1.船舶进入排放控制区使用硫含量≤0.1% m/m的燃油；

2.扩大排放控制区地理范围；

3.其他进一步举措。

（六）船舶可采取连接岸电、使用清洁能源、尾气后处理等与上述排放控制要求等效的替代措施。

六、保障措施

（一）加强组织领导。

各级交通运输主管部门应加强组织领导和协调，细化任务措施，明确职责分工；积极协调国家有关部门和地方政府出台相关政策，制定技术标准；推进信息共享，开展联合执法，建立监督管理联动机制，共同推动排放控制区方案的有效实施。

（二）强化监督管理。

海事管理机构应组织开展船舶大气污染监测技术研究，不断提高监测能力，推进船舶大气污染监测工作；建立监督检查管理工作机制，推进检测装备与能力建设；加强船舶防止空气污染证书和油类记录簿、燃油供应单证及燃油质量的检查；督促船舶检验机构提高船舶发动机等相关船用产品检验质量；开展对替代措施有效性的核查。

（三）发挥政策引导作用。

各级交通运输主管部门应积极协调国家有关部门和地方政府出台相关激励政策和配套措施，加强低硫燃油的生产和供应，对船舶使用低硫燃油、岸电，船舶改造升级和应用清洁能源等实施资金补贴、便利运输等优惠措施。

（四）建立与港澳联动机制。

建立和完善与香港、澳门特别行政区沟通协调机制，加强珠三角水域船舶排放控制区工作与港澳的联动，协调排放控制标准和实施时间，交流排放控制措施应用和监督管理经验，推动与港澳船舶排放控制行动一体化。

上海市2015年节能减排和应对气候变化重点工作安排

（上海市应对气候变化及节能减排工作领导小组办公室2015年3月30日印发）

2015年是全面贯彻落实党的十八大和十八届三中、四中全会精神，实施“一带一路”战略、全力建设中国（上海）自由贸易试验区的重要一年，也是全面完成“十二五”规划目标任务，深化生态文明体制改革，加快转型发展的关键一年。为落实国家关于生态文明建设的要求和部署，现制定本市2015年节能减排和应对气候变化重点工作安排如下：

一、明确年度工作目标，严格落实目标责任

要进一步认识当前资源环境承载能力已达到或接近上限，从现实国情、市情和需要出发，加强节能减排，实现低碳发展，努力走一条符合上海特点的发展经济与节能减排和应对气候变化双赢的可持续发展之路，全面完成全市及各领域“十二五”节能、减排、降碳目标。

工作目标：2015年，全市能源消费增量控制在450万吨标准煤以内，力争控制在400万吨标准煤左右；二氧化碳排放增量控制在870万吨以内，力争控制在780万吨左右；煤炭消费总量控制在5500万吨，单位生产总值（GDP）综合能耗、二氧化碳排放量比上年下降2%左右，二氧化硫、氮氧化物、化学需氧量和氨氮排放量分别比上年各下降1%，完成国家下达的细颗粒物（PM2.5）浓度考核指标。

二、实施主动调整战略，促进产业转型升级

（一）加大落后产能淘汰力度。创新产业结构调整方法机制，自上而下推动调整。聚焦“重点区域、重点行业、重点专项、重点企业”，推进104区块提升、195区域转型及198区域调整。实施产业结构调整项目1000项左右，完成小型不锈钢冶炼加工、普通热轧、有色金属冶炼加工、布局不合理的有色金属压延、再生有色金属简单加工、104工业区块外危化生产企业和环境敏感区内的零星化工、淘汰类目录内橡胶和塑料制品、环境敏感区内以及排污不纳管的印染企业、淘汰类目录内生产工艺和设备等调整项目。基本实现四大工艺生产点数量压缩至2010年的50%左右、水泥产能压缩至700万吨、砖瓦专项完成调整、石材生产行业企业减半等调整目标。

（二）强化能效环保事中事后监管。综合能效、环保、安全、质量、产出等因素，进一步完善产业淘汰标准。禁止新建钢铁、建材、焦化、有色等行业的高耗能、高污染项目。根据国家要求，严格实施火电、钢铁、水泥等重点行业大气污染物特别排放限值和排放标准。完善招商引资政策，优化建设项目的发展改革、环保、工商、税务、建设等多部门联动机制，建立纵横联动的协管体系。按照转变政府职能、简政放权的要求，进一步完善能评环评管理制度，规范评估机构，优化审查流程。

三、着力优化能源结构，控制煤炭消费总量

（三）降低煤炭消费比重。实行煤炭消费目标责任管理，严控煤炭消费总量。禁止销售、使用灰分高于16%、硫分高于本市地方标准的煤炭，依法强化煤质抽检、监管；禁止进口不符合质量标准的煤炭。完成分散燃煤（重油）锅炉和窑炉的清洁能源替代，基本取消经营性小茶炉、小炉灶等分散燃煤设施。力争完成漕泾电厂1号机升级改造示范项目，推进石洞口电厂“上大压小”工程前期工作。研究制订热电联产机组和集中供热锅炉等燃煤设施清洁能源替代、新上耗煤建设项目煤炭减量替代实施方案，开展企业自备电厂燃煤小机组整合关停方案研究。

（四）支持发展和使用优质绿色低碳能源。落实天然气和外来电供应消纳，建成投运江苏如东—海门—崇明天然气管道工程、崇明燃机、南桥能源中心等重点工程。鼓励发展天然气分布式能源，新增装机容量5万千瓦以上。大力发展可再生能源，加快推进风能、太阳能开发利用，新增风电装机25万千瓦、光伏装机100兆瓦，因地制宜促进生物质能和地热能发展，非化石能源占一次能源消费比重达到12%左右。

四、推进工业能效提升，加强工业环境治理

（五）加强工业节能降碳。严格按照主体功能区要求，合理确定重点产业发展布局、结构和规模。推行能效对标和能效提升计划，推进信息化与工业化深度融合，推动重点工业企业能源管控中心建设。以绿色产业园区评价体系为指引，推进漕河泾、桃浦、临港、金桥等园区开展绿色产业园区试点。推动工业企业建立能源管理体系，组织实施100家工业领域万家企业能源管理体系建设评价，强化节能目标的逐层分解和考核评价机制。鼓励有条件的企业申请能源管理体系认证。运用余热余压利用、能量系统优化、电机系统节能等成熟技术，大力实施工业节能技术改造工程，形成节能能力20万吨标准煤。依法加强能源利用状况报告、能源管理岗位备案、能耗限额标准执行情况、淘汰落后设备及落后产能等专项监察工作。

（六）推进工业清洁生产和污染减排。加快工业挥发性有机物治理，推进完成100家左右重点企业的挥发性有机物（VOC）治理。提升燃煤设施污染治理水平，全面完成保留燃煤设施的脱硫、脱硝、除尘设施建设和升级改造。加强工业扬尘污染控制，深化电力、钢铁行业的散装原燃料及废料堆场的整治和改造。加大重点行业清洁生产推行力度，制订发布《上海市重点行业清洁生产推行方案》等文件。聚焦本市钢铁、水泥、化工、石化、有色金属等五大重点行业，对纳入涉及大气排放主要因子的重点企业，实施强制清洁生产审核。

五、强化交通节能减排，大力发展公共交通

（七）着力优化交通结构。推进综合交通运输体系建设，深化“车船路港”千家企业低碳交通运输专项行动。完善公路交通网络，继续推进电子不停车收费系统（ETC）客服体系完善、用户发展和应用拓展等工作。增加铁路对外通道，加强铁路系统与城市交通的衔接。完善空中交通网络，优化机队结构，淘汰老旧飞机20架以上。继续推进港口设施建设，积极发展沿海中转和海铁联运。坚持公交优先战略，推进“公交都市”建设，研究深化本市公交专用道设立和使用方案，新建137公里公交专用道，探索创建1-2条示范线路，中心城公共交通出行比重达50%以上。

（八）实施交通节能减排重点工程。促进运输船舶向大型化、专业化、清洁化方向发展，促进液化天然气（LNG）在水运行业的应用；加快绿色港口建设，开展设立长三角排放控制区研究，推进岸电应用，完成吴淞邮轮码头和洋山集装箱码头岸基供电建设。积极推广航空节油技术和措施，推进机场、铁路车站等交通场站实施低碳化改造。提升铁路技术装备水平和运输能力，发展节能低碳动车、动车组。鼓励发展低排放车辆，推进集装箱多式联运、甩挂运输等高效运输组织方式。实施运输车辆清洁能源和新能源应用，新增液化天然气（LNG）集卡500辆以上，进一步加大新能源汽车推广力度，完善加气站及新能源汽车充电设施配套建设。

（九）强化交通节能减排管理。合理配置城市交通资源，严格控制机动车保有量。积极发展城市公共交通，完善城市步行和自行车交通系统，完善公交专用道非现场执法监控网。严格执行高污染车辆限行规定，完成剩余黄标车淘汰任务。推行交通节能调度，加快物流信息平台建设。加强油品质量监督检查，实施柴油车和重型汽油车新车国Ⅴ标准，提升内河船舶燃油应用标准。基本建成简易工况法检测站点体系，加强在用车检测和监管。

六、深化绿色建筑行动，推进建筑节能降碳

（十）深入开展绿色建筑行动。新建民用建筑原则上全部按照绿色建筑一星级及以上标准建设。其中，单体建筑面积2万平方米以上大型公共建筑和国家机关办公建筑，按照绿色建筑二星级及以上标准建设；八个低碳发展实践区、六大重点功能区域内的新建民用建筑，按照绿色建筑二星级及以上标准建设的建筑面积占同期新建民用建筑的总建筑面积比例不低于50%。大力推进建筑工业化，各区县政府在本区域供地面积总量中落实的装配式建筑的建筑面积比例不少于50%，其中装配式住宅200万平方米。全面完成公共建筑能耗监测系统建设，积极推行公共建筑能耗公示制度。大力推进既有公共建筑节能改造，开展大型公共建筑和政府机关办公建筑能源审计100幢、实施能耗公示30幢、推进能效测评标识30幢，推广全装修住宅200万平方米。推广绿色施工，推进节约型工地建设。完善路灯管理长效机制，推广发光二极管（LED）路灯应用。

（十一）规范建设行业污染防控。加强建筑工地扬尘污染控制，积极推进建筑工地安装扬尘污染在线监控系统。继续加强拆房工地扬尘污染控制，全市拆房工地降尘设备安装率达到85%。加强建筑工地文明施工管理，中心城区文明施工达标率达到98%，郊区达到95%。推进码头、堆场和商品混凝土搅拌站的料仓与传送装置密闭化改造和场地整治。规范渣土等散装物料运输，加强密闭化、防遗撒管理和执法监管。继续提高道路保洁率和保洁质量，中心城区道路冲洗率达到75%以上，郊区县达到45%以上。大力推广屋顶绿化和立面绿化等立体绿化，推进林业建设养护。结合污水厂提标改造，强化污水厂废气治理，规范污泥处理和运输。

（十二）抓好公共机构和其他领域建筑节能降碳。将公共机构合同能源管理服务纳入政府采购范围，协调推进公共机构实施合同能源管理项目10项以上。加强公共机构能源审计、能效公示、能源计量统计和能耗定额管理，推进创建国家节约型公共机构36家，大力推进政府绿色采购制度。加强商业、旅游、金融等重点用能企业管理，推进绿色旅游饭店、低碳大型卖场等创建工作。严格执行公共建筑夏季、冬季空调温度设置标准，严禁能源消费包费制，抓好道路和公共区域照明节能管理。

七、加快减排重点工程建设，强化污染治理措施

（十三）推进实施减排重点工程。完成燃煤电厂脱硝改造工程，加快燃煤电厂节能减排升级改造和石膏雨污染治理工程建设。强化大气污染治理，进一步落实能源、工业、交通、建设、农业、生活等六大领域的治理措施，完成分散燃煤（重油）锅炉和窑炉的清洁能源替代以及黄标车淘汰任务。加快建设污水厂网和污泥处理处置工程，全面完成建成区剩余直排污染源纳管工作。加大村庄整治力度，重点推进郊区河道治理。强化养殖业污染治理，完成15家畜禽养殖场的雨污分流、干清粪、废弃物资源化利用工程，研究畜禽养殖场结构调整和总量控制方案。加大种植业面源污染防治力度，深入推进农村生活污水治理，加大河道整治疏浚力度，加强秸秆焚烧治理。

（十四）完善防污治污机制。强化污染减排目标管理责任制，严格实施“批项目、核总量”制度，坚持实施并完善“清洁发电，绿色调度”制度，探索污水输送优化调度。研究出台燃煤电厂节能减排升级改造实施方案和石膏雨治理实施方案，继续强化对重点减排单位的监督管理，完成主要污染物年度减排目标。加快完善大气污染联防联控机制，加强区域环境空气质量同步改善目标和措施的对接。

八、强化技术支撑，加快推广应用

（十五）加强技术创新。实施节能减排科技专项行动和重点行业低碳技术创新示范工程，加快节能减排共性关键技术及成套装备研发生产。开展高温超导技术在节能减排领域中的应用推广研究，实施水体污染治理与控制重大科技专项，突破化工、印染、医药等行业源头控制及清洁生产关键技术瓶颈。深化光化学烟雾和PM2.5的污染成因与控制对策研究，加快推进工业挥发性有机物污染防治技术、农业源大气污染成因与对策、空气质量和气象预报预警技术等一批重点项目的研究工作。建设国家环境保护复合型大气污染研究重点实验室。鼓励建立以企业为主体、市场为导向、多种形式的产学研战略联盟，引导企业加大节能减排技术研发投入。

（十六）加快先进技术和节能环保产品推广应用。研究节能低碳环保技术产品推广和产业培育的实施机制和方案，鼓励企业积极采用先进适用技术产品进行升级改造。结合用能产品能效“领跑者”制度，组织评审并推广100个左右节能、环保与资源综合利用新产品、新技术、新装备、节能节水等专用设备，推广高效电机20万千瓦（含再制造电机6万千瓦），支持节能环保产品电子商务建设。在钢铁烧结机脱硫、水泥脱硝和畜禽规模养殖等领域，加快推广应用成熟的污染治理技术。

九、积极应对气候变化，大力发展循环经济

（十七）不断完善应对气候变化工作制度。探索建立碳排放总量控制和评价考核制度，将“十三五”目标进一步分解到行业主管部门和区县政府。进一步完善本市温室气体排放统计、核算体系和调查制度，组织编制年度温室气体排放清单。进一步完善重点单位能源利用状况和温室气体排放报送平台建设，提高对全市、行业、区县、重点单位碳排放情况的监管水平，建立碳排放监测预警制度。研究制定适应气候变化总体战略，评估本市水利、能源、交通等重点领域适应气候变化风险，分析评价气候条件对能源消耗的关联影响。

（十八）深入推进低碳试点示范。推进落实本市国家低碳省市试点各项任务，推进建设以低碳为特征的能源、产业、建筑、交通体系和低碳消费模式。编制发布上海市2014年度低碳发展报告。深入推进低碳发展实践区试点，扩大试点范围，推进实施一批重点节能低碳项目。继续推进社区开展低碳社区创建和试点示范工作。推进低碳产品认证、宣传等相关活动，鼓励碳足迹、碳标识等相关自愿标识行为。

（十九）深化碳排放交易。发挥市场配置资源的决定性作用，推进碳排放交易各项工作的常态化管理。深化完善本市碳排放交易相关管理措施，研究制订碳排放管理行政处罚程序规定、减碳项目减排量量化、部分行业基准线分配方法、碳排放交易新项目配额发放等相关制度以及碳排放相关标准，探索重点排放单位碳排放公示制度。完善碳排放交易市场机制和功能，积极探索借碳交易、碳质押、碳期货、掉期等相关创新型碳市场服务和产品，推进碳交易区域协作机制及区域市场建设。研究提出2016年本市开展碳交易的实施方案以及与国家全面开展碳交易的衔接方法。鼓励企业积极开发国家温室气体自愿减排项目。

（二十）推进资源节约集约综合利用。加快推进国家“城市矿产”示范基地、餐厨废弃物无害化处置和资源化利用试点、循环经济教育示范基地、汽车零部件再制造试点、临港地区再制造产业示范基地等一批国家和本市循环经济试点示范工作。继续推进工业、城建、生活、农业等领域废弃物资源化利用工作，推进实施工业园区（开发区）循环化改造，加快推进本市废弃混凝土、粉煤灰、湿垃圾等废弃物资源化利用研究，支持一批循环经济综合利用项目，继续推进秸秆综合利用。加大资源节约综合利用宣传力度，加强节约用水，继续推进生活垃圾分类，提高再生资源回收利用率，减少塑料购物袋和宾馆饭店一次性用品使用。

十、落实各项目标任务，强化区县企业责任

（二十一）区县政府对本区县节能减排降碳负总责。各区县要严格控制本区县能源消费增长，严格实施节能减排目标责任考核。应进一步加大财政资金投入，抓好工业、建筑、交通、公共机构和商业等领域节能减排降碳工程和管理。重点抓好燃煤锅炉清洁能源替代、节能环保准入、产业结构调整、绿色建筑及装配式住宅等市政府明确的工作任务，尽可能多完成节能减排目标。应组织开展环境保护全面排查，对重点监控单位以及存在环境风险的单位进行检查，全面检查排污单位污染物排放状况，资源开发利用活动对生态环境影响情况，以及建设项目环境影响评价制度执行情况等。

（二十二）强化企业主体责任。企业要严格遵守节能环保法律法规及标准，加强内部管理，增加资金投入，及时公开节能环保信息，确保完成目标任务。国有企业要积极发挥表率作用，把节能减排任务完成情况作为企业绩效和负责人业绩考核的重要内容，逐步纳入市属工业、建设、交通、商业等领域国资企业考核。市各相关行政管理部门应对本领域重点用能单位下达年度节能和能耗总量控制目标，重点用能单位应当制订年度节能计划，扎实推进能源管理体系建设、能源审计、能效对标达标、能源和碳排放利用状况报告等工作。对考核为未完成等级的“万家企业”，应组织进行强制能源审计，责令限期整改。对企业节能减排方面的违法行为，按照有关规定记入该单位的信用信息记录。继续推进万家企业及重点用能单位的能源计量审查工作。充分发挥行业协会在加强企业自律、树立行业标杆、制定技术规范、推广先进典型等方面的作用。

十一、加强机制创新与政策引领，完善能力建设和执法监管

（二十三）推行市场化机制。实施能效领跑者制度，引导生产、购买、使用高效节能产品。加快发展节能环保产业，促进合同能源管理发展，推进合同能源管理项目100个左右，积极培育“节能医生”、节能量审核、节能低碳认证、碳排放核查等第三方机构，推动节能产品、节水产品、光伏产品、风电设备等节能环保类产品认证；落实国家推行环境污染第三方治理的意见，营造有利的市场和政策环境，吸引和扩大社会资本投入，推动建立排污者付费、第三方治理的治污新机制。落实电力需求侧管理办法，严格目标责任考核。电网企业要确保完成年度电力电量节约指标，电力用户要积极采用节电技术产品，提高电能利用效率。

（二十四）完善财政金融价格政策。加大对节能减排的财政资金支持力度，修订产业结构调整、建筑节能、清洁生产等专项扶持办法，努力促进资金投入与节能减排工作成效相匹配。完善节能减排与金融监管部门及金融机构信息共享联动机制，促进节能减排信息在金融机构中实现共享，作为综合授信和融资支持的重要依据。金融机构要加快金融产品和业务创新，加大对节能减排降碳项目的支持力度。加强价格调控和收费政策改革，严格落实对限制类、淘汰类装置及单位产品能耗超标的生产装置的差别电价和惩罚性电价政策，认真执行燃煤机组环保电价政策。开展大型公共建筑实施差别化电价方案研究。

（二十五）谋划长远发展，提高能力建设。围绕节能减排降碳重点问题，组织编制全市及相关领域“十三五”节能低碳和环境保护专项规划。加强能源消耗、非化石能源开发、温室气体排放和污染物排放计量与统计能力建设，进一步完善节能减排降碳的计量、统计、监测、核查体系，确保相关指标数据准确一致。依托国家城市能源计量中心（上海），加快推进重点用能单位能耗在线监测系统建设，基本实现本市重点用能单位一级能源计量数据的能耗在线采集、实时监测。研究制订重点用能单位能源审计管理办法。进一步完善主要污染物排放在线监测系统，环境监测、环境信息、环境监察执法能力达到国家和本市标准化建设要求，确保监测系统连续稳定运行。完善法规标准，加大执法监察力度，依法查处违法用能排污单位和相关责任人。深化国际国内交流合作，建立多领域、多层面的合作网络。

（二十六）动员公众积极参与。采取形式多样的宣传教育活动，调动社会公众参与节能减排降碳的积极性。加强政府信息公开，鼓励对政府和企业落实节能减排降碳责任进行社会监督。深入开展节能减排全民行动，举办节能宣传周、低碳日、世界环境日等主题宣传活动。培育壮大节能环保低碳志愿者队伍，大力倡导以节约、绿色和低碳为主题的生产方式、消费模式和生活习惯，形成全社会共同关心参与的良好氛围。

福建省适应气候变化方案（节录）

（福建省发展和改革委员会、福建省财政厅、福建省住房和城乡建设厅、福建省交通运输厅、福建省农业厅、福建省林业厅、福建省水利厅、福建省海洋与渔业厅、福建省气象局2014年12月31日1屯发）

二、总体要求和主要目标

(一)总体要求。围绕建设机制活、产业优、百姓富、生态美的新福建，把提高适应气候变化能力作为加快生态文明先行示范区建设的重要工作，坚持重在预防、积极应对、广泛参与的原则，统筹并强化气候敏感脆弱领域、区域和人群的适应行动，加快生态保护、防灾减灾等重大基础工程建设，强化科技支撑，进一步提高全社会适应气候变化能力，有效维护公共安全、产业安全、生态安全和人民生产生活安全。

(二)主要目标。到2020年，适应能力显著增强，主要气候敏感脆弱领域、区域和人群的脆弱性明显降低。适应气候变化科学知识广泛普及，社会公众适应气候变化的意识明显提高。极端天气气候事件的监测预警能力和防灾减灾能力得到加强，适应技术体系和技术标准初步建立并倡导示范和推广;重点任务全面落实，现代化城乡基础设施体系日趋完善，水资源配置更加合理，城乡居民饮水安全得到全面保障，应对极端天气气候事件能力显著增强。农业、林业、海洋渔业等产业适应气候变化能力不断提高。水土流失治理不断取得新进展，海岸带及相关海域生态得到有效治理和修复，森林、湿地等生态系统得到有效保护;适应区域格局基本形成，与主体功能定位相适应，科学合理的城镇化格局、农业发展格局、生态安全格局率先建立，人民生产生活安全、农产品供给安全和生态安全得到切实保障。

三、重点任务

(一)基础设施

1、加强风险管理。加快建立以“数字福建”平台为依托的气候变化风险评估与信息共享机制，制定实施灾害风险管理措施和应对方案，开展应对方案的可行性论证，提高风险管理水平。在项目申请报告或规划内的“环境和生态影响分析”等篇章中，考虑将气候变化影响和风险单独进行分析。积极开展气候变化对城市生命线系统及重大工程的影响评估。

2、提高防护标准。严格执行国家根据气候条件变化修订的基础设施设计建设、运行调度和养护维修技术标准。针对暴雨增强等影响，对有关重大水利工程、城市排水防涝工程进行必要的安全复核。严格执行国家根据气温、水分、风力、冰雪灾害等的变化修订的铁路、公路路基、输电线路和设施等的建设标准。充分考虑台风强度增

强及地质灾害和海洋灾害等的影响，提高核电、风电等设施的建设标准。根据海平面上升、海水倒灌、咸潮上溯等变化情况，提高海堤等相关防护设施建设标准。

3、完善灾害应急系统。建立和完善保障重大基础设施正常运行的灾害监测预警和应急系统。向大中型水利工程提供暴雨、旱涝、风暴潮和海浪等预警，向通信及输电系统提供高温、冰雪、山洪、滑坡、泥石流等灾害的预警，向城市生命线系统提供内涝、高温、冰冻的动态信息和温度剧变的预警，向交通运输和海洋渔业等部门提供台风、雷电、浓雾、暴雨、洪水、冰雪、风暴潮、海浪等灾害的预警等。完善相应的灾害应急响应体系。

（二）农业

1、提高种植业适应气候变化能力。抓好农田基本建设，持续推进山垅田复垦，加强抛荒治理，提高山垅田综合生产能力。加强水土保持，保护土地肥力。实施土壤有机质提升项目，增施商品有机肥，增加红黄壤土地肥力。调整种植结构，优化农作物布局，推进农业产业化经营，大力发展设施农业、精致农业和生态农业，推广节水灌溉、保护性耕作等适应技术，加强农民适应技术培训。实施农业“五新”工程，在培育推广水稻高产优质品种的同时，加强品质好、产量高、适应性强的特色果(茶)优良作物新品种的培育，有计划地培育和选用抗旱、抗涝、抗高温、抗冻害、抗病虫害、抗倒伏等抗逆品种，建立抗逆品种基因库与救灾种子库。加强有害生物和病虫害的统防统治，推广普及绿色防控与灾后补救技术。进一步优化农业环境及气象观测站网布局，提高农业气象服务和灾害天气的预报预警能力。

2、提高畜牧业适应气候变化能力。根据江河流域饲养密度和水体、土地消纳粪污能力，科学调整畜禽养殖业发展布局，控制生猪养殖总量，发展家禽产业，提升牛羊兔草食动物发展比重，推广生态环保型养殖模式，推进畜禽养殖标准化示范场(小区)建设，促进畜牧业转型升级，实现农牧结合、种养平衡。加强对气候变化诱发的动物疫病的监测、预警和防控，完善动物疫病防控体系建设，提高应急防控能力。

3、提高渔业适应气候变化能力。针对台风、风暴潮等灾害影响，科学合理利用水域、滩涂，大力发展设施渔业，加快标准化池塘、浅海设施养殖、工厂化养殖等设施渔业基地建设。推广高效、生态、安全的海水养殖模式，重点建设霞浦、福清、漳浦、东山等重点设施养殖基地，漳州、莆田等立体化生态养殖示范基地以及南日岛等一批海洋牧场。合理调整水产养殖品种、密度、饲养周期，加强水环境保护、鱼病防控和泛塘预警，推进生态健康养殖。加快渔港等基础设施建设，逐步实现所有渔船就近避风。大力实施海洋捕捞渔船升级改造工程，拓展远洋渔业捕捞区域，加强防台风等预警，提升远洋渔业适应气候变化能力。

（三）水资源

1、加强水生态保护。落实《福建省水功能区划》，建立和完善河道岸线和河岸生态保护、饮用水水源地保护、地下水保护“三条蓝线”以及规划水资源论证、用水总量控制、用水效率控制等水资源管理制度，加强水资源的合理开发与保护。实施主要江河流域“河长制”，加强乱占乱建、乱排乱倒、乱采砂、乱截流“四乱”问题整治，提高水环境应急事件处置能力。加大节水型社会建设，抓好莆田、南平、长汀等水生态文明试点示范。落实水功能区限制纳污红线制度，加强饮用水水源地环境保护，保障水源地水质安全。开展水资源环境承载能力评价和监测预警。到2020年，水功能区水质达标率达到95%以上。

2、加强水利基础设施建设。加快防洪薄弱环节建设，着力实施“五江一溪”防洪工程及中小河流治理、病险水库(闸)除险加固等工程。优化水资源配置，加快建设平潭及闽江口水资源配置工程和长泰枋洋、罗源霍口、宁德上白石等一批大型水库，以及宁德官昌、莆田乌溪、德化彭村、长汀荣丰、明溪黄沙坑等一批中型水库及烟区水源工程，有效缓解资源性、工程性缺水问题。夯实农田水利基础，重点抓好龙岩、三明、漳浦朝阳、浦城南浦等4处大型灌区与小型农田水利重点县建设。全面完成“十二五”规划的农村饮水安全任务，启动实施农村饮水安全拾遗补缺和提质增效工程。大力推进雨洪、再生水、海水等非传统水资源利用，在沿海缺水城市以及平潭、古雷等沿海岛屿和突出部地区建设一批海水淡化及综合利用工程。

3、加快水土流失治理。深入推广“长汀经验”，坚持治理与致富、治理与美化、治理与持续、治理与预防有机结合，以小流域、坡耕地、崩岗治理为重点，持续推进原中央苏区县国家水土保持重点建设工程、坡耕地水土流失综合治理工程、小流域水土流失重点治理工程等国家水土保持重点工程，以及22个水土流失重点县、100个水土流失重点乡镇等省级水土流失重点治理项目，积极创建国家水土保持生态文明工程。鼓励引导茶园套种阔叶林，依法禁止在坡度25度以上的陡坡地以及水土流失严重、生态脆弱的地区新开垦茶园，对坡度过陡且无法进行生态改造的茶园实施“退茶还林”。在一些生态脆弱地区实施“退果还林”。加强矿山生态环境恢复治理，进一步整顿规范矿产资源开发秩序，巩固“青山挂白”治理成果。到2020年，新增水土流失综合治理面积1115万亩以上。

4、健全防汛抗旱体系。落实“预警到乡、预案到村、责任到人”工作机制，建立“纵向到底，横向到边”的省、市、县、乡、村五级灾害应急预案制度，修订防汛防台风预案和各类应急抢险预案，加强防汛物资储备和抢险队伍建设。加强防洪(潮)排涝、山洪灾害防治等防灾减灾工程建设，夯实防汛工程防御基础。积极推进国家防汛抗旱指挥系统二期工程建设，升级改造省级防汛抗旱指挥决策系统和水库防洪调度系统。不断完善防汛抗旱应急机制，加强汛情监测，及时发布灾害预警信息，提升山洪灾害监测、预警及指挥能力。

(四)林业及其他生态系统

1、持续推进植树造林。完善林业建设规划，深入实施“四绿”工程，加强城市近郊型森林公园、绿道、片林和环城林带建设;积极开展村旁、宅旁、水旁、路旁和宜林荒山荒地绿化美化;大力推进高速公路、国省道、铁路等交通干线两侧及一重山造林绿化;持续推进沿海防护林体系、重点流域防护林体系、生态公益林等大型林业生态工程建设。到2020年森林覆盖率保持在65.95%以上，森林蓄积量达到6.08亿立方米以上。

2、实施森林质量提升工程。加强林木良种选育和应用力度，加快杉木三代等良种壮苗基地建设，大幅提高良种的供苗率和使用率。加快低效林改造，采取树种更替、补植套种、封山育林等多种措施，提高阔叶林、针阔混交林的面积和比重，改善林分结构。健全森林抚育经营管理体制，加大中幼林抚育力度，加强抚育间伐管理，改善林木生长环境，提高森林质量和林地生产力。科学调整天然林地和人工林地结构，加强生态公益林保护，构建健康稳定、抗逆性强的森林生态系统。提高生物防火带密度，完善森林火险预警监测体系，进一步提高森林火灾防控能力。加强森林病虫鼠害监测预警工作，防控外来有害生物入侵，提升森林适应气候变化能力和生态环境承载力。

3、加强森林生态服务功能监测评估。加大投入，完善森林生态系统定位监测站网，配套建设气象站、碳通量塔及大气环境监测场等生态服务功能的基础设备。加强气候变化对林业影响的监测评估，开展对不同功能区典型的森林植被定位观测系统的各项生态因子的机理研究和监测，科学评价全省森林生态效益和生态建设成效，建立森林生态环境动态评价、监测和预警体系。到2015年，基本形成涵盖20个定位监测站(不含国家级监测站)的监测和研究网络。

4、加强自然保护区建设和重要湿地保护。划定县级以上自然保护区生态功能红线，维持关键物种、生态系统生存的必需面积，保护我省生物多样性。加快建立完善武夷山脉、鹫峰山-戴云山-博平岭、闽江流域等自然保护区群网，重点实施对江河源头森林植被、典型生态系统、野生动植物天然集中分布区等关键区域的抢救性保护。加强重要湿地保护，加大漳江口、九龙江口、泉州湾、兴化湾、闽江口、三沙湾、福宁湾等河口、港湾湿地的保护和修复，建立一批红树林湿地生态保护区和湿地公园，维护天然湿地的重要生态功能，推进滨海湿地固碳示范区建设。

(五)旅游业

1、加强旅游资源的保护。旅游景区开发、酒店建设等项目要严格执行环境影响评价制度和污染物集中处理制度，合理确定景区游客容量，加强环境敏感区实景演艺活动的管理。采取必要的保护性措施，防止水、热、雨、雪等气候条件变化造成旅游资源进一步恶化，加强对受气候变化威胁的风景名胜资源及濒危文化和自然遗产的保护。

2、合理调整旅游业。把握气候变化条件下新的旅游市场需求特征，调整旅游设施建设与项目设计，开辟和增加沿海、山区、林区等避暑旅游场地，大力发展以回归自然与保护生态为特征的知识型生态旅游。积极挖掘闽南文化、客家文化、妈祖文化、朱子文化、茶文化等的深刻内涵，推动特色民俗、文化表演、时尚休闲、展览展会、美食购物等受气候条件影响较小业态的创新性发展。整合丰富的岛、景、渔和海洋文化等资源，提升滨海城市服务功能，增强滨海旅游等自然依托型业态的应对能力。改进旅游设施和信息服务，建立旅游场所应对极端天气及次生灾害的预警机制，加强防范措施，完善突发事件处置办法，提高旅游场所和设施的安全度。

(六)人体健康

1、完善公共卫生体系建设。加大对公共卫生的投入，加快疾病预防控制体系、卫生监督执法体系和卫生应急体系建设，完善相关卫生应急预案，加强应急救治设施配置和技术储备，提高公共卫生服务水平和应急处置能力。修订居室环境调控标准和工作环境保护标准。加强健康教育，普及适应气候变化健康保护知识和应对极端气候应急防护技能，增强公众自我保护意识。加强饮用水卫生监测和安全保障服务。

2、开展监测评估和公共信息服务。根据台风、高温、洪涝和海洋赤潮多发的特点，开展气候变化对敏感脆弱人群健康的影响评估。加强肠道传染病(霍乱、伤寒副伤寒等)、虫媒传染病(疟疾、乙型脑炎)、生活接触易于传播传染病(如急性出血性结膜炎、水疱脚皮炎、皮肤糜烂性溃疡等)等的防控。建立和完善对气候变化敏感的疾病监测预警、应急处置和公众信息发布机制，提高气候变化对人体健康影响的预警能力。

广东省珠海市 横琴新区

横琴新区位于珠海市南部，珠江口西岸，总面积106.46平方公里，与澳门一河之隔，一桥相连，距离香港34海里，港珠澳大桥建成后将成为国内唯一直接与港澳路桥相通的国家级新区。2015年8月，被列入首批国家低碳城（镇）试点名单，为全国新型城镇化和低碳发展提供实践经验，发挥引领和示范作用。

横琴多联供燃气能源站项目为全区提供集电、热（冷）汽、水多联供为特色的绿色清洁能源

打造“山脉田园，水脉都市”

根据国务院批复的《横琴总体发展规划》，经过10到15年的努力，横琴将建设成为连通港澳、区域共建的“开放岛”，经济繁荣、宜居宜业的“活力岛”，知识密集、信息发达的“智能岛”，资源节约、环境友好的“生态岛”，为提升横琴绿色“颜值”，我区约73%的土地被划定为禁建区和限建区，可开发建设面积仅28平方公里，人均建设用地控制在100平方米。贯彻尊重山水、疏密有致、功能混合的城市规划原则以及节约、集约、高效的土地利用原则，致力于打造“山脉田园，水脉都市”城市格局，最大限度减少城市压力，提高城市活力。

注重顶层设计，加强规划引领

横琴以《总规》为纲领共编制了城市总体规划、景观规划、交通专项详细规划、生态岛建设总体规划、城市色彩与环境要素规划等44项规划，形成以总体发展规划为核心、以控制性详细规划为平台、以城市设计和专项规划为抓手的“全覆盖、全落地”的系统性的城市规划体系，各规划之间紧密衔接互动，实现“多规融合”。城市规划和土地利用规划相结合，确定空间结构和开发强度；城市设计塑造城市风貌提升城市品位；交通、市政等专项规划疏通城市血脉；低碳绿色规划优化开发质量，法定规划指导专项规划，专项规划校核法定规划，最终汇聚成一套包含控规、城市设计、地下空间、低碳生态的图则。

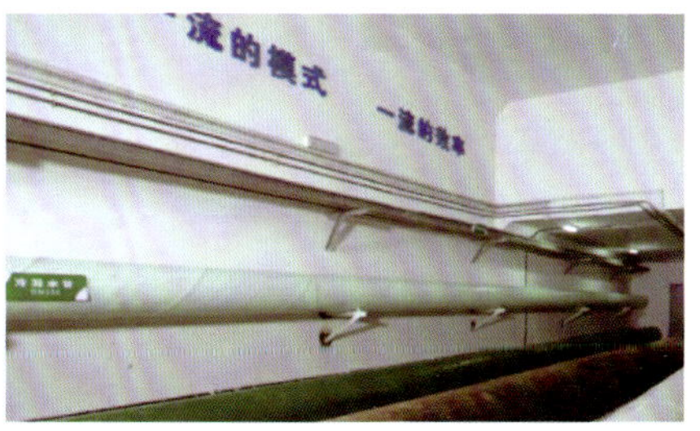
在全国率先建设33.4公里的共同综合管沟，将城市各类市政管线集约化布置建设

注重低碳发展，实现产城融合

--建设绿色市政设施。建成全国单次建设最长的地下综合管廊，总长约33.4公里，总计节约土地40多万平方米，目前已整体建成投入运营。加强海洋生态保护，开展横琴湿地公园生态修复，已完成投资1.5亿元，完成芒洲片区湿地公园建设，启动横琴海岸带综合整治修复试点项目和横琴海堤生态化处理项目建设。制定《珠海市横琴新区海绵城市建设实施方案(2015-2017)》，加强城市径流雨水源头减排刚性约束，建立源头控制、过程蓄排、末端治理的可持续雨水综合管理体系，提升城市排水防涝能力，降低初期雨水地表径流污染，实现雨水综合管理，恢复水生态，改善水环境，提高水安全。

--发展低碳产业经济。横琴新区大力推进总部经济建设，重点发展旅游休闲、商务服务、金融服务、文化创意、中医保健、科教研发和高技术等高端现代服务业，提出产业准入目录和条件，禁止一般工业和污染类项目入岛，引进一批符合横琴产业定位和功能的大项目、好项目，推动产业低碳化发展。出台相关办法，对世界及中国500强企业、跨境服务、离岸贸易、金融业及金融服务业、创新驱动企业及团队落户给予资金奖励或扶持，2016年全区服务业创造产值占比达82.4%，产业结构低碳化特点愈发鲜明。

横琴创意谷实现生态友好的创业创新环境

--利用低碳能源。横琴燃气多联供项目规划建设8台燃气—蒸汽联合循环机组，首期两台(2×390mw)机组已于2014年相继投产，除向南方电网供电外，还通过南、北、中三线热冷网系统向横琴新区提供集电，热（冷）汽、水多联供为特色的绿色清洁能源。此外，横琴新区区域供冷系统冷站及供热管网工程远期规划在区内拟建设共9个区域供冷站，服务总建筑面积约1500万平方米。目前，该项目一期区域供冷系统3#冷站首台机组已投产，二期项目各项前期审批工作已接近尾声。

--推广低碳交通。大力发展新能源公交、快速公交系统（BRT），加快城市主干道公交专用道的设立，积极开展新能源公交车的推广应用，实现绿色能源公交车替换现有燃油公交汽车的工作，配套建设相应加气站和充电站。逐步构建“自行车+步行”慢行交通，系统完善路网微循环和公共自行车租赁系统建设，自行车道达到41公里以上。鼓励使用清洁燃料交通工具，推广电动公交车、电容公交车、电动出租车、无轨电车和低碳替代燃料车辆在横琴岛内的应用。

横琴琴海北路花海长廊

绿色促发展 低碳惠天府

——成都市低碳城市建设工作回顾

成都市发展和改革委员会

成都市委书记唐良智（时任成都市市长）与瑞士驻华大使戴尚贤签署“中国—瑞士低碳城市项目合作备忘录”

成都市委副书记、市长罗强在四川碳市场开市暨全国碳市场能力建设（成都）中心揭牌仪式上致辞

成都市认真落实中央“五位一体”总体布局、“四个全面”战略布局和省委“三大发展战略”要求，切实贯彻新发展理念，以国家生态文明先行示范区建设为统揽，以国家低碳城市建设为着力点，以绿色、低碳、循环为工作取向，以共治、共建、共享为工作机制，积极推动绿色低碳发展，加快建设国家中心城市和美丽中国典范城市。

低碳制度体系逐步建立

2016年，市委、市政府印发了《成都市生态文明建设2025规划》、《推进绿色发展建设美丽中国典范城市的实施意见》、《加快推进生态文明建设实施方案》，把低碳发展作为生态文明建设和绿色发展的重要抓手融入顶层设计；先后出台了《建设低碳城市工作方案》、《绿色建筑行动工作方案》等多项政策措施，建立了合同能源管理、集体公益林保护、生活垃圾处置激励、新能源汽车补贴、企业碳排放核查等低碳发展机制，引领全社会共同推动低碳发展，有效降低碳排放。

低碳建设和管理有序开展

一是确定城市低碳发展格局。按照建设国家中心城市“157”总体思路，突出绿色低碳发展理念，初步构建了“双核共兴、一城多市”的网络城市群和大都市区发展格局。大力推进卫星城建设，推进小城市、特色镇、“小组微生”新农村建设。二是大力发展绿色建筑和低碳交通。加快推进装配式建设工程和绿色施工，全市新建民用建筑全面执行绿色建筑标准；将减少碳排放与治理交通拥堵协同推进，积极构建低碳交通体系，加快地铁建设“650＋”目标，加快中心城区路网“3900＋”目标，鼓励政府、企业、市民等社会各界致力于节能环保低碳行动，淘汰各类黄标和老旧车16.5万辆，公交机动化出行分

成都市人民政府副秘书长高建军（前排左一）、市发改委副巡视员祝小文（后排左一）参加第二届中美气候智慧型／低碳城市峰会

成都市人民政府和瑞士发展与合作署共同支持的“中国—瑞士低碳城市建设与产业发展国际研讨会”成功举办

担率提高到42%。出台支持《成都市关于鼓励共享单车发展的试行意见》。三是积极优化产业和能源结构。实施工业强基行动，不断推进制造业转型升级，培育壮大航空航天、生物医药等战略性新兴产业；加快发展新兴服务业和都市现代农业；严格控制新建高耗能、高排放项目，严格开展环境影响评价和节能评估审查，从源头减少碳排放；强化重点领域和重点企业节能管理，加快淘汰落后产能，大力开展城市“控煤”行动，加快实施燃煤锅炉淘汰和清洁能源改造，“十二五”期间，单位 GDP 能耗和碳排放分别累计降低 16.91%、19%，全面完成节能减碳目标任务。四是加强环保基础设施建设。建成 248 座污水处理厂，基本实现污水处理设施全覆盖；建成 4 座垃圾焚烧发电厂、成都危险废物处置中心、餐厨垃圾一期项目，正加快推动成都隆丰等 6 座已规划的垃圾发电厂、医疗废弃物处置中心扩建、餐厨垃圾二期、污泥和建筑垃圾处置等重点项目建设，着力控制工农业生产、废弃物处理等非能源活动的温室气体排放。五是增加城市碳汇。规划构建了“两山两环、两网六片”的市域生态安全格局，大力推进“六库八区”湖泊水系和城市森林的建设，初步呈现环中心城 85 公里长、400 米宽，生态建设面积约 80 平方公里的绿色生态空间。大力实施“增花添彩”工程和“花重锦官城”活动；不断强化森林生态系统保护与建设，开展大规模绿化全川成都行动，启动龙泉山城市森林公园、大熊猫国家公园等重点生态工程。

低碳试点示范稳步推动

于 2014 年在省内率先启动低碳示范，先后将锦江区三圣街道、郫县三道堰镇青杠树村、青白江区大弯小学等 8 个单位确定为低碳社区、低碳校园，探寻可复制、可推广的低碳建设经验。积极支持公共机构节能改造，金牛、成华区政府等 10 家单位荣获国家级“节约型公共机构示范单位”称号；推进全国餐厨废弃物资源化利用和无害化处理试点建设，不断丰富城市低碳建设成果。

低碳国际合作全面拓展

积极推动“中国－瑞士低碳城市”成都项目深入实施，在习近平主席和瑞士联邦主席的共同见证下，瑞士驻华大使戴尚贤与时任市长唐良智在人民大会堂签署了双方合作备忘录，成为中瑞两国创新战略伙伴关系的重要载体；着力推进“中国—瑞士（成都）低碳生物医学产业园”示范项目建设，12 月 1 日成功主办了“中国－瑞士低碳城市建设与产业发展国际研讨会”；持续深化中美合作可持续及宜居城市建设项目，形成成都市低碳发展蓝图研究、成都二氧化碳达峰研究等系列研究成果；成都市应邀参加了 2015 年巴黎气候大会，组织参加了“第二届中美气候智慧型／低碳城市峰会”，报告了成都低碳发展经验；借助世界资源研究所，采用 LEAP 工具研究提出了 2025 年达到碳峰值的目标，并成功加入“中国达峰先锋城市联盟”；协调开展《都江堰市低碳发展重点项目的识别及环境、经济、社会分析》，并于 9 月 20 在北京召开项目成果发布及结题会。

低碳基础能力不断提升

充分发挥清华大学在能源、低碳产业领域的科研、技术优势，推动在天府新区成都片区设立能源互联网产业研究院、创新产业园区，为实现绿色低碳发展试点示范提供决策咨询与智力支持。承接全国碳交易市场的启动，组织召开了“成都市重点工业企业碳盘查启动暨培训会”；完成 61 家重点工业企业碳排放核查，其中 25 家纳入全国碳交易市场；基本完成 2015 年温室气体排放清单编制，进一步厘清了全市碳排放基本情况；积极推进西部碳交易中心建设，12 月 16 日，四川碳市场成功开市交易并挂牌全国碳市场能力建设（成都）中心，成为非试点地区的 2 家国家碳交易机构之一。

2017 年 1 月，成都成功获批国家低碳试点城市，下一步，将围绕《成都市低碳城市试点实施方案》确定的总体目标和“六体系一能力”的重点任务，进一步加大工作力度，深入推进绿色低碳发展，加快国家低碳城市建设。

·搭建绿色金融服务平台“广碳绿金”，拓展绿色项目投融资；

·参与花都绿色金融示范区建设工作，携手花都区政府出资参与广东省低碳发展基金，加强绿色金融区域合作，提升服务实体能力；

·加强与金融机构合作，与银行、清算中心、证券、信托、基金等机构签署战略合作协议，增强绿色金融话语权。

四、前沿研究与合作交流

·承接国家发改委、财政部、中国证监会、市金融局等政府部门委托的前沿课题，全面参与碳市场顶层设计研究；

·加强与非试点碳市场省份沟通与交流，打造区域碳市场合作的“清远模式”；

·构建产学研一体化的合作模式；

·与英国伦敦金融城、欧盟委员会气候行动总司、国际金融公司、日本贸易振兴机构、德国国际合作机构、国际排放贸易协会以及各国驻华领事馆建立良好合作关系。

广碳绿金上线

全国碳市场能力建设（广东）中心挂牌

开创碳市场合作“清远模式”

四川联合环境交易所
Sichuan United Environment Exchange

中共四川省委常委、组织部部长范锐平在四川环交所调研

四川省副省长甘霖在四川环交所调研

四川联合环境交易所有限公司（以下简称环交所）是经四川省人民政府批准，并经国务院有关部际联席会议备案的环境交易机构，是按照现代企业制度规范设立的，利用市场化方式推进节能减排，促进绿色经济、循环经济和低碳经济持续健康发展，集各类环境权益交易服务、投融资服务和其他增值服务于一体的专业化综合性资本市场服务平台。

环交所经营范围包括：碳排放权交易、温室气体自愿减排交易、节能量交易、电力交易、排污权交易、水权交易、矿业权交易、矿产品交易、生态农林产品交易、合同能源管理项目交易、生态补偿项目交易、可再生能源项目交易、新能源项目交易；环境资源项目投融资中介服务、低碳环保和节能减排咨询服务、其他与环境资源相关的股权、物权、债权、专利技术、创新成果等权益交易服务和商务服务；与环境资源交易相关的投融资中介服务。同时提供节能减排和环境保护知识技术普及推广的公益服务。

主要业绩

一、碳市场能力建设

环交所紧紧抓住生态文明建设和应对气候变化工作给碳市场带来的市场机遇，着力推进四川碳市场能力建设工作，不断增强企事业单位的低碳建设和碳资产管理能力，培育碳交易和投资意识，宣传低碳发展理念，培育碳市场，先后组织或承办了“企业碳管理及碳交易培训会”、“城市温室气体核算与低碳社区建设培训会”和“可持续性水资源管理培训会”等，2015年参训人数逾400人次，反响强烈并得到社会各界的广泛认可。

二、系统建设有首创

环交所自主成功研发了全国首个企业温室气体自查计算系统——“企业温室气体排放云计算报告系统”，通过了第三方认证机构对系统计算的可靠性和准确性审核，并取得国家版权局颁发的《计算机软

国家发展和改革委员会应对气候变化司副司长李高在四川环交所调研

国家发展和改革委员会应对气候变化司副司长蒋兆理在四川环交所调研

件著作权登记证书》。目前，根据省发改委的要求对该系统进行了更新和完善并移交省发改委作为工作平台运行，环交所在省发改委的重点企业温室气体排放报送工作中负责提供持续的技术支持，帮助重点企业正确的进行温室气体填报，并在地方发改委的请求下提供现场培训支持。

关怀与支持

环交所成立以来得到了国家发改委、四川省委省政府、成都市委市政府及有关部门的大力支持。2015年5月和8月，国家发展改革委应对气候变化司李高副司长和蒋兆理副司长先后调研考察了环交所，对环交所的工作给予了充分肯定，并为环交所下一步的发展提出了指导性意见。省委书记王东明，省委常委、常务副省长王宁，省人大党组书记、省人大副主任陈光志，省人大副主任、阿坝州委书记刘作

四川代表出席2015年巴黎气候变化大会及“中国角”系列边会

四川环交所董事长何锦峰在巴西市长峰会暨国际城市与交通大会上介绍WRI“可持续及宜居城市”成都项目的成果和经验

中美气候圆桌会议美国低碳专家低碳城市行成都研讨会在环交所召开

四川环交所团队和愿景

四川省铁路投资集团党委书记、董事长孙云带队进行出资人监管调研

组织星船城水泥能耗控制优化项目签约

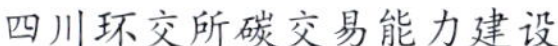
四川环交所碳交易能力建设

举办节能减排（天府）论坛暨中欧低碳合作项目总结会

明，成都市市长唐良智等领导就支持环交所的建设发展多次作出重要批示，省委常委、组织部长范锐平，省政府副省长甘霖，时任西藏自治区副主席多吉泽仁等领导多次深入环交所现场调研指导工作。

交流与合作

四川虽然地处内陆地区，但从不缺少世界眼光和开放胸怀。环交所积极与中国质量认证中心、中国绿色碳汇基金会、北京中创碳投科技公司、兴业银行、碳交易试点机构、世界资源研究所、国际中国环境基金会、南德意志集团、VCS等中外机构开展广泛深入的交流与合作，努力推动我省环境资源市场的建设。2015年，环交所与有关部门联合举办了“第三届低碳与节能减排（天府）论坛暨中欧低碳合作项目总结会”、“2015 年中美气候圆桌会议美国低碳专家低碳城市行成都研讨会”等国际会议；与省发改委、省外办共同接待了德国绿党主席约茨德米尔对四川应对气候变化和碳市场的考察访问；应邀出席巴西市长峰会暨国际城市与交通大会，分享了世界资源研究所“可持续及宜居城市成都项目”的成果和经验；应联合国气候大会秘书处邀请，以观察员身份参加了在巴黎召开的《联合国气候变化框架公约》第21次缔约方会议暨《京都议定书》第11次缔约方会议，出席了中国角系列边会，并与魁北克交易所、欧中投资协会等国际机构广泛交流，多形式宣传四川、宣传成都、宣传环交所以及中国西部碳市场。一系列工作的顺利开展，促使环交所在国际上形成了一定的影响力。

中华人民共和国国家版权局

计算机软件著作权登记证书

软件名称：企业温室气体排放云计算报告系统 V1.0

著作权人：四川联合环境交易所有限公司

开发完成日期：2014年09月01日

首次发表日期：2014年09月02日

权利取得方式：原始取得

权利范围：全部权利

登记号：2014SR169141

根据《计算机软件保护条例》和《计算机软件著作权登记办法》的规定，经中国版权保护中心审核，对以上事项予以登记。

No. 00675121

中华人民共和国国家版权局 计算机软件著作权登记专用章

2014年11月08日

自主研发的企业温室气体排放云计算报告系统《计算机软件著作权登记证书》

绿色热线Tel：028-962553

传真Fax：028-85050324

微信公众号：四川联合环境交易所

Wechat: Sceex962553

邮箱Email: info@sceex.com.cn

网站Web: http://www.sceex.com.cn

地址：四川省成都市高新区天泰路120号交易所大厦（610041）

Add: Exchange plaza,No.120 tiantai Road,Gaoxin District,Chengdu,China/ Zip 610041

兰州交易中心建设的兰州市节能减排环境治理成果展示厅

兰州
环境能源交易中心

兰州环境能源交易中心（以下简称“环交中心”）是经兰州市人民政府批准设立的唯一一家集各类环境权益交易服务为一体的特许经营专业化市场平台。于2014年4月30日注册成立，注册资本为1亿元人民币，股东分别是市国资委、市环保局下设二级机构兰州市环保研究所和甘肃中城环境科技有限公司。主营业务包括碳交易，排污权交易，节能量交易，水权交易及相关政策研究、合同环境服务机制、生态补偿机制信息咨询、环境事业投融资、节能减排技术交易服务等涵盖节能减排产业链上的各类交易、咨询、研究等综合服务。

环交中心秉承 “诚信、创新、卓越、共赢”的企业精神和“公开、公平、公正”的经营原则，致力于环境权益交易的规范化、透明化、公开化、专业化建设，致力于打造利用市场机制和经济手段解决环境问题的公共平台；国内、省内环境市场化运作的合作平台；重要的环境金融衍生品的运营平台和西部最有活力的环境权益交易平台。

兰州环交中心董事长张月女士参加巴黎世界气候大会“中国碳市场建设路径”主题边会，中国气候变化事务特别代表解振华等出席会议

职能定位：一是通过协助环保部门开展排污权有偿使用和交易工作，行使部分行政管理功能，协助行政主管部门做好一级市场排污权（排污量）的初始分配。同时为实现其他环境资源的有偿使用和平台交易积累经验，提供科学方案。二是统筹搭建各类环境资源有偿使用和交易二级市场平台；三是通过链接绿色金融和绿色技术，推动绿色供应，服务绿色产业，助力我市绿色发展；四是努力打造成为我市环境治理信息中心和数据中心，服务于环境治理大数据建设，助力我市迈入2.0时代智慧城市的同时，通过汇聚和集散环境治理、节能减排产业链综合信息，为各行业、企业提供“造血”和“输血”平台；五是努力建设成为兰州市标杆型的环境治理综合示范成果展示窗口和能力建设基地。

现阶段围绕我市在环境治理领域取得的阶段性成效，主要开展了以下业务：

一、在体制机制创新工作方面以环境治理、节能减排市场交易体系构建为主，主要开展排污权交易、水权试点交易、碳排放权交易、节能量交易的环境资源交易工作。

（一）在机制探索和建设方面，通过科学系统的研究，为我市环境资源的交易制度的建立，积累了宝贵经验，探明了行动路径。

环交中心成立以来主要开展了我市环境资源有偿使用和交易价格形成机制研究和制定、环境资源有偿使用和指标初始核定统计及基础档案建立、交易后评估研究、全市联网的环境资源有偿使用和交易管理系统研发、排污绩效核算等方面的工作。全市联网的环境资源有偿使用和交易管理系统能够对我市环境资源有偿使用和交易的指标初始分配、竞价交易、排放跟踪、配额指标剩余信息进行综合管理，并形成环境资源有偿使用和交易动态数据库，做到有据可依，各类交易统计分析为宏观决策提供了数据支撑，为排污绩效核算和交易后评估工作奠定了基础，可以实现对全市污染物动

联合国巴黎世界气候大会期间国家发改委应对气候变化司副司长蒋兆理向兰州市人民政府市长袁占亭颁发"今日变革进步奖"

中央党校罗志先副巡视员到环交中心调研时给予中心"堪称楷模"赞誉

态监控数据的掌握和动态监控。

（二）以排污权作为环境资源有偿使用制度创新及实践的突破口，为环境资源权益制度体系的全面构建夯实了基础。

为保证我市环境资源有偿使用工作顺利实施，以排污权作为环境资源有偿使用创新及实践的突破口，市政府制定了《关于开展环境资源有偿使用工作的实施意见》（兰政发（2014）87号），出台了《兰州市排污权有偿使用交易管理办法》和《兰州市排污权有偿使用交易资金管理规定》（兰政办发（2014）272号），市环保局根据实际情况制定了《兰州市排污权有偿使用交易管理办法实施细则》（兰环发（2014）775号），经省政府授权，市财政、物价、环保部门联合下发了《关于兰州市环境资源有偿使用和排污权交易基准价格及有关问题的批复》（兰价费发（2015）55号），通过一系列政策文件的颁发，系统性的建立和完善了排污权有偿使用和交易的制度，为我市环境资源有偿使用制度体系的全面构建夯实了基础。

（三）率先完成我市与省政府签订的2015年排污权试点交易工作任务，完成了我市环境资源"大交易平台"的基础建设工作。

围绕排污权交易工作，环交中心制定了详实的交易规则、交易流程和信息公开、资金结算及审核办法，专门开发了符合我市特点的排污权电子交易系统，在全省率先顺利开展了新、改、扩建工业项目新增排污量的交易工作，提前完成了我市与省政府签订的2015年排污权交易试点目标责任书。通过三次七场公开挂牌竞拍，完成138.17吨二氧化硫、199.66吨氮氧化物、15.29吨化学需氧量、1.41吨氨氮的现场拍卖，累计交易额达到327.32万元。交易取得的阶段性成效得到了国家环保部和省环保厅的肯定和表扬。我中心在实现排污权试点交易常态化发展的同时，圆满完成了我市环境资源"大交易平台"的基础建设工作，既为我市全行业、全区域开展排污权有偿使用和交易做好了充分准备，也为其他环境资源的有偿使用和交易奠定了良好基础。

（四）将排污权交易与节能量交易体系进行有机联合，发挥协同效应转化和实现节能收益，以项目为载体，开展节能量交易工作，形成全方位、立体化的创新模式。

国家环保部东北督查中心主任文毅、时任甘肃省环保厅副厅长吴德凯和市环保局闫子江在中心董事长张月陪同下调研环交中心

2015年4月28日，兰州环交中心成功举办兰州市首场排污权交易

充分挖掘我市近几年来环境治理、节能改造项目产生的节能空间，将排污权交易与节能量交易体系进行有机联合，发挥协同效应转化和实现节能收益。以项目为载体，开展节能量交易工作，形成全方位、立体化的创新模式，以实际效益鼓励企业提升节能减排的积极性，推动我市资源、容量节约管理和有偿使用制度的建立和完善，为我市打造节能量交易长效创新机制。今年上半年环交中心在配合市国资委积极开展市属国有企业落实节能减排工作的过程中，已与市公交集团、昆仑燃气、水源地、轨道交通等项目达成了“一揽子”节能减排服务战略合作。并完成了《兰州市开展节能量交易工作的实施方案》。

作为我省排污权交易的两个试点之一，我市推行排污权有偿使用和交易是我省利用市场经济手段解决环境问题的有益探索，是一项全新的制度安排和重大改革创新，是优化配置环境资源、发展和规范市场经济条件下环境监督管理体制的一项创新与大胆尝试。这项工作的实施，不仅有利于还原环境资源的内在价值、增强全社会的环保意识，更增强了排污单位“容量有限、资源有价、使用有偿”理念，有利于调动排污单位减排的积极性，更有利于促进产业结构调整和经济转型升级，对于促进我省环境管理机制的创新、推动经济增长方式的转变都具有深远的意义。

二、低碳城市发展能力建设

（一）开展了低碳城市发展前瞻性研究工作。

按照市委、市政府工作要求，在市环保局的指导和监管下，在2015年5月开始了城市发展与节能减排的内在关系研究，现完成了《兰州市碳排放峰值及实现路径研究》、《“一带一路”下的西部低碳城市运营指标体系构建》两个前瞻性课题的研究，并以此获得了联合国世界气候大会“今日变革进步奖”的荣誉。

（二）积极构建环境治理示范型宣传培训基地与能力发展平台。

建设了市环境治理节能减排成果展示厅，展示厅作为我市标杆性的环保展示基地，先后接待了国家、兄弟省、市等部门的参观和学习，最大限度的传播和展示我市治理污染的先进经验和显著成效。同时结合排污权交易工作为参与企业提供了系统性的交易培训和节能减排理念强化宣导，为构建我市环境治理示范型宣传培训基地和能力发展平台打造了良好的开局。

三、绿色金融体系构建

打通了我市环境治理向外融资的通道，与世界银行、亚洲银行建立了合作关系；针对企业节能减排短期流动资金融资难问题，协调市金融办出台了《排污权抵质押管理办法》。

以排污权有偿使用和交易为突破口为我市治理污染工作提供绿色金融平台。环交中心在金融创新领域，积极发挥平台优势，联合多家金融机构为参与排污权有偿使用和交易的企业提供一揽子绿色金融增值服务和绿色融资渠道。排污权有偿使用和交易的企业可以通过环交中心开辟的绿色金融通道，进行排污权抵、质押贷款、融资租赁和节能改造项目的短期流动资金贷款等金融创新，有效的协助参与企业解决了融资难问题，也为参与企业进行节能改造项目开辟了融资渠道。

同时，这些举措为配合、协助兰州市金融办联合中国人民银行兰州中心支行及相关部门共同围绕 “节能减排长效机制金融创新”颁布相关绿色配套政策、制度，提供了可行性的实践范例。此外，环交中心还将通过其他环境资源交易的有序实现和稳步发展，配合服务市金融办和相关部门，为治理污染的长效机制金融创新配套政策体系的完善和优化，进行平台化的业务实践和市场验证。

四、切实加强对碳交易的宣传力度

兰州市在“全国低碳日”以及各类节能低碳宣传活动中，对全社会开展形式多样的宣传教育活动，广泛宣传碳排放权交易的原理、规则和相关政策措施，引导市场主体积极落实控制温室气体排放责任并参与碳市场，营造良好的外部环境。为进一步推动节能减排工作，提高广大市民的低碳环保意识，环交中心还举办了“低碳达人”等一系列主题宣传活动，提升人们对“生活方式绿色化”的认识和理解，并自觉转化为实际行动；实现生活方式和消费模式向勤俭节约、绿色低碳、文明健康的方向转变。

兰州市国资委在兰州交易中心召开市属国有企业落实节能减排工作会议

兰州环交中心董事长张月女士在巴黎世界气候大会

国家环保部东北督查中心主任文毅、时任甘肃省环保厅副厅长吴德凯和兰州市环保局局长闫子江在中心董事长张月陪同下调研环交中心

展望兰州低碳发展新未来

兰州环境能源交易中心（以下简称环交中心）作为兰州市开展环境权益交易的技术支撑机构，作为西部唯一受邀的企业随同兰州市参加了2015年11月30—12月12日在巴黎召开的世界气候大会。亲历了中国政府在应对气候变化领域做出的努力和贡献，见证了兰州市在践行创新、协调、绿色、开放、共享的发展理念。

兰州环交中心董事长张月女士在巴黎世界气候大会期间国家发改委应对气候变化司等相关主办的“中国碳市场建设路径”主题边会上做了《兰州市配合全国碳市场建设的行动和计划》主题发言。

中国碳市场将于2017年正式启动。甘肃省政府在《甘肃省贯彻落实〈国家应对气候变化规划（2014—2020年）〉实施意见》中，明确了建立碳交易制度是控制温室气体排放，完成甘肃省应对气候变化目标。

下一步，根据国家和甘肃省推动全国碳排放权交易市场建设的部署，兰州环交中心将积极协助兰州市政府开展如下几个方面的工作：

（一）协助兰州市开展重点企业碳排放数据报送与核查工作，重点开展碳盘查；

（二）根据国家和甘肃省的要求完善兰州市的碳交易管理体系；

（三）根据报送及核查的结果，配合甘肃省确定兰州市辖区内的碳交易纳入企业名单；

（四）积极开展纳入企业的能力建设，推动纳入企业在碳交易启动前建立自己内部的碳管理体系。

（五）在全省乃至整个西北地区发挥着“率先、带动、辐射、示范”的中心作用，抓住兰州在国家整体经济版图中战略地位的重要机遇，率先在国内提出并实践碳峰值；结合国家“一带一路”战略方向、兰州市整体发展规划和相关政策要求，构建兰州低碳城市运营指标体系，为兰州市“十三五”期间低碳运营提供具体的可量化目标，为兰州低碳发展战略举措制定提供依据和输入，为其它类似西部城市低碳运营效果评估提供参考。

在全国碳市场建设进程中，兰州面临巨大挑战的同时，也迎来了地方经济发展转型的契机。作为非试点地区，兰州作为中西部最具代表性的重工业城市和国家西部大开发的重要战略支点，积极参与碳交易市场，不仅可以推动全国碳市场建设顺利进行，还有助于非试点地区破解发展与减排之间的矛盾，充分发挥市场机制，促进节能减排和经济发展转型。环交中心将通过环境资源交易的有序实现和稳步发展，以及长效机制金融创新配套政策体系的完善和平台的不断优化，为碳交易做准备，迎接全国性碳市场的到来。应对气候变化只有进行时，没有完成时，“如兰之州”尚需你、我共同努力，依然任重道远。

大江大湖 大美花山

花山生态新城，地处武汉东湖国家自主创新基地、青阳鄂循环经济区、武汉新港、大东湖生态水网等重大项目结合部，是武汉城市圈“两型”社会改革先行先试示范区。花山生态新城规划范围45平方公里，布局有港区、建设区和生态保育区三大功能区。其中，建设区17平方公里，按“水穿城、水绕城、水伴城”理念，形成严西湖、花山河、严东湖和滨江四大生产生活综合体。

多维低碳目标，构建可持续发展体系

花山生态新城立足于“一江两山四湖”的优越自然生态环境，加快落实各低碳专项规划。落实“绿色发展”理念，大力发展现代服务业，到2020年，实现新城现代服务业占第三产业比重达到90%以上。提高可再生能源利用率，到2020年，实现新城100%的清洁能源使用率，其中可再生能源使用率达到15%以上。全面推广绿色建筑，到2020年，实现新建建筑100%节能达标，绿色建筑占新建建筑比重达到70%以上。建立能源管理系统，实现能耗监管，通过有效的管理手段，降低系统能耗、避免能源浪费。打造内外畅达的公共交通系统，到2020年，公共交通出行占机动车出行分担率达到40%，实现多模式无缝换乘。合理建设慢行绿道系统，至2020年，建设完成总长度134公里城市绿道，实现新城绿道全覆盖。优先发展新能源汽车，加快建设充电桩等新能源汽车配套设施，至2020年，新城内新能源汽车使用率达到25%。严格落实生态底线区，打造生态休闲绿廊，建设亮点生态工程，构建“面-线-点”三位一体的碳汇体系，到2020年，新城绿地率达到65%，其中建设区绿化率达到40%，以保障城市风道的贯通，保护湖泊湿地以及生态排水廊道，加强对极端气候的应对能力。

创新开发机制，形成市场化运作模式

企业主导、市场化运作，构建自主高效的新城开发机制。明确企业“一管到底”的主导职能，花山公司将全权负责新城

花山生态艺术馆

希尔顿酒店地源热泵示范项目

的融资、建设、运营和管理工作，政府则主要承担宏观指导和社会服务工作。制定“整体打包、区域平衡、指标单列、封闭运行”的十六字方针，保障新城的市场化运营环境。组建开发联盟，探索多渠道融资模式，通过合资、合股、BOT、PPP等方式，形成多渠道的新城建设投融资模式。

打造重点工程，实现低碳化运营管理

——低碳产业工程。花山生态新城的产业布局以现代服务业为主导，包括软件产业、文创产业、会展旅游和港口物流四大产业板块。其中，软件产业以武汉软件新城为代表，规划总用地约3.4平方公里，将建成中部地区规模最大的国际化软件与信息技术服务基地。项目一期已建成投入使用，包括IBM、法国阳狮、飞利浦在内的80余家国内外知名企业已入驻；二、三期将于2016年底建成，届时将容纳近千家企业，提供约10万工作岗位。文创产业以花山河文创体验区为代表，项目依托3.5公里长的花山河主河道，划定的两岸占地3.15km2的滨水文化街区，将创意体验融入文、旅、商、居各层面，打造耳目一新的文化和科技融合体验中心。

——低碳能源工程。2012年获批成为可再生能源建筑应用集中连片推广示范区以来，花山生态新城大力推广绿色建筑，鼓励新建建筑应用地源热泵、太阳能光热等技术，使用可再生清洁能源作为建筑能源有效补充，提高建筑可再生能源利用率，降低建筑能耗。目前新城已完成可再生能源建筑面积达到约30万平方米。

——低碳交通工程。提升公共交通出行吸引力，打造绿色公交系统，构建以“轨道为骨干、常规公交为主体、慢行系统为补充”的公共交通系统，形成新城外联通内畅达的公交服务网络。目前新城内城际铁路花山南站、武鄂高速花山互通口已建成投入使用，城市道路建成约60%，正在加快建设环山环湖绿道，增加多条公交线路积极推进地铁19号线选线定站工作，提高公交出行比例。通过市场化手段引入新能源汽车运营公司，推广新能源汽车租赁业务；同时建设覆盖新城电动汽车充电设施，大力发展低碳交通。

——碳汇建设工程。新城建设致力于增加森林及生态系统碳汇，提高农业与林业适应能力，提高生态脆弱地区适应能力.新城三面环湖，沿湖地区建立50m绿色缓冲区，在保护水体同时，增加新城绿量.新城内已建两个湿地公园，总面积约100公顷，对整个园区固碳净水，调节新城内小气候起到重要的作用；道路两侧设置植草沟，在践行海绵城市的同时，提高城市雨水涵养能力及城市碳汇率。

花山河文创体验区

武汉软件新城鸟瞰

严西湖右岸湿地公园

镇江官塘低碳新城

官塘新城地处江苏省镇江市主城中南部，区位优越，自然景观资源丰富，是镇江市低碳城市建设的先行示范区，首批8个“国家低碳发展城（镇）试点”之一。在镇江市建设“山水花园城市”的总体框架下，以建设国家级低碳生态示范区为目标，坚持国际标准、突出地域特色，强调低碳规划先行，因地制宜，构建“一半山水一半城”的低碳空间体系。

朱晓明市长演示碳平台

官塘新城立足自身资源优势及经济发展水平，坚持产业发展与节能减排并重，搭建创新发展新平台，探索低碳发展新模式，提出至2018年在实现区域GDP比2010年增长5倍的同时实现同期单位GDP碳排放降低76%的发展目标，并为此编制了系统的低碳规划，列出涉及10大领域41项量化指标。

官塘新城的战略定位是：建设“国家级低碳生态示范区”、“镇江山水花园城市样板区”、“现代服务业集聚区”，努力打造新镇江的发展引擎，新镇江的门户及苏中苏北的门户，长三角最具能级的休闲商务区及低碳示范区。

一、系统全面的低碳规划，布局低碳空间结构

根据官塘地区控制性规划，官塘新城整体形成“一核五区两轴线”的空间结构：一核：四平山、大莱山生态绿核；两轴：官塘桥路发展轴、五洲山路发展轴；五区：核心区、生态旅游区、商贸展示区、度假休闲区、低碳生活区。

官塘新城自2010 年开始围绕低碳开展了一系列的专题研究与规划。目前已经编制完成了《镇江官塘新城低碳发展战略研究》、《官塘新城低碳专项规划》、《官塘新城能源专项规划》、《官塘新城可再生能源发展与实施规划》、《官塘新城水务专项规划》、《官塘新城绿地景观专项规划》、《官塘新城生态化排水工程方案》等。

二、七大低碳行动，实现单位GDP 碳排放降低76%

低碳产业行动——构建以四平山、大莱山为中心的旅游休闲与生产性服务业，包括主题公园、生态公园、体育公园、

度假酒店和智慧产业园、总部基地等，以及以312国道为轴线，由商贸中心、物流中心组成的门户产业带。形成以主题旅游为先导，文化创意、商务会展为亮点，商贸物流为主体，城市功能配套产业为支撑的产业架构，将官塘新城打造为现代服务业集聚区。

出席第二届中美峰会

低碳建筑行动——官塘新城作为江苏省建筑节能与绿色建筑示范区，新建建筑项目要求100%的绿色建筑，二星级及以上绿色建筑2018年不低于40%，2020年不低于55%。官塘新城绿色建筑总建筑面积约900万平方米。目前已开工示范项目6个，其中三星级项目2个，建筑面积约120万平方米，建成面积约55万平方米。

低碳交通行动——以轨道和公共交通为导向的走廊式发展模式，并通过城市中心和交通干线上发达的公共交通系统，降低小汽车出行需求，从而降低交通碳排放量。在街区层面上，制定低碳城市设计导则与分区规范，采用道路断面设计、交通换乘点设置，慢行系统结合绿地景观，限制机动车与通行路段、设置专门机动车与非机动车停车等来控制各地块内的交通行为。

低碳能源行动——通过技术创新和政策措施，规范能源供应模式、用能模式及需求端消费模式，实现能源的生态化、节约化和可再生化，建立一种较少排放温室气体的经济发展模式。以地源热泵、光热和分布式光伏发电为主要能源利用方式的分布式能源站，每个能源站（除分布式光伏发电能源站之外）在本区域内的供能半径为 1—4km，各能源站借助城市基础供热（制冷）管网、基础配电网，实现互联互通，互相调剂。一是采用地源热泵、水源热泵，在官塘新城内布局建设七个分布式可再生能源站，为周边商业、办公建筑及部分居住建筑进行集中供冷、供热，最大限度地降低采暖空调系统的运行费用，降低碳排放。二是将区域内所有建筑物屋顶统筹布置太阳能光伏板，布局若干个分布式光伏能源站（总规模约15—20MW），构建官塘新城新能源微电网。并配备国际先进的智能化手段优化能源调度、实现能源需求和供应的智能监控、分析、输配和管理。能源站全部建成后，按官塘新城规划建筑总面积900万平方米计算，年均节约标准煤10万吨，减少二氧化碳排放量36.7万吨。

低碳循环行动——为充分体现山水花园城市特色，官塘新城规划水体总面积达1470亩，水面率达7%。引入低冲击开发（LID）技术，合理利用地表洼地和渗透空间等景观空间系统形成自然排水系统，将雨水留住，对水源进行补充，同时通过在道路两旁的绿化带内设立的植被草沟、植草洼地、植草沟渠以及湖泊内的水生物、微生物等的联合作用，对水源和河湖水质进行生态净化，达到水系统的自身净化。通过LID技术应用，有效减少新城开发建设对环境造成的冲击，缓解了官塘地区水源不足的情况，实现了新城内水系的自给、自流、自净。包括雨水收集、路网生态排水、景观水系蓄水等项目，综合采用低影响开发技术，合理利用景观空间来处理面源污染和控制暴雨径流，通过建设都市自然排水系统、可渗透路面、生态屋顶、雨水花园、生态滞留草沟和雨水再生系统，达到水源的自给、自流、自净。

官塘新城主要水体凤栖湖凤栖湖水质保护通过湿地循环系统滤净、水生生物操纵技术及水域生物技术进行多层次科学处理，同时与水处理、给排水、绿化景观相结合，提升水生态系统自净化能力，打造“水清可鱼，岸绿可憩，景美可赏”的水生态景观系统。建设内容包括水面面积达270亩的凤栖湖与四明河两岸的雨水收集、生态净化工程。

低碳绿地行动——通过植物固碳研究及分析，制订绿地系统规划，提高该片区内的碳汇值，减少片区内碳的净排放，实现2020年实际碳汇值（CO_2吸收量）为32.16万吨/年，地均碳汇值为410.54tC/ha/a。新城区域内将建设包括四平山、大莱山、安基山、沙山、四明河沿岸、铁路沿线绿化整治工程的5600亩的碳汇林，打造园与城共融共生的示范基地，并通过种植高固碳量植被实现对二氧化碳的吸收与转化。

低碳运行行动——官塘新城结合能源站建设，构建碳排放实时监测公共平台。该平台是低碳城启动区开发、建设、运营和管理全过程碳排放监测的公共管理信息平台，主要功能是监控低碳城指标落实，实现生产、生活各领域节能减排数据的集中监测、实时展示和管理应用。建设内容：开发碳排放实时监测与评估信息处理及数据储存系统，包括产业、建筑、交通、碳汇四大子系统，以及环境、能耗、水耗、废弃物等终端数据采集与传输系统，实现碳排放数据采集、处理、查询、公示、预警和企业碳排放监管与启动区智慧管理等功能。该平台的开发与建设将提高低碳城开发、建设和运营过程中碳排放的信息化、智能化监督管理水平，及时为政府、企业、公众提供碳排放管理的基础数据和信息，有效促进节能减排相关政策措施的出台，有利于实现低碳城碳排放控制目标，形成以碳排放管理为工具的城市智能化管理方式，为全国新型城镇化管理方式提供示范。

三、国际项目合作与交流

朱晓明市长率镇江代表团出席2015中美气候智慧型/低碳城市峰会并作主旨发言，介绍及展示了镇江市低碳城市建设的路径及成绩。会上镇江市与美国加利福尼亚州签署了《关于加强低碳发展合作的谅解备忘录》。在2016第二届中美气候智慧型/低碳城市峰会上，镇江交通产业集团与中国美国商会中美能源合作项目就官塘低碳新城的开发建设签订了合作谅解备忘录。

>>>

试点示范

生态环境损害赔偿制度改革试点方案

中共中央办公厅、国务院办公厅2015年12月印发

党中央、国务院高度重视生态环境损害赔偿工作。党的十八届三中全会明确提出对造成生态环境损害的责任者严格实行赔偿制度。为逐步建立生态环境损害赔偿制度，现制定本试点方案。

一、总体要求和目标

通过试点逐步明确生态环境损害赔偿范围、责任主体、索赔主体和损害赔偿解决途径等，形成相应的鉴定评估管理与技术体系、资金保障及运行机制，探索建立生态环境损害的修复和赔偿制度，加快推进生态文明建设。

2015年至2017年，选择部分省份开展生态环境损害赔偿制度改革试点。从2018年开始，在全国试行生态环境损害赔偿制度。到2020年，力争在全国范围内初步构建责任明确、途径畅通、技术规范、保障有力、赔偿到位、修复有效的生态环境损害赔偿制度。试点省份的确定另行按程序报批。

二、试点原则

——依法推进，鼓励创新。按照相关法律法规规定，立足国情与地方实际，由易到难、稳妥有序开展生态环境损害赔偿制度改革试点工作。对法律未作规定的具体问题，根据需要提出政策和立法建议。

——环境有价，损害担责。体现环境资源生态功能价值，促使赔偿义务人对受损的生态环境进行修复。生态环境损害无法修复的，实施货币赔偿，用于替代修复。赔偿义务人因同一生态环境损害行为需承担行政责任或刑事责任的，不影响其依法承担生态环境损害赔偿责任。

——主动磋商，司法保障。生态环境损害发生后，赔偿权利人组织开展生态环境损害调查、鉴定评估、修复方案编制等工作，主动与赔偿义务人磋商。未经磋商或磋商未达成一致，赔偿权利人可依法提起诉讼。

——信息共享，公众监督。实施信息公开，推进政府及其职能部门共享生态环境损害赔偿信息。生态环境损害调查、鉴定评估、修复方案编制等工作中涉及公共利益的重大事项应当向社会公开，并邀请专家和利益相关的公民、法人和其他组织参与。

三、适用范围

本试点方案所称生态环境损害，是指因污染环境、破坏生态造成大气、地表水、地下水、土壤等环境要素和植物、动物、微生物等生物要素的不利改变，及上述要素构成的生态系统功能的退化。

（一）有下列情形之一的，按本试点方案要求依法追究生态环境损害赔偿责任：

1．发生较大及以上突发环境事件的；

2．在国家和省级主体功能区规划中划定的重点生态功能区、禁止开发区发生环境污染、生态破坏事件的；

3．发生其他严重影响生态环境事件的。

（二）以下情形不适用本试点方案：

1．涉及人身伤害、个人和集体财产损失要求赔偿的，适用侵权责任法等法律规定；

2．涉及海洋生态环境损害赔偿的，适用海洋环境保护法等法律规定。

四、试点内容

（一）明确赔偿范围。生态环境损害赔偿范围包括清除污染的费用、生态环境修复费用、生态环境修复期间服务功能的损失、生态环境功能永久性损害造成的损失以及生态环境损害赔偿调查、鉴定评估等合理费用。试点地方可根据生态环境损害赔偿工作进展情况和需要，提出细化赔偿范围的建议。鼓励试点地方开展环境健康损害赔偿探索性研究与实践。

（二）确定赔偿义务人。违反法律法规，造成生态环境损害的单位或个人，应当承担生态环境损害赔偿责任。现行民事法律和资源环境保护法律有相关免除或减轻生态环境损害赔偿责任规定的，按相应规定执行。试点地方可根据需要扩大生态环境损害赔偿义务人范围，提出相关立法建议。

（三）明确赔偿权利人。试点地方省级政府经国务院授权后，作为本行政区域内生态环境损害赔偿权利人，可指定相关部门或机构负责生态环境损害赔偿具体工作。

试点地方省级政府应当制定生态环境损害索赔启动条件、鉴定评估机构选定程序、管辖划分、信息公开等工作规定，明确环境保护、国土资源、住房城乡建设、水利、农业、林业等相关部门开展索赔工作的职责分工。建立对生态环境损害索赔行为的监督机制，赔偿权利人及其指定的相关部门或机构的负责人、工作人员在索赔工作中存在滥用职权、玩忽职守、徇私舞弊的，依纪依法追究责任；涉嫌犯罪的，应当移送司法机关。

对公民、法人和其他组织举报要求提起生态环境损害赔偿的，试点地方政府应当及时研究处理和答复。

（四）开展赔偿磋商。经调查发现生态环境损害需要修复或赔偿的，赔偿权利人根据生态环境损害鉴定评估报告，就损害事实与程度、修复启动时间与期限、赔偿的责任承担方式与期限等具体问题与赔偿义务人进行磋商，统筹考虑修复方案技术可行性、成本效益最优化、赔偿义务人赔偿能力、第三方治理可行性等情况，达成赔偿协议。

磋商未达成一致的，赔偿权利人应当及时提起生态环境损害赔偿民事诉讼。赔偿权利人也可以直接提起诉讼。

（五）完善赔偿诉讼规则。试点地方法院要按照有关法律规定、依托现有资源，由环境资源审判庭或指定专门法庭审理生态环境损害赔偿民事案件；根据赔偿义务人主观过错、经营状况等因素试行分期赔付，探索多样化责任承担方式。

试点地方法院要研究符合生态环境损害赔偿需要的诉前证据保全、先予执行、执行监督等制度；可根据试点情况，提出有关生态环境损害赔偿诉讼的立法和制定司法解释建议。鼓励符合条件的社会组织依法开展生态环境损害赔偿诉讼。

（六）加强生态环境修复与损害赔偿的执行和监督。赔偿权利人对磋商或诉讼后的生态环境修复效果进行评估，确保生态环境得到及时有效修复。生态环境损害赔偿款项使用情况、生态环境修复效果要向社会公开，接受公众监督。

（七）规范生态环境损害鉴定评估。试点地方要加快推进生态环境损害鉴定评估专业机构建设，推动组建符合条件的专业评估队伍，尽快形成评估能力。研究制定鉴定评估管理制度和工作程序，保障独立开展生态环境损害鉴定评估，并做好与司法程序的衔接。为磋商提供鉴定意见的鉴定评估机构应当符合国家有关要求；为诉讼提供鉴定意见的鉴定评估机构应当遵守司法行政机关等的相关规定规范。

（八）加强生态环境损害赔偿资金管理。经磋商或诉讼确定赔偿义务人的，赔偿义务人应当根据磋商或判决要求，组织开展生态环境损害的修复。赔偿义务人无能力开展修复工作的，可以委托具备修复能力的社会第三方机构进行修复。修复资金由赔偿义务人向委托的社会第三方机构支付。赔偿义务人自行修复或委托修复的，赔偿权利人前期开展生态环境损害调查、鉴定评估、修复效果后评估等费用由赔偿义务人承担。

赔偿义务人造成的生态环境损害无法修复的，其赔偿资金作为政府非税收入，全额上缴地方国库，纳入地方预算管理。试点地方根据磋商或判决要求，结合本区域生态环境损害情况开展替代修复。

五、保障措施

（一）加强组织领导。试点地方省级政府要加强统一领导，成立生态环境损害赔偿制度改革试点工作领导小组，制定试点实施意见，细化分工，落实责任，并于每年8月底向国务院报告试点工作进展情况。环境保护部要会同相关部门于2017年年底前对试点工作进行全面评估，认真总结试点实践经验，及时提出制定和修改相关法律法规、政策的建议，向国务院报告。

（二）加强业务指导。环境保护部会同相关部门负责指导有关生态环境损害调查、鉴定评估、修复方案编制、修复效果后评估等业务工作。最高人民法院负责指导有关生态环境损害赔偿的审判工作。最高人民检察院负责指导有关生态环境损害赔偿的检察工作。财政部负责指导有关生态环境损害赔偿资金管理工作。国家卫生计生委、环境保护部对试点地方环境健康问题开展或指导地方开展调查研究。

（三）加快技术体系建设。国家建立统一的生态环境损害鉴定评估技术标准体系。环境保护部负责制定生态环境损害鉴定评估技术标准体系框架和技术总纲；会同相关部门出台或修订生态环境损害鉴定评估的专项技术规范；会同相关部门建立服务于生态环境损害鉴定评估的数据平台。相关部门针对基线确定、因果关系判定、损害数额量化等损害鉴定关键环节，组织加强关键技术与标准研究。

（四）加大经费和政策保障。试点工作所需经费由同级财政予以安排。发展改革、科技、国土资源、环境保护、住房城乡建设、农业、林业等有关部门在安排土壤、地下水、森林调查与修复等相关项目时，对试点地方优先考虑、予以倾斜，提供政策和资金支持。

（五）鼓励公众参与。创新公众参与方式，邀请专家和利益相关的公民、法人和其他组织参加生态环境修复或赔偿磋商工作。依法公开生态环境损害调查、鉴定评估、赔偿、诉讼裁判文书和生态环境修复效果报告等信息，保障公众知情权。

关于同意国家低碳工业园区试点实施方案的批复

工信部联节函〔2015〕450号

有关省、自治区、直辖市及计划单列市、新疆生产建设兵团工业和信息化主管部门、发展改革委：

报来的国家低碳工业园区试点实施方案收悉。根据《工业和信息化部 发展改革委关于组织开展国家低碳工业园区试点工作的通知》(工信部联节〔2013〕408号)及《工业和信息化部 发展改革委关于印发国家低碳工业园区试点名单(第一批)的通知》(工信部联节〔2014〕287号)要求，工业和信息化部、发展改革委组织有关单位和专家对方案进行了评审论证。经研究，现批复如下：

一、原则同意天津经济技术开发区等39家国家低碳工业园区试点实施方案(名单见附件)，试点期为3年。

二、请有关地区工业和信息化主管部门、发展改革委加强对上述园区的工作指导，对园区相关的资金、政策、项目等给予倾斜，积极推动出台扶持园区发展的优惠政策，创造良好政策环境。组织实施低碳技术产业化示范，加大对园区重点建设项目的支持力度。指导园区提出低碳化改造项目，优先纳入绿色制造等相关专项或项目库。跟踪试点进展，结合方案组织现场调研，开展评估评价，加强督促检查。总结交流试点有效做法和成功经验，及时反映试点工作中的新情况、新问题。

三、请上述园区按照专家意见，进一步核实基础数据，完善指标体系，按照方案确定的总体思路、建设目标、主要任务和保障措施，建立健全工作机制，及早明确任务分工，严格落实工作责任，确保及时实现各项目标任务。要结合园区实际，把低碳园区建设的理念、思路、目标以及相关重大任务措施等纳入当地相关发展战略及规划。认真抓好方案组织实施，突出低碳发展主线，发挥比较优势，大力实施低碳化结构调整和技术改造，持续提高绿色低碳能源使用比率，削减园区化石能源消费量。建立园区低碳发展自评估机制，研究提出反映园区特色的低碳评价指标体系。加快推进园区产业低碳化、企业低碳化、产品低碳化、基础设施及服务低碳化，确保试点工作取得实效。

四、请有关地区工业和信息化主管部门、发展改革委及上述园区以提升碳管理能力为核心，以推进低碳发展政策综合集成和制度创新为重点，以可复制、易推广为基本要求，开展先行先试，积极探索创新，力争在体制机制建设上取得重大突破，为本地区乃至工业行业低碳转型发展探索有益经验，树立先进典型，切实发挥引领和示范作用。

五、各有关方面要进一步强化责任感和紧迫感，高度重视，加强协作，狠抓落实，确保国家低碳工业园区试点创建工作的顺利开展。请上述园区于每年6月底和12月底分别将上半年和年度试点工作进展情况报送省级工业和信息化主管部门、发展改革委。工业和信息化部、发展改革委将组织专家对园区试点情况开展阶段性监督检查和评估评价，试点期满后将组织进行考核验收。

附件：　实施方案论证通过的国家低碳工业园区试点名单(第一批)

工业和信息化部　国家发展和改革委员会

2015年8月29日

附件：

实施方案论证通过的国家低碳工业园区试点名单(第一批)

天津经济技术开发区

天津滨海高新技术产业井发区华苑科技园

内蒙古自治区乌海经济开发区

内蒙古自治区鄂托克经济开发区

内蒙古自治区赤峰红山经济开发区

辽宁沈阳经济技术开发区

辽宁大连经济技术开发区

吉林吉林化学工业循环经济示范园区

吉林长春经济技术开发区

吉林延吉国家高新技术产业开发区

黑龙江齐齐哈尔高新技术产业开发区

江苏宜兴环保科技工业园

江苏苏州工业园区

江苏泰州医药高新技术产业开发区

浙江嘉兴秀洲工业园区

浙江杭州经济技术开发区

浙江温州经济技术开发区

浙江宁波经济技术开发区

安徽合肥经济技术开发区

安徽池州经济技术开发区

江西南昌国家高新技术产业开发区

山东临沂经济技术开发区

山东日照经济技术开发区

山东青岛国家高新技术产业开发区

湖北武汉青山经济开发区

湖北孝感高新技术产业开发区

湖北黄金山工业园区
湖南湘潭国家高新技术产业开发区
湖南岳阳绿色化工产业园
湖南益阳高新技术产业开发区
广西壮族自治区南宁高新技术产业开发区
海南老城经济开发区
重庆璧山工业园区
重庆双桥工业园区
四川达州经济开发区
贵州贵阳国家高新技术产业开发区
甘肃嘉峪关经济技术开发区
青海格尔木昆仑经济技术开发区
青海西宁经济技术开发区甘河工业园区

>>>

大事记

中国应对气候变化和低碳发展2015年度大事记

一月

1月1日 被称为“史上最严”的新《环境保护法》正式实施。这次环保法的修订，主要包括加强环境保护宣传，提高公民环保意识；明确生态保护红线；对雾霾等大气污染的治理和应对；明确环境监察机构的法律地位；完善行政强制措施等十二个方面。新《环保法》共有70条，不但明确了政府的职责，划定了生态保护红线，而且规定了跨行政区域联合防治协调机制等制度，赋予公众参与的权利，明确了环境公益诉讼，对原有条款进行了系统性修改。新《环保法》中因加入了“对拒不改正的排污企业实施按日计罚”，“对严重的违法行为采取行政拘留”，以及规定“政府及有关部门8种情形造成严重后果的，主要负责人引咎辞职”等内容，被专家称为“史上最严”。

此次新修订的《环境保护法》，在推动建立绿色发展模式、现代环境治理体系、信息公开和公众参与机制三大领域均实现了较大突破。

1月13日 中共中央宣传部、国家发展和改革委员会召开南水北调东中线工程沿线城市“人人节水行动”推进工作座谈会，对“人人节水行动”进行安排部署。国家发展必革委副主任解振华话指出，当前我国面临的水资源形势严峻，水资源供需矛盾突出，水质性缺水严重，南水北调来之不易。要按照习近平总书记节水优先的要求，通过加大农业节水力度，强化工业节水，全面推进城市节水，开发利用非常规水资源，加强水污染治理，减少水质性缺水等多措并举，大力推动节水工作。

1月14日 国家发展改革委应对气候变化司发布《关于国家自愿减排交易注册登记系统运行和开户相关事项的公告》。为支持温室气体自愿减排交易活动的开展，气候司组织建设了国家碳交易注册登记系统，其中温室气体自愿减排交易注册登记部分正式上线运行。

1月17～18日 国家能源局副局长刘琦率团出席在阿联酋首都阿布扎比召开的第五届国际可再生能源署全体大会。

1月19～21日 中共中央总书记、国家主席习近平在云南考察时强调，要把生态环境保护放在更加突出位置，像保护眼睛一样保护生态环境，像对待生命一样对待生态环境，在生态环境保护上一定要算大账、算长远账、算整体账、算综合账，不能因小失大、顾此失彼、寅吃卯粮、急功近利。生态环境保护是一个长期任务，要久久为功。一定要把洱海保护好，让“苍山不墨千秋画，洱海无弦万古琴”的自然美景永驻人间。

1月23日 中国绿色碳汇基金会邀请林业、气象、民政、高校等多部门、多领域的知名专家学者和国际NGO组织的代表召开座谈会。中国绿色碳汇基金会是国内唯一以应对气候变化为主要目标的全国性公募基金会。中国绿色碳汇基金会成立以来，每年募集资金1亿多元，开展了碳汇造林、方法学开发、注册平台研建、碳汇交易试点等许多开创性、奠基性工作，在全国起到了很好的示范和带动作用。

1月27～28日 财政部、国家发展改革委在湖南长沙联合召开全国节能减排财政政策综合示范工作会议，总结工作成效，交流经验做法，部署下一阶段工作。

国家发展和改革委副主任解振华讲话强调，各地要统筹谋划好2015年和“十三五”节能减排、生态文明建设各项工作。把综合示范同生态文明先行示范区、循环经济示范城市、低碳城市等工作协同起来，统筹财政政策、投资政策和制度创新，精准决策，狠抓落实。

2011年以来，财政部、国家发展改革委先后确定了三批共30个城市开展节能减排财政政策综合示范。

1月29日 第十三次中韩经济部长会议在京召开期间，国家发展改革委主任徐绍史和韩国副总理兼企划财政部长官崔炅焕共同签署了《中韩气候变化合作协定》。该协定的签署是落实2014年7月习近平主席访问韩国期间与朴槿惠总统达成的关于加强气候变化对话合作的共识。《协定》重申两国元首共识，强调气候变化问题的重要性和《联合国气候变化框架公约》的原则及规定，明确通过信息与技术交流、政策对话、联合研究、合作项目等方式，开展减缓、适应、市场机制、能力建设等领域的合作活动。

二月

2月2日 为工信部、财政部发出《关于联合组织实施工业领域煤炭清洁高效利用行动计划的通知》，切实推进工业领域煤炭清洁高效利用，提高煤炭利用效率，防治大气环境污染，保障人民群众身体健康。《行动计划》主要目标：到2017年，实现节约煤炭消耗8000万吨以上，减少烟 尘排放量50万吨、二氧化硫排放量60万吨、氮氧化物40万 吨，促进区域环境质量改善。 2014 到2020年，力争节约煤炭消耗1.6亿吨以上，减少烟尘 排放量100万吨、二氧化硫排放量120万吨、氮氧化物80万 吨。

2月3日 国家能源局印发《关于印发煤层气勘探开发行动计划的通知》。发展目标：到2020年，建成3—4个煤层气产业化基地，新增探明煤层气地质储量1万亿立方米；煤层气（煤矿瓦斯）抽采量力争达到400亿立方米，其中地面开发200亿立方米，基本全部利用；煤矿瓦斯抽采200亿立方米，利用率达到60%；煤矿瓦斯发电装机容量超过400万千瓦，民用超过600万户。

2月4日 国家能源局印发《关于促进煤炭工业科学发展的指导意见》提出，坚持绿色开发、清洁利用。把生态文明建设放在突出地位，建设资源节约型和环境友好型矿区，最大限度减少煤炭资源开发对生态环境影响。实施洗选、流通、终端消费全过程管理，依靠科技创新、强化监管，降低煤炭利用污染物排放。推进煤炭安全绿色开采。推进煤炭清洁高效利用。加快煤层气产业化发展。

2月5日 财政部、科技部、工信部、国家发展改革委发布新能源汽车推广应用示范城市（群）配套政策出台进展情况：列入新能源汽车推广应用城市（群）的39个城市（群）88个城市，截至2014年底，有33个城市（群）70个城市出台了新能源汽车推广应用配套政策措施。

2月5日 国务院印发《国务院关于推进物联网有序健康发展的指导意见》。总体目标：实现物联网在经济社会各领域的广泛应用，掌握物联网关键核心技术，基本形成安全可控、具有国际竞争力的物联网产业体系，成为推动经济社会智能化和可持续发展的重要力量。近期目标：到2015年，实现物联网在经济社会重要领域的规模示范应用，突破一批核心技术，初步形成物联网产业体系，安全保障能力明显提高。

2月9日 国家发展改革委发出《关于2013年度各地区单位地区生产总值二氧化碳排放降低目标责任考核评估结果的通知》，公布考核评估结果：上海、江苏、广东、北京、重庆、山西、吉林、湖北、云南、四川、天津、浙江、陕西、内蒙古、辽宁、山东、河北、安徽和福建19个地区为优秀等级；贵州、江西、湖南、河南、甘肃、黑龙江和海南7个地区为良好等级。宁夏和西藏为合格等级；广西、新疆和青海受地震后重建、重大项目开工以及水电来水偏少等不利因素影响，未完成年度和累计进度目标，为不合格等级。对考核评估结果为优秀等级的19个地区予以通报表扬。

2月10日 工业和信息化部印发《2015年工业节能监察重点工作计划》。

2月12日 国家发展改革委办公厅发出《关于印发低碳社区试点建设指南的通知》。《指南》明确了低碳社区试点的基本要求和组织实施程序，提出按照城市新建社区、城市既有社区和农村社区三种类别开展试点，并详细阐述了每类社区试点的选取要求、建设目标、建设内容及建设标准。

本《指南》中的“社区”是指城市居民委员会辖区或农村村民委员会辖区，包括辖区内的居民小区、社会单位、配套设施等。“低碳社区”是指通过构建气候友好的自然环境、房屋建筑、基础设施、生活方式和管理模式，降低能源资源消耗，实现低碳排放的城乡社区。

2月12日 工信部节能与综合利用司在京召开“十三五”工业节能座谈会，专家们建议，工业节能重大问题研究的确定要牢牢把握结构节能、管理节能、技术节能这条主线。

2月27日 工业和信息化部发出《关于印发2015年工业绿色发展专项行动实施方案的通知》，以重点领域、重点区域节能减排为着力点，突出机制模式创新与务实推动，加快利用信息技术促进节能减排，强化支撑服务与考核评估，力争在重点领域、重点区域工业绿色发展上取得新突破，实现以点带面，推动工业节能与综合利用工作再上新台阶。

通过实施2015年工业绿色发展专项行动，实现以下目标：一是提升重点区域重点行业煤炭清洁高效利用水平，到2015年底，减少煤炭消耗400万吨以上。指导京津冀及周边地区、长三角等重点工业企业实施清洁生产技术改造，预计全年削减二氧化硫7万吨、氮氧化物6万吨、工业烟（粉）尘4万吨、挥发性有机物2万吨。二是建立覆盖2000家以上重点用能企业的全国工业节能监测分析平台，实现对试点地区工业能耗数据的动态监控及预警预测。推进企业能源管理中心建设，完成钢铁、建材、石化等200家企业能源管理中心项目验收工作，新启动100家项目建设。在通信、金融、电力等部门启动30家绿色数据中心试点建设。三是初步建立京津冀及周边地区工业资源综合利用协同发展机制，完善产业链。实现京津冀及周边地区尾矿、冶炼渣等工业固废综合利用量约6000万吨/年。

三月

3月4日 工信部节能与综合利用司印发《2015年工业节能与综合利用工作要点》。《要点》提出， 2015年，工业节能与综合利用工作要以工业绿色发展专项行动为抓手，以试点示范、目录标准、节能监管为切入点，着力抓好节能节水、清洁生产和资源综合利用等各项工作。深化改革创新，继续在政策、法规、机制方面下功夫，推进节能减排长效机制建设，促进工业转型升级。全国规模以上工业万元增加值能耗下降4%以上，万元工业增加值用水量下降5.6%，大宗工业固体废物综合利用率进一步提高，重点行业主要污染物排放强度明显下降，全面完成“十二五”

目标任务。

3月5日　十二届全国人民代表大会三次会议在人民大会堂举行开幕会，国务院总理李克强作政府工作报告提出：今年经济社会发展的主要预期目标是：国内生产总值增长7%左右，能耗强度下降3.1%以上，主要污染物排放继续减少。

《报告》指出，环境污染是民生之患、民心之痛，必须铁腕治理。李克强指出，今年，二氧化碳排放强度要降低3.1%以上，化学需氧量、氨氮排放都要减少2%左右，二氧化硫、氮氧化物排放要分别减少3%左右和5%左右。深入实施大气污染防治行动计划，实行区域联防联控，推动燃煤电厂超低排放改造，促进重点区域煤炭消费零增长。推广新能源汽车，治理机动车尾气，提高油品标准和质量，在重点区域内重点城市全面供应国五标准车用汽柴油。2005年底前注册营运的黄标车要全部淘汰。积极应对气候变化，扩大碳排放权交易试点。

《报告》指出，能源生产和消费革命，关乎发展与民生。今年将要大力发展风电、光伏发电、生物质能，积极发展水电，安全发展核电，开发利用页岩气、煤层气。控制能源消费总量，加强工业、交通、建筑等重点领域节能。积极发展循环经济，大力推进工业废物和生活垃圾资源化利用。我国节能环保市场潜力巨大，要把节能环保产业打造成新兴的支柱产业。

《报告》指出，森林草原、江河湿地是大自然赐予人类的绿色财富，必须倍加珍惜。要推进重大生态工程建设，拓展重点生态功能区，办好生态文明先行示范区，开展国土江河综合整治试点，扩大流域上下游横向补偿机制试点，保护好三江源。扩大天然林保护范围，有序停止天然林商业性采伐。今年新增退耕还林还草1000万亩，造林9000万亩。生态环保贵在行动、成在坚持，我们必须紧抓不松劲，一定要实现蓝天常在、绿水长流、永续发展。

3月6日　工业和信息化部节能与综合利用司在北京组织召开节能与综合利用标准化工作座谈会。会议认为，工业节能与综合利用标准化工作一要发挥标准基础作用，支撑和引领工业绿色发展；二要落实深化改革要求，进一步完善绿色标准体系；三要围绕重点工作任务，坚持问题导向，加强工业节能与综合利用标准化工作。

3月6日　环境保护部下发《关于开展政府环境审计试点工作的通知》，决定在甘肃省兰州市开展环境审计试点。

3月10日　中共中央总书记、国家主席习近平在参加十二届全国人大三次会议江西代表团审议时讲话指出，要把生态环境保护放在更加突出位置，环境就是民生，青山就是美丽，蓝天也是幸福。要着力推动生态环境保护，像保护眼睛一样保护生态环境，像对待生命一样对待生态环境。对破坏生态环境的行为，不能手软，不能下不为例。

3月11日　国家发展改革委气候司领导与欧盟及其成员国驻华官员就气候变化问题进行工作交流，重点介绍了中方关于“共同但有区别的责任”原则、2015协议要素设计及法律约束力、长期目标和贡献审评等问题的立场，并就中国向绿色气候基金捐资、中国国家自主贡献文件准备情况、中欧气候变化合作等问题进行了互动讨论。欧盟、丹麦、芬兰、瑞典、拉脱维亚、匈牙利、德国、英国、法国、荷兰、比利时、奥地利、意大利、希腊、斯洛文尼亚、西班牙、葡萄牙驻华使团（馆）负责气候变化事务的官员参会。

3月13日　《交通运输部关于加快推进新能源汽车在交通运输行业推广应用的实施意见》印发。总体目标：至2020年，新能源汽车在交通运输行业的应用初具规模，在城市公交、出租汽车和城市物流配送等领域的总量达到30万辆；新能源汽车配套服务设施基本完备，新能源汽车运营效率和安全水平明显提升。应用规模显著扩大，到2020年，新能源城市公交车达到20万辆，新能源出租汽车和城市物流配送车辆共达到10万辆。使用效果显著提升，纯电动汽车运营效率不低于同车长燃油车辆的85%。可持续发展能力显著提升。

3月13日　环境保护部发布《环境保护部审批环境影响评价文件的建设项目目录（2015年本）》。同日，环境保护部批准《生态环境状况评价技术规范》为国家环境保护标准。

3月16日　国家能源局印发《关于下达2015年光伏发电建设实施方案的通知》。为稳定扩大光伏发电应用市场，2015年下达全国新增光伏电站规模为1780万千瓦。

3月17日　《中华人民共和国国民经济和社会发展第十三个五年规划纲要》公布。“绿色发展”列 为四大发展理念。

《规划纲要》主要目标提出：生态环境质量总体改善。生产方式和生活方式绿色、低碳水平上升。能源资源开发利用效率大幅提高，能源和水资源消耗、建设用地、碳排放总量得到有效控制，主要污染物排放总量大幅减少。主体功能区布局和生态安全屏障基本形成。

《规划纲要》提出，绿色是永续发展的必要条件和人民对美好生活追求的重要体现。必须坚持节约资源和保护环境的基本国策，坚持可持续发展，坚定走生产发展、生活富裕、生态良好的文明发展道路，加快建设资源节约型、环境友好型社会，形成人与自然和谐发展现代化建设新格局，推进美丽中国建设，为全球生态安全作出新贡献。

《规划纲要》提出，推动运输服务低碳智能安全发展。推进交通运输低碳发展。

《规划纲要》提出，深入推进能源革命，着力推动能源生产利用方式变革，优化能源供给结构，提高能源利用效率，建设清洁低碳、安全高效的现代能源体系，维护国家能源安全。

《规划纲要》提出，加强海洋资源环境保护。加快改善生态环境。以提高环境质量为核心，以解决生态环境领域突出问题为重点，加大生态环境保护力度，提高资源利用效率，为人民提供更多优质生态产品，协同推进人民富裕、国家富强、中国美丽。

《规划纲要》提出，推进资源节约集约利用。树立节约集约循环利用的资源观，推动资源利用方式根本转变，加强全过程节约管理，大幅提高资源利用综合效益。全面推动能源节约。推进能源消费革命。全面推进节水型社会建设。强化土地节约集约利用。加强矿产资源节约和管理。

《规划纲要》提出，大力发展循环经济。实施循环发展引领计划，推进生产和生活系统循环链接，加快废弃物资源化利用。按照物质流和关联度统筹产业布局，推进园区循环化改造，建设工农复合型循环经济示范区，促进企业间、园区内、产业间耦合共生。推进城市矿山开发利用，做好工业固废等大宗废弃物资源化利用，加快建设城市餐厨废弃物、建筑垃圾和废旧纺织品等资源化利用和无害化处理系统，规范发展再制造。实行生产者责任延伸制度。健全再生资源回收利用网络，加强生活垃圾分类回收与再生资源回收的衔接。倡导勤俭节约的生活方式

《规划纲要》提出，倡导合理消费，力戒奢侈消费，制止奢靡之风。在生产、流通、仓储、消费各环节落实全面节约要求。管住公款消费，深入开展反过度包装、反食品浪费、反过度消费行动，推动形成勤俭节约的社会风尚。推广城市自行车和公共交通等绿色出行服务系统。限制一次性用品使用。

《规划纲要》提出，建立健全资源高效利用机制。实施能源和水资源消耗、建设用地等总量和强度双控行动，强化目标责任，完善市场调节、标准控制和考核监管。建立健全用能权、用水权、碳排放权初始分配制度，创新有偿使用、预算管理、投融资机制，培育和发展交易市场。健全节能、节水、节地、节材、节矿标准体系，提高建筑节能标准，实现重点行业、设备节能标准全覆盖。强化节能评估审查和节能监察。建立健全中央对地方节能环保考核和奖励机制，进一步扩大节能减排财政政策综合示范。建立统一规范的国有自然资源资产出让平台。组织实施能效、水效领跑者引领行动。

《规划纲要》提出，加大环境综合治理力度。创新环境治理理念和方式。实行最严格的环境保护制度，强化排污者主体责任，形成政府、企业、公众共治的环境治理体系，实现环境质量总体改善。深入实施污染防治行动计划。大力推进污染物达标排放和总量减排。严密防控环境风险。加强环境基础设施建设。改革环境治理基础制度。

《规划纲要》提出，加强生态保护修复。坚持保护优先、自然恢复为主，推进自然生态系统保护与修复，构建生态廊道和生物多样性保护网络，全面提升各类自然生态系统稳定性和生态服务功能，筑牢生态安全屏障。全面提升生态系统功能。推进重点区域生态修复。扩大生态产品供给。

《规划纲要》提出，积极应对全球气候变化。坚持减缓与适应并重，主动控制碳排放，落实减排承诺，增强适应气候变化能力，深度参与全球气候治理，为应对全球气候变化作出贡献。有效控制温室气体排放。

《规划纲要》提出，主动适应气候变化。在城乡规划、基础设施建设、生产力布局等经济社会活动中充分考虑气候变化因素，适时制定和调整相关技术规范标准，实施适应气候变化行动计划。加强气候变化系统观测和科学研究，健全预测预警体系，提高应对极端天气和气候事件能力。

《规划纲要》提出，健全生态安全保障机制。加强生态文明制度建设，建立健全生态风险防控体系，提升突发生态环境事件应对能力，保障国家生态安全。完善生态环境保护制度。加强生态环境风险监测预警和应急响应。发展绿色环保产业。扩大环保产品和服务供给。发展环保技术装备。

3月17日　工信部节能与综合利用司在宁波万华工业园启动2015年工业绿色发展专项行动。2015年专项行动重点工作主要包括：提升重点区域重点行业煤炭清洁高效利用水平，建立全国工业节能监测分析平台，以及建立京津冀及周边地区工业资源综合利用协同发展机制。

3月18日　工业和信息化部、国家机关事务管理局、国家能源局印发《国家绿色数据中心试点工作方案》。主要目标：宣传和推广一批先进适用的绿色技术、产品和运维管理方法，培育和发展一批第三方检测评价、咨询机构，支持和鼓励一批绿色数据中心技术、解决方案、运维服务的提供商。初步形成具有自主知识产权的绿色数据中心技术体系、创新与服务体系，构建试点数据中心节能环保指标监测体系，确立绿色数据中心标准和评价体系。到2017年，围绕重点领域创建百个绿色数据中心试点，试点数据中心能效平均提高8%以上，制定绿色数据中心相关国家标准4项，推广绿色数据中心先进适用技术、产品和运维管理最佳实践40项，制定绿色数据中心建设指南。

3月18日　环境保护部部长陈吉宁在北京主持召开环境保护部常务会议，听取清洁空气研究计划进展情况汇报，审议并原则通过《石油炼制工业污染物排放标准》等五项排放标准及部分建设项目环评审查意见。

3月18日　农业部部长韩长赋主持召开部常务会议，重点对打好农业面源污染防治攻坚战进行了部署。会议要求，要把农业面源污染防治作为一项重要工作来抓，作为转变农业发展方式的重大举措，作为实现可持续发展的重要任务来实施，着眼农业发展、响应中央号召、回应社会关切、解决突出问题，经过一段时期努力，使农业面源污染加剧的趋势得到有效遏制，确保实现“一控两减三基本”（严格控制农业用水总量，减少化肥、农药施用量，地

膜、秸秆、畜禽粪便基本资源化利用）目标。要切实抓好“一控两减三基本”等重点工作，特别是减少化肥、农药施用。要明确思路措施，通过推进农业清洁生产和标准化生产、发展现代生态循环农业、节水农业，加强农业面源污染综合防控示范区建设等途径推进防治工作。要加强与相关部门的协作，推动形成面源污染防治工作的强大合力，各相关司局加强沟通协调，根据任务分工，进一步完善政策措施，加强监测预警，强化科技支撑，推进公众参与，共同推动农业面源污染防治工作取得成效。

3月19日　中国纪念2015年“国际森林日”植树活动在北京举行，本次活动的主题是“应对气候变化，共建绿色家园”。来自驻华使领馆和国际组织的代表，全国绿化委员会成员单位代表，国家林业局、北京市园林绿化局、大兴区政府及各部门的机关干部和群众代表等约300人共栽植银杏、栾树、油松等约1500株。

2011-2014年，全国每年完成造林600万公顷以上。据第八次全国森林资源清查结果，全国森林面积2.08亿公顷，森林覆盖率21.63%，森林蓄积151.37亿立方米，森林植被总碳储量84.27亿吨，为应对全球气候变化，建设生态文明作出了重大贡献。2009年以来，中国仅投入森林抚育的资金就达249亿元，涉及森林1520万公顷，几近覆盖全国；着力推进全国林业碳汇计量监测体系建设，成立了1个国家级和4个区域级林业碳汇计量监测中心。全民义务植树运动开展至今，中国适龄公民参加义务植树人数累计达149.2亿人次，累计植树688.4亿株。在全球森林资源总体下降的情况下，中国森林资源连续30多年持续增长，受到国际社会的高度评价。

3月19日　国家发展改革委、国家质量监督检验检疫总局、国家认证认可监督管理委员会公告《中华人民共和国实行能源效率标识的产品目录（第十二批）》、《家用燃气灶具能源效率标识实施规则》、《商用燃气灶具能源效率标识实施规则》、《水（地）源热泵机组能源效率标识实施规则》和《溴化锂吸收式冷水机组能源效率标识实施规则》，自2015年12月1日起实施。

3月19～20日　2015年中美气候变化工作组会间会在中国国家发展改革委召开，中国国家发改委副主任张勇、美国气候变化特使斯特恩等出席开幕式并致辞。中方发改委、外交部、工信部、环保部、交通部、林业局、能源局，美方国务院、能源部、交通部、环保局、贸发署等部门参加会议。双方高度评价了工作组取得的工作进展，同意以中美气候变化联合声明为指导，动员各界力量广泛参与，推动工作组继续取得实质性成果。会议听取了工作组框架下各合作领域的进展情况汇报，研究了工作组下一步工作，并就涉及第七轮中美战略与经济对话气候变化相关问题交换了意见。

中美气候变化工作组成立于2013年，旨在梳理双方气候变化领域已经开展的合作，进一步确定未来合作领域。工作组现有“载重汽车和其他汽车减排”、“智能电网”、“碳捕集利用和封存”、“温室气体数据收集和管理”、“建筑和工业能效”、“气候变化和林业”、“锅炉效率和燃料转换的研究”、“低碳/气候智慧型城市”共8个合作领域，开展了30多项合作活动，并就氢氟碳化物、气候变化国际谈判、气候变化国内行动等开展对话。

3月20日和23日　国家发展改革委环资司召开一季度节能减排及节能环保产业形势分析座谈会，邀请部分省（市）发展改革委（经信委）、行业协会和相关企业负责人，探讨当前节能减排及节能环保产业总体形势，就有关难点、热点、苗头性、倾向性、潜在性问题进行了交流，听取了培育新的经济增长点、引导节能环保产业发展的意见和建议。

3月21日　工业和信息化部副部长苏波在“中国发展高层论坛”第十六届年会“调整产业结构，实施创新驱动发展”对话会上发表演讲称，绿色低碳发展成为全球产业转型升级的基本方向。各国加快发展理念的革新转型，低能耗低污染产品显示出强大市场竞争力，节能环保成为快速崛起的新兴产业，绿色低碳日益成为全球产业发展新共识。要坚持绿色发展，加强节能环保技术、工艺和装备的推广应用，全面推行清洁生产，发展循环经济，提高资源回收利用效率，构建绿色制造体系。

3月23日　国家能源局印发《关于做好2015年度风电并网消纳有关工作的通知》。要求高度重视风电市场消纳和有效利用工作。认真做好风电建设的前期工作。统筹做好“三北”地区风电的就地利用和外送基地的规划工作。加快中东部和南方地区风电的开发建设。积极开拓适应风能资源特点的风电消纳市场。加强风电场的建设和运行管理工作。

3月24日　中共中央总书记习近平主持中共中央政治局会议，审议通过《关于加快推进生态文明建设的意见》。

会议指出，生态文明建设事关实现“两个一百年”奋斗目标，事关中华民族永续发展，是建设美丽中国的必然要求，对于满足人民群众对良好生态环境新期待、形成人与自然和谐发展现代化建设新格局，具有十分重要的意义。

会议认为，当前和今后一个时期，要按照党中央决策部署，把生态文明建设融入经济、政治、文化、社会建设各方面和全过程，协同推进新型工业化、城镇化、信息化、农业现代化和绿色化，牢固树立“绿水青山就是金山银山”的理念，坚持把节约优先、保护优先、自然恢复作为基本方针，把绿色发展、循环发展、低碳发展作为基本途径，把深化改革和创新驱动作为基本动力，把培育生态文化作为重要支撑，把重点突破和整体推进作为工作方式，切实把生态文明建设工作抓紧抓好。

会议强调，要全面推动国土空间开发格局优化、加快技术创新和结构调整、促进资源节约循环高效利用、加大自然生态系统和环境保护力度等重点工作，努力在重要领域和关键环节取得突破。必须加快推动生产方式绿色化，构建科技含量高、资源消耗低、环境污染少的产业结构和生产方式，大幅提高经济绿色化程度，加快发展绿色产业，形成经济社会发展新的增长点。必须加快推动生活方式绿色化，实现生活方式和消费模式向勤俭节约、绿色低碳、文明健康的方向转变，力戒奢侈浪费和不合理消费。必须弘扬生态文明主流价值观，把生态文明纳入社会主义核心价值体系，形成人人、事事、时时崇尚生态文明的社会新风尚，为生态文明建设奠定坚实的社会、群众基础。必须把制度建设作为推进生态文明建设的重中之重，按照国家治理体系和治理能力现代化的要求，着力破解制约生态文明建设的体制机制障碍，以资源环境生态红线管控、自然资源资产产权和用途管制、自然资源资产负债表、自然资源资产离任审计、生态环境损害赔偿和责任追究、生态补偿等重大制度为突破口，深化生态文明体制改革，尽快出台相关改革方案，建立系统完整的制度体系，把生态文明建设纳入法治化、制度化轨道。必须从全球视野加快推进生态文明建设，把绿色发展转化为新的综合国力和国际竞争新优势。通过多措并举、多管齐下，使青山常在、清水长流、空气常新，让人民群众在良好生态环境中生产生活。

会议要求，加强顶层设计与推动地方实践相结合，深入开展生态文明先行示范区建设，形成可复制可推广的有效经验。全党上下要把生态文明建设作为一项重要政治任务，以抓铁有痕、踏石留印的精神，真抓实干、务求实效，把生态文明建设蓝图逐步变为现实，努力开创社会主义生态文明新时代，为推动世界绿色发展、维护全球生态安全作出积极贡献。

3月26日 国家能源局、国家煤矿安全监察局、国家能源局、国家煤矿安全监察局印发《关于做好2015年煤炭行业淘汰落后产能工作的通知》（国能煤炭〔2015〕95号），采取切实有效措施，加大监督检查力度，加快工作进度，确保完成2015年淘汰落后产能计划。

3月30日 《第三次气候变化国家评估报告》专家委员会第三次会议在北京举行，对《第三次气候变化国家评估报告》系列成果进行最后审议并对下一阶段工作做出安排。科技部原部长徐冠华院士、科技部原副部长刘燕华参事、中国工程院原副院长杜祥琬院士等专家委员会委员，科技部社会发展科技司陈传宏司长、评估报告编写专家组领衔专家和中国气象局、中国科学院、中国工程院有关司局同志及编写工作办公室相关人员共计近50人参加了会议。会议由徐冠华院士主持。专家委员会对各章节结论表述、评估依据、宣传手段等方面展开了深入的讨论，并针对相关部分提出了具体的改进意见和建议。

3月30日 工业和信息化部印发《工业企业实施电力需求侧管理工作评价办法（试行）》。

四月

4月2日 国务院印发《水污染防治行动计划》。《计划》总体要求：大力推进生态文明建设，以改善水环境质量为核心，按照“节水优先、空间均衡、系统治理、两手发力”原则，贯彻“安全、清洁、健康”方针，强化源头控制，水陆统筹、河海兼顾，对江河湖海实施分流域、分区域、分阶段科学治理，系统推进水污染防治、水生态保护和水资源管理。坚持政府市场协同，注重改革创新；坚持全面依法推进，实行最严格环保制度；坚持落实各方责任，严格考核问责；坚持全民参与，推动节水洁水人人有责，形成“政府统领、企业施治、市场驱动、公众参与”的水污染防治新机制，实现环境效益、经济效益与社会效益多赢，为建设“蓝天常在、青山常在、绿水常在”的美丽中国而奋斗。

工作目标：到2020年，全国水环境质量得到阶段性改善，污染严重水体较大幅度减少，饮用水安全保障水平持续提升，地下水超采得到严格控制，地下水污染加剧趋势得到初步遏制，近岸海域环境质量稳中趋好，京津冀、长三角、珠三角等区域水生态环境状况有所好转。到2030年，力争全国水环境质量总体改善，水生态系统功能初步恢复。到本世纪中叶，生态环境质量全面改善，生态系统实现良性循环。

主要指标：到2020年，长江、黄河、珠江、松花江、淮河、海河、辽河等七大重点流域水质优良（达到或优于Ⅲ类）比例总体达到70%以上，地级及以上城市建成区黑臭水体均控制在10%以内，地级及以上城市集中式饮用水水源水质达到或优于Ⅲ类比例总体高于93%，全国地下水质量极差的比例控制在15%左右，近岸海域水质优良（一、二类）比例达到70%左右。京津冀区域丧失使用功能（劣于Ⅴ类）的水体断面比例下降15个百分点左右，长三角、珠三角区域力争消除丧失使用功能的水体。

到2030年，全国七大重点流域水质优良比例总体达到75%以上，城市建成区黑臭水体总体得到消除，城市集中式饮用水水源水质达到或优于Ⅲ类比例总体为95%左右。

4月2日 财政部印发《可再生能源发展专项资金管理暂行办法》。

4月3日 党和国家领导人习近平、李克强、张德江、俞正声等参加首都义务植树活动。习近平强调，植树造林是实现天蓝、地绿、水净的重要途径，是最普惠的民生工程。要坚持全国动员、全民动手植树造林，努力把建设美丽中国化为人民自觉行动。与全面建成小康社会奋斗目标相比，与人民群众对美好生态环境的期盼相比，生态欠债依然很大，环境问题依然严峻，缺林少绿依然是一个迫切需要解决的重大现实问题。我们必须强化绿色意识，加强生态恢复、生态保护。这是个历史性的时刻。绿化祖国，改善生态，人人有责。要积极调整产业结构，从见缝插绿、建设每一块绿地做起，从爱惜每滴水、节约每粒粮食做起，身体力行推动资源节约型、环境友好型社会建设，推动人与自然和谐发展。

4月3日 环境保护部在北京召开2015年全国自然生态保护工作视频会议。

4月7日 住房城乡建设部办公厅和科学技术部办公厅联合发布《关于公布国家智慧城市2014年度试点名单的通知》，确定北京市门头沟区等97个城市（区、县、镇）入选，另有41个项目被确定为专项试点。通知要求，各地要以科技创新为支撑，着力解决制约城市发展的现实问题，建设绿色、低碳、智能城市。试点城市要从城市发展的战略全局出发，加强顶层设计，促进“多规融合”；推进信息资源共享和社会化开发利用，强化信息安全；创新建设和运营模式，激发市场活力；明确责任和考核制度，落实相关保障措施。同时，专项试点单位要根据专项特点和示范项目实际修改完善实施方案；建立研发示范协同工作机制，落实建设运营资金；强化技术攻关、产品研发和商业模式探索，做好成果应用示范和推广工作。

4月10日 国家发展改革委召开全国发展改革系统资源节约和环境保护工作电视电话会议。国家发展改革委副主任张勇出席会议并讲话指出，2014年，全国发展改革（经信）系统资源节约和环境保护工作围绕中心、服务大局，加快推进生态文明建设，强力推进节能减排，大力发展循环经济，加大环境保护力度，全国单位国内生产总值能耗降低4.8%，成为新常态下的新亮点。

张勇指出，2015年的环资工作，要全面落实党中央、国务院的决策部署，按照全国发展和改革工作会议的安排，明确目标任务，扎扎实实推进。一是加强生态文明制度创新。抓好《关于加快推进生态文明建设的意见》的贯彻实施，办好生态文明先行示范区。二是强力推进节能降耗，确保实现“十二五”节能目标任务。三是推动循环经济做大做强，加快推广典型模式，提高资源产出率。四是加快环境基础设施建设，治理突出环境问题，推广环境污染第三方治理，努力改善环境质量。五是大力发展节能环保产业，努力把节能环保产业打造成新的支柱产业。六是深入开展节能减排全民行动，推动形成勤俭节约、绿色低碳、文明健康的生活方式和消费模式。

北京市、河北省、上海市、江苏省、浙江省、福建省、山东省、贵州省发改委（经信委）有关负责同志作了交流发言。

4月12日 在中国航天科技集团六院火箭发动机试验区，使用由神华集团与中国航天科技集团共同研制的液氧煤基航天煤油的火箭发动机整机热试车获圆满成功。这是世界首次将煤基煤油应用于航天领域，标志着我国煤基航天煤油研制取得重要阶段性成果，对保障我国高速发展的航天工业燃料需求，拓宽航天燃料供给来源，具有深远的战略意义。

4月13日 工业和信息化部节能与综合利用司在重庆组织召开工业绿色发展专项行动推进会暨部分省市工业节能与综合利用工作座谈会。会议在总结2014年以来工业节能与综合利用工作基础上，交流讨论了实施工业绿色发展专项行动、推进工业节能与综合利用的工作思路和重点举措，围绕“十三五”工业绿色发展规划编制、利用节能环保标准促进淘汰落后产能等进行了研讨。

4月13日 国家能源局印发《国家能源局关于下达2015年电力行业淘汰落后产能目标任务的通知》。要求高度重视、加强领导、精心组织、认真督查，在确保供电、供热及人员妥善安置的前提下，按期完成电力行业淘汰落后产能目标任务。

4月14日 国家发展改革委发出《关于印发2015年循环经济推进计划的通知》（发改环资[2015]769号）。

《计划》要求加快构建循环型产业体系，主要涉及工业、农业、服务业以及园区和区域循环发展等领域的建设。将推动区域和社会层面循环经济发展，提升重点领域循环经济发展水平，同时结合稳增长需求，突出基建建设。如《计划》要求制定《促进生物质能供热发展的指导意见》，加快出台成型燃料、成型设备、生物质锅炉、工程建设和锅炉排放等标准，实施生物质成型燃料锅炉供热工程，在京津冀鲁、长三角、珠三角地区建设120个大型先进生物质锅炉供热项目，替代燃煤锅炉供热；在粮食主产区有序推进生物质热电联产，鼓励对常规生物质发电实行热电联产改造，到2015年年底热电联产机组容量超过100万千瓦。

4月16日 《水污染防治行动计划》正式出台，明确取缔污染企业、专项整治造纸、印染、化工等重点行业；加快水价改革，完善污水处理费、排污费和水资源费等收费政策；健全税收政策；加大政府和社会投入，促进多元投资等多项内容。强调从全面控制污染物排放、推动经济结构转型升级、着力节约保护水资源、严格环境执法监管、强化公众参与和社会监督等十个方面开展防治行动。

4月16日 财政部、科技部、工业和信息化部、国家发展改革委印发《关于开展新能源汽车推广应用城市考核工作的通知》。考核内容：考核各有关城市（区域）新能源汽车推广应用实施方案完成情况，并重点对新能源汽车推广应用数量、充电设施建设、市场开放程度、商业模式创新、地方扶持政策、组织领导及安全监管等情况进行督查。

4月16～20日　国家发展改革委应对气候变化司分别与全球碳捕集和封存研究院、美国能源部举办研讨会，交流研讨二氧化碳驱油利用的技术现状、项目经验和发展趋势，讨论如何建立中美合作的碳捕集、利用和封存项目。作为一项具有大规模温室气体减排潜力的技术，碳捕集和封存受到国际社会越来越多的关注。我国从国情出发，倡导碳捕集、利用与封存的理念，得到广泛响应。在政府和企业多年研究试验基础上，《国家应对气候变化规划（2014-2020年）》将碳捕集、利用与封存列为减碳示范工程之一。

4月17日　财政部、国家能源局印《关于页岩气开发利用财政补贴政策的通知》。补贴标准 ：2016-2020年，中央财政对页岩气开采企业给予补贴，其中：2016～2018年的补贴标准为0.3元/立方米；2019-2020年补贴标准为0.2元/立方米。财政部、国家能源局将根据产业发展、技术进步、成本变化等因素适时调整补贴政策。

4月20日　为遏制产能严重过剩行业盲目扩张，严禁新增产能，化解产能过剩矛盾，引导产业有序转移和布局优化，推进行业结构调整和转型升级，工业和信息化部印发《部分产能严重过剩行业产能置换实施办法》（工信部产业【2015】127号）。办法规定，产能严重过剩行业项目建设，须制定产能置换方案，实施等量或减量置换，在京津冀、长三角、珠三角等环境敏感区域，实施减量置换。本办法适用的部分产能严重过剩行业为：钢铁（炼钢、炼铁）、电解铝、水泥（熟料）、平板玻璃行业。

4月20日　农业部和国家发展改革委在北京联合举办规模化沼气工程培训班。2015年中央预算内投资将支持建设日产沼气500立方米及以上的沼气工程，并支持日产生物天然气1万立方米以上的工程开展试点，预计年可新增沼气生产能力4.87亿立方米，处理150万吨农作物秸秆或800万吨畜禽鲜粪等农业有机废弃物。近年来，中央已累计安排农村沼气工程投资364亿元，开展户用沼气、服务网点、养殖小区和联户沼气，以及大中型沼气工程等建设。目前，全国沼气用户已达到4300万户，规模化沼气工程已发展到10万处。全国农村沼气年生产量可达160亿立方米，处理粪污、秸秆、生活垃圾近20亿吨，形成年节约2600多万吨标准煤的能力，减排二氧化碳6300多万吨，生产有机沼肥4亿多吨，为农民增收节支近500多亿元。随着城镇化的快速推进和农村牲畜养殖方式的变化，农村沼气工程亟须转型升级。

4月22日　财政部、科技部、工业和信息化部、发展改革委《关于2016～2020年新能源汽车推广应用财政支持政策的通知》（财建（2015）134号）。补助标准：补助标准主要依据节能减排效果，并综合考虑生产成本、规模效应、技术进步等因素逐步退坡。2016年各类新能源汽车补助标准见附件1。2017－2020年除燃料电池汽车外其他车型补助标准适当退坡，其中：2017－2018年补助标准在2016年基础上下降20%，2019－2020年补助标准在2016年基础上下降40%。

4月24日　全国政协在北京召开双周协商座谈会，就“推进京津冀协同发展中的大气污染防治”问题提出意见建议。全国政协主席俞正声主持会议并讲话。环境保护部副部长吴晓青、北京市政协主席吉林等参加座谈会并发言。

4月25日　中共中央、国务院印发《关于加快推进生态文明建设的意见》。这是第一个以党中央、国务院名义发布的生态文明建设纲领性文件，首提“绿色化”，昭示了我们党加强生态文明建设的坚强意志和坚定决心，是我国经济社会发展全方位绿色转型的最新概括和集中体现。

《意见》指导思想：坚持以人为本、依法推进，坚持节约资源和保护环境的基本国策，把生态文明建设放在突出的战略位置，融入经济建设、政治建设、文化建设、社会建设各方面和全过程，协同推进新型工业化、信息化、城镇化、农业现代化和绿色化，以健全生态文明制度体系为重点，优化国土空间开发格局，全面促进资源节约利用，加大自然生态系统和环境保护力度，大力推进绿色发展、循环发展、低碳发展，弘扬生态文化，倡导绿色生活，加快建设美丽中国，使蓝天常在、青山常在、绿水常在，实现中华民族永续发展。

主要目标：到2020年，资源节约型和环境友好型社会建设取得重大进展，主体功能区布局基本形成，经济发展质量和效益显著提高，生态文明主流价值观在全社会得到推行，生态文明建设水平与全面建成小康社会目标相适应。

——国土空间开发格局进一步优化。经济、人口布局向均衡方向发展，陆海空间开发强度、城市空间规模得到有效控制，城乡结构和空间布局明显优化。

——资源利用更加高效。单位国内生产总值二氧化碳排放强度比2005年下降40%—45%，能源消耗强度持续下降，资源产出率大幅提高，用水总量力争控制在6700亿立方米以内，万元工业增加值用水量降低到65立方米以下，农田灌溉水有效利用系数提高到0.55以上，非化石能源占一次能源消费比重达到15%左右。

——生态环境质量总体改善。主要污染物排放总量继续减少，大气环境质量、重点流域和近岸海域水环境质量得到改善，重要江河湖泊水功能区水质达标率提高到80%以上，饮用水安全保障水平持续提升，土壤环境质量总体保持稳定，环境风险得到有效控制。森林覆盖率达到23%以上，草原综合植被覆盖度达到56%，湿地面积不低于8亿亩，50%以上可治理沙化土地得到治理，自然岸线保有率不低于35%，生物多样性丧失速度得到基本控制，全国生态系统稳定性明显增强。

——生态文明重大制度基本确立。基本形成源头预防、过程控制、损害赔偿、责任追究的生态文明制度体系，自然资源资产产权和用途管制、生态保护红线、生态保护补偿、生态环境保护管理体制等关键制度建设取得决定性成果。

《意见》包括9个部分共35条。包括总体要求；强化主体功能定位，优化国土空间开发格局；推动技术创新和结构调整，提高发展质量和效益；全面促进资源节约循环高效使用，推动利用方式根本转变；加大自然生态系统和环境保护力度，切实改善生态环境质量；健全生态文明制度体系；加强生态文明建设统计监测和执法监督；加快形成推进生态文明建设的良好社会风尚；切实加强组织领导。

主要内容概括起来就是“五位一体、五个坚持、四项任务、四项保障机制、十个重大制度”。

“五位一体”，就是围绕十八大关于“将生态文明建设融入经济、政治、文化、社会建设各方面和全过程”的要求，提出了具体的实现路径和融合方式。生态文明建设融入经济、政治、文化、社会建设各方面和全过程融入经济建设，就是要改变以GDP增长率论英雄的发展观，更加注重经济发展的质量和效益，使经济发展建立在资源能支撑、环境能容纳、生态受保护的基础上，与生态文明建设相协调。

“五个坚持”，就是坚持把节约优先、保护优先、自然恢复为主作为基本方针，坚持把绿色发展、循环发展、低碳发展作为基本途径，坚持把深化改革和创新驱动作为基本动力，坚持把培育生态文化作为重要支撑，坚持把重点突破和整体推进作为工作方式，将中央关于生态文明建设的总体要求明晰细化。

“四项任务”，就是明确了优化国土空间开发格局、加快技术创新和结构调整、促进资源节约循环高效利用、加大自然生态系统和环境保护力度等4个方面的重点任务。

“四项保障机制”，就是提出了健全生态文明制度体系、加强统计监测和执法监督、加快形成良好社会风尚、切实加强组织领导等4个方面的保障机制。

“十个重大制度”。《意见》按照源头预防、过程控制、损害赔偿、责任追究的“16字”整体思路，提出了严守资源环境生态红线、健全自然资源资产产权和用途管制制度、健全生态保护补偿机制、完善政绩考核和责任追究制度等10个方面的重大制度。《意见》特别明示问责制，各级党委、政府对本地区生态文明建设负总责，实行差别化的考核机制，要大幅增加资源、环境、生态等指标的考核权重，发挥好“指挥棒”的作用。对于造成资源环境生态严重破坏的领导干部，还要终身追责。同时，《意见》通篇体现了人人都是生态文明建设者的理念。无论是政府、企业或个人，都是生态文明的重要建设者，生产、生活过程中都应该自觉践行生态文明的要求，合理开发、利用、保护自然资源和生态坏境，使生态文明建设成为人人有责、共建共享的过程。

4月27日　国家能源局印发《煤炭清洁高效利用行动计划（2015-2020年）》，按照源头治理、突出重点、高效转化、清洁利用的发展方针，坚持政府引导、企业主体、市场驱动、科技支撑、法律规范、社会参与的原则，加快发展高效燃煤发电和升级改造，实施燃煤锅炉提升工程，着力推动煤炭分级分质梯级利用，推进废弃物资源化综合利用，实现煤炭清洁高效利用。

主要任务和行动目标是：加强煤炭质量管理，加快先进的煤炭优质化加工、燃煤发电技术装备攻关及产业化应用，稳步推进相关产业升级示范，建立政策引导与市场推动相结合的煤炭清洁高效利用推进机制，构建清洁、高效、低碳、安全、可持续的现代煤炭清洁利用体系。主要目标：全国新建燃煤发电机组平均供电煤耗低于300克标准煤/千瓦时；到2017年，全国原煤入选率达到70%以上；现代煤化工产业化示范取得初步成效，燃煤工业锅炉平均运行效率比2013年提高5个百分点。到2020年，原煤入选率达到80%以上；现役燃煤发电机组改造后平均供电煤耗低于310克/千瓦时，电煤占煤炭消费比重提高到60%以上；现代煤化工产业化示范取得阶段性成果，形成更加完整的自主技术和装备体系；燃煤工业锅炉平均运行效率比2013年提高8个百分点；稳步推进煤炭优质化加工、分质分级梯级利用、煤矿废弃物资源化利用等的示范，建设一批煤炭清洁高效利用示范工程项目。

4月29日　为进一步规范中国清洁发展机制基金赠款项目管理，根据《中国清洁发展机制基金管理办法》和《中国清洁发展机制基金赠款项目管理办法》规定，国家发展改革委组织制定了《中国清洁发展机制基金赠款项目结题验收暂行办法》，经中国清洁发展机制基金审核理事会第20次会议审核通过，印发执行。

4月29日　工业和信息化部电子信息司在江苏南京组织召开“光伏产业政策宣贯会”，就规范光伏产业发展、推动企业兼并重组等相关政策文件及实施工作进行系统宣贯。会议期间，电子信息司、产业政策司及国开行评审二局有关人员分别介绍了工业和信息化部、国家开发银行推动光伏企业兼并重组的相关工作，对《国务院关于进一步优化企业兼并重组市场环境的意见》、《工业和信息化部关于进一步优化光伏企业兼并重组市场环境的意见》等政策文件进行了细致宣贯，并重点介绍了《光伏制造行业规范条件》前期实施及2015年本修订情况，对后续实施工作重点及退出机制等进行了详细说明。

4月　农业部印发《2015年农村沼气工程转型升级工作方案》.《方案》提出，2015年中央预算内投资将支持建设日产沼气500立方米以上的规模化大型沼气工程，开展日产生物天然气1万立方米以上的工程试点，预计年可新增沼气生产能力4.87亿立方米，处理150万吨农作物秸秆或800万吨畜禽鲜粪等农业有机废弃物。同时鼓励各地利用地方资金开展中小型沼气工程、户用沼气、沼气服务体系建设。

五月

5月7日 “2015中韩工业节能服务产业合作交流会”召开。来自中韩两国节能服务产业的政府官员、科研机构、行业协会、知名企业及金融机构代表60余人参加了会议。交流会上中韩双方就工业节能服务产业发展中的先进技术、成功经验及未来合作机遇等议题开展了广泛交流和深入探讨，并对下一步建立长效合作机制达成一致共识。

5月7日 国家发展改革委、教育部、科技部、工业和信息化部、环保部等14个部委和团体发出《关于2015年全国节能宣传周和全国低碳日活动的通知》，决定今年6月13日至19日为全国节能宣传周，6月15日为全国低碳日。今年全国节能宣传周活动的主题是“节能有道 节俭有德”。全国低碳日活动主题为“低碳城市 宜居可持续”。全国低碳日期间，国家发展和改革委员会将会同有关单位举办系列宣传活动。要高度重视相关活动组织安排，动员社会各界广泛开展主题宣传活动，普及应对气候变化知识，宣传低碳发展理念，提高公众应对气候变化和低碳意识，在低碳日掀起减碳活动高潮。

5月7日 财政部、国家税务总局、工业和信息化部发出《关于节约能源使用新能源车船车船税优惠政策的通知》。

5月7日 我国自主三代核电技术“华龙一号”首堆示范工程——中核集团福清核电站5号机组正式开工建设，这标志着中国核电建设迈进新的时代，有力推进中国核电“走出去”战略的实施。福清核电站规划建设6台百万千瓦级压水堆核电机组，其中1号机组已于去年8月并网发电，2号机组将于今年下半年投入商业运行，3号、4号机组也将分别于明年、后年投产。

5月8日 国务院印发我国实施制造强国战略第一个十年的行动纲领《中国制造2025》，强调“全面推行绿色制造”，绿色发展。坚持把可持续发展作为建设制造强国的重要着力点，加强节能环保技术、工艺、装备推广应用，全面推行清洁生产。发展循环经济，提高资源回收利用效率，构建绿色制造体系，走生态文明的发展道路。。加大先进节能环保技术、工艺和装备的研发力度，加快制造业绿色改造升级；积极推行低碳化、循环化和集约化，提高制造业资源利用效率；强化产品全生命周期绿色管理，努力构建高效、清洁、低碳、循环的绿色制造体系。

《中国制造2025》提出，加快制造业绿色改造升级。全面推进钢铁、有色、化工、建材、轻工、印染等传统制造业绿色改造，大力研发推广余热余压回收、水循环利用、重金属污染减量化、有毒有害原料替代、废渣资源化、脱硫脱硝除尘等绿色工艺技术装备，加快应用清洁高效铸造、锻压、焊接、表面处理、切削等加工工艺，实现绿色生产。加强绿色产品研发应用，推广轻量化、低功耗、易回收等技术工艺，持续提升电机、锅炉、内燃机及电器等终端用能产品能效水平，加快淘汰落后机电产品和技术。积极引领新兴产业高起点绿色发展，大幅降低电子信息产品生产、使用能耗及限用物质含量，建设绿色数据中心和绿色基站，大力促进新材料、新能源、高端装备、生物产业绿色低碳发展。

《中国制造2025》提出，推进资源高效循环利用。支持企业强化技术创新和管理，增强绿色精益制造能力，大幅降低能耗、物耗和水耗水平。持续提高绿色低碳能源使用比率，开展工业园区和企业分布式绿色智能微电网建设，控制和削减化石能源消费量。全面推行循环生产方式，促进企业、园区、行业间链接共生、原料互供、资源共享。推进资源再生利用产业规范化、规模化发展，强化技术装备支撑，提高大宗工业固体废弃物、废旧金属、废弃电器电子产品等综合利用水平。大力发展再制造产业，实施高端再制造、智能再制造、在役再制造，推进产品认定，促进再制造产业持续健康发展。

《中国制造2025》提出，积极构建绿色制造体系。支持企业开发绿色产品，推行生态设计，显著提升产品节能环保低碳水平，引导绿色生产和绿色消费。建设绿色工厂，实现厂房集约化、原料无害化、生产洁净化、废物资源化、能源低碳化。发展绿色园区，推进工业园区产业耦合，实现近零排放。打造绿色供应链，加快建立以资源节约、环境友好为导向的采购、生产、营销、回收及物流体系，落实生产者责任延伸制度。壮大绿色企业，支持企业实施绿色战略、绿色标准、绿色管理和绿色生产。强化绿色监管，健全节能环保法规、标准体系，加强节能环保监察，推行企业社会责任报告制度，开展绿色评价。

5月8日 国务院发出《深化经济体制改革重点工作意见的通知》（国发〔2015〕26号）。《通知》第三十六条提出，出台加快推进生态文明建设的意见，制定生态文明体制改革总体方案。出台生态文明建设目标体系，建立生态文明建设评价指标体系。深入推进生态文明先行示范区和生态文明建设示范区建设。加快划定生态保护红线。加强主体功能区建设，完善土地、农业等相关配套制度，建立国土空间开发保护制度。启动生态保护与建设示范区创建。建立资源环境承载能力监测预警机制，完善监测预警方法并开展试点。开展市县“多规合一”试点。在9个省份开展国家公园体制试点。研究建立矿产资源国家权益金制度。加快推进自然生态空间统一确权登记，逐步健全自然资源资产产权制度。

《通知》第三十七条提出，强化节能节地节水、环境、技术、安全等市场准入标准，制订或修改50项左右节能标准。修订固定资产投资项目节能评估和审查暂行办法。调整全国工业用地出让最低价标准。实施能效领跑者制度，发布领跑者名单。修订重点行业清洁生产评价指标体系。

《通知》第三十八条提出，扎实推进以环境质量改善为核心的环境保护管理制度改革。编制实施土壤污染防治行动计划。实施大气污染防治行动计划和水污染防治行动计划。建立重点地区重污染天气预警预报机制。研究提出"十三五"污染物排放总量控制方案思路。研究制定排污许可证管理办法，推行排污许可制度。完善主要污染物排污权核定办法，推进排污权有偿使用和交易试点。开展国土江河综合整治试点，扩大流域上下游横向补偿机制试点。修订建设项目环境保护管理条例。推行环境污染第三方治理。扩大碳排放权交易试点。

5月9日　全国电机能效提升产业联盟大会暨国家重点电机节能技术推广会在京召开。工业和信息化部节能司、国家质监总局计量司领导出席会议并讲话，来自中国标准化研究院、南阳防爆电气研究所、国际铜业协会（中国）等科研院所以及电机生产企业、节能服务公司的负责人近200人参加了会议。

5月12日　财政部发出《关于印发〈节能减排补助资金管理暂行办法〉的通知》（财建[2015]161号）。

5月13日　国家发展和改革委员会副主任张勇主持召开国务院节能减排工作领导小组联络员会议，通报《中共中央国务院关于加快推进生态文明建设的意见》有关情况，讨论《意见》部门分工方案，总结2014年节能减排工作，研究做好2015年工作。国务院节能减排工作领导小组联络员和中组部、中宣部等部门负责生态文明建设有关司局的人员参加了会议。

张勇就做好2015年工作提出要求：一是齐心协力，共同抓好《意见》贯彻落实工作。二是认真落实《2014-2015年节能减排低碳发展行动方案》，确保完成"十二五"节能减排约束性目标。三是加快节能减排重点工程建设，发挥对稳增长的促进作用。四是深化改革和简政放权，创新节能减排工作方式。五是组织好第25个全国节能宣传周工作。六是统筹谋划"十三五"，做好生态文明建设和节能减排重大问题研究。

5月13日　国家发展改革委办公厅关于组织开展氢氟碳化物处置相关工作的通知，组织开展三氟甲烷（HFC-23）的销毁处置并安排相关的中央预算内投资和财政补贴。

5月14日　环境保护部在京召开座谈会，学习贯彻习近平总书记关于生态文明建设和环境保护的重要讲话精神以及《中共中央国务院关于加快推进生态文明建设的意见》。环境保护部部长陈吉宁出席会议强调，要深入开展生态文明示范建设，努力推动绿色转型和发展，争当绿水青山就是金山银山的引领者、践行者。

陈吉宁指出，生态省建设是"绿水青山就是金山银山"理念的生动实践。2000年，国务院印发的《全国生态环境保护纲要》提出生态省建设，环境保护部大力推动，各地积极响应。到目前为止，全国有福建、浙江、辽宁、天津、海南、吉林、黑龙江、山东、安徽、江苏、河北、广西、四川、山西、河南、湖北等16个省正在开展生态省建设，超过1000多个市、县、区在推进生态省建设的细胞工程，大力开展生态市县建设。92个地区取得了生态市县的阶段性成果，获得了命名，建成了4596个生态乡镇，涌现了一批经济社会环境协调发展的先进典型。

5月14日　生态环境法治保障研讨会在北京召开，全国人大常委会副委员长严隽琪，原中共中央政治局委员、中国法学会会长王乐泉出席会议并致辞，环境保护部副部长潘岳参加会议并讲话。来自环境保护相关职能部门、法律实务界和法学理论界的专家学者近150人参加了研讨会。

5月15日　中华人民共和国政府和印度共和国政府在北京发表《关于气候变化的联合声明》，双方强调《联合国气候变化框架公约》及其《京都议定书》是国际合作应对气候变化最合适的框架，重申公平原则和共同但有区别的责任原则，并要求发达国家在温室气体减排及向发展中国家提供资金、技术和能力建设支持方面发挥领导作用。

5月16日　中国中车旗下株洲电力机车研究所自主研制的第三代轨道交通牵引技术，即永磁同步电机牵引系统，在长沙地铁1号线投入运行，成为中国高铁"节能"利器，使成为继德、日、法等国之后，世界上少数几个掌握高铁永磁牵引系统技术的国家之一。该磁同步电机牵引系统比目前主流的异步电机功率提高60%、电机损耗降低70%。节能15% 减少尾气50% 。该项目耗资1亿元、历时11年。

5月18日　由中科院上海生科院植物生理生态研究所植物分子遗传国家重点实验室林鸿宣院士领衔的研究团队，率先从作物中成功克隆了控制高温抗性的数量性状基因位点（QTL），相关研究成果在线发表在国际顶级遗传学杂志《自然遗传学》上。

随着全球气候变化，极端高温天气越来越频繁出现，使水稻产量的稳定遭受威胁。发掘作物抗高温基因资源，培育抗高温新品种，具有重要战略意义。10多年前，林鸿宣团队就开始关注作物抗高温研究。在他的指导下，博士生厉新民通过遗传分析和定位克隆，成功分离克隆到了控制非洲稻高温抗性的主效QTL-高温抗性1号基因（TT1）。研究表明，水稻面临高温胁迫时，其细胞内的蛋白质会大量失活变性，影响细胞内正常的生命活动，严重时会造成细胞破裂，水稻植株枯萎死亡。来源于非洲稻的基因TT1可以在高温时快速启动响应，参与降解变性蛋白的"环卫系统"，使植物细胞及时有效地清除"垃圾"，从而增强植物的抗热性。TT1是率先成功发掘到的重要基因，为作物抗高温改良提供了宝贵资源。TT1在草坪草、大白菜等十字花科植物的抗高温育种中也有广泛应用潜力。

5月19日　中华人民共和国政府和巴西联邦共和国政府巴西巴西利亚发表《关于气候变化的联合声明》，中国和巴西进一步重申，2015年协议应全面遵循公约的原则、规定和架构，特别是公平原则、共同但有区别的责任原则和各自能力原则。为此，中国和巴西强调，2015年协议的规定需要全面反映发达国家和发展中国家间不同的责任和发展阶段，发达国家应率先采取有力度的、全经济范围的绝对减排目标并为发展中国家提供资金和技术支持，发展中国家在可持续发展框架下并在发达国家资金、技术开发和转让、能力建设支持下强化行动，包括通过相关激励机制逐步向做出全经济范围减缓贡献而努力。

5月19日　中共中央政治局常委、国务院副总理张高丽19日出席在北京召开的京津冀及周边地区大气污染防治协作机制第四次会议并讲话。中共中央政治局委员、北京市委书记郭金龙主持会议。

张高丽强调，要认真学习贯彻习近平总书记关于生态文明建设的重要讲话和指示精神，学习李克强总理重要指示要求，按照党中央、国务院决策部署，加强协作、联防联控，在推动京津冀协同发展中有效治理大气污染。要坚决落实《京津冀协同发展规划纲要》，在生态环保等领域率先取得突破。全力推进燃煤控制，一手抓煤炭减量，一手抓散煤替代，强化煤炭清洁化利用。加强重点行业综合治理，大力压减过剩产能，积极推动燃煤电厂超低排放改造，大力开展工业企业挥发性有机物综合整治。强化机动车船污染控制，保持黄标车淘汰高压态势，加快油品升级进程，鼓励使用新能源汽车，开展港口应用清洁能源试点示范。加强面源污染控制，强化扬尘管控，推进秸秆综合利用。要做好重污染天气应对，建立区域应急联动机制。

5月19日　国家发改委应对气候变化司在成都召开《应对气候变化法（初稿）》交流研讨会。国家发改委气候司副司长李高主持会议并总结发言。会议邀请湖北、广西、海南、重庆、四川、贵州、云南、西藏等省区发展改革委以及四川省相关单位的近40位代表参加了会议。与会代表就气候司牵头起草的《应对气候变化法（初稿）》进行了研讨。

5月19日　工信部节能与综合利用司在北京分别组织召开了建材、装备制造行业“十三五”节能减排与绿色发展思路座谈会。围绕相关行业目前存在的主要问题及下一步节能减排与绿色发展思路进行了座谈交流。节能与综合利用司司长高云虎提出,在资源、能源、环境约束趋紧、经济进入新常态的形势下，要进一步加强各行业节能减排与绿色发展等重大问题研究，加快提升行业节能减排技术创新能力，全面推行绿色制造，把《中国制造2025》提出的绿色发展战略落到实处。

5月21日　在联合国气候峰会即将于年底在巴黎召开之际，英国《卫报》、西班牙《国家报》、阿根廷《号角报》、《中国日报》等二十五家国际领军媒体宣布成立气候变化报道联盟，开放各自在该领域内的新闻报道资源，为国际谈判取得积极而均衡的成果做好充分、客观、公正的报道。《中国日报》是目前唯一受邀加入的中国主流媒体。《中国日报》多年来密切关注国际议题，对气候变化、环境、能源等话题更是长期投入了大量采编资源，进行全媒体、多视角报道。

5月21～22日　工信部节能与综合利用司在北京分别组织召开了有色、轻工、造纸、石化化工行业“十三五”节能减排与绿色发展思路座谈会。相关科研院所、行业协会、学会的专家和部分企业负责人参加会议。会议在分析总结行业近期发展态势的基础上，重点围绕当前存在的主要问题和下一步节能减排与绿色发展思路进行了座谈交流。座谈会强调，在当前资源能源、环境约束趋紧、经济进入新常态的形势下，要深刻领会、认真落实《关于加快推进生态文明建设的意见》，抓紧实施《中国制造2025》，加快构建高效、清洁、低碳、循环的绿色制造体系。

5月21日　2014年亚太经合组织（APEC）会议碳中和林建成揭牌仪式在河北省保康县举行。中国兑现承诺，完成了APEC会议碳中和林1274亩的造林任务。原林业部副部长、中国绿色碳汇基金会理事长刘于鹤出席揭牌仪式并致辞表示，中国政府倡导将2014年APEC会议办成碳中和的绿色环保型会议。为实现这个目标，中国绿色碳汇基金会和北京市林业部门组织了中国中信集团有限公司、春秋航空股份有限公司捐资，在北京市怀柔区和河北省康保县造林1274亩，将2014年APEC会议周的碳排放全部抵消，实现会议碳中和的目标。这在APEC会议史上尚属首次。据测算，2014年APEC会议活动排放温室气体6371吨二氧化碳当量。此次种植的碳中和林将在未来20年全部抵消会议产生的碳排放。

5月27日　美丽乡村建设国家标准发布会在北京召开。国家质检总局党组成员、国家标准委主任田世宏、农业部美丽乡村创建办公室负责人等出席会议并讲话。国家标准《美丽乡村建设指南》由农业部科技教育司等9家单位联合起草，以“规划科学、生产发展、生活宽裕、乡风文明、村容整洁、管理民主，宜居、宜业的可持续发展”为主要目标，突出普适性、指导性、引领性、实用性、兼容性等特点，统筹考虑各地需求，对美丽乡村建设的基本要素进行了规范，标准内容体现了“美丽乡村村民建、建设成果村民享”的核心理念，着力打造美丽乡村的生态美、生活美、生产美和行为美。

农业部已制定了《农业部“美丽乡村”创建目标体系》，确定了1100个国家级美丽乡村创建试点乡村，整合各种政策项目资源，因地制宜推进具体创建工作。推出美丽乡村创建十大模式，开展了理论、政策、技术等相关研究，承担了第四批全国干部学习培训教材《建设美丽中国》的起草组织和具体编写工作。同时搭建了美丽乡村博览会、“中国万峰林美丽乡村峰会”等美丽乡村交流平台,开展了“中国美丽乡村快乐行”等系列活动，有力推动全国形成了美丽乡村创建热潮。下一步，农业部将以《美丽乡村建设指南》的发布为契机，引导各地按照《指南》的要求高标准谋划美丽乡村建设,组织相关专家学者以《指南》为蓝本制定地方实施细则,把《指南》作为下一步美丽乡村创建试点乡村遴选、确认和评价的主要依据。

5月27日　中共中央总书记、国家主席习近平在浙江召开华东7省市党委主要负责同志座谈会上讲话指出，协调发展、绿色发展既是理念又是举措，务必政策到位、落实到位。要采取有力措施促进区域协调发展、城乡协调发展，加快欠发达地区发展，积极推进城乡发展一体化和城乡基本公共服务均等化。要科学布局生产空间、生活空间、生态空间，扎实推进生态环境保护，让良好生态环境成为人民生活质量的增长点，成为展现我国良好形象的发力点。

5月　国家发展与改革委员会气候司主办的中国自愿减排交易信息平台发布了本期通过审核签发的26个中国核证减排量（CCER）项目。广东长隆碳汇造林项目首期减排量获得签发，成为全国首个获得国家发改委减排量签发的中国林业温室气体自愿减排项目（林业CCER项目）。项目于2011年在广东省梅州市和河源市等欠发达地区的宜林荒山地区，实施碳汇造林1.3万亩，预计可产生减排量34.7万吨二氧化碳当量，年均减排量为1.7万吨二氧化碳当量。

5月　交通运输部印发《全国公路水路交通运输环境监测网总体规划》及《公路水路交通运输环境监测网总体规划编制办法（试行）》，支撑行业绿色发展、推进行业环境监测工作有序开展。

六月

6月1日　工业和信息化部与国家能源局、国家认监委联合印发《关于促进先进光伏技术产品应用和产业升级的意见》，通过采取综合性政策措施，支持先进光伏技术产品扩大应用市场，深入加强光伏行业管理，推动我国光伏产业健康持续发展。

6月5日　国家能源局印发《关于开展风电清洁供暖工作的通知》（国能综新能[2015]306号）。《通知》要求，风电清洁供暖项目以替代现有的燃煤小锅炉或解决分散建筑区域以及热力管网或天然气管网难以到达的区域的供热需求为主要方向；风电清洁供暖项目安排原则上以解决目前已有风电项目的弃风限电问题为主。

6月9日　由工业和信息化部支持，广东省经济和信息化委等14部门联合主办的2015年广东省节能宣传月活动启动仪式暨绿色数据中心节能创新工作交流会在广州中国移动南方基地举行。广东省副省长刘志庚、工业和信息化部总工程师王黎明出席活动并致辞。广东省经济和信息化委、发展改革委等主办单位，以及部分市节能主管部门、数据中心单位、行业协会等代表约120人参加了活动。

6月9日　国家林业局副局长张建龙在国务院新闻办召开的新闻发布会上表示，中国整体上遏制了荒漠化\沙化继续扩大的趋势。据统计，中国全国的荒漠化土地、沙化土地面积年均减少2491平方公里和1717平方公里，防沙治沙成绩很大。

6月12日　中共中央政治局常委、国务院总理、国家应对气候变化及节能减排工作领导小组组长李克强主持召开国家应对气候变化及节能减排工作领导小组会议，研究提交《联合国气候变化框架公约》缔约方会议的中国国家自主贡献文件，并作重要讲话。中共中央政治局常委、国务院副总理张高丽出席会议。汪洋、马凯、杨晶、杨洁篪、王勇参加会议。

李克强说，应对气候变化是国际社会的共同任务，也是中国科学发展的内在要求。中国政府高度重视应对气候变化问题，把绿色低碳循环经济发展作为生态文明建设的重要内容，主动实施一系列举措，取得明显成效。2014年，我国单位国内生产总值能耗和二氧化碳排放分别比2005年下降29.9%和33.8%，“十二五”节能减排约束性指标可以顺利完成。我国已成为世界节能和利用新能源、可再生能源第一大国，为全球应对气候变化作出了实实在在的贡献。

李克强指出，积极应对气候变化，不仅是我国保障经济、能源、生态、粮食安全以及人民生命财产安全，促进可持续发展的重要方面，也是深度参与全球治理、打造人类命运共同体、推动共同发展的责任担当。中国作为负责任的大国，将坚持共同但有区别的责任原则、公平原则和各自能力原则，承担与自身国情、发展阶段和实际能力相符的国际义务，中国将按照2030年左右二氧化碳排放达到峰值且将努力早日达峰的目标，继续积极主动加大节能减排力度，大幅降低单位国内生产总值二氧化碳排放量，进一步提高非化石能源占一次能源消费比重和森林蓄积量，不断提高减缓和适应气候变化能力，为促进全球绿色低碳转型与发展路径创新做出自身最大努力。

李克强说，中国是一个发展中国家，发展是第一要务。面对当前经济下行压力和应对气候变化等多重挑战，关键是要通过结构调整和提质升级发展，拓宽经济增长与环境改善的双赢之路。必须坚持节约资源和保护环境基本国策，实施积极应对气候变化国家战略，研究制定长期低碳发展路线图。必须坚持深化改革、创新驱动，通过大众创业、万众创新，催生新技术、新产品、新模式，壮大节能环保产业，严控高耗能、高排放行业扩张，形成节能低碳的产业体系，培育新的增长点，推动经济健康发展。必须大力实施“中国制造2025”，积极推进“互联网＋”行动，提升传统产业和社会生活的智能化、绿色化水平。必须加大政府对生态环保等公共产品和基础设施投入，探索政府与社会资本合作等投融资新机制。必须在对接全球绿色低碳需求中扩大国际产能合作，倒逼我国产业迈向中高端水平。

李克强说，中国致力于《联合国气候变化框架公约》全面、有效和持续实施，愿与各方一道携手努力推动巴黎会议达成一个全面、平衡、有力度的协议。中国将积极开展多边和双边国际磋商，特别是进一步加大气候变化南南合作力度，建立应对气候变化南南合作基金，在资金、技术和能力建设上为小岛屿国家、最不发达国家和非洲等发展中国家提供力所能及的帮助和支持，共同推动形成公平合理、合作共赢的全球气候治理体系，共同建设人类美好家园。

6月12日　为配合开展2015年全国低碳日活动，中国经济导报社组织了2015年全国低碳日主题宣传口号、招贴画征集评选活动。

6月13～14日　在北京召开了中国能效标识制度实施十周年研讨会。我国能效标识制度自2005年3月1日正式实施以来，取得了超过4419亿度电的节能成效，并已覆盖5类33种用能产品，备案企业9000余家，备案实验室900余个，有力保障了我国用能产品的能效提升，推动了国家节能减排工作的开展。

6月16～18日　中共中央总书记、国家主席习近平考察贵州时指出，要正确处理发展和生态环境保护的关系，在生态文明建设体制机制改革方面先行先试，把提出的行动计划扎扎实实落实到行动上，实现发展和生态环境保护协同推进。

6月18日　国家发展改革委召开全国发展改革系统加快推进生态文明建设电视电话会议，深入贯彻落实《中共中央国务院关于加快推进生态文明建设的意见》精神，对全国发展改革系统生态文明建设工作进行动员部署。国家发展改革委主任徐绍史出席会议并讲话，副主任张勇主持会议。

会议认为，生态文明建设是党中央、国务院作出的重大战略决策，是认识、适应和引领经济发展新常态、满足人民群众对良好生态环境期待的重大举措。发展改革系统要充分认识加快推进生态文明建设的极端重要性和紧迫性，切实增强责任感和使命感，从战略和全局的高度全力推进。

会议指出，中发[2015]12号文件是落实中央生态文明建设顶层设计和总体部署的路线图和时间表，要准确把握文件的精神实质和主要内容，按照中国特色社会主义事业“五位一体”的要求，突出把绿色化作为推进现代化建设的重要取向，加快推动生产方式、生活方式绿色化，加快培育生态文明主流价值观，加快健全系统完整的生态文明制度体系。

会议强调，生态文明建设是一项全面而系统的工程，是一场全方位、系统性的绿色变革，必须人人有责、共建共享。发展改革部门要重点做好八个方面的工作：一是抓紧制定实施方案。二是推进重点制度改革。三是推动重点任务落实。四是做好与“十三五”规划的衔接。五是发挥对稳增长的促进作用。六是积极开展先行先试。七是形成工作合力。八是着力营造舆论氛围。

会上，青海省、江西省、贵州省发展改革委和浙江省湖州市人民政府负责同志作了会议发言，交流了本地区生态文明建设探索实践有关情况。

6月18日　国家发展改革委、财政部、国土资源部、住房和城乡建设部、水利部、农业部、国家林业局发出《关于请组织申报第二批生态文明先行示范区的通知》（发改环资[2015]1447号），印发《第二批生态文明先行示范区建设方案》。

6月23日　第七轮中美战略与经济对话气候变化问题特别联合会议在华盛顿举行。中国国家主席习近平特别代表、国务院副总理汪洋和国务委员杨洁篪同美国总统奥巴马特别代表国务卿克里和财政部长雅各布·卢以及两国相关部门负责人出席，中国气候变化事务特别代表解振华和美国气候变化特使斯特恩向两国元首特别代表汇报了工作组的进展。会议肯定了工作组一年来的工作，核准了工作组进展报告，并同意继续在工作组框架下，进一步深化协调与合作，全面落实两国元首共识，为中美新型大国关系注入新动力。

6月24日，国务院总理李克强主持召开国务院常务会议，会议通过《促进关于积极推进“互联网+”行动的指导意见》。7月1日，国务院印发《促进关于积极推进“互联网+”行动的指导意见》，明确提出实施“互联网+”智慧能源（能源互联网）行动，推进能源生产智能化，形成能源互联网产业体系，提升可再生能源比例。推进能源生产和消费模式的革命。建设分布式能源网络，发展基于电网通信设施和新型业务，提高能源利用效率，推进节能减排。11月国家能源局召开《关于推进“互联网+”智慧能源（能源互联网）行动的指导意见》（讨论稿）征求意见会。11月，国家能源局主持起草的《关于推进“互联网+”智慧能源（能源互联网）行动的指导意见》公开告示意见。12月，河北、贵州两省率先出台推进“互联网+”行动实施意见。

6月24日　国家发展改革委副主任张勇主持召开座谈会，就上半年节能减排及节能环保产业发展形势，听取了部分地方发改（经信）委负责同志、有关行业协会和企业代表的情况介绍及意见建议，并和与会同志进行了深入交流。座谈会上，与会同志围绕今年及“十二五”节能减排目标完成情况，节能环保产业发展情况，当前节能减排工作中热点和苗头性、倾向性问题，简政放权放管结合强化监管过程中出现的新情况，进行了讨论发言，提出了政策建议，并对深入推进生态文明建设、“十三五”节能减排和节能环保产业发展工作积极建言献策。

张勇在讲话中强调，节能减排工作面临的各种主观、客观上的有利因素和制约因素，积极探索、尊重规律、因势利导、精准施策，既要加大当前工作力度，又要立足长远科学谋划，持之以恒，久久为功。一是坚持不懈抓好节能减排工作。二是坚持深化改革、放管结合，创新节能减排工作方式。三是统筹谋划好“十三五”各项工作。四是做好半年形势分析。

6月25日 “2015中国汽车生态设计国际论坛”在北京举行。全国人大常委会原副委员长、两院院士路甬祥在论坛上发表了“生态设计是绿色发展和人类文明持续繁荣的要求”的主题演讲。

路甬祥在演讲中提出，创新汽车生态设计，打造生态汽车与产业链，促进中国汽车产业绿色化发展，引领中国汽车交通生态文明新业态，推动“中国制造向中国创造转变、中国速度向中国质量转变、中国产品向中国品牌转变”。

6月25日 由中国新闻社主办的第六届“低碳发展•绿色生活”公益展在京开幕。展览以“低碳，让生活回归本色”为主题，设立了8个低碳体验展位，征集了200余幅照片，在王府井步行街道路两侧向公众开放，为期两周。

工业和信息化部节能与综合利用司司长高云虎出席公益展开幕式讲话强调，一是大力推进生产方式绿色化，既要加快实施传统制造业绿色化改造，也要积极引领新兴产业高起点绿色发展。二是加快推动生活方式绿色化，扩大绿色产品供给，带动和引导绿色消费。三是积极倡导绿色低碳人人有责的氛围，鼓励公众选择低碳、绿色的生活方式和消费模式，形成人人、事事、时时崇尚生态文明的绿色新风尚。

6月25日 财政部、国家发展改革委、工业和信息化部、环境保护部印发《环保“领跑者”制度实施方案》。

《实施方案》基本要求：建立环保“领跑者”制度，以企业自愿为前提，通过表彰先进、政策鼓励、提升标准，推动环境管理模式从“底线约束”向“底线约束”与“先进带动”并重转变。制定环保“领跑者”指标，发布环保“领跑者”名单，树立先进典型，并对环保“领跑者”给予适当政策激励，引导全社会向环保“领跑者”学习，倡导绿色生产和绿色消费。

6月27日 以“走向生态文明新时代——新议程、新常态、新行动”为主题的生态文明贵阳国际论坛2015年年会在贵阳隆重开幕。中共中央书记处书记、全国政协副主席杜青林出席开幕式并作主旨演讲。原国务委员戴秉国,全国政协原副主席张怀西出席开幕式。省委书记、省人大常委会主任赵克志致辞。爱尔兰前总理伯蒂•埃亨,巴基斯坦前总理肖卡特•阿齐兹,瑞士联邦环境署署长布鲁诺•奥伯勒,韩国政府统一部前部长柳佑益,中国科学院院长白春礼,海南省委副书记、省长刘赐贵,省委副书记、省长陈敏尔先后发表演讲。来自全球50多个国家和地区的2500多位嘉宾参会。

本届年会设置30个左右的主题论坛，涵盖全球应对气候变化与生态安全、绿色丝绸之路、中瑞对话、构建可持续金融体系、现代生态农业的制度基础与商业模式创新、青年企业领袖等，并拟设置绿色金融与产业转型升级、气候变化与可持续发展目标、绿色丝绸之路与生态城镇化三场高层论坛。全球政、商、学界的精英深入交流了全球新议程下的绿色增长与国际合作，探讨如何改善可持续发展的全球治理体系，为建设美丽中国献计献策。

杜青林传达了习近平总书记关于办好本届论坛年会的重要讲话。习近平总书记指出,生态文明贵阳国际论坛是以生态文明为主题的国家级国际性论坛。要继续办好这个论坛,深化同国际社会在生态环境保护、应对气候变化等领域的交流合作。

杜青林说,本届年会以“走向生态文明新时代:新议程、新常态、新行动”为主题,完全契合现实的需求和未来的方向,凝聚了国际社会对生态文明建设的共同关注和历史责任,具有十分重要的意义。杜青林强调,要以对人民群众、对子孙后代高度负责的态度和责任,追求生态文明,切实推进绿色化,奋力走上一条既要金山银山、更要绿水青山的康庄大道。一要坚持走新型工业化道路,实现发展方式绿色化。二要坚持走新型城镇化道路,实现生存空间绿色化。三要坚持生态建设和环境保护,实现生态环境绿色化。四要坚持凝聚生态共识和行动,实现生活方式绿色化。五要坚持加强国际合作,共同实现绿色化。

生态文明贵阳国际论坛还启动一系列新行动，包括：初步建立非正式的富有影响力的政策制定者、学者和企业家的沟通协调机制，启动自然资本核算体系和评估体系的研究，探索启动绿色转型产业基金，启动绿色债券和绿色银行试点；探讨成立生态文明研究院；启动建立生态红线制度，发布《全球可持续能源竞争力报告》，启动绿色城镇化评选，动员公众参与生态文明建设等。

本届年会还将首次以论坛名义发布了“全球可持续能源竞争力报告”、“构建中国绿色金融体系的建议报告”和“国家公园管理标准建议”。会议发布了2015《贵阳共识》。

6月27日 由冶金工业规划研究院主办的2015（第六届）中国钢铁节能减排论坛在北京举办。与会专家指出，我国钢铁行业发布的新标准属于世界上最严格的标准，只有切实转变观念，将我国钢铁工业绿色发展融入到生态文明建设大局中，实施全面系统的绿色升级，实现与社会和谐共融，才是全面提升中国钢铁工业综合竞争力的希望和出路。

6月27～28日　第二十次“基础四国”气候变化部长级会议在纽约巴西常驻联合国代表团举行。中国气候变化事务特别代表解振华率团与会，巴西环境部长特谢拉、南非环境事务部长莫莱瓦、印度环境森林和气候部联合秘书普拉萨德参会。四国就联合国气候变化巴黎会议成果、2015年国际气候协议、提高2020年前行动力度、应对气候变化国家自主贡献等问题深入交换意见，取得广泛共识。召开了新闻发布会。四国商定，下一次“基础四国”气候变化部长级会议将于今年下半年在中国举行。

联合声明指出，部长们强调巴黎协议下的承诺应遵循公约原则和规定。发达国家必须为发展中国家在巴黎协议下的强化行动提供新的、额外的、可预测的、充足的和持续的公共支持。

6月29日　中国和欧盟在布鲁塞尔发表《中欧气候变化联合声明》。双方致力于携手努力推动2015年巴黎气候大会达成一项富有雄心、具有法律约束力的协议，加强公约的实施。双方同意：开展合作，提升气候变化合作在中欧双边关系中的地位；进一步加强双方向资源集约、绿色低碳、气候适应型经济和社会转型的政策对话与务实合作；进一步加强碳市场方面的已有双边合作；建立中欧低碳城市伙伴关系，继续推进碳捕集利用和封存方面的合作。

6月29日　中共中央政治局常委、国务院副总理张高丽一声令下，中俄东线天然气管道中国境内段正式开工。中俄双方于2014年5月上海亚信峰会期间签署了《中俄东线天然气购销合同》，合同期为30年。这不仅是中俄能源合作的里程碑，同时也标志着“中国四大油气进口通道战略拼图”的全面完成——四条能源进口通道都将“油气兼备”。

6月30日　正在法国访问的中国国务院总理李克强宣布，中国于当天向UNFCCC（《联合国气候变化框架公约》）秘书处提交了国家自主贡献自主贡献文件《强化应对气候变化行动——中国国家自主贡献》。 截至目前，全球一共有44个国家正式向UNFCCC提交其INDC。全球最大的3个主要排放体——中国、美国、欧盟均已提交2020年后的国家气候行动计划。中国也是继墨西哥、摩洛哥、埃塞俄比亚与塞尔维亚之后第五个提交INDC的发展中国家。这是各国为了年底在巴黎达成2020年后一揽子减缓和适应气候变化的全球协议所做的响应。

根据2013年华沙气候大会的决议，各缔约方需要通过INDC自主提出愿意在2020年后采取哪些气候行动，供2015年年底巴黎气候大会进行谈判。INDC的核心内涵，如京都议定书中发达国家的量化减排承诺，哥本哈根气候大会各国提出的量化减排和排放控制目标，以及气候资金承诺——即不同国家应该承担什么样的责任与开展什么样的行动来应对气候变化——这是联合国气候变化谈判一直以来的焦点。在通向巴黎气候协定谈判道路上，这些核心内容被放在INDC这样一个专有名词中。 而各国提出INDC后，通过审议来评估各国自定贡献是否满足科学上应对气候变化的需要，是否体现出《联合国气候变化框架公约》所确定的相关公平原则，各国根据审议结果决定是否调整自己的INDC，这一过程的成果期望在巴黎气候协定中以某种法律形式确立下来。

中国政府高度重视气候变化问题。作为13亿多人口的发展中国家，中国是遭受气候变化不利影响最为严重的国家之一。积极应对气候变化，是中国实现可持续发展的内在要求，也是深度参与全球治理、打造人类命运共同体，推动全人类共同发展的责任担当。中国提出的国家自主贡献，是中国为实现公约目标所做出的应对气候变化最大努力。

中国自主贡献文件主要包括以下内容：一是所取得的成效。多年来，中国积极实施应对气候变化相关国家战略，加快推进产业结构和能源结构调整，大力开展节能减碳和生态建设，开展碳排放权交易试点和低碳省（市）试点，取得明显成效。2014年，中国单位国内生产总值二氧化碳排放比2005年下降33.8%，非化石能源占一次能源消费比重达到11.2%，森林面积比2005年增加2160万公顷，森林蓄积量比2005年增加21.88亿立方米。二是行动目标。中国确定的2020年行动目标是：单位国内生产总值二氧化碳排放比2005年下降40%～45%，非化石能源占一次能源消费比重达到15%左右，森林面积比2005年增加4000万公顷，森林蓄积量比2005年增加13亿立方米。2030年行动目标是：二氧化碳排放2030年左右达到峰值并争取尽早达峰；单位国内生产总值二氧化碳排放比2005年下降60%～65%，非化石能源占一次能源消费比重达到20%左右，森林蓄积量比2005年增加45亿立方米左右。三是实现目标的政策和措施。为实现应对气候变化自主行动目标，中国将在已采取行动的基础上，在国家战略、区域战略、能源体系、产业体系、建筑交通、森林碳汇、生活方式、适应能力、低碳发展模式、科技支撑、资金政策支持、碳交易市场、统计核算体系、社会参与、国际合作等15个方面持续不断地做出努力。四是关于2015年协议谈判的立场。2015年协议谈判在公约下进行，以公约原则为指导，旨在进一步加强公约的全面、有效和持续实施。谈判的结果应遵循公约原则，充分考虑发达国家和发展中国家间不同的历史责任、国情、发展阶段和能力，全面平衡体现减缓、适应、资金、技术开发和转让、能力建设、行动和支持的透明度各个要素。谈判进程应遵循公开透明、广泛参与、缔约方驱动、协商一致的原则。发达国家根据公约的要求，承诺到2030年有力度的全经济范围绝对量减排目标，为发展中国家制定和实施国家适应计划、开展相关项目提供支持，为发展中国家的强化行动提供资金、技术和能力建设等方面的支持；发展中国家在可持续发展框架下，在发达国家资金、技术和能力建设支持下，采取多样化的强化减缓行动

和相应的适应行动。

在此次提交的INDC中，中国提出要进一步加大南南合作力度，建立应对气候变化南南合作基金。

6月　为探索工业发展与节能减排相互促进、互利共赢的绿色转型模式与路径，工业和信息化部在全国筛选了一批重化工业特征明显、地方政府积极性高、有一定工作基础的地级市，启动了区域工业绿色转型发展试点工作。经过一年多的努力，目前，湖北黄石、安徽铜陵、江西鹰潭、山西朔州、内蒙古包头、辽宁鞍山、河南济源、河北张家口、四川攀枝花、甘肃兰州、江苏镇江等11个区域工业绿色转型发展试点实施方案已全部批复。

绿色转型发展试点工作以地方为主体，通过完善政策配套体系、加强机制模式创新、强化监管执法等，推动存量优化提升和增量升级带动，力争通过3年左右的努力，在资源能源利用效率、污染排放水平、工业结构调整等领域取得突破性进展，在全国率先实现工业绿色转型发展，探索建立具有推广意义的转型路径和模式。工业和信息化部将整合资源、搭建平台，加大对试点城市的政策支持，组织开展院士专家行、专项技术推广等活动，为试点城区提供支撑和服务。同时将会同省级工业和信息化主管部门与试点城市积极探索推进规模化节能减排技术改造、培育节能环保产业、加强金融与产业融合等工作。

七月

7月1日　中共中央总书记、国家主席、中央军委主席、中央全面深化改革领导小组组长习近平主持召开中央全面深化改革领导小组第十四次会议并发表重要讲话。他强调，领导干部是否做到严以修身、严以用权、严以律己，谋事要实、创业要实、做人要实，全面深化改革是一个重要检验。要把“三严三实”要求贯穿改革全过程，引导广大党员、干部特别是领导干部大力弘扬实事求是、求真务实精神，理解改革要实，谋划改革要实，落实改革也要实，既当改革的促进派，又当改革的实干家。

中共中央政治局常委、中央全面深化改革领导小组副组长刘云山、张高丽出席会议。

会议审议通过了《环境保护督察方案（试行）》、《生态环境监测网络建设方案》、《关于开展领导干部自然资源资产离任审计的试点方案》、《党政领导干部生态环境损害责任追究办法（试行）》、《关于推动国有文化企业把社会效益放在首位、实现社会效益和经济效益相统一的指导意见》。

会议强调，现在，我国发展已经到了必须加快推进生态文明建设的阶段。生态文明建设是加快转变经济发展方式、实现绿色发展的必然要求。要立足我国基本国情和发展新的阶段性特征，以建设美丽中国为目标，以解决生态环境领域突出问题为导向，明确生态文明体制改革必须坚持的指导思想、基本理念、重要原则、总体目标，提出改革任务和举措，为生态文明建设提供体制机制保障。深化生态文明体制改革，关键是要发挥制度的引导、规制、激励、约束等功能，规范各类开发、利用、保护行为，让保护者受益、让损害者受罚。

会议指出，建立环保督察工作机制是建设生态文明的重要抓手，对严格落实环境保护主体责任、完善领导干部目标责任考核制度、追究领导责任和监管责任，具有重要意义。要明确督察的重点对象、重点内容、进度安排、组织形式和实施办法。要把环境问题突出、重大环境事件频发、环境保护责任落实不力的地方作为先期督察对象，近期要把大气、水、土壤污染防治和推进生态文明建设作为重中之重，重点督察贯彻党中央决策部署、解决突出环境问题、落实环境保护主体责任的情况。要强化环境保护“党政同责”和“一岗双责”的要求，对问题突出的地方追究有关单位和个人责任。

会议强调，完善生态环境监测网络，关键是要通过全面设点、全国联网、自动预警、依法追责，形成政府主导、部门协同、社会参与、公众监督的新格局，为环境保护提供科学依据。要围绕影响生态环境监测网络建设的突出问题，强化监测质量监管，落实政府、企业、社会的责任和权利。要依靠科技创新和技术进步，提高生态环境监测立体化、自动化、智能化水平，推进全国生态环境监测数据联网共享，开展生态环境监测大数据分析，实现生态环境监测和监管有效联动。

会议指出，开展领导干部自然资源资产离任审计试点，主要目标是探索并逐步形成一套比较成熟、符合实际的审计规范，明确审计对象、审计内容、审计评价标准、审计责任界定、审计结果运用等，推动领导干部守法守纪、守规尽责，促进自然资源资产节约集约利用和生态环境安全。要紧紧围绕领导干部责任，积极探索离任审计与任中审计、与领导干部经济责任审计以及其他专业审计相结合的组织形式，发挥好审计监督作用。

会议强调，生态环境保护能否落到实处，关键在领导干部。要坚持依法依规、客观公正、科学认定、权责一致、终身追究的原则，围绕落实严守资源消耗上限、环境质量底线、生态保护红线的要求，针对决策、执行、监管中的责任，明确各级领导干部责任追究情形。对造成生态环境损害负有责任的领导干部，不论是否已调离、提拔或者退休，都必须严肃追责。各级党委和政府要切实重视、加强领导，纪检监察机关、组织部门和政府有关监管部门要各尽其责、形成合力。

中央全面深化改革领导小组成员出席，中央和国家有关部门负责同志列席会议。

7月1日 国务院发出《关于积极推进“互联网+”行动的指导意见》（国发 〔2015〕40号），重点提出互联网＋与传统工业、农业、生活服务、环保、人工智能等11大领域的结合。

《指导意见》提出了两个重要的时间节点，即到2018年，互联网与经济社会各领域的融合发展进一步深化，基于互联网的新业态成为新的经济增长动力，互联网支撑大众创业、万众创新的作用进一步增强，互联网成为提供公共服务的重要手段，网络经济与实体经济协同互动的发展格局基本形成。到2025年，"互联网＋"新经济形态初步形成，"互联网＋"成为我国经济社会创新发展的重要驱动力量。

《指导意见》围绕转型升级任务迫切、融合创新特点明显、人民群众最关心的领域，提出了11个具体行动:四是"互联网＋"智慧能源，推进能源生产和消费智能化，建设分布式能源网络，发展基于电网的通信设施和新型业务。十是"互联网＋"绿色生态，推动互联网与生态文明建设深度融合，加强资源环境动态监测，实现生态环境数据互联互通和开放共享。

7月2～4日 在李克强总理出访欧洲期间，中法共同发表《中法两国深化民用核能合作的联合声明》，宣布两国将在更多第三方国家推动核电合作。法国被公认为核电技术最领先、最安全的国家。而中法两国在核电领域合作，既能促进中国核电技术、装备制造产业的全面升级，又能极大提升中国装备产品的含金量，也为中国核电装备走向全球市场铺开了一条坦荡通途。

7月3日 工信部印发《京津冀及周边地区工业资源综合利用产业协同发展行动计划(2015-2017年)》（工信部节〔2015〕229号）。

《行动计划》主要目标：力争到2017年，建设10个工业固体废物综合利用协同发展示范基地，15个再生资源综合利用协同发展示范园区，50个能够支撑京津冀及周边地区工业资源综合利用协同发展格局的重点示范项目(具体园区和示范项目见附表)，培育30家龙头企业，建设一批工业资源综合利用技术创新平台，形成跨区域工业资源综合利用协同发展新模式，建成全国工业资源综合利用协同创新发展的先行示范区。实现年消纳工业固体废物4亿吨，加工利用再生资源2000万吨，总产值达到2200亿元，年减少二氧化碳排放400万吨，减少细颗粒物排放2000吨，减少化学需氧量7000吨，节水7000万立方米，减排氨氮及其他水体污染物3000吨，减少京津冀及周边地区植被破坏和土地占用5万亩。

7月6日 《国家发展改革委 国家能源局关于促进智能电网发展的指导意见》（发改运行[2015]1518号）印发。

指导思想是：坚持统筹规划、因地制宜、先进高效、清洁环保、开放互动、服务民生等基本原则，深入贯彻落实国家关于实现能源革命和建设生态文明的战略部署，加强顶层设计和统筹协调；推广应用新技术、新设备和新材料，全面提升电力系统的智能化水平；全面体现节能减排和环保要求，促进集中与分散的清洁能源开发消纳；与智慧城市发展相适应，构建友好开放的综合服务平台，充分发挥智能电网在现代能源体系中的关键作用。发挥智能电网的科技创新和产业培育作用，鼓励商业模式创新，培育新的经济增长点。

发展目标：到2020年，初步建成安全可靠、开放兼容、双向互动、高效经济、清洁环保的智能电网体系，满足电源开发和用户需求，全面支撑现代能源体系建设，推动我国能源生产和消费革命；带动战略性新兴产业发展，形成有国际竞争力的智能电网装备体系。

实现清洁能源的充分消纳。构建安全高效的远距离输电网和可靠灵活的主动配电网，实现水能、风能、太阳能等各种清洁能源的充分利用；加快微电网建设，推动分布式光伏、微燃机及余热余压等多种分布式电源的广泛接入和有效互动，实现能源资源优化配置和能源结构调整。

提升输配电网络的柔性控制能力。提高交直流混联电网智能调控、经济运行、安全防御能力，示范应用大规模储能系统及柔性直流输电工程，显著增强电网在高比例清洁能源及多元负荷接入条件下的运行安全性、控制灵活性、调控精确性、供电稳定性，有效抵御各类严重故障，供电可靠率处于全球先进水平。

满足并引导用户多元化负荷需求。建立并推广供需互动用电系统，实施需求侧管理，引导用户能源消费新观念，实现电力节约和移峰填谷；适应分布式电源、电动汽车、储能等多元化负荷接入需求，打造清洁、安全、便捷、有序的互动用电服务平台。

主要任务包括：建立健全网源协调发展和运营机制，全面提升电源侧智能化水平；增强服务和技术支撑，积极接纳新能源；加强能源互联，促进多种能源优化互补；构建安全高效的信息通信支撑平台；提高电网智能化水平，确保电网安全、可靠、经济运行；强化电力需求侧管理，引导和服务用户互动；推动多领域电能替代，有效落实节能减排等。

7月10日 住房和城乡建设部办公厅印发《海绵城市建设绩效评价与考核办法》。海绵城市建设是落实生态文明建设的重要举措，是实现修复城市水生态、改善城市水环境、提高城市水安全等多重目标的有效手段。为科学、全面评价海绵城市建设成效，依据《海绵城市建设技术指南》，制定了海绵城市建设绩效评价与考核办法(试行)，

7月13日 国家能源局印发《国家能源局关于推进新能源微电网示范项目建设的指导意见》。此次新能源微电网示范的最大突破是，允许微电网最高电压等级为110千伏，颠覆了国内外关于微电网的定义。新能源微电网示范项

目有可能在配售电市场放开政策出台之前，成为事实上的开放配售电市场的试点。

7月14日 国家发展改革委办公厅发出《关于组织开展国家重点节能技术征集和更新工作的通知》（发改办环资[2015]1862号）。

7月16～18日 中共中央总书记、国家主席习近平在吉林省调研考察时强调，东北地区等老工业基地振兴战略要一以贯之抓，同时东北老工业基地振兴要在新形势下、新起点上开始新征程。要大力推进生态文明建设，强化综合治理措施，落实目标责任，推进清洁生产，扩大绿色植被，让天更蓝、山更绿、水更清、生态环境更美好。

7月16～17日 工业和信息化部节能与综合利用司在吉林省长春市组织召开工业节能减排形势分析座谈会。会议在总结交流2015年上半年工业节能与综合利用工作基础上，紧紧围绕落实《中国制造2025》，研讨了全面推行绿色制造、扎实推进工业节能与综合利用工作的思路和重点举措。

7月17日 工业和信息化部办公厅印发《关于开展2015年度节能机电设备（产品）推荐及"能效之星"产品评价工作的通知》，启动2015年度"能效之星"产品评价工作。

7月21日 商务部通报上半年商务运行情况。发布会上公布的数据显示，上半年新能源汽车产销两旺，前6个月新能源汽车产量增长3倍。

7月23日 为了规范排污权出让收入管理，建立健全环境资源有偿使用制度，发挥市场机制作用促进污染物减排，财政部、国家发展改革委、环境保护部印发《排污权出让收入管理暂行办法》（财税[2015]61号）。经财政部、环境保护部、国家发展改革委确认及有关省、自治区、直辖市自行确定开展排污权有偿使用和交易试点地区（以下简称试点地区）的排污权出让收入征收、使用和管理，适用本办法。

《办法》规定，试点地区地方人民政府对现有排污单位取得排污权，采取定额出让方式。对新建项目排污权和改建、扩建项目新增排污权，以及现有排污单位为达到污染物排放总量控制要求新增排污权，通过市场公开方式出让。采取定额出让方式出让排污权的，排污单位应当按照排污许可证确认的污染物排放种类、数量和规定征收标准缴纳排污权使用费。

7月26日 国务院办公厅印发《生态环境监测网络建设方案》。

《建设方案》提出的主要目标是：到2020年，全国生态环境监测网络基本实现环境质量、重点污染源、生态状况监测全覆盖，各级各类监测数据系统互联共享，监测预报预警、信息化能力和保障水平明显提升，监测与监管协同联动，初步建成陆海统筹、天地一体、上下协同、信息共享的生态环境监测网络，使生态环境监测能力与生态文明建设要求相适应。

7月27日 今年是中国核工业创建60周年，中核集团2015年核科普公众开放周活动27日在福建省福清市启动，中国核工业完整产业链首次面向社会公众集中开放。在此次活动的首站——福清核电站，针对核安全、核安保措施、核电发展、核燃料后处理等公众关心的问题，由政府部门、相关媒体、社会公众等组成的访问团，与院士、专家面对面，相互沟通，解疑释惑。

7月27日 国家发展改革委、工业和信息化部、财政部公告《节能产品惠民工程节能环保汽车（1.6升及以下乘用车）推广目录（第二批）》。

7月28日 国务院批复同意设立张家口可再生能源示范区，建立国际领先的2022年北京•张家口冬季奥运会"低碳奥运专区"，并以张家口全境为核心区域，辐射京津冀。张家口成为全国首个综合性可再生能源示范区。

张家口可再生能源示范区建设将聚焦实施可再生能源规模化开发、大容量储能应用、智能化输电通道建设、多元化应用等四大工程，打造低碳奥运专区、可再生能源科技创业城、可再生能源综合商务区、高端装备制造聚集区、农业可再生能源循环利用示范区等五大功能区。根据规划，到2020年，示范区55％的电力消费来自可再生能源，全部城市公共交通、40％的城镇居民生活用能、50％的商业及公共建筑用能来自可再生能源，40％的工业企业实现零碳排放。通过示范区先行先试，为优化能源结构打破制度藩篱，破解我国可再生能源发展的深层次矛盾，为可再生能源市场化发展和创新驱动发展探索新机制、新路径。

7月29日 中国科学院宣布，该院新疆生态与地理所李彦团队的一项研究确认，沙漠地下咸水层，是全球科学家苦苦寻求的"迷失碳汇"的一部分。这个发现为寻找"迷失碳汇"开创了一个全新的方向。

据介绍，化石燃料燃烧产生的二氧化碳，部分存储于大气（导致大气二氧化碳浓度升高），部分进入海洋，但还有一部分不知去向，即所谓的"迷失碳汇"。几十年来，科学家努力寻找"迷失碳汇"的去向，并基本确定其在陆地生态系统中。

沙漠或荒漠区植被稀疏甚至完全荒芜，土壤贫瘠（有机碳含量极低），长期以来被认为不可能大量吸收二氧化碳而形成碳汇。直到几年前，中美两国科学家发现沙漠或荒漠区有进入地表的二氧化碳通量，据此推测荒漠区可能是一个很大的碳汇。这些发现在引起关注的同时也受到强烈质疑：荒漠中贫瘠土壤、稀疏的植物不可能以这么大的速率吸收二氧化碳。

李彦团队进行了长达10年的探索，最终找到答案：这些二氧化碳存在于荒漠区地下咸水层。荒漠边缘区绿洲或荒漠土壤呼吸释放的二氧化碳，并不像别的地区那样完全返回大气，而是部分被盐碱性的土壤水溶解吸收；被溶解吸收的二氧化碳进入地下水层，并随着地下水运动水平输送而进入广饶的沙漠下。“初步估计，这个碳库总量（全球）高达1000亿吨，是陆地上植物、土壤之外的第三个活动碳库。”李彦说。（《 人民日报 》2015年7月30日 12版）

7月29日 国家发展改革委气候司组织召开了“《全国碳排放权交易管理条例（草案）》涉及行政许可问题听证会”，国务院法制办、国家发展改革委法规司、北京市和上海市等相关地方主管部门、中国标准化研究院、中国电力企业联合会、世界银行、联合国开发计划署及有关企业和个人代表参会，重点就涉及的新设行政许可问题发表意见。

气候司介绍了《碳排放权交易管理条例（草案）》的起草背景，并就涉及的碳排放配额分配管理制度和碳交易核查机构资质认定两项新设行政许可作了说明。参会各方普遍认为开展碳排放权交易是实现低碳发展、落实我国碳排放峰值目标的重要手段，条例的出台对建立和运行碳排放权交易市场非常必要，只有依法对企业碳排放配额实施有效管理、对碳排放第三方核查机构进行必要的资质认定，碳排放权交易市场才能顺利运行。各方就碳排放权交易制度的实施、碳排放配额的分配、碳排放核查机构的监督管理等问题，也提出了若干意见建议。

7月30日 京津冀三地发展改革委会同有关部门在京沪高速马驹桥服务区召开京津冀充电设施协同建设联合行动启动会，并签署《京津冀新能源小客车充电设施协同建设联合行动计划》。会议研究部署了京津冀充电设施协同建设的重点工作，提出到2020年，建设形成京津冀区域一体化的公用充电服务网络体系。目前京津冀地区累计建成运营的充电桩数量已经超过1万根。

7月30日 《国务院办公厅关于加快转变农业发展方式的意见》印发。《意见》提出，提高资源利用效率，打好农业面源污染治理攻坚战。大力发展节水农业。

7月31日 由中国汽车技术研究中心（CATARC）、日产（中国）投资有限公司、东风汽车有限公司和社会科学文献出版社联合发布2015年《新能源汽车蓝皮书》。

《蓝皮书》透露，2015年上半年中国新能源汽车产销量已经超越美国，2015年有望超过美国成为世界第一位。在《新能源汽车蓝皮书》的新能源汽车产业国际竞争力评价结果中，中国新能源汽车产业国际竞争力大幅提升，新能源汽车产业国际竞争力指数从2013年的0.71上升到2014年的0.8，提升了9个百分点，而美国和韩国则分别提升了4个百分点和2个百分点，日本和德国的国际竞争力指数则出现下降。

7月 截至7月，我国已累计发布各类国家环境保护标准1890项，其中现行标准1652项。环保科技红利的充分释放，为环境质量改善提供了有力支撑。目前，水专项研发的复合介质生物滤器技术、曝气复氧人工湿地技术、河网区水环境风险评估与预警管理平台等一系列先进技术已在浙江的“五水共治”中推广应用。

环保部上半年发布的水专项第一阶段成果，涵盖11类成果信息4440余份;发布的第一批《水污染防治先进技术汇编》，包括重污染行业水污染控制、水体治理与修复等7个领域283项先进技术;发布的《水体污染控制与治理科技重大专项第一阶段专利成果汇编》，包括已经授权的专利1172项，内含发明专利729项，实用新型专利443项。

《清洁空气研究计划》作为环保部在大气环境科技领域投入最大的一个专项，上半年实施也取得积极进展。围绕空气质量分区、综合排放清单等方面，《清洁空气研究计划》课题组共安排15个项目，落实经费9383万元。据悉，该专项下一步将着力抓好项目组织实施和成果推广应用。

八月

8月9日 中共中央办公厅、国务院办公厅印发《党政领导干部生态环境损害责任追究办法（试行）》，自2015年8月9日起施行。

“办法”共19条，适用于县级以上地方各级党委和政府及其有关工作部门的领导成员，中央和国家机关有关工作部门领导成员；上列工作部门的有关机构领导人员。

“办法”规定，地方各级党委和政府对本地区生态环境和资源保护负总责，党委和政府主要领导成员承担主要责任，其他有关领导成员在职责范围内承担相应责任。责任追究形式有：诫勉、责令公开道歉；组织处理，包括调离岗位、引咎辞职、责令辞职、免职、降职等；党纪政纪处分。追责对象涉嫌犯罪的，应当及时移送司法机关依法处理。

“办法”明确，实行生态环境损害责任终身追究制。对违背科学发展要求、造成生态环境和资源严重破坏的，责任人不论是否已调离、提拔或者退休，都必须严格追责。

8月10日 工业和信息化部、质检总局、发展改革委印发《配电变压器能效提升计划（2015-2017年）》。到2017年底，初步完成高耗能配电变压器的升级改造，高效配电变压器在网运行比例提高14%；建成较为完善的配套体系和规范的市场秩序，当年新增量中高效配电变压器占比达到70%；预计到2017年，累计推广高效配电变压器6亿

千伏安，实现年节电94亿千瓦时，相当于节约标准煤310万吨，减排二氧化碳810万吨。

8月10日　由格力电器自主研发的核电制冷“中国芯”——百万千瓦级核电水冷离心式冷水机组，日前经国家专家组鉴定为达到国际先进技术水平。国家能源局等专家认为，此举打破了核电制冷领域长期被欧美垄断核心技术的困局，将为我国核电装备国产化和出口减少障碍。

8月18日　国家发展改革委副主任张勇主持召开中国低碳发展宏观战略研究项目领导小组暨专家委员会会议，听取中国低碳发展宏观战略研究项目实施总体情况及主要成果汇报，审议总报告和项目执行情况报告。中国气候变化事务特别代表解振华、中国低碳发展宏观战略研究项目领导小组成员、专家委员会委员、有关部门负责同志、各课题负责人等参加了会议。

中国低碳发展宏观战略研究项目是由政府部门基于重大政策需求牵头组织、集合研究单位优势力量开展的大规模战略研究，重点对我国到2050年的低碳发展总体战略和分领域路线图进行系统研究，提出低碳发展的目标任务、实现途径、政策体系以及保障措施，为我国推进国内低碳发展、积极参与国际谈判发挥了重要的战略支撑作用。

8月27日　交通运输部印发《船舶与港口污染防治专项行动实施方案（2015-2020年）》。

8月29日　第十二届全国人民代表大会常务委员会第十六次会议通过《中华人民共和国大气污染防治法》（第二次修订）。

《防治法》规定，县级以上人民政府应当将大气污染防治工作纳入国民经济和社会发展规划，加大对大气污染防治的财政投入。地方各级人民政府应当对本行政区域的大气环境质量负责，制定规划，采取措施，控制或者逐步削减大气污染物的排放量，使大气环境质量达到规定标准并逐步改善。

8月29日　工业和信息化部与发展改革委联合推进国家低碳工业园区试点工作，联合批复天津经济技术开发区等39家国家低碳工业园区试点实施方案。国家低碳工业园区试点是为贯彻落实《国务院关于印发“十二五”控制温室气体排放工作方案的通知》和《工业领域应对气候变化行动方案（2012～2020）》、进一步推进工业绿色低碳转型，由工业和信息化部与发展改革委共同组织开展的。39家低碳工业园区将根据批复要求认真抓好方案组织实施，以提升碳管能力为核心，以推进低碳发展政策综合集成和制度创新为重点，以可复制、易推广为基本要求，开展先行先试，力争在体制机制建设上取得重大突破，通过实施低碳化结构调整和技术改造，提高绿色低碳能源使用比率并削减园区化石能源消费量，为本地区乃至工业行业低碳转型发展探索有益经验，树立先进典型，切实发挥引领和示范作用。

8月31日　工业和信息化部、住房城乡建设部印发《促进绿色建材生产和应用行动方案》（工信部联原〔2015〕309号）。

行动目标：到2018年，绿色建材生产比重明显提升，发展质量明显改善。绿色建材在行业主营业务收入中占比提高到20%，品种质量较好满足绿色建筑需要，与2015年相比，建材工业单位增加值能耗下降8%，氮氧化物和粉尘排放总量削减8%；绿色建材应用占比稳步提高。新建建筑中绿色建材应用比例达到30%，绿色建筑应用比例达到50%，试点示范工程应用比例达到70%，既有建筑改造应用比例提高到80%。

主要任务：建材工业绿色制造行动。绿色建材评价标识行动。水泥与制品性能提升行动。钢结构和木结构建筑推广行动。平板玻璃和节能门窗推广行动。新型墙体和节能保温材料革新行动。陶瓷和化学建材消费升级行动。绿色建材下乡行动。试点示范引领行动。强化组织实施行动。

8月　国家发展和改革委印发《国家发展改革委关于加快推进国家低碳城（镇）试点工作的通知》，并选定广东深圳国际低碳城、广东珠海横琴新区、山东青岛中德生态园、江苏镇江官塘低碳新城、江苏无锡中瑞低碳生态城、云南昆明呈贡低碳新区、湖北武汉华山生态新城、福建三明生态新城作为首批国家低碳城（镇）试点， 为全国新型城镇化和低碳发展提供实践经验，发挥引领和示范作用。

工作目标：吸收借鉴国际先进经验，结合各地实际情况，以低碳理念统领试点城(镇)规划、建设、运营和管理全过程，以低碳生产、低碳生活、低碳服务为重点内容，争取用三年左右时间，建成一批产业发展和城区建设融合、空间布局合理、资源集约综合利用、基础设施低碳环保、生产低碳高效、生活低碳宜居的国家低碳示范城(镇)。

主要任务：探索城(镇)规划和建设新模式。打造低碳生产生活综合体。创建低碳发展政策试验田。形成低碳技术研发应用高地。探索城(镇)低碳运营管理机制。建设低碳发展国际合作平台。

九月

9月7～9日　国家发展和改革委应对气候变化司与住房城乡建设部建筑节能和科技司赴云南省昆明市，实地调研昆明地下综合管廊、滇池水污染治理、呈贡新区建设等城市适应气候变化相关工作情况，并就编制城市适应气候变化行动方案与重庆、四川、贵州、云南和西藏等地的发展改革、住房城乡建设部门有关负责同志进行了座谈。

9月10日　国家发展和改革委副主任张勇主持召开国务院节能减排工作领导小组联络员会议，贯彻落实《中共中央、国务院关于加快推进生态文明建设的意见》及重点任务分工方案，总结各部门近期生态文明建设工作进展情况，对下一步工作提出具体要求。承担生态文明建设重点任务的有关牵头部门司局负责同志约50人参加了会议。

会议交流了近期各部门贯彻落实《意见》的有关工作情况。中央组织部、中央宣传部、国家发展改革委、教育部、科技部、工业和信息化部、民政部、财政部、国土资源部、环境保护部、住房城乡建设部、交通运输部、水利部、农业部、审计署、质检总局、国家统计局、国家林业局、中国银监会等部门介绍了贯彻落实《意见》及出台相关政策措施和专项改革方案的情况，并提出了工作建议。

张勇讲话强调，各部门要高度重视生态文明建设，共同做好下一步各项工作：一是全力推进形成工作合力。二是抓紧研究出台配套制度。三是共同做好生态文明先行先试。四是推动生态文明建设与“三大战略”紧密结合。五是促进生态文明建设与“十三五”规划深度融合。六是动员全社会参与生态文明建设。

9月11日　国家发展和改革委应对气候变化司在北京召开《应对气候变化法（初稿）》交流研讨会。北京、天津、河北、山西、内蒙古、辽宁、吉林、黑龙江、陕西、甘肃、青海、新疆和新疆兵团等13个省、区、市发展改革委参加会议，并对《应对气候变化法（初稿）》提出了进一步的修改意见和建议。国家气候战略中心、中国政法大学有关专家也参加了会议。会议还就资金支持、地方差异、碳排放权交易的法律体系等重点问题以及如何进一步做好应对气候变化工作进行了交流研讨。

9月11日　《国家能源局关于海上风电项目进展有关情况的通报》印发。根据海上风电产业监测体系，到2015年7月底，纳入海上风电开发建设方案的项目已建成投产2个、装机容量6.1万千瓦，核准在建9个、装机容量170.2万千瓦，核准待建6个，装机容量154万千瓦，其余项目正在开展前期工作（具体进展情况见附件）。并进一步做好海上风电开发建设工作，加快推动海上风电发展，提出建议和要求。

9月14日　工业和信息化部节能与综合利用司召开了《绿色制造工程实施方案（2016-2020年）》编制工作座谈会。国家发展和改革委、环境保护部、商务部、中国工程院、国家标准委等部门以及部分企业、研究机构参加会议。座谈会通报了方案编制工作的相关背景和总体部署，介绍了绿色制造工程实施方案编制工作的基本思路和初步安排，并对下一步推进方案编制工作提出了具体要求。会议听取了方案编制工作共同牵头部门、参与部门以及部内相关司局、有关领域专家的意见和建议。

9月14日　国家发展和改革委发布2015年第20号公告，经国务院审定同意，公布国家发展改革委会同有关部门对各省（区、市）2014年度节能目标完成情况、措施落实情况进行现场评价考核的结果。

2014年各省自治区直辖市节能考核情况是：北京、河北、上海、江苏、浙江等5个省(市)为超额完成等级；天津、山西、内蒙古、辽宁、吉林、黑龙江、安徽、福建、江西、山东、河南、湖北、湖南、广东、广西、海南、重庆、四川、贵州、云南、西藏、陕西、甘肃、宁夏等24个省（区、市）考核结果为完成等级；青海、新疆考核结果为基本完成等级。

9月15～16日　2015年第一届中美气候智慧型/低碳城市峰会在洛杉矶召开。习近平主席特别代表、国务委员杨洁篪和美国副总统拜登出席峰会闭幕式并讲话。中国气候变化事务特别代表解振华、美国国务卿科技顾问图里奇、美国国务院气候变化特使斯特恩、美国总统高级顾问迪斯等两国气候事务高级别官员，以及来自中国北京市、四川省、海南省、深圳市、武汉市、广州市、贵阳市、镇江市、金昌市、延安市、吉林市等省市的省、市领导，美国加利福尼亚州、洛杉矶市、休斯敦市、康涅狄格州、西雅图、亚特兰大、卡梅尔、凤凰城、盐湖城、迈阿密、得梅因等州市的州、市长参加会议，两国积极探索低碳发展的企业和研究机构也出席会议。

中美与会的省州市在峰会上联合发表了《中美气候领导宣言》，表明了积极应对气候变化的决心和行动。国家发展改革委、北京市政府等9个单位与美方对口合作单位签署了低碳发展合作协议或谅解备忘录。北京、四川、深圳、洛杉矶、西雅图、盐湖城等14个城市（省、州）的政府领导就推动绿色低碳发展的进展、成效和经验做了主题发言。峰会还围绕低碳城市规划、碳市场、低碳交通、低碳建筑、低碳能源和适应气候变化等主题组织举办6个分论坛，邀请各界相关人士深入探讨低碳实现路径。中方还举办了“中国低碳城市成就展”，全面展示了中国在低碳城市建设和应对气候变化领域的突出成果。

峰会的成功召开，标志着中美两国在携手应对气候变化问题上迈出了更加务实的一步，峰会取得的积极成果将为习近平主席访美做好铺垫，为建立中美新型大国关系、推动两国可持续发展、推进全球气候变化多边进程做出积极贡献。两国决定将这一务实合作机制化、常态化。下一届中美气候智慧型/低碳城市峰会将于明年在北京举办，中国国家发展改革委、北京市政府将与美方有关机构通力合作，共同做好下届峰会的准备工作。

9月18日　国家发展改革委应对气候变化司在北京组织召开会议，邀请有关企业、非政府组织和长期从事气候变化领域法律工作的律师代表等就应对气候变化法（初稿）》提出意见和建议。

9月21日　为加快建立系统完整的生态文明制度体系，加快推进生态文明建设，增强生态文明体制改革的系统性、整体性、协同性，《生态文明体制改革总体方案》公布。

《总体方案》提出我国生态文明体制改革的总体要求：坚持节约资源和保护环境基本国策，坚持节约优先、保护优先、自然恢复为主方针，立足我国社会主义初级阶段的基本国情和新的阶段性特征，以建设美丽中国为目标，以正确处理人与自然关系为核心，以解决生态环境领域突出问题为导向，保障国家生态安全，改善环境质量，提高资源利用效率，推动形成人与自然和谐发展的现代化建设新格局。

生态文明体制改革的理念是：树立尊重自然、顺应自然、保护自然的理念，树立发展和保护相统一的理念，树立绿水青山就是金山银山的理念，树立自然价值和自然资本的理念，树立空间均衡的理念，树立山水林田湖是一个生命共同体的理念。

生态文明体制改革的目标：到2020年，构建起由自然资源资产产权制度、国土空间开发保护制度、空间规划体系、资源总量管理和全面节约制度、资源有偿使用和生态补偿制度、环境治理体系、环境治理和生态保护市场体系、生态文明绩效评价考核和责任追究制度等八项制度构成的产权清晰、多元参与、激励约束并重、系统完整的生态文明制度体系，推进生态文明领域国家治理体系和治理能力现代化，努力走向社会主义生态文明新时代。

构建归属清晰、权责明确、监管有效的自然资源资产产权制度，着力解决自然资源所有者不到位、所有权边界模糊等问题。

构建以空间规划为基础、以用途管制为主要手段的国土空间开发保护制度，着力解决因无序开发、过度开发、分散开发导致的优质耕地和生态空间占用过多、生态破坏、环境污染等问题。

构建以空间治理和空间结构优化为主要内容，全国统一、相互衔接、分级管理的空间规划体系，着力解决空间性规划重叠冲突、部门职责交叉重复、地方规划朝令夕改等问题。

构建覆盖全面、科学规范、管理严格的资源总量管理和全面节约制度，着力解决资源使用浪费严重、利用效率不高等问题。

构建反映市场供求和资源稀缺程度、体现自然价值和代际补偿的资源有偿使用和生态补偿制度，着力解决自然资源及其产品价格偏低、生产开发成本低于社会成本、保护生态得不到合理回报等问题。

构建以改善环境质量为导向，监管统一、执法严明、多方参与的环境治理体系，着力解决污染防治能力弱、监管职能交叉、权责不一致、违法成本过低等问题。

构建更多运用经济杠杆进行环境治理和生态保护的市场体系，着力解决市场主体和市场体系发育滞后、社会参与度不高等问题。

构建充分反映资源消耗、环境损害和生态效益的生态文明绩效评价考核和责任追究制度，着力解决发展绩效评价不全面、责任落实不到位、损害责任追究缺失等问题。

9月23日　国务院总理李克强主持召开国务院常务会议决定，加快配建充电桩、城市充换电站、城际快充站等设施。

会议认为，建设电动汽车充电基础设施，是发展新能源汽车产业的重要保障。加快城市停车场建设，是完善城市功能、便利群众生活的迫切需要。对于打造增加公共产品和服务供给新引擎、拉动有效投资和消费、促进绿色发展，意义重大。会议确定，一是把城市合理规划布局和建设停车场结合起来，加快配建充电桩、城市充换电站、城际快充站等设施。新建住宅停车位建设或预留安装充电设施的比例应达到100%，大型公共建筑物、公共停车场不低于10%。二是放宽准入，鼓励民间资本以独资、PPP等方式参与。企业和个人均可投资建设公共停车场，原则上不对泊位数量做下限要求。鼓励个人在自有停车库（位）、各单位和居住区在既有停车泊位安装充电设施。三是加大财税、金融、用地、价格等政策扶持，通过企业债券、专项基金等方式支持充电设施和停车场建设，制定相关收费办法，放开社会投资新建停车场收费，允许充电服务企业向用户收费。鼓励地方采取基金注资、投资补助等，拓宽企业融资渠道。四是完善相关标准规范，支持移动充电、智能停车等推广应用，通过“互联网+”盘活资源。为群众提供良好公共服务。

9月23日　《国家能源局关于组织太阳能热发电示范项目建设的通知》（国能新能〔2015〕355号）印发。为推动我国太阳能热发电技术产业化发展，决定组织一批太阳能热发电示范项目建设。示范目标：一是扩大太阳能热发电产业规模。通过示范项目建设，形成国内光热设备制造产业链，支持的示范项目应达到商业应用规模，单机容量不低于5万千瓦。二是培育系统集成商。通过示范项目建设，培育若干具备全面工程建设能力的系统集成商，以适应后续太阳能热发电发展的需要。

9月24日　国家能源局印发《关于调增部分地区2015年光伏电站建设规模的通知 》明确，全国增加光伏电站建设规模530万千瓦，主要用于支持光伏电站建设条件优越、已下达建设计划完成情况好以及积极创新发展方式的新能源示范城市、绿色能源示范县等地区建设光伏电站。

9月25日　中国国家主席习近平与美国总统奥巴马在华盛顿举行会谈，共同发表《中美元首气候变化联合声明》，突出表明两位元首致力于在巴黎达成一项成功的气候协议，标志着多边气候外交的新时代和两国双边关系的新支柱。两国重申坚定推进落实国内气候政策、加强双边协调与合作并推动可持续发展和向绿色、低碳、气候适应型经济转型的决心，具有深远意义。联合国秘书长潘基文认为，国际舆论评价为“里程碑式的”“引领全球环保合作的典范”。

9月25日 国家发展和改革委办公厅印发《关于2014年度各省（区、市）单位地区生产总值二氧化碳排放降低目标责任考核评估结果的通知》。根据国务院印发的《“十二五”控制温室气体排放工作方案》（国发〔2011〕41号），国家发展改革委会同国务院有关部门，对报请国务院同意公布各省、区、市2014年度单位地区生产总值二氧化碳排放降低目标完成情况考核评估结果。

考核评估结果：北京、天津、河北、山西、内蒙古、辽宁、吉林、上海、江苏、浙江、安徽、湖北、广东、广西、重庆、四川、贵州、云南和陕西19个省份为优秀等级；黑龙江、福建、江西、山东、河南、湖南、海南、甘肃、青海和宁夏10个省份为良好等级；西藏和新疆为合格等级。

9月26日 国家主席习近平在纽约出席联合国发展峰会并发表题为《谋共同永续发展做合作共赢伙伴》重要讲话时提出，中国倡议探讨构建全球能源互联网，推动以清洁和绿色方式满足全球电力需求。国家电网公司董事长刘振亚称，构建全球能源互联网，是实现世界能源可持续发展的必由之路，是破解化石能源困局的治本之策，也是全球经济拉动和产业升级的重要抓手。他预计，到2050年全球能源互联网累计投资将超过100万亿美元。

9月27日 中国国家主席习近平出席联合国气候变化问题领导人工作午餐会时并发表讲话。

习近平说，将于今年年底举行的气候变化巴黎大会将为国际社会应对气候变化制定新的规划，也将为国际社会谋求绿色低碳发展指明大方向。巴黎大会达成的协议要平衡处理减缓、适应、资金、技术等各个要素，拿出切实有效的执行手段。协议必须遵循气候变化框架公约的原则和规定，特别是共同但有区别的责任原则、公平原则、各自能力原则。各国要立足行动，抓好成果落实，根据本国国情，提出应对气候变化的自主贡献。发达国家要履行在资金和技术方面的义务，落实到2020年每年提供1000亿美元的承诺，并向发展中国家转让气候友好型技术。

习近平指出，中国一直本着负责任的态度积极应对气候变化，将应对气候变化作为实现发展方式转变的重大机遇，积极探索符合中国国情的低碳发展道路。中国政府已经将应对气候变化全面融入国家经济社会发展的总战略。去年，中国单位国内生产总值的二氧化碳排放比2005年下降了33.8%。未来，中国将进一步加大控制温室气体排放力度，争取到2020年实现碳强度降低40%－45%的目标。中国愿意继续承担同自身国情、发展阶段、实际能力相符的国际责任。今年上半年，我们正式提交了国家自主贡献，宣布了相应的落实举措。两天前，中美两国发表了第二份关于气候变化的联合声明。中国还将推动“中国气候变化南南合作基金”尽早投入运营，支持其他发展中国家应对气候变化。中国愿意同世界各国一道，在落实发展议程的过程中，合作应对气候变化。

9月28日 中国国家主席习近平在参加第七十届联合国大会一般性辩论并发表讲话。

习近平指出，我们要构筑尊崇自然、绿色发展的生态体系。人类可以利用自然、改造自然，但归根结底是自然的一部分，必须呵护自然，不能凌驾于自然之上。我们要解决好工业文明带来的矛盾，以人与自然和谐相处为目标，实现世界的可持续发展和人的全面发展。

习近平说，建设生态文明关乎人类未来。国际社会应该携手同行，共谋全球生态文明建设之路，牢固树立尊重自然、顺应自然、保护自然的意识，坚持走绿色、低碳、循环、可持续发展之路。在这方面，中国责无旁贷，将继续作出自己的贡献。同时，我们敦促发达国家承担历史性责任，兑现减排承诺，并帮助发展中国家减缓和适应气候变化。

9月28日 工业和信息化部、国家机关事务管理局、国家能源局印发《关于公布国家绿色数据中心试点地区名单的通知》（工信部联节函[2015]475号）。

9月29日 国务院总理李克强主持召开国务院常务会议。会议认为，促进新能源和小排量汽车发展，淘汰超标排放汽车，有利于缓解能源与环境压力、推动汽车产业结构优化和消费升级、培育新的经济增长点。

会议决定，一是完善新能源汽车扶持政策，支持动力电池、燃料电池汽车等研发，开展智能网联汽车示范试点。机关企事业单位要落实车辆更新中新能源汽车占比要求，加大对新增及更新公交车中新能源汽车比例的考核力度，对不达标地区要扣减燃油和运营补贴。创新分时租赁、车辆共享等运营模式。各地不得对新能源汽车实行限行、限购，已实行的应当取消。二是从2015年10月1日到2016年12月31日，对购买1.6升及以下排量乘用车实施减半征收车辆购置税的优惠政策。三是加快淘汰营运黄标车，开展清理整顿专项行动。对进度严重滞后省份要强化问责。在现有资金支持基础上，允许地方政府将盘活的财政存量资金用于推动淘汰工作。确保完成到2017年全国基本淘汰黄标车任务。

9月29日 《国务院办公厅关于加快电动汽车充电基础设施建设的指导意见》（国办发〔2015〕73号）印发。

工作目标：到2020年，基本建成适度超前、车桩相随、智能高效的充电基础设施体系，满足超过500万辆电动汽车的充电需求；建立较完善的标准规范和市场监管体系，形成统一开放、竞争有序的充电服务市场；形成可持续发展的“互联网+充电基础设施”产业生态体系，在科技和商业创新上取得突破，培育一批具有国际竞争力的充电服务企业。

9月29日　财政部、国家税务总局印发《财政部关于减征1.6升及以下排量乘用车车辆购置税的通知》。自2015年10月1日起至2016年12月31日止，对购置1.6升及以下排量乘用车减按5%的税率征收车辆购置税。

9月29日　全球最大的核电建造商中国广核集团宣布，其提供的清洁能源上网电量已累计超过7000亿度，等效减排二氧化碳5.5亿吨，减排效应相当于种植151万公顷森林，面积可覆盖7个深圳市。据中广核新闻发言人胡光耀介绍，目前中广核的在运在建核电装机容量已经达到2937万千瓦。

同时，中广核稳步推进核电工程建设。2015年3月10日，国家发展改革委批准了红沿河5、6号机组的建设，红沿河5、6号机组分别于3月29日、7月24日开工建设。至此，中广核拥有6个在运在建核电基地，12台机组在建，装机容量1445万千瓦，占我国大陆核电在建装机容量的52.4%，占全球核电在建装机容量的18.6%。

十月

10月4日　国务院印发批复《全国水土保持规划(2015—2030年)》　通知》（国函〔2015〕160号），原则同意《全国水土保持规划(2015—2030年)》。《通知》要求，要认真落实党中央、国务院关于生态文明建设的决策部署，树立尊重自然、顺应自然、保护自然的理念，坚持预防为主、保护优先，全面规划、因地制宜，注重自然恢复，突出综合治理，强化监督管理，创新体制机制，充分发挥水土保持的生态、经济和社会效益，实现水土资源可持续利用，为保护和改善生态环境、加快生态文明建设、推动经济社会持续健康发展提供重要支撑。

通过《规划》实施，到2020年，基本建成水土流失综合防治体系，全国新增水土流失治理面积32万平方公里，年均减少土壤流失量8亿吨；到2030年，建成水土流失综合防治体系，全国新增水土流失治理面积94万平方公里，年均减少土壤流失量15亿吨。

10月8日　《国家发展改革委办公厅关于开展可再生能源就近消纳试点的通知》（发改办运行[2015]2554号）印发。决定在甘肃省和内蒙古自治区部分地区开展可再生能源就近消纳试点工作为其他地区积累经验。

10月9日　国家发展改革委、国家能源局、工信部、住建部四部委联合印发《电动汽车充电基础设施发展指南（2015-2020年）》，为全国范围内开展电动汽车充电基础设施建设吹响号角。国家电网公司规划到2020年建成公共快充站6100座、充电桩5.9万个，为公司经营区域368万辆电动乘用车提供公共领域充电保障。加快“四纵四横”建设，全面覆盖京津冀鲁网络，建成后将总计覆盖城市202个，高速公路3.6万公里，在北京、天津、上海、南京、杭州、青岛等重点城市建成半径不超过1公里的公共快充网络。今年开工建设快充站1888座、充电桩1.4万个，力争2016年6月底全部投产。

10月11日　国务院办公厅印发《关于推进海绵城市建设的指导意见》（国办发〔2015〕75号），坚持生态为本、自然循环。坚持规划引领、统筹推进。坚持政府引导、社会参与。

建设目标：通过海绵城市建设，综合采取“渗、滞、蓄、净、用、排”等措施，最大限度地减少城市开发建设对生态环境的影响，将70%的降雨就地消纳和利用。到2020年，城市建成区20%以上的面积达到目标要求；到2030年，城市建成区80%以上的面积达到目标要求。

《意见》提出，统筹推进新老城区海绵城市建设。从2015年起，全国各城市新区、各类园区、成片开发区要全面落实海绵城市建设要求。老城区要结合城镇棚户区和城乡危房改造、老旧小区有机更新等，以解决城市内涝、雨水收集利用、黑臭水体治理为突破口，推进区域整体治理，逐步实现小雨不积水、大雨不内涝、水体不黑臭、热岛有缓解。各地要建立海绵城市建设工程项目储备制度，编制项目滚动规划和年度建设计划，避免大拆大建。

《意见》提出，推进海绵型建筑和相关基础设施建设。推广海绵型建筑与小区，因地制宜采取屋顶绿化、雨水调蓄与收集利用、微地形等措施，提高建筑与小区的雨水积存和蓄滞能力。推进海绵型道路与广场建设，改变雨水快排、直排的传统做法，增强道路绿化带对雨水的消纳功能，在非机动车道、人行道、停车场、广场等扩大使用透水铺装，推行道路与广场雨水的收集、净化和利用，减轻对市政排水系统的压力。大力推进城市排水防涝设施的达标建设，加快改造和消除城市易涝点；实施雨污分流，控制初期雨水污染，排入自然水体的雨水须经过岸线净化；加快建设和改造沿岸截流干管，控制渗漏和合流制污水溢流污染。结合雨水利用、排水防涝等要求，科学布局建设雨水调蓄设施。

《意见》提出，推进公园绿地建设和自然生态修复。加强对城市坑塘、河湖、湿地等水体自然形态的保护和恢复，禁止填湖造地、截弯取直、河道硬化等破坏水生态环境的建设行为。恢复和保持河湖水系的自然连通，构建城市良性水循环系统，逐步改善水环境质量。加强河道系统整治，因势利导改造渠化河道，重塑健康自然的弯曲河岸线，恢复自然深潭浅滩和泛洪漫滩，实施生态修复，营造多样性生物生存环境。

10月12日　国家能源局会同有关部门在江苏省常州市召开电动汽车充电基础设施促进联盟成立暨建设经验现场会，贯彻党中央、国务院有关决策精神，落实国务院常务会议关于加快电动汽车充电基础设施建设的有关部署，成立国家电动汽车充电基础设施促进联盟，交流建设经验，推动全国电动汽车充电基础设施建设。国家能源局副局长郑栅洁出席会议，宣读了国务院副总理马凯同志的贺词，宣布国家电动汽车充电基础设施促进联盟正式成立并做具体工作布置。

北京市、浙江省、深圳市、常州市政府，以及国家电网公司、中国普天集团公司、万帮新能源公司等单位交流了电动汽车充电基础设施建设经验。

10月12日　“2015中国光伏领袖峰会”举行。会议透露，光伏补贴未来8至10年不会停，重点发展分布式光伏。同时，加大领跑者示范基地建设，实现高补贴政策依赖模式向低补贴竞争力提高模式转变。

10月13日　经过4年多的研究，由工业和信息化部节能与综合利用司提出，并组织相关研究机构、行业机构及企业广泛参与和通力协作完成的《生态设计产品评价通则》、《生态设计产品标识》、《生态设计产品评价规范家用洗涤剂》等系列国家标准，由国家标准委批准发布。该系列标准参考国际先进经验，并充分考虑我国当前发展阶段和产品生命周期评价数据基础，建立了阶段性的评价指标体系与生命周期评价相结合的方法，为我国建立和完善生态设计产品评价制度提供坚实的技术支撑，并为中共中央、国务院印发的《生态文明体制改革总体方案》提出的“建立统一的绿色产品体系”提供标准依据。

10月15日　全国政协召开第八届中国人口资源环境发展态势分析会，研究推进生态文化、海洋文化建设。国家发展和改革委副主任张勇介绍了“十二五”以来我国生态文明建设取得的积极成效，分析了面临的形势和存在的问题，汇报了下一步几项重点工作考虑。张勇指出，我国资源环境产生的问题，很重要的一个原因就是生态文明理念没有得到牢固树立，全社会的生态文明意识有待增强，推进生态文明建设，首先要转变观念、文化先行，把大力弘扬生态文化作为推进生态文明建设的一项重要任务和抓手，一要弘扬生态文明主流价值观，将生态文明纳入社会主义核心价值体系，使每一个公民都成为生态文明的重要建设者；二要开展全民生态文化教育，加强艰苦奋斗优良作风和基本国情教育，传承中华民族勤俭节约传统美德，在社会公众特别是青少年中开展生态文化教育；三要进行深入持久的宣传，组织实施好节能减排全民行动、节俭养德全民节约行动、反食品浪费行动等主题活动。

10月21日　2015节能与新能源汽车产业发展规划成果展览会在北京举行。成果汇报及展示会由工业和信息化部、财政部、科技部、国家发展和改革委共同主办。成果汇报及展示会主要由会议和展会两大部分构成。其中，作为成果汇报及展示会期间重要活动之一，　以“选择•行动——未来从现在开始”为主题的2015（第三届）节能与新能源汽车产业发展规划成果展览会在前两届展会成功举办的基础上，分设整车展区、关键零部件展区、充电设施展区和试点城市展区，重点展示25个创新工　程项目研究成果基础上，全面展示节能与新能源汽车产业发展的最新成果。

一汽集团、东风集团、上汽集团、北汽集团、长安集团、比亚迪汽车、江淮汽车、吉利汽车、奇瑞汽车、长城汽车等国内主流乘用车企业携红旗、奔腾、风神、荣威等品牌数十款全新的节能车型、混合动力车型、替代燃料车型、插电式混合动力车型、纯电动车型和燃料电池车型悉数亮相，宇通客车、安凯客车、中通客车、五洲龙客车、南车时代、东湖新能源、北汽福田等商用车企业也携采用最新、最前沿技术的节能环保客车、商用车参展，一汽丰田、华晨宝马、东风日产、上汽通用、通用中国、沃尔沃、丰田中国、北京奔驰等合资、外资企业也携宝马、之诺、启辰、凯迪拉克、别克、雪佛兰、沃尔沃、雷克萨斯、丰田、奔驰等品牌全新节能与新能源车型参展，台湾太源创新公司也将携新能源商用车产品首次在大陆车展亮相。此次车展还有一大亮点：工信部、财政部和科技部自2012年启动“新能源汽车产业技术创新工程”，成效显著。24家新能源汽车产业技术创新工程参与企业，携25个项目上百项技术和产品成果首次集中亮相。万向、沃特玛、宁德时代新能源、山东威能、中航锂电、比克电池、神工光电、力神电池、内蒙古稀奥科镍氢动力电池有限公司等国内一流动力电池企业将集中参展。

10月21日　中国国家能源局和大不列颠及北爱尔兰联合王国能源与气候变化部在伦敦签署并发表《2015民用核能领域合作声明》。

10月21日，在中国国家主席习近平与英国首相戴维•卡梅伦的见证下，中国广核集团（CGN）与法国电力集团（EDF）在伦敦签署关于建设和运营英国欣克利角C核电站的《英国核电项目投资协议》。

10月22日　全国节能与新能源汽车产业发展推进工作座谈会在京召开。中共中央政治局常委、国务院总理李克强作出重要批示。批示指出：加快发展节能与新能源汽车，是促进汽车产业转型升级、抢占国际竞争制高点的紧迫任务，也是推动绿色发展、培育新的经济增长点的重要举措。要突出重点、合理布局，针对产业发展的“瓶颈”和“短板”，着力突破核心技术和关键零部件制约、提升自主创新能力和技术水平，落实和完善扶持政策、优化配套环境，创新商业模式、扩大先进适用的节能与新能源汽车的市场应用，走出一条健康可持续的产业发展新路，为经济增长和民生改善注入新动力。

中共中央政治局委员、国务院副总理马凯出席会议并讲话。他强调，要深入贯彻李克强总理重要批示精神，坚持“市场主导、创新驱动、重点突破、协调发展”，落实完善政策措施，建立公平市场秩序，从供给和需求两方面发力，加快动力电池革命性突破，大力推进充电设施建设，努力实现2020年新能源汽车规划目标，加快把我国建设成为新能源汽车强国。

马凯充分肯定了节能与新能源汽车产业发展规划发布实施以来取得的喜人成绩，全面分析了今后时期面临的风险挑战和困难问题。马凯指出，发展新能源汽车如逆水行舟，不进则退，要进一步增强紧迫感、责任感，采取更加有力有效措施，扎实推进各项工作，加快把新能源汽车搞上去。要抓住动力电池这个核心，明确近期发展路线，实施锂电升级工程，完善研发测试条件，推动电池技术早日实现革命性突破。要突破充电设施制约瓶颈，加强规划指导，完善标准规范，加大扶持力度，鼓励商业创新，加快建成适度超前的充电基础设施体系。要打破地方保护壁垒，取消限行限购，加强质量安全监管，建立统一开放、有序竞争的全国市场。要强化企业内生动力，研究制定燃油消耗量管理办法，建立油耗积分交易制度，形成既有激励、又有约束的长效机制。

10月23日　第六届中美能效论坛在美国华盛顿举行，来自中美两国政府部门、研究机构和企业的200多名代表参会。本次论坛包括主论坛和工业能效、建筑能效等5个分论坛。双方围绕中国工业绿色发展、电机系统能效提升、内燃机能效提升、锅炉能效及标准、绿色数据中心等主题进行了交流，并就进一步加强中美在工业能效提升、技术升级等领域的双边合作进行了深入讨论。分论坛取得了良好的效果。

10月24日　环境保护部、公安部、财政部、交通运输部、商务部等五部门近日联合印发《关于全面推进黄标车淘汰工作的通知》，从强化执法监管、严格报废注销、加强政策引导、严格检验检测、严格报废监管等方面着手，全力推进黄标车淘汰工作。

10月27日　中国适应气候变化二期项目（ACCCⅡ）第二次指导委员会会议在国家发展改革委召开。国家发展改革委气候司司长苏伟与瑞士发展合作署查斐参赞共同主持会议，国家发展改革委气候司、商务部国际经贸关系司、瑞士发展合作署及项目办有关人员参加了会议。会议回顾了项目启动一年来在国家、省级两个层面开展的工作和取得的成绩，并讨论了明年的工作方向和工作计划。

中国适应气候变化二期项目（ACCCⅡ）执行期为2014年至2017年，旨在将适应气候变化纳入国家和省级发展政策，支持制定和实施涵盖各关键领域的综合省级适应规划，并与其他发展中国家分享其中的经验和教训。

10月28～29日　中共十八届五中全会首次提出“创新、协调、绿色、开放、共享”发展理念，把“绿色发展”列入“五大发展理念”，将绿色发展战略植入全面小康社会建设之中，绘制了全面建成小康社会决胜期的宏伟蓝图。

全会通过的《中共中央关于制定国民经济和社会发展第十三个五年规划的建议》提出，坚持绿色发展，着力改善生态环境。推动低碳循环发展。推进能源革命，加快能源技术创新，建设清洁低碳、安全高效的现代能源体系。推进交通运输低碳发展。提高建筑节能标准，推广绿色建筑和建材。主动控制碳排放，加强高能耗行业能耗管控，有效控制电力、钢铁、建材、化工等重点行业碳排放，支持优化开发区域率先实现碳排放峰值目标，实施近零碳排放区示范工程。开展大规模国土绿化行动，增加森林面积和蓄积量。扩大退耕还林还草，加强草原保护。加强水生态保护。开展蓝色海湾整治行动。加强地质灾害防治。

10月29日　国家发展和改革委、住房城乡建设部印发《余热暖民工程实施方案》。

10月30～31日　“基础四国”第二十一次气候变化部长级会议在北京举行。中共中央政治局常委、国务院副总理张高丽接见了参会代表。中国气候变化事务特别代表解振华、巴西环境部长特谢拉、印度环境森林和气候变化部长贾瓦德卡尔、南非环境事务部长代表博蒙特等出席会议。

四国代表就联合国气候变化巴黎会议成果和谈判中的重要问题深入交换了意见，取得广泛共识。四国认为，巴黎会议是全球气候治理进程中的里程碑，将达成2020年后加强气候行动的协议。四国强调，巴黎协议必须在联合国气候变化框架公约下，遵循公约原则和规定，特别是公平、共同但有区别的责任和各自能力原则。巴黎协议应充分照顾发展中国家关切，确保发展中国家公平获取可持续发展的权利。四国认为，发展中国家已经采取了积极行动应对气候变化，力度甚至远超发达国家，发达国家应按照公约要求，不断加大减排力度，并持续为发展中国家应对气候变化提供充足的支持，特别是发达国家应尽快落实到2020年每年为发展中国家提供1000亿美元气候资金的承诺，并在2020年后持续加大支持力度。四国欢迎印度主办下一次“基础四国”部长级会议。部长级会议前还举行了“基础四国”专家会议和谈判代表会议。

会后，“基础四国”举行了联合新闻发布会，发表了《“基础四国”第二十一次气候变化部长级会议联合声明》，并回答了媒体提问。新闻发布会后，解振华特别代表接受了媒体记者集体采

十一月

11月2日　国家发展和改革委、工业和信息化部、国家质检总局印发《家用电冰箱能效“领跑者”制度实施细则》《平板电视能效“领跑者”制度实施细则》《转速可控型房间空气调节器能效“领跑者”制度实施细则》。

11月3日　中共中央总书记习近平在关于《中共中央关于制定国民经济和社会发展第十三个五年规划的建议》的说明指出，“十三五”时期我国发展，既要看速度，也要看增量，更要看质量，要着力实现有质量、有效益、没水

分、可持续的增长，着力在转变经济发展方式、优化经济结构、改善生态环境、提高发展质量和效益中实现经济增长。

习近平指出，关于实行能源和水资源消耗、建设用地等总量和强度双控行动。推进生态文明建设，解决资源约束趋紧、环境污染严重、生态系统退化的问题，必须采取一些硬措施，真抓实干才能见效。实行能源和水资源消耗、建设用地等总量和强度双控行动，就是一项硬措施。这就是说，既要控制总量，也要控制单位国内生产总值能源消耗、水资源消耗、建设用地的强度。这项工作做好了，既能节约能源和水土资源，从源头上减少污染物排放，也能倒逼经济发展方式转变，提高我国经济发展绿色水平。

习近平指出，“十一五”规划首次把单位国内生产总值能源消耗强度作为约束性指标，“十二五”规划提出合理控制能源消费总量。现在看，这样做既是必要的，也是有效的。根据当前资源环境面临的严峻形势，在继续实行能源消费总量和消耗强度双控的基础上，水资源和建设用地也要实施总量和强度双控，作为约束性指标，建立目标责任制，合理分解落实。要研究建立双控的市场化机制，建立预算管理制度、有偿使用和交易制度，更多用市场手段实现双控目标。

习近平强调，我们将牢固树立创新、协调、绿色、开放、共享的发展理念。坚持创新发展，就是要把创新摆在国家发展全局的核心位置，让创新贯穿国家一切工作，让创新在全社会蔚然成风。坚持协调发展，就是要重点促进城乡区域协调发展，促进经济社会协调发展，促进新型工业化、信息化、城镇化、农业现代化同步发展，在增强国家硬实力的同时注重提升国家软实力，不断增强发展整体性。坚持绿色发展，就是要坚持节约资源和保护环境的基本国策，坚持可持续发展，形成人与自然和谐发展现代化建设新格局，为全球生态安全作出新贡献。坚持开放发展，就是要奉行互利共赢的开放战略，发展更高层次的开放型经济，积极参与全球经济治理和公共产品供给，构建广泛的利益共同体。坚持共享发展，就是要坚持发展为了人民、发展依靠人民、发展成果由人民共享，使全体人民在共建共享发展中有更多获得感，朝着共同富裕方向稳步前进。

11月3日　《江苏省重大节能环保技术装备与产品产业化推进方案》印发。

11月4日　全国再生资源回收暨流通领域节能工作座谈会在北京召开。会上，国务院发展研究中心、中国商业联合会、中国质量认证中心有关同志分别就《中共中央国务院关于加快推进生态文明建设的意见》、《绿色商场》行业标准（报批稿）、《零售企业能源管理体系建设指引》进行了解读。

11月4日　工信部发布《对省（区、市）及新疆生产建设兵团2014年淘汰落后产能工作目标任务完成情况的公告》。经考核，电力、煤炭、炼铁、炼钢等18个行业均完成了2014年淘汰落后和过剩产能目标任务。全国共淘汰电力产能486万千瓦、煤炭2.3亿吨、炼铁2823万吨、炼钢3113万吨、焦炭1853万吨、铁合金262万吨、电石194万吨、电解铝51万吨、铜冶炼76万吨、铅冶炼36万吨、水泥（熟料及粉磨能力）8773万吨、平板玻璃3760万重量箱、造纸547万吨、制革622万标张、印染20.9亿米、化纤11万吨、铅蓄电池（极板及组装）3020万千伏安时、稀土11.4万吨。

11月9日　国家能源局在京召开全国“十三五”能源规划工作座谈会。会议指出，“十三五”时期是全面建成小康社会、实现第一个百年奋斗目标的决胜阶段，是贯彻落实习近平总书记关于能源发展“四个革命、一个合作”战略思想的第一个五年规划期。做好能源规划工作，必须以转变能源发展方式和提高能源发展质量为中心，着力推进能源生产和消费革命，着力推进能源创新发展、协调发展、绿色发展、开放发展和共享发展，努力建设清洁低碳、安全高效的现代能源体系，为全面建成小康社会、实现建党百年奋斗目标提供安全可靠的能源保障。

会议强调，遵循五中全会确定的“五大发展理念”，“十三五”时期能源发展改革的主要任务，要从以下五个方面来谋划：一是坚持创新发展。二是坚持协调发展。三是坚持绿色发展。四是坚持开放发展。五是坚持共享发展。

11月11日　由国家气候战略中心主办的应对气候变化法高级别研讨会在京举办。来自全国人大法工委、全国人大环资委、国务院法制办、外交部等应对气候变化法律起草工作领导小组各成员单位和相关研究机构、企业、社会组织及国际机构的代表出席会议。

国家发展和改革委气候司副司长李高在开幕式上宣读了国家发展和改革委副主任张勇的致辞，强调要充分认识新形势下做好应对气候变化工作的重大意义和“依法治国、依法行政”对应对气候变化立法工作的紧迫要求，要在已有工作的基础上，加强部门间的协调配合，广泛听取各方意见，加快推进应对气候变化法的立法工作。国家气候变化专家委员会主任杜祥琬院士、国务院参事室刘燕华参事出席会议并讲话，李高和国家气候战略中心李俊峰主任分别介绍了应对气候变化法立法工作的进展、目前法律草案的主要内容和对相关重大制度安排的考虑。会议嘉宾围绕国内应对气候变化相关立法进展、国外应对气候变化立法经验、地方应对气候变化立法实践及对国家层面立法的需求等进行了专题发言，与会代表进行了交流研讨。

11月13日　在第九届中国（合肥）国际家用电器暨消费电子博览会上，工业和信息化部发布了2015年中国节能家电“能效之星”产品，包括电动洗衣机、热水器、液晶电视、房间空气调节器、家用电冰箱等5大类14种类型的

77个型号产品。

11月16日　环保部印　《关于加快推动生活方式绿色化的实施意见》（环发[2015]135号），坚持节约资源和保护环境基本国策，通过宣传教育，弘扬生态文明价值理念，传播社会主义核心价值观;完善政策，建立系统完整的制度体系;引导实践，倡导绿色生活方式，为生态文明建设奠定坚实的社会、群众基础。

主要目标：到2020年，生态文明价值理念在全社会得到推行，全民生活方式绿色化的理念明显加强，生活方式绿色化的政策法规体系初步建立，公众践行绿色生活的内在动力不断增强，社会绿色产品服务快捷便利，公众绿色生活方式的习惯基本养成，最终全社会实现生活方式和消费模式向勤俭节约、绿色低碳、文明健康的方向转变，形成人人、事事、时时崇尚生态文明的社会新风尚。

11月18日　中国国家主席习近平在亚太经合组织工商领导人峰会上发表主旨演讲称，我们将把生态文明建设融入经济社会发展各方面和全过程，致力于实现可持续发展。我们将全面提高适应气候变化能力，坚持节约资源和保护环境的基本国策，建设天蓝、地绿、水清的美丽中国。

11月18日　2015中国国际节能低碳创新技术与装备博览会节能与生态文明建设高峰论坛在北京开幕，国家发展改革委副主任张勇出席高峰论坛并做主旨演讲。

张勇指出，“十三五”时期必须牢固树立绿色发展理念，遵循节约资源和保护环境的基本国策，坚持走生产发展、生活富裕、生态良好的文明发展道路，加快建设资源节约型、环境友好型社会。贯彻落实党的十八届五中全会精神，围绕全面节约和高效利用能源资源，应当突出抓好以下五项工作：第一，实施能源消费总量和强度双控行动。第二，调整优化产业结构，实现生产方式绿色化。第三，实施全民节能行动计划。第四，创新节能管理体制机制。第五，大力倡导和培育绿色生活方式。

11月19日　国务院新闻办公室举行《中国应对气候变化的政策与行动2015年度报告》新闻发布会，中国气候变化事务特别代表解振华介绍了2014年以来我国应对气候变化主要工作进展及我国参加联合国气候变化巴黎会议有关情况，我国对巴黎会议达成协议成果的立场主张，实现二氧化碳排放峰值，“十三五”时期推进绿色低碳发展的主要考虑，碳排放权交易试点等问题。

《年度报告》称，2014年以来，中国在应对气候变化各个领域积极采取措施，取得显著成效。发布《国家应对气候变化规划（2014-2020年）》。向联合国气候变化框架公约秘书处提交了中国国家自主决定贡献文件。通过调整产业结构、节能与提高能效、优化能源结构、控制非能源活动温室气体排放、增加森林碳汇等举措，努力控制温室气体排放，2014年单位GDP二氧化碳排放同比下降了6.2%，比2010年累计下降15.8%，完成了“十二五”碳强度下降目标的92.3%。

11月19日　国家质量监督检验检疫总局、国家标准化管理委员会批准《工业企业温室气体排放核算和报告通则》等11项国家标准，2016年6月1日起正式实施。11项温室气体管理国家标准，包括《工业企业温室气体排放核算和报告通则》，以及发电、钢铁、民航、化工、水泥等10个重点行业温室气体排放核算方法与报告，都对企业温室气体排放“算什么，怎么算”提出了统一要求。

11月25日　在2015森林城市建设座谈会上，河北省石家庄市等21个城市被批准为“国家森林城市”。这21个城市是：河北省石家庄市，内蒙古自治区鄂尔多斯市，辽宁省营口市和葫芦岛市，浙江省绍兴市和义乌市，安徽省黄山市和宣城市，福建省漳州市和龙岩市，江西省南昌市和宜春市，山东省济南市、青岛市和泰安市，湖北省荆门市和咸宁市，湖南省永州市，广东省东莞市，云南省普洱市，青海省西宁市。目前，全国已有96个城市获得“国家森林城市”称号。

11月25日　工信部、国家发展和改革委、质检总局联合制定《高耗能行业能效“领跑者”制度实施细则》，旨在建立高耗能行业能效“领跑者”制度，定期发布单位产品能耗最低的高耗能行业能效“领跑者”企业名单及其能效指标。细则规定了实施范围，选择乙烯、合成氨、水泥、平板玻璃、电解铝等行业先行先试。以后还将逐步扩展范围，形成覆盖钢铁、石化和化工、建材、有色金属、轻工等高耗能行业能效“领跑者”制度。

11月26日　工信部印　《关于在消费品生产领域倡行勤俭节约、反对奢华浪费的通知》。《通知》要求，要落实制度规定，反对奢华浪费；坚持绿色发展，倡行勤俭节约；认真履行职责，强化监督检查。

11月27日　总投资超过100亿元的我国机组额定水头最高的抽水蓄能电站开工建设，这是我国机组额定水头最高的抽水蓄能电站。长龙山电站位于浙江省湖州市安吉县天荒坪镇和山川乡境内，为日调节纯抽水蓄能电站。电站安装6台35万千瓦可逆式水泵水轮发电机组，总装机容量210万千瓦，装机规模位居国内已建、在建抽水蓄能电站前三位。该电站额定水头高达710米，仅次于日本葛野川抽水蓄能电站，位居世界第二、中国第一。电站计划2017年3月主厂房顶拱开始开挖，预计2021年10月首台机组投产发电，2023年3月全部机组投产发电，2024年1月下旬工程完工。电站的开发建设也标志着我国在抽水蓄能电站设计、施工、装备制造等领域迈上新台阶。

11月30日　联合国气候变化框架公约第21次缔约方会议暨《京都议定书》第十一次缔约方大会在法国巴黎开幕，包括中国国家主席习近平在内的约150个国家领导人出席气候变化巴黎大会开幕活动，充分展现了国际社会推动本次会议取得积极成果的政治决心。巴黎会议期间，196个缔约方将重点围绕2020年后国际合作应对气候变化新机制展开为期两周的谈判和磋商，力争达成全面、均衡、有力度、有约束力的协议。国家主席习近平出席了开幕式并发表题为《携手构建合作共赢、公平合理的气候变化治理机制》的重要讲话。

11月30日　在联合国气候变化框架公约第21次缔约方会议暨《京都议定书》第11次缔约方大会在法国巴黎开幕式上，中国国家主席习近平出席了开幕式并发表题为《携手构建合作共赢、公平合理的气候变化治理机制》的重要讲话，并会见美国总统奥巴马，就共同推进巴黎协议谈判进程，合力推动本届气候变化大会实现预期目标交换了意见。

习近平主席在发言中全面阐述了中方对协定的原则看法，指出协定应该有利于实现公约目标，引领绿色发展；有利于凝聚全球力量，鼓励广泛参与；有利于加大资源投入，强化行动保障；有利于照顾各国国情，讲求务实有效。习近平主席的讲话为协定谈判提供了有力的政治指导和推动力。

习近平指出，中国在今年9月宣布设立200亿元人民币的中国气候变化南南合作基金。中国将于明年启动在发展中国家开展10个低碳示范区、100个减缓和适应气候变化项目及1000个应对气候变化培训名额的合作项目，继续推进清洁能源、防灾减灾、生态保护、气候适应型农业、低碳智慧型城市建设等领域的国际合作，并帮助他们提高融资能力。”

联合国秘书长潘基文对习近平主席为巴黎大会做出的努力与贡献给予高度赞赏，称中国为达成巴黎气候协议发挥“强有力的领导作用”

11月30日～12月13日　联合国气候变化巴黎大会达成了全面、均衡、有约束力的，也是适用于所有各方的巴黎协定。中国为巴黎气候大会作出突出贡献。以中国政府特别代表解振华为团长的中国代表团中方团队本着负责任、合作精神和建设性态度参与谈判，为促成巴黎大会达成协议作出了重要贡献，充分展现了中国在应对气候变化问题上负责任的大国担当。

巴黎大会期间，中国代表团举行了巴黎大会“中国角”系列活动，广泛宣传与展示中国应对气候变化的实践与成就，引起广泛关注。

11月30日　国家发展和改革委应对气候变化司苏伟司长在巴黎会议现场接受了中央电视台英语频道连线直播采访。苏伟指出，习主席的重要讲话不仅为应对全球气候变化带来了举措，更为谈判带来了信心和决心，相信有了全球领导者的政治意愿和政治动力，巴黎会议将取得丰硕成果。同时，苏伟司长还就共同但有区别的责任、绿色基金、中国在全球应对气候变化行动中的作用、应对气候变化和环境污染治理的协同治理、气候变化问题对当前国际治理体系的挑战、中国谈判立场和面临的最大挑战等焦点问题深入阐述了中国的立场和观点。

11月　环境保护部、中国科学院印发《全国生态功能区划（修编版）》。新修编的《全国生态功能区划》包括 3 大类、9 个类型和 242 个生态功能区。确定 63 个重要生态功能区，覆盖我国陆地国土面积的49.4%。 新修编的区划进一步强化生态系统服务功能保护的重要性，加强了与《全国主体功能区规划》的衔接，对构建科学合理的生产空间、生活空间和生态空间，保障国家和区域生态安全具有十分重要的意义。

《全国生态功能区划（2015 年修编）》的范围为我国内地 31 个省级行政单位的陆域，未包括香港特别行政区、澳门特别行政区和台湾省。

十二月

12月1日　国家发展改革委气候司和亚洲开发银行共同主办的“中国—亚行气候变化高级别边会”在联合国气候变化巴黎会议“中国角”举行。中国代表团团长、中国气候变化事务特别代表解振华、亚洲开发银行行长中尾武彦、中国财政部国际财金合作司副司长杨英明等出席并致辞。中国代表团副团长、国家发展改革委应对气候变化司苏伟司长主持。青岛市发改委、国家气候战略中心、能源基金会等机构官员和专家围绕中国应对气候变化取得的成就和面临的挑战、中国与亚行在气候变化领域合作成果以及国际组织在促进减排中的作用等议题展开讨论。

中国气候变化事务特别代表解振华在致辞中介绍了中国2020年后应对气候变化自主贡献文件和中国2030年的自主行动目标。会上发布了由中国和亚行合作完成的“中国碳捕集示范和应用路线图”成果报告。

12月1日　中国治理沙漠应对气候变化分享边会在联合国气候变化巴黎会议“中国角”举行。中国代表团团长、中国气候变化事务特别代表解振华、联合国副秘书长兼亚太经社会执行秘书阿赫塔尔、联合国防治沙漠化公约秘书处执行秘书芭布、中国亿利资源集团董事长王文彪等出席并致辞。联合国环境规划署、世界银行、全球环境基金、世界自然保护联盟、亚洲开发银行、法国信托投资局等国际机构的代表和专家围绕防治荒漠化、应对气候变化和促进可持续发展等议题发言和讨论。

解振华在致辞中表示，中国是世界上受荒漠化影响最为严重的国家之一，也是荒漠化防治成效最为显著的国家。中国愿与联合国防治荒漠化公约等加强合作，扩大国际适应气候变化资金规模，加强防沙治沙技术创新和推广应用，并在中国气候变化南南合作基金框架下为发展中国家适应气候变化提供实实在在的帮助。

12月1日　联合国气候变化巴黎会议期间，中国（深圳）国际气候影视大会选送的“中国应对气候变化的民间表达”影视作品，包括《长江，长江》、《提倡低碳生活，共享碧水蓝天》、《牧人巴让》、《气候变化与粮食安全》、《提倡低碳生活》、《绿•道》等六部纪录片，以及中国气象局华风影视集团选送的《应对气候变化——中国在行动》、安徽科技出版社选送的《与世界同行——中国应对气候变化行动纪实》、中央新影集团选送的《0.85℃》等专题纪录影视作品在“中国角”循环展映，全面展示中国各方面推动低碳发展的努力和成效。

12月2日　国务院总理李克强主持召开国务院常务会议，决定全面实施燃煤电厂超低排放和节能改造，大幅降低发电煤耗和污染排放。

会议指出，按照绿色发展要求，落实国务院大气污染防治行动计划，通过加快燃煤电厂升级改造，在全国全面推广超低排放和世界一流水平的能耗标准，是推进化石能源清洁化、改善大气质量、缓解资源约束的重要举措。会议决定，在2020年前，对燃煤机组全面实施超低排放和节能改造，使所有现役电厂每千瓦时平均煤耗低于310克、新建电厂平均煤耗低于300克，对落后产能和不符合相关强制性标准要求的坚决淘汰关停，东、中部地区要提前至2017年和2018年达标。改造完成后，每年可节约原煤约1亿吨、减少二氧化碳排放1.8亿吨，电力行业主要污染物排放总量可降低60%左右。会议要求，对超低排放和节能改造要加大政策激励，改造投入以企业为主，中央和地方予以政策扶持，并加大优惠信贷、发债等融资支持。中央财政大气污染防治专项资金向节能减排效果好的省份适度倾斜。同时，要结合“十三五”规划推出所有煤电机组均须达到的单位能耗底限标准。

12月2日　国家发展改革委、环保部、国家能源源印发《关于实行燃煤电厂超低排放电价支持政策有关问题的通知》，明确电价支持标准，实行事后兑付政策。

12月2日　交通运输部印发《珠三角、长三角、环渤海(京津冀)水域船舶排放控制区实施方案》，　通过设立船舶大气污染物排放控制区（以下简称“排放控制区”），控制我国船舶硫氧化物、氮氧化物和颗粒物排放，改善我国沿海和沿河区域特别是港口城市的环境空气质量，为全面控制船舶大气污染奠定基础。

12月3日　工信部举办的2015区域工业绿色转型发展试点“院士专家行”活动。当前和今后一段时间，工信部将进一步强化绿色理念，构建高效、清洁、低碳、循环、可持续的绿色制造体系。作为落实《中国制造2025》的重大举措，《绿色制造工程实施方案》有望近期出台实施，将重点推进四项任务：一是实施传统制造业绿色改造。二是推进资源循环利用绿色发展。三是推动绿色制造技术创新和产业应用示范。四是构建绿色制造体系。强化试点示范，大力提升绿色制造基础能力，加快推进绿色制造体系建设。

12月3日　万科集团和深圳市人民政府在联合国气候变化巴黎会议“中国角”共同举办了“共创绿色可持续城市”企业日边会。中国代表团团长、中国气候变化事务特别代表解振华，美国前副总统、气候现实项目发起人戈尔等出席。国内外知名企业、国际组织、地方政府的代表和专家学者围绕企业低碳发展的战略选择、中国和世界低碳绿色智慧城市开发实践、各行业跨界合作等议题探索了城市低碳发展的路径。解振华特别代表在致辞。

12月3日　“全球清洁炉灶联盟中国委员会”成立仪式在巴黎气候大会中国角边会成功举行。全球清洁炉灶联盟首席执行官罗达•穆斯哈和深圳深商联合会会长林慧在中国气候变化事务特别代表解振华和联合国气候变化框架公约办公室主任丹尼尔•维罗尼奇等人的见证下签署了合作协议。由联合国基金会牵头开展的清洁炉灶计划，旨在解决因用明火和非清洁的炉灶烹饪造成的重大健康和环境问题，通过推广清洁炉灶，在改善人们的生活同时，减少可以避免的疾病和死亡，提高妇女的尊严和地位，同时有助于解决全球气候变化问题

12月4日　巴黎市长安娜•伊达尔戈和联合国气候变化城市特别代表麦克•　布隆伯格联合全球致力于应对气候变化的200多位城市领导者，在巴黎市政厅共同主办了“地方城市领袖气候峰会”。开幕式上，法国总统弗朗索瓦•奥朗德出席并讲话，中国气候变化事务特别代表解振华，以及伊斯坦布尔、里约热内卢、首尔和达喀尔四个城市的市长应邀在开幕式上致辞，呼吁全球城市充分协作，共同应对气候变化的严峻挑战。

此次峰会还专门安排了中国城市专场“城市未来——中国的革新与可持续城市化”，邀请北京、深圳、武汉、镇江、兰州、南京、贵阳、宁波等8个中国城市的市领导，介绍了各自应对气候变化和低碳发展的成就和经验。解振华特别代表作了主题发言，阐述了中国在推动地区低碳发展方面的战略思考和政策措施。会后，解振华特别代表还接受了中外媒体的采访，就气候变化谈判等问题回答了记者的提问，进一步阐明了中国的立场。

12月4日　国家发展改革委和国际能源署共同主办的“中国与国际能源署高级别边会”在联合国气候变化巴黎会议“中国角”举行。中国代表团团长、中国气候变化事务特别代表解振华、国际能源署署长法提赫•比罗尔出席并致辞。国内外的官员和专家围绕中国能源低碳发展转型、可再生能源发展和气候变化、中国应对气候变化政策与行动、世界能源展望等议题展开讨论。

解振华特别代表在致辞中表示，中国将加大对节能环保产业和低碳能源产业的“绿色投资”，继续加强与包括国际能源署在内的国际社会合作，推动世界能源走上绿色低碳的发展道路。法提赫•比罗尔署长在致辞中表示，中国是全球能源市场最重要的国家，同时也为解决应对气候变化问题作出了重要贡献。

12月4日　国家发展和改革委环资司主持召开海水淡化产业发展部际协调机制联络员会议。各部门交流了“十二五”海水淡化产业发展工作情况、主要问题及下一步工作打算。近年来我国海水淡化技术装备能力稳步提升，形成了反渗透与低温多效蒸馏两大主流技术，已达到国际先进水平。各部门表示“十三五”期间将继续发挥部门合力，利用好部际协调机制平台，加大对海水淡化产业发展的支持力度。

12月5日 “低碳试点城市率先达峰”主题边会在巴黎会议中国角召开。边会由国家发展改革委气候司和世界银行共同主办，中国代表团团长、中国气候变化事务特别代表解振华出席会议并致辞，世界银行局长羿艾德、全球环境基金主席兼总裁石井菜穗子、镇江市市长朱晓明、兰州市市长袁占亭、美国加州高级顾问肯•艾利克斯等出席了边会并发言。与会的国际组织、国内外地方政府代表和专家学者开展了交流与互动，探讨城市的需求、挑战与机遇，为城市实现低碳发展、率先达峰提供创新的思路与解决方案。

解振华在致辞中指出，中国支持地方低碳发展行动，开展了多层次、多方位的试点示范，试点省市在低碳发展方面取得了明显成效，特别是提出了率先实现排放峰值的目标。下一步，低碳试点城市应在发展理念、资金投入、技术创新、能力提高、体制机制等方面进行拓展，推广试点取得的经验，在实现自身低碳发展转型的同时，也为全国实现排放峰值提供支持。

12月5日 欧盟与中国国家发展和改革委共同举办的“中欧碳排放交易:碳市场的有力信号”会上，解振华特别代表和欧盟气候与能源委员卡涅特作了主旨发言。

解振华指出，中国将积极落实国家自主贡献提出的目标和行动，包括推进碳市场建设，推动运用市场机制实现经济发展与节能减碳和保护气候双赢。欧盟是碳市场的先行者，积累了丰富的经验，也发现了存在的问题，中国在建立全国碳排放权交易市场过程中，将认真学习借鉴欧盟的经验，避免走弯路。中国将与欧盟、韩国等已经建立并运行碳市场的地区和国家扩展交流与合作，共同探索区域间碳市场实现联接的可行性，也希望此次巴黎会议所达成的协议能对发展碳市场有所帮助，为推进应用市场机制应对气候变化发挥积极作用。

12月6日 由国家发展和改革委和联合国环境规划署共同举办的“第二届应对气候变化南南合作高级别论坛”在巴黎会议“中国角”举办。中国代表团团长、中国气候变化事务特别代表解振华、联合国副秘书长吴红波、联合国环境规划署副执行主任易普拉辛•赛奥、联合国气候变化框架公约秘书处协调员纳塞夫、全球环境基金首席执行官兼主席石井菜穗子等出席开幕式。国家发展改革委气候司司长苏伟主持了论坛活动。乍得、毛里塔尼亚、蒙古、尼泊尔、塞舌尔、哥斯达黎加、瑞士等国部长级官员以及联合国秘书长执行办公室、联合国开发计划署、世界自然基金会、国际竹藤组织、同济大学、中国节能环保集团等国际组织、智库和企业代表参会。

解振华在致辞中强调，南南合作是南北合作的重要补充，是发展中国家联合自强、互利共赢、团结互助、实现共同发展的重要途径。2011年至今，中国政府除对外援助外，累计安排4.1亿元人民币（约6500万美元）开展应对气候变化南南合作，支持和帮助非洲国家、最不发达国家和小岛屿国家等应对气候变化。目前，中国已与20多个发展中国家开展了节能和可再生能源利用技术和产品推广项目，为发展中国家培训了数千名应对气候变化领域的官员和技术人员。

解振华指出，从2016年开始，中国将通过双边合作在发展中国家开展低碳示范区、适应和减缓气候变化项目，继续扩大气候变化培训名额，特别是帮助发展中国家提高向绿色气候基金等融资的能力。中国还将加强与有关国际组织和多边金融机构开展合作，以更加有效的行动应对全球气候变化问题。

12月7日 中国代表团团长、中国气候变化事务特别代表解振华在巴黎气候大会期间同联合国大会主席吕克托夫特举行会谈。双方就谈判总体进展和重点分歧解决方案等问题进行了交流。

12月7日 由中国国家发展和改革委和美国加州政府联合举办的“中国-美国加州气候变化合作边会”在巴黎会议“中国角”召开，中国代表团团长、中国气候变化事务特别代表解振华、美国加利福尼亚州州长杰里•布朗出席并致辞。国家发展改革委应对气候变化司蒋兆理副司长主持了本场边会。中美有关政府部门、科研机构和非政府组织的代表就完善碳市场、支持生态新城建设、加强人员交流、创新气候融资、加强政府和学术界合作等进行了深入交流。

12月7日 香港特区政府在巴黎会议“中国角”举办“香港应对气候变化主题边会——应对极端气候风险的高密度都市”，香港环境局局长黄锦星出席并致辞表示，香港特区政府十分重视应对气候变化工作，相关部门通力合作，推行了多项减缓及应对措施。为使香港更低碳宜居，政府制定了新的减排目标，预计到2025年能源强度将比2005年降低40%。作为国际化城市和全球先进经济体，香港希望今后为国家和全球应对气候变化做出积极贡献。

12月8日 为充分宣传中国碳排放权交易市场建设主要进展，加强碳交易领域国际对话与合作，国家发展和改革委气候司联合欧盟气候行动总司、世界银行驻华代表处、中国低碳联盟、国家认证认可监督管理委员会、国家应对气候变化战略研究和国际合作中心、清华大学、北京环境交易所、北京中创碳投科技有限公司等国内外相关机构，在巴黎气候大会“中国角”举办了为期一天的“中国碳市场日”系列主题边会，涉及碳市场政策路线图、低碳投融资途径、企业低碳转型实践、碳排放数据核查与报告等主题，向国际社会系统介绍了中国在推进碳市场建设方面的主要进展和下一步工作部署，并围绕面临的挑战和问题进行了讨论。

中国代表团团长、中国气候变化事务特别代表解振华、欧盟委员会气候行动委员卡涅特出席了首场“中国碳市场建设路径”边会并致辞。解振华指出，中国正加快全国碳市场建设进度，组织开展重点行业企业碳排放数据核算报告与核查，研究制定全国碳排放权总量设定和配额分配方案，制定市场监管规则，深入开展能力建设，推动碳排放权交易的立法进程，为2017年启动全国碳市场作好准备。卡涅特充分肯定了中国应对气候变化的积极贡献以及开展国内碳市场建设的努力和成就，表示欧盟愿为中国碳市场建设继续提供经验和帮助。

随后举行的“绿色金融”、“中国企业在行动”、“中国报告、核查和监测体系建设”三场边会分别围绕绿色低碳融资、企业参与碳交易经验分享、数据透明度和公平性等主题展开了深入的交流和研讨。“中国企业在行动”边会还颁发了2015年“今日变革进步奖”，鼓励有关企业和地方政府在低碳领域的突出表现。

12月9日　国家气候战略中心与世界银行在巴黎会议“中国角”联合举办了“国家自主贡献专题研讨会”，来自世界银行、中国能源研究会、印度管理研究所、国际能源署、韦德经济研究院、法国可持续发展和国际关系研究所、世界资源研究所、国家气候战略中心的国内外专家围绕国家自主贡献（INDC）实现路径及公有和私营部门合作等问题进行了热烈的讨论。国家发展改革委气候司司长苏伟和世界银行副行长Rachel Kyte出席并致辞。

苏伟在致辞中阐述了中国制定INDC的总体考虑，以及中国实现INDC目标将采取的一系列措施和行动。他指出，中国INDC是基于自身发展阶段、现实国情、实际能力出发制定的，既是自身发展的迫切需要，也是负责任大国应尽的国际义务，是有足够力度的，需要付出艰苦卓绝的努力才能实现，体现了中国作为发展中国家积极应对气候变化、努力控制温室气体排放、提高适应气候变化能力并深度参与全球治理、承担合理国际责任的姿态和决心，彰显了对保护全球气候高度负责任的大国担当。

Rachel Kyte副行长强调了世界银行与国家气候战略中心联合开展“支持制定中长期减排目标政策分析项目”的重要意义，希望各国能通过制定本国INDC，探寻应对气候变化的新途径，推动全球应对气候变化。

会上，国家气候战略中心发布了项目技术报告摘要《发展路径创新——对中国国家自主贡献的理解》。

12月上旬　工信部举办的2015区域工业绿色转型发展试点“院士专家行”活动。首批纳入区域工业绿色转型发展试点的包括湖北黄石、安徽铜陵、江西鹰潭、山西朔州、内蒙古包头、辽宁鞍山、河南济源、河北张家口、四川攀枝花、甘肃兰州、江苏镇江等１１个城市，此前的今年６月，这些城市的绿色转型发展试点实施方案已全部获得批复。

联动机制旨在通过加强组织协调、建立常态化的沟通交流机制、为试点城市提供综合性服务等，帮助各城市顺利推进绿色转型试点工作。根据部署，绿色转型发展试点工作，将力争通过３年左右的努力，在资源能源利用效率、污染排放水平、工业结构调整等领域取得突破性进展，在全国率先实现工业绿色转型发展，探索建立具有推广意义的转型路径和模式。

12月9日　由国家发展改革委应对气候变化司与国家应对气候变化战略研究和国际合作中心共同举办的“中国低碳转型高级别研讨会”在联合国气候变化巴黎会议“中国角”举行。联合国副秘书长兼亚太经社会执行秘书阿赫塔尔、国家发展改革委应对气候变化司副司长蒋兆理到会并致辞。国际能源署法提赫•比罗尔署长、中国工程院杜祥琬院士、中国工程院谢克昌院士、国务院参事石定寰、国家气候战略中心李俊峰主任以及来自交通运输部科学研究院、清华大学、能源所、世界资源研究所等研究机构的中外专家围绕中国低碳转型进行了深入探讨。

阿赫塔尔执行秘书在致辞中指出，中国的低碳转型路径将对许多其他发展中国家具有显著的借鉴意义。

蒋兆理副司长在致辞中指出，中国不仅将低碳发展作为解决气候变化问题、实现全球2℃目标的根本途径，并将其作为中国实现可持续发展，建设生态文明的内在要求。

12月7日　北京市空气重污染应急指挥部（以下简称应急办）发布空气重污染红色预警，全市从12月8日7时至10日12时启动最高预警等级。这是北京自2013年《北京市空气重污染应急预案》通过以来首次启动红色预警。12月19日早7时，北京第二次启动红色预警。12月23日，天津和河南首次启动了重污染天气红色应急响应。

12月11日　环境保护部、国家发展和改革委、能源局印发《全面实施燃煤电厂超低排放和节能改造工作方案》。根据《方案》，全面实施煤电行业节能减排升级改造，在全国范围内推广燃煤电厂超低排放要求和新的能耗标准，建成世界上最大的清洁高效煤电体系。

主要目标是：到2020年，全国所有具备改造条件的燃煤电厂力争实现超低排放（即在基准氧含量6%条件下，烟尘、二氧化硫、氮氧化物排放浓度分别不高于10、35、50毫克/立方米）。

全国有条件的新建燃煤发电机组达到超低排放水平。加快现役燃煤发电机组超低排放改造步伐，将东部地区原计划2020年前完成的超低排放改造任务提前至2017年前总体完成；将对东部地区的要求逐步扩展至全国有条件地区，其中，中部地区力争在2018年前基本完成，西部地区在2020年前完成。

全国新建燃煤发电项目原则上要采用60万千瓦及以上超超临界机组，平均供电煤耗低于300克标准煤/千瓦时（以下简称克/千瓦时），到2020年，现役燃煤发电机组改造后平均供电煤耗低于310克/千瓦时。

12月16日　国务院总理李克强主持召开国务院常务会议，批准2015年度国家科学技术奖励评审结果，以南昌大学为第一完成单位的“硅衬底高光效GaN基蓝色发光二极管”项目入选国家技术发明一等奖。在2015年度国家科学技术奖励大会在人民大会上，习近平主席亲自向项目第一完成人南昌大学江风益教授颁奖。这是该奖项中唯一的一项一等奖。南昌大学硅衬底高光效GaN基蓝色发光二极管的诞生，打破了日本蓝宝石衬底、美国碳化硅衬底长期垄断国际LED照明核心技术的局面，使中国成为世界上第三个掌握蓝光LED自主知识产权技术的国家，可以构建中国完全自主的LED产业。

与硅衬底技术并列LED三大技术路线的蓝宝石衬底技术曾获2014年诺贝尔物理学奖。与蓝宝石和碳化硅相比，硅是最具前途的生长氮化镓蓝光LED的衬底材料。世界各国研究者历经40余年的科研攻关，都没有攻克在硅衬底上制备高光效LED芯片关键技术。以江风益教授领队的科研团队历经19年的科研攻关，在LED照明技术上成功研发出硅衬底高光效GaN基蓝色发光二极管，实现了大功率LED芯片的规模化量产，硅衬底LED寿命超过6万小时，成本最低，构建了中国LED产业知识产权池的基石，走出了一条“硅基发光，中国创造”的新路。对我国的LED产业格局和产业安全将产生重大影响。

照明用电约占总用电量的19%，照明节能问题已成为人类各必须面对的棘手问题。所谓LED，就是发光二极管，是一种可以将电能转化为光能的电子器件。节能灯可节能五分之四，而LED比节能灯还要节能1／4，寿命体积非常小，寿命非常长。采用LED照明，将大幅度降低能源消耗和二氧化碳的排放，是固体光源更伟大的改革，正在成为照明行业的主流光源。

12月16日　国务院总理李克强主持召开国务院常务会议，对已列入国家相关规划、具备建设条件的金沙江乌东德水电站、广西防城港红沙核电二期工程“华龙一号”三代核电技术示范机组和江苏连云港田湾核电站扩建工程项目予以核准。这三大项目的建设，对促进节能减排具有重要意义。

12月16日　为促进工业领域生态文明建设，推动工业园区实行生态工业生产组织方式和发展模式，促进工业园区绿色、低碳、循环发展，规范国家生态工业示范园区建设管理工作，环境保护部、商务部、科技部印发《国家生态工业示范园区管理办法》。

12月18～21日　中央经济工作会议指出，保护生态环境，要更加注重促进形成绿色生产方式和消费方式。要坚持创新驱动，注重激活存量，着力补齐短板，加快绿色发展，发展实体经济。

12月18～19日　国家低碳城（镇）试点实施方案专家论证会暨试点工作交流会在北京召开，国家发展和改委应对气候变化司司长苏伟主持会议并作讲话。国家气候变化专家委员会主任委员、中国工程院原副院长杜祥琬院士作为专家组组长主持了专家论证会，对全国8个低碳城（镇）试点单位报来的试点实施方案进行论证，并对方案的进一步修改完善提出了意见和建议。

苏伟指出，开展国家低碳城（镇）试点既是我们努力形成低碳省市、城（镇）、园区、社区全方位国家低碳试点格局的重要组成部分，也是我国展现低碳发展成就、引领全球低碳发展潮流的重要举措。开展低碳城（镇）试点工作要坚持高水准高要求，不仅要把试点建设成为全国范围内低碳发展的先行示范区和标杆，更要打造成中国提升全球低碳影响力、推广低碳发展成果的国际窗口和名片。下一步，气候司为推动国家低碳城（镇）试点工作，一是做好各低碳城（镇）试点实施方案批复工作，指导各试点单位尽快启动试点工作，落实方案中的各项目标任务。二是加大政策支持力度，加快研究制定国家低碳城（镇）试点配套政策，尽快制定并发布国家低碳城（镇）试点评价指标体系，加大对试点资金支持力度。三是加强交流和指导，支持试点单位参加联合国气候变化大会“中国角”、重要国际论坛等活动，提升试点城（镇）国际影响力。同时，气候司拟在首批8家试点单位中选择2家，采取“蹲点”方式指导试点创建工作。

12月21日　国家电网公司发布消息称，截至2015年11月，国网调度范围新能源并网装机容量合计达到14626万千瓦，占总装机的12.4%。国网成全球接入新能源规模最大的电网。

12月21日　工信部莱印发《关于做好淘汰落后和过剩产能相关工作的通知》，确保完成2015年目标任务，全面总结“十二五”工作。

12月22日　国家发展改革委印发《关于完善陆上风电光伏发电上网标杆电价政策的通知》，实行陆上风电、光伏发电（光伏电站，下同）上网标杆电价随发展规模逐步降低等价格政策。

12月24日　采用“华龙一号”的巴基斯坦卡拉奇2号机组开工建设，标志我国跻身全球核电先进技术行列。

12月24日　金沙江乌东德水电站主体工程正式开工建设，这是中国目前已经核准建设的第三大水电站、世界已建和在建的第七大水电站，预计2021年12月全部机组投产发电。

乌东德水电站是川滇界河金沙江下游河段四个水电梯级（乌东德、白鹤滩、溪洛渡、向家坝）的第一个梯级，也是中国继三峡、溪洛渡之后的第三座千万级巨型水电站，世界已建和在建的第七大水电站，装机容量1020万千瓦，多年平均年发电量389.3亿千瓦时。工程动态总投资达1000亿元。开发任务以发电为主，兼顾防洪、航运、拦沙和和促进地方经济社会发展，对川滇两省经济社会发展和“西电东送”具有重要战略意义。

12月25日　联合国气候变化巴黎会议中国代表团总结会在国家发展和改革委内召开。代表团团长、中国气候变化事务特别代表解振华主持会议，代表团第一副团长、外交部副部长刘振民、代表团副团长、气候司司长苏伟、代表团副团长和外交部气候变化谈判特别代表高风及各单位参团人员出席会议。会议对中国代表团出席巴黎会议相关工作进行了全面总结。

解振华特别代表在会上作总结发言，积极评价巴黎会议成果，高度肯定代表团工作，并对下一步工作安排做出部署。作提出了要求。

12月24日　国家发展改革委应对气候变化司在京组织召开中国清洁发展机制基金赠款项目工作部署会，安排部署158个基金赠款项目工作。会议由国家发展改革委气候司副司长李高主持，来自财政部、外交部、科技部、农业部、环境保护部、中国气象局等部委，各省发展改革委等组织申报单位和项目单位代表300多人参加了会议。

会议要求各单位要抓紧落实赠款项目合同签署、项目实施工作，切实按照《清洁发展机制项目运行管理办法》

加强项目管理。

12月28日 “工业绿色发展图片展暨华盛绿色工业基金会成立发布会”在工业和信息化部举行。工业和信息化部副部长辛国斌出席。

12月30日 为加快落实应对气候变化南南合作“十百千”项目工作，与各部门协同推进南南合作，国家发展改革委应对气候变化司组织召开应对气候变化南南合作“十百千”项目落实工作联络协调会，就“十百千”项目方案和工作计划征求意见，并征集落实“十百千”项目的意见和建议。会议围绕应对气候变化南南合作有关工作进展、2016年工作重点考虑等内容展开讨论。外交部、教育部、科技部、工信部、财政部、环保部、住建部、交通部、农业部、商务部、卫生计生委、国家林业局、国管局、中科院、气象局、国家海洋局等各部委有关司局参加会议。与会各部门代表积极发言，根据自身部门现有工作基础，介绍了南南合作的有关项目内容及合作经验，并提出了在气候变化领域的南南合作项目建议。

我国应对气候变化南南合作取得积极进展。截至2015年底，国家发展改革委应对气候变化司已与20个发展中国家签署了22个应对气候变化物资赠送谅解备忘录，累计对外赠送LED灯120余万支，LED路灯9000余套，节能空调2万余台，太阳能光伏发电系统8000余套。其中，与多米尼克、马尔代夫、汤加、斐济、萨摩亚、安提瓜和巴布达、缅甸、巴基斯坦等8个国家的谅解备忘录分别由习近平主席和李克强总理见证签署。共举办11期应对气候变化与绿色低碳发展培训班，培训了来自58个其他发展中国家的500余名气候变化领域的官员和技术人员。上述工作的开展有效地维护了发展中国家团结，树立了我积极负责任大国形象，得到了各方高度好评。

12月31日 中共中央 国务院印发的《关于落实发展新理念加快农业现代化实现全面小康目标的若干意见》提出，优化农业生产结构和区域布局。启动实施种养结合循环农业示范工程，推动种养结合、农牧循环发展。加强渔政渔港建设。大力发展旱作农业、热作农业、优质特色杂粮、特色经济林、木本油料、竹藤花卉、林下经济。加强资源保护和生态修复，推动农业绿色发展。加强农业资源保护和高效利用。加快农业环境突出问题治理。加强农业生态保护和修复。开展农村人居环境整治行动和美丽宜居乡村建设。

12月31日 国家发展和改革委办公厅印发《绿色债券发行指引》。发挥企业债券融资作用，积极探索利用专项建设基金等建立绿色担保基金，加强与相关部门在节能减排、环境保护、生态建设、应对气候变化等领域项目投融资方面的协调配合，努力形成政策合力，破解资源环境瓶颈约束，推动发展质量和效益提高，加快建设资源节约型、环境友好型社会。

2015年 我国新能源汽车发展呈爆发式增长，产量达37.9万辆，同比大幅增长4倍。其中，纯电动乘用车生产14.28万辆，同比增长3倍；插电式混合动力乘用车生产6.36万辆，同比增长3倍。发展新能源汽车已上升到稳增长、调结构、惠民生的战略高度，中国成为全球最大新能源汽车市场。

2015年 我国碳排放交易试点工作加快推进，成效显著。截至2015年底，共有2000多个企事业单位被纳入碳市场，累计配额成交量4978.7万吨CO2，成交额14.1亿元。仅2015年当年配额成交量为3263.9万吨CO2，成交金额8.36亿元，较2014年同比分别增长112%和51%。11月19日，中国气候变化事务特别代表解振华在国务院新闻办公室举行的新闻发布会上称，全国碳排放交易市场体系建设将于2017年启动千亿市场。

截至2015年，北京、上海、天津、重庆、广东、深圳和湖北7个碳排放交易试点均发布了地方碳交易管理办法，共纳入控排企业和单位1900多家，分配碳排放配额约12亿吨。试点排放量占全国碳排放量的18%，试点地区加大对履约的监督和执法力度，2014年和2015年履约率分别达到96%和98%以上。 十四、我国“十二五”水利建设有效应对气候变化局部严重自然灾害 ，受灾损失大幅降低

2015年 到2015年底，我国“十二五”水利规划目标圆满完成，“十二五”是水利投资规模最大、建设进度最快、改革力度最强、综合效益最好、群众受益最多的五年，在我国治水史上写下了浓墨重彩的一笔。在防汛抗旱防台风方面，“十二五”有效应对了局部严重洪涝干旱灾害以及频繁登陆的强台风袭击，灾害损失大幅降低，因灾死亡和失踪人数为新中国成立以来最少。2015年水旱灾害死亡人数、受灾人口、受灾面积、倒塌房屋分别减少74%、46%、44%和86%，其中死亡人数为历史同期最少。2015年在水生态文明建设方面，最严格水资源管理制度和水污染防治行动计划加快落实，13条江河水量分配方案具备报批条件，105个水生态文明城市试点建设扎实推进，完成水土流失综合治理面积5.4万平方公里，治理小流域3000多条，实施坡耕地改造400多万亩，新增农村水电装机200多万千瓦。

2015年 我国高铁节能减排效应明显地提升，第三代轨道交通牵引技术系统投入运行，到2015年底，高铁运营里程达到1.9万公里，居世界第一，占世界高铁总里程的60%以上。高速铁路的能耗大大低于小汽车和飞机，高速铁路每千人公里的二氧化碳排放量不到飞机的四分之一。我国高速铁路的快速发展，极大地优化了铁路能耗结构，减少了对燃油的消耗，同时提高了能源利用效率，节约了能源，极大减少了二氧化碳的排放量，明显地提升了铁路行业的减排效应。

2015年 “十二五”我国森林碳汇能力持续增强，首家跨区域林业碳汇交易试点取得实质性进展。十二五”期间，我国森林面积和蓄积量持续增加，森林碳汇能力持续增强，我国气候恶化趋势已得到遏制。“十二五”期间，完成人工造林2960万公顷、森林抚育3880万公顷，年均分别超过590万公顷和700万公顷。目前，我国森林总面积已

恢复到2.08亿公顷，森林蓄积总量151亿立方米，森林覆盖率达到21.63%。新一轮退耕还林工程正式启动；三北及长江流域等防护林体系建设工程继续稳步推进，启动了退化防护林更新改造试点；京津风沙源治理二期工程和石漠化综合治理工程分别完成林业建设任务367万亩和557万亩。黄土高原地区区域森林覆盖率提高到19.55%，实现了山川大地由“黄”到“绿”的历史性巨变。

全国首家跨区域林业碳汇交易试点北京与承德碳汇交易试点取得实质性进展。截至2015年底，北京碳市场已累计实现京冀碳汇交易7万多吨，创收超过250万元。

2015年　尼诺厄尔现象走强，全国平均气温偏高，平均降水量偏多，极端天气事件频发

根据中国气象局发布的数据，2015年全国天气气候特征，一是全国平均气温比常年偏高0.9℃，与2007年并列历史第一。二是全国平均降水量比常年偏多3.1%。三是全国主要出现了极端高温、极端连续高温日数、极端日降温、极端连续降温、极端日降水量和极端连续降水日数事件，其中74站连续高温日数突破历史纪录，降温幅度普遍达10～20℃，36站日降水量突破历史纪录，25站连续降水日数突破历史纪录。

在厄尔尼诺影响下，2015年全国极端天气气候事件呈现较多特点。夏季新疆高温破历史极值；北方阶段性干旱；主汛期南方出现18次暴雨过程，多地日雨量破纪录，南京、上海、深圳、武汉等多个大中城市频看“海”；江南出现罕见冬汛；“彩虹”登陆广东，多个“龙卷风”随行少见；“苏迪罗”肆虐东南沿海，两次登陆损失巨大；夏季北方阶段性干旱突出。

2015年　我国北方连遭大范围雾霾天气，多个城市首次启动空气重污染红色预警。进入2015年冬季，我国北方连遭大范围雾霾天气。北京、天津、河北、沈阳、长春等等地相继首次启动空气重污染红色预警。11月7日开始，辽宁省沈阳营口、鞍山11个城市达到重度污染以上。8日，沈阳市遭遇六级严重雾霾污染，全市PM2.5均值一度达到1155（微克/立方米），局地雾霾指数一度突破1400（微克/立方米）。12月8日和12月19日，北京两次启动空气雾霾重污染红色预警。12月20日，沈阳市再次遭遇空气重污染红色预警。12月21日，长春市被彻底淹没在雾霾之中。12月23日，天津和河南首次启动重污染天气红色应急预警。上半年北方沙尘天气过程明显偏多，4月北京沙尘暴随9级大风袭击京城。春季罕见沙尘暴袭击北京。

2015年　我国应对气候变化宣传教育不断深入，绿色低碳发展理念逐步深入人心，社会参与度不断提升。2015年，从政府到企业、从媒体到公众，应对气候变化越来越受到社会各界的关注，绿色、低碳发展理念逐步深入人心，应对气候变化的社会参与度不断提升。

2015年中，国家发展改革委会同有关部门组织开展了2015年“全国低碳日”和全国节能宣传周活动。举办了低碳城论坛、中美气候智慧型/低碳城市峰会、“低碳能源城市论坛”等一系列活动。交通运输部组织了公交出行宣传周活动。住房城乡建设部开展了有188个城市县参加的中国城市无车日活动。教育部组织大学生开展节能减排社会实践与科技竞赛。中国气象局制作多语种气候变化宣传片。商务部会同国家发展改革委、中宣部组织开展低碳节能绿色流通行动。国家卫生计生委开展气候变化与健康宣传教育。科技部开展面向社会公众的气候变化宣传教育工作。企业加大低绿色低碳宣传，持续推进节能减排工作取得显著成效。新华社、人民日报、中央电视台、中国国际广播电台、中国日报、中国新闻社等数十家新闻媒体，对联合国巴黎气候大会、中美气候变化联合声明、中国提交国家自主贡献文件、“全国低碳日”、中国应对气候变化十大新闻评选等重大事件与活动进行全方位的充分报道。非政府组织开展了“应对气候变化媒体课堂”、“应对气候变化　记录中国”科学考察、全国中学教师应对气候变化培训、“低碳中国行2015”、“地球一小时”等活动。节能减排进家庭、进社区、进学校等专项活动在全国各地广泛开展。公众通过微信公众号以及微博了解和参与应对气候变化的讨论。社会各界公众通过参加多种形式的气候变化教育培训等活动，越来越多地开始自觉选择绿色低碳生活方式。

2015年　“华龙一号”示范工程等6台核电机组开工，中国在建核电规模继续保持全球领先。红沿河核电5号机组（3月29日）、福清核电5号机组（5月7日）、红沿河核电6号机组（7月24日）、福清核电6号机组（12月22日）、防城港核电3号机组（12月24日）、田湾核电5号机组（12月27日）等6台核电机组先后开工建设（其中福清5/6号、防城港3号核电机组采用的是中国自主研究设计的三代机型“华龙一号”技术）。截至2015年12月底，中国在建的核电机组数为24台，中国在建核电规模继续保持全球领先。

>>>

附录

国家统计局统计数据

（国家统计局提供）

一、环境资源

表1–1　土地状况

项　目	面　积　（万平方公里）
陆地面积	947.8
耕地	135.0
园地	14.3
林地	253.0
牧草地	219.4
其他农用地	23.7
居民点及独立工矿用地	31.4
交通运输用地	3.6
水利设施用地	3.6
未利用地	263.8

注：本表数据来源于国土资源部，为2015年全国土地变更调查数据。

表1–2　主要河流基本情况

名　称	流域面积（平方公里）	河　长（公里）	年径流量（亿立方米）
长　江	1782715	6300	9857
黄　河	752773	5464	592
松花江	561222	2308	818
辽　河	221097	1390	137
珠　江	442527	2214	3381
海　河	265511	1090	163
淮　河	268957	1000	595

注：本表数据由水利部提供，为2002年至2005年进行的第二次水资源评价数据。

表1-3　河流流域面积

流域名称	流域面积 （平方公里）	占外流河、内陆河流域 面积合计(%)
合计	9506678	100.00
外流河	6150927	64.70
黑龙江及绥芬河	934802	9.83
辽河、鸭绿江及沿海诸河	314146	3.30
海滦河	320041	3.37
黄河	752773	7.92
淮河及山东沿海诸河	330009	3.47
长江	1782715	18.75
浙闽台诸河	244574	2.57
珠江及沿海诸河	578974	6.09
元江及澜仓江	240389	2.53
怒江及滇西诸河	157392	1.66
雅鲁藏布江及藏南诸河	387550	4.08
藏西诸河	58783	0.62
额尔齐斯河	48779	0.51
内陆河	3355751	35.30
内蒙内陆河	311378	3.28
河西内陆河	469843	4.94
准噶尔内陆河	323621	3.40
中亚细亚内陆河	77757	0.82
塔里木内陆河	1079643	11.36
青海内陆河	321161	3.38
羌唐内陆河	730077	7.68
松花江、黄河、藏南闭流区	42271	0.44

注：本表数据由水利部提供，为2002年至2005年进行的第二次水资源评价数据。

表1-4 主要矿产基础储量

项目		2015
石油	(万吨)	349610.70
天然气	(亿立方米)	51939.50
煤炭	(亿吨)	2440.10
铁矿	(矿石，亿吨)	207.60
锰矿	(矿石，万吨)	27626.20
铬矿	(矿石，万吨)	419.80
钒矿	(万吨)	887.30
原生钛铁矿	(万吨)	21434.00
铜矿	(铜，万吨)	2721.80
铅矿	(铅，万吨)	1738.80
锌矿	(锌，万吨)	4102.70
铝土矿	(矿石，万吨)	99758.20
镍矿	(镍，万吨)	287.30
钨矿	(WO3，万吨)	233.10
锡矿	(锡，万吨)	109.20
钼矿	(钼，万吨)	832.50
锑矿	(锑，万吨)	47.90
金矿	(金，吨)	1986.70
银矿	(银，吨)	39387.00
菱镁矿	(矿石，万吨)	103923.60
普通萤石	(矿物，万吨)	4081.70
硫铁矿	(矿石，万吨)	131101.30
磷矿	(矿石，亿吨)	33.10
钾盐	(KCl，万吨)	57582.30
盐矿	(NaCl，亿吨)	827.90
芒硝	(Na2SO4，亿吨)	55.00
重晶石	(矿石，万吨)	3703.10
玻璃硅质原料	(矿石，万吨)	198956.70
石墨	(矿物，万吨)	5516.40
滑石	(矿石，万吨)	8121.70
高岭土	(矿石，万吨)	57402.80

注：本表资料由国土资源部提供。其中，石油和天然气的数据为剩余技术可采储量(下表同)。

表1-5 分地区主要能源、黑色金属矿产基础储量（2015年）

地区	石油 (万吨)	天然气 (亿立方米)	煤炭 (亿吨)	铁矿 (矿石,亿吨)	锰矿 (矿石,万吨)	铬矿 (矿石,万吨)	钒矿 (万吨)	原生钛铁矿 (万吨)
全国	349610.70	51939.50	2440.10	207.60	27626.20	419.80	887.30	21434.00
北京			3.90	1.50				
天津	3005.60	274.30	3.00				10.00	
河北	26422.20	317.00	42.50	27.30	7.10	4.60		275.30
山西		419.10	921.30	16.80	20.10		0.80	
内蒙古	8208.50	8149.10	492.80	25.20	567.60	56.30		
辽宁	15052.80	149.90	26.80	51.60	1410.60			
吉林	17798.70	685.00	9.80	4.80	0.40			
黑龙江	44048.70	1317.90	61.60	0.40				
上海								
江苏	2906.90	23.20	10.50	1.70			4.30	
浙江			0.40	0.60			3.80	
安徽	247.00	0.30	84.00	8.70	4.10		6.60	
福建			4.10	3.10	118.90			
江西			3.40	1.50			6.50	
山东	31123.50	342.40	77.60	9.20				899.40
河南	4631.10	72.20	86.00	1.40	3.60			0.50
湖北	1241.60	47.40	3.20	4.30	649.00		29.90	1053.20
湖南			6.60	1.80	2056.00		2.90	
广东	13.70	0.50	0.20	1.00	75.20			
广西	128.90	1.40	0.90	0.30	14019.50		171.50	
海南	326.60	3.10	1.20	0.90				
重庆	267.10	2641.80	17.60	0.20	1414.80			
四川	648.40	12654.50	53.80	25.60	131.50		553.80	19157.10
贵州		6.10	101.70	0.20	4841.10			
云南	12.20	0.50	59.60	4.10	1196.80		0.10	3.10
西藏			0.10	0.20		169.20		
陕西	38445.30	7587.10	126.60	4.00	288.40		7.20	
甘肃	24109.80	272.00	32.50	3.30	259.00	141.20	89.90	
青海	7955.80	1396.90	12.50			3.70		
宁夏	2370.60	272.90	37.40					
新疆	60112.70	10202.00	158.70	8.30	562.40	44.70	0.20	45.30
海域	60533.10	5103.00						

表1-6 分地区主要有色金属、非金属矿产基础储量（2015年）

地 区	铜 矿 (铜,万吨)	铅 矿 (铅,万吨)	锌 矿 (锌,万吨)	铝土矿 (矿石,万吨)	菱镁矿 (矿石,万吨)	硫铁矿 (矿石,万吨)	磷 矿 (矿石,亿吨)	高岭土 (矿石,万吨)
全 国	2721.80	1738.80	4102.70	99758.20	103923.60	131101.30	33.10	57402.8
北 京								
天 津								
河 北	13.70	23.30	71.10	28.00	872.80	1083.60	1.90	58.3
山 西	152.70	0.60	0.60	14467.90		1058.10	0.20	160.2
内蒙古	421.20	593.20	1248.50			12428.20	0.10	4586.9
辽 宁	28.40	13.40	46.70		88019.80	1262.30	0.80	536.9
吉 林	20.30	13.80	18.60		1.10	730.70		47.7
黑龙江	111.40	6.30	26.50			48.20		
上 海								
江 苏	5.60	23.50	39.10			536.70	0.10	250.2
浙 江	5.00	7.90	17.70			434.10		820.6
安 徽	162.10	12.50	11.60			14604.30	0.20	176.5
福 建	65.20	27.50	60.40			1031.90		5311.7
江 西	557.90	51.70	75.40			13655.30	0.60	3037.7
山 东	8.30	0.60	0.80	158.90	14793.50	3.20		314.1
河 南	11.30	59.20	47.00	14514.90		5961.50		
湖 北	94.30	5.10	20.20	502.90		4717.40	10.40	418.4
湖 南	10.10	48.90	70.90	311.40		713.60	0.30	2004.4
广 东	18.30	110.80	200.00			12591.50		5375.1
广 西	3.20	34.10	105.50	48722.30		6025.00		31925.5
海 南	3.50	6.70	17.00					1907.0
重 庆		2.50	8.80	6409.20		1453.10		0.4
四 川	51.80	100.80	230.20	54.60	186.50	38052.90	4.80	56.1
贵 州	0.20	12.40	108.00	13189.90		5893.60	6.70	15.0
云 南	297.00	221.80	928.20	1397.10		4878.90	6.30	311.1
西 藏	274.30	92.50	43.10					
陕 西	20.00	36.60	97.40	0.90		108.30	0.10	81.1
甘 肃	138.60	82.50	316.70			1.00		
青 海	20.60	48.00	104.50		49.90	50.10	0.60	
宁 夏								
新 疆	226.70	102.60	188.30			3774.90		7.8
海 域								

表1-7　主要城市平均气温(2015年)

单位：摄氏度

城　市	1月	2月	3月	4月	5月	6月	7月	8月	9月	10月	11月	12月	年平均
北京	-0.6	1.3	8.8	15.5	21.5	24.9	26.8	26.7	21.0	14.7	3.6	0.2	13.7
天津	-0.8	1.2	8.3	15.0	21.5	25.3	27.1	26.5	21.2	14.8	3.7		13.7
石家庄	0.3	2.8	10.4	16.3	21.9	26.5	27.6	26.5	21.0	15.9	4.6	1.1	14.6
太原	-2.9	-0.8	7.0	13.1	19.2	22.8	24.3	22.5	17.4	11.0	3.7	-1.4	11.3
呼和浩特	-8.0	-5.8	1.7	9.0	16.0	19.2	22.7	21.7	15.1	8.2	-0.5	-7.4	7.7
沈阳	-10.1	-5.7	2.5	11.9	17.9	21.5	24.8	23.9	18.7	9.8	-1.6	-5.5	9.0
长春	-12.0	-7.9	0.1	10.3	15.9	21.2	23.8	22.7	16.9	7.8	-3.3	-9.4	7.2
哈尔滨	-15.8	-11.3	-1.3	8.6	14.2	22.1	23.6	22.8	16.2	7.2	-4.9	-14.0	5.6
上海	6.0	6.8	10.6	15.9	20.5	24.2	26.7	27.8	24.2	19.6	14.0	7.8	17.0
南京	4.9	6.3	10.6	15.7	21.4	24.1	26.4	27.3	23.6	18.5	11.7	6.4	16.4
杭州	6.7	7.7	11.7	17.3	22.2	25.1	26.6	27.7	24.0	19.5	13.4	7.9	17.5
合肥	4.9	6.4	11.3	16.4	22.5	24.8	26.9	27.6	23.9	18.5	11.0	6.2	16.7
福州	11.6	12.5	14.7	20.3	23.0	27.9	28.3	27.9	25.3	22.8	19.9	14.0	20.7
南昌	8.3	9.4	12.5	18.6	23.7	26.9	27.4	28.5	25.0	21.0	13.9	8.7	18.7
济南	2.0	3.7	10.8	14.9	21.7	26.1	27.8	25.7	21.9	16.9	6.1	2.7	15.0
郑州	3.5	5.5	11.4	16.2	22.3	26.4	28.0	26.8	22.3	17.2	6.8	4.0	15.9
武汉	5.2	6.5	12.0	16.6	22.5	25.4	27.2	27.7	23.8	18.3	10.8	5.9	16.8
长沙	7.6	8.6	11.8	17.1	22.2	26.1	26.2	27.0	24.0	19.3	11.8	7.3	17.4
广州	13.6	16.2	18.5	21.9	25.9	28.5	28.1	27.9	26.9	23.6	21.0	14.9	22.3
南宁	13.5	16.4	18.3	22.8	27.3	29.0	27.6	28.0	26.3	23.0	20.5	14.0	22.2
海口	17.8	20.4	24.0	25.1	29.2	29.9	28.8	29.0	28.4	25.8	25.4	20.2	25.3
重庆(沙坪坝)	9.9	11.8	16.5	20.8	23.1	25.9	28.2	27.9	24.0	20.6	16.4	10.1	19.6
成都(温江)	6.8	8.6	13.3	17.6	22.0	23.9	25.1	23.9	21.1	18.2	13.5	7.4	16.8
贵阳	6.1	8.2	11.3	16.5	19.6	22.0	21.9	21.5	19.7	16.6	13.1	6.0	15.2
昆明	9.4	11.4	16.7	17.2	21.6	21.9	19.9	19.6	19.3	15.5	13.3	8.9	16.2
拉萨	-1.0	0.9	7.3	9.2	13.5	18.0	17.6	15.9	16.1	10.0	4.9	1.2	9.5
西安(泾河)	2.3	5.6	10.5	16.3	21.4	24.3	28.1	26.0	21.7	15.0	8.2	3.1	15.2
兰州(皋兰)	-5.9	-2.2	4.7	10.6	14.9	19.3	20.2	19.7	14.6	9.0	1.9	-6.9	8.3
西宁	-6.3	-3.1	3.1	8.6	12.4	15.9	16.5	15.5	12.3	7.0	1.1	-6.3	6.4
银川	-4.3	-0.5	6.3	12.3	18.5	22.5	24.8	22.5	17.3	9.7	3.1	-3.5	10.7
乌鲁木齐	-8.7	-6.6	1.6	12.0	19.1	21.7	26.6	23.0	14.5	8.8		-6.6	8.8

注：从2004年1月份开始成都站被温江站替代、兰州站被皋兰站替代；从2006年1月份开始重庆被沙坪坝站替代、西安站被泾河站替代(以下相关表同)。

表1-8 主要城市平均相对湿度（2015年）

单位：%

城　市	1月	2月	3月	4月	5月	6月	7月	8月	9月	10月	11月	12月	年平均
北京	43	42	34	47	44	56	64	64	68	56	77	64	55
天津	49	48	41	53	48	56	66	70	71	59	75	69	59
石家庄	44	42	36	50	52	49	62	69	72	56	82	63	56
太原	47	49	43	48	46	52	61	69	76	63	78	59	58
呼和浩特	48	44	26	32	28	47	49	42	61	49	72	65	47
沈阳	66	64	50	45	48	68	68	75	64	59	66	69	62
长春	67	65	51	39	49	62	65	73	63	54	62	72	60
哈尔滨	66	67	53	42	56	63	70	78	70	59	67	79	64
上海	69	71	73	67	71	80	79	75	74	71	81	74	74
南京	69	72	73	68	71	78	80	75	73	71	80	70	73
杭州	67	71	74	66	72	81	81	76	76	74	86	76	75
合肥	70	72	73	71	73	80	82	79	74	73	85	75	76
福州	67	73	76	68	81	79	75	77	78	73	80	80	76
南昌	67	74	82	71	79	81	78	73	74	69	83	74	75
济南	47	46	38	56	53	53	64	74	68	52	82	58	58
郑州	51	50	54	57	57	55	68	75	73	58	83	58	62
武汉	76	82	78	79	81	85	81	78	80	83	91	82	81
长沙	73	78	87	79	87	84	84	81	83	79	91	84	83
广州	73	75	83	77	85	79	77	78	79	76	78	77	78
南宁	83	85	87	77	82	80	81	82	87	83	86	85	83
海口	83	85	83	79	79	76	77	80	82	83	83	86	81
重庆(沙坪坝)	80	73	67	69	72	80	70	72	81	78	80	81	75
成都(温江)	84	77	77	77	70	79	79	86	88	83	87	88	81
贵阳	84	83	86	72	85	89	81	85	89	82	85	84	84
昆明	67	58	49	61	57	72	76	83	83	78	76	78	70
拉萨	26	27	19	36	37	40	40	57	48	34	26	22	34
西安(泾河)	55	47	60	60	58	63	56	65	70	69	81	59	62
兰州(皋兰)	50	50	40	48	51	54	64	57	74	56	72	64	57
西宁	44	46	38	45	53	57	65	65	72	58	64	56	55
银川	47	38	30	43	34	42	48	53	65	61	77	62	50
乌鲁木齐	79	72	63	45	41	46	36	43	51	55	82	80	58

表1-9 主要城市降水量（2015年）

单位：毫米

城 市	1月	2月	3月	4月	5月	6月	7月	8月	9月	10月	11月	12月	全年
北京	0.4	11.2	7.7	34.5	35.0	42.2	107.4	82.6	87.2	19.0	29.6	1.8	458.6
天津	0.2	15.4	1.7	62.8	48.3	18.7	140.4	77.4	147.6	23.2	38.3	0.2	574.2
石家庄	1.1	7.6	5.7	24.7	56.0	33.3	57.1	171.0	101.8	22.2	52.8	1.2	534.5
太原	4.0	12.3	1.1	28.4	37.2	10.9	44.8	114.2	81.2	32.6	34.5	2.4	403.6
呼和浩特	2.9	8.2		26.0	15.2	57.7	61.3	27.1	106.2	9.6	46.7	1.0	361.9
沈阳	10.2	21.7	18.6	47.4	106.7	124.4	56.4	80.1	10.9	58.2	17.3	21.3	573.2
长春	6.7	19.5	7.3	25.6	119.5	81.4	50.7	103.9	57.0	29.3	8.1	21.5	530.5
哈尔滨	0.8	14.1	2.5	6.6	77.6	77.3	52.9	110.5	24.8	30.0	5.5	17.5	420.1
上海	61.1	81.1	96.4	108.9	131.4	486.4	173.1	125.6	140.4	49.1	113.9	81.4	1648.8
南京	29.9	58.1	104.8	121.6	96.1	661.5	258.0	187.4	63.6	61.6	110.7	12.3	1765.6
杭州	66.9	147.1	157.6	206.5	115.4	330.8	349.5	268.0	121.0	47.9	212.4	108.8	2131.9
合肥	36.3	65.9	68.4	120.0	110.3	368.7	193.0	104.5	50.2	35.4	100.0	5.5	1258.2
福州	41.5	12.4	51.0	109.5	265.9	167.1	140.5	417.6	273.3	81.3	60.7	157.4	1778.2
南昌	23.8	163.4	177.6	182.2	232.0	493.3	237.8	95.6	95.4	92.4	293.3	117.9	2204.7
济南	6.1	10.5	2.5	83.7	59.1	73.1	96.0	227.2	65.3	12.1	78.2		713.8
郑州	13.1	1.1	16.0	79.1	82.3	108.2	83.7	142.6	19.8	63.7	78.5	1.0	689.1
武汉	35.7	113.4	109.8	143.8	165.6	199.0	290.0	74.8	75.7	102.1	109.5	13.4	1432.8
长沙	17.9	69.7	146.9	104.1	241.1	273.2	108.7	69.3	147.5	97.9	161.6	100.4	1538.3
广州	55.9	40.9	27.2	116.4	805.6	251.8	441.2	342.7	116.4	123.0	44.7	106.1	2471.9
南宁	37.4	22.5	42.3	43.5	99.0	79.8	235.3	242.8	131.8	56.6	98.1	133.2	1222.3
海口	23.3	2.2	8.4	86.8	210.1	85.7	321.8	72.9	394.7	259.1	118.9	89.3	1673.2
重庆(沙坪坝)	24.0	7.1	20.6	104.6	99.0	256.6	238.1	206.3	340.7	100.3	19.4	32.0	1448.7
成都(温江)	3.1	2.8	8.1	87.4	51.8	90.8	92.2	291.9	205.7	23.0	9.8	13.6	880.2
贵阳	33.7	10.9	31.6	81.4	290.3	353.9	116.6	192.0	67.5	167.3	31.7	53.9	1430.8
昆明	115.2	9.3	27.1	44.7	37.1	280.1	114.5	262.8	69.8	150.3	46.1	33.7	1190.7
拉萨	5.5	18.9	0.1	8.7	9.6	60.5	63.8	134.8	37.3	0.5		0.3	340.0
西安(泾河)	3.3	1.4	42.6	88.8	50.2	91.5	20.8	71.2	90.9	60.2	28.6	2.1	551.6
兰州(皋兰)	2.1	2.8	0.9	12.9	24.2	15.1	49.9	31.5	31.8	15.4	2.6	1.8	191.0
西宁	1.1	0.6	3.8	15.4	21.7	51.8	71.9	61.1	45.7	25.9	5.9	1.3	306.2
银川	0.7			26.2	6.3	4.4	20.5	21.1	98.7	24.2	17.7	7.3	227.1
乌鲁木齐	15.0	15.0	14.5	55.0	23.7	74.3	3.8	53.9	36.5	33.4	32.7	51.1	408.9

表1-10　主要城市日照时数（2015年）

单位：小时

城　市	1月	2月	3月	4月	5月	6月	7月	8月	9月	10月	11月	12月	全年
北京	198.3	179.8	250.4	237.9	276.3	200.9	209.9	248.2	192.1	223.8	59.3	143.4	2420.3
天津	168.3	162.9	240.6	232.1	256.1	205.9	186.4	225.5	187.3	206.5	40.2	109.3	2221.1
石家庄	149.2	170.2	222.2	225.8	243.7	174.4	115.8	199.3	152.7	203.4	32.2	115.2	2004.1
太原	180.6	182.2	248.9	268.9	281.8	243.3	294.3	273.8	204.3	225.5	117.7	189.0	2710.3
呼和浩特	174.1	184.7	282.0	273.1	313.4	236.4	292.6	281.2	192.8	245.6	80.4	110.0	2666.3
沈阳	164.4	183.1	244.6	243.4	266.5	225.0	225.7	205.1	236.9	207.8	93.2	117.1	2412.8
长春	174.2	193.6	246.6	273.8	241.9	269.6	311.2	240.8	259.0	233.8	117.4	133.8	2695.7
哈尔滨	142.1	134.8	209.6	191.0	156.9	226.7	262.9	152.8	209.2	178.3	111.1	115.3	2090.7
上海	119.0	102.3	130.5	169.8	169.7	77.0	108.3	162.3	138.3	158.2	62.7	97.5	1495.6
南京	125.9	124.2	142.2	196.3	171.1	112.4	169.7	217.6	190.3	188.6	84.6	125.3	1848.2
杭州	107.4	95.3	112.2	164.5	122.3	72.9	128.6	151.5	108.1	136.4	47.2	69.4	1315.8
合肥	111.2	96.6	122.6	180.1	140.0	94.1	129.6	174.9	162.3	159.7	59.0	103.4	1533.5
福州	123.9	84.1	99.5	151.6	88.8	173.7	140.9	145.9	99.0	111.2	75.4	25.0	1319.0
南昌	122.8	104.6	88.2	155.1	112.3	149.2	187.5	214.1	176.6	195.3	70.0	75.7	1651.4
济南	170.1	170.2	247.7	213.0	259.0	217.3	195.5	189.4	168.2	210.2	68.1	151.5	2260.2
郑州	111.8	134.8	146.1	202.9	202.4	131.7	195.9	148.4	142.2	159.9	42.2	111.2	1729.5
武汉	97.9	77.3	126.0	158.9	139.5	117.2	197.1	247.0	167.9	182.9	48.4	64.6	1624.7
长沙	85.6	91.7	50.0	117.2	95.0	151.0	124.6	183.8	108.8	176.7	40.0	39.0	1263.4
广州	161.0	74.4	18.1	130.2	80.2	203.9	174.4	196.5	172.8	174.3	122.9	85.6	1594.3
南宁	108.8	77.7	45.8	155.1	154.4	182.2	141.7	182.9	113.5	169.3	61.9	37.8	1431.1
海口	177.0	115.8	153.1	214.9	269.3	300.9	215.1	284.4	233.8	184.8	180.2	77.4	2406.7
重庆(沙坪坝)	22.6	41.6	120.1	173.5	108.6	97.2	206.5	153.5	55.3	97.5	16.4	37.0	1129.8
成都(温江)	27.3	60.8	75.1	127.2	163.0	83.7	191.2	110.0	31.4	75.6	40.8	52.3	1038.4
贵阳	21.7	63.7	74.5	137.7	100.5	59.7	92.5	107.8	43.0	126.4	73.0	41.8	942.3
昆明	221.2	260.1	304.6	236.5	289.1	197.9	138.1	83.6	95.4	179.9	224.1	158.4	2388.9
拉萨	251.9	236.7	291.2	239.2	282.0	280.8	270.0	199.6	261.7	284.9	267.1	247.3	3112.4
西安(泾河)	127.0	127.1	144.3	214.3	200.4	116.6	257.1	208.5	119.8	95.0	58.5	127.3	1795.9
兰州(皋兰)	199.0	181.4	214.2	199.3	229.2	201.0	261.3	271.8	167.1	221.6	162.8	202.8	2511.5
西宁	219.2	189.9	248.1	227.6	230.1	205.0	246.7	220.1	164.4	244.7	191.4	202.9	2590.1
银川	183.5	199.2	255.6	253.6	298.7	294.3	310.9	284.8	216.7	244.6	137.6	162.4	2841.9
乌鲁木齐	127.9	172.2	228.7	282.7	298.8	300.6	353.8	310.0	263.0	236.7	103.4	121.0	2798.8

表1-11 水资源情况

年份 地区	水资源总量 (亿立方米)				人均水资源量 (立方米/人)
		地表 水资源量	地下 水资源量	地表水与地下 水资源重复量	
2000	27700.8	26561.9	8501.9	7363.0	2193.9
2005	28053.1	26982.4	8091.1	7020.4	2151.8
2006	25330.1	24358.1	7642.9	6670.8	1932.1
2007	25255.2	24242.5	7617.2	6604.5	1916.3
2008	27434.3	26377.0	8122.0	7064.7	2071.1
2009	24180.2	23125.2	7267.0	6212.1	1816.2
2010	30906.4	29797.6	8417.0	7308.2	2310.4
2011	23256.7	22213.6	7214.5	6171.4	1730.2
2012	29526.9	28371.4	8416.1	7260.6	2186.1
2013	27957.9	26839.5	8081.1	6962.7	2059.7
2014	27266.9	26263.9	7745.0	6742.0	1998.6
2015	27962.6	26900.8	7797.0	6735.2	2039.2
北京	26.8	9.3	20.6	3.1	124.0
天津	12.8	8.7	4.9	0.8	83.6
河北	135.1	50.9	113.6	29.4	182.5
山西	94.0	53.8	86.4	46.2	257.1
内蒙古	537.0	402.1	224.6	89.7	2141.2
辽宁	179.0	152.0	83.2	56.2	408.1
吉林	331.3	272.0	127.4	68.1	1203.5
黑龙江	814.1	686.0	283.0	154.9	2129.8
上海	64.1	55.3	11.7	2.9	264.8
江苏	582.1	462.9	142.4	23.2	730.5
浙江	1407.1	1390.4	269.8	253.1	2547.5
安徽	914.1	850.2	193.7	129.8	1495.3
福建	1325.9	1324.7	332.3	331.1	3468.7
江西	2001.2	1983.0	465.0	446.8	4394.5
山东	168.4	84.3	133.1	49.0	171.5
河南	287.2	186.7	173.1	72.6	303.7
湖北	1015.6	986.3	279.6	250.3	1740.9
湖南	1919.3	1912.4	432.4	425.5	2839.1
广东	1933.4	1923.4	461.4	451.4	1792.4
广西	2433.6	2432.2	467.3	465.9	5096.5
海南	198.2	195.9	50.6	48.3	2184.9
重庆	456.2	456.2	103.3	103.3	1518.7
四川	2220.5	2219.4	584.0	582.9	2717.2
贵州	1153.7	1153.7	282.2	282.2	3278.7
云南	1871.9	1871.9	607.5	607.5	3959.3
西藏	3853.0	3853.0	803.0	803.0	120121.0
陕西	333.4	309.2	120.6	96.4	881.1
甘肃	164.8	157.3	100.9	93.4	635.0
青海	589.3	570.1	273.6	254.4	10057.6
宁夏	9.2	7.1	20.9	18.8	138.4
新疆	930.3	880.1	544.9	494.7	3994.2

表1-12 供水用水情况

年份 地区	供水总量 (亿立方米)				用水总量 (亿立方米)					人均用水量 (立方米/人)
		地表水	地下水	其他		农业	工业	生活	生态	
2000	5530.7	4440.4	1069.2	21.1	5497.6	3783.5	1139.1	574.9		435.4
2005	5633.0	4572.2	1038.8	22.0	5633.0	3580.0	1285.2	675.1	92.7	432.1
2006	5795.0	4706.8	1065.5	22.7	5795.0	3664.4	1343.8	693.8	93.0	442.0
2007	5818.7	4723.9	1069.1	25.7	5818.7	3599.5	1403.0	710.4	105.7	441.5
2008	5910.0	4796.4	1084.8	28.7	5910.0	3663.5	1397.1	729.3	120.2	446.2
2009	5965.2	4839.5	1094.5	31.2	5965.2	3723.1	1390.9	748.2	103.0	448.0
2010	6022.0	4881.6	1107.3	33.1	6022.0	3689.1	1447.3	765.8	119.8	450.2
2011	6107.2	4953.3	1109.1	44.8	6107.2	3743.6	1461.8	789.9	111.9	454.4
2012	6141.8	4963.0	1134.2	44.6	6141.8	3880.3	1423.9	728.8	108.8	454.7
2013	6183.4	5007.3	1126.2	49.9	6183.4	3921.5	1406.4	750.1	105.4	455.5
2014	6094.9	4920.5	1116.9	57.5	6094.9	3869.0	1356.1	766.6	103.2	446.7
2015	6103.2	4971.5	1069.2	62.5	6103.2	3851.5	1334.8	794.2	122.7	445.1
北京	38.2	10.5	18.2	9.5	38.2	6.4	3.8	17.5	10.4	176.8
天津	25.7	17.9	4.9	2.9	25.7	12.5	5.3	4.9	2.9	167.8
河北	187.2	48.7	133.6	4.9	187.2	135.3	22.5	24.4	5.0	252.8
山西	73.6	37.1	33.2	3.3	73.6	45.1	13.7	12.3	2.3	201.3
内蒙古	185.8	95.2	88.3	2.3	185.8	140.1	18.8	10.4	16.4	740.9
辽宁	140.8	78.0	58.6	4.2	140.8	88.8	21.4	25.0	5.6	321.0
吉林	133.6	88.9	44.0	0.7	133.6	90.2	23.2	12.8	7.4	485.3
黑龙江	355.3	196.7	157.7	0.8	355.3	312.5	23.8	16.2	2.6	929.5
上海	103.8	103.8			103.8	14.3	64.6	24.1	0.8	428.8
江苏	574.5	558.0	9.1	7.4	574.5	279.1	239.0	54.4	2.0	721.0
浙江	186.1	183.4	1.7	1.0	186.1	84.7	51.6	44.3	5.5	336.9
安徽	288.7	253.9	32.5	2.3	288.7	157.5	93.5	32.8	4.9	472.3
福建	201.3	194.7	6.0	0.6	201.3	93.3	72.5	32.2	3.3	526.6
江西	245.8	235.6	8.2	2.0	245.8	154.1	61.6	27.9	2.1	539.8
山东	212.8	122.0	83.1	7.7	212.8	143.3	29.6	33.0	6.9	216.7
河南	222.8	100.6	120.7	1.6	222.8	125.9	52.5	35.4	9.1	235.6
湖北	301.3	292.2	9.1		301.3	158.1	93.3	49.2	0.8	516.5
湖南	330.4	314.2	16.2		330.4	195.2	90.2	42.2	2.7	488.7
广东	443.1	426.0	15.3	1.8	443.1	227.0	112.5	98.3	5.3	410.8
广西	299.3	286.4	11.7	1.2	299.3	201.7	55.5	39.7	2.4	626.8
海南	45.8	42.9	2.7	0.1	45.8	34.4	3.2	8.0	0.3	504.9
重庆	79.0	77.4	1.4	0.1	79.0	25.8	32.5	19.6	1.0	263.0
四川	265.5	250.4	13.3	1.8	265.5	156.7	55.4	48.3	5.1	324.9
贵州	97.5	94.5	3.0		97.5	54.3	25.5	17.0	0.7	277.1
云南	150.1	144.7	4.3	1.2	150.1	104.6	23.0	20.2	2.3	317.5
西藏	30.8	27.7	3.1		30.8	27.2	1.4	2.0	0.1	960.2
陕西	91.2	56.0	33.4	1.8	91.2	57.9	14.2	16.1	2.9	241.0
甘肃	119.2	90.1	26.9	2.2	119.2	96.2	11.6	8.2	3.1	459.3
青海	26.8	22.2	4.5	0.1	26.8	20.9	2.9	2.6	0.5	457.4
宁夏	70.4	65.0	5.1	0.2	70.4	62.0	4.4	1.8	2.2	1059.1
新疆	577.2	456.9	119.4	0.9	577.2	546.4	11.8	13.2	5.8	2478.2

注：1.生态用水仅包括部分河湖、湿地人工补水和城市环境用水。

2.2012年起，生活用水量中的牲畜用水量调整至农业用水量中。

表1-13 分地区废水中主要污染物排放情况（2015年）

地区	废水排放总量（万吨）	废水中主要污染物排放量											
		化学需氧量（万吨）	氨氮（万吨）	总氮（万吨）	总磷（万吨）	石油类（吨）	挥发酚（吨）	铅（千克）	汞（千克）	镉（千克）	六价铬（千克）	总铬（千克）	砷（千克）
全国	7353227	2223.50	229.91	461.33	54.68	15192.0	988.2	79429.5	1080.0	15819.9	23597.6	105288.0	112101.3
北京	151733	16.15	1.65	3.29	0.44	35.3	0.4	3.6	0.3	0.7	79.5	93.6	11.0
天津	93008	20.91	2.38	3.60	0.46	53.3	0.3	92.1	98.5	2.1	51.0	292.4	26.3
河北	310568	120.81	9.73	37.83	4.62	1083.3	35.1	341.4	76.0	13.4	2686.3	6432.9	52.0
山西	145252	40.51	5.01	8.93	1.06	739.4	423.3	460.9	36.9	110.8	25.6	119.1	290.9
内蒙古	110861	83.56	4.69	18.93	2.15	1214.8	150.3	11870.9	38.2	1621.5	33.1	560.1	19657.9
辽宁	260045	116.75	9.63	20.78	2.85	524.4	9.6	114.8	4.6	18.8	321.9	871.7	91.2
吉林	126908	72.42	5.14	12.47	1.52	282.2	4.0	204.0	4.3	28.4	75.6	168.1	1300.8
黑龙江	148595	139.27	8.13	28.46	2.93	212.7	2.5	46.1	3.2	9.5	41.6	94.9	56.4
上海	224147	19.88	4.25	1.56	0.21	633.7	1.1	152.8	17.8	12.1	540.3	1821.1	89.4
江苏	621303	105.46	13.77	17.34	1.83	961.6	31.5	1142.6	12.5	26.1	3624.3	9915.3	302.8
浙江	433822	68.32	9.85	8.43	1.04	391.7	4.2	724.9	11.7	310.3	3704.3	12157.7	246.9
安徽	280626	87.11	9.68	18.62	2.01	666.2	3.6	1513.0	13.3	141.1	291.4	765.7	2281.6
福建	256868	60.94	8.51	9.15	1.26	341.0	2.2	3593.8	18.6	624.8	925.1	9962.2	3096.8
江西	223232	71.56	8.46	10.72	1.52	673.0	14.3	9206.2	88.3	2092.9	676.8	1227.9	9199.6
山东	559908	175.76	15.22	67.67	8.15	461.8	33.0	924.2	3.1	1043.0	515.6	6786.8	2256.9
河南	433487	128.72	13.43	42.66	5.05	912.6	108.1	1753.3	17.1	364.1	446.4	26208.0	958.7
湖北	313785	98.61	11.43	18.55	2.29	940.8	12.5	3989.4	13.7	859.0	2372.0	3379.7	11621.1
湖南	314107	120.77	15.11	22.25	2.71	580.6	18.5	18172.8	142.3	4593.2	1276.6	8161.2	30887.1
广东	911523	160.69	19.97	18.73	2.79	433.4	7.8	2724.3	34.8	443.9	2387.6	8177.3	936.1
广西	220066	71.12	7.67	11.42	1.40	269.6	4.8	4634.6	152.5	631.3	178.6	878.7	3636.4
海南	39123	18.79	2.10	3.99	0.49	48.1	0.01	3.6	0.3	1.3	3.6	42.4	6.3
重庆	149799	37.98	5.01	5.38	0.67	350.9	5.4	82.6	0.5	4.2	334.9	706.2	33.9
四川	341607	118.64	13.14	22.46	2.65	563.8	2.5	3787.5	71.4	206.9	1480.1	2685.4	3395.0
贵州	112803	31.83	3.64	4.76	0.48	412.8	0.5	72.8	22.5	19.6	36.3	335.4	110.3
云南	173333	51.03	5.49	7.55	0.76	327.7	1.7	5065.9	23.7	857.1	99.2	167.1	8431.1
西藏	5883	2.88	0.34	0.73	0.07	1.0	5.4	6.0	0.2	1.3	0.7	2.8	5205.4
陕西	168122	48.91	5.56	10.02	1.00	633.1	6.1	1456.8	35.4	510.5	138.8	701.0	1195.9
甘肃	67072	36.57	3.72	5.13	0.47	728.4	21.1	5840.1	107.0	1161.1	721.8	1635.7	4695.9
青海	23663	10.43	1.00	0.79	0.09	147.1	0.9	1304.5	6.2	93.4	1.2	7.0	1357.9
宁夏	32025	21.10	1.62	3.60	0.42	161.5	68.7	6.9	2.6	0.8	0.8	106.1	49.2
新疆	99952	66.03	4.56	15.54	1.30	406.3	9.1	137.3	22.6	16.6	526.4	824.6	620.4

注：本表数据为初步数。

表1-14　主要城市废水中主要污染物排放情况（2015年）

城市	工业废水排放量（万吨）	工业化学需氧量排放量（吨）	工业氨氮排放量（吨）	城镇生活污水排放量（万吨）	生活化学需氧量排放量（吨）	生活氨氮排放量（吨）
北京	8978	58354	2567	142555	79396	11564
天津	18973	113411	6841	73972	77944	15190
石家庄	20080	262424	10031	39682	3478	1672
太原	3544	26094	1659	24555	6988	2628
呼和浩特	3111	66205	22432	14432	21268	3925
沈阳	7990	60752	4012	38758	13321	12234
长春	3769	57668	3157	29551	31659	7250
哈尔滨	4809	101258	29333	36437	71954	10927
上海	46939	280456	9740	176800	141238	37718
南京	23206	177672	15406	64873	56258	12565
杭州	33807	631613	5692	64350	34386	7673
合肥	5335	42046	2104	45022	45297	5539
福州	4439	91823	2356	35650	64622	8893
南昌	10016	105480	1212	36430	41551	6098
济南	7415	69150	1845	32021	34952	5976
郑州	17580	49880	2017	55517	19902	7849
武汉	15453	79623	5147	76866	81290	11665
长沙	5102	41605	1119	53374	45568	7938
广州	18959	141521	9394	143112	106270	17518
南宁	7198	255150	3055	33236	50842	6755
海口	697	6330	125	12417	5088	2853
重庆	35524	286138	24743	114118	211324	34629
成都	11454	108583	3305	112635	96044	11216
贵阳	2700	14713	1356	25968	24074	3942
昆明	3917	23432	695	49617	11411	4845
拉萨	368	4215	153	2471	7197	1047
西安	5204	61186	5316	59348	53427	9226
兰州	4138	25891	2963	14186	32937	4570
西宁	2200	25502	1581	7776	19313	3749
银川	4874	64874	66302	8380	9731	2691
乌鲁木齐	3521	71968	17016	18710	12219	4005

注：本表数据为初步数。

表1-15 分地区废气中主要污染物排放情况（2015年）

单位：万吨

地 区	二氧化硫	氮氧化物	烟(粉)尘
全 国	1859.12	1851.02	1538.01
北 京	7.12	13.76	4.94
天 津	18.59	24.68	10.07
河 北	110.84	135.08	157.54
山 西	112.06	93.08	144.89
内蒙古	123.09	113.90	87.88
辽 宁	96.88	82.81	100.00
吉 林	36.29	50.17	44.73
黑龙江	45.63	64.48	64.41
上 海	17.08	30.06	12.07
江 苏	83.51	106.76	65.45
浙 江	53.78	60.77	33.02
安 徽	48.01	72.10	54.59
福 建	33.79	37.90	34.17
江 西	52.81	49.27	48.06
山 东	152.57	142.39	108.25
河 南	114.43	126.24	84.61
湖 北	55.14	51.45	44.70
湖 南	59.55	49.69	45.45
广 东	67.83	99.69	34.78
广 西	42.12	37.34	35.59
海 南	3.23	8.95	2.04
重 庆	49.58	32.07	20.91
四 川	71.76	52.59	41.26
贵 州	85.30	41.91	28.56
云 南	58.37	44.94	31.26
西 藏	0.54	5.27	1.71
陕 西	73.50	62.74	60.36
甘 肃	57.06	38.73	29.54
青 海	15.08	11.79	24.60
宁 夏	35.76	36.76	22.99
新 疆	77.83	73.65	59.59

注：本表数据为初步数。

表1-16　主要城市废气中主要污染物排放情况（2015年）

单位：吨

城市	工业二氧化硫排放量	工业氮氧化物排放量	工业烟(粉)尘排放量	生活二氧化硫排放量	生活氮氧化物排放量	生活烟尘排放量
北京	22070	26864	12987	49064	19143	33978
天津	154605	150210	73795	13767	9517	21072
石家庄	109015	115053	78867	48927	18715	9300
太原	64656	74804	53428	46311	9095	26028
呼和浩特	67279	86282	37983	13987	4777	17987
沈阳	97839	66522	84871	10428	5049	14000
长春	52369	90159	80781	7344	1600	17800
哈尔滨	49346	78695	67433	65909	22896	114030
上海	104852	121492	111370	29869	10492	3816
南京	101021	95682	84128	1750	400	1000
杭州	63814	55973	49176	967	358	137
合肥	40829	52276	85036	4067	424	3409
福州	55370	64751	90911	1726	306	1096
南昌	30399	12954	24818	182	57	215
济南	70326	63781	92887	29270	3629	13828
郑州	78989	92829	47782	15883	3438	14000
武汉	75035	75131	106899	6864	1699	1320
长沙	15952	12915	11641	4800	203	200
广州	48841	44349	9298	2363	1963	214
南宁	30678	26156	26008	8748	1068	4631
海口	2517	199	854	20	27	241
重庆	426800	159085	196416	68991	5051	5382
成都	37224	33299	20607	6686	2398	1226
贵阳	57192	27657	23545	46365	2774	3133
昆明	74017	39199	24533	5574	668	1967
拉萨	954	2670	4486	614	56	270
西安	38691	22364	16444	53586	16713	15563
兰州	61240	54079	45209	8575	2831	5569
西宁	57696	39163	61783	8348	3552	22261
银川	64883	60491	18795	8685	1748	7867
乌鲁木齐	58978	68015	45969	7551	2218	5439

注：本表数据为初步数。

表1-17 分地区固体废物处理利用情况（2015年）

单位：万吨

地 区	一般工业固体废物产生量	一般工业固体废物综合利用量	一般工业固体废物处置量	一般工业固体废物贮存量	一般工业固体废物倾倒丢弃量	危险废物产生量	危险废物综合利用量	危险废物处置量	危险废物贮存量
全 国	327079	198807	73034	58365	56	3976.11	2049.72	1173.98	810.30
北 京	710	592	118			14.99	7.59	7.37	0.04
天 津	1546	1524	22			12.57	3.15	9.43	0.01
河 北	35372	19900	14729	884		58.17	36.32	21.52	0.82
山 西	31794	17617	11305	2956		20.50	12.95	7.17	0.48
内蒙古	26669	12306	7554	6921	2	155.32	90.75	49.92	16.35
辽 宁	32434	10029	8067	14630	8	72.27	19.96	51.71	1.30
吉 林	5385	2986	1571	843	1	98.66	52.42	45.90	0.61
黑龙江	7495	4308	1273	1979	2	32.55	8.71	23.45	0.55
上 海	1868	1796	72	1		56.97	25.77	30.44	1.22
江 苏	10701	10207	407	98		255.31	127.76	120.34	11.08
浙 江	4486	4263	205	25		192.11	75.00	107.06	18.47
安 徽	13059	11763	1049	518		89.43	64.51	23.34	2.23
福 建	4956	3784	1157	87		37.31	12.05	22.84	6.19
江 西	10777	6152	272	4363	4	71.34	57.67	12.53	3.37
山 东	19798	18309	737	945		757.49	607.07	114.72	43.22
河 南	14722	11456	2786	561		74.35	29.70	42.14	3.35
湖 北	7750	5253	2078	488	1	59.00	21.15	37.22	1.57
湖 南	7126	4683	2014	468	1	258.52	221.81	13.02	26.17
广 东	5609	5103	439	74	1	182.41	75.30	103.69	4.53
广 西	6977	4388	546	2668		104.82	71.89	30.48	4.31
海 南	422	268	42	117		4.01	0.12	3.96	0.12
重 庆	2828	2424	383	57	7	45.23	25.04	19.29	1.23
四 川	12316	5507	4177	2745		111.94	59.08	51.75	1.81
贵 州	7055	4289	1902	1052	7	38.55	30.30	7.89	0.50
云 南	14109	7198	4163	2894	7	223.00	110.13	49.44	71.18
西 藏	400	12	41	367					
陕 西	9330	6102	1977	1265		57.96	11.74	33.10	15.21
甘 肃	5824	3079	2260	914		54.20	19.87	18.42	17.70
青 海	14868	7247	4	7636		499.18	139.47	11.85	354.15
宁 夏	3430	2131	929	439		9.75	5.53	4.17	0.50
新 疆	7263	4133	755	2368	15	328.16	26.93	99.83	202.04

注：本表数据为初步数。

表1-18　主要城市固体废物处理利用情况（2015年）

单位：万吨

城　　市	一般工业固体废物产生量	一般工业固体废物综合利用量	一般工业固体废物处置量	一般工业固体废物贮存量
北　　京	709.86	591.56	118.41	0.12
天　　津	1545.66	1523.97	21.53	0.25
石 家 庄	1604.97	1591.38	14.26	11.75
太　　原	2560.14	1435.14	1040.92	84.09
呼和浩特	1165.20	379.62	565.90	237.25
沈　　阳	692.31	660.39	17.11	19.67
长　　春	387.90	297.85	89.81	0.27
哈 尔 滨	461.42	460.63	0.78	
上　　海	1868.07	1796.18	72.23	1.39
南　　京	1426.02	1290.58	135.08	0.81
杭　　州	649.23	575.25	73.48	1.76
合　　肥	817.96	749.73	10.34	59.07
福　　州	601.73	573.74	27.84	0.15
南　　昌	240.28	233.28	6.95	0.49
济　　南	857.26	851.97	5.30	0.01
郑　　州	1548.05	1175.77	330.76	41.52
武　　汉	1334.23	1324.05	49.23	27.18
长　　沙	107.64	92.71	11.41	4.55
广　　州	459.63	436.00	20.80	3.30
南　　宁	256.89	244.92	152.81	0.21
海　　口	4.60	4.06	0.54	0.00
重　　庆	2827.99	2423.85	382.71	56.51
成　　都	293.07	281.48	11.57	0.03
贵　　阳	1200.98	578.25	593.07	30.88
昆　　明	2396.90	871.48	1501.42	24.00
拉　　萨	331.53	11.86	9.27	312.78
西　　安	235.55	216.40	18.24	0.93
兰　　州	607.75	598.41	7.40	2.07
西　　宁	469.70	469.79	3.78	14.90
银　　川	803.32	353.52	350.66	99.81
乌鲁木齐	778.46	703.53	48.58	26.36

注：本表数据为初步数。

表1-19 环保重点城市空气质量情况（2015年）

城市	二氧化硫年平均浓度（μg/m³）	二氧化氮年平均浓度（μg/m³）	可吸入颗粒物(PM10)年平均浓度（μg/m³）	一氧化碳日均值第95百分位浓度(mg/m³)	臭氧(O_3)日最大8小时第90百分位浓度（μg/m³）	细颗粒物(PM2.5)年平均浓度（μg/m³）	空气质量达到及好于二级的天数(天)
北京	14	50	102	3.6	203	81	186
天津	29	42	117	3.1	142	70	216
石家庄	47	51	147	4.3	148	89	180
唐山	49	61	141	4.2	182	85	156
秦皇岛	38	45	99	3.6	107	48	259
邯郸	45	47	166	3.8	141	91	149
保定	55	54	174	5.8	183	107	126
太原	71	38	114	3.1	131	62	230
大同	44	27	87	2.8	139	40	292
阳泉	60	41	113	2.8	132	54	265
长治	50	37	106	3.6	161	65	242
临汾	64	33	90	4.5	114	59	266
呼和浩特	34	39	103	3.2	145	43	276
包头	38	41	110	2.9	149	50	249
赤峰	48	25	88	2.1	106	41	295
沈阳	66	48	115	2.2	155	72	207
大连	30	33	81	1.4	161	48	270
鞍山	49	38	115	2.7	156	72	233
抚顺	31	34	94	2.5	149	53	260
本溪	43	41	89	2.9	136	56	274
锦州	59	38	92	2.3	160	60	243
长春	36	45	107	1.8	151	66	237
吉林	30	37	98	2.0	154	59	238
哈尔滨	40	51	103	1.8	106	70	227
齐齐哈尔	26	24	63	1.5	108	38	307
牡丹江	20	25	78	2.0	122	48	278
上海	17	46	69	1.5	161	53	252
南京	19	50	97	1.7	171	57	231
无锡	26	41	94	1.7	171	61	229
徐州	38	39	122	2.3	153	65	225
常州	30	45	102	1.8	165	59	245
苏州	21	54	80	1.5	168	58	240
南通	29	37	88	1.4	169	58	247
连云港	26	28	94	1.7	160	55	260
扬州	24	30	101	1.5	176	55	238
镇江	25	42	83	1.6	185	59	220
杭州	16	49	85	1.5	169	57	242
宁波	15	43	69	1.4	152	45	302
温州	15	45	72	1.4	148	44	312
湖州	17	41	76	1.5	190	54	219

表1-19 环保重点城市空气质量情况（2015年）（续一）

城市	二氧化硫年平均浓度（μg/m³）	二氧化氮年平均浓度（μg/m³）	可吸入颗粒物(PM10)年平均浓度（μg/m³）	一氧化碳日均值第95百分位浓度(mg/m³)	臭氧(O_3)日最大8小时第90百分位浓度（μg/m³）	细颗粒物(PM2.5)年平均浓度（μg/m³）	空气质量达到及好于二级的天数(天)
绍兴	27	45	80	1.3	162	55	267
合肥	16	33	92	1.8	108	66	238
芜湖	20	37	81	1.9	72	58	282
马鞍山	24	35	87	2.2	141	61	272
福州	6	33	56	1.0	119	29	344
厦门	10	31	48	0.9	95	29	355
泉州	10	25	53	1.0	122	28	360
南昌	19	31	75	1.4	131	43	311
九江	24	30	78	1.4	134	51	290
济南	47	53	163	2.7	176	90	124
青岛	28	36	98	1.8	146	52	263
淄博	87	63	165	3.5	187	92	88
枣庄	56	36	156	1.7	179	88	136
烟台	21	33	80	1.6	150	48	190
潍坊	44	36	135	2.1	194	72	171
济宁	57	45	139	2.2	173	81	160
泰安	39	42	127	2.8	173	69	199
日照	26	38	105	1.9	160	62	227
郑州	33	58	167	2.7	159	96	136
开封	31	41	128	2.7	132	74	220
洛阳	44	42	125	3.3	132	73	204
平顶山	50	43	143	2.0	173	88	131
安阳	53	51	152	5.0	148	92	160
焦作	49	50	150	3.9	150	87	168
三门峡	47	42	134	2.8	146	75	194
武汉	18	52	104	1.8	170	70	189
宜昌	20	35	107	1.7	122	70	248
荆州	26	36	109	1.8	172	70	219
长沙	18	38	76	1.5	147	61	257
株洲	26	35	86	1.6	139	55	277
湘潭	24	41	89	1.4	145	57	268
岳阳	26	25	92	2.6	154	53	261
常德	25	24	82	2.0	140	52	275
张家界	10	19	78	2.7	125	53	283
广州	13	47	59	1.4	145	39	312
韶关	19	25	50	1.6	134	34	341
深圳	8	33	49	1.3	128	30	340
珠海	9	29	51	1.6	142	31	323
汕头	13	20	52	1.2	141	33	342
湛江	10	15	45	1.4	137	28	324

表1-19　环保重点城市空气质量情况（2015年）（续二）

城　市	二氧化硫年平均浓度（μg/m³）	二氧化氮年平均浓度（μg/m³）	可吸入颗粒物（PM10）年平均浓度（μg/m³）	一氧化碳日均值第95百分位浓度（mg/m³）	臭氧（O_3）日最大8小时第90百分位浓度（μg/m³）	细颗粒物（PM2.5）年平均浓度（μg/m³）	空气质量达到及好于二级的天数（天）
南　宁	13	33	72	1.3	117	41	324
柳　州	24	24	70	1.6	137	50	303
桂　林	21	26	70	1.8	138	51	296
北　海	9	14	48	1.7	132	29	344
海　口	5	14	40	0.9	103	22	349
重　庆	16	45	87	1.5	127	57	292
成　都	14	53	108	2.0	183	64	211
自　贡	17	31	103	1.5	119	73	233
攀枝花	34	32	64	2.7	119	32	353
泸　州	23	33	89	0.9	121	62	266
德　阳	13	30	86	1.4	156	53	260
绵　阳	13	34	72	1.4	137	47	302
南　充	12	31	90	1.6	96	61	265
宜　宾	24	29	83	1.4	123	58	282
贵　阳	17	28	61	1.1	120	39	340
遵　义	15	29	71	1.2	108	42	321
昆　明	17	30	56	1.4	110	30	350
曲　靖	23	19	45	1.4	134	30	352
玉　溪	18	18	42	2.2	87	24	338
拉　萨	10	21	59	1.1	142	26	313
西　安	24	44	126	3.4	145	58	250
铜　川	25	36	105	2.5	132	58	269
宝　鸡	15	36	108	2.7	132	57	268
咸　阳	24	39	118	2.3	138	63	258
渭　南	23	39	110	2.6	132	60	262
延　安	28	50	103	3.7	143	49	282
兰　州	23	53	120	3.1	132	52	252
金　昌	45	19	106	1.9	135	37	301
西　宁	31	38	106	2.8	126	49	295
银　川	64	39	112	2.5	125	51	259
石嘴山	71	30	124	1.9	155	48	224
乌鲁木齐	15	52	133	3.6	122	66	218
克拉玛依	8	19	65	2.0	121	32	316

注：本表数据为初步数。

表1-20 分地区城市生活垃圾清运和处理情况（2015年）

地区	生活垃圾清运量（万吨）	无害化处理厂数（座）				无害化处理能力（吨/日）			
			卫生填埋	焚烧	其他		卫生填埋	焚烧	其他
全国	19141.9	890	640	220	30	576894	344135	219080	13679
北京	790.3	26	14	6	6	23821	8621	10400	4800
天津	240.7	9	4	4	1	10200	5100	4800	300
河北	635.9	47	35	11	1	22864	12104	10600	160
山西	447.0	24	18	6		13971	9529	4442	
内蒙古	329.1	28	26	1	1	11253	9803	1350	100
辽宁	933.2	31	26	2	3	24687	21876	1780	1031
吉林	490.3	25	20	4	1	13243	8893	3850	500
黑龙江	523.0	33	26	4	3	13673	10330	1800	1543
上海	613.2	12	5	5	2	20530	11230	8300	1000
江苏	1456.1	61	30	31		52816	20679	32137	
浙江	1332.6	59	25	33	1	47855	15220	32435	200
安徽	491.9	27	18	9		17187	9437	7750	
福建	608.1	27	13	14		19105	6805	12300	
江西	329.3	17	17			9740	9740		
山东	1377.5	62	39	21	2	37648	17838	18350	1460
河南	891.8	45	40	5		24307	19457	4850	
湖北	832.2	41	28	11	2	22826	10480	11421	925
湖南	638.2	32	30	2		21233	19633	1600	
广东	2320.4	73	47	21	5	70206	43226	25770	1210
广西	385.5	21	18	3		8851	7651	1200	
海南	160.1	11	7	4		4557	2172	2385	
重庆	440.0	18	16	2		9350	5750	3600	
四川	823.6	45	33	12		22565	13505	9060	
贵州	268.3	17	14	3		7520	5320	2200	
云南	371.0	24	19	5		9109	3909	5200	
西藏	32.9								
陕西	522.7	20	17	1	2	17591	15641	1500	450
甘肃	262.7	18	18			5061	5061		
青海	82.2	6	6			1930	1930		
宁夏	132.2	8	8			3990	3990		
新疆	380.0	23	23			9205	9205		

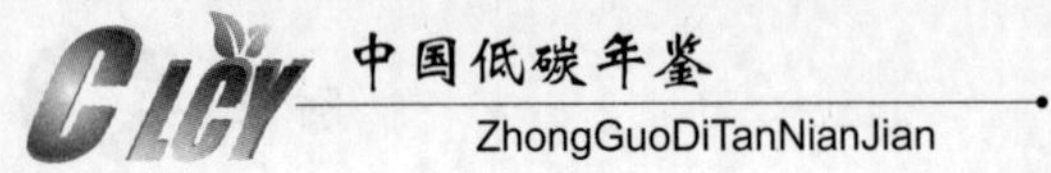

表1-20　分地区城市生活垃圾清运和处理情况（2015年）（续）

地　区	无害化处理量（万吨）	卫生填埋	焚　烧	其　他	粪　便清运量（万吨）	粪便无害化处理量（万吨）	生活垃圾无害化处理率（%）
全　国	18013.0	11483.1	6175.5	354.4	1436.8	673.7	94.1
北　京	622.4	325.8	209.4	87.3	204.7	188.8	78.8
天　津	223.2	109.1	114.2		28.1	7.3	92.7
河　北	610.5	384.9	220.4	5.2	95.7	32.4	96.0
山　西	434.3	309.5	124.9		34.0	0.8	97.2
内蒙古	321.6	294.4	26.3	1.0	37.8	17.4	97.7
辽　宁	888.7	777.9	70.3	40.5	89.4	17.4	95.2
吉　林	415.2	290.6	114.5	10.1	67.6	38.8	84.7
黑龙江	409.2	316.9	38.6	53.7	122.1	30.4	78.2
上　海	613.2	329.2	250.0	34.0	172.8	60.0	100.0
江　苏	1456.1	407.3	1048.8		72.5	43.0	100.0
浙　江	1322.2	548.9	773.3		81.5	58.6	99.2
安　徽	489.7	287.8	201.9		15.7	3.4	99.6
福　建	603.1	237.1	366.0		4.1	2.9	99.2
江　西	311.0	311.0			7.9	7.9	94.5
山　东	1377.5	749.8	562.2	65.4	108.0	37.7	100.0
河　南	856.1	704.2	151.9		36.6	11.7	96.0
湖　北	761.5	348.4	389.6	23.4	15.8	4.3	91.5
湖　南	636.9	591.2	45.7		6.7	4.8	99.8
广　东	2124.6	1388.0	708.2	28.4	85.5	49.0	91.6
广　西	380.3	354.6	25.7		8.7	5.4	98.7
海　南	159.8	69.3	90.5		5.7	0.3	99.8
重　庆	433.9	285.6	148.3		61.3	10.6	98.6
四　川	797.1	517.7	279.4		17.2	6.2	96.8
贵　州	251.7	226.4	25.3		1.0		93.8
云　南	334.1	146.5	187.6		21.0	9.6	90.0
西　藏					0.1		
陕　西	512.4	504.3	2.7	5.4	9.1	7.8	98.0
甘　肃	168.7	168.7			18.0	11.9	64.2
青　海	71.7	71.7			1.4		87.2
宁　夏	118.9	118.9			6.8	5.4	89.9
新　疆	307.4	307.4			0.1	0.1	80.9

表1-21 环保重点城市道路交通噪声监测情况（2015年）

城市	等效声级 dB(A)	城市	等效声级 dB(A)	城市	等效声级 dB(A)
北京	69.3	温州	67.2	深圳	69.3
天津	67.7	湖州	66.9	珠海	67.2
石家庄	66.8	绍兴	68.0	汕头	68.5
唐山	65.2	合肥	67.7	湛江	65.5
秦皇岛	65.6	芜湖	68.3	南宁	68.8
邯郸	68.3	马鞍山	68.0	柳州	62.8
保定	70.3	福州	68.4	桂林	70.3
太原	68.3	厦门	67.9	北海	68.7
大同	67.9	泉州	68.6	海口	68.3
阳泉	66.6	南昌	67.1	重庆	67.3
长治	66.9	九江	65.3	成都	69.0
临汾	69.1	济南	70.0	自贡	68.7
呼和浩特	69.1	青岛	68.5	攀枝花	67.5
包头	66.3	淄博	66.8	泸州	68.3
赤峰	66.8	枣庄	68.0	德阳	66.2
沈阳	70.0	烟台	67.7	绵阳	68.8
大连	67.2	潍坊	66.8	南充	68.3
鞍山	66.8	济宁	66.5	宜宾	64.8
抚顺	66.9	泰安	72.8	贵阳	69.5
本溪	65.5	日照	64.7	遵义	70.0
锦州	69.5	郑州	66.4	昆明	68.8
长春	69.5	开封	69.3	曲靖	63.2
吉林	69.7	洛阳	65.5	玉溪	64.7
哈尔滨	73.5	平顶山	67.7	拉萨	70.0
齐齐哈尔	69.9	安阳	68.2	西安	68.3
牡丹江	65.0	焦作	67.7	铜川	66.6
上海	69.8	三门峡	65.0	宝鸡	68.3
南京	67.9	武汉	69.6	咸阳	65.4
无锡	66.7	宜昌	68.3	渭南	65.6
徐州	69.0	荆州	68.7	延安	65.1
常州	68.2	长沙	69.6	兰州	68.9
苏州	65.8	株洲	65.5	金昌	64.0
南通	68.6	湘潭	67.6	西宁	69.3
连云港	67.1	岳阳	69.1	银川	67.1
扬州	66.3	常德	69.8	石嘴山	62.9
镇江	66.9	张家界	69.8	乌鲁木齐	66.2
杭州	68.6	广州	69.0	克拉玛依	64.9
宁波	68.3	韶关	66.9		

注：本表数据为初步数。

表1–22　环保重点城市区域环境噪声监测情况（2015年）

城　市	等效声级 dB(A)	城　市	等效声级 dB(A)	城　市	等效声级 dB(A)
北　京	53.3	温　州	54.8	深　圳	56.8
天　津	54.2	湖　州	53.7	珠　海	54.1
石家庄	50.8	绍　兴	54.3	汕　头	56.5
唐　山	52.2	合　肥	54.4	湛　江	53.8
秦皇岛	55.5	芜　湖	54.8	南　宁	53.2
邯　郸	53.6	马鞍山	55.0	柳　州	55.8
保　定	56.9	福　州	56.6	桂　林	54.3
太　原	52.9	厦　门	56.0	北　海	57.1
大　同	52.4	泉　州	54.9	海　口	55.0
阳　泉	55.0	南　昌	53.6	重　庆	53.6
长　治	51.9	九　江	53.9	成　都	54.2
临　汾	51.9	济　南	53.6	自　贡	57.0
呼和浩特	54.1	青　岛	56.7	攀枝花	51.6
包　头	54.0	淄　博	54.7	泸　州	54.2
赤　峰	54.0	枣　庄	56.0	德　阳	52.4
沈　阳	55.6	烟　台	54.0	绵　阳	54.4
大　连	54.2	潍　坊	55.7	南　充	54.7
鞍　山	53.0	济　宁	51.3	宜　宾	53.4
抚　顺	53.5	泰　安	54.2	贵　阳	58.9
本　溪	56.6	日　照	52.4	遵　义	54.6
锦　州	52.9	郑　州	55.0	昆　明	53.5
长　春	56.1	开　封	52.6	曲　靖	51.3
吉　林	53.2	洛　阳	52.9	玉　溪	54.9
哈尔滨	58.3	平顶山	54.9	拉　萨	49.0
齐齐哈尔	52.0	安　阳	54.3	西　安	54.7
牡丹江	54.5	焦　作	52.9	铜　川	55.5
上　海	56.2	三门峡	52.4	宝　鸡	55.6
南　京	54.2	武　汉	55.9	咸　阳	57.4
无　锡	57.2	宜　昌	55.0	渭　南	55.6
徐　州	55.5	荆　州	56.4	延　安	53.7
常　州	52.4	长　沙	54.9	兰　州	54.6
苏　州	53.2	株　洲	54.8	金　昌	49.9
南　通	57.7	湘　潭	52.6	西　宁	52.2
连云港	53.0	岳　阳	50.9	银　川	53.1
扬　州	54.3	常　德	53.9	石嘴山	51.0
镇　江	53.9	张家界	51.7	乌鲁木齐	53.7
杭　州	56.2	广　州	55.2	克拉玛依	53.3
宁　波	57.0	韶　关	55.9		

注：本表数据为初步数。

表1-23　分地区耕地面积

单位：千公顷

地　区	2010	2011	2012	2013	2014	2015
地方合计	135268.3	135238.6	135158.4	135163.4	135057.3	134998.7
北　京	223.8	222.0	220.9	221.2	219.9	219.3
天　津	443.7	441.1	439.3	438.3	437.2	436.9
河　北	6551.4	6565.0	6558.3	6551.2	6535.5	6525.5
山　西	4064.2	4064.5	4064.2	4062.0	4056.8	4058.8
内蒙古	9187.6	9189.4	9186.9	9199.0	9230.7	9238.0
辽　宁	5031.2	5013.2	4998.9	4989.7	4981.7	4977.4
吉　林	7017.4	7021.2	7013.7	7006.5	7001.4	6999.2
黑龙江	15858.0	15849.1	15845.9	15864.1	15860.0	15854.1
上　海	188.2	187.6	188.2	188.0	188.2	189.8
江　苏	4595.5	4587.8	4584.7	4581.6	4574.2	4574.9
浙　江	1983.7	1981.6	1979.4	1978.5	1976.6	1978.6
安　徽	5894.9	5886.5	5881.3	5883.1	5872.1	5872.9
福　建	1338.3	1337.9	1338.4	1338.7	1336.4	1336.3
江　西	3085.0	3085.3	3083.5	3087.3	3085.4	3082.7
山　东	7658.1	7646.9	7635.7	7633.5	7620.6	7611.0
河　南	8177.5	8161.9	8156.8	8140.7	8117.9	8105.9
湖　北	5312.3	5301.5	5290.0	5281.8	5261.7	5255.0
湖　南	4137.5	4138.0	4146.2	4149.5	4149.0	4150.2
广　东	2569.4	2601.3	2614.4	2621.8	2623.3	2615.9
广　西	4424.7	4421.5	4414.2	4419.4	4410.3	4402.3
海　南	729.9	726.6	726.7	726.7	725.7	725.9
重　庆	2442.9	2449.7	2451.3	2455.8	2454.6	2430.5
四　川	6720.1	6735.6	6732.1	6734.8	6734.2	6731.4
贵　州	4566.2	4560.7	4552.2	4548.1	4540.1	4537.4
云　南	6240.1	6233.5	6224.9	6219.8	6207.4	6208.5
西　藏	442.4	442.4	442.2	441.8	442.5	443.0
陕　西	3991.7	3989.9	3985.5	3992.0	3994.8	3995.2
甘　肃	5396.5	5388.0	5383.5	5378.8	5377.9	5374.9
青　海	587.9	588.3	588.5	588.2	585.7	588.4
宁　夏	1286.7	1285.0	1282.7	1281.1	1285.9	1290.1
新　疆	5121.5	5135.4	5148.1	5160.2	5169.5	5188.9

注：本表数据来源于国土资源部，为当年全国土地变更调查数据。

表1-24 分地区土地利用情况（2015年）

单位：千公顷

地 区	农用地	#园 地	#牧草地	建设用地	居民点及工矿用地	交通运输用 地	水利设施用 地
全 国	645456.8	14323.3	219420.6	38593.3	31429.8	3591.4	3572.1
北 京	1147.8	134.9	0.2	357.0	304.4	32.1	20.6
天 津	696.4	29.9		411.9	329.1	29.5	53.3
河 北	13084.3	837.2	401.7	2187.4	1891.5	188.2	107.8
山 西	10029.6	407.0	33.8	1026.0	884.5	103.8	37.6
内蒙古	82897.3	56.7	49547.5	1621.9	1340.0	213.5	68.5
辽 宁	11535.6	468.6	3.2	1623.5	1331.7	154.3	137.5
吉 林	16606.2	65.8	237.2	1089.9	861.8	92.3	135.8
黑龙江	39922.7	44.7	1096.3	1622.0	1223.4	155.0	243.6
上 海	314.6	16.7		307.1	274.4	30.0	2.8
江 苏	6497.0	301.1	0.1	2270.8	1886.3	219.3	165.2
浙 江	8613.3	585.1	0.3	1282.0	998.3	143.4	140.3
安 徽	11153.8	351.0	0.5	1980.8	1636.6	137.5	206.8
福 建	10880.2	773.0	0.3	819.7	628.2	119.8	71.7
江 西	14437.0	326.1	0.7	1272.4	961.0	109.1	202.3
山 东	11528.5	721.2	5.8	2820.1	2376.9	211.7	231.5
河 南	12681.2	220.6	0.3	2586.5	2218.4	181.3	186.8
湖 北	15765.8	482.9	2.0	1696.0	1305.6	121.0	269.5
湖 南	18194.0	664.4	13.5	1619.9	1327.3	140.2	152.4
广 东	14972.9	1271.3	3.1	2004.6	1631.3	179.4	193.9
广 西	19557.0	1084.7	5.2	1217.7	902.8	134.2	180.6
海 南	2973.9	921.5	18.0	340.7	258.3	24.8	57.6
重 庆	7080.4	270.9	45.5	659.8	560.1	61.2	38.5
四 川	42180.6	732.0	10958.5	1809.0	1543.8	147.5	117.7
贵 州	14759.1	164.6	72.6	681.2	544.9	94.9	41.3
云 南	32944.0	1633.9	147.3	1065.2	837.7	111.7	115.7
西 藏	87240.1	1.6	70692.3	145.0	100.3	37.5	7.2
陕 西	18613.1	819.7	2178.5	941.4	801.2	104.0	36.1
甘 肃	18549.5	257.1	5920.6	895.7	775.3	81.7	38.8
青 海	45101.5	6.1	40808.9	343.8	230.9	49.2	63.6
宁 夏	3809.9	50.4	1494.0	313.7	267.6	37.0	9.1
新 疆	51689.5	622.9	35732.6	1580.3	1196.2	146.2	237.9

表1–25　分地区森林资源情况

地　区	林业用地面积（万公顷）	森林面积（万公顷）		森林覆盖率（%）	活立木总蓄积量（万立方米）	森林蓄积量（万立方米）
			#人工林			
全　国	31259.00	20768.73	6933.38	21.63	1643280.62	1513729.72
北　京	101.35	58.81	37.15	35.84	1828.04	1425.33
天　津	15.62	11.16	10.56	9.87	453.98	374.03
河　北	718.08	439.33	220.90	23.41	13082.23	10774.95
山　西	765.55	282.41	131.81	18.03	11039.38	9739.12
内蒙古	4398.89	2487.90	331.65	21.03	148415.92	134530.48
辽　宁	699.89	557.31	307.08	38.24	25972.07	25046.29
吉　林	856.19	763.87	160.56	40.38	96534.93	92257.37
黑龙江	2207.40	1962.13	246.53	43.16	177720.97	164487.01
上　海	7.73	6.81	6.81	10.74	380.25	186.35
江　苏	178.70	162.10	156.82	15.80	8461.42	6470.00
浙　江	660.74	601.36	258.53	59.07	24224.93	21679.75
安　徽	443.18	380.42	225.07	27.53	21710.12	18074.85
福　建	926.82	801.27	377.69	65.95	66674.62	60796.15
江　西	1069.66	1001.81	338.60	60.01	47032.40	40840.62
山　东	331.26	254.60	244.52	16.73	12360.74	8919.79
河　南	504.98	359.07	227.12	21.50	22880.68	17094.56
湖　北	849.85	713.86	194.85	38.40	31324.69	28652.97
湖　南	1252.78	1011.94	474.61	47.77	37311.50	33099.27
广　东	1076.44	906.13	557.89	51.26	37774.59	35682.71
广　西	1527.17	1342.70	634.52	56.51	55816.60	50936.80
海　南	214.49	187.77	136.20	55.38	9774.49	8903.83
重　庆	406.28	316.44	92.55	38.43	17437.31	14651.76
四　川	2328.26	1703.74	449.26	35.22	177576.04	168000.04
贵　州	861.22	653.35	237.30	37.09	34384.40	30076.43
云　南	2501.04	1914.19	414.11	50.03	187514.27	169309.19
西　藏	1783.64	1471.56	4.88	11.98	228812.16	226207.05
陕　西	1228.47	853.24	236.97	41.42	42416.05	39592.52
甘　肃	1042.65	507.45	102.97	11.28	24054.88	21453.97
青　海	808.04	406.39	7.44	5.63	4884.43	4331.21
宁　夏	180.10	61.80	14.43	11.89	872.56	660.33
新　疆	1099.71	698.25	94.00	4.24	38679.57	33654.09

注：1.本表为第八次全国森林资源清查（2009—2013）资料。

2.全国总计数包括台湾省和香港、澳门特别行政区数据。

表1-26 造林面积

单位：公顷

年份 地区	造林总面积	按造林方式分				
		人工造林	飞播造林	新封山育林	退化林修复	人工更新
2000	5105138	4345008	760130			
2005	3647942	3231556	416386			
2006	2717925	2446122	271803			
2007	3907711	2738521	118671	1050519		
2008	5354387	3684913	154065	1515409		
2009	6262330	4156293	226337	1879700		
2010	5909919	3872762	195948	1841209		
2011	5996613	4065693	196931	1733989		
2012	5595791	3820704	136409	1638678		
2013	6100057	4209686	154400	1735971		
2014	5549612	4052912	108055	1388645		
2015	7683695	4362589	128390	2152877	739334	300505
北京	20331	8133		7798	4338	62
天津	8032	8032				
河北	366523	284083		58840	18338	5262
山西	285944	220945		59999	5000	
内蒙古	704054	360896	79389	227733	26774	9262
辽宁	215277	102615		100257	840	11565
吉林	199851	112003		4667	59633	23548
黑龙江	134972	41093		67038	24775	2066
上海	3241	3241				
江苏	45216	42576		400	299	1941
浙江	71595	20985		31739	6931	11940
安徽	236941	146000		80002	7954	2985
福建	253824	33919		139412	26308	54185
江西	233694	141678		59368	27129	5519
山东	221207	206552		1333	10417	2905
河南	216820	154749	13332	31931	16808	
湖北	288117	186022		98177		3918
湖南	559829	215728		188577	134710	20814
广东	401331	118463		124885	76846	81137
广西	197575	100764		47959	7185	41667
海南	23385	11003			1493	10889
重庆	246695	150853		88921	6921	
四川	408942	264567		59496	82328	2551
贵州	483246	329509		153737		
云南	582529	350510		151574	74864	5581
西藏	82786	29436		53350		
陕西	379086	222564	34670	69799	52053	
甘肃	319364	254308		62283	2773	
青海	112668	53042		59626		
宁夏	81313	37895		36743	6675	
新疆	279615	149553	999	87233	39122	2708
大兴安岭	19692	872			18820	

注：自2015年起造林面积包括人工造林、飞播造林、新封山育林、退化林修复和人工更新。

表1-27 分地区草原建设利用情况(2015年)

单位：千公顷

地区	草原总面积	累计种草保留面积	当年新增种草面积	草原鼠害		草原虫害		草原火灾受害面积
				危害面积	治理面积	危害面积	治理面积	
全 国	392832.7	23083.6	7569.9	29084.2	6154.3	12547.3	4619.6	118.1
北 京	394.8	5.5	5.5					
天 津	146.6	3.8	0.8					
河 北	4712.1	636.3	119.4	291.3	116.5	435.6	272.0	
山 西	4552.0	392.9	210.0	326.0	100.7	323.1	102.1	
内蒙古	78804.5	4892.2	2186.5	4318.8	1167.0	4435.9	1379.1	106.9
辽 宁	3388.8	824.0	365.0	276.6	172.1	288.1	125.2	
吉 林	5842.2	637.5	249.0	320.7	196.7	281.9	104.9	0.7
黑龙江	7531.8	430.9	134.9	171.3	65.4	245.1	95.0	9.3
上 海	73.3							
江 苏	412.7	30.8	24.3					
浙 江	3169.9							
安 徽	1663.2	100.1	84.0					
福 建	2048.0	10.4	10.4					
江 西	4442.3	214.3	136.5					
山 东	1638.0	112.7	62.3					
河 南	4433.8	81.2	50.8					
湖 北	6352.2	214.1	74.1					
湖 南	6372.7	227.3	39.7					
广 东	3266.2	43.9	23.4					
广 西	8698.3	102.4	34.2					
海 南	949.8	18.5						
重 庆	2158.4	81.2	38.8					
四 川	20380.4	2555.9	743.0	2920.4	893.9	861.0	334.9	0.4
贵 州	4287.3	568.3	120.7					
云 南	15308.4	1271.1	344.3					
西 藏	82051.9	1025.0	268.0	2840.0	153.3	81.3	60.2	
陕 西	5206.2	997.9	154.8	700.0	265.4	246.7	63.2	
甘 肃	17904.2	3092.3	716.0	4053.3	406.7	1277.3	306.7	0.1
青 海	36369.7	1564.5	326.7	7547.3	436.7	1189.2	551.9	0.5
宁 夏	3014.1	778.4	172.7	215.1	593.9	351.3	102.9	0.1
新 疆	57258.8	2170.3	874.1	5103.3	1586.1	2531.0	1121.6	0.1

表1-28 分地区湿地面积

地区	湿地面积（千公顷）	天然湿地					人工湿地	湿地面积占辖区面积比重（%）
			近海与海岸	河流	湖泊	沼泽		
全国	53602.6	46674.7	5795.9	10552.1	8593.8	21732.9	6745.9	5.56
北京	48.1	24.2		22.7	0.2	1.3	23.9	2.86
天津	295.6	151.1	104.3	32.3	3.6	10.9	144.5	23.94
河北	941.9	694.6	231.9	212.5	26.6	223.6	247.3	5.04
山西	151.9	108.1		96.9	3.1	8.1	43.8	0.97
内蒙古	6010.6	5878.8		463.7	566.2	4848.9	131.8	5.08
辽宁	1394.8	1077.7	713.2	251.5	2.9	110.1	317.1	9.42
吉林	997.6	862.9		223.5	112.0	527.4	134.7	5.32
黑龙江	5143.3	4953.8		733.5	356.0	3864.3	189.5	11.31
上海	464.6	409.0	386.6	7.3	5.8	9.3	55.6	73.27
江苏	2822.8	1948.8	1087.5	296.6	536.7	28.0	874.0	27.51
浙江	1110.1	843.3	692.5	141.2	8.9	0.7	266.8	10.91
安徽	1041.8	713.6		309.6	361.1	42.9	328.2	7.46
福建	871.0	711.2	575.6	135.1	0.3	0.2	159.8	7.18
江西	910.1	710.7		310.8	374.1	25.8	199.4	5.45
山东	1737.5	1103.0	728.5	257.8	62.6	54.1	634.5	11.07
河南	627.9	380.7		368.9	6.9	4.9	247.2	3.76
湖北	1445.0	764.2		450.4	276.9	36.9	680.8	7.77
湖南	1019.7	813.5		398.4	385.8	29.3	206.2	4.81
广东	1753.4	1158.1	815.1	337.9	1.5	3.6	595.3	9.76
广西	754.3	536.6	259.0	268.9	6.3	2.4	217.7	3.20
海南	320.0	242.0	201.7	39.7	0.6		78.0	9.14
重庆	207.2	87.7		87.3	0.3	0.1	119.5	2.51
四川	1747.8	1665.6		452.3	37.4	1175.9	82.2	3.61
贵州	209.7	151.6		138.1	2.5	11.0	58.1	1.19
云南	563.5	392.5		241.8	118.5	32.2	171.0	1.43
西藏	6529.0	6524.0		1434.5	3035.2	2054.3	5.0	5.35
陕西	308.5	276.2		257.6	7.6	11.0	32.3	1.50
甘肃	1693.9	1642.4		381.7	15.9	1244.8	51.5	3.73
青海	8143.6	8001.0		885.3	1470.3	5645.4	142.6	11.27
宁夏	207.2	169.5		97.9	33.5	38.1	37.7	4.00
新疆	3948.2	3678.3		1216.4	774.5	1687.4	269.9	2.38

注：1.本表为中国第二次湿地调查资料。

2.全国总计数包括台湾省和香港、澳门特别行政区数据。

表1–29 分地区自然保护基本情况（2015年）

地区	自然保护区个数（个）	#国家级	自然保护区面积（万公顷）	#国家级
全国	2740	428	14702.8	9648.8
北京	20	2	13.4	2.6
天津	8	3	9.1	3.8
河北	44	13	70.0	25.6
山西	46	7	110.3	11.7
内蒙古	182	29	1271.0	426.9
辽宁	104	17	275.4	97.8
吉林	51	20	252.5	110.7
黑龙江	251	36	750.2	303.1
上海	4	2	13.6	6.6
江苏	30	3	53.0	29.9
浙江	35	10	20.0	14.7
安徽	105	7	45.8	13.9
福建	92	16	44.5	24.0
江西	200	14	122.6	23.1
山东	88	7	111.9	22.0
河南	33	12	74.1	43.7
湖北	77	18	105.0	42.8
湖南	128	23	130.9	63.5
广东	384	15	184.9	32.6
广西	78	22	141.9	38.8
海南	49	10	270.7	15.8
重庆	57	6	82.7	25.5
四川	168	30	828.6	293.6
贵州	124	8	89.3	24.4
云南	159	20	287.3	150.3
西藏	47	9	4136.9	3715.3
陕西	60	22	113.1	60.0
甘肃	60	20	916.8	687.7
青海	11	7	2166.5	2073.4
宁夏	14	9	53.3	46.0
新疆	31	11	1957.5	1218.9

注：本表数据为初步数。

表1-30 地区自然灾害损失情况(2015年)

单位：千公顷

地 区	农作物受灾面积合计		旱 灾		洪涝、山体滑坡、泥石流和台风	
	受灾	绝收	受灾	绝收	受灾	绝收
全 国	21769.8	2232.7	10609.7	1046.1	7341.3	841.0
北 京	6.2	0.9	0.2	0.2	0.7	
天 津						
河 北	1798.8	169.5	1112.7	81.7	282.2	31.1
山 西	1142.6	140.4	1023.4	126.0	31.4	6.7
内蒙古	2700.8	315.0	2171.7	254.0	185.2	21.2
辽 宁	1482.8	240.5	1429.5	233.0	6.8	0.9
吉 林	846.2	74.0	700.0	60.0	24.2	3.9
黑龙江	1175.3	68.8	484.1	10.1	481.7	40.2
上 海	12.3	1.1			12.3	1.1
江 苏	615.5	41.0			459.7	33.4
浙 江	393.2	58.0			392.4	58.0
安 徽	966.7	149.0			789.9	141.0
福 建	203.3	26.5			203.1	26.4
江 西	455.3	39.5			439.3	38.6
山 东	1379.0	98.9	883.2	65.4	245.1	8.4
河 南	225.1	12.2			52.6	2.8
湖 北	1115.6	90.5	117.7	12.1	873.7	74.4
湖 南	765.1	88.5			752.6	88.0
广 东	846.3	92.9	147.7	19.0	694.2	73.9
广 西	545.7	32.3	160.0	3.1	382.5	28.9
海 南	41.2	3.7	4.2		37.0	3.7
重 庆	70.8	9.1			60.6	7.6
四 川	562.7	57.0	222.9	10.7	258.1	33.3
贵 州	224.4	29.5	18.9	2.2	160.6	20.7
云 南	1028.3	111.6	514.9	47.9	231.6	42.0
西 藏	11.8	1.8	1.3	0.3	7.6	1.2
陕 西	744.3	73.7	561.6	38.1	90.9	19.7
甘 肃	1011.2	76.2	533.1	47.5	80.6	7.0
青 海	220.5	21.6	126.5	5.4	9.8	3.8
宁 夏	218.8	27.2	172.1	22.6	4.6	1.8
新 疆	960.0	81.8	224.0	6.8	90.3	21.3

表1-30 地区自然灾害损失情况(2015年)(续)

单位:千公顷

地区	风雹灾害		低温冷冻和雪灾		人口受灾		直接
	受灾	绝收	受灾	绝收	受灾人口(万人次)	死亡人口(含失踪)(人)	经济损失(亿元)
全国	2918.0	309.1	900.3	36.5	18620.3	967	2704.1
北京	5.3	0.7			5.5		1.3
天津							
河北	346.8	54.7	57.1	2.0	1699.5	12	107.5
山西	55.8	5.1	32.0	2.6	863.3	10	103.3
内蒙古	301.5	37.9	42.4	1.9	584.4	26	113.5
辽宁	46.5	6.6			715.6	10	65.1
吉林	121.8	10.1	0.2		450.5		81.9
黑龙江	146.5	15.1	63.0	3.4	249.7	3	39.5
上海					16.9	1	3.5
江苏	97.0	6.0	58.8	1.6	534.8	10	84.9
浙江	0.8				704.6	79	228.2
安徽	118.7	6.5	58.1	1.5	1069.7	27	118.9
福建	0.2	0.1			370.9	50	189.1
江西	16.0	0.9			628.3	50	69.7
山东	207.6	23.4	43.1	1.7	1173.2	11	80.7
河南	152.6	8.9	19.9	0.5	516.5	19	44.0
湖北	50.5	2.7	73.7	1.3	1100.2	54	82.2
湖南	11.8	0.3	0.7	0.2	1221.4	32	126.7
广东	4.4				848.7	36	315.3
广西	3.2	0.3			768.3	60	48.5
海南					144.9	6	14.2
重庆	10.2	1.5			189.2	32	22.0
四川	71.7	12.8	9.7	0.2	997.5	88	132.0
贵州	40.8	6.5	4.0	0.1	588.0	68	72.6
云南	112.0	13.8	169.7	7.9	1279.2	104	141.9
西藏	1.4	0.3	1.5		55.4	38	107.2
陕西	75.5	10.7	16.3	5.2	583.0	104	72.7
甘肃	263.0	20.2	134.5	1.5	658.0	3	61.6
青海	49.8	11.9	34.4	0.5	189.5	15	12.0
宁夏	38.1	2.8	4.0		131.0		8.3
新疆	568.5	49.3	77.2	4.4	282.6	19	155.8

注:死亡人口(含失踪)和直接经济损失含森林、海洋等灾害。

表1-31　地质灾害及防治情况

年份 地区	发生地质灾害数量（处）	#滑坡	#崩塌	#泥石流	#地面塌陷	人员伤亡（人）	#死亡人数	直接经济损失（万元）	地质灾害防治项目数（个）	地质灾害防治投资（万元）
2000	19653	13431	2945	1958	347	27697	1179	494201	429	33197
2005	17751	9367	7654	566	137	1223	578	357678	3179	166860
2006	102804	88523	13160	417	398	1227	663	431590	2914	193570
2007	25364	15478	7722	1215	578	1123	598	247528	3492	244885
2008	26580	13450	8080	843	454	1598	656	326936	5325	529939
2009	10580	6310	2378	1442	326	845	331	190109	28061	542368
2010	30670	22250	5688	1981	478	3445	2244	638509	28106	1159813
2011	15804	11504	2445	1356	386	413	244	413151	20871	928085
2012	14675	11112	2152	952	364	636	293	625253	26882	1024183
2013	15374	9832	3288	1547	385	929	482	1043568	36984	1235363
2014	10937	8149	1860	554	307	637	360	567027	32019	1634039
2015	8355	5668	1870	483	292	422	226	250528	26289	1762663
北　京	22	4	16		2			130	59	10000
天　津									3	630
河　北	5		1		2			102	287	13332
山　西	5	1	3					333	81	56411
内蒙古	5	3	1		1	11	7	9	1	1060
辽　宁	5		2		3			3	36	7238
吉　林	21	1	6	11	3			132	14	4590
黑龙江									6	4375
上　海	1								1	5322
江　苏	43	35	6		2			2096	115	10899
浙　江	385	268	73	44		50	47	7743	1507	55342
安　徽	616	312	272	19	13	2	1	13679	492	14205
福　建	225	201	23	1		14	13	3928	698	51369
江　西	2470	1766	656	24	24	18	12	8598	112	18455
山　东	18	1	1		16			30	53	16488
河　南	30	5	2	1	22	4	4	256	4	2682
湖　北	340	252	60	14	14	41	21	7170	286	12951
湖　南	2323	1971	228	59	50	27	18	43363	980	242912
广　东	191	60	111	5	12	13	6	3666	2501	64245
广　西	357	76	178	1	100	54	17	2936	668	25329
海　南	2		1		1			58	18	2302
重　庆	63	44	12	3	3	15	7	7750	375	38000
四　川	349	153	75	121		4	3	26231	14652	220972
贵　州	163	123	31	2	4	42	27	15980	2000	179462
云　南	516	328	63	99	15	44	26	32101	982	225886
西　藏	82	9	11	62		5	3	7904	20	11418
陕　西	38	16	17	1	1	71	12	51197	121	263957
甘　肃	44	22	16	3	3	4		14003	197	194288
青　海	18	14	2	2		3	2	746	16	5754
宁　夏	5	2	2					39	1	1000
新　疆	13	1	1	10	1			345	3	1790

表1-32　森林火灾情况(2015年)

地　区	森林火灾次数(次)	一般火灾	较大火灾	重大火灾	特别重大火灾	火场总面积(公顷)	受害森林面积(公顷)	伤亡人数(人)	其他损失折款(万元)
全　国	2936	1676	1254	6		33077	12940	26	6371.4
北　京									
天　津	1	1				1			
河　北	74	66	8			471	86		9.0
山　西	10	1	9			814	172		708.7
内蒙古	123	41	77	5		3847	3254		3380.5
辽　宁	116	50	66			1922	885	7	88.0
吉　林	125	94	31			541	226		128.8
黑龙江	94	87	7			787	158		0.3
上　海									
江　苏	8	8				1			
浙　江	67	9	58			854	301	3	
安　徽	22	21	1			19	5		0.6
福　建	114	5	108	1		2147	1416	2	144.9
江　西	40	9	31			1617	335		224.5
山　东	10	5	5			75	34		1.0
河　南	45	45				210	3		3.5
湖　北	70	57	13			293	29	1	10.7
湖　南	51	22	29			534	285	3	188.1
广　东	273	61	212			3044	1300	2	177.3
广　西	949	591	358			7785	1769	5	397.7
海　南	137	65	72			1033	574		117.2
重　庆	8	8				14	5		13.3
四　川	220	183	37			1408	303	2	187.4
贵　州	153	110	43			1964	607		73.3
云　南	130	71	59			3024	806		206.7
西　藏	3	2	1			186	23		
陕　西	53	34	19			135	85	1	11.2
甘　肃	8	5	3			15	11		0.9
青　海	6	5	1			163	143		285.3
宁　夏	7	5	2			33	9		
新　疆	19	15	4			144	117		12.5

表1-33　林业有害生物防治情况

单位：万公顷

年　份 地　区	合　计			森林病害		森林虫害		森林鼠害		有害植物	
	发生面积	防治面积	防治率(%)	发生面积	防治面积	发生面积	防治面积	发生面积	防治面积	发生面积	防治面积
2000	851.86	574.19	67.4	93.45	61.95	669.28	456.59	89.12	55.65		
2005	961.03	640.75	66.7	101.20	70.62	726.09	498.51	133.73	71.62		
2006	1100.67	735.47	66.8	103.87	71.80	829.87	557.20	166.93	106.47		
2007	1209.68	801.20	66.2	110.95	85.88	887.72	604.53	211.02	110.79		
2008	1141.84	783.96	68.7	116.83	90.48	843.19	590.23	181.81	103.25		
2009	1141.97	819.38	71.8	103.12	81.88	850.30	638.14	188.55	99.36		
2010	1164.24	812.36	69.8	129.06	89.56	852.32	628.70	182.86	94.11		
2011	1168.14	728.50	62.4	119.72	79.23	845.91	546.58	202.51	102.69		
2012	1176.90	782.59	66.5	131.16	84.26	846.29	572.93	199.45	125.41		
2013	1223.05	766.83	62.7	139.17	89.88	847.46	589.56	224.25	82.97	12.16	4.43
2014	1206.45	787.43	65.3	137.28	86.71	841.28	599.54	211.60	96.03	16.29	5.16
2015	1218.35	877.77	72.0	139.05	97.71	846.64	620.92	214.82	150.19	17.84	8.94
北　京	3.95	3.95	100.0	0.20	0.20	3.74	3.74				
天　津	4.63	4.62	99.8	0.65	0.65	3.98	3.97				
河　北	48.25	37.90	78.5	2.79	2.36	41.60	31.97	3.87	3.57		
山　西	23.90	11.90	49.8	0.30	0.20	19.01	9.29	4.52	2.34	0.07	0.07
内蒙古	122.84	64.56	52.6	21.51	9.45	75.63	39.06	25.70	16.05		
辽　宁	65.05	56.32	86.6	6.62	5.64	57.90	50.30	0.53	0.38		
吉　林	19.54	13.74	70.3	2.18	1.92	14.49	9.42	2.88	2.41		
黑龙江	41.74	35.59	85.3	3.53	2.94	18.63	15.72	19.58	16.93		
上　海	0.45	0.44	96.5	0.04	0.04	0.41	0.40				
江　苏	9.81	8.37	85.2	0.87	0.79	8.84	7.47			0.10	0.10
浙　江	11.53	10.15	88.0	1.36	1.30	10.17	8.85				
安　徽	39.11	32.75	83.8	4.98	4.27	34.12	28.48				
福　建	21.87	20.56	94.0	0.98	0.95	20.89	19.60				
江　西	24.46	13.21	54.0	4.69	2.23	19.77	10.98				
山　东	46.05	45.08	97.9	8.13	7.84	37.92	37.24				
河　南	59.79	50.55	84.5	12.11	10.30	47.67	40.24				
湖　北	44.93	32.40	72.1	3.93	2.93	28.68	23.42	0.27	0.15	12.06	5.90
湖　南	40.17	32.25	80.3	3.29	2.50	36.87	29.75	0.01			
广　东	29.07	13.20	45.4	1.44	1.31	24.80	9.96			2.83	1.93
广　西	39.61	8.29	20.9	3.91	0.49	35.48	7.60	0.02	0.02	0.20	0.17
海　南	2.56	0.70	27.4	0.04	0.010	1.05	0.48			1.47	0.21
重　庆	29.27	21.33	72.9	2.17	1.74	20.88	16.80	6.22	2.80		
四　川	71.61	50.69	70.8	8.46	4.48	58.61	43.70	4.54	2.50		
贵　州	20.04	18.70	93.3	1.51	0.98	17.99	17.24	0.53	0.47		
云　南	46.24	43.23	93.5	8.24	7.89	36.51	34.43	0.39	0.38	1.10	0.54
西　藏	28.07	17.12	61.0	8.04	4.91	14.24	9.65	5.79	2.56		
陕　西	42.48	32.70	77.0	2.93	2.43	30.49	22.39	9.05	7.89		
甘　肃	37.46	20.21	53.9	7.90	5.26	16.13	8.25	13.44	6.70		
青　海	28.42	10.96	38.6	0.51		8.83	2.11	19.09	8.85		
宁　夏	26.02	20.83	80.1	3.32	2.45	10.78	8.68	11.91	9.69	0.01	0.01
新　疆	176.08	133.35	75.7	10.60	7.63	86.63	65.85	78.85	59.87		
大兴安岭	13.34	12.12	90.9	1.81	1.60	3.88	3.87	7.65	6.65		

表1–34　突发环境事件情况（2015年）

地　区	突发环境事件次数（次）	特别重大环境事件	重　大环境事件	较　大环境事件	一　般环境事件
全　国	334		3	5	326
北　京	15				15
天　津	1				1
河　北	6		1		5
山　西	3				3
内蒙古					
辽　宁	13				13
吉　林					
黑龙江					
上　海	10				10
江　苏	27			1	26
浙　江	22				22
安　徽	8				8
福　建	19				19
江　西	7				7
山　东	10		1		9
河　南	10				10
湖　北	10			1	9
湖　南	16				16
广　东	29				29
广　西	7				7
海　南	2				2
重　庆	9				9
四　川	14			2	12
贵　州	9				9
云　南	4				4
西　藏					
陕　西	58			1	57
甘　肃	12		1		11
青　海	3				3
宁　夏	2				2
新　疆	4				4

注：本表数据为初步数。

表1-35　地震灾害情况

年　份 地　区	地震灾害次数 (次)				人员伤亡 (人)		直接经济损失 (万元)
		5.0-5.9级	6.0-6.9级	7.0级以上		#死亡人数	
2000	10	7	2		2987	10	146792
2005	13	9	2		882	15	262811
2006	10	9			229	25	79962
2007	3	1	1		422	3	201922
2008	17	6	4	2	446293	69283	85949594
2009	8	5	2		407	3	273782
2010	12	4		1	13795	2705	2361077
2011	18	11	2	1	540	32	6020873
2012	12	8	3		1279	86	828757
2013	14	10	3	1	15965	294	9953631
2014	20	14	4	1	3666	623	3326078
2015	14	13	1		813000	30	1791918
内蒙古	1	1			23000		33714
四　川	1	1			27000		18900
贵　州	1	1			75000		51704
云　南	2	2			171000		107900
西　藏	3	3			229000	27	1030200
青　海	2	2					
新　疆	4	3	1		288000	3	549500

表1-36　主要海洋灾害情况（2015年）

灾　种	发生次数 (次)	人员死亡、失踪 (人)	直接经济损失 (亿元)
合　计	79	30	72.74
风暴潮	10	7	72.62
赤　潮	35		
海　浪	33	23	0.06
海　冰	1		0.06

表1-37 全海域未达到第一类海水水质标准的海域面积(2015年)

单位：平方公里

项　目	第二类水质海域面积	第三类水质海域面积	第四类水质海域面积	劣于第四类水质海域面积
总　计	54120	36900	23570	40020
渤　海	12010	8090	4750	4060
黄　海	15570	9490	8020	4680
东　海	22050	9410	9000	26670
南　海	4490	9910	1800	4610

表1-38 环境污染治理投资

指　　标	2011	2012	2013	2014	2015
环境污染治理投资总额(亿元)	7114.0	8253.5	9037.2	9575.5	8806.3
#城镇环境基础设施建设投资	4557.2	5062.7	5223.0	5463.9	4946.8
#燃气	444.1	551.8	607.9	574.0	463.1
集中供热	593.3	798.1	819.5	763.0	687.8
排水	971.6	934.1	1055.0	1196.1	1248.5
园林绿化	1991.9	2380.0	2234.9	2338.5	2075.4
市容环境卫生	556.2	398.6	505.7	592.2	472.0
工业污染源治理投资	444.4	500.5	849.7	997.7	773.7
当年完成环保验收项目环保投资	2112.4	2690.4	2964.5	3113.9	3085.8
环境污染治理投资总额占国内生产总值比重(%)	1.45	1.53	1.52	1.49	1.28

注：1.城镇环境基础设施建设投资中增加了县城基础设施建设投资。
　　2.2015年工业污染源治理投资和当年完成环保验收项目环保投资为初步数。

表1-39 工业污染治理投资完成情况

单位：万元

年份 地区	工业污染治理 完成投资	治理废水	治理废气	治理固体废物	治理噪声	治理其他
2000	2347895	1095897	909242	114673	13692	214390
2005	4581909	1337147	2129571	274181	30613	810396
2006	4839485	1511165	2332697	182631	30145	782848
2007	5523909	1960722	2752642	182532	18279	606838
2008	5426404	1945977	2656987	196851	28383	598206
2009	4426207	1494606	2324616	218536	14100	374349
2010	3969768	1295519	1881883	142692	14193	620021
2011	4443610	1577471	2116811	313875	21623	413831
2012	5004573	1403448	2577139	247499	11627	764860
2013	8496647	1248822	6409109	140480	17628	680608
2014	9976511	1152473	7893935	150504	10950	768649
2015	7736822	1184138	5218073	161468	27892	1145251
北　京	99958	2702	66834	75		30347
天　津	240072	16532	205875	1737		15928
河　北	541596	7127	411968	1880	24	120597
山　西	278738	39539	160538	8265		70397
内蒙古	438935	39568	367591	10396	319	21061
辽　宁	189950	22070	143078	19530	617	4656
吉　林	121203	9027	84530	212	3820	23615
黑龙江	193396	30914	134902			27580
上　海	211726	19673	74012	100	4726	113251
江　苏	621741	108843	400802	3711	1149	107236
浙　江	586017	128726	373553	4552	708	78478
安　徽	179450	25237	131551	860	757	21046
福　建	446910	136020	219105	9784	550	81450
江　西	147833	44770	78110	2010	144	22799
山　东	945934	66436	781673	32912	258	64655
河　南	330143	44387	234181	7862	53	43660
湖　北	157976	26099	120301	1360	275	9942
湖　南	261425	35689	126053	2056	277	97350
广　东	347103	164863	149437	4178	504	28121
广　西	247152	15940	187490	26722	50	16950
海　南	13161	893	10681		1300	287
重　庆	59885	11891	44432	2813	120	629
四　川	118259	55112	46884	200	10079	5985
贵　州	107033	7940	92753	1204	625	4511
云　南	215878	39474	133478	8464	587	33875
西　藏	2950	1231	273	45		1401
陕　西	279915	26875	172682	1690	750	77919
甘　肃	40526	5703	23862	40	200	10721
青　海	49343	13115	24762	5050		6416
宁　夏	104318	15719	83045	3433		2121
新　疆	158263	22025	133639	328		2271

注：本表数据为初步数。

表1-40　林业投资资金来源情况(2015年)

单位：万元

地区	林业投资本年资金来源	上年末结余资金	本年资金来源						
				国家预算资金	国内贷款	债券	利用外资	自筹资金	其他资金
全国	42574507	969388	41605119	19104453	3754865	1885	231514	16292156	2220246
北京	1980469	135090	1845379	1573149			839	143388	128003
天津	165355		165355	165355					
河北	907361	8454	898907	600666	48268		1018	205344	43611
山西	1312256		1312256	818023				494233	
内蒙古	1619430	72958	1546472	1405627	512			92704	47629
辽宁	738269	200	738069	492366			425	239756	5522
吉林	1177656	119507	1058149	595145	149745			236790	76469
黑龙江	1288210	3757	1284453	1199004	616			37247	47586
上海	148966		148966	141275				7354	337
江苏	998046	5300	992746	277226	5530		4000	695784	10206
浙江	860690	6151	854539	573099	69938		1969	175849	33684
安徽	869538	124	869414	236129	30812		1490	564785	36198
福建	2674623	10792	2663831	368337	2181323		21362	72989	19820
江西	582521	3840	578681	331250	27149		22058	73991	124233
山东	2662336	5933	2656403	494970	6446		485	1894579	259923
河南	1239647		1239647	766900	109600		47	363100	
湖北	1172342		1172342	478263	120645			545431	28003
湖南	2049738	7923	2041815	806706	87736		16720	973172	157481
广东	976822	46817	930005	829512	8789		6525	48091	37088
广西	9919920	48188	9871732	606179	610650		112356	7873092	669455
海南	225690	66850	158840	154066				1741	3033
重庆	660875	52700	608175	500139	7625	1885		82220	16306
四川	2260027	15043	2244984	1056883	100914		26826	808898	251463
贵州	504471		504471	451048				53423	
云南	1120612	156208	964404	795416	29536		1201	45806	92445
西藏	310030		310030	310030					
陕西	1118397	3910	1114487	916779			2358	150601	44749
甘肃	913962		913962	812500	84358		7091	8486	1527
青海	348088		348088	316859	28930		2299		
宁夏	218420		218420	117612	45347		137		55324
新疆	1014325	99809	914516	500484	396		2308	396686	14642
大兴安岭	327170	18409	308761	303682				5079	

注：全国合计数包含国家林业局直属单位的固定资产投资数据(下表同)。

表1-41　林业投资完成情况(2015年)

单位：万元

地区	本年完成投资					
		生态建设与保护	林业支撑与保障	林业产业发展	林业民生工程	其他投资
全　国	42901420	20172014	2272730	15646727	1030254	3779695
北　京	1591985	993954	88634	54792		454605
天　津	165355	149495	5011	2200	550	8099
河　北	942518	692550	67062	66003	10622	106281
山　西	1312256	1073425	78146	39788	21602	99295
内蒙古	1604223	1253300	88161	37800	57881	167081
辽　宁	761304	638324	35327	29259	5215	53179
吉　林	850582	461745	76473	42372	92074	177918
黑龙江	1280583	989569	37020	12198	137879	103917
上　海	174443	153857	13329	2633		4624
江　苏	1253879	878211	80222	282912	1439	11095
浙　江	892099	468052	71636	172163	60281	119967
安　徽	1034419	702463	67353	219723	4215	40665
福　建	2552359	908987	16879	1495414	1037	130042
江　西	727465	342287	71586	103196	51536	158860
山　东	2887127	791051	398348	1614223	23001	60504
河　南	1239647	786161	19969	316288	1010	116219
湖　北	1241861	518484	72289	537786	44471	68831
湖　南	2049405	950864	103926	812934	60897	120784
广　东	967229	655391	104612	25918	22545	158763
广　西	10382580	1583069	259127	7827500	197412	515472
海　南	143742	84976	17633	7197	6356	27580
重　庆	620641	385835	44521	83279	11380	95626
四　川	2260027	877312	80517	1103698	56305	142195
贵　州	450848	411823	11992	3000	1803	22230
云　南	1210178	627336	111431	303089	23042	145280
西　藏	310030	295348	8164	1826	2833	1859
陕　西	1144133	638939	35728	163395	35889	270182
甘　肃	913962	500769	67116	113770	30852	201455
青　海	348088	276998	17778	34580	18732	
宁　夏	173236	148050	7674	11525	1979	4008
新　疆	974063	624610	71815	126242	22954	128442
大兴安岭	310088	275513	5517	20	24462	4576

二、能源

表2-1　能源生产总量及构成

年　份	能源生产总量（万吨标准煤）	占能源生产总量的比重（%）			
		原　煤	原　油	天然气	一次电力及其他能源
1978	62770	70.3	23.7	2.9	3.1
1980	63735	69.4	23.8	3.0	3.8
1985	85546	72.8	20.9	2.0	4.3
1990	103922	74.2	19.0	2.0	4.8
1991	104844	74.1	19.2	2.0	4.7
1992	107256	74.3	18.9	2.0	4.8
1993	111059	74.0	18.7	2.0	5.3
1994	118729	74.6	17.6	1.9	5.9
1995	129034	75.3	16.6	1.9	6.2
1996	133032	75.0	16.9	2.0	6.1
1997	133460	74.3	17.2	2.1	6.5
1998	129834	73.3	17.7	2.2	6.8
1999	131935	73.9	17.3	2.5	6.3
2000	138570	72.9	16.8	2.6	7.7
2001	147425	72.6	15.9	2.7	8.8
2002	156277	73.1	15.3	2.8	8.8
2003	178299	75.7	13.6	2.6	8.1
2004	206108	76.7	12.2	2.7	8.4
2005	229037	77.4	11.3	2.9	8.4
2006	244763	77.5	10.8	3.2	8.5
2007	264173	77.8	10.1	3.5	8.6
2008	277419	76.8	9.8	3.9	9.5
2009	286092	76.8	9.4	4.0	9.8
2010	312125	76.2	9.3	4.1	10.4
2011	340178	77.8	8.5	4.1	9.6
2012	351041	76.2	8.5	4.1	11.2
2013	358784	75.4	8.4	4.4	11.8
2014	361866	73.6	8.4	4.7	13.3
2015	362000	72.1	8.5	4.9	14.5

注：电力折算标准煤的系数根据当年平均发电煤耗计算(下表同)。

表2-2　能源消费总量及构成

年　份	能源消费总量(万吨标准煤)	占能源消费总量的比重 (%)			
		煤　炭	石　油	天然气	一次电力及其他能源
1978	57144	70.7	22.7	3.2	3.4
1980	60275	72.2	20.7	3.1	4.0
1985	76682	75.8	17.1	2.2	4.9
1990	98703	76.2	16.6	2.1	5.1
1991	103783	76.1	17.1	2.0	4.8
1992	109170	75.7	17.5	1.9	4.9
1993	115993	74.7	18.2	1.9	5.2
1994	122737	75.0	17.4	1.9	5.7
1995	131176	74.6	17.5	1.8	6.1
1996	135192	73.5	18.7	1.8	6.0
1997	135909	71.4	20.4	1.8	6.4
1998	136184	70.9	20.8	1.8	6.5
1999	140569	70.6	21.5	2.0	5.9
2000	146964	68.5	22.0	2.2	7.3
2001	155547	68.0	21.2	2.4	8.4
2002	169577	68.5	21.0	2.3	8.2
2003	197083	70.2	20.1	2.3	7.4
2004	230281	70.2	19.9	2.3	7.6
2005	261369	72.4	17.8	2.4	7.4
2006	286467	72.4	17.5	2.7	7.4
2007	311442	72.5	17.0	3.0	7.5
2008	320611	71.5	16.7	3.4	8.4
2009	336126	71.6	16.4	3.5	8.5
2010	360648	69.2	17.4	4.0	9.4
2011	387043	70.2	16.8	4.6	8.4
2012	402138	68.5	17.0	4.8	9.7
2013	416913	67.4	17.1	5.3	10.2
2014	425806	65.6	17.4	5.7	11.3
2015	430000	64.0	18.1	5.9	12.0

表2–3　综合能源平衡表

单位：万吨标准煤

项　　目	1990	1995	2000	2005	2010	2013	2014
可供消费的能源总量	96138	129535	144234	254619	365588	417415	426095
一次能源生产量	103922	129034	138570	229037	312125	358784	361866
回收能		2312	3087	7452	8958		
进口量	1310	5456	14327	26823	57671	73420	77325
出口量(-)	5875	6776	9327	11257	8803	8005	8271
年初年末库存差额	-3219	-491	-2424	2564	-4363	-6784	-4825
能源消费总量	98703	131176	146964	261369	360648	416913	425806
在总量中：							
农、林、牧、渔、							
水利业	4852	5505	4233	6860	7266	8055	8094
工　业	67578	96191	103014	187914	261377	291131	295686
建筑业	1213	1335	2207	3486	5533	7017	7520
交通运输、仓储和							
邮政业	4541	5863	11447	19136	27102	34819	36336
批发、零售业和							
住宿、餐饮业	1247	2018	3251	5917	7847	10598	10873
其他行业	3473	4519	6118	10484	15052	19763	20084
生活消费	15799	15745	16695	27573	36470	45531	47212
在总量中：							
终端消费	94289	124252	140476	250877	337469	403814	413162
#工业	63239	89473	96871	177775	238652	278514	283420
加工转换损失量	2264	3634	2472	3882	14294	15994	17020
#炼焦	905		526	855	1595	2433	2731
炼油	326		781	1273	1960	1899	2115
回收能						13333	14578
损失量	2150	3289	4016	6610	8885	10439	10201
平衡差额	-2565	-1641	-2730	-6751	4940	502	289

注：1.电力、热力按等价热值折算，因此加工转换损失量中不包括发电、供热损失量。村办工业包括在工业中（下表同）。

2.进口量包括我国飞机、轮船在国外加油量；出口量包括外国飞机、轮船在我国加油量。

表2-4 石油平衡表

单位：万吨

项目	1990	1995	2000	2005	2010	2013	2014
可供量	11435.0	16072.7	22631.4	32539.1	44178.4	49993.9	51861.8
生产量	13830.6	15005.0	16300.0	18135.3	20301.4	20991.9	21142.9
进口量	755.6	3673.2	9748.5	17163.2	29437.2	34264.8	36179.6
出口量(-)	3110.4	2454.5	2172.1	2888.1	4079.0	4176.7	4213.9
年初年末库存差额	-40.8	-151.0	-1245.0	128.8	-1481.2	-1086.1	-1246.8
消费量	11485.6	16064.9	22495.9	32547.0	44101.0	49970.6	51814.4
在消费量中：							
农、林、牧、渔、							
水利业	1033.6	1203.2	788.5	1451.7	1382.5	1650.3	1717.7
工业	7321.6	9349.3	11248.5	14030.4	18555.0	17594.6	18217.5
建筑业	327.3	242.8	840.6	1502.2	2483.1	3090.6	3311.9
交通运输、仓储							
和邮政业	1683.2	2863.6	6399.0	10928.5	15079.3	18967.6	19546.9
批发、零售业和							
住宿、餐饮业	77.6	333.9	247.0	375.6	481.0	565.4	563.2
其他行业	757.8	1390.3	1635.9	1974.2	2578.2	3349.7	3152.0
生活消费	284.5	682.0	1336.5	2284.4	3541.9	4752.4	5305.2
在消费量中：							
终端消费	9304.7	13676.3	19950.1	29495.6	41243.4	47458.8	49134.0
#工业	5180.4	7095.5	8860.0	11107.5	15857.8	15235.4	15584.5
中间消费							
(用于加工转换)	1630.4	2230.0	2352.9	2896.0	2663.3	2295.7	2570.0
发电	1234.4	1358.5	1178.2	1306.4	385.3	265.1	254.1
供热	356.3	399.9	427.0	429.1	593.1	448.2	521.3
制气	39.7	51.6	25.9	14.4			
炼油损失量	295.8	420.1	721.9	1146.1	1684.8	1582.4	1794.6
损失量	254.7	158.6	192.9	155.4	194.4	216.1	110.3
平衡差额	-50.6	7.8	135.4	-7.9	77.4	23.3	47.4

注：1.生产量为原油产量。

2.进口量包括我国飞机、轮船在国外加油量；出口量包括外国飞机、轮船在我国加油量。

表2-5　煤炭平衡表

单位：万吨

项　　目	1990	1995	2000	2005	2010	2013	2014
可供量	102221.1	133461.7	131894.5	235507.7	355577.6	425014.8	411833.5
生产量	107988.3	136073.1	138418.5	236514.6	342844.7	397432.2	387391.9
进口量	200.3	163.5	217.9	2621.6	18306.9	32701.8	29122.0
出口量(-)	1729.0	2861.7	5506.5	7173.1	1910.6	750.8	574.1
年初年末库存差额	-4238.5	86.8	-1235.3	3544.6	-3663.4	-4368.4	-4106.2
消费量	105523.0	137676.5	135689.7	243375.4	349008.3	424425.9	411613.5
在消费量中：							
农、林、牧、渔、							
水利业	2095.2	1856.7	1050.9	1801.7	2147.1	2450.6	2578.8
工　业	81090.9	117570.7	121806.7	224766.1	329728.5	403157.0	390497.4
建筑业	437.6	439.8	536.8	603.6	730.6	811.4	913.6
交通运输、仓储							
和邮政业	2160.9	1315.1	882.2	811.2	639.2	615.4	558.0
批发、零售业和							
住宿、餐饮业	1058.3	977.4	1461.0	2626.7	3192.0	3966.2	3767.0
其他行业	1980.4	1986.7	1495.1	2727.3	3411.6	4135.6	4045.5
生活消费	16699.7	13530.1	8457.0	10039.0	9159.2	9289.8	9253.2
在消费量中：							
终端消费	60205.9	66156.1	50511.0	86385.6	114825.7	119491.4	116043.8
#工　业	35773.8	46050.3	36628.0	67776.3	95545.9	98222.5	94927.7
中间消费							
(用于加工转换)	41257.8	69487.6	81987.4	152207.7	222947.9	282355.3	272194.5
#发　电	27204.3	44440.2	55811.2	103662.9	153742.5	195177.4	184525.3
供　热	2995.5	5887.3	8794.1	13542.0	17553.1	22709.5	22444.9
炼　焦	10697.6	18396.4	16496.4	33445.7	49950.4	62535.6	62893.9
炼油及煤制油					213.4	459.3	650.3
制　气	360.4	763.7	960.0	1277.0	1040.1	845.6	948.4
洗选损耗	4059.3	2032.8	3191.2	4782.1	11234.6	22579.2	23375.2
平衡差额	-3302.0	-4214.8	-3795.1	-7867.8	6569.3	588.8	220.0

注：生产量为原煤产量。

表2-6 电力平衡表

单位：亿千瓦小时

项　　目	1990	1995	2000	2005	2010	2013	2014
可供量	6230.4	10023.4	13472.7	24940.8	41936.5	54204.1	56381.8
生产量	6212.0	10077.3	13556.0	25002.6	42071.6	54316.4	56495.8
水　电	1267.2	1905.8	2224.1	3970.2	7221.7	9202.9	10643.4
火　电	4944.8	8043.2	11141.9	20473.4	33319.3	42470.1	42686.5
核　电		128.3	167.4	530.9	738.8	1116.1	1325.4
风　电					446.2	1412.0	1560.8
进口量	19.3	6.4	15.5	50.1	55.5	74.4	67.5
出口量(-)	0.9	60.3	98.8	111.9	190.6	186.7	181.6
消费量	6230.4	10023.4	13472.4	24940.3	41934.5	54203.4	56383.7
在消费量中：							
农、林、牧、渔、							
水利业	426.8	582.4	533.0	776.3	976.5	1026.9	1013.4
工　业	4873.3	7659.8	10004.6	18521.7	30871.8	39236.9	40802.7
建筑业	65.0	159.6	159.8	233.9	483.2	675.1	721.7
交通运输、仓储							
和邮政业	105.9	182.3	281.2	430.3	734.5	1000.9	1059.2
批发、零售业和							
住宿、餐饮业	76.2	199.5	418.7	752.3	1292.0	1876.9	1995.6
其他行业	202.4	234.2	623.2	1340.9	2451.8	3397.6	3615.0
生活消费	480.8	1005.6	1452.0	2884.8	5124.6	6989.2	7176.1
在消费量中：							
终端消费	5795.8	9278.9	12535.7	23233.8	39366.3	51062.7	53283.8
#工　业	4438.7	6915.3	9067.9	16815.2	28303.5	36096.2	37702.8
输配电损失量	434.6	744.5	936.7	1706.5	2568.2	3140.7	3099.9

表2-7　能源生产弹性系数

年　份	能源生产比上年增长（%）	电力生产比上年增长（%）	国内生产总值比上年增长（%）	能源生产弹性系数	电力生产弹性系数
1985	9.9	8.9	13.4	0.74	0.66
1990	2.2	6.2	3.9	0.56	1.59
1991	0.9	9.1	9.3	0.10	0.98
1992	2.3	11.3	14.2	0.16	0.80
1993	3.6	15.3	13.9	0.26	1.10
1994	6.9	10.7	13.0	0.53	0.82
1995	8.7	8.6	11.0	0.79	0.78
1996	3.1	7.2	9.9	0.31	0.73
1997	0.3	5.1	9.2	0.03	0.55
1998	-2.7	2.7	7.8		0.35
1999	1.6	6.3	7.7	0.21	0.82
2000	5.0	9.4	8.5	0.59	1.11
2001	6.4	9.2	8.3	0.77	1.11
2002	6.0	11.7	9.1	0.66	1.29
2003	14.1	15.5	10.0	1.41	1.55
2004	15.6	15.3	10.1	1.54	1.51
2005	11.1	13.5	11.4	0.98	1.18
2006	6.9	14.6	12.7	0.54	1.15
2007	7.9	14.5	14.2	0.56	1.02
2008	5.0	5.6	9.7	0.52	0.58
2009	3.1	7.1	9.4	0.33	0.76
2010	9.1	13.3	10.6	0.86	1.25
2011	9.0	12.0	9.5	0.95	1.26
2012	3.2	5.8	7.9	0.40	0.73
2013	2.2	8.9	7.8	0.28	1.14
2014	0.9	4.0	7.3	0.12	0.55
2015		0.3	6.9		0.04

注：国内生产总值增长速度按不变价格计算(下表同)。

表2-8 电力平衡表

年 份	能源消费比上年增长（%）	电力消费比上年增长（%）	国内生产总值比上年增长（%）	能源消费弹性系数	电力消费弹性系数
1985	8.1	9.0	13.4	0.60	0.67
1990	1.8	6.2	3.9	0.46	1.59
1991	5.1	9.2	9.3	0.55	0.99
1992	5.2	11.5	14.2	0.37	0.81
1993	6.3	11.0	13.9	0.45	0.79
1994	5.8	9.9	13.0	0.45	0.76
1995	6.9	8.2	11.0	0.63	0.75
1996	3.1	7.4	9.9	0.31	0.75
1997	0.5	4.8	9.2	0.05	0.52
1998	0.2	2.8	7.8	0.03	0.36
1999	3.2	6.1	7.7	0.42	0.79
2000	4.5	9.5	8.5	0.54	1.12
2001	5.8	9.3	8.3	0.70	1.12
2002	9.0	11.8	9.1	0.99	1.30
2003	16.2	15.6	10.0	1.62	1.56
2004	16.8	15.4	10.1	1.67	1.52
2005	13.5	13.5	11.4	1.18	1.18
2006	9.6	14.6	12.7	0.76	1.15
2007	8.7	14.4	14.2	0.61	1.01
2008	2.9	5.6	9.7	0.30	0.58
2009	4.8	7.2	9.4	0.51	0.77
2010	7.3	13.2	10.6	0.69	1.25
2011	7.3	12.1	9.5	0.77	1.27
2012	3.9	5.9	7.9	0.49	0.75
2013	3.7	8.9	7.8	0.47	1.14
2014	2.1	4.0	7.3	0.29	0.55
2015	0.9	0.5	6.9	0.13	0.07

表2-9 能源加工转换效率

单位：%

年 份	总效率	发电及电站供热	炼 焦	炼 油
1983	69.93	36.94	91.18	99.16
1984	69.16	36.95	90.08	99.17
1985	68.29	36.85	90.79	99.10
1986	68.32	36.69	90.63	99.04
1987	67.48	36.75	90.46	98.81
1988	66.54	36.34	90.77	98.76
1989	66.51	36.74	90.30	98.57
1990	66.48	37.34	91.28	90.19
1991	65.90	37.60	89.90	98.10
1992	66.00	37.80	92.70	96.80
1993	67.32	39.90	98.05	98.49
1994	65.20	39.35	89.62	97.48
1995	71.05	37.31	91.99	97.67
1996	70.19	36.63	94.07	97.46
1997	69.76	35.89	94.01	97.37
1998	69.28	37.09	94.97	96.41
1999	69.25	37.04	96.13	97.51
2000	69.38	37.78	96.20	97.32
2001	69.70	38.15	96.47	97.60
2002	68.99	38.67	96.63	96.73
2003	69.38	38.46	96.13	96.38
2004	70.60	38.64	97.10	96.48
2005	71.11	38.97	97.14	96.94
2006	70.87	39.08	97.02	96.90
2007	71.23	39.80	97.54	97.17
2008	71.46	40.47	98.46	96.22
2009	72.41	41.23	98.00	96.74
2010	72.52	41.99	96.38	97.00
2011	72.19	42.13	96.30	97.41
2012	72.68	42.81	95.65	97.11
2013	72.96	43.12	95.60	97.65
2014	73.49	43.55	95.07	97.54

表2-10 平均每天能源消费量

能源品种	1990	1995	2000	2005	2010	2012	2013	2014
合计 （万吨标准煤）	270.4	359.4	401.5	716.1	988.1	1098.7	1142.2	1166.6
煤炭 （万吨）	289.1	377.2	370.7	666.8	956.2	1124.9	1162.8	1127.7
焦炭 （万吨）	18.9	29.4	29.6	68.8	106.0	122.4	125.6	128.5
原油 （万吨）	32.2	40.8	58.0	82.4	117.5	127.5	133.3	141.2
燃料油 （万吨）	9.2	10.2	10.6	11.6	10.3	10.1	10.8	12.1
汽油 （万吨）	5.2	8.0	9.6	13.3	19.1	22.3	25.7	26.8
煤油 （万吨）	1.0	1.4	2.4	3.0	4.8	5.3	5.9	6.4
柴油 （万吨）	7.4	11.8	18.6	30.1	40.3	46.4	47.0	47.0
天然气 （亿立方米）	0.4	0.5	0.7	1.3	3.0	4.1	4.7	5.1
电力 （亿千瓦小时）	17.1	27.5	36.8	68.3	114.9	136.0	148.5	154.5

表2-11 生活能源消费量

能源品种	1990	1995	2000	2005	2010	2012	2013	2014
合计 （万吨标准煤）	15799	15745	16695	27573	36470	42306	45531	47212
煤炭 （万吨）	16700	13530	8457	10039	9159	9253	9290	9253
煤油 （万吨）	105	64	72	25	21	26	28	29
液化石油气 （万吨）	159	534	858	1329	1537	1635	1846	2173
天然气 （亿立方米）	19	19	32	79	227	288	323	343
煤气 （亿立方米）	29	57	126	145	167	137	107	97
热力 （万百万千焦）	8972	12637	23234	52044	67410	77608	81472	86482
电力 （亿千瓦小时）	481	1006	1452	2885	5125	6219	6989	7176

表2-12　人均生活能源消费量

年　份	平均每人生活消费能源（千克标准煤）	煤　炭（千克）	电　力（千瓦小时）	液化石油气（千克）	天然气（立方米）	煤　气（立方米）
1983	106.6	127.7	13.4	0.6	0.1	1.5
1984	113.5	134.9	15.3	0.6	0.4	1.6
1985	126.7	148.7	21.2	0.9	0.4	1.3
1986	127.3	148.3	23.2	1.1	0.6	1.3
1987	132.1	152.1	26.4	1.1	0.7	1.6
1988	141.0	159.1	31.2	1.2	1.4	1.6
1989	139.3	152.4	35.3	1.4	1.5	2.4
1990	139.2	147.1	42.4	1.4	1.6	2.5
1991	139.0	143.0	47.2	1.8	1.6	3.2
1992	134.2	126.9	54.9	2.1	1.8	4.4
1993	133.5	123.2	62.5	2.5	1.5	4.6
1994	129.3	109.5	72.7	3.2	1.7	6.3
1995	130.7	112.3	83.5	4.4	1.6	4.7
1996	120.5	83.0	87.7	5.9	1.7	6.4
1997	119.3	77.2	98.6	6.2	1.7	8.9
1998	119.0	73.1	104.2	6.9	1.9	9.7
1999	121.8	69.9	108.6	6.8	2.1	9.3
2000	132.0	67.0	115.0	6.8	2.6	10.0
2001	136.0	66.1	126.5	6.7	3.3	9.4
2002	146.0	65.7	138.3	7.6	3.6	9.8
2003	166.0	69.9	159.7	8.6	4.0	10.1
2004	191.0	75.4	184.0	10.4	5.2	10.7
2005	211.0	77.0	221.3	10.2	6.1	11.1
2006	230.0	76.6	255.6	11.5	7.8	12.7
2007	250.0	74.1	308.3	12.4	10.9	14.1
2008	254.0	69.1	331.9	11.0	12.8	13.9
2009	264.0	68.5	366.0	11.2	13.3	12.5
	273.0	68.5	383.1	10.5	17.0	12.5
2010						
2011	294.0	68.5	418.1	12.0	19.7	10.9
2012	313.0	69.0	460.4	12.1	21.3	10.2
2013	335.0	68.0	515.0	13.6	23.8	7.9
2014	346.1	67.8	526.0	15.9	25.1	7.1

注：计算消费量所使用的人口数为平均人口数。

表2-13 分地区电力消费量

单位：亿千瓦小时

地　区	1995	2000	2005	2010	2014	2015
北　京	261.74	384.43	570.54	809.90	937.05	952.72
天　津	178.99	234.05	384.84	645.74	794.36	800.60
河　北	602.68	809.34	1501.92	2691.52	3314.11	3175.66
山　西	399.16	501.99	946.33	1460.00	1822.63	1737.21
内蒙古	186.83	254.21	667.72	1536.83	2416.74	2542.87
辽　宁	622.81	748.89	1110.56	1715.26	2038.73	1984.89
吉　林	267.60	291.37	378.23	576.98	667.81	651.96
黑龙江	409.38	442.28	555.85	747.84	859.42	868.97
上　海	403.27	559.45	921.97	1295.87	1369.03	1405.55
江　苏	684.80	971.34	2193.45	3864.37	5012.54	5114.70
浙　江	439.59	738.05	1642.31	2820.93	3506.39	3553.90
安　徽	288.97	338.93	582.16	1077.91	1585.18	1639.79
福　建	261.28	401.51	756.59	1315.09	1855.79	1851.86
江　西	181.21	208.15	391.98	700.51	1018.52	1087.26
山　东	741.07	1000.71	1911.61	3298.46	4223.49	5117.05
河　南	571.48	718.52	1352.74	2353.96	2919.57	2879.62
湖　北	414.99	503.02	788.91	1330.44	1656.54	1665.16
湖　南	374.76	406.12	674.43	1171.91	1430.88	1447.63
广　东	787.66	1334.58	2673.56	4060.13	5235.23	5310.69
广　西	220.77	314.44	510.15	993.24	1307.99	1334.32
海　南	32.00	38.37	81.61	159.02	251.88	272.36
重　庆		307.61	347.68	626.44	867.24	875.37
四　川	582.85	521.23	942.59	1549.03	2014.79	1992.40
贵　州	203.70	287.78	486.97	835.38	1173.74	1174.21
云　南	223.71	273.58	557.25	1004.07	1529.38	1438.61
西　藏				20.41	33.98	40.53
陕　西	239.68	292.76	516.43	859.22	1226.01	1221.73
甘　肃	241.06	295.33	489.48	804.43	1095.48	1098.72
青　海	69.02	109.10	206.56	465.18	723.21	658.00
宁　夏	92.38	136.17	302.88	546.77	848.75	878.33
新　疆	119.67	182.98	310.14	661.96	1900.24	2160.34

注：2000年及以后为电力企业联合会数据。

表2-14　发电装机容量

单位：万千瓦

年　份	发电装机容量	火电	水电	核电	风电	太阳能发电	其他
2000	31932	23754	7935	210	34		
2001	33849	25301	8301	210	38		
2002	35657	26555	8607	447	47		
2003	39141	28977	9490	619	55		
2004	44239	32948	10524	696	82		
2005	51718	39138	11739	696	106		
2006	62370	48382	13029	696	207		
2007	71822	55607	14823	908	420		
2008	79273	60286	17260	908	839		
2009	87410	65108	19629	908	1760	3	3
2010	96641	70967	21606	1082	2958	26	3
2011	106253	76834	23298	1257	4623	212	19
2012	114676	81968	24947	1257	6142	341	20
2013	125768	87009	28044	1466	7652	1589	8
2014	137018	92363	30486	2008	9657	2486	19
2015	152527	100554	31954	2717	13075	4218	9

注：本表数据根据中国电力企业联合会统计数据整理。

表2-15 平均每万元国内生产总值能源消费量

年 份	万元国内生产总值能源消费量（吨标准煤/万元）	万元国内生产总值煤炭消费量（吨/万元）	万元国内生产总值焦炭消费量（吨/万元）	万元国内生产总值石油消费量（吨/万元）	万元国内生产总值原油消费量（吨/万元）	万元国内生产总值燃料油消费量（吨/万元）	万元国内生产总值电力消费量（万千瓦小时/万元）
国内生产总值按1980年可比价格计算							
1980	13.14	13.30	0.94	1.91	2.01	0.67	0.66
1981	12.33	12.56	0.81	1.93	1.81	0.59	0.64
1982	11.81	12.20	0.76	1.56	1.65	0.53	0.62
1983	11.34	11.80	0.71	1.44	1.56	0.49	0.60
1984	10.57	11.18	0.66	1.29	1.37	0.43	0.56
1985	10.08	10.72	0.62	1.21	1.25	0.37	0.54
1986	9.75	10.38	0.63	1.17	1.23	0.36	0.54
1987	9.36	10.03	0.62	1.11	1.15	0.34	0.54
1988	9.03	9.65	0.59	1.08	1.09	0.31	0.53
1989	9.04	9.64	0.59	1.08	1.08	0.32	0.55
1990	8.85	9.47	0.62	1.03	1.06	0.30	0.56
国内生产总值按1990年可比价格计算							
1990	5.23	5.59	0.37	0.61	0.62	0.18	0.33
1991	5.03	5.36	0.35	0.60	0.60	0.17	0.33
1992	4.63	4.84	0.33	0.57	0.56	0.15	0.32
1993	4.32	4.51	0.33	0.55	0.52	0.14	0.31
1994	4.05	4.24	0.30	0.49	0.46	0.12	0.31
1995	3.90	4.09	0.32	0.48	0.44	0.11	0.30
1996	3.66	3.79	0.32	0.48	0.43	0.10	0.29
1997	3.36	3.41	0.27	0.48	0.43	0.09	0.28
1998	3.13	3.10	0.26	0.45	0.40	0.09	0.27
1999	3.00	2.97	0.23	0.45	0.40	0.08	0.26
2000	2.89	2.67	0.21	0.44	0.42	0.08	0.26
国内生产总值按2000年可比价格计算							
2000	1.47	1.35	0.11	0.22	0.21	0.04	0.13
2001	1.43	1.32	0.11	0.21	0.20	0.04	0.14
2002	1.43	1.30	0.11	0.21	0.19	0.03	0.14
2003	1.51	1.41	0.12	0.21	0.19	0.03	0.15
2004	1.60	1.48	0.13	0.22	0.20	0.03	0.15
2005	1.63	1.52	0.16	0.20	0.19	0.03	0.16
国内生产总值按2005年可比价格计算							
2005	1.40	1.30	0.13	0.17	0.16	0.02	0.13
2006	1.36	1.28	0.13	0.17	0.15	0.02	0.14
2007	1.29	1.20	0.13	0.15	0.14	0.02	0.14
2008	1.21	1.14	0.12	0.14	0.13	0.01	0.13
2009	1.16	1.12	0.13	0.13	0.13	0.01	0.13
2010	1.13	1.09	0.12	0.14	0.13	0.01	0.13
国内生产总值按2010年可比价格计算							
2010	0.87	0.84	0.09	0.11	0.10	0.01	0.10
2011	0.86	0.86	0.09	0.10	0.10	0.01	0.10
2012	0.82	0.84	0.09	0.10	0.10	0.01	0.10
2013	0.79	0.81	0.09	0.10	0.09	0.01	0.10
2014	0.75	0.73	0.08	0.09	0.09	0.01	0.10

中美气候变化工作组提交第七轮中美战略与经济对话的报告

2015年6月23日

中美气候变化工作组（简称“工作组”）谨向中美战略与经济对话（简称“对话”）元首特别代表提交本报告。

执行摘要

中国和美国在减少全球气候变化威胁方面发挥重要作用。去年11月，习近平主席和奥巴马总统共同发表历史性的气候变化联合声明，强调两国实现长期向低碳经济转型的意愿。为支持这一长期目标，两国元首各自宣布了有力度且可实现的2020年后应对气候变化行动目标。双方承诺将共同努力，并与其他国家一道努力确保今年12月在巴黎达成成功的全球气候变化协议，同时号召拓展并加强双边气候变化政策对话和务实合作。

本报告总结了工作组迄今取得的进展，工作组是促进中美在气候变化领域开展对话合作的首要机制。自2013年4月成立以来，工作组已经确定了覆盖主要经济部门的8个合作领域。2013年首批五个合作领域包括：“载重汽车和其他汽车减排”、“智能电网”、“碳捕集、利用和封存”、“建筑和工业能效”、“温室气体数据收集和管理”。2014年新增了三个合作领域：“气候变化和林业”、“气候智慧型/低碳城市”、“工业锅炉效率和燃料转换”。上述各领域的行动倡议受联合实施计划指导，由双方跨部门参与方主导，邀请不同利益相关方参与，包括国家和地方政府部门、大学、民间团体和私营部门。

除了上述行动倡议，工作组还包括另外两项工作。第一，促进双方开展建设性对话合作，共同落实两国元首于2013年达成的关于逐步削减氢氟碳化物（HFCs）生产和消费的共识。第二，工作组定期组织针对2020年前和2020年后应对气候变化行动的强化政策对话，包括气候变化国际谈判和实现各自气候行动目标的国内计划的相关问题。

习近平主席和奥巴马总统共同宣布的各自2020年后气候行动目标是向低碳经济转型长期努力的组成部分并考虑到 2℃全球温升目标。实现各自目标需要两国国内采取有效行动。工作组机制下开展的双边对话与合作通过分享应对共同挑战的经验、联合研究、先进技术示范、公私合作等方式支持并加速双方国内的实施进展。

工作组是中美两国理解和应对气候变化的全面框架。工作组下开展减缓合作的现有领域直接针对排放温室气体较多的部门，这些领域如机动车、建筑和锅炉减排和提高能效、示范和部署智能电网和碳捕集系统。此外，许多行动倡议具有协同效益，包括改善空气和水质量以及增强能源安全。

工作组机制与中美在能源与环境领域的其他合作机制相辅相成，包括清洁能源研究中心、能源与环境十年合作框架。这些行动倡议的开展表明中美两国合作共同应对全球气候挑战的承诺比任何时候更有力度。

本报告总结了工作组迄今取得的进展，以及工作组下的10项主要工作内容的下一步计划。

行动倡议

1.载重汽车和其他汽车减排

双方同意在以下三个领域进行合作：(1)提高载重汽车和其他汽车燃油效率标准；(2)清洁燃料和汽车控排技术；以及(3)推进高效、清洁的货运。通过过去一年密集的研讨会和交流，取得的进展概述如下。

（1）提高载重汽车和其他汽车燃油效率标准：

为了显著改善空气质量和减少对气候的影响，中美两国正在制定更严格的机动车燃油效率标准和温室气体排放标准。美国目前正在为2018年后中型和载重汽车制定新的温室气体排放和燃油效率标准，并将在2016年年底完成。中国正在为2020年及以后轻型和载重商用车辆开发新的燃油消耗标准，分别将于2015年年底和2016年年底完成。

2015年3月，美国国家高速公路安全管理局(NHTSA)、美国环保局(EPA)和中国工业和信息化部(MIIT)就开发新的温室气体排放和燃油经济性标准开展了政策交流。双方同意继续这种讨论，并于2015年下半年组织研讨会对这些主题进行更深入的交流。

此外，双方决定启动“争取零排放”的新项目，以促进中美两国城市/都市公共交通区域采取可量化的步骤，通过部署和运营更多的零排放巴士减少公交车的温室气体排放。这一合作将于2015年秋季开始，鼓励城市/都市的公共交通区采取有力度行动，以在中美两国采用新一代、先进无污染的公交车。

（2）清洁燃料和汽车控排技术

更清洁的燃料(特别是超低硫燃料)是实施更严格排放标准的必要基础，从而改善空气质量、降低可吸入细颗粒物（PM2.5）和黑碳排放。美国继续执行其2010年载重汽车排放法规。这些法规要求使用先进控排技术、柴油微粒过滤器和氮氧化物减排战略。美国计划于2016年底前实施新的超低硫(10ppm)汽油标准。中国在全国实施超低硫汽油和柴油燃料的进程加快了一年，时间提前到2016年底。中国目前正在开发轻型和载重汽车国6排放标准，并大约将在2017年底完成。

2014年11月，中国环保部在北京组织并主办了发动机合规研讨会，发起中美关于小型发动机进口到美国的讨论。中国大量出口小型发动机车辆/设备至美国，制造商向美国环保局提交了强制性的油耗/温室气体数据。中国正在提高轻型和载重汽车排放标准的合规和执行制度。此次研讨会旨在支持中国加强发动机出口的合规数据采集系统。在此次研讨会中，美国环保局分享了美国在相关领域的技术专长和经验。中国政府采取更加符合美国程序的合规程序成为此次研讨会的核心关注。最后，研讨会一项非常积极的成果是，会议传达了一个明确的信息，即中国相关政府机构正更积极地联手推动中国移动源排放法规的执行。

此外，在此次访问期间，中国环保部组织美国环保局官员访问在天津大学的天津发动机和机动车测试中心，从而更好的理解中国环保部如何测试/评估机动车发动机排放。美国环保局与中国实验室负责人就机动车和发动机排放测试和管理进行交流。天津大学相关人员分享了关于监测机动车排放测试设备的技术专长。

2015年3月，中国环保部组织美国环保局官员参与关于载重汽车合规计划的深入讨论。中国环保部表示企业和官员欢迎去年6月开始的载重汽车合规研讨会。他们相信，对于建立/实施多种合规计划，这是很好地技术交流机会。作为此次研讨会的成果，环保部今年已经聚焦载重汽车发动机合规计划的开发。中国新的大气污染防治法预计将包括额外合规/实施项目。双方正在就如何实施这些项目进行协作。今年的计划包括完成一个循环载重汽车发动机测试项目及召开重型发动机合规讨论会。

（3）推进高效、清洁的货运

中美两国继续共同努力，进一步发展中国绿色货运行动倡议(CGFI)，这是一项在货运方面提高运输效率的倡议，类似于美国环保局的“智能交通”计划。2014年7月，中国交通运输部、中国道路运输协会和美国环保局在北京参加了国际绿色货运行动倡议年会。这次会议汇集了行业、非政府组织及政府部门就货运效率展开讨论。美国环保局在第二天主办了“智能交通”技术培训讨论会。

2015年3月，作为会议成果，中国交通部和中国道路运输协会与美国环保局讨论了绿色货运行动新开发的绿色货运标准。目前开展了一项20家企业参与的试点项目评估标准草案，该草案正在修改并将于2015年绿色货运行动倡议年会上发布。中国道路运输协会还开发了绿色驾驶手册，强调了多种提高燃油效率的驾驶技巧。过去一年绿色货运行动会员数量有所增加，现已包括联想和宝洁等跨国公司。今年的计划包括召开年度绿色货运行动倡议会议，且通过“货主日”活动招募会员，并针对绿色货运车辆及相关技术和产品开展技术鉴定。最后，双方计划共同努力，探索更多的节能技术，例如绿色轮胎、减重措施及开发多模型策略。

2015年3月，交通部公路科学研究院(RIOH)组织美国环保局和美国国家高速公路安全管理局参观了通州试验场实验室和车辆测试站点。代表团参观了检测设施，包括多种道路条件下的耐久性试验、机动车排放和燃油经济性测试设施、车辆碰撞实验室、汽车保修检测实验室和智能交通系统的测试设施。美国环保局会见了研究院领导层，了解进行中的技术测试和验证工作。研究院目前发布了汽车节能技术目录，旨在加强测试和验证程序，为目录所列技术创建信心，并且提高商务在用汽车节油装置的可信性。研究院一直在研究美国环保局“智能交通”计划的鉴定技术及其鉴定程序，从而了解如何完善自身流程。EPA支持更精炼和可信的技术核查目标，以此强化绿色货运行动各项目标，并为车队运营商和卡车业主提供更多信息提高车队的性能。美国环保局讨论了可行的合作发展前景，包括对研究院的工作人员进行“智能交通”技术鉴定方法和标准的培训。此外，美国高速公路安全管理局实地考察了中国汽车技术与研究中心天津测试实验室，中美专家就各自燃油经济性标准的制定和实施进行了交流。

2．智能电网

双方已就四个智能电网合作示范项目达成一致，其中各有两个在中美，且已制定项目计划。四个项目的设计旨在满足双方的共同需要，包括提高电网的可靠性、电网效率最大化、在电网中提高可再生能源的比例、减少系统产生的温室气体排放、影响需求管理、降低整体系统成本以及提高应对气候事件的能力。美国的两个项目分别为：（a）加利福尼亚大学尔湾分校微电网子项目、南加州爱迪生公司尔湾智能电网示范子项目(ISGD)；（b）费城工业发展公司的费城海军造船厂项目。与美国项目规模相当的两个中国项目分别是：（a）中国国家电网公司的天津生态城项目，（b）中国南方电网的前海合作区项目。四个示范项目的显著进展包括：美国尔湾智能电网示范项目通过采用智能电网技术的零净能耗家庭减少了超过60%的能源使用量和80%以上的电力成本；以及中国-新加坡天津生态城的四个子项目功能和应用情景的开发。

2015年3月双方在加利福尼亚州举行了第三次研讨会（系列研讨会共计6次）。第三次研讨会的目的是进一步就四个合作示范项目进行交流，以及讨论各国所采用的成本/效益分析方法学。另外，在去年10月第二次研讨会之后建立的两个小组召开了第一次面对面会议讨论各自活动和工作计划。第一小组为智能电网先进技术组，展示和讨论了三种新的智能电网一体化技术：可再生能源高比例接入、大数据分析及微电网。该小组讨论并分享了这些集成技术的最终项目报告，并进一步建议将这些技术进步应用于四个合作的智能电网示范项目中。多数小组成员同意将智能电网标准作为下一次讨论会的技术交流主题。第二小组组为智能电网效益评估组，介绍了双方方法学开发所取得的成就及涉及各自方法应用的案例。小组同意融合各自现有的开发成果，共同建立统一方法学的综合评价体系，并将其应用于四个工作组合作项目的效益评估。研讨会参会者包括中美气候变化工作组智能电网组成员、项目执行者和合作伙伴以及其他智能电网利益相关方(行业、研究机构、环保集团和咨询公司等)。研讨会后进行对南加州爱迪生公司的先进科技实验室的技术访问活动。

认识到合作示范项目和开发统一的成本/效益分析方法学正在稳步推进，双方同意未来将更加注重行业参与和技术支持，旨在提高两国智能电网的整体能力。在两个小组的支持下，双方正在讨论具体步骤，并将于2015年秋季在北京和天津举行的下一次研讨会中发布实施。

此外，2014年10月美国贸发署组织了一个独立的智能电网学习考察团，为中国能源部门的官员和中国电力设备公司的代表介绍了美国智能电网领域的技术、设备和最佳实践案例。中国代表团会见了美国公司、贸易协会和监管机构，并对加利福尼亚大学圣迭戈分校和费城海军造船厂的智能电网示范项目进行了实地考察。

3.碳捕获、利用和封存（CCUS）

在中美气候变化工作组CCUS倡议下，中美两国通过大规模一体化示范项目，共同促进碳捕集和封存(CCS)以及碳捕集、利用和封存（CCUS）在两国的实施。

作为双方合作的起始活动，美国能源部(DOE)和中国国家发展和改革委员会(NDRC)于2014年4月在北京主办了CCUS研讨会。研讨会上，中美两国公司和大学介绍了各自实施、计划结对的CCUS项目，供中美气候变化工作组认可。研讨会后，能源部和国家发改委共同选定了四个项目（每个项目都包含来自中美双方的合作伙伴）并在2014年中美战略与经济对话期间正式宣布。这四个CCUS项目利用二氧化碳提高原油采收率(CO2-EOR)和其他有益用途，以及在可能的地质条件下实现在深盐水层的封存。这些项目对证明CCS/CCUS的技术和商业可行性至关重要，并将加速相关市场的出现和广泛的部署。

CCWG/CCUS倡议的关键要点是激发强劲的中美CCS/CCUS信息和最佳实践的交流，并在可能的情况下为两国企业创造商业机会。为此，双方推动正在开展相似项目和/或研究的两国行业、研究机构、学术界结成合作伙伴，并利用其在两国推动建立大型CCS/CCUS示范项目。

在某些情况下，中美两国结成合作项目所形成的双向的信息流动，进一步促进了双方各自项目。在其他情况下，美方机构与今后有兴趣实施CCS/CCUS项目的中方机构结对。在所有项目中，能源部和发改委通过提供经费举办研讨会、衔接中美两国合作伙伴、在中美气候变化框架下正式认可的方式为两国企业和研究机构牵线搭桥。

四个合作项目如下：

（1）延长石油公司、西弗吉尼亚大学怀俄明大学及美国公司

延长石油集团通过从现有的煤化工工厂中捕集二氧化碳，用于提高陕西省鄂尔多斯盆地内油田的原油采收率。2012年9月至2015年4月，靖边油田试点项目5口二氧化碳注入井已注入超过41,000吨二氧化碳。与注入前相比，原油生产井产量已提高。截止2015年3月，吴起油田试点项目3口二氧化碳注入井已注入约1,800吨的二氧化碳。延长石油集团目前正在与其美国合作伙伴开展这个将在陕西省进行的全球最大规模CCUS示范项目的预可行性研究。二氧化碳将从榆林周边的煤化工产业捕集，通过300公里的管道运往油田用于提高采收率。项目目标是至2020年二氧化碳注入能力每年达到400万吨。该CCUS项目的主要合作伙伴是美国西弗吉尼亚大学，该大学将与延长石油集团合作开展项目规划及二氧化碳捕集、运输、注入提高采收率等工作的预可行性研究。怀俄明大学将负责开展地质评价，同时基于其在吴起试点的经验，评估该项目提高原油产量的潜力。空气产品公司和金德摩根公司已经被邀请加入本项目。

（2）中国石油化工股份有限公司胜利油田分公司、中石化石油工程建设有限公司、斯伦贝谢和肯塔基大学

中石化胜利油田计划在一个已建燃煤电厂采用燃烧后捕集技术捕集烟气中二氧化碳，年二氧化碳捕集量为100万吨。通过中石化专有技术捕集的二氧化碳将用于胜利油田二氧化碳驱油。该合作项目旨在优化和发展燃烧后二氧化碳捕集、运输、驱油、及封存技术，并获得CCS/CCUS工程基本数据及运营经验。合作还有助于促进CCS/CCUS工业化应用进程。斯伦贝谢和胜利油田将在二氧化碳驱油及封存优化、油藏研究等方面开展合作。肯塔基大学应用能源研究中心和中石化石油工程建设公司将联合开展捕集系统整合优化、溶剂污染清理及废水处理等工作。

（3）山西国际能源集团(SIEG)、空气产品公司和西弗吉尼亚大学

山西国际能源集团正在开发新的350兆瓦全氧燃烧电厂项目在山西省晋城市段氏嘉丰工业园进行碳捕集。该项目将探讨二氧化碳贮存和利用的多种方式，包括利用二氧化碳合成甲醇和制造石膏、提高煤层甲烷的回收、二氧化碳在煤层的存储和从粉煤灰中提取氧化铝。识别二氧化碳利用的潜在收入来源能够帮助鼓励通过成本抵消更广泛地采用CCS/CCUS技术，并最终实现商业运作。空气产品公司正在与山西国际能源集团进行前期可行性研究，研究将包括对空气分离和二氧化碳净化装置的预估。西弗吉尼亚大学将协助评估各种二氧化碳存储方式。

（4）中国华能集团清洁能源研究院(CERI)和顶峰电力集团

CERI和顶峰电力集团将对整体煤气化联合循环(IGCC)电站的设计、启动、测试和调试进行技术交流和合作。华能天津IGCC电站（绿色煤电项目）正处于运行测试阶段；此次试验将与顶峰电力集团共享，从而促进其相关技术发展和德州清洁能源项目(TCEP)的启动。TCEP计划在商业清洁燃煤发电和化工厂史无前例的纳入CCS/CCUS技术。在TCEP的煤气化过程中，将产生大量的低碳电力和尿素等产品，并通过利用二氧化碳提高原油采收率（EOR）。顶峰电力集团将分享在CCS/CCUS领域的最佳实践经验，包括在此项目和其员工参与的其他美国项目研发过程中，涉及到的二氧化碳压缩、运输和EOR注入技术等应用经验。

在中美气候变化工作组平台下，美国能源部和中国国家发改委将通过两国各自技术专家实地考察联合监察这四个CCS/CCUS项目的进度并继续进行技术信息交流。

2015年4月20日，中美气候变化工作组第二届碳捕集、利用和封存研讨会在北京举行。研讨会对当前CCUS项目的现状和CCUS技术上的各种革新进行了介绍，并推荐了一些新的CCUS项目。中国国家发改委已选定两个新项目，并要求美国能源部推荐合作方。这两个项目是：

在陕西、甘肃、宁夏进行的CCS-EOR示范项目，该项目由中国石油天然气集团公司(CNPC)和神华集团或其他煤化工企业开展。神华集团或其他煤化工企业将从其煤化工装置提供二氧化碳。中国石油天然气集团公司将在长庆油田进行二氧化碳 -EOR试验工作。试点项目预计将每年注入约10万吨二氧化碳。截至2020-2025年，二氧化碳注入速度将达到每年100万吨。

广东省碳捕集、利用与海上封存项目（GOCCUS）是在广东南方碳捕集与封存产业中心（GDCCUSC）推动和协调下，分别由中海油和华润电力进行开发、运营。在项目的第一阶段，华润海丰电厂在开始规模化碳捕集之前，拟于2016年在其1号机组建造小型二氧化碳捕集测试装置，并将在测试过程中产生的测试数据和实践经验用于在该电厂拟扩建的3或4号机组建造大规模商业捕集装置，同等条件下，该捕集装置将优先使用经测试后挑选的燃烧后捕集技术。中海油正在对利用其位于珠江口盆地惠州油田的海上石油平台向现有的油气田注入二氧化碳这一项目进行工程可行性研究。在项目的第二阶段，中海油惠州炼化厂被建议捕集和供应其工业流程中产生的二氧化碳，并与从华润海丰电厂捕集的二氧化碳混合后通过主干管道运输到封存地。在2020年左右，汕尾-惠州地区有潜力发展成一个主要的CCUS示范集群。在项目的第三阶段，根据详尽的可行性研究和试运行结果，大规模CCUS一体化项目和CCUS集群将可能开启商业化规模下的全链条二氧化碳捕集、利用与封存产业。本项目的部分资金是由英国政府联合资助的。

与此同时，美国能源部与中国国家发改委着眼于在习主席下次访美时宣布大规模碳捕集、利用和封存示范项目的选址，正与其他政府部门一道合作。确定选址的一个较为可行的做法是利用中美气候变化工作组下碳捕集、利用和封存领域的现有合作，特别是评估各个结对项目，以考虑是否选择其中一个项目作为大规模碳捕集、利用和封存项目。

4．建筑和工业能效

能效是应对气候变化问题的重要机遇之一。国际能源署指出，为避免最严重的气候变化影响，提高能效对2050年所需的温室气体减排将作出近40%的贡献。考虑到这样的减排潜力，能效被确立为工作组五个最初的合作领域之一。双方工作目前主要集中于以下两个关键领域：

（1）通过深化能效改造扩大合同能源管理在建筑和工业节能领域的适用范围

2015年1月，工作组印发了60页的白皮书，分析中美两国合同能源管理的现有实践和增长潜力。白皮书评估了2013年美国76亿美元的合同能源管理市场和中国120亿美元的合同能源管理市场，且告知正在开发推动市场发展的政策建议报告。政策建议的例子包括：中国应允许税收激励、奖励，以及支持除共同节能以外其他形式的测量核查指南，例如担保节能；美国应考虑提供强化目标和激励以推进深度改造，撬动大规模市场化融资。白皮书由技术机构牵头编写，并吸纳了中美双方行业协会、企业、金融机构和大学等提出的想法。

2015年1月，工作组还发布了合同能源管理工具包。这份10页的资料包括关于项目开发、项目实施和培训三大类的指南、协议、最佳实践、合同语言范本和其他信息的网址链接。

白皮书、政策建议报告和工具包在第一届中美合同能源管理专题研讨会上发布并深入讨论。该研讨会在中国节能协会节能服务产业委员会2015年1月举行的年度会议期间进行。

下一步中美两国要挖掘示范项目。示范项目遴选标准草案已经开发完成，包括对创新合同机制的使用、第三方融资、对标准化的测量和核算协议的使用。确定的示范项目将在2015年9月华盛顿举行的第六届中美能效论坛上宣布。

最后，工作组通过推动形成一个企业领导的工作小组来促进与试点项目标准一致的深度能效改造的速度和规模。新的企业领导的工作组于5月7日举行第一次会议，并正努力工作以确定示范项目。

（2）开发并推广提高能效的最佳节能技术和最佳节能实践“双十佳”清单

中美双方均有采用激励措施推广节能环保技术和实践的经验，带来了节能和提高能效的实际效果。“双十佳”的目的是开发和应用识别最佳节能技术和最佳节能实践的严格分析程序。中国通过一个有16个主要经济体参与的多边论坛主导“双十佳”工作，该论坛即国际能效合作伙伴计划。澳大利亚目前是国际能效伙伴计划“双十佳”工作组的联合主席，美国、日本、韩国、加拿大和法国均为工作组成员，未来会有更多国家参与。

目前为止，在中国的领导下，各国技术专家已经参加了5次研讨会和超过15次电话会议，并已开发出评估方法学。中国领导相关国家通过采用强有力的国际同行评议程序试点最佳技术和最佳实践方法学。中国、日本和美国已经向“双十佳”工作组提交了初步成果草案。最佳技术分类包括高效热泵、数据中心节能技术、加热、冷却、废热循环利用过程、能源管理系统及其他。

未来，每个参与国将各自提交最佳技术和最佳实践清单，在符合本国政策的情况下，可详细提供促进节能最佳实践方法的技术制造公司和服务提供商的名字。中国将随后组织“双十佳”工作组利用评估方法学评估所有清单并提供一个合并清单。合并清单和各国提供的清单都将公布在国际能效伙伴计划网站上。

当然，最终目标是促进提高能效适用技术和最佳实践的推广速度和规模。每个国家将各自确定实现这一目标的政策机制，比如税收刺激或专门向业主和利益相关方推广。此外，国际能效伙伴计划及“双十佳”工作组列出的清单会有通用的宣传和延伸推广方法。迄今为止，“双十佳”最佳技术清单覆盖了所有工业部门，最佳实践清单包括2个部门：建筑和工业。未来，“双十佳”最佳实践清单将扩大到交通和社会服务等领域。

5. 温室气体数据收集和管理

中美两国都正在就收集全面且准确的温室气体数据展开工作，从而为有效的气候变化政策奠定基础。通过温室气体数据倡议行动，美国提供技术专长和支持以帮助中国提高收集和管理温室气体数据的能力，该活动借鉴于美国成功实施的国家温室气体报告计划。

2009年，美国环保局（EPA）创建了国家温室气体报告计划用来收集和核证设备和供应商的温室气体数据，以支持美国温室气体排放政策和温室气体清单的编制。

2015年3月，美国环保局已连续第五年完成了对来自41个行业的8000多家企业的温室气体数据收集工作，这些企业的排放占美国温室气体排放量总量的90%。该计划的关键要素包括业内商讨后设计的监管计划、电子申报和核查以及和合规协助。

自国家温室气体报告计划开始以来，美国环保局已对数百个项目进行改善。2014年，美国环保局调整了检测方法，以确保排放数据的质量并处理了涉及到机密商业的问题。环保局还更新了其用户友好型电子报告系统，该系统能全程指导报告提交并提供关于合规和数据质量的实时反馈。这些工作使得美国能通过高质量且及时的数据来设计未来的温室气体政策。

中国在2014年出台了开展企业温室气体排放报告工作的通知推动重点行业企业开展温室气体排放报告。截止2014年底,中国已公布了覆盖14个重点行业的温室气体核算指南草案，此外另外9份指南将在2015形成。中国还开始规划和设计国家电子报告系统,系统将收集和管理全国各地的温室气体排放数据。

在中美气候工作组温室气体数据倡议行动之下，美国通过2014年的一系列能力建设活动和实地调研为中国多份指南草案提供了技术指导。在未来的一年中，美国将继续用其信息、工具和通过成功设计和实施国家温室气体报告计划所获得经验协助中国开发国家温室气体报告计划。美国环保局将为温室气体核算方法提供额外的技术指导，并通过国家标准化管理委员会协助中国将14份方法草案纳入国家标准。美国还将为中国关键利益相关方继续提供与温室气体报告和数据验证相关的培训以改善排放数据的收集和验证。

除了以上关于能力建设方面的努力，美国和中国还在改进关键领域的监测、报告方法和使用采集的信息等方面进行通力合作。2014年，美国在奥巴马总统的气候行动计划的支持下宣布了一项甲烷减排雄心战略。油气行业属于该战略宣布的关键领域之一，在2015年初，美国宣布2025年的油气行业产生的甲烷要在比2012年水平下降40-45%。美国温室气体报告计划中油气行业的排放数据的质量将对识别出减排机会并实现目标尤为关键。美国的油气数据报告规则是中方在2014年发布油气温室气体排放核算方法学草案之前所参考的重要经验之一。

在2014年，美国环保局多次监管改善其油气行业温室气体报告规则，并提提议包括收集和提高系统等额外数据也应该涵盖在今后的报告中。在这些新的努力下，中美两国将交流油气行业温室气体排放报告方面的知识和专业技能，以提高中国在本领域内企业温室气体排放报告能力。美国和中国将在油气行业识别出一个能将改进后的温室气体核算方法加以应用的示范项目。

6. 气候变化和森林

2014年7月的第六轮中美战略与经济对话中宣布启动气候变化和森林行动倡议。随后，中国国家林业局、中国国家发展改革委和美国国务院就特定工作领域进行了富有成效的讨论，达成一个为期两年的实施计划。

中美在该倡议下将在4个方面开展合作：（1）在气候变化框架公约谈判关于森林和土地利用议题的政策对话，（2）林业相关温室气体的测量、报告和核查方面的技术合作，（3）探讨森林减缓和适应气候变化协同的技术和政策，（4）森林、气候、融资和投资。双方还将进一步探讨商品、林业和温室气体排放的相关问题。上述工作已载入实施计划并在气候变化工作组会议期间批准。这个新倡议迄今为止取得的进展概述如下。

(1)在气候变化框架公约谈判关于森林和土地利用议题的政策对话

该倡议的首次对话在联合国气候变化框架公约附属科技咨询机构（SBSTA）的林业相关议题中召开。为了增进对各自立场的理解并促进谈判，谈判代表就具体议题交流了意见。在2015年德班平台工作组和公约21次缔约方会议之前，以及2016年相关谈判之前，双方还将开展林业和土地利用相关议题的对话，以交换意见与推动谈判进程。

(2) 林业相关温室气体的测量、报告和核查方面的技术合作

该方面合作的首次技术对话将通过电话会议召开。首次技术对话将侧重于讨论如何准备关于估算和报告林业相关温室气体的研讨会，该研讨会计划在2015年晚些时候召开。研讨会后还将在2016年在美国进行相关问题的学习考察，以及作为落实进展的更多研讨会和对话。

(3) 探讨森林减缓和适应气候变化协同的技术和政策

这一方面工作的活动预计在2015年下半年启动，包括在两国选定该方面工作的试点，随后将召开一系列的技术研讨会和考察，以帮助识别林业减缓和适应成果的最佳实践。

(4) 森林、气候、融资和投资

这部分工作的活动将在2015年晚些时候启动，并将包括在政府、民间团体、林业企业、投资专家中分享两国向海外林业直接投资提供管理和服务的经验，以探讨在投融资决策中如何考虑林业相关投资可能产生的温室气体排放。2016年的活动将包括参观美国林业相关海外投资项目，以学习美国政府和相关机构提供的最佳实践、管理和服务，以及一个研讨会，该研讨会预计将旨在识别与希望减少对林业相关直接排放影响的企业的最佳实践和工具

7. 气候智慧型/低碳城市

中美气候变化工作组的气候智慧型/低碳城市倡议在去年11月的中美气候联合声明发表时启动。在之后的几个月中，双边定期开展交流，发展此倡议并正式达成一个两轨执行计划。

在第一轨下，双方同意今年秋季在洛杉矶举行第一届气候智慧型/低碳城市峰会，2016年在中国举行。会议包括地方领导表明其政治决心、雄心和行动的高级别全会，开展技术交流、分享经验和最佳实践的工作层会议，以及邀请私营部门参与的展览。在关于城镇化智能基础设施的第二轨下，双方在下述领域初步达成合作共识：试点和示范项目中的气候智慧型城市、全球城市团队挑战和智慧型城市研发和示范。双方将继续就可能的新议题展开讨论。

8. 工业锅炉效率和燃料转换

中国工业锅炉系统每年需消耗近7亿吨煤炭，占全国煤炭消耗的18%。烟尘和二氧化硫排放分别占全国排放的33%和27%。中美气候变化工作组下，中美双方需寻求合作，全面评估中国燃煤工业锅炉结构，开发一个可执行的路线图改进工业锅炉能效，并实现燃料转换最大化。中国的两个城市-宁波和西安-分别被选为沿海地区液化天然气进口和内陆地区的跨省液化气管道试点城市。

中美联合技术小组通过全面的技术经济分析评估各种燃煤工业锅炉替代品的成本效益。通过宁波和西安两个城市的案例分析结果，并与国家和当地政府燃煤锅炉政策相结合，得出以下三个选项：选项1-燃料转换，以天然气、生物质、油和电力为燃料的锅炉取代燃煤锅炉；选项2-改造现有锅炉，提高能效；选项3-消除零散锅炉，创建上规模的体系以满足整体需求。

技术小组评估了三个选项，得出用社区锅炉系统或者工业园区系统来替代分散锅炉对于供应工业用热和蒸汽负荷更有效。分布式能源中心例如大规模系统可以使用更有效的技术，这些技术在小范围的体系并不一定是最经济的。用统一的大规模系统来替代分散式锅炉系统可以更有效的减少控制和监督排放的成本。这项研究将西安市临潼区10公里范围内现有的5个工业设施中的分散天然气锅炉改造成潜在的大规模系统，以支持现有设施的蒸汽负荷和热负荷。

分析结果显示，燃煤锅炉的改造、燃料从煤到天然气的转换，以及通过大规模分布式热电联合系统的资源可以有效地替代工业燃煤锅炉。然而，工作组考察宁波和西安时发现，中国面临的许多障碍导致这些方案不能完全实现。该路线图概述了实现成本效益的策略，以及克服在评估结果中识别出的障碍的方法。

创造使其可以实施的政策，包括通过使用辅助政策和减少管理障碍来鼓励私人服务提供商和第三方供应商进入市场，以增加市场竞争，减少“软成本”。

通过激励来加速技术开发和部署，包括政府通过税收和融资激励政策来激励替代能源解决方案的开发和部署。

发展有效的标准和指导方针，包括能效标准和适当的试验协议

开发和部署具有成本效益的合规战略

通过试点促进先进技术，提出整体解决方案

创新商业模式和融资机制，刺激更大的投资

加强执行，通过灵活性提高有效性

加强技术支持和能力建设

根据6月的研究显示，国家发改委和美国国务院已经讨论了下一阶段的合作内容以落实由联合技术小组开发的路线图。双方将共同探讨相关战略路线图，以及两个试点城市的公共-私有资金、担保工具以及其他长期融资工具。

其他倡议

氢氟碳化物（HFCs）

在2013年和2014年双方所达成的共识中，奥巴马总统和习主席决定在国内、双边并与其他国家一起逐渐削减HFCs的生产和消费。双方在贯彻落实相关共识方面已经取得了一定进展。经过过去一年的对话和研讨会，双方识别出几项通用的政策和方法，以及在各自国内可进一步削减高全球增温潜势HFCs使用量的未来合作领域，包括关于政策措施的双边会议。

在国内，美国正在识别和验证针对高全球增温潜势HFCs的气候友好型替代品，并已提出禁止使用的特定设备中的高全球增温潜势HFCs特定种类，例如机动车制冷设备。美国采取的主要行动包括：（1）强制报告HFC-23副产品排放量；（2）扩充气候友好型HFC替代品；（3）禁止特定设备使用具有高全球增温潜势的特定HFCs的法规变革提案；（4）通过公共采购渠道推销气候友好型替代品。

中国已经针对所有化工生产设施实施HFC-23副产品排放管控。基于政府大量的财政支持，所有HCFC-22设备被要求加建并运行HFC-23焚烧设施。

双方认识到需要进一步加强行动，在国内和多边渠道下进一步削减HFCs的使用和排放。

双方在多边进程下就HFCs问题交换意见，同意共同并与其他国家合作，通过利用包括《蒙特利尔议定书》的专长和机制在内的多边方式来逐步削减氢氟碳化物的生产和消费，同时继续把氢氟碳化物包括在《联合国气候变化框架公约》及其《京都议定书》有关排放计量和报告的范围内。我们强调《蒙特利尔议定书》的重要性，包括作为下一步通过建立一个不限成员名额的接触小组来审议包括对第五条发展中国家的资金和技术支持、成本有效性、替代品的安全性、环境效益及修正案在内的所有相关问题。美方同意开展工作以解决议定书第5条国家在《蒙特利尔议定书》下削减HFCs的关切。双方同意就国内、双边和多边问题在重要会议之前或期间进一步加强沟通，包括面对面就HFCs问题进行磋商。

最后，双方欢迎中美企业减排HFCs项目取得的进展，同意与各自行业探索开展旨在推广气候友好型替代品的新项目的可能性。

强化政策对话

由美国气候变化特使托德·斯特恩和中国气候变化事务特别代表解振华牵头，过去一年，双方在中美气候变化工作组下保持频繁的沟通，开展强化政策对话。强化政策对话有助于双方分享各自2020年后温室气体减排计划的相关信息，同时也促成了2014年11月中美成功发表联合声明。双方在2015年6月中美战略与经济对话前夕又召开了一次强化政策对话，并决定利用未来双边和国际会议召开后续会议，旨在为巴黎达成成功的全球气候协议做准备。

国内政策对话

与此同时，为支撑双方就各自2020年前和2020年后应对气候变化行动目标和低碳经济开展建设性对话，双方在强化政策对话机制下建立了新的国内政策对话机制，分享各自国内目标、规划、挑战和成功经验。前两次国内政策对话已分别在2015年5与和6月召开，后续会议拟于2015年8月和冬季气候变化工作组会间会期间召开。

未来可能的合作领域

双方同意考虑关于绿色港口和船舶方面的合作。双方还同意考虑在工作组下拓展在推广零排放汽车方面的合作，共同帮助最不发达国家、小岛屿发展中国家和非洲国家提高应对气候变化能力，以及非二氧化碳温室气体，包括甲烷。

制度框架

工作组由双方部长级代表牵头，双方相关部委积极参加，在过去一年间开展了多次深度交流。工作组每年向中美战略与经济对话提交报告，并在每年冬季举行会间会。工作组将继续发挥协调本报告所载合作倡议的作用，为新倡议提出建议，并在多边气候变化谈判进程以及两国国内气候政策领域加强政策对话。在工作组的工作中，双方将酌情继续与利益相关方保持联系。双方同意下次工作组会间会拟于2016年初召开。

世界气象组织《2015年全球气候状况声明报告》简介

2016年3月21日，世界气象组织发布2015年气候状况声明，称2015年全球气温再次打破记录，热浪、暴雨、极度干旱和热带气旋等极端天气增多，这一趋势在2016年以来持续发展。

该声明对2015年全球海陆表面温度、海洋暖化和海平面上升、海冰的缩小以及极端天气事件等进行了详细盘点。

声明称，因受人类活动和强厄尔尼诺的影响，2015年是自有现代观测以来最热的年份，比1961年至1990年平均气温高出约0.76℃。其中，93%的热量被释放到海洋中，并已经传递到2000米深的海洋中，这也创下了一项新的记录。

世界气象组织（WMO）2015年全球气候状况声明包括了气候系统的许多方面，如大气和海洋状况、厄尔尼诺、冰雪圈、温室气体浓度、区域极端事件、热带气旋和臭氧消耗。该报告采用了各WMO计划和各联合发起的计划采集的现场和空间观测结果以及数值客观分析。这些观测值即已由全球气候观测系统(GCOS)所定义的基本气候变量(ECV)。

支撑这一评估的国际资料集由与WMO合作的先进的气候资料、监测和研究中心维护。此外，还通过一份专门的WMO问卷直接收集了会员国的资料和气候信息。全球温度分析结合了由英国气象局哈得莱中心和英国东英吉利大学气候研究所(Had-CRUT)、NOAA国家环境信息中心(NCEI)以及美国国家航空和航天局戈达德空间研究所(NASA/GISS)维护的三大国际资料集。WMO的分析还采用了欧洲中期天气预报中心(ECMWF)和日本气象厅(JMA)的再分析资料。全球降水量资料由德国全球降水气候中心(GPCC)提供。

国家温度距平的评估使用通过WMO问卷直接从会员收集的资料。本出版物中使用的社会经济影响资料基于直接由各国提供的报告或来自权威的联合国来源。同行评审过程涉及国际气候专家、从事气候产品的区域机构和国家气象水文部门(NMHS)的专家。在某些情况下需要与国家联络人交叉审核，以验证或更新来自全球来源的信息。

《2015年全球气候状况声明报告》关键发现：

一、温度：高温热浪侵袭全球多国，多地气温创新高。

2015年，长期上升的全球气温-主要由人类排放的温室气体造成-与正在进行中的厄尔尼诺现象的影响相结合，导致了创记录的全球高温。2015年全球平均近地表气温是有记录以来最高的，与以往平均气温有明显的差值。2015年全球平均温度大约比1961～1990年平均水平高0.76±0.09℃，比1850～1900年时期高约1° C。1850～1900年时期的不确定性较大，较难估计。

高温热浪给印度和巴基斯坦造成灾害；欧洲中西部地区遭遇罕见热浪袭击，部分地区温度超过40℃，多地气温破历史记录；美国西北部、加拿大西部爆发了罕见的森林火灾，仅阿拉斯加州一地就有超200万公顷的森林在夏季被烧光。

二、降水和积雪：全球降水基本接近常年平均值，但是极端降水事件超过往年。

典型年份降水的分布在区域和局地尺度呈现高差异性，2015年也不例外。极端降雨在一些情况下造成洪水和干旱，影响了世界上许多区域，以下关于区域极端事件的内容更详细地说明了极端降雨和相关的影响。经历了异常强降雨的区域包括：美国、墨西哥、秘鲁、智利北部、玻利维亚大部、巴拉圭、巴西南部和阿根廷北部、欧洲北部和东南部、中亚部分地区、中国东南部、巴基斯坦一些地区、阿富汗。另一方面，干旱的地区包括中美洲和加勒比地区、南美洲东北部、包括巴西、欧洲中部和南部的部分地区、东南亚部分地区、印尼和非洲南部。尽管长期积累非常重要，但这种积累会掩盖短期总量的巨大变化。例如非洲的马拉维爆发了1月罕见洪水；利比亚西部海岸9月一天(24小时)的降水量就超过了90毫米，而该地的9月日平均值降水量仅为8毫米。

多地遭遇严重干旱。2014～2015年，非洲南部遭遇了自1932/1933年以来最严重的干旱。厄尔尼诺一定程度上诱发了干旱，加剧了印度尼西亚森林火灾，导致该国及邻国空气质量下降。巴西东南部、哥伦比亚、委内瑞拉等地的南美洲北部、加勒比海、美洲中部等地也经历了严重干旱。

三、海洋：海洋温度明显升高，海平面上升突破记录。

海洋上的大片区域都经历了显著的变暖。正如所预计的，厄尔尼诺期间热带太平洋比平均水平更加温暖，赤道太平洋中部和东部温度比平均水平高1℃。太平洋中北部、印度洋大部、大西洋北部和南部的许多地区都有明显的高温。格陵兰南部和大西洋西南部偏远地区显著低于平均温度。南大洋(大致60° S以南)的其他区域的温度低于平均水平。但是很多情况下在气候学期间(1961～1990年)资料很少，无法有效估计目前异常的显著程度。

四、厄尔尼诺：受厄尔尼诺影响，全球热带风暴、气旋和台风数量接近平均值，但个别气旋强度大、影响广、打破了历史记录。

热带太平洋表层水温度的变化与大气反馈相结合，造成了厄尔尼诺-南方涛动(ENSO)两个不同的阶段：厄尔尼诺和拉尼娜现象。在厄尔尼诺期间，东部热带太平洋的海面温度高于平均水平。这会导致盛行信风减弱或逆转，其作用会加强表面变暖。ENSO是年度全球气候变化主导模态。厄尔尼诺现象会影响全球大气环流，改变世界各地的天气型态，并暂时升高全球气温。

五、冰冻圈：在北半球，北极海冰范围的季节性周期高峰通常在3月出现，最低值通常在9月出现。

20世纪70年代末开始有连续的卫星记录后，季节周期内的海冰范围总体是下降的。2015年的日最大范围为发生在2月25日，为1454万平方公里，是有记录以来最低的，比1981至2010年平均值低110万平方公里，比2011年出现的上一次最低值低13万平方公里。9月11日出现了最低的海冰范围，为441万平方公里，这是卫星记录中第四低的值。12月30日，异常温暖的空气北移到极地地区。因此北极附近的一个浮标气象站12月30日记录到了短暂出现的冰点以上的温度0.7℃。

六、温室气体：WMO全球大气监测网(GAW)计划对2014年的观测资料作的最新分析(温室气体的全面报告时间上要滞后一年)表明，二氧化碳(CO_2)、甲烷(CH_4)和一氧化二氮(N_2O)的全球平均摩尔分数在2014年创下新高。

2014年全球平均CO_2摩尔分数达到397.7±0.1 ppm^2，为工业化前水平的143%。2013年至2014年的年均增长为1.9ppm，接近过去10年的平均年均增长，比20世纪90年代的平均增长率(～1.5ppm/年)更高。NOAA的初步资料显示2015年CO_2持续以3.01ppm/年的创记录速度增长。2003年至2013年的大气二氧化碳增长相当于人类排放二氧化碳的约45%，其余部分被海洋和陆地生物圈移除。